E-Book inside.

Mit folgendem persönlichen Code können Sie die E-Book-Ausgabe dieses Buches downloaden.

67018-w7w6p-
56r00-2nr4c

Registrieren Sie sich unter
www.hanser-fachbuch.de/ebookinside
und nutzen Sie das E-Book
auf Ihrem Rechner*, Tablet-PC
und E-Book-Reader.

Der Download dieses Buches als E-Book unterliegt gesetzlichen Bestimmungen bzw. steuerrechtlichen Regelungen, die Sie unter www.hanser-fachbuch.de/ebookinside nachlesen können.
* Systemvoraussetzungen: Internet-Verbindung und Adobe® Reader®

Gausemeier/Dumitrescu/Echterfeld/Pfänder/Steffen/Thielemann
Innovationen für die Märkte von morgen

Jürgen Gausemeier
Roman Dumitrescu
Julian Echterfeld
Tomas Pfänder
Daniel Steffen
Frank Thielemann

Innovationen für die Märkte von morgen

Strategische Planung von Produkten, Dienstleistungen und Geschäftsmodellen

HANSER

Die Autoren:
Prof. Dr.-Ing. Jürgen Gausemeier
Prof. Dr.-Ing. Roman Dumitrescu
Julian Echterfeld
Tomas Pfänder
Dr.-Ing. Daniel Steffen
Dr.-Ing. Frank Thielemann

Alle in diesem Buch enthaltenen Informationen wurden nach bestem Wissen zusammengestellt und mit Sorgfalt getestet. Dennoch sind Fehler nicht ganz auszuschließen. Aus diesem Grund sind die im vorliegenden Buch enthaltenen Informationen mit keiner Verpflichtung oder Garantie irgendeiner Art verbunden. Autor und Verlag übernehmen infolgedessen keine Verantwortung und werden keine daraus folgende oder sonstige Haftung übernehmen, die auf irgendeine Weise aus der Benutzung dieser Informationen – oder Teilen davon – entsteht, auch nicht für die Verletzung von Patentrechten, die daraus resultieren können.

Ebenso wenig übernehmen Autor und Verlag die Gewähr dafür, dass die beschriebenen Verfahren usw. frei von Schutzrechten Dritter sind. Die Wiedergabe von Gebrauchsnamen, Handelsnamen, Warenbezeichnungen usw. in diesem Werk berechtigt also auch ohne besondere Kennzeichnung nicht zu der Annahme, dass solche Namen im Sinne der Warenzeichen- und Markenschutz- Gesetzgebung als frei zu betrachten wären und daher von jedermann benützt werden dürften.

Bibliografische Information der deutschen Nationalbibliothek:
Die Deutsche Nationalbibliothek verzeichnet diese Publikation in der Deutschen Nationalbibliografie; detaillierte bibliografische Daten sind im Internet unter http://dnb.d-nb.de abrufbar.

Dieses Werk ist urheberrechtlich geschützt.
Alle Rechte, auch die der Übersetzung, des Nachdruckes und der Vervielfältigung des Buches, oder Teilen daraus, vorbehalten. Kein Teil des Werkes darf ohne schriftliche Genehmigung des Verlages in irgendeiner Form (Fotokopie, Mikrofilm oder ein anderes Verfahren), auch nicht für Zwecke der Unterrichtsgestaltung, reproduziert oder unter Verwendung elektronischer Systeme verarbeitet, vervielfältigt oder verbreitet werden.

ISBN 978-3-446-42824-9
E-Book-ISBN 978-3-446-42972-7

© 2019 Carl Hanser Verlag München
Lektorat: Dipl.-Ing. Volker Herzberg
Umschlagrealisation: Stephan Rönigk
Herstellung: le-tex publishing services GmbH, Leipzig
Satz: Kösel Media GmbH, Krugzell
Druck und Bindung: Firmengruppe Appl, aprinta druck, Wemding
Printed in Germany
www.hanser-fachbuch.de

Vorwort

„Letzten Endes kann man alle wirtschaftlichen Vorgänge auf drei Worte reduzieren: Menschen, Produkte und Profite. Die Menschen stehen an erster Stelle. Wenn man kein gutes Team hat, kann man mit den beiden anderen nicht viel anfangen."

– Lee Iacocca –

Im Zeitalter der Digitalisierung eröffnen sich mehr denn je faszinierende Möglichkeiten für neue Produkte und Dienstleistungen. Die Frage ist nur, werden diese Neuheiten im Markt erfolgreich sein. Uns geht es im vorliegenden Buch um Innovationen im Sinne von Schumpeter, also um Inventionen, die sich im Markt durchsetzen.

Nun lehren die klassischen Schulen der Entwicklungsmethodik, dass die Weichen für den Erfolg einer Produktidee in der frühen Phase der Konzipierung gestellt werden, in der die so genannte prinzipielle Lösung festgelegt wird. In meiner längeren Tätigkeit als Entwicklungschef musste ich die Erfahrung machen, dass die Weichen früher gestellt werden – in der Produktplanung. Sie gibt die Ziele für die Produktentwicklung vor. Nicht immer gelang es uns, die von der Produktplanung bzw. vom Vertrieb vorgegebenen Ziele zu erreichen. Mal kamen wir zu spät, mal war das Produkt zu teuer, mal war beides der Fall. Wir haben aber oft auch Punktlandungen hingelegt: der Vertrieb bekam genau das, was er gefordert hatte. Trotzdem standen wir selbst dann oft „neben den Schuhen", weil der Vertrieb inzwischen neue Anforderungen sah und unser Produkt nicht mehr für geeignet hielt, der Konkurrenz Paroli zu bieten. Da fing ich an, mich näher dafür zu interessieren, wo die Anforderungen an die Produkte zur Eroberung der Märkte von morgen eigentlich herkommen. Um es kurz zu machen: meistens aus dem „hohlen Bauch"; jedenfalls waren sie nicht Ergebnis einer systematischen Produktplanung, und das ist vielerorts auch heute noch so.

Aus unseren vielen Industrieprojekten im Kontext Innovationsmanagement resultiert die Erkenntnis, dass es im Übergangsbereich von strategischer Unternehmensplanung einerseits und der Produkt-, Dienstleistungs- und Produktionssystementwicklung andererseits erheblichen Systematisierungsbedarf gibt. Mit dem vorliegenden Werk liefern wir eine Systematik zur strategischen Planung und integrativen Konzipierung von Produkten, dazu gehörenden Produktionssystemen und ggf. produktergänzenden Dienstleistungen. Kerngedanke ist, die vier Hauptaufgaben Strategische Produktplanung sowie Produkt-, Produktions- und Dienstleistungskonzipierung als Aufgabenkontinuum zu sehen und so den in vielen Unternehmen vorhandenen imaginären Graben zwischen Produktmarketing und Vertrieb auf der einen Seite und Entwicklung und Fertigungsplanung auf der anderen Seite zu überwinden. Unser Buch richtet sich in erster Linie an Führungspersönlichkeiten aus den genannten Funktionsbereichen eines Unternehmens, rechts und links des Grabens. Sie werden eine Fülle von Methoden und Leitfäden finden, aus der sich die für ein einzelnes Unternehmen adäquaten Instrumente ableiten lassen, um die Herausforderung Marktleistungsinnovation gemeinsam wirkungsvoll und effizient zu bewältigen.

Der Fokus liegt auf Unternehmen der Fertigungsindustrie – auf Unternehmen des Maschinenbaus, der Automobilindustrie, der Elektroindustrie etc., weil diese Unternehmen auch künftig eine hohe Hebelwirkung auf Wertschöpfung, Beschäftigung und Wohlstand haben werden und getrieben durch die Digitalisierung am Beginn eines tiefgreifenden Transformationsprozesses stehen.

So ein relativ aufwändiges Werk zu schaffen, geht kaum ohne Mitstreiter. Ich bin daher sehr froh, einige meiner engsten Weggefährten als Mitautoren gewonnen zu haben. Sie haben im Alltag nun wirklich alle Hände voll zu tun, sodass das Thema Buch ihre Wochenenden bereicherte. Vielen Dank für dieses Engagement.

Herzlichen Dank auch an diejenigen Mitarbeiterinnen und Mitarbeiter des Fraunhofer-Instituts Entwurfstechnik Mechatronik (FhG IEM) und der UNITY AG sowie an meine Doktorandinnen und Doktoranden, die uns Rohmanuskripte geliefert haben. Wir stellen diese Personen am Buchende kurz vor. Unser Dank gilt auch den Helferinnen im Hintergrund – Sarah Mrosek, Anell Bernard und insbesondere meiner Sekretärin Alexandra Dutschke. Sie hat mit viel Übersicht und Engagement die Texte x-mal bearbeitet. Wenn es eine Auszeichnung für das Erkennen kryptischer Anweisungen zerstreuter Autoren und die

Konsistenzsicherung inkonsistenter Beiträge gepaart mit engelsgleicher Gelassenheit und Freundlichkeit gäbe, würde ihr ohne Frage dieser Preis zustehen. Herzlichen Dank.

Sollten trotz sorgfältiger Redaktionsarbeit und Korrekturlesens Fehler auftauchen, bitte ich schon jetzt dafür um Entschuldigung und um die Freundlichkeit, mir diese mitzuteilen. Ferner sind konstruktive Kritik und Anregungen zur Verbesserung dieser Arbeit sehr willkommen. Wir werden sie bei einer weiteren Auflage gern berücksichtigen.

Wir schreiben im Folgenden in der maskulinen Form, und zwar ausschließlich wegen der einfachen Lesbarkeit. Wenn beispielsweise von Entscheidungsträgern und Entwicklern die Rede ist, meinen wir selbstredend auch Entscheidungsträgerinnen und Entwicklerinnen.

Ich hoffe, liebe Leserinnen und Leser, Sie gewinnen durch unser Buch neue Erkenntnisse und Impulse für die praktische Arbeit.

Paderborn, im Juni 2018   Jürgen Gausemeier

Inhalt

Vorwort V

Autoren XI

1 Innovationen – Unternehmerischer Erfolg jenseits eingefahrener Wege 1

1.1 Was sind Innovationen? 3
1.1.1 Zum Innovationsbegriff 4
    1.1.1.1 Dimensionen der Innovation 4
    1.1.1.2 Typologie der Innovation 6
    1.1.1.3 Der Aspekt Technologie 8
1.1.2 Ansatzpunkte für Innovationen 11
    1.1.2.1 Klassifizierung industrieller Produkte 11
    1.1.2.2 Produkt-Markt-Matrix 14
    1.1.2.3 Market Pull und Technology Push ... 15
    1.1.2.4 Stoßrichtungen im Innovationswürfel 17
    1.1.2.5 Innovationspfade abseits F&E-basierter Produktinnovation 18
1.1.3 Innovationsleistung und -metriken ... 19
    1.1.3.1 Ex post-Messung der Innovationsleistung 21
    1.1.3.2 Innovationsfähigkeit 23

1.2 Aspekte des Innovationsgeschehens 26
1.2.1 Unternehmerische Vision 26
1.2.2 Innovationsstrategie 30
    1.2.2.1 Innovationsobjekt 30
    1.2.2.2 Innovationsausrichtung 33
    1.2.2.3 Innovationshöhe 34
    1.2.2.4 Innovationsumfang 39
    1.2.2.5 Innovationsverhalten 40
    1.2.2.6 Innovationsursprung 43
1.2.3 Innovationssystem 44
1.2.4 Innovationsorganisation 47
    1.2.4.1 Primärorganisation 48
    1.2.4.2 Sekundärorganisation 49
    1.2.4.3 Gremien 51
    1.2.4.4 Idealtypische Rollen im Innovationsmanagement 52
    1.2.4.5 Ambidextere Organisationen 54
1.2.5 Innovationsprozess 54
    1.2.5.1 Klassischer Entwicklungsprozess ... 56
    1.2.5.2 Agiler Entwicklungsprozess 62
    1.2.5.3 New Business Development 67
    1.2.5.4 Mergers & Acquisitions 70
    1.2.5.5 Open Innovation 72
    1.2.5.6 Möglichkeiten zur Strukturierung des Back Ends 75
1.2.6 Ressourcen 76
1.2.7 Innovationskultur 77
1.2.8 Innovationscontrolling 83

1.3 Auf dem Weg zu den Marktleistungen von morgen 86
1.3.1 Von der Mechatronik zu Intelligenten Technischen Systemen 86
1.3.2 Referenzmodell der strategischen Planung und integrativen Entwicklung von Marktleistungen 89

Literatur zum Kapitel 1 92

2 Potentialfindung – Die Geschäfte von morgen antizipieren 97

2.1 Methoden der Kundenbefragung 100
2.1.1 Kano-Diagramm 100
2.1.2 Klassische Methoden der Kundenbefragung .. 102
    2.1.2.1 Erfolgsfaktoren-Analyse 102
    2.1.2.2 Conjoint-Analyse 107
2.1.3 Neue Methoden der Kundenbefragung ... 113
    2.1.3.1 Big Data Analytics 115
    2.1.3.2 Biometric Response 118

2.2 Szenario-Technik 120
2.2.1 Szenario-Vorbereitung 125
2.2.2 Szenariofeld-Analyse 126
2.2.3 Projektions-Entwicklung 130
2.2.4 Szenario-Bildung 133
2.2.5 Szenario-Transfer 141
2.2.6 Zukunftsszenarien in der Retrospektive 148

2.3 Weitere Methoden zur Vorausschau 154
2.3.1 Delphi-Methode 154
2.3.2 Trendanalyse 159
2.3.3 Bibliometrie 163
2.3.4 Agentenbasierte Simulation 167

2.3.5 Monte-Carlo-Simulation 169
2.3.6 Churn Management 171

Literatur zum Kapitel 2 174

3 Produktfindung – Ideen finden und konkretisieren 179

3.1 Kreativität und Kreativitätstechniken 181
3.1.1 Laterales Denken nach DE BONO 186
3.1.2 Theorie des erfinderischen Problemlösens (TRIZ) 189
3.1.3 Design Thinking 192
3.1.4 Ideation Toolbox 197

3.2 Wissens- und Ideenmanagement 203
3.2.1 Grundlagen des Wissensmanagements 204
3.2.2 Systematisches Ideenmanagement 207
3.2.3 Einsatz von Innovationsplattformen 217

3.3 Technology Push Innovation 226
3.3.1 Technologiefrüherkennung 226
3.3.2 Technologiebewertung 228
    3.3.2.1 Das Gartner Hype Cycle-Modell 228
    3.3.2.2 Technologielebenszyklus-Modell nach ARTHUR D. LITTLE 230
    3.3.2.3 Technology Readiness Level (TRL) ... 232
    3.3.2.4 Das integrierte Markt-Technologie-Portfolio 234
3.3.3 Technologieplanung 237
3.3.4 Technologie-induzierte Produktplanung 240

3.4 Frugal Innovation 255

3.5 Cross Industry Innovation 266

3.6 IP-based Innovation 273
3.6.1 Strategisches IP-Management 275
3.6.2 Innovationsorientiertes IP-Management 276

Literatur zum Kapitel 3 287

4 Geschäftsplanung – Den unternehmerischen Erfolg vorausdenken 295

4.1 Entwicklung von Geschäftsstrategien 297
4.1.1 Leitbilder – Ziele, für die es lohnt, sich einzusetzen 301
4.1.2 Strategische Kompetenzen – Grundlage des Erfolgs 303
4.1.3 Strategische Positionierung – Märkte und Marktleistung 306
4.1.4 Konsequenzen und Maßnahmen 307
4.1.5 Strategiekonforme Weiterentwicklung der Unternehmenskultur 311

4.2 Entwicklung von Produktstrategien 315
4.2.1 Differenzierung im Wettbewerb 315
    4.2.1.1 Möglichkeiten zur Differenzierung im Wettbewerb 315
    4.2.1.2 Bestimmung der Produktposition im Wettbewerb 316
    4.2.1.3 Ermittlung von Produktvarianten 317
4.2.2 Bewältigung der Variantenvielfalt 319
    4.2.2.1 Möglichkeiten zur wirtschaftlichen Bewältigung der Variantenvielfalt ... 319
    4.2.2.2 Bereinigung variantenreicher Produktprogramme 321
4.2.3 Erhaltung des Wettbewerbsvorsprungs 325
    4.2.3.1 Möglichkeiten zur Produktwertsteigerung über den Produktlebenszyklus 326
    4.2.3.2 Planung von Produktreleases 327
    4.2.3.3 Antizipation des Verhaltens der Wettbewerber 332

4.3 Entwicklung von Geschäftsmodellen 340
4.3.1 Geschäftsmodellentwicklung nach OSTERWALDER und PIGNEUR 345
4.3.2 Konsistenzbasierte Geschäftsmodellentwicklung 346
4.3.3 Musterbasierte Geschäftsmodellentwicklung 349
4.3.4 Produktlebenszyklusorientierte Geschäftsmodellentwicklung 358

4.4 Erstellung von Geschäftsplänen 362
4.4.1 Investitionsrechnung 362
4.4.2 Aufbau von Geschäftsplänen 367
4.4.3 Grundlagen der Start-up-Finanzierung 370
    4.4.3.1 Formen der Start-up-Finanzierung ... 371
    4.4.3.2 Phasen der Start-up-Finanzierung ... 373

Literatur zum Kapitel 4 375

5 Konzipierung - Fachgebietsübergreifende Spezifikation von Produkten, Dienstleistungen und Produktionssystemen ... 379

5.1 Herausforderungen der multidisziplinären Produktentwicklung 382

5.2 Einführung in das Systems Engineering .. 384
- 5.2.1 Historische Entwicklung des Systems Engineerings 385
- 5.2.2 Kernkomponenten des Systems Engineering-Konzepts 387
  - 5.2.2.1 Systemdenken 388
  - 5.2.2.2 Vorgehensmodelle 390
- 5.2.3 Normen, Standards und Richtlinien 395
  - 5.2.3.1 Landschaft der Systems Engineering-Standards und -Normen 395
  - 5.2.3.2 ISO 15288 „Systems and Software Engineering – System Life Cycle Processes" 402

5.3 Grundlagen des Model-Based Systems Engineerings 404
- 5.3.1 Modellierungssprache 407
- 5.3.2 Methode 412
- 5.3.3 Werkzeug 414

5.4 Aspektdiagramme der Spezifikationstechnik CONSENS 416
- 5.4.1 Produktkonzipierung 417
- 5.4.2 Dienstleistungskonzipierung 425
- 5.4.3 Produktionssystemkonzipierung 428

5.5 Analysen auf Basis des Systemmodells ... 431
- 5.5.1 Analyseaspekte in frühen Entwicklungsphasen 431
- 5.5.2 Modularisierung 432
- 5.5.3 Analyse der Leistungsfähigkeit von Systemen 436
- 5.5.4 Zuverlässigkeitsanalysen 438
- 5.5.5 Kosten- und Wertanalyse 438
- 5.5.6 Projektplanung und -steuerung 441

Literatur zum Kapitel 5 442

6 Fallbeispiele – Herausforderungen, Vorgehen, Resultate 447

6.1 Unternehmensweites Innovationsmanagement 449
- 6.1.1 Unternehmen 449
- 6.1.2 Innovationsherausforderung 449
- 6.1.3 Vorgehen und Projektresultate 449
- 6.1.4 Resümee 454

6.2 Reporting des Innovationsmanagements mit Key Performance Indicators (KPIs) ... 454
- 6.2.1 Unternehmen 454
- 6.2.2 Innovationsherausforderung 455
- 6.2.3 Vorgehen und Projektresultate 455
- 6.2.4 Resümee 461

6.3 Zukünftige Lichtsystemarchitekturen für Sportstadien 461
- 6.3.1 Unternehmen 461
- 6.3.2 Innovationsherausforderung 461
- 6.3.3 Vorgehen und Projektresultate 462
- 6.3.4 Resümee 467

6.4 Ideation Event 468
- 6.4.1 Unternehmen 468
- 6.4.2 Innovationsherausforderung 468
- 6.4.3 Vorgehen und Projektresultate 468
- 6.4.4 Resümee 473

6.5 Strategische Produktplanung Gerätetechnik 474
- 6.5.1 Unternehmen 474
- 6.5.2 Innovationsherausforderung 474
- 6.5.3 Vorgehen und Projektresultate 474
- 6.5.4 Resümee 483

6.6 Strategische Planung von Telematiksystemen 484
- 6.6.1 Unternehmen 484
- 6.6.2 Innovationsherausforderung 484
- 6.6.3 Vorgehen und Projektresultate 485
- 6.6.4 Resümee 493

6.7 Strategische Planung und Konzipierung einer neuen Pay-per-Use Marktleistung ... 494
- 6.7.1 Unternehmen 494
- 6.7.2 Innovationsherausforderung 494
- 6.7.3 Vorgehen und Projektresultate 494
- 6.7.4 Resümee 498

6.8 Potentialanalyse für intelligente Separatoren 498
- 6.8.1 Unternehmen 498
- 6.8.2 Innovationsherausforderung 498
- 6.8.3 Vorgehen und Projektresultate 499
- 6.8.4 Resümee 504

Literatur zum Kapitel 6 505

Stichwortverzeichnis 507

Input-Lieferanten 515

Autoren

Tomas Pfänder, Jürgen Gausemeier, Julian Echterfeld, Daniel Steffen, Frank Thielemann, Roman Dumitrescu

Prof. Dr.-Ing. Jürgen Gausemeier ist Seniorprofessor am Heinz Nixdorf Institut der Universität Paderborn. Er ist Aufsichtsratsvorsitzender des Beratungsunternehmens UNITY AG. Ferner ist er Vizepräsident von acatech – Deutsche Akademie der Technikwissenschaften und Vorsitzender des Clusterboards des Spitzenclusters „Intelligente Technische Systeme OstWestfalenLippe (it's OWL)".

Prof. Dr.-Ing. Roman Dumitrescu ist Professor für Advanced Systems Engineering an der Universität Paderborn sowie Direktor am Fraunhofer-Institut für Entwurfstechnik Mechatronik IEM. In Personalunion ist er Geschäftsführer des Spitzenclusters „Intelligente Technische Systeme OstWestfalenLippe (it's OWL)".

Julian Echterfeld ist wissenschaftlicher Mitarbeiter in der Fachgruppe „Strategische Produktplanung und Systems Engineering" von Prof. Gausemeier am Heinz Nixdorf Institut der Universität Paderborn. Dort leitet er das Team „Strategische Planung und Innovationsmanagement".

Tomas Pfänder ist Vorstand der UNITY AG. Nach dem Studium Wirtschaftsingenieurwesen in Paderborn gründete er 1995 gemeinsam mit Prof. Gausemeier und Christoph Plass die Managementberatung. Seitdem berät er Unternehmen vor allem in den Bereichen Vorausschau, Strategie, Innovation, Fabrikplanung und Prozessoptimierung.

Dr.-Ing. Daniel Steffen ist Partner der UNITY AG. Als Experte für die Themen Innovationsmanagement und Systems Engineering führt er seit 2006 Beratungsprojekte primär in den Branchen Luftfahrt, Automobilindustrie, Maschinen- und Anlagenbau sowie Agrar- und Medizintechnik durch. Er ist Trainer für Systems Engineering nach SE-ZERT©.

Dr.-Ing. Frank Thielemann ist Vorstand der UNITY AG. Er berät Unternehmen aus den Branchen Maschinen- und Anlagenbau, Luftfahrt, Pharma, Chemie und Energie im Bereich Innovation und Produktentstehung. Darüber hinaus ist er Mitglied des Senats von acatech.

Innovationen – Unternehmerischer Erfolg jenseits eingefahrener Wege

„Innovationen sind Pfeiler, die die Zukunft tragen."
– Norbert Stoffel –

Zusammenfassung

Kaum ein Begriff ist so facettenreich wie Innovation; im allgemeinen Sprachverständnis bedeutet Innovation eine Neuerung. Im Kontext der strategischen Unternehmensführung handelt es sich im Sinne von Schumpeter um eine Invention, die im Markt erfolgreich ist. Daran halten wir uns und beleuchten die Elemente des Konzepts, das dieser Definition zugrunde liegt.

Schwerpunkt des vorliegenden Hauptkapitels bildet die Vorstellung der Handlungsbereiche des Innovationsgeschehens in einem Unternehmen. Das beruht auf einem idealtypischen Referenzmodell des Innovationsgeschehens und umfasst dementsprechend die unternehmerische Vision, die Innovationsstrategie und das Innovationssystem mit seinen Gestaltungs- und Umfeldfaktoren. Das Innovationssystem beruht auf der Innovationsorganisation (Aufbauorganisation), einem Innovationsprozess (Prozessorganisation) und Ressourcen (Personal, Methoden, Software, Finanzmittel). Schließlich gehen wir noch auf die wichtigen Handlungsfelder Innovationskultur und Innovationscontrolling ein.

Zum Ende des Hauptkapitels charakterisieren wir die von uns in den Blick genommenen Marktleistungen – Intelligente Technische Systeme und damit verbundene Dienstleistungen. Das mündet in einem Referenzmodell zur strategischen Planung und fachgebietsübergreifenden Entwicklung derartiger Marktleistungen, nach dem das vorliegende Werk strukturiert ist: Potentialfindung, Produktfindung, Geschäftsplanung sowie Konzipierung von Produkten, Dienstleistungen und Produktionssystemen.

Die Fähigkeit einer Volkswirtschaft, erfinderisch zu sein und Inventionen zum Markterfolg zu bringen, ist die Voraussetzung für Wohlstand, Wohlfahrt und Lebensqualität. acatech – Deutsche Akademie der Technikwissenschaften bringt diese Erkenntnis mit einer griffigen Kausalkette auf den Punkt: Wohlstand braucht Beschäftigung, Beschäftigung braucht Innovation und Innovation braucht Bildung. Wir konzentrieren uns im vorliegenden Buch auf die Beantwortung der Frage, wie ein Unternehmen ausgehend von der dynamischen technologischen Entwicklung seine Innovationskraft steigern kann.

Wir nehmen primär den Maschinenbau und verwandte Branchen wie die Automobilindustrie und die Elektroindustrie in den Blick, weil diese Branchen auch künftig eine Schlüsselstellung für Wertschöpfung und Beschäftigung einnehmen werden und einen tiefgreifenden Transformationsprozess vor sich haben, der besonders von der Digitalisierung getrieben wird. In diesem Umfeld geht es uns um Innovationen von Produkten (Sachleistungen), Dienstleistungen und Geschäftsmodellen für die Märkte von morgen, was besonders viel Phantasie und visionäre Kraft auf dem Weg von einer ersten Idee bis zum nachhaltigen Markterfolg erfordert.

Daraus resultiert die Herausforderung, alle relevanten Stakeholder für Innovationen zu gewinnen. Insbesondere kommt es darauf an, durch Forschung und Bildung Wissen zu erzeugen, was selbstredend Geld kostet, und dieses Wissen durch unternehmerisches Agieren im globalen Wettbewerb in Markterfolge zu überführen (Bild 1.1). Staat und Gesellschaft können und sollten das konsequent fördern. Dem Staat kommt insbesondere die Rolle zu, für innovationsförderliche Rahmenbedingungen zu sorgen; die Gesellschaft hat es in der Hand, ein Klima zu erzeugen, in dem der Wille Chancen zu sehen und zu nutzen ebenso ausgeprägt ist wie die Sorge um die Risiken und deren Auswirkungen.

Bevor wir nun den Weg zu den kühnen und phantasievollen Visionen von morgen aufzeigen, möchten wir unsere Leserinnen und Leser mit den Grundlagen des Innovationsmanagements vertraut machen. Zunächst erläutern wir, was eigentlich unter Innovationen verstanden wird. Dann beleuchten wir alle relevanten Aspekte des Innovationsgeschehens in einem Unternehmen. Und schließlich stellen wir das von uns propagierte Referenzmodell der strategischen Planung und integrativen Entwicklung von Marktleistungen vor, nach dem dieses Buch strukturiert ist: Potentialfindung – Die Geschäfte von morgen antizipieren; Produktfindung – Ideen finden und konkretisieren; Geschäftsplanung – Den unternehmerischen Erfolg vorausdenken; Konzipierung – Fachgebietsübergreifende Spezifikation von Produkten, Dienstleistungen und Produktionssystemen.

1.1 Was sind Innovationen?

Innovationen sind heutzutage allgegenwärtig; in der Werbung werden sie angepriesen, der Staat betreibt „Innovationspolitik" und in Unternehmen wird die Innovation sogar „gelebt". Kurz: Der Innovationsbegriff wurde in den letzten Jahren inflationär verwendet. Daher ist es notwendig, die für dieses Kapitel gestellte Frage präzise und nachvollziehbar zu beantworten. Zunächst definie-

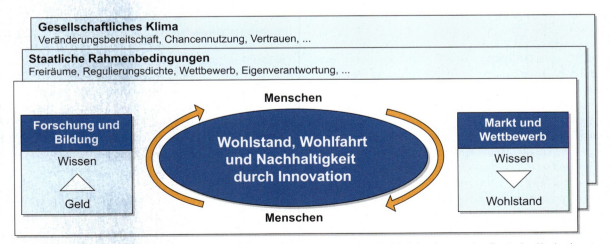

BILD 1.1 Der Innovationskreislauf zur Sicherung von Wohlstand, Wohlfahrt und Nachhaltigkeit (nach acatech – Deutsche Akademie der Technikwissenschaften)

ren wir den Begriff Innovation und seine Bedeutung im Kontext unterschiedlicher Aufgaben. Dann erläutern wir, wie man systematisch zu Ansatzpunkten und Suchfeldern für Innovationen kommen kann. Last but not least geht es um die Messung der Innovationsleistung und -fähigkeit.

1.1.1 Zum Innovationsbegriff

Bei der Definition von Innovation stellt sich zunächst die Frage: Wie ist der Begriff entstanden und in welchem Kontext wird er verwendet? Ausgehend von dem lateinischen Begriff „novus" (neu) entstand um ca. 200 n. Chr. der Begriff „innovatio" (etwas neu Geschaffenes). In der Renaissance griffen Philosophen und Dichter wie DANTE und MACHIAVELLI den Begriff auf, doch blieb er weitgehend unbeachtet [Mül10]. 1939 prägte JOSEPH SCHUMPETER den Begriff Innovation erstmals in einem wissenschaftlichen Kontext als „neuartige Kombination von Produktionsfaktoren". Der Begriff gewann bis heute zunehmend an Bedeutung. Vor diesem Hintergrund nennen wir in chronologischer Folge einige ausgewählte Definitionen:

SCHUMPETER: *„Soweit die neue Kombination von der alten aus mit der Zeit durch kleine Schritte kontinuierlich anpassend, erreicht werden kann, liegt gewiß Veränderung, eventuell Wachstum vor, aber weder ein neues der Gleichgewichtsbetrachtung entrücktes Phänomen, noch Entwicklung in unserem Sinn. Soweit das nicht der Fall ist, sondern die neue Kombination nur diskontinuierlich auftreten kann oder tatsächlich auftritt, entstehen die der letzten charakteristischen Erscheinungen"* [Sch31].

KIESER: *„Als Innovationen sollen alle Änderungsprozesse bezeichnet werden, die die Organisation zum ersten Mal durchführt"* [Kie69].

MOORE/TUSHMAN: *„Most generally, innovation can be seen as the synthesis of a market need with the means to achieve and produce a product to meet that need"* [MT82].

BROCKHOFF: *„Liegt eine Erfindung vor und verspricht sie wirtschaftlichen Erfolg, so werden Investitionen für die Fertigungsvorbereitung und die Markterschließung erforderlich, Produktion und Marketing müssen in Gang gesetzt werden. Kann damit die Einführung auf dem Markt erreicht werden oder ein neues Verfahren eingesetzt werden, so spricht man von einer Produktinnovation oder einer Prozessinnovation"* [Bro92].

OECD: *„... Einführung eines neuen oder erkennbar verbesserten Produktes (Güter und Dienstleistungen), eines Prozesses, eines neuen Marketings oder einer neuen Organisationsform in einem Unternehmen"* [OEC05].

Bei Betrachtung dieser Definitionen kristallisieren sich zwei Gemeinsamkeiten heraus, die auf SCHUMPETER zurückzuführen sind. Er beschreibt Innovationen folgendermaßen:

„Wir wollen daher die Innovation einfach als die Aufstellung einer neuen Produktionsfunktion definieren. Dies umfaßt den Fall einer neueren Ware ebensogut wie die Fälle der Erschließung neuer Märkte oder einer neuen Organisationsform wie einer Fusion" [Sch61].

Dabei verbindet SCHUMPETER den Aspekt der Neuheit fest mit dem des wirtschaftlichen Erfolgs:

„[...] Erfindung löst nicht notwendige Innovation aus, sondern bringt, für sich, [...] keine wirtschaftlich bedeutungsvolle Wirkung hervor" [Sch61].

Dieses Verständnis des Begriffes Innovation nach SCHUMPETER machen wir uns im vorliegenden Buch zu Eigen, d. h. Innovation führt eine Invention zum Geschäftserfolg.

1.1.1.1 Dimensionen der Innovation

Doch wo genau liegt die Grenze zur Innovation? Um welche Form von Innovation handelt es sich im Einzelnen? Um diese Fragen zu klären, schlagen HAUSCHILDT und SALOMO die in Bild 1.2 dargestellten fünf Dimensionen vor, die jeweils mit einer Frage verbunden sind. Aus den Ausprägungen dieser Dimensionen ergeben sich spezifische Arten von Innovationen [HS11].

Inhaltliche Dimension – „Was ist neu?"

Zur Beantwortung dieser Fragestellung bietet sich vorderhand eine Klassifizierung nach Produkt- und Prozessinnovationen. **Produktinnovationen** charakterisieren eine Leistung, die dem Benutzer erlaubt, *„neue Zwecke zu erfüllen oder vorhandene Zwecke in einer völlig neuartigen Weise zu erfüllen"*. **Prozessinnovationen** beschreiben neuartige Faktorkombinationen, *„durch die die Produktion eines bestimmten Gutes kostengünstiger, qualitativ hochwertiger, sicherer oder schneller erfolgen kann"* [HS11]. Dienstleistungsinnovationen werden an dieser Stelle nicht separiert, da sie nach HAUSCHILDT und SALOMO eine Schnittmenge beider Innovationstypen bilden. Auf Dienstleistungsinnovationen werden wir noch zurückkommen.

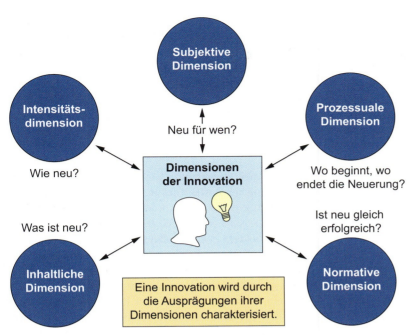

BILD 1.2
Dimensionen der Innovation in Anlehnung an HAUSCHILDT und SALOMO [HS11]

Produktinnovationen fokussieren Effektivitätssteigerungen, die für den Kunden Nutzen stiften, aber auch Verhaltensveränderungen erfordern. Prozessinnovationen erhöhen in erster Linie die Effizienz der Leistungserstellung, wodurch dem Kunden ein bekanntes Produkt zu einem niedrigeren Preis angeboten werden kann. Es liegt daher nahe, die Möglichkeiten von Prozessinnovationen auszuschöpfen, bevor auf ein völlig neues Produkt gesetzt wird. Gleichwohl gibt es in den Unternehmen oft Widerstände gegen Prozessinnovationen, da sie für die Betroffenen eine Abkehr vom Gewohnten bedeuten und häufig auch den Arbeitsplatz bedrohen.

Der Bezug zur **Systemgrenze** ist ein weiterer Aspekt für die Festlegung des Inhalts einer Innovation. Handelt es sich bei der Neuerung um innovative Systemkomponenten? Ein innovatives System? Oder liegt ein innovativer Systemverbund vor?

Nach SCHUMPETER existieren Innovationen auch jenseits der Technik. Darauf aufbauend empfehlen HAUSCHILDT und SALOMO eine Unterscheidung nach funktionalen Bereichen wie z. B. Absatz-, Beschaffungs- oder Logistikinnovationen [HS11]. Vor diesem Hintergrund ergeben sich vier Bereiche:

- **Technische Innovationen** beschreiben Produkte, Prozesse oder technisches Wissen.
- **Organisationale Innovationen** umfassen Strukturen, wie Aufbau- und Ablauforganisationen, Organisationskulturen oder Systeme [ZW95].
- **Geschäftsbezogene Innovationen** charakterisieren Erneuerungen des Geschäftsmodells, der Branchenstruktur oder der Marktstrukturen und -grenzen [ZW95].
- **Soziale Innovationen** betreffen beispielsweise politische Systeme, gesellschaftliche Strukturen oder neue Sozialtechnologien [Zap89].

Das alles unterstreicht, dass Innovationen nicht nur die Industrie betreffen. Banken und Versicherungen, Handel, öffentliche Verwaltung und der Sport bringen Innovationen hervor wie Industrieunternehmen im engeren Sinne. Typische Beispiele für diese **postindutriellen (System-) Innovationen** sind Leasing und Franchising. Angesichts eines so breit gefächerten Wesens der Innovation lässt sich jedoch konstatieren, dass Innovationen stets „Komponenten aufweisen, die im übergeordneten Sinne ‚industriell' oder ‚technisch' sind". Innovation ist in der Regel auf eine industrielle Neuerung zurückzuführen – sei sie technischer, organisationaler, geschäftsbezogener oder sozialer Natur [HS11].

Intensitätsdimension – „Wie neu?"

Die Frage nach der Neuartigkeit einer Innovation lässt sich nur schwer beantworten. Das Deutsche Patentamt sieht sich dieser Frage jedoch täglich ausgesetzt; dabei geht es davon aus, dass „die vermutlich bestinformierten Experten eine entsprechende Beurteilung abgeben" können, ob eine Neuheit bzw. echte Erfindung vorliegt [HS11]. In der Literatur wird häufig eine Klassifikation vorgenommen, beispielsweise in Basis- und Folgeinnovationen.

Neben einer derartigen Unterscheidung ist auch eine Quantifizierung nach der Intensität der Neuheit vorstellbar. Ordinalskalen, Scoring-Modelle und multidimensionale Ansätze stellen hier den derzeitigen Stand der Forschung dar. So bewerten z. B. KLEINKNECHT ET AL. die Produktinnovation über den Grad der Produktänderung [KRS93]. Wir sind der Auffassung, dass diese Charakterisierung den Innovationsgedanken nicht umfassend trifft; auch geringe Produktänderungen können große Auswirkungen zur Folge haben und gerade dies ist nach SCHUMPETER charakteristisch für eine Innovation [HS11]. Die Quantifizierung dieser Auswirkungen auf das Unternehmen kann mittels Scoring-Modellen erfolgen.

Subjektive Dimension – „Neu für wen?"

Die Wahrnehmung eines Produkts oder Prozesses als Innovation ist in hohem Maße subjektiv. Es stellt sich daher die Frage, welche Perspektive als Maßstab für die Beurteilung einer Innovation herangezogen werden sollte. Nach HAUSCHILDT und SALOMO lassen sich die fünf Bezugsobjekte Individuum (z. B. Experten, Kunden), Unternehmen, Branche, Volkswirtschaft und gesamte Menschheit unterscheiden. In der Betriebswirtschaftslehre wird häufig das Unternehmen als Bezugsgröße gewählt. Dieser Sichtweise folgend sind *„Innovationen alle diejenigen Produkte oder Verfahren, die innerhalb einer Unternehmung erstmalig eingeführt werden"* [HS11]. Ein neues Produkt gilt also auch dann als Innovation, wenn der Wettbewerb es bereits zuvor eingeführt hat. Wir haben hier eine andere Sichtweise: Unser Untersuchungsgegenstand ist die jeweilige Branche oder Industrie, d. h. wir sprechen von einer Produktinnovation, wenn ein Produkt innerhalb eines Unternehmens und zugleich innerhalb einer Branche erstmalig eingeführt wurde. Ein Beispiel, das diesem Innovationsverständnis gerecht wird, ist der IDrive Controller von BMW. Bei seiner Einführung in die BMW 7er Reihe im Jahr 2001 stellte er für die Automobilindustrie eine Innovation dar. In der Computerspieleindustrie war diese Technologie hingegen schon seit Jahren etabliert.

Prozessuale Dimension – „Wo beginnt, wo endet die Neuerung?"

Das Hervorbringen von Innovationen erfolgt in Innovationsprozessen. Zur Strukturierung eines Innovationsprozesses gilt es zu definieren, an welcher Stelle er beginnt, welche Schritte er umfasst und wo er endet. In der Literatur existiert eine Vielzahl an einschlägigen Prozessmodellen, die von der Problemanalyse und Ideengenerierung über die Forschung und Entwicklung bis hin zur Markteinführung und Verwertung reichen. In der Innovationsforschung besteht weitgehende Einigkeit darüber, dass ein Innovationsprozess mindestens die Phasen bis zur Markteinführung (Innovation im engeren Sinne) umfasst. Strittig ist, ob die laufende Verwertung (Innovation im weiteren Sinne) ebenfalls Teil des Innovationsprozesses ist, da es sich hierbei um eine Routineaufgabe handelt, die in die Zuständigkeit des funktionalen Managements fällt [HS11].

Normative Dimension – „Ist neu gleich erfolgreich?"

Innovationen streben eine Verbesserung gegenüber dem ursprünglichen Zustand an, die mit einem nachweislichen Markterfolg einhergeht. Ob eine Innovation tatsächlich eine Verbesserung darstellt, liegt jedoch immer im Auge des Betrachters – einen allgemeingültigen Bewertungsmaßstab gibt es nicht. So würden einige Menschen die Atomkraft sicherlich als Innovation bezeichnen, andere hingegen nicht. Aus ökonomischer Sicht lässt sich der Erfolg eines neuen Produktes oder Prozesses durch Kennzahlen wie erzielte Gewinne, realisierte Marktanteile oder bewirkte Kostensenkungen messen. Allerdings können derartige Kennzahlen nur aus der Retrospektive bestimmt werden. Da es im Innovationsmanagement jedoch um zukünftige Produkte geht, gestaltet sich eine Vorabbeurteilung des Erfolgs äußerst schwierig. Eine Beantwortung dieser Fragestellung ist im Voraus also wenn überhaupt nur eingeschränkt möglich [HS11].

1.1.1.2 Typologie der Innovation

In Ergänzung zur Klassifizierung auf der Basis von Dimensionen werden in der Literatur Typologien von Innovationen diskutiert. Um dies zu verdeutlichen, gehen wir zunächst von den in Bild 1.3 dargestellten Ordnungskriterien nach SPUR aus [Spu98].

Das erste betrachtete Ordnungskriterium ist der **Gegenstand** einer Innovation. Ebenso wie bei HAUSCHILDT und SALOMO in der inhaltlichen Dimension werden hier Produkt und Prozess unterschieden – zu beachten ist eine Schnittmenge aus Produkt- und Prozessinnovationen. Dabei sei an dieser Stelle erwähnt, dass Prozesse in unserem Verständnis nicht nur Produktionsverfahren umfassen, sondern insbesondere auch Geschäfts- bzw. Leistungserstellungsprozesse.

Die **Veränderung** eines Gegenstands im Vergleich zum vorherigen Zustand unterscheiden wir nach Basis- und Folgeinnovationen. Eine Basisinnovation beschreibt einen grundlegenden Wandel, der weitere Innovationen auslöst [Pfe75]. Sie sind oftmals der Ausgangspunkt für die Gründung neuer Gewerbe- und Industriezweige und eröffnen neue Felder wirtschaftlichen Handelns [SE08]. Bereits

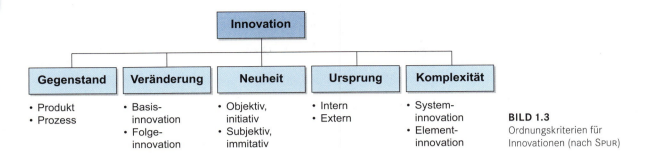

BILD 1.3 Ordnungskriterien für Innovationen (nach SPUR)

1911 prägte SCHUMPETER in diesem Kontext den Begriff der schöpferischen Zerstörung [Sch11]. Stellt eine Innovation lediglich eine Weiterentwicklung dar, wird sie als Folgeinnovation bezeichnet [Men77].

In der Literatur sind verschiedene Ansätze zur Einordnung der Innovation nach der Veränderung zu finden. Oftmals sind die verwendeten Begrifflichkeiten nahezu Synonyme (Bild 1.4). CHRISTENSEN unterteilt in disruptive (zerstörende) und erhaltende Innovationen [Chr06]. Disruptive Innovationen beschreiben ein Aufbrechen des Bestehenden und stellen meist eine (zumindest kurzzeitige) Verschlechterung des Status Quo dar. Aufgrund ihres hohen Veränderungsgrads sind sie mit Basisinnovationen vergleichbar. Erhaltende Innovationen bauen auf frühere Produkte oder Prozesse auf und führen in der Regel zu sofortigen Verbesserungen [Chr06], [CJH08]. Die damit verbundenen Veränderungen können inkrementeller und radikaler Natur sein. Erhaltende Innovationen entsprechen im Prinzip Folgeinnovationen. Der Begriff radikale Innovation wird in der Literatur oftmals mit der Basisinnovation gleichgesetzt.

BULLINGER und ENGEL unterscheiden bei Innovationsarten zwischen inkrementellen, Must-, Top- und Durchbruchs-Innovationen [BE05]. Inkrementelle Innovationen beschreiben hiernach kurzfristige Steigerungen des Kundennutzens oder Ergebnisse beispielsweise aus dem kontinuierlichen Verbesserungsprozess (KVP) eines Unternehmens. Must-Innovationen können aus Gesetzesänderungen oder laufenden Verträgen resultieren bzw. notwendig werden. Eine Top-Innovation kann z. B. durch einzigartige Merkmale eine Differenzierung vom Wettbewerb erzeugen. Wir verstehen diese drei Innovationarten als Folgeinnovationen. In seltenen Fällen erzielt ein Unternehmen eine Durchbruchsinnovation. Sie haben Trendsetter-Charakter und verändern oft den Markt und die Wettbewerbsarena grundlegend. Sie sind demzufolge mit Basisinnovationen vergleichbar.

Für das Ordnungskriterium **Neuheit** einer Innovation gibt es die Ausprägungen objektiv und subjektiv. „Objektiv" beschreibt eine erstmalige, also initiative Neuerung eines Unternehmens in der Branche. Wird eine Innovation imitiert, so ist sie subjektiv für das Unternehmen gesehen neu.

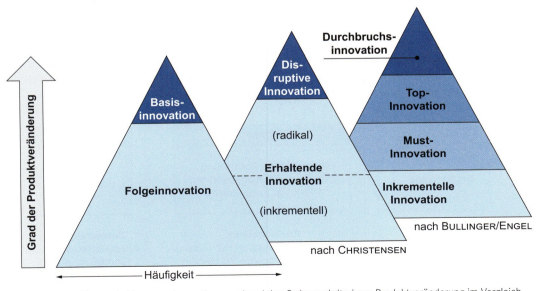

BILD 1.4 Alternativen zur Unterscheidung von Innovationen anhand des Ordnungskriteriums Produktveränderung im Vergleich

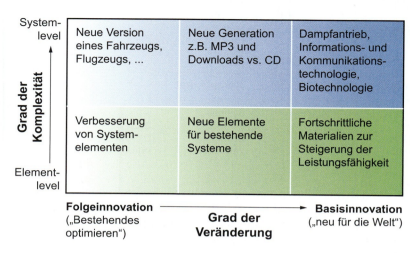

BILD 1.5 Kombination der Ordnungskriterien „Grad der Veränderung" und „Grad der Komplexität", nach TIDD und BESSANT [TB09]

Beim Ordnungskriterium **Ursprung** einer Innovation wird zwischen unternehmensinternen Entwicklungen und Entwicklungsleistungen außenstehender Individuen oder Organisationen unterschieden [SE08]. Eine Differenzierung des Ursprungs ist nur bei objektiven Innovationen sinnvoll, da subjektive Innovationen per Definition Imitationen von Produkten oder Prozessen anderer Unternehmen innerhalb der Branche darstellen.

Hinsichtlich der **Komplexität** einer Innovation wird zwischen System- und Elementinnovation unterschieden. Eine Systeminnovation betrifft ein Gesamtprodukt oder die gesamte Prozessorganisation; werden einzelne Teile eines Gesamtsystems betrachtet, handelt es sich um eine Elementinnovation.

Die bisher vorgenommenen Klassifizierungen zeigen, dass eine trennscharfe Unterscheidung nur bedingt möglich ist. Es liegt daher nahe, einzelne Ordnungskriterien eher als Kontinuum zu sehen, wie dies in Bild 1.5 für die beiden Ordnungskriterien „Grad der Veränderung" und „Grad der Komplexität" vorgenommen wird. In dem entsprechenden Portfolio ergeben sich dann weitere Arten von Innovationen, die die Realität möglicherweise besser abbilden.

1.1.1.3 Der Aspekt Technologie

Die von uns ins Auge gefassten Innovationen werden stark durch Technologien geprägt. Daher gehen wir im Folgenden auf die Begriffe Technologie und Technik ein. Wir orientieren uns zunächst an BULLINGER; er versteht unter einer **Technologie** anwendungsbezogenes Wissen über naturwissenschaftlich-technische Zusammenhänge [Bul94]. Der Begriff Technologie steht demzufolge für das Wissen über Lösungswege. PEIFFER bezeichnet Technologie als „*Bündelung naturwissenschaftlich-technischer und anwendungsorientierter Erkenntnisse im Hinblick auf mögliche technische Problemlösungen*". Sie dient somit als „*spezifische Wissensgrundlage für potentielle Produkte und Verfahren*" [Pei92].

Im Gegensatz zu der immateriellen Technologie beschreibt BULLINGER **Technik** als die „*materiellen Ergebnisse der Problemlösungsprozesse, ihre Herstellungsprozesse und ihren Einsatz*" [Bul94]. GERPOTT definiert Technik als „*in Produkten oder Verfahren materialisierte und auf die Lösung bestimmter praktischer Probleme ausgerichtete Anwendung von Technologien*" [Ger05]. Bild 1.6 ordnet die beiden Begriffe im Kontext der Problemlösung ein.

BILD 1.6 Zusammenspiel zwischen Technologie und Technik im Systemansatz für Forschungs- und Entwicklungsprozesse nach BULLINGER [Bul94]

Technologien unterliegen einem Lebenszyklus. Dies führt zur Unterscheidung in Schrittmacher-, Schlüssel- und Basistechnologien:

- **Schrittmachertechnologien** sind neu entstehende Technologien mit großem Weiterentwicklungspotential. Sie befinden sich noch in einem frühen Entwicklungsstadium, haben aber in einigen Nischen bereits Verbreitung gefunden. Dennoch sind sie für den gegenwärtigen Wettbewerb noch nicht entscheidend. Breite Anwendungsfelder sind oftmals nicht bekannt. Ein Beispiel ist die Nanotechnologie.
- **Schlüsseltechnologien** beeinflussen die Wettbewerbssituation entscheidend. Sie bilden die Grundlage für die Schaffung von Wettbewerbsvorteilen. Diese Adaption einer Technologie durch den Massenmarkt eröffnet oftmals eine Vielzahl an Weiterentwicklungspotentialen. Eine Schlüsseltechnologie der letzten Jahrzehnte bis heute ist die Mikroelektronik.
- **Basistechnologien** werden von allen Konkurrenten einer Branche beherrscht und entsprechend in vielen Produkten und Verfahren eingesetzt. Ein Beispiel für eine solche ausgereifte Technologie stellt die NC-Steuerung für Werkzeugmaschinen dar.

Um den Bezug zur Innovation herzustellen, ist das Anfang der 1980er Jahre von MCKINSEY entwickelte Substitutionspotential-Konzept von Interesse. Trägt man dabei die Leistungsfähigkeit einer Technologie über dem kumulierten F&E-Aufwand auf, so ergibt sich in vielen Fällen eine idealtypische S-Kurve (Bild 1.7). Sie zeigt, dass sich die Leistungsfähigkeit reifer Technologien, sogenannter Basistechnologien, durch zusätzliche F&E-Investitionen nicht mehr signifikant erhöhen lässt. Daher ist hier der Wechsel zu einer alternativen Technologie in Erwägung zu ziehen, die die Basistechnologie substituiert. In Bild 1.7 ist der idealtypische Fall dargestellt. Danach führt der Wechsel auf die neue Technologie direkt zu einer Steigerung des Nutzens. Häufig ist es jedoch so, dass die neue Technologie ein wesentlich höheres Nutzenpotential bietet, aber noch eine lange Durststrecke zu durchlaufen ist, bis der Einsatz der neuen Technologie tatsächlich zu signifikanten Wettbewerbsvorteilen führt. In diesem Fall, der eher die Regel ist, wäre wie in Bild 1.7 angedeutet der Beginn der Kurve der neuen Technologie unterhalb der Ausgangskurve anzuordnen. Die im Bild genannten vier Beispiele sollen das Prinzip der S-Kurve verdeutlichen. Beispielsweise fand beim Telefon der Wechsel von der analogen auf die digitale Technik schon vor Jahrzehnten statt. Für die Bahntechnik ist festzustellen, dass wir uns noch in einer Übergangsphase befinden, d. h. es existieren jeweils Er-

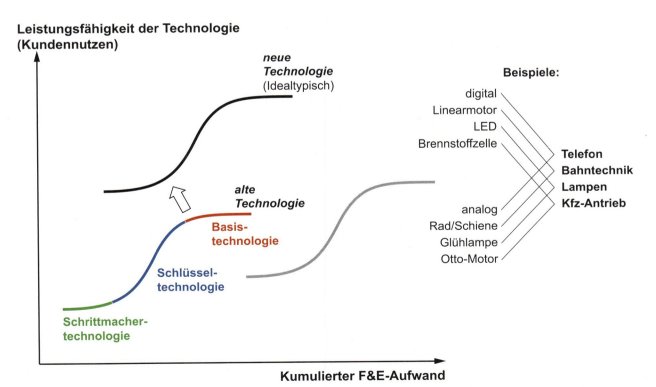

BILD 1.7 S-Kurve der Technologieentwicklung nach MCKINSEY

zeugnisse mit der alten und der neuen Technologie. Im Bereich Lampen und Leuchten wird derzeit der Wechsel auf die Technik LED (Light Emitting Diode) vollzogen. Derzeit ist es noch unklar, ob es beim Kfz-Antrieb zu einem Übergang vom klassischen Verbrennungsmotor zur Brennstoffzelle kommt, weil die Brennstoffzelle noch nicht die Leistungsfähigkeit der Basistechnologie Verbrennungsmotor hat und diese wiederum noch Nutzenpotentiale aufweist.

Die Beispiele verdeutlichen: Technologiesubstitutionen sind charakteristisch für Innovationen. Ob es sich um eine Innovation handelt, wird auch vom Zielmarkt bestimmt. Bild 1.8 zeigt den Einfluss von Zielmarkt und der Position auf der S-Kurve auf Chancen und Risiken einer möglichen Innovation. Die Kombination von Basistechnologien mit bestehenden Märkten löst bestenfalls Folgeinnovationen aus. Werden hingegen neue Märkte bearbeitet bzw. geschaffen, so können selbst Basistechnologien zu grundlegenden Innovationen führen, die hier als Basisinnovationen bezeichnet werden.

Neben dem Technologiereifegrad hat auch der Reifegrad der Industrie Einfluss auf die Innovation. Nach UTTERBACK ist die jeweilige Wirkung vom „Alter" der Industrie und dem Gegenstand abhängig; er greift dafür die Unterscheidung zwischen Produkten und Leistungserstellungsprozessen auf [Utt94]. Seine empirischen Untersuchungen zeigen, dass es in einer „alten" Industrie heute vorrangig auf Prozessinnovationen ankommt – z. B. in der Automobilindustrie. „Junge" Industrien, wie z. B. die Bioindustrie, erzielen eine höhere Wettbewerbswirkung mit Forschungsaktivitäten, die auf Produktinnovationen abzielen. GRENZMANN ET AL. belegen diese Untersuchungen, indem sie den „alten" Industrien Energie- und Wasserversorgung sowie Bergbau die „junge" mikroelektronische Industrie gegenüberstellen [GMR+04]. Während die „alten" Industrien 13–25 % ihrer Forschungs- und Entwicklungsaufwendungen in Produktinnovationen investierten, entfielen bei der „jungen" Industrie 77 % auf die Entwicklung neuer Produkte.

Innovationen werden also von einer Vielzahl unternehmensinterner und -externer Faktoren beeinflusst. Unternehmen stehen somit vor der Herausforderung, die Planungs-, Organisations-, Durchführungs- und Kontrollaktivitäten im Produktentstehungsprozess zu koordinieren. Hier ergeben sich drei Aufgabenbereiche: das Innovationsmanagement, das Forschungs- und Entwicklungsmanagement sowie das Technologiemanagement. Diese Bereiche sind eng miteinander verknüpft, bzw. sie überlappen sich. Diskussionsgegenstand der Literatur ist die Frage nach dem Zusammenhang dieser Funktionsbereiche – insbesondere die Frage, ob das F&E-Management die innovative Anwendung von Technologien vollständig abdeckt (Bild 1.9 „Sichtweise 1") oder ob sie als Schnittmenge von Innovationsmanagement und Technologiemanagement zu verstehen ist, was der Sichtweise 2 in Bild 1.9 entspräche [Ger05].

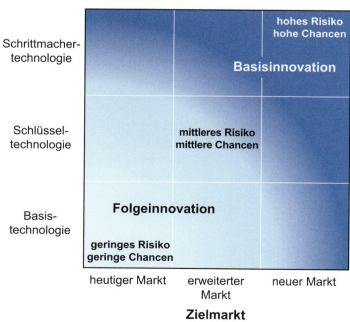

BILD 1.8
Grad der Veränderung in Abhängigkeit von Technologie und Zielmarkt (nach KROY) [Kro95]

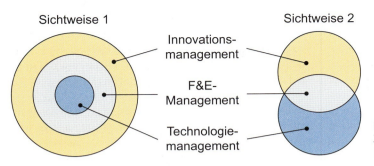

BILD 1.9
Zwei Sichtweisen zur Positionierung von Technologie-, F&E- und Innovationsmanagement nach GERPOTT [Ger05]

In zwei Punkten herrscht weitgehend Übereinstimmung: Forschung und Entwicklung ist als ein Teil eines größeren Aufgabengebiets von betriebswirtschaftlichen Innovationsprozessen zu verstehen. Ferner ist ein Großteil der Autoren der Auffassung, dass F&E-Aktivitäten in Technologien münden [Ger05]. Wir orientieren uns demzufolge an der zweiten Sichtweise und verstehen F&E-Management als Verbindung von Technologiemanagement und Innovationsmanagement. So gehören z. B. Entscheidungen hinsichtlich der Nutzung alter Technologien zum Technologiemanagement und sind nicht Bestandteil des Innovationsmanagements.

1.1.2 Ansatzpunkte für Innovationen

Angesichts des weit gefassten Innovationsbegriffes und der Fülle an Möglichkeiten für Innovationen liefern wir im Folgenden ansatzweise eine Systematik von konkreten Ansatzpunkten für Innovationen. Dies beginnt mit einer Klassifizierung industrieller Produkte unter besonderer Berücksichtigung von Dienstleistungen, geht über die klassischen Ansätze Produkt-Markt-Matrix, Market Pull/Technology Push und dem Innovationswürfel bis hin zu Innovationspfaden abseits F&E-basierter Produktinnovationen.

1.1.2.1 Klassifizierung industrieller Produkte

Wir konzentrieren uns auf industrielle Produkte, die Ergebnis der industriellen Produktion nach SPUR sind [Spu79]. Entsprechend Bild 1.10 gliedern sich industrielle Produkte zunächst nach der Art der Verwendung in Verbrauchs- und Gebrauchsgüter. **Verbrauchsgüter** gehen in andere Güter ein (z. B. Eisen in Stahl), in andere Substanzen über (z. B. Fette und Öle in Seifen) oder tragen zum Prozessablauf bei (z. B. Schmieröle). **Gebrauchsgüter** sind Erzeugnisse, die in Kombination mit anderen Ressourcen Produktionsvorgänge bewirken können und dem mehrmaligen Gebrauch dienen (z. B. Werkzeuge) [Gab00].

Produktinnovationen in unserem Sinne beziehen sich auf Gebrauchsgüter. Die weitere Aufgliederung der Gebrauchsgüter führt, je nachdem ob diese materiebehaftet sind oder nicht, zu materiellen Produkten bzw. Sachleistungen, hybriden Produkten bzw. hybriden Leistungsbündeln und immateriellen Produkten bzw. Dienstleistungen.

Sachleistungen sind als materielle Produkte das Ergebnis von Produktionsprozessen. Unser Fokus liegt auf Stückgütern bzw. technischen Systemen, die in diskreten Prozessen der Fertigungstechnik hergestellt werden. EHRLENSPIEL beschreibt technische Systeme als „*künstlich erzeugte geometrisch-stoffliche Gebilde, die einen bestimmten Zweck (Funktion) erfüllen, also Operationen (physikalische, chemische, biologische Prozesse) bewirken*" [Ehr07].

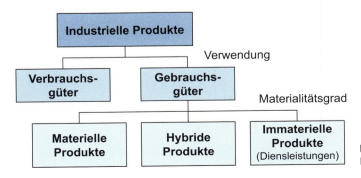

BILD 1.10
Klassifizierung industrieller Produkte

1 Innovationen – Unternehmerischer Erfolg jenseits eingefahrener Wege

Dienstleistungen sind immaterielle Produkte, in deren Mittelpunkt der Einsatz oder die Bereitstellung einer Leistungsfähigkeit steht [BM12]. Bei produzierenden Unternehmen wird daher von industriellen Dienstleistungen gesprochen [HG96]. Sie stehen in direkter oder indirekter Verbindung mit einer Sachleistung und gehen in die Wertschöpfungsprozesse des Nachfragers ein [Fuc07]. SPATH und DEMUß unterscheiden industrielle Dienstleistungen zudem nach produktbegleitenden Dienstleistungen und Performance Contracting-Leistungen. Produktbegleitende Dienstleistungen werden vom Industriegüterhersteller zusätzlich zu seinen Sachleistungen angeboten, um den Absatz durch eine Steigerung des Kundennutzens zu erhöhen. Performance Contracting-Leistungen sind Leistungen auf Basis der Industriegüter, die über konventionelle Dienstleistungen deutlich hinaus gehen [SD06a]. Beispiele sind das CPU-Konzept von BASF, bei dem der Kunde nicht mehr für die gelieferte Menge Lack, sondern für die fehlerfrei lackierte Karosserie bezahlt, oder das Produktportfolio CharterWay von Mercedes-Benz, bei dem das Unternehmen zusätzlich zu seinen (Nutz-)Fahrzeugen auch den Fahrer sowie Projekt-, Event- und Managementdienstleistungen anbietet. Den Trend hin zu innovativen Dienstleistungskonzepten unterstreicht auch eine Untersuchung des FRAUNHOFER ISI mit dem Titel „Nutzen statt Produkte kaufen" (vgl. Kasten). In Hinblick auf die unternehmerischen Erfolgspotentiale im Bereich von Dienstleistungen ist der Begriff **Hybride Leistungsbündel (HLB)** bekannt geworden, der einen Paradigmenwechsel in der Entwicklung und Erbringung von Dienstleistungen charakterisiert. Ein hybrides Leistungsbündel ermöglicht durch eine integrierte Planung, Entwicklung, Erbringung und Nutzung von Sach- und Dienstleistungen die optimale Gestaltung der Marktleistung. Dies eröffnet neue Perspektiven insbesondere für den Maschinen- und Anlagenbau. Im Folgenden wird anhand der Arbeiten von MEIER und UHLMANN auf diese Thematik näher eingegangen [MUK05].

In Bild 1.11 werden Leistungsbündel in einer Typologisierung von Sach- und Dienstleistungen positioniert. Es wird deutlich, dass es fließende Übergänge von materieller zu immaterieller und von autonomer zu integrativer Leistung gibt. Die Erweiterung des von ENGELHARDT geprägten Begriffs der Leistungsbündel, d.h. Verbund aus Sach- und Dienstleistungen, um das Attribut „hybrid" verdeutlicht die Möglichkeit der Substitution von Sach- und Dienstleistungsanteilen innerhalb eines hybriden Leistungsbündels in Abhängigkeit von dem zugrunde liegenden Geschäftsmodell.

Durch die Integration der Sach- und Dienstleistungsanteile verbunden mit der Möglichkeit, die Grenzen zwischen Sach- und Dienstleistungen variabel zu gestalten, können hybride Leistungsbündel in besonders hohem Maße die Kundenanforderungen erfüllen. So reicht die Bandbreite der Leistung von der reinen Sachleistung, bei der der Kunde alle nach dem Kauf auftretenden Aufgaben (Werterhaltung, Mitarbeiterschulung, Prozessoptimierung etc.) selbst durchführt, bis hin zu komplexen Betreibermodellen, in deren Rahmen der Kunde lediglich für den erzielten Nutzen (z.B. eine lackierte Karosserie) zahlt. Bild 1.12 verdeutlicht dieses breite Spektrum an Leistungen und insbesondere die Ausprägungen von hybriden Leistungsbündeln.

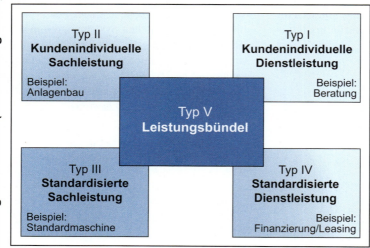

BILD 1.11 Typologisierung von Leistungsbündeln nach ENGELHARDT [EKR93]

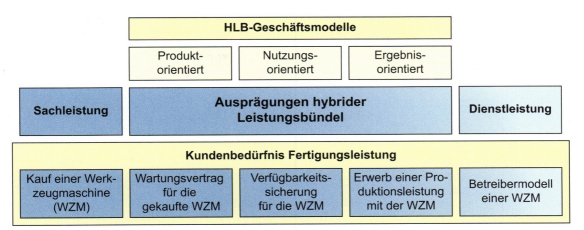

BILD 1.12 Das Spektrum der Marktleistung und Ausprägungen hybrider Leistungsbündel nach MEIER, UHLMANN und KORTMANN [MUK05]

Ein funktionsorientiertes bzw. **produktionsorientiertes Geschäftsmodell** umfasst zum Beispiel einen Wartungsvertrag, um die Funktionsfähigkeit über einen vereinbarten Zeitraum sicherzustellen. Bei einem **nutzungsorientierten Geschäftsmodell** wird zusätzlich eine Verfügbarkeit garantiert, durch die der Ausrüster erstmalig Geschäftsprozesse des Kunden eigenverantwortlich übernimmt, und dadurch einen Teil des Produktionsrisikos trägt. Er verantwortet somit alle Prozesse, die die Verfügbarkeit sichern, wie etwa Wartung oder vorbeugende Instandhaltung. Bei einem **ergebnisorientierten Geschäftsmodell** geht die Verantwortung für das Produktionsergebnis auf den Ausrüster über, da die Kunden nur nach fehlerfrei produzierten Teilen abrechnen.

Durch die konsequente Ausrichtung des Leistungsangebots am jeweiligen Kundennutzen übernimmt der Anbieter zunehmend Aufgaben, die zuvor durch die Kunden ausgeführt wurden. Somit ändert sich das Kunden-Lieferanten-Verhältnis von einer Anbieter-Käufer-Beziehung zu einer engen Kooperation [CC04].

NUTZEN STATT PRODUKTE KAUFEN – VERBREITUNG UND EFFEKTE NEUER PRODUKT-DIENSTLEISTUNGS-KONZEPTE IM DEUTSCHEN VERARBEITENDEN GEWERBE – EINE UNTERSUCHUNG VON FRAUNHOFER ISI

Seit einigen Jahren ist ein Wandel in den Geschäftsmodellen produzierender Unternehmen zu beobachten: Nicht mehr das Produkt, sondern die Nutzung des Produktes bildet den Kern der angebotenen Marktleistung. Dazu wird das bestehende Produktportfolio um innovative Dienstleistungskonzepte erweitert. Bild 1 zeigt verschiedene Formen, wie derartige Produkt-Dienstleistungskombinationen ausgestaltet sein können: Im Rahmen von **Verfügbarkeitsgarantien** werden dem Kunden beispielsweise Wartungsverträge angeboten, die eine gesteigerte Verfügbarkeit seiner Maschinen oder Anlagen garantieren. **Garantierte Lebenszykluskosten** beschreiben ein Konzept, bei dem der Kunde eine Garantie über die Einhaltung der Kosten erhält, die im Laufe der Nutzungsdauer einer Maschine oder Anlage entstehen. Ein sogenannter **Vertrag über laufende Optimierung** garantiert dem Kunden eine technische Anwendungsberatung, um die Maschine oder Anlage optimal nutzen und deren wirtschaftlichen Potentiale vollumfänglich erschließen zu können. Das **Pay on Production** Konzept sieht vor, dass der Kunde lediglich für die Nutzung der Maschine bzw. Anlage in Abhängigkeit der hergestellten Produkte zahlt. Alle mit dem Betrieb des Produktes verbundenen Tätigkeiten werden vom Dienstleistungsanbieter übernommen. Beim **Chemikalienmanagement/-leasing** werden die Chemikalien nicht gekauft, sondern deren Funktion, wie Lösen, Reagieren, Reinigen etc. wird erworben.

Insgesamt führen Produkt-Dienstleistungs-Kombinationen zu einer Rekonfiguration der Wertschöpfungskette im verarbeitenden Gewerbe, indem Prozesse und Verantwortlichkeiten vom Kunden zum Anbieter der Dienstleistung übergehen. Im Jahr 2010 nahmen bereits ein Viertel aller Betriebe in Deutschland entsprechende Leistungsangebote in Anspruch. Innerhalb der Konzepte lassen sich je-

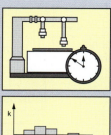
- **Verfügbarkeitsgarantien**
  Der Betriebszustand des Investitionsguts beim Kunden wird überwacht und Wartungsverträge garantieren eine gesteigerte Verfügbarkeit.

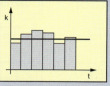
- **Garantierte Lebenszykluskosten**
  Der Kunde erhält eine Garantie über die im Laufe der Nutzungsdauer einer Maschine entstehenden Lebenszykluskosten (Total Cost of Ownership).

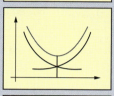
- **Vertrag über laufende Optimierung**
  Dem Kunden wird durch eine technische Anwendungsberatung garantiert, die Maschine optimal nutzen zu können, so dass er deren wirtschaftliche Potentiale voll erschließen kann.

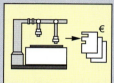
- **Pay on Production**
  Der Kunde zahlt für die Nutzung der Produkte, die mit der Maschine hergestellt werden. Der Anbieter übernimmt dabei alle mit der Produktion verbundenen Tätigkeiten.

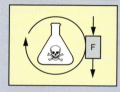
- **Chemikalienmanagement/-leasing**
  Die Kunden kaufen nicht Chemikalien, sondern erwerben die Funktion von Chemikalien, wie Lösen, Reagieren, Reinigen etc.

BILD 1 Beispiele für Produkt-Dienstleistungs-Konzepte nach FRAUNHOFER ISI

doch erhebliche Unterschiede feststellen: Während bereits 16 Prozent aller Betriebe Verfügbarkeitsgarantien nutzen, liegt die Inanspruchnahme von Pay on Production-Modellen bei lediglich 4 Prozent. Alles in allem finden Produkt-Dienstleistungs-Kombinationen vermehrt Anwendung in Betrieben, die ihre Investitionsvorhaben auf der Basis ihrer Lebenszykluskosten bewerten und nicht nur den Anschaffungspreis einer Maschine oder Anlage als Entscheidungsgrundlage zu Rate zu ziehen [Fra10].

Literatur:
[Fra10] FRAUNHOFER (Hrsg.): Fraunhofer ISI Mitteilung zur Modernisierung der Produktion. Ausgabe 53, April 2010

1.1.2.2 Produkt-Markt-Matrix

Die auf ANSOFF zurückgehende Matrix verdeutlicht Ansatzpunkte für Innovationen auf Basis der zwei Dimensionen Marktleistungen (Produkte und Dienstleistungen) und Märkte (Bild 1.13). Daraus ergeben sich zunächst vier grundsätzliche Geschäftsoptionen:

- **Marktdurchdringung:** Hier wird versucht, den bekannten Markt mit den vorhandenen Marktleistungen auszuschöpfen. Übliche Ansätze sind eine erhöhte Kaufrate zu erreichen, Kunden der Konkurrenz sowie Neukunden zu gewinnen.
- **Marktentwicklung:** Hier wird mit der vorhandenen Marktleistung ein bisher nicht erschlossener Markt bearbeitet, beispielsweise durch geographische Ausweitung oder Erschließung neuer Käuferschichten.
- **Produktentwicklung:** Hier werden Lücken im bekannten Markt erschlossen, indem
  - neue Produkteigenschaften für bekannte Produkte entwickelt werden,
  - verschiedene Varianten eines Produktes entwickelt werden oder
  - neue Produkte entwickelt werden, die bisher nicht im Produktprogramm des Unternehmens standen, ggf. aber von den Wettbewerbern angeboten werden.

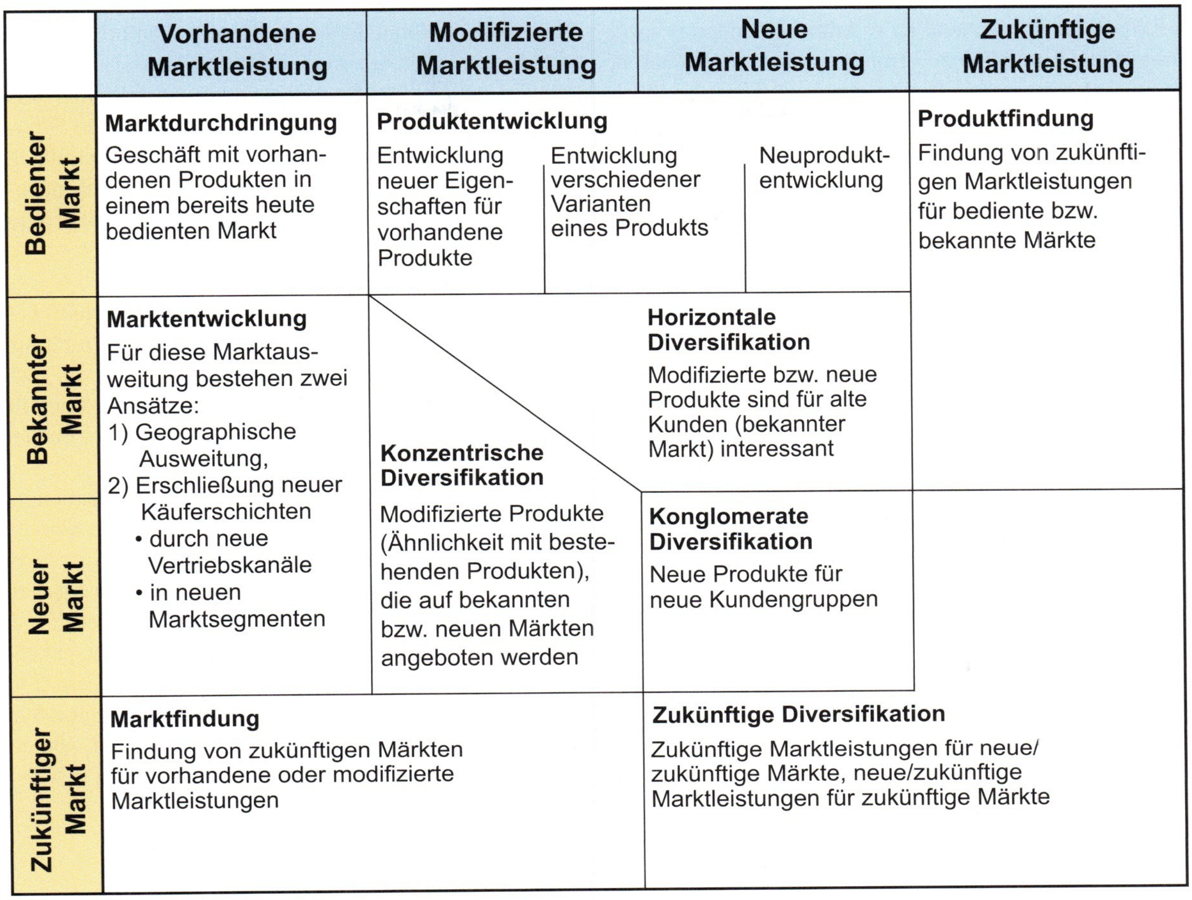

1.1 Was sind Innovationen?

	Vorhandene Marktleistung	Modifizierte Marktleistung	Neue Marktleistung	Zukünftige Marktleistung
Bedienter Markt	**Marktdurchdringung** Geschäft mit vorhandenen Produkten in einem bereits heute bedienten Markt	**Produktentwicklung** Entwicklung neuer Eigenschaften für vorhandene Produkte / Entwicklung verschiedener Varianten eines Produkts	Neuproduktentwicklung	**Produktfindung** Findung von zukünftigen Marktleistungen für bediente bzw. bekannte Märkte
Bekannter Markt	**Marktentwicklung** Für diese Marktausweitung bestehen zwei Ansätze: 1) Geographische Ausweitung, 2) Erschließung neuer Käuferschichten • durch neue Vertriebskanäle • in neuen Marktsegmenten	**Konzentrische Diversifikation** Modifizierte Produkte (Ähnlichkeit mit bestehenden Produkten), die auf bekannten bzw. neuen Märkten angeboten werden	**Horizontale Diversifikation** Modifizierte bzw. neue Produkte sind für alte Kunden (bekannter Markt) interessant	
Neuer Markt			**Konglomerate Diversifikation** Neue Produkte für neue Kundengruppen	
Zukünftiger Markt	**Marktfindung** Findung von zukünftigen Märkten für vorhandene oder modifizierte Marktleistungen		**Zukünftige Diversifikation** Zukünftige Marktleistungen für neue/zukünftige Märkte, neue/zukünftige Marktleistungen für zukünftige Märkte	

BILD 1.13 Erweiterte Produkt-Markt-Matrix

- **Diversifikation:** Bei der Diversifikation werden neue Märkte mit neuen Produkten bearbeitet. Dabei werden zunächst drei Formen unterschieden:
  - *Konzentrische Diversifikation:* Hier werden modifizierte Produkte auf bekannten bzw. neuen Märkten angeboten.
  - *Horizontale Diversifikation:* Hier sind modifizierte bzw. neue Produkte für alte Kunden (bekannter Markt) interessant.
  - *Konglomerative Diversifikation:* Hier handelt es sich um den Fall, dass bisher nicht bedienten Kundengruppen neue Marktleistungen angeboten werden sollen.

Diese traditionelle Matrix lässt sich um zukünftige Märkte und Marktleistungen erweitern, so dass sich weitere strategische Optionen ergeben:

- **Marktfindung:** Hier soll mit den vorhandenen oder modifizierten Marktleistungen ein künftiger Markt identifiziert und bearbeitet werden.
- **Produktfindung:** Diese Option beschreibt die Möglichkeit, auf bereits bedienten oder bekannten Märkten völlig neue Marktleistungen anzubieten, die es bisher in dieser Form nicht gibt.
- **Zukünftige Diversifikation:** Hier werden völlig neue Marktleistungen den bisher nicht bedienten Kundengruppen angeboten oder bisher nicht erstellte Marktleistungen völlig neuen Kundengruppen angeboten.

In der Matrix steigt das operative Risiko von links oben („Schuster bleib bei deinen Leisten") nach rechts unten („Aufbruch zu neuen Ufern"). Das ist der Grund, warum Unternehmen in schwierigen Zeiten eher dazu neigen, sich auf das sogenannte Kerngeschäft zu konzentrieren. Die Kehrseite der Medaille ist, dass sie so unter Umständen die Entwicklung der Geschäfte von morgen und somit Erfolg versprechende Geschäftschancen verpassen.

1.1.2.3 Market Pull und Technology Push

Auf der Suche nach Innovationen bieten sich die Ansätze Market Pull und Technology Push bzw. deren Kombination an. Nach GERPOTT beschreibt **Market Pull** das Streben des Marktes nach Erfüllung von Kundenbedürfnissen

[Ger05]. Dementsprechend ist es entscheidend, das sogenannte Kundenproblem zu verstehen und zu analysieren, was zu Anforderungen an eine potentielle Lösung führt. Leider teilen uns die Kunden lediglich ihre heutigen Probleme mit und nicht die, die sie morgen haben könnten. Die Folge sind inkrementelle Verbesserungen bzw. Folgeinnovationen, deren Bedeutung oft zurückgegangen ist, wenn sie implementiert wurden, da sich die Welt inzwischen weiterentwickelt hatte; Innovationssprünge im Sinne von Basisinnovationen kommen auf diese Weise kaum zustande. Eine weitere Beobachtung ist, dass die Kunden die Vorzüge des gewohnten Produktes überbewerten und eine Abneigung gegen Verhaltensänderungen haben, die neue Lösungen häufig erfordern. Die Kunden wollen – überspitzt ausgedrückt – Verbesserungen, aber nicht wirklich Neues. Selbstredend bestätigen Ausnahmen die Regel. Dazu mehr im Kasten „Wann Kunden neue Produkte kaufen" in Kapitel 1.2.2.

Der **Technology Push** beruht in der Regel auf einer neuen Technologie, die Ergebnis von Grundlagenforschung ist. Ein physikalisches Phänomen wird durch Grundlagenforschung erklärt und zu einem Wirkprinzip, das im Sinne der Konstruktionsmethodik eine Funktion realisiert, aufbereitet. Die Herausforderung ist nun, die Kundenprobleme zu finden, deren Lösung Funktionen aufweisen, die durch dieses neue Wirkprinzip besonders vorteilhaft realisiert werden können. Typische Beispiele für diese Situation sind die Mikrosystemtechnik und die Nanotechnik. Trotz faszinierender Anwendungserfolge stellen sich nach wie vor Fragen der Art, wo beispielsweise ein sandkorngroßes Zahnrad Nutzen stiften könnte.

Beide Ansätze sind in Bild 1.14 gegenübergestellt. Ferner ist dargestellt, in welchen prinzipiellen Schritten und unter Einsatz welcher Methoden die Verbindung von Technologie und Markt entwickelt werden kann. Dies detailliert zu beschreiben ist der Zweck des vorliegenden Buches.

Tendenziell ergeben sich bahnbrechende Innovationen auf der Basis neuer Technologien und insbesondere dann, wenn sie auf Märkte mit einem erheblichen Nutzenpotential stoßen. Solche Innovationen ergeben sich sozusagen im Schnittpunkt von Technology Push und Market Pull. Dies gilt für den Transistor, der entscheidend zur Erschließung des Nutzenpotentials der elektronischen Datenverarbeitung beitrug, die Digitalisierung der Telekommunikation, die das Bedürfnis der Menschen nach mobiler Kommuni-

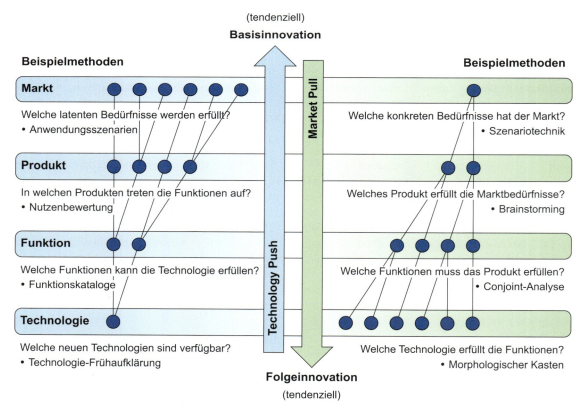

BILD 1.14 Überbrückung des Spannungsfeldes zwischen Technology Push und Market Pull nach BULLINGER ET AL. [BGR+07]

kation erfüllte, und die NC-Technik, die das Paradigma der flexiblen Automation ermöglicht. Organische Elektronik, insbesondere Organische Leuchtioden (OLED) sind ein aktuelles Beispiel für einen Schnittpunkt von Technology Push und einem zukünftigen Market Pull [aca11]: Großflächige Displays, die in naher Zukunft die Wände eines Raumes bedecken können, eröffnen faszinierende Möglichkeiten, die eigentlich nur durch unsere Phantasie begrenzt sind, beispielsweise Virtual Reality-Anwendungen, die einen Großteil der Reisen überflüssig machen oder gänzlich neue Transaktionen in der Arbeitswelt bieten.

1.1.2.4 Stoßrichtungen im Innovationswürfel

Neben den bereits bekannten Innovationsdimensionen Markt und Produkt (vgl. auch Produkt-Markt-Matrix nach ANSOFF) haben wir im Kontext industrielle Produktion als weitere Dimensionen die Produktionstechnologie erkannt und darauf aufbauend den sogenannten Innovationswürfel kreiert (Bild 1.15) [GLS04]. Charakteristisch für die Ausprägungen einer Dimension ist der jeweilige Innovationsgrad. Insgesamt ergeben sich acht Segmente im Innovationswürfel, von denen sich sechs als relevant erwiesen haben und Stoßrichtungen für Innovationen verkörpern. Diese werden im Folgenden kurz beschrieben.

- **Marktdurchdringung:** Vorhandene Marktpotentiale ausschöpfen. In bisher bedienten Märkten sollen mit der vorhandenen Marktleistung und den Fertigungstechnologien die Erfolgspotentiale der bearbeiteten Märkte konsequent ausgeschöpft werden.
- **Marktinnovation:** Neue Märkte erschließen. Die vorhandene Marktleistung (bestehende Produkte inkl. Produktionstechnologien) soll auf neue Anwendungen und Märkte übertragen werden.
- **Produktinnovation:** Neue Produkte entwickeln. Ziel ist die Entwicklung eines neuen Produktes oder einer neuen Produkttechnologie für einen vom Unternehmen bereits bedienten Markt. Dies soll mit den bestehenden Kompetenzen der Fertigung erreicht werden.
- **Produktionsinnovation:** Neue Fertigungstechnologien und -prozesse entwickeln. Weiterentwicklung von Kernkompetenzen auf dem Gebiet der Fertigung; rechtzeitiges Erkennen und Erschließen von Substitutionstechnologien.
- **Markt-Produkt-Innovation:** Vorhandene Fertigungskompetenzen in Innovationen umsetzen. Das entspricht der Diversifikation, wobei aber bewusst auf den Fähigkeiten der Fertigung aufgebaut wird.
- **Produkt-Produktions-Innovation:** Häufig determinieren neue Fertigungstechnologien bereits das Produkt-

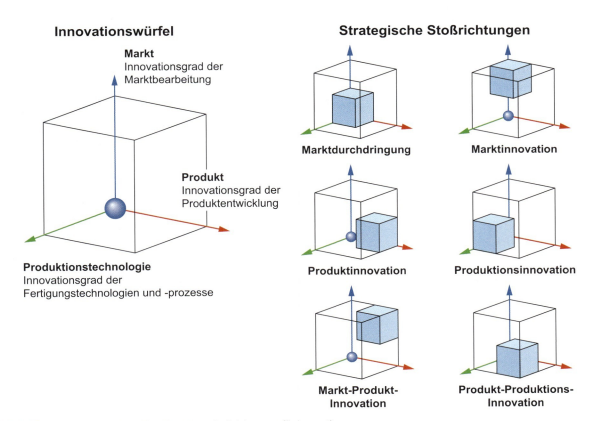

BILD 1.15 Innovationswürfel zur Einordnung von Stoßrichtungen für Innovationen

konzept, bzw. neue Produktkonzepte erfordern innovative Fertigungstechnologien und Produktionssysteme. In diesen Fällen sind Produkt und Produktionssystem integrativ zu entwickeln.

1.1.2.5 Innovationspfade abseits F&E-basierter Produktinnovation

Weitere Ansätze für Innovationen ergeben sich aus der von FRAUNHOFER ISI regelmäßig durchgeführten Produktionsinnovationserhebung in Betrieben der Metall- und Elektroindustrie [KLW04]. Neben einer auf F&E setzenden Innovationsstrategie, die primär auf Produkte abzielt, gibt es drei zusätzliche Ansätze für Innovationen. Diese insgesamt vier Innovationspfade resultieren aus dem in Bild 1.16 dargestellten Portfolio, das durch zwei Achsen aufgespannt wird.

- Der Gegenstand der Innovation kann das **Produkt** oder der **Prozess** im Sinne von Leistungserstellungsprozess sein.
- Die Art der Innovation kann **technologisch** (technisch) oder **organisatorisch** (nicht technisch) sein.

Im Folgenden werden die drei neuen Innovationspfade kurz charakterisiert. Grundsätzlich stehen sie orthogonal zu den bisher eingeführten Ansätzen, wenngleich sich hier und da auch Ähnlichkeiten mit bereits vorgestellten zeigen. Wir werden im Folgenden kurz darauf hinweisen.

Wachstum mit innovativen Produkt-Dienstleistungs-Kombinationen: Die Hauptmotivation für diesen Innovationspfad ergibt sich aus der vielfach anzutreffenden Gegebenheit, dass ein technologisch führendes Produkt allein für den Erfolg nicht ausreicht, weil beispielsweise die Mitbewerber die technologische Entwicklung rasch nachvollziehen können. Daher gilt es insbesondere im Maschinen- und Anlagenbau, in Ergänzung und in Symbiose mit dem Produkt Dienstleistungen anzubieten. Dies geht in Richtung der bereits beschriebenen hybriden Leistungsbündel.

Wachstum durch innovative Organisation: Dieser Innovationspfad zielt auf die Leistungserstellungsprozesse bzw. die Ablauforganisation sowie auch auf die Unternehmenskultur ab. Es handelt sich im Prinzip um einen geschickten Mix aus Verfahrens- und Verhaltensinnovationen. Die Ansätze Lean Production und Fraktale Fabrik fallen in diese Kategorie.

Wachstum mit innovativer Prozesstechnik: Hier geht es um Technologien zur effizienten Gestaltung der Leistungserstellungsprozesse. Dies können beispielsweise neue Fertigungstechnologien wie MID (Molded Interconnect Devices) im Bereich der Integration von Mechanik und Elektronik oder thermomechanisch gekoppelte Um-

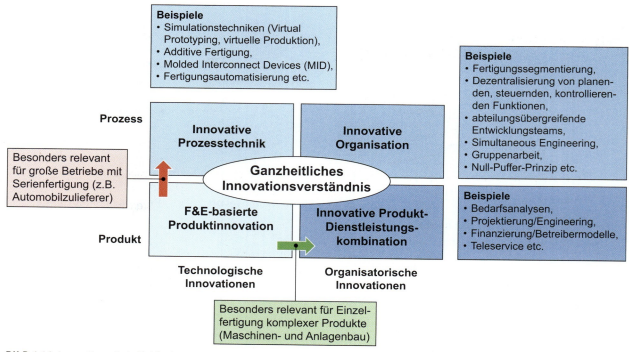

BILD 1.16 Innovationspfade für Wachstum in Ergänzung zur Produktinnovation, nach FRAUNHOFER ISI

formprozesse zur Herstellung von Bauteilen mit gradierten Eigenschaften sein. Aber auch die durch die Informationstechnik getriebenen Verfahren wie Virtual Prototyping und Digitale Fabrik zählen zur innovativen Prozesstechnik. Dieser Innovationspfad entspricht zum Teil der Stoßrichtung Technologieinnovation nach dem Innovationswürfel. In Bild 1.16 ist angedeutet, dass insbesondere große Unternehmen ausgehend von der Produktinnovation in Richtung innovative Prozesstechnik gehen.

Der Untersuchung des FRAUNHOFER ISI zufolge haben die drei geschilderten Innovationspfade in den untersuchten Branchen zu deutlich mehr Wachstum und Beschäftigung geführt als der klassische Innovationspfad, der auf F&E-getriebenen Produktinnovationen beruht [KLW04]. Vor diesem Hintergrund kann nur empfohlen werden, auf der Suche nach Innovationen auch diese Systematik ins Kalkül zu ziehen.

1.1.3 Innovationsleistung und -metriken

Wie innovativ sind wir? Wie innovativ könnten wir sein? Was müssen wir dafür tun, um noch innovativer zu werden? Das sind Fragen, die die Innovationsleistung und Innovationsfähigkeit eines Unternehmens adressieren und für jedes Unternehmen eine hohe Bedeutung aufweisen. Selbstredend gilt dies im übertragenen Sinne auch für die Wirtschaftsmacht Deutschland, da diese im Wettbewerb mit anderen Nationen steht. Darauf gehen wir im folgenden Kasten ein. An dieser Stelle betrachten wir einzelne Unternehmen.

Unter der **Innovationsleistung** verstehen wir das Ergebnis der zielgerichteten Innovationsbemühungen von Menschen in Verbindung mit dem Einsatz von Ressourcen pro Zeiteinheit; sie wird ex post gemessen. Die **Innovationsfähigkeit** ist das Potential eines Unternehmens unter gegebenen internen und externen Bedingungen Innovationsbemühungen zu leisten; sie wird ex ante gemessen. Die Innovationsleistung und erst recht die Innovationsfähigkeit sind nicht ohne weiteres messbar; lediglich indirekte Kriterien, sogenannte Indikatoren können zur Messung herangezogen werden.

Um die Innovationsleistung bzw. den Erfolg von Innovationsbemühungen zu messen, ist eine erfolgreiche Markteinführung erforderlich. Ist also einmal der wirtschaftliche Erfolg eines Produkts gewiss, so lässt sich die Innovationsleistung anhand von Indikatoren indirekt messen. GERPOTT bezeichnet dies als vergangenheitsorientierte zurückschauende Messung [Ger05]; HAUSCHILDT und SALOMO nennen es Evaluierung [HS11]. Die Innovationsfähigkeit zu bewerten ist ungleich schwerer: Gegenstand ist das Potential eines Messobjekts (Personen, Unternehmen, Branchen etc.), und zwar unabhängig davon, ob Innovationen vorliegen. Es geht lediglich um das Vermögen, Innovationen zu generieren.

INNOVATIONSGESCHEHEN IN DEUTSCHLAND – BESTANDSAUFNAHME UND ANALYSE

Wohlstand braucht Beschäftigung, Beschäftigung braucht Innovation, Innovation braucht Bildung. Diese von acatech – Deutsche Akademie der Technikwissenschaften – propagierte Kausalkette unterstreicht die Bedeutung von Innovationen für die Sicherung der Zukunft des Wirtschaftsstandortes Deutschland und die Voraussetzung für die erforderliche Innovationskraft. Doch wie stellt sich die Innovationsfähigkeit Deutschlands derzeit dar? Wie innovativ ist unser Land im internationalen Vergleich? Ein Ansatz, der diese Fragestellungen zu beantworten versucht, sind **Innovationsrankings**. Sie zielen darauf ab, die Innovationsleistung von Ländern vergleichend zu bewerten und in eine Rangordnung zu bringen.

In der Literatur existieren einige Innovationsrankings, die jährlich ermittelt werden. Das methodische Vorgehen ist dabei sehr ähnlich. Zunächst wird eine größere Anzahl an Einzelindikatoren erhoben, die unterschiedliche Innovationsaspekte messen. Im Anschluss werden diese Einzelindikatoren gewichtet und zu einem Gesamtindex aggregiert. Die Indikatoren entstammen verschiedenen Bereichen wie Bildung, Wissenschaft, Gesellschaft, Politik und Recht. Anzahl und Art der Indikatoren variieren je Ranking. Es kommen sowohl quantitative Indikatoren (aus offiziellen, statistischen Quellen stammend, z. B. Eurostat), als auch qualitative Indikatoren (auf Experteneinschätzungen beruhend) zum Einsatz [Eur17a].

Tabelle 1 zeigt die Position Deutschlands in vier unterschiedlichen Innovationsrankings aus dem Jahr 2017. Auffällig ist, dass jedes Ranking zu einem unterschiedlichen Ergebnis kommt. Gründe hierfür sind die oben angesprochene Zusammensetzung der Einzelindikatoren, die differierende Gewichtung der Indikatoren und das zu Grunde gelegte Länderset.

TABELLE 1 Die Positionierung Deutschlands in vier Innovationsrankings aus dem Jahr 2017

Rang	Innovations-indikator	European Innovation Scorebord	Global Innovation Index	Global Competitiveness Index	
				Gesamt	ISFS [b]
	Herausgeber: acatech, BDI Indikatoren: 38 Länder: 35	Herausgeber: Europäische Komission Indikatoren: 27 [a] Länder: 46	Herausgeber: Cornell University, INSEAD, WIPO Indikatoren: 81 Länder: 127	Herausgeber: World Economic Forum Indikatoren: 114 Länder: 137	Herausgeber: World Economic Forum Indikatoren: 16 Länder: 137
1	Schweiz	Schweiz	Schweiz	Schweiz	Schweiz
2	Singapur	Schweden	Schweden	USA	USA
3	Belgien	Dänemark	Niederlande	Singapur	**Deutschland**
4	**Deutschland**	Finnland	USA	Niederlande	Niederlande
5	Finnland	Südkorea	Großbritannien	**Deutschland**	Schweden
6	Großbritannien	Niederlande	Dänemark	Hong Kong	Japan
7	Dänemark	Großbritannien	Singapur	Schweden	Israel
8	Schweden	**Deutschland**	Finnland	Großbritannien	Finnland
9	Österreich	Kanada	**Deutschland**	Japan	Großbritannien
10	Niederland	Island	Irland	Finnland	Österreich
11	USA	Österreich	Südkorea	Norwegen	Dänemark
12	Irland	Luxemburg	Luxemburg	Dänemark	Singapur
13	Südkorea	Belgien	Island	Neuseeland	Norwegen
14	Norwegen	Norwegen	Japan	Kanada	Belgien
15	Frankreich	Irland	Frankreich	Taiwan	Taiwan

a) Außereuropäische Länder wurden auf Basis eines eingeschränkten Indikatorensets bewertet (16 von 27 Indikatoren)
b) Innovation and Sophistication Factors Subindex; neben dem Basic Requirements Subindex und dem Efficiency Enhancers Subindex einer von drei Subindizes des Global Competitiveness Index

Der **Innovationsindikator**, der von ACATECH – DEUTSCHE AKADEMIE DER TECHNIKWISSENSCHAFTEN und dem BDI – BUNDESVERBAND DER DEUTSCHEN INDUSTRIE herausgegeben wird, sieht Deutschland auf dem 4. Platz bei einer Grundgesamtheit von 35 Ländern. Als zentrales Zugpferd für Deutschlands Innovationsleistung macht er die Wirtschaft aus. Besondere Stärken sind Hightech-Exporte, technologiebasierte Neuerungen sowie die enge Zusammenarbeit von Wirtschaft und Wissenschaft. Die Leistungsfähigkeit des deutschen Bildungssystems hat sich weiter verbessert, bleibt aber noch immer hinter derjenigen der Spitzengruppe zurück. Die Handlungsempfehlungen zur Stärkung der Innovationskraft adressieren drei Stoßrichtungen: 1) Verbesserung der Bedingungen für innovatives unternehmerisches Handeln. Dazu gehört beispielsweise die Realisierung des digitalen europäischen Binnenmarkts. 2) Stärkung von Bildung und Wissenschaft. So gibt es im MINT-Bereich nach wie vor Handlungsbedarf. Im Bereich der Hochschulen ist ein Mittelaufwuchs erforderlich. 3) Kleinen und mittleren Unternehmen muss der Zugang zu Innovationsprogrammen wesentlich erleichtert werden, damit sie zumindest auf die Ressourcenstärke vergleichbarer Unternehmen der meisten anderen europäischen Ländern aufschließen können [AB17].

Das **European Innovation Scoreboard** der EUROPÄISCHEN KOMMISSION stellt Deutschland ein schlechteres Zeugnis aus. Das Ranking ermittelt einen 8. Platz unter 44 Ländern. Als Kritikpunkte werden u. a. Aspekte des Bildungssystems und die mangelnde Bereitschaft zur Vergabe von Wagniskapital angeführt [Eur17b].

Der **Global Innovation Index**, der jährlich von der CORNELL UNIVERSITY, der Business School INSEAD und der WORLD INTELLECTUAL PROPERTY ORGANIZATION (WIPO) erhoben wird, stuft Deutschland mit Platz 9 ein. Defizite identifiziert der Index u. a. in den Bereichen Infrastruktur, Investitionen, Bildung und Kreativwirtschaft. Legt man den Fokus auf den Wissens- und Technologieoutput (z. B. der Anteil von High-Tech-Unternehmen), schneidet Deutschland mit Platz 8 leicht verbessert ab. Besondere Stärken Deutschlands sieht der Index dabei im Schaffen von neuem Wissen [CIW17].

Der **Global Competitiveness Index** des WORLD ECONOMIC FORUM (WEF) sieht Deutschland als eines der innovativsten Länder. Hier erreicht Deutschland im Vergleich mit 137 Ländern Platz 5. Betrachtet man nur den **Innovation and Sophistication Factors Subindex (ISFS)**, der als einer der drei Subindizes den Fokus auf die Innovationskraft und die Professionalität der Unternehmen eines Landes legt, liegt Deutschland sogar auf Platz 3. Als Stärken führt der Index u. a. Innovationsfähigkeit und die Wirtschaftskraft an. Problematisch werden das Steuersystem wie auch die Arbeitsmarktregulierung gesehen [WEF17].

Im Großen und Ganzen fallen die Bewertungen der vier Innovationsrankings trotz abweichender Rangplätze recht ähnlich aus. Eine trennscharfe Abgrenzung, wie sie durch die Rangplätze suggeriert wird, ist ohnehin nur begrenzt möglich, da die Abstände zwischen den einzelnen Plätzen zum Teil sehr gering sind.

Literatur:
[AB17] ACATECH – DEUTSCHE AKADEMIE DER TECHNIKWISSENSCHAFTEN; BUNDESVERBAND DER DEUTSCHEN INDUSTRIE E. V. (BDI) (Hrsg.): Innovationsindikator 2017
[CIW17] CORNELL UNIVERSITY; INSEAD; WORLD INTELLECTUAL PROPERTY ORGANIZATION (WIPO) (Hrsg.): The Global Innovation Index 2017. 2017
[Eur17a] EUROPEAN COMMISSION (Hrsg.): European Innovation Scoreboard 2017 – Methodology Report. 2017
[Eur17b] EUROPEAN COMMISSION (Hrsg.): European Innovation Scoreboard 2017. 2017
[WEF17] WORLD ECONOMIC FORUM (WEF) (Hrsg.): The Global Competetiveness Report 2017–2018. 2017

1.1.3.1 Ex post-Messung der Innovationsleistung

Es existiert eine Vielzahl von Kenngrößen und Kennzahlensystemen, die produkt-, unternehmens- oder branchenspezifische Bewertungen einer erbrachten Innovationsleistung ermöglichen. Im Folgenden gehen wir auf das Konzept ein, das den meisten Verfahren zur Messung der Innovationsleistung zugrunde liegt. Kern des Konzepts sind die in Bild 1.17 dargestellten vier Aspekte und die damit verbundenen Fragen [Ger05], [HS11].

- **Was soll mit der Messung erreicht werden?** Das übergeordnete Messziel ist die Bewertung des vorangegangenen Innovationsgeschehens und die Erbringung des Nachweises des unternehmerischen Erfolgs einer Innovation. Die Messergebnisse können den Mitarbeitern auch Feedback über ihre Arbeit geben und zu Motivationssteigerungen eingesetzt werden. Ferner werden so Erfahrungswerte für die Planung von künftigen Innovationsprojekten gewonnen, beispielsweise für die Ressourcen-Allokation.

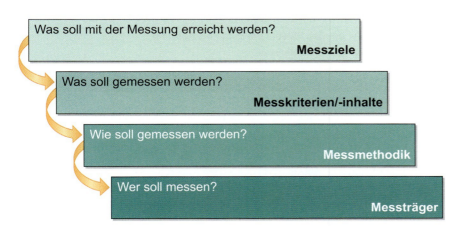

BILD 1.17 Die vier Aspekte zur Messung von erbrachten technologischen Innovationen nach GERPOTT

1 Innovationen – Unternehmerischer Erfolg jenseits eingefahrener Wege

- **Was soll gemessen werden?** Die Auswahl der Messkriterien beschreibt die Eigenschaften eines Innovationsvorhabens, die zur Erfolgsbeurteilung herangezogen werden. Nach GERPOTT lassen sich Messkriterien hinsichtlich ihrer Bezugsebene (Mitarbeiter, Organisation, Unternehmen), ihrer Bezugsdimension (Zeit, Geld, Häufigkeit des Auftretens etc.) und ihres Bezugsbereichs (Input, Prozess, Output) systematisieren. Bild 1.18 zeigt Beispielkriterien für die einzelnen Systematisierungsmerkmale. Die Erfahrung zeigt, dass eine ausgeglichene Mischung an Kriterien den größten Erfolg verspricht.
- **Wie soll gemessen werden?** Es gibt quantitative und qualitative Messmethoden. In beiden Fällen bedarf es festgelegter Referenzpunkte; sie bieten Aussagen zum Vergleich und zur Interpretation der Ergebnisse: Wie innovativ sind wir heute im Vergleich zum vergangenen Jahr? Wie viel geben wir im Vergleich zum schärfsten Konkurrenten für Neuheiten aus? Darüber hinaus sind die Zeitpunkte der Messungen festzulegen.
- **Wer soll messen?** Unterschiedliche Personenkreise haben auch unterschiedliche Interessenslagen; den objektiven Gutachter (Messträger) gibt es in der Praxis nicht. Während der Finanzinvestor eher die kurzfristigen Rückflüsse der Investition in den Vordergrund stellt, beachtet der strategisch denkende Entwicklungschef vor allem die neuen technologischen Errungenschaften der betroffenen Innovation und die Tragfähigkeit für eine nachhaltig erfolgreiche Positionierung im Wettbewerb. Die Zusammenstellung der Messträger mit unterschiedlichen Sichtweisen kann ein höheres Maß an Objektivität herbeiführen.

Ein konkretes Verfahren zur Messung der Innovationsleistung von Unternehmen ist das in Bild 1.19 dargestellte Innovation Performance Measurement Modell nach MÖLLER und JANSSEN. Das Modell führt die in Bild 1.18 aufgezeigten Systematisierungsmerkmale zusammen und schafft auf diese Weise ein integriertes Messinstrument. Die übergeordnete Struktur des Modells wird durch den Bezugsbereich vorgegeben, wobei die Bereiche Input, Innovationsprozess, Output, Herstellungs- und Auftragsabwicklungsprozess sowie Outcome unterschieden werden. Demnach fließen verschiedene Inputs (z.B. Mitarbeiter, Kapital, Informationen) in den Innovationsprozess ein. Durch die Weiterverarbeitung im Prozess entstehen Outputs wie neue Produkte oder Verfahren, die anschließend im Herstell- und Auftragsabwicklungsprozess weiterverwendet werden. Der Verkauf bzw. Einsatz führt schließlich dazu, dass sich die Produkte oder Verfahren als Outcomes monetarisieren und Wert für das Unternehmen schaffen (z.B. durch Umsatz- und Gewinnsteigerungen oder Kostensenkungen). Der Herstell- und Auftragsabwicklungsprozess selbst wird vom Modell nicht erfasst [MJ09].

Bezugsebene	
Mitarbeiter	Anzahl der Veröffentlichungen der F&E-Mitarbeiter in begutachteten Fachzeitschriften
Organisation (z.B. Abteilung, Projekt)	Einstufung der technischen Ergebnisqualität eines Innovationsprojektes durch die Unternehmensleitung
Unternehmen	F&E-Aufwandsintensität (F&E-Aufwendungen/Umsatzerlöse)
Bezugsdimension	
Zeit	Mittlere Mitarbeiterstundenzahl pro Innovationsprojekt
Geld	Mittlere Aufwendungen pro F&E-Projekt [in Euro]
Häufigkeit des Auftretens	Anzahl der zum Plantermin abgeschlossenen Innovationsprojekte
Technologiebezogene Messeinheit	Schub eines Triebwerks in Kilopond
Zusammengesetzte Messeinheit	Anzahl der erteilten Patente pro Euro F&E-Aufwand
Dimensionslose (Prozent-) Größe	F&E-Beschäftigungsintensität (F&E-Mitarbeiter/Unternehmensmitarbeiter)
Bezugsbereich	
Input	F&E-Aufwendungen
Prozess	Mittlere Terminabweichung pro Arbeitsmodul eines Innovationsvorhabens
Output	Anzahl der in den letzten n Jahren auf dem Markt eingeführten neuen Produkte Diskontierter Umsatz durch in den letzten n Jahren auf dem Markt eingeführte Produktinnovationen / Diskontierte Aufwendungen für Produktinnovationen in den letzten n Jahren

BILD 1.18 Systematisierungsmerkmale für Messkriterien nach GERPOTT [Ger05]

Bezugsbereich (Phasen der Wertschöpfung)	Input Mitarbeiter, Ideen, Ausrüstung, Kapital, Information	Innovations-prozess Forschungs- und Entwicklungstätigkeit	Output Neue Produkte, Patente, Wissen, neue Verfahren	Herstellung/ Auftragsab-wicklung Marketing, Produktion, Vertrieb	Outcome Umsatzsteigerung, Kostensenkung, Gewinnsteigerung
Quantitative Kennzahlen	• Personalkosten • Anzahl Ideen • ...	• Durchlaufzeit • Termintreue • ...	• Neuprodukte • Anzahl Patente • ...		• Umsatzwachstum • Gewinn • ...
Qualitative Kennzahlen	• Erfahrung der Mitarbeiter • Ideenqualität • ...	• Produktqualität • Prozessfort-schritt • ...	• Synergieeffekte • Grundlagen-kenntnisse • ...		• Kundenzufriedh. • Produkt-verbesserung • ...
Relative Kennzahlen	• Anzahl neuer Produkte pro € Aufwand • Anzahl neuer Produkte pro Mitarbeiter • Gewinn aus neuen Produkten im Verhältnis zum investierten Kapital • Anteil aus neuen Produkten am Gesamtgewinn				

BILD 1.19 Innovation Performance Measurement Modell für Produktinnovationen in Anlehnung an MÖLLER und JANSSEN [MJ09]

Den einzelnen Bezugsbereichen sind quantitative, qualitative und relative Kennzahlen zugeordnet, die zur Messung der Innovationsleistung erhoben werden. Kennzahlen, die zur Messung der Leistung des Innovationsprozesses erhoben werden, sind beispielsweise die Durchlaufzeit oder Termintreue. Beispiele für Kennzahlen zur Messung des Outputs sind die Anzahl an Neuprodukten und die Anzahl an Patenten. Die Kennzahlen können selbstredend unternehmensspezifisch angepasst werden.

1.1.3.2 Innovationsfähigkeit

Die Methoden zur Bewertung der Innovationsfähigkeit von Innovationssystemen – sogenannte Innovations-Checks – bewerten, inwieweit ein Innovationssystem in der Lage ist, Innovationen hervorzubringen. Innovationssysteme unterscheiden wir nach deren Systemgrenzen wie zum Beispiel Funktionsbereiche, Unternehmen, Branchen oder gar Nationen. Die Thematik des Innovationssystems vertiefen wir in Kapitel 1.2.3. Im Folgenden gehen wir auf die Bewertung von Unternehmen ein, indem wir zwei Bewertungsverfahren exemplarisch vorstellen.

Das **tcw Innovationsaudit** von WILDEMANN ist ein Verfahren, mit dessen Hilfe Manager das Innovationsmanagement in ihren Unternehmen bewerten und selbst auditieren können [Wil08]. Das Verfahren beruht auf einem Katalog von 219 Fragen, die online beantwortet werden können. Neben dem ausführlichen Fragebogen existiert ein abgespeckter Schnelltest, der erste Hinweise auf mögliche Defizite im Innovationsmanagement eines Unternehmens gibt (Bild 1.20). Anhand der erreichten Punktzahl im Schnelltest lässt sich das Innovationsmanagement eines Unternehmen in vier Kategorien einstufen: Bei 0 bis 11 Punkten gilt das Innovationsmanagement als nicht wettbewerbsfähig. 12 bis 22 Punkte verdeutlichen, dass ein traditionelles oder veraltetes Innovationsmanagement gelebt wird. 23 bis 33 Punkte deuten an, dass das Innovationsmanagement zukunftsfähig ist. Noch stärkere Unternehmen erhalten das Prädikat Weltklasse.

Ein weiteres Instrument zur Bewertung der Innovationsfähigkeit von Unternehmen ist die **Innovation Scorecard** [SG03]. Die Innovation Scorecard wurde von der Unternehmensberatung ARTHUR D. LITTLE in Zusammenarbeit mit der EUROPEAN BUSINESS SCHOOL entwickelt und stellt eine Ergänzung zu der von KAPLAN und NORTON eingeführten Balanced Scorecard dar [KN97]. Sie setzt sich aus den fünf Steuerungsbereichen Strategie, Prozesse, Strukturen, Ressourceneinsatz und Kultur zusammen. Jedem Bereich sind eine Reihe von Fragestellungen zugeordnet, die Faktoren enthalten, die einen maßgeblichen Einfluss auf die Innovationsfähigkeit haben. Bild 1.21 deutet den Aufbau der Innovation Scorecard an. Im Vordergrund sind die Faktoren sowie die zugehörigen Fragestellungen für den Steuerungsbereich Strategie beispielhaft aufgeführt. Die Faktoren werden unternehmensspezifisch gewichtet und hinsichtlich ihres Erfüllungsgrades bewertet. Die Einzelbewertungen der fünf Steuerungsbereiche werden im Anschluss zum sogenannten Innovation Score verdichtet. Ein Innovation Score größer 0,75 deutet auf eine überdurchschnittlich hohe Innovationsfähigkeit hin. Ein Score im Bereich von 0,5 impliziert eine durchschnittliche Innovationsfähigkeit. Liegt der Score unter 0,5, ist dies ein Indiz für eine unterdurchschnittliche Innovationsfähigkeit. Die Erfolgsfaktoren für die übrigen Steuerungsbereiche sind in Tabelle 1.1 wiedergegeben.

1 Innovationen – Unternehmerischer Erfolg jenseits eingefahrener Wege

Schnelltest zur Überprüfung der Innovationsfähigkeit

Punkte*

1. Die Vorgesetzten besprechen mit ihren Mitarbeitern regelmäßig Stärken, Schwächen und Entwicklungsmöglichkeiten nach einem transparenten Verfahren und halten diese in einem Entwicklungsplan fest.

2. Wir erfassen regelmäßig und strukturiert die Kundenwünsche, etwa durch Conjoint-Analysen. Entsprechend legen wir die Zielkosten für das Gesamtprodukt fest und verteilen diese auf die einzelnen Module.

3. Wir führen regelmäßig Wettbewerbsanalysen durch, um alle wichtigen Trends zu erfassen. Diese beziehen sowohl Produkte direkter Wettbewerber als auch branchenfremder ein.

4. In Szenario-Workshops untersuchen Vertrieb, Entwicklung und Produktmanagement gemeinsam regelmäßig Gefahren und Chancen unserer Produktstrategie bei verschiedenen künftigen Entwicklungen.

5. Produktion, Service und Logistik stimmen sich bei der Entwicklung gezielt ab, damit die Produkte fertigungs-, montage-, versand- und servicegerecht gestaltet werden.

6. Für jeden Entwicklungstyp, wie Anpass- oder Neuentwicklung, haben wir passende Prozesse. Wir prüfen vor der Freigabe eines Projekts Chancen und Risiken. Für kurzfristige Vorhaben gibt es Sonderbudgets.

7. Wir haben geeignete Methoden, um Ideen oder Ergebnisse der Forschung und Entwicklung (wie Konstruktionsbezeichnungen, Testprotokolle etc.) effizient aufzufinden und wiederzuverwenden.

8. In regelmäßigen Abständen tauschen sich die Entwickler verschiedener Hierarchieebenen und Bereiche über neue Ideen und Projekte sowie über Best-Practice-Methoden aus.

9. Wir kaufen von außen bestimmte Kompetenzen ein, deren Aufbau sich für uns nicht lohnt, oder gehen Partnerschaften ein. Die externen Experten integrieren sich ohne Probleme in unsere Arbeitsabläufe.

10. Produktpiraterie kommt bei uns nicht vor. Wir schützen unser Know-how durch entsprechende Vorsorge im Produkt selbst und in der Organisation.

11. Wie viel Prozent unseres Umsatzes basieren auf wesentlichen Innovationen der vergangenen drei Jahre?
(0-20% = 0 Pkt., 20-40% = 1 Pkt., 40-60% = 2 Pkt., 60-80% = 3 Pkt., 80-100% = 4 Pkt.)

*0 = Trifft überhaupt nicht zu 2 = Trifft teilweise zu 4 = Trifft vollständig zu
1 = Trifft überwiegend nicht zu 3 = Trifft ausreichend zu

Gesamtpunktzahl

Auswertung

0 - 11 Punkte
Nicht wettbewerbsfähig
Sollte Innovationsmanagement für Ihr Unternehmen wichtig sein, verbessern Sie es umgehend durch entsprechende Sofortmaßnahmen.

12 - 22 Punkte
Traditionell
Um im Wettbewerb nicht zurückzufallen, sollten Sie Ihr Innovationsmanagement modernisieren. Konzentrieren Sie sich auf die größten Potenziale, führen Sie neue Organisationsformen und Methoden schrittweise ein.

23 - 33 Punkte
Zukunftsfähig
Ihr Innovationsmanagement ist gut, trotzdem sollten Sie es angesichts des verschärften Wettbewerbs verbessern. Anregungen geben Ihnen Fragen, bei denen Sie 2 oder weniger Punkte erreicht haben.

34 - 44 Punkte
Prädikat Weltklasse
Mit hoher Wahrscheinlichkeit haben Sie glänzende Aussichten, im Wettbewerb zu bestehen. Sie sollten aber weiter die Fortschritte im Innovationsmanagement verfolgen und neue Instrumente einsetzen.

BILD 1.20 Fragebogen zur Bewertung der Innovationsfähigkeit [Wil08]

5 Kultur	Gewichtung	Erfüllungsgrad nein (0)	z. T. (0,5)	ja (1)	Gewicht. Score
4 Ressourceneinsatz	**Gewichtung**	**Erfüllungsgrad** nein (0)	z. T. (0,5)	ja (1)	**Gewicht. Score**
3 Strukturen	**Gewichtung**	**Erfüllungsgrad** nein (0)	z. T. (0,5)	ja (1)	**Gewicht. Score**
2 Prozesse	**Gewichtung**	**Erfüllungsgrad** nein (0)	z. T. (0,5)	ja (1)	**Gewicht. Score**

1 Strategie	Gewichtung	Erfüllungsgrad nein (0)	z. T. (0,5)	ja (1)	Gewicht. Score
• Überzeugen die **Kernkompetenzen** und das **Entwicklungsprogramm** Ihres Unternehmens die Kapitalgeber, dass das Unternehmen durch Innovationserfolge sein Wachstum sichern wird?	0,2		X		0,1
• Sind Bemühungen in Ihrem Unternehmen in Gang, um Wettbewerbsvorteile durch Innovationen zu erzielen, zunehmendem Kostenwettbewerb durch **Differenzierung** zu entgehen und Preiserosion durch **Nutzensteigerung** zu vermeiden?	0,1			X	0,1
• Ist die durchschnittliche **Durchlaufzeit von Innovationsprojekten** Ihres Unternehmen kürzer als die der wichtigsten Wettbewerber?	0,15		X		0,075
• Sind signifikante **Kostensenkungen** in Ihrem Unternehmen durch innovative Entwicklungen nötig, möglich und in Arbeit?	0,05		X		0,025
• Verfolgt Ihr Unternehmen Wege, um die kritischen **Kompetenzen** konsequent und zügig auf **Spitzenstand** zu halten/zu bringen?	0,15			X	0,15
• Werden **Entwicklungsprojekte** nach ihrer Bedeutung für die Innovationsstrategie Ihres Unternehmens und für die gezielte Entwicklung seiner Kompetenzbasis bewertet/gesteuert?	0,15		X		0,075
• Gehört Ihr Unternehmen zu den **Innovationsführern** der Branche?	0,15	X			0
• Ist der **Umsatz- und Ertragsanteil** der Produkte/Leistungen, die von Ihrem Unternehmen in den letzten 3 Jahren eingeführt wurden, höher als der der Konkurrenten?	0,05	X			0
Summe	**1,0**				**0,525**

BILD 1.21 Innovation Scorecard (im Vordergrund für den Steuerungsbereich „Strategie“) [EA15-ol]

TABELLE 1.1 Einfluss- bzw. Erfolgsfaktoren für die Innovation Scorecard, geordnet nach Steuerungsbereichen [SG03]

Strategie	Prozesse	Strukturen	Ressourceneinsatz	Kultur
• Kernkompetenzen, F&E-Programm • Differenzierung, Nutzensteigerung • Durchlaufzeit von Innovationsvorhaben • Kostensenkung durch Innovation • Spitzenstand kritischer Kompetenzen • Steuerung der Entwicklungsprojekte • Innovationsführerschaft • Ertragsanteil neuer Produkte	• Nutzung externer Innovationsideen • Einfluss des Marktes auf F&E-Probleme • Suche nach/Auswahl von Innovationsideen • Interaktionen im Unternehmen • Verfolgung von Trends • Gedankenaustausch mit Kunden • Vollmachten der Projektleiter • Nutzung externen Know-hows	• Interdisziplinäre Teams • Organisation der Innovationssuche • Rolle der Projektorganisation • Transparenz der Kompetenznetze • Austausch von Wissen/neuen Ideen • Kontakt mit Kunden zu F&E-Themen • Schnelligkeit der Umsetzung • Überwinden von Innovationshindernissen	• Management von Qualifikationen • Steuerung von F&E-Aufwendungen • Nutzung externen Know-hows • Zusammenarbeit mit Lieferanten • Partner/Kooperationsbeziehungen • Co-Entwicklung mit Externen • Gedankenaustausch mit Umfeld • Beziehungsnetz mit Experten	• Rollen von Lernen und Wissensmanagement • Verantwortung für Lernprozesse • Einbeziehung der Mitarbeiter • Wichtigkeit hoher Innovationsleistung • Bereitstellung von Know-how • Teamgeist • Reflexion über Produkte, Leistungen • Nutzung von Kunden-Feedback

1.2 Aspekte des Innovationsgeschehens

Auf dem Weg zur Beantwortung der Frage, wie man denn nun zu Innovationen kommt, stößt man auf vielerlei Aspekte, die es nahelegen, das Innovationsgeschehen zunächst einmal zu strukturieren. In Anlehnung an die gängige Literatur [BE06], [SB12], [HKS15] schlagen wir zu diesem Zweck das in Bild 1.22 dargestellte Referenzmodell vor, nach dem sich das vorliegende Unterkapitel gliedert.

Im Zentrum steht das Innovationssystem, also das unternehmerische sozio-technische System, das Innovationen hervorbringen soll. Dieses System weist Gestaltungsfaktoren auf und ist Einflüssen aus dem Umfeld ausgesetzt. Das Innovationssystem folgt einer Innovationsstrategie und erfordert eine Innovationsorganisation (Aufbauorganisation) und einen Innovationsprozess (Prozessorganisation). Damit die Innovationsorganisation und der Innovationsprozess Wirkung erzielen, sind Ressourcen notwendig. Das Gesamte dient der Verwirklichung einer unternehmerischen Vision (im Sinne eines Zukunftsentwurfs) und beruht auf der Innovationskultur. Um die Performance des Innovationssystems beurteilen und bei Bedarf verbessern zu können, ist ein leistungsfähiges Innovationscontrolling erforderlich.

1.2.1 Unternehmerische Vision

Die unternehmerische Vision ist in unserem Verständnis ein Zukunftsentwurf und somit die entscheidende Grundlage der strategischen Unternehmensführung. Eine Strategie beschreibt den Weg ausgehend von der heutigen Situation des Unternehmens zu einer erstrebenswerten Situation in der Zukunft – der Vision. Als eingängiges Symbol für die Strategie verwenden wir den in Bild 1.23 angedeuteten Pfeil [PG88].

Die Vision ist ein wesentlicher unternehmensinterner Treiber für Innovationen; sie gibt unter anderem Innovationsziele vor. Das zeigt sich in den Bestandteilen der Vision: Bild 1.24 skizziert die Vision als eine Verbindung aus einem Leitbild sowie Aussagen über die zukünftige strategische Position und die zukünftigen strategischen Kompetenzen.

1.2 Aspekte des Innovationsgeschehens

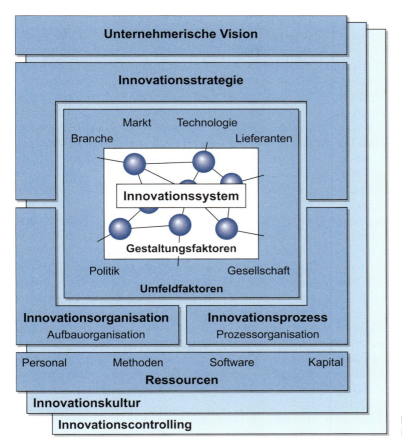

BILD 1.22
Referenzmodell des Innovationsgeschehens

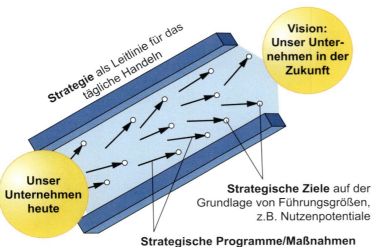

BILD 1.23
Strategie als Weg zur Vision

- **Leitbild:** Das Leitbild beschreibt die „ureigene Seele" des Unternehmens. Es trifft Aussagen über das Selbstverständnis und die Grundprinzipien. Das umfasst den Zweck der Unternehmung, die Mission, die Ziele, die Kernwerte sowie das Nutzenversprechen des Unternehmens. Im Rahmen des Leitbilds sollten vor allem auch grundsätzliche Innovationsziele definiert werden.

- **Strategische Position:** Sie beschreibt die Positionierung des Unternehmens in der Wettbewerbsarena von morgen. In der Regel wird die strategische Position durch angestrebte Produkt-Markt-Kombinationen beschrieben, aus denen sich die strategischen Geschäftsfelder (SGF) ergeben. Die strategische Position liefert wesentliche Informationen über die Anforderungen an

die Produkte von morgen. Wichtig sind hier ferner konkrete Ziele, wie beispielsweise Umsatz und Marktanteil für die betrachteten Geschäftsfelder.
- **Strategische Kompetenzen:** Nach HAMEL und PRAHALAD beschreiben strategische Kompetenzen, auch Kernkompetenzen genannt, die Fähigkeiten und das Vermögen eines Unternehmens, wesentlichen Kundennutzen zu stiften. Sie tragen maßgeblich dazu bei, einen Wettbewerbsvorteil zu erlangen [HP95]. Im industriellen Umfeld zählen wir Technologien und deren Nutzung zu den wichtigsten Kernkompetenzen. Diese sind eine Grundlage, um Produktinnovationen voranzutreiben. Wir favorisieren in vielen Fällen das Konzept der strategischen Erfolgspositionen nach PÜMPIN. Bei einer strategischen Erfolgsposition handelt es sich um eine „durch den Aufbau von wichtigen dominierenden Fähigkeiten bewusst geschaffene Voraussetzung, die es dieser Unternehmung erlaubt, im Vergleich zur Konkurrenz langfristig überdurchschnittliche Ergebnisse zu erzielen" [Püm83].

Die Vision hat neben der Lenkungsaufgabe auch einen symbolischen, psychologischen Charakter. Offensichtlich ist es ein wichtiges Bedürfnis der Menschen, einen Sinn in ihrem Wirken zu sehen. Die Vision spricht die Gefühle der Mitarbeiter an, was die Ausrichtung der Kräfte einer Gruppe auf ein gemeinsames Ziel in der Regel sehr fördert. Daraus ergibt sich auch das Bedürfnis in einer erfolgreichen Mannschaft zu spielen, zu den Siegern zu gehören. Die Vision steht also im übertragenen Sinne für den Turniersieg. Und welche Mannschaft geht schon gern in ein Turnier, um nicht den Sieg zu erringen? Eine Organisation, die nicht von einer derartigen Vision getrieben wird, wird kaum erfolgreich sein.

Das in Bild 1.24 skizzierte Modell unterstreicht, dass die unternehmerische Vision sowohl den „Market-based-view" als auch den „Resource-based-view" vereint: Unternehmen können einerseits von externen Möglichkeiten ausgehen und sich fragen, welche strategischen Kompetenzen sie zur Besetzung dieser Position benötigen (oberer Pfeil). Andererseits können sie auch fragen, welche strategische Position sie basierend auf eigenen Fähigkeiten besetzen sollten (unterer Pfeil). Aus diesem Wechselspiel ergeben sich Stoßrichtungen für Innovationen.

Dass ein Unternehmen eine Vision verfolgt und darin auch Innovationsziele beschreibt, führt nicht zwangsläufig zum Erfolg. Innovationen sind nicht planbar. Zumindest nicht so, wie das Management in der Regel ein Geschäft plant. Wir halten es hier mit CLAYTON M. CHRISTENSEN, der den Begriff „Innovator's Dilemma" prägte. Er beschreibt das Paradoxon, dass gerade strukturiert und logisch getroffene Entscheidungen dazu führen können, dass Innovationen scheitern oder gar nicht erst aufkommen [Chr97]. Er fordert eine Abkehr von bisher sicher geglaubten Grundsätzen des strategischen Managements. Diese Grundsätze nennen wir im Folgenden „Irrglauben". Bild 1.25 zeigt die fünf größten Irrglauben des strategischen Managements, die wir nachfolgend kurz kommentieren.

1. Irrglaube: Die Ressourcenallokation in einem Unternehmen sollte sich nach dessen Kunden und Investoren richten.

Produktinnovationen sprechen oft kleine und bisher nicht bediente Märkte an. Darauf sind vor allem große Konzerne nicht vorbereitet. Sie richten ihr Geschäft in erster Linie so aus, dass sie ihre Kunden und Kapitalgeber zufrieden stel-

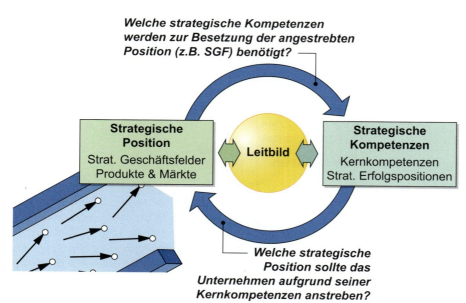

BILD 1.24
Unternehmerische Vision als Verbindung aus Leitbild sowie strategischen Kompetenzen und strategischer Positionierung

1.2 Aspekte des Innovationsgeschehens

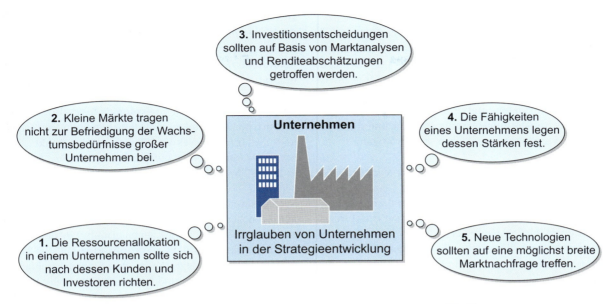

BILD 1.25 Irrglauben von Unternehmen bei der Strategieentwicklung in Anlehnung an CHRISTENSEN [Chr97]

len. Ideen, die die Kunden nicht wollen oder deren Erlös den Kapitalgebern zu gering ist, werden von den Unternehmen nicht weiterverfolgt. Diesen Unternehmen fällt es in der Regel schwer, genügend Ressourcen für die Entwicklung von Innovationen zur Verfügung zu stellen. Die Freistellung von Ressourcen erfolgt erst dann, wenn die bestehenden Kunden Interesse an der Idee bekunden – dann ist es jedoch meistens zu spät. Unternehmen können diesem Dilemma jedoch entgehen, indem sie eigenständige Organisationseinheiten schaffen, die sich explizit mit der Entwicklung von Innovationen befassen. So kann die Abhängigkeit von heutigen Kunden und Kapitalgebern verringert und der Erfolg erhöht werden.

2. Irrglaube: Kleine Märkte tragen nicht zur Befriedigung der Wachstumsbedürfnisse großer Unternehmen bei.

Neue Märkte bieten in der Regel zunächst ein geringes Marktvolumen. Scheinbar können hier also nur kleine Firmen wachsen. Ein neuer Markt mit einem Volumen von 8 Mio. € offeriert einem Unternehmen mit 40 Mio. € Jahresumsatz beispielsweise ein Umsatzwachstum von 20 %. Ein Unternehmen mit 4 Mrd. € Umsatz benötigt für das gleiche Wachstum jedoch ein Marktvolumen von 800 Mio €. Große Unternehmen warten daher, bis der Markt eine interessante Größe erreicht hat. Doch das kann schief gehen, viele dieser abwartenden Strategien („Follower") scheitern, unter anderem deswegen, weil man mit der Haltung, erstmal abzuwarten, was die Innovatoren leisten, die Menschen nicht begeistern und die erforderlichen Kräfte nicht entfesseln kann. Große Unternehmen können sich der kleinen Märkte annehmen, indem sie einen kleinen eigenständigen Unternehmensteil auf den neuen Markt ansetzen. So entgehen sie den trägen Ablauforganisationen und eingefahrenen Denkweisen der großen Unternehmen.

3. Irrglaube: Investitionsentscheidungen sollten auf Basis von Marktanalysen und Renditeabschätzungen getroffen werden.

Unternehmen sind es gewohnt, die ihnen bekannten Märkte zu analysieren und dementsprechend das Geschäft zu planen. Durch Produkt- bzw. Marktleistungsinnovationen werden jedoch häufig gänzlich neue Märkte angesprochen; über die subjektiv neuen oder neu zu schaffenden Märkte fehlt es zunächst an Informationen. Die etablierten vertrauten Planungsprozesse versagen hier. In diesen Fällen ist es besonders wichtig, die Haltung der potentiellen Kunden einzunehmen und ein Gefühl für den Kundennutzen und die Zahlungsbereitschaft zu gewinnen. Das erfordert eine phantasievolle Vorausschau der Entwicklung von Märkten, Technologien und insbesondere Geschäftsumfeldern, wie Wertschöpfungsstrukturen und Verhaltensänderungen in der Gesellschaft.

4. Irrglaube: Die Fähigkeiten eines Unternehmens legen dessen Stärken fest.

Wozu Unternehmen fähig sind, wird durch drei Faktoren bestimmt: ihre Ressourcen, ihre Prozesse und ihre Werte. Sie sind alle ausgerichtet auf das bestehende Produktportfolio. Um innovative Produkte und Dienstleistungen zu entwickeln, ist es jedoch nahezu unumgänglich, dass einige Faktoren den bestehenden Fähigkeiten widersprechen. Der Entwicklungsprozess eines PC ist beispielsweise signifikant anders als der eines Bordcomputers in einem Automobil. Gerade Prozesse und Werte sind jedoch starr und können nicht von jetzt auf gleich angepasst werden. Das Management wird daher glauben, dass das Unternehmen nicht in der Lage sei, die neue Aufgabe (Entwicklung eines Bordcomputers) zu erfüllen. Oft ist es jedoch mit den bestehenden Fähigkeiten und mit einigen Winkelzügen möglich, auch neue Aufgaben, die eine gewisse Ähnlichkeit zu den vorgängigen aufweisen, zu bewältigen.

5. *Irrglaube: Neue Technologien sollten auf eine möglichst breite Marktnachfrage treffen.*

Neue Technologien sind zu Beginn manchmal weniger leistungsfähig als die Kunden es erwarten. In der Regel steigt die Leistungsfähigkeit neuer Technologien jedoch schnell an, und zwar schneller als die Erwartungen seitens der Kunden. So kann es sein, dass ein Produkt und die mit ihm verbundene Technologie die Erwartungen der Kunden heute nicht erfüllen kann, morgen vielleicht vollkommen erfüllt und übermorgen sogar übertrifft. Auch hier wird deutlich, dass es unbedingt erforderlich ist, die Entwicklung von Märkten, Technologien und Geschäftsumfeldern zumindest ein Stück weit zu antizipieren. Dies wird in vielen Fällen auch zu der Erkenntnis führen, dass sich die Gewichtung der Kriterien, nach denen die Kunden ihre Entscheidung treffen, aller Voraussicht nach verändern wird und sich so in der Zukunft eine völlig veränderte Lage ergibt.

1.2.2 Innovationsstrategie

Die Innovationsstrategie beschreibt den Weg, wie ein Unternehmen die in der Vision bzw. im Leitbild festgeschriebenen grundsätzlichen Innovationsziele erreicht. In Bild 1.26 ist dies durch den Pfeil visualisiert. Das wesentliche an diesem Symbol sind die „Leitplanken" rechts und links des Weges, die dafür sorgen, dass die Innovationsaktivitäten eines Unternehmens stets auf die Realisierung der Innovationsziele ausgerichtet werden. Die Bündelung der Innovationskraft trägt maßgeblich zur Steigerung des Innovationserfolgs bei, weil sie dafür sorgt, dass ein Unternehmen seine begrenzten Ressourcen fokussiert einsetzt und sich nicht in seinen Innovationsbemühungen verliert. JOHN KAO bringt dieses Verständnis auf den Punkt: *„Strategie ohne Innovation ist nutzlos, Innovation ohne Strategie ist ziellos"* [Wah04].

Nach unserem Verständnis trifft eine Innovationsstrategie Aussagen zu den sechs in Bild 1.27 aufgeführten Merkmalen. Jedes Merkmal ist mit einer grundsätzlichen Fragestellung verknüpft, die es zu beantworten gilt. Die Merkmale sind so auszugestalten, dass sie untereinander konsistent sind und bestmöglich zur Erfüllung der Innovationsziele beitragen. Im Folgenden stellen wir die Merkmale kurz vor.

1.2.2.1 Innovationsobjekt

Das Innovationsobjekt beschreibt, welche Art von Innovationen generiert werden soll. Eine Orientierungshilfe bei der Wahl der angestrebten Innovationsart liefert das in Bild 1.28 dargestellte Ordnungsschema. Demzufolge lassen sich fünf wesentliche Innovationsarten unterscheiden (vgl. dazu auch Abschnitt 1.1.1.1):

- Produktinnovationen
- Dienstleistungsinnovationen
- Produktionsprozessinnovationen
- Organisatorische Innovationen
- Geschäftsmodellinnovationen

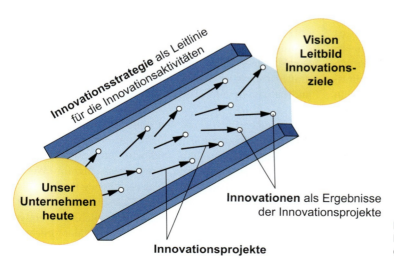

BILD 1.26
Innovationsstrategie – Weg zur Realisierung der Innovationsziele

1.2 Aspekte des Innovationsgeschehens

BILD 1.27
Merkmale einer Innovationsstrategie

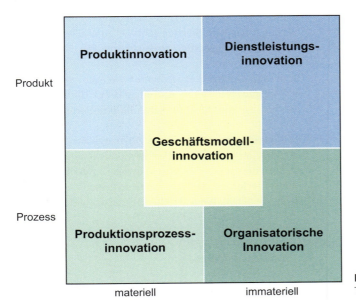

BILD 1.28
Typologie von Innovationen in Anlehnung an [KKJ09]

Eine eindeutige Abgrenzung, wie sie durch die Matrix impliziert wird, ist in der Praxis jedoch häufig weder möglich noch erstrebenswert. Erfolgreiche Unternehmen zeichnen sich vielmehr dadurch aus, dass sie verschiedene Innovationsarten miteinander kombinieren. Ein Beispiel hierfür sind die zuvor genannten hybriden Leistungsbündel, die geschickte und von Beginn an aufeinander abgestimmte Kombinationen von Sach- und Dienstleistungen sind.

Bei den von uns betrachteten Unternehmen der Fertigungsindustrie nehmen Produktinnovationen und damit verbundene Dienstleistungsinnovationen typischerweise eine tragende Rolle ein, weshalb wir den Fokus bei den folgenden Merkmalen der Innovationsstrategie auf diese Innovationsarten legen. In der jüngsten Zeit haben Geschäftsmodellinnovationen im Zuge der Digitalisierung stark an Bedeutung gewonnen. Darauf gehen wir im folgenden Kasten ein.

GESCHÄFTSMODELLINNOVATION – DAS GESCHÄFT NEU ERFINDEN

Apple revolutionierte mit dem iPod und dem iTunes Store Anfang der 2000er Jahre die Musikbranche und ist heute der größte Musikeinzelhändler der Welt. Southwest-Airlines stellte in den 1970er Jahren mit dem Konzept der Billigairlines die Luftfahrt auf den Kopf und ist heute eine der weltweit gewinnstärksten Fluggesellschaften. Amazon reformierte mit dem Online-Versandhandel die Buchindustrie und ist heute der weltweit größte Buchhändler. Worauf sind diese bahnbrechenden Erfolge zurückzuführen? Die Antwort liegt im Geschäftsmodell: Den Unternehmen ist es gelungen, die altbewährten Regeln ihrer Branche zu durchbrechen und das Geschäft neu zu erfinden – sie haben ihr Geschäftsmodell innoviert [GFC13], [CJK09].

Ein Geschäftsmodell ist ein aggregiertes Abbild der Geschäftslogik eines Unternehmens. Es beschreibt, wie ein Unternehmen Werte schafft, die seinen Kunden Nutzen stiften und motivieren, dafür Geld zu zahlen. In der Literatur werden verschiedene Ansätze zur Strukturierung eines Geschäftsmodells vorgeschlagen. Besondere Bedeutung hat der Ansatz von Osterwalder und Pigneur erlangt. Er beruht auf neun Komponenten eines Geschäftsmodells, die zum sogenannten Business Model Canvas bzw. zu den Partialmodellen Kundenmodell, Wertschöpfungsmodell und Finanzmodell aggregiert werden [OP10]. Die Geschäftsmodellkomponenten im Einzelnen sind gemäß Bild 1:

- **Nutzenversprechen:** Dieser zentrale Baustein beschreibt die angebotene Marktleistung zur Lösung eines Kundenproblems. Die Problemlösung und die Art und Weise, wie sie umgesetzt wird, ist maßgeblich für den Nutzen des Kunden.
- **Kundensegmente:** Dieser Baustein gibt einen Überblick über die bedienten Kundengruppen. Ihnen kann häufig ein spezifischer Nutzen zugeordnet werden.
- **Distributionskanäle:** Darunter wird beschrieben, wie ein Unternehmen das Nutzenversprechen gegenüber seinen Kunden einlöst und wie z. B. Produkte und Dienstleistungen zur Verfügung gestellt werden.
- **Kundenbeziehungen:** Sie charakterisieren, wie ein Unternehmen mit seinen Kunden in Kontakt tritt und eine Beziehung zu ihnen pflegt. Kundensegmente, Distributionskanäle und Kundenbeziehungen ergeben das Kundenmodell.
- **Schlüsselressourcen:** Diese sind erforderlich, um das Nutzenversprechen rentabel zu erfüllen. Beispiele für Ressourcen sind Technologien, Anlagen, Mitarbeiter etc.
- **Schlüsselaktivitäten:** Darunter werden die wichtigsten Tätigkeiten erfasst, die ein Unternehmen zur Wertschöpfung und Differenzierung ausübt.
- **Schlüsselpartner:** Dieser Baustein beschreibt das Netz an Lieferanten, Partnern und weiteren Stakeholdern, die zur Realisierung des Geschäftsmodells erforderlich sind. Schlüsselressourcen, Schlüsselaktivitäten und Schlüsselpartner bilden

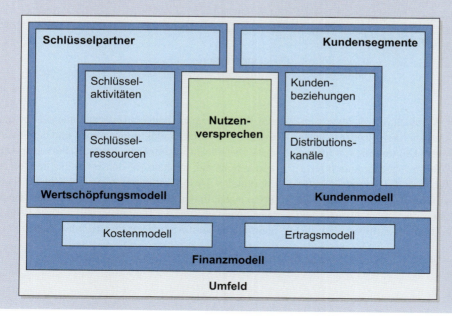

BILD 1 Business Model Canvas [OP10]

- das Wertschöpfungsmodell.
- **Kostenmodell:** Hier werden die wesentlichen Kostenpositionen aufgelistet, die beim Betrieb des Geschäftsmodells anfallen.
- **Ertragsmodell:** Dieses steht den Kostenpositionen gegenüber und gibt einen Überblick über die wesentlichen Ertragspositionen, die ein Unternehmen generieren kann. Kosten- und Ertragsmodell bilden zusammen das Finanzmodell: Dieses enthält die Gewinnformel und ermöglicht Aussagen über die Wirtschaftlichkeit der Geschäftsaktivität.

Eine **Geschäftsmodellinnovation** liegt dann vor, wenn ein oder mehrere Partialmodelle eines Geschäftsmodells verändert werden, sodass eine neuartige Konfiguration der Geschäftsmodellelemente entsteht und erfolgreich am Markt umgesetzt wird [LM05], [GFC13]. Southwest-Airlines richtete sein Geschäftsmodell beispielsweise bewusst gegenteilig zur Branche aus. Das Unternehmen wollte nicht in Konkurrenz zu den traditionellen Fluglinien treten, sondern zu anderen Beförderungsmitteln auf dem Land. Dazu musste es den Ticketpreis durch eine neue Geschäftslogik reduzieren: Direktverbindungen zwischen Nebenflughäfen, überwiegend Kurzstrecken, hohe Anzahl an Flügen je Route, ein einheitlicher Flugzeugtyp, Verzicht auf entbehrliche Leistungsbestandteile (z. B. Sitzplatzreservierungen, oder Service an Board) etc. [Zol06]. Das Geschäftsmodell von South-Airlines wurde in der Folge mehrfach kopiert. Heute machen die Billigfluggesellschaften in den USA 55 % des Marktwertes aller Fluggesellschaften aus [CJK09].

Das Erfolgspotential von Geschäftsmodellinnovationen lässt sich auch empirisch belegen: Studien zeigen, dass führende Unternehmen ihr Geschäftsmodell rund doppelt so häufig innovieren wie ihre Verfolger im Wettbewerb [IBM06]. Darüber hinaus weisen Geschäftsmodellinnovationen eine höhere Profitabilität auf als Produkt- oder Prozessinnovationen [LRS+09]. In Zukunft wird es also nicht mehr ausreichend sein, ausgezeichnete Produkte hervorzubringen. Vielmehr kommt es darauf an, die Produkte mit innovativen Geschäftsmodellen zu versehen.

Literatur:
[CJK09] Christensen, C. M.; Johnson, M. W.; Kagermann, H.: Wie Sie Ihr Geschäftsmodell neu erfinden. In: Harvard Business Manager, April 2009
[GFC13] Gassmann, O.; Frankenberger, K.; Csik, M.: Geschäftsmodelle entwickeln: 55 innovative Konzepte mit dem St. Galler Business Model Navigator. Carl Hanser Verlag, München, 2013
[IBM06] IBM Corporation (Ed.): Leading Through Connections - Insights from the Global Chief Executive Officer Study. IBM Institute for Business Value, Somers, 2012
[LM05] Labbé, M.; Mazet, T.: Die Geschäftsmodellinnovations-Matrix: Geschäftsmodellinnovationen analysieren und bewerten. Der Betrieb, Heft 17, 2005, S. 897–902
[LRS+09] Lindgardt, Z.; Reeves, M.; Stalk, G.; Deimler, M. S.: Business Model Innovation - When the Game Gets Tough, Change the Game. The Boston Consulting Group, 2009
[OP10] Osterwalder, A.; Pigneur, Y.: Business Model Innovation - A Handbook for Visionaries, Game Changers, and Challengers. John Wiley & Sons Inc., Hoboken, 2010
[Zol06] Zollenkop, M.: Geschäftsmodellinnovation. Deutscher Universitäts-Verlag, Wiesbaden, 2006

1.2.2.2 Innovationsausrichtung

Die Innovationsausrichtung legt fest, in welchen strategischen Geschäftsfeldern Innovationen generiert werden sollen. Strategische Geschäftsfelder sind Geschäftsfelder (Produkt-Markt-Kombinationen) oder Cluster von Geschäftsfeldern, in denen ein Unternehmen in der Zukunft nachhaltigen Erfolg erzielen kann. Die Innovationsausrichtung ergibt sich aus der strategischen Positionierung eines Unternehmens, die in der Vision beschrieben ist (vgl. Bild 1.24).

Grundlage für die Ermittlung strategischer Geschäftsfelder ist die in Bild 1.29 dargestellte erweiterte Marktleistung-Marktsegmente-Matrix, aus der sich vier Arten von zukünftigen Geschäftsfeldern ergeben:

- **Traditionelle Geschäftsfelder** sind Geschäftsfelder, in denen bisherige Marktsegmente mit bisherigen Marktleistungen bedient werden. Es handelt sich hier um eine sogenannte Marktdurchdringung (vgl. auch Bild 1.13).
- **Markterweiternde Geschäftsfelder** sind Geschäftsfelder, in denen mit bisherigen Marktleistungen neue Marktsegmente bedient werden. Strategische Stoßrichtungen sind Marktentwicklung und Marktfindung.

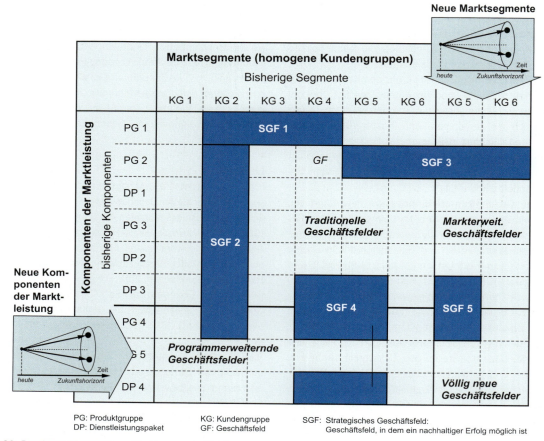

BILD 1.29 Erweiterte Marktleistung-Marktsegmente-Matrix

- **Programmerweiternde Geschäftsfelder** sind Geschäftsfelder, in denen bisherige Marktsegmente mit neuen Marktleistungen bedient werden. Strategische Stoßrichtungen sind Produktentwicklung und Produktfindung.
- **Völlig neue Geschäftsfelder** sind Geschäftsfelder, in denen neue Marktsegmente mit neuen Marktleistungen bedient werden. Hier handelt es sich um eine Diversifikation.

Die Bearbeitung traditioneller und markterweiternder Geschäftsfelder umfasst eher Produktverbesserungen oder -variationen und ermöglicht daher keine hohen Innovationssprünge. Im Gegensatz dazu werden bei der Bearbeitung programmerweiternder oder völlig neuer Geschäftsfelder gänzlich neue Marktleistungen geschaffen, die in der Regel ein hohes Innovationspotential aufweisen. In den beiden folgenden Kästen stellen wir exemplarisch zwei Strategien zur Innovationsausrichtung vor. Dabei handelt es sich zum einen um das Prinzip der „Reverse Innovation", das die Stoßrichtung „markterweiternde Geschäftsfelder" adressiert, und zum anderen um die „Blue-Ocean-Strategie", die in die Stoßrichtung „völlig neue Geschäftsfelder" einzuordnen ist. Letztere vermittelt sehr überzeugend, dass es jenseits bekannter Strukturen der Wettbewerbsarena faszinierende Möglichkeiten zur Schaffung neuer Marktleistungen und Märkte gibt [KM09]. Die Beispiele reichen hier von Henry Fords Modell T bis hin zum fulminanten Einstieg von Apple in den Markt mit Smartphones.

1.2.2.3 Innovationshöhe

Die Innovationshöhe charakterisiert den Änderungsgrad, der durch eine Innovation herbeigeführt werden soll. Unternehmen stehen hier vor der Grundsatzentscheidung, ob sie mit ihrer Innovationstätigkeit eher geringe Veränderungen (Folgeinnovationen) oder eher hohe Veränderungen (Basisinnovationen) hervorbringen wollen. Eine Veränderung ist umso höher, je mehr Komponenten eines Produktes neu gestaltet werden und je stärker neue naturwissenschaftlich-technische Erkenntnisse in das Produkt Einzug finden [Ger05]. Dabei bergen hohe Veränderungen in der Regel ein größeres Erfolgspotential in sich (Steigerung von Umsatz, Gewinn, Image etc.), sind aber

REVERSE INNOVATION – WIE SICH GENERAL ELECTRIC (GE) RADIKAL ERNEUERTE

Früher entwickelten technologieorientierte Konzerne Produkte in ihrem Heimatland und verkauften diese in beinahe gleicher Ausführung auch in Entwicklungs- und Schwellenländern. Jahrzehnte lang war dieses Prinzip gängige Praxis. Am Beispiel von General Electric (GE) zeigen wir, wie sich dieses Prinzip nun umkehrt: Reverse Innovation (Bild 1). Es ist das Ergebnis des rasanten Wachstums der Schwellenländer, allen voran Indien und China.

General Electric sah sich vor der Herausforderung, der Nachfrage nach günstigen Produkten in den aufstrebenden Ländern nachzukommen und gleichzeitig die Marktanteile in den heimischen Ländern zu halten. Um nicht Gefahr zu laufen, die stets sicher geglaubten Marktanteile an aufstrebende Unternehmen der Wachstumsländer zu verlieren, müssen beide Märkte mit preiswerten Produkten bedient werden. Dies erkannte GE und entwickelt Ultraschallgeräte seit 2002 in China, auf die speziellen Bedürfnisse des Landes angepasst. Konkret bedeutete das: Die neuen Ultraschallgeräte mussten vor allem portabel und preisgünstig sein.

Mit entsprechenden Geräten gelang es, einen weiteren Markt zu schaffen. Diese Geräte wurden dann auch in den Vereinigten Staaten verkauft. Somit kam GE etwaigen Konkurrenten aus den Schwellenländern zuvor, ehe diese Marktanteile in den Heimatländern des Weltkonzerns erringen konnten. Reverse Innovation beruht auf dem Grundsatz, neue Entwicklungszentren (sogenannte lokale Wachstumsteams) mit einem hohen Maß an Eigenständigkeit zu bilden. Im Folgenden wird dieser Ansatz mit fünf Punkten charakterisiert:

1) Die Macht dorthin verlagern, wo Wachstum stattfindet: Die neuen Wachstumsteams müssen eigenständig und eigenverantwortlich arbeiten. Sie haben die Befugnis, eigene Strategien, Produkte und Organisationen zu entwickeln. Auch GE folgte dieser Regel und stellte den Verantwortlichen des Ultraschall-Projekts von Beginn an alle Entscheidungen frei.

2) Neue Angebote von Grund auf entwickeln: Reverse Innovation setzt bei null an. An die Bedürfnisse des chinesischen Marktes angepasst, entwickelte GE kompakte Ultraschallgeräte komplett neu. So setzten die Entwickler darauf, die nötige Rechenarbeit auf einen gängigen Laptop zu verlagern, an den das portable Ultraschallgerät angeschlossen wird.

3) Lokale Wachstumsteams wie neue Unternehmen behandeln: In Einklang mit der kompletten Neuentwicklung wird auch das Wachstumsteam neu aufgebaut. Es übernimmt daher keine Strukturen aus dem Mutterkonzern und kümmert sich um Einkauf, Fertigung, Marketing, Vertrieb und Service. GE bewältigte das alles mit Personal aus China, das die Gegebenheiten dort bestens kannte.

4) Ziele, Vorgaben und Kennzahlen anpassen: Mit lokalen Wachstumsteams wird eine völlig neue Gangart eingeschlagen. Der Erfolg oder Misserfolg des Projekts kann nicht an denselben Maßstäben gemessen werden wie im Mutterkonzern. Die Kriterien und Ziele sind in den Wachstumsländern spezifisch anzupassen.

5) Das lokale Wachstumsteam einem hochrangigen Mitarbeiter im Unternehmen unterstellen: Dieser Punkt ist bei der Gründung von lokalen Wachstumsteams von besonderer Bedeutung. Er sorgt für den Zusammenhalt und die Akzeptanz im

BILD 1
Das Prinzip der Reverse Innovation am Beispiel von General Electric (GE) [IGT10]

Mutterkonzern trotz der propagierten Eigenständigkeit, vermittelt bei Konflikten, versorgt das lokale Team mit den nötigen Ressourcen und trägt entscheidend dazu bei, die Innovationen aus den Schwellenländern wieder zurück in die Heimatländer zu tragen. So schließt sich der Kreislauf der Reverse Innovation.

Literatur:
[IGT10] IMMELT, J. R.; VIJAY GOVINDARAJAN, V.; TRIMBLE, C.: Wie General Electric sich radikal erneuert. Harvard Business Manager, Februar 2010

BLUE-OCEAN-STRATEGIE

„Viele Manager glauben, die Strategie für ihr Unternehmen hänge allein vom wirtschaftlichen Umfeld ab. Doch es geht auch umgekehrt. Führungskräfte können gerade in schwierigen Zeiten mit dem richtigen strategischen Konzept neue Märkte schaffen, die sie allein beherrschen." [KM05]

Die klassische Strategieentwicklung beruht im Allgemeinen auf einer Analyse der Wettbewerbsarena. Die entsprechende Struktur wird als gegeben betrachtet und das Unternehmen versucht sich in dieser Struktur strategisch vorteilhaft zu positionieren. Dies ist der klassische Strategieansatz, der als **strukturalistischer Ansatz** bezeichnet wird. Gleichwohl gibt es Beispiele, dass es Unternehmen gelingt, neue Märkte zu schaffen, die Spielregeln des Wettbewerbs neu zu schreiben und letztlich die Struktur der Wettbewerbsarena zu prägen. Der in diesem Kontext geprägte Begriff bringt zum Ausdruck, dass der weite „Ocean" neue Geschäftschancen in sich birgt. Diese zu erschließen ist in bestimmten Fällen Erfolg versprechender als sich im Korsett der etablierten Märkte zu behaupten. Dieser Ansatz wird als der **rekonstruktivistische Ansatz** bezeichnet. Wie in Bild 1 angedeutet, beruht die Blue-Ocean-Strategie auf einer Umkehrung des klassischen Ansatzes, nach dem die Struktur der Wettbewerbsarena die Strategieoptionen bestimmt [KM05].

Ob ein strukturalistischer oder rekonstruktivistischer Ansatz empfehlenswert ist, hängt sowohl vom strukturellen Umfeld der heute bedienten Märkte als auch von den Ressourcen und Fähigkeiten eines Unternehmens ab. In jedem Fall aber erfordert die Erschaffung eines neuen Markts Innovationskraft. Bild 2 gibt eine Entscheidungshilfe: Der rekonstruktivistische Ansatz ist z. B. geeignet, wenn sich die Konkurrenten in den bisher bedienten Märkten gut platziert haben und die eigenen Fähigkeiten nicht ausreichen, um eine attraktive Position zu beziehen. Es versteht sich von selbst, dass es wenig Erfolg versprechend ist, die eigenen Ressourcen in ein Geschäft zu investieren, dessen strukturelles Umfeld schwierig ist.

Literatur:
[KM05] KIM, W. C.; MAUBORGNE, R.: Der blaue Ozean als Strategie – Wie man neue Märkte schafft, wo es keine Konkurrenz gibt. Carl Hanser Verlag, München, 2005
[KM09] KIM, W. C.; MAUBORGNE, R.: Die Blue Ocean-Strategie als Krisenhelfer. Harvard Business Manager, November 2009

BILD 1 Klassische Strategie und Blue-Ocean-Strategie

1.2 Aspekte des Innovationsgeschehens

Strukturalistischer Ansatz

Externe Bedingungen sind vorgegeben; Unternehmen können nur versuchen, diese Bedingungen zu ihrem Vorteil zu nutzen:

- Das strukturelle Umfeld ist attraktiv und das Unternehmen kann sich mit den nötigen Ressourcen und Fähigkeiten eine gute Marktposition erarbeiten.
- Das strukturelle Umfeld ist nicht ideal, aber das Unternehmen kann dank seiner Ressourcen und Fähigkeiten die Konkurrenz übertrumpfen.

Unternehmenskultur:

- Manager und Mitarbeiter verteidigen lieber strategische Positionen, als sich mit Innovationen auf unbekanntes Terrain zu begeben.

Rekonstruktivistischer Ansatz

Unternehmen schaffen neue Märkte mit neuen Spielregeln; die Strategie führt zu Strukturänderungen:

- Das strukturelle Umfeld ist attraktiv, aber die Wettbewerber sind gut etabliert und dem Unternehmen fehlt es an den nötigen Ressourcen und Fähigkeiten, um sich gegen die Konkurrenz durchzusetzen.
- Das strukturelle Umfeld ist schwierig und wirkt dem Erfolg entgegen, ganz gleich, welche Ressourcen und Fähigkeiten ein Unternehmen mitbringt.

Unternehmenskultur:

- Das Unternehmen ist innovationsorientiert und bereit, neue Chancen zu suchen und zu nutzen.

BILD 2 Entscheidungshilfe für die Wahl des Strategieansatzes [KM09]

---

auch mit höheren Risiken und höheren Kosten verbunden. Im Gegensatz dazu weisen geringe Veränderungen ein kleineres Erfolgspotential auf, gehen jedoch mit einem geringeren Risiko und geringeren Kosten einher [VB13].

Nach GOURVILLE kommt es jedoch nicht ausschließlich auf den Grad der vorgenommenen Produktveränderung an. Große Produktveränderungen ziehen häufig auch eine Verhaltensänderung auf Seiten des Kunden nach sich. Die Kunden neigen allerdings dazu, an ihrem gewohnten Verhalten festzuhalten, was zur Ablehnung neuer Produkte führen kann. Bei der Wahl der Innovationshöhe ist also nicht nur darauf zu achten, nutzenstiftende **Produktveränderungen** herbeizuführen, sondern auch nach Möglichkeit die **Verhaltensänderungen des Kunden** zu minimieren [Gou06]. Mehr dazu im folgenden Kasten.

WANN KUNDEN NEUE PRODUKTE KAUFEN

Um Innovationen im Sinne SCHUMPETERS zu entwickeln, bedarf es einer erfolgreichen Markteinführung des neuen Produkts. Studien zeigen jedoch, dass 40 bis 90 Prozent aller neuen Produkte scheitern und den Sprung zur Innovation verfehlen, obwohl sie zum Teil deutliche Verbesserungen gegenüber den Vorgängermodellen aufweisen. Der Harvard Professor JOHN T. GOURVILLE liefert einen Erklärungsansatz für den Misserfolg vieler Innovationen. Er zeigt, dass es neben der Qualität des Produktes auch das Verhalten der Marktteilnehmer zu berücksichtigen gilt.

Bringt ein Unternehmen eine Neuheit auf den Markt, neigen die verantwortlichen Manager oftmals dazu, den Wert der Neuentwicklung zu überschätzen. Die Kunden des Produkts zeigen hingegen genau das entgegengesetzte Verhalten: Sie unterschätzen den Produktnutzen. Wie kommt eine solche Diskrepanz zustande? Führungskräfte gingen lange davon aus, dass ausschließlich Wertzuwachs oder Zusatznutzen kaufentscheidend sind. Eine objektive „Verbesserung" sollte für ausreichenden Absatz genügen. EVERETT ROGERS bezeichnete dieses Konzept in den 60er Jahren als „relativen Vorteil". Dies scheint auf den ersten Blick einleuchtend; die Denkweise vernachlässigt jedoch psychische Effekte.

Für die Antwort auf die Frage, warum und wann Menschen von rein rationalen ökonomischen Verhaltensmustern abweichen, wurde DANIEL KAHNEMAN 2002 mit dem Nobelpreis für Wirtschaft ausgezeichnet. In Zusammenarbeit mit AMOS TVERSKY fand er heraus, dass sich das Verhalten von Versuchspersonen in Entscheidungssituationen an vier Merkmalen orientiert:

- Die Bewertung der Attraktivität von Alternativen erfolgt von Menschen nicht objektiv oder tatsächlich, sondern ausschließlich nach dem subjektiven oder wahrgenommenen Wert.
- Neue Produkte oder Investitionen werden immer mit Referenzprodukten verglichen, welches der Bewertende bereits besitzt oder konsumiert.
- In Bezug auf das Referenzprodukt wird jegliche Verbesserung als Gewinn, jede Verschlechterung als Verlust bewertet.
- Verluste beeinflussen das Verhalten weit mehr als Gewinne.

Besonders das letzte Phänomen – KAHNEMAN und TVERSKY bezeichnen es als Verlustaversion – hat einen entscheidenden Einfluss auf das Kaufverhalten. Konsumenten betrachten jeglichen Neuerwerb als Kompromiss. Bild 1 zeigt diesen Kompromiss an ausgewählten Beispielen.

Die Verlustaversion führt dazu, dass eigene Produkte von Verbrauchern deutlich höher bewertet werden als andere Produkte. Dieser sogenannte **„Eigentumseffekt"** konnte anhand von Experimenten auf den Faktor drei quantifiziert werden. Unterstützt wird diese Einschätzung durch die Entdeckung des **Status-quo-Effekts** in Experimenten von u. a. KAHNEMAN und TVERSKY und SAMUELSON und ZECKHAUSER. Der Effekt besagt, dass Menschen dazu neigen an Vorhandenem festzuhalten, auch wenn es eine bessere Alternative gibt.

Diese Effekte beeinflussen nicht nur Kunden – auch Entwickler und Führungskräfte sind von ihren Produkten voreingenommen. Wenn ein Entwickler jahrelang an einem Produkt arbeitet, stellt dieses für ihn das Referenzprodukt dar. Dies führt zu einem Missverhältnis zwischen dem echten Kundenwunsch und den Einschätzungen der Manager.

Nur wer diese Diskrepanz berücksichtigt, kann Innovationen schaffen. Erfolgreiche Manager sollten sich daher die Frage stellen, was Verbraucher akzeptieren. Nach GOURVILLE sind das vor allem Produkte, die nur geringe Verhaltensveränderungen erfordern. Innovationen bieten Vorteile, die häufig auf einer Produktveränderung basieren. Je größer die nutzenstiftende Produktveränderung, desto höher ist die Wahrscheinlichkeit einer bahnbrechenden Veränderung – und somit einer Basisinnovation. Große Produktveränderungen verlangen jedoch häufig auch eine Verhaltensänderung. Diese Verhaltensänderungen müssen minimiert werden, um erfolgreich zu sein. Bild 2 zeigt ein Portfolio, das durch diese beiden Einflussgrößen aufgespannt wird. Daraus resultieren vier Kategorien.

- **Leichter Verkauf:** Produkte, die geringfügige Änderungen aufweisen und minimale Verhaltensanpassungen erfordern, sind in der Regel leicht zu verkaufen. Beispiele hierfür sind klassische Produktreleases.
- **Sicherer Fehlschlag:** Die Kombination aus geringen Produktveränderungen und einem hohen Anpassungsaufwand für den Verbraucher resultiert meistens in Fehlschlägen. Ein Beispiel ist die Dvorak-Tastatur, die durch eine neue Anordnung der Tasten eine geringe Erhöhung der Tippgeschwindigkeit erzielen sollte, aber das Erlernen eines neuen Zehn-Finger-Systems verlangte.
- **Lange Durststrecke:** Wird ein Produkt erheblich verändert und werden vom Verbraucher große Veränderungen verlangt, so müssen Unternehmen eine lange Durststrecke durchlaufen bis

Innovation	Was Verbraucher durch den Verkauf gewinnen	Was Verbraucher durch den Verkauf verlieren
Elektroautos	Saubere Umwelt	Einfaches Tanken
Digitale Videorekorder	Einfache Aufzeichnung	Die Möglichkeit, Leihvideos abzuspielen
Postalisch zugesendete Leih-DVDs	Größere Auswahl	Spontaneität
Elektronische Bücher	Müheloser Transport	Haltbarkeit
Online-Lebensmitteleinkauf	Lieferung ins Haus	Die Chance, sich die frischesten Produkte auszusuchen
Satellitenradio	Große Auswahl	Kostenlose Musik
Weinflaschen mit Schraubverschluss	Bessere Haltbarkeit	Sinnliches Erlebnis beim Öffnen der Flasche
Segway-Roller	Mobilität	Gesundheitliche Vorteile des Gehens
Windkrafträder	Umweltfreundliche Energie	Unverbaute Landschaft

Neue Produkte bringen dem Kunden zusätzlichen Nutzen, zwingen ihn aber auch, auf liebgewonnene Vorteile zu verzichten.

BILD 1 Vor- und Nachteile von Innovationen nach GOURVILLE

sie einen Erfolg verbuchen können. Große nutzenstiftende technologische Sprünge wie das Mobiltelefon fallen in diese Kategorie.
- **Verkaufsschlager:** Erfordern beträchtliche Produktveränderungen nur geringe Verhaltensänderungen, besteht eine hohe Wahrscheinlichkeit, dass ein Produkt zu einem Verkaufsschlager wird. Google kombinierte beispielsweise eine vertraute Benutzungsoberfläche mit einem neuen Suchalgorithmus und wurde damit Weltmarktführer bei den Suchmaschinen.

Literatur:
[Gou06] GOURVILLE, J. T.: Wann Kunden neue Produkte kaufen. Harvard Business Manager, August 2006

BILD 2
Klassifizierung von innovativen Produkten nach GOURVILLE

1.2.2.4 Innovationsumfang

Der Innovationsumfang kennzeichnet das Ausmaß, in dem ein Unternehmen Innovationen generieren möchte. Auf den ersten Blick scheint diese Entscheidung eindeutig: Je mehr Innovationen, desto besser – Unternehmen wie 3M, BMW oder Apple machen es vor. Spitzenpositionen in den typischen Output- bzw. Outcome-Größen der Innovationsleistung, wie Anzahl Patentanmeldungen pro Jahr und Umsatzanteil mit Produkten, die nicht älter als x Jahre sind, bedeuten jedoch noch lange nicht, dass ein Unternehmen erfolgreich ist. Andererseits gibt es Unternehmen, deren Leistungsangebot und Geschäftsprozesse nicht besonders komplex sind, die aber sehr erfolgreich sind. Offensichtlich ist die Innovationsführerschaft im engeren Sinne nicht der Garant für Erfolg. VON DEN EICHEN ET AL. kommen daher zu dem Schluss, dass es neben der Innovationsleistung auch auf die Komplexitätshöhe ankommt. Beide Größen müssen in einem stimmigen Verhältnis zueinander stehen. Gemäß Bild 1.30 unterscheiden sie vier idealtypische Rollen [ELW07].

- **Veränderungsagenten:** Unternehmen dieses Typs streben eine geringe Komplexitätshöhe an und setzen daher vor allem auf innovative, einfache Geschäftsmodelle.
- **Premiumanbieter:** Dieser Typus von Unternehmen bietet seinen Kunden eine breite Palette von aufwändigen Produkten und Services und zu hohen Preisen auch Lösungen abseits des Üblichen.
- **Traditionalisten:** Unternehmen dieser Klasse können einen hohen Grad an Komplexität schultern, verzichten bei ihren Produkten jedoch auf überdurchschnittliche Innovationsleistungen.
- **Puristen:** Unternehmen dieser Gruppe bringen wenige Innovationen hervor und halten die Komplexität ihres Geschäfts gering. Sie konzentrieren sich auf effiziente Prozesse.

Ein Unternehmen sollte sich im Rahmen seiner Innovationsstrategie für eine dieser Rollen entscheiden. Zu diesem Zweck schlagen die Autoren einen auf vier Fragen beruhenden Leitfaden vor:

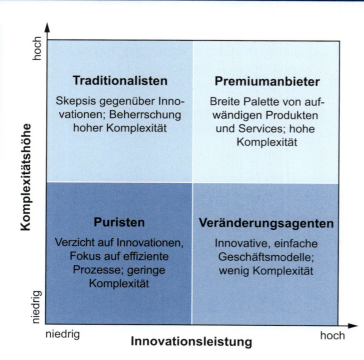

BILD 1.30
Strategische Rollen im Kontext Innovationsumfang nach VON DEN EICHEN ET AL. [ELW07]

1. Wo stehen wir heute? Dazu dient der in Bild 1.31 wiedergegebene Fragebogen, mit dessen Hilfe die derzeitige Rolle eines Unternehmens bestimmt werden kann.
2. Wo wollen wir hin? Hier sind vom Management Vorstellungen über eine künftig anzustrebende Position zu entwickeln. In der Regel bedeutet das die Änderung bzw. Weiterentwicklung des Geschäftsmodells. Es liegt nahe, derartige Überlegungen auf der Basis von Markt- und Umfeldszenarien anzustellen.
3. Wie viel Innovation und Komplexität ist nötig? Hier stellt sich insbesondere die Frage nach den Kompetenzen, die für die Beherrschung der akzeptierten Komplexität und der angestrebten Innovationskraft erforderlich sind.
4. Welche Schritte führen zum Ziel? Dies ist in der Regel mit einer Änderung des Leistungsportfolios, der Wertschöpfungsketten und der Geschäftsmodelle verbunden.

1.2.2.5 Innovationsverhalten

Das Innovationsverhalten beschreibt die angestrebte Grundhaltung im Innovationswettbewerb. Unternehmen können einerseits darauf abzielen, eine führende Rolle im Innovationsgeschehen einzunehmen, also als erster neue Produkte zu generieren und diese am Markt erfolgreich zu platzieren. Andererseits können sie auch eine abwartende Haltung einnehmen, um erst einmal zu schauen, was die Wettbewerber machen und sich dann an deren Erzeugnissen zu orientieren. Dementsprechend lassen sich zwei grundsätzliche Stoßrichtungen unterscheiden: Pionier bzw. Führer und Imitator bzw. Folger, wobei bei der Folgerstrategie häufig noch einmal eine Differenzierung in Früher-Folger und Später-Folger vorgenommen wird [BS09], [Bul94]. Vor diesem Hintergrund ergeben sich eine Reihe von Verhaltensoptionen, die aus dem in Bild 1.32 dargestellten Portfolio hervorgehen.

- **Innovations-Leader:** „Innovations-Leader" nehmen sowohl in Hinblick auf den Produktentwicklungsbeginn als auch auf den Markteintritt eine Pionierposition ein. Sie greifen Innovationsimpulse als erster auf und transformieren diese auch als erster in ein marktreifes Produkt. Diese Strategie wird häufig als die Erfolg versprechendste angesehen; ihre Vor- und Nachteile werden in der Literatur ausführlich diskutiert [BS09], [Bul94], vgl. auch Tabelle 1.2. Es gibt nahezu unzählige Beispiele für misslungene und gelungene Innovations-Leader-Strategien. Ein berühmtes positives Beispiel ist die Firma 3D Systems, die die Stereolithographie bis zur Marktreife entwickelt hat und heute einer der größten Player auf dem Markt für Additive Fertigung ist. Eine weitere Erfolgsgeschichte hat das Unternehmen Kiva Systems mit der Entwicklung mobiler Roboter geschrieben, die von zahlreichen E-Commerce Händlern zum Kommissionieren von Waren in ihren Logistikzentren eingesetzt werden. Im Jahr 2012 wurde Kiva Systems von Amazon übernommen und ist heute als Amazon Robotics bekannt [Mou13].
- **Überholer:** „Überholer" greifen eine bestehende Innovationsidee außerhalb des eigenen Unternehmens auf und sind in der Lage, diese schneller zu einem marktrei-

1.2 Aspekte des Innovationsgeschehens

Wo steht Ihr Unternehmen?

Mithilfe einer Reihe von Diagnosefragen können Führungskräfte feststellen, welches der vier Profile (Purist, Traditionalist, Premiumanbieter oder Veränderungsagent) Ihr Unternehmen derzeit aufweist. Diese Standortbestimmung hilft Ihnen, die künftige strategische Rolle festzulegen.

Diagnosefragen zur Innovationsleistung Punkte*

- Wie hoch ist im Vergleich zum Wettbewerb der Umsatzanteil mit neuen Produkten respektive Dienstleistungen, die in den vergangenen drei Jahren marktreif wurden?
- Wie schnell werden im Vergleich zum Wettbewerb neue Produkte und Dienstleistungen marktreif?
- Wie stark ist das Unternehmen bei Innovationen der Kundenbeziehungen (etwa neue Vermarktungsformen, Kommunikationswege und andere Formen des Kundenkontaktes)?
- Wie stark ist das Unternehmen bei Prozessinnovationen (etwa in der Entwicklung, Produktion oder Auftragsabwicklung)?

Gesamtpunktzahl

Diagnosefragen zur Komplexitätshöhe Punkte*

- Wie stark ist das Unternehmen diversifiziert (etwa Zahl der strategische Geschäftsfelder sowie Kundensegmente)?
- Wie groß ist die Zahl der Kooperationen (etwa Entwicklungs- oder Vertriebspartnerschaften)?
- Wie groß ist die Wertschöpfungstiefe im Vergleich zur Branche (hohe eigene Wertschöpfung bedeutet hohe Komplexität)?
- Wie breit und tief ist das Produkt- und Serviceangebot (Zahl der Marken, Variantenvielfalt, produktbegleitende Maßnahmen)?

Gesamtpunktzahl

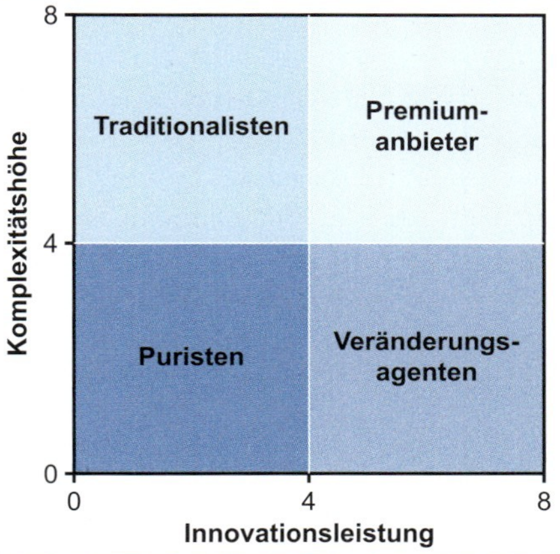

*Je Frage: 2 = sehr hoch, schneller als der Wettbewerb etc.
1 = hoch, so schnell wie der Durchschnitt etc.
0 = niedrig, langsamer als der Durchschnitt etc.

BILD 1.31 Ermittlung der Position eines Unternehmens im Spannungsfeld von Komplexitätshöhe und Innovationsleistung [ELW07]

fen Produkt zu entwickeln als der Wettbewerb. Dadurch ist es ihnen möglich, die Pioniervorteile für sich zu beanspruchen. In Abhängigkeit davon, ob der Folger eine Modifikation oder eine Imitation, d. h. eine reine Übernahme der Innovationsidee beabsichtigt, lassen sich die beiden Substrategien „**Modifizierender Überholer**" und „**Imitierender Überholer**" unterscheiden. Ein prominentes Beispiel für einen „Modifizierenden Überholer" ist der Werkzeugmaschinenhersteller Trumpf, der die Lasertechnologie aufgriff und diese für die Bearbeitung von Blechen modifizierte. Heute ist Trumpf nicht nur Weltmarktführer für Laserschneidemaschinen, sondern auch für Laser-Aggregate.

- **Beobachter/Verpasser:** Unternehmen dieser Kategorie sind Vorreiter in Hinblick auf den Produktentwicklungsbeginn, nehmen beim Markteintritt jedoch eine Folgerposition ein. Ein späterer Markteintritt kann einerseits bewusst gewählt werden, um die damit verbundenen Vorteile auszuschöpfen bzw. die Nachteile des Markteintrittspioniers zu umgehen (z. B. hohe Marktun-

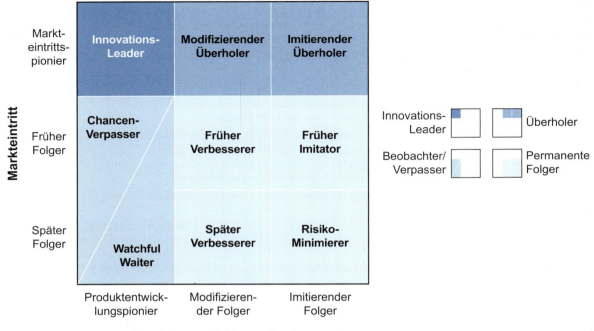

BILD 1.32 Strategische Optionen für das Verhalten im Innovationswettbewerb nach Buchholz [Buc98]

TABELLE 1.2 Pro und Contra der Innovations-Leader-Strategie nach Backhaus

Pro:	Contra:
+ am Anfang kein direkter Konkurrenzeinfluss + Imagevorteile + preispolitische Spielräume + Chancen zur Etablierung eines dominanten Designs + Entwicklung eines produkttechnologischen Industriestandards + Vorsprung auf der Erfahrungskurve ermöglicht langfristige Kostenvorteile + Aufbau von Kunden- und Lieferantenkontakten + Hohe Motivation des Personals	- Ungewissheit über ökonomische und technologische Marktentwicklung - Gefahr von Technologiesprüngen - hohe F&E-Aufwendungen - Nutzen der Markterschließung kommt auch den „Followers" zugute - Überzeugungsaufwand beim Kunden (Missionar-Effekt)

sicherheit, hohe Kosten der Markterschließung etc.). Diese Strategie wird als **„Watchful Waiter"** bezeichnet. Er kann aber auch unfreiwillig erfolgen, wenn der Produktentwicklungspionier seinen zeitlichen Vorsprung verspielt und von einem „Überholer" hinter sich gelassen wird (z. B. weil er andere Produktentwicklungsprojekte höher priorisiert oder seine Innovation absichtlich zurückhält, um Kannibalisierungseffekte hinsichtlich des eigenen Produktportfolios zu vermeiden). In diesem Fall sprechen wir vom **„Chancen-Verpasser"**.

- **Permanente Folger:** „Permanente Folger" nehmen sowohl in der Produktentwicklung als auch beim Markteintritt eine Folgerrolle ein. Insgesamt lassen sich vier Varianten unterscheiden: Der **„Frühe Verbesserer"** modifiziert das Produkt des Pioniers und tritt so schnell wie möglich nach ihm in den Markt ein. Auch der **„Frühe Imitator"** zeichnet sich durch einen unmittelbaren Markteintritt nach dem Pionier aus, setzt jedoch auf eine reine Produktkopie. Der **„Späte Verbesserer"** führt ein weiterentwickeltes Produkt erst zu einem späteren Zeitpunkt in den Markt ein, weil er sicher ist, wesentliche Wettbewerbsvorteile bieten zu können. Die vierte Variante bildet der **„Risiko-Minimierer"**, der zu einem späten Zeitpunkt mit einer Nachahmung in den Markt eintritt und auf diese Weise das Risiko kleinstmöglich hält. Er greift häufig mit einer aggressiven Preisstrategie an.

1.2.2.6 Innovationsursprung

Der Innovationsursprung beschreibt, wie die zur Generierung von Innovationen benötigten Kompetenzen aufgebaut werden sollen. Im Falle von Produktinnovationen beruhen diese häufig auf Technologien. Grundsätzlich bieten sich für den technologiebezogenen Kompetenzaufbau die drei Optionen Eigenentwicklung (Make), Fremdbezug (Buy) und Kooperation (Cooperate). Welche dieser Optionen besonders geeignet ist, hängt von vielen Faktoren ab. Hilfestellung liefert das in Bild 1.33 dargestellte Entscheidungsportfolio nach Picot, das durch die beiden Achsen **Strategische Relevanz einer Kompetenz** und **Relatives Kompetenzniveau** aufgespannt wird [Pic91]. Den Achsen liegt jeweils eine Reihe von Kriterien zugrunde, die auf einer Skala von 1 (sehr gering) bis 5 (sehr hoch) bewertet und im Anschluss zu einem Gesamtscore aggregiert werden (Bild 1.34). Aus dem Portfolio ergeben sich vier charakteristische Bereiche, die Empfehlungen für die zu wählende Handlungsoption enthalten [Ger04]:

- **Eigenentwicklung:** Hat eine Kompetenz eine hohe strategische Relevanz und verfügt das eigene Unternehmen über ein hohes Kompetenzniveau, sollte das Unternehmen die vollständige Kontrolle über die Kompetenz wahren, um dadurch entscheidende Wettbewerbsvorteile zu erzielen. In der Regel handelt es sich um strategische Kompetenzen, die auch in der Vision verankert sind (vgl. auch Bild 1.24). Dementsprechend sind die Unternehmensaktivitäten und Ressourcen konsequent auf die Sicherung und den weiteren Aufbau der als erfolgsentscheidend erkannten Kompetenzen zu richten. Selbstredend können auch Kooperationen, insbesondere mit in der Grundlagenforschung führenden Instituten u. ä., dazu einen wichtigen Beitrag leisten.
- **Fremdbezug:** Hat eine Kompetenz geringe strategische Bedeutung und weist das eigene Unternehmen ein geringes Kompetenzniveau auf, empfiehlt sich ein Fremdbezug. Dabei kann es sich um den Zukauf einer fertigen Technologie, die Fremdvergabe der Entwicklung in Form von Vertrags- oder Auftragsforschung und den Erwerb von Lizenzen handeln.
- **Kooperation:** Bei der Kooperation lassen sich zwei unterschiedliche Zielsetzungen unterscheiden. Ist die strategische Bedeutung einer Kompetenz hoch, das Kompetenzniveau des eigenen Unternehmens jedoch gering ausgeprägt, sollte eine Kooperation angestrebt werden, bei der der Partner einen Großteil der nötigen Entwicklungskompetenz einbringt (**Kooperation mit dem Ziel**

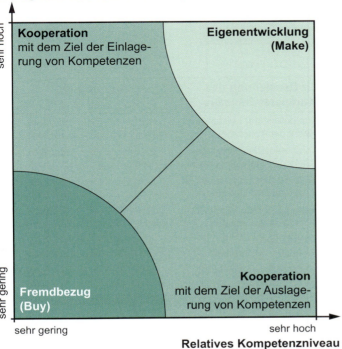

BILD 1.33
Entscheidungsportfolio zum Umgang mit Kompetenzen in Anlehnung an Picot [Pic91]

der Einlagerung von Kompetenzen). Dadurch kann das eigene Unternehmen von einem Lerneffekt profitieren, der bei einem Fremdbezug nicht gegeben ist. Wenn ein Unternehmen über ein hohes Kompetenzniveau verfügt, die Kompetenz aber nur von geringer strategischer Bedeutung ist, empfiehlt sich hingegen eine Kooperation, bei der die eigene Entwicklungskompetenz dem Partner zur Verfügung gestellt wird (**Kooperation mit dem Ziel der Auslagerung von Kompetenzen**). Dieses Vorgehen erscheint insbesondere dann sinnvoll, wenn es sich bei den Kompetenzen entweder um reife Basistechnologien handelt, die von allen Wettbewerbern im eigenen Markt beherrscht werden, oder um angehende Schlüsseltechnologien, die sich noch nicht im Markt durchgesetzt haben. Im ersten Fall können die Kooperationen zur Diversifikation genutzt werden, um mit den ausgereiften Technologien in andere Märkte vorzustoßen, in denen sie noch nicht etabliert sind. Im zweiten Fall eignet sich eine Partnerschaft, um die Marktdurchdringung gemeinsam voranzutreiben. Gängige Ausprägungen der Option Kooperation (insbesondere bei der Zielsetzung der Einlagerung) sind Joint Ventures, Unternehmensbeteiligungen, die vorwettbewerbliche Gemeinschaftsforschung und die Verbundforschung.

Kooperationen haben in der jüngeren Vergangenheit stark an Bedeutung gewonnen. Immer mehr Unternehmen nutzen diese Handlungsoption zur Durchführung ihrer Innovationsvorhaben. Dies gilt insbesondere für technologisch geprägte Branchen wie den Maschinen- und Anlagenbau. Eine neuartige Ausprägung von Kooperationen ist Open Innovation. **Open Innovation** bezeichnet die bewusste Öffnung des Innovationsprozesses gegenüber Dritten. Durch die aktive Zusammenarbeit mit Kunden, Zulieferern, klassischen Forschungspartnern (Hochschulinstitute u. ä.) und neuen Partnern der einschlägigen Internet-Community wird externes Wissen gewonnen, das systematisch zur Steigerung der eigenen Innovationskraft genutzt wird [Che03], [PR09]. Auf das relativ neue Paradigma Open Innovation gehen wir in Kapitel 1.2.5.5 ausführlich ein.

1.2.3 Innovationssystem

Das Innovationssystem ist das unternehmerische soziotechnische System, das Innovationen hervorbringen soll. Es umfasst alle Akteure und Elemente, die am Zustandekommen einer Innovation beteiligt sind. Das sind in erster Linie natürlich die Mitarbeiter eines Unternehmens, in gleicher Weise zählen aber auch Maschinen, Betriebsmittel, Prozessstrukturen etc. dazu. Das Innovationssystem macht jedoch keineswegs an den Grenzen eines Unternehmens halt. Vielmehr handelt es sich um ein offenes System, da das Unternehmen auch mit Akteuren aus seinem Umfeld interagiert (z. B. Lieferanten, Partner, Kunden etc.) und externen Entwicklungen unterworfen ist (z. B. Gesetze, technologischer Fortschritt etc.) [HS11]. An dieser

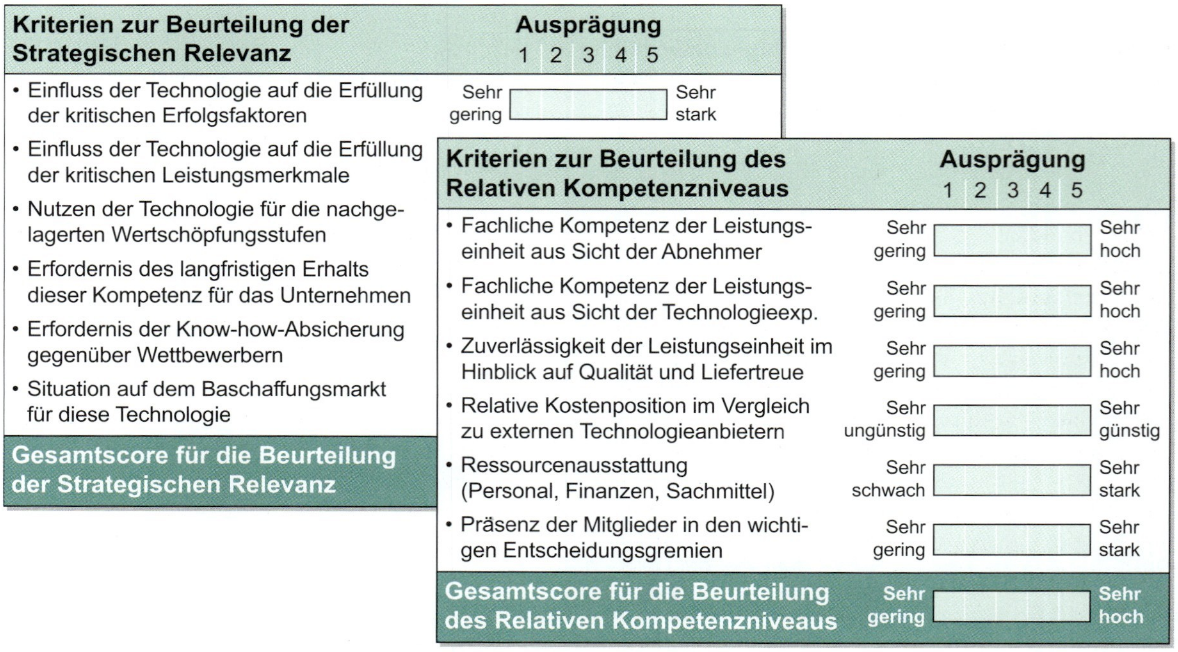

BILD 1.34 Kriterien zur Beurteilung der Strategischen Relevanz und des Relativen Kompetenzniveaus [Ger04]

Stelle sei darauf hingewiesen, dass wir hier bewusst von einem betrieblichen Innovationssystem sprechen. Auf volkswirtschaftlicher Ebene hat sich der Begriff Nationales Innovationssystem (NIS) etabliert, auf den wir im folgenden Kasten eingehen.

Bild 1.35 bringt unser Verständnis eines betrieblichen Innovationssystems zum Ausdruck. Danach strukturieren wir ein Innovationssystem hierarchisch in vier Bereiche: Unternehmensumfeld, Unternehmen, Geschäftsbereich und Funktionaler Bereich. Selbstredend gibt es diese generische Struktur nur bei größeren Unternehmen, die mehrere Geschäftsbereiche haben. Jedem Bereich können Faktoren zugeordnet werden, die die Akteure und Elemente des Innovationssystems repräsentieren und das Innovationsgeschehen in einem Unternehmen determinieren. Dabei unterscheiden wir zwischen unternehmensinternen Gestaltungsfaktoren, über die das Unternehmen sein Innovationsgeschehen beeinflussen kann, und unternehmensexternen Einflussfaktoren, die vom Unternehmen bei der Gestaltung des Innovationssystems ins Kalkül zu ziehen sind, aber nicht vom Unternehmen beeinflusst werden können. Zwischen den einzelnen Gestaltungs- und Einflussfaktoren bestehen vielfältige Abhängigkeiten und Verknüpfungen (z. B. informatorische, disziplinarische, leistungsbezogene und finanzielle Beziehungen), sodass Innovationssysteme hochvernetzt sind [HS11]. Im Folgenden beschreiben wir kurz die vier Bereiche:

- Die **funktionalen Bereiche** eines Innovationssystems stellen im Prinzip die organisatorischen Stellen eines Unternehmens dar, die operativ an der Generierung von Innovationen mitwirken. Beispiele hierfür sind die Entwicklung, der Vertrieb und die Produktion. Beispiele für Gestaltungsfaktoren auf dieser Ebene sind Entwicklungsteams, Entwicklungssoftware, Entwicklungsmethoden, Betriebsorganisation und Betriebsmittel. Die Faktoren erfüllen individuelle Anforderungen des jeweiligen funktionalen Bereichs zur Unterstützung des Innovationsprozesses.
- **Geschäftsbereiche** (Business Units u. ä.) bilden die nächste Hierarchieebene des Innovationssystems. Wichtige Gestaltungsfaktoren sind u. a. die Geschäftsstrategie, das Produktportfolio, Geschäftsmodelle, Positionierung in der Branchenwertschöpfungskette (Vorwärts-Integration, Rückwärts-Integration) etc. Insbesondere von der Geschäftsbereichsleitung ist sicherzustellen, dass die gewählten Ausprägungen auf dieser Ebene mit den Ausprägungen der Gestaltungsfaktoren auf der Ebene der funktionalen Bereiche konsistent sind, bzw. sich gegenseitig verstärken.
- Auf **Unternehmensebene** werden die Geschäftsbereiche koordiniert und die Rahmenbedingungen für das Innovationsgeschehen im gesamten Unternehmen geschaffen. Zu den Gestaltungsfaktoren zählen zum Beispiel die Unternehmensstrategie, innovationsstrategische Festlegungen, wie eine Open Innovation-Strategie, die Digitalisierungsstrategie, die IKT-Infrastruktur sowie die Personalentwicklung und Anreizsysteme für die Mitarbeiter. Selbstredend ist auch auf dieser Ebene die Konsistenz bzw. gegenseitige Verstärkung aller Ausprägungen von Gestaltungsfaktoren über alle Ebenen sicherzustellen.
- Aus dem **Unternehmensumfeld** resultieren externe Einflüsse auf das Innovationssystem eines Unternehmens, die vorderhand als gegeben zu behandeln sind. Für das Innovationssystem besonders relevante Einflussfaktoren sind beispielsweise Kunden, Wettbewerber, der Arbeitsmarkt, staatliche Ausgaben für Forschung und Entwicklung, externe Technologien, das Patentwesen und der Zugang zu Wagniskapital. Da die hier betrachteten Innovationen in Zukunft stattfinden werden, liegt es nahe auf der Basis der erkannten externen Einflussfaktoren in sich konsistente Markt- und Umfeldszenarien mittels der Szenario-Technik zu erarbeiten und das betriebliche Innovationssystem auf das aus heutiger Sicht wahrscheinliche Markt- und Umfeldszenario abzustimmen. Selbstredend ist es im Rahmen eines strategischen Prämissen-Controllings notwendig, etwa jährlich zu überprüfen, ob die externen Prämissen, die aus dem wahrscheinlichen Markt- und Umfeldszenario resultieren, nach wie vor gelten. Wenn sich hier Änderungen ergeben, dann wäre das betriebliche Innovationssystem neu zu justieren. Grundlage dafür sind aktualisierte Markt- und Umfeldszenarien. Im Verlauf der Kapitel Potentialfindung und Geschäftsplanung werden wir auf die Szenario-Technik und deren Anwendung in der strategischen Produktplanung noch näher eingehen.

Innovationen lassen sich nicht erzwingen. Selbst wenn das Unternehmen eine außerordentliche Innovationsfähigkeit an den Tag legt, ist es dennoch abhängig von äußeren, sich verändernden Einflüssen. Gerade aus diesem Grund sollte dem Monitoring des Unternehmensumfelds in Bezug auf die Innovationsbemühungen eine äußerst wichtige Rolle beigemessen werden. Es gilt also, stets Veränderungen des Unternehmensumfelds im Auge zu behalten oder noch besser: sich abzeichnende Veränderungen vorauszudenken, um frühzeitig strategisch agieren zu können statt zu reagieren.

1 Innovationen – Unternehmerischer Erfolg jenseits eingefahrener Wege

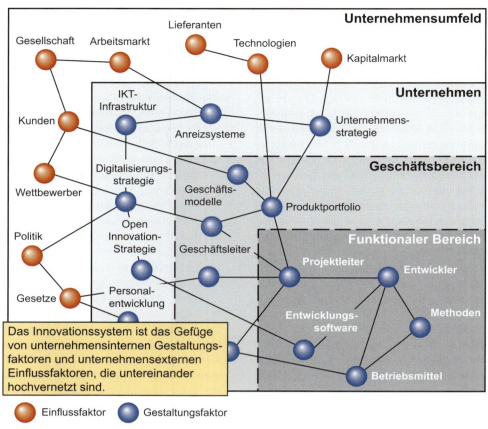

BILD 1.35 Das Innovationssystem als hochvernetztes System aus Gestaltungs- und Einflussfaktoren

DAS KONZEPT DES NATIONALEN INNOVATIONSSYSTEMS (NIS)

Seit vielen Jahren beschäftigt sich die Innovationsforschung mit der Frage nach den grundlegenden Determinanten für den Innovationserfolg. In diesem Zusammenhang wurde immer wieder nach Gründen gesucht, warum einzelne Länder innovativer sind als andere. Ein Schlüssel auf dem Weg zur Beantwortung dieser Frage war die Entwicklung eines konzeptionellen Rahmenwerks, mit dessen Hilfe das Innovationsgeschehen in einem Land beschrieben und erklärt werden konnte – das sogenannte Nationale Innovationssystem (NIS) [CGM09].

Der Begriff Nationales Innovationssystem (NIS) bezeichnet ein Netzwerk aus staatlichen und privaten Akteuren eines Landes, die in Wechselwirkung wissenschaftliches und technologisches Wissen generieren, verbreiten und anwenden [Fre87], [GT97]. Ihm liegt die Erkenntnis zu Grunde, dass die zahlreichen Innovationsaktivitäten eines Landes ein komplexes System formen und keineswegs isoliert voneinander betrachtet werden können, wie zuvor oftmals angenommen wurde. Die Grundidee, eine Volkswirtschaft als nationales Innovationssystem zu beschreiben, geht auf den deutschen Wirtschaftstheoretiker FRIEDRICH LIST zurück [Lis41]. Namentlich eingeführt wurde das Konzept jedoch erst von dem dänischen Organisationstheoretiker BENGT-ÅKE LUNDVALL Mitte der 80er Jahre [Lun85]. Das Konzept beruht auf der Annahme, dass eine gezielte Verbesserung der Innovationskraft eines Landes nur dann herbeigeführt werden kann, wenn die vielfältigen Beziehungen zwischen den Akteuren (Unternehmen, Staat, Universitäten etc.) verstanden und bestehende Pfadabhängigkeiten berücksichtigt werden. Dieser Denkweise folgend sind heute eine Vielzahl an Politikbereichen an der optimalen Gestaltung eines nationalen Innovationssystems beteiligt (Finanz-, Wirtschafts-, Forschungs-, Infrastruktur-, Bildungspolitik etc.). Sie verfolgen im Rahmen der Innovationspolitik das gemeinsame Ziel, den Innovationserfolg eines Landes unter den gegebenen gesellschaftlichen, wirtschaftlichen und politischen

Bedingungen durch bewusst getroffene Maßnahmen zu erhöhen.

Im Laufe der Zeit wurde die Idee des Innovationssystems auf mehrere Ebenen übertragen. So ist heute beispielsweise von supranationalen Innovationssystemen (z. B. Europäische Union), regionalen Innovationssystemen (z. B. Nordrhein-Westfalen) oder lokalen Innovationssystemen (z. B. Ostwestfalen-Lippe) die Rede. Um die Innovationssysteme hinsichtlich ihrer Qualität untersuchen und beurteilen zu können, sind in der jüngeren Vergangenheit zahlreiche Ansätze entwickelt worden, die versuchen, die Leistungsfähigkeit eines Innovationssystems anhand von Indikatoren zu messen und miteinander vergleichbar zu machen (vgl. hierzu den Kasten „Innovationsgeschehen in Deutschland – Bestandsaufnahme und Analyse").

Literatur:

[CGM09] Canter, U.; Graf; H.; Meder, A.: Urbane Innovationssysteme: Das Innovationsnetzwerk in Jena. In: Blättel-Mink, B.; Ebner, A. (Hrsg.): Innovationssysteme: Technologie, Institutionen und die Dynamik der Wettbewerbsfähigkeit. VS Verlag für Sozialwissenschaften, Wiesbaden, 2009, S. 199 – 228

[Fre87] Freeman, C.: Technology Policy and Economic Performance: Lessons from Japan. Frances Pinter Publishers, London, 1987

[GT97] Galli, R.; Teubal, M.: Paradigm Shifts in National Innovation Systems. In: Edquist, C. (Ed.): System of Innovation: Technologies, Institutions and Organizations. Francis Pinter Publishers, London, 1997, pp. 342 – 370

[Lis41] List, F.: The National System of Political Economy, 1841

[Lun85] Lundvall, B.: Product Innovation and User-Producer Interaction. Aalborg University Press, Aalborg, 1985

1.2.4 Innovationsorganisation

Nicht zuletzt wegen der hohen Vernetzung eines Innnovationssystems ist es erforderlich, die Innovationsaktivitäten eines Unternehmens zu organisieren [HS11]. Dafür bieten sich zunächst zwei Ebenen an (Bild 1.36): die innerbetriebliche und die zwischenbetriebliche Innovationsorganisation [SB12], [VB13].

Im Rahmen der **innerbetrieblichen Innovationsorganisation** ist die Aufbauorganisation zu planen, also die hierarchische Strukturierung derjenigen Stellen eines Unternehmens, die sich mit Innovationen beschäftigen. Hier lassen sich die Primär- und die Sekundärorganisation unterscheiden. Bei der Primärorganisation geht es um die dauerhafte Eingliederung des Innovationsmanagements in die Unternehmensorganisation in Form von Stellen und Abteilungen (Linien- und Stabsorganisation). Die Sekundärorganisation bezieht sich auf die zeitlich befristete Durchführung von Innovationsvorhaben in Form von Projekten (Projektorganisation). Die operative Verknüpfung zwischen Linien- und Stabs- sowie Projektorganisation kann mit Hilfe von Gremien erfolgen [SBA02]. Neben der Aufbauorganisation ist die Prozessorganisation auszugestalten, d. h. die im Rahmen von Innovationsprozessen durchzuführenden Tätigkeiten, um gezielt zu Innovationen zu kommen. Darauf gehen wir im nächsten Unterkapitel ausführlich ein.

Bei der **zwischenbetrieblichen Innovationsorganisation** werden andere Unternehmen in das Innovationsgeschehen einbezogen. Dabei kann zwischen der Organisation des Innovationserwerbs und der Organisation der Innovationskooperation unterschieden werden.

Die Art der Innovationsorganisation ist u. a. von der Wahl des Innovationsursprungs im Rahmen der Innovationsstrategie abhängig (vgl. Kapitel 1.2.2.6). Entscheidet sich ein Unternehmen für die Option Eigenentwicklung, erfordert dies vorderhand eine Ausgestaltung der innerbetrieblichen Innovationsorganisation. Die Optionen Fremdentwicklung und Kooperation ziehen eine Organisation des Innovationserwerbs (vgl. Kapitel 1.2.5.4) bzw. der Innovationskooperation (vgl. Kapitel 1.2.5.5) im Rahmen der zwischenbetrieblichen Innovationsorganisation nach sich.

Im Folgenden widmen wir uns der innerbetrieblichen Innovationsorganisation und zeigen grundsätzliche Gestaltungsmöglichkeiten der Aufbauorganisation auf. Neben Formen der Primär- und Sekundärorganisation gehen wir auf Gremien und idealtypische Rollen im Innovationsmanagement sowie auf sogenannte ambidextere Organisationen ein. Der Einfachheit halber beschränken wir uns bei der Darstellung aufbauorganisatorischer Strukturlösungen auf verrichtungsorientierte Organisationen, wenngleich die nachfolgenden Ausführungen prinzipiell auch für objektorientierte Organisationen gelten.

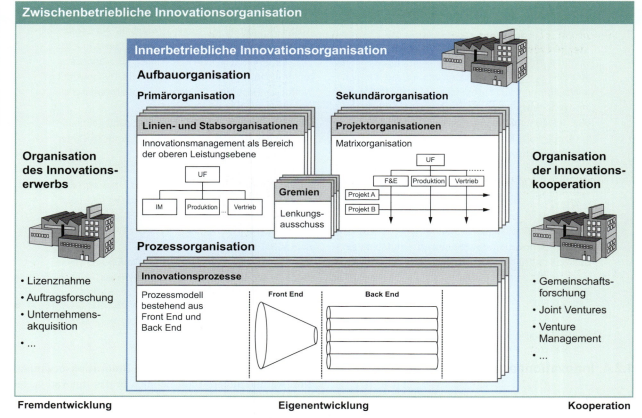

BILD 1.36 Organisatorische Handlungsbereiche zur Gestaltung des Innovationsgeschehens [VB13]

1.2.4.1 Primärorganisation

Bild 1.37 zeigt prinzipielle Gestaltungsmöglichkeiten der Primärorganisation, wobei zwischen einer zentralen, einer dezentralen und einer kombiniert zentral-dezentralen Institutionalisierung des Innovationsgeschehens differenziert werden kann [VB13]:

- **Zentralisation:** Hier wird eine Organisationseinheit geschaffen, der die Umsetzung aller Innovationsvorhaben des Unternehmens obliegt. Diese Organisationseinheit kann als Bereich der oberen Leitungsebene, als Teil eines Funktionsbereichs oder als zentrale Stabsstelle ausgestaltet sein. Die erste Form ist in den meisten Unternehmen, die ein Innovationsmanagement explizit ausweisen, verbreitet. Ihr Vorteil besteht darin, dass die Innovationsziele den anderen Funktionalzielen (Produktionsziele, Vertriebsziele etc.) gleichberechtigt gegenüberstehen.
- **Dezentralisation:** Bei einer dezentralen Eingliederung des Innovationsmanagements werden den Funktionsbereichen eines Unternehmens eigene Stellen zugewiesen, die die Aufgaben des Innovationsmanagements wahrnehmen. Das Innovationsmanagement kann dabei als Linien- oder als Stabfunktion ausgeführt sein, wobei es häufig eine zusätzliche zentrale Stelle gibt, die die Innovationsaufgaben koordiniert.
- **Kombination:** Neben den beiden genannten extremen Ausprägungen des Innovationsmanagements existieren Mischformen, bei denen in der Regel die zentralen Organisationseinheiten die grundlegenden bereichsübergreifenden Innovationsaufgaben übernehmen, während die dezentralen Einheiten die bereichsspezifischen Aufgaben erfüllen. Die Einrichtung eines kombiniert zentral-dezentralen Innovationsmanagements hat Vor- und Nachteile. Vorteile sind, dass die Funktionsbereiche für Innovationen gewonnen werden können, gleichzeitig aber das Innovationsgeschehen konzertiert werden kann, um Synergien zu nutzen und im Innovationswettbewerb mehr Stoßkraft zu entwickeln. Nachteil ist die hohe Komplexität der Aufbauorganisation. Dieser gravierende Nachteil kann nur dann überwunden werden, wenn eine ausgeprägte, alle Bereiche des Unternehmens erfassende proaktive Innovationskultur herrscht.

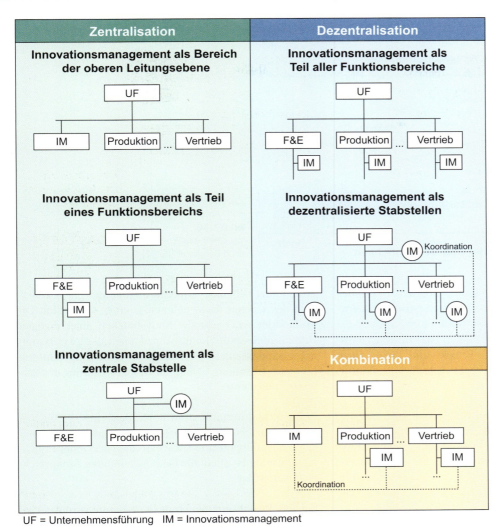

BILD 1.37
Aufbauorganisatorische Eingliederung des Innovationsmanagements (Primärorganisation) [VB13]

UF = Unternehmensführung   IM = Innovationsmanagement

1.2.4.2 Sekundärorganisation

Bei der Sekundärorganisation handelt es sich im Wesentlichen um die klassischen Formen der Projektorganisation, die häufig zusätzlich zur Linienorganisation bestehen [Bur02], [SBA02], [SB12]. Projekte weisen viele Charakteristika auf: Größe, Schwierigkeitsgrad, Laufzeit etc. Ein Projekt hat einen Anfang und ein Ende; nicht alle Personen, die im Verlauf eines Projekts eine Leistung erbringen, müssen dem Projekt zugeordnet oder gar dem Projektleiter disziplinarisch unterstellt sein. Vor diesem Hintergrund haben sich eine Reihe von typischen Projektorganisationen bewährt, die primär durch die beiden Merkmale Projektgröße und Grad der Überbereichlichkeit bestimmt werden (Bild 1.38).

Bei der **Einfluss-Projektorganisation** gibt es anstatt eines echten Projektleiters einen Projektkoordinator, der kaum Kompetenzen hat und nur koordinierend und lenkend wirken kann. Entscheidungen werden ausschließlich in der Linie getroffen. Der Projektkoordinator verfolgt das Projektgeschehen und ist Informant der Linieninstanzen. Für den Erfolg oder Misserfolg kann der Koordinator nicht verantwortlich gemacht werden; er kann allerdings großen Einfluss ausüben, wenn seine Autorität von der obersten Führung der Linienorganisation entsprechend getragen wird.

Der Projektleiter hat bei der **Matrix-Projektorganisation** die gesamte Verantwortung für das Projekt. Er verfügt aber nicht über die volle Weisungsbefugnis für die am Projekt beteiligten Mitarbeiter, da diese aus verschiedenen Organisationseinheiten stammen und nur temporär einer Projektgruppe zugeordnet werden. Somit ergibt sich eine zweidimensionale Weisungsbefugnis. Der Projektmitarbeiter ist fachlich dem Projektleiter und disziplinarisch

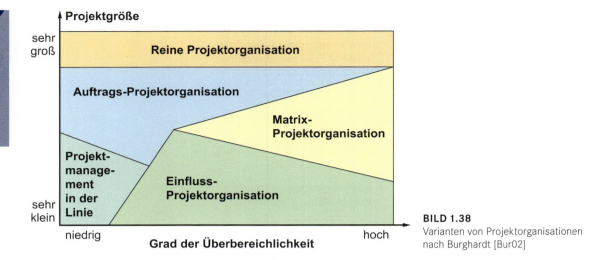

BILD 1.38
Varianten von Projektorganisationen nach Burghardt [Bur02]

seinem Vorgesetzten in der Linie unterstellt. Vorteile: Schnelle Bildung von interdisziplinären Gruppen; keine Versetzungsprobleme bei Projektbeginn und Projektende. Nachteile: Projektmitarbeiter „dienen zwei Herren"; hohe Konfliktträchtigkeit zwischen Projekt und Linie. Auch hier sei erwähnt, dass eine proaktive Innovationskultur hilft, entstehende Konflikte zu überwinden.

Die **Auftrags-Projektorganisation** gemäß Bild 1.39 ist matrixorientiert. Projektleiter und Projektstammmannschaften bilden eine eigene Organisationseinheit „Projektmanagement". Der Projektleiter hat neben der fachlichen auch die organisatorische Gesamtverantwortung für das Projekt. Ferner hat der Projektleiter die Personalverantwortung für sein Stammpersonal. Vorteile: Klare Kompetenzabgrenzung zwischen Projekt und Linie; leichte Einbindung beliebiger Unterauftragnehmer (auch außerhalb des eigenen Unternehmens); große Flexibilität bei Multiprojekten. Nachteile: Notwendigkeit einer eigenen Organisationssäule; Konkurrenzdenken der zwei Hauptorganisationssäulen (Projekte und funktionsorientierte Linienorganisation); Gefahr der Bürokratisierung des Projektmanagements.

Reine Projektorganisation heißt, dass dies die einzige Organisation ist. Es gibt neben der Projektorganisation keine Linienorganisation. Die extreme Form einer Projektorganisation ist allenfalls bei langlaufenden Großprojekten anzutreffen.

Bei dem **Projektmanagement in der Linie** wird das Projekt weitestgehend von einer Stelle in der Linienorganisa-

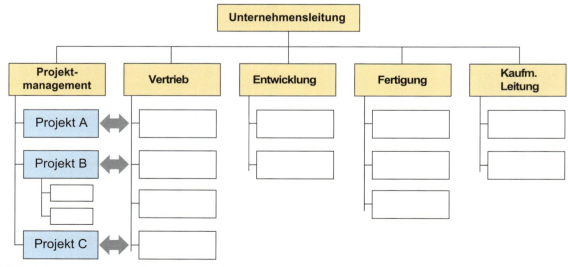

BILD 1.39 Auftrags-Projektorganisation

1.2 Aspekte des Innovationsgeschehens

TABELLE 1.3 Zuordnung von idealtypischen Projektorganisationen zu Projektphasen [Bur02]

Projektphase	Projektorganisation
Definitionsphase	**Einfluss-Projektorganisation** Auswahlgrund: Es ist noch unsicher, ob es zu einer Auftragsvergabe und damit zu einem Projekt kommt.
Entwurfsphase	**Matrix-Projektorganisation** Auswahlgrund: Alle relevanten Stellen sollen erst einmal ohne Personalversetzungen zusammengefasst werden.
Realisierungs- und Erprobungsphase	**Reine Projektorganisation** Auswahlgrund: Das Projekt ist so bedeutend geworden, dass eine eigene Projektorganisation angebracht erscheint.
Einsatzphase	**Projektmanagement in der Linie** Auswahlgrund: Wartung und Einsatzunterstützung soll von den „zuständigen" Stellen überwacht werden.

tion ausgeführt. Selbstredend ist das nur möglich, wenn hier die erforderlichen Mitarbeiter verfügbar sind.

Häufig ändern sich über die Laufzeit eines Projekts die Anforderungen an die Projektorganisation, sodass es angebracht ist, die Projektorganisation zu wechseln. In Tabelle 1.3 sind den verschiedenen Phasen eines Projekts die idealtypischen Projektorganisationen gegenübergestellt.

1.2.4.3 Gremien

Die operative Verknüpfung von Linien- und Projektorganisation kann mit Hilfe von Gremien erfolgen. Sie übernehmen neben der Steuerung, Kontrolle und Integration von Projekten die Koordination mit der Linienorganisation. Im Innovationsmanagement bieten sich die in Bild 1.40 wiedergegebenen Gremien an, wobei deren Einrichtung und Ausprägung selbstredend von der Größe, der Komplexität und dem Grad der Überbereichlichkeit des jeweiligen Projekts bestimmt werden [SBA02].

- **Lenkungsausschuss:** Diesem obliegt die Festlegung der im Unternehmen zu praktizierenden Systematik des Projektmanagements. Nach Maßgabe dieser Systematik genehmigt der Lenkungsausschuss die Projektplanungen und organisiert das Projekt-Controlling (Umsetzungs- und Prämissen-Controlling). Ferner bewältigt der Ausschuss Zielkonflikte und Krisensituationen, indem er die Überarbeitung von Projektplanungen veranlasst und diese genehmigt.
- **Steuerungskomitee:** Ein Steuerungskomitee kommt insbesondere bei großen Projekten zum Einsatz, das aus mehreren größeren Teilprojekten besteht. Es dient der inhaltlichen und organisatorischen Koordination von Teilprojekten und besteht in der Regel aus dem Gesamt- und den Teilprojektleitern.

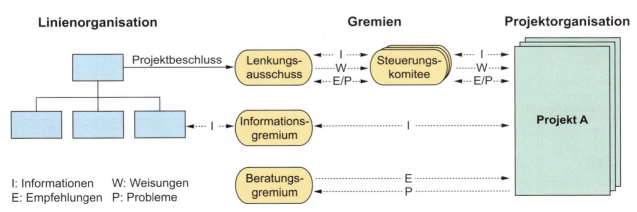

BILD 1.40 Verknüpfung von Linien- und Projektorganisation durch Gremien [SBA02]

- **Informations- und Beratungsgremien:** Diese werden häufig zur Unterstützung von Lenkungsausschüssen, Steuerungskomitees und Projektgruppen eingerichtet. Während in Informationsgremien vorwiegend ein gegenseitiger Informationsaustausch stattfindet, erarbeiten Beratungsgremien Lösungsvorschläge im Falle von auftretenden Problemen.

1.2.4.4 Idealtypische Rollen im Innovationsmanagement

Wenngleich eine Innovationsorganisation immer unternehmensspezifisch auszugestalten ist, lassen sich einige allgemeingültige Rollen definieren, auf denen ein funktionsfähiges Innovationssystem beruht. Basierend auf der Vielzahl an Projekten, in denen wir für Unternehmen Innovationsmanagementsysteme entwickelt und eingeführt haben, unterscheiden wir die in Bild 1.41 dargestellten idealtypischen Rollen im Innovationsmanagement. Die Rollen gliedern sich in vier Gruppen.

Die erste Gruppe umfasst Rollen, die für das **Management von Innovationskampagnen** im Unternehmen erforderlich sind. Eine Innovationskampagne ist eine zeitlich befristete und thematisch fokussierte Suche nach Innovationsideen, die in der Regel über Innovationsplattformen (vgl. Kapitel 3.2.3) organisiert wird. Zur Durchführung einer Innovationskampagne sind im Wesentlichen folgende Rollen auszufüllen:

- *Kampagnen-Sponsor:* Dieser ist dafür verantwortlich, Innovationskampagnen ins Leben zu rufen und auf diese Weise Innovationsideen zu einem bestimmten Themenfeld zu entwickeln bzw. zu sammeln (z. B. zu einer Technologie oder einem Markttrend). Er hat die Befugnis, die Ressourcen und das Budget zur Umsetzung einer Kampagne zu bewilligen.
- *Kampagnen-Manager:* Er ist für die Organisation und operative Durchführung der Innovationskampagne verantwortlich. Ihm obliegt u. a. die Erstellung und Moderation der Kampagne auf der Innovationsplattform, die Auswahl geeigneter Personen zur Teilnahme an der Kampagne sowie ein entsprechendes Marketing zur Bekanntmachung der Kampagne im Unternehmen.
- *Kampagnen-Mitglieder:* Darunter sind die Teilnehmer zu verstehen, die zur direkten Mitwirkung in einer Kampa-

Management von Innovationskampagnen

Management von Inspirationen

Management von Innovationsideen

Übergeordnete Rollen

BILD 1.41 Idealtypische Rollen im Innovationsmanagement

gne ausgewählt wurden. Sie sind dafür zuständig, neue Ideen mit Bezug zu dem vorgegebenen Thema einzureichen, bestehende Ideen auf der Plattform weiterzuentwickeln oder an entsprechenden Workshops im Rahmen der Kampagne teilzunehmen.
- *Community-Mitglieder:* Sie bilden den erweiterten Teilnehmerkreis einer Kampagne. Im Prinzip handelt es sich um alle Stakeholder, die der Innovations-Community eines Unternehmens angehören. Ihre Aufgabe besteht darin, die eingereichten Ideen zu kommentieren und Feedback zu geben.

Die zweite Gruppe enthält Rollen, die das **Management von Inspirationen** betreffen. Unter Inspirationen verstehen wir inhaltliche Impulse, die die Generierung von Innovationsideen fördern. Das können z. B. relevante Markt- und Technologie-Trends, Fotos und Videos von Messen, Feedback aus Kundengesprächen oder Links zu Artikeln in Fachzeitschriften, Tageszeitungen oder Internetblogs sein. Wir unterscheiden den Inspirationsgeber und die Community-Mitglieder:

- *Inspirationsgeber:* Er ist dafür verantwortlich, die oben genannten Informationen in Erfahrung zu bringen und in die Innovationsplattform einzustellen.
- *Community-Mitglieder:* Sie sind wiederum dafür zuständig, die Inspirationen zu kommentieren und anzureichern.

Rollen, die für das **Management von Innovationsideen** notwendig sind, bilden die dritte Gruppe. Hier differenzieren wir zwischen dem Ideengeber, dem Ideenverantwortlichen, dem Ideengehilfen, den Community-Mitgliedern, dem Entscheidungsgremium und dem Ideenmanager:

- *Ideengeber:* Er ist der Urheber einer Idee und reicht seine Ideen auf der Innovationsplattform ein. Innovationsideen können auf spontanen Einfällen beruhen, auf eingestellten Inspirationen basieren oder im Rahmen von Ideenkampagnen entstehen.
- *Ideenverantwortlicher:* Dieser ist dafür zuständig, die eingereichten Ideen vor dem Hintergrund der Bewertungssystematik des Innovationsprozesses zu evaluieren und ggf. die Umsetzung der Idee voranzutreiben. Der Ideenverantwortliche ist für jede Idee vor dem Hintergrund seiner Kompetenzen individuell auszuwählen (z. B. Einschätzung der technischen Machbarkeit, Einschätzung des Marktes etc.). Der Ideenverantwortliche und der Ideengeber können die gleiche Person sein, müssen es aber nicht.
- *Ideengehilfe:* Er unterstützt den Ideenverantwortlichen bei der Bewertung und weiteren Umsetzung der Ideen, z. B. durch die Bereitstellung spezifischer Informationen, die Beurteilung bestimmter Kriterien im Innovationsprozess oder die Durchführung von Aufgaben, die der Ideenverantwortliche aufgrund mangelnder Ressourcen oder Kompetenzen nicht selbst ausführen kann (z. B. domänenspezifische Aspekte bei technischen Machbarkeitsstudien).
- *Community-Mitglieder:* Sie geben auch hier Feedback zu den eingereichten Ideen, reichern sie durch weitere Informationen an oder entwickeln sie weiter.
- *Entscheidungsgremium:* Ihm obliegt die Entscheidung, welche Ideen weiterverfolgt, zurückgestellt oder verworfen werden; damit steuert das Entscheidungsgremium das Ideen- bzw. Innovationsprojektportfolio des Unternehmens. Ferner legt es den Exekutionskanal für eine Idee fest (vgl. Kapitel 1.2.5) und trifft Entscheidungen über die Priorisierung der Ideen sowie über Maßnahmen zur effizienten Ideenweiterentwicklung. Das Entscheidungsgremium besteht in der Regel aus verschiedenen Führungskräften eines Unternehmens. Je nach Phase im Innovationsprozess kann es aus unterschiedlichen Personen zusammengesetzt sein.
- *Ideenmanager:* Er hat die Aufgabe, die Bearbeitung der Ideen zu koordinieren. Der Ideenmanager bereitet u. a. die Entscheidungsgremien vor (z. B. Auswahl, welche Ideen im Gremium diskutiert werden), moderiert sie und dokumentiert die Beschlussfassungen. Ferner führt er Plausibilitätschecks der eingereichten Ideen durch (z. B. Vollständigkeit und Nachvollziehbarkeit der Informationen) und steht den Ideengebern bzw. Ideenverantwortlichen bei organisatorischen Fragen unterstützend zur Seite. Beim Innovationsmanager handelt es sich in der Regel um eine in der Organisation verankerte Stelle.

Die vierte Gruppe beinhaltet **übergeordnete Rollen** im Innovationsmanagement. Dazu zählen der Methoden- und Werkzeugmanager, der Methoden- und Werkzeugexperte, der Innovationscontroller, das strategische Führungsgremium, der Innovationsbotschafter, der Netzwerker und Kollaborator und der Plattform Key User:

- *Methoden- und Werkzeugmanager:* Er ist der zentrale Ansprechpartner für die im Unternehmen eingesetzten Innovationsmethoden und -werkzeuge. Seine Aufgaben liegen u. a. darin, das Methoden- und Werkzeugportfolio des Unternehmens kontinuierlich weiterzuentwickeln, Experten im und außerhalb des Unternehmens für einzelne Methoden und Werkzeuge einzubeziehen, Hilfestellung bei der Anwendung der Methoden und Werkzeuge zu geben sowie Feedback der Mitarbeiter hinsichtlich Aufwand und Nutzen einzuholen und umzusetzen.
- *Methoden- und Werkzeugexperte:* Dieser verfügt über Expertise in der Anwendung von bestimmten Methoden und Werkzeugen und gibt den Mitarbeitern des Unter-

nehmens bei Bedarf entsprechende Hilfestellungen oder Anleitungen, z. B. in Form von Coachings oder durch die Moderation von Workshops. Ferner unterstützt er den Methoden- und Werkzeugmanager bei der Weiterentwicklung des Methoden- und Werkzeugportfolios.

- *Innovationscontroller:* Er ist für die Erhebung der KPIs im Innovationsmanagement (vgl. Kapitel 1.2.8) verantwortlich. Dies umfasst im Wesentlichen die Sammlung der notwendigen Daten, die Berechnung der KPIs sowie die Erstellung von Reports.
- *Strategisches Führungsgremium:* Ihm obliegt die strategische Ausrichtung des Innovationsgeschehens im Unternehmen. Dazu zählen die Analyse von Markt- und Technologieentwicklungen (z. B. in Form von Trends und Zukunftsszenarien), die Erarbeitung einer Innovationsstrategie (vgl. Kapitel 1.2.2) sowie die Definition strategiekonformer Initiativen (z. B. themenbezogene Innovationskampagnen). Ferner trifft es die Entscheidung, welche Innovationsprojekte umgesetzt werden sollen. Das strategische Führungsgremium besteht in der Regel aus den Führungskräften, die auch im Entscheidungsgremium vertreten sind.
- *Innovationsbotschafter:* Dieser ist für das Change Management im Unternehmen verantwortlich, damit sich eine innovationsförderliche Kultur ausbilden kann (vgl. Kapitel 1.2.7). Seine Aufgabe besteht u. a. darin, das Bewusstsein für die Wichtigkeit von Innovationen zu schaffen, die Anwendung von Innovationsmethoden und -werkzeugen im alltäglichen Arbeiten zu etablieren sowie ein unternehmensübergreifendes Innovationsnetzwerk aufzubauen. Der Innovationsbotschafter ist eine der wichtigsten Rollen im Innovationsmanagement.
- *Netzwerker und Kollaborator:* Er ist insbesondere in großen Konzernen für die Vernetzung der unterschiedlichen Geschäfts- und Funktionsbereiche zuständig. Der Netzwerker und Kollaborator kennt die typischen Projekte, Problemstellungen und (technologischen) Kompetenzen der jeweils anderen Bereiche und führt die richtigen Ansprechpartner bei Bedarf zusammen. Ferner organisiert er unternehmensinterne Netzwerkveranstaltungen (z. B. sogenannte Innovation Days), auf denen sich die unterschiedlichen Bereiche austauschen können.
- *Plattform Key User:* Dieser ist dafür zuständig, die Mitarbeiter eines Unternehmens bei der Nutzung der Innovationsplattform (vgl. Kapitel 3.2) zu unterstützen bzw. sie darin zu schulen. Darüber hinaus holt er Feedback zur Benutzungsfreundlichkeit der Innovationsplattform ein, kennt typische Hürden und Probleme der Plattform und nimmt Verbesserungsvorschläge der Mitarbeiter entgegen, die in die Weiterentwicklung einfließen.

Die aufgezeigten Rollen sind im Unternehmen durch geeignete Mitarbeiter zu besetzen und in der Innovationsorganisation zu verankern. In der Regel wird eine Rolle von mehreren Mitarbeitern ausgeführt – beispielsweise hat jeder Mitarbeiter eines Unternehmens im Prinzip die Rolle des Ideengebers inne. Ein Mitarbeiter kann aber auch mehrere Rollen besetzen, z. B. die Rolle des Ideengebers und Inspirationsgebers. Die Entscheidung, welche Rollen im Innovationsmanagement eingeführt werden, ist wie eingangs erwähnt unternehmensindividuell zu treffen. Während in großen Konzernen meistens die Einführung des kompletten Rolleninventars in mehrfacher Besetzung zu empfehlen ist, ist in kleinen und mittleren Unternehmen eine Fokussierung auf die wesentlichen Rollen bzw. eine Konzentration mehrerer Rollen auf eine Person sinnvoll.

1.2.4.5 Ambidextere Organisationen

Die vorstehenden Ausführungen beruhen auf der Annahme, dass es um die kontinuierliche Weiterentwicklung des Unternehmens auf der Basis von inkrementellen Innovationen geht. Selbstredend muss ein Unternehmen auch sogenannte radikale Innovationen anstreben, um seine Zukunft zu sichern. Das bedeutet häufig, mit dem Bestehenden zu brechen und einen Aufbruch zu neuen Ufern zu wagen. Die jüngere Vergangenheit hat jedoch gezeigt, dass dies die Unternehmen immer wieder vor erhebliche Probleme stellt, u. a. deswegen, weil inkrementelle und radikale Innovationen völlig unterschiedliche Prozesse, Kulturen, Werte und Kompetenzen erfordern. Die Managementtheorie propagiert daher eine weitgehend organisatorische Trennung zwischen angestammtem und neu zu erschließendem Geschäft, sodass es zwei eigenständige Organisationseinheiten gibt, die auf der Ebene des Topmanagements zusammengeführt werden (Bild 1.42). O'REILLY und TUSHMAN sprechen in diesem Falle von ambidexteren Organisationen, die in der Lage sind, inkrementelle und radikale Innovationen gleichzeitig bzw. „beidhändig" erfolgreich zu managen [OT04]. Die Vorteile sind offensichtlich: Die für das neue Geschäft typische Innovationskultur kann sich herausbilden, die hohe Entwicklungsdynamik, primär gegeben durch den Tatendrang der Mitarbeiter, wird eingefangen und auf eine Erfolg versprechende Weiterentwicklung des Unternehmens fokussiert.

1.2.5 Innovationsprozess

Innovationsprozesse definieren die erforderlichen Schritte, um gezielt zu Innovationen zu gelangen. In der einschlägigen Literatur findet sich eine Vielzahl an Prozessmodellen, die versuchen, den Innovationsprozess in einzelne

1.2 Aspekte des Innovationsgeschehens

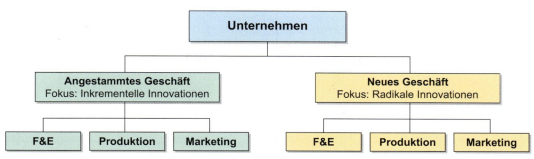

BILD 1.42 Struktur von ambidexteren Organisationen [OT04]

idealtypische Phasen und Aufgaben zu untergliedern. Die Bandbreite reicht dabei von sehr generischen bis hin zu sehr detaillierten Modellen. Zudem lassen sich verschiedene Grundtypen von Modellen unterscheiden, z. B. linear-sequenzielle Modelle, iterative Modelle, Stage-Gate Modelle, evolutionäre Modelle etc. Der Großteil der Modelle lässt sich auf wenige Hauptphasen zurückführen, wobei häufig die drei Phasen „Ideengenerierung und -auswahl", „Konzipierung und Entwicklung" und „Markteinführung und Verbreitung" angeführt werden. Bild 1.43 zeigt eine Auswahl an Prozessmodellen, wobei die Phasen aus Gründen der Vereinfachung durchgängig linear und z. T. aggregiert dargestellt sind.

Diese Klassiker geben zweifelsohne eine gute Orientierung bei der Strukturierung von Innovationsprozessen. Allerdings adressieren sie in erster Linie Produktinnovationen. Insbesondere im Kontext der Digitalisierung ergeben sich jedoch auch im industriellen Umfeld vielfältige Potentiale für Dienstleistungs- oder Geschäftsmodellinnovationen (vgl. Kapitel 4.3), für die diese Prozessmodelle nur bedingt geeignet sind. Aus diesem Grund schlagen wir ein flexibleres Modell vor, das dem Grundgedanken des Trichtermodells von WHEELWRIGHT und CLARK folgt [WC92] und auf der Einteilung von Innovationsprozessen in Front End und Back End beruht (Bild 1.44):

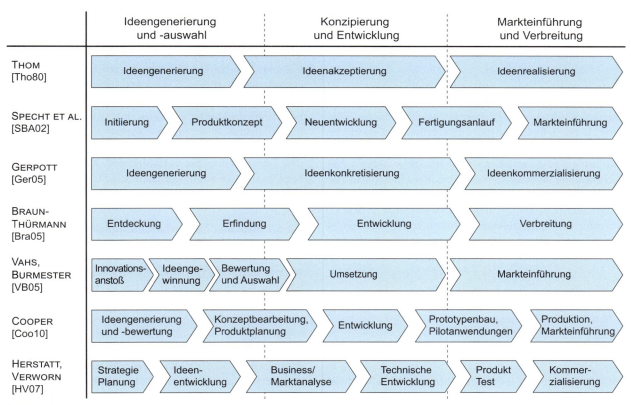

BILD 1.43 Auswahl gängiger Prozessmodelle im Innovationsmanagement in Anlehnung an [Pil11]

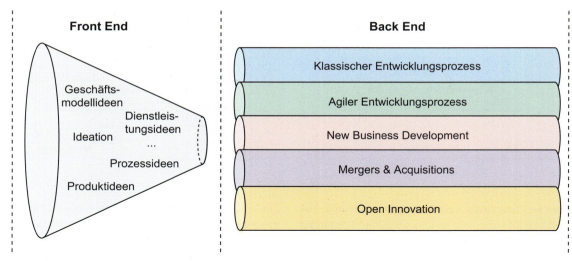

BILD 1.44 Prozessmodell des Innovationsmanagements bestehend aus Front End und Back End

Im **Front End** werden Ideen für Innovationen generiert, gesammelt, bewertet und ausgewählt; wir bezeichnen das als Ideation. In Abhängigkeit des fokussierten Innovationsobjektes geht es hier um Produktideen, Dienstleistungsideen, Geschäftsmodellideen, Prozessideen oder auch weitere Ideentypen wie z. B. KVP-Ideen. Da es sich in dieser frühen Phase um einen kreativen Prozess handelt, der sich nur bedingt organisieren lässt und einer relativ hohen Unsicherheit unterliegt, wird auch häufig vom *„fuzzy front end"* gesprochen. Auf das Thema Ideengenerierung und Ideenmanagement gehen wir in Kapitel 3 ausführlich ein.

Im **Back End** erfolgt die Konzipierung und Entwicklung der zuvor ausgewählten Ideen bis hin zur Markteinführung. Je nach Ideentyp kann dies grundsätzlich in verschiedenen Exekutionskanälen erfolgen. Unter einem Exekutionskanal verstehen wir einen eigenständigen Umsetzungspfad im Innovationsprozess, der über spezifische Abläufe und Strukturen verfügt und spezielle Vorteile mit sich bringt (z. B. Umsetzungsgeschwindigkeit, IP-Schutz, Nutzung bereits bestehender Lösungen am Markt etc.). Wir unterscheiden im Wesentlichen fünf Exekutionskanäle, auf die wir weiter unten genauer eingehen:

- der klassische Entwicklungsprozess,
- der agile Entwicklungsprozess,
- New Business Development,
- Mergers & Acquisitions sowie
- Open Innovation.

Die Kanäle eignen sich aufgrund ihrer Spezifika für unterschiedliche Ideentypen unterschiedlich gut. In den meisten Unternehmen – insbesondere in traditionell produktorientierten Branchen mit historisch gewachsenen Strukturen – fungiert in der Regel der klassische Entwicklungsprozess bzw. der Produktentstehungsprozess als Exekutionskanal für Innovationen. Auch die Prozessmodelle aus Bild 1.43 spiegeln diesen Umstand wider. Allerdings kommt es mitunter vor, dass für eine Dienstleistungsidee, die eigentlich ohne Technik auskommt, im Produktentstehungsprozess plötzlich gleichermaßen aufwändige wie überflüssige technische Machbarkeitsstudien erstellt werden müssen. Die Redewendung *„Wer als Werkzeug einen Hammer hat, sieht in allem einen Nagel"* beschreibt dieses Verhalten treffend. Das Werkzeug ist in diesem Fall der Produktentstehungsprozess, der eben nicht passend für Dienstleistungs-, Geschäftsmodell- oder Prozessideen ist. Für Unternehmen kommt es daher darauf an, die richtigen Exekutionskanäle auszuwählen und in ihren Innovationsprozess zu integrieren. Im Folgenden geben wir eine kurze Charakterisierung der verschiedenen Kanäle. Anschließend beschreiben wir Optionen zur Strukturierung des Back Ends.

1.2.5.1 Klassischer Entwicklungsprozess

Entwicklungsprozesse beschreiben die Vorgehensweise bei der Entwicklung neuer Marktleistungen. Sie strukturieren die Entwicklung in überschaubare, zeitlich und inhaltlich begrenzte Aufgaben, d. h. sie legen fest, was in welcher Reihenfolge zu tun ist, wer was wann zu liefern hat und wer an bestimmten Meilensteinen Entscheidungen zu treffen hat. Auf diese Weise tragen sie durch Standardisierung zur Qualitäts- und Effizienzsteigerung bei und schaffen die für die Führung von Entwicklungsprojekten notwendige Transparenz.

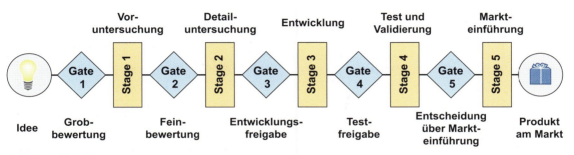

BILD 1.45 Stage-Gate-Prozess nach COOPER in Anlehnung an [Coo90]

In der Industrie hat sich überwiegend die Strukturierung von Entwicklungsprozessen in Form von Stage-Gate-Prozessen etabliert. Darüber hinaus gibt es selbstredend noch weitere Typen von Entwicklungsprozessen, die hohe Verbreitung erfahren haben, wie z. B. das V-Modell (vgl. Kapitel 5.2.2.2). Wir bezeichnen diese etablierten Prozesstypen als klassische Entwicklungsprozesse. Im Folgenden gehen wir auf den Stage-Gate-Prozess näher ein.

Der Stage-Gate-Prozess wurde von ROBERT G. COOPER entwickelt und beruht auf den Erkenntnissen, die er im Rahmen seiner sogenannten NewProd-Studien gewonnen hat. Charakteristisch für Stage-Gate-Prozesse ist die Zerlegung des Gesamtprozesses in diskrete Phasen („stages"). Jede Phase besteht aus vorgeschriebenen Aktivitäten, die funktionsübergreifend und z. T. parallel ausgeführt werden. Vor jeder Phase befindet sich ein sogenanntes „Tor" („gate"), an dem auf Basis definierter Kriterien über Abbruch oder Fortführung des Projektes entschieden wird. Nur im Falle einer positiven Begutachtung wird die nächste Phase betreten. Die Gates fungieren somit als Meilensteine bzw. als Checkpoints für die Qualitätskontrolle [Coo10].

In Bild 1.45 ist ein solcher Stage-Gate-Prozess exemplarisch dargestellt. Er besteht aus fünf Phasen mit zugehörigen Gates. Den Ausgangspunkt des Prozesses bildet eine Idee. Die Idee wird eingangs einer Grobbewertung unterzogen. Bei positiver Bewertung findet eine Voruntersuchung aus Markt-, Technik- und Unternehmenssicht statt. Es folgt eine Feinbewertung auf Basis der gewonnenen Informationen. Im Rahmen der Detailuntersuchung wird eine tiefgehende Analyse der Idee durchgeführt (Machbarkeitsstudie, Business Case etc.). Mit Entwicklungsfreigabe erfolgt die eigentliche Entwicklung. Die entwickelte Marktleistung wird nach Testfreigabe einer umfassenden Validierung unterzogen. Dies umfasst u. a. Funktionstests des Produkts und des Produktionssystems. Auf Basis der Testergebnisse wird letztlich eine Entscheidung über die Markteinführung getroffen, die mit dem Produkt am Markt abgeschlossen ist [Coo90].

Die Definition von Phasen und Meilensteinen trägt maßgeblich zur Strukturierung und Standardisierung des Entwicklungsprozesses bei. In den meisten Fällen ist sie jedoch noch zu abstrakt, da es insbesondere auch auf die Aktivitäten und die damit einhergehenden Verantwortlichkeiten in den einzelnen Phasen ankommt. Zudem müssen Unternehmen ihren Entwicklungsprozess immer individuell definieren und an ihre spezifischen Gegebenheiten anpassen (Branche, Unternehmensgröße, Unternehmenskultur, Organisationsstruktur, Innovationsstrategie etc.). Zur Gestaltung von Entwicklungsprozessen nutzen wir die Modellierungssprache OMEGA (**O**bjektorientierte **Me**thode zur **G**eschäftsprozessmodellierung und -**a**nalyse) [GP14]. Sie zeichnet sich insbesondere dadurch aus, dass sie eine vollständige Modellierung der Ablauforganisation ermöglicht. Das bedeutet, dass durch Zuordnung von Geschäftsprozessen zu Organisationseinheiten sowohl die Objekte der Aufbau- als auch der Prozessorganisation modelliert werden können. Darüber hinaus kann der Detaillierungsgrad des Prozessmodells durch Aggregation bzw. Dekomposition beliebig variiert werden. Die Konstrukte der Methode OMEGA sind in dem nachfolgenden Kasten erläutert.

Bild 1.46 zeigt einen beispielhaften Produktentwicklungsprozess, der mit Hilfe von OMEGA modelliert wurde. Die Grundstruktur besteht aus fünf Phasen und entsprechenden Meilensteinen. Die erste Phase ist die **„Produktplanungsphase"**. Diese beginnt mit der Generierung, Bewertung und Auswahl von Produktideen – den wesentlichen Front End-Aktivitäten (vgl. Bild 1.44). Für die ausgewählten Produktideen wird ein Entwicklungsprojekt initiiert. In der Folge werden u. a. Anforderungen an das Produkt abgeleitet, Zielmärkte definiert, Zielpreise und -kosten ermittelt, potentielle Technologien geprüft und eine Variantenplanung durchgeführt. Die Ergebnisse münden in einem Lastenheft, das gleichermaßen den ersten Meilenstein darstellt.

KONSTRUKTE DER METHODE OMEGA

Die Methode OMEGA (**O**bjektorientierte **Me**thode zur **G**eschäftsprozessmodellierung und -**a**nalyse) bildet Prozessketten, die Informations- und Materialflüsse sowie die Parallelität von Prozessen graphisch ab. Die Modell-Analyse besteht aus einer Auswertung der in der Modell-Entwicklung erfassten Sachverhalte und liefert Hinweise auf mögliche Schwachstellen. Bild 1 gibt einen Überblick über die Konstrukte der Methode OMEGA. Nachfolgend beschreiben wir kurz die Konstrukte.

Ein **Geschäftsprozess** ist eine Folge logisch zusammenhängender Aktivitäten zur Erbringung eines Ergebnisses oder zur Veränderung eines Objekts (Transformation). Er besitzt einen definierten Anfang (Auslöser oder Input) und ein definiertes Ende (Ergebnis oder Output). Beispiele: Bestelldaten erfassen, Entwicklung durchführen, Angebot erstellen

Eine **Organisationseinheit** repräsentiert eine Stelle der Aufbauorganisation (Abteilung, Team, Arbeitsplatz etc.), die den Geschäftsprozess ausführt bzw. verantwortet. Die für die Ausführung verantwortliche Organisationseinheit wird durch einen Rahmen dargestellt, der den Geschäftsprozess umschließt. Ein Geschäftsprozess kann auch von einem IT-System automatisch ausgeführt werden. Beispiele: Entwicklung/Konstruktion, Einkauf, Verwaltungsleitung

Externe Objekte sind Einheiten der Systemumwelt und stellen somit die Schnittstellen eines Prozesses zu seiner Umwelt dar. Externe Objekte repräsentieren Personen, Personengruppen, Institutionen, Firmen etc. außerhalb des betrachteten Systems. Externe Objekte werden eindeutig durch ihren Namen beschrieben und können mehrfach in einem Prozessmodell verwendet werden. OMEGA unterscheidet:

externe Objekte außerhalb der Organisation. Beispiele: Zulieferer, Auftraggeber

externe Objekte außerhalb des Untersuchungsbereichs, die jedoch zur Organisation des betrachteten Systems gehören. Beispiele: unternehmensinterner Kunde, Vertriebsniederlassung

Bearbeitungsobjekte sind Ein- und Ausgangsgrößen von Geschäftsprozessen. In der Regel ist ein Bearbeitungsobjekt, das von einem Prozess erzeugt bzw. transformiert wird, ein Inputobjekt für einen nachfolgenden Prozess. Wird ein eingehendes Bearbeitungsobjekt geändert oder erweitert, so ist dies bei der Modellierung mit einem Status zu vermerken, der sich im Namen wiederfinden kann. Alle Objekte sind eindeutig zu benennen. OMEGA unterscheidet folgende Bearbeitungsobjekte:

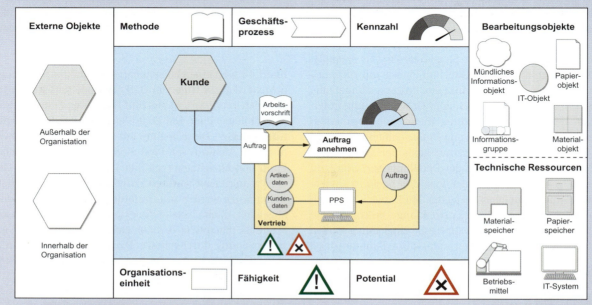

BILD 1 Überblick über die Konstrukte der Methode OMEGA

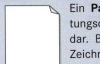 Ein **IT-Objekt** stellt ein Bearbeitungsobjekt eines Geschäftsprozesses in einer durch ein IT-System verarbeitbaren digitalen Form dar. Ein IT-Objekt entsteht, wenn ein Geschäftsprozess bei der Erzeugung eines Output-Objekts durch ein IT-System (z. B. ERP-System) unterstützt wird. Beispiele: E-Mail, 3D-CAD-Modell (Datei)

 Ein **Papierobjekt** stellt ein Bearbeitungsobjekt auf dem Medium Papier dar. Beispiele: Formular, Checkliste, Zeichnung

Ein **mündliches Informationsobjekt** ist ein Informationsobjekt für einen Geschäftsprozess in mündlicher Form. Dabei handelt es sich um eine Information, die weder formal fixiert noch reproduzierbar ist. Ein mündliches Informationsobjekt kann durch den Inhalt der Nachricht spezifiziert werden. Beispiele: persönliches Gespräch, Telefonanruf (telefonische Übermittlung eines Auftrags)

 Ein **Materialobjekt** ist ein materielles Objekt. Damit kann der Material-/Produktfluss innerhalb eines Unternehmens abgebildet werden. Beispiele: Halbzeug, Werkstück, Baugruppe

 Eine **Informationsgruppe** besteht aus mehreren Informationsobjekten. Dabei handelt es sich um eine beliebige Kombination aus IT-Objekten, Papierobjekten, mündlichen Informationsobjekten und Materialobjekten. Beispiele: Software-Paket inkl. Datenträger und Versanddokumente

Technische Ressourcen unterstützen die Durchführung von Geschäftsprozessen. Alle Ressourcen sind eindeutig zu benennen. OMEGA unterscheidet vier Arten von technischen Ressourcen, die im Folgenden näher erläutert werden:

 IT-Systeme unterstützen die Ausführung von Geschäftsprozessen. Sie speichern Informationen, verarbeiten diese und stellen sie zur Verfügung. Ein IT-System kann mehrfach in einem Geschäftsprozessmodell vorhanden sein und wird durch einen Computer symbolisiert. Beispiele: Textverarbeitungsprogramm, Desktop-CAD-System, ERP-System

 Ein **Betriebsmittel** unterstützt die Geschäftsprozesse, indem es materielle Objekte transformiert oder transportiert. Das Betriebsmittel selbst kann kein Material speichern. Es kann jedoch Informationsobjekte (z. B. NC-Programme, Betriebsdaten) empfangen, speichern oder zur Verfügung stellen. Betriebsmittel können durch ihren Standort spezifiziert werden. Beispiele: Bearbeitungszentrum, Portalroboter

 Ein **Papierspeicher** speichert Papierobjekte oder stellt diese zur Verfügung. Er kann durch die Angabe seines räumlichen Standorts und seiner Art (z. B. Ablage/Vertrieb) spezifiziert werden. Beispiele: Ablageordner, Archiv, Lieferantenregister

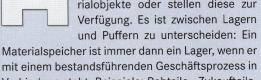 **Materialspeicher** speichern Materialobjekte oder stellen diese zur Verfügung. Es ist zwischen Lagern und Puffern zu unterscheiden: Ein Materialspeicher ist immer dann ein Lager, wenn er mit einem bestandsführenden Geschäftsprozess in Verbindung steht. Beispiele: Rohteile-, Zukaufteile- und Fertigteilelager. Wird Material in einem Materialspeicher gepuffert, existiert kein bestandsführender Geschäftsprozess, d. h. die Bestände in diesem Puffer werden nicht erfasst. Beispiele: Arbeitsplatzpuffer, in dem das Material vor einem Arbeitsplatz auf seine Bearbeitung wartet. Materialspeicher können durch ihren Standort spezifiziert werden.

 Eine **Methode** ist eine bewährte Abfolge von Arbeitsschritten, um ein bestimmtes Ergebnis zu erzielen. Methoden unterstützen die Durchführung von Geschäftsprozessen. Beispiele: Morphologischer Kasten, Quality Function Deployment, Methode 635

 Kennzahlen dienen dem Controlling und der Steuerung von Geschäftsprozessen. Das Symbol gibt den Hinweis auf eine im Prozess genutzte Kennzahl zur Messung der Leistungsfähigkeit bzw. der Ergebnisse eines Prozesses. Beispiele: Reifegrad des in Entwicklung befindlichen Produkts, Anzahl erteilter Patente

 Meilensteine kennzeichnen Zwischenergebnisse und Entscheidungspunkte im Prozess- bzw. Projektablauf. Um einen Meilenstein zu erreichen und die nachfolgenden Prozessschritte freizugeben, müssen definierte Ergebnisse vorliegen bzw. Ziele erreicht sein. Beispiele: Festlegung Lastenheft, Freigabe Serienentwicklung

1 Innovationen – Unternehmerischer Erfolg jenseits eingefahrener Wege

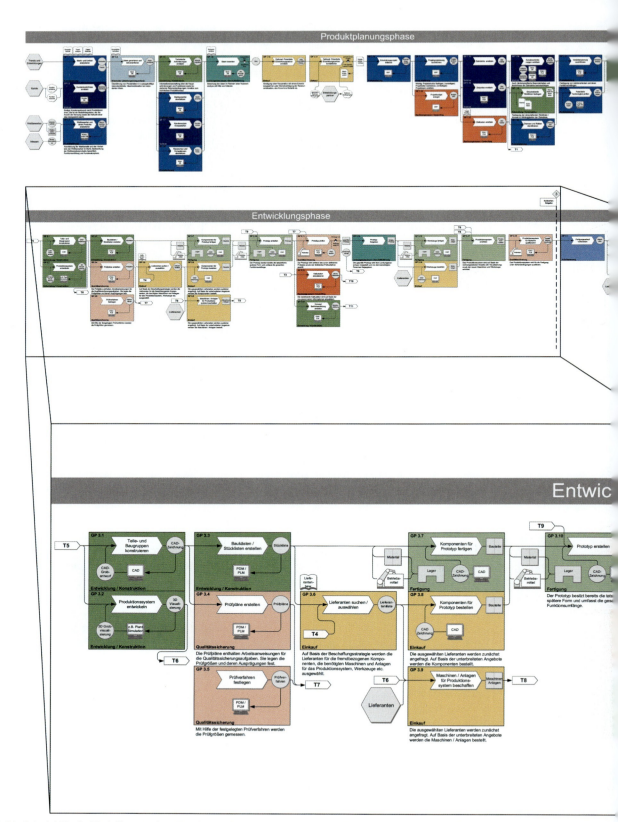

BILD 1.46 Beispiel für die Modellierung eines Entwicklungsprozesses mit Hilfe der Modellierungssprache OMEGA

1.2 Aspekte des Innovationsgeschehens

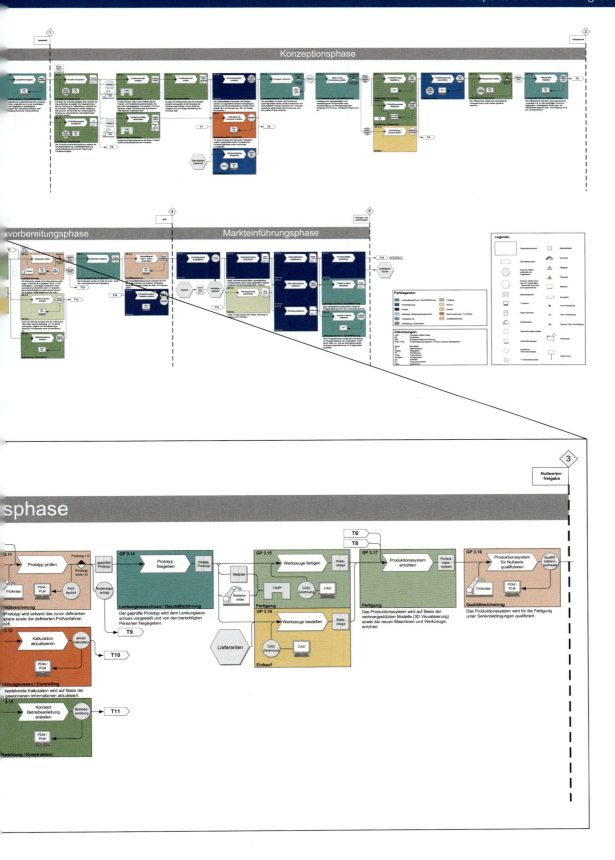

In der „Konzeptionsphase" geht es darum, auf Basis des Lastenhefts ein Erfolg versprechendes Produkt- und parallel dazu ein Produktionssystemkonzept zu erarbeiten. Für das Produktkonzept werden Funktions- und Designmuster erstellt und geprüft. Ferner werden die Kundenakzeptanz für die Konzepte ermittelt, eine Kalkulation erstellt und die Schutzrechtslage überprüft. Die gewonnenen Erkenntnisse bilden u. a. die Grundlage für die Bewertung der Konzepte. Dem schließen sich „Make or Buy-Entscheidungen" und die Planung der Beschaffungsprozesse an. Abschließend wird das Pflichtenheft erstellt, das wiederum den Meilenstein der Phase repräsentiert.

Die dritte Phase ist die „Entwicklungsphase". Hier werden zunächst die Teile- und Baugruppen konstruiert, die Baustruktur definiert und die entsprechenden Stücklisten (Variantenstückliste, Baukastenstückliste etc.) erstellt. In der Folge werden Prototypen generiert, geprüft und freigegeben. Grundlage für die Prüfung bilden die von der Qualitätssicherung erstellten Prüfpläne und entwickelten Prüfverfahren. Parallel dazu werden von der Beschaffung die Lieferanten für die fremdbezogenen Komponenten, die benötigten Maschinen und Anlagen für das Produktionssystem, die Werkzeuge etc. ausgewählt. Die Fertigung errichtet das Produktionssystem, das von der Qualitätssicherung für die Serienbedingungen qualifiziert wird. Die Phase mündet in den Meilenstein „Nullserienfreigabe".

In der „Serienvorbereitungsphase" wird der Fertigungsanlauf vorbereitet und die Erstmuster werden gefertigt bzw. von den Lieferanten bezogen, geprüft und freigegeben. Ferner werden das Service-Konzept, die Betriebsanleitung und die Produktinformationen und Preisliste erstellt. Die Phase endet mit dem Nachweis der Serienfähigkeit und mündet in den Meilenstein „Start of Production (SOP)".

Die letzte Phase ist die „Markteinführungsphase". Diese umfasst u. a. die Durchführung von Vertriebs- und Serviceschulungen, die Platzierung von Werbung und Organisation von Messen. Mit der erstmaligen Generierung von Kundenaufträgen wird das Projekt schließlich in die Serie übergeben. Die Markteinführungsphase endet mit dem Meilenstein „Vertriebs- und Lieferfreigabe".

Ein häufig genannter Kritikpunkt des Stage-Gate-Prozesses ist die sehr formale Steuerung und der daraus resultierende Mangel an Flexibilität. Vor diesem Hintergrund wurde der Stage-Gate-Prozess in den letzten Jahren immer wieder weiterentwickelt. Unabhängig davon wurde in der jüngeren Vergangenheit grundsätzlich untersucht, wie die Geschwindigkeit von Entwicklungsprozessen erhöht und die Agilität in Bezug auf wechselnde Anforderungen gesteigert werden kann. Wir sprechen in diesem Fall vom sogenannten agilen Entwicklungsprozess.

1.2.5.2 Agiler Entwicklungsprozess

Agile Entwicklungsprozesse zielen darauf ab, die Umsetzungsgeschwindigkeit von Innovationsvorhaben zu erhöhen. Die Entwicklung erfolgt in kurzzyklischen Iterationen, in denen einzelne Bestandteile der Marktleistung entwickelt und frühzeitig getestet werden. Das gewonnene Feedback aus den Tests fließt unmittelbar in die Entwicklung zurück und wird in den nächsten Iterationen umgesetzt. Neben einer Verkürzung der Entwicklungszeiten verspricht dieses Vorgehen zum einen eine bessere Erfüllung der Kundenanforderungen, zum anderen eine Vermeidung von Verschwendung entlang des Entwicklungsprozesses.

Agile Entwicklungsprozesse beruhen auf agilen Methoden, die ihren Ursprung überwiegend in der Softwareentwicklung, der Lean Production und dem Entrepreneurship haben. Im Folgenden stellen wir stellvertretend den Scrum- und den Lean Startup-Ansatz vor, da sie in der jüngeren Vergangenheit eine besonders hohe Bedeutung erfahren haben und aktuell auch verstärkt Einzug in die Entwicklung von Hardwareprodukten finden.

Scrum

Scrum ist ein Rahmenwerk zur Entwicklung von Produkten mit hoher Komplexität. Dem Ansatz liegt die Erkenntnis zu Grunde, dass sich solche Produkte nicht vollumfänglich vorausplanen lassen, da zu Beginn ein wesentlicher Teil der Anforderungen und der Lösung unklar sind. Aus diesem Grund wird das Gesamtprodukt in kleinere, weniger komplexe Teilprodukte zerlegt, die in kurzen, aufeinander folgenden Entwicklungszyklen – den sogenannten Sprints – entwickelt werden. Am Ende eines Sprints liegt jeweils ein funktionsfähiges Produktinkrement vor, das mit dem Kunden validiert wird. Auf Basis der Ergebnisse wird das Produktinkrement in den nächsten Entwicklungszyklen solange adaptiert und verbessert, bis es fertiggestellt ist. Scrum zeichnet sich somit durch eine inkrementelle, iterative und empirische Arbeitsweise aus.

Der Ursprung von Scrum liegt in den Arbeiten von TAKEUCHI und NONAKA, die in ihrem Artikel *„The New New Product Development Game"* verschiedene Fallbeispiele besonders schneller und innovativer Produktentwicklungen beschrieben. Als maßgeblichen Erfolgsfaktor machten sie das Arbeiten in funktionsübergreifenden, selbstorganisierten Entwicklungsteams aus, die gemeinsam als eine Einheit den gesamten Entwicklungsprozess durchlaufen. In Analogie zum Rugby-Sport bezeichneten sie diese Arbeitsweise als „Scrum" – Scrum (engl. Gedränge) bezeichnet hier einen Spielzug, bei dem alle Spieler dicht aneinandergedrängt auf dem Rasen stehen und gleichzeitig agieren [TN86]. JEFF SUTHERLAND und KEN SCHWABER griffen die Grundidee auf und entwickelten daraus das Scrum-Rahmenwerk für die Softwareentwicklung. Die offizielle Definition von Scrum ist im sogenannten *„Scrum Guide"* niedergeschrieben und wird regelmäßig aktualisiert [SS17-ol]. Demzufolge basiert Scrum auf drei Rollen, vier Artefakten und fünf Ereignissen (Bild 1.47).

In Hinblick auf die **Rollen** werden der Product Owner, das Entwicklungsteam und der Scrum Master unterschieden; alle zusammen bilden das Scrum Team.

- Der *Product Owner* legt die Eigenschaften des Produktes fest. Er ist dafür zuständig, den Kundenwert des Produktes zu maximieren und verantwortet dessen Markterfolg. Er definiert, priorisiert und verwaltet die Anforderungen im Product Backlog und entscheidet, was in einem Sprint fertiggestellt wurde und was nicht. Der Product Owner ist eine Person, kein Komitee.

- Das *Entwicklungsteam* ist für die Entwicklung des Produktinkrements in jedem Sprint und die Umsetzung der definierten Anforderungen verantwortlich. Es besteht aus 3–9 Personen, die alle erforderlichen Kompetenzen für das jeweilige Produktinkrement besitzen. Das Entwicklungsteam arbeitet selbstorganisiert, d.h. es legt eigenständig fest, wie es die definierten Anforderungen umsetzt.

- Der *Scrum Master* stellt die Einhaltung des Scrum Prozesses und Regelwerks innerhalb des Scrum Teams sicher. Er sorgt dafür, dass sich das Entwicklungsteam auf seine Arbeit konzentrieren kann und etwaige Hindernisse aus dem Weg geschafft werden (z. B. persönliche Konflikte im Entwicklungsteam, Störungen von außen in Form von zusätzlichen Aufgaben aus den Fachabteilungen während eines Sprints etc.). Der Scrum Master ist weder in die Organisation des Teams noch in die Entwicklung des Produktes involviert, sondern unterstützt das Team durch Coachings und Trainings in der Scrum Methodik.

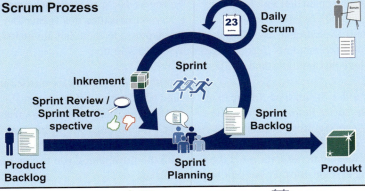

Scrum Rollen	**Scrum Ereignisse**		**Scrum Artefakte**
Product Owner	**Sprint**	**Sprint Planning**	**Product Backlog**
Der Product Owner ist für den Erfolg des Produkts verantwortlich. Er definiert, ordnet und verwaltet die Anforderungen im Product Backlog und entscheidet, was in einem Sprint fertiggestellt wurde und was nicht.	Ein Sprint ist ein Arbeitsabschnitt, in dem ein Inkrement einer Marktleistung erzeugt wird. Er beginnt mit dem Sprint Planning und endet mit der Sprint Retrospective.	Das Sprint Planning besteht aus zwei Teilen: (1) Der Product Owner stellt dem Entwicklungsteam vor, was er am Sprintende bekommen möchte und das Entwicklungsteam gibt eine Vorhersage ab, was es glaubt zu schaffen. (2) Das Entwicklungsteam plant so genau wie möglich, wie es das Sprintziel erreichen möchte.	Das Product Backlog enthält die Summe aller Anforderungen an das Produkt, die das Entwicklungsteam umsetzen soll.
			Sprint Backlog
Entwicklungsteam			Das Sprint Backlog besteht aus den Product Backlog-Einträgen, die in einem Sprint umgesetzt werden sollen.
Das Scrum Team ist für die Erstellung des Inkrements in jedem Sprint und die Umsetzung der definierten Anforderungen verantwortlich. Es besteht aus 3-9 Leuten, arbeitet selbstorganisiert und besitzt alle erforderlichen Kompetenzen für das jeweilige Inkrement.			**Inkrement**
			Das Inkrement ist die Summe aller Product Backlog-Einträge, die während des aktuellen und allen vorangegangenen Sprints fertig gestellt wurden. Das Inkrement muss bei Sprintende in nutzbarem Zustand sein.
Scrum Master	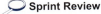 **Sprint Review**	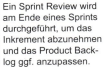 **Sprint Retrospective** **Daily Scrum**	**„Definition of Done"**
Der Scrum Master stellt die Einhaltung des Prozesses und Regelwerks sicher. Er unterstützt das Team durch Coachings in der Scrum Methodik.	Ein Sprint Review wird am Ende eines Sprints durchgeführt, um das Inkrement abzunehmen und das Product Backlog ggf. anzupassen.	In der Sprint Retrospective überprüft das Scrum Team seine Arbeitsweise im vergangenen Sprint und leitet Maßnahmen ab, um sie zukünftig ggf. effektiver und effizienter zu gestalten.	Beim Daily Scrum trifft sich das Entwicklungsteam jeden Tag, überprüft die Fortschritte eines Sprints und plant, wie es das Sprintziel noch erreichen kann.	Die „Definition of Done" ist ein gemeinsames Verständnis des Scrum Teams, unter welchen Bedingungen eine Arbeit als „Fertig" bezeichnet werden kann. Sie enthält u.a. Qualitätskriterien.

BILD 1.47 Scrum-Rahmenwerk – Rollen, Ereignisse und Artefakte

Darüber hinaus gibt es noch „erweiterte Rollen", die jedoch keine offiziellen Rollen im Scrum Guide sind; sie werden unter dem Begriff Stakeholder zusammengefasst. Im Wesentlichen sind das der Kunde und die Nutzer. Der *Kunde* ist der Auftraggeber und finanziert das Projekt. Die *Nutzer* sind die Anwender des Produktes. Der Kunde wird laufend vom Product Owner über den Status des Projektes informiert. Zudem haben Kunde und Nutzer die Möglichkeit, die Produktinkremente am Ende eines Sprints zu begutachten und Feedback zu geben.

Unter **Artefakten** werden die Dokumente verstanden, die zur Steuerung des Scrum Prozesses bzw. zur Überwachung der Arbeitsergebnisse eingesetzt werden. Sie dienen dazu, größtmögliche Transparenz für alle Beteiligten zu erzeugen. Im Einzelnen werden der Product Backlog, der Sprint Backlog, das Inkrement und die „Definition of Done" unterschieden.

- Das *Product Backlog* enthält die Summe aller Anforderungen an das Produkt, die das Entwicklungsteam umsetzen soll. Die Anforderungen werden im Projekt laufend aktualisiert und erweitert. Die Pflege des Product Backlogs obliegt dem Product Owner.
- Das *Sprint Backlog* besteht aus den Product Backlog-Einträgen, die in einem Sprint umgesetzt werden sollen. Es wird während des Sprints laufend vom Entwicklungsteam aktualisiert.
- Das *Inkrement* ist ein Teilprodukt, das in einem Sprint entwickelt wurde. Es entspricht der Summe aller bis dato umgesetzten Product Backlog-Einträge. Das Inkrement muss am Ende eines Sprints in nutzbarem Zustand sein, sodass es theoretisch an den Kunden ausgeliefert werden könnte.
- Die *„Definition of Done"* enthält Kriterien, die erfüllt sein müssen, damit ein Produktinkrement als „fertig" angesehen werden kann. Sie legt die Qualitätsstandards fest.

Zu den **Ereignissen** zählen der Sprint, das Sprint Planning, der Sprint Review, die Sprint Retrospective und der Daily Scrum. Alle Ereignisse sind zeitlich beschränkt.

- Ein *Sprint* ist ein Arbeitsabschnitt, in dem ein Inkrement einer Marktleistung erzeugt wird. Er beginnt mit dem Sprint Planning und endet mit der Sprint Retrospective. Ein Sprint folgt unmittelbar auf den vorherigen. Die Dauer eines Sprints beträgt eine Woche bis 4 Wochen. Eine Verlängerung eines Sprints ist ebenso unzulässig wie eine Zielanpassung. Der Product Owner kann einen Sprint jedoch abbrechen, wenn das Sprintziel nicht mehr erreicht werden kann (z. B. weil der Aufwand falsch eingeschätzt wurde).
- Im Rahmen des *Sprint Planning* wird der jeweils nächste Sprint geplant. Das Sprint Planning besteht aus zwei Teilen. Im ersten Teil stellt der Product Owner dem Entwicklungsteam vor, welche Product Backlog-Einträge im nächsten Sprint umgesetzt werden sollen. Das Entwicklungsteam gibt daraufhin eine Prognose ab, welche Einträge es realistisch liefern kann. Im zweiten Teil plant das Entwicklungsteam, wie es das Sprintziel genau erreichen möchte und welche Aufgaben dafür erforderlich sind.
- Das *Sprint Review* wird am Ende eines Sprints durchgeführt, um das Inkrement abzunehmen und das Product Backlog ggf. anzupassen. Das Entwicklungsteam präsentiert das erzeugte Inkrement dem Product Owner und den Stakeholdern. Es wird überprüft, ob das Sprintziel erreicht wurde und definiert, was als Nächstes zu tun ist.
- In der *Sprint Retrospective* überprüft das Scrum Team seine Arbeitsweise im vergangenen Sprint und leitet Maßnahmen ab, um sie zukünftig ggf. effektiver und effizienter zu gestalten. Der Scrum Master unterstützt das Team, Verbesserungsmaßnahmen zu identifizieren.
- Beim *Daily Scrum* trifft sich das Entwicklungsteam jeden Tag, überprüft die Fortschritte eines Sprints und plant, wie es das Sprintziel noch erreichen kann. Es dient zur Synchronisation des Teams. Der Daily Scrum findet immer zur gleichen Zeit am gleichen Ort statt und dauert ca. 15 Minuten.

Scrum ist in der Softwareentwicklung seit Jahren etabliert und hält Studien zufolge einen Marktanteil von 68 % unter den agilen Methoden (inkl. Varianten) [Ver17]. Auch in der Produktentwicklung gewinnt Scrum zunehmend an Bedeutung. Im nachfolgenden Kasten stellen wir beispielhaft die Anwendung von Scrum für eine Produktentwicklung vor.

SCRUM-BASIERTE ENTWICKLUNG EINES ORTUNGSFÄHIGEN SPAZIERSTOCKS

Ein Hersteller von Spazierstöcken und orthopädischen Gehhilfen hatte die Idee, seine Produkte mit einer Ortungsfunktion auszustatten. Im Kern ging es darum, dem Nutzer die Möglichkeit zu geben, im Notfall schnell ausfindig gemacht zu werden. Entsprechend sollten sich die Gehhilfen „melden", wenn der Nutzer zum Beispiel gesundheitliche Probleme hat, und Angehörige über den Notfall und die Position des Nutzers informieren. Das Unternehmen fand als Partner für dieses Vorhaben ein mittelständisches Unternehmen, das projektbezogen Elektronik entwickelt und fertigt.

Die ersten Sondierungsgespräche führten schnell zu der Erkenntnis, dass die Herausforderung in der technischen Machbarkeit lag. Als Bauraum für die Elektronik stand lediglich der Innenraum der hohlen Karbonstöcke zur Verfügung. Die Unternehmensleitung des Spazierstockherstellers hatte Zweifel, ob das Ganze umsetzbar ist und wollte einen entsprechenden Prototyp persönlich im Einsatz testen. Zur Durchführung des Entwicklungsprojektes wurde ein Scrum-basiertes Vorgehen über verschiedene Sprints gewählt. Da die technische Machbarkeit als größte Hürde angesehen wurde, wurde diese in einem ersten Sprint evaluiert.

Der Entwicklungschef des Elektronikunternehmens übernahm die Rolle des Product Owners. In Abstimmung mit dem Spazierstockhersteller wurde definiert, welche Anforderungen das Inkrement erfüllen soll (Product Backlog). Die wesentlichen Anforderungen waren:

- Integration eines Nottasters am Spazierstock
- Sicherstellung einer Wiederaufladbarkeit der Elektronik
- Nutzung des vorhandenen Bauraums (Integration in die Karbonröhre)
- Übermittlung des Systemzustands (z. B. Akkuzustand, Standort, Auslösezustand des Nottasters) an ein Datenportal

Das Entwicklungsteam bestand aus zwei Entwicklern (einem Software- und einem Hardwarespezialisten), die den Sprint detailliert planten. Die Sprintlaufzeit für die Entwicklung des Inkrements wurde auf 6 Wochen festgelegt. Jeden Morgen traf sich das Entwicklungsteam zu einem Daily Scrum, um den Status, auftretende Herausforderungen und das weitere Vorgehen abzustimmen; in der Regel dauerte das Treffen weniger als eine halbe Stunde. Alle 14 Tage gab es zudem ein 90 minütiges Meeting mit der Unternehmensleitung des Spazierstockherstellers (Kunde), um über den Fortschritt des sich in Entwicklung befindlichen Inkrements zu berichten. Am Ende des Sprints gab es ein Treffen des Scrum-Teams mit dem Kunden, bei dem das Inkrement abgenommen und dem Kunden für eine Testphase von einem Monat übergeben wurde. Mit dem Ergebnis waren beide Seiten sehr zufrieden. Bild 1 zeigt das entwickelte Inkrement für den ortungsfähigen Spazierstock bestehend aus der Elektronik und dem Datenportal.

Inkrement für die Hardware: Elektronik

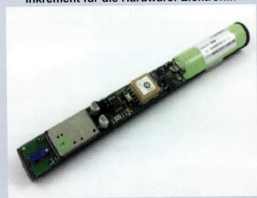

Inkrement für die Software: Datenportal

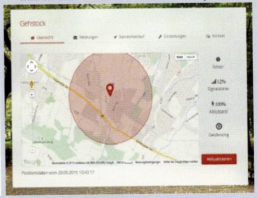

Komponenten der Hardware
- GPS- und GSM-Module
- Integrierte Mobilfunk SIM-Karte
- Beschleunigungssensor
- Integrierte Antennen
- Li-Ionen Akku mit 3.400 mAh Kapazität
- Ladeschaltung mit Überwachung
- Baugröße 180x20x12 mm

Funktionalität der Software
- Modul-Verwaltung
- Statusüberwachung und Postionstracking
- Geo-Fencing
- Protokollierung von Ereignissen und Alarmmeldungen
- Benachrichtigungsfunktionen (E-Mail)

BILD 1 Entwickeltes Inkrement für den ortungsfähigen Spazierstock

Lean Startup

Lean Startup ist ein Ansatz zur Unternehmensgründung. Die Ursprünge des Ansatzes liegen in den 2000er Jahren, als im Silicon Valley eine Reihe junger (Internet-)Startups scheiterten. Ein wesentlicher Grund für das Scheitern war die Tatsache, dass die Gründer zunächst ihre Marktleistung und das damit verbundene Geschäftsmodell mit hohem Kapitalaufwand „hinter verschlossenen Türen" entwickelten und dann auf den Markt brachten. Im Anschluss machten sie oftmals die schmerzhafte Erfahrung, dass ihre Erzeugnisse nicht wie erwartet vom Markt angenommen wurden – es gab entgegen ihrer persönlichen Überzeugung keinen Kundenbedarf. Die jungen Unternehmer waren dabei vorgegangen wie es allgemein üblich war: Sie erstellten einen Geschäftsplan mit prognostizierten Absätzen, Umsätzen und Gewinnen, warben auf dieser Basis Kapital ein und setzten ihren Plan dann konsequent um. Offenbar stimmten ihre eingangs getroffenen Annahmen über Kundenbedürfnisse, Zahlungsbereitschaft, Marktgröße etc. jedoch nicht mit der Realität überein. In der Folge setzte sich die Erkenntnis durch, dass Startups eine neue Herangehensweise benötigen, wenn sie mit ihren Produkten und Services Markterfolg haben wollen.

Der Unternehmer und Investor STEVE BLANK ist einer der Vordenker auf diesem Gebiet. Er vertritt die Auffassung, dass jede geplante Marktleistung und jedes geplante Geschäftsmodell letztlich auf ungeprüften Hypothesen beruht, die sich als Fehleinschätzung erweisen können. Dies trifft insbesondere bei Startups zu, da sie in der Regel noch keine Markterfahrung haben und in einem Umfeld hoher Unsicherheit agieren. Es gilt daher, frühzeitig und regelmäßig Kundenfeedback einzuholen und in die Planung einzubeziehen. Erst wenn die Annahmen hinreichend validiert sind, erfolgt die kapitalintensive Entwicklung bis zur Marktreife. Zu diesem Zweck entwickelte STEVE BLANK gemeinsam mit BOB DORF den sogenannten Customer Development (CDP) Ansatz [BD12].

ERIC RIES – Mitgründer des Startups IMVU, dessen Investor u. a. STEVE BLANK war – entwickelte die Gedanken von Blank weiter. Er kombinierte die Vorgehensweise des Customer Development mit den Ansätzen der Lean Production, des Design Thinking (vgl. Kapitel 3.1.3) und der agilen Softwareentwicklung und prägte dafür den Begriff Lean Startup. Gemäß des Lean Startup Konzepts ist ein Startup eine lernende Organisation, deren Daseinszweck anfänglich darin besteht, zu ergründen, ob das eigene Geschäftsmodell wie angenommen tragfähig ist. Damit sind drei grundlegende Tätigkeiten verbunden, die im Sinne eines kontinuierlichen Lernprozesses iterativ ablaufen: Bauen, Messen und Lernen (Bild 1.48) [Rie14].

Ausgangspunkt bilden zunächst die Ideen des Startups hinsichtlich der Marktleistung und des Geschäftsmodells. Für diese Ideen werden die erfolgskritischen Hypothesen abgeleitet – sogenannte Annahmen mit Vertrauensvorschuss. Beim *Bauen* werden dann Experimente gestaltet, die dazu geeignet sind, die zuvor definierten Hypothesen zu testen. Oftmals werden hierzu sogenannte **minimal funktionsfähige Produkte** entwickelt. In der Praxis hat

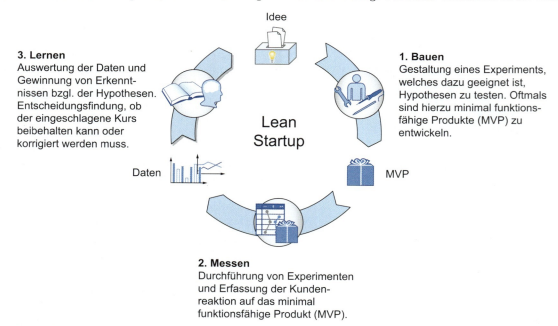

BILD 1.48 Lean Startup Prozess nach RIES [Rie14]

sich hierfür der englische Begriff minimum viable product (MVP) etabliert. Ein MVP ist im Prinzip ein Prototyp, der nur die Eigenschaften aufweist, die zum Testen einer bestimmten Hypothese erforderlich sind. Es zielt darauf ab, den Zeit- und Kostenaufwand zu minimieren und den Lernprozess zu beschleunigen. Ein häufig zitiertes Beispiel für ein MVP wurde im Zuge der Entwicklung des Cloud Dienstes Dropbox eingesetzt: Das MVP bestand aus einem frei zugänglichen Video, das die Funktionsweise des Dienstes beschrieb, noch bevor die ersten Zeilen Code geschrieben wurden. Als Reaktion auf das Video stiegen die Registrierungen auf der Homepage sprunghaft an, was die Gründer in ihrem Tun bestätigte und zur Fortsetzung der Entwicklung beitrug.

Im Zuge des *Messens* werden die Experimente durchgeführt und die Kundenreaktion wird erfasst. Die Auswertung der gewonnen Daten führt schließlich zu Erkenntnissen hinsichtlich der aufgestellten Hypothesen und ermöglicht ein validiertes *Lernen*. Es lässt sich eine fundierte Entscheidung darüber treffen, ob der aktuelle Kurs beibehalten werden kann (engl. persevere) oder korrigiert werden muss (engl. pivot). Das Erkennen und Durchführen notwendiger Kurskorrekturen ist essentieller Bestandteil des Lean Startup-Ansatzes. Sie sind immer dann zu empfehlen, wenn eingangs aufgestellte Hypothesen falsifiziert werden oder das Kundeninteresse am Produkt gänzlich ausbleibt. Grundsätzlich wird zwischen Feinabstimmungen und Kurswechseln unterschieden. Feinabstimmungen sind beispielsweise die Anpassung und Verbesserung einzelner Produktfunktionen. Kurswechsel führen hingegen zu einer umfassenden Neuausrichtung des Geschäftsmodells. Ries unterscheidet u. a. folgende Möglichkeiten des Kurswechsels:

- *Zoom-in-Korrektur:* Eine einzelne Funktion, die vorher Teil der Lösung war, wird selbst zum neuen Produkt.
- *Zoom-out-Korrektur:* Das ursprüngliche Produkt wird um weitere Funktionen ergänzt und so Teil einer größeren Gesamtlösung.
- *Kundensegmentkorrektur:* Es wird ein anderes Kundensegment als das ursprünglich ins Auge gefasste adressiert.
- *Kundenbedarfskorrektur:* Es wird ein anderer Kundenbedarf als der ursprünglich anvisierte befriedigt.
- *Plattformkorrektur:* Es findet ein Wechsel von einer Applikation zu einer Plattform statt, auf der auch weitere Unternehmen Produkte anbieten können.
- *Korrektur der Geschäftsarchitektur:* Es findet ein Wechsel von B2B (tendenziell hohe Margen und niedriges Mengenvolumen) zu B2C (tendenziell niedrige Margen und hohes Mengenvolumen) statt und umgekehrt.
- *Wertschöpfungskorrektur:* Die Wertschöpfungsstruktur wird verändert, um schneller wachsen zu können (z. B. Outsourcing).
- *Korrektur des Wachstumsmotors:* Die Wachstumsstrategie des Unternehmens wird verändert.
- *Absatzwegkorrektur:* Der Vertriebskanal wird geändert, wobei das Ziel darin besteht, komplexe Verkaufsvorgänge abzuschaffen und direkt an den Endkunden zu verkaufen.
- *Technologiekorrektur:* Die Lösung wird mit einer anderen Technologie realisiert.

Der Lean Startup-Ansatz eignet sich jedoch nicht nur für Startups. Die Grundidee, mit Hilfe von Experimenten und Prototypen frühzeitig Kundenfeedback einzuholen und auf Basis der gewonnenen Erkenntnisse etwaige Kurskorrekturen vorzunehmen, lässt sich auch auf etablierte Unternehmen übertragen.

1.2.5.3 New Business Development

Insbesondere für radikale Innovationsideen, die zukünftige Wachstumspotentiale versprechen, aber nicht das aktuelle Kerngeschäft des Unternehmens adressieren, bietet sich eine Realisierung außerhalb der etablierten Unternehmensorganisation an (vgl. Kapitel 1.2.4.5). Wir sprechen in diesem Fall vom Exekutionskanal New Business Development, weil mit derartigen Ideen in der Regel neue Geschäftsfelder erschlossen werden sollen. Ausprägungen des New Business Development sind beispielsweise Spin-offs und Tochterunternehmen oder Inkubatoren und Acceleratoren.

Einer der Haupttreiber für die Umsetzung von Innovationsideen abseits der bestehenden Organisationstrukturen ist die Digitalisierung. Das hat im Wesentlichen zwei Gründe: Zum einen werden die bestehenden unternehmensinternen Innovationsprozesse als zu starr und langwierig für die schnelllebige digitale Transformation empfunden. Zum anderen erfordern digitale Marktleistungen zum Teil gänzlich andere Denk- und Herangehensweisen. Vor diesem Hintergrund haben in den letzten Jahren eine Reihe unterschiedlicher Instrumente des New Business Development an Bedeutung gewonnen, die Sindemann und von Butlar unter dem Begriff „Digital Innovation Units" zusammenfassen. Darunter zu verstehen sind *"von etablierten Unternehmen gegründete Einheiten, in denen außerhalb bestehender Strukturen innovative digitale und digital angereicherte Geschäftsideen mit agilen und flexiblen Methoden entwickelt und ausgearbeitet werden"* [SB17-ol]. Von Boeselager unterscheidet anhand der Dimensionen „Ursprung der Ideen" und „Bindungsgrad an das Unternehmen" vier Ausprägungsformen von Digital Innovation Units (Bild 1.49) [Boe18]:

- **Innovation Lab:** Lab ist die Abkürzung für das englische Wort Laboratory, zu Deutsch Labor. Gemeint sind damit unternehmensinterne, organisatorisch und räumlich separierte Einrichtungen, in denen sich interdisziplinäre Teams intensiv mit den Innovationspotentialen der Digitalisierung auseinandersetzen sowie Ideen für digitale Produkt-, Dienstleistungs- und Geschäftsmodellinnovationen entwickeln und umsetzen; häufig arbeiten die Teams dabei auch mit Kunden und anderen Stakeholdern zusammen. Innovation Labs stellen die Infrastruktur für kreatives Arbeiten bereit und sollen ein Start-up-ähnliches Umfeld schaffen, z. B. in Form von sogenannten „Coworking Spaces".
- **Inkubator:** Der Begriff Inkubator entstammt der Medizin und bezeichnet dort einen Brutkasten für Frühgeborene. Im Kontext des Innovationsmanagements ist unter einem Inkubator eine Einrichtung zu verstehen, die Start-ups in den sehr frühen Phasen ihres unternehmerischen Daseins über einen Zeitraum von einem Jahr bis zu drei Jahren durch verschiedene Leistungen unterstützt, bis es „auf den eigenen Beinen" stehen kann. Dazu zählen u. a. die Bereitstellung von Räumlichkeiten und Infrastruktur sowie Coaching und Mentoring.
- **Accelerator:** Accelerator ist das englische Wort für „Beschleuniger". Acceleratoren sind grundsätzlich ähnlich zu Inkubatoren, fokussieren jedoch stärker auf Start-ups, die mit ihrer Geschäftsidee schon weiter fortgeschritten sind. Accelerator-Programme sind mit ca. drei bis sechs Monaten wesentlich kürzer ausgelegt. Sie beinhalten häufig ein intensives Coaching und Training, die Bereitstellung von Kapital sowie den Aufbau von Netzwerken zu Kunden, Lieferanten und Investoren. Damit zielen sie auf eine erfolgsorientierte Steuerung und Beschleunigung der Unternehmensentwicklung ab. In der Regel verlangen Acceleratoren für ihre Leistungen eine finanzielle Beteiligung an einem Start-up.
- **Company Builder:** Wörtlich übersetzt bedeutet Company Builder „Unternehmenserbauer". Demzufolge zielt ein Company Builder darauf ab, eigene Geschäftsideen zu entwickeln und in Form von Spin-offs oder Tochterunternehmen zu realisieren, die vom Mutterunternehmen weitgehend unabhängig sind. Der Aufbauprozess der unternehmenseigenen Start-ups wird proaktiv vorangetrieben.

Eine trennscharfe Abgrenzung ist in der unternehmerischen Praxis nur schwer möglich; häufig weichen sie im Detail von den idealtypischen Formen ab oder umfassen verschiedene, teils überlappende Leistungen. Insbesondere die Begriffe Inkubator und Accelerator werden oftmals synonym verwendet. Ungeachtet dessen haben Digital Innovation Units in den vergangenen Jahren einen regelrechten Boom als Umsetzungspfad für Innovationsideen erfahren. Mehr dazu im folgenden Kasten.

Darüber hinaus können vor allem Inkubatoren und Acceleratoren auch als Instrumente der Konzepte Open Innovation und Mergers & Acquisitions verstanden werden. Im Sinne von Open Innovation stellen sie einen Zugang zu den Ideen innovativer Start-ups dar bzw. die Möglichkeit, eigene Ideen durch externe Köpfe weiterentwickeln zu lassen. Im Sinne von Mergers & Acquisitions sind sie eine Möglichkeit, Start-ups bzw. Anteile an Start-ups zu erwerben.

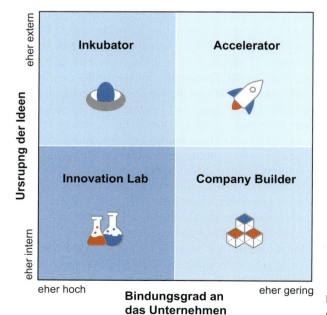

BILD 1.49
Ausprägungsformen von Digital Innovation Units [Boe18]

DER BOOM DER DIGITAL INNOVATION UNITS

Die Anzahl an Digital Innovation Units ist in den vergangenen Jahren rasant gestiegen. Bild 1 zeigt die zeitliche Entwicklung in Deutschland. Die ersten Digital Innovation Units kamen Mitte der 2000er Jahre mit der zunehmenden Bedeutung von Internet-Geschäftsmodellen auf. In dieser Zeit entstand beispielsweise der bekannte Company Builder **Rocket Internet**, der gemeinsam mit jungen Gründerteams zahlreiche Start-ups gegründet sowie Beteiligungen an diversen bestehenden Start-ups erworben hat. Dazu zählen u. a. die Unternehmen Zalando – ein Online-Versandhändler für Schuhe und Mode, Home24 – ein Online-Versandhändler für Möbel und Hello Fresh – ein Lieferdienst von Lebensmitteln und passenden Kochrezepten.

Ab Anfang 2010 begannen die ersten etablierten Unternehmen ihre eigenen Digital Innovation Units mit Bezug zu ihrem Geschäft aufzubauen. Hierzu zählen beispielsweise **hub:raum** – ein Inkubator der Deutschen Telekom, **wayra** – ein Accelerator der Telefónica sowie **Axel Springer Plug and Play** – ein gemeinsamer Accelerator des deutschen Verlagshauses Axel Springer und des US-amerikanischen Plug and Play Tech Centers.

In der jüngeren Vergangenheit ist ein regelrechter Boom der Digital Innovation Units entstanden. Nahezu jeder große Konzern hat mittlerweile eine eigene Corporate Unit aufgebaut, um Zugang zu innovativen Start-ups zu erhalten und neue, insbesondere digitale Geschäftsmodelle aufzubauen. Die Beispiele reichen vom Inkubator **mindbox** der Deutschen Bahn, über den **:agile accelerator** des Energieversorgers EON bis hin zu den Acceleratoren **FLUXUNIT** des Lichtspezialisten OSRAM und **Grants4Apps** des Pharmaherstellers Bayer HealthCare.

Träger von Digital Innovation Units sind nicht nur privatwirtschaftliche Unternehmen. Es gibt darüber hinaus auch öffentliche Träger (z. B. der German Accelerator des Bundesministeriums für Wirtschaft und Energie (BMWi), akademische Träger (z. B. UnternehmerTUM der TU München und TecUp der Universität Paderborn) sowie zahlreiche Mischformen (z. B. STARTUP AUTOBAHN, getragen von der Universität Stuttgart, dem Plug and Play Tech Center sowie zahlreichen Unternehmen wie Daimler, Porsche und BASF).

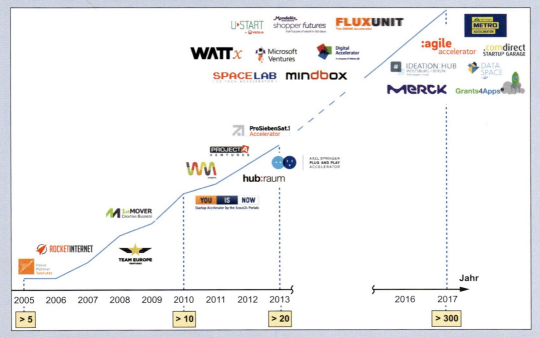

BILD 1 Zeitliche Entwicklung der Anzahl von Digital Innovation Units in Deutschland (in Anlehnung an MÜCKE, STURM & COMPANY [MSC14-ol])[1]

---

[1] Sämtliche der verwendeten Firmennamen, Logos, Marken, Markenzeichen, eingetragenen Markenzeichen sowie Produkte und Warenzeichen sind alleiniges Eigentum der entsprechenden Firmen und dienen ausschließlich zu illustrativen Zwecken.

Eine der weltweit größten und bekanntesten Digital Innovation Units ist der **Y Combinator** aus dem Silicon Valley. Er wurde 2015 in Mountain View, Kalifornien gegründet und unterstützt Unternehmensgründer für einen Zeitraum bis zu 3 Monaten u. a. mit Coachings, Kapital und dem Aufbau von Netzwerken; dafür erhält er Beteiligungen bis zu 10 %. Bis zum Jahr 2015 war der Y Combinator an ca. 900 Unternehmensgründungen in den verschiedensten Marktsegmenten beteiligt. Bild 2 zeigt den Outcome der Investments bis zum Jahr 2015. Es ist dargestellt, wie viele Start-ups im jeweiligen Jahr gescheitert sind, weiterhin aktiv sind oder verkauft wurden. Zwei der erfolgreichsten Start-ups, an denen der Y Combinator beteiligt war, sind der Filehosting-Dienst Dropbox und die Buchungs- und Vermietungsplattform Airbnb. Beispiele für Misserfolge sind der Putzdienst-Vermittler Homejoy oder der Bezahldienstleister Balanced [Mac15-ol]

Literatur:
[MSC14-ol] MÜCKE STURM & COMPANY.: Corporate Incubation – Wettbewerbsvorteile generieren mit dem MS&C Corporate Incubation Model. Unter: http://www.muecke-sturm.de/wp-content/uploads/msc_fi_14-1_corporate_incubation_0-1.pdf, Februar 2014
[Mac15-ol] MACMILLAN, D.: Tech Incubator Y Combinator Takes New Tack With Venture Capital Fund. In: The Wall Street Journal. Unter: https://www.wsj.com/articles/tech-incubator-y-combinator-takes-new-tack-with-venture-capital-fund-1444938590, 23. Oktober 2015

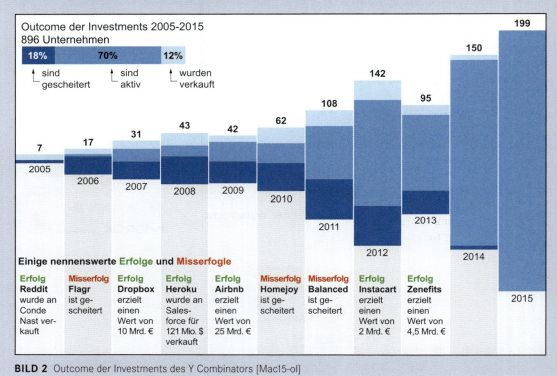

BILD 2 Outcome der Investments des Y Combinators [Mac15-ol]

1.2.5.4 Mergers & Acquisitions

Unternehmen müssen auch bei Innovationen das Rad nicht immer neu erfinden (vgl. Kapitel 1.2.2.6). Oftmals bestehen für ausgewählte Ideen schon (Teil-)Lösungen in eigenen oder branchenfremden Märkten. Zudem ist es kaum möglich, mit den Entwicklungen in allen bedeutsamen Technologiefeldern Schritt zu halten, bzw. alle benötigten Kompetenzen für damit verbundene Innovationsvorhaben intern vorzuhalten. Unternehmen sollten daher die externe Beschaffung von Innovationen als eine Option in ihren Innovationsprozess integrieren. Wir fassen das unter den Exekutionskanal „Mergers & Acquisitions".

Das Begriffspaar „Mergers & Acquisitions" (M&A) stammt aus dem angelsächsischen Sprachraum und entspricht

1.2 Aspekte des Innovationsgeschehens

weitestgehend den deutschen Begriffen „Fusion und Übernahme". Klassischerweise werden unter M&A alle Vorgänge verstanden, die den Erwerb oder die Veräußerung von Unternehmen bzw. Unternehmensanteilen betreffen [Pic12]. Ein erweitertes Begriffsverständnis beinhaltet auch andere Arten von Unternehmensverbindungen, wie z. B. Lizensierung oder Joint Ventures [Wir17]. Wir folgen an dieser Stelle dem klassischen Verständnis, um Redundanzen zu den übrigen Exekutionskanälen wie Open Innovationen zu vermeiden.

Bei einem **Merger** bzw. einer Fusion werden zwei Unternehmen wirtschaftlich und rechtlich vereinigt, sodass nach dem Unternehmenszusammenschluss nur noch eine rechtliche Einheit existiert. Fusionen können auf zwei Arten erfolgen. Bei einer *„Fusion durch Aufnahme"* nimmt eines der beteiligten Unternehmen das Vermögen und die Verbindlichkeiten des anderen Unternehmens auf; das aufgenommene Unternehmen verliert seine Existenz. Bei einer *„Fusion durch Neugründung"* verlieren die beteiligten Unternehmen ihre rechtliche Selbstständigkeit und werden zu einem neu gegründeten Unternehmen zusammengefasst [Wir17]. Ein Beispiel für eine Fusion war die Verschmelzung der Daimler-Benz AG und der Chrysler Corporation zur DaimlerChrysler AG im Jahr 1998.

Bei einer **Acquistion** bzw. Übernahme erwirbt ein Unternehmen ein anderes Unternehmen. Das erworbene Unternehmen verliert seine wirtschaftliche Selbstständigkeit; seine rechtliche Selbstständigkeit bleibt jedoch erhalten. Es werden ebenfalls zwei Ausprägungen unterschieden. Bei *„Share Deals"* (Beteiligungserwerb) erfolgt der Erwerb durch die Übertragung von Gesellschaftsanteilen. *„Asset Deals"* (Vermögenserwerb) beinhalten die Übertragung aller bzw. bestimmter Wirtschaftsgüter sowie Verbindlichkeiten des Unternehmens [Wir17]. Ein Beispiel für eine Übernahme ist der Erwerb des deutschen Autobauers Opel durch die französische PSA Group.

Eine M&A-Transaktion lässt sich aus Käuferperspektive in die drei übergeordneten Phasen Vorbereitung, Transaktion und Integration unterteilen (Bild 1.50) [Rad11].

Im Rahmen der **Vorbereitungsphase** werden die grundlegenden Parameter des M&A-Projektes festgelegt. Ausgehend von einer Unternehmens- und Umfeldanalyse erfolgen die Festlegung bzw. Anpassung der Unternehmensziele und -strategie. Hierbei gilt es zu überprüfen, inwieweit strategische Lücken bestehen und ob diese durch M&A geschlossen werden können. Falls dies der Fall ist, werden gezielte M&A-Projekte definiert. Die konkreten M&A-Projektziele dienen als Grundlage zur Identifizierung und Evaluation potentieller Übernahmekandidaten. Dies erfolgt i. d. R. durch ein mehrstufiges Auswahlverfahren, dem sogenannten Screening. WIRTZ unterscheidet dabei das Strategic-, First- und Second-Screening, wobei die Anzahl der Filterkriterien mit jeder Screeningstufe zu- und die Anzahl potentieller Übernahmekandidaten abnimmt. Das Resultat des Strategic-Screening ist die sogenannte *Long List*, welche relativ viele potentielle Übernahmekandidaten enthält. Im Rahmen des *First Screening* erfolgt anhand weniger grober Kriterien die Reduktion der *Long List* auf eine *Short List*. Aus der *Short List* werden wiederum durch eine Vielzahl detaillierter Filterkriterien im Zuge des *Second Screenings* geeignete Übernahmekandidaten ermittelt [Wir17].

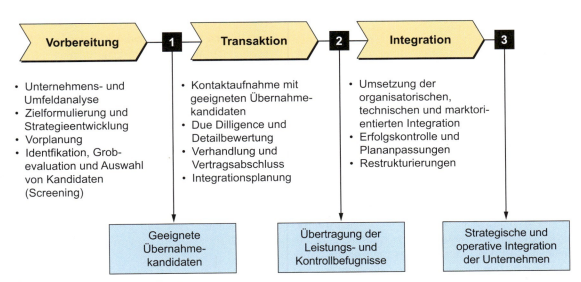

BILD 1.50 Idealtypischer M&A-Prozess [Rad11]

Die **Transaktionsphase** ist durch eine umfassende Interaktion der möglichen M&A-Partner gekennzeichnet. Nach Unterzeichnung von Vertraulichkeits- und Absichtserklärung wird versucht, detailliertere Informationen zum Übernahmeobjekt zu erhalten. Hierbei ist die Kooperationsbereitschaft des Managements des Verkäuferunternehmens von entscheidender Bedeutung. Im Rahmen einer *Due Dilligence* wird analysiert, ob das Übernahmeobjekt den finanziellen, strategischen, rechtlichen sowie kulturellen Erwartungen entspricht. Anschließend werden in dem sogenannten *Memorandum of Understanding* die wesentlichen Aspekte des M&A-Projekts gegenüber dem Verkäuferunternehmen konkretisiert. Für die weiteren Vertragsverhandlungen erfolgen eine detaillierte Unternehmensbewertung und Kaufpreisermittlung sowie eine grobe Integrationsplanung. Der Abschluss der Vertragsverhandlungen wird als *Signing* bezeichnet. Jedoch erfolgt die formale Übertragung der Leistungs- und Kontrollbefugnisse erst nach rechtlicher Prüfung im Rahmen des sogenannten *Closing*. Dabei handelt es sich um den formalen Abschluss der M&A-Transaktion.

In der **Integrationsphase** wird zunächst der Integrationsplan detailliert. Dieser wird im weiteren Prozess fortlaufend an die neu gewonnenen Erkenntnisse angepasst. Er bildet die Grundlage zur organisatorischen, technischen und marktorientierten Integration des Übernahmeobjekts. Elementarer Bestandteil der Integrationsphase ist die kontinuierliche Erfassung des Integrationsfortschritts und des Gesamterfolgs des M&A-Vorhabens. Hieraus können sich Plananpassungen ergeben, die zu Folgerestrukturierungen führen. Ergebnis dieser Phase ist die vollständige Integration der beteiligten Unternehmen auf strategischer und operativer Ebene.

1.2.5.5 Open Innovation

Unter dem Exekutionskanal Open Innovation ist die bewusste Öffnung des Innovationsprozesses nach außen zu verstehen. Das für das Hervorbringen von Innovationen erforderliche Wissen wird nicht mehr ausschließlich intern generiert, sondern durch einen gezielten Austausch bzw. durch gezielte Kooperationen mit anderen Stakeholdern erworben, z. B. Kunden, Nutzer, Wettbewerber, Entwicklungsdienstleister oder Zulieferer.

Das Paradigma **Open Innovation** geht maßgeblich auf die Arbeiten von Henry W. Chesbrough zurück. Er hinterfragte das bis dahin geltende Prinzip der **Closed Innovation**, bei dem der Innovationsprozess vollständig im Unternehmen stattfindet. Anlass seines Umdenkens waren eine Reihe neu aufgekommener Herausforderungen, die sich durch Closed Innovation nicht bewältigen lassen: verkürzte Produktlebenszyklen, beschleunigter technologischer Fortschritt, steigender Kostendruck in der F&E, zunehmender Wissensabfluss durch Mitarbeiterfluktuation etc. Bild 1.51 stellt beide Ansätze gegenüber. Open Innovation öffnet die Unternehmensgrenzen über alle Phasen des Innovationsprozesses und ermöglicht einen wechselseitigen Informationsfluss zwischen Unternehmen und Unternehmensumfeld. Im Front End des Innovationsprozesses kann es sich dabei beispielsweise um Ideen handeln, im Back End um Technologien oder fertig entwickelte Marktleistungen [Che06], [EGR07]. Grundsätzlich werden zwei Arten von Open Innovation unterschieden [Che03], [Enk09]:

- **Outside-In:** Hier geht es um die Verwendung externer Ideen, Technologien oder Marktleistungen im eigenen Innovationsprozess. Dies ermöglicht die systematische Nutzung von fremdem Know-how zur Entwicklung bzw. Verbesserung eigener Produkte.
- **Inside-Out:** Darunter wird die Kommerzialisierung von eigenen Ideen, Technologien oder Marktleistungen außerhalb des eigenen Unternehmens verstanden. Auf diese Weise kann zum Beispiel eine Erfolg versprechende, aber nicht strategiekonforme Idee zum Markterfolg gebracht werden.

Es existieren vielfältige Möglichkeiten, wie Unternehmen Open Innovation für sich nutzen können. Bild 1.52 gibt einen Überblick über gängige Ausprägungsformen, wobei eine Unterscheidung hinsichtlich der Richtung des Wissensflusses (Inside-Out/Outside-In) und der Existenz einer monetären Kompensation (vorhanden/nicht vorhanden) zu Grunde liegt. Einer Studie von Chesbrough und Brunswicker zufolge steht für große Unternehmen bei der Umsetzung von Open Innovation insbesondere die Anreicherung ihrer internen Innovationsprojekte um externes Wissen im Vordergrund (Outside-In) [CB13]. Dabei lassen sich Ausprägungsformen unterscheiden, die eher das Front End des Innovationsprozesses betreffen (z. B. Ideen- und Start-up-Wettbewerbe, Zuliefererwettbewerbe etc.) und Ausprägungsformen, die eher das Back End adressieren (z. B. externe Entwicklungsdienstleistungen, Lizenznahme, Joint Ventures etc.). Im nachfolgenden Kasten geben wir ein Beispiel für die kooperative Umsetzung einer Innovationsidee mit einem externen Entwicklungsdienstleister aus der Sanitärbranche als Möglichkeit zur Nutzung von Open Innovation im Back End des Innovationsprozesses. Ein weiteres Beispiel für Open Innovation mit Schwerpunkt Front End enthält ein Kasten in Kapitel 3.2.2.

1.2 Aspekte des Innovationsgeschehens

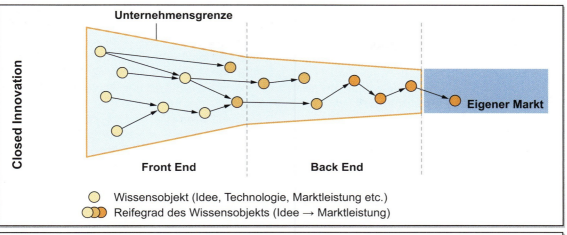

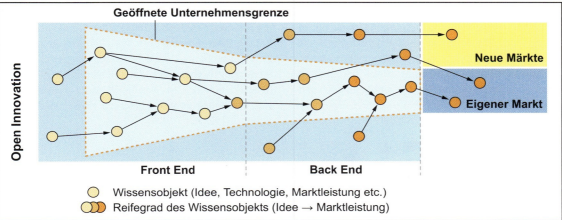

BILD 1.51 Closed und Open Innovation Prozess in Anlehnung an CHESBROUGH [Che03]

KOOPERATIVE ENTWICKLUNG EINER INNOVATIVEN SPÜLAUTOMATIK

Das Unternehmen WERIT-Sanitär-Kunststofftechnik (nachfolgend WERIT genannt) aus dem Westerwald bedient über seine Marke JOMO seit über 100 Jahren die Sanitärbranche mit WC- und Urinal-Spülkästen sowie zugehörigen Armaturen. Der Vertriebskanal beginnt bei WERIT als Hersteller und setzt sich über den Großhandel hin zu den Installationsbetrieben dreistufig fort.

Aufgrund neuer Hygienetrends, die vornehmlich ihren Ursprung in Japan haben, gewinnt das berührungslose Bad immer mehr an Bedeutung. Während sich der Markt im Bereich Urinal schon weitgehend hin zu berührungsloser Spültechnik verändert hat, steht das berührungslose WC erst am Anfang einer Marktdurchdringung. Es zeichnet sich jedoch bereits heute ab, dass die konventionelle WC-Spülung, bestehend aus einer mechanischen Systemarchitektur (Druckknopf, Hebel, Auslassventil), in den nächsten Jahren durch eine elektronische Steuerung mit entsprechenden Sensoren und Aktoren abgelöst wird. Damit liegt ein Wechsel zu einer alternativen Substitutionstechnologie vor, mit der sich eine neue S-Kurve ergibt und sich damit ein höherer Kundennutzen realisieren lässt (vgl. Bild 1.7). Für WERIT gab es schon 2015 deutliche Marktsignale, auf diese neue Technologiekonzeption zu setzen. Zwar wurden die konventionellen mechanischen Lösungen weiter vom Markt nachgefragt, jedoch wurden in immer mehr Ausschreibungen auch berührungslose Lösungen in kleineren Stückzahlen angefragt. Daraus ergab sich Anfang 2016 die Notwendigkeit, eine eigene Lösung auf Basis eines Technologiewechsels zu entwickeln.

Mit diesem Technologiewechsel ergab sich für WERIT ein Technologie-Gap. Das Unternehmen hat seine Kernkompetenz im Bereich Kunststofftechnik. Die Elektronikkompetenz, die für das berührungslose WC notwendig ist, war nicht Teil des Technologieportfolios. Ein Entwicklungspartner, der den elektronischen Teil des berührungslosen WCs entwickeln konnte, musste als strategischer Partner aufgebaut werden. Dieser Partner wurde die CP contech electronic aus Leopoldshöhe (nachfolgend contech genannt). Das Unternehmen entwickelte sich in der Zeit von 2011 bis 2015 von einem Electronic Manufacturing Service (EMS)-Dienstleister zu einem Technologiezentrum für intelligente technische Systeme (vgl. Kapitel 1.3.1). 2011 stiegen neue Gesellschafter in das Unternehmen ein und stellten die Weichen in Richtung Industrie 4.0-/ digitalisierungsnahe Entwicklungs- und Fertigungsdienstleistungen. Zielkunden waren vor allem Unternehmen, denen eine Weiterentwicklung ihres Produktportfolios von mechanischen Produkten hin zu intelligenten technischen Systemen bevorstand. Dafür war es notwendig, eine schlagkräftige Entwicklung aufzubauen. Diese besteht heute aus 20 Entwicklern, was rund 40 % des Personalstamms ausmacht. Die Fertigung ist in der Lage, Steuerungstechnik in Stückzahlen bis 10 000 p. a. selbst zu bedienen. Darüber hinausgehende Stückzahlen werden mit nationalen und internationalen Fertigungspartnern realisiert.

Diese mittelständische Leistungsstruktur passte hervorragend in das Suchprofil für das Innovationsprojekt „Berührungsloses WC" von WERIT. Nach einer Lasten- und Pflichtenheftphase wurde das Projekt Ende 2016 mit der Elektronikkompetenz von contech über einen Zeitraum von 18 Monaten gemeinsam umgesetzt. Regelmäßige monatliche Statusbesprechungen sorgten für eine enge Verzahnung der beiden Unternehmen bei Projektdurchführung und -controlling. Das Projekt wurde Anfang 2018 mit einer erfolgreichen Markteinführung abgeschlossen (Bild 1). Bei diesem gemeinsamen Innovationsprojekt konnten sich beide Unternehmen auf ihre Kernkompetenzen fokussieren, was in Summe auch für beide zu einer „Win-Win-Situation" führte.

BILD 1
Im Projekt entwickelte WC-Spülautomatik

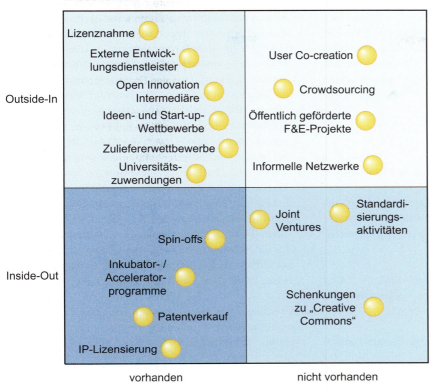

BILD 1.52
Gängige Ausprägungsformen von Open Innovation nach [CB13]

1.2.5.6 Möglichkeiten zur Strukturierung des Back Ends

Die Entscheidung, ob ein Exekutionskanal in den unternehmensspezifischen Innovationsprozess integriert werden soll oder nicht, ist in erster Linie vor dem Hintergrund der Innovationsstrategie zu treffen. Insbesondere im Kontext der Digitalisierung ergeben sich vielfältige Erfolgspotentiale in Hinblick auf Smart Services oder innovative Geschäftsmodelle (vgl. Kapitel 4.3), die eine Anpassung der Kanäle sinnvoll machen. Im Allgemeinen bieten sich drei Optionen an, das Back End zu strukturieren:

Pooling und Routing: Im Unternehmen existieren vergleichsweise viele Exekutionskanäle für Innovationen. Ideen werden unternehmensweit gesammelt und dann über eine entsprechende Instanz in die jeweils richtigen Kanäle eingesteuert. Hier ist also eine Steuerungsinstanz erforderlich, die die Ideen entsprechend klassifiziert und zuordnet. Vorteil: Bei diesem Typ werden alle Ideen erfasst und den jeweils optimalen Exekutionskanälen zugewiesen. Nachteil: Die vielen, unterschiedlichen Exekutionskanäle können zu ungewollter Komplexität führen. Der Erfolg des Modells hängt von der Fähigkeit der Steuerungsinstanz ab, die Ideen in die richtigen Kanäle zu steuern.

Fokussierung: Das Unternehmen fokussiert sich strategisch ausschließlich auf ein Innovationsobjekt und hat im Back End folglich nur einen Kanal etabliert, beispielsweise einen Kanal für Produktinnovationen. Hier muss über eine klare, unternehmensweite Kommunikation sichergestellt werden, dass ausschließlich die eine Art von Ideen entwickelt wird, die dann aber auch zum etablierten Back End passt. Vorteil: Eine schlagkräftige Umsetzung der Ideen ist einfacher, da es nur ein Back-End gibt und dieses hochprofessionell aufgestellt ist. Nachteil: Andere Innovationsarten bleiben unberücksichtigt. Dies ist besonders dann ein Risiko, wenn nur Produktinnovationen fokussiert werden, während der Wettbewerb beginnt, sich über Dienstleistungen und Geschäftsmodelle zu differenzieren.

Gekapselte Innovation: Hier werden die unterschiedlichen Innovationstypen (Produkte, Dienstleistungen, Geschäftsmodelle etc.) weitestgehend getrennt voneinander in eigenen Bereichen bzw. Teams bearbeitet. Beispielsweise gibt es dedizierte Teams im Unternehmen, die ausschließlich Geschäftsmodelle entwickeln. Diese Teams verfügen über die entsprechenden Exekutionskanäle und können somit auch die Umsetzung von der Idee bis zum Markterfolg forcieren. Das heißt, Front-End und Back-End sind in einer Organisationseinheit gebündelt. Allerdings wird hier die Vernetzung mit anderen Innovationstypen nicht betrachtet, was in sich stark verändernden Märkten durchaus ein Risiko sein kann.

1.2.6 Ressourcen

Damit die Innovationsorganisation und der Innovationsprozess Wirkung erzielen können, sind Ressourcen erforderlich. Nach MÜLLER-STEWENS und LECHNER lassen sich Ressourcen in finanzielle, physische, IT-basierte, Bestands-, Human-, strukturelle und kulturelle Ressourcen unterteilen (Bild 1.53).

Ausgehend von dieser allgemeingültigen Klassifizierung kommt es im Innovationsmanagement insbesondere auf die folgenden vier Typen von Ressourcen an:

- **Personal:** Dies umfasst die Personen, die am Innovationsgeschehen eines Unternehmens beteiligt sind. Im Prinzip handelt es sich um die Besetzung der in Bild 1.41 aufgezeigten Rollen.
- **Methoden:** Um das Innovationsgeschehen zu systematisieren und die Innovationskraft zu erhöhen, bieten sich Methoden an. Methoden des Innovationsmanagements und der strategischen Planung von Marktleistungen bilden den Kern des vorliegenden Buches. Wir werden in den folgenden Kapiteln eine Vielzahl an wirkungsvollen Methoden vorstellen.
- **Software:** Die Nutzung von Software trägt dazu bei, das Innovationsgeschehen im Unternehmen effizient zu organisieren. Im Wesentlichen geht es hier um den Einsatz von Innovationsplattformen; sie bieten eine Vielzahl an nutzenstiftenden Funktionen, wie die kollaborative Generierung, Bewertung und Klassifizierung von Ideen, die gezielte Durchführung von Innovationskampagnen und -wettbewerben oder die Erstellung von Innovationsroadmaps. Auf das Thema Innovationsplattformen gehen wir in Kapitel 3.2.3 ausführlich ein. Darüber hinaus gibt es selbstredend auch noch weitere Arten von Softwarelösungen, die im Rahmen des Innovationsmanagements zum Einsatz kommen; die Bandbreite reicht hier von Softwaresystemen zur Unterstützung der Vorausschau und der agentenbasierten Simulation von Märkten bis hin zu Engineering Software zur ganzheitlichen Spezifikation von multidisziplinären Systemen.
- **Kapital:** Kapital wird benötigt, um die Kosten zu decken, die im Rahmen des Innovationsgeschehens bzw. für die Umsetzung von konkreten Innovationsvorhaben anfallen. Dazu zählen u.a. Kosten für Personal, Software, Prototypen, Laboreinrichtungen etc.

In der Regel sind die Ressourcen eines Unternehmens begrenzt, sodass es zu einem Konkurrieren um Ressourcen kommt – zum einen zwischen dem Tagesgeschäft und der mittelfristigen Daseinsvorsorge durch Innovationen, zum anderen zwischen den einzelnen Innovationsprojekten. Es stellt sich folglich die Frage nach der optimalen Verteilung von Ressourcen durch ein leistungsfähiges Innovationsmanagement. NAGJI und TUFF liefern einen Erklärungsansatz auf diese Frage. Sie definieren in Anlehnung an die Ansoff-Matrix (Bild 1.13) drei grundsätzliche Arten von Innovationsvorhaben, die sich gemäß Bild 1.54 durch ihr Risiko und ihre erwartete Rendite unterscheiden: 1) Verbesserung bestehender Produkte für bestehende Kunden, 2) Entwicklung neuer bzw. modifizierter Produkte für benachbarte Märkte, 3) Entwicklung neuer Produkte für neue bzw. heute noch nicht existierende Märkte. Im

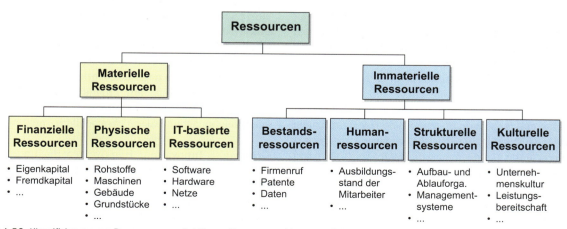

BILD 1.53 Klassifizierung von Ressourcen nach MÜLLER-STEWENS und LECHNER [ML16]

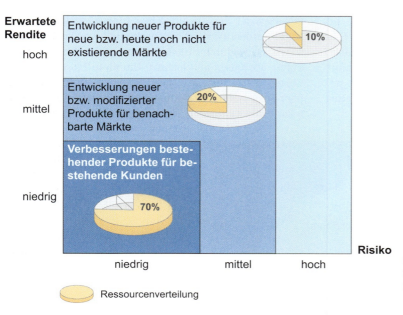

BILD 1.54
Optimale Verteilung von Ressourcen im Innovationsmanagement in Anlehnung an [NT12], [Day07]

Rahmen ihrer Untersuchungen kommen sie zu dem Ergebnis, dass überdurchschnittlich erfolgreiche Innovatoren ihre Ressourcen in etwa im Verhältnis 70%-30%-10% auf die drei Arten von Innovationsvorhaben verteilen [NT12]. Es versteht sich von selbst, dass diese Aufteilung nicht als Formel für alle Unternehmen angesehen werden sollte. Das Optimum im Innovationsprogramm variiert von Unternehmen zu Unternehmen, wobei viele Faktoren ins Kalkül zu ziehen sind (Branche, Wettbewerbsposition, strategische Stoßrichtung etc.). Es handelt sich aber um einen guten Denkansatz zur Gestaltung des Innovationsprogramms.

1.2.7 Innovationskultur

Innovationen können in einem Unternehmen nur dann nachhaltig entstehen, wenn es einen fruchtbaren Nährboden gibt, auf dem immer wieder neue Ideen aufkeimen und wachsen können. Dieser Nährboden ist die **Innovationskultur**. Die Innovationskultur ist im Grunde genommen eine spezifische Ausprägung der Unternehmenskultur, die auf die gezielte Förderung von Innovationen gerichtet ist. Unter Unternehmenskultur verstehen wir nach PÜMPIN *„die Gesamtheit von Normen, Wertvorstellungen und Denkhaltungen, die das Verhalten der Mitarbeiter aller Stufen und somit das Erscheinungsbild eines Unternehmens prägen"* [PKW85].

In der Innovationsforschung finden sich zahlreiche Belege dafür, dass der Innovationserfolg eines Unternehmens maßgeblich in einer innovationsfördernden Unternehmenskultur begründet ist. Die Innovationskultur bildet praktisch die Basis für das Innovationsgeschehen (vgl. auch Bild 1.22). Innovationsstrategie und unternehmerische Vision sind nahezu wirkungslos, wenn sie nicht von der Innovationskultur getragen werden. PETER DRUCKER beschrieb diesen Zusammenhang wie folgt: *„culture eats strategy for breakfast."* Spätestens bei der Operationalisierung des Innovationsgeschehens ist also zu überprüfen, ob die vorherrschende Innovationskultur die erfolgreiche Umsetzung der Innovationsstrategie und das mit ihr einhergehende Innovationsmanagementkonzept unterstützt bzw. behindert.

Trotz ihrer herausragenden Bedeutung wird der Innovationskultur in vielen Unternehmen vergleichsweise wenig Beachtung geschenkt. Das hat vor allem zwei Gründe: Zum einen ist die Kultur eines Unternehmens oftmals nicht so recht greifbar, zum anderen lässt sie sich nicht unmittelbar gestalten. Das zeigt sich, wenn man die prägenden Faktoren der Innovationskultur betrachtet. Nach PETERS und WATERMAN handelt es sich dabei vorwiegend um weiche Faktoren, wie Einstellungen, Verhaltensweisen, Werte oder persönliche Beziehungen, die sich nicht als Ursache-Wirkungsgefüge abbilden lassen. Harte Faktoren, wie Organigramme, Stellenbeschreibungen, Innovationsprozesse, Richtlinien oder Leitbilder, die direkt beobachtet und schriftlich festgelegt werden können, sind lediglich von nachgelagerter Bedeutung [PW82].

Diese Unterteilung lässt sich auch bildlich mit Hilfe eines Eisbergs verdeutlichen (Bild 1.55). Die harten Faktoren bilden die sichtbare Spitze des Eisbergs, die allerdings nur einen kleinen Teil der Innovationskultur ausmacht. Der wesentlich größere Teil wird durch die weichen Faktoren bestimmt und befindet sich unter der Oberfläche [Vah15]. Offensichtlich lässt sich eine Innovationskultur nicht einfach verordnen oder per Beschluss in Kraft setzen, sondern muss sich durch bewusstes und glaubhaftes Vorleben der Führungskräfte entwickeln.

Bevor an der Entwicklung einer Innovationskultur gearbeitet werden kann, ist es jedoch erst einmal erforderlich zu wissen, wodurch sie sich eine ausgeprägte Innovationskultur überhaupt auszeichnet. Um diese Frage zu beantworten, sei auf Tabelle 1.4 verwiesen, die einen Überblick über ausgewählte innovationsfördernde und innovationshemmende Kulturmerkmale gibt.

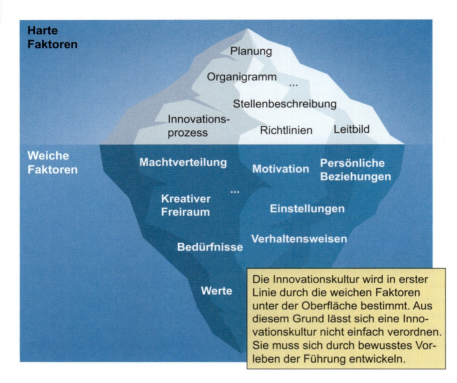

Die Innovationskultur wird in erster Linie durch die weichen Faktoren unter der Oberfläche bestimmt. Aus diesem Grund lässt sich eine Innovationskultur nicht einfach verordnen. Sie muss sich durch bewusstes Vorleben der Führung entwickeln.

BILD 1.55 Prägende Faktoren der Innovationskultur [Vah15]

TABELLE 1.4 Innovationsfördernde und innovationshemmende Kulturmerkmale [VB13], [Kan07]

Innovationsfördernde Kulturmerkmale	Innovationshemmende Kulturmerkmale
☐ Verankerung von Innovation und Kreativität in den Grundwerten des Unternehmens ☐ Gezielte Förderung und Unterstützung innovativer Mitarbeiter ☐ Umfassende Aus- und Weiterbildung der Mitarbeiter ☐ Aufbau eines Vertrauensverhältnisses zu den Mitarbeitern ☐ Schaffung von kreativen Freiräumen und Förderung von eigenverantwortlichem Arbeiten ☐ Hohe Toleranz gegenüber Fehlern und Misserfolgen ☐ Ausgeprägtes Kommunikations- und Informationsverhalten	☐ Starre Orientierung an Abteilungs- und Bereichszielen ☐ Ausgeprägtes Hierarchiedenken und -bewusstsein ☐ Isolation von Innovationsprojekten und etabliertem Geschäft ☐ Strenge Planung, Kontrolle und Revision von Innovationsprojekten ☐ Ablehnung neuer Ideen bzw. ausschließliche Konzentration auf „große" Ideen

Innovationshemmende Kulturen sind beispielsweise durch eine starre Orientierung an Abteilungs- und Bereichszielen sowie ein ausgeprägtes Hierarchiedenken gekennzeichnet. Innovationsteams und Mitarbeiter der Linie arbeiten isoliert voneinander; ein regelmäßiger Austausch zwischen ihnen findet nicht statt. Innovationsprojekte werden den im bestehenden Geschäft üblichen Prozessen der Planung, Kontrolle und Revision unterzogen. Mitarbeiter haben nahezu keine Frei- oder Entscheidungsspielräume. Neue Ideen werden prinzipiell eher abgelehnt, da in Innovationen in erster Linie Risiken und keine Chancen gesehen werden.

Demgegenüber zeichnen sich innovationsfördernde Kulturen dadurch aus, dass sie Innovation und Kreativität fest in den Grundwerten des Unternehmens verankert haben. Innovative Mitarbeiter werden gezielt gefördert und unterstützt, indem sie beispielsweise eine umfassende Aus- und Weiterbildung erfahren oder erfolgreiche Innovatoren entsprechend gewürdigt werden. Das Verhältnis zu den Mitarbeitern ist durch großes Vertrauen geprägt; sie erhalten kreative Freiräume und werden zu eigenverantwortlichem Arbeiten animiert. Fehler und Misserfolge werden toleriert und als Chancen für neue Innovationen gesehen. Es herrscht ein ausgeprägtes Kommunikations- und Informationsverhalten über Abteilungsgrenzen hinweg vor, wodurch bereichsspezifische Probleme besser verstanden und neue Lösungen gemeinsam gefunden werden können.

Neben der Zusammenstellung innovationsfördernder bzw. innovationshemmender Kulturmerkmale gibt es in der Literatur auch Ansätze, die versuchen, Innovationskulturen zu typologisieren. Darauf gehen wir im folgenden Kasten ein.

Am Ende des Tages ist ein Unternehmen jedoch immer nur so innovativ wie seine Mitarbeiter. Unternehmen sind daher gut beraten, kreative Köpfe einzustellen und ihnen angemessene Entfaltungsmöglichkeiten zu geben. Allerdings sind nicht alle Mitarbeiter gleich innovativ. Einigen Menschen fällt es leichter, neue Ideen und Konzepte zu entwickeln als anderen. Diese Erkenntnis ist erst einmal nicht überraschend. Die entscheidende Frage ist jedoch: Warum ist das eigentlich so? Der Grund dafür liegt in ihrer DNA, wie Dyer, Gregersen und Christensen herausfanden. Natürlich wird das Bild der DNA hier metaphorisch verwendet. Gemeint sind Handlungsmuster, die das Arbeiten von Innovatoren bestimmen. Insgesamt haben die Autoren fünf solcher Handlungsmuster identifiziert und zur sogenannten Innovatoren-DNA verknüpft (Bild 1.56). Im Folgenden stellen wir die Handlungsmuster kurz vor [DGC10]:

- **Beobachten:** Innovatoren beobachten stets ihr Umfeld. Sie analysieren zum einen das Verhalten von Kunden, Lieferanten, Wettbewerbern etc., aber auch das Verhalten anderer Menschen in ihrem normalen Alltagsleben. Das hilft bei der Entwicklung neuer Ideen. Ratan Tata, der Gründer der Tata Group, hatte beispielsweise die

DIE VIER TYPEN DER INNOVATIONSKULTUR

In Zeiten, in denen sich Märkte durch Globalisierung und Digitalisierung schneller wandeln als je zuvor, scheint das klassische, prozessorientierte Innovationsmanagement an seine Grenzen zu stoßen. Zu diesem Ergebnis kommt zumindest eine Studie der Innovationsberatung DIE IDEOLOGEN® und der STEINBEIS SCHOOL OF MANAGEMENT AND INNOVATION (SMI), in der rund 200 Unternehmen aus 13 Branchen befragt und mehr als 100 Innovationsprojekte analysiert wurden. Der klassische Innovationsprozess hat demnach zwar nach wie vor seine Daseinsberechtigung, aber es kommt in erster Linie auf das Verhalten der Mitarbeiter an; was zählt, ist die Innovationskultur.
Vor diesem Hintergrund haben die Autoren im Rahmen ihrer Untersuchung vier verschiedene Typen von Unternehmen identifiziert, die sich jeweils durch eine ganz bestimmte Innovationskultur auszeichnen (Bild 1). Jede dieser Kulturen ist dazu geeignet, Projekte mit unterschiedlichem Innovationsgrad unterschiedlich schnell voranzutreiben [Mey14a]:

- **Proaktive Innovatoren:** Proaktive Innovatoren zeichnen sich dadurch aus, dass sie Innovationen immer als erster im Markt platzieren wollen. Sie stecken sich ambitionierte Ziele und verfolgen diese mit Nachdruck. Ideen entstehen in allen Abteilungen des Unternehmens, werden schnell aufgegriffen und in Form von Kurzprojekten vorangetrieben. Weniger aussichtsreiche Projekte werden schnell beendet, wobei der Abbruch nicht als Scheitern, sondern als Lernerfolg angesehen wird. Durch ihre dynamische Kultur gelingt es proaktiven Innovatoren, radikale Innovationen schnell umzusetzen. 21 % der im Rahmen der Studie untersuchten Unternehmen gehören dieser Kategorie an.

1 Innovationen – Unternehmerischer Erfolg jenseits eingefahrener Wege

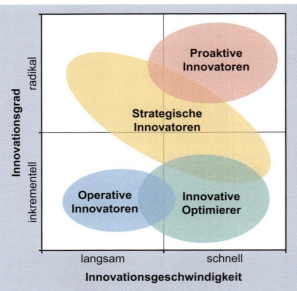

BILD 1
Die vier Typen der Innovationskultur

- **Strategische Innovatoren:** Derartige Unternehmen verfolgen ähnlich ambitionierte Ziele wie proaktive Innovatoren, sind in ihrem Verhalten jedoch eher reaktiv. Sie reagieren beispielsweise auf veränderte Anforderungen des Marktes oder sich abzeichnende technologische Umbrüche. Die Geschäftsführung versteht sich als primärer Impulsgeber und Haupttreiber von Innovationen; Führungskräfte und Mitarbeiter setzen diese lediglich um. Strategische Innovatoren sind in der Regel sehr schnell und effektiv, wenn sie handeln – allerdings kann es recht lange dauern, bis es so weit ist. Die große Herausforderung besteht darin, dass strategische Innovatoren von der Wahrnehmung einiger weniger abhängig sind: Schätzt die Geschäftsführung die Märkte falsch ein oder fehlt es ihr an einer adäquaten Vorstellung über die Produkte von morgen, kann dies den Untergang des Unternehmens bedeuten. Knapp 25 % der analysierten Unternehmen lassen sich dieser Gruppe zuordnen.

- **Innovative Optimierer:** Diese neigen stark dazu, das Bestehende zu optimieren, z. B. indem sie neue Produktfunktionen entwickeln oder neue Produktvarianten generieren. Sie haben ein ausgeprägtes Bewusstsein für Details und Qualität und eine klare Fokussierung auf ihre bedienten Märkte. Im Gegensatz zu den proaktiven Innovatoren mangelt es ihnen jedoch an visionärer Vorstellungskraft. Umfassende Innovationen kommen – wenn überhaupt – nur mit größten Anstrengungen zustande. Entscheidend ist, die Stärken dieser Innovationskultur zu nutzen und ihre Grenzen anzuerkennen – nicht umsonst sind innovative Optimierer häufig Weltmarktführer in ihrem Segment. Etwa 36 % der untersuchten Unternehmen können dieser Gruppe zugerechnet werden.

- **Operative Innovatoren:** Operative Innovatoren haben einen starken Fokus auf das Tagesgeschäft, sodass nur wenig Raum für Innovation bleibt. Es gibt zwar einige Mitarbeiter und Teams, die sich Innovationen widmen. In der Breite wird das kreative Potential der Mitarbeiter aber nicht ausgeschöpft. Alles in allem ist diese Kultur daher wenig geeignet, um Innovationen voranzutreiben. Ca. 16 % der analysierten Unternehmen können in diese Kategorie eingestuft werden.

Unternehmen können mit Hilfe eines Instruments namens INNOLYTICS® (Innovation Analytics) herausfinden, welche Innovationskultur bei ihnen tendenziell vorherrscht (Bild 2). Darüber hinaus bietet das Instrument weitere Analysemöglichkeiten, um zu überprüfen, ob Unternehmen ihre geplanten Innovationsvorhaben überhaupt innerhalb ihrer Innovationskultur umsetzen können oder eine strategiekonforme Weiterentwicklung der Innovationskultur erforderlich ist.

1.2 Aspekte des Innovationsgeschehens

Selbsttest zur Bestimmung des Innovationstyps

1) Unser Unternehmen investiert in Innovation – auch in wirtschaftlich schwierigeren Zeiten.

trifft nicht zu	sehr gering	eher gering	mittel	eher stark	sehr stark
☐	☐	☐	☒	☐	☐

2) Neue Ideen – selbst scheinbar „verrückte" – werden offen aufgenommen.

trifft nicht zu	sehr gering	eher gering	mittel	eher stark	sehr stark
☐	☐	☐	☒	☐	☐

3) Unsere Strukturen in Bezug auf Innovation empfinde ich als ...

sehr stark hinderlich	stark hinderlich	eher hinderlich	eher förderlich	stark förderlich	sehr stark förderlich
☐	☐	☒	☐	☐	☐

4) Führungskräfte unterstützen Mitarbeiter aktiv dabei, neue Ideen zu entwickeln und umzusetzen.

trifft nicht zu	sehr gering	eher gering	mittel	eher stark	sehr stark
☐	☐	☐	☐	☒	☐

5) Zeit und Freiräume für Kreativität und Innovation existieren ...

überhaupt nicht	sehr gering	eher gering	mittel	eher stark	sehr stark
☐	☐	☒	☐	☐	☐

6) Mitarbeiter werden an der Zahl und der Qualität ihrer Ideen gemessen.

trifft nicht zu	sehr gering	eher gering	mittel	eher stark	sehr stark
☐	☐	☐	☒	☐	☐

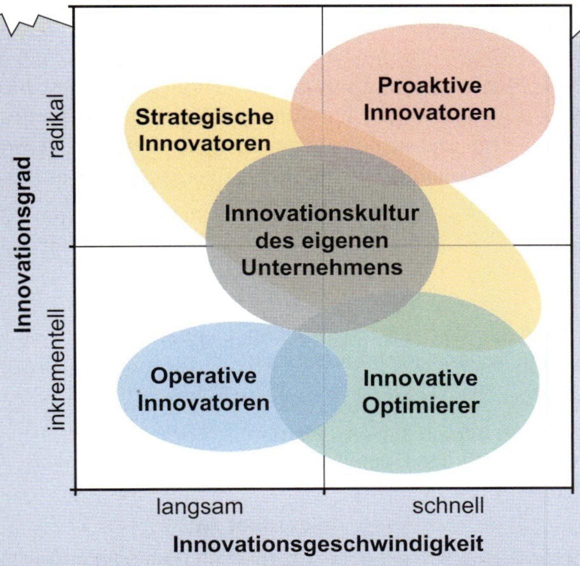

BILD 2 *Fragebogen zur Bestimmung des Innovationstyps (Auszug) [Mey14b]*

Achsen: Innovationsgrad (inkrementell – radikal), Innovationsgeschwindigkeit (langsam – schnell). Typen: Strategische Innovatoren, Proaktive Innovatoren, Operative Innovatoren, Innovative Optimierer, Innovationskultur des eigenen Unternehmens.

Literatur:
[Mey14a] Meyer, J. U.: Innolytics®: Innovationsmanagement weiter denken. Business Village, Göttingen, 2014
[Mey14b] Meyer, J. U.: Wie innovativ ist Ihr Unternehmen? Unter: http://www.harvardbusinessmanager.de/blogs/innovationsmanagement-weiter-denken-und-innovationskultur-analysieren-a-973203.html, 14. April 2016

Idee für den Tata Nano, als er eine vierköpfige Familie auf einem einzigen Motorroller beobachtete.

- **Hinterfragen:** Einfallsreiche Menschen sind es gewohnt, Dinge ständig zu hinterfragen. Das tun sie auf drei unterschiedliche Arten und Weisen. Sie stellen bestehende Annahmen mit den Fragen „Warum?", „Warum nicht?" und „Was wäre, wenn?" infrage, sie versuchen sich das Gegenteil vorzustellen und sie unterwerfen ihr Denken bewusst konkreten Einschränkungen. MICHAEL DELL, Gründer von Dell Computer, fragte sich beispielsweise, warum ein Computer das Fünffache seiner Teile kostet und entwickelte daraufhin das berühmte Dell Geschäftsmodell.
- **Vernetzen:** Kreative Köpfe sind Meister im Vernetzen. Sie pflegen ein vielseitiges Netzwerk weit über die eigenen Unternehmensgrenzen hinaus. Sie umgeben sich mit einer Vielzahl unterschiedlicher Menschen (Künstler, Unternehmer, Politiker, Abenteurer, Wissenschaftler etc.), die unterschiedliche Einstellungen haben und zu unterschiedlichen Ideen kommen. Auf diese Weise erweitern sie ihr Wissen. DAVID NEELEMAN, Gründer der US-amerikanischen Fluggesellschaft JetBlue, entwickelte auf einer Konferenz beispielsweise die Idee, jeden Sitzplatz im Flugzeug mit Satellitenfernsehen auszustatten.
- **Experimentieren:** Innovatoren haben Spaß am Experimentieren. Das kann in ganz unterschiedlicher Weise erfolgen, z. B. durch Basteleien oder Erkundung neuer Umgebungen. STEVE JOBS nahm beispielsweise einen Sony Walkman auseinander. Der Gründer der Kaffeehauskette Starbucks HOWARD SCHULTZ machte eine Reise durch Italien und besuchte zahlreiche Cafés.
- **Verknüpfen:** Verknüpfen ist die wichtigste Eigenschaft von Innovatoren und das Kernstück der Innovatoren-DNA. Sie verbindet die zuvor genannten Handlungsmuster miteinander. In Bild 1.56 ist sie daher als Rückgrat der DNA-Doppelhelix dargestellt. Durch das Verknüpfen werden Fragen, Probleme, Ideen etc., die auf den ersten Blick nichts miteinander zu tun haben, erfolgreich in Beziehung zueinander gesetzt, um zu neuen Einsichten und Konzepten zu gelangen. Dieses Prinzip ist ein grundlegendes Merkmal von Kreativität. PIERRE OMIDYAR, Gründer des Online-Auktionshauses eBay, verknüpfte beispielsweise drei scheinbar unabhängige Dinge miteinander: 1) Das Bestreben, effizientere Märkte zu schaffen, nachdem ihm die Teilnahme am Börsengang eines Internetunternehmens verwehrt wurde; 2) den Wunsch seiner Verlobten, spezielle Sammlerstücke ausfindig zu machen; 3) den gescheiterten Versuch, die Sammlerstücke über lokale Anzeigen zu erwerben.

Es gibt einige Menschen, denen die Innovatoren-DNA in die Wiege gelegt wurde. Das sind häufig die schillernden Unternehmerpersönlichkeiten, die wir beispielhaft angeführt haben. Doch auch wenn man sie nicht von Anfang an besitzt, lassen sich die Bausteine der Innovatoren-DNA durch konsequentes Training erlernen. Jeder Innovator sollte die beschriebenen Verhaltensweisen daher so lange perfektionieren, bis sie ohne Nachdenken in der eigenen Arbeit verankert sind. Unternehmen können das aktiv unterstützen, indem sie die Innovatoren-DNA ihrer Mitarbeiter analysieren und sie dementsprechend fördern. Das ist zweifelsohne aufwändig; wir sind davon überzeugt, dass es sich auszahlt.

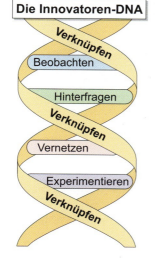

Beobachten
Die Aktivitäten und das Verhalten von Kunden, Lieferanten, Wettbewerbern etc. kontinuierlich beobachten

Hinterfragen
Bestehendes ständig Infrage stellen: „Warum?", „Warum nicht?", „Was wäre wenn?"; sich das Gegenteil vorstellen; Beschränkungen bewusst auferlegen

Vernetzen
Den permanenten Austausch mit unterschiedlichen Persönlichkeiten suchen, die verschiedene Ideen, Einstellungen etc. haben

Experimentieren
Experimente unterschiedlicher Art durchführen, z.B. intellektuelle Erkundungen, Basteleien, Beschäftigung mit neuen Umgebungen

Verknüpfen
Fragen, Probleme, Ideen etc. miteinander verbinden, die anscheinend in keinerlei Beziehung zueinander stehen

BILD 1.56 Die Innovatoren-DNA [DGC10]

1.2.8 Innovationscontrolling

Innovationen sind der Ursprung nachhaltigen Wachstums und bilden den Motor wirtschaftlichen Erfolgs. Dem Innovationsmanagement obliegt die Verantwortung, dass das Innovieren kein einmaliges und zufälliges Unterfangen bleibt, sondern als kontinuierlicher Prozess „standardisiert" wird. Während das Tagesgeschäft den Cashflow der Gegenwart generiert, sichert das Innovationsmanagement somit den Cashflow der Zukunft [BRV99]. Allerdings unterliegt das Innovationsmanagement naturgemäß einer höheren Unsicherheit, da es hier stets um Neuerungen mit Zukunftscharakter geht. Zudem sind die Ressourcen in der Regel begrenzt und müssen wohlüberlegt eingesetzt werden (vgl. Kapitel 1.2.6).

Aufgabe des Innovationscontrollings ist es, die Planung, Kontrolle und Steuerung der Innovationsaktivitäten im Unternehmen zu unterstützen und auf diese Weise die Effektivität und Effizienz der eingesetzten Ressourcen zu erhöhen [NK16]. Im Rahmen der *Planung* erfolgt die vorausschauende Kursbestimmung für die Innovationsaktivitäten im Unternehmen (Definition von Innovationszielen, Gestaltung des Innovationsprogramms, Allokation von finanziellen und personellen Ressourcen etc.) – sie gibt das „Soll" vor. Im Zuge der *Kontrolle* wird der aktuelle Kurs ermittelt (Zeit, Kosten und Qualität der einzelnen Innovationsvorhaben, Performance des Innovationsprozesses etc.) – sie bestimmt das „Ist". Im Falle einer Abweichung von „Soll" und „Ist" werden im Kontext der *Steuerung* Korrekturmaßnahmen festgelegt, um die Planerfüllung weiterhin sicherzustellen.

Um die Aufgabe des Innovationscontrollings zu verdeutlichen, lässt sich das Innovationsgeschehen im Unternehmen als Regelkreis darstellen (Bild 1.57) [BS88] (an dieser Stelle sei angemerkt, dass es sich aus ingenieurwissenschaftlicher Sicht um eine Regelung des Innovationsgeschehens handelt, wenngleich in der Betriebswirtschaftslehre der Begriff Steuerung gebräuchlich ist). Grundlage des Regelkreises bildet das in Bild 1.19 aufgezeigte Verständnis, wonach zwischen Input, Innovationsprozess, Output, Herstellung/Auftragsabwicklung und Outcome unterschieden wird. Inputs fließen als Ressourcen (z. B. Personal, Kapital) in den Innovationsprozess ein und werden zu Outputs transformiert (z. B. Ideen, Patente, Produkte, Verfahren). Die Outputs werden im Herstell- und Auftragsabwicklungsprozess weiterverwendet und schließlich als Outcomes monetarisiert (z. B. Umsatzsteigerungen, Gewinnsteigerungen, Kostensenkungen).

Der Innovationsprozess und der Herstellungs-/Auftragsabwicklungsprozess sind die Regelstrecken, d. h. sie bilden das zu regelnde System. Outcome und Output bilden die Führungsgrößen. Sie werden in der Regel als Zielvorgaben vorgegeben und vom Innovationscontrolling gemessen und zurückgeführt. Durch den Abgleich der „Soll"- und „Ist"-Größen werden etwaige Abweichungen detektiert. Aus den Abweichungen müssen die regelnden Einheiten entsprechende Schlüsse ziehen und über den Input als Stellgröße regelnd in das System eingreifen. Auf Unternehmensebene fungiert für gewöhnlich die Geschäftsführung als regelnde Einheit, innerhalb des Innovationsprozesses sind dies häufig die Leitung des Innovationsmanagements sowie die jeweiligen Projektleiter [SAS12].

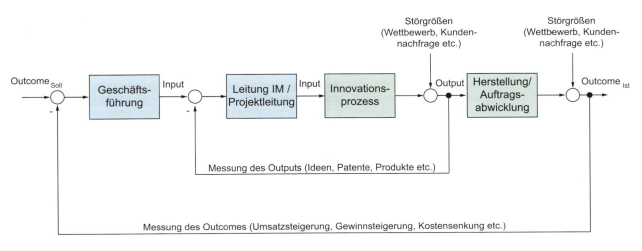

BILD 1.57 Das Innovationsgeschehen als Regelkreis in Anlehnung an [BS88], [Sch13]

Zusätzlich wirken Störgrößen von außen auf das Innovationsgeschehen ein. Das können beispielsweise Aktivitäten des Wettbewerbs, (z. B. neue Produkte, Preisanpassungen), Änderungen des Kundenverhaltens (z. B. Änderung der Kundenpräferenzen und der Kundennachfrage) oder Änderungen der Rahmenbedingungen (z. B. neue Gesetze und Regularien) sein.

Zur zielgerichteten Durchführung des Innovationscontrollings werden Instrumente und Kennzahlen eingesetzt (vgl. dazu auch Kapitel 1.1.3). **Instrumente** sind Methoden und Werkzeuge; sie lassen sich u. a. in strategische und operative Instrumente oder Planungs-, Kontroll- und Steuerungsinstrumente einordnen [SAS12]. Ein Beispiel für ein strategisches Planungsinstrument ist das Roadmapping (vgl. Kapitel 3.3.3). Bild 1.58 zeigt exemplarisch eine Innovationsroadmap für einen Werkzeugmaschinenhersteller zur Planung des Innovationsprogramms. Weitere strategische Instrumente sind die Gap-Analyse oder die Portfolioanalyse (vgl. Kapitel 3.3.2.4). Beispiele für operative Kontroll- bzw. Steuerungsinstrumente sind u. a. die Meilenstein-Trendanalyse und die Break-Even-Analyse.

Kennzahlen (engl.: Key Performance Indicator – KPI) sind solche Zahlen, die *"quantitativ erfassbare Sachverhalte in konzentrierter Form abbilden"* [SAS12]. Sie bilden die Grundlage für das Innovationscontrolling, indem sie

- die Vorgabe von Zielwerten ermöglichen (Planung),
- das Erkennen von Abweichungen von den Zielwerten erlauben (Kontrolle),
- die Ableitung und Bewertung von Handlungen zur Korrektur der Innovationaktivitäten unterstützen (Steuerung bzw. Regelung).

Kennzahlen lassen sich gemäß der in Bild 1.57 vorgenommenen Strukturierung in Input-, Prozess-, Output- und Outcome-Kennzahlen differenzieren. Darüber hinaus lassen sich absolute und relative Kennzahlen unterscheiden. *Input-Kennzahlen* beziehen sich auf die Ressourcen, die im

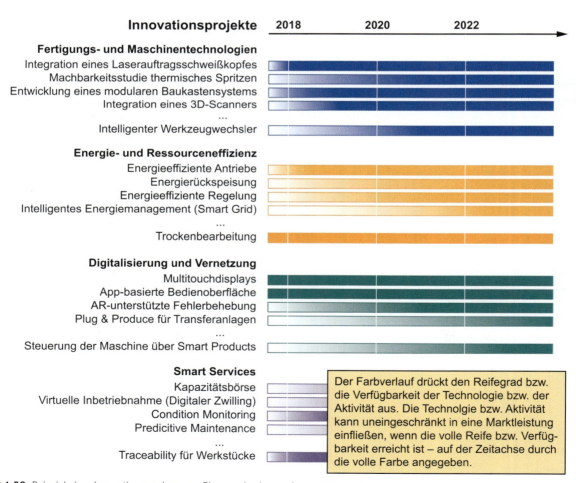

BILD 1.58 Beispiel einer Innovationsroadmap zur Planung des Innovationsprogramms

Rahmen der Innovationsaktivitäten eingesetzt werden (Personal, Kapital etc.). Beispiele für Input-Kennzahlen sind die Höhe der Personalausgaben für F&E, die Anzahl der Mitarbeiter im Bereich F&E und die Investitionskosten für F&E-Equipment. *Prozesskennzahlen* charakterisieren die Effizienz und Effektivität des Innovationsprozesses, d. h. sie beschreiben den Umwandlungsprozess von Inputs in Outputs. Typische Prozesskennzahlen sind die Bearbeitungsdauer der Ideen in den jeweiligen Phasen des Innovationsprozesses, das Umsatzpotential der Ideen in den jeweiligen Phasen des Innovationsprozesses sowie die Markteinführungsdauer. *Output-Kennzahlen* betrachten die „Ausbringungsmenge" des Innovationsprozesses. Kennzahlen, die häufig Anwendung finden, sind beispielsweise die Anzahl neuer Ideen, Patente und Produkte, der Anteil neuer Produkte am Produktprogramm und der Anteil erfolgreicher Innovationsprojekte. *Outcome-Kennzahlen* beziehen sich auf den wirtschaftlichen Erfolg, der durch die Innovationsaktivitäten erzielt wird. Klassische Outcome-Kennzahlen sind der Umsatz und Gewinn mit neuen Produkten, der Umsatz- und Gewinnanteil neuer Produkte und die Amortisation von F&E-Ausgaben [NK16], [SAS12].

Die gängige Literatur untergliedert das Innovationscontrolling gemäß Bild 1.59 in drei Ebenen, die unterschiedliche Adressaten aufweisen. Die oberste Ebene ist die **strategische Ebene**. Hier geht es im Wesentlichen um das Controlling des Innovationsprogramms eines Unternehmens durch die Geschäftsführung. Wie in Bild 1.57 dargestellt, nutzt die Geschäftsführung in der Regel Outcome-Kennzahlen (z. B. Umsatz mit neuen Produkten, Umsatzanteil mit neuen Produkten, Gewinn mit neuen Produkten) und Input-Kennzahlen (z. B. Personalausgaben in F&E), um das Innovationsgeschehen zu lenken. Die mittlere Ebene ist die **operative Ebene**, auf der es um das Controlling des Innovationsprozesses durch die Leitung des Innovationsmanagements geht. Dementsprechend werden vorwiegend Prozess-Kennzahlen (z. B. Beteiligungsquote der Mitarbeiter, Anzahl regelmäßiger Nutzer der Innovationssoftware), Input-Kennzahlen (z. B. Budget für Innovationsprojekte) und Output-Kennzahlen (z. B. Anzahl Ideen pro Innovationsfeld) eingesetzt. Die untere Ebene ist die **Projektebene**. Sie fokussiert das Controlling der einzelnen Innovationsprojekte durch die jeweiligen Projektleiter. In der Regel kommen hier vorwiegend Input-Kennzahlen (z. B. Kostenabweichung des Projekts) und Prozess-Kennzahlen (z. B. Anzahl erreichter Meilensteine) zum Einsatz.

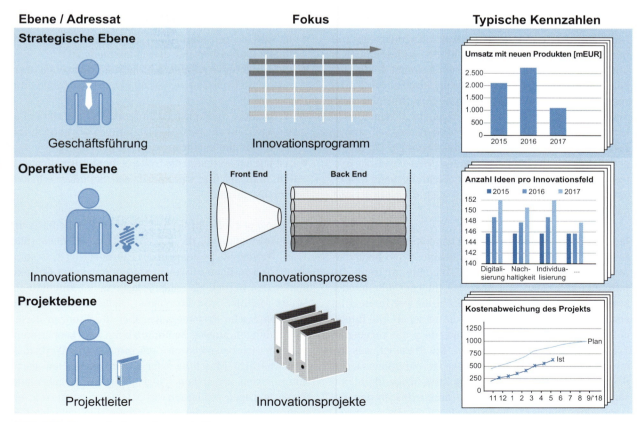

BILD 1.59 Ebenen des Innovationscontrollings

1.3 Auf dem Weg zu den Marktleistungen von morgen

Der Begriff Marktleistung umfasst Produkte (Sachleistungen) und Dienstleistungen. Im Maschinenbau werden Dienstleistungen häufig in Verbindung mit einem Produkt erbracht. Eine spezifische Ausprägung von Marktleistungen sind sogenannten hybride Leistungsbündel, d. h. geschickte und von Beginn an aufeinander abgestimmte Kombinationen von Sach- und Dienstleistungen (vgl. auch Kapitel 1.1.2.1). In diesem Kapitel charakterisieren wir die primär betrachteten Innovationsobjekte – Intelligente Technische Systeme – und beschreiben ein Konzept in Form eines Referenzmodells, wie intelligente technische Systeme inklusive damit verbundener Dienstleistungen strategisch geplant und erfolgreich entwickelt werden können. An dem Referenzmodell orientiert sich die Struktur des vorliegenden Buches.

1.3.1 Von der Mechatronik zu Intelligenten Technischen Systemen

Die Informations- und Kommunikationstechnik treibt seit Jahren die technologische Entwicklung im Maschinenbau und in verwandten Branchen wie der Automobilindustrie. So findet derzeit der Wandel von klassischen Mechanikzentrierten Systemen zu mechatronischen Systemen statt; diese Systeme beruhen auf einem engen Zusammenwirken von Mechanik, Elektronik und Software. Seit einiger Zeit zeichnen sich Systeme ab, die allgemein als intelligent bezeichnet werden; dazu zählen cyber-physische Systeme. Mit dieser skizzierten Entwicklung geht einher, dass die Systeme, aber vor allem auch die Entwurfsaufgaben komplexer werden.

Bei **cyber-physischen Systemen** handelt es sich um reale Systeme wie eine Produktionsmaschine, einen Industrieroboter oder ein Transportmittel, die eine inhärente **Intelligenz** aufweisen und über das Internet miteinander kommunizieren und kooperieren. In diesem Kontext ist auch der Begriff Internet der Dinge zu sehen. Die Intelligenz ist der entscheidende Punkt, dass die vernetzten Systeme zielführend kooperieren. Die Frage ist, was unter Intelligenz konkret zu verstehen ist. Wir erläutern den Begriff anhand von Bild 1.60. Den Ausgangspunkt bilden sogenannte aktive Systeme: Sensoren erfassen den Zustand eines mechanischen Grundsystems. Davon ausgehend ermittelt die Informationsverarbeitung – im Allgemeinen ist das der Regler – Stellsignale für die Aktoren, die wiederum auf das Grundsystem wirken. Ein typisches Beispiel ist das aktive Fahrwerk eines PKW. Auch wenn die Werbung so etwas als intelligent bezeichnet, ist das nicht wirklich intelligent im Sinne der Kognitionswissenschaft.

Von einer Art Intelligenz können wir sprechen, wenn die regelnde Informationsverarbeitung durch das **3-Schichtenmodell** aus der Kognitionswissenschaft ersetzt wird [Str98]. Danach enthält die unterste Schicht die Regelung, wie soeben erläutert. Die darauf aufbauende mittlere Schicht – die **assoziative Regulierung** – weist u. a. die Konditionierung auf, d. h. das Auto weiß, wenn es von einer Geschwindigkeitsregelung auf eine Abstandsregelung umschalten muss. Die oberste Schicht enthält Funktionen, die in Richtung **Kognition** gehen. Dazu gehören Planen, Ziele modifizieren und Lernen. Die Fähigkeit eines technischen Systems zur Selbstoptimierung wäre auf dieser Schicht anzusiedeln. Wenn nun derartige Systeme über das Internet miteinander kommunizieren und kooperieren, dann sprechen wir von cyber-physischen Systemen (Cyber-Physical Systems).

Vier **Eigenschaften** charakterisieren die Möglichkeiten derartiger Systeme:

- Die Systeme sind **adaptiv**, d. h. sie interagieren mit ihrem Umfeld und passen sich diesem autonom an.
- Die Systeme sind **robust**, d. h. sie bewältigen auch unerwartete und vom Entwickler nicht berücksichtigte Situationen.
- Die Systeme sind **vorausschauend**, weil sie auf der Basis von Erfahrungswissen die künftigen Wirkungen von Einflüssen und mögliche Zustände antizipieren.
- Last but not least sind die Systeme **benutzungsfreundlich**, weil sie u. a. das spezifische Benutzerverhalten berücksichtigen.

Das Konzept cyber-physische Systeme bildet die Basis für viele Anwendungen, die alle mit Smart beginnen (Bild 1.61). Werden die Systeme in der Fabrik vernetzt, so sprechen wir von Smart Factory. Anwendungen im Gesundheitswesen werden als Smart Health, in der Mobilität als Smart Mobility usw. bezeichnet. Selbstredend können cyber-physische Systeme auch über die Grenzen dieser Anwendungen hinweg kommunizieren und kooperieren. So kann sich beispielsweise ein intelligentes Werkstück seine nächste Maschine oder einen geeigneten Fertigungsbetrieb aussuchen. Angesichts der Gegebenheit, dass schon heute Milliarden von Objekten, Systeme u. ä. mit dem Internet verbunden sind, sind die Möglichkeiten dieser Entwicklung nur durch unsere Phantasie begrenzt.

1.3 Auf dem Weg zu den Marktleistungen von morgen

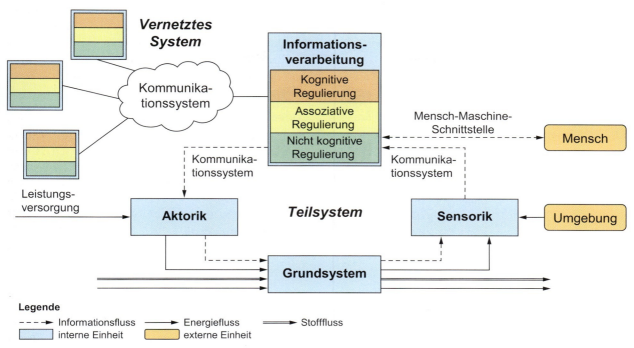

BILD 1.60 Grundstruktur von vernetzten intelligenten Systemen – cyber-physische Systeme

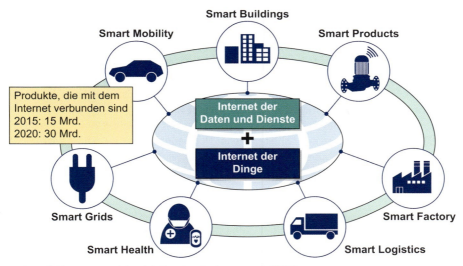

BILD 1.61 Anwendungsfelder von vernetzten intelligenten Systemen nach [FA13]

Das gilt ganz besonders für die Gestaltung der industriellen Produktion. Hier ist unter dem Begriff **Industrie 4.0** eine Entwicklung zu verzeichnen, die in einigen Jahren in der Rückschau möglicherweise als die vierte industrielle Revolution gesehen wird. Wir verstehen unter Industrie 4.0 die Fähigkeit der ad hoc-Vernetzung von intelligenten Maschinen, Betriebsmitteln, Produkten/Werkstücken sowie Lager- und Transportsystemen via Internet zu leistungsfähigen Wertschöpfungsnetzwerken (Bild 1.62). Die

Protagonisten von Industrie 4.0 versprechen sich daraus eine Fülle von Vorteilen – dass beispielsweise ein kundenindividuelles Erzeugnis zu den Herstellkosten eines Großserienerzeugnisses produziert werden kann, und das in kürzester Zeit und unter minimalem Ressourceneinsatz. Die Digitalisierung der industriellen Wertschöpfung eröffnet auch in klassischen Branchen neue Potentiale für Dienstleistungen, wie im folgenden Kasten am Beispiel des Schaltschrankbaus dargestellt.

1 Innovationen – Unternehmerischer Erfolg jenseits eingefahrener Wege

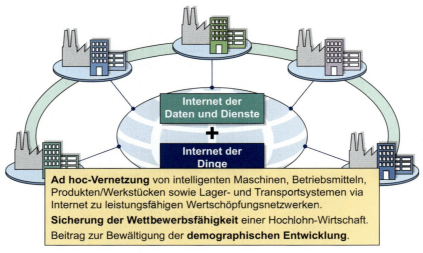

Ad hoc-Vernetzung von intelligenten Maschinen, Betriebsmitteln, Produkten/Werkstücken sowie Lager- und Transportsystemen via Internet zu leistungsfähigen Wertschöpfungsnetzwerken.
Sicherung der Wettbewerbsfähigkeit einer Hochlohn-Wirtschaft.
Beitrag zur Bewältigung der **demographischen Entwicklung**.

BILD 1.62 Industrie 4.0 – Ein neues Paradigma für die Gestaltung industrieller Wertschöpfungsnetze

SCHALTSCHRANKBAU – PRODUKTBEZOGENE DIENSTLEISTUNGEN VERÄNDERN DIE WERTSCHÖPFUNGSKETTE

Schaltschränke sind mit mechanischen und elektronischen Komponenten bestückte Gehäuse für die Steuerung von Energie-, Signal- und Datenflüssen in Maschinen und Anlagen. Die heutige Wertschöpfungskette im Schaltschrankbau ist in Bild 1 skizziert. Der Anlagenbauer (Hersteller von maschinenbaulichen Anlagen) vergibt den Auftrag über einen Schaltschrank an den Schaltschrankbauer. Wesentlicher Teil des Auftrags ist der Schaltplan. Auf Basis des Schaltplans spezifiziert der Schaltschrankbauer die erforderlichen Komponenten und Kabel, die er vom Komponentenlieferanten bezieht. Die einzelnen Teile werden im Anschluss montiert und der fertige Schaltschrank wird an den Anlagenbauer ausgeliefert.

Der mit Abstand größte Anteil an der Durchlaufzeit eines Schaltschranks entfällt derzeit auf die Montage. Insbesondere die Verdrahtung und die Prüfung sind hier mit hohen Aufwänden verbunden. Diese Aufgaben werden manuell durchgeführt und sind aufgrund ihrer hohen Komplexität sehr fehleranfällig. Eine Automatisierung ist in der Regel jedoch nicht wirtschaftlich, u. a. weil die Zusammenarbeit der Wertschöpfungspartner durch Medienbrüche erschwert wird.

Im Kontext von Industrie 4.0 ergeben sich erhebliche Nutzenpotentiale zur Effizienzerhöhung der Wertschöpfungskette. Bild 2 zeigt die Wertschöpfungskette, wie sie zukünftig aussehen könnte. Im Gegensatz zur heutigen Situation existiert hier ein

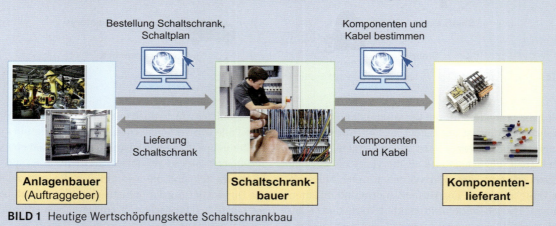

BILD 1 Heutige Wertschöpfungskette Schaltschrankbau

einheitlicher, digitaler Schaltplan, auf den alle Wertschöpfungspartner gleichermaßen zugreifen können. Dieser wird zusammen mit dem CAD-Modell des Schaltschranks vom Schaltschrankbauer an den Komponentenlieferanten weitergegeben. Auf Basis beider Dateien erstellt der Komponentenlieferant passgenaue, vorkonfektionierte Kabelbäume. Zusätzlich wird eine digitale Montageanleitung bereitgestellt. Diese unterstützt den Schaltschrankbauer mittels einer AR-Brille bei der Bestückung des Schaltschranks mit Komponenten und vorkonfektionierten Kabelbäumen. Auf diese Weise resultiert aus der Erweiterung der Leistungen des Komponentenlieferanten und dem Einsatz neuer Techniken zur Unterstützung der Montage und Prüfung beim Schaltschrankbau ein gestiegener Kundennutzen für den Anlagenbauer in Form eines zuverlässigeren und schneller gelieferten Schaltschranks.

BILD 2 Auf Basis von Dienstleistungen des Komponentenlieferanten weiterentwickelte Wertschöpfungskette

1.3.2 Referenzmodell der strategischen Planung und integrativen Entwicklung von Marktleistungen

Seit Jahrzehnten wird im Ingenieurwesen und der Informatik in der Aus- und Weiterbildung größter Wert auf Entwicklungsmethodik, Softwareengineering, Projektmanagement u. ä. gelegt. Gleichwohl gibt es kaum ein Innovationsprojekt, das am Ende nicht zu einer Zangengeburt gerät. Nachdem wohlgeplante Meilensteine, Entwicklungskosten und Termine aus dem Ruder gelaufen sind, wird die Sache doch irgendwie hingebogen. Offensichtlich funktioniert der Mensch anders als in den Annahmen, die Entwicklungssystematiken zugrunde liegen – der Entwicklungsingenieur mag keine Phasen-Meilenstein-Modelle und andere Zwangsjacken des einschlägigen Arsenals. Hier ist allerdings nicht der Ort, die soziologischen und arbeitspsychologischen Aspekte der Entwicklungsarbeit zu vertiefen. Es sei nur noch festgestellt, dass die Kreation eines intelligenten technischen Systems und ggf. damit verbundenen Dienstleistungen auf dem symbiotischen Zusammenwirken mehrerer Fachdisziplinen beruht, die spezifische Denkweisen, Ausdrucksmittel, aber auch Arbeitskulturen haben – Marketing, Maschinenbau, Elektronik, Softwaretechnik, Fertigungstechnik, Vertrieb, Logistik etc. Dass am Ende ein gewünschtes Werk herauskommt, das die Anerkennung und die Zahlungsbereitschaft der Kunden findet, erfordert einen neuen Ansatz der Kreation einer komplexen Marktleistung, der die Interaktion der involvierten Fachleute aus den genannten Fachdisziplinen stark betont. Das nachfolgend beschriebene Referenzmodell, das wir auch als 4-Zyklen-Modell der Produkt- bzw. Marktleistungsentstehung bezeichnen, verkörpert diesen Ansatz. Der übergeordnete Prozess der Entstehung eines neuen komplexen Produkts bzw. einer Marktleistung erstreckt sich von einer Produkt- und Geschäftsidee bis zum Serienanlauf (Start of Production – SOP) und weist die Hauptaufgabenbereiche Strategische Produktplanung, Produktentwicklung, Dienstleistungsentwicklung und Produktionssystementwicklung auf. Die Produktionssystementwicklung beinhaltet im Prinzip die Fertigungsplanung bzw. Arbeitsplanung ergänzt um die Materialflussplanung. Unserer Erfahrung nach kann der Produktentstehungsprozess nicht als stringente Folge von Phasen und Meilensteinen verstanden werden. Vielmehr handelt es sich um ein Wechselspiel von Aufgaben, die sich in vier Zyklen gliedern lassen; Bild 1.63 und Bild 1.64 sollen dies verdeutlichen. Die Zyklen-Metapher unter-

1 Innovationen – Unternehmerischer Erfolg jenseits eingefahrener Wege

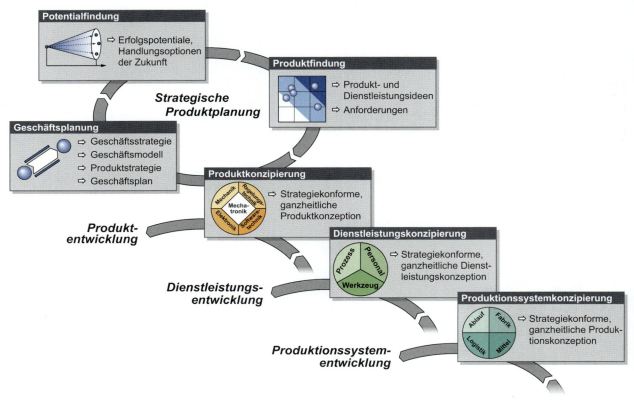

BILD 1.63 Referenzmodell der strategischen Planung und integrativen Entwicklung von Marktleistungen (die drei Entwicklungszyklen sind nur angedeutet)

streicht, dass die in einem Zyklus angeordneten Aufgabenbereiche mehrfach zu durchlaufen sind, bis die erforderliche Entwicklungsreife gegeben ist.

Erster Zyklus: Strategische Produktplanung

Dieser Zyklus charakterisiert das Vorgehen vom Finden der Erfolgspotentiale der Zukunft bis zum erfolgversprechenden Entwicklungsauftrag. Er umfasst vorderhand die Aufgabenbereiche Potentialfindung, Produktfindung und Geschäftsplanung. Das Ziel der Potentialfindung ist das Erkennen der Erfolgspotentiale der Zukunft sowie die Ermittlung entsprechender Handlungsoptionen. Es werden Methoden wie die Szenario-Technik, Delphi-Studien oder Trendanalysen eingesetzt. Basierend auf den erkannten Erfolgspotentialen befasst sich die Produktfindung mit der Suche und der Auswahl neuer Produkt- und Dienstleistungsideen zu deren Erschließung. In der Geschäftsplanung geht es um die Erstellung einer Geschäftsstrategie und damit verbunden um die Entwicklung eines Geschäftsmodells sowie um die Produktstrategie. Letztere enthält Aussagen zur Gestaltung des Produktprogramms, zur wirtschaftlichen Bewältigung der vom Markt geforderten Variantenvielfalt, zu eingesetzten Technologien, zur Programmpflege über den Produktlebenszyklus etc. Die Produktstrategie mündet in einen Geschäftsplan, der den Nachweis erbringt, ob mit dem neuen Produkt bzw. mit einer neuen Produktoption ein attraktiver Return on Investment zu erzielen ist.

Zweiter Zyklus: Produktentwicklung/Virtuelles Produkt

Dieser Zyklus umfasst die fachgebietsübergreifende Produktkonzipierung, den Entwurf und die entsprechende Ausarbeitung in den jeweiligen Fachgebieten sowie die Integration der Ergebnisse der einzelnen Fachgebiete zu einer Gesamtlösung. Das Symbol für die Integration ist das sogenannte V-Modell [BD93]. Da in diesem Zyklus die Bildung und Analyse von rechnerinternen Modellen eine wichtige Rolle spielt, hat sich der Begriff Virtuelles Produkt bzw. Virtual Prototyping verbreitet [SK97]. Wie im Bild 1.63 dargestellt, ist die Produktkonzipierung das Bindeglied zwischen dem 1. und 2. Zyklus. Bereits während der strategischen Produktplanung ist es notwendig, die Produktkonzeption (Prinziplösung) voranzutreiben, da beispielsweise im Geschäftsplan Aussagen über die Herstellkosten nur auf Basis der Produktkonzeption relativ zuverlässig getroffen werden können.

1.3 Auf dem Weg zu den Marktleistungen von morgen

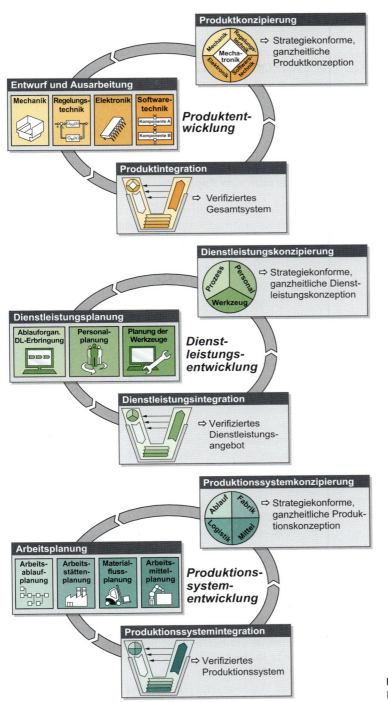

BILD 1.64
Die drei Entwicklungszyklen

Dritter Zyklus: Dienstleistungsentwicklung

Ziel dieses Zyklus ist die Umsetzung einer Dienstleistungsidee in eine Marktleistung [BS06]. Empirische Feldstudien haben gezeigt, dass auch die Dienstleistungsentwicklung nicht als stringente Folge von Phasen und Meilensteinen verstanden werden kann [SD06b]. Auch hier handelt es sich um ein Wechselspiel von Aufgaben, und zwar der Dienstleistungskonzipierung, der Dienstleistungsplanung und der Dienstleistungsintegration, die zyklisch zu durchlaufen sind. Gegenstand der Dienstleistungskonzipierung ist die integrative Spezifizierung der drei konstituierenden

Aspekte Prozess, Personal und Werkzeug [MB02]. Eine Dienstleistung ist stets das Ergebnis eines Prozesses – diesen gilt es daher zu beschreiben [EO96]. Dabei müssen neben den unternehmensinternen Abläufen die an der Erbringung der Dienstleistung beteiligten Akteure in ihren jeweiligen Rollen abgebildet werden. Im Rahmen der Dienstleistungsplanung wird die Dienstleistungskonzeption konkretisiert. Dies umfasst gemäß der drei Aspekte die Ablauforganisation der Dienstleistungserbringung, die Personalplanung und die Planung der Werkzeuge. Gegenstand der Dienstleistungsintegration ist die Zusammenführung und Abstimmung der Ergebnisse der einzelnen Planungseinheiten. Abschließend erfolgt ein Dienstleistungs-Designreview, in dem unter Beteiligung der betroffenen Funktionsbereiche zu prüfen ist, ob die im Aufgabenbereich Produktfindung (vgl. erster Zyklus Strategische Produktplanung) ermittelten Anforderungen an die Marktleistung erfüllt werden [SM11].

Vierter Zyklus: Produktionssystementwicklung/Digitale Fabrik

Den Ausgangspunkt bildet die Konzipierung des Produktionssystems. Dabei sind die vier Aspekte Arbeitsablaufplanung, Arbeitsmittelplanung, Arbeitsstättenplanung und Produktionslogistik (Schwerpunkt: Materialflussplanung) integrativ zu betrachten. Diese vier Aspekte sind im Verlauf dieses vierten Zyklus weiter zu konkretisieren. Die Begriffe Virtuelle Produktion bzw. Digitale Fabrik drücken aus, dass in diesem Zyklus ebenfalls rechnerinterne Modelle gebildet und analysiert werden – Modelle von den geplanten Produktionssystemen bzw. von Subsystemen wie Fertigungslinien und Arbeitsplätzen.

Produkt-, Dienstleistungs- und Produktionssystementwicklung sind parallel und eng aufeinander abgestimmt voranzutreiben. Nur so wird sichergestellt, dass auch alle Möglichkeiten der Gestaltung einer leistungsfähigen und innovativen Marktleistung ausgeschöpft werden. In allen vier Zyklen als auch Zyklen-übergreifend sind mehrere Aspekte zu integrieren. So wird bei mechatronischen Erzeugnissen, die sich durch die räumliche Integration von Mechanik und Elektronik auszeichnen, oder beim Einsatz neuer Hochleistungswerkstoffe bereits die Produktkonzeption durch die in Betracht gezogenen Fertigungstechnologien determiniert. Ferner können auch neue Produktkonzeptionen die Entwicklung von Fertigungstechnologien und Produktionssystemen erfordern. Demzufolge sehen wir eine besonders enge Verbindung und einen hohen Abstimmungsbedarf von Produkt- und Produktionssystementwicklung bereits in der Konzipierung, welcher im Verlauf der weiteren Konkretisierung in Entwurf und Ausarbeitung weiterbesteht. Die etablierten, jeweils auf die spezifischen Fachgebiete fokussierten Entwicklungsmethoden wie die Konstruktionslehre nach Pahl und Beitz [PBF+07] im klassischen Maschinenbau, aber auch die VDI-Richtlinie 2206 „Entwicklungsmethodik für mechatronische Systeme" [VDI2206], können dies nicht leisten. **Systems Engineering (SE)** hat das Potential, Disziplinen und vielfältige Aspekte zu integrieren, und kann somit als Grundlage für eine Weiterentwicklung der Entwicklungsmethodik dienen [HFW+12], [GDS+13].

Literatur zum Kapitel 1

[aca11] ACATECH – DEUTSCHE AKADEMIE DER TECHNIKWISSENSCHAFTEN (Hrsg.): Organische Elektronik in Deutschland – Bewertung und Empfehlungen für die Weiterentwicklung. Reihe acatech BERICHTET UND EMPFIEHLT – Nr. 6, Springer-Verlag, Berlin, Heidelberg, 2011

[BD12] BLANK, S. G.; DORF, B.: The Startup Owner's Manual – The Step-by-Step Guide for Building a Great Company. K&S Ranch Publishing, Pescadero, 2012

[BD93] BRÖHLE, A.-P.; DRÖSCHL, W.: Das V-Modell – der Standard für die Softwareentwicklung mit Praxisleitfaden. Oldenbourg Verlag, München, 1993

[BE05] BULLINGER, H.-J.; ENGEL, K.: Best Innovator – Erfolgsstrategien von Innovationsführern. Finanz Buch Verlag, München, 2005

[BE06] BULLINGER, H.J.; ENGEL, K.: Best Innovator – Erfolgsstrategien von Innovationsführern. 2. Auflage, Finanz Buch Verlag, München, 2006

[BGR+07] BULLINGER, H.J.; GAUSEMEIER, J.; REICHWALD, R.; SCHREYÖGG, G. SPATH, D.; WARSCHAT, J.: Treiber und Mechanismen von Innovationsprozessen – Impulse für ein Forschungsprogramm zur Steigerung der Wettbewerbsfähigkeit des High Tech Standortes Deutschland. Fraunhofer IAO, 2007

[BM12] BRUHN, M.; MEFFERT, H.: Handbuch Dienstleistungsmarketing: Planung – Umsetzung – Kontrolle. Springer Gabler, Wiesbaden, 2012

[Boe18] BOESELAGER, F. VON: Der Chief Digital Officer – Die Schlüsselposition für eine erfolgreiche Digitalisierungsstrategie. Springer Vieweg, Wiesbaden, 2018

[Bra05] BRAUN-THÜRMANN, H.: Innovation. Transcript, Bielefeld, 2005

[Bro92] BROCKHOFF, K.: Überwachung der Forschung und Entwicklung. In: COENENBERG, A. G.; WYSOCKI, K.: Handwörterbuch der Revision. 2. Auflage, Schäffer-Poeschel Verlag, Stuttgart, 1992

[BRV99] BOUTELLIER, R.; VÖLKER, R.; VOITH, E.: Innovationscontrolling – Forschungs- und Entwicklungsprozesse gezielt planen und steuern. Hanser Verlag, München, 1999

[BS06] BULLINGER, H.-J.; SCHEER, A.-W.: Service Engineering – Entwicklung und Gestaltung innovativer Dienstleistungen. Springer Verlag, Heidelberg, 2006

[BS09] BACKHAUS, K.; SCHNEIDER, H.: Strategisches Marketing. 2. Auflage, Schäffer-Poeschel Verlag, Stuttgart, 2009

[BS88] BROWN, M. G.; SVENSON, R. A.: Measuring R&D Producitivity. In: Research Technology Management, Vol. 31, No. 4, 1988, pp. 11–15

[Buc98] BUCHHOLZ, W.: Timingstrategien – Zeitoptimale Ausgestaltung von Produktentwicklungsbeginn und Markteintritt. Zeitschrift für betriebswirtschaftliche Forschung (zfbf), 50. Jg., Nr. 1, 1998, S. 21–40

[Bul94] BULLINGER, H.-J.: Einführung in das Technologiemanagement – Modelle, Methoden, Praxisbeispiele. Teubner Verlag, Stuttgart, 1994

[Bur02] BURGHARDT, M.: Projektmanagement – Leitfaden für die Planung, Überwachung und Steuerung von Entwicklungsprojekten. 6. Auflage, Publicis Corporate Publishing, Erlangen, 2002

[CB13] CHESBROUGH, H.; BRUNSWICKER, S.: Managing open innovation in large Firms. Fraunhofer-Verlag, Stuttgart, 2013

[CC04] CUNHA, P. F.; CALDEIRA DUARTE, J. A.: Development of a Productive Service Module Based on a Life Cycle Perspective of Maintenance Issues. Annals of the CIRP, Vol. 53, No. 1, 2004

[Che03] CHESBROUGH, H. W.: The Era of Open Innovation. MIT Sloan Management Review, MIT Press, Cambridge, 2003, pp. 35–41

[Che06] CHESBROUGH, H. W.: Open Innovation – A new Paradigm for Understanding Industrial Innovation. In: CHESBROUGH, H. W.; VANHAVERBEKE, W.; WEST, J. (Ed.): Open Innovation – Researching a New Paradigm. Oxford University Press, Oxford, New York, 2006, pp. 1–12

[Chr06] CHRISTENSEN, C. M.: The Innovator's Dilemma –The Revolutionary Book that Will Change the Way You Do Business. Collins Business Essentials, New York, 2006

[Chr97] CHRISTENSEN, C. M.: The Innovator's Dilemma: When New Technologies Cause Great Firms to Fail. Harvard Business Press, Boston, MA, 1997

[CJH08] CHRISTENSEN, C. M; JOHNSON, C. W.; HORN, M. B.: Disrupting class: How disruptive innovation will change the way the world learns. McGraw-Hill Professional, New York, 2008

[Coo10] COOPER, R. G.: Top oder Flop in der Produktentwicklung – Erfolgsstrategien: Von der Idee zum Launch. 2. Auflage, Wiley-VCH, Weinheim, 2010

[Coo90] COOPER, R. G.: Stage-gate Systems – A new tool for managing new products. Business Horizons, Vol. 33, No. 3, 1990, pp. 44–54

[Day07] DAY, G. S.: Is It Real? Can We Win? Is It Worth Doing? Managing Risk and Reward in an Innovation Portfolio. Harvard Business Review, Dezember 2007

[DGC10] DYER, J. H.; GREGERSEN, H. B.; CHRISTENSEN, C. M.: Die Innovatoren-DNS. Harvard Business Manager, Februar 2010

[EA15-ol] EUROPEAN BUSINESS SCHOOL; ARTHUR D. LITTLE INTERNATIONAL (Hrsg.): Die Innovation Scorecard zur eigenen Verwendung. Unter: http://www.innovationscorecard.de/public.html

[EGR07] EBERSBACH, L.; GASSMANN, O.; REINECKE, S.: Neue Grenzen für Innovation. In: BELZ, C.; SCHÖGEL, M.; TOMCZAK, T. (Hrsg.): Innovation Driven Marketing. Gabler, Wiesbaden, 2007, S. 51–60

[Ehr07] EHRLENSPIEL, K.: Integrierte Produktentwicklung – Denkabläufe, Methodeneinsatz, Zusammenarbeit. 3. Auflage, Carl Hanser Verlag, München u. a., 2007

[EKR93] ENGELHARDT, W.; KLEINALTENKAMP, M.; RECKENFELDERBÄUMER, M.: Leistungsbündel als Absatzobjekte. Ein Ansatz zur Überwindung der Dichotomie von Sach- und Dienstleistungen. Zeitschrift für Betriebswirtschaft, 45. Jg., Nr. 5, 1993, S. 395–426

[ELW07] EICHEN, S. F. VON DEN; LABRIOLA, F.; WASNER, R.: Wann sich Innovationen lohnen. Harvard Business Manager, Dezember 2007

[Enk09] ENKEL, E.: Chancen und Risiken von Open Innovation. In: ZERFASS, A.; MÖSLEIN, K. (Hrsg.): Kommunikation als Erfolgsfaktor im Innovationsmanagement – Strategien im Zeitalter der Open Innovation. Gabler Verlag, Wiesbaden, 2009, S. 177–192

[EO96] EDVARDSSON, B.; OLSSON, J.: Key concepts for new service development. The Service Industries Journal, Vol. 16, No. 2, 1996

[FA13] FORSCHUNGSUNION WIRTSCHAFT-WISSENSCHAFT; ACATECH – DEUTSCHE AKADEMIE DER TECHNIKWISSENSCHAFTEN (Hrsg.): Umsetzungsempfehlungen für das Zukunftsprojekt Industrie 4.0, 2013

[Fuc07] FUCHS, C.: Life Cycle Management investiver Produkt-Service-Systeme – Konzept zur lebenszyklusorientierten Gestaltung und Realisierung. Dissertation, Technische Universität Kaiserslautern, Produktionstechnische Berichte aus dem FBK, Kaiserslautern, Band 4/2007, 2007

[Gab00] GABLER WIRTSCHAFTSLEXIKON, 15.Auflage, Dr. Th. Gabler Verlag, Wiesbaden, 2000

[GDS+13] GAUSEMEIER, J.; DUMITRESCU, R.; STEFFEN, D.; CZAJA, A.; WIEDERKEHR, O.; TSCHIRNER, C.: Systems Engineering in der industriellen Praxis. Heinz Nixdorf Institut; Fraunhofer-Institut für Produktionstechnologie IPT, Projektgruppe Entwurfstechnik Mechatronik; UNITY AG, Paderborn, 2013

[Ger04] GERYBADZE, A.: Technologie- und Innnovationsmanagement: Strategie, Organisation und Implementierung. Verlag Franz Vahlen, München, 2004

[Ger05] GERPOTT, T. J.: Strategisches Technologie- und Innovationsmanagement. Schäffer-Poeschel Verlag, Stuttgart, 2005

[GLS04] GAUSEMEIER, J.; LINDEMANN, U.; SCHUH, G. (Hrsg.): Planung der Produkte und Fertigungssysteme für die Märkte von morgen. Ein praktischer Leitfaden für mittelständische Unternehmen des Maschinen- und Anlagenbaus. VDMA Verlag, Frankfurt, 2004

[GMR+04] GRENZMANN, C.; MARQUARDT, R.; REVERMANN, C.; WUDTKE, J.: Forschung und Entwicklung in der Wirtschaft – Bericht über die FuE-Erhebungen 2001 und 2002. In: LEGLER, H.; GRENZMANN, C. (Hrsg.): Forschung und Entwicklung in der Deutschen Wirtschaft Statistiken und Analysen, Stifterverband für die Deutsche Wissenschaft, Heft 13, Essen, 2004

[Gou06] GOURVILLE, J. T.: Wann Kunden neue Produkte kaufen. Harvard Business Manager, August 2006

[GP14] GAUSEMEIER, J.; PLASS, C.: Zukunftsorientierte Unternehmensgestaltung – Strategien, Geschäftsprozesse und IT-Systeme für die Produktion von morgen. 2. Auflage, Carl Hanser Verlag, München, 2014

[HFW+12] HABERFELLNER, R.; FRICKE, E.; WECK, O. L. DE; VÖSSNER, S.: Systems Engineering – Grundlagen und Anwendung. 12. Auflage, Orell Füssli Verlag, Zürich, 2012

[HG96] HOMBURG, C.; GARBE, B.: Industrielle Dienstleistungen – Bestandsaufnahme und Entwicklungsrichtungen. Zeitschrift für Betriebswirtschaftslehre, 66/1996, Gabler, Wiesbaden, S. 253–282

[HKS15] HUBER, D.; KAUFMANN, H.; STEINMANN, M.: Bridging the Innovation Gap – Bauplan des innovativen Unternehmens. Springer Gabler, Berlin, Heidelberg 2015

[HP95] HAMEL, G.; PRAHALAD, C. K.: Wettlauf um die Zukunft – Wie sie mit bahnbrechenden Strategien die Kontrolle über ihre Branche gewinnen und die Märkte von morgen schaffen. Ueberreuther, Wien, 1995

[HS11] HAUSCHILDT, J.; SALOMO, S.: Innovationsmanagement. 5. Auflage, Verlag Franz Vahlen, München, 2011

[HV07] HERSTATT, C.; VERWORN, B.: Management der frühen Innovationsphasen: Grundlagen – Methoden – Neue Ansätze. 2. Auflage, Springer Gabler, Wiesbaden, 2007

[Kan07] KANTER, R. M.: Der sichere Pfad zu Innovationen. Harvard Business Manager, Februar 2007

[Kie69] KIESER, A.: Innovationen. In: GROCHLA, E. (Hrsg.): Handwörterbuch der Organisation. Schäffer-Poeschel Verlag, Stuttgart, 1969

[KKJ09] KIRNER, E.; KINKEL, S.; JAEGER, A.: Innovation paths and the innovation performance of low-technology firms – An empirical analysis of German industry. Research Policy, Vol. 38, No. 3, 2009, pp. 447–458

[KLW04] KINKEL, S.; LAY, G.; WENGEL, J.: Innovationen: Mehr als Forschung und Entwicklung – Wachstumschancen auf anderen Innovationspfaden. Fraunhofer ISI, PI-Mitteilung Nr. 33, Karlsruhe, 2004

[KM09] KIM, W. C.; MAUBORGNE, R.: Die Blue-Ocean-Strategie als Krisenhelfer. Harvard Business Manager, November 2009

[KN97] KAPLAN, R. S.; NORTON, D. P.: Balanced Scorecard. Aus dem Amerikanischen übersetzt von HORVÁTH, P.; KUHN-WÜRFEL, B.; VOGELGRUBER, C., Schäfer-Poeschel Verlag, Stuttgart, 1997

[Kro95] KROY, W.: Technologiemanagement für grundlegende Innovationen. In: ZAHN, E. (Hrsg.): Handbuch Technologiemanagement. Schäffer-Poeschel Verlag, Stuttgart, 1995

[KRS93] KLEINKNECHT, A.; REIJMEM, J. O. N.; SMITS, W.: Collecting Literature-based Innovation Output Indicators – The Experience in the Netherlands. In: KLEINKNECHT, A.; BAIN, D. (Ed.): New Concepts in Innovation Output Measurement. Macmillan, London, 1993

[Lit97] LITTKEMANN, J.: Innovationen und Rechnungswesen. Deutscher Universitätsverlag, Wiesbaden, 1997

[MB02] MEIREN, T.; BARTH, T.: Service Engineering in Unternehmen umsetzen – Leitfaden für die Entwicklung von Dienstleistungen. Fraunhofer IRB Verlag, Stuttgart, 2002

[Men77] MENSCH, G.: Das technologische Patt. Innovationen überwinden die Depression. Fischer Verlag, Frankfurt, 1977

[MJ09] MÖLLER, K.; JANSSEN, S.: Performance Measurement von Produktinnovationen: Konzepte, Instrumente und Kennzahlen des Innovationscontrolling. Controlling – Zeitschrift für erfolgsorientierte Unternehmenssteuerung, 21. Jg., Nr. 2, 2009, S. 89–86

[ML16] MÜLLER-STEWENS, G.; LECHNER, C.: Strategisches Management – Wie strategische Initiativen zum Wandel führen. 5. Auflage, Schäffer-Poeschel, Stuttgart, 2016

[Mou13] MOUNTZ, M.: Kiva, der Disruptor. Harvard Business Manager, Februar 2013

[MT82] MOORE, W. L.; TUSHMAN, M. L.: Managing Innovation over the Product Life Cycle. In: TUSHMAN, M. L.; MOORE, W. L. (Ed.): Readings in the Management of Innovation. Pitman, Boston, 1982

[MUK05] MEIER, H.; UHLMANN, E.; KORTMANN, D.: Hybride Leistungsbündel – Nutzenorientiertes Produktverständnis durch interferierende Sach- und Dienstleistungen. wt Werkstattstechnik online, 95. Jg., Nr. 7/8, 2005, S. 528–532

[Mül10] MÜLLER, R.: Innovation und Kreativität: Stichworte. Unter: http://www.muellerscience.com/SPEZIALITAETEN/Technik/InnovationStichworte.htm, 10. September 2010

[NK16] NOLDEN, M.; KASCHNY, M.: Controlling im Innovationsmanagement. Ideen- und Innovationsmanagement, Nr. 4, 2016, S. 141–145

[NT12] NAGJI, B; TUFF, G.: Managing Your Innovation Portfolio. Harvard Business Review, Mai 2012

[OEC05] OECD (Ed.): The Oslo Manual 3rd Edition – Guidelines for Collecting and Interpreting Innovation Data. OECD Publishing, Paris, 2005

[OT04] O'REILLY, C. A.; TUSHMAN, M. L.: The Ambidextrous Organization. Harvard Business Review, April 2004

[PBF+07] PAHL, G.; BEITZ, W.; FELDHUSEN, J.; GROTE, K.-H.: Konstruktionslehre – Grundlagen erfolgreicher Produktentwicklung – Methoden und Anwendung. 7. Auflage, Springer Verlag, Berlin, 2007

[Pei92] PEIFFER, S.: Technologie-Frühaufklärung. S+W Steuer und Wirtschaftsverlag, Hamburg, 1992

[Pfe75] Pfetsch, F. R.: Zum Stand der Innovationsforschung. In: Innovationsforschung als multidisziplinäre Aufgabe. Studien zum Wandel von Gesellschaft und Bildung im neunzehnten Jahrhundert, Band 14. Vandenhoek und Ruprecht, Göttingen, 1975

[PG88] Pümpin, C.; Geilinger, U. W.: Strategische Führung – Aufbau strategischer Erfolgspositionen in der Unternehmenspraxis. Die Orientierung, Nr. 88, Schriftenreihe der Schweizerischen Volksbank, Bern, 1988

[Pic12] Picot, G. (Hrsg.): Handbuch Mergers & Acquisitions: Planung – Durchführung – Integration. 5. Auflage, Schäffer-Poeschel Verlag, Stuttgart, 2012

[Pic91] Picot, A.: Ein neuer Ansatz zur Strukturierung der Leistungstiefe. In: Zeitschrift für betriebswirtschaftliche Forschung. 43. Jg., Nr. 12, 1991, S. 336 – 357

[Pil11] Pillkahn, U.: Innovationen zwischen Planung und Zufall – Bausteine einer Theorie der bewussten Irritation. Dissertation, Fakultät für Psychologie und Pädagogik, Ludwigs-Maximilians-Universität München, Books on Demand (BoD), Norderstedt, 2011

[PKW85] Pümpin, C.; Koni, J.-M.; Wüthrich, M. A.: Unternehmenskultur – Basis strategischer Profilierung erfolgreicher Unternehmen. Die Orientierung, Nr. 85, Schriftenreihe der Schweizerischen Volksbank, Bern, 1985

[PR09] Piller, F. T., Reichwald, R.: Interaktive Wertschöpfung: Open Innovation, Individualisierung und neue Formen der Arbeitsteilung. 2. Auflage, Gabler Verlag, Wiesbaden, 2009

[Püm83] Pümpin, C.: Management strategischer Erfolgspositionen – Das SEP-Konzept als Grundlage wirkungsvoller Unternehmensführung. 2. Auflage, Haupt, Bern, 1983

[PW82] Peters, T. J.; Waterman, R. H.: In Search of Excellence – Lessons to learn from America's Best Run Companies. Harper & Row, New York, 1982

[Rad11] Rademacher, M.: Prozess- und wertorientiertes Controlling von M&A-Projekten. Dissertation, Rechts- und Wirtschaftswissenschaftliche Fakultät, Universität Erlangen-Nürnberg, Reihe: Controlling, Band 16, 2011

[Rie14] Ries, E.: Lean Startup – Schnell, risikolos und erfolgreich Unternehmen gründen. 3. Auflage, Redline Verlag, München, 2014

[SAS12] Schuh, G.; Arnoscht, J.; Schiffer, M.: Innovationscontrolling. In: Schuh, G. (Hrsg.): Innovationsmanagement – Handbuch Produktion und Management 2. 2. Auflage, Springer-Vieweg, Berlin, Heidelberg, 2012

[SB12] Schuh, G.; Bender, D.: Grundlagen des Innovationsmanagements. In: Schuh, G. (Hrsg.): Innovationsmanagement – Handbuch Produktion und Management 2. 2. Auflage, Springer-Vieweg, Berlin, Heidelberg, 2012

[SB17-ol] Sindemann, T.; von Butlar, H. von: Konzerne auf den Spuren von Start-ups – Wie etablierte Unternehmen Innovation Labs, Acceleratoren und Inkubatoren als Instrument der digitalen Transformation nutzen. Unter: http://www.infront-consulting.com/relaunch/wp-content/uploads/2017/06/20170622-Infront-Capital-Studie_Digital-Innovation-Units_web.pdf

[SBA02] Specht, G.; Beckmann, C.; Amelingmeyer, J.: F&E-Management – Kompetenz im Innovationsmanagement. 2. Auflage, Schäffer-Poeschel Verlag, Stuttgart, 2002

[SBJ10] Schröter, M.; Buschak, D.; Jäger, A.: Nutzen statt Produkte kaufen – Verbreitung und Effekte neuer Produkt-Dienstleistungs-Konzepte im deutschen verarbeitenden Gewerbe. Fraunhofer ISI, Karlsruhe, 2010

[Sch11] Schumpeter, J. A.: Theorie der wirtschaftlichen Entwicklung. Duncker & Humblot, Berlin, 1911

[Sch13] Schuh, G.: Lean Innovation. Springer Vieweg, Berlin, Heidelberg, 2013

[Sch31] Schumpeter, J. A.: Theorie der wirtschaftlichen Entwicklung – Eine Untersuchung über Unternehmergewinn, Kapital, Kredit, Zins und den Konjunkturzyklus. 3. Auflage, Duncker & Humblot, Leipzig, München, 1931

[Sch61] Schumpeter, J. A.: Konjunkturzyklen – Eine theoretische, historische und statistische Analyse des kapitalistischen Prozesses. Vandenhoeck & Ruprecht, Göttingen, 1961

[SD06a] Spath, D.; Demuß, L.: Entwicklung hybrider Produkte – Gestaltung materieller und immaterieller Leistungsbündel. In: Bullinger, H.-J.; Scheer, A.-W. (Hrsg.): Service Engineering. 2. Auflage, Springer Verlag, Berlin, Heidelberg, 2006, S. 463 – 502

[SD06b] Schneider, K.; Daun, C.: Vorgehensmodelle und Standards zur systematischen Entwicklung von Dienstleistungen. In: Bullinger, H.-J.; Scheer, A.-W. (Hrsg): Service Engineering; Springer Verlag, Berlin, 2006

[SE08] Spur, G.; Esser, G.: Innovation, Produktion und Management. Carl Hanser Verlag, München, 2008

[SG03] Sommerlatte, T.; Grimm, U.: Kreativität besser managen. Harvard Business Manager, Februar 2003

[SK97] Spur, G.; Krause, F.-L.: Das virtuelle Produkt. Carl Hanser Verlag, München, Wien, 1997

[SM11] Stark, R; Müller, P.: HLB-Entwicklungsmethodik – generischer Entwicklungsprozess, Generierung von Anforderungen und Absicherung hybrider Leistungsbündel. In: Meier, H.; Uhlmann, E. (Hrsg.): Integrierte industrielle Sach- und Dienstleistungen; Springer Verlag, Berlin, 2011

[Spu79] Spur, G.: Produktionstechnik im Wandel. Carl Hanser Verlag, München, 1979

[Spu98] Spur, G.: Technologie und Management – Zum Selbstverständnis der Technikwissenschaften. Carl Hanser Verlag, München, Wien, 1998

[SS17-ol] Sutherland, J.; Schwaber, K.: The Scrum GuideTM. Unter: http://www.scrumguides.org/docs/scrumguide/v2017/2017-Scrum-Guide-US.pdf#zoom=100, November 2017

[Str98] Strube, G.: Modellierung Motivation and Action Control in Cognitive Systems. In: Schmid, U.; Krems, J. F.; Wysocki, F. (Ed.). Mind Modelling. Pabst, Berlin, 1998

[TB09] TIDD, J; BESSANT J.: Managing Innovation – Integrating Technological, Market and Organizational Change. 4th Edition, John Wiley and Sons, Chichester, 2009

[Tho80] THOM, N.: Grundlagen des betrieblichen Innovationsmanagements. 2. Auflage, Hanstein, Königstein/Ts., 1980

[TN86] TAKEUCHI, H.; NONAKA, I.: The New New Product Development Game. Harvard Business Review, Januar 1986

[Utt94] UTTERBACK, J. M.: Mastering the Dynamics of Innovation – How Companies Can Seize Opportunities in the Face of Technological Change. Havard Business School Press. Massachusetts, 1994

[Vah15] VAHS, D.: Organisation – Ein Lehr- und Managementbuch. 9. Auflage, Schäffer-Poeschel Verlag, 2015

[VB05] VAHS, D.; BURMESTER, R.: Innovationsmanagement – Von der Idee zur erfolgreichen Vermarktung. 3. Auflage, Schäffer-Poeschel Verlag, Stuttgart, 2013

[VB13] VAHS, D.; BREM, A.: Innovationsmanagement – Von der Idee zur erfolgreichen Vermarktung. 4. Auflage, Schäffer-Poeschel Verlag, Stuttgart, 2013

[VDI2206] VEREIN DEUTSCHER INGENIEURE (VDI): Entwicklungsmethodik für mechatronische Systeme. VDI-Richtlinie 2206, Beuth-Verlag, Berlin, 2004

[Ver17] VERSIONONE INC.: 11th Annual State of Agile Development Survey, 2017

[Wah04] WAHREN, H.-K.: Erfolgsfaktor Innovation. Ideen systematisch generieren, bewerten und umsetzen. Springer-Verlag, Berlin, Heidelberg, 2004

[WC92] WEELWRIGHT, S. C.; CLARK, K. B.: Revolutionizing Product Development – Quantum Leaps in Speed, Efficiency, and Quality. The Free Press, New York, 1992

[Wil08] WILDEMANN, H.: Am Kunden vorbei. Harvard Business Manager, März 2008

[Wir17] WIRTZ, B. W.: Mergers & Acquisitions Management – Strategie und Organisation von Unternehmenszusammenschlüssen. Springer Gabler, Wiesbaden, 2017

[Zap89] ZAPF, W.: Über soziale Innovationen. Soziale Welt, Jg. 40, Nomos Verlag, Baden-Baden

[ZW95] ZAHN, E.; WEIDLER, A.: Integriertes Innovationsmanagement. In: ZAHN, E. (Hrsg.): Handbuch Technologiemanagement. Schäffer-Poeschel Verlag, Stuttgart, 1995

Potentialfindung – Die Geschäfte von morgen antizipieren

„Es handelt sich weniger um das Vorhersagen als um das Vorausdenken der Zukunft."
– Kurt Sontheimer –

Zusammenfassung

Auch wenn wir es uns in der Gegenwart auskömmlich eingerichtet haben und dazu neigen, das Erreichte zu sichern, müssen wir erkennen, dass sich unser Umfeld ständig ändert und wir gut beraten sind, diese Veränderungen wahrzunehmen und nach den Konsequenzen für das Geschäft von morgen zu fragen. Aber wie erkennen wir den Handlungsbedarf?

Kurzfristig, indem wir unsere Kunden befragen; diese werden uns wohl kaum kühne Zukunftsentwürfe mitteilen, weil sie eine Fülle von Aufgaben in der Gegenwart zu lösen haben, aber sie geben uns wertvolle Hinweise für die kurzfristigere Gestaltung des Geschäfts. Dafür stellen wir eine Reihe von Methoden vor, wie die Conjoint-Analyse.

Für diejenigen Leserinnen und Leser, die auf der Suche nach dem Stoff sind, aus dem sich ggf. kühne Zukunftsentwürfe ergeben, bieten wir die Szenario-Technik an. Sie unterstützt ein Führungsteam, Entwicklungen von Märkten, Technologien und Geschäftsumfeldern (Branche, Zulieferer, Politik, Gesellschaft) zu antizipieren – systematisch, nachvollziehbar und spannend. Eine derartige Vorausschau hilft, künftige Erfolgspotentiale, aber auch Bedrohungen für das etablierte Geschäft von heute frühzeitig zu erkennen.

Selbstredend bieten sich für die Vorausschau noch weitere Methoden an, die wir im vorliegenden Hauptkapitel auch vorstellen. Dazu zählen klassische Methoden, wie die Delphi-Methode und die Trendanalyse, aber auch neuere Methoden, wie die agentenbasierte Simulation von künftigen Geschäften.

"Fragen wir die Kunden!" ist das gängige Rezept, wenn es um Ideen für neue Produkte geht. Das ist sicher richtig, aber es greift nicht weit genug, weil es den Kunden oft an Weitblick und Phantasie fehlt. Gleiches gilt im Prinzip für den Vertrieb. Natürlich ist diese Feststellung provokativ. Im Kern entspricht sie aber unseren Erfahrungen. Welchem Produktplaner oder Entwickler ist es in seiner Laufbahn nicht schon oft so ergangen, dass er eine visionäre Produktidee hat und sie dem Vertrieb vorträgt. Was er erntet, ist in der Regel Unverständnis. Jahre später bringt ein Mitbewerber ein entsprechendes Produkt in den Markt.

Die Gründe für die mangelnde Fähigkeit bzw. Bereitschaft, sich mit visionären Produktideen auseinanderzusetzen, sind offensichtlich: Der Kunde möchte seine aktuelle Aufgabenstellung effizient lösen. Er bewegt sich in der Gegenwart und befasst sich nicht mit den Problemen und möglichen Lösungen von morgen. Der Vertrieb steht im Dialog mit dem Kunden und transformiert daher logischerweise das, was den Kunden bewegt, in die Produktplanung und die Produktentwicklung. Die Entwicklung der Benutzungsoberflächen von Computersystemen soll das verdeutlichen: Ende der 70er Jahre hatten die meisten Benutzer den Wechsel vom Stapel- zum Dialogbetrieb vollzogen. Das zentrale Problem, das die Kunden bewegte, war die Antwortzeit und nicht der Aufbau des Dialogs. Hätte man zu der Zeit Kunden gefragt, ob sie die Window-Technik und graphische Benutzungsoberflächen benötigen, wäre man sicher auf breiter Front auf Unverständnis gestoßen. Gleichwohl sind diese Oberflächen einige Jahre später gekommen und Standard geworden. Offensichtlich macht es wenig Sinn, den Kunden oder den Vertrieb zu fragen, ob eine Lösung von morgen so oder so aussehen soll. Wichtiger ist es, im Investitionsgütergeschäft das sogenannte Kundenproblem und somit das Nutzenpotential zu verstehen bzw. im Konsumgütergeschäft die Bedürfnisse der Kunden zu erkennen. Dazu sind selbstredend intensive Kontakte mit den Kunden erforderlich. Kundenorientierung darf also nicht zu eng verstanden werden, wie das auch aus dem Bild 2.1 hervorgeht. Zu eng verstandene Kundenorientierung liefert die artikulierten Bedürfnisse der bedienten Kunden. Des Weiteren sprechen die Kunden, wie bereits angedeutet, die derzeitigen Bedürfnisse an und nicht die zukünftigen. Die artikulierten und aktuellen Bedürfnisse der bedienten Kunden repräsentieren nur einen kleinen Ausschnitt der Chancen. Die große Menge der Chancen ist außerhalb einer eng gefassten Kundenorientierung zu sehen. AKIO MORITA – Mitgründer des japanischen Elektronikkonzerns Sony – formulierte diese Erkenntnis so:

"Unser Plan ist es, die Verbraucher zu neuen Produkten zu führen, anstatt sie zu fragen, welche Art von Produkten sie wollen. Die Verbraucher wissen nicht, was möglich ist, wir hingegen wissen es. Anstatt also im großen Stil Marktforschung zu betreiben, modifizieren wir unsere Vorstellung von einem Produkt und seinem Verwendungszweck und versuchen, einen Markt dafür zu schaffen, indem wir die Verbraucher erziehen und mit ihnen sprechen." [AKIO MORITA, Sony]

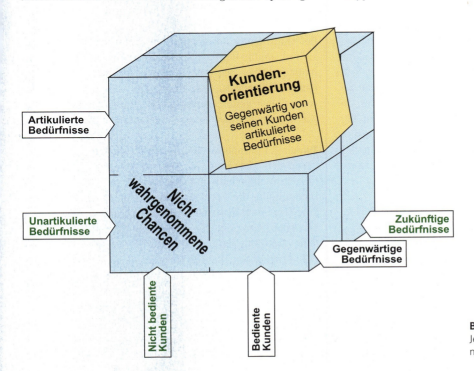

BILD 2.1
Jenseits der Kundenorientierung nach [HP97]

Erfolgreiche Produkte, die neue Märkte schaffen bzw. Nutzenpotentiale im großen Stil ausschöpfen, die bisher noch nicht ausgeschöpft werden konnten, beruhen auf Phantasie und Kreativität, aber am Ende des Tages auch auf der Durchsetzungsstärke von wenigen Personen. Dies ist auch eine der Quintessenzen aus dem Werk „Senkrechtstarter", in dem die Entstehungsgeschichten von ausgewählten erfolgreichen Produkten – von den 3M-Klebezetteln bis hin zum Computertomographen – geschildert werden [KN89]. Visionäre Kraft ist offensichtlich ein wesentlicher Hebel, ein Unternehmen nachhaltig auf der Erfolgsspur zu halten. Dabei reicht es nicht, die Marktleistungen frühzeitig zu erkennen, die die Kunden morgen wünschen; vielmehr gilt es, das Geschäft in Gänze zu antizipieren. Das umfasst die Wertschöpfungsstrukturen, Geschäftsmodelle, Beschaffungsmärkte, technologische Möglichkeiten, Konkurrenten, Komplementäre und das Geschäftsumfeld (Politik und Gesellschaft). Um diese Vorausschaukompetenz zu entwickeln bzw. zu unterstützen, setzen wir Methoden der Vorausschau ein – allen voran die Szenario-Technik. Dazu später mehr. Ungeachtet dessen ist es natürlich außerordentlich wichtig, das Kundenverhalten zu erforschen.

2.1 Methoden der Kundenbefragung

Stellvertretend für die vielen Ansätze gehen wir zunächst auf das Kano-Diagramm ein, weil sich daran verschiedene Verfahren der Erforschung des Kundenbewusstseins festmachen lassen. Ferner stellen wir als „Klassiker" die Erfolgsfaktoren-Analyse und die Conjoint-Analyse vor. In Ergänzung dazu bringen wir als neuere Methoden Big Data Analytics und Biometric Response, sodass unsere Leser einen guten Überblick über das weite Feld der Möglichkeiten erhalten, die Kundenanforderungen zu erfahren.

2.1.1 Kano-Diagramm

Das Kano-Diagramm basiert auf einer Klassifizierung der Attribute eines Produktes in drei Klassen [KST+84].

- **Begeisterungsattribute:** Die Steigerung der Leistung in diesen Bereichen führt zu einem überproportionalen Anstieg der Kundenzufriedenheit. Bei einem Smartphone wäre das zum Beispiel ein randloses OLED Display oder ein Iris-Scanner. Natürlich laden solche Merkmale die Mitbewerber ein, gleichzuziehen. Begeisterungsattribute verlieren daher schnell an Kraft.
- **Leistungsattribute:** Sie lassen die Kundenzufriedenheit proportional zur Leistungssteigerung ansteigen. Die Akkulaufzeit oder die Prozessorleistung fallen in diese Klasse. Werden sie gesteigert, steigt die Kundenzufriedenheit.
- **Schwellenattribute:** Wenn diese nicht ausgeprägt sind, ist der Kunde unzufrieden. Die Steigerung der Leistung vermeidet diese Unzufriedenheit, führt aber nicht zu einer höheren Kundenzufriedenheit. Ein Beispiel dafür ist das Bluetooth-Modul eines Smartphones. Der Kunde erwartet es bei einem Mobiltelefon dieser Art. Ein zweites Modul bringt ihm jedoch nichts.

Im Kano-Diagramm wird die Kundenzufriedenheit über die Leistung im Vergleich zu den Mitbewerbern aufgetragen. Je nach Attributsklasse ergeben sich die in Bild 2.2 wiedergegebenen Kurvenverläufe. Im Laufe der Zeit ändert sich die Klassenzugehörigkeit der Attribute. So hat das Attribut „Internetanbindung" bei Mobiltelefonen im Jahr 2000 bei den Kunden hohe Anerkennung erfahren (Begeisterungsattribut). Heute ist das eine Selbstverständlichkeit (Schwellenattribut).

Dieser Klassifizierung der Produktattribute lassen sich Methoden zur Datenerhebung in der Marktforschung zuordnen. Diese Verfahren sind in Bild 2.3 als Angelschnüre dargestellt [DNL96], die Informationen über die Haltung des Kunden zu einer Produktklasse liefern. Wie dargestellt, dringen einige tiefer, andere weniger tief ein. Verfahren, die tief eindringen und mögliche Begeisterungsattribute aufspüren, sind in der Regel aufwendiger als solche, die Informationen über Schwellenattribute ans Licht bringen. So kann beispielsweise Text Mining zur Analyse von Kundenrezensionen genutzt werden und damit eine verlässliche Aussage über Schwellenattribute liefern.

Tabelle 2.1 enthält eine Reihe von Hauptaspekten, anhand derer sich Methoden zur Datenerhebung in der Marktforschung allgemein charakterisieren lassen: die Art der Datenquelle, die Form der Datenerhebung, das verwendete Erhebungsinstrument, der Stichprobenplan sowie die Form der Befragung. Für jeden Aspekt stehen unterschiedliche Auswahlmöglichkeiten zur Verfügung. So können z. B. Fragebögen, Leitfäden oder auch Algorithmen als mögliche Erhebungsinstrumente herangezogen werden. Eine Methode zur Datenerhebung weist dabei stets spezifische Ausprägungen auf. Beim Text Mining wird beispielsweise auf digitale Informationen in Sekundärquellen, wie online zugängliche Textdateien, zurückgegriffen. Gefundene Dateien werden häufig zu relevanten Clustern

2.1 Methoden der Kundenbefragung

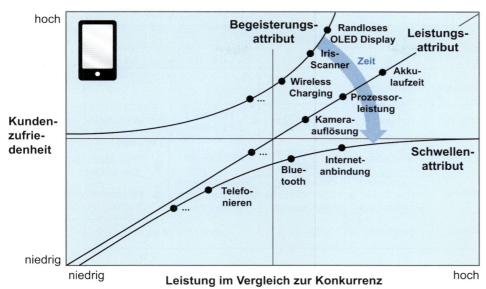

BILD 2.2 Das Kano-Diagramm am Beispiel Smartphone

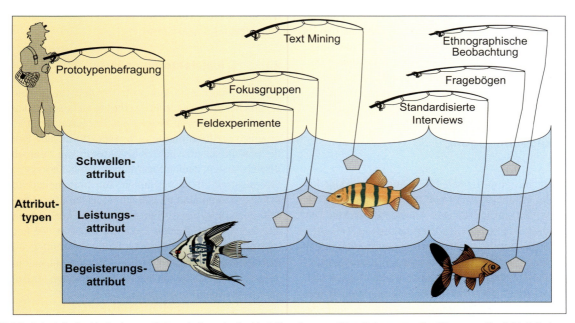

BILD 2.3 Beispielhafte Methoden zur Datenerhebung in der Marktforschung und ihre Relevanz zur Ermittlung von Produktattributen nach der Kano-Klassifizierung

zusammengefasst, deren Elemente anschließend datenbasiert unter Verwendung von Algorithmen ausgewertet werden.

Wir unterscheiden im Folgenden zwischen klassischen Methoden zur Datenerhebung und neuen Methoden zur Datenerhebung. Klassische Methoden umfassen überwiegend einfache Beobachtungs- und Befragungsansätze sowie Experimente. Einfache Formen der internetbasierten Informationsgewinnung wie die Analyse von Seitenaufrufen zählen für uns ebenfalls zu den klassischen Methoden. Neue Methoden basieren auf neuen Möglichkeiten durch technologische Fortschritte in verschiedenen Bereichen. Diese stellen häufig sinnvolle Erweiterungen zu den bereits vorhandenen Methoden dar. So werden beispielsweise Hochgeschwindigkeitskameras genutzt, um die Wirkung verschiedener Designmerkmale zu erfassen. Dafür werden die Blickbewegungen von Probanden aufge-

TABELLE 2.1 Hauptaspekte von Methoden zur Datenerhebung in der Marktforschung [KKB07], [KKO15], [MBK15]

Hauptaspekte	Auswahlmöglichkeiten				
	1	2	3	4	5
Datenquellen	Sekundärquelle	Primärquelle ●			
Datenerhebungsform	Beobachtung	Befragung	● Experiment	Digitale Information	Verhaltensdaten
Erhebungsinstrumente	Fragebogen	Leitfaden	● Technische Geräte	● Algorithmen	
Stichprobenplan	Vollerhebung	Teilerhebung mit einfacher Zufallsauswahl ●	Teilerhebung mit geschichteter Zufallsauswahl	Teilerhebung mit ● Klumpen- oder Flächenauswahl	
Befragungsformen	schriftlich	persönlich ●	telefonisch	online	● datenbasiert

Legende:
● Neue Methode „Text Mining"
● Klassische Methode „Feldexperiment"

zeichnet und anschließend ausgewertet. Daneben haben besonders die Analysemöglichkeiten großer Datenmengen zur Mustererkennung eine Reihe von weiteren Methoden zur Datenerhebung hervorgebracht, z. B. das bereits erwähnte Text Mining. Nachfolgend stellen wir die klassischen Methoden (Kapitel 2.1.2) und neuen Methoden (Kapitel 2.1.3) jeweils in einem eigenen Unterkapitel vor.

2.1.2 Klassische Methoden der Kundenbefragung

Die Kundenbefragung ist seit Jahrzehnten zentraler Bestandteil der strategischen Produktplanung. Im Laufe der Zeit ist eine Vielzahl spezifischer Ansätze entwickelt worden. Grundsätzlich kann zwischen qualitativen Methoden (z. B. Feldbeobachtung) und quantitativen Methoden der Kundenbefragung (z. B. Conjoint-Analyse) unterschieden werden [Hom15], [MBK15]. Darüber hinaus lassen sich die Ansätze nach der Art der Informationssuche und dem Detaillierungsgrad der Informationen unterscheiden. So kann die Informationssuche informell oder strukturiert erfolgen; ferner lassen sich mit den Ansätzen entweder eher allgemeine oder spezifische Informationen erheben. Aus der Gegenüberstellung der Unterscheidungsmerkmale ergeben sich vier übergeordnete Gruppen von Kundenbefragungsmethoden, zu denen sich die einzelnen Ansätze zuordnen lassen (Bild 2.4): Formale Informationssuche, formlose Informationssuche, gezieltes Sichten und ungezieltes Sichten.

In Tabelle 2.2 sind die in Bild 2.4 aufgeführten Ansätze kurz beschrieben. Zur besseren Übersichtlichkeit sind die Ansätze nach der zu Grunde liegenden Datenerhebungsform strukturiert (Tabelle 2.1). Auf die Erfolgsfaktoren-Analyse und die Conjoint-Analyse gehen wir im Folgenden ausführlich ein, da sie in der Praxis eine besonders hohe Verbreitung erfahren.

2.1.2.1 Erfolgsfaktoren-Analyse

Erfolgsfaktoren sind Faktoren, die den Erfolg eines Geschäfts beeinflussen. Häufig werden sie auch als kaufentscheidende Faktoren bezeichnet. Erfolgsfaktoren können produktspezifisch und branchenspezifisch sein. Beispiele für produktspezifische Erfolgsfaktoren von Pumpen sind Betriebskosten, Bedienungsfreundlichkeit, Leckagefreiheit, Störungsfreiheit etc. Beispiele für branchenspezifische Erfolgsfaktoren sind im Fall der deutschen Pumpenindustrie Logistikleistung, Service, Image, Auslandspräsenz etc. Die Analyse solcher Faktoren führt in der Regel zu interessanten Erkenntnissen. Dafür verwenden wir das **Erfolgsfaktoren-Portfolio**. Bild 2.5 zeigt beispielhaft ein derartiges Portfolio sowie den prinzipiellen Aufbau des entsprechenden Fragebogens.

Es handelt sich bei diesem Beispiel um Erfolgsfaktoren für das Geschäft mit Telematik-Systemen. Das Portfolio weist als Achsen die Bedeutung des Erfolgsfaktors und die derzeitige Position im Branchenvergleich aus Sicht des Unternehmens auf. Es gliedert sich in drei Bereiche:

- **Kritische Erfolgsfaktoren:** Das Unternehmen ist in Bereichen nicht stark genug, die eine hohe Bedeutung im Wettbewerb haben. Hier ergibt sich ganz offensichtlich Handlungsbedarf.
- **Ausgeglichene Erfolgsfaktoren:** Hier besteht eine Balance zwischen der Bedeutung im Wettbewerb und der Position des Unternehmens.

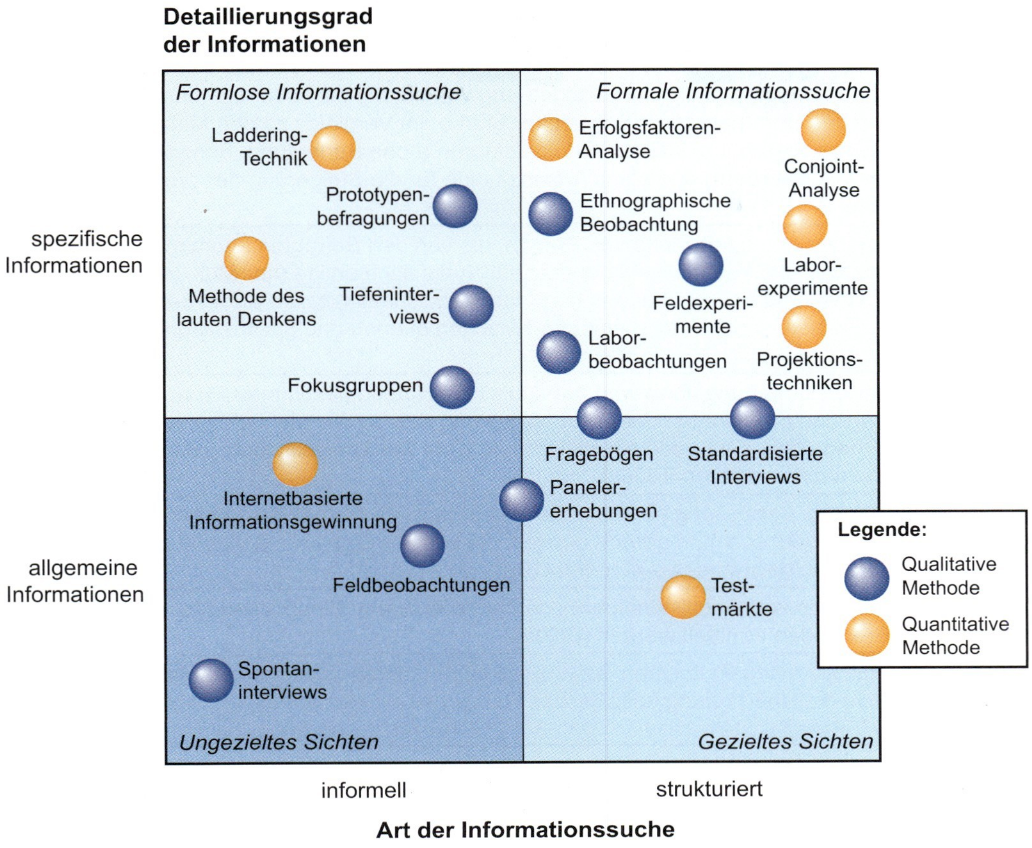

2.1 Methoden der Kundenbefragung

Detaillierungsgrad der Informationen

Formlose Informationssuche | *Formale Informationssuche*

spezifische Informationen:
- Laddering-Technik
- Prototypenbefragungen
- Methode des lauten Denkens
- Tiefeninterviews
- Fokusgruppen
- Erfolgsfaktoren-Analyse
- Conjoint-Analyse
- Ethnographische Beobachtung
- Laborexperimente
- Feldexperimente
- Laborbeobachtungen
- Projektionstechniken

allgemeine Informationen:
- Internetbasierte Informationsgewinnung
- Feldbeobachtungen
- Spontaninterviews
- Fragebögen
- Panelerhebungen
- Standardisierte Interviews
- Testmärkte

Legende:
- Qualitative Methode (blau)
- Quantitative Methode (orange)

Ungezieltes Sichten (informell) | *Gezieltes Sichten* (strukturiert)

Art der Informationssuche

BILD 2.4 Ordnungsschema klassischer Methoden zur Kundenbefragung

TABELLE 2.2 Klassische Methoden zur Datenerhebung in der Marktforschung (Fortsetzung auf Seite 104 und 105)

Methode	Kurze Charakterisierung
Beobachtung	Mittels Beobachtungen können wahrnehmbare Sachverhalte, Verhaltensweisen und Eigenschaften bestimmter Personen durch Dritte (Fremdbeobachtung) oder durch Geräte (instrumentelle Beobachtung), systematisch direkt erfasst werden.
Ethnographische Beobachtung	Die ethnographische bzw. teilnehmende Beobachtung setzt Konzepte und Werkzeuge aus der Anthropologie und den Sozialwissenschaften ein. Durch die teilnehmende Beobachtung können unausgesprochene Wünsche von Kunden (z.B. Kindern) aufgedeckt werden, die in anderen Beobachtungsformen nicht zu Tage treten würden [BHK+15], [Sch14].
Feldbeobachtung	Durch die Beobachtung der Marktteilnehmer in ihrer gewohnten Umgebung, z.B. beim Einkaufen von Produkten, lassen sich unauffällig Daten sammeln. Diese können Unterschiede zwischen der gewünschten und der tatsächlichen Kundenerfahrung aufdecken [Bec73].
Laborbeobachtung	Durch Laborbeobachtung der Marktteilnehmer in künstlich geschaffenen Situationen, z.B. bei einem absichtlich herbeigeführten Stromausfall, lassen sich spezifische Daten zu definierten Anwendungsfällen sammeln [Bec73].
Befragung	Mittels Befragungen geben Personen zu vorgegebenen Sachverhalten Auskunft. So können sowohl beobachtbare als auch nicht beobachtbare Sachverhalte erfasst werden. Unternehmen können eigene Befragungen durchführen oder Fragen im Rahmen von Omnibusbefragungen stellen lassen.
Conjoint-Analyse	Bei der Conjoint-Analyse wird der spezifische Teilnutzenwert einzelner Produktmerkmale bestimmt. Es handelt sich um eine Mischform, bestehend aus einer Prototypenbefragung und einer Befragung mittels Fragebögen (vgl. Kapitel 2.1.2.2) [Tho79].

Methode	Kurze Charakterisierung
Erfolgs-faktoren-Analyse	Die in einem Fragebogen aufgelisteten geschäftsrelevanten Faktoren werden von den Befragten eines Unternehmens hinsichtlich ihrer Bedeutung von niedrig bis hoch und hinsichtlich der Leistungsposition des Unternehmens (Schwäche, Stärke) im Vergleich zu den Mitbewerbern bewertet. Daraus resultieren u.a. kritische Erfolgsfaktoren (hohe Bedeutung, Schwäche im Vergleich zu den Mitbewerbern) und somit Ansatzpunkte für die Steigerung der Wettbewerbsfähigkeit (vgl. Kapitel 2.1.2.1).
Fragebögen	Fragebögen bestehen aus einer Reihe von Fragen, die von den Befragten anonym beantwortet werden. Die Beantwortung kann sowohl handschriftlich als auch online (per Mail oder Browser) erfolgen. Die Gestaltung des Fragebogens trägt dabei entscheidend zum Erfolg der Umfrage bei; ein wichtiger Aspekt ist die Unterscheidung zwischen offenen und geschlossenen Fragen [Hom15].
Laddering-Technik	Bei dieser speziellen Befragungsform wird der subjektive Nutzen bestimmter Produktmerkmale ermittelt. Dafür werden Frageketten der Form „Warum ist das für Sie wichtig?" genutzt. So kann z.B. ermittelt werden, dass ein Kunde ein Elektroauto nicht aus Umweltschutzgründen erwirbt, sondern um sich zu differenzieren [RG88].
Lautes Denken	Probanden werden bei der Lösung einer konkreten Aufgabe darum gebeten zu berichten, was sie bei einzelnen Lösungsschritten gerade denken. So können Einblicke in die Gedanken und Vorlieben einer Person gewonnen werden [MM10].
Projektions-techniken	Durch Vervollständigen von unvollständigem oder mehrdeutigem Stimulusmaterial sollen Vorlieben von Probanden ermittelt werden [GK09].
Prototypen-befragung	Die Befragung mithilfe eines Prototypen, bzw. eines sogenannten „Minimum Viable Product (MVP)", ermöglicht die Überprüfung spezifischer Funktionen eines zukünftigen Produktes [BD14].
Spontan-interviews	Spontaninterviews sind wenig bis gar nicht strukturierte Interviews, die sich aus einer bestimmten Situation, z.B. einer gemeinsamen Fahrstuhlfahrt, heraus ergeben. Diese kurzen Gespräche eignen sich besonders für die Ermittlung von Wünschen und Vorlieben des Befragten [MBK15].
Standar-disierte Interviews	Standardisierte Interviews werden in der Regel persönlich oder per Telefon durchgeführt. Durch diese Form der Befragung lassen sich allgemeine, wie auch spezifische Daten erheben [Pep95].
Tiefen-interviews	Bei einem Tiefeninterview handelt es sich um ein freies (halbstrukturiertes), qualitatives Interview, mit dem Ziel tiefere Einsichten in den Untersuchungsgegenstand zu erhalten. Der Interviewer kann durch psychologisch geschickte Fragen Denk-, Empfindungs- und Handlungsweisen des Befragten verstehen und den Gesprächsverlauf lenken [ABM09].
Experiment Die experimentelle Forschung soll Ursache-Wirkungs-Beziehungen erklären. Dabei werden gleichartige Probandengruppen gebildet, die Beeinflussungseffekten unter vorher festgelegten Umweltbedingungen unterzogen werden. Es wird untersucht, ob Unterschiede in den Wirkungseffekten signifikant sind.	
Feld-experimente	Bei Feldexperimenten wird die Datenerhebung in einer natürlichen Umgebung durchgeführt, häufig wird dafür auf technische Geräte (z.B. Kameras) zurückgegriffen. Die Versuchspersonen sind sich dabei ihrer Teilnahme an einem Experiment nicht bewusst. Die so gewonnen Daten zeichnen sich durch eine hohe Validität aus, problematisch ist die begrenzte Einflussmöglichkeit auf den Verlauf des Experiments [Pep95].
Labor-experimente	Bei Laborexperimenten wird die Messung in künstlich geschaffenen und stark vom Forscher beeinflussten Umgebung durchgeführt. Die Versuchspersonen sind sich dabei ihrer Teilnahme an einem Experiment bewusst. Aufgrund der ausgeprägten Kontrollmöglichkeiten ist diese Form der experimentellen Forschung besonders für die Erhebung von spezifischen Daten geeignet. Ein Vorteil von Laborexperimenten ist die gute Reproduzierbarkeit [Pep95].
Testmärkte	In Testmärkten werden gesamte Marketingkonzeptionen oder Neuprodukte unter realen Bedingungen getestet. Testmärkte repräsentieren eine Stichprobe der Grundgesamtheit [Win82].

2.1 Methoden der Kundenbefragung

Methode	Kurze Charakterisierung
Verhaltensdaten Die Verhaltensforschung erfasst die Spuren, die von Konsumenten in bestimmten Situationen hinterlassen werden. Dazu werden Daten analysiert und ausgewertet.	
Gruppendiskussion	Fokusgruppen bestehen aus sechs bis zehn Personen, die nach bestimmten Kriterien ausgewählt werden. Ein Moderator leitet und lenkt die Diskussion zu einem zuvor festgelegten Thema. Ziel ist ein umfassender Überblick über die Verhaltensweisen und Meinungen mehrerer Personen [Pep95].
Internetbasierte Informationsgewinnung	Es handelt sich um eine Messung, Sammlung, Analyse sowie Auswertung internetbasierter Daten zum Verständnis des Nutzerverhaltens im Internet. Dienstleister und Internetplattformen bieten dazu zahlreiche Informationsgewinnungs- und Auswertungsmethoden an [Has10].
Panelerhebung	Ein Panel besteht aus einem gleichbleibenden Personenkreis über eine längere Zeit hinweg. In regelmäßigen zeitlichen Abständen wird dieser Personenkreis wiederholt Untersuchungen zu einem Sachverhalt unterzogen. Panels werden häufig von Marktforschungsinstituten betrieben [Wei83].

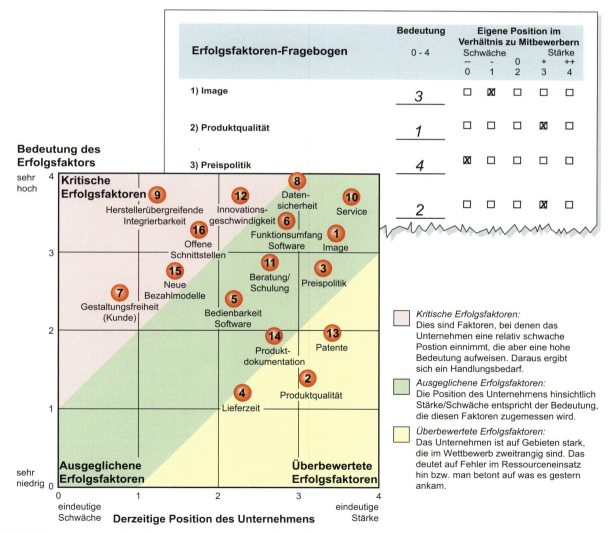

BILD 2.5 Erfolgsfaktoren-Portfolio sowie der entsprechende Fragebogen

2 Potentialfindung – Die Geschäfte von morgen antizipieren

- **Überbewertete Erfolgsfaktoren:** Das Unternehmen ist auf Gebieten stark, die keine Rolle spielen. Eine Positionierung in diesem Bereich kann ein Zeichen dafür sein, dass das Unternehmen mit einer gewissen Selbstgefälligkeit auf die Errungenschaften von gestern blickt und versäumt hat, Stärken bei den Erfolgsfaktoren von heute zu entwickeln. Es kann aber auch sein, dass das Unternehmen zu früh ist, d.h. Stärken werden vom Markt noch nicht als solche erkannt und dementsprechend in ihrer Bedeutung als gering eingestuft. Wie dem auch sei, aus heutiger Sicht bedeutet das in beiden Fällen Vergeudung von Ressourcen.

In Ergänzung zur Einschätzung der Kunden sind in Bild 2.6 je Erfolgsfaktor die Bedeutung und der Erfüllungsgrad auch aus Wettbewerbersicht und interner Sicht eingetragen. Unserer Erfahrung nach wird die Position des Unternehmens aus interner Sicht in der Regel zu gut eingeschätzt. Das Analoge gilt auch für die von uns durchgeführten Branchenstudien; auch hier neigen Organisationen dazu, sich selbst zu überschätzen und die ausländischen Mitbewerber zu unterschätzen.

Im Kontext der Analyse der Ausgangssituation beurteilen wir die Bedeutung eines Erfolgsfaktors aus heutiger Sicht. Es liegt selbstredend nahe, sich zu fragen, ob ein Erfolgsfaktor auch künftig relevant sein wird, weil Erfolgsfaktoren von heute nicht zwangsläufig die von morgen sein müssen. Ferner sollte auch damit gerechnet werden, dass die Mitbewerber sich weiterentwickeln, sodass eine heute starke Position morgen eingebüßt sein kann.

Eine andere Form der Analyse von Erfolgsfaktoren ist ein Stärken-Schwächen-Profil. Dies ist insbesondere geeignet, wenn im Rahmen der Erfolgsfaktoren-Befragung neben der derzeitigen Position des betrachteten Unternehmens auch die derzeitige Position von Wettbewerbern erhoben wird. Bild 2.7 zeigt beispielhaft ein derartiges Profil am Beispiel für Telematik-Systeme. Neben der derzeitigen Position des betrachteten Unternehmens und der Wettbewerber sind auch die Bedeutung der Erfolgsfaktoren sowie die Tendenz enthalten. Auf Basis des Stärken-Schwächen-Profils können vielfältige Rückschlüsse gezogen werden: Setzt das betrachtete Unternehmen auf die richtigen Erfolgsfaktoren? Wo bestehen derzeit Wettbewerbsvorteile? Wo kann man

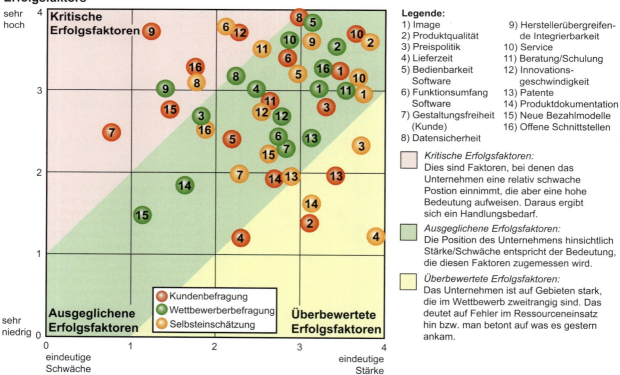

BILD 2.6 Erfolgsfaktoren-Portfolio (Telematik-Systeme), Bedeutung und derzeitige Position aus Kundensicht, Wettbewerbersicht und interner Sicht

2.1 Methoden der Kundenbefragung

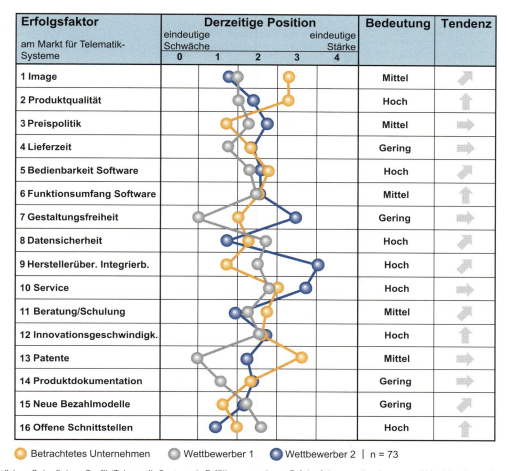

BILD 2.7 Stärken-Schwächen-Profil (Telematik-Systeme), Erfüllungsgrad von Erfolgsfaktoren durch ausgewählte Wettbewerber

von den Wettbewerbern lernen? Gibt es Erfolgsfaktoren die zukünftig von zentraler Bedeutung sind, derzeit aber von keinem Unternehmen hinreichend adressiert werden?

Resümee

Die Erfolgsfaktoren-Analyse liefert sehr wertvolle Hinweise auf die „Spielregeln" eines Geschäfts und zeigt in Form von Stärken und Schwächen deutlich auf, ob das Unternehmen diesen Spielregeln gerecht wird. Dies gilt insbesondere dann, wenn es gelingt, die Bewertungen nach Sichten zu differenzieren. Sichten, die sich in erster Linie anbieten, sind Kunden, Vertrieb, Stammhaus, Landesgesellschaft etc. Die Erhebung über die Sichten ist mit einem gewissen Aufwand verbunden. Da der Fragebogen in der Regel nur wenige Seiten umfasst und sich leicht bearbeiten lässt, ist die Rücklaufquote aber relativ hoch.

2.1.2.2 Conjoint-Analyse

In ausgeprägten Käufermärkten ist es wichtig zu wissen, was den Kunden letztendlich veranlasst, sich für ein Produkt bzw. für eine Dienstleistung zu entscheiden. Hierzu liefert die Conjoint-Analyse Informationen hinsichtlich des Kaufverhaltens von Kunden. Hervorgegangen ist diese Methode Mitte der 60er Jahre aus den Untersuchungen von LUCE und TUKEY, die sich mit psychologischen Messwerterfassungen beschäftigten [LT64]. Die Conjoint-Analyse ist eine Methode der Marktforschung, die eine Mischung aus Analyse und Erhebung darstellt. Im Prinzip geht es darum, die Präferenzen von Konsumenten für verschiedene Produktalternativen zu ermitteln. Hierzu werden die Produkte anhand realisierbarer Kombinationen von Merkmalsausprägungen, den sogenannten Stimuli, beschrieben und in einer Präferenzreihenfolge angeordnet. Das Vorgehen der Conjoint-Analyse gliedert sich nach Bild 2.8 in fünf Phasen.

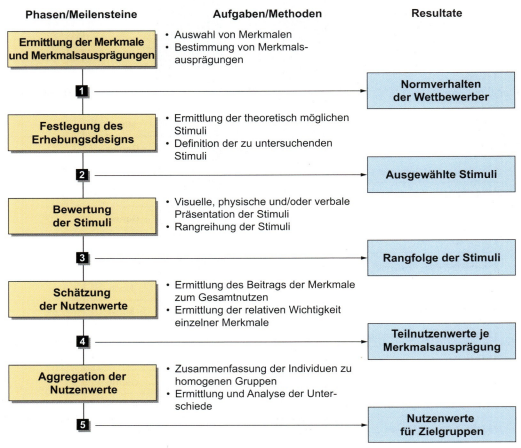

BILD 2.8 Vorgehensmodell zur Conjoint-Analyse

1. Ermittlung der Merkmale und Merkmalsausprägungen

Zunächst sind für das betrachtete Produkt die Merkmale und Merkmalsausprägungen festzulegen. Bei der Auswahl der Merkmale müssen folgende Gesichtspunkte beachtet werden [BEP+16]:

- Die ausgewählten Merkmale müssen für die Entscheidung relevant sein. Beispielsweise dürfte der Mikroprozessortyp eines Küchengerätes weniger entscheidend sein als die Leistungsdaten des Gerätes.
- Die Merkmale müssen vom Hersteller beeinflussbar sein. Um die Ergebnisse der Conjoint-Analyse nutzen zu können, muss es für den Anbieter möglich sein, die betreffenden Merkmalsausprägungen realisieren und modifizieren zu können.
- Die ausgewählten Merkmale müssen voneinander unabhängig sein. Eine Abhängigkeit einzelner Komponenten würde dem Charakter des additiven Nutzenmodells zuwider laufen und die Aussage über den Nutzen der einzelnen Merkmale verfälschen.
- Eine kompensatorische Beziehung der Merkmalsausprägung muss vorhanden sein. Damit ist gemeint, dass Mängel in einem Merkmal durch Stärken eines anderen Merkmales ausgeglichen werden können, also z. B. eine geringere Motorleistung durch einen geringeren Preis.
- Die betrachteten Merkmale bzw. Merkmalsausprägungen dürfen keine K.O.-Kriterien darstellen. Dieses ist der Fall, wenn bestimmte Merkmalsausprägungen für Probanden auf jeden Fall gegeben sein müssen. Die kompensatorische Beziehung wäre nicht mehr gegeben.
- Die Anzahl der Merkmale und Merkmalsausprägungen muss begrenzt werden, da der Befragungsaufwand exponentiell mit der Anzahl der Eigenschaften wächst.

In Bild 2.9 ist eine Auswahl von Merkmalen und Merkmalsausprägungen am Beispiel eines Elektrofahrzeugs gegeben.

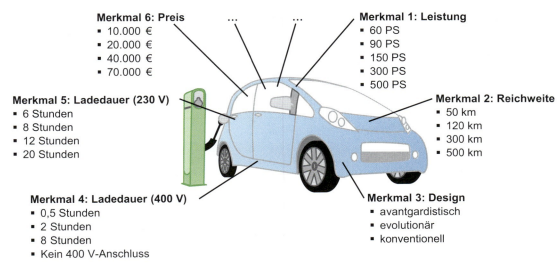

BILD 2.9 Kaufentscheidende Merkmale und mögliche Merkmalsausprägungen eines Elektrofahrzeugs

2. Festlegung des Erhebungsdesigns

Im Zuge der Festlegung des Erhebungsdesigns wird über die Anzahl sowie über die Art der Stimuli entschieden. Hierbei kann zwischen der Profilmethode und der Zwei-Faktor-Methode gewählt werden. Bei der **Profilmethode** besteht ein Stimulus aus der Kombination jeweils einer Ausprägung aller Merkmale. So würden sich für eine Erhebung für das in Bild 2.9 gegebene Beispiel 3840 (5*4*3*4*4*4) Stimuli ergeben. Bei der **Zwei-Faktor-Methode** werden jeweils 2 der Merkmale gegenübergestellt und die jeweiligen Merkmalsausprägungen bewertet. Das heißt, dass bei einer Gegenüberstellung der Merkmale Reichweite und Design die Kombinationen der jeweiligen Reichweite (A, B, C, D) (Bild 2.9) mit der Art des Designs (A, B, C) in eine Präferenzreihenfolge gebracht werden. Es würden sich für diese Matrix (auch Trade-Off-Matrix genannt) die möglichen Kombinationen AA, AB, AC, BA, BB, BC, CA, CB, CC, DA, DB und DC ergeben, die entsprechend der Präferenzen des Befragten in einer Rangreihenfolge angeordnet würden. Im Beispiel ergäbe sich die Gesamtheit der Trade-Off-Matrizen mit 15 (5+4+3+2+1) unterschiedlichen Kombinationen.

Da beim realen Beurteilungsprozess jedoch zumeist Produkte als Ganzes und nicht isolierte Merkmalsausprägungen beurteilt werden, bietet sich in den meisten Fällen die Profilmethode an. Um die Vielzahl der Stimuli zu reduzieren und so den Befragungsaufwand zu minimieren, wird die Zahl der Stimuli auf ca. 10-15 begrenzt [GS78].

3. Bewertung der Stimuli

Die Bewertung der Stimuli erfolgt durch die Probanden über eine Rangreihung der einzelnen Stimuli. Dazu werden den Probanden zunächst die Stimuli in geeigneter Form präsentiert. Dies kann sowohl visuell als auch physisch oder verbal geschehen. Im Falle einer größeren Anzahl von Stimuli kann auch eine Grobeinteilung in Gruppen unterschiedlichen Nutzens (hoch, mittel, niedrig) vorgenommen werden und innerhalb dieser Gruppen eine Rangfolge festgelegt werden. In Bild 2.10 ist eine mögliche Rangreihung des Beispiels Elektrofahrzeug gegeben. Der Rang spiegelt die Präferenz des Probanden für den jeweiligen Stimulus wider.

4. Schätzung der Nutzenwerte

Auf Basis der ermittelten Rangfolge der Stimuli werden Teilnutzenwerte für alle Merkmalsausprägungen geschätzt. Hierbei wird ein hoher Rang mit einem hohen Gesamtnutzenwert, also einer hohen Summe der Teilnutzenwerte, gleichgesetzt. Mittels einer Regressionsanalyse wird der Teilnutzenwert der einzelnen Merkmalsausprägungen ermittelt [BEP+16] und dargestellt. Die sechs Diagramme im unteren Teil von Bild 2.10 zeigen das Ergebnis. Es ist beispielsweise zu erkennen, dass ein niedriger Preis einen hohen Teilnutzenwert besitzt.

5. Aggregation der Nutzenwerte

Über eine Cluster- oder Diskriminanzanalyse [BEP+16] werden die Ergebnisse, die in dem dargestellten Beispiel für jeweils einzelne Personen vorliegen (Proband 1, Proband 2 usw.), derart zusammengefasst, dass Aussagen für

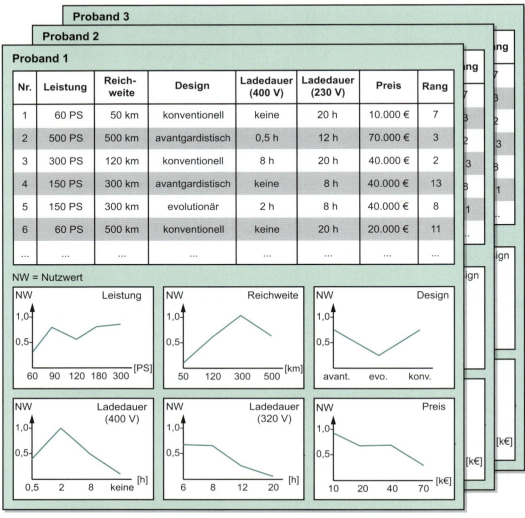

BILD 2.10 Bewertung der Stimuli und Nutzwertermittlung

Zielgruppen getroffen werden können. Ergebnis sind die Nutzenwerte für die adressierten Zielgruppen.

Die Conjoint-Analyse liefert Hinweise für die Produkt- und Programmoptimierung, der konkreten Ausprägung eines Merkmals und der Wichtigkeit der einzelnen Merkmale. Bezogen auf Proband 1 (Bild 2.10) ist aus den Diagrammen zu erkennen, dass der Befragte eine kurze Reichweite ablehnt. An der starken Polarisierung der Ergebnisse in den Bereichen Reichweite und Ladedauer (400 V) kann man erkennen, dass die meisten Kunden mit einer Reichweite von 300 km und einer Ladedauer (400 V) von 2 Stunden bedient werden können. Ferner können wir in dem Beispiel erkennen, dass die Bereiche Reichweite, Ladedauer (400 V) und Preis hohe Werte aufweisen, also wahrscheinlich für die Entscheidung des Kunden maßgebend sind, während die Teilnutzenwerte der Ladedauer (230 V) insgesamt niedriger sind. Diese Merkmale spielen für die Entscheidungsfindung des Kunden eine untergeordnete Rolle.

Eine Erweiterung der Conjoint-Analyse stellt die VR-basierte Conjoint-Analyse dar. Dabei wird Virtual Reality genutzt, um verschiedene Merkmalsausprägungen anschaulich darzustellen. So kann der häufig auftretenden Ermüdung der Probanden durch die Konfrontation mit wenig anschaulichen Stimuli begegnet werden. Im nachfolgenden Kasten sind die Einsatzmöglichkeiten dieser Methode am Beispiel eines selbstjustierenden Scheinwerfers kurz beschrieben. Gemäß unserer Klassifizierung handelt es sich dabei im Prinzip um eine neue Methode der Kundenbefragung (vgl. Tabelle 2.3 „Virtual Environment/Virtual Reality"). Dieses Beispiel zeigt, dass neue Methoden häufig auf klassischen Methoden beruhen bzw. eine moderne Erweiterung dessen sind.

Resümee

Problematisch an der Conjoint-Analyse ist der hohe Aufwand an Zeit und Kosten, welcher teilweise durch den Einsatz geeigneter Softwarewerkzeuge aufgefangen werden kann. Das durchführende Personal muss zudem in den zur Anwendung kommenden statistisch-mathematischen Verfahren geschult sein. Trotzdem kann es durch die Durchführenden zu Beeinflussungen des Ergebnisses kommen, da durch Vorauswahl der Merkmale und Merkmalsausprägungen Wünsche und Ansichten des Personals mit einfließen können. Hervorzuheben ist das bessere Verständnis für die Kundenwünsche. Häufig wird das getan, was einige laute Stimmen aus dem Verkauf verlangen, aber nicht zwangsläufig relevant sein muss. Die Methode hilft, die Ressourcen auf Dinge zu konzentrieren, die den Kunden wichtig sind. Insgesamt gesehen ist die Conjoint-Analyse ein starkes Instrument zur Ausrichtung einer Marktleistung auf die Anforderungen und Bedürfnisse des Marktes.

VR-BASIERTE CONJOINT-ANALYSE

Wesentlich für die Conjoint-Analyse ist eine leicht verständliche Darstellung der Merkmalsausprägungen und der darauf aufbauenden Stimuli für den Kunden. Für eine effiziente Beurteilung müssen diese vom Kunden schnell erfasst und interpretiert werden können. Bei der Conjoint-Analyse erfolgt die Darstellung der Merkmalsausprägungen üblicherweise durch eine textuelle Beschreibung. Diese ist bei einfachen Merkmalen noch leicht erfassbar. Abstrakte und erklärungsbedürftige Merkmalsausprägungen, wie beispielsweise das in Tabelle 1 dargestellte Verhalten eines selbstjustierenden Scheinwerfers, können dem Kunden auf diese Weise jedoch nicht mehr vermittelt werden.

TABELLE 1 Merkmale und Merkmalsausprägungen des selbstjustierenden Scheinwerfers [BGS+14]

Merkmal	Ausprägung A	Ausprägung B	Ausprägung C
Benutzer-interaktion	Keine Interaktion	Interaktion notwendig	Interaktion optional
Anpassungs-szenario	Auf einer Wand	Auf dem Straßenboden	Auf dem Heck des Vorderfahrzeugs
Hell-Dunkel-Grenzen	Symmetrisch	Asymmetrisch Z-förmig	L-förmig
Preis	Preis 1	Preis 2	Preis 3

Untersuchungen haben gezeigt, dass eine Merkmalspräsentation in Form interaktiver graphischer Visualisierungen das Verständnis beim Kunden signifikant verbessert und damit auch eine Analyse der Kundenwünsche von erklärungsbedürftigen Merkmalen und deren Ausprägungen ermöglicht [Jas15]. Die Technologie Virtual Reality (VR) ermöglicht dem Anwender, in eine Computer-generierte Welt „einzutauchen" und die Funktionsweise eines in Entwicklung befindlichen Systems nahezu wie in der Realität zu erleben.
Anstelle textueller Beschreibungen der Merkmalsausprägungen werden interaktive VR-basierte Visualisierungen verwendet. Diese werden dem Kunden präsentiert. Bild 1 zeigt den eingesetzten Nachtfahrsimulator, der eine interaktive Simulation ermöglicht, in deren Verlauf der Proband die unterschiedlichen Merkmalsausprägungen erfahren kann und in die Lage versetzt wird, Präferenzen von Merkmalskombinationen (Stimuli) anzugeben. Bild 2 zeigt die VR-Präsentation des Justageszenarios aus Sicht des Kunden im Simulator. Dabei ist für das Merkmal „Hell-Dunkel-Grenze" die L-förmige Ausprägung gewählt. Das bedeutet, dass der linke und rechte Scheinwerfer jeweils einen L-förmigen Bereich ausleuchten. Es entsteht damit ein Doppel-L-förmiger Shape; dieser wird auf dem vorausfahrenden Fahrzeug anschaulich visualisiert.

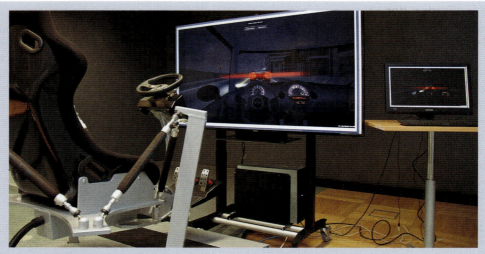

BILD 1 Aufbau des interaktiven Nachtfahrsimulators für die Conjoint-Analyse der selbstjustierenden Scheinwerferkonzepte [BGS+14]

BILD 2 VR-Präsentation eines Justageszenarios mit dem Doppel-L-förmigen Shape als Justagemarke (am Heck des Vorderfahrzeugs) [BGS+14]

Literatur:

[BGS+14] BACKHAUS, K.; GAUSEMEIER, J.; STÖCKLEIN, J; JAPSER, J.; WESTHOFF, K.; GRAFE, M.: VR-basierte Conjoint-Analyse zur frühzeitigen Ermittlung von Kundenpräferenzen. In: Digitales Engineering zum Planen, Testen und Betreiben technischer Systeme – im Rahmen der 17. IFF Wissenschaftstage in Magdeburg, IFF-Wissenschaftstage, Nr. 17, Magdeburg, 24. – 26. Jun. 2014, Fraunhofer IFF

[Jas15] JASPER, J.: Virtual Reality-Based Product Representations in Conjoint Analysis – Empirical Insights on Its Applicability for Early Customer Integration in the Development Process of a Technical Innovation. Dissertation Fachbereich Wirtschaftswissenschaften, Universität Münster, 2015

2.1.3 Neue Methoden der Kundenbefragung

Neue Methoden der Kundenbefragung nutzen moderne Informations- und Kommunikationstechnologien (Internettechnologien, Social Media, Big Data, Virtual Reality etc.) sowie Technologien aus den Neurowissenschaften. Insbesondere das Internet und damit einhergehende Entwicklungen wie E-Commerce, Social Media etc. haben in der jüngeren Vergangenheit zu einem rasanten Wachstum auswertbarer Daten geführt, die wertvolle Rückschlüsse über die Kaufinteressen und das Kaufverhalten von Konsumenten zulassen. So hat sich die tägliche Nutzungsdauer des Internets der deutschen Bevölkerung von 2000 bis 2015 von durchschnittlich 17 Minuten auf 108 Minuten mehr als versechsfacht [Sta16-ol]; hinzu kommt ein jährliches Datenwachstum von 40 % [IDC14]. Die Erhebung und Auswertung dieser Daten birgt ein erhebliches Potential für die marktgerechte Entwicklung von Produkten und Dienstleistungen. Ein Beispiel hierfür ist die vielfach ausgezeichnete Serie „House of Cards" des Streaming-Dienstes Netflix. Bei der Entscheidung zur Produktion der Serie hat sich der leitende Programmbeauftragte von Netflix, TED SARADOS, nicht auf sein Bauchgefühl oder die Befragung von möglichen Kunden verlassen, sondern die Sehgewohnheiten der Netflix-Nutzer ausgewertet und so im Vorfeld festgestellt, dass sowohl das Genre der Serie wie auch der Produzent und Hauptdarsteller ein breites Publikum ansprechen werden [Rei16-ol].

In Bild 2.11 sind die neuen Methoden der Kundenbefragung in das bereits erläuterte Schema (vgl. Bild 2.4) eingeordnet und in der Tabelle 2.3 nach Datenerhebungsformen strukturiert kurz charakterisiert. Auf die Methoden Big Data Analytics und Biometric Response gehen wir im weiteren Verlauf näher ein.

Die Frage, ob und wie ausgiebig die neuen Methoden in der Marktforschung genutzt werden, wird regelmäßig im GRIT Report beantwortet. Dafür werden etwa 1500 Marktforscher befragt, welche Methoden sie bereits nutzen und

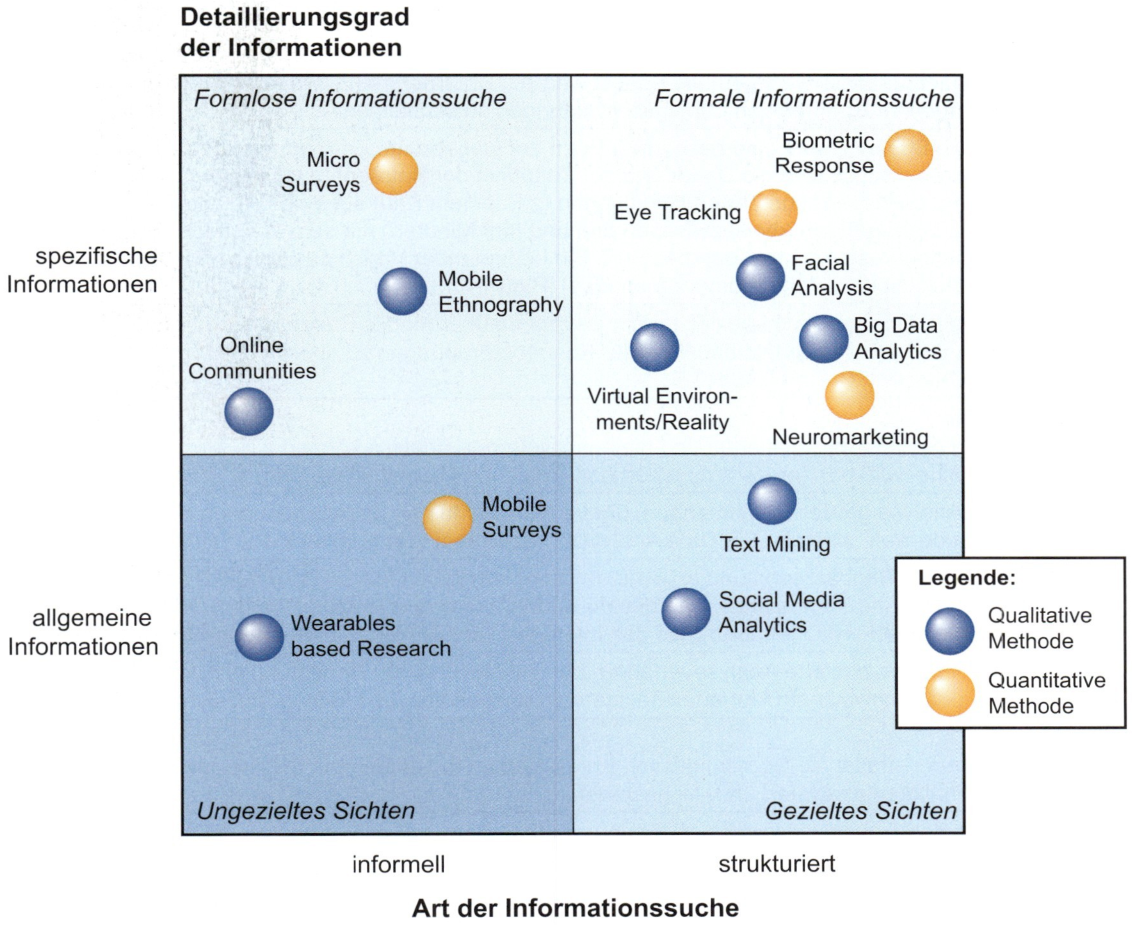

BILD 2.11 Ordnungsschema neuer Methoden zur Datenerhebung in der Marktforschung

TABELLE 2.3 Neue Ansätze zur Datenerhebung in der Marktforschung (Fortsetzung auf Seite 115)

Methode	Kurze Charakterisierung
Beobachtung Mittels Beobachtungen können wahrnehmbare Sachverhalte, Verhaltensweisen und Eigenschaften bestimmter Personen durch Dritte (Fremdbeobachtung) oder durch Geräte (instrumentelle Beobachtung), systematisch direkt erfasst werden.	
Biometric Response	Durch Kombination unterschiedlicher Ansätze (Neuromarketing, Eye Tracking etc.) wird die Reaktion nach gezielter Konfrontation mit ausgewählten Stimuli gemessen. So können nicht artikulierte Meinungen und Gedanken erfasst werden (vgl. Kapitel 2.1.3.2) [WBB13].
Eye Tracking	Beim „Eye Tracking" werden die Blickbewegungen einer Person aufgezeichnet, um die Wirkung von Designelementen zu überprüfen. Gebräuchliche Anwendungsfälle sind z.B. die Überprüfung von Verpackungsdesign, Werbeelementen, Autokarossen und ähnlichem [HNA+12].
Facial Analysis	Zusätzlich zu den Blickbewegungen einer Person (Eye Tracking) können deren Gesichtsausdrücke erfasst werden. Hierbei wird von „Facial Analysis" gesprochen. Dadurch lässt sich die Aussagefähigkeit bei der Überprüfung von Designelementen erhöhen und demographische Daten (Alter, Geschlecht etc.) können bereits während der Messung erhoben werden [CAE06].
Neuromarketing	Kernannahme ist, dass ein Großteil unserer Entscheidungen auf unterbewussten Denkprozessen beruht, welche nicht artikuliert werden. Diese sollen durch die Messung der Hirnaktivität nach Konfrontation mit ausgewählten Stimuli aufgedeckt werden. Ziel ist die Nachvollziehbarkeit von Kaufentscheidungen potentieller Kunden [RGF09].
Befragung Mittels Befragungen geben Personen zu vorgegebenen Sachverhalten Auskunft. So können sowohl beobachtbare als auch nicht beobachtbare Sachverhalte erfasst werden. Unternehmen können eigene Befragungen durchführen oder Fragen im Rahmen von Omnibusbefragungen stellen lassen.	
Micro Surveys	„Micro Surveys" sind eine besondere Form der klassischen Befragung mittels Fragebögen. Charakteristisch sind die Dauer und der Zeitpunkt der Befragung. Unmittelbar nach spezifischen, online durchgeführten Handlungen (z.B. einem Kauf auf einer Webplattform) werden kurze Befragungen (meist zwischen drei und fünf Minuten) mit dem Ziel, hochspezifische Informationen zu erhalten, durchgeführt. Ein bedeutender Vorteil des „Micro Surveys" liegt in der Möglichkeit der „in the moment response" [PWY14].
Mobile Surveys	„Mobile Surveys" sind speziell für die Befragung über mobile Endgeräte konzipierte Fragebögen. Sie eignen sich insbesondere für Kundenbefragungen zu spezifischen und überschaubaren Themengebieten [DEH+16].
Digitale Information Durch die Sammlung digitaler Informationen und die anschließende Analyse können z.B. Muster aufgedeckt, Zusammenhänge nachgewiesen, Trends aufgespürt und Nutzenprofile erstellt werden.	
Big Data Analytics	Die Analyse großer Datenmengen, um versteckte Muster, Zusammenhänge oder Trends aufzudecken, wird als „Big Data Analytics" bezeichnet (vgl. Kapitel 2.1.3.1) [Chr14].
Social Media Analytics	Durch die Beobachtung und Analyse der Kommunikation auf Social Media Plattformen können Vorlieben und Trends ohne eine direkte Kundenbefragung ermittelt werden. Hierdurch wird eine deutlich stärkere Orientierung an den Interessen des Konsumenten ermöglicht [Spo12].
Text Mining	Algorithmus-basierte Analyseverfahren zur Entdeckung von Bedeutungsstrukturen aus un- oder schwach strukturierten Textdateien werden als „Text Mining" bezeichnet [ZZ11].
Verhaltensdaten Die Verhaltensforschung erfasst die Spuren, die von Konsumenten in bestimmten Situationen hinterlassen werden. Dazu werden Daten analysiert und ausgewertet.	
Mobile Ethnography	Grundlage ist die klassische Methode der ethnographischen Beobachtung (vgl. Tabelle 2.2), erweitert um die neuen Möglichkeiten durch mobile Endgeräte und eine ständige Vernetzung. Der Konsument teilt seine Gedanken, Gefühle und Entscheidungen bei spezifischen Ereignissen oder Tätigkeiten durch Videos und/oder Fotos der Öffentlichkeit mit und ermöglicht so die Aufdeckung unausgesprochener Wünsche und Probleme in Echtzeit [PWY14].

2.1 Methoden der Kundenbefragung

Methode	Kurze Charakterisierung
Online Communities	Online Communities sind die Übertragung der klassischen Methode „Fokusgruppen" auf die Möglichkeiten des Internets. Dabei wird eine Gruppe von gleichgesinnten Personen gebildet, welche über einen längeren Zeitraum Fragestellungen zu einem vorgegebenen Thema beantwortet. Derartige „Communities" können über Monate oder gar Jahre bestehen. So kann äußerst spezifisches Wissen gesammelt werden [Koz02].
Virtual Environments/ Virtual Reality	Soll das zu erwartende Kundenverhalten vor der Markteinführung eines neuen Produktes bewertet werden, bieten sich virtuelle Umgebungen an, um zu verstehen, warum welche Entscheidungen getroffen werden. In diesen Umgebungen werden reale Situationen nachgebildet, z.B. die Bedienung einer neuen Maschine. So kann das zu erwartende Nutzerverhalten bereits vor der Markteinführung eines neuen Produktes ermittelt werden [Eck98].
Wearables based Research	Die Datensammlung durch Wearables (Fitness-Armbänder, Smart Watches, Smartphones) ermöglicht die Sammlung allgemeiner Verhaltensdaten, z.B. in Form von Nutzerprofilen [FT16].

für welche Methoden sie eine Nutzung in Erwägung ziehen. Auf Grundlage der Antworten werden die Methoden den Kategorien „Etabliert", „Breite Anwendung" und „Nische" zugeordnet. Für die bereits einsortierten und dargestellten Methoden ist in Tabelle 2.4 die Nutzungsrate dargestellt [Gre16]. Es wird deutlich, dass vergleichsweise einfach umzusetzende Ansätze wie Mobile Surveys bereits fest etabliert sind. Auch Big Data Analytics und artverwandte Methoden wie Social Media Analytics werden bereits von einem Großteil der Marktforscher genutzt. Methoden, die insbesondere auf spezifische technologische Hilfsmittel angewiesen sind, werden hingegen seltener eingesetzt. Hierunter fällt zum Beispiel das in Kapitel 2.1.3.2 vorgestellte Biometric Response.

2.1.3.1 Big Data Analytics

Als zu Anfang des 20. Jahrhunderts die Bedeutung der Ressource Öl den damaligen Kolonialmächten bewusst wurde, entbrannte ein Wettlauf um die bekannten Ölvorkommen [Yer91]. Mit dem Zugang zu Öl wurde die Aussicht auf ökonomische Macht verbunden; diese bündelte sich zu Beginn in den Händen einiger weniger Ölkonzerne, während die eigentlichen Förderländer weitestgehend

TABELLE 2.4 Nutzungsraten neuer Methoden zur Datenerhebung in der Marktforschung (Auszug) [Gre16]

Kategorie	Rang	Methode	Wird bereits genutzt	Nutzung wird erwogen	Gesamt
Etabliert	1	Mobile Surveys	75%	16%	91%
	2	Online Communities	59%	23%	82%
Breite Anwendung	3	Social Media Analytics	52%	24%	76%
	4	Text Analytics	46%	30%	76%
	5	Big Data Analytics	38%	31%	69%
	6	Micro Surveys	35%	25%	60%
	7	Eye Tracking	35%	21%	56%
	8	Mobile Ethnography	33%	27%	60%
Nische	9	Facial Analysis	24%	21%	45%
	10	Neuromarketing	16%	19%	35%
	11	Virtual Environments/Virtual Reality	14%	24%	38%
	12	Biometric Response	12%	19%	31%
	13	Wearables based Research	10%	27%	37%

machtlos waren [Buk09]. Die Machtkonzentration ging so weit, dass Konzerne wie Standard Oil wegen ihrer Monopolstellung in zahlreichen Märkten schlussendlich zerschlagen wurden [BG04]. Der Rohstoff Öl wurde im Laufe des 20. Jahrhunderts so bedeutend, dass verschiedene Länder begannen, nationale Ölkonzerne zu gründen – der Begriff „Gold des 20. Jahrhunderts" unterstreicht diese Entwicklung [Yer91].

Gegenwärtig entbrennt ein derartiger Wettkampf um Daten – das „Gold des 21. Jahrhunderts" [HD14-ol], [PSK+13]. Der Handel mit persönlichen Daten ist heute ein Milliardengeschäft. Datenhändler sammeln gezielt Informationen über Konsumenten (Name, Alter, Adresse, Kaufverhalten, Kaufpräferenzen, Kaufkraft etc.) und verkaufen sie weiter. Beispielsweise werden Datenpakete über homogene Kundengruppen angeboten, die Adressen und Telefonnummern von Personen enthalten, die die gleichen Interessen, das gleiche Alter und die gleiche Kaufkraft haben. Unternehmen können auf diese Weise Datenpakete über die von ihnen avisierten Kundengruppen erwerben und gezielt Kundenbefragungen durchführen oder Vertriebs- und Marketingaktivitäten einleiten.

Die FINANCIAL TIMES hat im Rahmen einer Befragung von US-Unternehmen, die im großen Stil mit Daten handeln, den Wert persönlicher Daten ermittelt (Bild 2.12). Eine allgemeine Information über Geschlecht, Alter und Herkunft einer Person ist demzufolge mit 0,007 € von vergleichsweise geringem Wert. Spezifischere Informationen wie Schwangerschaft (0,115 €), Heirat (0,12 €) oder Krankheit (0,26 €) sind hingegen mit sehr viel höherem Wert verbunden, da sich hieraus potentielle Kaufpräferenzen ableiten lassen [Frö14]. Insgesamt zeigt sich, dass die Aussagekraft vereinzelter Daten eher gering ist. Erst wenn es gelingt, verschiedene Daten sinnvoll miteinander zu verknüpfen, können wertvolle Informationen entstehen. Im vorliegenden Beispiel ließe sich aus dem Beruf des Piloten, des geplanten Autokaufs und der Schwangerschaft der Frau beispielsweise die Information ableiten, dass die Familie wohlmöglich in der nächsten Zeit ein hochpreisiges Familienauto kaufen wird.

Die zugrundeliegende Sammlung und Analyse großer Datenmengen wird als **Big Data Analytics** bezeichnet. Der Begriff ist in der Literatur nicht eindeutig definiert. Wir folgen der Definition von Gartner und verstehen unter Big Data eine Datenmenge, die aufgrund ihrer Größe, Komplexität, Änderungsgeschwindigkeit und/oder Struk-

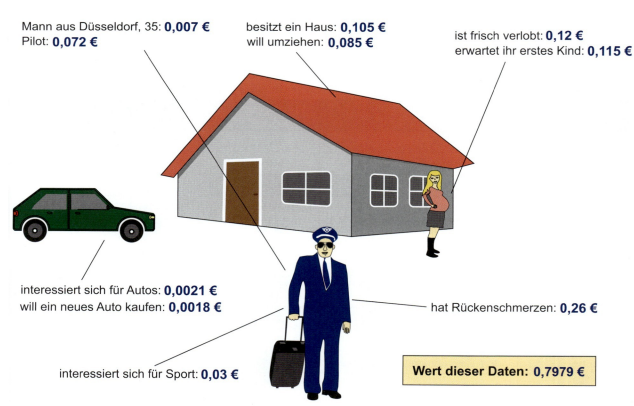

BILD 2.12 Der Wert von Daten, in Anlehnung an [Frö14]

tur nicht mehr manuell verarbeitet werden kann [Chr14], [Gar15-ol]. Begünstigt durch eine zunehmende Vernetzung von Produkten und Produktionssystemen im Kontext aktueller Entwicklungen wie Industrie 4.0 können mit Hilfe von Big Data bislang unbekannte Muster, Zusammenhänge und Trends aufgedeckt werden, die die Grundlage für unternehmerische Entscheidungen bilden können [ES00], [FPS96].

Um die Potentiale von Big Data zu erschließen und der Erhöhung der Datenkomplexität Rechnung zu tragen, wurde ein branchenübergreifender Standardprozess zur Analyse großer Datenmengen entwickelt – das sogenannte **CRISP Modell** (Bild 2.13) [CCK+00-ol]. Entwickelt wurde das Modell ab 1996 von den Unternehmen SPSS, Daimler und NCR im Rahmen eines EU-Förderprojektes. Es umfasst sechs idealtypisch angeordnete Phasen, die in der Praxis wechselseitig bearbeitet werden. Data Mining-Projekte weisen häufig einen natürlichen zyklischen Verlauf auf. Gewonnene Erkenntnisse am Ende eines derartigen Projektes führen häufig zur Auslösung neuer Data Mining-Projekte mit angepasstem Fokus, welche wieder ein neues, zielgerichtetes Projekt auslösen können usw. Im Folgenden werden die einzelnen Phasen eines solchen Projekts vorgestellt [CCK+00-ol]:

- **Geschäftsverständnis:** Zu Beginn werden die Ziele des Data Mining-Projekts bestimmt. Diese orientieren sich an der Ist-Situation des Unternehmens und den Geschäftszielen. Auf Grundlage der identifizierten Ziele wird eine Vorgehensweise in Form eines Projektplans festgelegt.
- **Datenverständnis:** Die zur Verfügung stehenden Daten werden gesichtet und überprüft und deren Qualität validiert. Ziel ist ein unbearbeitetes Datenpaket als Grundlage für die anschließende Datenvorbereitung.
- **Datenvorbereitung:** Das unbearbeitete Datenpaket muss anschließend für die Modellierung vorbereitet werden. Dafür werden einzelne Datensätze ausgewählt, bereinigt und neu kombiniert. Abschließend werden die einzelnen Datensätze zusammengeführt.
- **Modellierung:** In dieser Phase muss ein geeignetes Data Mining-Verfahren ausgewählt werden. Mit möglichen Verfahren werden verschiedene Modelle erstellt

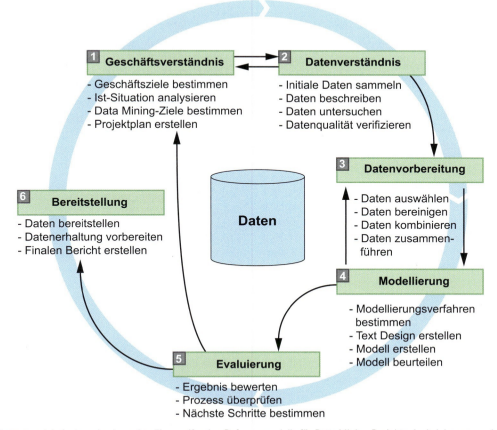

BILD 2.13 Phasen und Aufgaben des branchenübergreifenden Referenzmodells für Data Mining-Projekte, in Anlehnung an das CRISP Modell (Cross-Industry Standard Process for Data Mining) [CCK+00-ol]

und anschließend beurteilt. Da einige Verfahren spezifische Anforderungen an die zugrundeliegenden Daten haben, wird die Modellierung oftmals integrativ mit der Datenvorbereitung bearbeitet.
- **Evaluierung:** Unter Berücksichtigung der Projektziele wird das am besten geeignete Modell ausgewählt. Dabei ist ein gewissenhafter Abgleich zwischen den Ergebnissen der Modelle und den Projektzielen unabdingbar. Häufig führt dies zu Anpassungen der Projektziele und damit zu einem Rücksprung in die erste Phase.
- **Bereitstellung:** Abschließend werden die Projektergebnisse aufbereitet und dem Auftraggeber zur Verfügung gestellt. Dabei ist zu beachten, dass die bereitgestellten Ergebnisse vom Auftraggeber genutzt werden können. Dies kann z. B. durch einen simplen Bericht erfolgen. Es kann jedoch auch notwendig sein, das entwickelte Modell in den Entscheidungsprozess des Auftraggebers zu integrieren.

Im nachfolgenden Kasten sind ausgewählte Nutzenpotentiale von Big Data entlang der automobilen Wertschöpfungskette dargestellt. Diese geben einen Eindruck zu den konkreten Möglichkeiten von Big Data.

Resümee

Der Einsatz von Big Data Analytics kann eine wertvolle Ergänzung zu den klassischen Methoden der Kundenbefragung darstellen. Hierdurch lassen sich insbesondere unbekannte Muster und Trends aufdecken, die ansonsten weitestgehend unerkannt bleiben würden. Nachteilig ist, dass die benötigten Daten jedoch vielfach nur unstrukturiert vorliegen. Weiterhin ist derzeit noch nicht jedes Unternehmen in der Lage, diese Daten zu sammeln oder gar auszuwerten, was die Einsatzmöglichkeiten von Big Data Analytics auf ausgewählte Unternehmen beschränkt – vielfach mangelt es auch an ausgebildeten Fachkräften.

2.1.3.2 Biometric Response

Eine weitere Alternative zu den klassischen Methoden der Kundenbefragung stellen neurowissenschaftliche Untersuchungen dar. Diese Ansätze nutzen verschiedene biophysiologische Messmethoden, um kognitives und emotionales Feedback von Versuchspersonen als Reaktion auf bestimmte Reize zu erfassen [SIS16-ol]. Der große Vorteil gegenüber den konventionellen Methoden der Kundenbefragung besteht darin, dass auf diese Weise auch nicht

---

BIG DATA-POTENTIALE ENTLANG DER AUTOMOBILEN WERTSCHÖPFUNGSKETTE

Was aber sind die Nutzenpotentiale von Big Data? Ein Blick in die Automobilindustrie hilft, diese Frage zu beantworten. Bild 1 zeigt, dass sich bereits heutzutage Nutzenpotentiale von Big Data entlang der gesamten automobilen Wertschöpfungskette identifizieren lassen [SWA13]. Zwei dieser Potentiale werden im Folgenden verdeutlicht:

- **Personalisierte After Sales Angebote:** Die seit Jahren wachsende Anzahl an neuen Modellen und Varianten in der Automobilindustrie ist Ausdruck für den zunehmenden Kundenwunsch nach Individualisierung [PWC15]. Durch die Möglichkeit, Kunden- und Fahrzeugdaten in großen Mengen zu sammeln und auszuwerten, kann diesem Wunsch nun deutlich zielgerichteter entsprochen werden. So können unter anderem personalisierte After Sales Angebote entwickelt werden. Derartige Angebote sind dann besonders effektiv, wenn spezifische Informationen miteinander verknüpft werden, um ein personalisiertes Angebot zu erstellen [Frö14]. Werden beispielsweise die spezifischen Fahrzeuginformationen mit den bekannten Freizeitaktivitäten des Besitzers zusammengeführt, können gezielte Extras wie Fahrrad- oder Skiträger angeboten werden. Weiterhin kann z. B. auf Grundlage des ausgewerteten Fahrverhaltens der optimale Reifentyp angeboten werden.
- **Optimierung der Produktionsplanung:** Werden Kundenpräferenzen ermittelt, so liegen diese häufig in großen, heterogenen Datenbündeln vor [SWA13]. Analysewerkzeuge können Muster und Trends in diesen Datenbündeln identifizieren, welche andernfalls verborgen bleiben. Das ermöglicht z. B. die Erstellung präziserer Absatzprognosen und damit eine optimierte Produktionsplanung. So können Kosten reduziert und Produktionskapazitäten frei werden.

Literatur:

[Ber16] BERYLLS STRATEGY ADVISORS (Hrsg.): Big Data in der Automobilindustrie – Eine Managementperspektive. München, März 2016
[Frö14] FRÖHLICH, H.: Was bin ich Wert?. In: brand eins Wirtschaftsmagazin, Ausgabe 03/2014, S. 60 – 62, 2014
[PWC15] PRICEWATERHOUSE COOPERS (Hrsg.): Challenges of the Automotive Industry – What will automotive logistics look like in 2025. PwC Autofacts 2015, Q1
[SWA13] STRICKER, K.; WEGENER, R.; ANDING, M.: Neue Möglichkeiten der Markendifferenzierung. In: Bain & Company (Hrsg.): Big Data Revolutioniert die Automobilindustrie. München, 2013

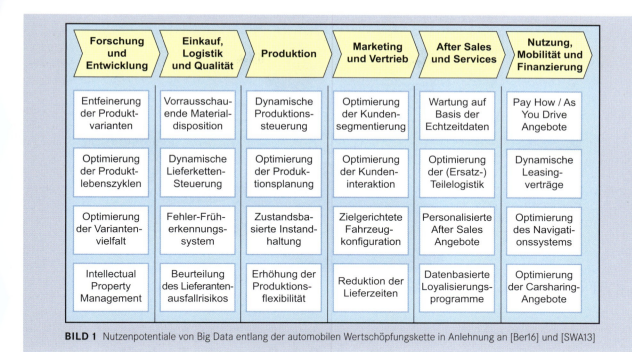

BILD 1 Nutzenpotentiale von Big Data entlang der automobilen Wertschöpfungskette in Anlehnung an [Ber16] und [SWA13]

artikulierbare bzw. nicht artikulierte Meinungen und Gedanken ermittelt werden können. Kaufentscheidungen können so besser nachvollzogen werden [KKO15].

Ein viel beachtetes Forschungsfeld in diesem Bereich ist Biometric Response. Hierbei werden die Zusammenhänge zwischen physiologischen Attributen (z.B. Produkte) und emotionalen Zuständen mit Hilfe biophysiologischer Messverfahren untersucht. Bild 2.14 zeigt eine Auswahl an Messverfahren, die im Rahmen von Biometric Response Einsatz finden. Die Grundidee ist bei allen Verfahren identisch. Während den Probanden das Produkt vorgeführt wird, wird ihre Reaktion auf das Produkt gemessen:

- **Elektroenzephalografie (EEG):** Die Elektroenzephalografie stammt ursprünglich aus der medizinischen Diagnostik und dient zur Messung der elektrischen Aktivität des Gehirns. Dafür werden Spannungsschwankungen an der Körperoberfläche aufgezeichnet und mittels eines Elektroenzephalogramms (EEG) dargestellt. So kann z.B. Epilepsie diagnostiziert werden [Bor05]. Die Messung der elektrischen Aktivität des Gehirns erlaubt jedoch auch Rückschlüsse auf die Reaktion eines Probanden nach Konfrontation mit einem Versuchsprodukt.
- **Magnetoenzephalografie (MEG):** Die Magnetoenzephalografie entstammt ebenfalls ursprünglich der medizinischen Diagnostik. Dabei wird die magnetische Aktivität des Gehirns mithilfe von Sensoren aufgenommen. Die dafür benötigten Geräte sind vergleichsweise teuer, weshalb diese Methode nur selten zur Anwendung kommt [Wal04]. Ebenso wie die Elektroenzephalografie kann auch die Magnetoenzephalografie zur Ermittlung der Reaktion eines Probanden genutzt werden.
- **Eye Tracking:** Beim „Eye Tracking" werden die Blickbewegungen einer Person aufgezeichnet, um die Wirkung von Designelementen zu überprüfen. Gebräuchliche Anwendungsfälle sind z.B. die Überprüfung von Verpackungsdesign, Werbeelementen, Autokarossen und ähnlichem. Dafür wird eine Hochgeschwindigkeitskamera zur Aufzeichnung der Blickbewegungen eingesetzt. Durch die anschließende Auswertung kann unter anderem ermittelt werden, welche Designmerkmale besonders lange und ausgiebig betrachtet werden. Nachteilig ist insbesondere, dass nicht eindeutig zu klären ist, ob besonders ausgiebig betrachtete Merkmale aus positiven oder negativen Gründen betrachtet wurden [HNA+12].
- **Facial Analysis:** Neben den Blickbewegungen einer Person können deren Gesichtsausdrücke erfasst werden. Hierbei wird von „Facial Analysis" gesprochen. Dadurch lässt sich die Aussagefähigkeit bei der Überprüfung von Designelementen erhöhen und demographische Daten (Alter, Geschlecht) können bereits während der Messung erhoben werden. Facial Analysis wird besonders häufig in Ergänzung zum Eye Tracking eingesetzt. Durch die Kombination der beiden Ansätze kann z.B. bewertet werden, ob ein besonders ausgiebig betrachtetes Designelement dem Probanden positiv oder negativ aufgefallen ist [CAE06].

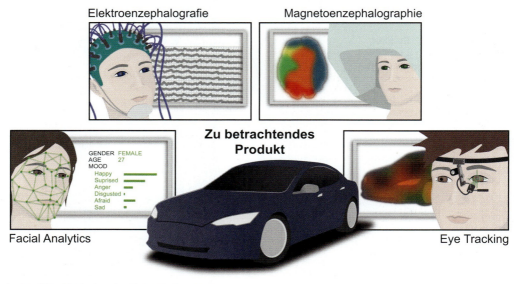

BILD 2.14 Ausgewählte Methoden des Biometric Response

Neben den oben beschriebenen Messverfahren gibt es noch eine Reihe weiterer Verfahren, z. B. die Messung des Hautwiderstandes (Elektrodermatografie, EDG). In der Regel ist die Aussage eines einzelnen Verfahrens jedoch begrenzt. Erst aus der Kombination verschiedener biometrischer Messverfahren lassen sich valide Aussagen über die Emotionszustände der Probanden treffen. Zudem ist es häufig sinnvoll, eine ergänzende Erhebung von Daten durch Befragungen durchzuführen [Ker13].

Resümee

Die Vorteile von Biometric Response liegen auf der Hand: Die Reaktionen der Probanden werden in Echtzeit erfasst, eine Beeinflussung der Probanden ist nicht möglich und Informationen können nicht zurückgehalten werden [ZRJ09], [OHW+11]. Nachteilig ist allerdings, dass Versuchsdurchführungen mit hohen Zeit- und Kostenaufwänden verbunden sind. Zudem können sie meistens nur in Laborumgebungen mit kleinen Gruppen durchgeführt werden, was eine Übertragbarkeit der Zusammenhänge auf die breite Masse stark einschränkt [AK07], [Häu12].

2.2 Szenario-Technik

Die Anwendung von Zukunftsszenarien in der strategischen Planung unterscheidet sich deutlich von der traditionellen Planung; das „Denken in Szenarien" basiert auf zwei Grundprinzipien (Bild 2.15):

- Die Zukunft wird in komplexen Bildern beschrieben. Es reicht nicht mehr aus, den Untersuchungsgegenstand (z. B. das Unternehmensumfeld) durch einige voneinander unabhängige Einflussfaktoren zu beschreiben; wir haben es in der Regel mit komplexen Systemen zu tun, die ein **vernetztes Denken** erfordern.
- Es gibt mehrere Möglichkeiten, wie sich die Zukunft entwickeln könnte. Damit wird der Erkenntnis Rechnung getragen, dass die Zukunft nicht exakt prognostizierbar ist. Wir sprechen hier von einer **multiplen Zukunft**, symbolisiert durch einen trichterförmigen Zukunftsraum [Rei91].

Vernetztes Denken

Angesichts von Herausforderungen wie Globalisierung, Digitalisierung und Umweltschutz setzt sich nach einer langen Ära des kontinuierlichen Wachstums die Erkenntnis durch, dass die Entwicklung eines Unternehmens nicht mehr getrennt von der Entwicklung der Städte, der Technik, der Gesellschaft etc. betrachtet werden kann. Alle diese Systeme sind nur Untersysteme eines Gesamtsystems. Das Gesamtsystem aus einem Unternehmen

2.2 Szenario-Technik

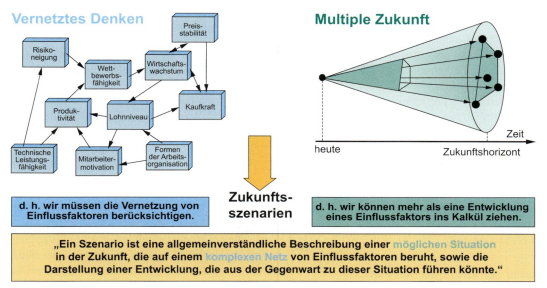

BILD 2.15 Grundlagen der Szenario-Technik: Vernetztes Denken und multiple Zukunft

und seinem Umfeld wird von zwei Gegebenheiten bestimmt:

- Die **Vielfalt** der unternehmerischen Tätigkeit nimmt zu; wesentliche Treiber sind u. a. die rasante Entwicklung der Informations- und Kommunikationstechnologie, die Individualisierung der Erzeugnisse und die Veränderung der Wertschöpfung. Hinzu kommen die ausgeprägten Interdependenzen derartiger Treiber.
- Hinzu kommt, dass sich die **Dynamik** der Änderungsprozesse im Unternehmensumfeld erhöht. Beispielsweise verkürzen sich die Produktzyklen. Ferner wird der zunehmende Wandel durch das starke Anwachsen des Wissens begleitet.

Dieses Zusammentreffen von Vielfalt und Dynamik wird als Komplexität bezeichnet. DÖRNER hat in seinem Buch „Die Logik des Misslingens" eindrucksvoll aufgezeigt, dass der Mensch nur sehr begrenzt in der Lage ist, komplexe Zusammenhänge zu erfassen und adäquat zu handeln [Dör92]. Mit der Zunahme von Komplexität versagen auch die Managementansätze, die auf einer getrennten Betrachtung einzelner Bereiche beruhen. Die Unternehmen sind daher insbesondere darauf angewiesen, die Vernetzung zwischen vielen Einflussfaktoren zu berücksichtigen.

Multiple Zukunft

Dieses Grundprinzip ermuntert uns, das „Undenkbare" zu denken, die Grenzen des gewohnten Denkens zu überwinden. Zurückblickend lässt sich feststellen, dass oft nicht das vermeintlich Wahrscheinliche, sondern das Undenkbare Realität geworden ist, weil die Menschen dazu neigen, das, was sie erlebt haben, auf die Zukunft zu projizieren. Somit unterbleibt, sich mental auf mögliche Veränderungen vorzubereiten. Die Folge ist, dass man von plötzlich einsetzenden Entwicklungen überrumpelt wird. Wer nicht überrumpelt werden will, muss mental auf mögliche Veränderungen vorbereitet sein; das sorgt im Veränderungsfall für kurze geistige Rüstzeiten.

Es gibt aber noch ein weiteres wichtiges Argument für das Prinzip der multiplen Zukunft. Lassen Sie uns das am Beispiel des Einflussfaktors Benzinpreis, der in vielen Szenario-Projekten vorkommt, erläutern. Zunächst einmal sei festgestellt, dass es ein nahezu hoffnungsloses Unterfangen ist, in einem Strategieteam Konsens über den Benzinpreis beispielsweise im Jahr 2030 zu erzielen. Die einen werden 1,80 € pro Liter nennen. Das ist die vermeintlich wahrscheinliche, wünschenswerte Entwicklung. Andere halten einen Preis von 2,60 € pro Liter für realistisch. Dieser Preis wird von der International Energy Agency ausgerufen und braucht daher ebenfalls nicht näher begründet zu werden. Nur einige wenige werden einen exorbitant hoch erscheinenden Benzinpreis z. B. von 15 € in die Diskussion bringen. Logischerweise müsste dies begründet werden, was einem mit offenen Augen durch die Welt gehenden Menschen nicht schwer fallen dürfte. Diese Entwicklung ist zugegebenermaßen unwahrscheinlich und sicher nicht wünschenswert – aber sie ist denkbar. Und darauf kommt es an. Wenn es beispielsweise unsere Aufgabe wäre, auf der Basis von Szenarien, die auch die Entwicklung des Benzinpreises beinhalten, eine intelligente Logistikkonzeption für das Jahr 2030 zu erarbeiten, so dürften wir spüren, wie beim Lesen des einen Szenarios mit dem Benzinpreis von 15 € neue Gehirnwindungen durchblutet werden und wir würden uns fragen: Wie gestalten wir die Logistik in einer derartigen Welt? Die Folge wäre höchstwahrscheinlich eine innovative Konzeption, weil dieses Szenario eine Provokation darstellt und Provokationen Kreativität erzeugen. Wir kämen aber kaum auf eine besonders innovative Lösung, wenn wir nur mit aus heutiger Perspektive wahrscheinlichen Entwicklungen von Einflussfaktoren arbeiten würden. Möglicherweise funktioniert die auf der provokativen extremen Entwicklung basierende Logistikkonzeption auch, wenn der Benzinpreis sich so moderat entwickelt, wie wir alle hoffen – umso besser. Auch dann hätte es sich gelohnt, das „Undenkbare" zu denken.

Szenarien in der strategischen Planung und Führung

Die Nutzung von Zukunftsszenarien in der strategischen Planung und Führung bezeichnen wir als Szenario-Management. Szenario-Management geht also über die eigentliche Szenario-Erstellung hinaus [GFS96]. Wesentliches Ziel ist es, Chancen bzw. Erfolgspotentiale und Gefahren zu erkennen und dementsprechend strategische Entscheidungen zu unterstützen. Die zu unterstützenden Entscheidungen beziehen sich immer auf einen bestimmten Gegenstand – beispielsweise ein Unternehmen oder eine Geschäftseinheit (Welche Schlüsselfähigkeiten sollen wir aufbauen?, Wo greifen wir an?, Mit welchen Partnern arbeiten wir zusammen? etc.), ein Produkt (Wie sollen wir das Produkt „Werkzeugmaschine" gestalten?) oder eine Technologie (Welchen Lösungsansatz sollen wir wählen?). Diesen Gegenstand eines Szenario-Projekts bezeichnen wir als **Gestaltungsfeld**. Es beschreibt das, was gestaltet werden soll.

Szenarien beschreiben in der Regel die Entwicklungsmöglichkeiten eines speziellen Betrachtungsbereichs, den wir als **Szenariofeld** bezeichnen. Das Szenariofeld beschreibt das, was durch die erstellten Szenarien erklärt werden soll. In Relation zum Gestaltungsfeld werden drei typische Szenariofelder unterschieden (Bild 2.16):

- Häufig enthält ein Szenariofeld ausschließlich externe, nicht lenkbare Umfeldgrößen. Beispielsweise könnte ein Hersteller von Werkzeugmaschinen beabsichtigen,

BILD 2.16
Gestaltungsfeld und mögliche Szenariofelder eines Szenario-Projekts

mit entsprechenden **Umfeldszenarien** die möglichen Marktentwicklungen der nächsten zehn Jahre vorauszudenken und aus den Szenarien Rückschlüsse auf die erforderliche Funktionalität seiner Werkzeugmaschinen zu ziehen.

- Ein Szenariofeld kann demgegenüber aber auch ausschließlich interne Lenkungsgrößen aufweisen z. B. Produktmerkmale der Werkzeugmaschine, die zugleich Teil des Gestaltungsfelds sind. Hier handelt es sich um **Gestaltungs-Szenarien**. Für den Fall, dass das Gestaltungsfeld ein Produkt ist, repräsentieren die Gestaltungsfeld-Szenarien alternative Produktkonzepte. Wir wenden diese Technik auch für das Entwickeln von Strategievarianten [GP14] sowie zur Geschäftsmodellentwicklung (vgl. Kapitel 4.3.2.3) an.
- Ein Szenariofeld kann sowohl externe Umfeldgrößen als auch interne Lenkungsgrößen enthalten. In diesem Fall bildet das Szenariofeld das gesamte System aus Gestaltungsfeld und Umfeld ab, so dass wir von System-Szenarien sprechen. **System-Szenarien** enthalten also gleichermaßen Rahmenbedingungen und Handlungsoptionen.

Die am häufigsten genutzte Form sind Umfeldszenarien. Da der wesentliche Teil des Umfelds in der Regel der Markt ist, bezeichnen wir diese Szenarien auch als Markt- und Umfeldszenarien. Derartige Szenarien stehen im Fokus der folgenden Betrachtungen.

Phasen des Szenario-Managements

Das Szenario-Management erfolgt gemäß Bild 2.17 nach einem Phasenmodell in fünf Phasen. Die Phasen 2 bis 4 werden zusätzlich mit Hilfe von Bild 2.18 und Bild 2.19 anschaulich visualisiert. Diese beiden Bilder sind von links nach rechts zu lesen.

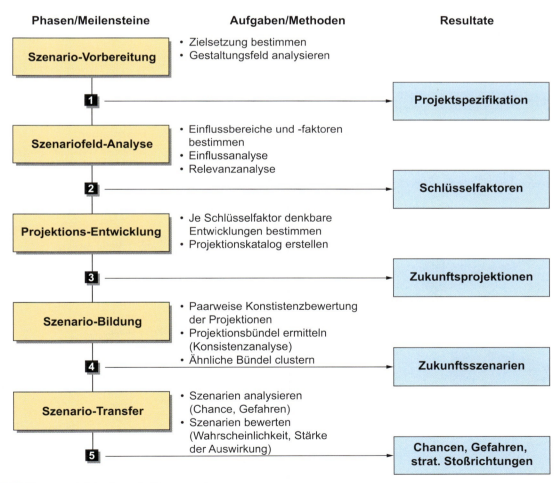

BILD 2.17 Phasenmodell des Szenario-Managements

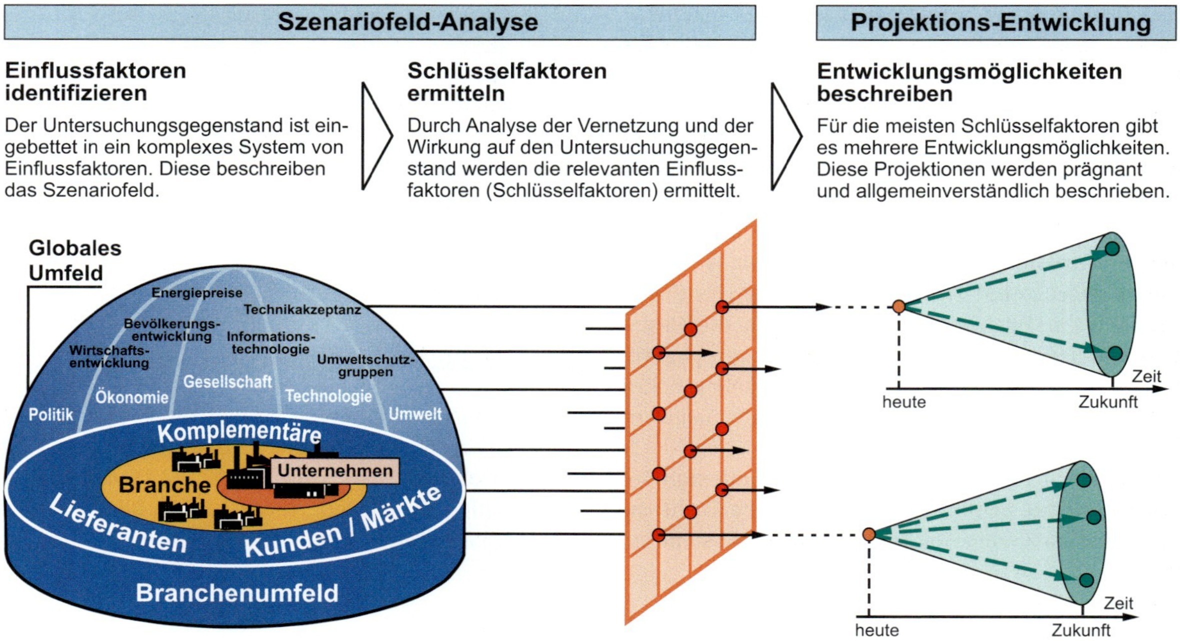

2 Potentialfindung – Die Geschäfte von morgen antizipieren

Szenariofeld-Analyse

Einflussfaktoren identifizieren
Der Untersuchungsgegenstand ist eingebettet in ein komplexes System von Einflussfaktoren. Diese beschreiben das Szenariofeld.

Schlüsselfaktoren ermitteln
Durch Analyse der Vernetzung und der Wirkung auf den Untersuchungsgegenstand werden die relevanten Einflussfaktoren (Schlüsselfaktoren) ermittelt.

Projektions-Entwicklung

Entwicklungsmöglichkeiten beschreiben
Für die meisten Schlüsselfaktoren gibt es mehrere Entwicklungsmöglichkeiten. Diese Projektionen werden prägnant und allgemeinverständlich beschrieben.

BILD 2.18 Szenario-Erstellung (Teil 1 von 2): Vom Szenariofeld zu den Zukunftsprojektionen

Projektions-Entwicklung

Entwicklungsmöglichkeiten beschreiben
Für die meisten Schlüsselfaktoren gibt es mehrere Entwicklungsmöglichkeiten. Diese Projektionen werden prägnant und allgemeinverständlich beschrieben.

Szenario-Bildung

Konsistente Zukunftsbilder (Szenarien) ermitteln
Die paarweise Konsistenzbewertung von Projektionen führt zu Szenarien. Szenarien müssen in sich schlüssig und nachvollziehbar sein.

Szenarien „in Prosa" beschreiben
Szenarien sollten verständlich und leicht kommunizierbar sein. Die Prosatexte basieren auf den Beschreibungen der Projektionen.

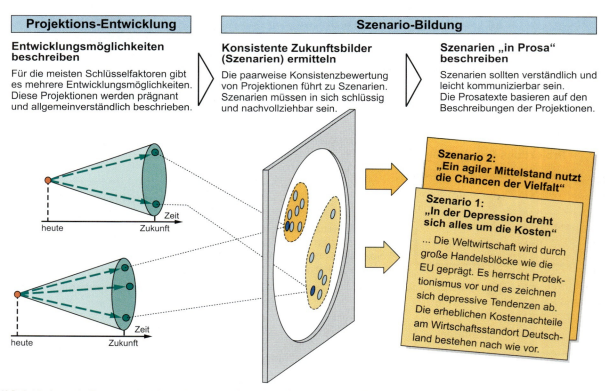

Szenario 2: „Ein agiler Mittelstand nutzt die Chancen der Vielfalt"

Szenario 1: „In der Depression dreht sich alles um die Kosten"
... Die Weltwirtschaft wird durch große Handelsblöcke wie die EU geprägt. Es herrscht Protektionismus vor und es zeichnen sich depressive Tendenzen ab. Die erheblichen Kostennachteile am Wirtschaftsstandort Deutschland bestehen nach wie vor.

BILD 2.19 Szenario-Erstellung (Teil 2 von 2): Von den Zukunftsprojektionen zu den Szenarien

- Die **Szenario-Vorbereitung** (Phase 1) steckt den Rahmen des Szenario-Projekts ab und spezifiziert das Projekt.
- Mit der **Szenariofeld-Analyse** (Phase 2) beginnt die Szenario-Erstellung. Hier wird das Szenariofeld durch Einflussfaktoren beschrieben. Die wesentlichen Einflussfaktoren – die sogenannten Schlüsselfaktoren – ergeben sich aus der Analyse der Vernetzung und der Relevanz der Einflussfaktoren.
- Die **Projektions-Entwicklung** (Phase 3) bildet den Kern des Szenario-Managements. Hier werden alternative Entwicklungsmöglichkeiten (sogenannte Zukunftsprojektionen) der zuvor festgelegten Schlüsselfaktoren erarbeitet.
- In der **Szenario-Bildung** (Phase 4) werden aus den Zukunftsprojektionen mehrere Szenarien generiert. Dies erfolgt auf der Grundlage der paarweisen Bewertung der Konsistenz von Zukunftsprojektionen. Im Prinzip ist ein Szenario eine in sich konsistente Kombination von Zukunftsprojektionen; ein Szenario besteht also aus solchen Zukunftsprojektionen, die gut zusammenpassen.
- Im **Szenario-Transfer** (Phase 5) werden die Auswirkungen der Szenarien auf das Gestaltungsfeld untersucht und im Lichte der alternativen Entwicklungsmöglichkeiten Aussagen für strategische Entscheidungen erarbeitet bzw. Strategien entwickelt.

Mit dem Phasenmodell des Szenario-Managements liegt eine leistungsfähige Methodik zur Erstellung von Szenarien und deren Anwendung in Bereichen wie der Unternehmensführung, dem Technologiemanagement und der Produktplanung vor. Nachfolgend gehen wir auf diese Phasen im Einzelnen ein. Zur Veranschaulichung dient uns dabei das Szenario-Projekt „Werkzeugmaschine 2030 – Initiative für die Werkzeugmaschine von morgen". Dieses ist eine Weiterentwicklung des Szenario-Projekts „Werkzeugmaschine 20XX – Initiative für die Werkzeugmaschine von morgen", das im Rahmen des BMBF-Programms „Forschung für die Produktion von morgen" (Projektträger Forschungszentrum Karlsruhe, Bereich Produktion und Fertigungstechnologie) durchgeführt worden ist. Die Szenarien beschreiben Märkte und Geschäftsumfelder der heimischen Werkzeugmaschinenhersteller.

2.2.1 Szenario-Vorbereitung

Die Szenario-Vorbereitung definiert die Zielsetzung des Szenario-Projekts, analysiert die Ausgangssituation und legt die Projektorganisation fest.

1. Definition der Zielsetzung

Typische Fragen in diesem Schritt sind: Was soll mit der Erstellung und Anwendung der Szenarien erreicht werden? Welche Entscheidungen sollen unterstützt werden? Welche Art von Strategie wollen wir erarbeiten? Die Ziele eines Szenarioprojekts beziehen sich auf das Gestaltungsfeld, das hier klar zu umreißen und analysieren ist. Im Folgenden werden typische Gestaltungsfelder genannt:

- **Unternehmen:** Hier geht es um die strategische Weiterentwicklung eines Unternehmens, Geschäftsbereichs oder dergleichen. Teilbereiche des Gestaltungsfelds sind Produktentwicklung, Fertigung, Vertrieb, Personalentwicklung etc.
- **Produkte:** Die Frage lautet hier, durch welche Merkmale sich ein künftiges Produkt auszeichnen soll. Wir betrachten hier also einen Teilbereich eines Unternehmens. Analog könnten auf dieser Hierarchiestufe auch die Fertigung, der Vertrieb etc. betrachtet werden.
- **Branchen:** Häufig befassen sich mehrere Unternehmen einer Branche mit der gleichen Fragestellung. Es liegt daher nahe, für diese Gruppe Empfehlungen zur Gestaltung der Zukunft zu erarbeiten. Drei Beispiele sollen das verdeutlichen:
  1. Die Zukunft der deutschen Pumpenindustrie: Hier ging es am Ende um die Identifikation und die Priorisierung der Themen für die vorwettbewerbliche Gemeinschaftsforschung.
  2. Die Zukunft der Telemedizin: Grundsätzliches Ziel dieses Vorhabens war, die Erfolgspotentiale der Telemedizin zu erkennen und Wege aufzuzeigen, diese mit neuen Produkten und Geschäftsmodellen zu erschließen.
  3. Die Zukunft der Möbelwirtschaft – E-Business: Zentrale Frage war hier, welche Perspektiven sich durch die Verbreitung von E-Business für die primär mittelständischen Möbelhersteller eröffnen.

Derartige Szenario-Projekte haben den beteiligten Unternehmen mit relativ geringem Aufwand viele gute Erkenntnisse gebracht. Selbstredend zieht jedes Unternehmen für sich die Schlüsse für die Gestaltung des Geschäfts von morgen aus den gemeinsam erarbeiteten Markt- und Umfeldszenarien.

- **Technologien:** Auch hier sind es meistens mehrere Unternehmen, die sich gemeinsam ein Bild von den Gestaltungsmöglichkeiten auf einem bedeutenden Technologiefeld machen wollen. Dazu zwei Beispiele:
  1. Zukünftige Produktionstechnologien im KFZ-Leichtbau: Hier ging es im Prinzip um die Entscheidungsunterstützung für den Einsatz von derartigen Technologien. Eine Zukunftsbetrachtung des Leichtbaus bot sich hier besonders an, da mit dem Leichtbau erhebliche Investitionen in Produktionsanlagen verbunden sind.
  2. Die Zukunft der additiven Fertigungsverfahren: Ziel des Vorhabens war es, zukünftige Chancen und Risiken für den Einsatz additiver Fertigungsverfahren aufzuzeigen. Dazu wurden Entwicklungen Erfolg versprechender Anwenderindustrien antizipiert und Ideen für zukünftige Anwendungen entwickelt.

2. Analyse der Ausgangssituation

Hier wird das Gestaltungsfeld in seiner gegenwärtigen Situation charakterisiert. Dazu verwenden wir die üblichen Methoden wie die Marktleistung-Marktsegmente-Matrix, das integrierte Markt-Technologie-Portfolio, das Erfolgsfaktoren-Portfolio etc. Die Analyse ergibt die Herausforderungen aus heutiger Sicht. Eine solche Ist-Analyse ist aber auch eine Voraussetzung für die Strategieentwicklung, weil die Strategie den Weg von der heutigen Situation zur Erschließung der Erfolgspotentiale von morgen aufzeigen soll.

2.2.2 Szenariofeld-Analyse

Es ist das Ziel dieser Phase, die für die Entwicklung des Szenariofelds relevanten bzw. besonders charakteristischen Einflussfaktoren – die sogenannten Schlüsselfaktoren – zu identifizieren. In unseren Projekten hat sich ein mehrstufiges Vorgehen zur Bestimmung der Einflussfaktoren bewährt. Zunächst wird das Szenariofeld in Einflussbereiche aufgeteilt. Wie links in Bild 2.18 angedeutet, handelt es sich um Bereiche, die den Untersuchungsgegenstand direkt umgeben (Branche, Markt, Lieferanten etc.), und Bereiche des globalen Umfelds (Politik, Ökonomie, Gesellschaft, Technologie etc.). Aus diesen Einflussbereichen ermitteln wir Einflussfaktoren. Dafür verwenden wir Checklisten, die aufgrund der vielen von uns durchgeführten Szenario-Projekte ständig erweitert und aktualisiert werden. Häufig ermitteln wir auch neue spezifische Einflussfaktoren mit Hilfe von Experteninterviews. Als Ergebnis liegt für ein Projekt ein Katalog von etwa 60 Einflussfaktoren vor.

Um zu den Schlüsselfaktoren zu kommen, sind fünf Schritte durchzuführen: Zunächst werden in der direkten Einflussanalyse die direkten Beziehungen zwischen den Einflussfaktoren betrachtet. Anschließend werden durch die indirekte Einflussanalyse auch indirekte Beziehungen zwischen den Einflussfaktoren einbezogen. Mit der Relevanzanalyse wird die Bedeutung der Einflussfaktoren für das Gestaltungsfeld ermittelt. Abschließend erfolgt die Auswahl der Schlüsselfaktoren mit Hilfe des sogenannten System-Grids sowie eine Aufbereitung der Schlüsselfaktoren.

1. Direkte Einflussanalyse

Bei der direkten Einflussanalyse werden die direkten Beziehungen bzw. Beeinflussungen zwischen den Einflussfaktoren erfasst. Dazu dient eine **Einflussmatrix**, wie sie 1973 von DUPPERIN und GODET entwickelt wurde [DG73]. In dieser Matrix werden die Einflussfaktoren gegenübergestellt (Bild 2.20). Je Einflussfaktoren-Paar wird bewertet, wie stark oder wie schnell sich der eine Einflussfaktor durch die direkte Einwirkung des anderen verändert – und umgekehrt. Die Bewertung der Einflüsse erfolgt anhand der in Bild 2.20 oben links angegebenen vierstufigen Skala. Bei der Bewertung ist besonderes Augenmerk darauf zu legen, nur direkte Einflüsse der Einflussfaktoren aufeinander zu betrachten. Die indirekten Einflüsse werden im nächsten Schritt behandelt.

Aus der vollständig ausgefüllten Einflussmatrix ergeben sich u.a. zwei Kennwerte, die bereits erste Hinweise geben, welche Einflussfaktoren als Schlüsselfaktoren in Frage kommen:

- Die **Aktivsumme** (AS) eines Einflussfaktors ist die Zeilensumme aller Beziehungswerte. Sie zeigt die Stärke an, mit der der Einflussfaktor direkt auf alle anderen Einflussfaktoren wirkt.
- Die **Passivsumme** (PS) eines Einflussfaktors ergibt sich aus der Spaltensumme. Sie ist ein Maß dafür, wie stark der jeweilige Einflussfaktor direkt durch alle übrigen Einflussfaktoren beeinflusst wird.

2. Indirekte Einflussanalyse

Bisher wurden nur direkte Beziehungen der Einflussfaktoren betrachtet. Das reicht aber nicht aus, weil sich die Faktoren über mehrere Stufen beeinflussen. So beeinflusst die *Innovationsfähigkeit* im direkten Vergleich die *Finanzierungsmöglichkeiten für Werkzeugmaschinen* nicht. Über zwei Stationen des vernetzten Systems erfolgt aber doch eine Beeinflussung, weil die *Innovationsfähigkeit* Einfluss auf das *Image des Produktionsstandorts* ausübt und das *Image des Produktionsstandorts* wiederum die

Einflussmatrix

Fragestellung:
„Wie stark beeinflusst der Einflussfaktor i (Zeile) den Einflussfaktor j (Spalte)?“

Bewertungsmaßstab:
0 = keinen Einfluss
1 = schwacher Einfluss
2 = mittlerer Einfluss
3 = starker Einfluss

Einflussfaktoren	Nr.	1 Globalisierung	2 Kooperation in Wertschöpfungsnetzen	3 Attraktivität des Standorts D.	4 Image des Produktionsstandorts D.	5 Finanzierungsmöglichkeiten für WZM	6 Innovationsfähigkeit	7 Durchdringung mit IKT	8 Migrationseffizienz	9 Forschungs- und Bildungspolitik	55 Virtuelle Produktentstehung	56 Verw. von Cloud-Servicemodellen	57 Ausstattung der Mitarb. mit Assistenzs.	58 Substitution von Werkzeugen	Aktivsumme
Globalisierung	1		3	2	2	1	2	2	0	1	0	2	1	2	51
Kooperation in Wertschöpfungsnetzen	2	2		1	1	0	3	1	0	0	0	2	2	0	34
Attraktivität des Standorts Deutschland	3	2	1		3	3	3	2	1	3	2	0	0	2	49
Image des Produktionsstandorts Deutschland	4	2	1	3		3	2	1	1	2	1	0	0	1	42
Finanzierungsmöglichkeiten für WZM	5	1	1	3	2		3	0	2	0	0	1	1	0	26
Innovationsfähigkeit	6	2	2	2	3	0		3	3	2	1	2	1	2	49
Durchdringung mit IKT	7	0	3	3	1	0	3		3	1	3	3	3	0	68
Migrationseffizienz	8	0	2	2	2	0	1	2		0	1	1	2	0	28
Forschungs- und Bildungspolitik	9	0	0	1	2	0	2	0	2		1	1	2	0	23
Virtuelle Produktentstehung	55	0	2	3	1	0	3	3	2	0		3	2	1	37
Verwendung von Cloud-Servicemodellen	56	1	3	1	1	0	2	3	1	0	2		2	1	32
Ausstattung der Mitarbeiter mit Assistenzsyst.	57	0	1	2	1	0	3	3	2	0	0	2		0	31
Substitution von Werkzeugen	58	0	0	1	2	0	2	0	0	0	0	0	1		3[illegible]
Passivsumme		35	37	55	51	18	67	41	28	17	22	28	32	30	

Beispiel
3 = Die Innovationsfähigkeit (Zeile 6) beeinflusst das Image des Produktionsstandorts Deutschland (Spalte 4) stark.

Aktivsumme
Wie stark beeinflusst ein Einflussfaktor die anderen Faktoren?

Passivsumme
Wie stark wird ein Einflussfaktor von anderen Faktoren beeinflusst?

BILD 2.20 Einflussmatrix mit direkten Bewertungen

Finanzierungsmöglichkeiten von *Werkzeugmaschinen* beeinflusst.

Mit diesem Beispiel wollen wir verdeutlichen, wie komplex die Beziehungen in einem vernetzten System sind. Es ist nahezu unmöglich, das Wirkungsgefüge eines derartig vernetzten Systems vollständig zu erfassen. Daher werden mit Hilfe der *Scenario-Software* die indirekten Beeinflussungen auf Basis einer Einflussmatrix identifiziert und in die Analyse einbezogen. Als Ergebnis erhalten wir modifizierte Aktivsummen und Passivsummen, die jetzt neben den direkten auch die indirekten Beeinflussungen berücksichtigen.

3. Relevanzanalyse

Die vorgestellte umfassende Einflussanalyse liefert Aussagen über das systemische Verhalten der Einflussfaktoren; sie sagt aber noch nichts über die Stärke der Wirkung der Einflussfaktoren auf den Untersuchungsgegenstand aus. Dazu dient die in Bild 2.21 dargestellte Relevanzanalyse.

Die Relevanzanalyse beruht auf dem paarweisen Vergleich der Einflussfaktoren in einer Relevanzmatrix. Dabei steht die Beantwortung der Frage im Vordergrund: „Ist der Einflussfaktor i in der Zeile wichtiger für den Untersuchungsgegenstand als der Einflussfaktor j in der Spalte?“ Zugunsten einer einfachen Handhabbarkeit wird lediglich eine binäre Bewertung vorgenommen (0 = nein/1= ja) [PBF+13]. Aus den Bewertungen in der Relevanzmatrix wird je Einflussfaktor die Zeilensumme, die sogenannte Relevanzsumme, gebildet. Daraus wird als wichtiger Kennwert die Rangfolge der Einflussfaktoren hinsichtlich ihrer Wichtigkeit für das Gestaltungsfeld abgeleitet.

4. Auswahl der Schlüsselfaktoren

Die mit Einfluss- und Relevanzanalyse ermittelten charakteristischen Größen (Aktivsumme, Passivsumme und Relevanzsumme) werden in einem Diagramm – dem sogenannten System-Grid – dargestellt, auf dessen Grundlage die Schlüsselfaktoren ausgewählt werden. In dem System-Grid wird die Aktivsumme der Schlüsselfaktoren über

Relevanzmatrix

Fragestellung:
„Ist Einflussfaktor i (Zeile) wichtiger als Einflussfaktor j (Spalte)?"

Bewertungsmaßstab:
0 = i ist **un**wichtiger als j
1 = i ist wichtiger als j

Einflussfaktoren	Nr.	Globalisierung (1)	Kooperation in Wertschöpfungsnetzen (2)	Attraktivität des Standorts D. (3)	Image des Produktionsstandorts D. (4)	Finanzierungsmöglichkeiten für WZM (5)	Innovationsfähigkeit (6)	Durchdringung mit IKT (7)	Migrationseffizienz (8)	Forschungs- und Bildungspolitik (9)	Virtuelle Produktentstehung (55)	Verw. von Cloud-Servicemodellen (56)	Ausstattung der Mit. mit Assistenzsys. (57)	Substitution von Werkzeugen (58)	Relevanzsumme
Globalisierung	1	■	1	0	0	1	0	0	1	1	0	0	1	0	19
Kooperation in Wertschöpfungsnetzen	2	0	■	1	1	1	0	0	1	1	1	1	1	0	39
Attraktivität des Standorts Deutschland	3	1	0	■	1	1	0	0	1	1	0	0	0	0	26
Image des Produktionsstandorts Deutschland	4	1	0	0	■	1	0	0	0	0	0	0	0	0	20
Finanzierungsmöglichkeiten für WZM	5	0	0	0	0	■	0	0	0	0	0	0	0	0	13
Innovationsfähigkeit	6	1	1	1	1	1	■	1	1	1	1	1	1	1	44
Durchdringung mit IKT	7	1	1	1	1	1	0	■	1	1	1	1	1	1	46
Migrationseffizienz	8	0	0	0	1	1	0	0	■	0	0	0	0	0	32
Forschungs- und Bildungspolitik	9	0	0	0	1	1	0	0	1	■	0	0	0	0	17
Virtuelle Produktentstehung	55	1	0	1	1	1	0	0	1	1	■	1	1	1	38
Verwendung von Cloud-Servicemodellen	56	1	0	1	1	1	0	0	1	1	0	■	0	0	28
Ausstattung der Mitarbeiter mit Assistenzsys.	57	0	0	1	1	1	0	0	1	1	0	1	■	0	40
Substitution von Werkzeugen	58	1	1	1	1	1	0	1	1	1	0	1	1	■	25

> Bei der Relevanzanalyse handelt es sich um einen paarweisen Vergleich. Bewertet wird nur **eine** Richtung, die zweite Richtung wird automatisch mit der Invertierung der ersten Bewertung erstellt.

> **Relevanzsumme**
> Wie bedeutend ist ein Einflussfaktor für das Szenariofeld?

BILD 2.21 Relevanzanalyse mit der Relevanzmatrix

deren Passivsumme aufgetragen, und zwar unter Berücksichtigung der indirekten Beeinflussungen. In unseren Projekten hat es sich bewährt, beide Achsen nach Rängen zu skalieren (Bild 2.22). Das ermöglicht eine übersichtliche und klare Darstellung. Die Kugeldurchmesser repräsentieren das Ergebnis der Relevanzanalyse. Je größer der Durchmesser, desto höher ist der Einfluss auf den Untersuchungsgegenstand.

Zur Identifikation der Schlüsselfaktoren ist das System-Grid nach fallender Aktivsumme von oben nach unten zu scannen. Die Schlüsselfaktoren sind die Einflussfaktoren, die einen großen Kugeldurchmesser (also eine hohe Relevanz für den Untersuchungsgegenstand) und eine möglichst hohe Positionierung (also eine starke Aktivität im vernetzten System der Einflussfaktoren) aufweisen. In der Regel werden so aus einer Menge von etwa 60 Einflussfaktoren etwa 20 Schlüsselfaktoren bestimmt. Das sind immer noch wesentlich mehr als wir normalerweise ins Kalkül ziehen, wenn wir Strategieentscheidungen zu treffen haben.

5. Aufbereitung der Schlüsselfaktoren

Die ausgewählten Schlüsselfaktoren sind für die weitere Verarbeitung aufzubereiten. Dies umfasst je Schlüsselfaktor eine Definition sowie eine fundierte und präzise Beschreibung der gegenwärtigen Situation. Diese Beschreibung basiert auf Indikatoren. Das sind im Zeitverlauf messbare Größen, die direkt erhoben werden und eine Einschätzung der Entwicklung des zugehörigen Faktors erlauben. Diese Indikatoren können zu einem späteren Zeitpunkt auch für das Prämissen-Controlling verwendet werden, in dessen Rahmen die Frage zu beantworten ist, ob die der Strategie zugrunde liegenden Annahmen (ausgedrückt durch das gewählte Markt- und Umfeldszenario) nach wie vor noch gelten. Alle Angaben sind mit Quellen zu versehen, um die Nachvollziehbarkeit für nicht direkt Beteiligte sicherzustellen. Auch hier liegt es nahe, die so aufbereiteten Schlüsselfaktoren in einer Wissensbasis abzulegen und regelmäßig zu aktualisieren. Der folgende Kasten enthält ein Beispiel eines präzise beschriebenen Schlüsselfaktors.

2.2 Szenario-Technik

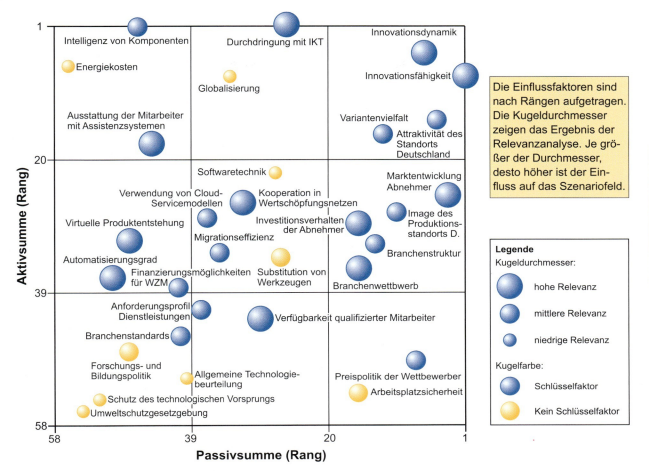

BILD 2.22 Aktiv-Passiv-Grid zur Identifikation der Schlüsselfaktoren

BESCHREIBUNG DES SCHLÜSSELFAKTORS „ATTRAKTIVITÄT DES STANDORTS DEUTSCHLAND"

Definition: Die Attraktivität des Standorts Deutschland wird durch das Wachstum des Bruttoinlandprodukts und durch die Wirtschaftspolitik bestimmt. Die Wirtschaftspolitik bildet dabei den Rahmen in Form von Art und Umfang staatlicher Eingriffe zur Erreichung wirtschaftspolitischer Ziele: Wachstum, Vollbeschäftigung, Währungsstabilität, Außenhandelsgleichgewicht.

Ist-Situation: Deutschland verfügt über eine hohe Innovationsfähigkeit, eine erstklassige Forschungslandschaft und gut ausgebildete Fachkräfte. Das haben auch ausländische Investoren erkannt. Für sie ist Deutschland im Jahr 2015 – gleich hinter China und den USA – einer der weltweit attraktivsten Standorte für Investitionen. Im europäischen Vergleich liegt Deutschland damit an erster Stelle vor Großbritannien und Frankreich [EY16].

Die Attraktivität des Standorts Deutschland zeigt sich auch in den ausländischen Direktinvestitionen (Foreign Direct Investment, FDI). Nach einem kurzen Einbruch im Jahr 2014 mit nur 0,8 Mrd. US-$ betrugen die Kapitalzuflüsse nach Deutschland 2015 wieder rund 31,7 Mrd. US-$ – Deutschland liegt auf Rang sieben der Industrienationen [UN16]. Dieser Erfolg basiert insbesondere auf dem hohen technologischen Niveau in Deutschland – Deutschland wird als Hightech-Standort wahrgenommen. Insbesondere die Forschungs- und Innovationskapazitäten werden als herausragendes Merkmal identifiziert. Außerdem werden das Qualifikationsniveau der Arbeitskräfte sowie die Infrastruktur positiv bewertet. Darüber hinaus ist ein Großteil der befragten Unternehmen der Ansicht, dass Deutschland eine für ausländische Investoren interessante Politik umsetzt. Weniger positiv werden allerdings die Flexibilität des Arbeitsrechts und die Unternehmensbesteuerung beurteilt [EY16].

Nach einem Rückgang der gesamtwirtschaftlichen Entwicklung im Zuge der Finanzkrise hat sich Deutschland wieder erholt. Das Bruttoinlandsprodukt ist 2015 im Vergleich zum Vorjahr um 3,8 % auf etwa 3.026 Mrd. € gestiegen [Sta16a].

Die Inflationsrate lag in Deutschland im Jahr 2015 bei 0,3 % und damit 0,6 Prozentpunkte unter der Teuerungsrate von 2014 [Sta16b].

Indikatoren: Ausländische Direktinvestitionen, Bruttoinlandsprodukt, Inflationsrate

Literatur:
[EY16] ERNST & YOUNG AG: Standort Deutschland 2016 – Deutschland und Europa im Urteil internationaler Manager, 2016

[Sta16a] STATISTISCHES BUNDESAMT DEUTSCHLAND (Hrsg.): Volkswirtschaftliche Gesamtberechnung – Inlandsproduktberechnung. Statistisches Bundesamt, Wiesbaden, 2016

[Sta16b] STATISTISCHES BUNDESAMT DEUTSCHLAND (Hrsg.): Preise – Verbraucherpreisindizes für Deutschland – Jahresbericht. Statistisches Bundesamt, Wiesbaden, 2016

[UN16] UNITED NATIONS CONFERENCE ON TRADE AND DEVELOPMENT (UNCTAD): World Investment Report 2016 – Reforming International Investment Governance United Nations Publication, United Nations, New York, 2016

2.2.3 Projektions-Entwicklung

Die Erarbeitung von Projektionen, also alternativen Zukunftsbildern je Schlüsselfaktor, ist der entscheidende Hauptschritt der Szenario-Technik. Dazu ist es erforderlich, den Zeithorizont festzulegen. Viele Praktiker neigen dazu, einen zu kurzen Zeithorizont zu wählen. Ein Zukunftshorizont von fünf Jahren ist jedoch in vielen Projekten erheblich zu kurz – im Normalfall wählen wir etwa zehn Jahre. Bei sehr dynamischen Geschäften wie im Bereich der Informationstechnik oder der Telekommunikation kann hingegen ein näherer Zeithorizont ratsam sein, vor allem dann, wenn die Szenarien Hinweise für die Produktplanung geben sollen. Die Projektionen sind die Bausteine für die späteren Szenarien. Davon hängen die Aussagekraft und die Qualität der Szenarien und damit letztlich der Erfolg des gesamten Szenario-Projekts ab. In der Regel ist es sinnvoll, sowohl aus heutiger Sicht plausible als auch extreme, aber begründbare Entwicklungen in Betracht zu ziehen. Letztere stimulieren später in der Strategieentwicklung die Kreativität. Nachfolgend beschreiben wir drei Schritte, um zu besonders aussagekräftigen Zukunftsprojektionen zu gelangen.

1. Ermittlung möglicher Zukunftsprojektionen

Ähnlich wie bei der Ermittlung von Einflussfaktoren sind auch in diesem Schritt gleichzeitig analytische und kreative Fähigkeiten gefragt: Auf analytischem Weg lassen sich Zukunftsprojektionen von Schlüsselfaktoren mit quantitativ messbaren Merkmalen erfassen. Dazu zählen beispielsweise die Bevölkerungs- oder Marktentwicklungsgrößen. Andere Schlüsselfaktoren lassen sich besser qualitativ beschreiben.

2. Auswahl von besonders charakteristischen Zukunftsprojektionen

In den meisten Fällen ergeben sich je Schlüsselfaktor eine Reihe von Zukunftsprojektionen. Viele davon ähneln sich. Aus der Menge möglicher Zukunftsprojektionen sind geeignete Projektionen auszuwählen, mit denen die wirklich charakteristischen Entwicklungsmöglichkeiten beschrieben werden. Dabei ist es besonders wichtig, auf die Trennschärfe der Zukunftsprojektionen zu achten, so dass jede eine eigenständige Entwicklungsmöglichkeit darstellt. Oft enthält eine Projektion auch mehrere Aspekte. Das ist mit äußerster Vorsicht zu behandeln, weil damit unterschiedliche Sichten auf die Projektion gefördert werden, was später bei der paarweisen Bewertung der Konsistenz von Projektionen zu unterschiedlichen Beurteilungen führen kann – je nachdem welcher Aspekt im Vordergrund steht. Andererseits kann so die Aussagekraft einer Projektion erhöht werden. Um mit solchen Situationen in der Diskussion der Projektionen geschickt umzugehen, empfehlen wir, die verschiedenen Aspekte als Achsen eines Portfolios zu verwenden, wie das in Bild 2.23 dargestellt ist. Mit Hilfe der daraus resultierenden Matrix lassen sich die Projektionen treffend formulieren. In der Regel verbleiben zwischen zwei und vier Zukunftsprojektionen je Schlüsselfaktor.

3. Beschreibung der Zukunftsprojektionen

Im Anschluss an die Auswahl der Zukunftsprojektionen müssen diese so formuliert und begründet werden, dass sie auch von Unbeteiligten leicht und schnell verstanden werden. Daher sollte eine Zukunftsprojektion zunächst eine prägnante Kurzbezeichnung erhalten. Neben der bes-

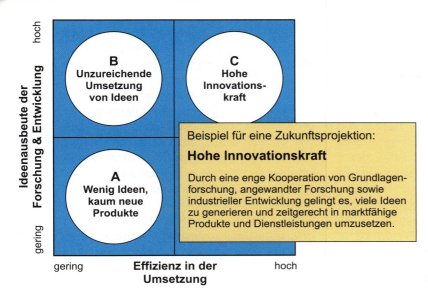

BILD 2.23
Portfoliounterstützte Ermittlung von Zukunftsprojektionen

seren Handhabbarkeit der Projektionen in einem Projekt haben prägnante Kurzbezeichnungen den Vorteil, dass sie bei den Anwendern Interesse wecken und in Diskussionen schnell übernommen werden. Neben einer Kurzbezeichnung bedarf es einer ausführlichen Beschreibung und Begründung der Zukunftsprojektionen (vgl. Kasten). Auf diese Textbausteine wird später zurückgegriffen, um die Szenarien zu schreiben. Generell gilt: Je mehr die Projektion vom vermeintlich Wahrscheinlichen abweicht, je provokativer sie ist, umso wichtiger ist eine Begründung. Ein Benzinpreis von 2,60 € im Jahr 2030 erfordert keine Begründung. Dieser Wert wird von der International Energy Agency ausgerufen, jeder kann das nachvollziehen. Ein Benzinpreis von 15 € wäre auf den ersten Blick äußerst unwahrscheinlich, aber möglich, wenn einige Entwicklungen wie eine prosperierende Wirtschaft in Schwellenländern und eine drastische Steuererhöhung infolge extrem ansteigender Schadstoffemissionen Realität würden. Logischerweise müsste eine derartige Projektion sehr sorgfältig und nachvollziehbar begründet werden.

BEISPIELE FÜR ZUKUNFTSPROJEKTIONEN

Schlüsselfaktor: **Image des Produktionsstandorts Deutschland**

A Deutschland als High-Tech-Standort: Durch vorbildliche Betriebsorganisation und intelligenten Technologieeinsatz ist die Produktionstechnik in Deutschland führend. Als Produktionsstandort gilt Deutschland als erste Adresse. Mit Anerkennung wird registriert, dass auch in einem Hochkostenland wirtschaftlich produziert werden kann. Produkte aus Deutschland genießen überall in der Welt höchstes Ansehen.

B Der Produktionsstandort Deutschland hat wieder an Boden gewonnen: Der Produktionsstandort Deutschland wird neu entdeckt. Nach Jahren der Abwanderung aus Deutschland setzt sich die Einsicht durch, dass die vom Markt geforderte Produktqualität in Niedriglohnländern nicht erreicht werden kann. Die Produktivität in Deutschland übersteigt die der ausländischen Standorte um das Maß, wie die deutschen über den ausländischen Lohnkosten liegen. Ferner bieten die enge Verflechtung der deutschen Wirtschaft, die gute Infrastruktur und das klare Rechtssystem weitere Vorteile. Dadurch können immer wieder Lohnkostenunterschiede vertreten werden.

C Produktionsstandort unter vielen: Spitzenproduktionstechnik ist überall anzutreffen, weil die global tätigen Unternehmen in die günstigsten Produktionsstandorte investieren. Deshalb konnte die Erosion des Produktionsstandorts Deutschland nicht aufgehalten werden. Bei der Vermarktung von Produkten spielt die Bezeichnung „Made in Germany" keine Rolle. Stattdessen etablieren sich markenbezogene Produktkennzeichnungen. Markennamen stehen für Qualität – unabhängig vom Produktionsstandort.

Schlüsselfaktor: **Durchdringung mit IKT**

A Vernetzte Welt: Die rapide Durchdringung der Arbeits- und Freizeitwelt mit Informations- und Kommunikationstechnik hat in den vergangenen Jahren weiter zugenommen. Jeder hat immer und überall Zugriff auf Informationen und Dienste. Der Einsatz semantischer Technologien ermöglicht eine effiziente Bewältigung der Fülle von verfügbaren Informationen. Durchgesetzt haben sich vor allem intuitiv zu bedienende Systeme. Häufig blendet die Faszination der neuen Möglichkeiten die Menschen: Sicherheitsrisiken, wie die Weitergabe sensibler Daten, werden verdrängt. Es herrscht ein Widerspruch zwischen der theoretischen Wertschätzung und der gelebten Achtlosigkeit im Umgang mit der eigenen Privatsphäre.

B Informationseliten: Die täglich produzierte Datenmenge hat ungeahnte Ausmaße erlangt. Viele sehen darin faszinierende Möglichkeiten. Die ungeheure Fülle an Daten erweist sich wie von vielen vorhergesagt als das Gold des 21. Jahrhunderts. Doch die freie Verfügbarkeit von Daten ist trügerisch. Nur wenigen gelingt es, die technologischen Möglichkeiten zu nutzen und aus Daten Informationen und Wissen zu generieren: Es bilden sich Informationseliten. Diese beherrschen die Algorithmen und ziehen konsequent Nutzen aus den Daten. Offensichtlich herrscht kein Mangel an Informationen; aber die Menschen fühlen sich nicht informiert.

C IT-Frustration: Der IKT-Hype der Freizeitwelt hat keinen Einzug in die Produktion gefunden. Die notwendigen hohen Anforderungen an die Verlässlichkeit der IT-Systeme werden nicht erfüllt. Die erwarteten Effizienzsteigerungen sind ausgeblieben. Im Privatleben nimmt die Skepsis gegenüber IKT stark zu, weil die Folgen des „lockeren" Umgangs nun allmählich sichtbar werden. Menschen sehen sich mit der totalen Transparenz konfrontiert und streben nach Privatheit – also nach der Möglichkeit, seine Sichtbarkeit im Netz selbst definieren und regulieren zu können.

Schlüsselfaktor: **Verwendung von Cloud-Servicemodellen**

A Infrastructure-as-a-Service (IaaS): Unternehmen verwenden primär IaaS und haben damit Zugriff auf zusätzliche IT-Infrastruktur, wie Rechenleistung, Arbeits- und Datenspeicher. Diese hinzugewonnenen Ressourcen können beispielsweise für eigene Archivierungs- und Backup-Systeme genutzt werden. Die Kapazität von IaaS ist dabei i. d. R. dynamisch erweiterbar.

B Platform-as-a-Service (PaaS): Unternehmen nutzen überwiegend das PaaS-Modell, welches ihnen eine komplette Entwicklungsplattform inkl. Hardware und Software zur Verfügung stellt. Auf der Plattform können Anwendungen entwickelt bzw. weiterentwickelt, getestet, bereitgestellt und betrieben werden. Die Plattform bietet dazu i. d. R. entsprechende IT-Werkzeuge an.

C Software-as-a-Service (SaaS): Durch die Verwendung von SaaS wird den Unternehmen eine Softwareumgebung über das Internet zur Verfügung gestellt, sodass zentrale Unternehmenssoftware nicht mehr auf jedem internen Server und PC abgelegt werden muss. Unternehmen zahlen für die Verwendung dieser Softwareumgebung, besitzen sie aber nicht, sodass der Dienstleister i. d. R. für die Wartung und Administration zuständig ist. Weiterhin haben Unternehmen die Option, ihre selbst entwickelte Software ebenfalls als SaaS-Modell anzubieten.

D Keine Verwendung von Cloud-Servicemodellen: Die Unternehmen setzen keine Cloud-Servicemodelle ein. Sie nutzen eigene Rechenzentren und betreiben Software-Applikationen lokal. Gründe hierfür sind unkalkulierbare Datenschutzrisiken und weltweit unterschiedliche und unzureichende gesetzliche Regelungen.

Schlüsselfaktor: **Ausstattung der Mitarbeiter mit Assistenzsystemen**

A Voller Einsatz: Durch Ubiquitous Computing (kontextsensitive und allgegenwärtige Informationsverarbeitung) werden Beschäftigte zum „Augmented Operator"; sie verbessern ihre Entscheidungsgrundlagen durch virtuell erweiterte Sichten auf die reale Fabrik. Die Voraussetzungen für den Erfolg von Ubiquitous Computing, wie die Sicherheit der Daten sowie das Vertrauen in die Technologien sind gegeben. Aus- und Weiterbildung der Mitarbeiter in der Nutzung von Assistenzsystemen hat für die Unternehmen einen hohen Stellenwert.

B Abwägung: Der Umgang mit Ubiquitous Computing (kontextsensitive und allgegenwärtige Informationsverarbeitung) ist pragmatisch. Neue Technologien werden nur dort eingesetzt, wo der Nutzen offensichtlich ist und mögliche Datenschutz- und Sicherheitsrisiken tragbar sind. Es findet eine Abwägung von Risikoauswirkung und Aufwand für die Risikovermeidung statt.

> **C Abschottung:** Ubiquitous Computing (kontextsensitive und allgegenwärtige Informationsverarbeitung) findet im industriellen Kontext keinen Anklang; zu groß sind die Datenschutz- und Sicherheitsrisiken für die Unternehmen im Vergleich zu den absehbaren Chancen. Schwerwiegende Industriespionage- und Sabotageangriffe auf international operierende Konzerne, aber auch auf Mittelständler haben diese Haltung verstärkt. Der Einsatz von Assistenzsystemen erfolgt nur innerbetrieblich punktuell.

Das besonders Reizvolle an der Szenario-Technik ist, dass sich das Szenario-Team zunächst einmal voll auf die Ermittlung von denkbaren Entwicklungen je Schlüsselfaktor konzentrieren kann, ohne sich auf die Wahrscheinlichkeit des Eintretens dieser Entwicklungen festlegen zu müssen und ohne sich Gedanken über „vernünftige" Kombinationen dieser Entwicklungen zu Szenarien machen zu müssen. Erfahrungsgemäß fördert gerade diese offensichtliche „Zwanglosigkeit" die kreative, offene Diskussion. Natürlich ist jedes Teammitglied neugierig, welche Kombinationen von Projektionen am Ende zu Szenarien führen. Die Antwort darauf liefert das nächste Kapitel.

2.2.4 Szenario-Bildung

Ein Szenario ist im Prinzip eine Kombination von Zukunftsprojektionen, die gut zusammenpassen. Entscheidend für die Glaubwürdigkeit von Zukunftsbildern ist deren Konsistenz, d. h. die Widerspruchsfreiheit der einzelnen Projektionen eines Szenarios zueinander. So ist beispielsweise ein Zukunftsszenario plausibel, das die Projektionen „steigende Umweltschutzauflagen" und „Intensivierung der F&E-Tätigkeit der Industrie" enthält. Im Folgenden beschreiben wir kurz fünf Schritte, wie ausgehend von der paarweisen Konsistenzbewertung die Zukunftsszenarien ermittelt werden. Im Detail wird das Verfahren in der einschlägigen Fachliteratur beschrieben [GP14], [GFS96].

1. Paarweise Konsistenzbewertung

Die paarweise Konsistenzbewertung erfolgt in einer Konsistenzmatrix, wie sie in Bild 2.24 dargestellt ist. Es sind nur auf einer Seite der Matrix Konsistenzwerte anzugeben, da es sich – im Gegensatz zur Einflussanalyse – nicht um gerichtete Beziehungen handelt. Zur Bewertung der Konsistenz wird die im Bild angegebene Skala verwendet.

Die Konsistenzbewertung der einzelnen Projektionspaare basiert wie bei der Einflussanalyse auch auf den subjektiven Einschätzungen der an der Erstellung beteiligten Personen. Insbesondere bei größeren Szenario-Projekten werden daher mehrere Konsistenzmatrizen ausgefüllt. Die Abweichungen, die sich aus den verschiedenen Bewertungen ergeben, erlauben Rückschlüsse auf Verständnisprobleme oder unterschiedliche Einschätzungen zukünftiger Entwicklungen. Die Diskussionen, die mit einer Synchronisierung der verschiedenen Konsistenzmatrizen verbunden sind, stellen für sich schon eine Wertschöpfung eines Szenario-Projekts dar.

2. Konsistenzanalyse

Auf der Basis der ausgefüllten Konsistenzmatrix werden Projektionsbündel gebildet. Ein **Projektionsbündel** ist eine Kette von Projektionen, wobei genau eine Projektion je Schlüsselfaktor auftritt. Somit weist ein Projektionsbündel so viele Projektionen auf wie Schlüsselfaktoren existieren. Nach den Regeln der Kombinatorik ergeben sich schon bei 20 Schlüsselfaktoren mit je 2 bis 3 Projektionen einige Millionen Projektionsbündel. Daher ist eine Projektionsbündel-Reduktion erforderlich. Dies erfolgt durch die bereits erwähnte *Scenario-Software*. Mit diesem Tool wird zunächst eine Bündelreduktion vorgenommen, indem partiell inkonsistente Bündel ausgeschlossen werden.

Als Ergebnis der Projektionsbündel-Reduktion ergibt sich ein Projektionsbündel-Katalog, der in der Regel etwa hundert hochkonsistente Projektionsbündel enthält. Im Prinzip ist jedes dieser Bündel ein Szenario. Allerdings sind viele dieser Bündel sehr ähnlich. Auf dieser Gegebenheit beruht die folgende Rohszenarien-Bildung.

3. Rohszenarien-Bildung

Die vorliegenden etwa hundert hochkonsistenten Projektionsbündel werden entsprechend ihrer Ähnlichkeit zusammengefasst, so dass Gruppen (Cluster) von Projektionsbündeln entstehen. Diese Gruppen bezeichnen wir als Rohszenarien und beschreiben sie später in Prosa. Die Rohszenarien-Bildung erfolgt mit Hilfe der Clusteranalyse. Die Clusteranalyse ist ein Verfahren, bei dem einzelne Objekte entsprechend ihrer Ähnlichkeit zu Clustern zusammengefasst werden [BPW10], [BEP+16]. So wird erreicht, dass die Projektionsbündel innerhalb eines Rohszenarios möglichst ähnlich und die Rohszenarien selbst bzw. die Projektionsbündel unterschiedlicher Rohszenarien möglichst verschieden sind.

Konsistenzmatrix

Fragestellung: „Wie verträgt sich Zukunftsprojektion i (Zeile) mit Zukunftsprojektion j (Spalte)?"

Bewertungsskala:
1 = totale Inkonsistenz
2 = partielle Inkonsistenz
3 = neutral oder voneinander unabhängig
4 = gegenseitiges Begünstigen
5 = starke gegenseitige Unterstützung

Schlüsselfaktor	Projektionen	Nr.	1A	1B	1C	2A	2B	2C	3A	3B	3C	4A	4B	4C		19A	19B	19C	19D
Innovationsfähigkeit	Wenig Ideen, kaum neue Prod.	1A																	
	Unzureichende Umsetzung	1B																	
	Hohe Innovationskraft	1C																	
Attraktivität des Standorts Deutschland	Nachteile überwiegen	2A	4	2	1														
	Partielle Verbesserung	2B	4	5	2														
	Gravierende Steigerung	2C	2	4	5														
Image des Produktionsstandorts Deutschland	High-Tech-Standort	3A	1	2	5	1	4	5											
	Gewinnt an Boden	3B	2	3	4	2	5	3											
	Einer unter vielen	3C	5	5	2	5	3	1											
Durchdringung mit IKT	Vernetzte Welt	4A	1	2	4	1	1	5	5	2	1								
	Informationseliten	4B	1	4	5	3	3	2	5	3	2								
	IT-Frustration	4C	5	2	2	5	2	5	3	3	3								
Anforderungsprofil Dienstleistungen	Betreiber beherrschen d. Syst.	19A	3	5	4	3	3	4	5	3	2	3	5	1					
	Alles aus einer Hand	19B	2	3	5	2	3	4	5	4	1	5	5	2					
	Betreiber haben die Wahl	19C	3	4	4	2	4	5	3	5	2	4	3	1					
	Dienstl. spielt keine Rolle	19D	5	4	1	5	3	1	1	2	5	1	3	5					

Die Wahrnehmung des Standorts Deutschland als High-Tech-Produktionsstandort und eine hohe Innovationskraft begünstigen sich stark. Daher können sie gut in einem Szenario vorkommen.

Dass der Standort Deutschland bei geringer Innovationskraft als High-Tech-Produktionsstandort wahrgenommen wird, ist inkonsistent.

1	2	5
2	3	4
5	5	2

BILD 2.24 Konsistenzmatrix, paarweise Bewertung der Konsistenz von Zukunftsprojektionen

---

Eine besondere Bedeutung kommt der Partitionsfestlegung zu. Mit ihr wird über die Anzahl und Struktur der Rohszenarien entschieden: Mit jeder Zusammenfassung steigt der Informationsverlust; andererseits muss eine handhabbare Anzahl von Rohszenarien gefunden werden. Dabei hilft das Scree-Diagramm, in dem der Informationsverlust über der Anzahl der Rohszenarien aufgetragen wird. Die Scenario-Software erzeugt dieses Diagramm (Bild 2.25). Das Scree-Diagramm weist in der Regel einen charakteristischen Knick, den sogenannten „Ellbogen-Punkt", auf. An dieser Stelle würde der Informationsverlust mit einer weiteren Zusammenfassung stark ansteigen, während er im Vergleich zur vorherigen Zusammenfassung nur gering gestiegen ist. Aus diesem Punkt ergibt sich die geeignete Anzahl von Rohszenarien. Im vorliegenden Beispiel sind das drei Partitionen.

4. Zukunftsraum-Mapping

Das sogenannte Zukunftsraum-Mapping visualisiert die Ergebnisse der Clusteranalyse. Hier werden die verschiedenen Projektionsbündel in einer Hilfsebene dargestellt, so dass die Rohszenario-Bildung überprüft werden kann. Es entsteht eine „Landkarte der Zukunft". Bevorzugtes Instrument des Zukunftsraum-Mappings ist die Multidimensionale Skalierung (MDS) [BEP+16]. Sie liefert für jedes Projektionsbündel zwei Koordinatenwerte, so dass die Projektionsbündel auf einer Ebene positioniert werden können. Dabei werden die Projektionsbündel so positioniert, dass ähnliche Bündel möglichst dicht beieinander und unähnliche Bündel möglichst weit voneinander entfernt liegen. In einer derartigen Grafik zeigen sich Rohszenarien als „Bündel-Gruppen" (Bild 2.26).

Eine weitere Form der visuellen Aufbereitung ist die Darstellung von Hauptunterscheidungsmerkmalen. Bild 2.27 stellt dies beispielhaft dar. Unter Hauptunterscheidungsmerkmalen werden grundlegende Unterschiede zwischen Szenarien verstanden, die sich durch Pfeile in einem Zukunftsraum-Mapping darstellen lassen. Damit lassen sich die Zusammenhänge und Unterschiede zwischen den Szenarien im mehrdimensionalen Raum – im Prinzip ist jeder Schlüsselfaktor eine Dimension – erklären. Die Pfeile repräsentieren ausgewählte Schlüsselfaktoren, deren Projektionen an den Pfeilspitzen stehen – beispielsweise „Vernetzte Welt" am Schlüsselfaktor „Durchdringung mit IKT". Danach wird das Szenario 1 durch die Projektion „Vernetzte Welt" stark geprägt, während im Szenario 3 die Entwicklung „IT-Frustration" zu verzeichnen ist.

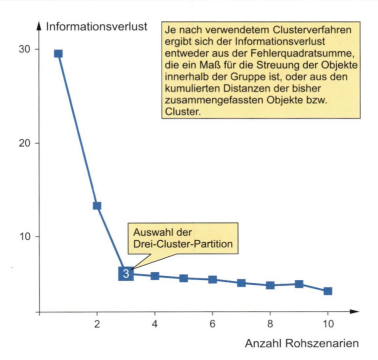

BILD 2.25 Partitionsfestlegung mit einem Scree-Diagramm in der Scenario-Software

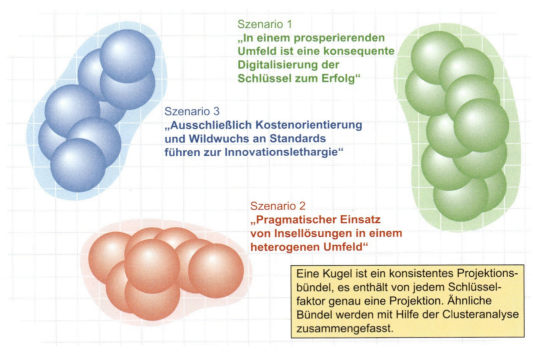

BILD 2.26 Visualisierung der Szenarien auf der Basis der Multidimensionalen Skalierung (MDS)

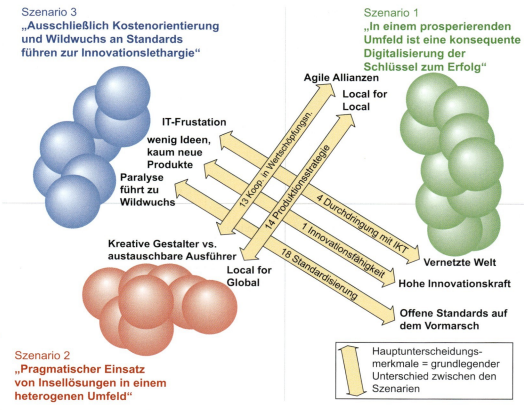

BILD 2.27 Hauptunterscheidungsmerkmale im Zukunftsraum-Mapping

5. Szenario-Beschreibung

Ziel dieses letzten Schritts der Szenario-Bildung ist zunächst die Erstellung der Prosa-Texte der ermittelten Rohszenarien. Dazu greifen wir auf die sogenannte Ausprägungsliste gemäß Bild 2.28 zurück, die von der *Scenario-Software* automatisch generiert wird. Die Liste enthält die Schlüsselfaktoren mit ihren Projektionen und Angaben über die Häufigkeit des Auftretens der Projektionen in den Szenarien. Aus dieser Verteilung ergibt sich ferner eine Charakterisierung der Projektionen bezüglich eines Szenarios:

- **Eindeutige Ausprägungen** eines Szenarios sind Zukunftsprojektionen, die in mindestens drei Viertel aller Projektionsbündel des Rohszenarios vorkommen. Beispiele hierfür sind in Szenario 1 die Projektionen 1C, 2C, 3A, 4A, 18C, 19A.
- **Dominante Ausprägungen** eines Szenarios sind Zukunftsprojektionen, die zwar in weniger als Dreiviertel der Bündel eines Szenarios vorkommen, die das Szenario aber dominieren, weil sie in keinem anderen Rohszenario als Ausprägung vorkommen oder weil eine augenfällige Ungleichverteilung zwischen den mehrdeutigen Projektionen eines Schlüsselfaktors vorliegt, die eine Bevorzugung dieser Projektion rechtfertigt. Dies ist beispielsweise bei der Projektion 4B „Informationseliten" in Szenario 2 der Fall.
- **Alternative Ausprägungen** sind Zukunftsprojektionen, die in mehr als einem Viertel der Projektionsbündel vorkommen und keine eindeutigen oder dominanten Ausprägungen sind. Sie drücken im Allgemeinen aus, dass mehrere Zukunftsprojektionen eines Schlüsselfaktors in einem Szenario auftreten.

Alle anderen Projektionen werden vernachlässigt.

Für die Beschreibung der Szenarien wird auf die Textbausteine zurückgegriffen, die im Zuge der Bildung der Zukunftsprojektionen formuliert worden sind. Diese Textbausteine sind entsprechend der Ausprägungsliste zu verknüpfen. Die Textbausteine sind vom Szenario-Autor in eine logische Reihenfolge zu bringen; ggf. sind auch Überleitungen zu formulieren, um den Gesamttext flüssig zu gestalten. Für die logische Reihenfolge gilt, dass in der Regel mit der Entwicklung des globalen Umfelds begonnen wird und mit der Beschreibung der Entwicklung derjenigen Einflussbereiche abgeschlossen wird, die den

2.2 Szenario-Technik

Schlüsselfaktoren	Projektionen		Szenario 1	Szenario 2	Szenario 3
SF 1: Innovationsfähigkeit	A	Wenig Ideen, kaum neue Prod.	0	0	100
	B	Unzureichende Umsetzung	0	95	0
	C	Hohe Innovationskraft	100	5	0
SF 2: Attraktivität des Standorts Deutschland	A	Nachteile überwiegen	0	0	100
	B	Partielle Verbesserung	5	100	0
	C	Gravierende Steigerung	95	0	0
SF 3: Image des Produktionsstandorts Deutschland	A	High-Tech-Standort	95	0	0
	B	Gewinnt an Boden	5	100	0
	C	Einer unter vielen	0	0	100
SF 4: Durchdringung mit IKT	A	Vernetzte Welt	100	40	1
	B	Informationseliten	0	60	10
	C	IT-Frustration	0	0	89
SF 18: Standardisierung	A	Paralyse führt zu Wildwuchs	0	50	100
	B	Standards setzen sich durch	20	50	0
	C	Offene Standards auf d. Vorm.	80	0	0
SF 19: Anforderungsprofil Dienstleistungen	A	Betreiber beherrschen System	79	12	0
	B	Alles aus einer Hand	20	38	0
	C	Betreiber haben die Wahl	1	60	2
	D	Dienstl. spielen keine Rolle	0	0	98

`97` in 97 % der Projektionsbündel des Szenarios kommt diese Projektion vor. — eindeutige Ausprägung — dominante Ausprägung — alternative Ausprägung — Projektion tritt nicht auf

BILD 2.28 Ausprägungsliste der drei Szenarien

Untersuchungsgegenstand unmittelbar umgeben (z. B. Branche bzw. Markt im Fall von Unternehmen).

An dieser Stelle wird auch deutlich, dass die Szenarien keine frei erfundenen Wunschbilder sind, sondern auf den prägnant beschriebenen Entwicklungsmöglichkeiten der Schlüsselfaktoren beruhen, über die von den Mitgliedern des Szenario-Teams Konsens erzielt wurde, bevor die Rohszenarien ermittelt wurden. Die folgenden Kästen vermitteln einen Einblick in die Aussagekraft der entwickelten Szenarien. Dies erfolgt wieder am Beispiel des Projekts „Werkzeugmaschine 2030 – Initiative für die Werkzeugmaschine von morgen".

Der Prosa-Text eines Szenarios hat je nach Umfang der einzelnen Projektionen eine Länge von bis zu zehn Seiten (Annahme: 20 Schlüsselfaktoren mit je einer Projektion im Umfang von einer halben Seite). Obwohl der Text gut strukturiert und auch selektiv lesbar ist, fällt es doch denjenigen, die nicht am Szenario-Projekt beteiligt waren, schwer, den Inhalt auf Anhieb zu erfassen. Daher wenden wir noch zwei weitere Formen der Szenario-Dokumentation an: das Management Summary und die bildliche Darstellung. Letztere beruht auf dem Prinzip, dass wir jede Projektion mit einem treffenden Bild versehen. So gesehen enthält ein Projektionskatalog nicht nur die Textbausteine je Projektion, sondern auch jeweils ein Bild. Statt der Textbausteine kombinieren wir die Bilder zu einer plakativen Collage (vgl. Kasten). Neben diesen von uns häufig praktizierten Darstellungsformen gibt es selbstredend noch weitere, die mit ihren Vor- und Nachteilen in Tabelle 2.5 aufgelistet sind.

SZENARIO 1: „IN EINEM PROSPERIERENDEN UMFELD IST EINE KONSEQUENTE DIGITALISIERUNG DER SCHLÜSSEL ZUM ERFOLG."

Ausführliche Beschreibung (Auszug)
Wirtschaft

[1C] Grundlagenforschung, angewandte Forschung und industrielle Entwicklung kooperieren eng. Es entsteht ein Forschungs- und Entwicklungswettlauf, so dass es gelingt, die Ideen zeitgerecht in marktfähige Produkte und Dienstleistungen umzusetzen. Treiber dieser Entwicklung sind eine neue Kultur der Zusammenarbeit von Wirtschaft und Hochschulen sowie die Risikobereitschaft der Unternehmen, in neue Technologien und Produkte zu investieren. Die Eintrittsbarrieren sind durch den ständigen Wandel eher gering. Für kleine und flexible Anbieter ergeben sich immer wieder gute Möglichkeiten, in den Branchenwettbewerb einzusteigen. Deutsche Unternehmen erwirtschaften einen überdurchschnittlich hohen Anteil ihres Umsatzes mit neuen Produkten.

[2C] Zur Steigerung der Leistungsfähigkeit des Standorts Deutschland sind umfangreiche Änderungen in der Besteuerung und in der Lohnpolitik vorgenommen worden. Diese Entwicklung hat zur Stärkung der Position der deutschen Unternehmen im globalen Wettbewerb geführt. Ferner kommt dieser Entwicklung zugute, dass die Niedriglohnländer zunehmend unter Kostendruck geraten – die Kostenvorteile dieser Länder werden geringer.

[3A] Durch vorbildliche Betriebsorganisation und intelligenten Technologieeinsatz ist die Produktionstechnik in Deutschland führend. Als Produktionsstandort gilt Deutschland als erste Adresse. Mit Anerkennung wird registriert, dass auch in einem Hochkostenland wirtschaftlich produziert werden kann. Produkte aus Deutschland genießen überall in der Welt höchstes Ansehen.

Technologie

[4A] Die rapide Durchdringung der Arbeits- und Freizeitwelt mit Informations- und Kommunikationstechnik hat in den vergangenen Jahren weiter zugenommen. Jeder hat immer und überall Zugriff auf Informationen und Dienste. Der Einsatz semantischer Technologien ermöglicht eine effiziente Bewältigung der Fülle von verfügbaren Informationen. Durchgesetzt haben sich vor allem intuitiv zu bedienende Systeme. Häufig blendet die Faszination der neuen Möglichkeiten die Menschen: Sicherheitsrisiken, wie die Weitergabe sensibler Daten, werden verdrängt. Es herrscht ein Widerspruch zwischen der theoretischen Wertschätzung und der gelebten Achtlosigkeit im Umgang mit der eigenen Privatsphäre.

[5A,C] Werkzeugmaschinenhersteller verwenden sowohl Infrastructure-as-a-Service (IaaS) als auch Software-as-a-Service (SaaS). IaaS ermöglicht den Zugriff auf zusätzliche IT-Infrastruktur, wie Rechenleistung, Arbeits- und Datenspeicher. Diese hinzugewonnenen Ressourcen können beispielsweise für eigene Archivierungs- und Backup-Systeme insbesondere aber für Analytics-Lösungen genutzt werden. Durch die Verwendung von SaaS werden Softwareumgebungen über das Internet zur Verfügung gestellt. Werkzeugmaschinenhersteller nutzen solche Angebote beispielsweise zur Entwicklung neuer Marktleistungen. Dabei können auch hybride Ansätze aus lokalen Anwendungen und Cloud-Lösungen zum Einsatz kommen.

[6A] Durch Ubiquitous Computing (kontextsensitive und allgegenwärtige Informationsverarbeitung) werden Beschäftigte zum „Augmented Operator"; sie verbessern ihre Entscheidungsgrundlagen durch virtuell erweiterte Sichten auf die reale Fabrik. Die Voraussetzungen für den Erfolg von Ubiquitous Computing wie die Sicherheit der Daten sowie das Vertrauen in die Technologien sind gegeben. Aus- und Weiterbildung der Mitarbeiter in der Nutzung von Assistenzsystemen hat für die Unternehmen einen hohen Stellenwert...

INDUSTRIE 4.0 – INTERNATIONALER BENCHMARK, ZUKUNFTSOPTIONEN UND HANDLUNGSEMPFEHLUNGEN FÜR DIE PRODUKTIONSFORSCHUNG (INBENZHAP)

Bildliche Darstellung von Szenarien

Industrie 4.0 eröffnet neue Perspektiven für den Wirtschaftsstandort Deutschland. Doch die internationale Konkurrenz wächst. Wo steht Deutschland? Und wie sollte sich der Industriestandort weiterentwickeln? Fragen dieser Art wurden im Rahmen des Projekts INBENZHAP (Industrie 4.0 – Internationaler Benchmark, Zukunftsoptionen und Handlungsempfehlungen für die Produktionsforschung) beantwortet. Auf Basis einer Standortbestimmung Deutschlands im internationalen Vergleich und einer Analyse heute wahrnehmbarer sowie vorausgedachter Entwicklungen von Märkten und Geschäftsumfeldern ergibt sich ein Zielbild für Deutschlands digital vernetzte Zukunft. Insgesamt wurden basierend auf dem Benchmark und der Vorausschau 44 Handlungsempfehlungen zur Gestaltung des Industrie 4.0-Standortes Deutschland erarbeitet.

Mithilfe der Szenario-Technik wurden in dem Projekt vier in sich konsistente Umfeld-Situationen im Jahr 2030 erarbeitet – 1) „Balance von Mensch, Technik und Staat als Basis für den Erfolg", 2) „Konsequente Digitalisierung, technikzentrierte Arbeitswelt", 3) „Die Digitalisierung bleibt in vielen Barrieren stecken" und 4) „Digitalisierung global und fremdbestimmt" – und von Fachleuten hinsichtlich ihrer Wahrscheinlichkeit und Auswirkungsstärke auf Industrie 4.0 bewertet. Das Umfeldszenario 1 ist sehr vorteilhaft und auch realisierbar, wenn die relevanten Stakeholder ihre Einflussmöglichkeiten nutzen und die entsprechenden Aktionen forcieren.

Die Szenarien wurden mit Hilfe von Collagen visualisiert. Bild 1 zeigt beispielsweise das Szenario „Balance von Mensch, Technik und Staat als Basis für den Erfolg". Jedes Teilbild der Collage repräsentiert eine Projektion eines Schlüsselfaktors. Da sich die Mitglieder des Szenario-Teams mit den Projektionen, sowohl als Prosatext als auch mit charakterisierenden Teilbildern, ausführlich befasst haben, fällt es ihnen leicht, den Inhalt der Collage zu erfassen.

INBENZHAP wurde durch das Bundesministerium für Bildung und Forschung gefördert. Das Projekt wurde vom Heinz Nixdorf Institut (Prof. Gausemeier), dem WZL der RWTH Aachen (Prof. Klocke) und acatech – Deutsche Akademie der Technikwissenschaften bearbeitet.

Literatur:

[GK16] GAUSEMEIER, J.; KLOCKE, F.: Industrie 4.0 – Internationaler Benchmark, Zukunftsoptionen und Handlungsempfehlungen für die Produktionsforschung. Heinz Nixdorf Institut (Universität Paderborn), WZL (RWTH Aachen), acatech; Paderborn, Aachen, München, 2016.

BILD 1 Bildliche Darstellung von Szenarien am Beispiel des Szenarios „Balance von Mensch, Technik und Staat als Basis für den Erfolg". Fotolia: Beboy, bluedesign, N. Chan, Cybrain, djama, S. Duda, fotodesign-jegg.de, fovito, kanvag, mojolo, M. Nivelet, ra2 studio, Reimer, N. Sorokin, stockWERK, TechnikNeuheiten, D. Titov, Wavebreakmedia-Micro

TABELLE 2.5 Möglichkeiten der Kommunikation von Zukunftsszenarien

Darstellungsform	Vorteile	Nachteile
Collagen Die Szenarien werden mit Hilfe von Fotos, Grafiken und ggf. Stichworten beschrieben.	• Prägnante und plakative Beschreibung • Geringer Aufwand (Zeit und Kosten z.B. für Fotos)	• Szenariobeschreibung ist nicht umfassend und selbsterklärend. • Herausforderung, passende Fotos zu finden
Filme Darstellung der Szenarien als Spielfilm, z.B. als Tagesablauf oder Gespräch	• Sehr hochwertige Darstellung der Szenarien • Betrachter bekommt einen realen Eindruck der „Szenario-Welten".	• Hoher Aufwand und hohe Kosten • Externe Unterstützung zur Erstellung vielfach notwendig
Future Apps Aufbereitung der Szenario-Inhalte und weiterführender Dokumente in einer App	• Innovative Darstellungs- und Kommunikationsform für Szenarien • Nutzung mobiler Endgeräte	• Hoher zeitlicher Erstellungsaufwand • Externe Unterstützung zur Erstellung vielfach notwendig
Headlines Markante Aussagen der Szenarien werden als Schlagzeilen formuliert.	• Prägnante Formulierung der wichtigsten Szenario-Inhalte	• Geringer Informationsgehalt
Langfassung Ausführliche Beschreibung der Szenarien auf Basis der Projektionen	• Präzise und begründete Aussagen • Hohe Akzeptanz • Basis für das Ziehen von Schlüssen	• Wenig plakativ
Poster Vermittlung der Szenarien durch clusterweise Darstellung der Projektionen (Texte und Grafiken)	• Übersicht über die Kerninhalte der Szenarien • Hoher Informationsgehalt	• Einarbeitung in die „Welten" notwendig • Szenarien sind nicht auf den ersten Blick vergleichbar.
Profile Für die Schlüsselfaktoren der Szenarien werden Skalen erarbeitet. Anschließend wird jedes Szenario mittels dieser Skalen positioniert.	• Klare Kommunikation der Differenzierung der Szenarien • Einfache Struktur	• Einschränkungen bei der Vermittlung von Emotionen zu den jeweiligen Szenarien
Skizzen bzw. Scribbles Die wesentlichen Merkmale der Szenarien werden skizziert und mit Stichworten versehen.	• Plakative und einprägsame Darstellung der Szenarien • Spielerisches Entdecken der wesentlichen Inhalte	• Hoher zeitlicher Erstellungsaufwand • Externe Unterstützung zur Erstellung vielfach notwendig
Steckbriefe Die Szenarien werden mittels eines Formblatts mit prägnanten Aussagen und partiellen Grafiken dokumentiert.	• Schnelle Erfassung und gute Vergleichbarkeit der Szenarien	• Nicht alle Informationen können abgebildet werden.
Stories anhand von Personas Zu den Szenarien werden charakteristische Personas kreiert, aus deren Sicht die Szenarien beschrieben werden.	• Lebendige, gut nachvollziehbare Schilderung der künftigen Lebenssituation	• Teils fällt es schwer, den Bezug zu den Projektionen zu erhalten.
Studien bzw. Broschüren Detaillierte Beschreibung aller Prozessschritte bis hin zur Erläuterung der Auswirkungen der Szenarien	• Fundierte Basis für das Ziehen von Schlüssen für die strategische Planung	• Hoher Erstellungsaufwand
Summaries Auszugsweise Beschreibung der Szenarien auf Basis der besonders charakteristischen Projektionen	• Leicht fassbarer Informationsgehalt	• Unvollständig • Das phantasievolle Eintauchen in die künftige Welt wird nicht unterstützt.
Websites Anspruchsvolle Aufbereitung der Szenarien und deren Implikationen im Internet.	• Wirkungsvolle Kommunikationsform • Nutzung mobiler Endgeräte	• Hoher Aufwand • Externe Unterstützung zur Erstellung vielfach notwendig
Zukunftsraum-Mapping Darstellung der Rohszenarien (Cluster) mit Hilfe der MDS und der Hauptunterscheidungsmerkmale durch Pfeile (Schlüsselfaktoren und Projektionen)	• Fokussierung der Szenario-Kommunikation auf Kerninhalte • Einfache Struktur	• Unvollständig • Das phantasievolle Eintauchen in die künftige Welt wird nicht unterstützt.

2.2.5 Szenario-Transfer

Die erstellten Szenarien weiten den Blick für mögliche zukünftige Entwicklungen. Sie bilden daher eine fundierte Grundlage für die Erarbeitung von Strategien. Die Nutzung der Szenarien im strategischen Führungsprozess bezeichnen wir als Szenario-Transfer. Im Wesentlichen geht es um die Analyse der Szenarien; diese ist wichtig, um Hinweise auf die Erfolgspotentiale von morgen, aber auch für mögliche Bedrohungen des etablierten Geschäfts von heute zu erhalten. Der Szenario-Transfer besteht aus zwei Schritten:

1. Auswahl eines Referenzszenarios

Szenarien sind mögliche Zukünfte. Es gibt daher zwei grundsätzliche Möglichkeiten, die Szenarien in der strategischen Planung zu verwenden. Zunächst kann eine Strategie so gewählt werden, dass sie allen bzw. zumindest dem größten Teil der Szenarien gerecht wird. Wir bezeichnen dies als zukunftsrobuste Strategie. Selbstredend tritt nur eine Zukunft ein. Die Entwicklung und Verfolgung von **zukunftsrobusten Strategien** ist im Prinzip eine Vergeudung von Ressourcen. Trotzdem kann die Entwicklung von zukunftsrobusten Strategien sinnvoll sein (vgl. Kasten).

DIE ZUKUNFT EINER DEUTSCHEN MASCHINENBAUBRANCHE – MIT SZENARIEN ZU KONKRETEN FORSCHUNGSKOOPERATIONEN

Die untersuchte mittelständisch geprägte Maschinenbaubranche hat in den letzten Jahrzehnten eine führende Stellung auf dem Weltmarkt erlangt. Wesentlich für den Erfolg waren und sind neben anderen Kriterien die hervorragende Produktqualität und die technologische Führerschaft. Diese Position wird durch ausländische Wettbewerber, die in Bezug auf Qualität und Technologie bei häufig günstigeren Produktpreisen mehr und mehr aufschließen, zunehmend angegriffen. Hinzu kommen die standortimmanenten Kostennachteile in Deutschland als weiterer negativer Einflussfaktor. Nahe liegende Ratschläge für diese Situation waren, die Kosten zu senken, die Fertigung ins Ausland zu verlagern und neue Auslandsmärkte zu erschließen. Es war die Frage zu beantworten: Kann der standortimmanente Kostennachteil durch verstärkte Innovationsanstrengungen kompensiert werden? Und wenn ja, welche Maßnahmen der vorwettbewerblichen Gemeinschaftsforschung der Branche bieten sich an?

Es wurden Einflussfaktoren aus Bereichen wie Markt, Technologie, Lieferanten und Umfeld betrachtet. Aus diesen Bereichen wurden 20 Schlüsselfaktoren bestimmt und dafür Zukunftsprojektionen ermittelt. Auf diesem Weg entstanden vier Branchenszenarien (Zukunftsraum-Mapping, vgl. Bild 1).

Szenario 1: „**Begegnungen der Internationalisierung durch Allianzen**" beschreibt eine Entwicklung, bei der eine mittelständisch geprägte Branche sich mit technisch anspruchsvollen Produkten einem möglichen Konzentrationsprozess durch Allianzenbildung entgegenstellt.

Szenario 2: „**Preisgünstige High-Tech-Produkte für globale Märkte**" zeigt eine Entwicklung auf, bei der die deutschen Unternehmen mit technisch hochwertigen und preislich attraktiven Produkten den ausländischen Billiganbietern trotzen. Durch die große Bedeutung der Stückkosten haben in diesem Szenario die Konzentrationsprozesse zugenommen.

Szenario 3: „**Spezialisten in traditionellen Märkten**" beschreibt ein Zukunftsbild, in dem eine mittelständisch geprägte Branche mit technisch anspruchsvollen Produkten die vielfältigen Anforderungen der Kunden bedient. Das entspricht im Wesentlichen der gegenwärtigen Situation.

Szenario 4: „**Einfache Produkte in globalen Märkten**" bietet für viele deutsche Unternehmen schlechte Perspektiven. Hier dominieren große internationale Konzerne mit Skalenvorteilen. Bei weitgehend standardisierten Produkten ist der Preis das wesentliche Verkaufsargument.

Zur Entwicklung einer Strategie für diese Szenarien muss zunächst beachtet werden, inwieweit das Eintreten der Szenarien von den deutschen Unternehmen der Branche beeinflusst werden kann. In diesem Fall kann das Produktangebot („High-Tech"/„Low Cost") durch intensiven Kundenkontakt und in geringerem Maße auch das Kaufverhalten der Kunden beeinflusst werden. Ebenso kann einem möglichen Konzentrationsprozess durch die Bildung von Allianzen entgegengewirkt werden. Auf der anderen Seite können die Marktentwicklung und viele Kundenwünsche nur wenig bis gar nicht beeinflusst werden.

Für die geschilderte Situation sind zwei Strategien sinnvoll (Bild 1). Eine **fokussierte Strategie** auf Szenario 4 ist für wenige international wachsende Konzerne mit einer guten Kostenstruktur attraktiv. Die Strategie ermöglicht Wachstum in globalen Märkten und zusätzlich Marktanteilsgewinne zu Lasten der kleineren Unternehmen. Wesentliche Konsequenz aus dieser Strategie wäre die Ablösung der deutschen Exportorientierung zugunsten einer Verlagerung von Wertschöpfung in attraktive Märkte.

Für den überwiegenden Teil der deutschen mittelständischen Unternehmen in der betrachteten Branche liegt jedoch eine andere Strategie nahe. Hier wird eine teilrobuste Strategie für die Szenarien 1, 2, 3 mit dem Fokus auf Szenario 1 empfohlen. Schwerpunkt ist hier die Zusammenarbeit innerhalb der Branche, um künftige Herausforderungen gemeinsam zu bewältigen und gleichzeitig die Agilität einer mittelständisch geprägten Branche zu erhalten.

Die Allianzenbildung muss insbesondere dazu beitragen, die technologische Spitzenposition auszubauen und gemeinsam Skalen- und Synergieeffekte zu realisieren. Eine solche Strategie ist auch für das Szenario 2 geeignet, wobei hier aufgrund des starken Preiswettbewerbs gemeinsame Anstrengungen zur Kostensenkung im Vordergrund stehen. Auch für Szenario 3 ist diese Strategie geeignet, hierbei haben gemeinsame Anstrengungen im Bereich der Forschung eine höhere Bedeutung.

Die gewählte teilrobuste Strategie weist das Leitbild **„Zukunftssicherung durch Technologieführerschaft und Dienstleistungskompetenz"** auf. Es beschreibt eine zukünftige Situation, in der die deutschen Unternehmen die Technologieführerschaft weiter ausgebaut haben und durch umfangreiche Beratungs- und Serviceleistungen einen Wettbewerbsvorsprung erlangt haben. Zur Erreichung dieses Leitbilds sind die Kräfte auf den Ausbau von drei **Kernfähigkeiten** zu richten.

Technologieführerschaft: Die deutschen Unternehmen müssen sich im internationalen Wettbewerb durch technologisch hochwertige, am Kundennutzen orientierte Erzeugnisse differenzieren. Von entscheidender Bedeutung ist die verstärkte Integration moderner Informationstechnik in die Erzeugnisse, um zusätzlichen Kundennutzen zu erzeugen.

Dienstleistungskompetenz: Die deutschen Unternehmen müssen ihre Dienstleistungskompetenz im Pre-Sales- und After-Sales-Bereich erheblich ausbauen. Wesentliche Bedeutung hat dabei die Beratung der Kunden, um den zusätzlichen Kundennutzen der High-Tech-Produkte zu verdeutlichen.

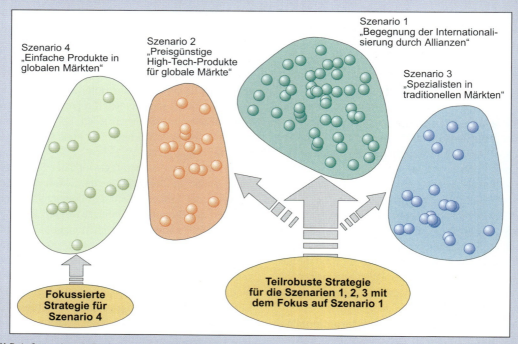

BILD 1 Szenarien als Basis strategischer Stoßrichtungen

> **Strategische Kooperation:** Das Erschließen der Erfolgspotentiale der Zukunft erfordert in den meisten Fällen Allianzen, weil das einzelne Unternehmen in der Regel nicht die Kompetenzen und Ressourcen hat, dies allein schnell genug zu tun. Dabei sind Kooperationen im Rahmen der Forschung, der Beschaffung und Fertigung sowie der weltweiten Vermarktung von hoher Bedeutung.
> Die entwickelte Branchenstrategie weist ferner ein Bündel von Konsequenzen und Maßnahmen sowie eine Rangliste von Forschungsthemen auf.

In der Regel empfehlen wir jedoch die fokussierte Strategieentwicklung. Eine **fokussierte Strategie** ist konsequent auf das Eintreten eines Szenarios ausgerichtet. Das Portfolio nach Bild 2.29 erleichtert die Diskussion der erarbeiteten Szenarien. Es weist die Eintrittswahrscheinlichkeit und Stärke der Auswirkung auf. In dem Portfolio ergeben sich drei charakteristische Bereiche:

- Eine hohe Bedeutung für die Strategieentwicklung haben Szenarien, die im oberen rechten Bereich liegen. In der Regel ist das für die fokussierte Strategieentwicklung zugrunde zu legende Referenzszenario in diesem Bereich zu finden.
- Eine geringe Bedeutung für die Strategieentwicklung haben Szenarien, die im unteren linken Bereich liegen. Auf Grund ihrer geringen Eintrittswahrscheinlichkeit bei gleichzeitig geringen Auswirkungen auf das Gestaltungsfeld sind diese Szenarien nicht relevant.
- Der diagonale Bereich ist differenziert zu betrachten. Beispielsweise bietet es sich bei der Position geringe Eintrittswahrscheinlichkeit/„fundamentaler Wandel" an, Alternativstrategien vorzubereiten, schon um auf die im betreffenden Szenario ausgedrückten Änderungen der Randbedingungen für das Geschäft mental vorbereitet zu sein.

Bei der fokussierten Strategieentwicklung ist es sehr wichtig, die entsprechende Strategie und insbesondere die getroffenen Annahmen über das Umfeld regelmäßig zu überprüfen. Wir bezeichnen das als **Prämissen-Controlling**. Ausgesprochen naiv wäre es, die erarbeitete Strategie „in Kunstharz einzugießen, an die Wand zu hängen

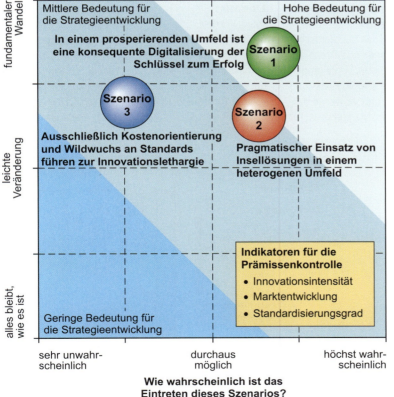

BILD 2.29
Auswahl des Referenzszenarios

und lange Zeit danach zu arbeiten, ohne die Veränderungen des Umfelds im Auge zu behalten". Das Prämissen-Controlling basiert auf den Indikatoren. Für den Schlüsselfaktor „Innovationsfähigkeit" ist beispielsweise die „Innovationsintensität", also der Anteil des Umsatzes, der in Forschung und Entwicklung investiert wird, ein Indikator. Diese Kennwerte sind regelmäßig zu erheben. Selbstredend sind nicht alle Indikatoren gleich relevant.

ABLEITUNG VON SUCHFELDERN FÜR DEN INNOVATIONSPROZESS

Ein wesentlicher Nutzen der Szenario-Technik ist die Möglichkeit, Suchfelder für Innovationsprozesse abzuleiten. Nach Erstellung der Szenarien liegen Szenariotexte in Prosa vor, die im Wesentlichen auf den enthaltenen Projektionen beruhen. Typischerweise geht das Szenario-Team zur Erstellung der Projektionen auf Experten der betroffenen Einflussbereiche zu und führt Experteninterviews und Kreativitätsworkshops durch. Szenarien enthalten also meist Expertenmeinungen über zukünftig relevante Themen und somit wertvolles Wissen über Suchfelder im Innovationsmanagement. Suchfelder erfüllen im Innovationsmanagement zweierlei Rollen: Sie ermöglichen es, vorhandene Ideen hinsichtlich ihrer Zukunftsrelevanz zu bewerten, können aber auch als Rahmen für die Generierung neuer Ideen genutzt werden. Insbesondere Projektionstexte aus den Einflussbereichen Technologie und Wettbewerb enthalten unserer Erfahrung nach oft wichtige Hinweise auf Suchfelder.

Als Beispiel für ein Unternehmen, das Suchfelder für den Innovationsprozess konsequent aus Szenarien ableitet, wird ein führender Anbieter von Pumpen und Pumpensystemen für die Heizungs-, Kälte- und Klimatechnik sowie Wasserver- und Abwasserentsorgung herangezogen [KS14]. Ausgangspunkt für die Suchfeldermittlung sind sechs globale Megatrends, wie Wassermangel oder Urbanisierung. Für diese Megatrends entwickelte das Unternehmen Markt- und Umfeldszenarien für jeden regionalen Markt; ein beispielhaftes Szenariofeld lautet: Die Zukunft der europäischen Gebäudetechnik. Je Szenariofeld wurde ein Referenzszenario ausgewählt und hinsichtlich der enthaltenen Schlüsselbegriffe untersucht. In einem anschließenden Workshop wurden die Schlüsselbegriffe in den Dimensionen Markt- und Technologiepotential priorisiert (Bild 1); besonders hoch priorisierte Begriffe wurden als Suchfelder in den Innovationsprozess aufgenommen.

Wesentlicher Erfolgsfaktor für eine derartige Verknüpfung von Szenarien und dem Innovationsmanagement ist eine ausführliche Beschreibung der priorisierte Suchfelder. Dies umfasst insbesondere eigene Stärken und Schwächen hinsichtlich des Suchfelds sowie eine Beschreibung der aktuellen Situation.

Literatur:

[KS14] KETTNER, T; SCHULZ, A.: Strategische Langfrist-Planung und ihre Verzahnung mit dem Innovationsmanagement: Ein Erfahrungsbericht. In: GAUSEMEIER, J. (Hrsg.): Vorausschau und Technologieplanung. 10. Symposium für Vorausschau und Technologieplanung, 20. – 21. November 2014, Berlin, Heinz Nixdorf Institut, HNI Verlagsschriftenreihe, Band 334, S. 405 – 421, Paderborn, 2014

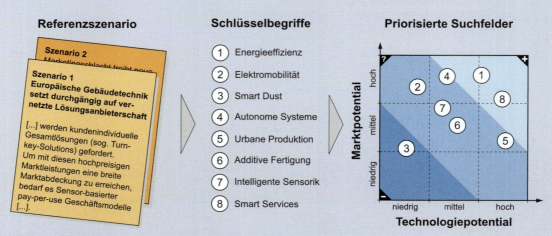

BILD 1 Ableitung von Suchfeldern aus dem Referenzszenario (in Anlehnung an [KS14])

So sind beispielsweise die Indikatoren, deren Ausprägungen auf die Szenarien im oberen Bereich des Portfolios deuten, besonders relevant, da das einen fundamentalen Wandel für das etablierte Geschäft bedeuten würde.

2. Auswirkungsanalyse

Die systematische Analyse der Auswirkungen der Szenarien auf das Gestaltungsfeld ist insbesondere bei Markt- und Umfeldszenarien sinnvoll. Um die Auswirkungen der Szenarien auf das Gestaltungsfeld möglichst weitreichend zu erfassen, müssen sich die Anwender intensiv in das betreffende Szenario „hineindenken". Weder die gegenwärtige Ausgangssituation noch die wahrscheinlichste oder die gewünschte Zukunft sollten diesen wichtigen Prozess beeinträchtigen. Als hilfreich hat es sich erwiesen, dass ein Mitglied des Projektteams in die Rolle eines „**Szenario-Anwalts**" schlüpfen zu lassen. Dieser greift immer dann in die Diskussion ein, wenn die anderen Team-Mitglieder Ansichten äußern, die sich nicht mit dem gerade behandelten Szenario vertragen.

Bild 2.30 gibt ein Beispiel für die Ermittlung der strategischen Stoßrichtung ausgehend von einem Szenario. Im Prinzip bespricht das Strategie-Team das jeweilige Szenario (links im Bild) und erkennt dann die Chancen und die Bedrohungen. Daraus resultiert in der Regel eine Stoßrichtung für eine Strategie. Ferner sei auf den folgenden Kasten verwiesen, der ein Beispiel enthält, das verdeutlicht, wie aus Szenarien Schlüsse für die Auswahl von Fertigungstechnologien im Kontext Automobil-Leichtbau gezogen werden können.

Das Szenario 1 in Kürze:
- Florierende freie Marktwirtschaft.
- Angleichung der Standortkosten in Europa; nach wie vor erhebliche Kostennachteile zu Osteuropa und den Schwellenländern.
- Hohe Bedeutung von Ökologie weltweit; Energie- und Rohstoffkosten steigen kontinuierlich.
- Rasanter technologischer Fortschritt ermöglicht Differenzierung von aufholenden Mitbewerbern.
- Flächendeckende Durchgängigkeit der Systeme durch offene Standards.
- Vielfalt bei Maschinenabnehmern und Handel führt zu einem innovationsgetriebenen Wachstum ohne Hemmnisse durch Datenschutzbedenken.
- Flexible, automatisierte und vernetzte Anlagen von zuverlässigen, kompetenten Partnern sind gefragt.
- Es kommt auf Agilität und Innovationskraft an.
- Kundenspezifische hybride Leistungsbündel sind im Werkzeugmaschinenbau allgegenwärtig.

Chancen/Erfolgspotentiale
- Hoher Bedarf an innovativen, individuellen Lösungen.
- Profilierung über High-Tech, Vorwärtsintegration und Ressourceneffizienz.
- Wertschöpfung in agilen Allianzen.

Bedrohungen
- Verlust des Endkundenkontakts durch Markteintritt von Gesamtlösungsanbietern oder Plattformbetreibern.
- Zunahme der Variantenvielfalt.
- Digitale Aufrüstung von Mitbewerbern.

Strategische Stoßrichtung
➡ Angriff mit einzigartigen Nutzenversprechen aus der Technologieführerposition.

BILD 2.30 Vereinfachtes Beispiel für die Analyse eines Szenarios

DIE ZUKUNFT DES LEICHTBAUS IM AUTOMOBILBAU – KONZEPTSZENARIEN ALS BRÜCKE ZWISCHEN MARKET PULL UND TECHNOLOGY PUSH

Schon aufgrund der Ressourceneffizienz gewinnt der Leichtbau stark an Bedeutung. Es ist offensichtlich, dass Leichtbau neue Produktionskonzeptionen und -strukturen erfordert, die mit erheblichen Investitionen verbunden sind. Da es eine große Anzahl von Leichtbautechnologien gibt, ist es notwendig, die Entscheidung für einzusetzende Technologien und Technologiekombinationen gründlich vorzubereiten. Daraus resultierte die Aufgabenstellung für das Szenario-Projekt, die aus drei Punkten bestand:

- Systematische Analyse der Produktionstechnologien im Kfz-Leichtbau.
- Erarbeitung konsistenter Szenarien für den Kfz-Leichtbau und seine Umfelder.
- Entscheidungsunterstützung bei der Auswahl geeigneter Umsetzungsprojekte für neue Technologien im Kfz-Leichtbau.

Das gewählte Vorgehen zur Bearbeitung dieser Aufgabenstellung ist in Bild 1 dargestellt; es gliedert sich in vier Phasen, die der Reihe nach zu bearbeiten waren.

1. Markt- und Umfeldszenarien
Diese charakterisieren die Gesellschaft, deren Anforderungen an Verkehrssysteme und die Stellung des Automobils. Konkret wurden fünf Szenarien erarbeitet: 1) Traditionelle mobile Gesellschaft, 2) „Intelligente" mobile Gesellschaft, 3) Starre Konzepte – Mobilitätskrise, 4) Mobilität und Verkehrsaufkommen gehen zurück, 5) Mobilitätswettbewerb Schiene/Straße. Aus diesen Szenarien resultiert der „Market Pull".

2. Technologieszenarien/Fahrzeugkonzeptionen
Diese Szenarien enthalten ausschließlich Faktoren zur Gestaltung von Fahrzeugkonzeptionen; es handelt sich um sogenannte Gestaltungsfeld-Szenarien. In Bild 2 werden das Fahrzeugszenario 2 „Großes, teures Leichtbaufahrzeug", die neunzehn Schlüsselfaktoren (Gestaltungsgrößen) mit den Ausprägungen für diese Konzeption sowie ein erläuternder Text gezeigt. Des Weiteren wurden folgende Fahrzeugszenarien entwickelt: 1) Konventionelles Leichtbau-Massenfahrzeug, 3) Teures High-End Hybrid-Fahrzeug, 4) Ultra-leichtes High-Tech Hybrid-Fahrzeug, 5) Spartanisches, ultra-leichtes Fahrzeug und 6) Kleines, billiges Fahrzeug. Diese Konzeptionen verdeutlichen die Möglichkeiten der Leichtbautechnologie. Damit ergibt sich der „Technology Push".

3. Abgleich Markt- und Umfeldszenarien und Fahrzeugkonzeptionen
Die vorstehenden Konzepte sagen noch nichts über ihre Akzeptanz im Markt von morgen aus. Daher werden zunächst in einer Matrix die Fahrzeugkonzeptionen in den einzelnen Markt- und Umfeldszenarien bewertet (Bild 3). Die Bewertungsskala reicht von „Totale Inkonsistenz", d. h. das Fahrzeugkonzept entspricht in keiner Weise den Marktanforderungen, bis „sehr hohe Konsistenz", d. h. ein derartiges Fahrzeug hat in diesem Markt exzellente Chancen.

4. Abgleich Fahrzeugkonzeptionen und Schlüsseltechnologien
Voraussetzung für diesen Schritt ist die Ermittlung von Schlüsseltechnologien des Kfz-Leichtbaus. Aus der großen Anzahl wurden nach bestimmten Kriterien zehn Leichtbautechnologien identifiziert, die ein besonders hohes Erfolgspotential aufweisen. Die Frage ist nun, „Welche Schlüsseltechnologien sind für welche Fahrzeugkonzeption relevant?"

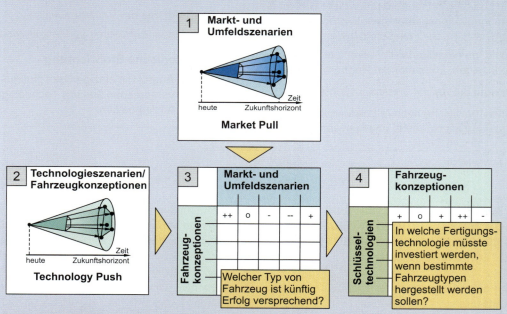

BILD 1 Vorgehen zur Bearbeitung des Projekts „Die Zukunft des Leichtbaus in der Automobilindustrie"

2.2 Szenario-Technik

Ausprägungsliste Szenario II

#	Gestaltungsgröße	Ausprägung
1	Aggregate	Mischbauweise
2	Antriebskonzepte	Große Motoren
3	Außenhaut	Aluminium
4	Energiespeicher	Konventionell
5	Fahrwerk	Höherfeste Stähle
6	Gewichtsersparnis	Gering (< 10 %)
7	Innenausstattung	Spezifische Ausstattung
8	IT-Ausstattung	IT-g. Sicherheit (+Motormgmt.)
9	Kosten	Teurer als konv. Auto
10	Lebensdauer	Etwas längere Lebensdauer
11	Reparaturfähigkeit	Übliche Reparaturfähigkeit
12	Sicherheit	Höhere Sicherheit als heute
13	Standardisierung	Baukastensystem
14	Stückzahlen	Nische/Kleinst-Serie
15	Tragstruktur	Modulbauweise (+ Spaceframe)
16	Verarbeitungsqual.	Übliche, hohe Qualität
17	Verscheibung	Polymere (+ Verbund)
18	Wohlempfinden	Höher als heute
19	Zuladung/Größe	Konventionelle Größe

Szenario II: Großes, teures Leichtbau-Fahrzeug

Konventionelles Fahrzeug (Größe, Motor, Energiespeicher) mit spezifischer Ausstattung für Marktnischen. Gehobene Ausstattung und vielfältiger IT-Einsatz sichern hohes Wohlempfinden. Ein Baukastensystem ermöglicht unterschiedliche Varianten auf Basis eines Grundmodells. Neben der Modulbauweise kommt auch eine Spaceframe-Tragstruktur in Betracht.

Gewichtsersparnis: Gering (< 10 %)

Diese Gruppe von Projektionsbündeln beschreibt eine zusätzliche Variante dieses Fahrzeugs. Hier gelingt es, die Kosten für das Fahrzeug im üblichen Rahmen zu halten. Dazu können Einsparungen an den Sicherheitsstandards und der Verzicht auf Polymere-Verscheibung beitragen.

BILD 2 Beispiel für ein Fahrzeugszenario (die Tabelle enthält die Gestaltungsgrößen und die für dieses Szenario gültigen Ausprägungen)

Fahrzeugszenario \ Umfeldszenario	Szenario I Traditionelle mobile Gesellschaft	Szenario II Intelligente mobile Gesellschaft	Szenario III Starre Konzepte, Mobilitätskrise	Szenario IV Mobilität und Verkehrsaufkommen gehen zurück	Szenario V Mobilitätswettbewerb Schiene-Straße
Szenario I Konventionelles Massenfahrzeug	+	−	−	+	−
Szenario II Großes, teures Leichtbaufzg.	+	+	−	○	+
Szenario III Teures High-End Hybrid-Fahrzeug	−	+	○	○	+
Szenario IV Ultra-leichtes High-End-Fzg.	○	+	−	+	+
Szenario V Spartanisches Ultra-leicht-Fzg.	○	− −	−	+	− −
Szenario VI Kleines billiges Fahrzeug	○	○	−	+	+

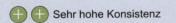 Sehr hohe Konsistenz 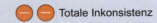 Totale Inkonsistenz

BILD 3 Gegenüberstellung von Fahrzeugszenarien (Fahrzeugkonzeptionen) und Markt- und Umfeldszenarien

Bild 4 zeigt die entsprechende Bewertung. Für die endgültige Entscheidung über die Gestaltung der Produktion sind natürlich die umzusetzenden Fahrzeugkonzeptionen auszuwählen und dafür ist wiederum das wahrscheinliche Markt- und Umfeldszenario zu bestimmen.

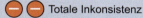

BILD 4 Gegenüberstellung von Fahrzeugkonzeptionen und Schlüsseltechnologien

2.2.6 Zukunftsszenarien in der Retrospektive

„Die weisesten Propheten äußern sich erst hinterher" sagte Fourth Earl of Oxford, HORACE WALPOLE. Insofern sind wir nicht besonders weise, weil wir seit Jahren die Vorausschau mit Hilfe von Zukunftsszenarien propagieren. Sicher, damit lehnt man sich aus dem Fenster, aber es führt daran kein Weg vorbei, hat man den Anspruch, Chancen für die Geschäfte von morgen, aber auch Bedrohungen für das etablierte Geschäft von heute früher als die Mitbewerber zu erkennen und daraus entsprechende Schlüsse zu ziehen.

Wir werden häufig gefragt, ob einige unserer Szenario-Projekte den ursprünglichen Zeithorizont inzwischen erreicht haben und wir demzufolge etwas über die Qualität unseres Vorausdenkens sagen können. Das ist tatsächlich der Fall, da wir seit fast zwanzig Jahren Szenario-Projekte durchführen. Wir haben dies zum Anlass genommen, 19 solcher Szenario-Projekte auf den Prüfstand zu stellen. Jeweils ein Szenario eines solchen Szenario-Projekts müsste der heutigen Wirklichkeit entsprechen. Um es vorwegzunehmen: Es ist im Großen und Ganzen so. Die überprüften Szenario-Projekte gliedern sich in die drei Kategorien Geschäftsfeld, Technologie und Branche:

Geschäftsfeld: Zweck dieser Kategorie ist das Gewinnen von zukunftsrelevanten Informationen zur Erschließung eines neuen Geschäftsfelds, also die Beantwortung von Fragen der Art: Wie entwickelt sich ein bestimmter Markt? Welche Marktleistung wird morgen gefordert? Wie sollte die Marktleistung erbracht und vermarkt werden? Was wären mögliche Geschäftsmodelle? In diese Kategorie fallen sieben Projekte. Nachfolgend zwei Beispiele mit den entsprechenden Fragestellungen:

- Logistik/Kurier, Express, Paket (KEP): Wie entwickelt sich der Markt und welche Produktionsmittel des Schienenverkehrs könnten prinzipiell eingesetzt werden?
- Gefahrenmanagementsysteme: Wird es einen Markt für hochwertige Gefahrenmanagementsysteme (Brand, Intrusion) im Bereich Eigenheime geben und wenn ja, wie müsste die Architektur dieser Systeme aussehen?

Technologie: Hier geht es in der Regel um die Abschätzung der Zukunftsaussichten einer Technologie. Typische

Fragen sind: Lassen sich die heute vorherrschenden Barrieren überwinden? Wie sieht es mit der künftigen Akzeptanz aus? Welche neuen Player treten in dem Branchenwertschöpfungsnetz auf den Plan? In diese Kategorie fallen drei Projekte. Dazu die folgenden Beispiele:

- Molded Interconnect Devices (MID): Ist zu erwarten, dass die heute anzutreffenden Barrieren zur Verbreitung dieser Technologie überwunden werden können? Könnte es erhebliche Veränderungen in der Branchenwertschöpfungskette geben?
- Leichtbau im Automobil: Was sind die Technologiepotentiale, Innovationsfelder und Erfolgsfaktoren der Zukunft im Kfz-Leichtbau? Welche Technologien sollten vorrangig weiterverfolgt werden?

Branche: Ausgangspunkt ist in der Regel das Interesse einer Branche wie der Antriebstechnik oder der industriellen Bildverarbeitung, sich gemeinsam mit den Zukunftsaussichten zu befassen und daraus für das eigene Unternehmen individuell Schlüsse zur Weiterentwicklung der Geschäftsstrategie zu ziehen. Das läuft auf Fragen folgender Art hinaus: Wie entwickeln sich die Märkte? Entstehen neue Märkte? Bietet es sich an, im Bereich Service zu kooperieren? Was sind die Themen, die im Rahmen von vorwettbewerblicher Gemeinschaftsforschung bearbeitet werden könnten? Wie entwickeln sich Wettbewerber-Cluster im Ausland? In diese Kategorie fallen acht Projekte, darunter auch die folgenden zwei Beispiele:

- Verpackungsmaschinen: Wie entwickeln sich die Märkte und Wettbewerb-Cluster im Ausland? Was wären strategische Stoßrichtungen für die heimischen Anbieter, um sich im globalen Wettbewerb weiterhin zu behaupten?
- E-Business Möbelwirtschaft: Wie wird die Informations- und Kommunikationstechnik Marketing, Verkauf und Kundendienst verändern? Wird es dadurch Veränderungen in den Machtverhältnissen in dem Branchenwertschöpfungsnetz geben?

Ferner haben wir 1996 ein Projekt mit dem Ziel durchgeführt, die Rolle von Produktinnovationen für Deutschland im Jahr 2010 auszuleuchten.

- Neue Wege zur Produktentwicklung: Was sind denkbare Situationen am Wirtschaftsstandort Deutschland und welche Konsequenzen wären in den Bereichen Produktentwicklung zu ziehen, um eine erstrebenswerte Situation Wirklichkeit werden zu lassen?

Die genannten Kategorien repräsentieren Gestaltungsfelder, die beinhalten, was auf Basis der Szenarien gestaltet werden soll. Im Fall des Gestaltungsfelds Geschäftsfeld würde das in eine Geschäftsfeldstrategie münden, im Fall von Technologie in eine Technologie- bzw. Produktstrategie und im Fall von Branche in eine Branchenstrategie bzw. in Empfehlungen zur Gestaltung der Verbandsarbeit, der Gemeinschaftsforschung u. ä. Die Frage ist nun, ob jeweils ein Szenario eines Szenario-Projekts der heutigen Wirklichkeit entspricht. Dafür haben wir die Szenario-Projekte wie folgt qualifiziert:

- **Das als wahrscheinlich eingestufte Szenario (Referenzszenario) ist eingetreten:** Wir haben seinerzeit ein Zukunftsbild entworfen, das exakt der heutigen Situation entspricht. Das Szenario ist hochgradig konsistent. Das, was wir damals an Entwicklungen wahrnehmen konnten, hatte uns dazu bewogen, auf eben dieses Szenario zu setzen. Offensichtlich gab es auf dem Weg zur Gegenwart keine wesentlichen Änderungen. Andernfalls hätte ein anderes Szenario eintreten müssen, das entsprechende Änderungen enthält. Diese Qualifikation gilt für 12 von 19 Szenario-Projekten.
- **Ein anderes Szenario ist eingetreten:** Das, was wir damals als in sich konsistentes und auch als sehr wahrscheinliches Zukunftsbild einstuften, ist nicht eingetreten. Auf den ersten Blick erscheint das negativ, aber es unterstreicht die Stärke der Szenario-Technik. Der Anspruch ist nicht, die Zukunft vorauszusagen, sondern alternative Zukünfte vorauszudenken. Neben den aus damaliger Sicht wahrscheinlichen Szenarien haben wir weitere ebenfalls in sich schlüssige Szenarien entwickelt, obwohl seinerzeit kaum etwas darauf hindeutete, dass ein derartiges Szenario Wirklichkeit werden würde. Diese Qualifikation trifft für 4 von 19 Szenario-Projekten zu. Das Entscheidende ist in diesen Fällen, dass die Stratgen im Zuge eines Prämissen-Controllings erkannt haben, dass ein anderes als das als wahrscheinlich eingestufte Szenario eintritt und ihre Strategie dementsprechend angepasst haben.
- **Kein Szenario ist eingetreten:** In 3 von 19 Szenario-Projekten lagen wir daneben. Das ist unerfreulich und erinnert an ein Zitat von FRIEDRICH DÜRRENMATT: „Je planmäßiger die Menschen vorgehen, desto wirksamer vermag sie der Zufall zu treffen." Aber in aller Regel sind es nicht die „undenkbaren" Ereignisse wie der Zusammenbruch des ehemaligen Ostblocks, die dazu führen, dass man später neben den Schuhen steht, sondern handwerkliche Mängel bei der Szenario-Erstellung.

Insgesamt gesehen ist das Ergebnis sehr erfreulich. Die Szenario-Technik ist offensichtlich ein sehr leistungsfähiges Werkzeug, die Zukunft vorauszudenken, und keineswegs eine Kaffeesatzleserei. Dennoch stört es uns, dass wir uns in drei Fällen getäuscht haben. Eine genauere Analyse zeigt, dass die Gründe im Wesentlichen in drei

Bereichen liegen: 1) Es fehlt an Phantasie, 2) die paarweise Bewertung der Konsistenz von Zukunftsprojektionen erfolgt fehlerhaft, 3) die Zukunftsprojektionen sind unklar formuliert und somit interpretierbar.

Es fehlt an Phantasie

Bei einigen Schlüsselfaktoren hatten wir Entwicklungen, die eingetreten sind, schlicht nicht auf dem Schirm – sei es aus Nachlässigkeit oder aus mangelnder Phantasie und der damit verbundenen Haltung, dass die Zukunft aus einer Fortschreibung dessen besteht, was wir bisher erlebt haben. Zur ersten Kategorie – Nachlässigkeit: In einem Szenario-Projekt ging es um die Zukunftsaussichten der noch jungen Branche Mikrosystemtechnik. Anhand von zwei Schlüsselfaktoren wollen wir verdeutlichen, was wir vergessen hatten, ins Kalkül zu ziehen: Der Schlüsselfaktor „Investitionsbereitschaft" weist u. a. die zwei Projektionen (A) „Strategische Investitionen" und (B) „Von außen bestimmte Investitionen" auf. Die folgenden Textpassagen aus den Projektionen sollen diese denkbaren Situationen verdeutlichen:

Zu A: „Neben kurzfristigen Produktivitätssteigerungen spielen Investitionen in das Geschäft von morgen eine große Rolle. Die Motivation ergibt sich aus der Vorausschau der Entwicklung von Märkten und Technologien und der damit verbundenen Aussicht auf einen attraktiven Return on Investment."

Zu B: „Die Hersteller von Mikrosystemen entscheiden über ihre Investitionen nicht frei. Technologietrends, gesetzliche Verordnungen sowie mächtige Kunden geben vor, was zu tun ist. Die Hauptabnehmer locken mit großen Aufträgen und haben klare Vorstellungen über die Gestaltung der Produktionsprozesse. Sie schaffen es, ihre Produktionsrisiken auf die Zulieferer zu verlagern. Viele Hersteller von Kunststoffteilen bzw. Systemen sind in eine starke Abhängigkeit von den Abnehmern geraten."

Der zweite beispielhaft herangezogene Schlüsselfaktor „Automatisierungsgrad" hat neben anderen Projektionen die Projektion (A) „Automatisierung erfordert Kompetenz und Kapital." Die entsprechende Beschreibung lautet: „Das Angebot an Automatisierungsausrüstung ist sehr umfangreich. Es reicht von Sensoren über Informationsverarbeitungssysteme bis hin zu hochautomatisierten Maschinen und Anlagen. Insbesondere Software ermöglicht Maschinen und Anlagen mit inhärenter Teilintelligenz. Diese Beiträge zu einer spezifischen Lösung zu integrieren, erfordert ein umfassendes Engineering, das entweder von den Herstellern der Präzisionsteile oder von externen Systemlieferanten geleistet wird. Beides ist mit erheblichen Kosten verbunden. Diejenigen Unternehmen, die mit spezifischen Lösungen einen hohen Automatisierungsgrad erzielt haben, haben einen erheblichen Wettbewerbsvorteil, der durch die hohen Barrieren von längerer Dauer ist."

In beiden Fällen geht es um Kapital, das selbstredend verfügbar sein muss, damit diese drei Projektionen auch Wirklichkeit werden können. Wir hatten die Verfügbarkeit von Kapital angenommen und nicht in unsere Überlegungen einbezogen, dass die Kapitaldecke der Unternehmen zu dünn sein könnte bzw. Investoren sich sehr zurückhalten. Das ist die heutige Realität und somit sind wir auch nicht überrascht, dass in diesem Projekt keines der drei Szenarien eingetreten ist. Aus damaliger Sicht war es ein Stück weit mangelnde Phantasie bzw. Naivität, die uns bewogen hatte, die ausreichende Verfügbarkeit von Kapital anzunehmen sofern die Geschäftsaussichten gut aussehen. Die jüngste Zeit zeigt, dass selbst gute Geschäftsaussichten oft nicht hinreichend sind, einen Investor zu motivieren.

Auf einer höheren Ebene der phantasievollen Vorausschau sind die sogenannten Trendbruchereignisse einzuordnen – in der Szenario-Technik bezeichnen wir diese auch als Wild Cards. Es handelt sich um denkbare Ereignisse in der Zukunft, die zwar sehr unwahrscheinlich sind, aber einen sehr hohen Einfluss auf das Szenariofeld und die daraus abgeleitete Geschäftsstrategie haben, sofern sie eintreten. Die Finanzkrise von 2008 ist so ein Ereignis. Wir konnten uns vor gut zehn Jahren nicht vorstellen, dass sich die Geschehnisse der Weltwirtschaftskrise des 20. Jahrhunderts wiederholen könnten und das internationale Finanzsystem an den Rand des Abgrunds geraten würde.

Mitte der 90er Jahre haben wir ein Szenario-Projekt für ein großes Energieversorgungsunternehmen durchgeführt, in dem es um die Zukunft der dezentralen Stromerzeugung und die entsprechenden Konsequenzen für dieses Unternehmen ging. Wild Cards waren hier u. a.: Verstaatlichung der Netze, starke Widerstände gegen Überlandleitungen, kabellose Stromversorgung und Supraleitung bei Zimmertemperatur. Heute würden wir allenfalls nur noch die beiden letztgenannten Entwicklungen als Wild Cards bezeichnen. Aber auch hier gibt es seriöse Quellen, die unterstreichen, dass derart gravierende Veränderungen möglich sind, wenngleich sie aus heutiger Sicht noch sehr unwahrscheinlich wirken. Wie dem auch sei, ein Szenarioteam ist gut beraten, sich auch mit derartigen Entwicklungen auseinanderzusetzen.

Es ist darüber hinaus festzuhalten, dass das Energieversorgungsunternehmen kurze Zeit nachdem die Zukunftsszenarien und eine daraus abgeleitete Strategie vorlagen, in Schwierigkeiten kam und übernommen wurde; dies geschah, obwohl das Referenz-Szenario eingetreten war. Was war passiert? Die Szenarien hatten einen Zeithorizont von 2020. Kurzfristigere Veränderungen schloss man aus, da man es gewohnt war, dass Veränderungen in diesem Geschäft erst in Jahrzehnten und nicht schon in wenigen Jahren eintraten. Innerhalb weniger Jahre traten jedoch die Veränderungen, die man erst für 2020 erwartete, ein. Das Unternehmen war aber weder mental strategisch noch operativ in der Lage, den erforderlichen Wandel zu vollziehen. Auch das lag hauptsächlich am Mangel an Phantasie, weil die Beteiligten sich nicht vorstellen konnten, dass seit längerem diskutierte Veränderungen so rasant eintreten würden.

Die Konsistenz von Zukunftsprojektionen wird falsch bewertet

Zukunftsszenarien beruhen auf der paarweisen Beurteilung der Konsistenz der Zukunftsprojektionen der Schlüsselfaktoren. Ein übliches Szenarioprojekt umfasst etwa 20 Schlüsselfaktoren. Wenn es je Schlüsselfaktor drei Zukunftsprojektionen gibt, führt das zu seiner Konsistenzmatrix mit etwa 1500 Bewertungsstellen (60 Zeilen x 60 Spalten, abzüglich Diagonale). Kein Wunder, dass es bei der Bewertung, ob nun die eine Projektion mit der anderen gut oder gar nicht zusammenpasst, aufgrund nachlassender Konzentration zu Fehlbewertungen kommt. Dazu ein Beispiel aus dem Szenario-Projekt „Die Zukunft der Mikrosystemtechnik": Hier hat es eine falsche Bewertung gegeben; später ist eine weitere Person zu einer völlig anderen, aber richtigen Bewertung gekommen. Es geht um die zwei Schlüsselfaktoren (1) Branchenstruktur (Projektionen: (1A) Konzentration, (1B) Mittelständische Einzelkämpfer und (1C) Unternehmensverbünde) und (3) Leistungsangebote (Projektionen: (3A) Konzentration auf das Kerngeschäft, (3B) Vorwärtsintegration und (3C) Generalunternehmer). Während die eine Person die Kombination von (1A) mit (3A) als total inkonsistent bewertete, sah die andere diese Kombination als sehr konsistent an. Aus der Beschreibung der Projektion (1A) geht hervor, dass die Konzentration bei den verbleibenden Unternehmen der Branche tendenziell zu einer Verbreiterung des Leistungsangebots führt. Daher ist es eher unwahrscheinlich, dass sich die Unternehmen in ein und demselben Szenario in das Kerngeschäft zurückziehen. Die Kombination (1A) mit (3A) ist also als inkonsistent zu bewerten. Offenbar hat sich die Person, die ursprünglich die Bewertung vornahm, angesichts des Begriffs Konzentration, der in (1A) und (3A) vorkommt, dazu verleiten lassen, beide Entwicklungen als gut zueinander passend zu beurteilen.

Projektionen sind unklar formuliert

Die Zukunftsprojektionen bilden die Bausteine für die Zukunftsszenarien; im Grunde genommen sind die Szenarien nichts anderes als die Kombination gut zusammenpassender Projektionen. Die Aussagekraft eines mehrseitigen Szenario-Textes wird also durch die Güte der Projektionstexte bestimmt. An dieser Stelle sei ein Hinweis gegeben, der die Attraktivität der Szenario-Technik unterstreicht: Die Projektionen werden je Schlüsselfaktor in der Regel von einem Team als denkbare Entwicklungen formuliert, unabhängig davon, ob sie der Eine oder Andere für wahrscheinlich oder eher unwahrscheinlich hält, und ohne zu wissen, in welchen Kombinationen sie in den späteren Szenarien erscheinen (konsistente Kombinationen der Projektionen ergeben sich aus der Konsistenzanalyse). Mängel in der Strukturierung und Formulierung der Projektionstexte sind die häufigste Ursache für schlechte Szenarien. Die Autoren der Projektionstexte müssen es beherrschen, einen komplexen Sachverhalt allgemeinverständlich auf den Punkt zu bringen und ihn auch lebendig zu formulieren. Gute Hinweise für attraktive Texte gibt Schneider in seinem Buch „Deutsch!" [Sch07]. Ziel muss es sein, die Leser der Szenarien zu fesseln und zum Nachdenken zu bringen. Es soll sich der Autor quälen und nicht der Leser der Szenarienbeschreibungen. Oft adressieren diffuse Texte mehrere Aspekte, sodass den Projektionen die eindeutige Stoßrichtung verloren geht. Bei der paarweisen Bewertung der Konsistenz führt das zu Problemen, weil die Bewerter mal den einen und mal den anderen Aspekt im Vordergrund sehen. Dazu das vereinfachte Beispiel aus Bild 2.31. In den beiden Projektionen (1B) und (5B) werden jeweils zwei Aspekte genannt. Je nachdem, welche Aspektkombination gedanklich im Vordergrund steht, kommen Bewerter zu unterschiedlichen Bewertungen. Im vorliegenden Fall bewertet der eine die Projektionen (1B) und (5B) als konsistent (4) und der andere als inkonsistent (2).

In einem eng gefassten Kontext kann es sinnvoll sein, mehrere Aspekte zu adressieren. Das sei am Beispiel des Schlüsselfaktors Innovationskraft erläutert. Hier adressieren wir zwei Aspekte: 1) Anzahl Ideen aus Forschung und 2) Umsetzung der Ideen. Beide Aspekte können die Ausprägungen gering und hoch aufweisen. Durch Kombination dieser Ausprägungen ergeben sich die sinnvollen Projektionen (A) Wenige Ideen, kaum neue Produkte, (B) Unzureichende Umsetzung von Ideen und (C) Viele Ideen, hohe Umsetzungsrate (Kombination (D) „Wenige Ideen, geringe Umsetzungsrate" wird als irrelevant erachtet). Wenn es sich wie in diesem Beispiel anbietet, zwei Aspekte in Kombination zu betrachten, verwenden wir als Diskussionsgrundlage bei der Projektionsermittlung eine Portfoliodarstellung, bei der die Achsen die zwei Aspekte wiedergeben.

2 Potentialfindung – Die Geschäfte von morgen antizipieren

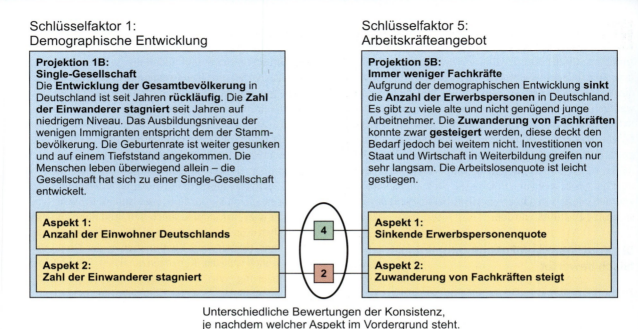

BILD 2.31 Unscharfe, mehrdimensionale Projektionen führen zu Schwierigkeiten bei der paarweisen Konsistenzbewertung

Resümee

Die „abgelaufenen" Szenarien unterstreichen die Leistungsfähigkeit der Szenario-Technik zum Vorausdenken der Zukunft. Die Szenarien helfen, die Grenzen des gewohnten Denkens zu überwinden und neue Ansätze für erfolgreiche Geschäfts- und Produktstrategien zu finden. Allerdings kommt es auf das „gewusst wie" an. Dazu haben wir eine Reihe von Hinweisen und Beispielen gegeben. Als Quintessenz schlagen wir zehn Regeln vor (vgl. Kasten). Diese adressieren zwei Bereiche: die Bestimmung der Schlüsselfaktoren, die den Gegenstand des Szenario-Projekts klar umreißen, und die Projektionen, die je Schlüsselfaktor denkbare Entwicklungen beschreiben. Die Anwendung dieser Regeln gepaart mit etwas Erfahrung führt zu fundierten und aussagekräftigen Zukunftsszenarien, die gute Hinweise für künftige Chancen geben, aber auch Bedrohungen für das heute etablierte Geschäft aufzeigen. Das Entscheidende ist nun, dass die eigentlichen Adressaten der Szenarien, die Mitglieder der Unternehmensleitung, sich diese Erkenntnisse zu Eigen machen und das Szenario-Projekt nicht als eine interessante Übung der Planer abgehakt wird. Daher die abschließende Regel, die über allem steht und an dieser Stelle erläutert wird: „Die Adressaten einbeziehen".

In der Regel werden die Szenarien dem Topmanagement vorgestellt. Häufig hatten wir da das Gefühl, dass sich die Adressaten nicht vom operativen Geschäft lösen konnten und sich überrumpelt vorkamen. Daher halten wir es für außerordentlich wichtig, die Mitglieder der Unternehmensleitung einige Zeit vor Vorstellung der Szenarien mit dem Projektionskatalog vertraut zu machen und ihnen die Gelegenheit zu geben, die Projektionen zu diskutieren und ggf. auch zu modifizieren. Wir haben es nie erlebt, dass sich das Topmanagement bei der Durchsprache des Projektionskatalogs langweilte. Das Gegenteil war der Fall; die Damen und Herren empfanden es als ihre zentrale Aufgabe, sich mit Einflüssen auf ihr Geschäft von morgen auseinanderzusetzen.

Die Szenario-Technik ist offensichtlich ein mächtiges Denkwerkzeug für Führungspersönlichkeiten. Allerdings befassen sich viele von ihnen zu wenig mit der Zukunft. Das operative Geschäft erfordert höchste Aufmerksamkeit und nichts ist leichter auf den nächsten Tag zu verschieben als konzeptionelles Arbeiten für die Gestaltung des künftigen Geschäfts. Bei all den Vorteilen, die ein systematisches Vorausdenken der Zukunft bringt, ist unserer Erfahrung nach ein positiver Effekt besonders zu unterstreichen: Die Szenario-Technik unterstützt ein Kollektiv von Führungspersönlichkeiten, sich systematisch, umfassend und nachvollziehbar mit den Zukunftsaussichten zu befassen und zu einer gemeinsamen Sicht auf die Möglichkeiten zur Gestaltung des Geschäfts von morgen zu kommen.

CHECKLISTE FÜR EIN ERFOLGREICHES SZENARIO-PROJEKT

Aus den gewonnenen Erfahrungen leiten wir Regeln für die Szenario-Erstellung und die Durchführung von Szenario-Projekten ab. Im Prinzip kommt es auf die Wahl der Schlüsselfaktoren und die Qualität der Formulierungen der Projektionen der Schlüsselfaktoren an. Die Schlüsselfaktoren und ihre Projektionen sind im sogenannten Projektionskatalog dokumentiert, der die entscheidende Arbeitsgrundlage eines Szenario-Projekts ist.

Regeln für die Schlüsselfaktoren

1) 20 Schlüsselfaktoren sind genug.
Jeder Schlüsselfaktor ist ein Aspekt, den man sich gut merken muss, will man nicht Gefahr laufen, am Ende des Textes eines Szenarios vergessen zu haben, was vorn adressiert worden ist. Hier stellt sich die Frage, was zu tun ist, wenn die Sache nun mal wesentlich mehr als 20 Aspekte aufweist. Für derartige Fälle bietet sich das Prinzip der Hierarchisierung an. Dazu erstellen wir Szenarien für einen Einflussbereich wie globales Umfeld, der in der Regel durch zehn Schlüsselfaktoren beschrieben ist. Diese Szenarien wären auf der nächst höheren Aggregationsstufe Projektionen eines Schlüsselfaktors mit dem Titel „Globales Umfeld".

2) Die Schlüsselfaktoren müssen genügend Substanz hinsichtlich der Fragestellung des Szenario-Projekts aufweisen.
Der erläuterte Kunstgriff der Verdichtung von Teilszenarien zu Projektionen bietet sich insbesondere dann an, wenn eine genügend große Anzahl von Schlüsselfaktoren für den eigentlichen Kern der Fragestellung berücksichtigt werden soll. Häufig stellen wir fest, dass das globale Umfeld über die Hälfte der empfohlenen 20 Schlüsselfaktoren in Anspruch nimmt. Wenn nun die Aufgabenstellung lautet, die Zukunft der Mikrosystemtechnik oder die Zukunft von Vakuumpumpen auszuleuchten, dürfte klar werden, dass die verbleibenden Schlüsselfaktoren höchstwahrscheinlich zu wenig Substanz liefern, um zu wirklich aussagekräftigen Szenarien im Sinne derartiger Aufgabenstellungen zu gelangen.

3) Ein Schlüsselfaktor ist zu definieren und in seiner heutigen Ausprägung präzise zu beschreiben.
Ein Schlüsselfaktor beschreibt einen wesentlichen Aspekt eines Szenario-Projekts. Daher ist es notwendig, diesen Aspekt ggf. unter Hinweis auf Quellen präzise zu umreißen. Da je Schlüsselfaktor Zukunftsprojektionen zu erarbeiten sind, ist es angebracht, die gegenwärtige Ausgangssituation klar zu beschreiben.

Regeln für die Projektionen

4) Denkbare Projektionen ermitteln und auch versuchen, das „Undenkbare" zu denken.
Im Zusammenhang mit der Kreation von Projektionen ist häufig zu beobachten, dass es an der Bereitschaft mangelt, die Bahnen des gewohnten Denkens zu verlassen. Oft ist es auch Phantasielosigkeit, die dazu führt, das bereits Erlebte fortschreiben zu wollen. Daher ist es außerordentlich wichtig, sogenannte Querdenker und Impulsgeber zu beteiligen. Phantasielose Zeitgenossen, die sich in der Gegenwart behaglich eingerichtet haben, werden wohl kaum eine packende Projektion liefern. Im Gegenteil, sie bremsen die visionären Denker aus.

5) Projektionen, die vom üblichen Denken abweichen, gut erläutern und begründen.
Je weiter die Projektionen von dem entfernt sind, was wir aufgrund unserer Erfahrungen in die Zukunft projizieren und je unwahrscheinlicher sie erscheinen, umso notwendiger ist es, diese Entwicklungen zu erläutern und zu begründen. Für die Akzeptanz der späteren Szenarien ist es unerlässlich, im Team und auch im Management Konsens darüber zu erzielen, dass es sich bei den Projektionen um denkbare Entwicklungen handelt. Die Frage der Wahrscheinlichkeit des Eintretens der Projektionen spielt an dieser Stelle keine Rolle.

6) Genügend Expertise einbeziehen.
Bei manchen Schlüsselfaktoren fehlt es dem Team am Wissen, den Status Quo und insbesondere die denkbaren Entwicklungen umfassend zu beschreiben. Der gesunde Menschenverstand reicht dann nicht aus. Das gilt in der Regel für neue Technologien und neue Anwendungsfelder. Hier bietet es sich an, externe Expertise zur Entwicklung der Projektionen einzuholen. Selbstredend ist hier kritisch zu prüfen, ob die Experten das voraussagen, was in der jeweiligen Community gerade en vogue ist, oder eine differenzierte Betrachtung des Zukunftsraums vorgenommen wird, die auch bislang wenig beachtete Perspektiven verdeutlicht.

7) Projektionen trennscharf formulieren.
In den meisten Fällen ergeben sich je Schlüsselfaktor eine Reihe von Zukunftsprojektionen. Viele davon ähneln sich. Aus der Menge möglicher Zukunftsprojektionen sind geeignete Projektionen auszuwählen, mit denen die wirklich charakteristischen Entwicklungsmöglichkeiten beschrieben werden. Dabei ist es besonders wichtig, auf die Trennschärfe der Zukunftsprojektionen zu achten, so dass jede eine eigenständige Entwicklungsmöglichkeit darstellt.

8) *Mehrdeutige Projektionen unbedingt vermeiden.* Unterschiedliche Aspekte in einer Projektion führen häufig zu Mehrdeutigkeiten, was in der späteren Konsistenzbewertung zu Problemen führt.

9) *Projektionen prägnant, allgemeinverständlich und lebendig formulieren.*
Sich an WOLF SCHNEIDER zu halten, ist gerade für uns Ingenieure sicher ein guter Weg: „Die Satzbauregeln der deutschen Grammatik begünstigen das Rührei, aber sie erzwingen es nicht.
Die Aufgabe für jeden, der gelesen und verstanden werden möchte, heißt daher: sich an ein paar schlichte Grundeinsichten halten – vor allem diese.
1. Mit Hauptsätzen kommt man überraschend weit, sie sind die erste Wahl.
2. Angehängte Nebensätze sind die häufigsten und die am ehesten willkommenen, leider mit etlichen Ausnahmen; also: zweite Wahl.
3. Vorangestellte Nebensätze können gut sein, wenn sie kurz sind – dritte Wahl.

Nicht zur Wahl dagegen stehen für jeden der transparente, elegante Sätze formen will: Eingeschobene Nebensätze und vorangestellte Attribute." [Sch07]

10) *Paarweise Konsistenzbewertung sorgfältig vornehmen.*
Selbst wenn die Projektionen perfekt formuliert sind, kommt es oft aufgrund von mangelnder Konzentration zu Fehleinschätzungen. Daher sollte jede Bewertung unabhängig voneinander von zwei Personen vorgenommen werden. Das Software-Tool zeigt dann all die Stellen der Matrix an, die nicht gleich bewertet wurden. Hier muss ein Dritter abschließend eine korrekte Bewertung angeben. Noch eine Bemerkung zum Schmunzeln: Wird überwiegend die Bewertung „3" vergeben (d. h. die Projektionen schließen sich weder aus noch begünstigen sie sich), dann haken Sie das Szenario-Projekt ab. Nicht für jede Aufgabenstellung ist Szenario-Technik das probate Mittel.

Literatur:
[Sch07] SCHNEIDER, W.: Deutsch! Das Handbuch für attraktive Texte. Rowohlt Taschenbuch-Verlag, Reinbeck bei Hamburg, 2007

2.3 Weitere Methoden zur Vorausschau

Wenn es im Kontext der strategischen Führung um Vorausschau geht, setzen wir auf die Szenario-Technik. Dies dürfte dem Leser bis hierhin schon aufgrund der Ausführlichkeit der Schilderung der Szenario-Technik klar geworden sein. Gleichwohl gibt es eine Reihe von Methoden, die sich ebenfalls sehr gut eignen. Diese unterscheiden sich hinsichtlich des Grades der Formalisierung sowie dem zeitlichen Horizont, auf den diese angewendet werden (Bild 2.32).

Dazu zählen insbesondere die Delphi-Methode, die Trendanalyse, die Bibliometrie, die agentenbasierte Simulation, die Monte-Carlo-Simulation sowie das Churn Management. Wir setzen heute praktisch alle diese Verfahren ein, wobei wir diese auch verknüpfen. Beispielsweise verwenden wir die Bibliometrie, um Informationen über neue Zukunftsprojektionen im Rahmen der Szenario-Technik zu ermitteln. Ein weiteres Beispiel ist die Anwendung der Delphi-Befragung, um die Expertenmeinung zu einzelnen Zukunftsprojektionen zu ermitteln. Nachfolgend gehen wir auf die genannten Methoden näher ein. Einen Gesamtüberblick liefert Tabelle 2.6.

2.3.1 Delphi-Methode

Die Delphi-Methode wurde zu Beginn der fünfziger Jahre des 20. Jahrhunderts im Auftrag der amerikanischen Luftwaffe entwickelt. Das „Project Delphi" sollte helfen, mögliche Ziele sowjetischer Atombomben in den Vereinigten Staaten zu bestimmen. Es dauerte bis in die 1960er Jahre, bis die Methode erste zivile Anwendungen fand. Bekannt wurde die Delphi-Methode 1964 durch die RAND-Corporation. In dem „Report on a long range forecasting study" wurde versucht, die zukünftige Entwicklung der Bereiche Wissenschaft, Bevölkerung, Automation, Raumfahrt, Waffensysteme und Verhinderung von Kriegen vorauszusagen. Seitdem hat sich der Kreis der Anwender stark erweitert. Neben den Militärs setzen auch Industrie, Verwaltung und Universitäten Delphi als Analyse- und Prognosewerkzeug ein. Das Anwendungsgebiet der Methode blieb aber nicht nur auf die Prognose zukünftiger Ereignisse beschränkt. Delphi wird zur Auswahl von Strategien, zur Identifizierung von Zielen sowie allgemein zur Lösung von Problemen und zur Entscheidungsfindung eingesetzt.

Es hat sich gezeigt, dass die Delphi-Methode besonders aussagekräftige Ergebnisse bei langfristigen und allgemeinen Fragestellungen liefert (Prognosezeitraum größer

2.3 Weitere Methoden zur Vorausschau

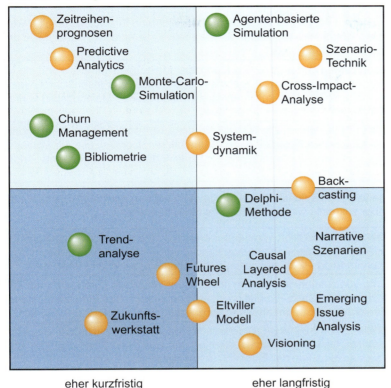

BILD 2.32
Ordnungsschema von Methoden für die Vorausschau

TABELLE 2.6 Übersicht über Methoden der Vorausschau (Fortsetzung auf Seite 156)

Methode	Kurze Charakterisierung
Agentenbasierte Simulation	Simulation von Märkten mittels künstlicher Individuen, sogenannten Agenten. Agenten haben Eigenschaften und können Aktionen ausführen. Die Simulation eines Marktes mit Hilfe der agentenbasierten Simulation erfordert sehr genaue Kenntnis über den Markt (vgl. Kapitel 2.3.4) [Ban07].
Backcasting	Ableitung von Konsequenzen und Maßnahmen, um ein entwickeltes Szenario zu erreichen [Löc09].
Bibliometrie	Quantitative Beobachtung von Publikationen, z.B. mittels Zitationsanalyse. Die Durchführung der Beobachtung zu verschiedenen Zeitpunkten ermöglicht die Vorausschau zukünftig wichtiger Themen (vgl. Kapitel 2.3.3).
Causal Layered Analysis	Dekomposition der Ist-Situation in vier Ebenen: 1) Fakten, 2) Struktur und soziales System, 3) Weltsicht sowie 4) Unbewusstes und Emotionales. In der Folge werden alternative Zukünfte auf der Ebene Unbewusstes und Emotionales entwickelt und in den drei verbleibenden Dimensionen konkretisiert.
Churn Management	Identifikation von Signalen für Kundenabwanderung. Dazu werden Muster in Datensätzen ermittelt. Kunden mit einer hohen Abwanderungswahrscheinlichkeit werden mit Kundenbindungsmaßnahmen kontaktiert. Typische Anwendungen finden sich in der Finanzwirtschaft oder dem Internetmarketing (vgl. Kapitel 2.3.6) [Tec08].

Methode	Kurze Charakterisierung
Cross-Impact-Analyse	Methode zur Untersuchung wechselseitiger Einflüsse von zukünftigen Ereignissen. Die Cross-Impact-Analyse kann gut mit der Delphi Methode und der Szenario-Technik kombiniert werden. Beispielsweise kann die Cross-Impact-Analyse als Alternative zur Konsistenzanalyse in der Szenario-Technik genutzt werden [Wei07].
Delphi-Methode	Vorausschau und Ideenfindung gemäß des Grundprinzips: Meinungen sammeln und die Mitglieder eines (Experten-)Kollektivs mit den Ergebnissen konfrontieren. Wesentliches Alleinstellungsmerkmal dieser Methode ist, dass im Ergebnis ein konsolidiertes Meinungsbild vorliegt (vgl. Kapitel 2.3.1) [BW89].
Eltviller Modell	Das Eltviller Modell besteht aus einem Prozess zur Vorausschau sowie einem Objektmodell, das es ermöglicht, die Ergebnisse strukturiert zu dokumentieren. Der Prozess der Vorausschau beruht im Kern auf der schrittweisen Betrachtung der Zukunft durch fünf sogenannte Zukunftsbrillen [Mic11].
Emerging Issue Analysis	Identifikation und Analyse von Einflussfaktoren, die in der Vergangenheit keinerlei bzw. kaum Bedeutung hatten, aber zukünftig wichtige Einflussfaktoren darstellen.
Futures Wheel	Visualisierungstechnik zur Identifikation von möglichen Folgewirkungen von Trends und Zukunftsszenarien. Das Futures Wheel kann gut verwendet werden, um – zusammen mit Kreativitätstechniken wie Brainstorming – Zukunftsbilder zu erstellen und zu strukturieren.
Monte-Carlo-Simulation	Quantitative Schätzung von zukünftigen Werten mit Hilfe von mehrfach durchgeführten Zufallsexperimenten. Basis der Monte-Carlo-Simulation ist ein mathematisches Simulationsmodell, welches die Kenntnis von Wirkzusammenhängen voraussetzt (vgl. Kapitel 2.3.5) [RSK11].
Narrative Szenarien	Erzählerische Aufbereitung von Szenarien. Durch die Möglichkeit, eine zukünftige Situation anhand der Erlebnisse fiktiver Charaktere darzustellen, erhöhen narrative Szenarien den Immersionsgrad. Dafür muss eine Reduktion der Präzision in Kauf genommen werden.
Predictive Analytics	Aufbereiten, Analysieren und Interpretieren von Daten mittels statistischer Verfahren, um Vorhersagen über zukünftige Ereignisse zu treffen. Eine bekannte Anwendung ist beispielsweise die Prüfung der Kreditwürdigkeit von Kunden in der Finanzwirtschaft [Ken14].
Szenario-Technik	Erstellung von allgemeinverständlichen, nachvollziehbaren und konsistenten Beschreibungen von zukünftigen Situationen, die auf einem komplexen Netz von Einflussfaktoren beruhen (vgl. Kapitel 2.2).
Systemdynamik	Systemdynamik oder System Dynamics ist eine Methode zur ganzheitlichen Analyse komplexer Systeme. Wenn als System das Umfeld eines Unternehmens gewählt wird, kann Systemdynamik auch zur Vorausschau genutzt werden.
Trendanalyse	Trends bezeichnen mögliche Entwicklungen in der Zukunft, die aufgrund einer hohen Wahrscheinlichkeit als relevant für die künftige Geschäftstätigkeit angesehen werden. Die Trendanalyse umfasst das systematische Suchen, Aufbereiten und Auswerten von Trends (vgl. Kapitel 2.3.2).
Visioning	Methode zur kollaborativen Entwicklung von Visionen, also gewünschten Zukunftsentwürfen. Anwendungen finden sich oft im Bereich Städteplanung.
Zeitreihenprognosen	Analyse einer vorliegenden Zeitreihe (Beobachtungswerte) und anschließende Dekomposition in unabhängige Elemente. Letztere können zur Extrapolation genutzt werden, um beispielsweise saisonale Schwankungen zu berücksichtigen [Run10].
Zukunftswerkstatt	Methode zur Findung zukunftsgerichteter Ideen für heutige Probleme. Die drei typischen Phasen sind: Kritikphase, Fantasiephase und Verwirklichungsphase. Zukunftswerkstätten finden in der Regel in Gruppenarbeit statt [BKS98].

als zehn Jahre sowie breit gestreute und gesellschaftliche Fragestellungen). Die Delphi-Methode hat sich weltweit bewährt und wurde bis heute viele tausend Mal angewendet [RW78], [Häd02].

Bild 2.33 charakterisiert die beiden Anwendungsschwerpunkte der Delphi-Methode. Der Anwendungsschwerpunkt **Ideenfindung** ist in den Bereich Kreativitätstechniken einzuordnen. Da dies im Kontext dieses Buchs in

2.3 Weitere Methoden zur Vorausschau

BILD 2.33 Zweck der Delphi-Methode

Kapitel 3.1 vorgestellt wird, gehen wir hier darauf nicht ein und behandeln im Folgenden den zweiten Anwendungsschwerpunkt der **Vorausschau**.

Im Rahmen der Vorausschau werden Fragen wie in Bild 2.33 links gestellt bzw. nach der Einschätzung zu Thesen gefragt, die eine Situation in der Zukunft beschreiben. Letzteres bietet sich an, um die Zukunftsprojektionen von Schlüsselfaktoren bei der Szenario-Erstellung abzusichern. Der mit Fragen bzw. mit Thesen versehene Fragebogen wird an entsprechende Experten versandt. Anschließend erfolgt eine Auswertung der eingegangenen Bögen. In einer zweiten Runde werden die gleichen Experten mit der Meinung des Expertenkollektivs konfrontiert und gebeten, im Lichte dieser Meinung ihre Bewertung zu erneuern (zu bekräftigen, zu modifizieren, zu revidieren). Im Idealfall wird dieser Prozess solange durchgeführt, bis ein Gruppenkonsens erzielt ist. In der Praxis bleibt es in der Regel bei der zweiten Runde. Bild 2.34 stellt den geschilderten Ablauf dar. Das Entscheidende für den Erfolg einer Delphi-Befragung ist die sorgfältige Vorbereitung;

sie umfasst die klare Formulierung von Fragen bzw. Thesen und die Auswahl eines ausgewogenen und besonders urteilsfähigen Expertenkollektivs.

In Bild 2.35 ist als Beispiel eine typische Delphi-Frage und die entsprechende Auswertung wiedergegeben. Sie stammt aus einem Forschungsprojekt im Bereich der Additiven Fertigung, in dem wir die Erfüllungszeitpunkte unterschiedlicher Technologieanforderungen in einem Expertenkollektiv verdichtet haben. Bild 2.36 enthält als Beispiel eine typische Delphi-These mit einer daraus resultierenden Auswertung.

Die Delphi-Befragungstechnik ist dann besonders nützlich, wenn das individuelle Wissen einer größeren Anzahl von Experten zusammenzuführen ist. Die Einflussnahme von dominierenden Personen bzw. Meinungsführern wird weitgehend ausgeschlossen und es kommt zu einer gewissen Konsolidierung des Meinungsbilds. Unserer Erfahrung nach ist es auch eine sehr kostengünstige Maßnahme, die Meinung vieler, häufig geographisch verteilter Personen

2 Potentialfindung – Die Geschäfte von morgen antizipieren

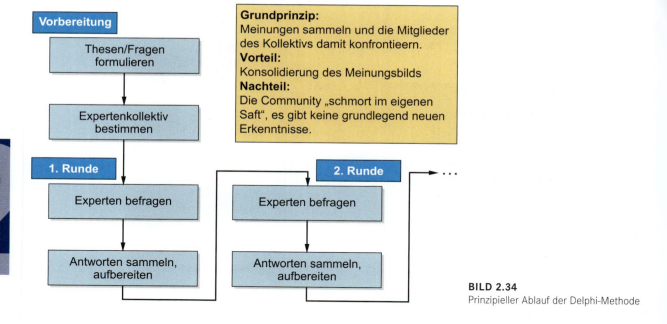

BILD 2.34
Prinzipieller Ablauf der Delphi-Methode

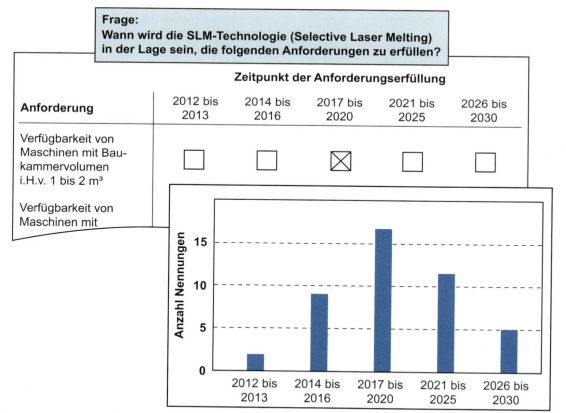

BILD 2.35 Delphi-Methode – Beispiel einer Frage und einer Auswertung

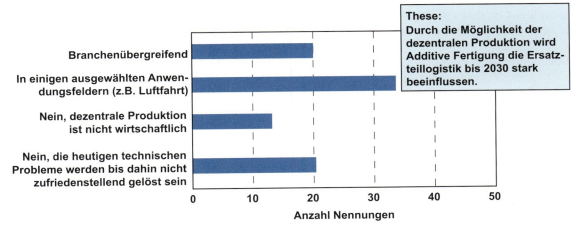

BILD 2.36 Delphi-Methode – Beispiel einer These und einer Auswertung

zu erfahren. Ein weiterer Reiz liegt darin, das Expertenkollektiv regelmäßig zu befragen, um daraus einen Trend zu bestätigen bzw. nicht zu bestätigen. Häufig erleben wir dann auch den sogenannten „Wanderdüneneffekt", d. h. das Eintreten eines positiven Sachverhalts verschiebt sich von Mal zu Mal. Aber auch das ist eine wertvolle Erkenntnis, wenn es darum geht, strategische Entscheidungen zu treffen.

Resümee

Die Delphi-Methode ist eine sehr bewährte Methode, die Meinung einer größeren Anzahl von Experten relativ kostengünstig und schnell zu ermitteln und zu konsolidieren. Entscheidend für den Erfolg ist die Qualität der Fragen und Thesen. Eine wichtige Rolle spielt ferner die Bereitschaft der Befragten, den Fragebogen zu beantworten. Maßgebend dafür sind wiederum die Qualität der Fragen und Thesen, aber auch die Beziehungen zwischen den Experten auf der einen Seite und denjenigen, die die Befragung durchführen auf der anderen Seite. Der gravierende Nachteil ist darin zu sehen, dass eine Experten-Community dazu neigt „im eigenen Saft zu schmoren", also das wiederzugeben, was eben derzeit die geltende Meinung ist, und es somit nicht wirklich zu grundlegend neuen Erkenntnissen kommt. Abhilfe schafft hier das bewusste Einbeziehen von „Querdenkern", deren außergewöhnliche Meinungen häufig nachdenklich stimmen. Selbstredend müssen deren Äußerungen explizit und anonym in der Auswertung der ersten Runde enthalten sein.

2.3.2 Trendanalyse

Die häufig anzutreffende Unsicherheit der Menschen im Umgang mit der Zukunft erfordert es, wahrnehmbare Entwicklungen abschätzen zu können. Die Trendforschung und -analyse setzen hier an, komplexe gesellschaftliche Zusammenhänge zu erkennen und mögliche Auswirkungen aufzudecken. Für uns spielen dabei besonders Entwicklungen eine Rolle, die die Geschäftstätigkeit von Unternehmen beeinflussen. Ein Trend ist demnach eine mögliche Entwicklung in der Zukunft, die aufgrund einer hohen Wahrscheinlichkeit als relevant für die künftige Geschäftstätigkeit angesehen wird.

Die Aufgabe der Trendforschung ist, Prognosen zu treffen, um eben dieser Unsicherheit entgegenzuwirken. Dabei wird eine Einschätzung über die Dynamik von Trends gemacht – Wie stark und wie schnell wird ein Trend eintreffen? Wie groß ist die Gruppe der Betroffenen eines Trends? Wird nur ein kleiner, marginaler Teil von Personen erreicht oder betrifft der Trend die gesamte Bevölkerung? Darüber hinaus sollten Trends eine gewisse zeitliche Gültigkeit vorweisen und quantifiziert werden. Im zeitlichen Verlauf lassen sich Trends daher nachvollziehen, überprüfen und fortschreiben bzw. abwandeln [Hor98]. Horx schlägt die folgenden drei Kategorien von Trends vor:

Megatrends sind Trends mit einer Halbwertszeit von mehr als zehn Jahren. Diese Trends sind soziographischen oder technologischen Ursprungs und haben Einfluss auf die Gesellschaft. Naisbitt und Aburdene verstehen unter Megatrends breit angelegte soziale, wirtschaftliche, politische und technologische Veränderungen. Diese bilden sich langsam aus und dauern nach Eintreten lange an. Die Megatrends von Naisbitt und Aburdene beziehen sich auf die gesellschaftliche Gesamtheit [NA92]. Ein Beispiel für einen Megatrend ist die fortschreitende Urbanisierung.

Konsumententrends beeinflussen das Kaufverhalten der Menschen sowie Marketing- und Produktkonzeptionen. Ein wichtiger Trend ist hier beispielsweise „Bewusste Ernährung".

Branchentrends sind Ableitungen von Megatrends und Konsumententrends, die das Geschäft von morgen einer Branche stark beeinflussen. Ein Beispiel ist der Leichtbau in der Fahrzeugtechnik, der aus dem Megatrend der Verknappung fossiler Rohstoffe und dem Konsumententrend des zunehmenden Umweltbewusstseins resultiert.

POPCORN und MARIGOLD verstehen unter einem Trend Entwicklungen, die langlebig und über verschiedene Märkte und Verbraucheraktivitäten hinweg zu beobachten sind. Darüber hinaus müssen Trends konsistent zu anderen Ge-

schehnissen und Entwicklungen sein [PM99]. Die Trendforschung liefert somit eine Reihe von Ansätzen, einsetzende Entwicklungen wahrzunehmen. Diese Ansätze können als Grundlage für die Trendanalyse eines Unternehmens genutzt werden. Trends sind in diesem Sinne Ausdruck von Entwicklungen, die das Geschäft von morgen prägen. Die Trendforschung zeigt, dass sie nicht plötzlich auftreten, sondern sich frühzeitig ankündigen. Aufgabe der Trendanalyse ist es, Trends frühzeitig zu erkennen, sie in Bezug auf die möglichen Auswirkungen auf das Geschäft des Unternehmens zu bewerten und davon ausgehend den Kurs des Unternehmens zu bestimmen. Nach KOTLER und BLIEMEL haben neue Produkte mit großer Wahrscheinlichkeit Erfolg, wenn sie sich an starken Trends ausrichten [KB07].

Das im Folgenden beschriebene Vorgehen für die Trendanalyse hat sich bewährt. Wie in Bild 2.37 dargestellt ergeben sich Chancen und Gefahren, die wiederum zu

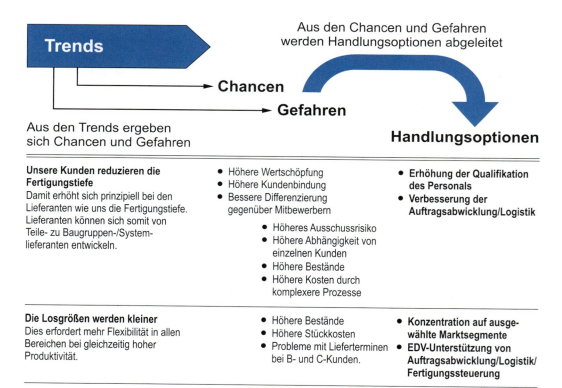

BILD 2.37 Ableitung von Handlungsoptionen aus Trends

Handlungsoptionen führen. Liefert die Trendanalyse keine Chancen und nur Gefahren, und bieten sich für die Umgehung bzw. Bewältigung der Gefahren keine Handlungsoptionen an, so liegt es nahe, den Ausstieg aus dem Geschäft in Erwägung zu ziehen. Nachfolgend werden die vier Schritte der von uns praktizierten Trendanalyse beschrieben.

1. Beschreibung von Trends

Hier sollten vorderhand Trends aufgenommen werden, die das Geschäft des Unternehmens betreffen. In Bild 2.37 ist dies beispielsweise die Reduktion der Fertigungstiefe. Als Ausgangspunkt für die Ermittlung von Trends bietet sich die Trendforschung an. Geschäftsnahe Trends ergeben sich aus Quellen wie dem Internet, Fachliteratur, Fachmessen, Tagungen, Geschäftsberichten und Patentanmeldungen. Eine bewährte Möglichkeit zur Beschreibung von Trends bieten Trendsteckbriefe. Ein beispielhafter **Trendsteckbrief** ist in Bild 2.38 dargestellt. Typische Elemente sind eine textuelle Beschreibung, Treiber, eine Trendeinschätzung sowie Chancen und Gefahren.

2. Ranking der Trends

Hier sind die Stärke eines Trends sowie die Wahrscheinlichkeit, mit der ein Trend eintritt, zu ermitteln. Ergebnis dieses Schritts ist eine Priorisierung von Trends, um im Folgenden Chancen und Gefahren für die geschäftsrelevanten Trends abzuleiten. LIEBEL, KLOPP und HARTMANN sprechen hier von der Evidenz und dem Impact eines Trends. Die Evidenz drückt die Wahrscheinlichkeit für das Eintreffen eines Trends aus und der Impact beschreibt, wie stark ein Unternehmen von einem Trend betroffen ist. Der Impact wird beeinflusst durch das sogenannte Trend-Niveau (Wie hoch ist der Innovationsgrad eines Trends?) und die Durchschlagskraft (Wer ist von einem Trend wie stark betroffen?) eines Trends [Lie96], [KH99]. Das Ranking kann aus einfachen Bewertungsverfahren wie dem paarweisen Vergleich hervorgehen und auf einem Trendradar (Bild 2.39) oder einem Trendportfolio (Bild 2.40) beruhen.

Ein **Trendradar** ist in unterschiedliche, den Betrachtungsgegenstand umgebende Bereiche einzuteilen. Das im Bild 2.39 gezeigte Radar untergliedert sich beispielsweise in die Bereiche Gesellschaft, Technologie sowie Umwelt und Politik. Jeder Kreis im Trendradar repräsentiert einen Trend. Die Farbe spiegelt die Auswirkung des Trends auf den zu analysierenden Geschäftsbereich wider – ein roter Kreis bedeutet beispielsweise, dass dieser Trend einen fundamentalen Wandel bewirken würde. Die zweite Dimension wird durch die Positionierung der Kreise zum Bildzentrum dokumentiert – je näher sich eine Kugel zum

BILD 2.38 Trendsteckbrief am Beispiel „Zunehmender Einsatz mobiler Endgeräte in der Landwirtschaft"

2 Potentialfindung – Die Geschäfte von morgen antizipieren

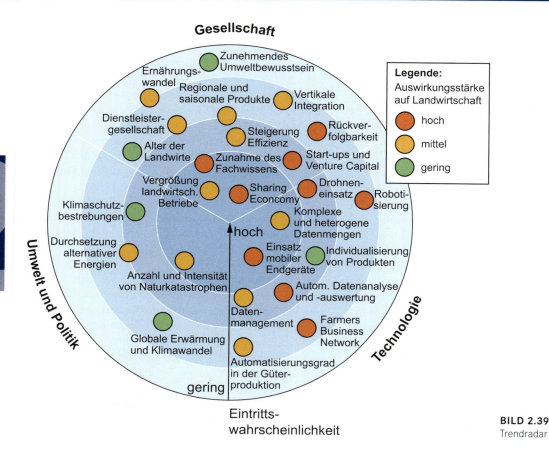

BILD 2.39
Trendradar

Zentrum des Radars befindet, desto höher ist die Eintrittswahrscheinlichkeit. Somit sind alle zentral gelegenen, roten Trends besonders zu berücksichtigen.

Das **Trendportfolio** wird durch die Dimensionen „Auswirkungen auf das Unternehmen" und „Eintrittswahrscheinlichkeit" aufgespannt. Auch hier entspricht eine Kugel einem Trend. Aus den Dimensionen resultieren sechs charakteristische Bereiche: *Auf überraschende Trends vorbereitet sein, Trends proaktiv aufgreifen, Trends sofort anpacken, Trends beobachten, Trends beobachten und integrieren sowie keine Ressourcen unnötig binden*. Anhand der Positionierung der Trends im Trendportfolio lassen sich Hinweise auf Chancen, Gefahren und Handlungsoptionen ableiten.

3. Ermittlung von Chancen und Gefahren

Die relevanten Trends bieten Chancen und Gefahren für das Geschäft des Unternehmens. So resultieren aus dem Beispiel in Bild 2.37 „Reduktion der Fertigungstiefe" u. a. die Chancen einer höheren Wertschöpfung und Kundenbindung als auch die Gefahren der höheren Abhängigkeit von einzelnen Kunden und höheren Beständen.

4. Ermittlung von Handlungsoptionen

Im Anschluss können aus den ermittelten Chancen und Gefahren Handlungsoptionen abgeleitet werden. Diese treffen eine Aussage darüber, was das Unternehmen tun muss, um die erkannten Chancen zu nutzen und die aufkommenden Gefahren zu überwinden. Im Beispiel aus Bild 2.37 ist eine Handlungsoption „Erhöhung der Qualifikation des Personals".

Resümee

Die Trendanalyse bietet die Möglichkeit, aufkommende geschäftsrelevante Entwicklungen frühzeitig zu erkennen. Die identifizierten Trends enthalten in der Regel Chancen und Gefahren für das zukünftige Geschäft. Die Trendanalyse ist ein pragmatisches und leicht zu handhabendes Instrument für die Vorausschau. Hauptproblem ist die zuverlässige Erkennung von geschäftsbestimmenden Trends. Des Weiteren werden weder mehrere alternative Entwicklungen nach dem Prinzip der multiplen Zukunft noch Konsistenzbewertungen von Trends zueinander in Betracht gezogen. Insofern ist die Trendanalyse bei weitem nicht so mächtig wie die Szenario-Technik.

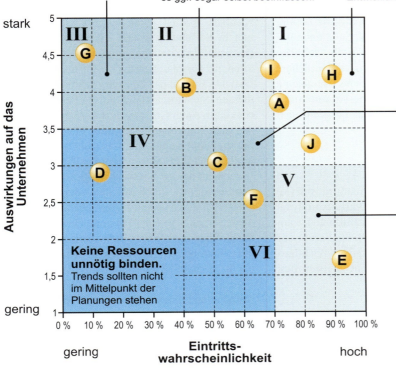

BILD 2.40 Trendportfolio

2.3.3 Bibliometrie

Wissen wird unter anderem durch Publikationen repräsentiert. Sie verkörpern das Ergebnis der Forschungsanstrengungen und sind u. a. Ausdruck der Reputation von Wissenschaftlern. Allerdings ist die Anzahl der Publikationen in den vergangenen Jahrzehnten extrem gestiegen, nicht von ungefähr gibt es den Begriff Wissensexplosion. Nach Ulrich's Periodicals Directory existieren gegenwärtig über 330 000 periodisch erscheinende wissenschaftliche Zeitschriften; Mitte des 19. Jahrhunderts waren es 1000. Täglich erscheinen rund 30000 Fachveröffentlichungen aus Naturwissenschaft und Technik; 1950 waren es 2000. Der derzeit 22 Millionen Patente umfassende World Patents Index verzeichnet etwa 2 Millionen neue Patente pro Jahr. Selbst in einer eher eng begrenzten Domäne wie der Mechatronik ist die Anzahl der Publikationen so hoch, dass diese von einigen wenigen Personen nicht mehr gelesen werden können. Gezieltes Wissen aus der großen Informationsmenge zu ziehen ist fast unmöglich. Daher sind maschinelle Verfahren notwendig, welche die Informationsmenge auswerten und den Blick auf den Kern des gewünschten Wissens lenken [Brü09]. Die Verfahren der Bibliometrie können hier helfen.

Bibliometrie ist die quantitative Untersuchung von Publikationen mittels mathematischer und statistischer Verfahren [Raa03]. Die Grundlage bilden quantitativ und objektiv nachvollziehbare Messgrößen wie Publikations- und Zitationsmaße [LS04]. Die bibliometrischen Verfahren werden in eindimensionale und zweidimensionale Verfahren unterteilt.

- **Eindimensionale Verfahren** basieren auf einem einfachen Auszählen von bibliographischen Elementen, wie zum Beispiel der Anzahl der Publikationen pro Autor oder pro Institution, um Hinweise auf die Publikationsintensität von Forschungsstellen etc. zu gewinnen. Zu

diesen Verfahren gehören die Publikations- und Zitationsanalyse. Derartige Verfahren betrachten die Publikation als Ganzes; der eigentliche Inhalt wird nicht berücksichtigt [Löf08].
- **Zweidimensionale Verfahren** untersuchen das gemeinsame Auftreten von bibliographischen Elementen. Zu diesen Verfahren gehören die Co-Zitations-Analyse und die Co-Wort-Analyse [KS98]. Mit diesen Verfahren lassen sich sowohl Textinhalte als auch inhaltliche Zusammenhänge zwischen Texten betrachten. Sie dienen unter anderem dazu, die Struktur und die zeitliche Dynamik der Forschungslandschaft zu verdeutlichen. Beispielhafte Fragestellungen sind: Welche Technologie wird zunehmend in einem bestimmten Anwendungskontext genannt? Welche Institutionen befassen sich intensiv mit welchen Technologien?

Eindimensionale Verfahren

Das Auszählen von Publikationen unter quantitativen Gesichtspunkten ist Gegenstand der **Publikationsanalyse**. Ziel ist es, die Aktivität von Autoren, Institutionen, Ländern etc. beurteilen zu können [SSW+89]. Sie beruht auf der Annahme, dass Wissenschaftler, die etwas Wichtiges zu sagen haben, ihre Erkenntnisse in Fachzeitschriften und Büchern veröffentlichen.

Publikationsanalysen werden häufig angewendet, um die Bedeutung von Personen bzw. Institutionen in einem Wissenschaftsgebiet zu identifizieren. Eine weitere Anwendung der Publikationsanalyse ist die Analyse des Publikationsaufkommens bezüglich eines Fachbegriffs. So kann festgestellt werden, wann ein Fachbegriff zum ersten Mal aufgetreten ist und wie sich seine Verwendung zeitlich entwickelt hat. Auf diese Weise lassen sich Trends ableiten. Im Rahmen einer von uns durchgeführten Untersuchung wurde die Bedeutung der Technologie MID (Molded Interconnect Devices) untersucht. Die Technologie MID integriert sowohl mechanische als auch elektronische Funktionen in einem Bauteil. Sie bietet die Vorteile der Miniaturisierung, Reduzierung der Teilezahl und Erhöhung der räumlichen Gestaltungsfreiheit. Ziel der Untersuchung war es, den Reifegrad der Technologie MID zu ermitteln und wann diese Technologie zum ersten Mal diskutiert wurde.

Bibliometrische Kennzahlen spielen heute eine wichtige Rolle bei der Gestaltung von Anreizsystemen in der Wissenschaft und dienen auch als Kriterien bei der Evaluation von Wissenschaftlern und wissenschaftlichen Institutionen. Bei der Verwendung von Publikationsmaßen gilt es jedoch, handwerkliche Fehler zu vermeiden. Dazu gehören ein ausreichend langer Untersuchungszeitraum sowie eine zusätzliche Qualitätsgewichtung der Publikationen. So werden zum Beispiel kurze Artikel geringer gewichtet als lange, ferner wird berücksichtigt, dass Artikel mehrfach publiziert werden [LS04].

Unter dem Begriff Zitationen sind zitierte Publikationen zu verstehen. Diese werden im Rahmen der Zitationsanalyse ausgezählt. Die Grundannahme der Zitationsanalyse ist, dass wichtige Literatur häufiger zitiert wird als weniger wichtige. Werden Zitationen zur Anzahl der Publikationen in Beziehung gesetzt, so lassen sich Zitationsraten (= Anzahl der Zitationen pro Publikation) für einzelne Autoren, für Forschungsgruppen, für Institutionen etc. bilden [WW84]. Hier ist das Ziel, die Wirkung eines Autors etc. zu messen. Sie kann als Maß für die Bedeutung einer Quelle oder eines Autors interpretiert werden. Nach VAN RAAN lassen sich Zitationen wie Stimmen in einer Wahl interpretieren und sind somit eine Art Qualitätsurteil [Raa03]. Eine weitere mögliche Anwendung der Zitationsanalyse ist die Untersuchung des Wissenstransfers zwischen verschiedenen Disziplinen. Durch Auszählen der disziplinenübergreifenden Zitationen kann festgestellt werden, inwieweit die Arbeitsergebnisse einer Disziplin eine Breitenwirkung entfalten. Für eine solche Untersuchung wird angenommen, dass Zitationen ein Anzeichen der Relevanz früherer Arbeiten für die heutige Forschung sind [RLB+02].

Selbstredend müssen bei der Zitationsanalyse wie bei der Publikationsanalyse die unterschiedlichen Publikations- und Zitationsgewohnheiten in den verschiedenen Disziplinen berücksichtigt werden.

Zweidimensionale Verfahren

Die **Co-Zitations-Analyse** untersucht das gemeinsame Auftreten von Zitationen. Sie legt folgende Annahme zugrunde: Je häufiger zwei Veröffentlichungen zusammen im Literaturverzeichnis dritter Publikationen aufgeführt werden und somit zusammen co-zitiert werden, desto wahrscheinlicher ist auch ihre inhaltliche (kognitive) Nähe [WS02].

Die Co-Zitations-Analyse beruht allein auf der Auswertung der Ströme formaler Kommunikation (Publikationen und Zitationen) und ist damit unabhängig von bestehenden Klassifikationsschemata, disziplinären Zuordnungen und subjektiven Sichtweisen einzelner Experten. Es werden lediglich die durch die publizierenden Forscher selbst realisierten kognitiven Bezüge genutzt, um aktuelle Forschungsfronten zu identifizieren und ihre Relationen zueinander darzustellen [WS02].

Das exponentielle Wachstum von Wissen in den letzten Jahrzehnten hat zu einer immer größer werdenden Innendifferenzierung und Spezialisierung geführt. Dabei entstehen neue Spezialgebiete häufig gerade an den Grenzen der großen etablierten Disziplinen bzw. im Spannungsfeld mehrerer Disziplinen. Durch die Co-Zitations-Analyse können Forschungsfronten auch über die Grenzen von Disziplinen hinweg erkannt werden.

Die **Co-Wort-Analyse** ist der Co-Zitations-Analyse in Vorgehensweise und Zielsetzung sehr ähnlich. Der Unterschied besteht darin, dass bei der Co-Wort-Analyse nicht das gemeinsame Auftreten von Zitationen, sondern von Schlagwörtern auf eine Beziehung zwischen Publikationen hinweist. Dazu werden die Inhalte von Dokumenten auf ebendiese Schlagwörter verdichtet. Schlagwörter können Fachausdrücke, Produktnamen, Autoren etc. repräsentieren. Eine Möglichkeit der Darstellung der Ergebnisse sind sogenannte **Wissenslandkarten** (Bild 2.41). Die Kugeln stellen die Schlagwörter dar, deren Durchmesser ein Maß für die absolute Häufigkeit der Nennung sind. Die Linienstärke einer Verbindung zwischen zwei Schlagwörtern steht für die relative Co-Häufigkeit, also die Häufigkeit des gemeinsamen Auftretens. Des Weiteren werden Schlagwörter, die einem ähnlichen oder gleichen Themengebiet angehören nah zusammen dargestellt. Mit Hilfe indirekter Distanzmaße wird die Position der Schlagwörter unter Beachtung der Relation zweier Schlagwörter zueinander als auch zu allen anderen Schlagwörtern ermittelt. Dadurch lassen sich interdisziplinäre Beziehungen leichter erkennen. Diese Darstellungsweise ermöglicht es, auf Basis regelmäßiger Analysen Trends zu erkennen, die durch Extrapolation auch Vorhersagen zulassen. So kann beispielsweise verdeutlicht werden, ob sich Schlagwörter im Laufe der Zeit einander annähern oder voneinander entfernen. Zudem können Schlagwörter identifiziert werden, die neu aufkommen [Raa03]. In dem in Bild 2.41 wiedergegebenen Beispiel wird das Schlagwort Augmented Reality (AR) mit einer großen Kugel dargestellt. Das bedeutet, dass AR relativ häufig in den Publikationen genannt wird. Die verhältnismäßig breite Verbindungslinie zum Schlagwort Automobilindustrie zeigt an, dass die beiden Begriffe häufig zusammen in den analysierten Publikationen vorkommen. AR spielt also als Technologie in der Automobilindustrie eine besondere Rolle. Das Schlagwort VR (Virtual Reality) liegt sehr nah an dem Begriff AR. Ihre Nähe deutet auf eine große Ähnlichkeit hin.

Da in der zugrunde liegenden Datenbasis vielfältige Beziehungen bestehen, geben die Wissenslandkarten auch mehr Informationen wieder, als in Bild 2.41 dargestellt. Beispielsweise existieren Beziehungen zwischen Schlag-

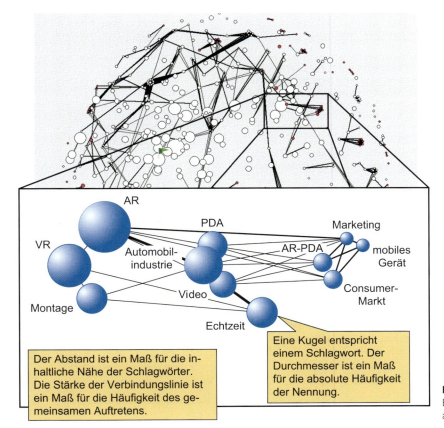

BILD 2.41
Beispiel (Auszug) einer Wissenslandkarte auf Basis von Schlagwörtern

wörtern, Publikationen und Autoren. Es besteht die Möglichkeit Schlagwörter, die von einem bestimmten Autor propagiert werden, in einer Farbe zu markieren.

Wir sehen einen besonderen Nutzen in der Co-Wort-Analyse. Dieser liegt im Erkennen von Technologie-Trends und der Bewertung von Entwicklungen ausgewählter Technologien. Daher gehen wir im Folgenden etwas näher auf die Anwendung der Co-Wort-Analyse ein. Dies erfolgt anhand des in Bild 2.42 dargestellten Vorgehensmodells.

1. Themenfindung

In der ersten Phase wird zunächst festgelegt, zu welchem Thema eine Co-Wort-Analyse durchgeführt werden soll. Das kann zum Beispiel ein Technologiefeld wie AR oder MID sein.

2. Detaillierung

Durch die Strukturierung der Aufgabenstellung werden die zu beantwortenden Fragestellungen festgelegt. Mögliche Fragestellungen sind zum Beispiel: Wer sind die Schlüsselpersonen/Schlüsselinstitutionen auf dem Gebiet AR und womit beschäftigen sich diese im Einzelnen? Welche Technologien im Bereich AR sind weit verbreitet und welche sind auf dem Vormarsch? Abhängig von den Fragestellungen wird die zu recherchierende Datenbasis identifiziert.

3. Recherche

Die relevanten Publikationen werden gesammelt. Als Quelle können hier Literaturdatenbanken dienen. Die recherchierten Publikationen sind in ein einheitliches Format zu bringen, um sie maschinell auswerten zu können. Hierzu sind aus dem sogenannten Textkorpus z. B. Füllwörter zu entfernen oder Worte auf den Wortstamm zu reduzieren. Typischerweise ist eine derartige Aufbereitung ein zentraler Aufwandstreiber der Bibliometrie.

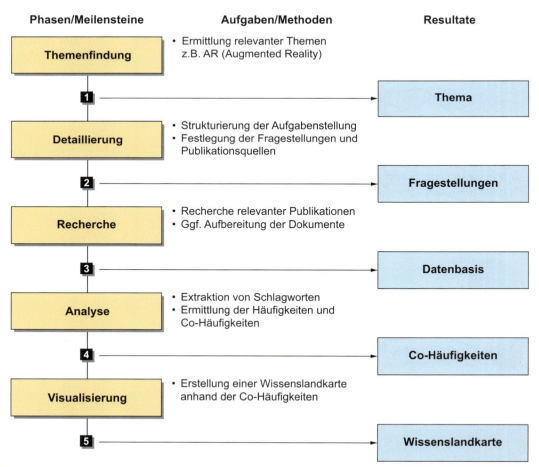

BILD 2.42 Vorgehen bei der Anwendung der Co-Wort-Analyse

4. Analyse

Aus den Publikationen werden die Schlagwörter extrahiert und vereinheitlicht. So sind beispielsweise Substantive auf den Nominativ Singular zurückzuführen. Das kann mit Hilfe von linguistischen Algorithmen geschehen. Alternativ können die Schlagwörter auch von Experten vergeben werden. Dies birgt aber die Gefahr, dass gerade neue Begriffe nicht in die Analyse einbezogen werden – es wird nach Bekanntem gesucht. Anschließend werden die Häufigkeiten bzw. die Co-Häufigkeiten in der zugrunde liegenden Datenbasis berechnet.

5. Visualisierung

Die Ergebnisse der Analyse werden mit Hilfe von Wissenslandkarten dargestellt, wie sie beispielhaft in Bild 2.41 gezeigt ist. Es bietet sich an, die Co-Wort-Analyse periodisch, z. B. jährlich, durchzuführen. Dadurch lässt sich die zeitliche Dynamik eines Wissensgebiets gut erkennen.

Resümee

Allein durch Lesen gezielt Wissen aus einer extrem großen Informationsmenge von Publikationen zu ziehen, ist fast unmöglich. Maschinelle Verfahren helfen hier weiter. Durch die regelmäßige Anwendung der vorgestellten Verfahren, insbesondere der zweidimensionalen bibliometrischen Verfahren, lassen sich wertvolle Hinweise auf Trends und Veränderungen gewinnen. Besonders geeignet erscheint uns die regelmäßige Auswertung von Publikationen der Grundlagenforschung und angewandten Forschung (dazu zählen insbesondere auch Dissertationen), weil dadurch ein guter Beitrag für die strategische Frühaufklärung geleistet werden kann. Als Nachteil ist der relativ hohe Aufwand für die Aufbereitung der zu analysierenden Informationsmenge zu nennen.

2.3.4 Agentenbasierte Simulation

Agentenbasierte Simulationen sind Ansätze, die das Verhalten komplexer Systeme auf Basis der Interaktionen autonomer Akteure (sogenannte Agenten) untersuchen. Die Anwendungsfälle für agentenbasierte Simulationen sind vielfältig. So können beispielsweise das Übertragungsverhalten von Krankheitserregern, Materialflüsse in der Fertigung oder die Auslastung von Energieversorgungsnetzen simuliert werden [Her07], [Ick07], [BDL+13]. Im Kontext der strategischen Produktplanung können agentenbasierte Simulationen u. a. genutzt werden, um (Absatz-)Märkte zu simulieren. Man spricht von sogenannten Marktsimulationen. Bild 2.43 stellt das Vorgehen zur Erstellung einer agentenbasierten Simulation dar.

Im Folgenden werden wir anhand eines vereinfachten Beispiels zeigen, wie eine agentenbasierte Simulation dazu dienen kann, die Unsicherheit bei der Markteinführung intelligenter Produkte zu reduzieren. Dabei hat es sich als besonders Erfolg versprechend herausgestellt, das Vorgehen der agentenbasierten Simulation und der Szenario-Technik (vgl. Kapitel 2.2) zu kombinieren [SLG15].

1. Analyse des Systems

Zunächst werden das System analysiert sowie die Rahmenbedingungen der Simulation spezifiziert. Dies umfasst u. a. die Definition der Akteure und deren Verhalten, deren Interaktionen, deren Umwelt sowie mögliche Aktionen. Bei der Einführung zweier intelligenter Produkte in einen Markt mit drei dominierenden klassischen Produkten wurden dazu Kunden mit heterogenen Präferenzen berücksichtigt. Diese fällen Entscheidungen wie den Erwerb eines intelligenten Produkts. Sie können jedoch auch Einfluss auf das Marktverhalten nehmen, beispielsweise indem sie Produkte weiterempfehlen. Die zur Auswahl stehenden Produkte weisen Merkmale und Ausprägungen auf. Merkmale können Preis oder Grad der Intelligenz sein. Die Höhe des Preises wäre eine Ausprägung für das Merkmal Preis. Die Informationen zu den Produkten erhalten Konsumentenagenten durch Kommunikation mit Anderen sowie durch Marketing.

2. Konzeptueller Modellentwurf

Gegenstand ist die Beschreibung der Struktur der Agenten untereinander sowie deren Verhalten. Bild 2.44 gibt einen beispielhaften Überblick über Elemente und Interaktionen für eine Marktsimulation: Konsumenten mit jeweils individuellen Präferenzen beschaffen sich Informationen über Produkte an verfügbaren Verkaufsstellen und entscheiden sich für die subjektiv beste Alternative. Ferner sind die Konsumentenagenten Teil eines sozialen Netzwerks, in dem sie sich über die Produkte austauschen.

3. Detaillierter Modellentwurf

Der detaillierte Modellentwurf umfasst zunächst die Dimensionierung des Modells, also die Beantwortung der Frage, wie viele Agenten die Simulation umfassen soll. Ferner wird das Modell parametrisiert, d. h. den Elementen der Simulation werden konkrete Parameter zugewiesen. Im Beispiel der Marktsimulation für intelligente Produkte zählen dazu bspw. wie groß die Nachfrage nach Intelligenz beim Kauf eines Produkts ist oder mit welchen anderen

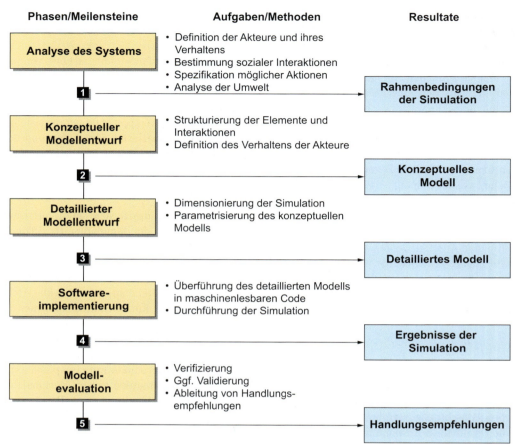

BILD 2.43 Vorgehen bei der agentenbasierten Simulation in Anlehnung an Nikolíc und Ghor-Bani [NG11]

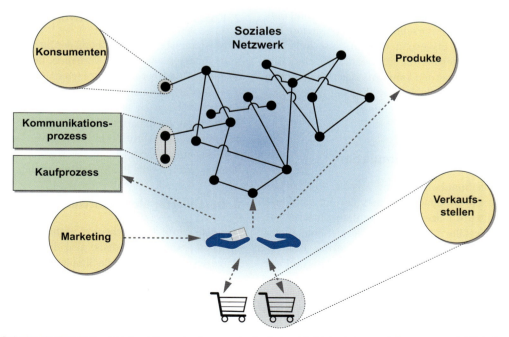

BILD 2.44 Beispiele für Elemente und Interaktionen in einer agentenbasierten Marktsimulation nach Stummer et al. [SLG15]

Agenten ein Agent interagiert. Die Parametrisierung kann auf Basis empirischer Studien geschehen, oder mit Hilfe der Szenario-Technik (vgl. Kapitel 2.2) unterstützt werden. Es hat sich dazu bewährt, jedem entwickelten Szenario charakteristische Parametrisierungen zuzuweisen.

4. Softwareimplementierung

Das entwickelte Modell wird mit Hilfe einer Simulationssoftware simuliert. Jeder Agent führt dabei gemäß der ihm zugewiesenen Parameter eigene Aktionen aus. Bild 2.45 stellt den Verlauf von Marktanteilen intelligenter Produkte im Gegensatz zu klassischen Produkten dar. Dabei wurden für vier Markt- und Umfeldszenarien die Verläufe der Marktanteile bei vier unterschiedlichen Maßnahmenbündeln ausgewertet. Das Maßnahmenbündel umfasst die Variation des Preises, der Intelligenz der Produkte und des Umfangs der Marketingmaßnahmen.

5. Modellevaluation

Die Modellevaluation umfasst zunächst die Verifizierung der Ergebnisse im Lichte der Fragestellung: Verhält sich das Modell erwartungsgemäß? Falls dem nicht so ist, bietet es sich an, die Ergebnisse in einem begrenzten Feldtest zu validieren oder zu falsifizieren. Zuletzt gilt es aus dem Modell Schlüsse zu ziehen. Im Falle der Marktsimulation also beispielsweise ein ideales Maßnahmenportfolio.

Resümee

Die agentenbasierte Simulation stellt, insbesondere als Erweiterung der Szenario-Technik, einen mächtigen Ansatz zur Konkretisierung der Vorausschau-Ergebnisse dar. Der Detaillierungsgrad der Ergebnisse lässt sich beliebig durch die Konzipierung des Modells sowie deren Parametrisierung steuern. Bei hinreichendem Detaillierungsgrad lassen sich sehr überzeugende Ergebnisse bis hin zu konkreten Adoptionsraten für unterschiedliche Käufergruppen erzielen. Negativ hervorzuheben sind der sehr große Aufwand bei der Erstellung des Modells sowie möglicherweise Aufwände für erforderliche Datenerhebungen.

2.3.5 Monte-Carlo-Simulation

Bei der Monte-Carlo-Simulation handelt es sich um eine Gruppe von numerischen Methoden, die Zufallszahlen zur Näherung von Lösungen verwenden. Monte-Carlo-Simulationen setzen also voraus, dass der Anwender Wissen über den quantitativen Zusammenhang der relevanten Einflussgrößen verfügt. Im Kontext Vorausschau bedeutet dies, dass sich Monte-Carlo-Simulationen besonders in

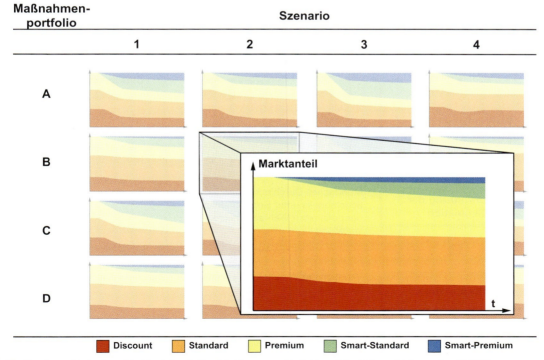

BILD 2.45 Simulierter Verlauf von Marktanteilen in Kombinationen von Umfeld- und Gestaltungsfeldszenarien [SLG15]

sehr wohl definierten Anwendungsfällen, wie beispielsweise der Wirtschaftlichkeitsrechnung oder der Bewertung von Technologien, eignen [RSK11]. Die Vorgehensweise bei einer Monte-Carlo-Simulation ist in Bild 2.46 dargestellt. Im Folgenden werden wir die Schritte anhand einer Wirtschaftlichkeitsrechnung im Kontext Additive Fertigung erläutern.

1. Erstellung des Simulationsmodells

Initial werden die wesentlichen Einflussgrößen (Variablen) auf den Analysegegenstand gesammelt. Bei der Wirtschaftlichkeitsrechnung eines dezentralen Ersatzteil-Geschäftsmodells sind dazu alle denkbaren Erlös- und Kostentreiber zu betrachten. Beispiele sind der *Maschinenstundensatz einer additiven Fertigungsanlage* oder die *Anzahl der Ersatzteile*, welche durch Additive Fertigung hergestellt werden können. Im Anschluss werden eine Zielgröße, beispielsweise der *Jahresgewinn*, gewählt und die Einflussgrößen geschätzt.

2. Spezifikation der Wahrscheinlichkeitsverteilungen

Variablen mit einer besonders hohen Unsicherheit werden nicht als Fixgrößen berücksichtigt, sondern mit Hilfe von Wahrscheinlichkeitsverteilungen abgebildet. Diese Wahrscheinlichkeitsverteilungen können in Expertenworkshops definiert oder mit Hilfe historischer Daten abgeschätzt werden. Beispielsweise unterliegen die *zukünftigen Werkstoffkosten für Kunststoffe* einer hohen Unsicherheit. Der Wert wird über die in Bild 2.47 dargestellte Verteilung abgeschätzt und basiert auf dem heutigen Preisniveau von etwa 50 bis 230 € pro kg [Woh17].

3. Durchführung der Simulation

Das Simulationsmodell wird zusammen mit den spezifizierten Wahrscheinlichkeiten in eine Software überführt. Am Markt sind hierzu eine Reihe freie und proprietäre Lösungen verfügbar, z. B. *Yasai, Minitab Companion* oder *Oracle Crystal Ball*. Mit Hilfe der Software wird das Simulationsmodell üblicherweise mehrere tausend Mal durchlaufen. Bild 2.47 stellt Simulationsmodell, Wahrscheinlichkeitsverteilungen und das Simulationsergebnis für das Beispiel des dezentralen Ersatzteil-Geschäftsmodells dar.

4. Interpretation

Im letzten Schritt ist das erzielte Simulationsergebnis im Lichte der Entscheidungssituation zu interpretieren. Oftmals wird dazu eine Sensitivitätsanalyse durchgeführt. Dabei werden die einzelnen Unsicherheitsparameter gezielt variiert und die daraus resultierende Änderung am

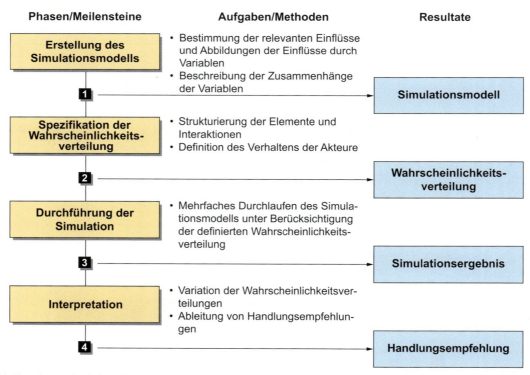

BILD 2.46 Vorgehensweise bei der Monte-Carlo-Simulation nach Busse von Colbe und Lassmann [BL90]

2.3 Weitere Methoden zur Vorausschau

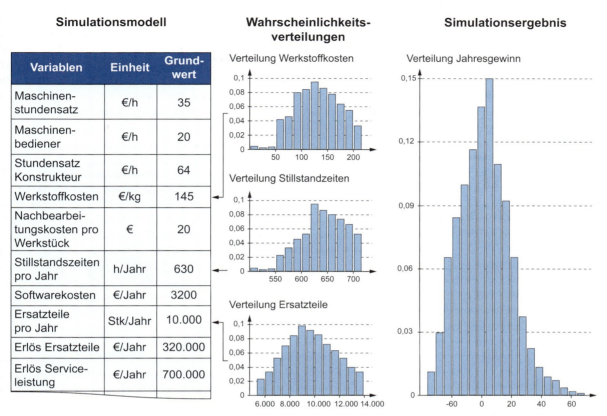

BILD 2.47 Berechnung der Wirtschaftlichkeit eines dezentralen Ersatzteil-Geschäftsmodells im Kontext Additive Fertigung (in Anlehnung an FINK und SIEBE [FS06])

Simulationsergebnis analysiert. Im gezeigten Beispiel würde von einer Umsetzung eines dezentralen Ersatzteil-Geschäftsmodells eher abgesehen werden, da der erzielbare Jahresgewinn einer zu hohen Unsicherheit unterliegt.

Resümee

Die Anwendungsmöglichkeiten für Monte-Carlo-Simulationen in der Vorausschau sind sehr beschränkt, weil sie voraussetzen, dass ein mathematisches Modell des Betrachtungsgegenstands vorliegt. Daher werden sie vorzugsweise im Kontext von Wirtschaftlichkeitsrechnungen eingesetzt. Ihr Vorteil liegt in der Tatsache, dass sie den Entscheider für die zugrundeliegende Unsicherheit in einer Bewertung sensibilisieren. Durch sehr fortschrittliche IT-Werkzeuge ist der Aufwand für den Einsatz eher gering.

2.3.6 Churn Management

Churn ist ein Kofferwort aus den englischen Begriffen *change* (dt. wechseln) und *turn* (dt. sich abwenden). Churn Management bezeichnet Ansätze, die das Ziel haben, Kundenabwanderung zu verhindern. Die zugrundeliegende Prämisse ist, dass es günstiger ist, die Abwanderung eines bestehenden Kunden zu verhindern, als neue Kunden zu akquirieren [AS93]. Um abwanderungsgefährdete Kunden zu identifizieren, wird oft auf Data-Mining zurückgegriffen. Weit verbreitet sind die Ansätze aus dem Churn Management bei Anbietern von Cloud Computing, die naturgemäß über vielfältige Nutzerdaten verfügen [SG13]. Das grundsätzliche Vorgehen beim Churn Management ist in Bild 2.48 dargestellt.

1. Prädikatorenanalyse

Im ersten Schritt werden sogenannte Prädikatoren gesucht und priorisiert. Prädikatoren bezeichnen Indikatoren, die drohenden Kundenverlust signalisieren. Dazu können neben etablierten statistischen Methoden (Regressionsanalyse etc.) auch Kundenbefragungen, Studien oder andere Veröffentlichungen genutzt werden. Ein Beispiel für einen Prädikator ist die *verstrichene Zeit seit dem letzten Login*.

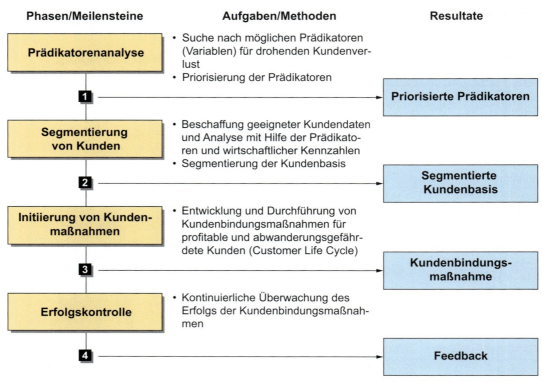

BILD 2.48 Phasenmodell des Churn-Managements nach TECKLENBURG [Tec08] zitiert nach RÜGER [Rüg03]

2. Segmentierung von Kunden

Im Anschluss an die Prädikatorenanalyse erfolgt die Segmentierung der heutigen Kunden in loyale und abwanderungsgefährdete Kunden. Dazu wird zunächst eine geeignete historische Datenbasis geschaffen. In den meisten Fällen wird dabei auf bestehende Nutzungs- bzw. Belegdaten zurückgegriffen. Die Daten sind so aufzubereiten, dass zu möglichst allen priorisierten Prädikatoren Informationen vorliegen. Mit Hilfe von Methoden aus dem Gebiet Maschinelles Lernen werden dann innerhalb der historischen Datenbasis Regeln zur Vorausschau von Abwanderung abgleitet [Tec08]. Ein beliebtes Instrument dazu ist das Anlernen eines sogenannten Entscheidungsbaums. Ein Entscheidungsbaum ist eine hierarchische Darstellung der Klassifikationsregeln für einen Datensatz. Bild 2.49 stellt dar, wie mit Hilfe des IT-Werkzeugs *KNIME* ein Entscheidungsbaum angelernt werden kann. *KNIME* ist eine freie Software für Data-Mining. Das Werkzeug besteht im Kern aus einzelnen Data Mining-Modulen u. a. für die Aufbereitung, Analyse und Darstellung von Daten. Die Module können zu leistungsfähigen Workflows kombiniert werden. Bild 2.49 stellt einen Workflow dar, der zwei Datensätze zunächst kombiniert und einige Operationen zur Aufbereitung durchführt. Im Anschluss wird der Datensatz in zwei Teile aufgeteilt. Mit einem Teil, dem sogenannten Trainingsdatensatz, wird ein Entscheidungsbaum angelernt aus dem hervorgeht, welche Indikatoren ausschlaggebend für die Abwanderungswahrscheinlichkeit sind. Im Anschluss wird dieser Entscheidungsbaum auf den zweiten Teil des Datensatzes angewendet, um zu prüfen, ob er auch funktioniert. Im dargestellten Beispiel prognostiziert der Entscheidungsbaum für Kunden mit einem *Premium-Service-Level* und einer *verstrichenen Zeit von mehr als 2 Wochen seit dem letzten Login* eine Abwanderungswahrscheinlichkeit von 100 %.

3. Initiierung von Kundenbindungsmaßnahmen

Der Maßnahmenumfang zur Kundenbindung wird von der Abwanderungswahrscheinlichkeit und dem Kundenwert (engl. Customer Lifetime Value – CLV) determiniert. Der Kundenwert berücksichtigt neben klassischen betriebswirtschaftlichen Kennzahlen, wie dem direkten Deckungsbeitrag, auch das Cross-Selling-Potential oder den Einfluss des Kunden auf das Image des Unternehmens. Bild 2.50 stellt ein Portfolio zur Initiierung von Kundenbindungsmaßnahmen dar. Beispielhafte Maßnahmen sind Preisnachlässe durch Coupons und Rabatte, zusätzliche Serviceangebote oder Präsente.

2.3 Weitere Methoden zur Vorausschau

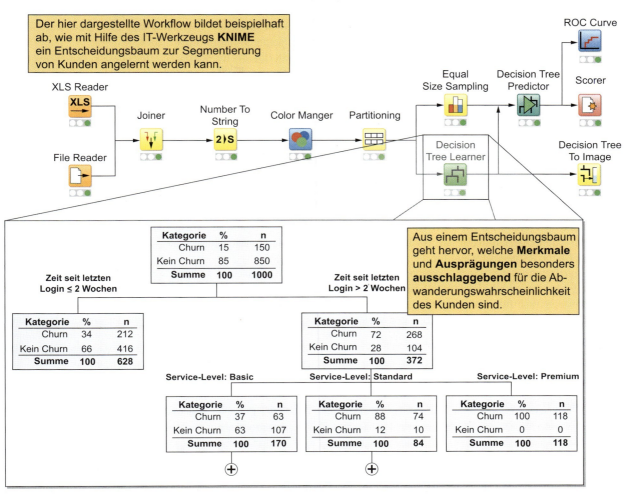

BILD 2.49 Anlernen eines Entscheidungsbaums im Kontext des Churn Managements

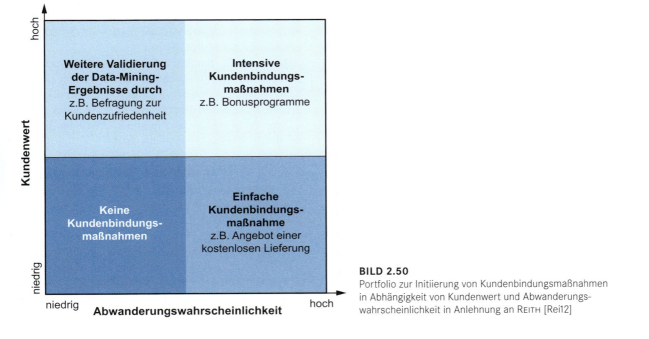

BILD 2.50
Portfolio zur Initiierung von Kundenbindungsmaßnahmen in Abhängigkeit von Kundenwert und Abwanderungswahrscheinlichkeit in Anlehnung an REITH [Rei12]

4. Erfolgskontrolle

Schlussendlich endet das Churn Management mit einer Erfolgskontrolle. Dabei ist insbesondere zu prüfen, ob die kontaktierten Kunden tatsächlich nicht abgewandert sind (Effektivität der Kundenbindungsmaßnahme) und ob die Abwanderungsquote in Summe reduziert werden konnte (Präzision der Prädikatoren).

Resümee

Mit der wachsenden Bedeutung des Service-Geschäfts im Maschinen- und Anlagenbau stellt das Churn Management einen mächtigen Ansatz zum effizienten Management von Kundenbeziehungen dar. Nachteilig zu bewerten ist der hohe initiale Aufwand für die Erzeugung einer geeigneten Datenbasis sowie die mangelnde Verfügbarkeit von Fachkräften im Bereich maschinelles Lernen. Die Methode weist auch für produzierende Unternehmen ein hohes Nutzenpotential auf, das im Zuge der Verbreitung von maschinellem Lernen mit vertretbarem Aufwand erschlossen werden kann.

Literatur zum Kapitel 2

[ABM09] AGHAMANOUKJAN, A.; BUBER, R.; MEYER, M.: Qualitative Interviews. In: BUBER, R.; HOLZMÜLLER, H.-H.: Qualitative Marktforschung: Konzepte – Methoden – Analysen. Gabler Verlag, Wiesbaden, 2009

[AK07] AHLERT, D., KENNING, P.: Lehrbuch Handelsmarketing. Springer-Verlag, Berlin, Heidelberg, 2007

[AS93] ANDERSON, E. W.; SULLIVAN, M. W.: The Antecedents and Consequences of Customer Satisfaction for Firms, Marketing Science, Vol. 12, pp. 125–143

[Ban07] BANDTE, H.: Komplexität in Organisationen – Organisationstheoretische Betrachtungen und agentenbasierte Simulation. DUV, Wiesbaden, 2007

[BD14] BLANK, S., DORF, B.: Das Handbuch für Startups – Schritt für Schritt zum erfolgreichen Unternehmen. O'Reilly Verlag, Köln, 2014

[BDL+13] BECK, A.; DERKSEN, C.; LEHNHOFF, S.; LINNENBERG, T.; NIESSE, A.; ROHBOGNER, G.: Energiesysteme und das Paradigma der Agenten. In: Göhner, P. (Hrsg.): Agentensysteme in der Automatisierungstechnik Springer Verlag, Berlin/Heidelberg, 2013

[Bec73] BECKER, W.: Beobachtungsverfahren in der demoskopischen Marktforschung – Ein Beitrag zur Methodendiskussion und praktischen Anwendung auf Lebensmittelmärkten. Verlag Eugen Ulmer, Stuttgart, 1973

[BEP+16] BACKHAUS, K.; ERICHSON, B.; PLINKE, W.; WEIBER, R.: Multivariate Analysemethoden – eine anwendungsorientierte Einführung. 14. Auflage, Springer-Verlag, Berlin, 2016

[BG04] BERG, M.; GASSERT, P.: Deutschland und die USA in der Internationalen Geschichte des 20. Jahrhunderts. Franz Steiner Verlag, Stuttgart, 2004

[BHK+15] BREIDENSTEIN, G.; HIRSCHAUER, S.; KALTHOFF, H.; NIESWAND, B.: Ethnografie: Die Praxis der Feldforschung. 2. Auflage, UVK Verlagsgesellschaft, Konstanz, München, 2015

[BKS98] BRACZYK, H.-J.; KERST, C.; SELTZ, R.: Die Methode der Zukunftswerkstatt. In: Kreativität als Chance für den Standort Deutschland. Springer-Verlag, Berlin Heidelberg, 1998

[BL90] BUSSE VON COLBE, W.; LASSMANN, G.: Betriebswirtschaftstheorie. Band 3. Investitionstheorie. Springer, Berlin, 1990

[Bor05] BORCK, C.: Hirnströme. Eine Kulturgeschichte der Elektroenzephalographie. Wallstein Verlag, Göttingen, 2005

[BPW10] BACHER, J.; PÖGE, A.; WENZIG, K.: Clusteranalyse – Anwendungsorientierte Einführung in Klassifikationsverfahren. Oldenbourg Verlag, München, 2010

[Brü09] BRÜSEKE, U.: Einsatz der Bibliometrie für das Technologiemanagement. Dissertation, Fakultät für Maschinenbau, Universität Paderborn, HNI-Verlagsschriftenreihe, Band 244, Paderborn, 2009

[Buk09] BUKOLD, S.: Öl im 21. Jahrhundert – Band I: Grundlagen und Kernprobleme. Oldenbourg Verlag, München, 2009

[CAE06] COHN, J.; AMBADAR, Z.; EKMAN, P.: Observer-based measurement of facial expression with the Facial Action Coding System. In: COAN, J. A., ALLEN, J. B. (Ed.): The handbook of emotion elicitation and assesssment. Oxford University Press, Oxford, New York, 2006, pp. 203–221

[CCK+00-ol] CHAPMAN, P.; CLINTON, J.; KERBER, R.; KHABAZA, T.; REINARTZ, T.; SHEARER, C.; WIRTH, R.: Cross-Industry Standard Process for Data Mining 1.0 – Step-by-step data mining guides. Unter: ftp://ftp.software.ibm.com/software/analytics/spss/support/Modeler/Documentation/14/UserManual/CRISP-DM.pdf, 16. Februar 2017

[Chr14] CHRISTL, W.: Kommerzielle digitale Überwachung im Alltag – Erfassung, Verknüpfung und Verwertung persönlicher Daten im Zeitalter von Big Data: Internationale Trends, Risiken und Herausforderungen anhand ausgewählter Problemfelder und Beispiele. Studie im Auftrag der Bundesarbeitskammer, Wien, 2014

[DEH+16] DABALEN, A.; ETANG, A.; HOOGEVEEN, J.; MUSHI, E.; SCHIPPER, Y.; VON ENGELHARDT, J.: Mobile Phone Panel Surveys in Developing Countries – A Practical Guide for Microdata Collection. World Bank Group, Washington DC, 2016

[DG73] DUPPERIN, J. C.; GODET, M.: Méthode de hiérachisation des élémentes d'un systéme – Rapport Economique du CEA-R-4541, Paris, 1973

[DNL96] DECHAMPS, J.-P.; NAYAK, P. R.; LITTLE, A. D.: Produktführerschaft. Wachstum und Gewinn durch offensive Produktstrategien. Campus Verlag, Frankfurt, New York, 1996

[Dör92] DÖRNER, D.: Die Logik des Misslingens – Strategisches Denken in komplexen Situationen. Rowohlt, Reinbeck bei Hamburg, 1992

[Eck98] ECKSTEIN, J.: Echtzeitfähige Kollisionserkennung für Virtual Reality Anwendungen. Dissertation, Universität des Saarlandes, Herbert Utz Verlag, München, 1998

[ES00] ESTER, M.; SANDER, J.: Knowledge Discovery in Databases – Techniken und Anwendungen. Springer Verlag, Berlin, 2000

[FPS96] FAYYAD, U.; PIATETSKY-SHAPIRO, G.; SMYTH, P.: From Data Mining to Knowledge Discovery in Databases. AI Magazine, Band 17, No. 3, 1996

[Frö14] FRÖHLICH, H.: Was bin ich Wert?. brand eins Wirtschaftsmagazin, Ausgabe 03/2014, S. 60 – 62

[FS06] FINK, A.; SIEBE, A.: Handbuch Zukunftsmanagement – Werkzeuge der strategischen Planung und Früherkennung. Campus Verlag, Frankfurt, 2006

[FT16] FROBÖSE, M.; THURM, M.: Marketing. Springer Gabler Verlag, Wiesbaden, 2016

[Gar15-ol] GARTNER (Hrsg): IT Glossary. Unter: http://www.gartner.com/it-glossary/big-data, 27. Mai 2016

[GFS96] GAUSEMEIER, J.; FINK, A.; SCHLAKE, O.: Szenario-Management – Planen und Führen mit Szenarien. 2. Auflage, Carl Hanser Verlag, München, 1996

[GK09] GRÖPPEL-KLEIN, A.; KÖNIGSTORFER, J.: Projektive Verfahren in der Marktforschung. In: BUBER, R.; HOLZMÜLLER, H.-H. (Hrsg.): Qualitative Marktforschung: Konzepte – Methoden – Analysen. Gabler Verlag, Wiesbaden, 2009

[GP14] GAUSEMEIER, J.; PLASS, C.: Zukunftsorientierte Unternehmensgestaltung – Strategien, Geschäftsprozesse und IT-Systeme für die Produktion von morgen. 2. Auflage, Carl Hanser Verlag, München, 2014

[Gre16] GREENBOOK (Ed.): GRIT Report – Greenbook Research Industry Trends Report. Ausgabe 2016 Q3 – Q4, New York, 2016

[GS78] GREEN, P. E.; SHRINIVASAN, V.: Conjoint Analysis in Consumer Research: Issues and Outlook. Journal of Consumer Research, Vol. 5, 1978, pp. 103 – 123

[Häd02] HÄDER, M.: Delphi-Befragungen. Westdeutscher Verlag, Wiesbaden, 2002

[Has10] HASSLER, M.: Web Analytics: Metriken auswerten, Besucherverhalten verstehen, Website optimieren. 2., Auflage, Verlagsgruppe Hüthig-Jehle-Rehm, Heidelberg, 2010

[Häu12] HÄUSEL, H.-G.: Neuromarketing – Erkenntnisse der Hirnforschung für Markenführung, Werbung und Verkauf. 2. Auflage, Haufe-Lexware Verlag, Planegg, 2012

[HD14-ol] HARTMANN, M.; DIERING, C.: „Daten sind das Gold des 21. Jahrhunderts". Unter: http://www.welt.de/wirtschaft/article127418980/Daten-sind-das-Gold-des-21-Jahrhunderts.html, 27. Mai 2016

[Her07] HERRLER, R.: Agentenbasierte Simulation zur Ablaufoptimierung in Krankenhäusern und anderen verteilten, dynamischen Umgebungen. Dissertation, Fakultät für Mathematik und Informatik, Julius-Maximilians-Universität Würzburg, Würzburg, 2007

[HNA+12] HOLMQVIST, K.; NYSTROM, M.; ANDERSSON, R.; DEWHURST, R.; JARODZKA, H.; VAN DE WEIJER, J.: Eye Tracking: A Comprehensive Guide to Methods and Measures. Oxford University Press, 2012

[Hom15] HOMBURG, C.: Marketingmanagement – Strategie – Instrumente – Umsetzung – Unternehmensführung. 5. Auflage, Springer Gabler, Wiesbaden, 2015

[Hor98] HORX, M.: Trendbüro – Megatrends für die späten neunziger Jahre. Trendbuch 2. 3. Auflage, Econ Executive Verlags GmbH, Düsseldorf, 1998

[HP97] HAMEL, G.; PRAHALAD, C. K.: Wettlauf um die Zukunft. 2. Auflage, Wirtschaftsverlag Ueberreuther, Berlin, 1997

[Ick07] ICKEROTT, I.: Agentenbasierte Simulation für das Supply Chain Management. Dissertation, Universität Osnabrück, Josef Eul Verlag, Köln, 2007

[IDC14] IDC (Ed.): The Digital Universe of Opportunities: Rich Data and the Increasing Value of the Internet of Things. Digital Universe Study, 7th Edition, April 2014

[KB07] KOTLER, P.; BLIEMEL, F.: Marketing-Management – Analyse, Planung, Umsetzung und Steuerung. 12. Auflage, Schäffler-Poeschel Verlag, Stuttgart, 2007

[Ken14] KENNY, P.: Predictive Analytics. Better Business Decisions from Data, Apress, 2014

[Ker13] KERKAU, F.: Neuroscience-Methoden für die angewandte Medienforschung. Goldmedia Verlag, Berlin, 2013

[KG08] KOSOW, H.; GASSNER, R.: Methoden der Zukunfts- und Szenarioanalyse – Überblick, Bewertung und Auswahlkriterien, WerkstattBericht Nr. 103, Berlin, 2008

[KH99] KLOPP, M.; HARTMANN, M.: Das Fledermaus Prinzip – Strategische Früherkennung für Unternehmen. Log-X Verlag, Stuttgart, 1999

[KKB07] KOTLER, P.; KELLER, K. L.; BLIEMEL, F.: Marketing-Management – Strategien für wertschaffendes Handeln. 12. Auflage, Pearson Studium, Hallbergmoss, 2007

[KKO15] KOTLER, P.; KELLER, K. L.; OPRESNIK, M.: Marketing-Management – Konzepte – Instrumente – Unternehmensfallstudien. 14. Auflage, Pearson Deutschland, Hallbergmoos, 2015

[KN89] KETTERINGHAM, J. M.; NAYAK, P. R.: Senkrechtstarter. Große Produktideen und ihre Durchsetzung. Econ, München, 1989

[Koz02] KOZINETS, R.: The Field Behind the Screen: Using Netnography for Marketing Research in Online Communities. Journal of Marketing Research, February 2002, Vol. 39, No. 1, 2002, pp. 61 – 72

[KS98] KOPSCA, A.; SCHIEBEL, E.: Science and Technology Mapping – A New Iteration Model for Representing Multidimensional Relationships. Journal of the American Society for Information Science 49, American Society for Information Science, 1998

[KST+84] KANO, N.; SERAKU, N.; TAKAHASHI, F.; TSUJI, S.: Attractive Quality and Must be Quality. Quality Journal, Vol. 14, No. 2, 1984, pp. 39-48

[Lie96] LIEBL, F.: Strategische Frühaufklärung. Trends - Issues - Stakeholders. Oldenbourg Verlag, München. 1996

[Löc09] LÖCHTEFELD, S.: Backcasting - Ein Instrument zur Zukunftsgestaltung. In: RIETMANN, S.; HENSEN, G. (Hrsg.): Werkstattbuch Familienzentrum, VS Verlag für Sozialwissenschaften, Wiesbaden, 2009, S. 109-117

[Löf08] LÖFLER, U.: Wissenschaft als kommunikativer Prozess: Die Rolle der Bibliometrie, ihre Möglichkeiten und Grenzen. Osnabrücker Arbeitspapiere zum Hochschul- und Wissenschaftsmanagement 13, Osnabrück, 2008

[LS04] LITZENBERGER, T.; STERNBERG, R.: Leuchttürme oder Lichterkette. Forschung und Lehre 11, 2004

[LT64] LUCE, R. D.; TUKEY, J. W.: Simultaneous Conjoint Measurement: A New Type of Fundamental Measurement. Journal of Mathematical Psychology, Vol. 1, No. 1, 1964, pp. 1-27

[MBK15] MEFFERT, H.; BURMANN, C.; KIRCHGEORG, M.: Marketing - Grundlagen marktorientierter Unternehmensführung, Konzepte - Instrumente - Praxisbeispiele. 12. Auflage, Springer Gabler, Wiesbaden, 2015

[Mic11] MIĆIĆ, P.: Zukunftsmanagement. In: Naderer, G.; Balzer, E. (Hrsg.): Qualitative Marktforschung in Theorie und Praxis, Gabler Verlag, Wiesbaden 2011

[MM10] MEY, G.: MRUCK, K. (Hrsg.): Handbuch Qualitative Forschung in der Psychologie. VS Verlag für Sozialwissenschaften, Wiesbaden, 2010

[NA92] NAISBITT, J.; ABURDENE, P.: Megatrends 2000. 2. Auflage, Econ Taschenbuchverlag, München. 1992

[NG11] NIKOLÍC, I.; GHORBANI, A.: A Method for Developing Agent-based Models of Socio-technical Systems. International Conference on Networking, Sensing and Control, Delft, 2011

[OHW+11] OHKURA, M.; HAMANO, M.; WATANABE, H.; AOTO T.: Measurement of Wakuwaku Feeling of Interactive Systems Using Biological Signals. In: FUKUDA, S. (Ed.): Emotional Engineering - Service Development. Springer Verlag, London, 2011, pp. 327-343

[PBF+13] PAHL, G.; BEITZ, W.; FELDHUSEN, J.; GROTE, K.-H.: Konstruktionslehre - Methoden und Anwendungen. 8. Auflage, Springer-Verlag, Berlin, 2013

[Pep95] PEPELS, W.: Käuferverhalten und Marktforschung - Eine praxisorientierte Einführung. Schäffer-Pöschel Verlag, Stuttgart, 1995

[PM99] POPCORN, F.; MARIGOLD, L.: Clicking - Der neue Popcorn-Report. Wilhelm Heyne Verlag, München, 1999

[PSK+13] PLANSKY, J.; SOLOMON, J.; KARP, R.; DRISKO, C.: The data gold Rush - Companies need the right models and capabilities to monetize data. Booz and Company, Boston, 2013

[PWY14] POYNTER, R.; WILLIAMS, N.; YORK, S.: The Handbook of Mobile Market Research - Tools and Techniques for Market Research. Wiley, 2014

[Raa03] RAAN, A. F. J. VAN: The use of bibliometric analysis in research performance assessment and monitoring of interdisciplinary scientific developments. Technologie-folgeabschätzung - Theorie und Praxis 1, 2003

[Rei12] REITH, T.: Die Wechselbereitschaft von Energiekunden automatisch erkennen. Energiewirtschaftliche Tagesfragen, 62. Jg., Nr. 5, 2012

[Rei16-ol] ZEIT ONLINE (Hrsg.): Nimm einen Hund rein - Mit Serien wie "Marseille" will Netflix den europäischen Markt erobern. Gründer Reed Hastings und Programmchef Ted Sarandos sprechen über Datensammeln und Kreativität. Unter: http://www.zeit.de/kultur/film/2016-04/netflix-europa-marseille-serien-ted-sarandos-reed-hastings

[Rei91] REIBNITZ, U. VON: Szenario-Technik - Instrumente für die unternehmerische und persönliche Erfolgsplanung. Gabler, Wiesbaden, 1991

[RG88] REYNOLDS, T.; GUTMAN, J.: Laddering Theory, Method, Analysis and Interpretation. Journal of Advertising Research 28, 1988, pp. 11-31

[RGF09] RAAB, G.; GERNSHEIMER, O.; SCHNIDLER, M.: Neuromarketing: Grundlagen - Erkenntnisse - Anwendungen. 2. Auflage, Gabler Verlag, Wiesbaden, 2009

[RLB+02] RINIA, E. J.; LEEUWEN, T. N. VAN; BRUINS, E. E. W.; VUREN, H. G. VAN; RAAN, A. VAN: Measuring knowledge transfer between fields of science. Scientometrics 3/54, Kluwer Academic Publishers, Dordrecht, 2002

[RSK11] REINHART, G.; SCHINDLER, S.; KREBS, P.: Bewertung von Produktionstechnologien aus strategischer Sicht. In: GAUSEMEIER, J. (Hrsg.): Vorausschau und Technologieplanung. 7. Symposium für Vorausschau und Technologieplanung, 24. - 25. November 2011, Berlin, HNI-Verlagsschriftenreihe, Band 300, Paderborn, 2011, S. 103-119

[Rüg03] RÜGER, E.: Churn Management im Kontext des Relationship Marketing: am Beispiel eines Internet-Dienstleister. Dissertation, Wissenschaftliche Hochschule für Unternehmensführung Koblenz, 2003

[Run10] RUNKLER, T. A.; Zeitreihenprognose. In: Data Mining - Methoden und Algorithmen intelligenter Datenanalyse, Vieweg+Teubner, Wiesbaden, 2010

[RW78] RAUCH, W.; WERSIG, G.: Delphi-Prognose in Information und Dokumentation. Verlag Dokumentation Saur KG, München, 1978

[RW89] RAFFÉE, H.; WIEDEMANN, K.: Strategisches Marketing. Schäffer-Poeschel Verlag, Stuttgart, 2. Auflage, 1989

[Sch07] SCHNEIDER, W.: Deutsch! Das Handbuch für attraktive Texte. Rowohlt Taschenbuch-Verlag, Reinbeck bei Hamburg, 2007

[Sch14] SCHULZ, M.: Ethnografische Beobachtung. In: TILLMANN, A.; FLEISCHER, S.; HUGGER, K.-U. (Hrsg.): Handbuch Kinder und Medien. Springer Verlag, Wiesbaden, 2014

[SG13] SUKOW, A. E. R.; GRANT, R.: Forecasting and the Role of Churn in Software-as-a-Service Business Models, iBusiness, Vol. 5, 2013, pp. 49-57

[SIS16-ol] SIS INTERNATIONAL RESEARCH (Ed.): Innovation. Unter: https://www.sisinternational.com/solutions/innovation/biometrics-market-research/, 18. November 2016

[SLG15] STUMMER, C.; LÜPKE, L.; GÜNTHER, M.: Intelligente Produkte, Zukunftsszenarien und Agenten: Eine Marktsimulation zur Entscheidungsunterstützung bei der strategischen Technologieplanung. In: GAUSEMEIER, J. (Hrsg.): Vorausschau und Technologieplanung. 11. Symposium für Vorausschau und Technologieplanung, 29.–30. Oktober 2015, Berlin, HNI-Verlagsschriftenreihe, Band 347, Paderborn, 2015, S. 449–470

[Spo12] SPONDER, M.: Social Media Analytics – Effective Tools for Building, Interpreting, and Using Metrics. McGraw-Hill Education, New York, 2012

[SSW+89] SEHRINGER, R.; STRATE, J.; WEINGART, P.; WINTERHAGER, M.: Der Stand der schweizerischen Grundlagenforschung im internationalen Vergleich – Wissenschaftsindikatoren auf der Grundlage bibliometrischer Daten. In: Schweizerischer Wissenschaftsrat/Schweizerischer Nationalfonds zur Förderung der wissenschaftlichen Forschung (Hrsg.): Wissenschaftspolitik. Beiheft 44, Bern, 1989

[Sta16-ol] STATISTA (Hrsg.): Entwicklung der durchschnittlichen täglichen Nutzungsdauer des Internets in Deutschland in den Jahren 2000 bis 2015 (in Minuten). Unter: http://de.statista.com/statistik/daten/studie/1388/umfrage/taegliche-nutzung-des-internets-in-minuten/, 20. Juli 2016

[Tec08] TECKLENBURG, T.: Churn-Management im B2B-Kontext. Dissertation. WWU Münster, Gabler Verlag, Wiesbaden, 2008

[Tho79] THOMAS, L.: Conjoint Measurement als Instrument der Absatzforschung. Marketing Zeitschrift für Forschung und Praxis, 1. Jg., Nr. 3, 1979, S. 199–211

[Wal04] WALTER, H.: Funktionelle Bildgebung in Psychiatrie und Psychotherapie: Methodische Grundlagen und klinische Anwendungen. Schattauer Verlag, Stuttgart, 2004

[WBB13] WILSON-MENDENHALL, C. D., BARRETT, L. F.; BARSALOU, L. W.: Neural Evidence That Human Emotions Share Core Affective Properties. Psychological Science, Vol. 24, No. 6, 2013, pp. 947–956

[Wei07] WEIMER-JEHLE, W.: Cross-Impact-Analyse: Methode und Ergebnisse. In: RENN, O.; DEUSCHLE, J.; JÄGER, A.; WEIMER-JEHLE, W. (Hrsg.): Leitbild Nachhaltigkeit, VS Verlag für Sozialwissenschaften, 2007

[Wei83] WEISSMAN, A.: Verbraucherpanel: Informationen als Grundlage für Marketingentscheidungen im Einzelhandel. Dissertation, Universität Nürnberg Erlangen, 1983

[Win82] WIND, Y.: Product Policy: Concepts, Methods, and Strategy. Addison-Wesley Publishing Company, Boston, 1982

[Woh17] WOHLERS, T. (Hrsg.): Wohlers Report 2017 – 3D Printing and Additive Manufacturing State of the Industry Annual Worldwide Progress Report. Wohlers Associates Inc., 2017

[WS02] WINTERHAGER, M.; SCHWECHHEIMER, H.: Schweizerische Präsenz an internationalen Forschungsfronten 1999. Cest-Publikationsreihe 8, Center of Science and Technology Studies, Bern 2002

[WW84] WEINGART, P.; WINTERHAGER, M.: Die Vermessung der Forschung – Theorie und Praxis der Wissenschaftsindikatoren. Campus, Frankfurt am Main, 1984

[Yer91] YERGIN, D.: Der Preis – Die Jagd nach Öl, Geld und Macht. S. Fischer Verlag, Frankfurt am Main, 1991

[ZRJ09] ZANDER, T.O; REISSLAND, J.; JATZEV, S.: Erkennung versteckter Nutzerzustände mit einem passiven Brain-Computer-Interface. Biophysiologische Interfaces in der Mensch-Maschine-Interaktion, VDI-Verlag Düsseldorf, 2009, S. 63–68.

[ZZ11] ZIETZSCH, C.; ZÄNKER, N.: Text Mining und dessen Implementierung, Diplomica Verlag. Hamburg, 2011

Produktfindung – Ideen finden und konkretisieren

„Ein Mann mit einer neuen Idee gilt solange als verschroben, bis er Erfolg hat."
– MARK TWAIN –

Zusammenfassung

Kreativität beruht auf der unorthodoxen Verknüpfung von Wissen – Wissen über denkbare Entwicklungen von Märkten, Technologien und Geschäftsumfeldern, über elegante Lösungen in anderen Branchen, über Lösungsmuster bis hin zu den klassischen Maschinenelementen. Sind die entsprechenden Wissensschubladen leer, so hilft auch deren unorthodoxe Verknüpfung nicht weiter. Aber auch der Wissende ist nicht zwangsläufig kreativ; er benötigt Anstöße, die gewohnten Denkpfade zu verlassen. Wir beschreiben, wie Kreativitätstechniken Anstöße geben und gute Ideen im Team zu noch besseren werden lassen. Aus der Fülle der Kreativitätstechniken greifen wir vier besonders mächtige Techniken heraus und zeigen, wie mit ihnen konkret gearbeitet wird. Es handelt sich um das laterale Denken nach DE BONO, die Theorie des erfinderischen Problemlösens (TRIZ), das Design Thinking sowie um die Ideation Toolbox. Ferner gehen wir auf die Themen Wissens- und Ideenmanagement ein und geben eine Übersicht über Innovationsplattformen als zentrales Softwarewerkzeug für das Ideen- bzw. Innovationsmanagement.

Häufig waren wir mit der Situation konfrontiert, dass eine beeindruckende neue Technologie vorlag, aber trotz allen Nachdenkens keine nutzbringende Anwendung in Sicht war. Unter dem Titel Technology Push Innovation weisen wir Wege, um von einer entwickelten Technologie doch zu Erfolg versprechenden Anwendungen zu kommen.

Ein vielversprechender Ansatz, zu Innovationen zu gelangen, ist, einen anderen Standpunkt einzunehmen. In diese Kategorie fallen die Techniken Frugal Innovation und Cross Industry Innovation. Last but not least adressieren wir das in der Praxis häufig unterschätzte Handlungsfeld Intellectual Property (IP) und zeigen, wie davon ausgehend Innovationen und Wettbewerbsvorteile erzielt werden können.

Nach der Potentialfindung ist die Produktfindung der zweite Aufgabenbereich in dem von uns propagierten Referenzmodell der strategischen Planung und fachgebietsübergreifenden Entwicklung von intelligenten Produkten und damit verbundene Dienstleistungen. Während es bei der Potentialfindung primär darum geht, sich in die Welt der künftigen Kunden hineinzuversetzen und Vorstellungen von den Spielregeln des Wettbewerbs von morgen zu gewinnen, zeigen wir in dem vorliegenden Hauptkapitel, wie wir zu Produkt- und Dienstleistungsideen gelangen, um die offensichtlichen unternehmerischen Erfolgspotentiale auszuschöpfen. Das setzt natürlich voraus, dass sich aus der Potentialfindung auch Erfolgspotentiale ergeben. Bei einer fantasievollen Vorausschau, die nicht durch Scheuklappen beeinträchtigt wird, ist das sicher der Fall. Im Prinzip lauten die zu beantwortenden klassischen Fragen der Potentialfindung: „Welche Aufgaben haben die von uns in den Blick genommenen Kunden morgen zu lösen?", „Welche Bedürfnisse möchten die Abnehmer befriedigen?", „Welche Konkurrenten treten auf den Plan?", „Was sind die Spielregeln in der Wettbewerbsarena von morgen?" etc.

Die entsprechenden Antworten führen zu Erfolgspotentialen und bilden somit den Ausgangspunkt für die Findung von Marktleistungsideen. Auch dazu bieten wir eine Fülle von Ansätzen und Methoden für die Praktiker an. Wir wenden uns in erster Linie an diejenigen, die bereit sind, die Grenzen des gewohnten Denkens zu überwinden, und den Anspruch haben, Marktleistungen zu entwickeln, für die es noch keine unmittelbaren Vorbilder gibt. Selbstredend wissen wir, dass diese Art von Innovationen nicht alltäglich sind; sehr verbreitet sind inkrementelle Innovationen, bzw. sogenannte Produktgenerationsentwicklungen, die sicher auch ein hohes Maß an strategischer Planung und Kreativität erfordern [ABR17], [ARB+17], aber in der Regel nicht ausgesprochen disruptiv sind. Das präsentierte Instrumentarium der Produktfindung adressiert beide Innovationsarten: die disruptive Innovation wie auch die in der Praxis dominierende Produktgenerationsentwicklung.

Als wesentliches Ergebnis der Produktfindung wird der Anforderungskatalog der neuen Marktleistung angestrebt [PBF+13]. Es handelt sich um die initiale Spezifikation der zu entwickelnden Marktleistung, die den Kern des Entwicklungsauftrags bildet. Im Rahmen der strategischen Produktplanung ist der Anforderungskatalog mit der Geschäftsplanung sowie der Produkt-, Dienstleistungs- und Produktionssystemkonzipierung abzustimmen, was auch durch die Struktur unseres Referenzmodells zum Ausdruck kommt (vgl. Bild 1.63). Übergeordnetes Ziel dieser Abstimmung ist, die Konsistenz aller Dokumente der frühen Phasen der Marktleistungsentstehung sicherzustellen, d. h. von Anforderungskatalog, Geschäftsstrategie, Geschäftsmodell, Produktstrategie, Geschäftsplan sowie von Produkt-, Dienstleistungs- und Produktionssystemkonzeption.

3.1 Kreativität und Kreativitätstechniken

„Alles in der Welt kommt auf einen gescheiten Einfall an." Dieses Zitat von JOHANN WOLFGANG VON GOETHE beschreibt sehr treffend, worum es bei Innovationen letztlich geht: um die zündende Idee. Die entscheidende Frage ist natürlich, wie man zu solchen Ideen kommt. Leider gibt es dafür kein Patentrezept. Vielmehr kommt es auf das schöpferische Potential und die Kreativität jedes einzelnen Mitarbeiters an.

Seinen Ursprung hat der Begriff Kreativität in der lateinischen Sprache. Das lateinische Wort „creare" bedeutet so viel wie erschaffen. Früher wurde davon ausgegangen, dass Kreativität zwar beobachtbar, aber nicht beeinflussbar sei, d. h. es gab kreative Menschen wie Erfinder und es gab nicht kreative Menschen. Die kreativen Menschen besaßen den „Göttlichen Funken" und waren verantwortlich für die Erfindungen und jegliche Art von Kunst. Laut wissenschaftlicher Erkenntnisse von heute ist bei jedem Menschen eine geistige Grundstruktur für Kreativität vorhanden, welche jedoch unterschiedlich stark genutzt wird [MSB97]. Hieraus lässt sich ableiten, dass die Kreativität eines Menschen durch äußere Einwirkungen begünstigt, aber auch verhindert werden kann [Bus99].

Die geistige Grundstruktur für Kreativität kann auch als natürliche Kreativität des Menschen bezeichnet werden. Unter natürlicher Kreativität ist das Auftreten ungewöhnlicher oder ungebräuchlicher, aber angemessener Handlungen zu verstehen. Diese natürliche Kreativität nimmt im Laufe des menschlichen Lebens ab [MSB97], [GZ14], wie das in Bild 3.1 angedeutet ist. Sinnvolle kreative Ideen entstehen jedoch nicht nur durch die natürliche Kreativität, sondern es muss auch Wissen vorhanden sein, welches das Problem und die Idee in einen gemeinsamen Kontext stellt, sodass die Lösungsidee sinnvoll und brauchbar ist [GHH00], [HHK00]. Diese Kombination aus natürlicher Kreativität und Wissen kann als kreative Leistung aufgefasst werden. Da im Kindesalter eine hohe natürliche Kreativität vorliegt und im Laufe der Zeit das Wis-

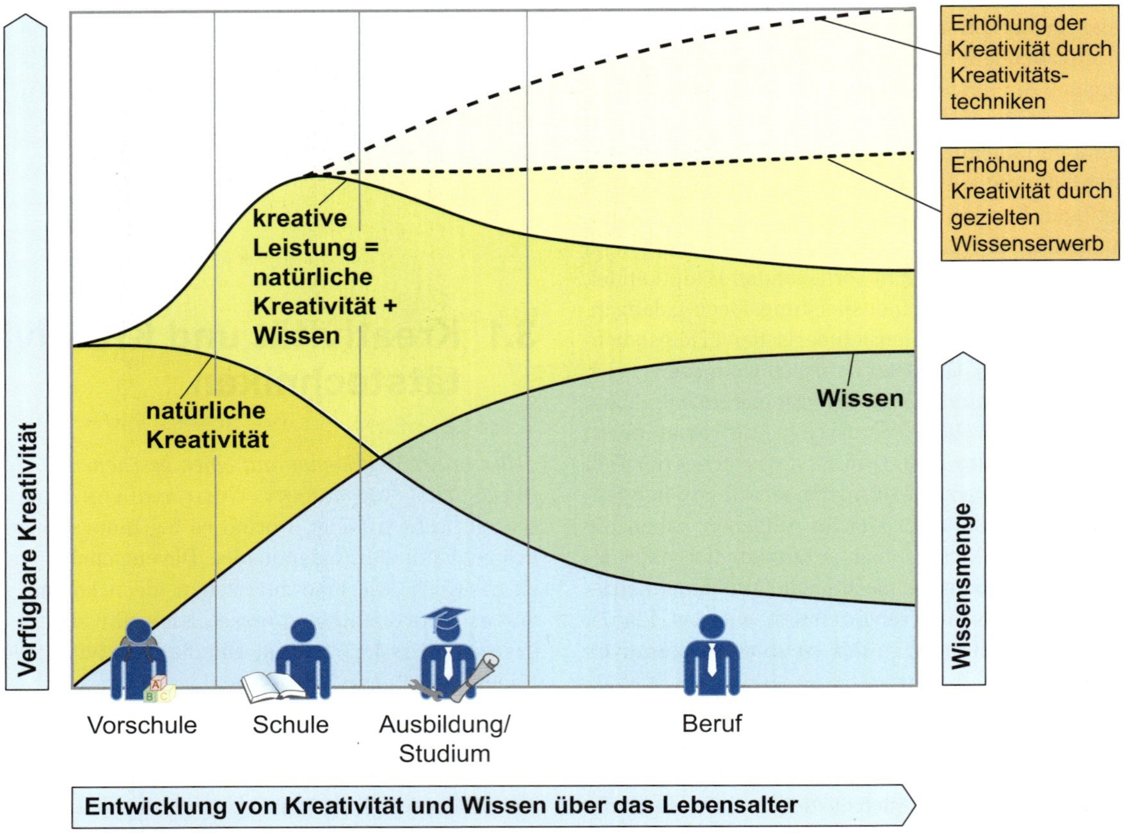

BILD 3.1 Zusammenhang zwischen Wissen, natürlicher Kreativität und kreativer Leistung und deren Entwicklung bezogen auf das Lebensalter eines Menschen

sen ansteigt, nimmt das Potential der kreativen Leistung in den ersten Lebensjahren sehr stark zu. Positiv hierauf wirkt, dass die Phantasie der Menschen im Kindesalter durch Märchen und Fiktionen stark angeregt wird. Im Alter von 14 Jahren erreicht das Potential der kreativen Leistung sein theoretisches Maximum.

Unser Bildungssystem betont das Reproduzieren von bekanntem Wissen und das Denken in Mustern. Zudem machen Jugendliche häufig die Erfahrung, dass Kreativität von dem Umfeld als unbequem, unkonventionell, auffällig und nicht der Norm entsprechend aufgefasst wird. Unter anderem hat dies zur Folge, dass die kreative Leistung mit fortschreitendem Alter abnimmt [GHH00], [HHK00]. Die Anwendung von Kreativitätstechniken kann die kreative Leistung in jeder Altersstufe signifikant erhöhen, sofern das problemlösungsrelevante Wissen vorhanden ist [MSB97].

Nach Franke reichen Fakten- und Methodenwissen allein für das Finden von guten Lösungsideen nicht aus [Fra98]. Wichtig hierfür ist auch heuristische Kompetenz. Unter heuristischer Kompetenz wird verstanden, dass der Problemlöser aufgrund des vorhandenen Fakten- und Methodenwissens in neuen und komplexen Situationen angemessen handelt. Dies bedeutet u. a., dass der Problemlöser in der Lage ist, die Situation zu analysieren, zu abstrahieren, zu reflektieren und zu kontrollieren. Zudem wird Entscheidungsfähigkeit von ihm verlangt, wie beispielsweise die Bewertung von Abhängigkeiten, das Abschätzen von Wichtigkeit und Dringlichkeit sowie Entschlossenheit, Stetigkeit und Flexibilität. Um diesen Anforderungen gerecht zu werden, sind gutes Erinnerungsvermögen und Wissen über Handlungsmöglichkeiten laut Dörner und Hacker wichtige Voraussetzungen für die Problemlöser [Dör87], [Hac92].

Nach Spitzer et al. wird unter Wissen nicht nur Bücherwissen, sondern auch Erfahrung, Fertigkeit, ein Verständnis für Zusammenhänge und ein Gespür für Erfolg verstanden. Ziel guter Problemlöser muss es sein, diese Wissensarten zu erwerben und zu einem Gesamtwissen zu integrieren (Bild 3.2). Werden die Problemlöser im Alltag mit anspruchsvollen Aufgaben konfrontiert, d. h. ihre Aufgaben reduzieren sich nicht nur auf das Ausführen einfachster Routinetätigkeiten, entwickeln sie mit der Zeit auf ihrem Gebiet fundierte Kenntnisse. Zu den Grund-

3.1 Kreativität und Kreativitätstechniken

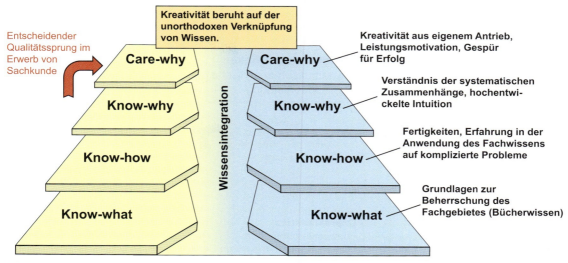

BILD 3.2 Ebenen der Wissensintegration

lagen des Fachbereiches ("Know-what") kommen also in der praktischen Anwendung höher entwickelte Fertigkeiten ("Know-how") und ein tiefes Verständnis von Ursache-Wirkungs-Zusammenhängen ("Know-why") hinzu. Kreative Problemlöser erwerben im Laufe der Zeit die Fähigkeit, komplexe Probleme zu lösen, die auch außerhalb des eigentlichen Tätigkeitsfeldes liegen. Die langfristig wichtigste Komponente echter Expertise stellt jedoch das "Care-why", die intrinsische (aus eigenem Antrieb folgende) Motivation zu kreativem Handeln dar. Diese Fähigkeit sorgt dafür, dass das Expertenwissen ständig aktualisiert und erneuert wird [SEK98].

Erfahrungen und Wissen bewirken, dass der Problemlöser die Welt durch die „Brille bestehender Handlungsmuster" betrachtet. Eintreffende Informationen werden mit den im Gedächtnis gespeicherten verglichen, gewertet und entsprechend eingeordnet. Gewohnheitsgemäß wird bei der Lösungssuche einem bestimmten, breit ausgetretenen Pfad gefolgt. Die Situation wird aus einer bestimmten, individuellen Perspektive betrachtet. EDWARD DE BONO bezeichnet diesen Zustand als psychologische Hemmung:

„Die wichtigste Aufgabe des Gehirns besteht darin, durch Mustererkennung [...] die Bewältigung schwieriger Situationen zu ermöglichen. Es ist nicht darauf programmiert, schöpferisch zu sein. Es ist nicht darauf geeicht, die Schranken der vorhandenen Handlungsmuster nach Lust und Laune zu durchbrechen, um neue Ideen zu produzieren" [Bon96].

Andere Autoren sprechen von psychologischer Trägheit, mentaler Trägheit, fachspezifischer Trägheit, Expertentum, psychischem Beharrungsvermögen oder von Vorfixierungen. Ziel ist es, ausgetretene Pfade zu verlassen

und aus einer anderen Perspektive eine Lösung für das Problem zu finden. Darauf zielen Kreativitätstechniken ab [Bon96], [HHK00]. Die Ideenfindung kann gemäß Bild 3.3 auf zwei Arten erfolgen: durch intuitives oder durch diskursives Denken [PBF+13], [Ehr13].

Intuitives Denken: Die Suche nach neuen Ideen läuft bei dem Problemlöser im Unterbewusstsein ab. Während dieser Phase der Inkubation werden die vorhandenen Informationen bewertet, miteinander verglichen und in Beziehung gesetzt. Erkenntnisse entstehen beispielsweise durch Ereignisse, Assoziationen, Analogiebildung, Strukturübertragung und Stimulation. Diese Denkvorgänge nimmt der Problemlöser nicht bewusst wahr. Die gefundene Idee äußert sich bei dem Problemlöser als plötzlicher Einfall, als die Erleuchtung. Als Nachteile der intuitiven Arbeitsweise sind zu nennen: Wegen bestehender Konventionen werden neue Wege nicht erkannt; neue Technologien, die noch nicht im Bewusstsein der Entwickler verankert sind, fließen nicht in die Ideenfindung ein. Somit werden in der Regel nur Lösungen im fixierten Lösungsbereich gefunden [PBF+13], [Ehr13].

Diskursives Denken: Hier handelt es sich um ein bewusstes Vorgehen. Das Problem wird in Denkschritten gelöst. Dazu wird das Gesamtproblem in überschaubare Teilprobleme zerlegt und diese werden jeweils für sich gelöst. Bewusst werden Informationen zu dem Gesamtproblem und den Teilproblemen gesammelt, analysiert, variiert, neu kombiniert, geprüft, verworfen und wieder in Betracht gezogen. Auf diese Weise werden Denkblockaden überwunden. Selbstredend können zur Lösung der Teilprobleme intuitiv betonte Methoden eingesetzt werden, aber nicht zur unmittelbaren Lösung des Gesamtprob-

3 Produktfindung – Ideen finden und konkretisieren

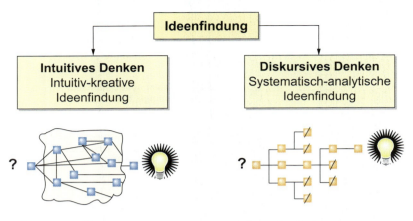

Ideenfindung

Intuitives Denken
Intuitiv-kreative Ideenfindung

Diskursives Denken
Systematisch-analytische Ideenfindung

Charakteristika:
- unbewusste Denkprozesse, plötzliche Einfälle
- Erkenntnisse durch Ereignisse, Assoziationen, Analogiebildung, Strukturübertragung und Stimulation
- ganzheitliche Sichtweise
- Inkubationszeit ist erforderlich
- Lösungen werden nur im fixierten Lösungsbereich gefunden

Charakteristika:
- bewusstes Vorgehen
- Problem wird in mehreren Denkschritten gelöst
- Fakten und Relationen werden bewusst analysiert, variiert, neu kombiniert, geprüft, verworfen, wieder in Betracht gezogen
- soll Intuition anregen
- höherer Zeitaufwand ist erforderlich
- überwinden von Ideenfixierungen

BILD 3.3 Ideenfindung durch intuitives und diskursives Denken

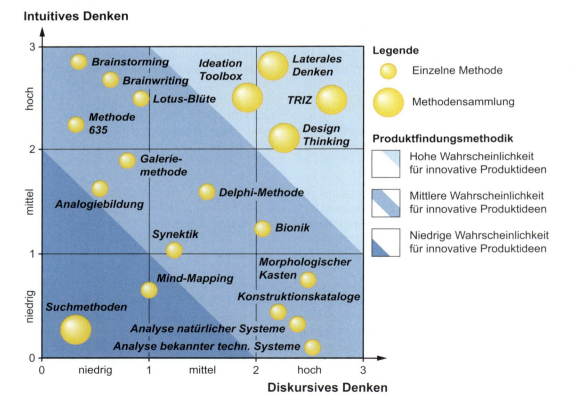

BILD 3.4 Ordnungsschema von Kreativitätstechniken

lems. Vorteil des diskursiven Denkens gegenüber dem intuitiven Denken ist, dass komplexere Problemstellungen systematisch gelöst und Ideenfixierungen überwunden werden können. Nachteilig ist jedoch der höhere Zeitaufwand [PBF+13], [Ehr13].

Basierend auf diesen Erkenntnissen gibt es Kreativitätstechniken, die mehr das intuitive und andere, die mehr das diskursive Denken unterstützen (Bild 3.4). Je nach Komplexität der Problemstellung, kann durch den gezielten Einsatz von jeweils geeigneten Kreativitätsmethoden die Entstehung von Ideen gefördert werden [PBF+13], [Ehr13].

In Tabelle 3.1 sind die Kreativitätstechniken kurz charakterisiert. Im Folgenden stellen wir das laterale Denken nach DE BONO, die Methodensammlung TRIZ, das Design Thinking und die Ideation Toolbox genauer vor, da sie sich in besonderem Maße für die Ideenfindung eignen.

TABELLE 3.1 Kreativitätstechniken für die Produktfindung (Fortsetzung auf Seite 186)

Methode	Kurze Charakterisierung
Analogiebildung	Eine Analogiebildung ist ein Vergleich zweier verschiedener Sachverhalte, die durch bestimmte Betrachtungsweisen den Anschein von Gemeinsamkeiten wecken. Analogien werden zur Identifikation und zum besseren Verständnis von Problemen und zur Entwicklung von Lösungen eingesetzt.
Analyse bekannter tech. Systeme	Die Struktur bekannter technischer Systeme wird untersucht hinsichtlich logischer, physikalischer und gestalterischer Zusammenhänge. Die gefundenen Lösungsansätze werden auf neue technische Systeme übertragen.
Analyse natürlicher Systeme	Lösungs- und Konstruktionsprinzipien natürlicher Systeme werden untersucht und auf technische Gebilde übertragen.
Bionik	Formen, Strukturen, Organismen, Vorgänge der Natur und Erkenntnisse der Biologie werden auf technische Lösungen übertragen. Insbesondere werden Lösungs- und Konstruktionsprinzipien natürlicher Systeme auf technische abgebildet (Beispiel: Flügelfrucht des Ahorns als Inspiration für den Propeller).
Brainstorming	Brainstorming bedeutet übersetzt so viel wie: „Gedankenblitz", „Gedankensturm" oder „Ideenfluss". Eine Gruppe von Menschen soll vorurteilslos Ideen produzieren und sich von den Gedanken der Gruppenmitglieder zu neuen Ideen inspirieren lassen.
Brainwriting	Brainwriting ist eine schriftliche Form des Brainstormings. Der Begriff umfasst verschiedene Kreativitätstechniken, bei denen jeder Teilnehmer seine Ideen zunächst schriftlich festhält. In einem zweiten Schritt werden die Ideen mit den anderen Teilnehmern geteilt und diskutiert. Auf Grundlage der Diskussion können sowohl die eigenen als auch fremde Ideen erweitert bzw. verbessert werden.
Delphi-Methode	Per Fragebogen werden Experten gebeten, zu einem Problem Lösungsvorschläge anzugeben. Die Antworten werden gesammelt und zusammengefasst. Die Ergebnisse werden den Experten mit dem Hinweis zugestellt, sich zu den Lösungsvorschlägen zu äußern und diese ggf. weiterzuentwickeln. Dieser Prozess wird wiederholt, bis sich ein Konsens abzeichnet. Die Delphi-Methode kann auch zur Vorausschau eingesetzt werden (vgl. Kapitel 2.3.1).
Design Thinking	Design Thinking ist ein Ansatz zur Problemlösung, der sich an der Arbeit von Designern orientiert. Er beruht auf drei gleichwertigen Grundprinzipien: multidisziplinären Teams, variablen Räumen und einem durch Iterationsschleifen gekennzeichneten Prozess. Letzterer stellt den Kunden in den Mittelpunkt der Betrachtung und sieht eine stetige Rückkopplung zwischen Entwicklungsteam, entwickelter Lösung und Kunden vor (vgl. Kapitel 3.1.3).
Galeriemethode	Bei der Galeriemethode zeichnet jeder Teilnehmer Lösungsvorschläge für eine Problemstellung auf ein Stück Papier. Diese Lösungsideen werden der Gruppe vorgestellt und diskutiert. Angeregt durch die Ideen der anderen Teilnehmer skizziert jeder seine neuen Ideen auf ein weiteres Stück Papier.
Ideation Toolbox	Mit Hilfe der Ideation Toolbox können Ideenfindungsprozesse – sog. Ideation Events – systematisch gestaltet werden. Die Toolbox stellt Methoden bereit, die sich aufgabenspezifisch zu einem geeigneten Workshopvorgehen kombinieren lassen (vgl. Kapitel 3.1.4).

Methode	Kurze Charakterisierung
Konstrukti-onskataloge	Konstruktionskataloge u.a. nach ROTH sind eine Sammlung bewährter Lösungen zur Erfüllung von Teilfunktionen (Beispiel: Funktion: Energie umformen; Wirkprinzip: Kraftmultiplikatoreffekt; Teillösung: Hebel, Radpaarung, Kniehebel).
Laterales Denken	Der Begriff „Laterales Denken" wurde von EDWARD DE BONO geprägt und umschreibt das Denken abseits der eingeschliffenen Denkschienen, um nach neuen Lösungsansätzen und Alternativen zu suchen. Es handelt sich um eine Methodensammlung (vgl. Kapitel 3.1.1).
Lotus-Blüte	Ideen zu einer Problemstellung werden gleichmäßig wie die Blätter einer Lotusblüte gruppiert und dann weiter aufgefächert.
Methode 635	Jeder der sechs Teilnehmer schreibt drei Ideen auf ein Stück Papier. Dieses Papier wird jeweils an den Nachbarn weitergegeben. Basierend auf den Ideen des Nachbarn werden dann wieder drei Ideen aufgeschrieben. Die Papiere werden so oft weitergereicht, bis jeder jedes Papier einmal als Arbeitsgrundlage hatte.
Mind-Mapping	Das Mind-Mapping dient zum Strukturieren und Visualisieren von Ideen und Lösungswegen von Teams. Dazu wird in der Mitte eines Papiers das Problem beschrieben. Ideenbereiche werden auf Ästen ausgehend vom Problem festgehalten. An diesen Hauptästen werden Zweige und Nebenzweige angefügt, die einzelne Ideen und Ideengruppen darstellen.
Morpho-logischer Kasten	Ein morphologischer Kasten ist ein Ordnungsschema, das in den Zeilen die Teilfunktionen und in den Spalten in Frage kommende Lösungen (z.B. Wirkprinzipien) enthält. Damit wird eine systematische Kombination von teilfunktionsbezogenen Lösungen zu Gesamtlösungen unterstützt.
Such-methoden	Gezieltes Suchen, beispielsweise durch Literatur-, Patent-, und Internetrecherche, vgl. auch Bibliometrie (vgl. Kapitel 2.3.3).
Synektik	Angeregt durch Analogien aus dem nichttechnischen und dem halbtechnischen Bereich sollen neue Ideen gefunden werden.
TRIZ	GENRICH ALTSCHULLER ist Vater von TRIZ (Abkürzung aus dem Russischen, engl. Theory of Inventive Problem Solving). Bei TRIZ handelt es sich um eine Sammlung von Methoden. Den Kern bilden 40 innovative Prinzipien, die auf der Analyse von Millionen von Patenten beruhen und der Überwindung von abstrakten Widersprüchen dienen (vgl. Kapitel 3.1.2).

3.1.1 Laterales Denken nach DE BONO

Der Begriff Laterales Denken ist 1967 von EDWARD DE BONO geprägt worden. Er umschreibt das Denken abseits der eingeschliffenen Denkschienen, um nach neuen Lösungsansätzen und Alternativen zu suchen [Bon96]. Es handelt sich um einen systematischen Ansatz, brachliegende Potentiale mit Hilfe formaler kognitiver Kreativitätsmethoden zu erschließen. Die Methoden leiten sich unmittelbar aus der Funktionsweise des menschlichen Gehirns, einem selbstorganisierenden, neuronalen Netzwerk her. Der Mensch denkt in Lösungsmustern. Trifft er auf ein bekanntes Muster, dann folgt er diesem. Diese Musterverarbeitung ist die Stärke des menschlichen Gehirns, die es ermöglicht, auf komplexe Situationen schnell zu reagieren. Allerdings behindert uns dieses Verhalten beim Auffinden neuer Lösungen. Hier hilft das Laterale Denken, aus gewohnten Mustern auszubrechen und Neues zu entdecken. Bild 3.5 verdeutlicht das Prinzip des Lateralen Denkens. Danach kommt es darauf an, seitwärts (lateral) zu denken, um auf neue Ideen zu stoßen. Da uns diese „Seitenkanäle" nicht ohne weiteres zugänglich sind, empfiehlt DE BONO spezielle Denktechniken, die uns helfen, die eingetretenen Pfade zu verlassen [Bon96]. Diese Denktechniken sind Teil einer ganzheitlichen Konzeption, die sich gemäß Bild 3.6 in vier Abschnitte gliedert.

1. Fokus

Hier wird die Zielrichtung für die Ideenfindung festgelegt. Dies kann ein allgemeiner Fokus sein, der das Denken auf einen Denkbereich für neue Ideen lenkt. Der allgemeine Fokus kann sehr breit sein (z.B. Automobil) oder auch spezifisch (z.B. Radaufhängung). Der breite Fokus bietet sich an, um über Dinge nachzudenken, die noch kein Problem darstellen und so völlig neue Wege zu erkennen. Demgegenüber kann ein spezifischer Fokus gewählt werden, wenn ein bekanntes Problem gelöst werden soll.

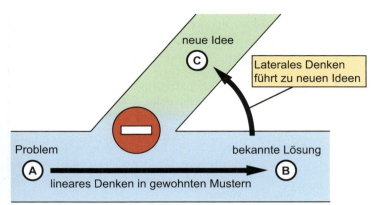

BILD 3.5
Grundprinzip des Lateralen Denkens nach DE BONO

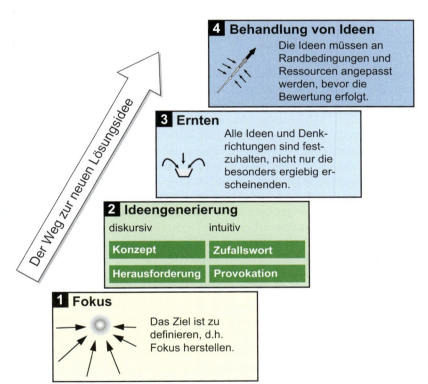

BILD 3.6
Ganzheitliche Konzeption zur Findung neuer Lösungsideen nach DE BONO

2. Ideengenerierung

Stellvertretend für eine Vielzahl lateraler Denktechniken zur Ideengenerierung werden hier die provokanten Denktechniken Zufallswort und Provokation sowie die logischen Denktechniken Konzept/Alternativen und Herausforderung beschrieben.

Zufallswort: Bei dieser Denktechnik wird der Problemstellung, für die Ideen gesucht werden soll, ein Zufallswort gegenübergestellt. Das Zufallswort hilft, aus dem Lösungsmuster, welches vom Problem A zur Lösung B führt, gedanklich auszubrechen und irgendwo „neben" diesem Muster zu landen. Von hier aus kann nun die Lösungsalternative C gefunden werden (Bild 3.5). Das Zufallswort kann beispielsweise durch das willkürliche Zeigen auf ein Substantiv in einem Wörterbuch bestimmt werden. Das Zufallswort darf nicht in einem erkennbaren Zusammenhang mit der Zielrichtung stehen. Auch sollte, wenn sich nicht umgehend neue Ideen einstellen, nicht aus Ungeduld sofort ein neues Zufallswort gewählt werden, da so die Gefahr besteht, unterbewusst ein vermeintlich „geeignetes" Zufallswort auszuwählen.

Provokation: Hier beruht das kreative Denken auf einer zufällig oder bewusst herbeigeführten Provokation, also auf einer Aussage, die außerhalb unserer normalen Erfahrungen liegt. Diese Provokation dient wie das Zufallswort dazu, das Denken an einen Punkt außerhalb der bekannten Lösungsmuster zu führen, um eine alternative Lösung zu finden. Als Provokation kann eine spontan auftauchende ungewöhnliche Idee dienen. Es können auch Provokationen gebildet werden, indem normale Sachverhalte aufgeschrieben und anschließend negiert werden, z. B.: Nachdem sich der Zug in Bewegung gesetzt hat, werden die Türen geschlossen. Eine weitere Möglichkeit der Provokation ist das Wunschdenken; eine Phantasie, die in Wirklichkeit nie auftreten wird.

Konzept/Alternativen: Ausgangspunkt dieser logischen Denktechnik zur Suche nach neuen Ideen ist ein Startpunkt, gegeben durch eine erste Idee oder eine bekannte Problemlösung. Anschließend wird auf dieser Basis das zugrundeliegende Konzept extrahiert. Dieses dient als Ausgangspunkt für die Suche nach alternativen Lösungswegen. Diese Methode kann als Konzeptdreieck dargestellt werden. Bild 3.7 zeigt das Konzeptdreieck für die Aufgabe, die Durchbiegung eines quadratischen Balkens bei gleichem Materialeinsatz zu verringern. Aus Erfahrung wurde hier als erste Lösungsidee ein hochkant stehendes rechteckiges Profil vorgeschlagen. Aus dieser Lösungsidee kann als zugrundeliegendes Konzept die Erhöhung des Flächenträgheitsmomentes des Balkens abstrahiert werden. Aus diesem Konzept lassen sich jetzt leicht weitere Lösungsideen wie ein Doppel-T-Profil oder ein Vierkant-Hohlprofil ableiten.

Herausforderung: Bei dieser Methode wird die gegenwärtige Lösung einer Aufgabe nicht als die beste oder die einzig wahre akzeptiert, sondern sie ist eine von vielen Möglichkeiten, die sich jedoch durchgesetzt hat. Um neue Lösungsmöglichkeiten für diese Aufgabe zu finden, werden drei Fragen gestellt (CBA-Methode).

- Warum, Cut (Schnitt): Damit wird die Notwendigkeit in Frage gestellt. Beispielsweise: Braucht eine Tasse einen Henkel, damit der Benutzer sie auch beim Genuss heißer Getränke halten kann?
- Warum, Because (weil): Damit werden die Gründe ermittelt. Beispielsweise: Die Tasse hat einen Henkel, damit der Benutzer sich bei heißen Getränken nicht die Finger verbrennt.
- Warum, Alternative: Ist die bisherige Lösung die einzige Vorgehensweise oder gibt es Alternativen?

3. Ernten

Mit Ernten ist das Sammeln der Ideen während des gesamten Kreativitätsprozesses gemeint. Problematisch dabei ist, dass oftmals nur vermeintlich attraktive Lösungen festgehalten werden, d. h. solche, die sich unmittelbar praktisch umsetzen lassen und keine große Überzeugungsarbeit erfordern. Ideen, die noch bearbeitet und abgewandelt werden müssen oder eine neue Denkrichtung beinhalten, werden nicht registriert und somit übersehen. Ziel eines kreativen Prozesses sollte es jedoch sein, Ideen zu sammeln, auch wenn sie zur Zeit nicht relevant erscheinen. Um dies zu erreichen, ist es notwendig, alle Ideen während der kreativen Sitzung zu dokumentieren. Dafür bietet sich ein Formblatt an, das beispielsweise folgende Kategorien aufweisen kann:

- Ideen, die sofort verwirklicht werden können,
- Modell-Ideen, also Ideen, die Konzepte beinhalten und als Beispiel dienen können oder

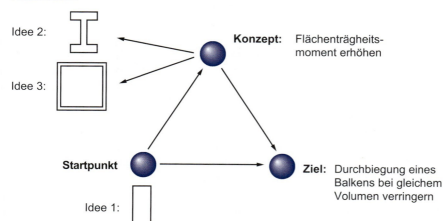

BILD 3.7 Konzeptdreieck für das Problem, die Durchbiegung eines Balkens zu verringern

- Veränderungen, d. h. Änderungen einer Vorgehensweise oder eines verfolgten Konzeptes während der kreativen Sitzung.

Auf diese Weise kann eine vollständige Ideensammlung entstehen, auf die zurückgegriffen werden kann und die ggf. weitere Kreativität freisetzt. Initiiert von bereits gefundenen Ideen entstehen oftmals in der Folge weitere Ideen. Weiterhin ermöglicht das Arbeiten mit dem Formblatt, dass Abweichungen von der bisherigen Denkweise wahrgenommen und zur Generierung von ganz neuen Konzepten genutzt werden.

4. Behandlung von Ideen

Normalerweise ist das Resultat der kreativen Sitzung aufzubereiten, bevor die Bewertung vorgenommen werden kann. Die Bewertung der Ideen erfolgt im Prinzip nach der Nutzwertanalyse. Beispiele für die Bewertungskriterien sind Kosten, Zeitbedarf, technisches Risiko etc. Die Bewertung führt ggf. zu einer Kategorisierung der Ideen beispielsweise solcher, die ein hohes Nutzenpotential bei hohem Realisierungsrisiko aufweisen. Ferner geben derartige Beziehungen häufig Hinweise für die Weiterentwicklung einzelner Ideen. So könnte die Einschätzung eines hohen Realisierungsrisikos die Frage provozieren, was denn geändert bzw. getan werden müsste, um dies zu reduzieren.

Resümee

Bei dem lateralen Denken nach DE BONO handelt es sich um eine sehr fundierte umfassende Methodik zur Generierung von Ideen. Den Kern bilden Techniken, die uns aus eingetretenen Pfaden zu neuen Denkpositionen bringen, aus denen sich neue Ideen zur Lösung eines Problems ergeben. Aus unserer praktischen Erfahrung ist diese Kreativitätstechnik sehr wirksam und erfordert keinen sehr hohen Aufwand.

3.1.2 Theorie des erfinderischen Problemlösens (TRIZ)

TRIZ ist eine russische Abkürzung und bedeutet ins Deutsche übersetzt „Theorie des erfinderischen Problemlösens", im Englischen ist TRIZ unter der Abkürzung TIPS (Theory of Inventive Problem Solving) zu finden. Bei TRIZ handelt es sich um eine Methodensammlung, mit deren Hilfe systematisch neuartige, sinnvolle Produktideen generiert werden können. Dazu wird das Problem strukturiert und so weit wie nötig abstrahiert. Ziel ist, die ideale Lösung für das Problem zu finden. Dies beruht in der Regel auf dem Überwinden von Widersprüchen. Nach ALTSCHULLER, dem Vater von TRIZ, entstehen Innovationen durch das Auflösen von Widersprüchen [Alt73].

Die ideale Lösung, was ist das? In Anlehnung an TRIZ liegt eine ideale Lösung dann vor, wenn die sogenannte „ideale Maschine" erreicht ist. Die ideale Maschine ist ein Gedankenkonstrukt, das alle Anforderungen an die Lösung ohne Limitationen erfüllt. In der Regel sucht der Problemlöser Ideen in dem Bereich, in dem er schon früher bei ähnlichen Problemen Lösungen gefunden hat. Dies ist bedingt durch eingefahrene Denkmuster. ALTSCHULLER bezeichnet diese eingefahrenen Denkmuster als psychologischen Trägheitsvektor [Alt84]. Ausgehend von der Aufgabenstellung werden Lösungen in Richtung dieses Trägheitsvektors gesucht.

Oftmals ist es jedoch so, dass ideale Lösungen außerhalb der eingefahrenen Denkstrukturen zu finden sind. Das Konstrukt der idealen Maschine soll dem Problemlöser helfen, den psychologischen Trägheitsvektor zu überwinden und gezielt Lösungen in geeigneten Bereichen zu suchen. Durch die Vorstellung der idealen Maschine soll zielgerichtetes Engineering-Denken stimuliert werden. Die Gedanken des Problemlösers werden in die Richtung einer Lösung gelenkt, die die Anforderungen bestmöglich erfüllt. Auf diese Weise kann der psychologische Trägheitsvektor des Problemlösers, d. h. seine Denkblockaden, überwunden werden und es können innovative und ggf. bahnbrechende Ideen entstehen. Je genauer die ideale Maschine spezifiziert wird, desto kleiner wird auch der Suchbereich, in dem nach der idealen Lösung gesucht wird.

Die **Idealität** einer Lösung kann definiert werden als Quotient aus der Summe aller nützlichen Funktionen durch die Summe aller schädlichen Funktionen. Unter nützlichen Funktionen sind alle Funktionen zu verstehen, die die Gesamtfunktion unterstützen. Schädliche Funktionen beeinträchtigen das Erfüllen der Gesamtfunktion. Schädliche Funktionen verbrauchen unnötig Ressourcen und verursachen zusätzliche Kosten. Eine Lösung ist umso „idealer", je größer der Quotient ist [GHH00].

Das folgende Beispiel veranschaulicht, wie die Idealität einer Lösung verbessert werden kann. Bei großen rotierenden Aggregaten sind die schweren Rotoren auf Kugellagern gelagert. Aufgrund von Vibrationen und Stößen bei dem Transport verursachen stillstehende Kugellager Vertiefungen auf der Lauffläche der Kugeln. Das Entstehen der Vertiefungen wird bisher dadurch vermieden, dass zusätzlich eine Maschine eingesetzt wird, die die Rotoren periodisch weiterdreht. Die Idealität dieses Systems kann erhöht werden, indem anstelle der Maschine ein Gewicht in Form eines Pendels an der Rotorachse aufgehängt und mit einer Ratsche verbunden wird, die eine Fortbewegung nur in eine Richtung zulässt (Bild 3.8). Tritt nun ein Stoß auf, regt dieser das Pendel zum Schwingen an. Das Pendel schwingt in die zugelassene Richtung und dreht gleichzeitig den Rotor. Auf diese Weise wird durch den Einsatz eines einfachen Pendels unter Nutzung der vorhandenen Stöße der Rotor weitergedreht, wofür bei der alten Lösung eine spezielle Maschine eingesetzt werden musste. Das System ist nun einfacher, weniger komplex und somit idealer [GHH00].

Einen besonders hohen Bekanntheitsgrad hat die **widerspruchsorientierte Kreativitätsmethode** bzw. Widerspruchsanalyse von TRIZ, die auf der Überwindung von abstrakt formulierten Widersprüchen beruht. Technische Widersprüche liegen immer dann vor, wenn das Erfüllen einer Produktanforderung zum Nichterfüllen einer anderen Anforderung führt. Beispielsweise sind an die Entwicklung eines PKWs die Anforderungen gestellt, das Gewicht um 10 % zu reduzieren und die Höchstgeschwindigkeit um 20 % zu steigern. Wird zur Erhöhung der Geschwindigkeit ein stärkerer und somit größerer Motor eingesetzt, entsteht bedingt durch den größeren Motor ein höheres Gewicht des PKWs. In diesem Fall wird die Anforderung der höheren Geschwindigkeit erfüllt, die Anforderung der Gewichtsreduzierung jedoch nicht. Somit liegt ein Widerspruch vor, welcher mithilfe der Widerspruchsanalyse aufgelöst werden kann.

Eine umfassende Analyse von Patenten hat 40 Problemlösungsprinzipien wie Separation, Umkehr, Mechanik ersetzen etc. ergeben, mit deren Hilfe technische Widersprüche überwunden werden und dadurch neue sinnvolle Lösungsideen entstehen können. Technische Widersprüche lassen sich durch 39 Parameter wie Gewicht eines bewegten Objektes, Geschwindigkeit, Produktivität etc. beschreiben. Diese Parameter sind in einer Matrix gegenübergestellt (Bild 3.9). In den Schnittpunkten der Parameter sind jeweils die Prinzipien aufgeführt, mit deren Hilfe bereits in der Vergangenheit derartige Widersprüche aufgelöst wurden.

Die Vorgehensweise beim Lösen von Widersprüchen wird an folgendem Beispiel verdeutlicht [HHK00]: Die Ausbringungsmenge einer Maschine zum Trennen von Blechrohren soll erhöht werden. Bisher wird der Maschine ein Blech zugeführt. Dieses wird von der Maschine gebogen und zu einem Rohr zusammengeschweißt. Anschließend wird es von einer beweglichen Trenneinheit in Stücke bestimmter Länge geschnitten. Die Trenneinheit läuft während dieses Vorgangs mit dem Rohr mit. Um die Ausbringungsmenge der Maschine zu erhöhen, gibt es die Möglichkeit, die Trenneinheit schneller laufen zu lassen, sodass sie in der gleichen Zeit mehr Schnitte durchführen kann. Dazu müsste ein stärkerer Motor eingesetzt werden. Dieser bewirkt jedoch, dass das Gewicht des Systems zunimmt und das System als Ganzes träger wird. Hier tritt ein technischer Widerspruch auf: Die Geschwindigkeit des Systems soll erhöht werden, was jedoch eine Gewichtszunahme bewirkt. In diesem Fall ist der zu verbessernde Parameter die „Geschwindigkeit" und die nicht erwünschte Veränderung das zunehmende „Gewicht eines bewegten Objektes". Entsprechend der Matrix werden zur Lösung des Konfliktes die Prinzipien 13 „Umkehr" und 28 „Mechanik ersetzen" vorgeschlagen. Das Prinzip 13 „Umkehr" regt an, anstelle der durch die Spezifikation diktierten Aktion, die genau gegenteilige Aktion zu implementieren bzw. das System „auf den Kopf" zu stellen, also umzukehren. Basierend auf diesen Empfehlungen könnte eine Lösung darin bestehen, anstatt die Geschwindigkeit des Schneidaggregates durch einen stärkeren Motor zu erhöhen, die Rohrführung schneller zu gestalten und auf diese Weise die Ausbringungsmenge zu erhöhen. Das Prinzip 28 empfiehlt unter anderem, ein mechanisches System durch ein optisches, akustisches oder geruchsbasiertes System zu ersetzen. In diesem Fall könnte eine Lösung ein effektiveres Schneidaggregat, beispielsweise einen Laser, beinhalten, sodass auch hier der Schneidvorgang ohne Einsatz eines stärkeren Motors verkürzt wird [TZZ98].

Das zugrunde liegende Prinzip der Kreativitätsmethode Widerspruchsanalyse vermittelt Bild 3.10. Demnach wird ein reales Problem in ein abstraktes Problem transformiert, das in der Widerspruchsmatrix durch ein Parameterpaar definiert ist. In dem entsprechenden Matrixfeld

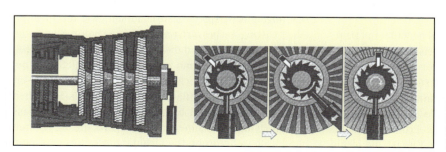

BILD 3.8
Erhöhung der Idealität des Systems, indem die Maschine zum Drehen des Rotors durch ein Pendel ersetzt wird

3.1 Kreativität und Kreativitätstechniken

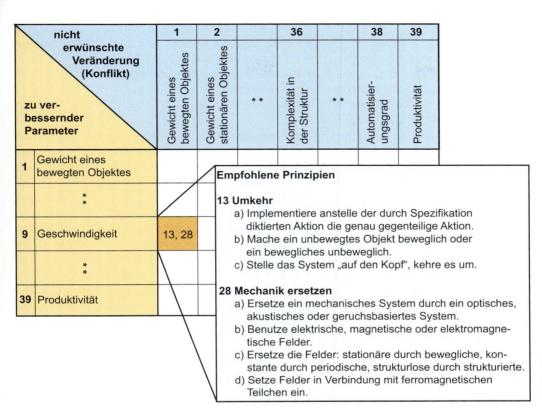

BILD 3.9
Ausschnitt aus der Matrix zum Lösen von Widersprüchen

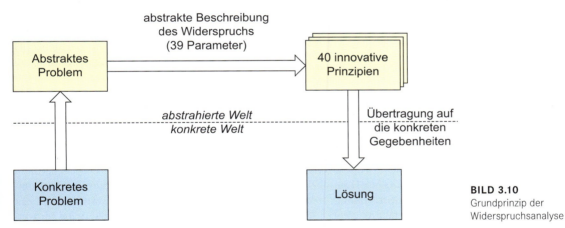

BILD 3.10
Grundprinzip der Widerspruchsanalyse

stehen die innovativen Lösungsprinzipien, die auf die konkrete Situation zu übertragen sind.

Resümee

Die Methodensammlung TRIZ beruht auf einer umfassenden Analyse von Patenten, aus der sich u. a. 40 Problemlösungsprinzipien ergeben haben. Die bekannteste Methode, die widerspruchsorientierte Kreativitätsmethode hilft, ein zu lösendes Problem durch einen Widerspruch, ausgedrückt durch zwei Parameter, zu formulieren. Zur Überwindung eines Widerspruchs kommen jeweils einige Problemlösungsprinzipien in Frage. Einen außerordentlich hohen Wert für den Anwender stellen die vielen Beispiele zur Konkretisierung der abstrakten Problemlösungsprinzipien dar, die als Datenbank angeboten werden. Vor diesem Hintergrund ist TRIZ mehr als eine Kreativitätstechnik; TRIZ repräsentiert eine einmalige Fülle von Lösungswissen. Wir nutzen diesen Grundansatz in umgekehrter Form für die Ermittlung von Technology Push-Innovationen, d. h. wir gehen von einer neuen Technologie aus und suchen nach Problemen, die mit Hilfe dieser Technologie gelöst werden können (vgl. Kapitel 3.3.4).

3.1.3 Design Thinking

Erstmals beschrieb SIMON 1969 das Design Thinking als grobes Konzept [Sim96]. Die Stanford Universität und insbesondere DAVID KELLEY gelten als Ursprung und bis heute als Zentrum der Entwicklung [BUA16], [Alv16]. Ebenso ist die Design- und Innovationsagentur IDEO ein weiterer zentraler Player in der Design Thinking-Forschung – ein an der Stanford Universität gegründetes Spin-off. Die Verortung der Keimzelle des Konzepts im Silicon Valley überrascht wenig. So entstammen nicht nur die erste Computer-Maus von Apple, sondern auch die modernen Apple-Produkte weitgehend Entwicklungsprozessen, welche auf dem Design Thinking basieren [Ger16]. HASSO PLATTNER, einer der Gründer von SAP, erkannte 2004 den Nutzen des Konzepts und gründete entsprechende Forschungsinstitute und das gleichnamige Hasso-Plattner-Institut in Potsdam, welches bis heute der dritte Protagonist in der Forschung und Weiterentwicklung von Design Thinking ist [Alv16].

Entscheidend neu in der Produktentwicklung nach den Prinzipien des Design Thinking ist das Einbeziehen der kontextabhängigen, menschlichen Bedürfnisse. Danach existiert kein für alle Situationen und Zeitpunkte gültiges Bedürfnis bei Menschen; in der Analyse menschlicher Bedürfnisse muss also immer auch der Kontext berücksichtigt werden. Weiterhin werden Entwicklungsverantwortliche trainiert, mit verschiedenen Blickwinkeln auf ein Problem zuzugehen, aus hierarchiegeprägten Denkmustern auszubrechen und das volle Potential des Prototypings zu verstehen [Alv16]. Auf diese Weise entsteht die entscheidende Verbindung der wissenschaftlich basierten Problemanalyse, welche unabhängig vom Kontext ist, und dem anwendungsbezogenen Produktdesign, welches stark abhängig vom jeweiligen Kontext ist. Durch die Anwendung des Konzepts in verschiedensten Disziplinen wie IT, Wirtschaft, Anthropologie, Psychologie, Neurowissenschaften und der Design-Forschung hat das Design Thinking inzwischen einen erheblichen Stellenwert erlangt. Nachfolgend gehen wir auf die vier wesentlichen Aspekte des Design Thinking ein: Grundprinzipien, Prozess (Vorgehensmodell), Toolbox und Erfolgsfaktoren.

Grundprinzipien des Design Thinking

„Innovation is made by humans for humans" [BU16, S. 8]

Im Zentrum von Design Thinking steht vor allem anderen der Mensch. Schließlich ist er es, der die Bedürfnisse hervorbringt, für welche Produkte entwickelt werden. Ebenso ist es der Mensch, der diese Produkte innoviert. Die daraus resultierenden sechs Grundregeln des Design Thinking sind:

- Fokus auf menschliche Werte richten,
- Zeigen, nicht schwatzen,
- Prozess berücksichtigen,
- Radikale Kollaboration praktizieren,
- Aktion forcieren,
- Experimente zulassen.

Darüber hinaus ist die Kombination von divergentem und konvergentem Denken ein zentrales Merkmal von Design Thinking. Dadurch wird angestrebt, aus alten Denkbahnen auszubrechen und Platz für revolutionäre Ideen zu schaffen (divergentes Denken). Nachdem der Denkraum weit geöffnet wurde, ist es erforderlich, alle Teilnehmer und Ideen wieder zusammen auf einen gemeinsamen Weg zu führen (konvergentes Denken). Die große Menge an Lösungsideen, die in solchen Prozessen entsteht, wird sehr früh unter Einbeziehung der Endanwender ausprobiert. Dadurch scheitern viele Ideen. Da dies jedoch schon sehr früh im Ideenfindungsprozess geschieht, zieht es keine hohen Kosten nach sich – *"fail often and early"*.

Der Prozess des Design Thinking

Im Design Thinking wird zwischen dem Mikro- und Makro-Prozess unterschieden. Der **Makro-Prozess**, wie er vom Institut für Informationsmanagement der Universität St. Gallen entwickelt wurde, liegt einem jeden Design Thinking-Projekt zu Grunde. Der Prozess gliedert sich nach Bild 3.11 in sieben Schritte, wobei aus den Schritten 2 bis 7 jeweils ein spezifischer Prototyp resultiert [BUA16].

Zu Beginn eines Design Thinking-Projekts steht die sogenannte **„Design Space Exploration"** [BUA16]. An dieser Stelle ist der Auftrag des Projekts möglichst genau zu beschreiben, ohne bereits Lösungen anzubieten [GM13]. Hierzu wird auf umfangreiche Recherchen der Literatur, Netzrecherchen sowie Expertengespräche zurückgegriffen. In Ergänzung dazu ist es sinnvoll, das Objekt der Problemstellung selbst zu erleben. Behandelt das Projekt z. B. das Redesign eines Auto-Cockpits, ist es sinnvoll, die Projektteilnehmer Fahrzeuge des entsprechenden Unternehmens nutzen zu lassen. Ebenso sind Tätigkeiten abseits der normalen Nutzung, wie z. B. eine Schadensmeldung oder das Anbringen von zusätzlichen Mobilgeräten und weiteren Hilfsmitteln hilfreich, um die Ist-Situation zu verstehen.

Der erste Prototyp **„Critical Function Prototype"** enthält die zentralen Funktionen und Lösungen für Probleme, welche beim Feldtest in der ersten Phase identifiziert wurden. Anschließend wird der **„Dark Horse Prototype"** erstellt. Um diesen Prototypen zu erstellen, werden die Einschränkungen, die sich aus der „Design Space Exploration" ergaben, absichtlich missachtet. Auf diese Art und Weise

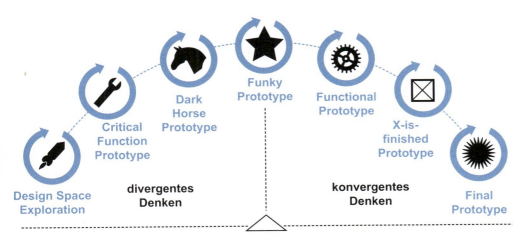

BILD 3.11
Der Makro-Prozess des Design Thinking [BU16]

gelangen die Projektteilnehmer zu radikal neuen Problemlösungen. Insbesondere für Führungskräfte, die konstant unter Zeitdruck stehen, ist dieser Schritt bisweilen befremdlich, da es schließlich schon einen Prototypen gibt, der vermeintlich besser zum behandelten Problem passt. Die Erfahrung hat jedoch gezeigt, dass die finalen Ergebnisse des Design Thinking-Projekts überraschend oft auf den in dieser Phase entwickelten Prototypen beruhen. Im nächsten Schritt werden die besten Ideen der bis hier entwickelten Prototypen zu einem „**Funky Prototype**" zusammengefasst. Nach dem Erstellen des dritten Prototyps endet die divergente Phase des Design Thinking-Projekts, welche hauptsächlich durch laterales Denken geprägt ist [BUA16].

Die konvergente Phase, welche hauptsächlich durch lineares Denken geprägt ist, beginnt mit der Erstellung des „**Functional Prototype**". Dieser Schritt entscheidet darüber, welche Lösungsideen und welche Prototypen-Elemente Teil des finalen Prototyps sein werden [Sch14a]. An dieser Stelle wird die Lösungsfindung sehr konkret und streng an den Kundenbedürfnissen ausgerichtet. Je realistischer dieser Prototyp ist, desto besser. Der „**X-is-finished-Prototype**" konzentriert sich auf das Finalisieren einer Schlüsselfunktion des finalen Prototyps. Hier wird außerdem der Entwicklungsaufwand des finalen Prototyps ermittelt [Sch14a]. Vor der Entwicklung des letzten Prototyps entscheidet das Team, welche Komponenten darin integriert werden sollen. Der „**Final Prototype**" umfasst letztlich alle Funktionen, die für realitätsnahe Tests mit den Endkunden benötigt werden. Er ist möglichst konkret und dient als Ergebnispräsentation für die Auftraggeber.

Bei der Erstellung der sechs Prototypen des Makro-Prozesses wird jeweils der **Mikro-Prozess** des Design Thinking durchlaufen, der in Bild 3.12 dargestellt ist [PML11].

Zunächst muss das Projektteam die **Aufgabenstellung**, die Design Challenge, **verstehen**. Mit Aufgabenstellung ist im Mikro-Prozess nicht das zu lösende Kundenproblem gemeint, sondern der Schwerpunkt des konkret zu erstellenden Prototyps. Dieser initialen Phase schließt sich das **Recherchieren** an. Hier nehmen die Projektmitarbeiter so viele Informationen wie möglich aus dem Umfeld der Problemstellung auf und versuchen, wenn möglich, die relevante Situation selbst zu erleben. Die so stattfindende Recherche ist unvoreingenommen und offen durchzuführen, um alle Möglichkeiten der nachfolgenden Problemlösung zuzulassen. Aufgrund der gesammelten, meist enormen Menge an Informationen werden die entscheidenden Kerne extrahiert und erste Schwerpunkte der Bearbeitung festgelegt, die sogenannte **Synthese**. Aufgrund der bis hier gesammelten Informationen wird die eingangs definierte Fragestellung oft mehrmals geändert und angepasst [GM13]. Der zuerst sehr offen geführte Prozess fokussiert sich in dieser Phase bis hin zu einer sehr konkreten, neuen Fragestellung. In den ersten drei Phasen befindet sich das Projektteam im Problemraum, der Fokus liegt also auf dem Problem. Dies ändert sich in der nächsten Phase, in der erste Lösungsideen entwickelt werden sollen. Zu Beginn läuft auch die **Ideenfindung** sehr offen ab bevor sie durch wiederholtes Ausprobieren in **Prototypen** immer weiter konkretisiert wird (die Prototypen sind oft noch sehr rudimentär, z. B. aus Papiermodellen gefertigt). Der Raum, in dem Lösungen gesucht bzw. umgesetzt werden, schließt sich zunehmend. So schnell wie möglich werden **Tests** bei Anwendern durchgeführt. Auf diese Weise werden Fehler und Schwächen schon frühzeitig erkannt und können bei nachfolgenden Konkretisierungsstufen korrigiert werden.

Die Arbeit im Mikro-Prozess ist durch **Iterationsschleifen** gekennzeichnet. Insbesondere durch das Prototyping und das Testen werden immer wieder neue Erkenntnisse

3 Produktfindung – Ideen finden und konkretisieren

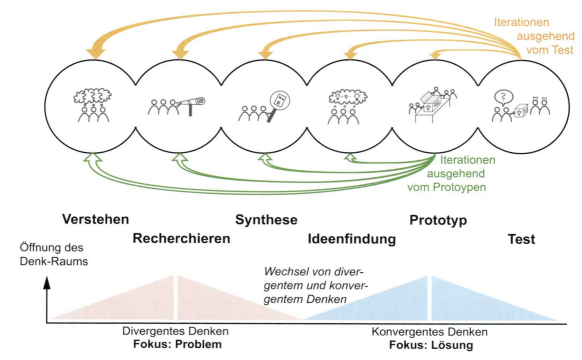

BILD 3.12 Der Mikro-Prozess des Design Thinking, in Anlehnung an [Has17-ol]

gewonnen, die einen erneuten Ideenfindungsprozess und eventuell sogar die Neuformulierung des Problems ermöglichen. Um die vielfältigen Tätigkeiten des Design Thinking zu unterstützen, bedient sich das Projektteam unterschiedlichster Kreativitätstechniken und weiterer Methoden.

Die Toolbox des Design Thinking

Während durch das Konzept des Design Thinking lediglich der Rahmen festgelegt wird, in dem nach einer Problemlösung gesucht wird, ist es für die Umsetzung erforderlich, geeignete Methoden und Kreativitätstechniken auszuwählen. SCHINDLHOLZER erarbeitete hierzu einen Überblick über 47 Methoden und Techniken, die zwischen 2004 und 2014 während Design Thinking-Projekten an der Universität St. Gallen eingesetzt wurden [Sch14a]. Die Auswahl der passenden Methoden ist ein zentraler Erfolgsfaktor für den Abschluss des Innovationsprojekts [BU16]. Allerdings ist die Auswahl keinesfalls trivial, da die Methoden nicht nur auf verschiedenen Abstraktionsebenen wirken und auf spezifische Klassen von Aufgaben zugeschnitten sind (z. B. Richtlinien zum Einrichten der Arbeitsräume, Moderationsmethoden oder Integration von Additive Manufacturing), sondern auch aus unterschiedlichen Disziplinen stammen (z. B. Qualitätsmanagement, Designwissenschaften, Kommunikationswissenschaften, Informatik).

Erfolgsfaktoren des Design Thinking

Der Erfolg des Design Thinking lässt sich hauptsächlich auf eine gemeinschaftliche Arbeits- und Denkkultur zurückführen. Diese Kultur basiert auf drei Säulen: multidisziplinäre Teams, variable Räume und dem durch Iterationsschleifen geprägten Design Thinking-Prozess (Bild 3.13).

Der Erfolgsfaktor **Prozess** (Process) repräsentiert insbesondere den bereits beschriebenen Mikro-Prozess. Zentrale Merkmale des Design Thinking-Prozesses sind der Wechsel zwischen divergentem und konvergentem Denken sowie das intensive Prototyping und Testen von Lösungsentwürfen.

Der Ort der Arbeit des Projektteams (Place) soll alle Möglichkeiten zur Umsetzung von Kreativitätstechniken bieten (Bild 3.14). Bewährt haben sich sogenannte **variable Räume**, die sich an die wechselnden und situativen Bedürfnisse des Teams anpassen lassen. Der Raum sollte beibehalten werden, da das Design Thinking-Team eine Arbeitsumgebung haben muss, in der es Materialien und Zwischenergebnisse liegen lassen kann [GM13].

Die dritte Säule ist das **Projektteam** (People). Letztlich obliegt dem Team die kreative Arbeit. Die Gruppe sollte aus unterschiedlichen Stakeholdern des ausgewählten

People

- Multidisziplinäres Team (5-6 Personen)
- Wir-Kultur statt individualistischem Denken
- Mindset: „Gemeinsam vorwärts experimentieren"

Iterativer Prozess

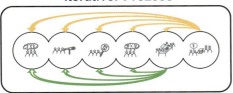

Process

- Denken in „Unmöglichkeiten"
- Divergent-konvergenter Innovationsprozess

Variabler Raum

Place

- Freie, flexible Arbeitsumgebung
- Situativ an die Erfordernisse im Projekt anpassbar

BILD 3.13 Die drei „P" – People, Process, Place – des Design Thinking [Sch17-ol]

BILD 3.14
Der variable Raum – Erfolgsfaktor „Place"

Themas bestehen und durch einen erfahrenen Moderator geleitet werden. Zudem darf der Zeitrahmen nicht zu knapp bemessen sein. So sollen konstruktive Diskussionen und möglichst viele Sichtweisen auf die Thematik ermöglicht werden [Bro79], [LW08].

Resümee

Anhand der Entwicklung des Design Thinking ist gut zu erkennen, dass Methoden nur in Verbindung mit einem passenden Zeitgeist erfolgreich werden. Während die prinzipielle Idee des Design Thinking schon fast 50 Jahre alt ist, erfuhr die Methode erst in den letzten zehn Jahren einen wahren Höhenflug. Es existiert fast kein großes Unternehmen, welches nicht schon damit gearbeitet hat. Die freie Ideenfindung, das frühe Prototyping und das hierarchielose Zusammenarbeiten passen offenbar gut mit der Aufbruchsstimmung des digitalen Wandels zusammen. Die Möglichkeit zur Integration zahlreicher klassischer Kreativitätstechniken und der bedürfnisorientierte Prozess des Prototypings gelten als Vorteile der Methode. Nachteilig ist insbesondere der vergleichsweise hohe zeitliche Aufwand.

DESIGN THINKING BEI MIELE

Die Miele & Cie. KG entwickelte auf Basis des Design Thinking Prozesses einen eigenen Prozess zur kundenzentrierten Ideenfindung, den sogenannten Experience Design-Prozess (Bild 1).
Die fünf Phasen ähneln stark den sechs Phasen des Mikro-Prozesses des Design Thinking. In vielen Workshops orientiert sich das Unternehmen mittlerweile an dem Ablauf und profitiert vom systematischen Wechsel von divergentem und konvergentem Denken sowie der starken Fokussierung auf den Kunden. Das Vorgehen wurde u. a. für die folgende Fragestellung angewandt: „Wie lässt sich der Wäschepflegeprozess in Zukunft mit neuartigen Geräten unterstützen?" Zur Beantwortung dieser Frage wurde der Experience Design Prozess wie folgt praktiziert.

Phase 1: Problem verstehen
Zunächst näherten sich die Workshop-Teilnehmer der definierten Fragestellung und stellten ein gemeinsames Verständnis der Problemstellung her. Anschließend versetzten sie sich gruppenweise in die Lage je einer fokussierten Kundengruppe und durchliefen fiktiv den kundenspezifischen Wäschepflegeprozess. Dabei stellten sich mehrere Use Cases pro Kundengruppe heraus.

Phase 2: Umfang definieren
In einer Diskussion unter den Teilnehmern und mit Hilfe einer Bewertung der Häufigkeit bzw. Dringlichkeit wurden diejenigen Use Cases ausgewählt, die im Workshop weiter betrachtet werden sollten. Für diese wurden anschließend die einzelnen Prozessschritte mit Fokus auf die Tätigkeiten der Kunden dokumentiert.

Phase 3: Ideen finden
Die Teilnehmer generierten Lösungen für die einzelnen Prozessschritte, die die Kunden im Wäschepflegeprozess durchlaufen. Für den Schritt „Wäsche zum Trocknen aufhängen" und den darin enthaltenen Teilproblemen a) „Wäsche muss aufgehängt werden" bzw. b) „Wäsche benötigt Zeit zum Trocknen" kommen beispielsweise mehrere Alternativlösungen in Frage. Teilproblem a) kann durch Nutzung eines Wäschetrockners bzw. automatisierte Aufhängung der Wäsche gelöst werden. Durch die Steuerung der Lufteigenschaften in der Aufhängungsumgebung wird dagegen der Trocknungsprozess beschleunigt, Teilproblem b). Durch Kombination dieser Teillösungen entstanden schließlich mehrere Ideen für Gerätekonzepte.

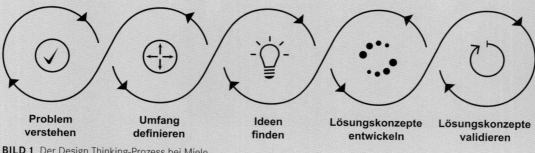

BILD 1 Der Design Thinking-Prozess bei Miele

Phase 4: Lösungskonzepte entwickeln
Die Gerätekonzepte wurden anschließend prototypisch umgesetzt. Neben Karton, Papier u. ä. nutzten die Teilnehmer hierfür auch bedruckte Vorlagen, Videos u. v. m. Die Varianz der Bedürfnisse über die verschiedenen Kundengruppen hinweg resultierte in entsprechend unterschiedlichen Prototypen, von denen Bild 2 einige Beispiele zeigt.

Phase 5: Lösungskonzepte validieren
Die erstellten Prototypen wurden Testpersonen aus den fokussierten Kundengruppen vorgestellt. In einem jeweils 30-minütigen Gespräch konnte auf diese Weise spezifisches Feedback zu den Ideen eingeholt werden. Als letzten Schritt synthetisierten die Workshop-Teilnehmer das Feedback und passten ihre Konzepte an.

BILD 2 Drei Prototypen als Zwischenergebnis des Experience Design Prozesses

3.1.4 Ideation Toolbox

Der Begriff „Ideation" stammt aus dem Englischen und bedeutet übersetzt „Vorstellungsfähigkeit" oder „Ideenbildung". Seinen Ursprung findet das Wort im lateinischen „ideatus", was so viel bedeutet, wie: „einer Idee entsprechend" [Dud17-ol]. Wir verstehen unter Ideation den kreativen Prozess der Ideenfindung (vgl. Bild 1.44). In der Literatur wird der Begriff Ideation auch als Zusammensetzung der englischen Wörter „Idea" und „Generation" bezeichnet [Mah11]. Die Ideation Toolbox folgt dieser Definition. Es handelt sich um ein Instrumentarium, um Ideenfindungsprozesse – sogenannte Ideation Events – zu gestalten. Entscheidende Faktoren für den Erfolg eines Ideation Events sind:

- Die Festlegung der **grundsätzlichen Zielstellung**, also ob einige detaillierte Konzepte oder viele Rohideen entwickelt werden sollen.
- Die Definition eines klar abgegrenzten **„Denkraums"**, welcher das Ziel des Workshops vorgibt und dafür sorgt, dass zielgerichtet Ideen entwickelt werden.
- Die Zusammensetzung der **Teilnehmergruppe**, die eine hohe Interdisziplinarität und Heterogenität aufweisen sollte.
- Die **Verwertbarkeit** der generierten Ideen. Um die Umsetzung der entwickelten Ideen sicherzustellen, muss frühzeitig definiert werden, wie aus den Ideen Lösungen entstehen können.

Bei Ideation Events steht die kreative und strukturierte Ideengenerierung im Mittelpunkt. Dafür arbeiten unterschiedlichste Teilnehmer unter der Leitung eines erfahrenen Moderators in Workshops zusammen, um gemeinsam Ideen zu einer vorher festgelegten Fragestellung zu generieren, zu verfeinern und zu selektieren. Das Vorgehen bei Ideation Events ist angelehnt an das Vier-Phasen-Modell des kreativen Prozesses nach WALLAS. Dieses sieht die Phasen Vorbereitung, Inkubation, Illumination und Verifikation vor. Während der Vorbereitung wird das Problem aus unterschiedlichen Blickwinkeln betrachtet und in Gänze durchdrungen. In der Phase der Inkubation werden die Informationen verarbeitet und es reifen erste Ideenfragmente. Die Illumination steht für das Eintreten eines kreativen Einfalls – einer Idee. In der letzten Phase, der Verifikation, werden die Ideen verfeinert und erprobt [Wal26], [Mah11].

In Bild 3.15 ist das **Vorgehen bei Ideation Events** dargestellt. Die ersten drei Phasen entsprechen inhaltlich den Phasen nach WALLAS, während die Verifikation in die zwei Phasen Clustering und Erprobung aufgeteilt wird. Weiterhin hat sich eine abschließende Phase zur Auswahl der besten Ideen als zweckmäßig herausgestellt. Im Folgenden werden die sechs Phasen vorgestellt.

3 Produktfindung – Ideen finden und konkretisieren

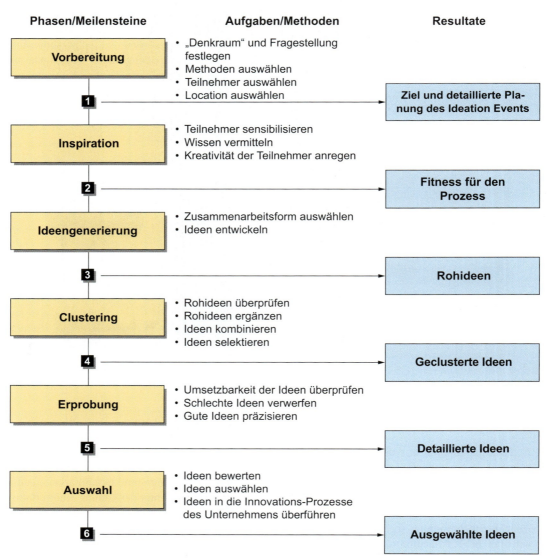

BILD 3.15 Grundsätzliches Vorgehen bei Ideation Events

1. **Vorbereitung:** Vor dem Workshop wird zusammen mit den Projektbeteiligten die zentrale Fragestellung erarbeitet und so der „Denkraum" festgelegt. Zu dieser Fragestellung werden Themencluster aus Innovationsfeldern, Trends, Marktinformationen, Zielgruppenbeschreibungen und weiteren relevanten Informationen abgeleitet. Zusätzlich werden die passenden Methoden aus der Ideation Toolbox ausgewählt. Die Vorbereitung legt den Grundstein für ein erfolgreiches Ideation Event. Zentrales Resultat der Vorbereitung ist das Ziel des Ideation Events.
2. **Inspiration:** Die Teilnehmer des Ideation Events werden für die Fragestellung sensibilisiert und durch inspirierende Stimuli dazu angeregt, ihre Denkweise zu weiten. Dafür werden z. B. Inspirationswände erstellt, welche die Fragestellung aus unterschiedlichen Blickwinkeln beleuchten. Weiterhin eignen sich die Teilnehmer spezifisches Wissen zu den vorher definierten Themenclustern an. So soll die kreative Leistungsfähigkeit der Probanden erhöht werden.
3. **Ideengenerierung:** Hier gilt es, Ideen zu entwickeln. Dazu werden unterschiedliche Zusammenarbeitsformen (Individual, Kleingruppen, Plenum) genutzt, in denen jeweils die verschiedenen Themencluster bearbeitet werden. Dabei kann, je nach dem grundsätzlichen Ziel des Ideation Events, auf wenige detaillierte Konzepte oder viele Rohideen abgezielt werden.
4. **Clustering:** Die zuvor entwickelten Rohideen werden gesichtet, überprüft, verfeinert, verworfen, neu kombiniert und ggf. wieder in Betracht gezogen. Ziel ist es,

die Ideen inhaltlich zu strukturieren, um die gewünschte Vielzahl an unterschiedlichen Ideenfragmenten zu bewältigen. Anschließend werden geeignete Ideen für die Erprobung ausgewählt.

5. **Erprobung:** Die ausgewählten Ideen werden anhand von im Vorfeld festgelegten Ideentemplates detailliert und auf Ihre Umsetzbarkeit geprüft. Dafür bieten sich unter anderem erste Prototypen an, die potentiellen Kunden vorgestellt oder einem Feldtest unterzogen werden.
6. **Auswahl:** Abschließend werden die Ideen nach vorher festgelegten Kriterien (z. B. Kosten, Zeit, Machbarkeit) bewertet. Die Erfolg versprechenden Ideen werden ausgewählt und in den Innovations- bzw. Produktentstehungsprozess des Unternehmens überführt.

Innerhalb der Phasen eines Ideation Events können unterschiedliche Arbeitsmethoden und Kreativitätstechniken zum Einsatz kommen, die projektspezifisch zu bestimmen sind. So bieten sich beispielsweise Zukunftsszenarien als Ausgangspunkt für eine stark visionäre Inspiration an, um die Teilnehmer aus dem heutigen „Denken" herauszuholen und die Bereitschaft zu erzeugen, die Grenzen des gewohnten Denkens zu überwinden. Bild 3.16 zeigt die Ideation Toolbox, die auf dem morphologischen Kasten beruht und je Phase eine Reihe von Arbeitsmethoden zur Auswahl vorschlägt. Die drei markierten Pfade stehen jeweils für ein Set von Arbeitsmethoden für ein ausgewähltes Ideation Event. In Tabelle 3.3 sind die Arbeitsmethoden, gegliedert nach den sechs Phasen eines Ideation Events, kurz charakterisiert.

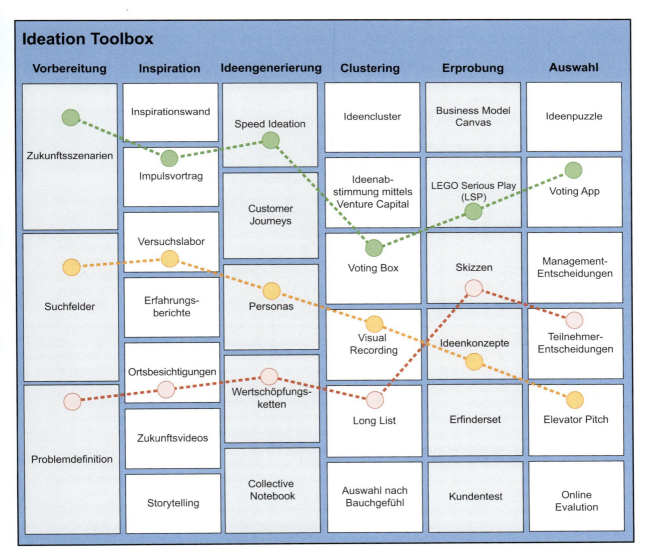

BILD 3.16 Ideation Toolbox auf Basis des morphologischen Kastens

TABELLE 3.3 Arbeitsmethoden der Ideation Toolbox (Fortsetzung auf Seite 201 und 202)

Methode	Kurze Charakterisierung
Vorbereitung	
Zukunfts-szenarien	Zukunftsszenarien beschreiben mögliche zukünftige Situationen, die auf einem komplexen Netz von Einflussfaktoren beruhen und die Darstellung der Entwicklung, welche aus der Gegenwart zu dieser Situation führen könnte [GP14].
Suchfelder	Suchfelder stecken Denkräume ab, in denen Ideen generiert werden sollen. Diese haben typischerweise eine hohe Bedeutung für das zukünftige Geschäft, aktuelle Herausforderungen und strategische Entscheidungen. Es kann sich um strategische Innovationsfelder, Applikationsfelder oder auch vordefinierte Suchfelder handeln.
Problem-definition	Bei stark fokussierten Ideation-Ansätzen wird ein konkretes Problem oder eine bestimmte Fragestellung vordefiniert. Hier ist entscheidend, dass ein einheitliches Verständnis geschaffen wird: Was ist im Rahmen der Fragestellung – was schließen wir aus?
Inspiration	
Inspirations-wand	Auf einer Inspirationswand werden Trends, Technologien und Szenarien bildhaft dargestellt. Die Teilnehmer schauen sich die Inspirationswand an und werden so angeregt, neue Ideen zu entwickeln, indem z.B. die Elemente auf der Wand neu miteinander kombiniert werden.
Impuls-vortrag	Damit werden auf anschauliche Art Anregungen für die Behandlung eines definierten Themas gegeben. Die Zuhörer werden durch provokante Thesen, bildhafte Vergleiche etc. für eine anschließende Diskussion motiviert. Der Erfolg eines Impulsvortrags hängt entscheidend vom Redner ab.
Versuchs-labor	In einem Versuchslabor können die Teilnehmer des Ideation Events neue Technologien ausprobieren, um weitere Anregung für die Entwicklung von Ideen zu erhalten.
Erfahrungs-berichte	Erfahrungsberichte helfen ein Problem anschaulich zu beschreiben und ermöglichen es den Teilnehmern eines Ideation Events, das Problem zu verstehen. Dies ist insbesondere für die Entwicklung marktorientierter Rohideen hilfreich.
Ortsbe-sichtigungen	Diese fördern das Erleben von Kundenaufgaben und -problemen und stimulieren die Ideenfindung. Ortsbesichtigungen ergänzen Erfahrungsberichte.
Zukunfts-videos	Inspirierende Videos helfen, die Teilnehmer über bewegte Bilder, Ton und Emotionen für die Ideation zu sensibilisieren. Die Ansprache mehrere Sinne verankert Bilder und Gedanken und schafft so eine gute Basis für die Ideenfindung.
Storytelling	Kern des Storytelling ist die Alltagsgeschichte einer Zukunftsperson. Um die Kreativität der Teilnehmer zu fördern, ist es wichtig, auf Details hinzuweisen und nicht nur trend- und technologieorientierte Schlagworte zu nutzen. Erst so wird der mögliche Mehrwert einer Lösung in der Zukunftswelt verdeutlicht. Diese Methode ist aufwändig. Sie zeigt jedoch eine starke Wirkung, da die Teilnehmer sich immer wieder über den Protagonisten und seine Herausforderungen im Alltag unterhalten, um Ideen zu entwickeln.
Ideengenerierung	
Speed Ideation	Bei einer Speed Ideation entwickeln die Teilnehmer in einem vorgegeben knappen Zeitrahmen möglichst viele Rohideen. Für die Weiterentwicklung ausgewählter Rohideen zu detaillierten Konzepten wird ein größeres Zeitfenster gewählt [Mah11].
Customer Journeys	Customer Journeys beschreiben wie, wann und wo sich ein Kunde vor dem Erwerb einer Marktleistung welche Informationen beschafft. Es handelt sich um eine prozessorientierte konzeptionelle Methode zur Strukturierung der Erfahrungen [NRJ+08].
Personas	Personas machen Kundenprofile greifbar. Dabei können z.B. „Early Adopter" und weitere Kundenprofile unterschieden werden. Es wird versucht, ein möglichst umfassendes Bild der Kundensegmente zu schaffen, um für diese anschließend neue Produkt- oder Serviceideen zu entwickeln.
Wert-schöpfungs-ketten	Diese Methode fördert die Betrachtung der Beiträge einzelner Partner in Wertschöpfungsketten und -netzwerken sowie des Zusammenwirkens dieser Beiträge zu einer attraktiven Marktleistung. Dabei stehen Aspekte wie das Gesamtoptimum und das Erkennen von so genannten „Gamechangern" im Vordergrund.

Methode	Kurze Charakterisierung
Collective Notebook	Die Teilnehmer dieser Methode werden beauftragt, innerhalb eines längeren Zeitraums Ideen zu einer Fragestellung in einem Notizbuch aufzuschreiben. Dabei sollte dieses Notizbuch möglichst immer von der Person mitgeführt werden, um mögliche „Geistesblitze" festzuhalten [Men06].
Clustering	
Ideencluster	Auf der Basis von vordefinierten Merkmalen und daraus resultierenden Merkmalsausprägungen werden Ideen hinsichtlich ihrer Ähnlichkeit zueinander zusammengefasst. Dadurch kann eine relativ große Menge an Ideen auf wenige Kernideen reduziert werden [Ste11].
Ideenabstimmung mittels Venture Capital	Hier „finanzieren" die Teilnehmer des Ideation Events die in der Gruppe entstandenen Ideen. Dafür wird jedem Teilnehmer ein fester Geldbetrag zur Verfügung gestellt. Die Akteure nehmen die Rolle eines Investors ein, der seine sehr begrenzten Mittel für die Idee einsetzen muss, die einen besonders attraktiven Return on Investment zu erbringen verspricht.
Voting Box	Hier stimmen die am Ideation Event beteiligten Personen über die auszudetaillierenden Ideen mittels anonymer Stimmabgabe ab. Dies ermöglicht insbesondere das Involvieren vieler Beteiligter und ermöglicht eine Ideenauswahl, die auf der Mehrheitsmeinung beruht.
Visual Recording	Beim Visual Recording oder auch Graphic Recording werden in Workshops erarbeitete Inhalte durch Bilder und Grafiken illustriert. So können Ideen festgehalten und verfeinert werden [Wei16].
Long List	Die Auflistung aller generierten Ideen hat sich oftmals als hilfreiches Mittel für die erste Zusammenführung der Ideen herausgestellt. Dabei werden Dopplungen aussortiert.
Auswahl nach Bauchgefühl	Die Vorauswahl einer Idee nach dem Bauchgefühl bietet die Möglichkeit, das gesammelte Wissen und die gemachten Erfahrungen der Teilnehmer während eines Ideation Events zu berücksichtigen. Es ergeben sich zwei wesentliche Vorteile: 1) Es entsteht eine hohe Motivation unter den Teilnehmern für die anschließende Erprobung der Ideen und 2) der Vorauswahlprozess kann schnell durchgeführt werden und sorgt für ein rasches Erfolgserlebnis.
Erprobung	
Business Model Canvas	Eine Canvas ist ein Rahmenwerk zur Beschreibung von Geschäftsmodellen [OPB+14]. Es kann genutzt werden, um eine Idee hinsichtlich ihres Geschäftspotentials systematisch zu überprüfen.
LEGO Serious Play (LSP)	LEGO Serious Play (LSP) ist ein Ansatz, mit dem die Ideengenerierung unterstützt werden kann. Dazu wird versucht, mit Hilfe von Bauelementen ein komplexes Problem darzustellen, um eine Diskussionsgrundlage zu erzeugen. Ziel ist es, Ideen und Zusammenhänge greifbar zu machen [Leg17-ol].
Skizzen	Skizzen können für eine erste Veranschaulichung einer Idee genutzt werden. Dabei wird die Skizze weiteren Personen vorgestellt und auf Grundlage des Feedbacks spezifiziert. Voraussetzung ist die Fähigkeit, anschauliche Darstellungen zu skizzieren.
Ideenkonzepte	Die Ausgestaltung von Ideen zu detaillierten Ideenkonzepten hilft dabei, die Machbarkeit der Ideen zu überprüfen, indem jeder einzelne Aspekt spezifiziert wird. So werden Schwachstellen aufgedeckt und unzureichende Verknüpfungen zwischen den einzelnen Elementen der Idee offensichtlich.
Erfinderset	Hier handelt es sich um einen Materialbaukasten, welcher für die kurzfristige Erstellung von einfachen Prototypen genutzt werden kann. Ähnlich wie beim LEGO Serious Play sollen Ideen und Zusammenhänge greifbar gemacht werden.
Kundentest	Diese ermöglichen die frühzeitige Erprobung durch Kunden. Dabei zeigt sich, ob die entwickelte Idee den Kundenanforderungen gerecht wird, ob es eine Diskrepanz zwischen explizit dokumentierten Anforderungen und erwarteten Leistungen gibt und wie die Idee weiter verfeinert werden kann [Rie12].

Methode	Kurze Charakterisierung
Auswahl	
Ideenpuzzle	Ein Ideenpuzzle dient der Vorstellung von Ideen, indem die wesentlichen Elemente einer Idee nacheinander präsentiert werden und somit ein Puzzle (der Idee) vervollständigt wird.
Voting App	Bei der Auswahl mittels App werden mobile Endgeräte genutzt, um eine Idee zu bewerten. Dabei werden typischerweise viele Ideen in einer kurze Zeit „gepitched" und anhand vordefinierter Kriterien in der App bewertet. Abschließend werden die Ideen mit der höchsten Punktzahl ausgewählt.
Management-Entscheidungen	Die Bewertung und Auswahl der Ideen durch das Management sorgt für ein hohes Commitment der Unternehmensleitung. Die Bewertung wird nach dem Ideation Event durchgeführt und ist insbesondere bei Ideen sinnvoll, die hohe interne Widerstände hervorrufen oder eine hohe strategische Bedeutung haben.
Teilnehmer-Entscheidungen	Eine Auswahl der Ideen durch die Teilnehmer des Ideation Events sorgt bei diesen für eine hohe Identifikation mit den erzielten Ergebnissen. Eine Entscheidung kann beispielsweise durch das Kleben von Punkten herbeigeführt werden. Vorteil ist hierbei, dass die Meinungen aller Teilnehmer berücksichtigt werden und das Ergebnis direkt vorliegt. Dabei ist zu beachten, dass es sich oftmals nur um eine Momentaufnahme handelt [BHS11].
Elevator Pitch	Der Elevator Pitch beschreibt eine Präsentationsweise, mit der eine Idee in möglichst kurzer Zeit, z.B. während einer Liftfahrt, typischen Adressaten prägnant vermittelt wird [Ska12].
Online Evaluation	Die Abstimmung über eine Online-Plattform wird als Online Evaluation bezeichnet. Dabei werden oft spielerische Elemente eingebunden. Die Einbindung dieser Elemente in einen spielfremden Kontext wird als Gamification bezeichnet [DRN+11].

Die vielfältigen Arbeitsmethoden kommen innerhalb unterschiedlicher Ideation Events zum Einsatz. Die Art der Events ergibt sich aus dem Reifegrad der zu entwickelnden Ideen und der Art der Beteiligung der Organisation. Der *Reifegrad der entwickelten Ideen* beschreibt die Anzahl und den Grad der Detaillierung der entwickelten Ideen. Es wird zwischen vielen Rohideen und wenigen detaillierten Ideen unterschieden. Die *Art der Beteiligung* berücksichtigt, welche Teile der Organisation an dem Ideation Event beteiligt sind. Die Beteiligung reicht dabei von der fokussierten Berücksichtigung spezieller Zielgruppen bis zu einer breiten Beteiligung über das gesamte Unternehmen hinweg. Aus diesen beiden Dimensionen ergibt sich das in Bild 3.17 dargestellte Portfolio mit vier idealtypischen Ideation-Konzepten.

- **Ideation Hub:** Hier werden externe Experten und eine große Gruppe innerhalb der eigenen Organisation zusammengebracht. Mittels Schlüsselanregungen durch die Experten entwickelt die Gruppe wenige Ideen mit einem hohen Reifegrad zu vordefinierten Subthemen. Die entwickelten Konzepte werden dem Management zur Entscheidung vorgelegt.
- **Ideation Eruption:** Hierbei entwickelt eine kleine Gruppe ausgewählter Fachexperten vielfältige Rohideen. Interaktionsbasierte Anregungen, wie z.B. Ortsbesichtigungen oder Versuchslabore, werden eingesetzt, um die Gruppe für das Problem zu sensibilisieren. Die Vorauswahl der Rohideen erfolgt durch die Teilnehmer selbst.
- **Ideation Lab:** Bei diesem Konzept entwickelt eine kleine Gruppe ausgehend von Zukunftsszenarien oder Trends detaillierte Ideen. Die Ideen werden im Rahmen des Ideation Events erprobt, neu zusammengesetzt und durch die Gruppe ausgewählt. Die finale Entscheidung fällt das Management.
- **Ideation Forum:** Im Rahmen eines Ideation Forums wird eine große, geografisch verteilte Gruppe beispielsweise über Online-Tools zusammengebracht und entwickelt zahlreiche Rohideen zu vorgegebenen Suchfeldern. Angeregt wird die Gruppe durch Storytelling-Ansätze oder kurze Videos. Die Entwicklung der Ideen wird durch Collective Notebooks unterstützt. Die Auswahl erfolgt z.B. durch eine Online Evaluation, wobei die Teilnehmer für ihre favorisierten Ideen abstimmen können.

Resümee

Bei der Ideation Toolbox handelt es sich um ein praxisorientiertes, bewährtes Werkzeug für die Entwicklung von Ideen in Workshops. Statt einem zugrunde liegenden, singulären Konzept gibt es die Möglichkeit, die Arbeitsmethoden in den einzelnen Phasen eines Ideation Events auf die unternehmensindividuellen Anforderungen und Randbedingungen anzupassen. Daraus resultiert eine hohe Flexibilität hinsichtlich der Wahl der Arbeitsmethoden,

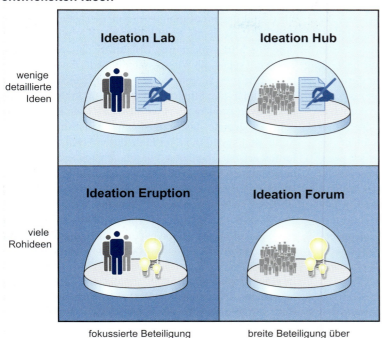

BILD 3.17
Systematik der Ideation-Konzepte

was als große Stärke der Ideation Toolbox angesehen wird. Einen Nachteil stellt dagegen der vergleichsweise hohe Vorbereitungsaufwand der Ideation Events dar.

3.2 Wissens- und Ideenmanagement

Innovationen basieren auf Problemlösungsideen, die wiederum zu hohem Maße auf Wissen beruhen. Zwischen Innovationen und Wissen besteht somit ein unmittelbarer Ursache-Wirkungszusammenhang: Zum einen sind Innovationen die Folge von Wissen, wenn neue Erkenntnisse in konkrete Marktleistungen umgesetzt werden. Zum anderen werden mit jeder Innovation neue Erkenntnisse gewonnen, die zu einem Wissenszuwachs im Unternehmen führen [Pas01]. Mirow drückt diesen Zusammenhang wie folgt aus: *„Innovation ist die Umwandlung von Wissen in Geld, Forschung ist die Umwandlung von Geld in Wissen"* [Mir98]. Für ein erfolgreiches Innovationsmanagement ist es daher von hoher Bedeutung, innovationsrelevantes Wissen im Unternehmen bestmöglich zu bewahren, zu verteilen und zu nutzen. Vor diesem Hintergrund erläutern wir nachfolgend zunächst die wesentlichen Grundlagen des Wissensmanagements.

Ein funktionierendes Wissensmanagement allein reicht jedoch nicht aus. Es stellt im Kontext des Innovationsmanagements einen wirkungsvollen Hebel dar, um die Kreativität und Ideenfindung im Unternehmen zu verbessern und damit die Anzahl und Güte der Innovationsideen zu erhöhen. Selbstredend ist es jedoch ebenso wichtig, eine systematische Bewertung und Auswahl dieser Ideen vorzunehmen, um sich frühzeitig auf die Erfolg versprechendsten Ideen zu konzentrieren und diese in Innovationen zu überführen. Ergänzend zum Wissensmanagement braucht es daher auch ein Ideenmanagement, das eine leistungsfähige Systematik für den Umgang mit Innovationsideen bereitstellt. Auf das Thema Ideenmanagement gehen wir im Nachgang ein. In diesem Kontext stellen wir auch Innovationsplattformen als zentrales Werkzeug zur Unterstützung des Ideen- bzw. Innovationsmanagements vor (vgl. Kapitel 1.2.5).

3.2.1 Grundlagen des Wissensmanagements

Das Wissen einer Organisation und seiner Mitarbeiter hat maßgeblichen Einfluss auf deren Innovationsfähigkeit. Grundsätzlich gilt: Je größer und umfassender das Wissen im Unternehmen auf allen Ebenen ausgeprägt ist (vgl. Bild 3.2), desto höher ist die Wahrscheinlichkeit für Ideen und damit für Innovationen. Die wesentliche Herausforderung besteht nun darin, dass sich das Wissen in der Regel auf einzelne Mitarbeiter, Teams, Abteilungen oder Standorte konzentriert. Vermutlich hat jeder in seinem Arbeitsalltag schon einmal den Ausspruch *„Wenn wir wüssten, was wir wissen"* gehört oder getätigt. Die wesentliche Aufgabe des Wissensmanagements ist es, diesen Zustand bestmöglich aufzulösen und individuelles Wissen in kollektives Wissen bzw. organisationales Wissen zu überführen. Die Bedeutung der Wissensteilung wird besonders deutlich mit dem berühmten Zitat von Marie von Ebner-Eschenbach: *„Wissen ist das einzige Gut, das sich vermehrt, wenn man es teilt."*

Eine einheitliche Definition des Begriffs Wissensmanagement existiert weder in der Literatur noch in der Praxis. Wir folgen Abts und Mülder, die Wissensmanagement als *„den gesamten Prozess zur systematischen Gewinnung, Strukturierung, Darstellung, Verteilung, Suche und Speicherung von Wissen"* definieren [AM17]. Besondere Bedeutung im Wissensmanagement haben die Modelle von Nonaka und Takeuchi sowie Probst et al. erfahren, auf die wir nachfolgend eingehen. Sie beschreiben zum einen den Wissensentstehungsprozess in Organisationen, zum anderen die Aufgabengebiete des Wissensmanagements.

Wissensentstehungsprozess in Organisationen

Die Gestaltung innovationsfördernder Umgebungen erfordert ein Verständnis für die Prozesse der Wissensschaffung durch Individuen und Organisationen. Nonaka und Takeuchi sehen die Wissensschaffung als einen spiralförmigen Prozess, in dem explizites und implizites Wissen miteinander kombiniert und zwischen Individuen und Kollektiven transformiert wird [NT12]. Dem liegt die Annahme zugrunde, dass implizites Wissen rein subjektiver Natur ist. Es wird in erster Linie durch Erfahrung und Intuition erlangt. Implizites Wissen ist offensichtlich personengebunden und beeinflusst das handelnde Individuum kontextspezifisch. Die Vermittlung von implizitem Wissen ist daher nicht ganz einfach. Explizites Wissen ist hingegen objektiv, es liegt z. B. in Form von Dokumenten vor. Da es wohlstrukturiert ist und personenungebunden vorliegt, kann es vergleichsweise leicht vermittelt werden.

In einer Organisation findet ständig ein Austausch von implizitem und explizitem Wissen zwischen Individuen statt. Durch dieses Wechselspiel entsteht neues Wissen. Eine lernende Organisation beherrscht daher die möglichen Transformationen zwischen implizitem und explizitem Wissen (Bild 3.18):

- **Sozialisation:** Austausch von implizitem Wissen zwischen zwei Individuen (z. B. im persönlichen Gespräch oder durch Beobachtung und Imitation).
- **Externalisierung:** Erzeugung von explizitem Wissen aus implizitem Wissen (z. B. in Form von Konzepten, Modellen, Spezifikationen etc.).

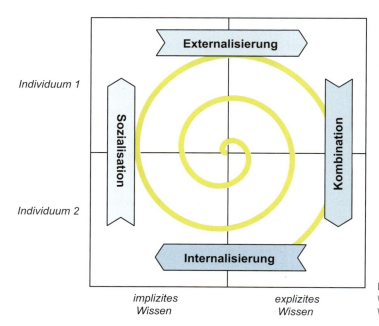

BILD 3.18
Wechselwirkung zwischen implizitem und explizitem Wissen in einer lernenden Organisation [NT12]

- **Kombination:** Zusammenfügen von bekanntem explizitem Wissen, um neues Wissen zu generieren (z. B. Vergleich von Simulation und Experiment).
- **Internalisierung:** Lernprozess, in dem explizites Wissen durch Individuen verinnerlicht wird (z. B. „Learning by Doing" oder lesen).

Durch wiederholte Interaktionen zwischen den Individuen, auf Team- und Abteilungsebenen und zwischen dem Unternehmen und seinem Umfeld entsteht demnach ständig neues Wissen, das unter anderem in Innovationsprozessen eingesetzt werden kann. Prinzipiell wächst das Wissen der Organisation mit jeder weiteren Übertragung von Individuen zur Gruppe und damit zu weiteren Individuen (interaktiver Lernprozess). NONAKA und TAKEUCHI nennen fünf Voraussetzungen, die den Rahmen für diese Wissensspirale bilden:

- **Intention:** intrinsische Motivation, Ziele zu erreichen,
- **Autonomie:** Freiraum und Selbstorganisation der Individuen,
- **Fluktuation und kreatives Chaos:** Überwindung von schablonenhaftem Denken,
- **Redundanz:** Streuung des Wissens auf mehrere Wissensträger sowie
- **interne Vielfalt:** Multiplikation von Fähigkeiten, zum Beispiel durch Jobrotation.

Der idealtypische Verlauf des **organisatorischen Lernens** kann am Beispiel der Produktentstehung in fünf Phasen unterteilt werden (Bild 3.19).

In der ersten Phase tauschen Individuen innerhalb von interdisziplinär besetzten Projektteams Erfahrungen aus und wenden Kreativitätstechniken an, um zum Beispiel Produktverbesserungen zu ermitteln und zu erörtern. Diese Interaktion ähnelt der Sozialisation. Das (neue) implizite Wissen gilt es in der zweiten Phase zu externalisieren, indem beispielsweise neue Prinziplösungen spezifiziert werden. In der dritten Phase gilt es zu überprüfen, welche Konzepte den allgemeinen übergeordneten Unternehmenszielen (z. B. Kosten, Gewinn, Image, Ästhetik etc.) entsprechen, um sie weiterzuverfolgen. Erfolg versprechende Konzepte werden anschließend z. B. in Form von virtuellen oder realen Prototypen gestaltet und anhand von Zielvorgaben validiert (Kombination). In der fünften und letzten Phase wird das erworbene Wissen (z. B. Lessons Learned) auf andere Teams oder Abteilungen übertragen (Internalisierung). Das entstandene Produkt führt auch bei den Kunden durch die Anwendung zu marktsei-

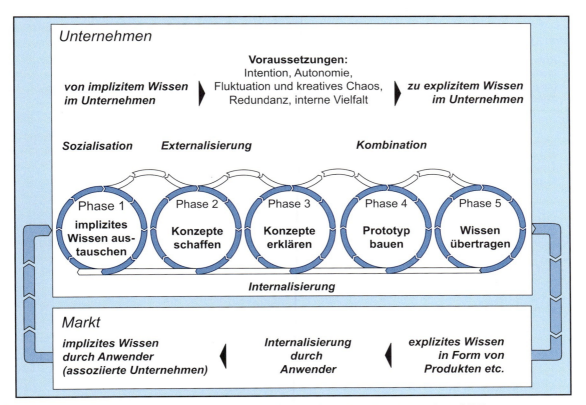

BILD 3.19 Prozess der Wissensschaffung nach NONAKA und TAKEUCHI am Beispiel der Produktentstehung [NT12]

tig neuem implizitem Wissen, das ebenfalls in weiteren Entwicklungen Berücksichtigung finden kann (z. B. Lead Customer Workshop).

Aufgabengebiete des Wissensmanagements

Die grundlegenden Arbeiten von PROBST ET AL. liefern einen systematischen Überblick über das umfangreiche Gebiet des Wissensmanagements [PRR12]. Die Autoren verstehen Wissensmanagement als einen strategischen Ansatz, in dem Ziele an ein bestimmtes Wissensniveau vorgegeben werden und deren Erreichung überprüft wird. Zur operativen Umsetzung der Ziele differenzieren die Autoren sechs Aufgabengebiete. Das Vorgehen auf operativer Ebene ist keine stringente Abfolge. Vielmehr ist in der Praxis eine Vernetzung der Aufgabengebiete typisch und notwendig (Bild 3.20).

- **Wissensziele:** Wissen muss frühzeitig identifiziert und vorausschauend aufgebaut werden. Die Beschreibung der Wissensziele gehört daher zur strategischen Ausrichtung eines Unternehmens. Die Definition der Wissensziele umfasst dabei die normative (Unternehmenskultur betreffend), strategische (langfristige Maßnahmen zur Zielverfolgung) und operative (tägliches Handeln) Zielebene.

- **Wissensidentifikation:** Hier geht es um das frühzeitige Erkennen des potentiell relevanten Wissens. Dies beruht selbstredend auf Daten und Informationen und kann auch zur Identifikation der Kompetenzen von morgen führen. Die Quellen können interner und externer Natur sein. Es existiert ein breites Spektrum an Hilfsmitteln: Datenbanken, Internet, Fachzeitschriften, Bibliometrie/Wissenslandkarten etc.

- **Wissenserwerb:** Der Erwerb neuen Wissens ist essentiell, da der Nutzen von Wissen vergänglich ist. Der Wissenserwerb von außen erfolgt durch Kommunikation mit Kunden und Zulieferern, durch Lesen von Publikationen, durch Einstellung von Spezialisten, durch Akquisitionen bzw. Kooperationen mit anderen Unternehmen etc.

- **Wissensentwicklung:** Wissensentwicklung fokussiert im Gegensatz zum Wissenserwerb interne Prozesse zur Wissensaktualisierung und -vermehrung, um neue Fähigkeiten, innovative Produkte und leistungsfähige Prozesse zu entwickeln. Lernprozesse auf individueller Ebene lassen sich dabei nur bedingt steuern. Vielmehr dient das eingesetzte Instrumentarium zur kollektiven Wissensentwicklung (QFD, FMEA, Simulationen, kontinuierlicher Verbesserungsprozess, Lessons Learned, Think-Tanks etc.) sowie der Schaffung einer innovationsfördernden Unternehmenskultur. Wissenserwerb

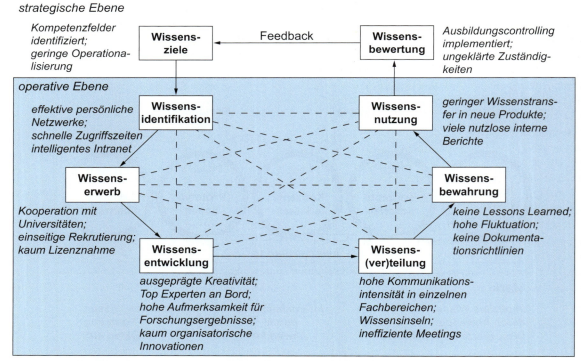

BILD 3.20 Aufgabengebiete des Wissensmanagements nach PROBST ET AL., ergänzt um ein Beispiel der Ist-Situation eines Unternehmens mit Stärken und Schwächen [Leh00]

und -entwicklung bauen damit zielgerichtet die Wissensbasis eines Unternehmens auf.
- **Wissens(ver)teilung:** Hier geht es um die kontextspezifische Wissensversorgung der Mitarbeiter, damit diese das Wissen nutzbringend anwenden können. Dazu tragen zum einen die Prozesse der Wissensverteilung/-bereitstellung und zum anderen die Systeme bei, die die Verteilung respektive den Zugriff darauf ermöglichen. Vor dem Hintergrund steigender Teamarbeit, verstärkter kooperativer Organisationsgestaltung und räumlicher Trennung gewinnt die Wissensverteilung an Bedeutung. Besonders Kommunikationstechnologien wie Groupware oder das Intranet eines Unternehmens spielen aus technischer Perspektive dabei eine wichtige Rolle.
- **Wissensnutzung:** Zur Wissensnutzung zählen Maßnahmen, die die Mitarbeiter animieren sollen, das zur Verfügung gestellte Wissen auch anzuwenden und weiterzugeben. Dem stehen in der Praxis oft Barrieren wie Angst vor Schwächung der eigenen Position, Einfluss von Machtstrukturen, gedankliche Trägheit oder Zeitdruck gegenüber.
- **Wissensbewahrung:** Die Wissensbasis eines Unternehmens stellt die Grundlage für den Lernprozess einer Organisation dar. Die Pflege der Wissensbasis ist Aufgabe der Wissensbewahrung. Es geht darum, das unternehmensweite Wissen inhaltlich aufbereitet und strukturiert zu speichern sowie aktuell zu halten. Dies betrifft sowohl elektronische, individuelle wie kollektive Wissensspeicher. Je Wissensträger gibt es viele Instrumente zur Wissensbewahrung. Ein Beispiel technischer Art ist ein Content Management System. Ein internes Weiterbildungsprogramm wäre ein organisatorisches Instrument. Wissensbewahrung muss zudem die Wissensbasis transparent halten und ständig von unnützem Ballast bereinigen.
- **Wissensbewertung:** Das letzte Aufgabengebiet widmet sich der Bewertung von Wissen. Die auf der strategischen Ebene festgelegten Ziele sind hinsichtlich ihrer Erfüllung in regelmäßigen Abständen zu überprüfen. Hierzu sind geeignete Methoden zur Fortschrittsmessung des „Wissensstandes" der Organisation einzusetzen. Die Bewertung kann beispielsweise mit Hilfe des Balanced Scorecard-Konzeptes umgesetzt werden [KN97]. Mit Bezug auf den Ist-Zustand ist ein Feedback bezüglich der Zieldefinition möglich und es entsteht ein Kreislauf des effizienten Wissensmanagements.

3.2.2 Systematisches Ideenmanagement

Systematisches Ideenmanagement liefert einen wesentlichen Beitrag zur Steigerung der Innovationsleistung eines Unternehmens. Es ist Teil des Innovationsmanagements und im vorderen Teil des Innovationsprozesses, dem sogenannten Front End, verortet (vgl. Bild 1.44). Im Front End werden viele Produktideen, Dienstleistungsideen, Geschäftsmodellideen etc. generiert; wir sprechen hier auch von Ideation. Daher ist es notwendig, mit relativ wenig Aufwand diejenigen Ideen zu erkennen, die Erfolg versprechend sind und diese weiter zu konkretisieren, sei es, dass ein Geschäftsplan zu erarbeiten ist oder ein erstes Produkt- oder Dienstleistungskonzept zu erstellen ist. Schon weil die zunehmende Konkretisierung Zeit und Geld kostet, braucht es eine leistungsfähige Systematik, die es erlaubt, frühzeitig die „Spreu vom Weizen zu trennen."

Der Begriff des Ideenmanagements wird in der Praxis jedoch nicht immer einheitlich verwendet und häufig unterschiedlich weit ausgelegt. Während die einen Ideenmanagement im Sinne des Innovationsmanagements auf neuartige Produkt-, Dienstleistungs- und Geschäftsmodellideen beziehen, verstehen die anderen darunter einen parallelen Strang zum Innovationsmanagement, bei dem es vorrangig um Ideen zur Verbesserung der betrieblichen Abläufe geht. Wie oben erwähnt, folgen wir im vorliegenden Buch der ersten Sichtweise, weil wir uns vorwiegend mit innovativen Marktleistungen befassen. Bevor wir jedoch auf die Systematik des Ideenmanagements eingehen, stellen wir zunächst die historische Entwicklung des Ideenmanagements vor, da sich daran das unterschiedliche Begriffsverständnis festmachen lässt.

Vom betrieblichen Vorschlagswesen zum systematischen Ideenmanagement

Historisch gesehen hat das Ideenmanagement eine lange Tradition, wenngleich es im Laufe der Zeit immer wieder einen Namens- und Bedeutungswandel erfahren hat. Der Ursprung des Ideenmanagements liegt im **betrieblichen Vorschlagswesen (BVW)**, das in Deutschland erstmals 1872 vom Unternehmer ALFRED KRUPP eingeführt wurde. In §13 des sogenannten Generalregulativs – eine Beschreibung der Grundsätze der Geschäftsführung und Unternehmensorganisation der Firma Krupp – heißt es:

„Anregungen und Vorschläge zu Verbesserungen, auf solche abzielende Neuerungen, Erweiterungen, Vorstellungen über und Bedenken gegen die Zweckmäßigkeit getroffener Anordnungen sind aus allen Kreisen der Mitarbeiter dankbar entgegen zu nehmen und durch Vermittlung des nächsten Vor-

gesetzten an die Procura zu befördern, damit diese ihre Prüfung veranlasse." [Fri97]

Auch andere deutsche Unternehmer wie der Landmaschinenhersteller Heinrich Lanz, der Dampflokomotivenhersteller August Borsig oder der Farbenhersteller Friedrich Bayer führten Anfang des 20. Jahrhunderts ein betriebliches Vorschlagswesen ein. In den USA wurde erstmals 1898 ein betriebliches Vorschlagswesen von der Eastman Kodak Company entwickelt. Der erste Verbesserungsvorschlag enthielt die Anregung, die Fenster zu putzen, um die Lichtverhältnisse am Arbeitsplatz zu verbessern.

Im Zuge des zweiten Weltkriegs erfuhr das BVW in Deutschland einen regelrechten Boom. Um den Krieg zu gewinnen, sollte jede Möglichkeit zur Einsparung von Material, Arbeitskraft und Energie genutzt werden. Die Regelung des BVW oblag zu dieser Zeit der Deutschen Arbeitsfront (DAF). Sie ordnete 1941 an, dass jeder größere kriegswichtige Betrieb einen Beauftragten der DAF für das betriebliche Vorschlagswesen einzusetzen habe. Nach Kriegsende wurde das BVW sowohl in der DDR als auch in der BRD in adaptierter Form fortgeführt. In der DDR wurde 1953 die „Verordnung über das Erfindungs- und Vorschlagswesen in der volkseigenen Wirtschaft" eingeführt. Demnach waren alle verstaatlichten Volkseigenen Betriebe (VEB) dazu verpflichtet, ein sogenanntes Büro für Erfindungswesen (BfE) zu bilden. In der BRD war es den Unternehmen nach Kriegsende freigestellt, ein betriebliches Vorschlagswesen zu betreiben. 1972 fand das BVW hier Einzug in das Betriebsverfassungsgesetz, sodass dessen Grundsätze fortan der zwingenden Mitbestimmung des Betriebsrats unterlagen. Wenngleich die zunehmende Mitbestimmung eine positive Entwicklung war, führte dies in der Folge zu zahlreichen Rechtsstreitigkeiten, wodurch die ursprüngliche Funktion ein Stück weit verloren ging. Erst einige Jahre später bildet sich allmählich ein neues BVW im Sinne eines zielgerichteten Verbesserungsvorschlagswesens heraus [Kob14].

Zeitgleich entwickelten sich in den USA und Japan – teilweise durch wechselseitige Beeinflussung – ähnliche Ansätze, die darauf abzielten, die Wettbewerbsfähigkeit von Unternehmen durch Verbesserungen zu erhöhen. 1947 entwickelte Larry Miles bei General Electric die **Wertanalyse** mit dem Zweck, die Beschaffungsprozesse des Unternehmens zu optimieren. In Japan entstand in den 1950er bis 1980er Jahren das sogenannte **Kaizen**. Die japanische Industrie befand sich nach dem zweiten Weltkrieg in einer wirtschaftlich schwierigen Situation. Zum einen war sie gezwungen, mit knappen Ressourcen und finanziellen Mitteln auszukommen; zum anderen hatten die japanischen Produkte zu der Zeit ein relativ schlechtes Image und galten als qualitativ minderwertig. Die japanischen Unternehmen reagierten darauf mit einer umfassenden Qualitätsbewegung. Den Anstoß hierfür gaben die Ideen und Arbeiten des Amerikaners William Edwards Deming – einem der Pioniere des Qualitätsmanagements und Mitbegründer der statistischen Prozesslenkung [Dem82]. Er hielt während der amerikanischen Besatzungszeit zahlreiche Vorträge vor japanischen Unternehmensvertretern, in denen er seine Ansätze zur Qualitätsverbesserung vorstellte. Dazu zählt insbesondere die sogenannte **PDCA-Systematik**, die wir im Kasten erläutern. In der Folge griffen viele Unternehmen die Ideen auf und entwickelten sie weiter – allen voran Toyota: Da das Unternehmen aufgrund der wirtschaftlich schlechten Lage über keinerlei Ressourcen zur Neuanschaffung von Maschinen etc. verfügte, konzentrierte es sich auf die kontinuierliche Verbesserung der Produktion und auf die Vermeidung von Verschwendung jeglicher Art. Auf diese Weise entstand unter der Regie des Produktionsleiters Taiichi Ohno das berühmte Toyota-Produktionssystem (TPS). Masaaki Imai prägte schließlich mit seinem gleichnamigen Buch erstmals den Begriff Kaizen („kai" = „ändern", „zen" = „zum Besseren") und machte ihn sowie die damit einhergehenden Denkweisen und Prinzipien international publik [Ima86]. In den USA wurde Kaizen daraufhin auch als Continuous Improvement Process (CIP) bekannt, in Deutschland als **Kontinuierlicher Verbesserungsprozess (KVP)**. Besondere Aufmerksamkeit erfuhr der Ansatz durch das sogenannte International Motor Vehicle Program (IMVP) – eine Studie des MIT über die Produktionsprozesse in der Automobilindustrie, die zu der Erkenntnis kam, dass Toyota mit seiner „schlanken" und auf kontinuierlichen Verbesserungen beruhenden Produktion den europäischen und amerikanischen Automobilbauern überlegen sei [WJR91]. Heute bildet KVP u. a. die Grundlage von Qualitätsmanagementsystemen und ist eine Zertifizierungsvoraussetzung der Qualitätsnorm ISO 9001.

Der Begriff des Ideenmanagements wurde das erste Mal 1975 vom Österreicher Siegfried Spahl eingeführt [Spa75]. Er schlug vor, eine zentrale Einheit im Unternehmen zu schaffen, die sich mit allen Ideen befasst, ganz gleich, ob sie intuitiv entstanden sind oder systematisch erarbeitet wurden, von Einzelpersonen oder Gruppen entwickelt wurden, oder schutzfähig sind oder nicht. Diese Einheit sollte die Ideen der Mitarbeiter aber nicht nur passiv „einsammeln" und dann bearbeiten, sondern die Mitarbeiter aktiv zur Einreichung neuer Ideen motivieren, inklusive Schulung und Training in Kreativität und Ideenfindungsmethoden. Durch den Oberbegriff Ideenmanagement sollte die historisch entstandene Begriffs- und Methodenviel-

KONTINUIERLICHE VERBESSERUNG MIT DER PDCA-SYSTEMATIK

Die PDCA-Systematik beschreibt die Phasen im kontinuierlichen Verbesserungsprozess (KVP bzw. Kaizen). Sie wurde maßgeblich von dem amerikanischen Physiker und Statistiker William Edwards Deming entwickelt [Dem86], [Kir88]:

- **Plan:** Zunächst erfolgt eine fundierte Analyse der Ausgangssituation. Ausgehend davon werden Verbesserungspotentiale identifiziert, Ziele formuliert und Maßnahmen zur Erschließung der Potentiale bzw. Erreichung der Ziele geplant.
- **Do:** Die geplanten Maßnahmen werden pilothaft eingeführt. Dabei geht es weniger um die großflächige Umsetzung der Maßnahmen, sondern vielmehr um das Ausprobieren und Testen der Maßnahmen im Kleinen bzw. mit einfachen und schnell realisierbaren Mitteln.
- **Check**: Es wird überprüft, ob die Anwendung der Maßnahmen dazu geführt hat, dass die gewünschten Verbesserungen erzielt bzw. die formulierten Ziele erreicht wurden. Ist dies der Fall, werden sie für die Verstetigung freigegeben.
- **Act:** Die geprüften Maßnahmen werden flächendeckend umgesetzt, als neuer Standard definiert und regelmäßig auf Einhaltung überprüft.

Nach Abschluss der letzten Phase beginnt der Zyklus wieder von neuem – sei es, weil die eingangs festgelegten Maßnahmen nicht die gewünschte Wirkung erzielt haben oder der betrachtete Prozess in der nächsten Iteration weiter verbessert werden soll.

Literatur:
[Dem86] Deming, W. E.: Out of the Crisis. MIT Press, Cambridge, 1986
[Kir88] Kirstein, H.: Ständige Verbesserung als Schlüssel für Produktivität durch Qualität. QZ Zeitschrift für Industrielle Qualitätssicherung, 33. Jg., Nr. 12, 1988, S. 677–683

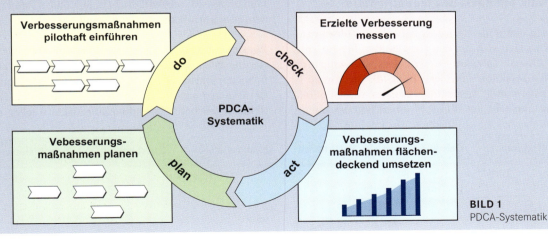

BILD 1 PDCA-Systematik

falt überwunden und eine Verwirrung der Mitarbeiter vermieden werden [Spa85].

Ab Mitte der 1990er Jahre wurde der Begriff Ideenmanagement (IM) jedoch zunächst als Synonym für das Betriebliche Vorschlagswesen verwendet und in der Folge zunehmend als integriertes System aus Betrieblichem Vorschlagswesen (BVW) und Kontinuierlichem Verbesserungsprozess (KVP) verstanden. Die einfache Formel IM = BVW + KVP bringt dieses Verständnis zum Ausdruck. Dabei geht es vorrangig um das Management von Ideen zur Verbesserung der betrieblichen Abläufe mit dem Ziel der Kostensenkung, Qualitätssteigerung, Effizienzsteigerung, Prozessverbesserung etc. Bis heute existiert diese Sichtweise noch in vielen Unternehmen und Fachbüchern, wenngleich sie nichts mit der ursprünglichen Vision von Spahl zu tun hat (Bild 3.21, rechts).

Uns geht es im vorliegenden Buch um die in Bild 3.21 links dargestellte Sichtweise. Wir verstehen darunter in erster Linie das Management von Ideen für neue Produkte, Dienstleistungen und Geschäftsmodelle mit dem Ziel der Umsatzsteigerung, Profitabilitätssteigerung, Differenzierung etc. Wir sehen das Ideenmanagement als integralen Bestandteil des Innovationsmanagements und verorten es im Front End des Innovationsprozesses. Im weiteren Verlauf präzisieren wir unsere Sicht der Dinge und stellen eine Systematik des Ideenmanagements vor, die diesem Verständnis folgt.

Ideenmanagement als integraler Bestandteil des Innovationsmanagements

Ideenmanagement als paralleler Strang zum Innovationsmanagement

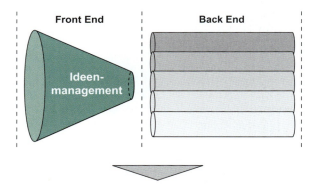

Ideen für neue Produkte, Dienstleistungen und Geschäftsmodelle mit dem Ziel der Umsatzsteigerung, Profitabilitätssteigerung, Differenzierung etc.

Ideen zur Verbesserung der betrieblichen Abläufe mit dem Ziel der Kostensenkung, Qualitätssteigerung, Effizienzsteigerung, Prozessverbesserung etc.

BILD 3.21 Zwei Sichtweisen des Ideenmanagements

Systematik auf Basis des Ideentrichters

Bei der von uns propagierten Systematik des Ideenmanagements handelt sich um den sogenannten Ideentrichter (Bild 3.22). Die Metapher des Trichters verdeutlicht die sukzessive Selektion von Ideen [DNL96]. Im Prinzip ist die Systematik eine Ausdetaillierung des vorderen Teils des Prozessmodells aus Bild 1.44 (Front End des Innovationsprozesses) und entspricht einem Stage-Gate-Prozess, der aus sechs übergeordneten Phasen besteht.

Phase Kreieren: Hier geht es in erster Linie um die Generierung möglichst vieler Ideen, um den Ideentrichter zu füllen (im Bild angedeutet durch die 100 Prozent). Zunächst ist der Suchraum einzugrenzen, d. h. es ist festzulegen, in welchen Geschäfts- bzw. Innovationsfeldern Ideen entwi-

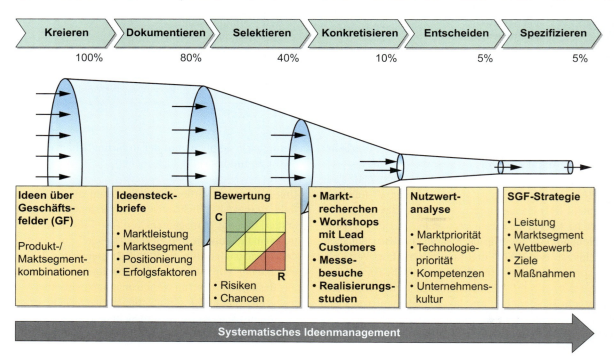

BILD 3.22 Systematik des Ideentrichters

ckelt werden sollen (vgl. Bild 1.29). Dies ist Aufgabe der Potentialfindung. Dafür bieten sich u. a. die Szenario-Technik und die Trendanalyse an (vgl. Kapitel 2). Im Anschluss erfolgt die Ideengenerierung in den Suchfeldern. Dies kann durch gezielte Innovationsworkshops oder die Durchführung von Innovationskampagnen unterstützt werden. Im Rahmen der Workshops empfiehlt es sich, auf Kreativitätstechniken zurückzugreifen, wie wir sie in Kapitel 3.1 vorgestellt haben. Der Teilnehmerkreis für die Ideenfindung muss sich dabei aber keinesfalls nur auf das eigene Unternehmen beschränken – ganz im Gegenteil: Häufig ist es ratsam, externe Stakeholder (Kunden, Nutzer, Zulieferer etc.) im Sinne von Open Innovation in die Ideenfindung miteinzubeziehen (vgl. 1.2.5.5). Das kann beispielsweise über Ideenwettbewerbe erfolgen (vgl. Bild 1.52), wie es die Firma Cisco gemacht hat. Dazu mehr im Kasten.

IDEENWETTBEWERB „I-PRIZE" DER FIRMA CISCO

Vor einigen Jahren schrieb das US-amerikanische Telekommunikationsunternehmen Cisco Systems den Ideenwettbewerb „I-Prize" aus [Jou09]. Cisco wollte mit Hilfe des Wettbewerbs Innovationen generieren, ohne selbst als Entwickler tätig zu werden. Ziel war eine Idee für das nächste Milliardengeschäft der Firma. Dafür musste die Idee konform zur Unternehmensstrategie sein und von der führenden Position von Cisco im Internetgeschäft Gebrauch machen. Die Laufzeit des Wettbewerbs wurde auf lediglich drei Monate begrenzt. Zur Teilnahme motivierte ein Preisgeld für die Gewinneridee von 250 000 US $ sowie eine langfristige Anstellung des Siegerteams im Unternehmen, mit der Zusage der Förderung der Idee über mehrere Millionen US $ in den darauffolgenden Jahren. Bild 1 stellt das Vorgehen im Ideenwettbewerb dar, welches im Folgenden näher erläutert wird.

1. Ideenwettbewerb initiieren
In einem ersten Schritt wurde das Online-Tool „Webstorm" der Firma Brightidea zur Eingabe und zum Austausch von Ideen innerhalb der Community aufgesetzt. Folgend wurden die rechtlichen Rahmenbedingungen in Bezug auf das geistige Eigentum geregelt. Dabei lag die Herausforderung im Finden der Balance zwischen juristischer Absicherung und Überforderung der Teilnehmer durch rechtliche Rahmenbedingungen. So musste beispielsweise jeder Teilnehmer für seine Urheberschaft bürgen und der Zugriff auf bereits bei Cisco diskutierte Ideen wurde lediglich einer Jury ausgewählter Personen genehmigt. Parallel wurde eine weltweite Marketingkampagne zur Bewerbung des Wettbewerbs gestartet.

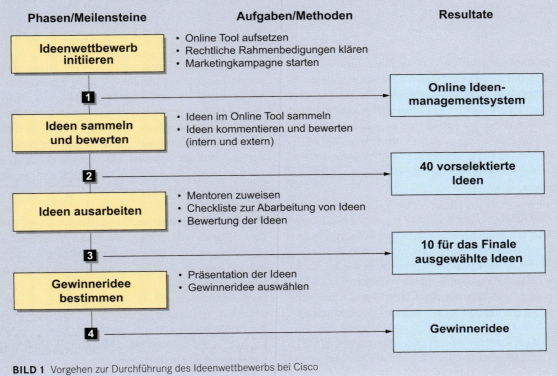

BILD 1 Vorgehen zur Durchführung des Ideenwettbewerbs bei Cisco

2. Ideen sammeln und bewerten

Der Ideenwettbewerb stieß auf breites Interesse: 2500 Teilnehmer aus über 100 Ländern gaben ca. 1200 Ideen in das Online-Tool ein. Diese wurden anschließend aus zwei verschiedenen Sichtweisen bewertet. Um die interne Sicht abzudecken, wurden alle Ideen zunächst durch eine sechsköpfige Cisco-Jury anhand der folgenden fünf Leitfragen bewertet:
- Spricht die Idee ein echtes Problem an?
- Wird sie in einem hinreichend großen Markt Anklang finden?
- Kommt sie zur richtigen Zeit?
- Wenn wir sie aufgreifen, können wir gut darin sein?
- Bietet sie langfristige Chancen oder wird sie so schnell zur Massenware, dass wir damit nicht profitabel bleiben können?

Die externe Sicht wurde durch die Teilnehmer des Wettbewerbs repräsentiert. Diese konnten über eine Bewertungsfunktion sowie in Form von Kommentaren ihre Meinung zu den entwickelten Ideen einbringen. Abschließend wurden die Ergebnisse verglichen und 40 Erfolg versprechende Ideen für das Halbfinale ausgewählt. Dabei stammten 70 % der besten Ideen von Teams aus Teilnehmern, die ähnliche Ideen hatten, sich über das Tool zusammenfanden und in Diskussion getreten waren.

3. Ideen ausarbeiten

Für das Ausarbeiten der Ideen wurden den Einzelteilnehmern und Teams Mentoren zugewiesen. Die Kommunikation erfolgte in von Cisco bereitgestellten virtuellen Räumen (WebEx). Zudem erhielten die Teilnehmer eine Checkliste zur Erstellung eines Businessplans. Die Vorstellung der weiterentwickelten Ideen erfolgte in Videokonferenzen. Eine Cisco-Jury wählte die zehn besten Ideen aus.

4. Gewinneridee bestimmen

Die Auswahl der Gewinneridee erfolgte durch eine Jury bestehend aus ranghohen Cisco Mitarbeiten, Managern aus den Bereichen, die die Ideen betrafen und dem Silicon Valley-Entrepreneur Geoffrey Moore. Die Gewinneridee stellte ein mit Sensoren versehenes, intelligentes Stromnetz dar – heute allseits bekannt als Smart Grid.

Resümierend betrachtet hat Cisco durch den Ideenwettbewerb eine Vielzahl von Geschäftschancen identifizieren können. Gleichzeitig hat das Unternehmen erfahren, wie Menschen auf der ganzen Welt über Cisco denken. Als Nachteil ist die eingangs deutlich unterschätzte Komplexität und der damit einhergehende hohe Arbeitsaufwand zu benennen.

Literatur:
[Jou09] Jouret, G.: Wie Cisco die Weisheit der Vielen nutzt. Harvard Business Manager, 11/2009

Phase Dokumentieren: Die zweite Phase enthält die Beschreibung der generierten Geschäftsideen in einem Ideensteckbrief (Bild 3.23), um das gleiche Verständnis aller am Prozess Beteiligten für die Ideen sicherzustellen und die Idee strukturiert zu erfassen und zu dokumentieren. Wichtige Beschreibungsmerkmale sind u. a. Marktleistung, Kundenproblem, Kundensegment, Vor- und Nachteile sowie eine erste Einschätzung der Idee aus Sicht des Ideengebers.

Phase Selektieren: Hier erfolgt eine – wenn auch grobe Bewertung der Ideen nach Chancen und Risiken. Unserer Erfahrung nach reduziert das die Anzahl der verfolgenswerten Ideen erheblich. Bei der Bewertung werden zu jeder Geschäftsidee die bedeutendsten Chancen und Risiken benannt und dokumentiert. Die Ideen, die große Chancen bei geringen Risiken erwarten lassen, weisen die höchste Attraktivität für die Weiterverfolgung auf. Wie viele Ideen im weiteren Prozess detailliert werden, hängt von den verfügbaren Ressourcen und der Risikoneigung des jeweiligen Unternehmens ab.

Phase Konkretisieren: In der vierten Phase werden die ausgewählten Ideen detailliert. Dazu eignen sich Marktrecherchen, Workshops mit Lead Customers, Messebesuche, Realisierungsstudien etc. Dabei ist es wichtig, dass nur noch eine begrenzte Auswahl an Erfolg versprechenden Ideen betrachtet wird, da der Aufwand durch die genannten Maßnahmen stark ansteigt. Die durch diese Maßnahmen gewonnen Erkenntnisse führen zu einer weiteren Reduktion der verfolgswerten Ideen.

Phase Entscheiden: Sie dient der abschließenden Bewertung der konkretisierten Ideen. An dieser Stelle bietet sich eine Nutzwertanalyse mit wirtschaftlichen und technischen Kriterien an. Wir haben gute Erfahrungen mit den folgenden Kriterien gemacht: Marktpriorität, Technologiepriorität, Konformität zu den Kompetenzen des Unternehmens sowie Konformität zur Unternehmenskultur. Die Ermittlung der Markt- und Technologiepriorät ist in Kapitel 3.3.2.4 beschrieben, zur Bestimmung der übrigen Kriterien sei auf [GP14] verwiesen.

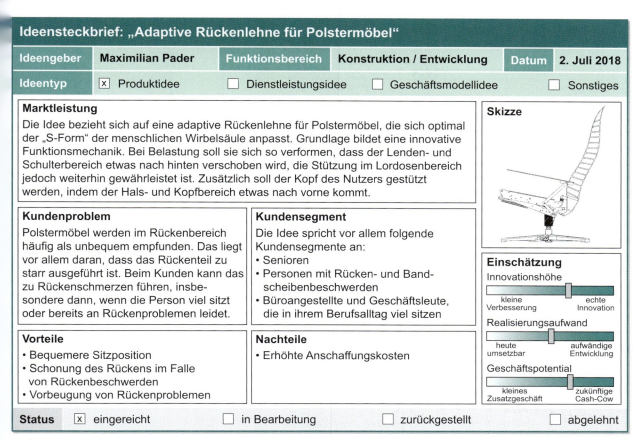

BILD 3.23 Exemplarischer Aufbau eines Ideensteckbriefs am Beispiel Funktionsmöbel

Phase Spezifizieren: Dafür haben wir einen Geschäftsfeldsteckbrief entwickelt. In diesem werden die relevanten Informationen zu Marktleistung, Markt, Wettbewerb, Kompetenzen, wirtschaftlichen Zielen und notwendigen Maßnahmen dokumentiert (Bild 3.24 und Bild 3.25). Diese Steckbriefe sind die Basis für die Investitions- und Wirtschaftlichkeitsrechnung, deren wichtigste Informationen wie Kapitalwert, Amortisationsdauer und Planungsannahmen in einer Business Case Summary zusammengefasst werden. Das Ergebnis sind entscheidungsreif dokumentierte neue Ideen mit Investitionskennziffern. Im Prinzip handelt es sich um prägnant und strukturiert dokumentierte Geschäftsfeldstrategien, die die in der Geschäftsplanung ermittelten Informationen (vgl. Kapitel 4) zusammenfassen.

Die Systematik erlaubt es, die Erfolg versprechendsten Ideen zu identifizieren und sich auf diese Ideen zu konzentrieren. Das ist angesichts der begrenzten Ressourcen eines Unternehmens in der Regel unerlässlich. Dennoch sind Unternehmen gut beraten, zurückgestellte Ideen nicht in Vergessenheit geraten zu lassen. Der Wert zunächst nicht weiterverfolgter Ideen wird oftmals unterschätzt. In vielen Fällen stellen gerade diese Ideen ein beachtliches Kapital dar, insbesondere wenn sie durch geänderte Rahmenbedingungen neuen Schub erhalten. Meistens werden die Ideen dann allerdings nicht wieder in den Innovationsprozess eingespeist, obwohl sie an Attraktivität gewonnen haben. Als Folge entgehen dem Unternehmen Chancen, die für die Zukunft des Geschäfts von hoher Bedeutung sein können. Zur Begegnung dieser Problematik sollte ein Ideenmanagement daher auch eine Lösung für einen systematischen **Umgang mit zurückgestellten Ideen** enthalten, was u. a. folgende Funktionen umfasst:

- Beschreibung, Klassifizierung und Ablage von Ideen,
- Beschreibung von Ablehnungsgründen der Ideen,
- Überwachung der Rahmenbedingungen (Prämissen) und Meldung von Änderungen der Rahmenbedingungen, die zur Ablehnung geführt haben, sowie darauf aufbauend die automatische Wiedervorlage der Ideen.

3 Produktfindung – Ideen finden und konkretisieren

Spezifikationen eines strategischen Geschäfsfelds (SGF) — Seite 1(4)

Bearbeiter:
GB: | Nr.: | Stand:

Marktleistung

Beschreibung der Marktleistung
Produktgeschäft/Systemgeschäft, Stellung in der Branchenwertschöpfungskette, Alleinstellungsmerkmale

Technologie der Marktleistung
Charakterisierung der Technologie, die Basis der Marktleistung ist

Technisches Produktkonzept
Produktstruktur, wesentliche Kostruktionsmerkmale, Hinweise auf mögliche Variantenbildung, wesentliche Leistungsdaten (Spezifikation)

Beschreibung der Leistungserstellung
Wie soll das Produkt bzw. die Dienstleistung erstellt werden? Fertigungstiefe, Zusammenarbeit mit Partnern etc.

Markt

Typische Kunden
Beschreibung der Zielgruppe, Ansprechpartner (an wen wenden wie uns in erster Linie?)

Spezifikationen eines strategischen Geschäfsfelds (SGF) — Seite 2(4)

Kundenproblem
Mit welchen Herausforderungen ist der Kunde konfrontiert? Was hat er von unserer Leistung?

Kaufeintscheidende Faktoren
Faktoren, die für den Kunden die Kaufentscheidung wesentlich beeinflussen (z.B. Bedienbarkeit, Design)

Marktvolumen
(erreichbar)

Marktwachstum
(Durchschnitt p.a. bis 2020)

Wettbewerb

Allg. Charakterisierung
Was kennzeichnet den Wettbewerb (Verdrängung etc.)? Gibt es Substitutionsgefahren?

Erfolgsfaktoren
Weitere erfolgs-/ kaufentscheidende Faktoren

Mitbewerber	Umsatz 2017 [Mio.€]		Erfolgsfaktoren					
	Gesamt	im GF	EF1	EF2	EF3	EF4	EF5	EF6
Eigene Firma	╳	╳						

BILD 3.24 Geschäftsfeldsteckbrief zur Spezifikation von Markleistungsideen (Seite 1 und 2 von 4)

Seite 3(4)

Spezifikationen eines strategischen Geschäftsfelds (SGF)

Strategische Stoßrichtung

Grundsätzliche Richtung des Vorgehens (Technologieführerschaft, Kooperation etc.)

Möglichkeiten

Kompetenzen

Hat das Unternehmen in den relevanten Handlungsbereichen die Fähigkeiten und die Ressourcen, das Geschäft erfolgreich zu führen? Wo gibt es Defizite?

	nicht vorhanden	teilweise vorhanden	voll vorhanden
Entwicklung	☐	☐	☐
Fertigung	☐	☐	☐
Beschaffung	☐	☐	☐
Distribution			
Vertrieb			
Defizite:			

Marktpositionierung

Marktzugang
Erreichbarkeit für Vertrieb, Kommunikation und Distribution

Preispolitik
Strategie und Modell zur Preisdefinition

Distributionspolitik
Vertriebsmodell(e)
Logistik

Kommunikationspolitik
Markenbildung und Planung der Kommunikation

Seite 4(4)

Spezifikationen eines strategischen Geschäftsfelds (SGF)

Ziele

Markteintritt [Monat/Jahr]	
Geschäftsjahr	1. GJ, 2. GJ, 3.GJ
Marktpreis [€/Stück]	
Umsatz [T€]	
Marktanteil [%]	
Investitionskennziffern	

Risiken

Kurze Beschreibung der Risiken
Zusammenfassende Bewertung

	sehr gering		mittel		sehr hoch
Insgesamt ist das Risiko	☐	☐	☐	☐	☐

Fazit

aufgeben	zurückstellen	weiterverfolgen	höchste Priorität
☐	☐	☐	☐

Maßnahmen

Nr.	Beschreibung	verantwortlich/Termin	Bemerkung/Status
1			
2			
3			
4			
5			
6			

BILD 3.25 Geschäftsfeldsteckbrief zur Spezifikation von Markleistungsideen (Seite 3 und 4 von 4)

Unternehmensindividuelle Gestaltung des Ideenmanagementprozesses

Das Prozessmodell des Ideentrichters (Bild 3.22) liefert eine prägnante Darstellung des Ideenmanagements. Wie bereits in Kapitel 1.2.5.1 erwähnt, sind solche generischen Makromodelle aber häufig noch zu abstrakt, um damit in der Praxis effizient arbeiten zu können. Die einzelnen Prozessschritte und Verantwortlichkeiten sowie die eingesetzten Methoden, Kriterien und IT-Systeme sind immer unternehmensindividuell festzulegen bzw. anzupassen. Zur Präzisierung des Ideenmanagementprozesses bietet sich auch hier die Modellierungssprache OMEGA an (vgl. Kasten „Konstrukte der Methode OMEGA" in Kapitel 1.2.5.1).

Bild 3.26 zeigt exemplarisch einen mit OMEGA modellierten Ideenmanagementprozess. Er folgt der Grundlogik des Ideentrichters, wurde jedoch auf die spezifischen Gegebenheiten eines Unternehmens zugeschnitten (Marktleistungen, Innovationsstrategie, Aufbauorganisation etc.). Zusätzlich wurde er mit agilen Elementen angereichert, um die Geschwindigkeit im Prozess zu erhöhen (vgl. Kapitel 1.2.5.2).

Die erste Phase ist die **„Ideengenerierung und -sammlung"**, was im Wesentlichen den Schritten „Kreieren" und „Dokumentieren" entspricht. Das Ideenmanagement wird durch Innovationsfelder vorgesteuert, die aus Szenarien und Trends abgeleitet und jährlich aktualisiert werden (vgl. Kasten „Ableitung von Suchfeldern für den Innovationsprozess" in Kapitel 2.2.5). Ausgehend von den Suchfeldern werden in regelmäßigen Abständen Innovationskampagnen und Kreativitätsworkshops durchgeführt. Darüber hinaus gibt es weitere Aktivitäten zur Ideenfindung, wie z. B. die Analyse von Kundenproblemen und -wünschen, die Analyse des Wettbewerbs sowie die Analyse von Kundenbeschwerden und Kundenanfragen. Selbstredend werden auch alle anderen Ideen, die „spontan" von den Mitarbeitern generiert werden, aufgenommen. Alle Ideen werden über eine unternehmensweite Innovationsplattform erfasst und vom Innovationsmanagement für das erste Entscheidungsgremium vorbereitet. Die eingereichten Ideen stellen den ersten Meilenstein dar.

In der Phase **„Ideengrobbewertung und -konkretisierung"** werden die neu eingereichten Ideen gesichtet und vom Entscheidungsgremium anhand eines definierten Kriteriensets bewertet. Es wird festgelegt, welche Ideen weiterverfolgt, zurückgestellt oder abgelehnt werden. Für die zurückgestellten Ideen wird ein Termin für die Wiedervorlage festgelegt, für die abgelehnten Ideen ein Ablehnungsgrund formuliert. Bei den weiterverfolgten Ideen wird zwischen Produkt-, Dienstleistungs- und Geschäftsmodellideen unterschieden. Die Ideen sind in der Folge nach den Vorgaben des Entscheidungsgremiums zu konkretisieren. Dies erfolgt in Form von Sprints, wobei das Team und die Sprintdauer ideenspezifisch festgelegt werden. Abschließend werden die konkretisierten Ideen wiederum vom Innovationsmanagement für das Entscheidungsgremium vorbereitet. Die Phase mündet in den Meilenstein „Konkretisierte Ideen" und entspricht im Großen und Ganzen den Schritten „Selektieren" und „Konkretisieren".

Im Rahmen der **„Ideenfeinbewertung und -spezifikation"** werden die konkretisierten Ideen erneut vom Entscheidungsgremium begutachtet. Auf Basis der fundierteren Informationslage wird wiederum eine Auswahl darüber getroffen, welche Ideen weiterverfolgt, zurückgestellt oder abgelehnt werden. Es schließt sich eine tiefergehende Spezifikation der Produkt-, Dienstleistungs- und Geschäftsmodellideen mit Hilfe des Geschäftsfeldsteckbriefes an (Bild 3.24 und Bild 3.25), wobei wieder in Sprints gearbeitet wird. Im letzten Schritt erfolgt die Vorbereitung der Ideen durch das Innovationsmanagement für die finale Ideenauswahl. Die Phase mündet in den Meilenstein „Spezifizierte Ideen" und kann weitestgehend analog zu den Schritten „Entscheiden" und „Spezifizieren" gesehen werden.

In der letzten Phase **„Ideenauswahl und Übergabe in die Umsetzung"** erfolgt die finale Auswahl der Ideen durch das Entscheidungsgremium. Für die umzusetzenden Ideen wird schließlich ein Exekutionskanal (Klassischer Entwicklungsprozess, M&A, Open Innovation etc.) festgelegt und ein Projekt definiert. Hierbei wird zwischen unterschiedlichen Projektgrößen (L, M und S) unterschieden, die jeweils eine unterschiedliche Art der Freigabe erfordern. Abschließend wird die Innovationsroadmap aktualisiert und die Projekte werden in das Back End, d. h. die zuvor festgelegten Exekutionskanäle übergeben. Die Phase endet mit dem Meilenstein „Umzusetzende Ideen".

Gemäß der Logik des Stage-Gate-Prozesses findet vor dem Eintritt in eine neue Phase jeweils eine Bewertung der Ideen statt. Im Prozessbeispiel wurden für jedes Gate gemäß Tabelle 3.6 Kriterien definiert.

TABELLE 3.6 Mögliche Kriterien zur Bewertung von Ideen in Abhängigkeit der Ideenanzahl und des zugrunde liegenden Konkretisierungsgrades

Ideensammlung	Ideengrobbewertung	Ideenfeinbewertung	Ideenauswahl
• Vollständigkeit der Beschreibung • Plausibilität der Beschreibung • Keine Dopplung zu anderen Ideen	• Kundennutzen • Nutzen für das Unternehmen • Alleinstellungsmerkmal ggü. dem Wettbewerb • Konformität zu Markt- und Technologietrends • Neuheitswert der Marktleistung • Überraschungseffekt am Markt • Konformität zur Innovationsstragie (Innovationsobjekt, Innovationsfelder etc.) • Patentsituation • Gesetzeslage • Eintrittsbarrieren	• Technische Machbarkeit • Umsatzpotential • Marktentwicklung • Potentielle Investitionskosten (Entwicklung, Produktion etc.) • Wettbewerbsintensität • Konformität zur Unternehmenskultur • Konformität zu den vorhandenen Kompetenzen • Zusätzlicher Benefit (Kosteneinsparungen, Qualitätsverbesserungen, Imagesteigerung etc.) • Synergiepotentiale (Produktprogramm, Vertriebskanäle, After Sales etc.) • Update der vorherigen Kriterien	• Erwarteter Umsatz • Erwartete Rendite • Erforderliches Projektbudget • Amortisation der Investition • Ausschluss von K.o.-Kriterien (Sicherheit, Patentsituation, Gesetze, Gesundheit, Umwelt etc.) • Update der vorherigen Kriterien

Anzahl der Ideen ◄──────────────► **Konkretisierungsgrad der Ideen**

3.2.3 Einsatz von Innovationsplattformen

Um die kreative Energie von Organisationen und externen Innovationspartnern zu nutzen, gleichzeitig aber die Komplexität von globalen Innovationsprozessen beherrschbar zu machen, werden IT-basierte Innovationsplattformen eingesetzt. Die Plattformen bilden kundenspezifische Stage-Gate-Prozesse in rollenbasierten Workflows ab, die in der Regel für global verteilte Nutzergruppen zugänglich sind. Angesichts des Hypes, den das Innovationsmanagement in den vergangenen Jahren erfahren hat, existiert derzeit eine Vielzahl an Plattformen mit unterschiedlichem Fokus. Trotz der heterogenen Anbieterlandschaft ist der funktionale Kern stets ein Stage-Gate- oder Entwicklungsworkflow. Auf der Suche nach Differenzierungsmöglichkeiten und Alleinstellungsmerkmalen prägen Anbieter Front und Back End bzw. Zusatzmodule wie Kollaboration oder Open Innovation jedoch unterschiedlich stark aus. Insgesamt lassen sich drei grundlegende Typen von Innovationsplattformen unterscheiden:

- **Front End-fokussierte Plattformen:** Diese bilden das Ideenmanagement im engeren Sinne ab (vgl. Bild 3.21). Der Fokus liegt hierbei auf dem Freisetzen der „kreativen Energie" der Organisation sowie weiteren Stakeholdern durch gezielte Inspirationen (z. B. mit Hilfe von Trends, Videos oder Zukunftsbildern) sowie Fokussierungs- und Steuerungsmechanismen (z. B. mit Hilfe von Kampagnen oder Suchfeldern). Front End-fokussierte Plattformen unterstützen vorderhand den Prozess von der Inspiration und Ideeneingabe bis zur Umsetzungsentscheidung. Die Realisierung von Ideen und das dazugehörige Projektmanagement erfolgen in der Regel außerhalb der Plattform. Charakteristisch für diese Kategorie von Plattformen ist ein innovatives Design und häufig eine Anlehnung an die Funktionsweise sozialer Netzwerke oder anderer Apps für mobile Endgeräte (z. B. Ideenbewertung per „Swipe" oder paarweisem Vergleich). In diesem Segment herrscht derzeit eine hohe Wettbewerbsintensität, da die Anbieter bei ähnlichem Leistungsangebot um Differenzierungsmerkmale ringen.
- **Hybride Plattformen:** Neben der typischen Front End-Funktionalität bieten Hybride Plattformen auch Basisfunktionen für Projektsteuerung, Reporting und Roadmapping an. Der Leistungsumfang verschiebt sich damit weiter in Richtung Ideenumsetzung. Wichtig ist hierbei, dass es sich dabei in der Regel um sogenannte Out of the Box-Funktionen handelt, d. h. Anbieter von Front End-fokussierten Plattformen sehen sich nicht

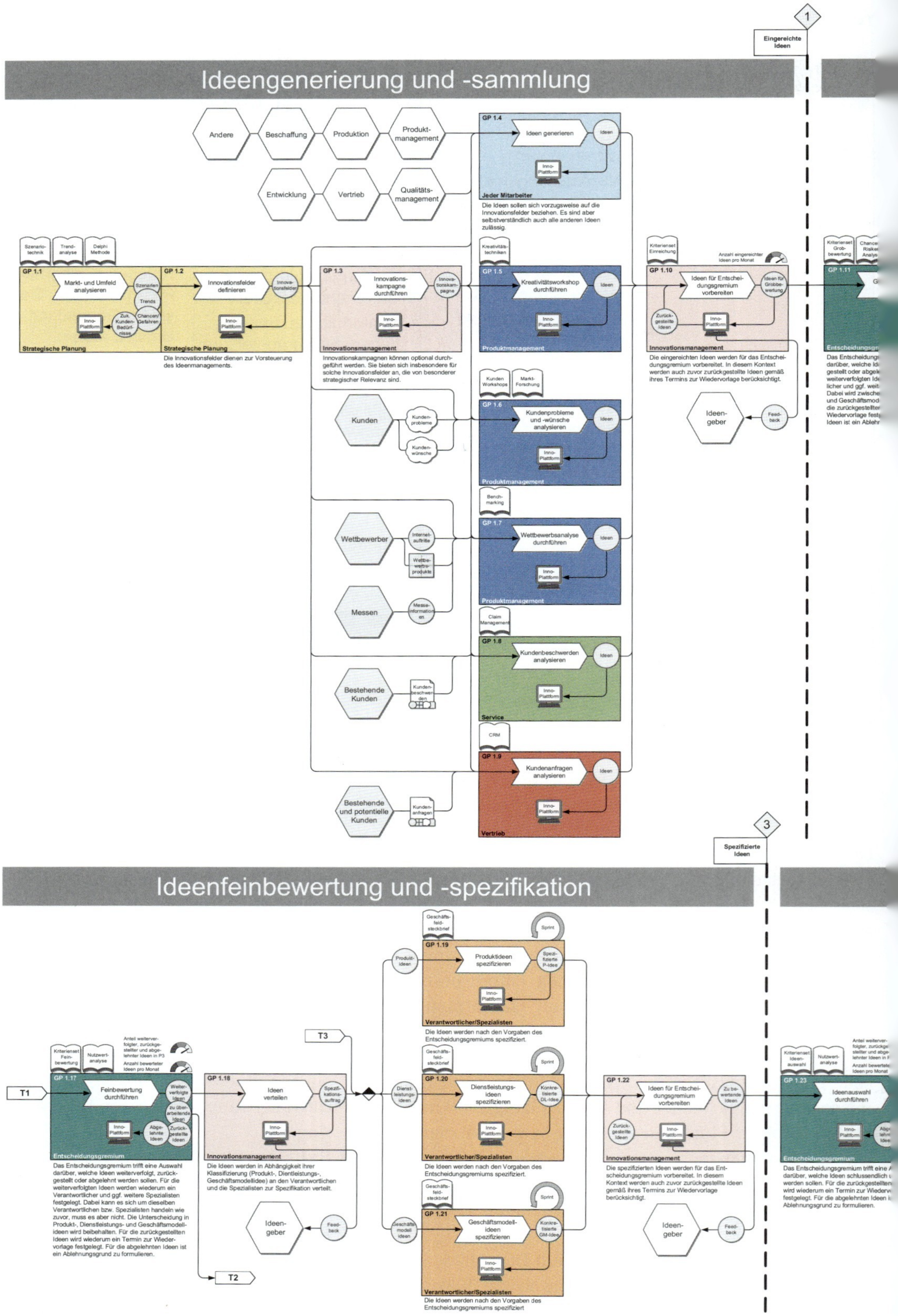

3 Produktfindung – Ideen finden und konkretisieren

BILD 3.26 Beispiel für die Modellierung eines Ideenmanagementprozesses mit Hilfe der Modellierungssprache OMEGA

3.2 Wissens- und Ideenmanagement

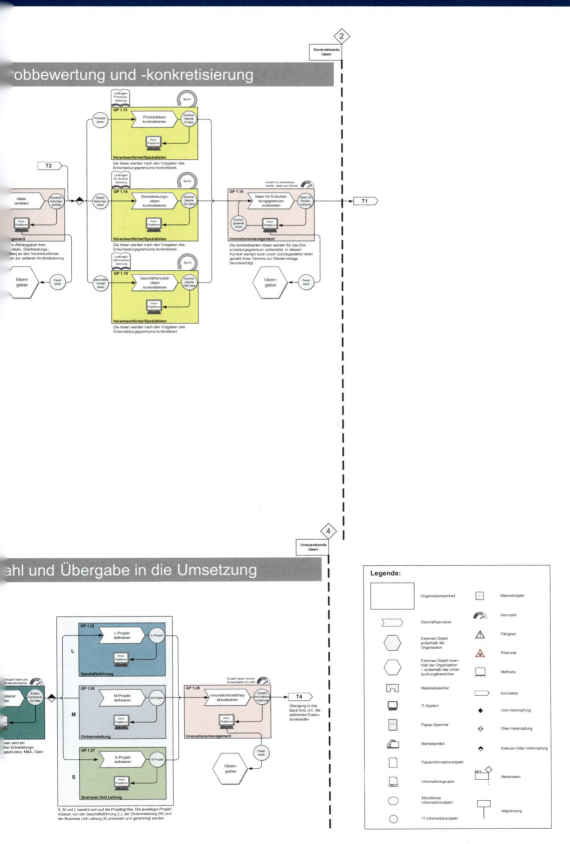

selten mit der Anforderung konfrontiert, das Projektmanagement „noch kurz anzuflanschen." Dies erhöht jedoch die Komplexität von Einführung und Wartung. Klare Empfehlung ist daher eine sogenannte Best of Breed-Strategie. Dabei werden die für die jeweiligen Einsatzzwecke am besten geeigneten Softwarelösungen ausgewählt und über Schnittstellen integriert, sodass eine durchgängige Systemlandschaft entsteht.

- **Back End-fokussierte Plattformen:** Hierbei handelt es sich um Plattformen mit Fokus auf das Projektportfoliomanagement, die durch ein Front End-Modul „nach vorne" prinzipiell erweiterbar sind. Derartige Softwarelösungen bieten die Möglichkeit für ein detailliertes Reporting sowie die Ressourcen- und Budgetsteuerung laufender Projekte. Um Kunden eine Lösung für den Prozess von der Idee bis zum Markt zu liefern, wird das Front End hier rudimentär abgebildet. Dabei existieren zwar ähnliche Funktionen wie bei Front End-fokussierten Plattformen; sie stehen aber in Puncto Nutzungsfreundlichkeit, Design und Intuitivität gegenüber diesen im Allgemeinen zurück.

Während die Unterscheidung der Innovationsplattformen in Hinblick auf die Breite des Funktionsumfangs relativ leicht fällt, ergibt sich bei der Tiefe der Module ein stark divergierendes Bild: Module für Kollaboration, Kommunikation, Systemintegration, Kreativitätstechniken oder Vorausschau sind unterschiedlich stark ausgeprägt und häufig das „Zünglein an der Waage" bei einer Systemauswahl. Im nachfolgenden Kasten geben wir einen Überblick über ausgewählte Anbieter von Innovationsplattformen und stellen eine Softwarelösung exemplarisch vor.

AUSGEWÄHLTE INNOVATIONSPLATTFORMEN IN DER ÜBERSICHT

Derzeit existieren ca. 80 Innovationsplattformen mit teils stark unterschiedlichem Funktionsumfang. Der Markt für derartige Softwarelösungen ist hochdynamisch und unterliegt einem ständigen Wandel; das betrifft sowohl die Anbieter als auch die Produkte: Einerseits treten immer wieder neue Anbieter in den Markt ein, bestehende Anbieter verschwinden oder es findet eine Konzentration statt (Übernahme bzw. Fusion von Anbietern). Andererseits werden die Softwarelösungen oftmals in sehr kurzen Zyklen mit neuen Funktionen bzw. Modulen ausgestattet. Tabelle 1 zeigt eine Übersicht über gängige Softwarelösungen am Markt. Im Folgenden stellen wir stellvertretend die Innovationsplattform HYPE vor.

HYPE ist eine Browser-basierte Plattform zur Generierung, Sammlung und Bewertung von Ideen sowie zur Verfolgung der Umsetzung von Ideen in Konzepten und Projekten. Die Ideengenerierung und -sammlung erfolgt u.a. durch Innovations-kampagnen. Um die Kreativität anzuregen, können Trends und Inspirationen in die Plattform eingestellt werden (Bild 1). Darüber hinaus gibt HYPE Innovationsmanagern Werkzeuge für die effektive Ansprache und Moderation einer großen „Community" von Ideengebern an die Hand. Den Ideengebern, die häufig Gelegenheitsnutzer der Software sind, werden intuitive Kollaborationsfunktionen zur Verfügung gestellt. Ein Beispiel hierfür ist der sogenannte „Hot-Status", den Ideen erreichen, die ein bestimmtes Niveau an Kommentaren, „Likes" und Sternchenbewertungen bekommen haben. Im Kontext der Ideenbewertung werden Features bereitgestellt, die es den Innovationsmanagern erlauben, eine große Anzahl an Ideen effizient zu clustern sowie Bewertungen von Führungskräften und Experten einzuholen. Es werden verschiedene Bewertungsmethoden unterstützt, z. B. flexibel definierbare Scorecards oder ein paarweiser Vergleich. Im Zuge der Umsetzungsverfolgung durchlaufen die Ideen und die aus ihnen resultierenden Konzepte und Projekte einen unternehmensspezifischen Stage-Gate-Prozess. Die sogenannte Innovationspipeline wird mit Hilfe von KPIs überwacht (Bild 2).

TABELLE 1 Übersicht über gängige Innovationsplattformen am Markt

Front End-fokussierte Plattformen	Hybride Plattformen	Back End-fokussierte Plattformen
• Nosco • Qmarkets • Spigit • Innosabi • …	• HYPE • ITONICS • …	• Planview • Sopheon • Planisware • Project.net • …

3.2 Wissens- und Ideenmanagement

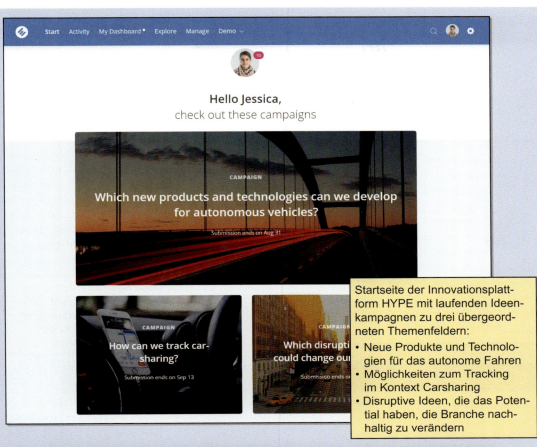

Startseite der Innovationsplattform HYPE mit laufenden Ideenkampagnen zu drei übergeordneten Themenfeldern:
- Neue Produkte und Technologien für das autonome Fahren
- Möglichkeiten zum Tracking im Kontext Carsharing
- Disruptive Ideen, die das Potential haben, die Branche nachhaltig zu verändern

Darstellung von Trends und Inspirationen, die auf der Plattform eingestellt wurden, wie gesteigerte Naturverbundenheit, Liebe zu klassischen Autos und zunehmende Wertschätzung von Gemeinschaftsgütern (Commons).

BILD 1 Darstellung von Funktionen der Innovationsplattform HYPE Enterprise (Screenshots Version 9.2) – Startseite sowie Darstellung von Trends und Inspirationen

3 Produktfindung – Ideen finden und konkretisieren

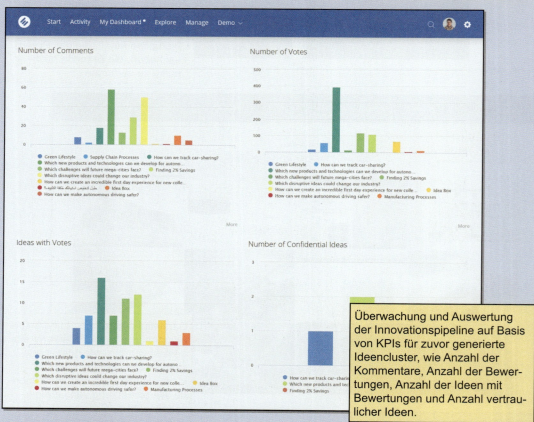

BILD 2 Darstellung von Funktionen der Innovationsplattform HYPE Enterprise (Screenshots Version 9.2) – Ideenbewertung und Überwachung der Innovationspipeline

Angesichts der Anbieter- und Funktionsvielfalt ist eine systematische Auswahl einer Innovationsplattform unerlässlich. Welche Innovationsplattform letztendlich am besten zu einem Unternehmen passt, hängt von vielen Faktoren ab, z. B. bestehende Prozesslandschaft, Innovationsstrategie, Innovationskultur, gewünschter Funktionsumfang etc. Herausragender Erfolgsfaktor bei der Auswahl und Einführung von Innovationsplattformen ist die Ausrichtung an den späteren Nutzern sowie deren Einbindung in die Gestaltung des Innovationsprozesses und in den Auswahlprozess der Plattform. Nicht selten kommt es vor, dass die Nutzung der Innovationsplattform im Unternehmen nach den ersten Innovationskampagnen „einschläft". Das liegt vorderhand daran, dass die Benutzungsfreundlichkeit der Plattform sowie die Erzeugung einer intrinsischen Motivation nicht ausreichend berücksichtigt wurden. Es gilt immer zu bedenken, dass jede Plattform nur so gut ist wie es gelingt, sie in der Organisation als willkommenes Instrument zu etablieren.

Bild 3.27 zeigt ein vierphasiges Vorgehen zur Auswahl von Innovationsplattformen, wie wir es häufig in unseren Beratungsprojekten einsetzen. Nachfolgend erläutern wir die einzelnen Phasen anhand eines realen Projektbeispiels. Da ein solches Vorgehen sehr umfangreich ist, beschränken wir uns an dieser Stelle auf die wesentlichen Eckpunkte.

1. Anbieter-Screening

In der ersten Phase wird zunächst ein Grobkonzept für die Innovationsplattform entwickelt. Es ist u. a. festzulegen, welchen Funktionsumfang die Plattform in etwa haben soll, welche Nutzergruppen sie im Unternehmen ansprechen soll und wie die Integration in die bestehende Prozesslandschaft erfolgt. Darüber hinaus sind erste Anforderungen an die Plattform zu definieren. An dieser Stelle bietet es sich an, Interviews mit den potentiellen Anwendern und weiteren Stakeholdern dem Innovationsumfeld zu führen. Dazu zählen beispielsweise Führungskräfte und Teams aus Entwicklung, Produktmanagement, Marketing, Vertrieb, IT etc. Auf Basis des Grobkonzepts wird eine Long List mit potentiellen Anbietern erstellt, die grundsätzlich in Frage kommen.

2. Grobselektion der Anbieter

Im Rahmen der zweiten Phase findet eine Grobselektion der Anbieter statt. Um der Ausrichtung der Plattformlösung an den Nutzern gerecht zu werden, werden konkrete Anwendungsszenarien (Use Cases) ermittelt, die den gewünschten Funktionsumfang der Innovationsplattform beschreiben. Bild 3.28 zeigt einen Ausschnitt der Anwendungsszenarien, wie sie im Rahmen des Projektbeispiels formuliert wurden. Neben diesen Kurzbeschreibungen

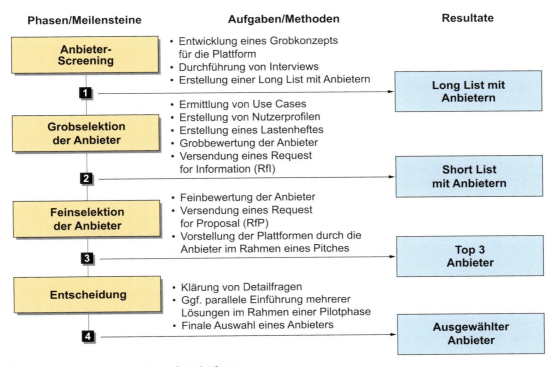

BILD 3.27 Vorgehen zur Auswahl von Innovationsplattformen

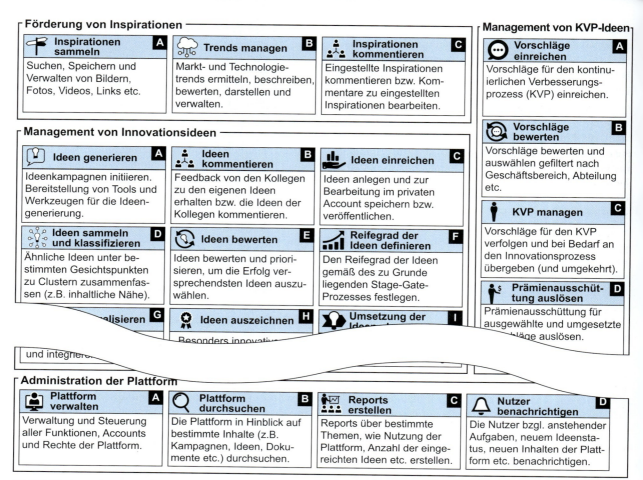

BILD 3.28 Anwendungsszenarien zur Beschreibung des Funktionsumfangs der Plattform

wurden die Anwendungsszenarien darüber hinaus in Steckbriefen detailliert ausgearbeitet.

In Folge der zuvor geführten Interviews bietet es sich darüber hinaus an, mit sogenannten Personas zu arbeiten. Diese fiktiven Nutzerprofile dienen dazu, die Anforderungen heterogener Zielgruppen greifbar zu machen und an den Systemanbieter sowie die internen Stakeholder zu kommunizieren. Bild 3.29 gibt eine Übersicht über ausgewählte Personas aus dem Projektbeispiel. Auf Basis der Anwendungsszenarien und Personas wird schließlich ein Lastenheft erstellt.

Ausgehend vom Lastenheft wird im nächsten Schritt eine Grobbewertung der Anbieter aus der Long List vorgenommen. Diese kann z. B. auf Basis von Demonstratoren und Screenshots der Anbieter, ersten Referenzgesprächen oder verfügbaren Studien und Reports (z. B. Gartner, Forrester etc.) erfolgen. Im Rahmen der Grobbewertung sollte insbesondere die Erfüllung der Anforderungen aus dem Lastenheft (soweit beurteilbar) sowie die Konformität zu den strategischen Zielen des Unternehmens berücksichtigt werden. Im Beispielprojekt wurde die Anbieterzahl auf diese Weise von 23 auf 10 Anbieter reduziert (Short List). An die ausgewählten Anbieter wird im Nachgang ein sogenannter „Request for Information (RfI)" gesendet. Dieser erhebt von den Anbietern standardisierte Informationen, z. B. Preismodell, Informationen zum Unternehmen, Referenzen, Screenshots etc.

3. Feinselektion der Anbieter

Auf Basis der von den Anbietern zur Verfügung gestellten Informationen wird eine Feinselektion mit Hilfe einer Nutzwertanalyse vorgenommen. Die Nutzwertanalyse zieht sowohl quantitative Kriterien (Anschaffungskosten der Software, Größe des Anbieters etc.) als auch qualitative Kriterien (Benutzungsfreundlichkeit der Software, Referenzen des Anbieters etc.) ins Kalkül. Auf diese Weise findet eine weitere Reduktion auf die Top 3 Anbieter statt. An

3.2 Wissens- und Ideenmanagement

Stefan Müller	**Daniel Schmidt**	**Andreas Meier**	**Claudia Wagner**
Produktmanager	**Entwickler**	**Vertrieb**	**Kundenservice**
„Ich bin ein Stratege"	„Ich bin ein Tüftler"	„Ich bin ein Netzwerker"	„Ich folge dem Prozess"

Motivation

Meine Motivation ist Erfolg. Die Bewältigung anspruchsvoller Herausforderungen treibt mich an. Ich arbeite lösungsorientiert und zielstrebig.

Motivation

Ich bin Entwickler aus Leidenschaft. Das Entwickeln neuer und Verbessern bestehender Produkte bereitet mir Spaß. Ich mag es, wenn meine Arbeit wertgeschätzt wird.

Motivation

Ich mag es, zu gewinnen und hasse es, zu verlieren. Ich erhalte gerne Anerkennung, wenn ich große Projekte gewinne. Ich kämpfe jedes Jahr für meinen Leistungsbonus.

Motivation

Die Zufriedenstellung unserer Kunden spornt micht an. Ich freue mich, wenn ich unseren Kunden bei der Lösung ihrer Probleme helfen kann. Ich arbeite gerne im Team.

Arbeitsumfeld

Ich arbeite mit Personen aus unterschiedlichen Zeitzonen zusammen und bin häufig auf Dienstreisen oder im Home Office. Ich habe viele Schnittstellen zu den anderen Personen.

Arbeitsumfeld

Ich arbeite überwiegend im Büro und Testlabor. Zu meinen Aufgaben zählen die Berechnung, das Design, das Testen und die Dokumentation von Produkten.

Arbeitsumfeld

Ich bin viel bei unseren Kunden vor Ort. Ich versuche, einen Tag pro Woche im Büro zu sein. Ansonsten ist mein Auto mein Büro bzw. das Flugzeug. Ich erledige im Prinzip alles über mein Smartphone.

Arbeitsumfeld

Ich arbeite durchgängig an meinem festen Arbeitsplatz. Meine Aufgabe ist es, den Kunden über unsere Servicehotline zu helfen. Definierte Prozesse schätze ich sehr.

Ziele
- Steigerung von Umsatz und Rentabilität
- Weiterentwicklung des Produktprogramms

Ziele
- Neue innovative Produkte
- Qualität und Langlebigkeit
- Neue Technologien

Ziele
- Absatz, Marktanteil und Umsatz
- Einführung neuer Produkte
- Business Development

Ziele
- Kundenzufriedenheit
- Hohe Anzahl geschlossener Tickets
- Hohe First-Time Fix Rate

Herausforderungen
- Interne Widerstände
- Kulturelle Hürden
- Abhängigkeit von anderen Abteilungen

Herausforderungen
- Zeit- und Budgetrestriktionen
- Unterstützung aus anderen Abteilungen

Herausforderungen
- Erfüllung der Kundenwünsche, wenn keine Standardlösung vorhanden ist
- Auftragsabwicklungsprozess

Herausforderungen
- Fehlende Teile und Maschinenausfälle
- Wenig Gestaltungsfreiheit und kein eigenes Budget

Berührungspunkte mit Ideen und Innovationen
- ● Produkt
- ● Service
- ● Geschäftsmodell
- ● Prozess
- ● Produktion

Berührungspunkte mit Ideen und Innovationen
- ● Produkt
- ◐ Service
- ◐ Geschäftsmodell
- ● Prozess
- ● Produktion

Berührungspunkte mit Ideen und Innovationen
- ● Produkt
- ◐ Service
- ● Geschäftsmodell
- ○ Prozess
- ○ Produktion

Berührungspunkte mit Ideen und Innovationen
- ● Produkt
- ● Service
- ○ Geschäftsmodell
- ○ Prozess
- ○ Produktion

IT am Arbeitsplatz
- ● Zugang zu einem PC
- ● Zugang zum Intranet
- ● Zugang zu E-Mail Account
- ● Nutzung des Internets
- ● Nutzung von Software
- ● Nutzung mobiler Apps

IT am Arbeitsplatz
- ◐ Zugang zu einem PC
- ◐ Zugang zum Intranet
- ◐ Zugang zu E-Mail Account
- ● Nutzung des Internets
- ● Nutzung von Software
- ● Nutzung mobiler Apps

IT am Arbeitsplatz
- ◐ Zugang zu einem PC
- ◐ Zugang zum Intranet
- ● Zugang zu E-Mail Account
- ● Nutzung des Internets
- ● Nutzung von Software
- ● Nutzung mobiler Apps

IT am Arbeitsplatz
- ● Zugang zu einem PC
- ● Zugang zum Intranet
- ● Zugang zu E-Mail Account
- ● Nutzung des Internets
- ◐ Nutzung von Software
- ● Nutzung mobiler Apps

BILD 3.29 Ermittlung von Anforderungen an die Innovationsplattform mit Hilfe von Personas

diese Anbieter wird im Nachgang ein sogenannter „Request for Proposal (RfP)" gesendet, d. h. eine Aufforderung zur Erstellung eines Angebots. Das Angebot sollte u. a. folgende Informationen umfassen: Abdeckung der Anforderungen im Lastenheft, Anschaffungspreis der Software inkl. Customizing und Projektmanagement, laufende Kosten des Softwaresystems, Kontakte für Referenzgespräche sowie Projektplan. Im Projektbeispiel hatten die Anbieter zusätzlich die Gelegenheit, im Rahmen von Telefongesprächen und einem halbtägigen Spezifikationsworkshop offene Fragen und spezifische Anforderungen zu klären. Im letzten Schritt werden die Anbieter zu einer Präsentation eingeladen, um ihre Angebote vorzustellen. In diesem Kontext empfiehlt es sich, zuvor sogenannte „User Stories" zu definieren, die die Anbieter in ihrem System umsetzen müssen. Auf diese Weise wird die Vergleichbarkeit von Anbietern sichergestellt.

4. Entscheidung

Hier werden noch ausstehende Detailfragen geklärt (z. B. Bereitstellung von Schnittstellen zur Integration weiterer Systeme), bevor die finale Entscheidung für einen Anbieter getroffen wird. Ggf. ist es auch sinnvoll, zunächst eine zeitlich begrenzte Pilotphase mit mehreren Anbietern durchzuführen. So wurde im Projektbeispiel eine einmonatige Testphase mit zwei Anbietern durchgeführt, in der erste Anforderungen implementiert und via Cloud bereitgestellt wurden. Erst danach wurde die endgültige Entscheidung getroffen.

3.3 Technology Push Innovation

Umfassendes Technologiewissen und die Fähigkeit, mit diesem Wissen Ideen zu kreieren und diese in erfolgreiche Marktleistungen umzusetzen, bilden eine wesentliche Grundlage für den unternehmerischen Erfolg von morgen. Dieser Managementansatz ist unter dem Begriff Technology Push bekannt geworden. Zunächst wird in Kapitel 3.3.1 die Technologiefrüherkennung beschrieben. Kapitel 3.3.2 hat die Bewertung von Technologien zum Gegenstand und Kapitel 3.3.3 die Technologieplanung auf der Basis von Technology Roadmaps. Den Schwerpunkt bildet die in Kapitel 3.3.4 vorgestellte neue Systematik zur Unterstützung des Technology Push Ansatzes.

3.3.1 Technologiefrüherkennung

Frühaufklärung ist für Unternehmen ein wichtiger Ansatz, um sich systematisch mit der Zukunft zu befassen und die Sensibilität der Führungskräfte gegenüber Veränderungen von Märkten und Geschäftsumfeldern zu erhöhen. Den Begriff Frühaufklärung kennen wir aus der Wettervorhersage, der Medizin oder dem Militär. Aber auch die Industrie befasst sich seit längerem mit dem frühzeitigen Erkennen von Veränderungen, die sich zunächst nur sehr schwach bemerkbar machen (Berichte in der Fachpresse oder dem Internet, neue Patente, Vorträge auf Fachtagungen usw.). Frühaufklärung fasst alle Tätigkeiten zusammen, die sich systematisch mit Fragen der Zukunft auseinandersetzen [ML03]. Im Folgenden wird erläutert, wie sich diese wichtige Managementaufgabe entwickelt hat. In der Literatur werden nach Bild 3.30 drei Entwicklungsstufen unterschieden [RW89], [KM93].

- **Frühwarnsysteme:** Als erste Entwicklungsstufe sind die Frühwarnsysteme zu nennen, die als eine spezielle Art von Informationssystem gelten. Der Benutzer soll lediglich durch eine *frühzeitige Ortung von Bedrohungen* „gewarnt" werden. Typische Systemkonzeptionen sind die hochrechnungsorientierten und indikatororientierten Ansätze, die einen Abgleich zwischen einem vorgegebenen Soll- und einem Ist-Stand liefern. Fällt ein Indikator (z. B. der Auftragseingang eines Unternehmens) unter eine festgelegte Toleranzgrenze, warnt das System seinen Benutzer vor einer entsprechenden Bedrohung.
- **Früherkennungssysteme:** Diese gehen über die reine Kontrolle im Sinne von Frühwarnung hinaus. Es wird darüber zudem versucht, *potentielle Chancen* aufzuspüren. Dazu werden Diskontinuitäten identifiziert, die sich durch schwache Signale ankündigen [Ans76].
- **Frühaufklärungssysteme:** Sie liefern nicht nur Informationen, sondern geben auch *Handlungshinweise* zur Nutzung von Chancen oder zur Abwehr von Gefahren. Frühaufklärung ist nicht ausschließlich eine Methodensammlung, sondern zielt auch auf die Sensibilisierung des Top-Managements gegenüber den schwachen Signalen ab [ML03].

Im Kontext der hier behandelten Produktfindung geht es primär um die Identifikation von technologischen Entwicklungen im Umfeld eines Unternehmens und somit um die Technologiefrüherkennung. Diese hat in technologieorientierten Unternehmen eine hohe Bedeutung [WSH+11]. Ein probates Mittel dazu ist das Technologie-Radar.

Ein **Technologie-Radar** ist zunächst in unterschiedliche, den Betrachtungsgegenstand umgebende Bereiche einzuteilen. Das im Bild 3.31 gezeigte Radar untergliedert sich beispielsweise in die Bereiche Produkttechnologie, Produktionstechnologie und Servicetechnologie. Jede Kugel im Radar repräsentiert eine Technologie. Der Kugeldurchmesser kann, je nach Anwendungsfall, für unterschiedliche Zwecke genutzt werden. Im Beispiel gilt: je größer der Durchmesser, desto größer ist das Disruptionspotential für das eigene Geschäft. Denkbar ist jedoch auch, dass damit z. B. der Entwicklungsaufwand zur Erschließung einer Technologie oder die Nähe zum Kerngeschäft visualisiert werden. Die Farbe einer Kugel spiegelt die Relevanz für das Unternehmen wieder – eine rote Kugel bedeutet beispielsweise, dass diese Technologie eine hohe Relevanz für das Unternehmen besitzt. Die dritte Dimension wird durch die Positionierung der Kugeln dokumentiert – je näher sich die Kugel am Zentrum des Radars befindet, desto höher ist die Eintrittswahrscheinlichkeit der Technologie im Umfeld des Unternehmens. Somit sind alle zentral gelegenen roten Technologien mit einem großen Durchmesse besonders zu berücksichtigen [GP14].

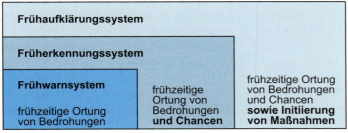

BILD 3.30 Entwicklungsstufen zum Frühaufklärungssystem [RW89]

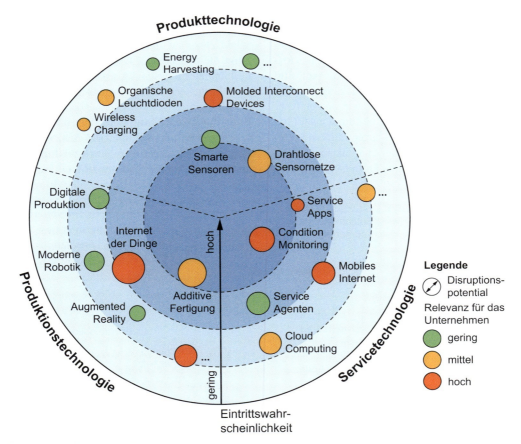

BILD 3.31 Beispiel für ein Technologie-Radar

3.3.2 Technologiebewertung

Die Bewertung einer identifizierten Technologie ist im Hinblick auf ihr Nutzenpotential und ihre Einsatzmöglichkeiten vorzunehmen, um so fundierte Informationen für die Entscheidungsfindung zu erhalten. Es gibt eine Vielzahl möglicher Ansätze zur Technologiebewertung. Dabei wird nach Bild 3.32 üblicherweise zwischen eher qualitativen und eher quantitativen Ansätzen unterschieden [HSK+11]. Die qualitativen Ansätze bieten sich an für die Vorbewertung von Technologien in einem frühen Stadium, welche im Rahmen der Technologiefrüherkennung identifiziert wurden. Die quantitativen Methoden werden hingegen in der Regel zur Bewertung bereits etablierter Technologien herangezogen [HSK+11]. Letzteres ist Kern der Technologieverwertung, die an dieser Stelle nicht betrachtet wird. Wir gehen im Folgenden auf die zwei Lebenszyklusmodelle Gartner Hype Cycle und das Technologielebenszyklus-Modell nach Arthur D. Little sowie auf das Verfahren Technology Readiness Level als Vertreter von Checklisten und das integrierte Markt-Technologie-Portfolio ein.

3.3.2.1 Das Gartner Hype Cycle-Modell

Seit Mitte der 1990er Jahre untersucht die Gartner Group Technologieentwicklungen. Dabei wurden zwei Grundmuster immer wieder bestätigt: Die Entwicklung des Reifegrads einer Technologie entlang der S-Kurve (vgl. Bild 1.7) sowie die als Hype bezeichnete Glockenkurve der Erwartungen an die Leistungsfähigkeit von neuen Technologien bzw. Innovationen. Letztere ist durch zwei Phänomene gekennzeichnet: 1) übersteigerten Enthusiasmus zu Beginn – also was das Neue in der Phantasie zu leisten im Stande ist – und 2) überzeichnete Enttäuschung – also

was an Ernüchterung folgt, wenn die ersten Protopyen oder Piloten die überzogenen Erwartungen nicht erfüllen konnten. Die Entwicklung dieser Hype-getriebenen Erwartungen sowie der S-förmige Verlauf der Reife sind in Bild 3.33 wiedergegeben. Als Resultierende der beiden Kurven ergibt sich eine Entwicklung, nach der übertrieben hohe Erwartungen durch realistische Erwartungen auf Grundlage der tatsächlichen Reife sukzessive ersetzt werden. Der entsprechende Hype Cycle ist in fünf Phasen gegliedert.

Technologieauslöser (The Innovation Trigger): Verlässt eine Erfolg versprechende technologiebezogene Idee das Laborstadium, sorgt dies für Aufmerksamkeit am Markt. Experten und Medien verbreiten die Idee; die vielen diskutierten Anwendungsmöglichkeiten beruhen in erster Linie auf Phantasie.

Gipfel der überzogenen Erwartungen (The Peak of Inflated Expectations): Da kein Marktteilnehmer ein vielversprechendes Geschäft verpassen möchte, verfolgen immer mehr Interessierte die Idee. Es ist die Zeit der Begeisterung und Hoffnung.

Tal der Ernüchterung (The Trough of Disillusionment): Mit der Zeit steigen die Erfahrungen über Grenzen und Schwierigkeiten der Technologie. Zu diesem Zeitpunkt hinkt die tatsächliche Leistungsfähigkeit der erwarteten noch immer hinterher. Dies resultiert häufig in einer negativen Berichterstattung; Enttäuschung macht sich breit.

Hang der Erleuchtung (The Slope of Enlightment): Während sich das ungeduldige Gros dem nächsten Hype zuwendet, gelingen den verbleibenden Innovationstreibern erste Best Practices. Kontinuierliche Verbesserung stei-

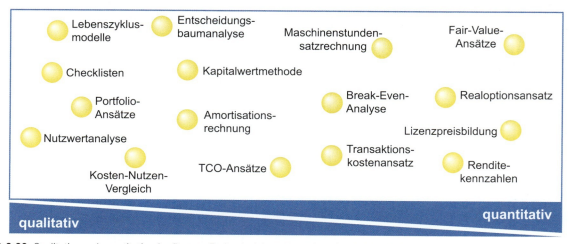

BILD 3.32 Qualitative und quantitative Ansätze zur Technologiebewertung, in Anlehnung an [HSK+11]

gert den Reifegrad sowie den erkennbaren Nutzen der Innovation.

Plateau der Produktivität (The Plateau of Productivity): Die Innovation hat eine Leistungsfähigkeit erreicht, bei der Technologie- und Marktrisiken beherrschbar sind. Neue Wettbewerber steigen ein, sodass die eigentliche Marktpenetration beginnt. Die Innovation erfährt eine zunehmende Verbreitung.

Den Untersuchungen von Gartner zufolge existieren bewährte Indikatoren zur Bestimmung der Position emergenter Technologien und Innovationen auf dem Hype Cycle. Einige Indikatoren sind in Bild 3.33 den einzelnen Phasen des Hype Cycles zugeordnet.

Die Hype Cycles werden inzwischen jährlich aktualisiert. Die aktuelle Version aus dem Jahr 2017 über Emerging Technologies ist in Bild 3.34 dargestellt. Stimmen die Einschätzungen in dem Modell, dann wäre für den heutigen Potentialträger Blockchain mit seinen vielfältigen Anwendungsmöglichkeiten frühestens 2022 mit einem Durchbruch zu rechnen.

Resümee

Das Gartner Hype Cycle-Modell hat in den letzten Jahren eine hohe Beachtung erfahren. Der bisherige Verlauf einer Technologie im Hype Cycle kann einfach nachvollzogen werden – zumindest solange, wie sich die Bezeichnung der Technologie nicht verändert. Die Einschätzung des Zeitraums bis zum Erreichen des Plateaus der Produktivität basiert auf subjektiven Bewertungen. Allein auf dieser Grundlage können wesentliche Weichenstellungen im Rahmen der strategischen Produktplanung wohl kaum empfohlen werden. Positiv hervorzuheben ist die Eignung des Modells als Orientierungshilfe zur schnellen Einschätzung der Reife einer Technologie. Insgesamt gesehen ist das Modell eine wichtige Ergänzung des Methodenrepertoires der strategischen Produktplanung.

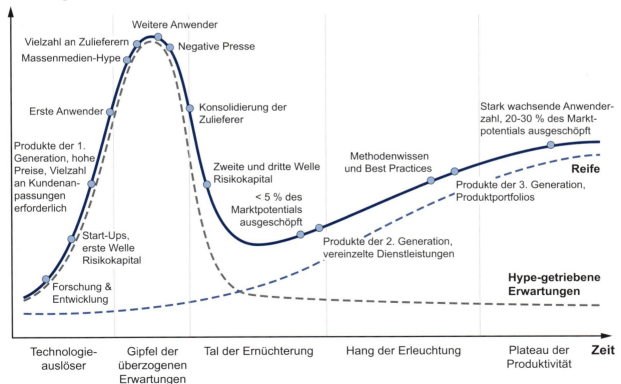

BILD 3.33 Das Gartner Hype Cycle-Modell und eingeordnete Indikatoren [FR08]

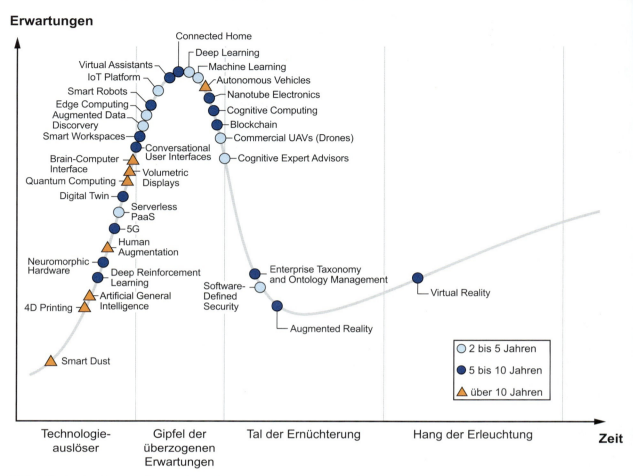

BILD 3.34 Der Gartner Hype Cycle for Emerging Technologies 2017 (ohne das Plateau der Produktivität)

3.3.2.2 Technologielebenszyklus-Modell nach Arthur D. Little

Das Modell des Technologielebenszyklus nach Arthur D. Little ist in Bild 3.35 dargestellt; es weist die vier Phasen *Entstehung*, *Wachstum*, *Reife* und *Alter* auf. Auf Basis dieser Phasen und den damit verbundenen Ausprägungen von Indikatoren lassen sich Technologien wie folgt einordnen [Moo05]:

Neue Technologien haben am Beginn ihres Lebenszyklus noch keinerlei wirtschaftliche Anwendung gefunden. Ihre Fortentwicklung wird zunächst vor allem von Visionären vorangetrieben. Nach Geoffrey A. Moore erreichen neue Technologien oft einen kritischen Punkt („Abgrund"), an dem die Marktreife noch in weiter Ferne liegt und das Interesse der Investoren nachlässt.

Einige der neuen Technologien passieren diesen Abgrund und werden zu **Schrittmachertechnologien**. Diese befinden sich ebenfalls noch in einem frühen Entwicklungsstadium, haben aber in einigen Nischen bereits Nutzen entfaltet. Dennoch sind sie für den gegenwärtigen Wettbewerb noch nicht entscheidend. Ein Beispiel hierfür ist die Blockchain-Technologie.

Später können Schrittmachertechnologien zu **Schlüsseltechnologien** avancieren. Darunter werden Technologien verstanden, die die Grundlage für die Schaffung von Wettbewerbsvorteilen bilden und die Wettbewerbsarena entscheidend verändern. Eine heutige Schlüsseltechnologie ist das Internet der Dinge.

Wird eine Technologie von allen Konkurrenten einer Branche beherrscht und entsprechend in vielen Produkten und Verfahren eingesetzt, so sprechen wir von einer **Basistechnologie**. Moore verwendet die Metapher der Hauptstraße („Main Street"). Die CNC-Steuerung für Werkzeugmaschinen ist eine solche Basistechnologie.

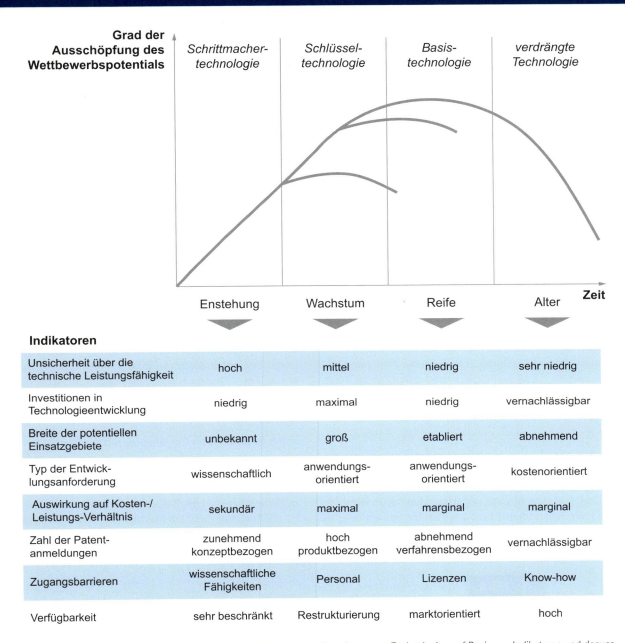

BILD 3.35 Technologielebenszyklus-Modell von ARTHUR D. LITTLE zur Einordnung von Technologien auf Basis von Indikatoren und dazugehörigen Ausprägungen [FR08]

Schließlich gibt es noch **verdrängte Technologien**, die am Ende ihres Lebenszyklus durch andere Technologien ersetzt wurden – beispielsweise die VHS-Kassette.

Resümee

Das Technologielebenszyklus-Modell nach ARTHUR D. LITTLE erlaubt die Einschätzung der Position einer Technologie durch Ausprägungen von Indikatoren und ermöglicht so eine transparente und nachvollziehbare Einschätzung der Leistungsfähigkeit einer Technologie. Kritisch anzumerken ist, dass die exakte Einordnung einer Technologie auf Basis der Indikatoren teils nicht eindeutig ist. Beispielsweise werden für den Indikator *Investitionen in Technologieentwicklung* die Ausprägungen *niedrig* und *vernachlässigbar* angegeben, die kaum zu unterscheiden sind. In solchen Fällen ist die Einführung einer Skala erforderlich, was aber mit einem gewissen Aufwand verbunden ist.

3.3.2.3 Technology Readiness Level (TRL)

Ein Verfahren zur Bewertung des Reifegrads einer Technologie aus dem Bereich der Checklisten ist das Technology Readiness Level (TRL)-Konzept – entwickelt von der National Aeronautics and Space Administration (NASA). Ursprünglich wurde das TRL-Konzept zur Evaluation der Reife von Produkttechnologien in der Luft- und Raumfahrt eingesetzt; es findet inzwischen jedoch auch zunehmend Anwendung in anderen Sektoren. Das Konzept definiert neun Reifegradstufen einer (Produkt-)Technologie (Bild 3.36). Je höher die Stufe ist, desto höher ist der Reifegrad einer Technologie. So wird eine Technologie der Reifegradstufe TRL 1 zugeordnet, wenn sie sich in der Grundlagenforschung befindet. Den Reifegrad TRL 9 erreicht eine Technologie, wenn das Gesamtsystem qualifiziert ist und bereits erfolgreich eingesetzt wird. Zur Erreichung der nächst höheren Reifegradstufe muss in die Entwicklung investiert werden [Man95].

Level 1: Auf dieser Ebene beginnt die Umsetzung der wissenschaftlichen Forschung in angewandte Forschung und Entwicklung. Dazu kann die Untersuchung der Grundeigenschaften von Materialien zählen, wie zum Beispiel die Messung der Zugfestigkeit von neuen Fasern bei unterschiedlichen Temperaturen [Man95].

Level 2: Nachdem in der ersten Stufe die grundlegenden physikalischen Eigenschaften beobachtet wurden, sind für Technologien der 2. Stufe bereits potenzielle Anwendungen (z. B. der Einsatz neuartiger Fasern in der Luft- und Raumfahrt) identifiziert worden. Die Anwendung ist jedoch immer noch spekulativ, da keine experimentellen Beweise oder detaillierte Analysen vorliegen, um die Vermutung zu untermauern [Man95].

Level 3: Auf der dritten Stufe werden kritische Funktionen und Eigenschaften der Technologie überprüft. Dazu gehören sowohl analytische Studien, um die Technologie in einen geeigneten Kontext zu stellen, als auch laborgestützte Studien, um physikalisch zu bestätigen, dass die analytischen Vorhersagen korrekt sind (z. B. der Beweis, dass die neuartigen Fasern unter Laborbedingungen den Temperaturen und Drücken in der Luft- und Raumfahrt standhalten). Die Stufe entspricht dem sogenannten „Proof of Concept" [Man95].

Level 4: Nach dem erfolgreichen „Proof-of-Concept", werden die einzelnen Bestandteile der Technologie integriert, um die Funktionsfähigkeit der Gesamtlösung zu testen. Diese Validierung muss so konzipiert sein, dass sie das zuvor formulierte Konzept unterstützt und mit den Anforderungen potenzieller Systemanwendungen übereinstimmt. Verglichen mit dem beabsichtigten realen System ist der Testaufbau stark vereinfacht. Beispielsweise könnte eine TRL 4-Demonstration eines neuen Ansatzes in der Luft- und Raumfahrt darin bestehen, die Algorithmen in einer teils computergestützten, teils auf dem Prüfstand stehenden Komponente in einem Kontrolllabor unter Verwendung simulierter Eingaben zu testen [Man95].

Level 5: Auf dieser Stufe erfolgt der Versuch unter möglichst realen Einsatzbedingungen, wobei die Testgenauigkeit erheblich ansteigt. Dafür werden die Basiskomponenten der Technologie mit der technologischen Infrastruktur aus dem Umfeld verbunden. Beispielsweise würde eine

Reifegrad	
TRL 9	Im Einsatz bewährtes System
TRL 8	Für den Einsatz qualifiziertes System
TRL 7	Prototyp unter realen Bedingungen testen
TRL 6	Prototyp unter Einsatzbedingungen prüfen
TRL 5	Testen der Technologie unter simulierten realen Bedingungen
TRL 4	Testen der Technologie unter Laborbedingungen
TRL 3	Kritische Funktionen und Eigenschaften auf Machbarkeit prüfen
TRL 2	Technologiekonzept formulieren und potentielle Anwendungen identifizieren
TRL 1	Grundlagenforschung beobachten und beschreiben

BILD 3.36 Technology Readiness Level nach Definition der NASA

neuartige Faser, die einen reduzierten Strömungswiderstand verspricht, auf dieser Ebene in einem tatsächlich hergestellten Bauteil eines Flugzeugs verwendet werden, welches in einem Windkanal getestet wird [Man95].

Level 6: Auf diesem Reifegradlevel werden ein Prototyp oder ein repräsentatives Modell in einer vergleichbaren Einsatzbedingung getestet. Nicht alle Technologien durchlaufen eine TRL-6-Demonstration, da einige auch direkt unter realen Bedingungen getestet werden können. Häufig wird diese Demonstration genutzt, um der Unternehmensleitung die Funktionsfähigkeit anschaulich zu beweisen. So könnte z. B. ein neuartiges Raumfahrzeug auf einer vergleichbaren Oberfläche auf der Erde getestet werden [Man95].

Level 7: Auf der siebten Stufe wird der Prototyp unter realen Bedingungen getestet. Nicht jede Technologie durchläuft diese Stufe. In Frage kommen Technologien, die kritisch für die Mission sind und bei denen ein relativ hohes Risiko besteht. Die NASA nennt hier als Beispiel den Mars Pathfinder Rover. Die notwendige Technologie wurde in vorherigen Missionen unter realen Bedingungen getestet und findet in zukünftigen Missionen Verwendung [Man95].

Level 8: Die vorletzte Stufe beschreibt ein für den Einsatz qualifiziertes System. Die Technologie hat bewiesen, dass sie in ihrer finalen Form und unter den erwarteten Umständen funktionsfähig ist. Sie ist bereit für den vorgesehenen Einsatz und kann in bereits existierende Umgebungen integriert werden. In vielen Fällen stellt diese Stufe auch das Ende der Entwicklung dar. Ein Beispiel wäre das erfolgreiche Laden und Testen von einem neuen Kontrollalgorithmus auf dem Bordcomputer des Hubble Weltraum Teleskopes [Man95].

Level 9: Technologien, die die neunte und letzte Phase des Reifeprozesses erreichen, haben sich erfolgreich im Einsatz bewährt. Das System konnte sich beweisen und die Mission erfolgreich abschließen. Nur noch kleine Änderungen müssen vorgenommen werden, wie das Beseitigen der aufgekommenen Kinderkrankheiten [Man95].

Die Ermittlung der Reifegradstufe erfolgt auf Basis von Checklisten [RS10], [Sch14b]. NOLTE ET AL. haben dafür den **Technology Readiness Level Calculator (TRLC)** entwickelt. Dieser ermöglicht mit geringem Aufwand die Ermittlung des Reifegrads einer Technologie mithilfe eines Excel-Tools. Dabei stehen Checklisten für jeden Reifegrad zur Verfügung. Der TRLC kann für Produkte, Services und Produkt-Service-Systeme eingesetzt werden [NKD03]. Bild 3.37 zeigt einen Auszug aus dem TRLC für die Ermittlung des Technology Readiness Levels 2. Weiterentwickelte Konzepte übertragen die Idee der Technology Readiness Level auch auf Produktionstechnologien, so z. B. das Technology Maturity Assessment-Konzept nach BROUSSEU ET AL. oder das Manufacturing Readiness Level (MRL) Konzept vom U.S. Department of Defense [Off11], [Sch14b].

Resümee

Das Technology Readiness Level-Konzept hat sich zu einem wertvollen Werkzeug zur Bewertung der Leistungsfähigkeit einer Technologie entwickelt und wird inzwischen von zahlreichen Organisationen genutzt, z. B. der Europäischen Union oder der Öl- und Gasindustrie. Ein großer Vorteil ist die einfache Nachvollziehbarkeit der Einordnung einer Technologie und die große Anwendungsbreite des Konzepts. Kritisch zu berücksichtigen ist, dass nicht zwischen den Einsatzgebieten einer Technologie unterschieden wird.

HW[1]/SW[2]/Beides	Merkmal	Bewertung
Beides	Studien zeigen die grundsätzliche Anwendbarkeit der Technologie	✓
Beides	Potentielle Anwendungsgebiete und Kunden sind identifiziert	✗
Hardware	Basiskomponenten der Technologie sind bekannt	✓
Software	Eine Software kann entwickelt werden (sofern nötig)	✓
Software	Die Hardware, auf der die Software laufen soll, ist bekannt	✓
Beides	Einzelne Elemente der angestrebten Gesamtlösung sind bereits funktionsfähig	✓
Beides	Modelle und Simulationen verifizieren die physikalischen Prinzipien	✗
Beides	Es ist bekannt, welche Experimente unternommen werden müssen	✓
Beides	Eine erste Idee zur Vermarktung der Gesamtlösung liegt vor	✗

[1]Hardware [2]Software

BILD 3.37 Technology Readines Level Calculator für TRL 2 (Auszug) [NKD03]

3.3.2.4 Das integrierte Markt-Technologie-Portfolio

In den von uns betrachteten Branchen spielt der Einsatz von Technologien in Erzeugnissen und in Leistungserstellungsprozessen in der Regel eine wichtige Rolle. Es reicht aber nicht aus, ausschließlich Technologien in den Fokus zu nehmen, um eine unternehmerische Entscheidung zu begründen. Selbstredend spielen insbesondere auch Marktgrößen eine wesentliche Rolle auf dem Weg zum Geschäftserfolg. Diesem Gedanken trägt das integrierte Markt-Technologie-Portfolio nach McKinsey Rechnung; es verknüpft die markt- und die technologieorientierte Bewertung einer Geschäftseinheit [FW78], [Kru82]. Diese Art der Portfolio-Analyse hat in der Praxis eine hohe Verbreitung erfahren, weshalb wir sie im Folgenden erläutern. Den Ausgangspunkt für die integrierte Betrachtung von Markt- und Technologieaspekten bildet das **Technologieportfolio,** das eine Aussage über die Technologiepriorität liefert. Das Portfolio weist gemäß Bild 3.38 zwei Dimensionen auf.

- Mit der **Technologieattraktivität** wird die technologische Situation eines Produkts bewertet. Sie ergibt sich vor allem aus der Position der mit dem Produkt verbundenen Technologien auf der S-Kurve (vgl. Bild 1.7). Schlüssel- und Schrittmachertechnologien weisen aufgrund ihrer großen Zukunftspotentiale die größte Technologieattraktivität auf. Daneben werden Eintrittsbarrieren hinsichtlich des Know-hows, der Erfahrung und der Herstellprozesse in die Technologieattraktivität einbezogen.
- Die **relative Technologieposition** beschreibt die Stärke der Forschung und Entwicklung des Unternehmens bzw. der Geschäftseinheit in diesem Technologiebereich und wird von der Ressourcen- und Umsetzungsstärke beeinflusst.

Aus dem Technologieportfolio ergibt sich eine niedrige, mittlere oder hohe Technologiepriorität. So verfügt das exemplarisch gezeigte Produkt B über eine relativ hohe Technologiepriorität, was aus Technologiesicht einen Ausbau bzw. ein Halten nahe legt. Zur besseren Nachvollziehbarkeit der Positionierungen sei auf Bild 3.39 verwiesen.

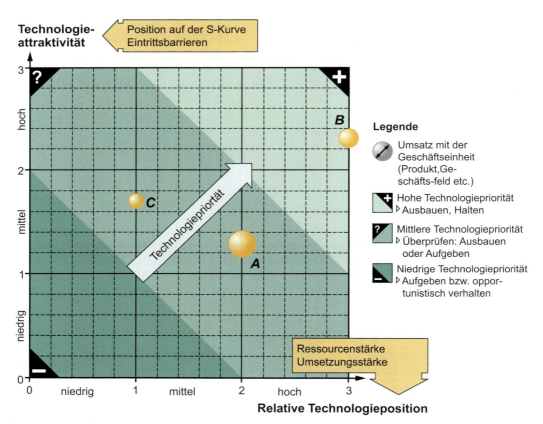

BILD 3.38 Ermittlung der Technologiepriorität von geplanten Geschäftseinheiten (Produkte, Geschäftsbereiche) in einem Technologieportfolio

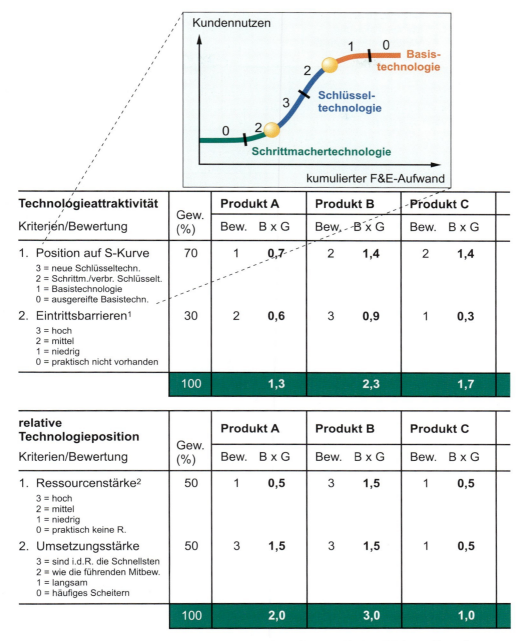

Technologieattraktivität Kriterien/Bewertung	Gew. (%)	Produkt A Bew.	Produkt A B x G	Produkt B Bew.	Produkt B B x G	Produkt C Bew.	Produkt C B x G
1. Position auf S-Kurve 3 = neue Schlüsseltechn. 2 = Schrittm./verbr. Schlüsselt. 1 = Basistechnologie 0 = ausgereifte Basistechn.	70	1	0,7	2	1,4	2	1,4
2. Eintrittsbarrieren[1] 3 = hoch 2 = mittel 1 = niedrig 0 = praktisch nicht vorhanden	30	2	0,6	3	0,9	1	0,3
	100		1,3		2,3		1,7

relative Technologieposition Kriterien/Bewertung	Gew. (%)	Produkt A Bew.	Produkt A B x G	Produkt B Bew.	Produkt B B x G	Produkt C Bew.	Produkt C B x G
1. Ressourcenstärke[2] 3 = hoch 2 = mittel 1 = niedrig 0 = praktisch keine R.	50	1	0,5	3	1,5	1	0,5
2. Umsetzungsstärke 3 = sind i.d.R. die Schnellsten 2 = wie die führenden Mitbew. 1 = langsam 0 = häufiges Scheitern	50	3	1,5	3	1,5	1	0,5
	100		2,0		3,0		1,0

1) Eintrittsbarrieren bzgl. Know-how, langjähriger Erfahrung, Herstellprozesse
2) Ressourcenstärke: Know-how, Mittel, Personal

BILD 3.39 Ermittlung der Technologieattraktivität und der relativen Technologieposition

Analog zum Technologieportfolio wird das **Marktportfolio** zur Bestimmung der Marktpriorität erstellt, das ebenfalls durch zwei Dimensionen aufgespannt wird (Bild 3.40).

- **Die Marktattraktivität** ergibt sich aus Größen wie dem Marktvolumen, der Marktentwicklung (Wachstum, Stagnation, Rückgang) sowie der Wettbewerbsintensität.

- Die **Wettbewerbsstärke** ergibt sich aus dem Marktanteil, der Umsatzentwicklung, der Differenzierungsstärke und der Profitabilität.

Hier weist das Produkt B zwar eine mittlere Marktpriorität, aber eine hohe Marktattraktivität auf. Dies könnte der Hoffnungsträger sein. Bei Produkt A handelt es sich um

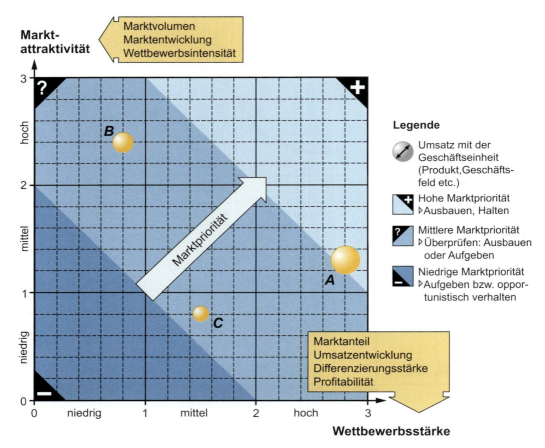

BILD 3.40 Ermittlung der Marktpriorität von Geschäftseinheiten (Produkte, Geschäftsbereiche) in einem Marktportfolio

ein Produkt, mit dem sich das Unternehmen eine starke Stellung erarbeitet hat. Die Marktattraktivität ist eher gering, weil der Markt stagniert und ein Verdrängungswettbewerb herrscht.

Die Kombination der marktmäßigen und technologischen Positionen der Produkte erfolgt in einem **integrierten Markt-Technologie-Portfolio** (Bild 3.41). Darin werden als Ordinate die ermittelten Marktprioritäten und als Abszisse die ermittelten Technologieprioritäten aufgetragen. Mit den beispielhaft aufgeführten Produkten lässt sich der Vorteil dieser kombinierten Portfolio-Analyse unterstreichen: Die positive Einschätzung von Produkt B aus Technologiesicht wird durch eine hohe Marktattraktivität bestärkt. Es liegt nahe, ausgehend von der Technologieführerschaft das Geschäft hochzufahren, was sich in der Steigerung der Wettbewerbsstärke äußert. Die entsprechenden Hebel liegen in der Hand des Unternehmens. Für das Produkt C weist das Portfolio auf eine mittlere Wettbewerbsposition hin, die beispielsweise über Joint Ventures gestärkt werden könnte.

Das integrierte Markt-Technologie-Portfolio in Bild 3.41 weist zusätzlich auf zwei besondere Gefahren hin: 1) Besteht bei sehr hoher Technologiepriorität eine geringe Marktpriorität, so besteht die Gefahr, dass die bestehende Technologieführerschaft nicht in Markterfolg umgesetzt werden kann. 2) Besteht bei sehr hoher Marktpriorität eine ausgesprochen geringe Technologiepriorität, so besteht die Gefahr, dass das Unternehmen die Chancen attraktiver Märkte nicht wahrnehmen kann.

Resümee

Das integrierte Markt-Technologie-Portfolio vermittelt eine umfassende Sicht auf die Positionierung von Produkten oder Geschäftsfeldern im Wettbewerb, die durch Technologie geprägt sind. Es erweitert die häufig eingeschränkte Sichtweise – sei es um Technologieaspekte, wenn die Kaufleute den Ton angeben wollen, oder um Marktaspekte, wenn die Ingenieure die Dinge aus ihrer bevorzugten Perspektive bewerten. Trotz der Mächtigkeit dieser Analyse muss auch hier erwähnt werden, dass sie eine Entscheidung für ein Produkt oder ein Geschäftsfeld unterstützt, aber nicht den Automatismus dafür liefert.

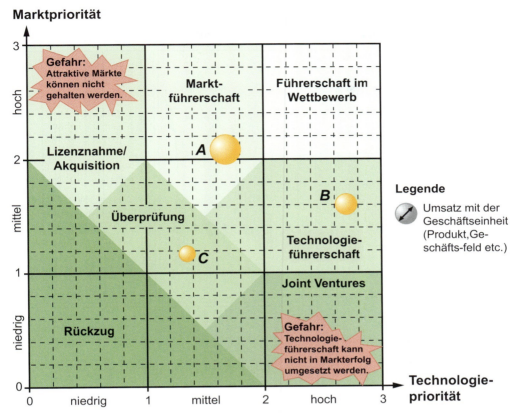

BILD 3.41 Beispiel für ein integriertes Markt-Technologie-Portfolio

3.3.3 Technologieplanung

Ein verbreitetes Instrument zur Technologieplanung ist die **Technology Roadmap** bzw. der **Technologiekalender**. Gemeint ist damit ein Plan, aus dem hervorgeht, wann welche Technologie für welche Marktleistung eingesetzt werden kann [Eve03], [WB02]. Bild 3.42 zeigt in stark vereinfachter Form eine Technology Roadmap, wie sie sich in unseren Industrieprojekten bewährt hat. In den Zeilen sind die für das Unternehmen relevanten Technologien aufgeführt. Dabei ist auf der Zeitachse angegeben, wann die jeweilige Technologie reif für den Einsatz in einem Serienprodukt ist (vgl. farbiger Balken). Dazu werden häufig Umfragen durchgeführt – wir führten im dargestellten Beispiel eine Befragung mit 395 Experten entlang der gesamten Wertschöpfungskette der Additiven Fertigung durch. Das Expertenkollektiv wurde dabei nach einer Einschätzung gebeten, wann mit der Reife für einen Einsatz der Technologie zu rechnen sei. In der Regel wirken einige Technologien zusammen, um eine Anwendung, die Nutzen stiften soll, zu realisieren.

In den Zeilen der Roadmap sind die Anforderungen zur geforderten Reife der Technologie abgetragen. Der Farbübergang stellt dar, wann mit der Erfüllung der Anforderung zu rechnen ist. Dabei handelt es sich um die Durchschnittswerte aus der Expertenbefragung. Die vertikalen Spangen in der Roadmap stellen Produktideen dar. Dabei kann eine Produktidee frühestens dann umgesetzt werden, wenn alle Anforderungen erfüllt werden, die sie an die Technologie stellt. Für die Realisierung der Produktidee „Adaptiver Flugzeugflügel" ist beispielsweise davon auszugehen, dass große Bauvolumina gedruckt werden müssen. So wurde die Produktidee kurz vor dem Jahr 2030 verortet [GEW13].

Die Erstellung solcher Roadmaps sollte rechnerunterstützt unter Einsatz eines Datenbanksystems erfolgen, weil die hohe Anzahl der zu betrachtenden Technologien – das können mehr als hundert sein – und die häufig auch hohe Anzahl von Anwendungen in einer manuell zu erstellenden Graphik nicht mehr zu handhaben ist [GHK+06], [Vie07].

3 Produktfindung – Ideen finden und konkretisieren

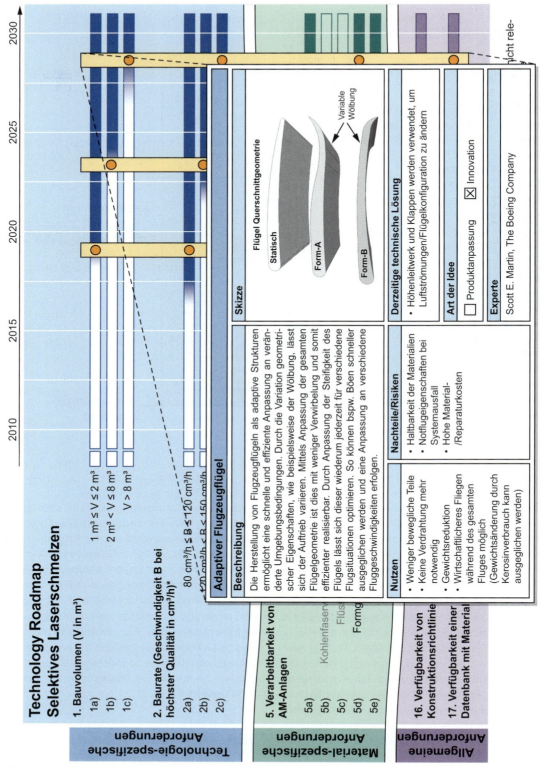

BILD 3.42 Beispiel einer Technology Roadmap (stark vereinfacht)

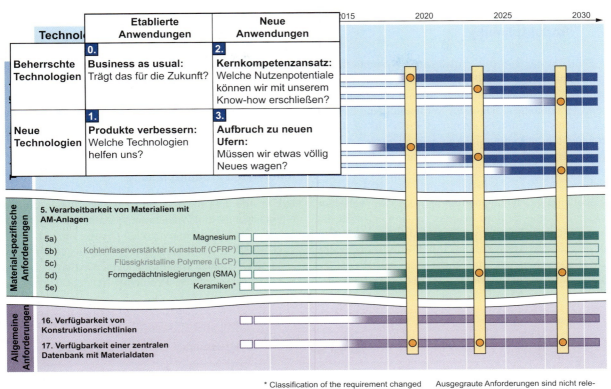

BILD 3.43 Optionen zur technologiebezogenen Weiterentwicklung des Geschäfts, nach ANSOFF [Ans65]

Bei einem derartigen Mengengerüst bietet sich auch eine Klassifizierung von Handlungsoptionen auf der Basis der Technology Roadmap an. Eine Klassifizierung, die sich an die Produkt-Markt-Matrix von ANSOFF [Ans65] anlehnt, ist in Bild 3.43 dargestellt. Danach wäre zunächst festzustellen, ob das aktuell betriebene Geschäft (**Business as usual**) noch trägt oder Geschäftsinnovationen erforderlich sind. Wenn Geschäftsinnovationen notwendig sind, dann ergeben sich die drei folgenden Klassen von technologieorientierten Handlungsoptionen, die in der angegebenen Reihenfolge zu überprüfen wären, weil die Unsicherheit des Erfolgs dementsprechend zunimmt.

- **Produkte verbessern:** Hier geht es um die Beantwortung der Frage, welche Technologien, die von dem Unternehmen noch nicht beherrscht werden, das Preis-Leistungs-Verhältnis der bestehenden Erzeugnisse verbessern können.
- **Kernkompetenzansatz:** Die von dem Unternehmen beherrschten Technologien stellen häufig Kompetenzen dar, die von Dritten nicht ohne weiteres aufgebaut werden können. Hier stellt sich die Frage: Welche neuen Anwendungsfelder können wir auf der Basis der vorhandenen Kompetenzen erschließen, um Kundennutzen zu stiften bzw. Bedürfnisse zu befriedigen?
- **Aufbruch zu neuen Ufern:** Hier geht es um den Aufbau eines völlig neuen Geschäfts; sowohl die Technologien als auch die Kunden sind neu. Selbstredend ist das mit dem höchsten Risiko verbunden und kommt daher in der Regel nur dann in Frage, wenn die zwei vorher genannten Optionen keine Ansätze für die Weiterentwicklung des Geschäfts liefern.

Um in dieser Weise planen zu können, ist es notwendig, Technologien und Anwendungen in einer Datenbank entsprechend der Matrix zu klassifizieren. Diese Datenbank steht im Zentrum der von uns verfolgten Konzeption der Technologieplanung [GHK+06], [Vie07].

3.3.4 Technologie-induzierte Produktplanung

Im Zentrum der von uns entwickelten Systematik zur technologie-induzierten Produktplanung steht die Ermittlung von Nutzenpotentialen, die mit einer vorgegebenen Technologie erschlossen werden können. Es handelt sich also um einen Technology Push-Ansatz. Diese Art der Potentialfindung stellt eine Herausforderung dar, da hier konventionelle Marktforschungsansätze nicht bzw. nur bedingt greifen [Chr97], [Day00], [LMP96]. Daher haben wir uns die Frage gestellt, wie sich Technologiepotentiale (Nutzenpotentiale) diskursiv herleiten lassen. Wir sind zu dem Schluss gekommen, dass die Kreativitätstechnik TRIZ (vgl. Kapitel 3.1.2) einen Erfolg versprechenden Ansatz bildet. Durch eine Umkehr der TRIZ-Logik sehen wir die Möglichkeit, auf die TRIZ-Wissensbasis zurückzugreifen und über eine Analogiebildung Potentiale der Technologie abzuleiten. Dieser Grundgedanke bildet den Kern der Systematik [WGP14]. Die Systematik umfasst einen Ordnungsrahmen und ein Vorgehensmodell. Der Ordnungsrahmen bildet die Grundlogik zur Strukturierung und Verknüpfung der im Vorgehensmodell zu erarbeitenden Ergebnisse. Das Vorgehensmodell ist in Phasen, Aufgaben und Meilensteine gegliedert [Wal16].

Ordnungsrahmen – Grundlogik der technologie-induzierten Produktplanung

Der in Bild 3.44 dargestellte Ordnungsrahmen umfasst einen Lösungs- und Problemraum [Wal16]. Eine Technologie wird als eine (technologische) **Lösung** verstanden, die zur Gestaltung von zukünftigen Produkten zur Verfügung steht. Im Rahmen von technologie-induzierten Innovationsprozessen gilt es, **Probleme** zu identifizieren, die

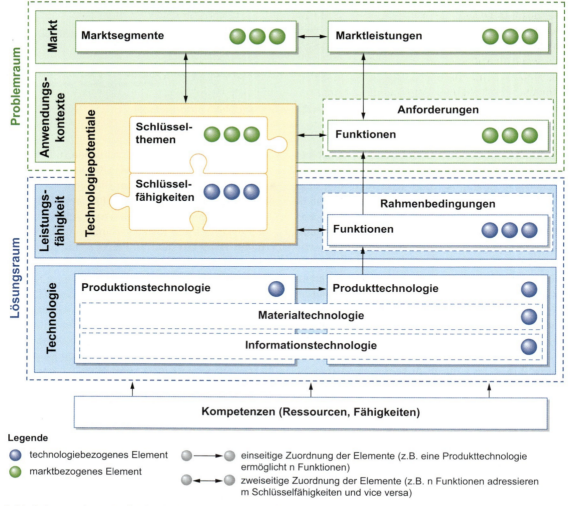

BILD 3.44 Ordnungsrahmen zur Strukturierung von Lösungs- und Problemraum

durch die technologische Lösung adressiert werden können [WGP14].

Der **Lösungsraum** umfasst alle Elemente, die der Beschreibung einer Technologie dienen. Die Beschreibung erfolgt auf zwei Ebenen. Auf der Ebene *Technologie* wird nach den gängigen Klassifikationen in *Produktions-, Produkt-, Material-* und *Informationstechnologien* unterschieden, vgl. [SKO11], [SM02]. Auf der Ebene *Leistungsfähigkeit* werden die *Rahmenbedingungen* beschrieben. Rahmenbedingungen sind hier Wertbereiche von Leistungsparametern, innerhalb derer die Funktionen von Produktions-, Material- und/oder Informationstechnologien eingesetzt werden können. Die Verknüpfung der beiden Ebenen erfolgt über die *Produkttechnologie* und *Funktionen. Kompetenzen* bilden die Basis für die Beherrschung des technologischen Lösungsraums; Kompetenzen sind als Fähigkeiten und Ressourcen eines Unternehmens zu verstehen [Leh14], [LA10].

Der **Problemraum** besteht aus den zwei Ebenen *Anwendungskontexte* und *Markt*. Die Ebene Markt umfasst *Marktsegmente* und *Marktleistungen*. Die *Anforderungen* sind produktbezogen und dienen der Beschreibung der Anwendungskontexte. Anforderungen resultieren in Funktionen. Die Ebenen Markt und Anwendungskontexte sind dadurch verknüpft, dass *Marktleistungen* bestimmte Funktionen (Funktionalitäten) nachfragen.

Die Verknüpfung von Lösungs- und Problemraum erfolgt über die *Funktionen*. Jedoch ist die Identifikation von Anwendungsideen auf Basis von Funktionen oftmals zu abstrakt. Daher wird das Element *Technologiepotentiale* eingeführt, um die Technologie „marktnäher" zu beschreiben und so die Brücke zwischen Lösungs- und Problembereich zu schlagen. Technologiepotentiale umfassen die sogenannten *Schlüsselfähigkeiten* und *Schlüsselthemen*. Schlüsselfähigkeiten sind Vorteile und Alleinstellungsmerkmale der Technologie. Als *Schlüsselthemen* werden „brennende" Themen verstanden, die eine zentrale Position in Verkaufsgesprächen einnehmen können und das Wertangebot einer Technologie vermitteln.

Bei der Erarbeitung der Elemente im Ordnungsraum sind drei Prinzipien zu berücksichtigen: 1) eine kontinuierliche Konkretisierung, 2) eine Synchronisation der Elemente, um eine abgestimmte Markt- und Technologiesicht herzustellen, sowie die 3) Zukunftsorientierung im Lösungs- und Problemraum, um der Tatsache Rechnung zu tragen, dass zukünftig andere Limitierungen und Freiheitsgrade für Technologien und Märkte gelten können.

Vorgehensmodell zur technologie-induzierten Produktplanung

Das im Bild 3.45 wiedergegebene Vorgehensmodell umfasst fünf Phasen und dient der Erarbeitung der im Ordnungsrahmen dargestellten Elemente.

Ausgangspunkt des Vorgehens bilden eine Technologieanalyse und Technologievorausschau, um den heutigen und zukünftigen Lösungsraum zu beschreiben bzw. zu antizipieren. Auf dieser Grundlage werden in der zweiten Phase die Potentiale der Technologie ermittelt. In Phase 3 wird die Identifikation von Anwendungskontexten vorgenommen. Hier werden Innovationsfelder gesucht und Anwendungsideen generiert und priorisiert. In Phase 4 werden Anwendungsideen analysiert, gemäß ihrer Ähnlichkeit gebündelt und erforderliche „Leistungsfähigkeiten" der Technologie abgeleitet. Dies erlaubt es, Handlungsoptionen für Produkt- und Technologieentwicklung abzuleiten. Zuletzt erfolgt in Phase 5 eine Konsolidierung aller Ergebnisse zu einer Technology Push-Strategie.

Zur besseren Verständlichkeit wird das Vorgehen im Folgenden anhand eines Beispiels aus dem Technologiefeld Additive Fertigung (AF, umgangssprachlich: 3D-Drucken) erläutert [aca16], [Gep13]. Gegenstand sind pulverbettbasierte AF-Technologien: es handelt sich um die schichtweise Erstellung von Bauteilen auf Basis eines elektronischen Datensatzes, abgeleitet aus einem 3D-CAD-Modell. Bezugsobjekt im nachfolgend verwendeten Beispiel ist ein Komplex aus der Produktionstechnologie *Selektives Laserschmelzen (SLM)* und der daraus abgeleiteten Produkttechnologie *Integrierte Gitternetzstruktur*. Die Produktionstechnologie *SLM* gibt produktionstechnologische Limitierungen vor, z.B. den maximalen Bauraum. Die Produkttechnologie *integrierte Gitternetzstruktur* soll Funktionen in einem Produkt erfüllen, z.B. die Aufnahme von Kräften. Ziel sind Potentiale für beide Technologien. Ausgangspunkt des Vorgehens bildet ein Auftrag zur Entwicklung einer Technology Push-Strategie (vgl. auch Kapitel 1.1.2.3).

1. Technologieanalyse und -vorausschau

In der Technologieanalyse und -vorausschau werden der heutige und zukünftige Lösungsraum beschrieben. Im ersten Schritt wird der **Auftrag** zur Entwicklung einer integrativen Technology Push-Strategie im Kontext einer vielversprechenden Produkt- und/oder Produktionstechnologie **spezifiziert**. Ziel des Auftrags sind neue Anwendungsideen und Weiterentwicklungsrichtungen für AF-Technologien; als Basis ist eine Erfolg versprechende Produkttechnologie zu bestimmen. Produkt- und Produktionstechnologien werden integrativ betrachtet. Ferner

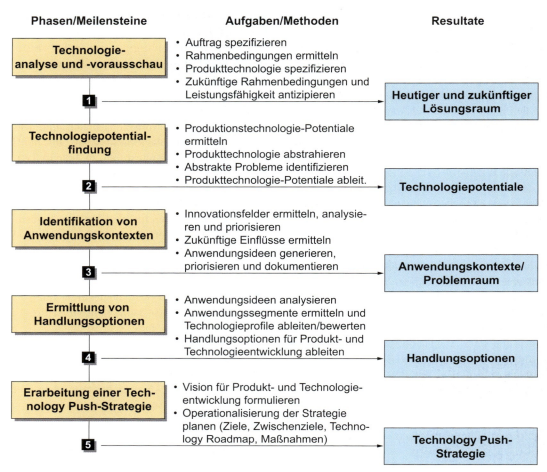

BILD 3.45 Vereinfachtes Vorgehensmodell der Systematik zur technologie-induzierten Produktplanung [Wal16]

sind die Rahmenbedingungen zu berücksichtigen. In einem Planungshorizont bis zum Jahr 2025 sind sowohl der heutige als auch der zukünftige Lösungsraum zu betrachten. Weitere Vorgaben sind aus der Strategie des betrachteten Unternehmens bzw. Geschäftsfeldes abzuleiten. Beispiele für derartige Vorgaben sind die Fokussierung auf industrielle Anwendungsbereiche und die Anwendung von Kernkompetenzen eines Unternehmens für die neue Anwendungsidee.

Im zweiten Schritt werden die gegenwärtigen produktionstechnologischen Rahmenbedingungen ermittelt. Hierfür wird die Produktionstechnologie auf Prozessebene durch Prozessschritte und Systemelemente beschrieben, in Anlehnung an das Vorgehen nach GAUSEMEIER ET AL. und NORDSIEK [GLL12], [KNT09]. Für das Beispiel des *Selektiven Laserschmelzens* wird der Prozess wie folgt charakterisiert und kann entsprechend in einer Prozessfolge abgebildet werden: Räumliche Strukturen werden durch die schichtweise Verbindung von Pulver generiert. Dabei wird das Pulver in den Raum eingebracht und verteilt sich auf der Bauplattform mittels einer Beschichterlippe. Die so generierte Pulverschicht wird mittels eines Lasers geschmolzen und so die erste Geometrieschicht erzeugt. Diese Schritte wiederholen sich, bis das Bauteil erstellt ist. Zum Schluss wird es aus dem Bauraum herausgenommen; bei Bedarf ist eine Nachbehandlung anzuschließen. Auf Grundlage der Prozessfolge ist es möglich, Leistungsparameter von Produktions- und Materialtechnologie abzuleiten. Beispielhaft kann das Systemelement *Pulverschicht* durch verwendbare *Materialien* spezifiziert werden (*Edelstahl, Titanlegierungen etc.*), die Materialien können wiederum durch Leistungsmerkmale wie *Dichte* und/oder *elektrische Leitfähigkeit* beschrieben werden. Seitens der Produktionstechnologie wird z. B. die *Schichtdicke* einer *Pulverschicht* vorgegeben.

Im dritten Schritt erfolgt die **Spezifikation** der heutigen Leistungsfähigkeit der betrachteten **Produkttechnologie**. Im Beispiel ist dies die Integrierte Gitternetzstruktur. Die Spezifikation erfolgt durch eine klassische Funktionenanalyse auf Basis von Standardfunktions-Katalogen in drei Schritten: Funktionen sammeln, gliedern und spezifizieren [Aki91], [VDI2803], [DIN1325-1], [WGP13]. Eine beispielhafte Funktion für die Integrierte Gitternetzstruktur ist *Energie aufnehmen*. Unterfunktionen sind z. B. *thermische und mechanische Energie aufnehmen*. Spezifizierende Leistungsmerkmale sind u. a. *Normalkraft* oder *Schwingungsdämpfung*. Zuletzt wird, wie in Bild 3.46 dargestellt, der heutige Lösungsraum für die Produkttechnologie sowie die produktions- und materialtechnologischen Rahmenbedingungen konsolidiert zusammengetragen.

Darüber hinaus ist zu berücksichtigen, dass zukünftig andere Limitierungen und Freiheitsgrade gelten können. **Zukünftige Rahmenbedingungen** können auf Basis der zuvor ermittelten Prozessfolge z. B. mittels einer Trendanalyse für Forschung -und Entwicklungsaktivitäten für die betrachtete Technologie vorausgedacht werden. So wurden im dargestellten Fallbeispiel Delphi-Studien und Experteninterviews durchgeführt, um die Trends in der Forschung und Entwicklung des Selektiven Laserschmelzens zu identifizieren. Dazu zählen z. B. Entwicklungen zur Erhöhung der Systemproduktivität, zur Anlagengröße und zur Prozessstabilisierung; weitere Entwicklungstrends betreffen die Prozessintegration oder das Hybrid Manufacturing.

Zuletzt wird die **zukünftige Leistungsfähigkeit** der Produkttechnologie antizipiert. Dies erfolgt basierend auf den TRIZ-Entwicklungsmustern, wie im Folgenden erläutert. Nach TRIZ entwickeln sich technische Systeme nicht zufallsbasiert, ihre Weiterentwicklung beruht auf wiederkehrenden Entwicklungsmustern. In Summe stellt TRIZ 25 Entwicklungsmuster zur Verfügung, in erweiterten Ansätzen 39 [KS11], [MC09]. Die Entwicklung eines Musters folgt einem S-förmigen Verlauf, wobei die Effektivität eines Systems über der Zeit aufgetragen wird, vgl. Bild 3.47 links [KS11], [MC09].

Die Entwicklung eines Systems erfolgt über mehrere Etappen, so z. B. für das Entwicklungsmuster 1 *Dynamik von Objekten* in sechs Etappen, von einem *starren Objekt*

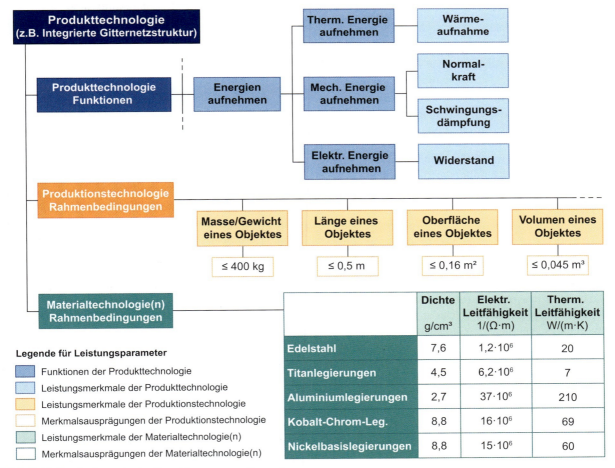

BILD 3.46 Beschreibung des heutigen Lösungsraums (Auszug)

3 Produktfindung – Ideen finden und konkretisieren

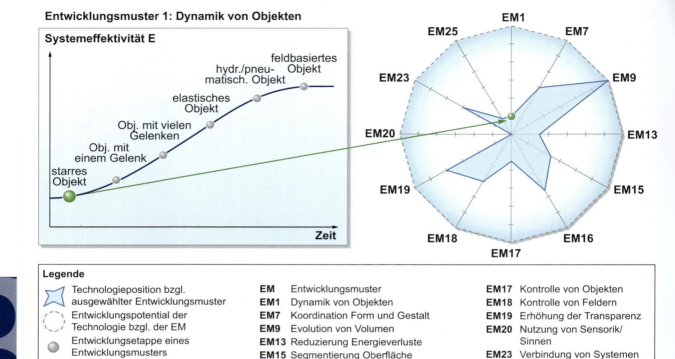

BILD 3.47 Einordnung der Produkttechnologie in das Entwicklungsmuster „Dynamisierung – Erhöhung der Dynamik von Objekten"(links) und Ableitung des Weiterentwicklungspotentials für alle ausgewählten Entwicklungsmuster (rechts)

bis zu einem *feldbasierten Objekt*. Diese Entwicklungsmuster können herangezogen werden, um Weiterentwicklungspotentiale für eine Technologie aufzuzeigen. Mittels einer Relevanzanalyse werden zunächst relevante Entwicklungsmuster ausgewählt; im dargestellten Beispiel werden zwölf aus 25 für die Weiterentwicklung der Gitternetzstruktur als relevant eingestuft. Dazu zählt u.a. die *Dynamik von Objekten*. Um die Weiterentwicklungspotentiale abzuleiten, ist die Gitternetzstruktur in die ausgewählten Muster einzuordnen, indem die bereits erreichte Etappe ermittelt wird. Die erreichten Etappen für alle ausgewählten Muster werden in einem Netzdiagramm konsolidiert. Darin wird der heutige Stand der Technologie durch die blau ausgefüllte Fläche angezeigt, das Weiterentwicklungspotential durch die nicht ausgefüllte Fläche.

Das Weiterentwicklungspotential wird verwendet, um zukünftige Leistungsparameter der Gitternetzstruktur auszuarbeiten. Dies ist eine kreative Aufgabe, bei der nicht erreichte Entwicklungsetappen auf die Gitternetzstruktur projiziert werden, z.B. die vierte Etappe *elastisches Objekt*. Ein Beispiel für eine zukünftig denkbare Funktion ist *Stoffe justieren*. Wird die vierte Stufe *kapillares und/oder poröses Material* des Entwicklungsmusters 16 *Übergang auf die Mikroebene – Erhöhung von Leeren im Volumen* auf die Gitternetzstruktur projiziert, so ist die zukünftige Funktion *Stoffe trennen* denkbar, mit bspw. den Leistungsmerkmalen *fest, flüssig* und *gasförmig*.

Die ermittelten zukünftigen Leistungsparameter und Rahmenbedingungen werden in der Beschreibung des Lösungsraum in Bild 3.46 ergänzt. Somit liegt die Spezifikation des heutigen und zukünftigen Lösungsraums als Ergebnis der ersten Phase des Vorgehensmodells vor.

2. Technologiepotentialfindung

Gegenstand dieser Phase ist die Suche nach Technologiepotentialen, zunächst für die Produktionstechnologie, dann für die Produkttechnologie. Hierfür können unterschiedliche Ansätze genutzt werden, z.B. *kreative, diskursive, empirisch-kognitive* und *empirisch-maschinelle Ansätze*. Die letzten beiden Ansätze können verwendet werden, wenn Wissen bzgl. bereits verwerteter Technologiepotentiale vorhanden ist. Dazu zählt z.B. die Dokumentenrecherche als Form der Sekundär-Marktforschung; hierbei können bereits verfügbare Dokumente, z.B. Produktbeschreibungen, evaluiert werden [VB13].

Im Folgenden wird die **Ermittlung produktionstechnologischer Potentiale** mittels eines kreativen Ansatzes vorgestellt; dem adaptierten Vier-Aktionen-Format des Blue-Ocean-Ansatzes nach KIM und MAUBORGNE [KM05] (vgl. Kapitel 1.2.2.2). Kern des ursprünglichen Vier-Aktionen-Formats sind vier Fragestellungen/Aktionen; diese dienen dazu, neue Nutzenkurven in einer Branche zu generieren. Im Rahmen der Technologiepotentialfindung können die Fragestellungen adaptiert werden: Ist es möglich, durch die Technologie etwas zu *reduzieren, schaffen, erhöhen* oder zu *eliminieren?* So kann z. B. durch AF-Technologien eine *Reduktion der Fertigungsschritte* oder eine *Eliminierung von Werkzeugen* erreicht werden. Im Beispiel wurde durch die Anwendung des adaptierten Vier-Aktionen-Formats u. a. ermittelt, dass mittels Additive Manufacturing-Technologien *Fertigungsschritte reduziert, Funktionsintegration geschaffen, Individualisierung erhöht* und *Werkzeuge eliminiert* werden können (vgl. Bild 3.48).

Um die **Produkttechnologie** zu **abstrahieren**, wird ein diskursiver Ansatz eingesetzt. Dieser ergibt sich aus der Umkehrung der TRIZ-Logik. Die Grundidee ist, durch einen Rückgriff auf die TRIZ-Wissensbasis zusätzliches Wissen zu den Potentialen einer (emergenten) Technologie zu generieren. Hierbei wird ein konkret formuliertes Problem durch Abstraktion in einen Widerspruch überführt. Für das Auflösen von Widersprüchen stellt die TRIZ-Wissensbasis ein Set an abstrakten Lösungen zur Verfügung, die sogenannten Innovationsprinzipien. Diese Logik wird für die hier vorgestellte Systematik umgekehrt. Wie das konkret erfolgt, wird im Folgenden anhand von Bild 3.49 erläutert.

In dieser Logik ist die Produkttechnologie eine *konkrete Lösung* (1). Sie kann durch abstrakte Lösungen der TRIZ-Innovationsprinzipien (2) abstrahiert werden. Für die Innovationsprinzipien werden *abstrakte Probleme (Widersprüche)* ermittelt (3). Die ermittelten Widersprüche bilden die Basis für die Suche nach Technologiepotentialen (*Schlüsselfähigkeiten und -themen*, 4 und 5). Sind Technologiepotentiale gefunden, werden diese in Anwendungskontexte versetzt (gestrichelte Pfeile in Bild 3.49). Es folgt die Ableitung von konkreten Problemen, die die Technologie lösen kann (6) und der konkreten Leistungsfähigkeit der Technologie für identifizierte Anwendungen (7). Diese zuletzt genannten Aufgaben sind Gegenstand von Phase 3 und 4 des Vorgehens.

Im Beispiel wird die Gitternetzstruktur (konkrete Lösung) durch die TRIZ-Innovationsprinzipien abstrahiert. Hierfür wird die Gitternetzstruktur den Innovationsprinzipien in einer Checkliste gegenübergestellt; in einer anschließenden Relevanzanalyse werden die relevantesten Innovationsprinzipien ermittelt. Für die Gitternetzstruktur hat das *Prinzip der örtlichen Qualität (IP3)* die höchste Relevanz für eine abstrakte Beschreibung und wird im Folgenden betrachtet. Das Prinzip beschreibt die Fähigkeit, die Teile bzw. Eigenschaften eines Objekts individuell an die örtlichen Erfordernisse anpassen zu können.

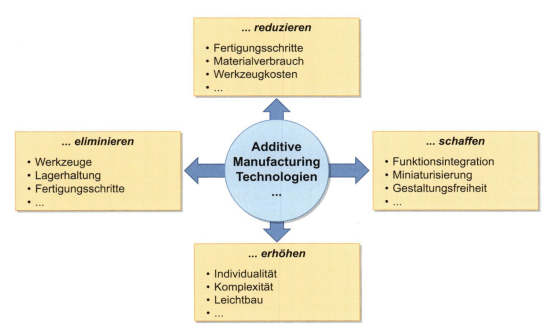

BILD 3.48 Ermittlung produktionstechnologischer Potentiale mittels des adaptierten Vier-Aktionen-Formats nach KIM und MAUBORGNE [KM05]

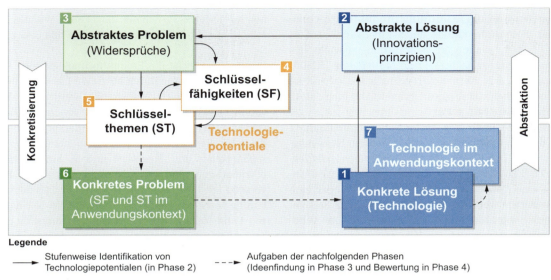

BILD 3.49 Für technologie-induzierte Innovationsprozesse adaptierte TRIZ-Logik; die Schritte 1 bis 5 führen zu Technologiepotentialen

Zur **Identifikation abstrakter Probleme** werden Innovationsprinzipien abstrakten Problemen (Widersprüchen) zugeordnet, die mit Widerspruchsparametern beschrieben werden. In der TRIZ-Logik sind die Innovationsprinzipien und Widersprüche in der Widerspruchsmatrix verknüpft (vgl. Kapitel 3.1.2). Aus der Widerspruchsmatrix sind nun Widersprüche abzuleiten, die relativ häufig durch die ausgewählten Innovationsprinzipien aufgelöst wurden (vgl. auch [WGA13], [WGP14]). Eine hohe Relevanz für die weitere Betrachtung haben diejenigen Zellen der Widerspruchsmatrix, in denen die ausgewählten Innovationsprinzipien links oben angeordnet sind. Ist in einer Zelle eines der ausgewählten Innovationsprinzipien gelistet, ist ein entsprechender Widerspruch als Kombination zweier Widerspruchsparameter gefunden, vgl. Bild 3.50. Konkret bedeutet dies, dass das betrachtete Innovationsprinzip häufig zur Auflösung des Widerspruchs beigetragen hat. Für das zuvor abgeleitete *Prinzip der örtlichen Qualität (IP3)* ist es z. B. denkbar, dass die Gitternetzstruktur die Festigkeit in einem Objekt erhöhen kann, trotz gleichbleibender/verringerter Fläche eines Objekts. Ergebnis dieses Schritts sind Widersprüche, zu deren Auflösung die Produkttechnologie durch die ausgewählten Innovationsprinzipien beitragen kann.

Im nächsten Schritt wird die Vernetzung der Widersprüche analysiert, um die **Potentiale der Produkttechnologie** abzuleiten und diese zu beschreiben. Dabei ist zu beachten, dass die Suche nach Potentialen ein kreativer Prozess ist. Für die vorgestellte Systematik wurde eine Kreativitätstechnik entwickelt, die auf dem *Storytelling-Ansatz* beruht. Diesem liegt die Annahme zugrunde, dass im menschlichen Gehirn Muster gespeichert werden, also Verbunde von zusammen auftretenden Elementen. Der Abruf dieser Muster erfolgt i. d. R. automatisch durch Assoziationen aus dem Langzeitgedächtnis. Aus diesen Grund haben Geschichten eine unbewusst wirkende Anziehungskraft [Fuc12]. Mittels der entwickelten Kreativitätstechnik wird eine Vernetzung der Widersprüche zu einer Geschichte realisiert. Dies erfolgt mittels der Methode Design Structure Matrix (DSM), vgl. Bild 3.51 (oben). Darin werden die Vernetzungen zwischen den ermittelten Widerspruchsparametern für ausgewählte Innovationsprinzipien abgebildet. Im Beispiel wird das *Prinzip der örtlichen Qualität* betrachtet. Das Ergebnis wird in einem Vernetzungsgraphen dargestellt, vgl. Bild 3.51 (unten). Dies wird durch eine Software unterstützt. Aus dieser Darstellung lassen sich Cluster ableiten, welche sich um stark vernetzte Widerspruchsparameter (sogenannte Brückenelemente) bilden. Die *Materialmenge* oder die *Fertigungsgenauigkeit* sind solche Brückenelemente.

Durch die Verknüpfung der Widerspruchsparameter in jedem Cluster zu Ketten lassen sich Muster bzw. Geschichten erzeugen. Diese können als Kreativitätstechnik, z. B. als Inspiration im Rahmen von Workshops zur Technologiepotentialfindung eingesetzt werden. Eine Widerspruchskette kann z. B. für das Brückenelement *Materialmenge* formuliert werden: „Mittels der integrierten Gitternetzstruktur können Masse sowie negative Effekte eines Objekts bei gleichzeitiger Erhöhung der Haltbarkeit und Anpassungsfähigkeit und gleichbleibender Materialmenge reduziert werden."

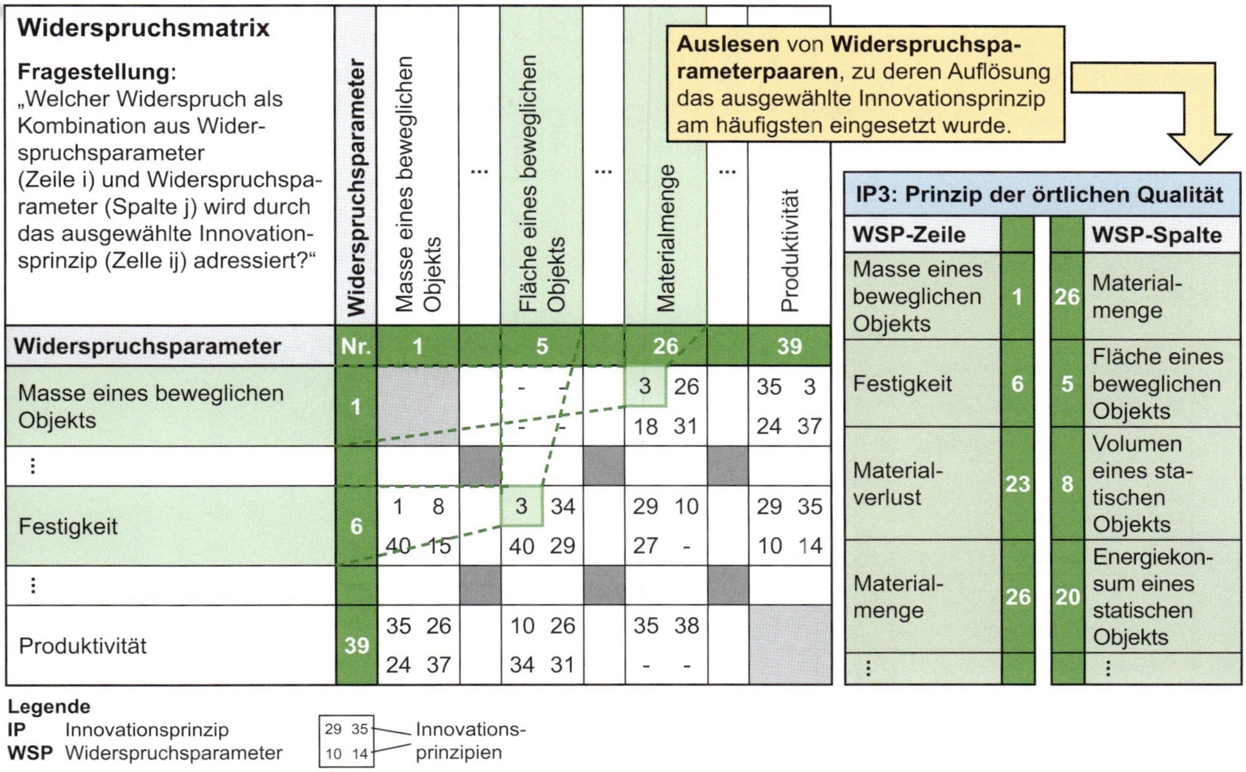

3.3 Technology Push Innovation

Widerspruchsmatrix

Fragestellung:
„Welcher Widerspruch als Kombination aus Widerspruchsparameter (Zeile i) und Widerspruchsparameter (Spalte j) wird durch das ausgewählte Innovationsprinzip (Zelle ij) adressiert?"

Auslesen von Widerspruchsparameterpaaren, zu deren Auflösung das ausgewählte Innovationsprinzip am häufigsten eingesetzt wurde.

Widerspruchsparameter	Widerspruchsparameter Nr.	Masse eines beweglichen Objekts 1	...	Fläche eines beweglichen Objekts 5	...	Materialmenge 26	...	Produktivität 39
Masse eines beweglichen Objekts	1			- -		3 26 18 31		35 3 24 37
⋮								
Festigkeit	6	1 8 40 15		3 34 40 29		29 10 27 -		29 35 10 14
⋮								
Produktivität	39	35 26 24 37		10 26 34 31		35 38 - -		

IP3: Prinzip der örtlichen Qualität

WSP-Zeile		WSP-Spalte	
Masse eines beweglichen Objekts	1	Materialmenge	26
Festigkeit	6	Fläche eines beweglichen Objekts	5
Materialverlust	23	Volumen eines statischen Objekts	8
Materialmenge	26	Energiekonsum eines statischen Objekts	20
⋮		⋮	

Legende
IP Innovationsprinzip
WSP Widerspruchsparameter
29 35 / 10 14 — Innovationsprinzipien

BILD 3.50 Identifikation von abstrakten Problemen auf Basis der Widerspruchsmatrix (automatisierte Ausgabe für ausgewählte Innovationsprinzipien)

Die gefundenen Technologiepotentiale werden in einer Verflechtungsmatrix zusammengetragen, Bild 3.52. Die Zeilen enthalten die Brückenelemente und die Technologiepotentiale (Schlüsselfähigkeiten und Schlüsselthemen), die innerhalb des jeweiligen Clusters ermittelt wurden. Eine Cluster-übergreifende Kombination der Potentiale erzeugt erfahrungsgemäß Assoziationen für weitere Potentiale; diese werden in den Zellen der Verflechtungsmatrix notiert. Beispiele für identifizierte Schlüsselfähigkeiten im Cluster *Fertigungsgenauigkeit* sind *Topologie-optimiertes Design* und *Topologie für Transparenz*. Durch eine Kombination mit den Schlüsselfähigkeiten wie *Leichtbau* oder *dynamische Anpassung* resultieren Ideen wie z. B. *Stabilität, Translumineszenz* oder *steuerbare Porosität*. Damit liegen die Technologiepotentiale für die Produkttechnologie Gitternetzstruktur vor.

3. Identifikation von Anwendungskontexten

Hier geht es um die Beschreibung des Problemraums, dafür werden die ermittelten Technologiepotentiale in Anwendungskontexte versetzt. Es ist eine erste Vorstellung davon zu schaffen, wo und wie die Technologiepotentiale einen Nutzen stiften könnten. Hierfür werden zunächst **Innovationsfelder** ermittelt und analysiert. Dies sind Bereiche, in denen nach Anwendungsideen gesucht werden soll. Die Basis hierfür bilden z. B. Industrieklassifikationen oder die Geschäftsstruktur eines Unternehmens. Im Beispiel wird die statistische Systematik der Wirtschaftszweige in der Europäischen Gemeinschaft (NACE) verwendet. Mittels einer Gegenüberstellung der Innovationsfelder und Technologiepotentiale in Checklisten werden Innovationsfelder vorselektiert. In einem mehrstufigen Vorgehen werden die vorselektierten Innovationsfelder bzgl. der Technologiepotentiale priorisiert. Die finale Auswahl erfolgt auf Basis eines Potentialprioritäts-Portfolios (Bild 3.53). In diesem Portfolio indiziert die Ordinate die Konformität eines Innovationsfeldes zu den Potentialen der Produkttechnologie, die Abszisse die Konformität zu den Potentialen der Produktionstechnologie. Zusätzlich werden die Innovationsaktivität und Strategiekonformität bewertet. Für die weitere Bearbeitung sind Innovationsfelder auszuwählen, die eine hohe Potentialpriorität besitzen, also rechts oben im Portfolio positioniert sind. Der *Luft- und Raumfahrzeugbau* (IF 30.3) liegt z. B. im Bereich einer hohen Potentialpriorität.

Vernetzungsmatrix

Fragestellung:
„Bilden Widerspruchsparameter i (Zeile) und j (Spalte) einen Widerspruch für das ausgewählte Innovationsprinzip?"

Bewertung:
☒ = ja
☐ = nein

Widerspruchsparameter	Nr.	Masse eines beweglichen Objekts	Masse eines unbeweglichen Obj.	...	Materialmenge	Zuverlässigkeit	...	Anpassungsfähigkeit	Komplexität der Struktur	Schwierigkeit d. Kontrolle ...	Automatisierungsgrad	Produktivität
		1	2		26	27		35	36	37	38	39
Masse eines bewegl. Obj.	1				☒							
Masse eines unbewegl. Obj.	2											
⋮												
Materialmenge	26								☒			
Zuverlässigkeit	27	☒	☒									
⋮												
Anpassungsfähigkeit	35				☒							
Komplexität	36											
Schwierigkeit d. Kontrolle ...	37											
Automatisierungsgrad	38											
Produktivität	39											

a) Abbildung der Beziehungen zwischen den Widerspruchsparametern

In der Vernetzungsmatrix werden die Beziehungen zwischen den einzelnen Widerspruchsparametern für das ausgewählte Innovationsprinzip abgeleitet. Die Masse eines beweglichen Objekts (Parameter 1) und die Materialmenge (Parameter 26) bilden beispielsweise einen Widerspruch für das Prinzip der örtlichen Qualität.

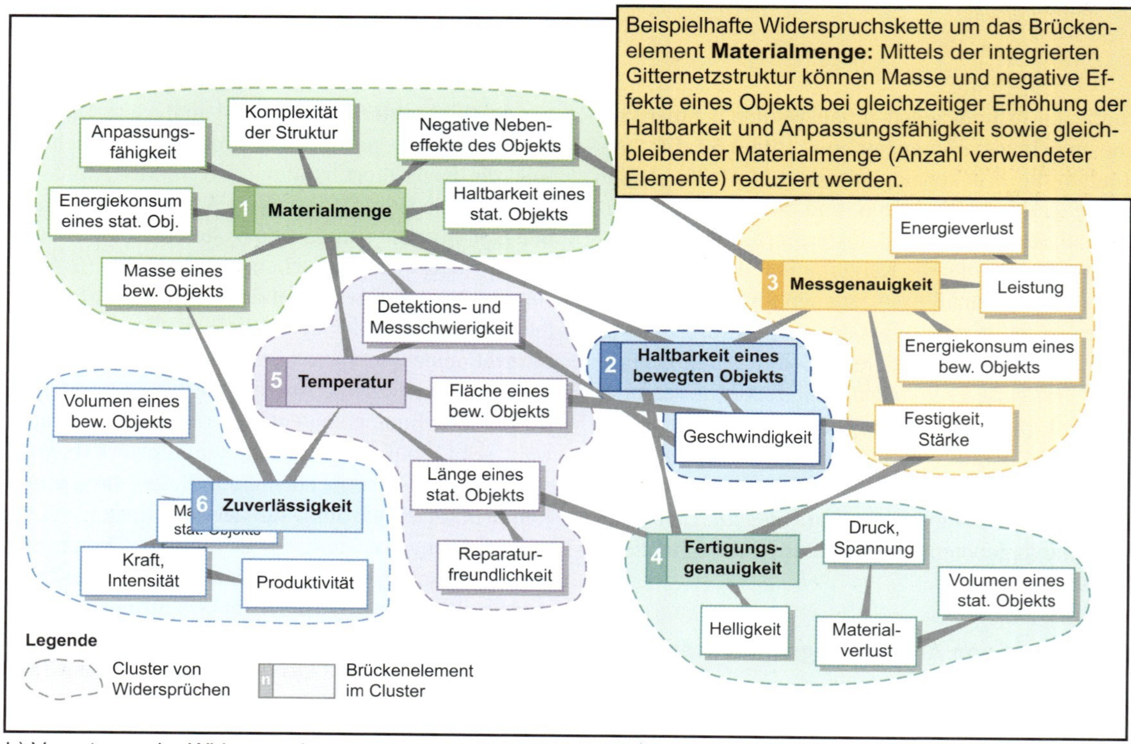

Beispielhafte Widerspruchskette um das Brückenelement **Materialmenge:** Mittels der integrierten Gitternetzstruktur können Masse und negative Effekte eines Objekts bei gleichzeitiger Erhöhung der Haltbarkeit und Anpassungsfähigkeit sowie gleichbleibender Materialmenge (Anzahl verwendeter Elemente) reduziert werden.

Legende
- - - Cluster von Widersprüchen
[n] Brückenelement im Cluster

b) Vernetzung der Widerspruchsparameter zu Widerspruchs-Clustern für das Storytelling

BILD 3.51 Analyse der Vernetzung von Widersprüchen auf der Grundlage der Design Structure Matrix und Darstellung der resultierenden Widerspruchs-Cluster

3.3 Technology Push Innovation

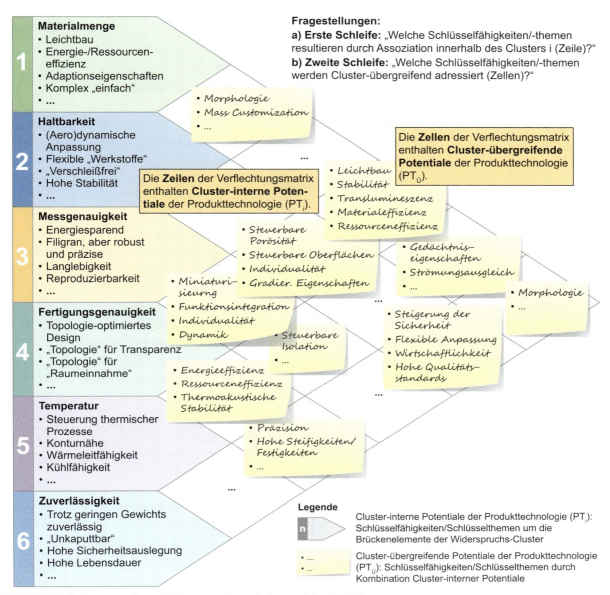

BILD 3.52 Verflechtungsmatrix zur Ableitung von Technologiepotentialen [WGP14]

Als nächstes werden **zukünftige Einflüsse** auf die Technologie im Kontext der Innovationsfelder ermittelt. Dafür wird die Szenario-Technik verwendet. Im ersten Schritt sind jeweils Szenarien für die priorisierten Innovationsfelder (im Beispiel: Luft- und Raumfahrzeugbau) und für das globale Umfeld zu entwickeln. Im zweiten Schritt sind konsistente Gesamtszenarien als Kombination aus Innovationsfeld und globalem Umfeld zu ermitteln und ein Referenzszenario auszuwählen. Auf Basis des Referenzszenarios werden zukünftige Anforderungen abgeleitet, die an die Technologie gestellt werden. Oftmals sind dies Anforderungen, die die allgemeine Infrastruktur betreffen – im Beispiel etwa die Entwicklung von Konstruktionsregeln und Definition von Standardisierungsprozessen. Zuletzt werden **Anwendungsideen** in den priorisierten Innovationsfeldern generiert. Den Input für die Ideenfindung bilden die Technologiepotentiale und Innovationsfelder sowie die zukünftigen Einflüsse auf die Technologie und die Funktionen der Technologie.

Für die Gitternetzstruktur ist u. a. die Idee *Adaptiver Flugzeugflügel (Morphing Wing)* entwickelt worden. Dabei han-

3 Produktfindung – Ideen finden und konkretisieren

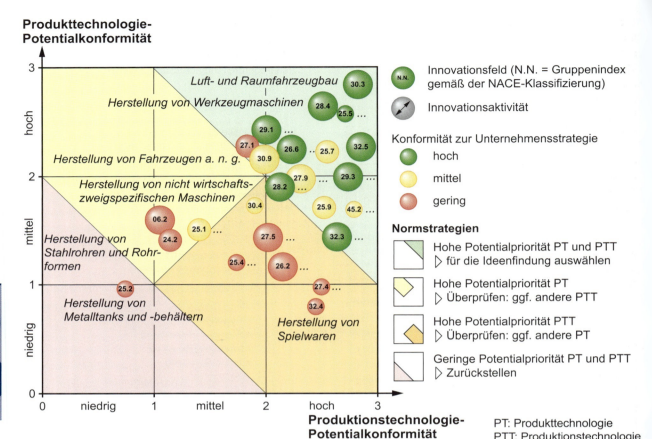

BILD 3.53 Auswahl von Innovationsfeldern auf Basis der Konformität zu den Potentialen der Produkt- und Produktionstechnologie (Auszug)

delt es sich um Tragflächen, die eine flexible Anpassung der Wölbung zur Optimierung des aerodynamischen Verhaltens und zur Anpassung an äußere Einflüsse, beispielsweise Windböen ermöglichen [WGP12], [GEK+12].

4. Ermittlung von Handlungsoptionen

In dieser Phase erfolgt die Synchronisation von Lösungs- und Problemraum, um Handlungsoptionen für die Produkt- und Technologieentwicklung abzuleiten. Dafür werden die **Anwendungsideen analysiert**. Zur Auswahl dient ein Portfolio, das durch die Dimensionen Markt- und Technologieattraktivität aufgespannt wird. Ferner wird die Zukunftsrelevanz der Anwendungsideen über den Durchmesser der Kugeln berücksichtigt. Die Positionierung indiziert die Selektionspriorität. Anwendungsideen, die rechts oben positioniert sind, sind aufgrund einer hohen Markt- und Technologieattraktivität für die weitere Bearbeitung auszuwählen. Eine priorisierte Anwendungsidee ist der *Morphing Wing*. Diese und weitere Anwendungsideen werden konkretisiert. Dafür ist eine allgemeine Beschreibung und ggf. eine Skizze zu erstellen; zudem sind die zukünftigen Einflüsse in Form von Chancen und Risiken zu ermitteln sowie die anwendungsspezifischen Nutzen der Technologie darzustellen. Ferner ist ein Abgleich zwischen den Leistungsparametern im Problem- und Lösungsraum durchzuführen; es ist zu prüfen, für welche Funktionen und Parameter die Leistungsfähigkeit der Technologie bereits ausreicht und in welchen Bereichen noch Weiterentwicklungen notwendig sind. Für den *Morphing Wing* ist z. B. eine Weiterentwicklung des Bauraumvolumens notwendig und aus infrastruktureller Sicht die Erarbeitung und Etablierung von Zertifizierungsprozessen.

In der anschließenden **Anwendungssegmentierung** werden **Technologieprofile** abgeleitet. Technologieprofile sind Cluster von Anwendungsideen, die bzgl. der enthaltenen Ausprägungen von Merkmalen eine hohe Ähnlichkeit aufweisen. Dafür werden zunächst in den Zeilen einer Ausprägungsliste die Merkmale (Leistungsparameter) und die jeweiligen Merkmalsausprägungen der Gitternetzstruktur vereinfacht dargestellt (Bild 3.54). In den Spalten werden die Anwendungsideen eingetragen. Je Anwendungsidee wird bewertet, welche Ausprägung zutrifft.

Trifft die Ausprägung zu, so wird eine „1" gesetzt; trifft sie nicht zu, wird eine „0" vergeben. Die Merkmalsausprägung 1A hohe Wärmeaufnahme trifft auf die Anwendungsidee *Heat Exchanger* zu. In der Clusteranalyse werden die Anwendungen, die sich in vielen Ausprägungen ähneln, zu Anwendungssegmenten zusammengefasst [Leh14]. Das Ergebnis der Bewertungen wird in einer multidimensionalen Skalierung dargestellt (vgl. Bild 3.54 rechts). Darin werden ähnliche Objekte nah und unähnliche weit entfernt voneinander visualisiert. Die Kugeln repräsentieren die Anwendungsideen. Anwendungen wie der *Heat Exchanger* oder die *HVAC-Komponenten* sind sich ähnlich, da bei beiden die *Thermische Führung* in Vordergrund steht.

Die Darstellung ermöglicht es nun, Anwendungssegmente zu identifizieren. Auf Basis einer Reflexion der für jedes Segment charakteristischen Leistungsparameter können Technologieprofile benannt werden. Für die Gitternetzstruktur ergeben sich insgesamt 12 Anwendungssegmente, respektive 12 kongruente Technologieprofile. Ein exemplarisches Technologieprofil ist *TP1: „Flexibel – Robust – Leicht"*: Dies sind Gitternetzstrukturen, die eine hohe strukturelle Integrität besitzen und bei Beweglichkeit/Verstellbarkeit die Aufnahme großer Kräfte und die Dämpfung starker Vibrationen ermöglichen. In entsprechenden Anwendungen kann durch diese Strukturen das Potential des Leichtbaus ausgenutzt werden.

Die Technologieprofile werden bewertet, um **Handlungsoptionen für die Produkt- und Technologieentwicklung** abzuleiten. Als Bewertungskriterien dienen die Dimensionen strategische Relevanz und relative Technologiekompetenz (Bild 3.55). Über den Durchmesser wird die Weiterentwicklungsintensität des Technologieprofils indiziert, diese bringt die „Höhe des benötigten Sprungs" zur Erreichung der geforderten Leistungsfähigkeit zum Ausdruck. Die Projektion in den Raum bildet den Realisierungshorizont (kurzfristig, mittelfristig und langfristig) ab.

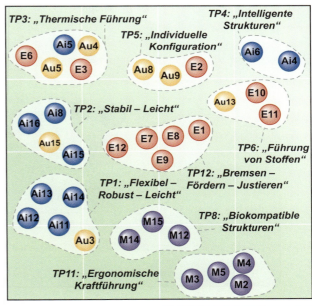
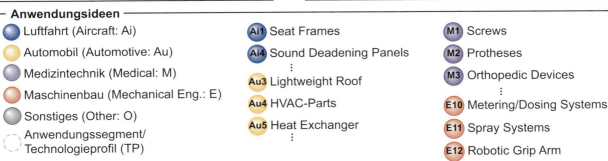

BILD 3.54 Charakterisierung der Anwendungsideen hinsichtlich geforderter Merkmalsausprägungen (links) und Ableitung von Technologieprofilen mittels multidimensionaler Skalierung (rechts) (Auszug)

3 Produktfindung – Ideen finden und konkretisieren

Zusätzlich zu den Technologieprofilen (in Blau) werden sogenannte Querschnittprofile (in Grün) betrachtet. Die Querschnittsprofile sind als Ergebnis der infrastrukturellen Anforderungen hervorgegangen, z. B. aus den Zukunftsszenarien. Dazu zählen z. B. die Entwicklung von Konstruktionsregeln oder die Weiterentwicklung von Nachbehandlungsmethoden zur Gewährleistung einer durchgängigen Prozesskette.

Aus dem kurzfristigen Bereich sind für die weitere Ausarbeitung Profile mit einer hohen strategischen Relevanz auszuwählen, die schnell und aus eigener Kraft des Unternehmens umsetzbar sind. Das gilt z. B. für das Technologieprofil TP3: *„Thermische Führung"*. Die Handlungsoption lautet: *höhere Marktdurchdringung*. Das Technologieprofil ist schnell und mit verfügbaren Kompetenzen für neue (bisher nicht bediente) Zielanwendungen qualifizierbar.

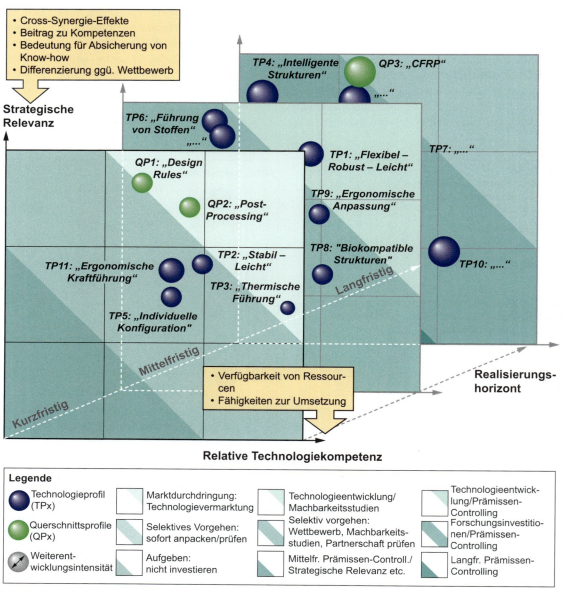

BILD 3.55 Portfolio-Roadmap zur Auswahl von Technologieprofilen

Für die Technologieprofile aus dem mittelfristigen und langfristigen Bereich steht dem Unternehmen theoretisch mehr Zeit zum Kompetenzaufbau zur Verfügung. Es sind insbesondere Technologieprofile von hoher strategischer Relevanz für die Entwicklung aus eigener Kraft oder in Kooperation in Erwägung zu ziehen.

5. Erarbeitung einer Technology Push-Strategie

Die ermittelten Handlungsoptionen bilden die Grundlage für die Erarbeitung einer Technology Push-Strategie, die auf einer **Vision** beruht und darstellt, wie diese Vision verwirklicht werden kann. Die zu formulierende Vision beschreibt, welchen Beitrag die behandelte Technologie zur angestrebten Positionierung in der Wettbewerbsarena leisten soll und welche Schlüsselkompetenzen aufzubauen sind.

So wurde für das Technologieprofil TP3: *„Thermische Führung"* eine höhere Marktdurchdringung als Ziel festgelegt (Problemraum: Realisierung diversifizierter Anwendungsideen) und als Zwischenziel die Etablierung eines „Leuchtturm-Projekts" mit ausgewählten Lead Usern sowie die entsprechende Weiterentwicklung des Technologieprofils (Lösungsraum) definiert. Kompetenzen sind mittelfristig in den Bereichen *Design Rules* und *Post-Processing* zu entwickeln, um die additiven Fertigungsverfahren (im Beispiel: Selektives Laserschmelzen) für die Herstellung einer Gitternetzstruktur (die entsprechend eines Technologieprofils beschaffen ist) einsetzen zu können. Des Weiteren wird in einer Technology Roadmap dargestellt, wie und wann die vorgestellte Technologieentwicklung in Technologieprofile und somit Anwendungen mündet (Bild 3.56).

Im Hinblick auf die **Operationalisierung der Strategie** werden Ziele bzw. Zwischenziele und Maßnahmen definiert (Bild 3.57). Schließlich werden die Maßnahmen für die Produkt- und Technologieentwicklung (Problem- und Lösungsraum) definiert. Maßnahmen im Problemraum sind z. B. die Ermittlung von Lead-Usern und die Durchführung von detaillierten Geschäftsfeldanalysen. Maßnahmen im Lösungsraum sind z. B. die patentrechtliche Absicherung bzw. die Durchführung von Machbarkeitsstudien für die Technologieprofile. Übergeordnete Maßnahmen werden im infrastrukturellen Raum erfasst, so sind z. B. die Weiterentwicklung von Konstruktionsregeln sowie eine kontinuierliche Evaluierung von Forschungsaktivitäten Beispiele für Maßnahmen in diesem Bereich.

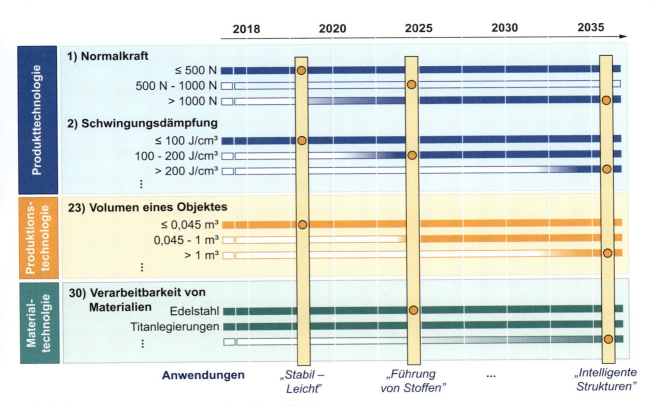

BILD 3.56 Technology Push Roadmap (Auszug; stark vereinfacht)

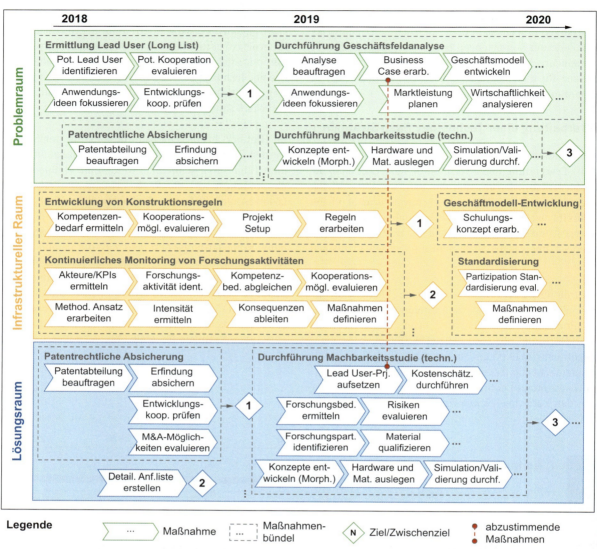

BILD 3.57 Ziele und Maßnahmen zur Operationalisierung des Technologieprofils TP6: „Führung von Stoffen" im Rahmen der Technology Push-Strategie

Resümee

Vor dem Hintergrund einer außerordentlich dynamisch technologischen Entwicklung stellt sich fast täglich in den Unternehmen die Frage, wo neue technologiegeprägte Wirkprinzipien, Lösungsmuster etc. Nutzen stiften und den Keim für Innovationen im Sinne von SCHUMPETER bilden könnten. Im Prinzip geht es um den Technology Push-Ansatz, der in der einschlägigen Fachliteratur häufig adressiert wird. Was aber bislang fehlt, ist ein klar strukturiertes Verfahren, mit dessen Hilfe ein Unternehmen ausgehend von einer neuen Technologie zu einer Erfolg versprechenden Marktleistung kommt. Die vorgestellte Systematik zeigt am Beispiel der faszinierenden Technologie Additive Fertigung (3D-Drucken) dem Praktiker auf, wie das gehen kann. Die Systematik ist relativ aufwendig, was der Komplexität der Aufgabe geschuldet ist; um sie erfolgreich anzuwenden, ist ein ganz besonders hohes Maß an Übung erforderlich. Häufig beobachten wir insbesondere im Mittelstand das Verhaltensmuster, auf eine etablierte Messe zu gehen und sich dort über die neuesten Problemlösungen zu informieren, die auf Technologien beruhen, die man bis dato nicht auf dem Schirm hatte. Zurück im Unternehmen wird dann zur Aufholjagd geblasen. Dieses reaktive Verhaltensmuster hat ganz offensichtlich erhebliche Nachteile. Daher liegt es nahe, mit der vorgestellten Systematik neue Anwendungen und attraktive Märkte proaktiv zu erschließen.

3.4 Frugal Innovation

Im Jahr 1980 wurden fast 80 % des globalen Bruttowaren-Umsatzes in Industrieländern erzielt. Seitdem ist dieser Anteil kontinuierlich gefallen; im Jahr 2013 wurden bereits fast 40 % des Bruttowaren-Umsatzes in Entwicklungs- und Schwellenländern umgesetzt [MGI15]. Märkte in Entwicklungs- und Schwellenländern rücken verstärkt in den Fokus international agierender Unternehmen [HW14]. Die Kunden in diesen Märkten sind allerdings deutlich preissensibler und fordern Marktleistungen, die an ihre lokalen Bedürfnisse angepasst sind. Eine der gängigsten Bezeichnung für solche Produkte und Dienstleistungen ist der Begriff Frugal Innovation [Eco10], [BBS13]. Bei frugalen Innovationen steht neben dem Redesign der Marktleistung auch die Adaption der gesamten Wertschöpfungskette und des Geschäftsmodells im Vordergrund [Eco10]. Wir verwenden die Definition von LEHNER in Anlehnung an EAGER ET AL. sowie TIWARI und HERSTATT:

„Frugale Innovationen sind neuartige oder signifikant veränderte Marktleistungen und Geschäftsmodelle, die an die Bedürfnisse der ärmeren Bevölkerung in Entwicklungs- und Schwellenländern angepasst sind." [TH14], [EOB+11], [Leh16]

Oft steht bei frugalen Innovationen der Preis im Vordergrund [BT12], [TH14], [ZWG11], aber auch nachhaltige bzw. soziale Aspekte werden ihnen zugeschrieben [Bha12], [BT12]. Ein Beispiel für eine nachhaltige frugale Innovation ist ein Wasserfilter mit auswechselbarer Filterkartusche, der von der Universität Aalto für das Unternehmen Ahlstrom entwickelt wurde. Er ersetzt in Tansania das Abkochen von Trinkwasser, bei dem in der Regel Feuerholz oder Holzkohle eingesetzt wird. Dadurch werden Treibhausgase reduziert sowie die Abholzung von Wäldern und negative gesundheitliche Auswirkungen vermieden [HKV16]. In der Praxis gibt es zahlreiche weitere Beispiele für frugale Innovationen; einige werden nachfolgend vorgestellt (Bild 3.58):

- Der **Tata Nano** ist ein Kleinstwagen des indischen Automobilherstellers Tata Motors. Durch den Verzicht auf Komfortelemente (z. B. Servolenkung) sowie weiterer Maßnahmen (z. B. geklebte statt geschweißte Chassiselemente) konnten die Fahrzeuge schon für einen Preis von 100 000 Rupien (1440 Euro) im Jahr 2009 auf den Markt gebracht werden. Damit war der Nano das günstigste Auto der Welt.
- Der **Embrace Infant Warmer** hält die Körpertemperatur von Frühgeborenen und untergewichtigen Babys auf einem konstanten Niveau. Der einfache Säuglingsinkubator ist tragbar, wiederverwendbar und benötigt nur zeitweise Zugang zur Elektrizität. Der Preis beträgt ca. 25 US-Dollar.
- **Village Phone** stellt Telekommunikations-Services in ländlichen Gebieten zur Verfügung. Das Besondere am angebotenen Service ist das zugehörige Geschäftsmodell. Personen eines Dorfes, die Kunden der Grameen Bank sind, wird ein Telefon zum Kauf angeboten. Durch den Kauf der Marktleistung werden die Käufer zum Unternehmer befähigt, indem sie Telefon-Services an andere Einwohner des Dorfes verkaufen können.

BILD 3.58 Beispiele für frugale Innovationen: 1) Tata Nano, 2) Embrace Infant Warmer und 3) Village Phone. Wikimedia Commons: Krokodyl, Madhusudhan Atri & Rahul Panicker; Grameen Telecom

Zielgruppe für diese Produkte und Services ist in den meisten Fällen die globale Mittelschicht; sie hat in den vergangen Jahren einen signifikanten Wohlstandszuwachs erfahren. Zur globalen Mittelschicht zählen laut Weltbank diejenigen Personen, die zwischen 2 und 13 $ pro Tag zur Verfügung haben [Rav09]. Weiten Teilen fehlt nach wie vor das Geld für aufwändige Produkte aus den hochentwickelten Industrieländern [ZWG11], [TH13]. Zudem müssen die Erzeugnisse andere Anforderungen erfüllen als heute in den Industrieländern üblich [GW11], da sie in einem gänzlich anderen Umfeld eingesetzt werden. Mit derartigen Erzeugnissen können hiesige Unternehmen ihre Wettbewerbsposition gegenüber aufstrebenden Konkurrenten aus den Schwellenländern (z. B. Haier oder Huawei) behaupten [RPA12].

Frugal Innovation kann in der Regel nicht isoliert betrachtet werden, sondern steht in Beziehung zu anderen Innovationsansätzen (Bild 3.59). Ausgangspunkt für die Innovation ist häufig ein Basis-Produkt, das in Industrieländern angeboten wird [MSA+12].

- **Defeaturing** eines bestehenden Produkts: Dabei wird die Funktionalität eines bestehenden Produkts eingeschränkt, um die Kosten zu reduzieren und das Produkt in Märkten mit geringer Kaufkraft zu vertreiben. Dies ist oftmals dem vorherrschenden Mangel an Wissen über lokale Rahmenbedingungen und Kundenbedürfnisse geschuldet. Durch die resultierende mangelnde Berücksichtigung von Rahmenbedingungen und Kundenbedürfnissen ist der Markterfolg eines derartigen Produkts meist gering.
- **Frugal Innovation:** Hier streben Unternehmen eine Neuentwicklung des Produkts für Schwellenländer an, d. h. das Produkt wird nicht mehr basierend auf dem originären Produkt für anspruchsvolle Märkte angepasst, sondern unter Berücksichtigung der lokalen Rahmenbedingungen und Kundenbedürfnisse der Zielmärkte entwickelt.
- **Reverse Innovation:** Die ursprünglich für Schwellenländer entwickelten frugalen Produkte werden in leicht modifizierter Form auch in den Industrieländern angeboten. Mit Eigenschaften wie Zweckmäßigkeit und Robustheit sowie einem attraktiven Preis-/Leistungsverhältnis können auch in heimischen Märkten neue Käuferschichten erschlossen werden.

Es zeigt sich allerdings, dass viele Unternehmen das bestehende Potential für frugale Innovationen nicht ausschöpfen. So stellen z. B. ROLAND BERGER STRATEGY CONSULTANTS in einer Umfrage unter mehr als 60 Unternehmen fest, dass nur 29 % der befragten Unternehmen mit dem Gewinn von frugalen Innovationen zufrieden sind [RB13]. Offensichtlich mangelt es den Unternehmen an geeigneten Instrumenten zur Entwicklung von frugalen Innovationen. Wir schlagen zur Entwicklung von frugalen Innovationen daher gemäß Bild 3.60 ein vierstufiges Vorgehen vor. Ausgangspunkt der Systematik sind eine bestehende Marktleistung

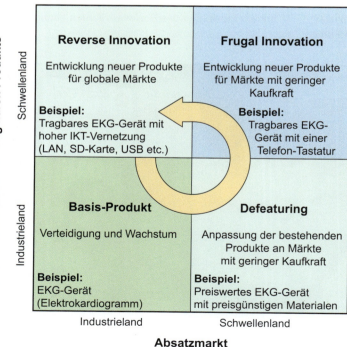

BILD 3.59
Einordnung von Frugal Innovation in Anlehnung an [Leh16], [MSA+12]

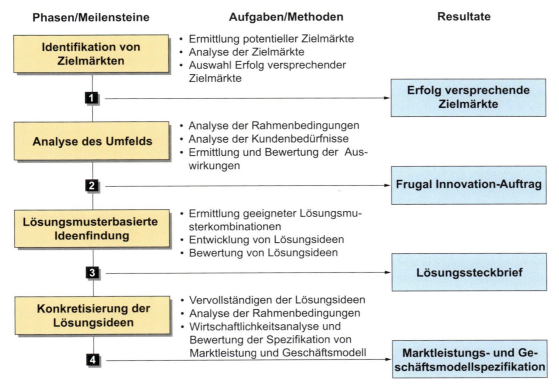

BILD 3.60 Vorgehensmodell zur lösungsmusterbasierten Entwicklung von frugalen Innovationen [Leh16]

und das zugehörige Geschäftsmodell, welche für ein Entwicklungs- bzw. Schwellenland grundsätzlich in Frage kommen. Sie werden unter Berücksichtigung der dortigen Gegebenheiten grundlegend neu entwickelt [Leh16].

Das Vorgehen wird am Beispiel eines telemedizinischen Assistenzsystems zum Monitoring des Gesundheitszustands von Patienten in den folgenden Abschnitten erläutert.

1. Identifikation von Zielmärkten

Zunächst werden Erfolg versprechende Zielmärkte für die frugale Innovation identifiziert. Ausgangspunkt sind, gemäß der Definition von frugalen Innovationen, alle Entwicklungs- und Schwellenländer – wir sprechen hier von rund 150 Ländern. Dabei kann eine Eingrenzung anhand makroökonomischer Kriterien erfolgen. Zudem wird eine geographische Eingrenzung (z. B. auf Lateinamerika und die Karibik) vorgenommen und die Einwohnerzahl bewertet. Die Größe des Absatzmarktes ist aufgrund der mit frugalen Innovationen erzielbaren geringen Gewinnmarge von herausragender Bedeutung [UF13]. Eine weitere Eingrenzung der in Frage kommenden Zielmärkte erlaubt die Betrachtung von makroökonomischen Standortfaktoren, z. B. mit Hilfe des Economic Freedom Index [HF15-ol].

Die abschließende Auswahl der Zielmärkte erfolgt anhand von mikroökonomischen Kriterien. Dabei werden drei Bewertungsdimensionen berücksichtigt: die Marktattraktivität, der Fit zu den Rahmenbedingungen und der Fit zum Unternehmen.

- **Marktattraktivität:** Sie ergibt sich aus der Berücksichtigung der Kriterien Marktpotential, Wettbewerbsintensität, erwarteter Nutzen und Zukunftsrelevanz.
- **Fit zu den Rahmenbedingungen:** Dabei werden als Kriterien sechs Problemursachen berücksichtigt, die bei der Analyse von über 30 frugalen Innovationen identifiziert wurden: Umwelt, Infrastruktur, Bildung, Kulturkreis, Regulierung und Finanzen.
- **Fit zum Unternehmen:** Hier wird die Ausgangslage des Unternehmens betrachtet. Es werden die Kriterien lokale Präsenz, Marktkenntnisse und Strategiekonformität herangezogen.

Die Auswahl des Zielmarktes für die frugale Innovation erfolgt anschließend anhand eines Portfolios, das in Bild 3.61 dargestellt ist. Im vorliegenden Beispiel wurde Ägypten als Zielmarkt ausgewählt.

2. Analyse des Umfelds

Ziel dieser Phase ist der Frugal Innovation-Auftrag. Dieser umfasst eine Beschreibung möglicher Probleme der Marktleistung und des Geschäftsmodells bei der Einführung im Zielmarkt. Die Identifikation der Probleme erfolgt anhand der Analyse der heutigen und zukünftigen Rahmenbedingungen sowie der Kundenbedürfnisse im Zielmarkt. Deren Auswirkungen auf die betrachtete Marktleistung und das Geschäftsmodell werden abschließend ermittelt.

Analyse der Rahmenbedingungen: Diese erfolgt in zwei Schritten: 1) Zunächst werden Beschreibungsfaktoren ermittelt. Sie dienen dazu, die Unterschiede der Rahmenbedingungen im Ausgangs- und Zielmarkt zu charakterisieren. Die sechs Problemursachen (*Umwelt, Infrastruktur, Bildung, Kulturkreis, Regulierung* und *Finanzen*) von frugalen Innovationen bilden den Analyserahmen. Ein Beispiel für einen Beschreibungsfaktor für die Problemursache Infrastruktur ist die *Informations- und Kommunikationstechnik*. 2) Des Weiteren werden die Beschreibungsfaktoren anhand von Indikatoren charakterisiert. Ein Indikator für den oben genannten Beschreibungsfaktor ist z. B. *Fester Breitbandanschluss pro Einwohner*. Für die Indikatoren werden dann die Ausprägungen im Ausgangs- und Zielmarkt ermittelt. In Deutschland besitzen beispielsweise 95 % der Einwohner einen Breitbandanschluss, in Ägypten nur 3 %. Zudem wird die zukünftige Entwicklung des Indikators im Zielmarkt bewertet.

Analyse der Kundenbedürfnisse: Dabei wird in drei Schritten vorgegangen: 1) Im ersten Schritt werden Substitute für die angestrebte Marktleistung im Zielmarkt identifiziert. 2) Anschließend werden die Kunden bei der Nutzung der Substitute beobachtet. Die Kundenaktivitäten werden in Form einer Prozessbeschreibung erfasst. 3) Im Rahmen der Dokumentation der Ergebnisse werden Kundenbedürfnisse, die mit den einzelnen Substituten angesprochen werden, zusammengefasst und ihre Erfüllung durch die Substitute bewertet. Die Erkenntnisse werden in Steckbriefen festgehalten.

Ermittlung und Bewertung der Auswirkungen: Hierbei werden zwei Schritte durchgeführt: 1) Auf der Grundlage der Rahmenbedingungen und der lokalen Bedürfnisse werden die Auswirkungen auf das gegenwärtig verfolgte Geschäftsmodell und die damit angebotene Marktleistung ermittelt. Zur Bewertung der Auswirkungen werden die Rahmenbedingungen und Kundenbedürfnisse der Marktleistung und dem Geschäftsmodell gegenübergestellt (Bild 3.62). Abhängig vom Anwendungsfall sind dabei unterschiedliche Sichten zu berücksichtigen. Bild 3.62 (rechts)

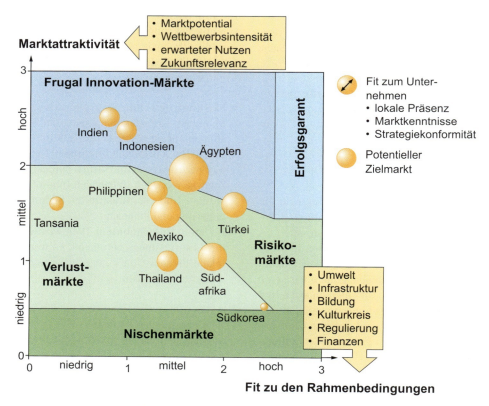

BILD 3.61 Portfolio zur Auswahl geeigneter Zielmärkte [Leh16]

3.4 Frugal Innovation

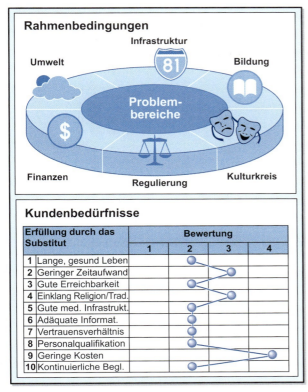

BILD 3.62 Gegenüberstellung der Rahmenbedingungen und Kundenbedürfnisse mit der Marktleistung (Produkt und Dienstleistung) und dem Geschäftsmodell [Leh16]

zeigt eine Auswahl möglicher Sichten auf den Betrachtungsgegenstand. Probleme werden anhand der Sichten auf den Betrachtungsgegenstand abgeleitet.

Die Analyse des Produkts kann beispielsweise anhand dessen Funktionalität, der Gestalt oder der Lösungselemente erfolgen. So führt die Analyse der Gestalt des telemedizinischen Assistenzsystems unter Berücksichtigung des Zielmarkts Ägypten beispielsweise zur Identifikation des Problems *Schmutz und Sandkörner blockieren den Klappmechanismus*. Die so identifizierten Probleme werden folgend den Problemursachen (*Umwelt, Infrastruktur, Bildung, Kulturkreis, Regulierung* und *Finanzen*) und Auswirkungsbereichen zugeordnet. Auswirkungsbereiche charakterisieren, welche Elemente der Marktleistung (*Funktionen* und *Lösungselemente*) und des Geschäftsmodells (*Kundensegmente, Kanäle, Kundenbeziehungen, Nutzenversprechen, Schlüsselaktivitäten, -ressourcen* und *-partner, Ertrags- und Kostenmodell*) von dem Problem betroffen sind. Eine Kombination aus Problemursache und Auswirkungsbereich wird als Problemfeld bezeichnet. Das Problem *Schmutz und Sandkörner blockieren den Klappmechanismus* resultiert aus der Problemursache *Umwelt* und betrifft den Auswirkungsbereich *Lösungselement (Markt-*

leistung). Es wird folglich dem Problemfeld *Umwelt/Lösungselement* zugeordnet.

2) Die Ergebnisse der Analyse führen zu einem Frugal Innovation-Auftrag (Bild 3.63). Er enthält eine Beschreibung und Bewertung der gegenwärtigen Marktleistung und des gegenwärtigen Geschäftsmodells sowie eine Übersicht der ermittelten Probleme. Die Probleme werden in der Problemmatrix zusammengefasst. Die Matrix enthält in den Zeilen die Problemursachen und in den Spalten die Auswirkungsbereiche (Elemente von Marktleistung und Geschäftsmodell). Die Zellen stellen somit die Problemfelder dar. Durch ein „X" wird das Vorhandensein von Problemen in den Problemfeldern angezeigt. Weiterhin wird im Kundenbedürfnisprofil bewertet, wie gut das gegenwärtige Konzept die Kundenanforderungen erfüllt. In der Regel wird deutlich: Die bestehende Marktleistung und das verfolgte Geschäftsmodell würden im Zielmarkt nicht funktionieren. Sie müssen oftmals grundlegend neu konzipiert werden, um den Rahmenbedingungen und Kundenbedürfnissen im Zielmarkt gerecht zu werden.

3 Produktfindung – Ideen finden und konkretisieren

| Frugal Innovation-Auftrag: Entwicklung eines telemedizinischen Assistenzsystems für Ägypten | Datum: 28.09.2015 Bearbeiter: A.L. |

Darstellung der Marktleistung und des Geschäftsmodells

Beschreibung

Das betrachtete telemedizinische Assistenzsystem wird zur Therapie von Diabetes- und Bluthochdruck-Patienten eingesetzt. Mit Hilfe des Endgeräts können Patienten Daten aufnehmen und via Smartphone an eine Datenbank versenden. Auf diese haben der behandelnde Arzt als auch ein medizinisches Call-Center Zugriff. In Abhängigkeit von den erhobenen Parametern erhält der Patient Feedback und Handlungsempfehlungen zu seinem persönlichen Gesundheitszustand. Die Kosten für das Endgerät und die Dienstleistung trägt der Patient. Der Vertrieb erfolgt direkt oder über Apotheken.

Skizze

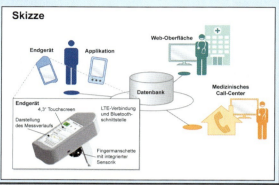

Übersicht der ermittelten Probleme (Auszug)

Umwelt
- U.1 Beschlagener Bildschirm
- U.2 Anfällige Klappe
- U.3 Überhitzung der Sensoren
- U.4 Schlechte Handhabung

Infrastruktur
- I.1 Schwankende Energieversorgung
- I.2 Unzureichende Smartphone-Verbreitung
- I.3 Unzureichende Ausstattung von Arztpraxen und Krankenhäusern mit medizinischen Geräten und IKT

Bildung
- B.1 Ausbildung ländlicher Ärzte
- B.2 Fachwissen bei den Vertriebspartnern
- B.3 Analphabetismus der Bevölkerung
- B.4 Fehlende medizinische Grundkenntnisse

Kulturkreis
- K.1 Art der Werbemedien
- K.2 Stellenwert von Prävention
- K.3 Unpersönliche Kommunikation
- K.4 Einbindung von Religion und Tradition

Regulierung
- R.1 Autorisierter Vertreter
- R.2 Kundenservice im Land
- R.3 Medikamentenpreisbindung

Finanzen
- F.1 Einkommen der Bevölkerung
- F.2 Private Gesundheitsausgaben
- F.3 Staatliche Gesundheitsausgaben
- F.4 Kosten für bestehende Marktleistungen

Kundenbedürfnisse

- KB.1 Unzureichende Einbindung in Religion/Tradition
- KB.2 Zu teuer für Bürger aus der Unter- und Mittelschicht

Bewertung des bestehenden Marktleistungs- und Geschäftsmodellkonzepts

Problemmatrix

	KS*	KB*	KA*	NV*	SA*	SR*	SP*	EM*	KM*	FU**	LE**
☁ (Umwelt)	0	0	0	0	0	0	0	0	0	0	X
🛣 (Infrastruktur)	0	X	X	0	0	0	0	0	0	0	X
📖 (Bildung)	0	0	X	X	0	0	0	0	0	X	X
🎭 (Kulturkreis)	0	0	X	X	0	0	0	0	0	X	0
⚖ (Regulierung)	0	0	0	0	0	0	0	0	0	0	0
$ (Finanzen)					X						

Kundenbedürfnisprofil

Kundenanforderungen	Bewertung 0	1	2	3
Lange, gesund Leben				●
Geringer Zeitaufwand				●
Gute Erreichbarkeit			●	
Im Einklang mit Religion/Tradition	●			
Gute, medizinische Infrastruktur			●	
Adäquate Informat. zur Krankheit			●	
Gutes Vertrauensverhältnis				●
Hohe Qualifikation des Personals				●
Geringe Kosten	●			
Kontinuierliche Begleitung				●

* Elemente des Geschäftsmodells (v.l.n.r.): Kundensegmente, Kundenbeziehungen, Kanäle, Nutzenversprechen, Schlüsselaktivitäten, Schlüsselressourcen, Schlüsselpartner, Ertragsmodell, Kostenmodell
** Elemente der Marktleistung (v.l.n.r.): Funktionen, Lösungselemente

BILD 3.63 Steckbrief eines Frugal Innovation-Auftrags [Leh16]

3. Lösungsmusterbasierte Ideenfindung

Zur Behebung der identifizierten Probleme werden Lösungsideen entwickelt. Da bei Frugal Innovation häufig wiederkehrende Probleme wie schlechte Infrastruktur, widrige klimatische Bedingungen oder fehlende Bildung, auftreten, bietet sich eine lösungsmusterbasierte Ideenfindung an. Lösungsmuster sind abstrahierte bewährte Lösungen für wiederkehrende Probleme; ihre Anwendung zur Lösung konkreter Probleme erfolgt in drei Schritten: 1) Abstraktion des Problems in abstrakte Problemfelder, 2) Ermittlung von Lösungsmustern für die Problemfelder, 3) Konkretisierung der Lösungsmuster für den Anwendungskontext. Dazu werden 55 Lösungsmuster verwendet, die durch die Analyse von bestehenden frugalen Innovationen identifiziert wurden (vgl. Kasten). Die Ideenfindung erfolgt zyklisch. Dabei wird die Idee mit jedem Durchlauf sukzessive verbessert bzw. den Anforderungen des Zielmarktes angenähert. Ein Zyklus besteht aus den drei Schritten: Ermittlung geeigneter Lösungsmusterkombinationen, Entwicklung von Lösungsideen und Bewertung der Lösungsideen, die nachfolgend kurz erläutert werden. Am Ende jedes Zyklus wird entschieden, ob dieser erneut durchlaufen werden muss, die Idee zurückgestellt wird oder die Idee in die weitere Konkretisierung übergeben wird.

DAS FRUGAL INNOVATION LÖSUNGSMUSTER-SYSTEM

Das musterbasierte Lösen von immer wieder auftretenden Problemen im Zuge der Entwicklung eines technischen Systems hat sich in vielen Domänen bewährt; das gilt beispielsweise für die Wirkprinzipien der mechanischen Konstruktion und für die sogenannte Design Pattern der Software-Entwicklung. Ein Muster umfasst dabei nach ALEXANDER *„ein in unserer Umwelt immer wieder auftretendes Problem, den Kern der Lösung dieses Problems, und zwar so, dass man diese Lösung millionenfach anwenden kann, ohne sich je zu wiederholen"* [AIS+95]. Mehrere Muster in einer Domäne lassen sich zu sogenannten Musterkatalogen zusammenfassen. Werden zusätzlich noch die Abhängigkeiten zwischen den Mustern betrachtet, die Implementierung beschrieben und der Problemlösungsprozess unterstützt, so wird von einem Mustersystem gesprochen [BMR+00]. Mustersysteme sind auch für die Entwicklung von frugalen Innovationen ein vielversprechender Lösungsansatz. Das Frugal Innovation Mustersystem wird in einem vierschrittigen Vorgehen entwickelt, das nachfolgend erläutert wird [Leh16]:

1) Zunächst gilt es eine Übersicht über bestehende frugale Innovationen zu erstellen, die in Form von Steckbriefen dokumentiert werden.
2) Dann werden die Probleme identifiziert, die den Einsatz einer Marktleistung und eines Geschäftsmodells aus einem hochentwickelten Industrieland verhindert haben und zur Entwicklung der frugalen Innovation führten. Die ermittelten Probleme lassen sich den Problemursachen Umwelt, Infrastruktur, Bildung, Kulturkreis, Regulierung und Finanzen zuordnen. Zudem lässt sich ermitteln, auf welche Aspekte der Marktleistung und des Geschäftsmodells die Probleme eine Auswirkung haben. Dadurch ergeben sich die sogenannten Problemfelder für die bestehende Marktleistung und das Geschäftsmodell.
3) Nachfolgend wird ermittelt, wie die recherchierten frugalen Innovationen diese Probleme bewältigt haben. Diese Lösungen werden abstrahiert, um den Kerngedanken der Lösung zu extrahieren und zwar so, dass er auf andere Probleme übertragbar ist. Bild 1 zeigt dieses Vorgehen anhand von EKG-Geräten. Bei der Analyse des Geräts für Industrieländer stellte sich beispielsweise heraus, dass dessen Einsatz in entlegenen Gegenden in Entwicklungs- und Schwellenländern an der mangelnden Widerstandsfähigkeit der verbauten Druckköpfe gegen Temperaturen und Luftfeuchtigkeit scheitert. Dieses Problem lässt sich der Problemursache Umwelt und dem Auswirkungsbereich Lösungselement zuordnen. Das Problem wird von dem Gerät für Entwicklungs- und Schwellenländer durch die Nutzung von Druckern aus indischen Bus-Bahnhöfen gelöst. Durch Abstraktion ergibt sich das Lösungsmuster „Nutzung bestehender Technologien aus anderen Branchen". Insgesamt wurden auf diese Weise 55 Lösungsmuster für frugale Innovationen identifiziert.
4) Durch eine Analyse des Lösungsmusterkatalogs lassen sich weitere Informationen gewinnen, beispielsweise wie verbreitet ein Lösungsmuster ist oder mit welchen Lösungsmustern es häufig gemeinsam auftritt. Die Lösungsmuster werden abschließend als Steckbriefe dokumentiert. Bild 2 zeigt einen Ausschnitt der identifizierten Lösungsmuster. Die Lösungsmuster sind dabei den Problem-

3 Produktfindung – Ideen finden und konkretisieren

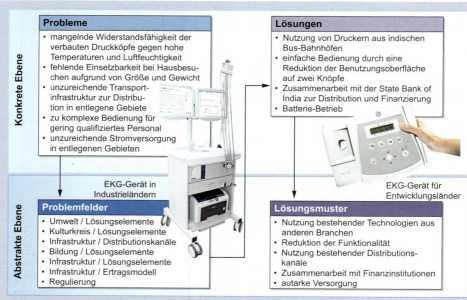

BILD 1 Vorgehen zur Ermittlung von Lösungsmustern am Beispiel von EKG-Geräten [Leh16]

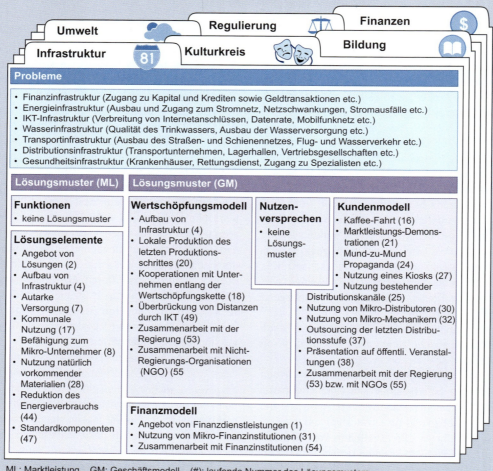

ML: Marktleistung   GM: Geschäftsmodell   (#): laufende Nummer des Lösungsmusters
NGO: Nicht-Regierungs-Organisation   IKT: Informations- und Kommunikationstechnik

BILD 2 Übersicht der identifizierten Lösungsmuster (Auszug für die Problemursache Infrastruktur) [Leh16]

ursachen sowie den von den Problemursachen hauptsächlich betroffenen Auswirkungsbereichen der Marktleistung und des Geschäftsmodells zugeordnet – also den Problemfeldern. Auswirkungsbereiche der Marktleistung sind dabei Funktionen und Lösungselemente; das Geschäftsmodell ist in die Auswirkungsbereiche Kundenmodell (Kundensegmente, Kanäle und Kundenbeziehungen), Nutzenversprechen, Wertschöpfungsmodell (Schlüsselaktivitäten, -ressourcen und -partner) und Finanzmodell (Ertrags- und Kostenmodell) untergliedert.

Literatur:

[AIS+95] ALEXANDER, C.; ISHIKAWA, S.; SILVERSTEIN, M.; JACOBSON, M.; KING, I. F.; ANGEL, S.: Eine Muster-Sprache – Städte Gebäude Konstruktion. Löcker Verlag, Wien, 1995

[BMR+00] BUSCHMANN, F.; MEUNIER, R.; ROHNERT, H.; SOMMERLAD, P.; STAL, M.: Pattern-orientierte Softwarearchitektur – Ein Pattern-System. Addison-Wesley, 1. Korr. Nachdruck, Bonn, 2000

[Leh16] LEHNER, A.-C.: Systematik zur lösungsmusterbasierten Entwicklung von Frugal Innovations. Dissertation, Fakultät für Maschinenbau, Universität Paderborn, HNI-Verlagsschriftenreihe, Band 359, Paderborn, 2016

Ermittlung geeigneter Lösungsmusterkombinationen: Zur Lösung aller identifizierten Probleme werden alternative Lösungsmusterkombinationen gebildet. Dazu werden all diejenigen Lösungsmuster herangezogen, die mindestens eines der vorliegenden Problemfelder adressieren. Für sie werden zum einen wechselseitige Verträglichkeit der Lösungsmuster und zum anderen die Passgenauigkeit überprüft und sichergestellt. Die Passgenauigkeit beschreibt die Überschneidung von den vom Lösungsmuster behandelten Problemfeldern und den im konkreten Anwendungsfall vorliegenden Problemfeldern. Die Auswahl der weiter zu verfolgenden Lösungsmusterkombinationen erfolgt anhand der Kriterien *Passgenauigkeit, Problemlösungs-* und *Kostensenkungspotential*. Dabei ist es durchaus möglich, dass eine Lösungsmusterkombination nicht alle vorliegenden Problemfelder behandelt.

Entwicklung von Lösungsideen: Jede der Lösungsmusterkombinationen lässt sich zu unterschiedlichen Lösungsideen, also Marktleistungs- und Geschäftsmodellkonzepten, ausgestalten. Zunächst werden dazu die einzelnen Muster der Lösungsmusterkombination konkretisiert. Dabei werden je Muster unterschiedliche konkrete Ausprägungen ermittelt. Beispielsweise können für das Lösungsmuster „Zusammenarbeit mit NGO" die Ausprägungen „Kontaktherstellung durch die Egyptian Diabetes Association" oder „Gemeinsame Aufklärungskampagnen" generiert werden. Für Problemfelder, für die keine Lösungsmuster vorliegen, gilt es auf „konventionellem Wege" Lösungs-Ausprägungen zu finden. In beiden Fällen können gängige Kreativitätstechniken angewandt werden (vgl. Kapitel 3.1). Die einzelnen Ausprägungen werden anschließend in einem morphologischen Kasten zu Lösungsideen kombiniert. Die Zeilen des morphologischen Kastens enthalten die Ausprägungen für die einzelnen Lösungsmuster oder offenen Problemfelder. Je Zeile können für eine Lösungsidee eine oder mehrere Ausprägungen ausgewählt werden. Es gilt sicherzustellen, dass die für eine Lösungsidee ausgewählten Ausprägungen konsistent sind.

Bewertung der Lösungsideen: Zur Übergabe der Konzepte in die Phase der Konkretisierung müssen diese drei Kriterien entsprechen: *Konformität zur Unternehmensstrategie, Fit zu den Rahmenbedingungen* und *Erfüllung der Kundenbedürfnisse*. Andernfalls ist anhand der Ausprägung der Kriterien zu entscheiden, ob die Idee zurückgestellt oder der Zyklus erneut durchlaufen werden soll.

Zur Dokumentation wird für jede Lösungsidee (Konzept) ein Steckbrief erstellt. Nach jedem Durchlauf eines Zyklus wird dieser aktualisiert. Der Steckbrief enthält eine prägnante Beschreibung der Idee und Informationen über die verwendeten Lösungsmuster. Weiterhin wird beschrieben, wie die identifizierten Probleme gelöst werden. Zudem wird in der Problemmatrix erfasst, in welchen Problemfeldern noch Probleme vorliegen, und der Fit zu den Kundenbedürfnissen dargestellt. Bild 3.64 zeigt den Lösungsideensteckbrief für die Lösungsidee „Mobiler Telemedizin-Bus". Da keine Probleme mehr vorliegen, die Problemmatrix also ausschließlich mit „0" befüllt ist, und die Kundenbedürfnisse gut erfüllt werden, wird die Idee im Folgenden weiter betrachtet.

4. Konkretisierung der Lösungsideen

Ziel der letzten Phase ist eine detaillierte Marktleistungs- und Geschäftsmodellspezifikation. Dazu werden zunächst die in diese Phase übergebenen Lösungsideen vervollständigt. Auf Basis eines Steckbriefs können sowohl eine Funktions- bzw. Prozessstruktur (vgl. Kapitel 5.4) als

Lösungsideensteckbrief Nr. 1.2.1.1 „Mobiler Telemedizin-Bus"

Darstellung der Lösungsidee

Beschreibung

Die angebotene Marktleistung umfasst die Messung und Analyse von medizinischen Parametern als auch die Kontaktaufnahme mit Spezialisten. Der Ort der Leistungserbringung ist ein mit medizinischen Geräten und IKT-Infrastruktur ausgestatteter Bus. Dieser wird von einem Fahrer und einer speziell ausgebildeten Krankenschwester betrieben. Basierend auf einem öffentlichen Fahrplan werden verschiedene Dörfer (Moscheen) angefahren. Darüber hinaus werden Medikamente ausgegeben. Durch die enge Zusammenarbeit mit Staat, NGO und Pharmaunternehmen kann eine hohe Marktdurchdringung erzielt werden. Die finanzielle Unterstützung vom Staat und NGO sowie die gestaffelte Preisbildung macht die Marktleistung für untere Einkommensschichten erschwinglich.

Skizze

Verwendete Lösungsmuster | Anzahl der Lösungsmuster: 16

Angebot von Lösungen (2), Ausbildung lokaler Talente (5), Auslastung der Schlüsselressourcen (6), Autarke Versorgung (7), Befriedigung der Grundbedürfnisse (8), Erweiterung der Funktionalität (14), Gestaffelte Preisbildung (16), Kooperation mit Unternehmen entlang der WSK (19), Mund-zu-Mund-Propaganda (24), Nutzung bestehender Distributionskanäle (25), Nutzung bestehender Technologien (26), Nutzung eines Kiosks (27), Überbrückung von Distanzen durch IKT (49), Zusammenarbeit mit der Regierung (53), Zusammenarbeit mit NGO (55)

Ideen zur Lösung der ermittelten Probleme (Auszug)

Umwelt
- Messungen werden im Kiosk durchgeführt: Störfaktoren, wie Feuchtigkeit oder Temperatur, können so vom Endgerät weitestgehend abgeschirmt werden (LM 27)

Kulturkreis
- Kundenbind.: Bereitstellung von Medikamenten (LM 9)
- Sammelpunkte an Moscheen (19)
- Nutzung des Netzwerks der Egypt Diabetes Foundation zur Kundenakquise (LM 55)

Bildung
- Patienten werden bei der Messung durch eine Krankenschwester unterstützt: keine Barrieren durch Analphabetismus (LM 2)
- Aufklärungsveranstaltungen zusammen mit Pharmaunternehmen, Regierung u. NGO (LM 19; 53; 55)

Infrastruktur
- das Endgerät wird semi-stationär eingesetzt, dadurch einfacherer Zugang zur Infrastruktur (LM 2; 27)
- das Gerät verfügt zusätzlich über einen Notfallgenerator und eine Richtantenne (LM 7)
- die Marktleistung kommt zu den Patienten (LM 6)

Regulierung
- keine zu lösenden Probleme vorhanden

Finanzen
- ärmere Patienten werden durch Reichere subventioniert (LM 16)
- medizinische Infrastruktur kann durch den Bus mehr Kunden zugänglich gemacht werden (LM 6)
- zusätzliche Einnahmen durch den Verkauf und die Distribution von Medikamenten

Kundenbedürfnisse
- Durch die Haltestellen an Moscheen werden Religion/ Tradition eingebunden
- Höh. Lebenserwartung durch regelm. Kontrolluntersu.

Bewertung der Lösungsidee

Problemmatrix

	KS*	KB*	KA*	NV*	SA*	SR*	SP*	EM*	KM*	FU**	LE**
☁	0	0	0	0	0	0	0	0	0	0	0
🛣	0	0	0	0	0	0	0	0	0	0	0
📖	0	0	0	0	0	0	0	0	0	0	0
🎭	0	0	0	0	0	0	0	0	0	0	0
⚖	0	0	0	0	0	0	0	0	0	0	0
$	0										

Kundenbedürfnis-Profil

	Bewertung			
	0	1	2	3
Lange, gesund Leben			●	
Geringer Zeitaufwand			●	
Gute Erreichbarkeit			●	
Im Einklang mit Religion/Tradition			●	
Gute, medizinische Infrastruktur			●	
Adäquate Informat. zur Krankheit			●	
Gutes Vertrauensverhältnis			●	
Hohe Qualifikation des Personals				●
Geringe Kosten			●	
Kontinuierliche Begleitung			●	

* Elemente des Geschäftsmodells (v.l.n.r.): Kundensegmente, Kundenbeziehungen, Kanäle, Nutzenversprechen, Schlüsselaktivitäten, Schlüsselressourcen, Schlüsselpartner, Ertragsmodell, Kostenmodell
** Elemente der Marktleistung (v.l.n.r.): Funktionen, Lösungselemente

BILD 3.64 Steckbrief für die Lösungsidee (das Konzept) „Mobiler Telemedizin-Bus" [Leh16]

auch eine Business Model Canvas (vgl. Kapitel 4.3) initial befüllt werden. Der Steckbrief für den mobilen Telemedizin-Bus liefert z.B. die Aussage, dass Probleme mit der Energie- und Kommunikationsinfrastruktur durch einen Notstromgenerator sowie eine Satellitenantenne gelöst werden sollen. Daraus ergeben sich in der Funktionshierarchie die Funktionen „Energie bereitstellen" und „Signale empfangen" sowie die korrespondierenden Lösungselemente „Notstromgenerator" und „Richtantenne". Aus der Idee lassen sich ebenso verschiedene Aspekte des Geschäftsmodells ableiten. Zur Kundenakquisition soll beispielsweise das Netzwerk der Egypt Diabetes Foundation genutzt werden. Daraus resultiert deren Einstufung als Schlüsselpartner im Geschäftsmodell. Im Zuge der weiteren Konkretisierung gilt es, die vorliegenden Konzepte weiter auszugestalten. Hierzu werden die gängigen Methoden der Marktleistungs- und Geschäftsmodellentwicklung herangezogen, die wir an anderer Stelle beschreiben.

Vor der abschließenden Auswahl einer Marktleistungs- und Geschäftsmodellspezifikation ist noch zu prüfen, ob sich die der Lösung zugrunde liegenden Prämissen aus der Analyse des Umfelds geändert haben. Zudem werden die dort durchgeführten Analysen angepasst und erweitert. Ergeben sich neue Herausforderungen, so ist die betreffende Spezifikation dementsprechend anzupassen. In unserem Beispiel erreichten drei Lösungen eine hohe Reife: der „Telemedizin-Bus", ein „Kommunaler Internetarbeitsplatz mit Telemedizin-Schnittstelle" und ein „Funktionsintegriertes Telemedizin-Smartphone". Die finale Auswahl einer Lösung erfolgt anhand eines Portfolios mit den drei Bewertungsdimensionen Fit zum Umfeld, Fit zum Unternehmen und Wirtschaftlichkeit (Bild 3.65). Diese werden folgend erläutert.

- **Fit zum Umfeld:** Hier wird überprüft, ob die Lösungsidee die identifizierten Probleme löst (*Fit zu den Rahmenbedingungen*). Zudem wird ermittelt, ob die Kundenbedürfnisse erfüllt werden (*Fit zu den Kundenbedürfnissen*).
- **Fit zum Unternehmen:** Hier geht es zunächst um die Konformität zur Unternehmensstrategie (*Fit zur Unternehmensstrategie*). Zudem wird geprüft, ob die Idee mit den vorhandenen Kompetenzen des Unternehmens realisiert werden kann (*Fit zu den Kompetenzen*).
- **Wirtschaftlichkeit:** Anhand der zu diesem Zeitpunkt vorliegenden Informationen wird eine erste Wirtschaftlichkeitsbetrachtung durchgeführt.

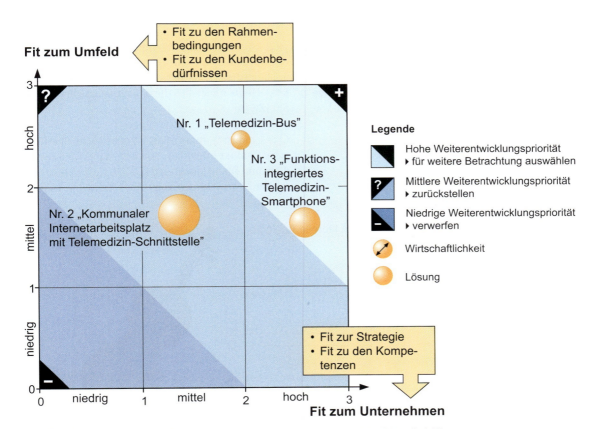

BILD 3.65 Portfolio zur Auswahl einer Erfolg versprechenden Lösung für frugale Innovationen [Leh16]

Resümee

Märkte in den Entwicklungs- und Schwellenländern geraten durch die Zunahme des Wohlstands der globalen Mittelschicht zunehmend in den Fokus. Sie verlangen jedoch nach Produkten, die an die lokalen Bedürfnisse der Bevölkerung angepasst sind. Der Ansatz Frugal Innovation bietet Unternehmen aus den Industrieländern eine hervorragende Möglichkeit, an dieser Entwicklung zu partizipieren. Die vorgestellte Methode ist ein Leitfaden, frugale Innovationen zielgerichtet zu planen. Sie eignet sich insbesondere für komplexere Marktleistungen mit hohem Adaptionsaufwand. In der Fachliteratur wird auf folgende Erfolgsfaktoren hingewiesen [RB13], die wir bestätigen können:

- Marktanalyse: Durch sie ist ein umfassendes Kundenverständnis herzustellen und insbesondere die Zahlungsbereitschaft der Kunden festzustellen. Ebenso wichtig ist es, zu ermitteln, wofür der Kunde nicht zahlen möchte. Zudem ist eine frühzeitige Analyse der Wettbewerberprodukte von hoher Bedeutung.
- Entwicklung: Für die Entwicklung von Marktleistungen, die die lokalen Kundenbedürfnisse ansprechen, ist eine Forschung und Entwicklung vor Ort zielführend. Zudem zeigt sich, dass interdisziplinäre Teams hier einen wesentlichen Vorteil bieten.
- Einkauf und Wertschöpfungskette: Frugale Innovationen sind dann besonders erfolgreich, wenn reaktionsschnelle Zulieferer in die Wertschöpfung integriert werden.
- Marketing und Vertrieb: Um die anvisierten Kundengruppen zu erreichen, sind innovative, auf die lokalen Marktgegebenheiten abgestimmte Marketing- und Vertriebsaktivitäten notwendig.

3.5 Cross Industry Innovation

Die weitaus überwiegende Anzahl aller Innovationen basiert auf der Rekombination von vorhandenem Wissen. Der Einsatz einer bekannten Technologie kann in einem neuen Markt durchaus eine Innovation darstellen. REICHWALD und PILLER sprechen in diesem Kontext von sogenannten Marktinnovationen [RP09]. Cross Industry Innovation bezeichnet eine Ausprägung des Open Innovation-Paradigmas (vgl. Kapitel 1.2.5.5), die diesen branchenübergreifenden Lösungstransfer in den Mittelpunkt stellt [EGR07].

Cross Industry Innovation basiert auf dem Grundgedanken des Outside-In-Transfers – also der Nutzung von Lösungen und Wissen fremder Branchen für eigene Marktleistungen. Häufig entstehen so radikale Innovationen bei gleichzeitiger Reduktion von Entwicklungsaufwand und -risiko [EG10], [Fre10]. Dies sei am Beispiel eines Herstellers von Abfahrt-Ski verdeutlicht (Bild 3.66). Konkret stellte sich das Problem, dass bei bestimmten Fahrgeschwindigkeiten die Resonanzfrequenz des Skis angeregt wird, so dass der Ski sehr schwierig zu kontrollieren ist. Kritisch ist der Frequenzbereich über 1800 Hertz. Durch die Erkenntnis, dass dieser Frequenzbereich insbesondere im Bereich Akustik relevant ist, ergibt sich ein Erfolg versprechender Suchrahmen für die Suche nach Technologien zur Schwingungsdämpfung. Bei der Suche wird letztendlich eine geeignete Technologie bei Saiteninstrumenten identifiziert, die sich ohne großen Aufwand adaptieren lässt. Heute findet sich diese Technologie in nahezu jedem Ski [ZG16].

Cross Industry Innovation ist aber nicht nur für technische Produkte denkbar, sondern auch für Geschäftsmodelle und Dienstleistungen [ED13], [GCF12]. Zur systematischen Entwicklung von Cross Industry Innovationen

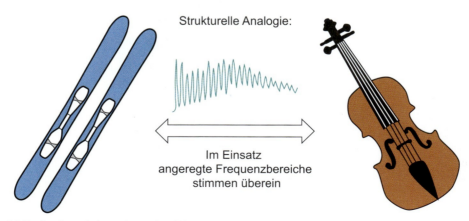

BILD 3.66 Beispiel für eine Cross Industry Innovation [ZG16]

3.5 Cross Industry Innovation

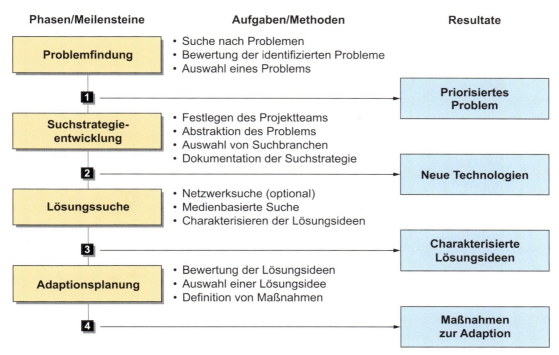

BILD 3.67 Vorgehensmodell zur Planung von Cross Industry Innovationen [Ech14]

schlagen wir gemäß Bild 3.67 ein vierstufiges Vorgehen vor, das im Folgenden erläutert wird [Ech14].

1. Problemfindung

Ziel der ersten Phase ist die Identifikation eines Problems, das sich für einen branchenübergreifenden Lösungstransfer eignet. In vielen produzierenden Unternehmen können solche Probleme durch etablierte Methoden wie z. B. das Quality Function Deployment oder die Befragung von Experten identifiziert werden. Identifizierte Probleme werden anschließend einer Bewertung unterzogen. Die Auswahl der Bewertungsdimensionen trägt der Erkenntnis Rechnung, dass Cross Industry Innovation sich besonders für anspruchsvolle, kritische Probleme eignet. Nachfolgend werden die drei Bewertungsdimensionen kurz erläutert.

Vielschichtigkeit eines Problems: Diese ist durch den *Grad der Komplexität* (Anzahl und Vernetzung der Komponenten) und den *Grad der Bestimmtheit* (unklare Definition und Eingrenzung) definiert.

Fähigkeiten zur Lösung des Problems: Hier wird bewertet, wie häufig das jeweilige Problem in der eigenen Branche behandelt und nicht gelöst wurde (*Lösungsversuche*) und wie häufig gleichartige Probleme im eigenen Unternehmen bereits gelöst wurden (*Komparative Charakterisie-*

rung). Ferner ist zu bewerten, in welchem Umfang branchenfremdes Wissen für die Problemlösung erforderlich ist (*Erforderliches Wissen*) und inwieweit das Unternehmen in der Lage ist, selbstständig Lösungswege für das Problem zu definieren (*Definition von Lösungsstrategien*).

Zukunftsrelevanz: Sie drückt aus, ob das betrachtete Problem aus zukünftiger Marktsicht an Bedeutung zu- oder abnehmen wird. Dafür bieten sich die bereits vorgestellten Methoden der Vorausschau an.

Die Auswahl eines Problems erfolgt unter Zuhilfenahme eines Portfolios, in dem die drei Dimensionen zusammengeführt werden (Bild 3.68). Hierzu werden zunächst die Bewertungen der einzelnen Kriterien im Rahmen einer Nutzwertanalyse projektspezifisch gewichtet und für jede Dimension ein Ergebniswert berechnet. Die Dimensionen Vielschichtigkeit des Problems und Fähigkeiten zur Lösung des Problems entsprechen den beiden Achsen des Portfolios; die Dimension Zukunftsrelevanz wird anhand des Durchmessers der Kugel dargestellt. Das Problem mit der jeweils höchsten Bewertung wird ausgewählt und stellt das durch Cross Industry Innovation zu lösende Problem dar.

3 Produktfindung – Ideen finden und konkretisieren

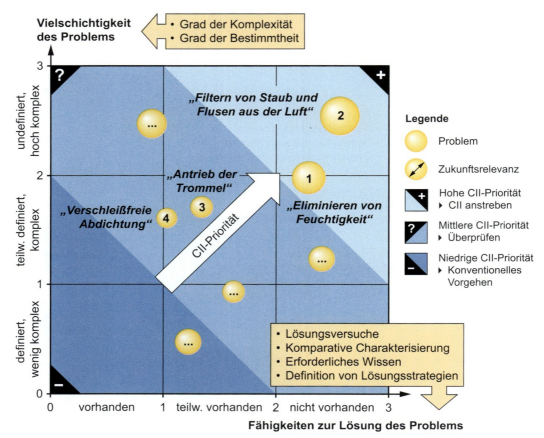

BILD 3.68 Portfolio zur Bestimmung der Eignung von Innovationsproblemen hinsichtlich der Bearbeitung mit der Methode Cross Industry Innovation [Ech14]

2. Suchstrategieentwicklung

Ziel der zweiten Phase ist die Festlegung einer Suchstrategie, die folgende drei Fragen beantworten muss: **Wer** soll die Suche durchführen und das Problem lösen? **Was** ist das abstrahierte Problem? **Wo**, d.h. in welcher Branche soll nach Lösungen gesucht werden?

1. **Wer?** Dazu wird geprüft, ob im Unternehmen die erforderlichen Kompetenzen und Kapazitäten vorhanden sind und ein entsprechendes Team formiert und motiviert werden kann bzw. die Suche komplett an externe Dienstleister ausgelagert werden sollte.
2. **Was?** Anhand einer Gegenüberstellung der Ausgangssituation mit dem gewünschten Zielzustand werden die Hindernisse der Zielerreichung identifiziert und ein besseres Problemverständnis erzeugt. Dieses bildet die Grundlage, um das Problem im nächsten Schritt in *System- und Problemelemente* zu zergliedern. *Problemelemente* beschreiben die Ursache und die Folgen eines Problems und ergeben sich aus den Hindernissen. *Systemelemente* beschreiben die Elemente eines technischen Systems, die mit dem Problem in Zusammenhang stehen. Ist ein ausreichender Detaillierungsgrad erreicht, findet ein Wechsel in die abstrakte Ebene statt, indem jedes Element einzeln abstrahiert wird. Dabei werden die Problemelemente in Zielelemente überführt. Diese beschreiben den gewünschten Zielzustand in abstrakter Art und Weise. Nachfolgend werden die *Zielelemente* sukzessive konsolidiert. Dabei werden auch Systemelemente betrachtet und in die abstrakten Zielelemente integriert. Die sich ergebende konsolidierte Beschreibung der neuen Zielelemente lässt sich schließlich in einzelne, separate *Suchbegriffe* für eine medienbasierte Suche unterteilen.

Bild 3.69 zeigt den entsprechenden Abstraktionsbaum für das Beispiel Wäschetrockner. Das oberste Problemelement enthält die konkrete Problembeschreibung: *Filtern von Staub und Flusen aus der Luft*. Zu Beginn werden System- und Problemelemente voneinander getrennt. Zuerst werden die Systemelemente erfasst. Dabei handelt es sich um physische Bestandteile, die unmit-

3.5 Cross Industry Innovation

telbar mit dem Problem in Zusammenhang stehen (Luft sowie Staub und Flusen). Problemelemente beschreiben mögliche Problemursachen und werden aus den vorab definierten Hindernissen abgeleitet. Im vorliegenden Beispiel können die *Aufnahme von Staub und Flusen in der Luft*, *Vermischung bzw. räumliche Verteilung von Staub und Flusen in der Luft* sowie das *Zurückbleiben von Staub und Flusen* die Ursachen des Problems sein.

Im nächsten Schritt erfolgt eine Überführung der einzelnen Problem- und Systemelemente in abstrakte Elemente. Auf der Seite der Systemelemente werden *Luft* sowie *Staub und Flusen* als *Medium* bzw. *Partikel* bezeichnet. Bei der Abstraktion werden die Problemelemente in Zielelemente – eine abstrakte Beschreibung des gewünschten Zielzustands – überführt. So ist zum Beispiel bei dem Problem *Vermischung von Staub, Flusen und Luft* die *Separierung* der gewünschte Zielzustand. Bei dem Problem *Zurückbleiben von Staub und Flusen* stellt *Abführung* einen anzustrebenden Zustand dar.

Im weiteren Verlauf erfolgt eine schrittweise Konsolidierung der Zielelemente. Auf diese Weise werden in dem vorliegenden Beispiel die Zielelemente sukzessive zu *Inkompatibilität von Partikeln* oder *Trennung, Sammlung und Entfernung von Partikeln* zusammengeführt. Die konsolidierte Beschreibung wird anschließend ins Englische übersetzt und dafür genutzt, um Suchbegriffe für eine medienbasierte Suche abzuleiten. Ergebnis des Beispiels sind die Suchbegriffe *particle incompatibility*, *particle separation*, *particle collection* und *particle removal*.

3. **Wo?** Hier sind die Suchbranchen zu bestimmen, die prinzipiell ähnliche Probleme und entsprechende betrachtenswerte Lösungen aufweisen. Im Hinblick darauf wird eingangs jede Branche anhand der Dimensionen

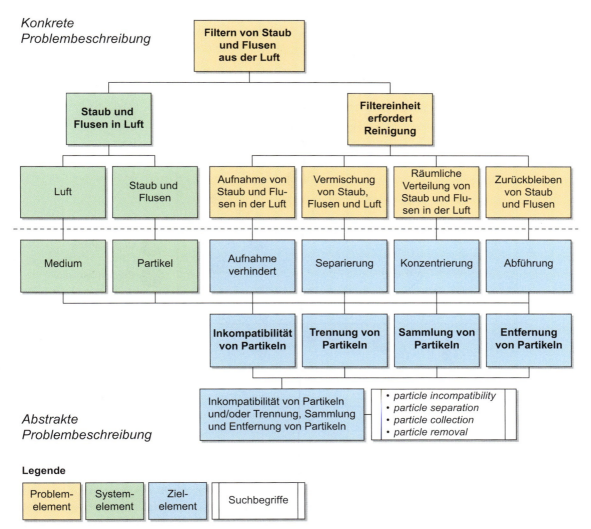

BILD 3.69 Abstraktionsbaum für das Problem Nr. 2 Filtern von Staub und Flusen aus der Luft [KEA+13]

Problemrelevanz, Innovationsaktivität und Branchendistanz bewertet. Die **Problemrelevanz** beschreibt das Ausmaß, mit dem sich eine Branche mit dem jeweiligen Problem beschäftigt. Die **Innovationsaktivität** stellt die Summe innovationsrelevanter Aktivitäten dar und wird anhand der Dauer der Marktpräsenz eines Produktes (*Länge des Produktlebenszyklus*) und der F&E-Ausgaben (*Höhe der Investitionen in Forschung & Entwicklung*) bewertet. Die **Branchendistanz** bezeichnet die Entfernung zwischen zwei Branchen und trifft damit eine Aussage über ihre Ähnlichkeit. Die Bewertung erfolgt auf Basis der Ähnlichkeit genutzter Technologien (*Technologische Distanz*) und dem Abstand der Branchen innerhalb der NACE-Klassifizierung (*Kognitive Distanz*). Mit Hilfe einer Nutzwertanalyse lassen sich die Suchbranchen hinsichtlich der drei Dimensionen Problemrelevanz, Innovationsaktivität und Branchendistanz bewerten. Bild 3.70 zeigt die Abbildung der Ergebnisse in einem sogenannten Suchportfolio. Dieses wird durch die Dimensionen Innovationsaktivität und Branchendistanz aufgespannt. Die Problemrelevanz wird durch den Durchmesser der Kugeln abgebildet.

Das Suchportfolio enthält vier Quadranten, die jeweils typische Vor- und Nachteile aufweisen. So sind im Quadranten rechts oben außerordentlich innovative, jedoch thematisch weit entfernte Branchen zu verorten. Das bedeutet, dass in der jeweiligen Branche viele Lösungsideen zu finden sind, die jedoch eine vergleichsweise hohe Transferleistung erfordern. Zur Auswahl der Suchbranchen wird anschließend aus jedem Quadranten vorzugsweise die Branche mit der höchsten Problemrelevanz ermittelt. Abschließend werden die zu den drei Fragen erarbeiteten Antworten zu einer Suchstrategie zusammengefasst (Bild 3.71).

3. Lösungssuche

In dieser Phase erfolgt nach Maßgabe der Suchstrategie die eigentliche Suche. Dafür bieten sich zwei Möglichkeiten an: die Expertenbefragung und die medienbasierte Suche. Bei der Expertenbefragung wird auf Experten der jeweiligen Suchbranche zurückgegriffen. Diese werden gebeten, anhand der abstrahierten Problemstellung Lösungsideen für das Problem zu generieren und ggf. weitere Experten zu nennen. Dieses Vorgehen wird solange

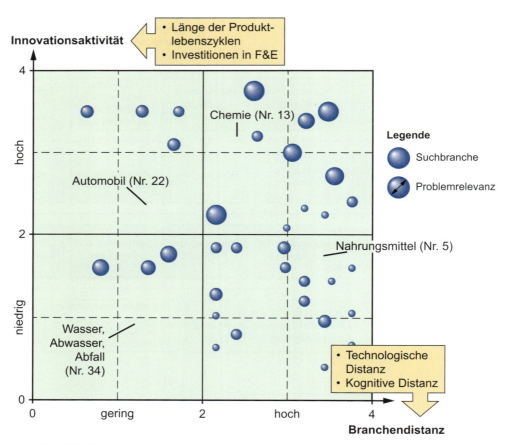

BILD 3.70 Suchportfolio [AEG+12]

Suchstrategie für Problem Nr. 2: „Filtern von Staub und Flusen aus der Luft"

Wo? Suchbranchen

Was? Abstrahiertes Problem

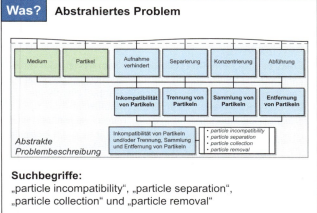

Suchbegriffe:
„particle incompatibility", „particle separation", „particle collection" und „particle removal"

Wer? Projektteam

- Frau X, Innovationsmanagement (Projektleiterin)
- Herr Y, Vorentwicklung Trockengeräte
- ...

BILD 3.71 Beispiel für die strukturierte Dokumentation einer Suchstrategie [Ech14]

fortgeführt, bis genügend Lösungsideen zu verzeichnen sind.

Bei der medienbasierten Suche wird das lokale Query Expansion-Vorgehen angewandt. Unterstützt wird das Vorgehen durch das IT-Werkzeug KNIME. Anhand der Suchbegriffe werden zunächst relevante Dokumente in den Branchen analysiert und Schlagworte identifiziert. Diese repräsentieren den Inhalt der Dokumente und lassen auf erste Lösungsideen schließen. Darauf folgend werden die Schlagworte mittels Clusteranalyse zusammengefasst und relevante Themencluster selektiert. Die damit erreichte schrittweise Annäherung an das branchen- und anwendungsspezifische Vokabular ermöglicht die Formulierung genauerer Suchanfragen. Auf diese Weise wird der Suchzyklus solange wiederholt, bis eine ausreichende Anzahl an Lösungsideen identifiziert wurde.

Abschließend werden die Lösungsideen aus der Suche mit Hilfe von Steckbriefen dokumentiert (Bild 3.72). Neben einer detaillierten Beschreibung und einer skizzenhaften Darstellung der Lösungsidee enthält der Steckbrief Informationen über identifizierte Experten und relevante Dokumente. Zudem werden Bemerkungen der Experten zu Herausforderungen sowie Vor- und Nachteilen der Lösungsidee dokumentiert.

4. Adaptionsplanung

Die Adaptionsplanung liefert die Maßnahmen zur Adaption einer Erfolg versprechenden Lösung. Dazu werden eingangs die Lösungsideen aus der Suche hinsichtlich der Dimensionen Marktrelevanz und Technologierelevanz bewertet (Bild 3.73).

Die **Marktrelevanz** beschreibt die Bereitschaft des Marktes, eine adaptierte Lösung nachzufragen. Sie wird zum einen anhand des Nutzenzuwachses bewertet, der sich durch die Adaption einer Lösung ergibt (*Zusatznutzen*). Zum anderen wird das Ausmaß der Verhaltensänderung bewertet, die der Kunde durch die Umstellung auf die adaptierte Lösung zu bewerkstelligen hat (*notwendige Verhaltensänderung*).

Die **Technologierelevanz** beschreibt, inwieweit die Adaption einer Lösungsidee aus technologischer Sicht sinnvoll erscheint. Die Technologierelevanz einer Lösungsidee wird anhand des Ausmaßes der Erfüllung der grundsätzlichen Anforderungen (*Problemlösungsrelevanz*) und des Aufwands zur Überführung in den eigenen Anwendungskontext (*Adaptionsaufwand*) bewertet.

3 Produktfindung – Ideen finden und konkretisieren

Lösungsidee	
Ausgangsproblem	Filtern von Staub und Flusen aus der Luft
Bezeichnung (Nr.)	Elektrostatischer Filter (Nr. 2) — **Suchbranche** Chemie

Beschreibung
Elektrostatische Filter basieren auf dem Prinzip der elektrostatischen Abscheidung. Die staubbeladene Luft passiert zunächst einen Vorfilter, der grobe Partikel abscheidet. Die in der Luft verbliebenen Partikel durchlaufen im Anschluss ein elektrisches Hochspannungsfeld, in dem sie ionisiert werden. Daraufhin gelangen die ionisierten Partikel in die Kollektorzone. Diese besteht aus parallel angeordneten, abwechselnd aufgeladenen Aluminiumplatten. Durch das sich ausbildende elektrische Feld lagern sich die Partikel an den Platten ab. Die zurückbleibende Luft passiert im Anschluss einen Sekundärfilter, bevor sie die Filteranlage gereinigt verlässt.

Darstellung/Skizze
(Ionisationszone, Kollektorzone; Staubbeladene Luft → Vorfilter → Sekundärfilter → Gereinigte Luft)

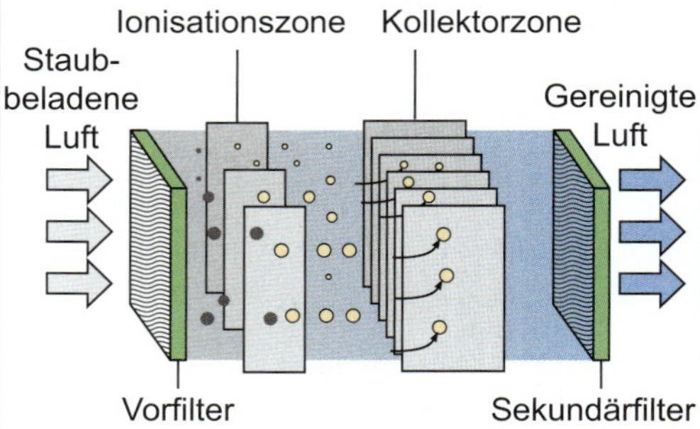

Bemerkungen
Das elektrische Hochspannungsfeld wird mit einer Spannung von 10–20 kV betrieben. Vor dem Hintergrund einer zunehmenden Forderung nach Energieeffizienz ist dies zu diskutieren.

Experten / relevante Dokumente
- Hr. Meier, ABCD Filtertechnik
- ElektroUnited GmbH
- Electronic Filters Inc.
- …

BILD 3.72 Steckbrief zur Charakterisierung von Lösungsideen [Ech14]

Die Einzelkriterien lassen sich im Rahmen einer Nutzwertanalyse projektspezifisch gewichten und zu den Dimensionen Marktrelevanz und Technologierelevanz zusammenführen. Mit Hilfe der beiden Dimensionen wird ein Portfolio aufgespannt (Bild 3.73). Lösungsideen im oberen, rechten Drittel haben sowohl eine hohe Markt- als auch Technologierelevanz und somit die höchste Adaptionspriorität.

Für die Lösungsidee mit der höchsten Adaptionsrelevanz werden abschließend Maßnahmen zur Integration in das Produktkonzept und zur Minimierung des Adaptionsrisikos erarbeitet.

Resümee

Cross Industry Innovation ist eine Erfolg versprechende Methode zur Steigerung der Innovationskraft eines Unternehmens. Als Teilbereich von Open Innovation erlaubt diese Methode gleichermaßen eine Reduzierung der Unsicherheiten sowie eine Steigerung der Entwicklungseffizienz durch Rückgriff auf bereits existierende Lösungen anderer Branchen. Die Identifikation und Adaption branchenfremder Lösungen ist zumeist mit einem hohen Aufwand verbunden. Die Methode Cross Industry Innovation ist dann in Erwägung zu ziehen, wenn es um die Lösung von vielschichtigen Problemen mit hoher Zukunftsrelevanz geht. Dementsprechend weisen die resultierenden Produkte in ihrer Branche häufig einen radikalen Innovationsgrad auf. Bei der Anwendung der Methode sind drei Erfolgsfaktoren zu berücksichtigen [Dür12], [ED11]:

- Systematisches Vorgehen: Ein gut strukturiertes, schrittweises Vorgehen ist essentiell, um die Möglichkeiten von Cross Industry Innovation voll auszuschöpfen.
- Problemabstraktion: Die verschiedenen Branchen entwickeln im Laufe der Zeit unterschiedliche Ausdrucksweisen für ein und dasselbe Problem. Um diese Distanz zu überwinden, sind Abstraktionstechniken notwendig.
- Innovationskultur: Die Mitarbeiter müssen den Wert der unternehmens- und branchenfremden Lösungen für ihre Arbeit erkennen und respektieren. Es gilt das „not invented here"-Syndrom zu vermeiden.

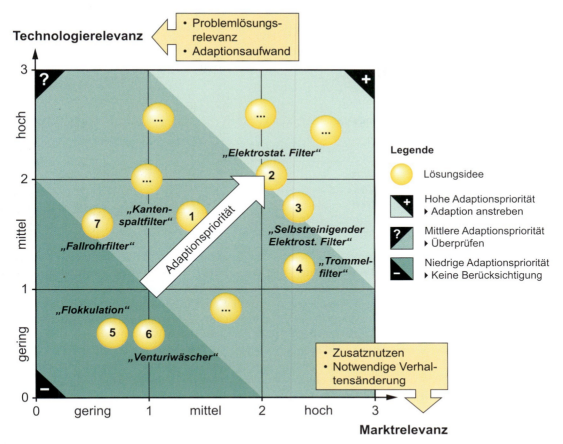

BILD 3.73 Portfolio zur Bestimmung der Adaptionspriorität [Ech14]

3.6 IP-based Innovation

Die wertvollsten Unternehmen der Gegenwart sind die Google-Mutter Alphabet und Apple [bör17-ol]. Unternehmen, die digitale Dienste anbieten, wie beispielsweise der Kurznachrichtendienst WhatsApp und das soziale Netzwerk LinkedIn, gelang es innerhalb kürzester Zeit, in die Spitzenliga der wertvollsten Unternehmen aufzusteigen [Die14-ol], [Fra16-ol]. Die hohen Marktwerte dieser Unternehmen resultieren weniger aus materiellem oder finanziellem Vermögen, sondern vielmehr aus immateriellem Vermögen; es handelt sich um geistiges Eigentum im weiten Sinne, für das sich der Begriff **Intellectual Property (IP)** verbreitet hat. Zu vermuten ist, dass auch der Umsatz von klassischen Unternehmen zukünftig stärker aus der Verwertung von IP resultiert. Das Potential des immateriellen Vermögens wird im deutschen Maschinen- und Anlagenbau sowie der Automobil- und Elektroindustrie jedoch noch nicht vollumfänglich wahrgenommen [EGG16]. Das Management von Innovationen auf Basis von IP ist daher stärker in die strategische Planung und das Bewusstsein im Allgemeinen zu integrieren. Im Hinblick auf IP-basierte Innovationen ist zwischen gewerblichen Schutzrechten, geistigem Eigentum und intellektuellem Kapital zu unterscheiden (Bild 3.74).

Gewerbliche Schutzrechte: Diese umfassen technische Schutzrechte (Patente und Gebrauchsmuster), ästhetische Schutzrechte (Geschmacksmuster oder eingetragene Designs) und Kennzeichenrechte (Marken) [Mit16], [Ahr15], [Lor12], [Ern02]. Hinter gewerblichen Schutzrechten stehen eindeutige Gesetzestexte wie beispielsweise das Patentrecht [PatG], das Gebrauchsmusterrecht [GebrMG], das Markenrecht [MarkenG] und das Designrecht [DesignG], [EWM13].

Geistiges Eigentum: Die Bestandteile des geistigen Eigentums werden in der Literatur kontrovers diskutiert. Sowohl nach AHRENS als auch nach GRICHNIK zählen zum geistigen Eigentum lediglich die gewerblichen Schutzrechte und das Urheberrecht [Ahr15], [Gri10]. WIEDERHOLD

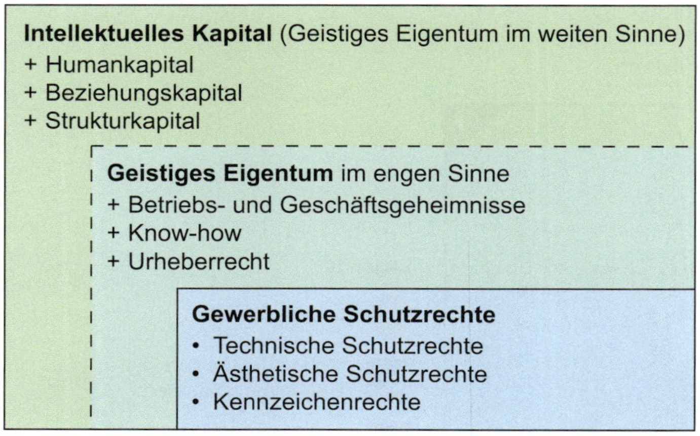

Intellektuelles Kapital (Geistiges Eigentum im weiten Sinne)
+ Humankapital
+ Beziehungskapital
+ Strukturkapital

Geistiges Eigentum im engen Sinne
+ Betriebs- und Geschäftsgeheimnisse
+ Know-how
+ Urheberrecht

Gewerbliche Schutzrechte
- Technische Schutzrechte
- Ästhetische Schutzrechte
- Kennzeichenrechte

BILD 3.74
Kategorisierung immaterieller Vermögensgüter in Anlehnung an [Wie14]

ergänzt, dass geistiges Eigentum der Teil des intellektuellen Kapitals ist, an dem ein Unternehmen Eigentumsansprüche geltend machen kann [Wie14]. Nach Müller ist deshalb auch das Know-how ein zentraler Bestandteil des geistigen Eigentums [Mül13]. Hofmann und Richter definieren geistiges Eigentum als alle hoheitlich gewährten Exklusivrechte in Bezug auf immaterielle Güter [HR11]. Mittelstaedt unterteilt die Elemente des geistigen Eigentums in a) angemeldete und registrierte Schutzrechte und b) nicht registrierte Schutzrechte und Schutzrechtspositionen. Zu a) gehören: Marken, Patente, Gebrauchsmuster, Designs (früher Geschmacksmuster) und Internet-Domains. Zu b) gehören: der Name bzw. die Firma eines Unternehmens, die Namen oder besonderen Bezeichnungen (Titel) der Druckschriften oder sonstigen Veröffentlichungen, Urheberrechte, die nicht eingetragenen Gemeinschaftsgeschmacksmuster, Software-Entwicklungen, gewährte oder erworbene Lizenzen, alle Erfindungen und sonstigen Schöpfungen, das gesamte Know-how eines Unternehmens sowie alle Geschäfts- und Betriebsgeheimnisse [Mit16], [Mit14]. Ferner sind nach Mittelstaedt auch die Menschen innerhalb und außerhalb eines Unternehmens ein Teil des geistigen Eigentums, die an der Generierung, dem Schutz und der Implementierung von geistigem Eigentum beteiligt und wesentliche Träger relevanten Wissens sind [Mit09], [Mit14]. Nach Senger zählen zum geistigen Eigentum aber auch Kundenbeziehungen, das Human- und Innovationskapital sowie die Infrastruktur [Sen14]. Blind verweist bei seiner Definition geistigen Eigentums sogar auf die Kategorisierung des intellektuellen Kapitals nach Haller und Dietrich, welche unter anderem Human-, Beziehungs- und Strukturkapital umfasst [BMW09], [HD01]. In der Literatur existieren folglich eine enge und eine weite Interpretation des Begriffs geistiges Eigentum. Geistiges Eigentum im engen Sinne umfasst die zuerst aufgeführten Bestandteile (gewerbliche Schutzrechte, Betriebs- und Geschäftsgeheimnisse, Know-how,

Urheberrecht), die auch Gegenstand der rechtswissenschaftlichen Diskussion und Gerichtsbarkeit sind [Ahr15], [Gri10]. Geistiges Eigentum im weiten Sinne schließt darüber hinaus die Bestandteile des intellektuellen Kapitals mit ein [Sen14], [BMW09].

Intellektuelles Kapital: Der Begriff intellektuelles Kapital hat im Vergleich zum geistigen Eigentum eine relativ junge Vergangenheit. Die ersten Einflüsse auf die Forschung zum intellektuellen Kapital sind auf die Humankapital-Ansätze aus den 1960er Jahren zurückzuführen [Sch81], [Bec93]. Daran schließen sich Ansätze zum Human Resource Accounting [Her64], [Fla74] und die Arbeit „Mobilizing Invisible Assets" von Itami und Thomas an [IT91]. Die richtungsweisenden Meilensteine folgten in den 1990er Jahren unter anderem durch Stewart und Edvinsson [KRP12]. Ebenso wie beim geistigen Eigentum bestehen beim intellektuellen Kapital zahlreiche unterschiedliche Definitionen. Nach Edvinsson und Brünig umfasst intellektuelles Kapital den wertschöpfenden Anteil der immateriellen Ressourcen im Unternehmen. Es enthält insbesondere das erfolgskritische Wissen, das die Wettbewerbsfähigkeit eines Unternehmens sichert [EB00]. Schnabel konsolidiert auf Basis seiner Recherche der bestehenden Begriffsdefinitionen: Intellektuelles Kapital bezeichnet alle intellektuellen Ressourcen, die zur Erlangung strategischer Wettbewerbsvorteile beitragen und dauerhafte ökonomische Renten in dynamischen Umfeldern sichern [Sch13]. Stewart beschreibt und definiert das intellektuelle Kapital wie folgt:

„By »intellectual capital« I don't mean a clutch of Ph. D. s locked up in a lap somewhere. Nor do I mean intellectual property (such as patents and copyrights), though that is one part of intellectual capital. Intellectual capital is the sum of everything everybody in a company knows that gives it a competitive edge." [Ste97, S. IX]

3.6 IP-based Innovation

Wir verstehen Intellectual Property (IP) im weiten Sinne als die Gesamtheit des intellektuellen Kapitals.

3.6.1 Strategisches IP-Management

Der Anteil des Werts des intellektuellen Kapitals am Gesamtwert eines Unternehmens stieg in den letzten Jahren stark an und wird voraussichtlich noch weiter zunehmen [TW14]. Daher nimmt das IP-Management heute einen festen Platz in der strategischen Unternehmensführung und insbesondere in der strategischen Produktplanung bzw. im Innovationsmanagement ein [TW14]. Nach unserem Verständnis gliedert sich das strategische IP-Management in drei aufeinander folgende Phasen: IP-Analyse, IP-Planung und IP-Aktivierung (Bild 3.75).

IP-Analyse

Der Identifizierung von Intellectual Property im Unternehmen kommt eine immer größere Bedeutung zu [Sen14]. Kern dieser Phase ist daher das Auffinden und Bewerten von IP-Elementen, die in der Organisation vorliegen bzw. die der Organisation mittelbar zur Verfügung stehen. Zu den gesuchten IP-Elementen zählen einerseits die klassischen Schutzrechte wie Patente, Designs und Marken, andererseits die weiteren Bestandteile des intellektuellen Kapitals wie Mitarbeiterfähigkeiten, Kundenbeziehungen und Produktionsdaten [EGG16]. Für die Identifizierung der IP-Elemente ist die sogenannte Wissensbilanz „Made in Germany" hervorzuheben, die durch das damalige Bundesministerium für Wirtschaft und Technologie (BMWi) in Auftrag gegeben wurde [BMW13].

Der Aspekt IP-Bewertung wird in der Literatur teils kontrovers diskutiert. Es existiert eine Mehrheit, welche den Wert des IP als Differenz zwischen dem Marktwert und Buchwert eines Unternehmens definiert [Ste97], [Sen14]. Die Berechnung wird kritisiert, weil der Wert des IP im Unternehmen damit vom teils volatilen Börsenwert abhängt und sich innerhalb weniger Tage somit stark verändern kann. Eine praktikable Alternative existiert bislang jedoch nicht.

Eine wichtige Rolle in der IP-Analyse spielen die Vorausschau und die Beobachtung der Wettbewerbsarena. Die Vorausschau liefert u. a. Informationen für die Festlegung strategischer Ziele. Mithilfe der Beobachtung der Wettbewerbsarena sollen Aktivitäten ausgewählter Stakeholder sowie Konsequenzen und Maßnahmen für das eigene Geschäft erkannt werden.

Die DIN SPEC 1060 fasst relevante Tätigkeiten der Analyse unter dem Begriff Gestaltung zusammen. Zu diesen Tätigkeiten zählen u. a. [DIN1060], [Mit16]:

- Datenaufbereitung zu IP: Strukturierung und Optimierung von IP-Datenbeständen hinsichtlich formaler und inhaltlicher Kriterien.
- Quantitative und qualitative Bewertung des IP: Bestimmung des monetären Werts (quantitativ) und Einschätzung der relativen Bedeutung/Güte des IP (qualitativ).
- Technische, rechtliche und wirtschaftliche Analysen von IP: Alle IP-Elemente werden auf ihr Zusammenwir-

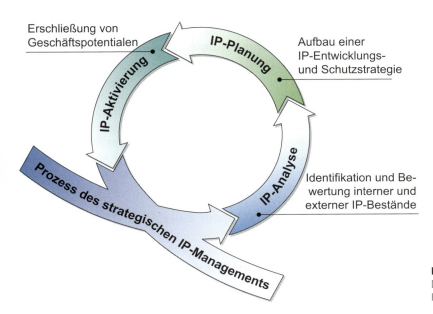

BILD 3.75
Der Prozess des strategischen IP-Managements [EGG16]

ken in technischer, rechtlicher und wirtschaftlicher Hinsicht geprüft. Dies ist maßgeblich für die Weiterentwicklung des IP-Bestands.
- Wettbewerbsanalyse und Überwachung: Sammlung und Aufbereitung von Informationen zu Wettbewerbern und Märkten sowie gewerblichen Schutzrechten, technischen Entwicklungen und Wettbewerbsmarken.

IP-Planung

In dieser Phase geht es um eine Strategie, die Aussagen sowohl zur IP-Entwicklung als auch zum IP-Schutz trifft. Für beide Bereiche sind Konsequenzen zu formulieren und Maßnahmen abzuleiten.

Konkrete Tätigkeiten für die Planung liefert die DIN SPEC 1060; maßgeblich sind die Erläuterungen zur IP-Generierung. Hierunter sind alle Tätigkeiten zu verstehen, die zum nachhaltigen Aufbau von IP beitragen. Das gelingt beispielsweise durch die Anmeldung von Schutzrechten, also juristischer Schutzmaßnahmen und durch die Anwendung faktischer Schutzmaßnahmen, wie Geheimhaltung und Produktkennzeichnung [GB11]. Zu den Tätigkeiten der IP-Generierung zählen nach [DIN1060], [Mit16] u.a.:

- Analyse des Schutzbegehrens und Auswahl des IP: Im Rahmen einer Bedarfsanalyse wird festgelegt, welches IP ein Unternehmen benötigt.
- Recherchieren zu gewerblichen Schutzrechten: Mittels Recherchemethoden werden der technische, rechtliche und wirtschaftliche Stand der Wettbewerber erhoben.
- Innovationsbegleitende Ausarbeitung von Schutzstrategien: Juristische und faktische Schutzmaßnahmen werden zu konsistenten Bündeln kombiniert.
- Marktforschung und Zielgruppenanalyse: Beantwortung der Frage, ob dem Unternehmen die erforderlichen Marken und Designrechte für eine erfolgreiche Zielgruppenansprache zur Verfügung stehen.
- Business Planung: Festlegung eines Handlungsrahmens für die angestrebte Kommerzialisierung des IP.

IP-Aktivierung

Die Generierung von Wohlstand in der Wissensökonomie basiert auf neuen Mechanismen, die stark vom IP-Management getragen werden [Mit16]. Die entsprechenden Renditen resultieren sowohl aus der internen als auch externen Verwertung des IP-Bestands. Die interne Verwertung dient im Sinne der Closed Innovation der eigenen Wertschöpfung [Che06]. Dahingegen bezeichnet die externe Verwertung die geplante Überlassung von Teilen des IP-Bestands an rechtlich und wirtschaftlich eigenständige Unternehmen [Boy98].

Ziel der Phase Aktivierung ist daher das systematische Erkennen und Erschließen von Geschäftschancen durch IP [EGG16]. Für die Aktivierung von IP bestehen verschiedene Mechanismen. Die sieben Wesentlichen sind: 1) Geheim halten, 2) Intern verwenden, 3) Spin-off, 4) Kooperation, 5) Lizensieren, 6) Verkaufen und 7) Aufgeben [ES96], [SDB+11]. Auf die Aktivierungsformen wird im weiteren Verlauf ausführlicher eingegangen.

Im Rahmen der DIN SPEC 1060 werden unter dem Stichwort Kommerzialisierung Tätigkeiten beschrieben, die dieser Phase zuzuordnen sind. Kommerzialisierung beschreibt hierbei zwei Aspekte: Einerseits die Konvertierung von immateriellen Vermögen in finanzielles Vermögen und andererseits den Transfer in ein höheres immaterielles Vermögen zur Steigerung der Wettbewerbswirkung. Zu den Tätigkeiten der IP-Kommerzialisierung zählen u.a. [DIN1060], [Mit16]:

- Transfer- und Transaktionsplanung: Festlegung der optimalen Transfer- und Transaktionsform (Verkauf, Lizensierung etc.).
- Lizenzüberwachung: Kontinuierliche Feststellung der vertragsgemäßen Einhaltung der Rechte und Pflichten des Lizenznehmers.
- Marktüberwachung zu Schutzrechtsverletzungen: Überprüfung des Marktes zur Feststellung von Schutzrechtsverletzungen und entsprechender Durchsetzung der Schutzrechte.
- Handel mit IP: Lizensierung zur beschränkten oder exklusiven Nutzungsübertragung und vollständiger Transfer mit Eigentumsübertragung.
- Ausgründungen: Verwertung von IP mittels Gründung eines eigenständigen Unternehmens.

3.6.2 Innovationsorientiertes IP-Management

Im Kontext der im vorliegenden Buch behandelten Produktfindung stellt sich die Frage, wie IP zu Erfolg versprechenden Produkten, Dienstleistungen und ggf. auch Kombinationen von Sach- und Dienstleistungen führen kann. In diesem Kapitel stellen wir eine Systematik vor, die diese Frage für den Praktiker beantwortet. Die Systematik orientiert sich an dem in Bild 3.76 dargestellten Vorgehensmodell. Damit soll deutlich werden, wie IP-Management operationalisiert werden kann.

Das Gestaltungsfeld IP-Management wird nach einem Referenzmodell strukturiert – dem **IP-Managementrahmen**. Dieser umfasst gemäß Bild 3.77 fünf Partialmodelle: das Vermögensmodell, das Kapitalmodell, das Angebots-

3.6 IP-based Innovation

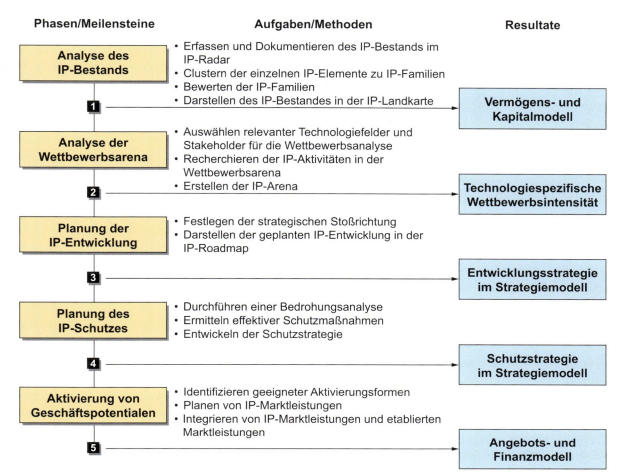

BILD 3.76 Vorgehensmodell für das innovationsorientierte IP-Management in Anlehnung an [Eck17]

modell, das Strategiemodell und das Finanzmodell. Die Partialmodelle gliedern sich in insgesamt elf Komponenten, die ein Unternehmen aktiv gestalten kann. Sie beschreiben, wie IP in die strategische Führung integriert und zu einer profitablen Ressource transformiert wird. Der IP-Managementrahmen basiert auf dem Prozess des strategischen IP-Managements (vgl. Bild 3.75) und wird entlang dieser Systematik und dem daraus abgeleiteten Vorgehensmodell (Bild 3.76) sukzessive befüllt.

Das **Vermögensmodell** beschreibt, welche expliziten immateriellen Werte im Unternehmen vorhanden sind. Es umfasst die zwei Komponenten *Schutzrechte* und *geistige Schöpfungen*. Schutzrechte sind alle technischen und ästhetischen Schutzrechte sowie Kennzeichenrechte. Geistige Schöpfungen subsumieren das gesamte explizite Unternehmenswissen, wie Erfindungen, Geschäfts- und Betriebsgeheimnisse und Urheberrechte.

Das **Kapitalmodell** beschreibt die impliziten immateriellen Werte eines Unternehmens. Mit dem *Human-/Bezie-hungskapital* werden die personengebundenen Wissensbestandteile adressiert – sowohl interne als auch zugängliche externe. Dem *Datenkapital* werden alle IP-relevanten Daten zugeordnet, wie Produkt-, Produktions- und Kundendaten.

Das **Strategiemodell** beschreibt den Weg von der heutigen Situation in die Zukunft. Es umfasst die drei Komponenten *Bestandsstruktur, Vision* sowie die *Entwicklungs- und Schutzstrategie*. Die heutige Situation des Unternehmens in seinem Umfeld wird mit der Bestandsstruktur abgebildet. Das IP-Leitbild ist Teil der unternehmerischen Vision. Die Verwirklichung der Vision erfolgt über Entwicklungs- und Schutzmaßnahmen, die in der Entwicklungs- und der Schutzstrategie festgehalten werden.

Das **Angebotsmodell** umfasst die Komponenten *Marktleistung* und *Nutzenversprechen*. Es beschreibt, was dem Kunden zur Befriedigung seiner Bedürfnisse angeboten wird und welche Vorteile er mit dem Erwerb der Leistung erfährt [GFC13].

3 Produktfindung – Ideen finden und konkretisieren

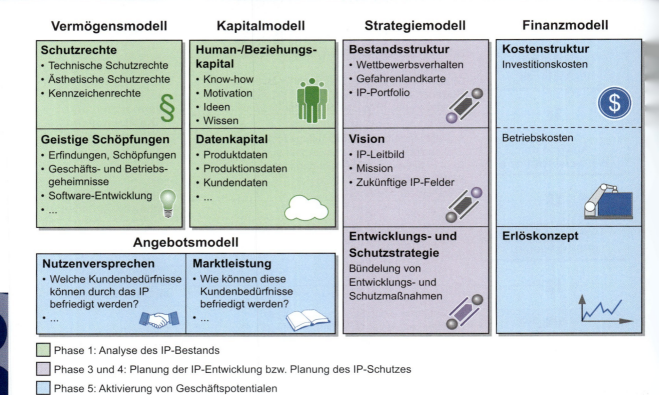

BILD 3.77 Der IP-Managementrahmen

Das **Finanzmodell** besteht aus den Komponenten *Kostenstruktur* und *Erlöskonzept* und beschreibt, wie mit dem IP-Geschäft Wert erzeugt wird [GFC13]. Die Kostenstruktur erfasst die Investitions- und Betriebskosten, die mit dem Angebot der Leistungen anfallen [Kös14]. Das Erlöskonzept subsumiert die Formen der Umsatzgenerierung, wie Einnahmen durch Verkäufe oder Lizensierungen.

Nachfolgend wird die Anwendung der Systematik zum innovationsorientierten IP-Management nach Maßgabe des in Bild 3.76 dargestellten Vorgehensmodells erläutert. Das Vorgehen wird an einem Beispiel aus der Haushaltsgeräteindustrie beschrieben – Dunstabzugshauben für den privaten Haushalt.

1. Analyse des IP-Bestands

Hier wird das im Unternehmen bestehende IP identifiziert. Die Ergebnisse fließen in das Vermögens- und das Kapitalmodell des IP-Managementrahmens ein. Zunächst ist im Unternehmen dafür eine Inventur des IP-Bestands durchzuführen, um das vorhandene IP systematisch zu erfassen. Dies geschieht üblicherweise durch Interviews mit Schlüsselpersonen im Unternehmen wie Entwicklern, Softwaretechnikern und Juristen. Dokumentiert werden die IP-Elemente in einem sogenannten **IP-Radar** (Bild 3.78). Dieses ordnet die IP-Elemente nach vier Bezugsbereichen und gibt Auskunft über deren Nähe zum Kerngeschäft.

Es ist anzunehmen, dass auch inhaltliche Beziehungen zwischen IP-Elementen aus unterschiedlichen Bezugsbereichen bestehen. Beispielsweise sind für die Beherrschung eines Fertigungsschritts Maschinendaten, Mitarbeiterfähigkeiten, Software-Entwicklungen und ggf. auch Patente nötig. Die Analyse solcher Beziehungen führt zu sogenannten IP-Familien.

Für die Entwicklung von **IP-Familien** wird die Ähnlichkeit der IP-Elemente bewertet. Hierfür eignet sich eine Design Structure Matrix (vgl. [Bro01]). Die Bewertung erfolgt anhand der Fragestellung: „Besteht eine inhaltliche Nähe zwischen einem IP-Element i (Zeile) und einem IP-Element j (Spalte)?" Die Auswertung der Matrix führt zu Clustern von IP-Elementen, die inhaltlich ähnlich zueinander sind. Diese Cluster werden als IP-Familien bezeichnet. Eine IP-Familie besteht aus mindestens drei IP-Elementen. Anhand des Beispiels Dunstabzugshaube wurden zwölf IP-Familien gebildet und anschließend in Steckbriefen beschrieben. Bild 3.79 zeigt exemplarisch einen Steckbrief der IP-Familie *Gebläse-Herstellung*. Des Weiteren werden die IP-Familien bewertet. Als Resultat liegen fol-

3.6 IP-based Innovation

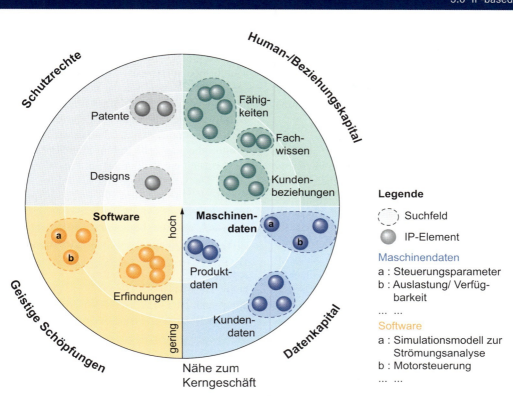

BILD 3.78 IP-Radar zur Einteilung bestehender IP-Elemente

Steckbrief der IP-Familie: Gebläse-Herstellung

Kurzbeschreibung
Die IP-Familie **Gebläse-Herstellung** umfasst Elemente aus allen vier Bezugsbereichen. Es sind sowohl angemeldete Patente als auch Ideen zur Verbesserung der aktuellen Technologie vorhanden. Darüber hinaus besteht in der Organisation Fach- und Erfahrungswissen zur Auslegung von Gebläsen. In der Datenbank liegen Simulations- und Testdaten vor.

Enthaltene IP-Elemente
1) SR33: Filtervorrichtung für Dunstabzugshauben (Patent) DE 10.2014.xxx.xxx.x
2) SR35: Gebläse für eine Dunstabzugseinrichtung (Patent) DE 102.xx.xxx.x
3) SR36: Gebläse für eine Dunstabzugseinrichtung (Patent) DE102.xx.xxx.x
4) GS10: Neuartige Gehäusegeometrie (Idee)
5) GS11: Bionische Beschichtungen (Idee)
6) GS16: Formgedächtnislegierung für Funktionsbauteile des Gebläses verwenden (Idee)
7) GS17: Intelligente Luftführung (Idee)
8) GS18: Gebläse mit Sensorik ausrüsten (Idee)
9) GS19: Funktionsbauteile des Gebläses additiv fertigen (Idee)
10) HK10: Fachwissen Messtechnik
11) HK14: Grundlagenwissen Strömungstechnik
12) HK20: Fachwissen Hydraulik
13) DK1: Simulationsdaten Gebläse
14) DK17: Absaugleistung Gebläse

Bewertung der IP-Familie

Qualitativer Wert Ø 1,5 (7)*	Vernetzung Ø 1 (3)*
Heutige Relevanz Ø 1 (3)*	Zukünftige Relevanz Ø 1,05 (3)*
Kritikalität Ø gering – mittelmäßig	*(x) maximal erreichbare Punktzahl

BILD 3.79 Steckbrief einer IP-Familie

gende Größen vor: die heutige und zukünftige Relevanz der IP-Familien, eine qualitative Abschätzung zum finanziellen Wert der IP-Familien, der Grad der Vernetzung sowie die Kritikalität (dem mathematischen Produkt der Faktoren Nähe der IP-Familien zum Kerngeschäft, Einmaligkeit und Nachahmungsrelevanz [Eck17]).

Zur Visualisierung der Bewertungsergebnisse wird die **IP-Landkarte** verwendet (Bild 3.80). Die IP-Landkarte ist eine Matrix, die sich aus den Bezugsbereichen des IP-Managements (Schutzrechte, geistige Schöpfungen, Human-/Beziehungskapital und Datenkapital) in den Zeilen und den IP-Familien in den Spalten zusammensetzt. Die IP-Familien werden entsprechend der Bezugsbereichszugehörigkeit der in der IP-Familie enthaltenen IP-Elemente aufgeteilt. Das heißt, wenn in einer IP-Familie zwei Patente und das spezifische Fachwissen eines Entwicklers enthalten sind, dann erfolgt eine 2/3 zu 1/3-Aufteilung zwischen den Bezugsbereichen Schutzrechte und Humankapital. Sofern in einem Bezugsbereich ein Teil einer IP-Familie

enthalten ist, hebt sich diese Zelle entsprechend des qualitativen Werts (anteilig zum Gesamtwert der IP-Familie) von der Bodenfläche der Matrix ab. Die Höhe ist dementsprechend abhängig von der Bedeutung der IP-Familie für das Geschäft; ein hoher Wert sorgt für eine hohe Säule. Weiterhin wird die Fläche der Zelle zur Darstellung weiterer Informationen genutzt; hierzu wird jede „aktive", also herausgehobene Zelle in fünf Einheiten geteilt. Die obere Einheit zeigt die Kritikalität an. Die beiden mittleren Einheiten geben die heutige und zukünftige Relevanz der IP-Familie an. Die Richtung des Pfeils entspricht der jeweiligen Relevanz: ein Pfeil nach oben entspricht hoher Relevanz, mit zunehmender Drehung im Uhrzeigersinn sinkt sie, ein Pfeil nach unten bedeutet die niedrigste Relevanz. Die Einheit unten links ist ein Maß für die Vernetzung der IP-Elemente innerhalb des Unternehmens. Ein hoher Wert weist auf Elemente mit einem hohen Anwendungsspektrum hin. Die Einheit unten rechts gibt die Anzahl der IP Elemente an [EGG16].

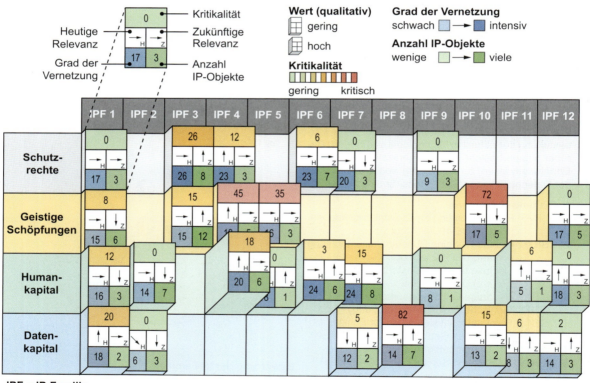

BILD 3.80 Die IP-Landkarte

Bei der Analyse des IP-Bestands mithilfe der IP-Landkarte zeigt sich die Querschnittsbedeutung des IP-Managements. Für die vier Bezugsbereiche Schutzrechte, geistige Schöpfungen, Human-/Beziehungskapital und Datenkapital sind häufig organisationsbedingt mindestens vier eigenständige Funktionsbereiche des Unternehmens zuständig. Die Schutzrechte unterliegen üblicherweise der Kontrolle des IP-Managements bzw. der Rechtsabteilung. Geistige Schöpfungen sind i. d. R. den Funktionsbereichen Entwicklung, Produktion und Qualitätssicherung zuzuordnen, können darüber hinaus aber auch weiteren Funktionsbereichen wie dem Marketing zugeordnet werden. Das Human-/Beziehungskapital ist in erster Linie Teil des Gestaltungsfelds des Personalmanagements (Human Resource Management) bzw. wird von bereichsübergreifenden, kulturellen Charakteristika geprägt. Das Datenkapital ist noch eine Unbekannte für viele Unternehmen im deutschen Maschinen- und Anlagenbau, wird aber wahrscheinlich in die Führungsverantwortung des IT-Bereichs fallen. Agieren diese Bereiche nicht aufeinander abgestimmt, ist ein koordinierter Aufbau von IP nicht möglich. Hinzu kommt, dass eine IP-Familie Bedeutung für mehrere Bezugsbereiche haben kann. Somit haben viele Schutzmaßnahmen auch Auswirkung auf verschiedene Bereiche. An dieser Stelle setzt das strategische IP-Management an und sorgt für ein konzertiertes Vorgehen.

2. Analyse der Wettbewerbsarena

Ziel dieser Phase ist die technologiespezifische Wettbewerbsintensität. Diese dient als Input für strategische Entscheidungen im IP-Management. Sie enthält Aussagen darüber, welche Wettbewerber und ggf. welche weiteren Stakeholder in bestimmten Technologien stark mit IP ausgestattet sind und welche eher nicht.

Im Hinblick auf die Analyse der Wettbewerbsarena sind zunächst relevante Technologiefelder und Stakeholder auszuwählen. Bei der Auswahl der Technologiefelder spielen in der Regel die Erfolgsaussichten und der Umsetzungsaufwand eine entscheidende Rolle. Für die ausgewählten Stakeholder werden die jeweiligen **IP-Aktivitäten** in den Bereichen Schutzrechte, geistige Schöpfungen und Human-/Beziehungskapital recherchiert. Mögliche Quellen derartiger Informationen sind Patentdatenbanken, die Webseiten der Unternehmen, Presseveröffentlichungen, wissenschaftliche Publikationen, Jobportale, soziale Netzwerke etc.

Anhand der Ergebnisse lassen sich Rückschlüsse auf die IP-Ausstattung der betrachteten Stakeholder und insbesondere der Wettbewerber ziehen. Die Ergebnisse gilt es im Folgenden auszuwerten und zu visualisieren. Für die Auswertung werden die betrachteten Stakeholder hinsichtlich des ermittelten IP bewertet. Bei der Bewertung handelt es sich um eine subjektive, qualitative Bewertung auf einer Skala von null bis zehn. Wurden bei einem Stakeholder keine IP-Aktivitäten/-Bestände ermittelt, erfolgt eine Bewertung mit null. Den Höchstwert (zehn) erhalten die Stakeholder mit den relativ zur Betrachtungsgruppe stärksten IP-Aktivitäten/-Beständen. Die Werte werden für jedes Technologiefeld anhand einer Ausprägungsliste dargestellt (Bild 3.81).

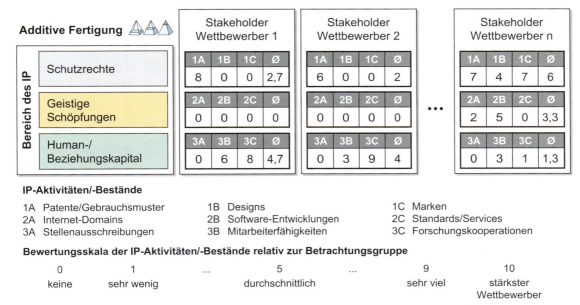

BILD 3.81 Ausprägungsliste der IP-Ausstattung der Stakeholder (Wettbewerber) in einem Technologiefeld (z. B. Additive Fertigung)

3 Produktfindung – Ideen finden und konkretisieren

Die Visualisierung erfolgt in Form einer sogenannten **IP-Arena** (Bild 3.82). Die Anzahl der Sektoren richtet sich nach den betrachteten Technologiefeldern. Je näher ein Stakeholder in der Mitte der Arena platziert ist, desto besser ist seine Ausstattung mit IP im jeweiligen Technologiefeld. Die Verortung der einzelnen Stakeholder im Radar ergibt sich aus einer Multidimensionalen Skalierung (MDS) auf Basis der in Bild 3.81 aufgestellten Ausprägungsliste. Ähnlich gut mit IP ausgestattete Stakeholder befinden sich also auch im Radar nahe beieinander.

Anhand der Verteilung der Stakeholder in einem Technologiefeld lässt sich die Wettbewerbsintensität ableiten. Im Bereich Smart Home ist diese offensichtlich höher als im Bereich Additive Fertigung. Durch stetiges Wiederholen der Auswertung können darüber hinaus Aussagen über die zeitliche Dynamik innerhalb der IP-Arena getroffen werden [EDG+16].

3. Planung der IP-Entwicklung

Ein wesentliches Ziel des IP-Managements ist der frühzeitige Aufbau von IP in den richtigen Technologiefeldern, um die Wettbewerbsposition langfristig zu stärken. Zur Erreichung dieses Ziels ist eine Entwicklungsstrategie zu erarbeiten. Zur Festlegung von entsprechenden **strategischen Stoßrichtungen** in den Technologiefeldern wird das in Bild 3.83 dargestellte Portfolio mit den Dimensionen Wettbewerbsintensität und Geschäftsbedeutung herangezogen. Die *Wettbewerbsintensität* lässt sich aus der obigen IP-Arena ableiten. Die *Geschäftsbedeutung* drückt die Konformität der Technologiefelder mit dem IP-Bestand des betrachteten Unternehmens aus, der in Phase 1 des Vorgehensmodells ermittelt wird. Es wird zum Beispiel bewertet, ob die Tätigkeit in einem Technologiefeld die Stärkung und Erweiterung von bestehenden IP-Familien ermöglicht und inwiefern das Nutzenversprechen des Unternehmens unterstützt wird. Weitere Unterkriterien der Geschäftsbedeutung sind Erfolgsaussichten und der Umsetzungsaufwand. Aus dem Portfolio ergeben sich vier charakteristische Bereiche mit jeweils einer strategischen Stoßrichtung [EGG16].

1. **Mit harten Bandagen kämpfen:** Oben rechts im Portfolio platzierte Technologiefelder sind sehr bedeutend für das Geschäft des Unternehmens und es gibt viele Wettbewerber und/oder Zulieferer, die hier bereits IP aufweisen können oder es derzeit aufbauen. Beispielsweise weist das Technologiefeld *Smart Home* eine hohe Geschäftsbedeutung auf. Die Wettbewerbsintensität ist

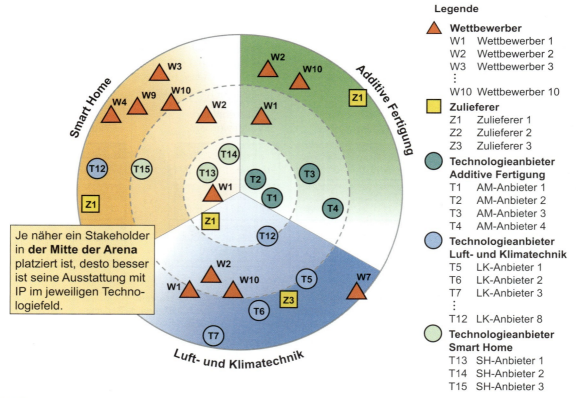

BILD 3.82 Darstellung der Stakeholder und deren IP-Ausstattung in der „IP-Arena"

3.6 IP-based Innovation

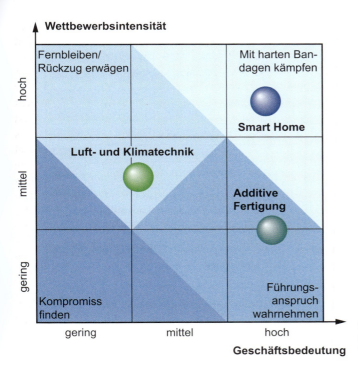

BILD 3.83
Festlegen von strategischen Stoßrichtungen für einzelne Technologiefelder

gemäß der IP-Arena ebenfalls hoch. Zahlreiche Wettbewerber und Zulieferer besitzen in diesem Technologiefeld IP; einige haben sogar eine exzellente Bewertung bekommen.

2. **Fernbleiben/Rückzug erwägen:** Technologiefelder, die oben links platziert sind, sind wenig bedeutend für das Geschäft des Unternehmens; zudem ist die Wettbewerbsintensität hoch. Das gilt beispielsweise für das Technologiefeld *Luft- und Klimatechnik*. Hier wäre von Investitionen in IP-Entwicklung und IP-Schutz eher abzuraten.

3. **Kompromiss finden:** Technologiefelder, die unten links platziert sind, sind wenig bedeutend und die Wettbewerbsintensität ist gering. Das Unternehmen muss sich entscheiden, ob es Zeit und Geld zum Aufbau von IP in diesem Feld investieren möchte.

4. **Führungsanspruch wahrnehmen:** Technologiefelder, die unten rechts platziert sind, wie beispielsweise *Additive Fertigung*, verkörpern den Anspruch auf die Marktführerschaft. Dort existieren nur wenige Stakeholder, die IP aufweisen können oder derzeit im Begriff sind, IP aufzubauen. Für das betrachtete Unternehmen bestünde hier die Chance, sich rechtzeitig vor dem Wettbewerb vorteilhaft zu platzieren. Um diesen Anspruch einzulösen und die Führung weiter auszubauen, sollte in die IP-Entwicklung und den IP-Schutz investiert werden.

Entsprechend der Position im Portfolio werden für die Technologiefelder nun die Entwicklungsstrategien erarbeitet. Diese bestehen aus Maßnahmen zur Entwicklung der entsprechenden IP-Elemente, den sogenannten Entwicklungsmaßnahmen. Diese lassen sich durch Gespräche mit Experten identifizieren. Je nach Priorisierung der vier Bezugsbereiche (Schutzrechte, geistige Schöpfung, Human-/Beziehungskapital, Datenkapital) innerhalb eines Technologiefelds werden die Entwicklungsmaßnahmen und -investitionen geplant. Hierbei sollte zunächst das Humankapital fokussiert werden, da dies erfahrungsgemäß zu Schutzrechten und geistigen Schöpfungen führt [RRE+98]. Grundsätzlich sind jedoch die Bezugsbereiche zu priorisieren, die im Unternehmen bis dato eher schwach besetzt sind.

Die Entwicklung der aufzubauenden IP-Elemente kann in einer **IP-Roadmap** (Bild 3.84) dargestellt werden. Hierbei werden die Zeitpunkte markiert, zu denen die geplanten Entwicklungsmaßnahmen der jeweiligen IP-Elemente ihre Wirkung zeigen. Beispielsweise sollen erste Entwicklungsmaßnahmen des IP-Elements *Fachwissen Gestaltungsprinzipien* zum Meilenstein 1 ihre Wirkung entfalten; zum Meilenstein 2 soll das IP-Element vollständig aufgebaut sein. Die IP-Roadmap ermöglicht einen präzisen Überblick über die zu entwickelnden IP-Elemente und stellt ein praktikables Instrument zur Kommunikation der Strategie in der Organisation dar. In der IP-Roadmap werden die Technologiefelder (z. B. Additive Fertigung) separat betrachtet.

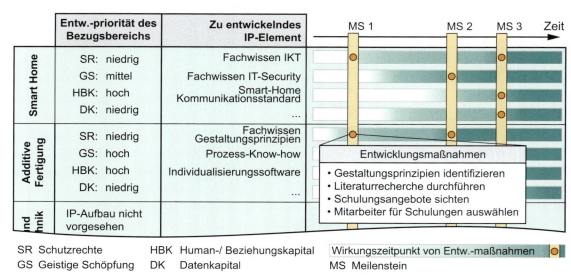

BILD 3.84 IP-Roadmap zur Konkretisierung der Entwicklungsstrategie

4. Planung des IP-Schutzes

Das Ziel der vierten Phase ist eine Schutzstrategie, mit der das Strategiemodell des IP-Managementrahmens (Bild 3.77) vervollständigt wird. In der Schutzstrategie werden Maßnahmen zum Schutz des im Unternehmen vorhandenen IP gebündelt, sogenannte Schutzmaßnahmen.

In einem ersten Schritt werden Faktoren identifiziert, die die Gefährdungslage des IP im Unternehmen beeinflussen. Diese Analyse ist unternehmensindividuell durchzuführen. Zur Orientierung liefert Bild 3.85 neun Suchfelder und beispielhafte Einflussfaktoren.

Unter Zuhilfenahme einer Einfluss- und Relevanzanalyse lässt sich die relativ große Menge an Einflussfaktoren zu einer handhabbaren Menge an Schlüsselfaktoren reduzieren (vgl. Kapitel 2.2.2). Für diese Schlüsselfaktoren wird eine **Bedrohungsanalyse** durchgeführt, welche die Bedrohungen aus dem Unternehmen selbst und seinem Umfeld aufdeckt. Eine Bedrohung im Zusammenhang mit dem Schlüsselfaktor *14) Sensibilisierung für Produktschutz* (vgl. Bild 3.85) ist beispielsweise *Mitarbeiter unterschätzen die Gefahr von Social Engineering*. Für derartige Bedrohungen werden anschließend Schutzmaßnahmen erarbeitet, die der Gefährdung entgegenwirken, z. B. *Sensibilisierung für Social Engineering*. Sowohl die Bedrohungsanalyse als auch die Ermittlung von Schutzmaßnahmen ist mit den entsprechenden Experten durchzuführen.

Die ermittelten Schutzmaßnahmen münden in eine **Schutzstrategie**. Es liegt nahe, die einzelnen Schutzmaßnahmen zu bewerten. Beispielsweise hinsichtlich ihres Aufwand-Nutzen-Verhältnisses, der Schadenshöhe und der Wahrscheinlichkeit des Auftretens der entsprechenden Gefährdung sowie der Wichtigkeit und Dringlichkeit (vgl. Bild 4.7). Ggf. ergeben sich aufgrund derartiger Bewertungen alternative Schutzstrategien.

5. Aktivierung von Geschäftspotentialen

Hier ist die Frage zu beantworten, wie ein Unternehmen neue Erlösquellen durch Aktivierung des IP-Bestands erschließen kann. Ziel ist das Angebots- und das Finanzmodell nach Maßgabe des IP-Managementrahmens (vgl. Bild 3.77). Eine wichtige Rolle spielt dabei die **Aktivierungsform** der vorliegenden IP-Elemente. Die Wahl der geeigneten Aktivierungsform beruht auf der IP-Aktivierungs-Matrix gemäß Bild 3.86. Die in den Zeilen aufgeführten Aktivierungsformen sind hinsichtlich ihrer Eignung für die IP-Elemente in den Spalten zu bewerten. Die hierbei zu berücksichtigenden Kriterien sind *Kritikalität*, *Vertragsrestriktionen* sowie die *interne Zahlungsbereitschaft* und die *externe Zahlungsbereitschaft*. Als Ergebnis liegt somit die Eignung der IP-Elemente für eine oder mehrere der folgenden sieben verschiedenen Aktivierungsformen vor.

- **Geheim halten:** IP-Elemente mit hoher Kritikalität bzw. mit strengen Vertragsrestriktionen sind ungeachtet der internen und externen Zahlungsbereitschaft von der externen Verwertung oder Verbreitung auszuschließen.
- **Intern verwenden:** Ob IP-Elemente intern Verwendung finden, ist im Wesentlichen von der internen Zahlungsbereitschaft abhängig.

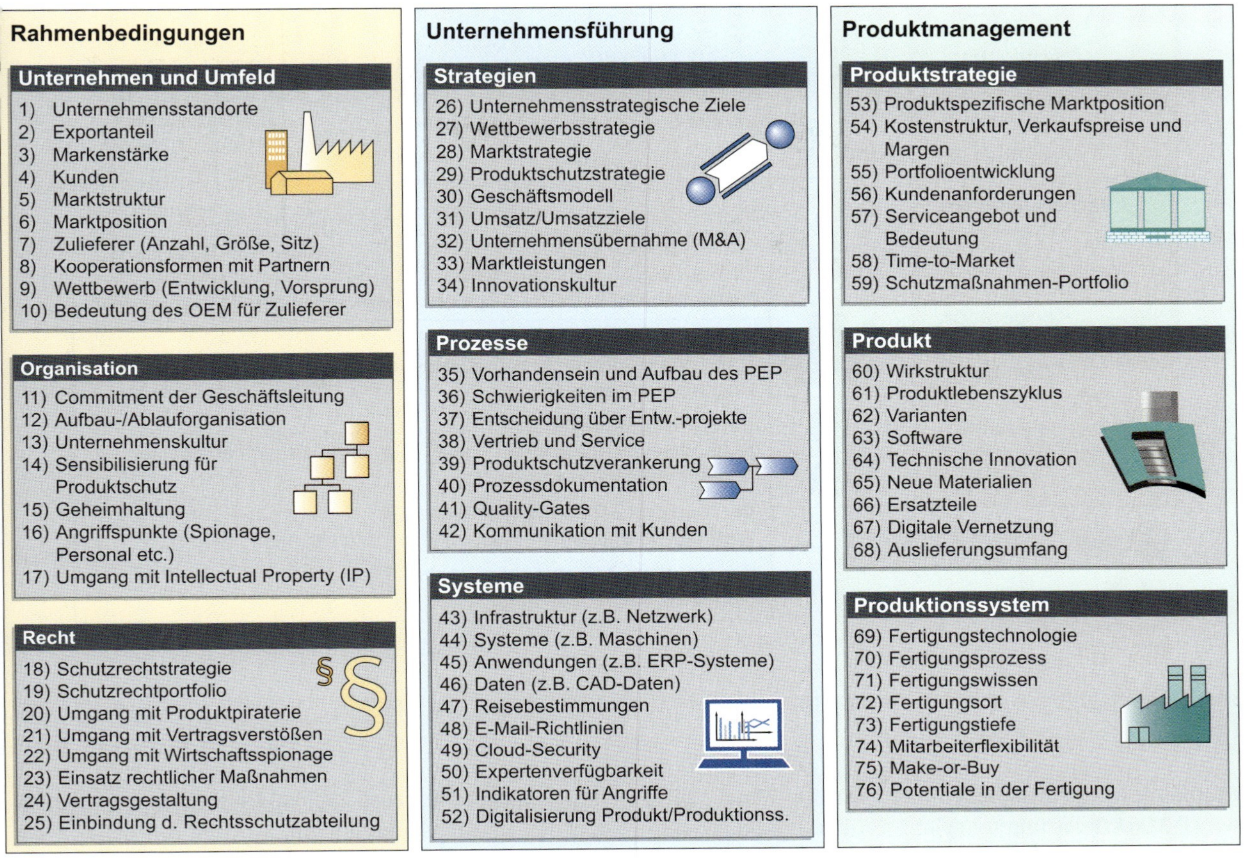

3.6 IP-based Innovation

Rahmenbedingungen

Unternehmen und Umfeld
1) Unternehmensstandorte
2) Exportanteil
3) Markenstärke
4) Kunden
5) Marktstruktur
6) Marktposition
7) Zulieferer (Anzahl, Größe, Sitz)
8) Kooperationsformen mit Partnern
9) Wettbewerb (Entwicklung, Vorsprung)
10) Bedeutung des OEM für Zulieferer

Organisation
11) Commitment der Geschäftsleitung
12) Aufbau-/Ablauforganisation
13) Unternehmenskultur
14) Sensibilisierung für Produktschutz
15) Geheimhaltung
16) Angriffspunkte (Spionage, Personal etc.)
17) Umgang mit Intellectual Property (IP)

Recht
18) Schutzrechtstrategie
19) Schutzrechtportfolio
20) Umgang mit Produktpiraterie
21) Umgang mit Vertragsverstößen
22) Umgang mit Wirtschaftsspionage
23) Einsatz rechtlicher Maßnahmen
24) Vertragsgestaltung
25) Einbindung d. Rechtsschutzabteilung

Unternehmensführung

Strategien
26) Unternehmensstrategische Ziele
27) Wettbewerbsstrategie
28) Marktstrategie
29) Produktschutzstrategie
30) Geschäftsmodell
31) Umsatz/Umsatzziele
32) Unternehmensübernahme (M&A)
33) Marktleistungen
34) Innovationskultur

Prozesse
35) Vorhandensein und Aufbau des PEP
36) Schwierigkeiten im PEP
37) Entscheidung über Entw.-projekte
38) Vertrieb und Service
39) Produktschutzverankerung
40) Prozessdokumentation
41) Quality-Gates
42) Kommunikation mit Kunden

Systeme
43) Infrastruktur (z.B. Netzwerk)
44) Systeme (z.B. Maschinen)
45) Anwendungen (z.B. ERP-Systeme)
46) Daten (z.B. CAD-Daten)
47) Reisebestimmungen
48) E-Mail-Richtlinien
49) Cloud-Security
50) Expertenverfügbarkeit
51) Indikatoren für Angriffe
52) Digitalisierung Produkt/Produktionss.

Produktmanagement

Produktstrategie
53) Produktspezifische Marktposition
54) Kostenstruktur, Verkaufspreise und Margen
55) Portfolioentwicklung
56) Kundenanforderungen
57) Serviceangebot und Bedeutung
58) Time-to-Market
59) Schutzmaßnahmen-Portfolio

Produkt
60) Wirkstruktur
61) Produktlebenszyklus
62) Varianten
63) Software
64) Technische Innovation
65) Neue Materialien
66) Ersatzteile
67) Digitale Vernetzung
68) Auslieferungsumfang

Produktionssystem
69) Fertigungstechnologie
70) Fertigungsprozess
71) Fertigungswissen
72) Fertigungsort
73) Fertigungstiefe
74) Mitarbeiterflexibilität
75) Make-or-Buy
76) Potentiale in der Fertigung

BILD 3.85 Neun Suchfelder für Einflussfaktoren auf die Gefährdungslage im Unternehmen in Anlehnung an [EG15], [LMP+12]

- **Spin-off**: IP-Elemente, die nicht in die Strategie und das Produktportfolio eines Unternehmens passen, liegen häufig brach. In diesem Fall bietet ein Spin-off eine geeignete Option zur Verwertung des IP. Voraussetzung ist, dass eine hohe externe Zahlungsbereitschaft besteht. Im Falle einer mittleren bis hohen Kritikalität oder gewissen Vertragsrestriktionen ist ein Spin-off einer Kooperation vorzuziehen.
- **Kooperation**: Für Kooperationen sollten die IP-Elemente grundsätzlich eine geringe Kritikalität, kaum Vertragsrestriktionen und eher eine geringe externe Zahlungsbereitschaft aufweisen. In dieser Situation bestehen kaum Bedenken hinsichtlich der externen Preisgabe des IP in einer Kooperation.
- **Lizensieren**: Eine niedrige Kritikalität, keine Vertragsrestriktionen in Kombination mit einer mittleren bis hohen externen Zahlungsbereitschaft bildet die Basis für eine Lizensierung. Solche IP-Elemente bieten sich für die externe Verwertung an. Im Vergleich zum Verkauf eignet sich die Lizenz auch bei einer als mittelmäßig bewerteten Kritikalität, da der Umfang einer Lizenz im Zweifel zeitlich und mengenmäßig begrenzt werden kann. Die Eigentumsrechte bleiben beim Lizenzgeber [PAF14].
- **Verkaufen**: Im Gegensatz zur Lizenz überträgt der Verkäufer seine vollen Eigentumsrechte an den Käufer [PAF14]. Daher ist ein Verkauf nur dann anzustreben, wenn die Kritikalität gering ist und keine Vertragsrestriktionen bestehen. Eine relativ hohe externe Zahlungsbereitschaft ist ebenfalls Voraussetzung für diese Aktivierungsform. Die Gefahr einer Kannibalisierung des eigenen Geschäfts besteht nach CHESBROUGH nicht. Mit der heutigen Verfügbarkeit von Wissen werden Konkurrenten ohnehin Umgehungslösungen finden. Vielmehr sollte ein Unternehmen wirtschaftlich davon profitieren, dass das eigene IP extern verwendet wird [Che06].
- **Aufgeben**: IP-Elemente, für die weder intern noch extern eine Zahlungsbereitschaft besteht, sollten nicht länger im Unternehmen gehalten werden. Investitionen in diese IP-Elemente sollten gestoppt werden. Ausgenommen sind IP-Elemente mit hoher Kritikalität und/oder strengen Vertragsrestriktionen.

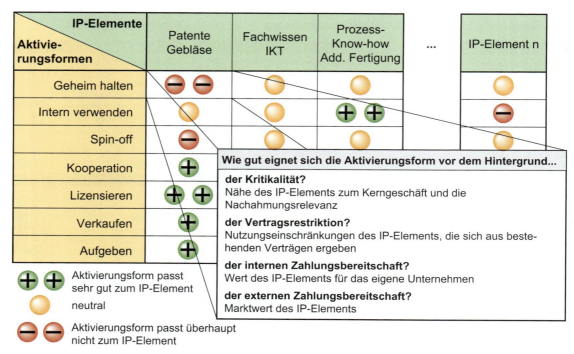

BILD 3.86 Die IP-Aktivierungs-Matrix zur Bewertung der Aktivierungsmöglichkeiten von IP-Elementen

Mithilfe der Ergebnisse der IP-Aktivierungs-Matrix können **IP-Marktleistungen** geplant werden. Für das IP-Element *Patente Gebläse* ist *Lizensieren* beispielsweise sehr gut geeignet, weil die entsprechende Kritikalität niedrig ist, keine Vertragsrestriktionen vorhanden sind sowie die interne Zahlungsbereitschaft niedrig, aber die externe Zahlungsbereitschaft hoch ist. Die IP-Marktleistung ist dementsprechend die Lizenz. Für die IP-Marktleistungen, die sich aus der IP-Aktivierungs-Matrix ergeben, werden jeweils das Angebots- und das Finanzmodell gemäß des IP-Managementrahmens erarbeitet. Das Angebotsmodell besteht aus den zwei Elementen Marktleistung und Nutzenversprechen, das Finanzmodell aus den drei Elementen Erlöskonzept, Investitionskosten und Betriebskosten [Kös14]. Ein Auszug ist in Bild 3.87 dargestellt.

Im Sinne einer ganzheitlichen und konsistenten Positionierung des Unternehmens sind abschließend die etablierte und die IP-Wertschöpfung zu integrieren. Dies geschieht durch eine entsprechende Bewertung, wie gut sich eine Kombination aus einer IP-Marktleistung und einer bestehenden Marktleistung für ein gemeinsames Geschäftsmodell eignet. Das *Angebot der Smart Home-Plattform im Rahmen eines Spin-offs* eignet sich beispielsweise sehr gut mit dem Verkauf von Smart Home-fähigen Dunstabzugshauben, weil sich somit ein herstellerübergreifender Standard für Schnittstellen etablieren könnte. Derartige Überlegungen führen zu Geschäftsmodellen, mit denen das Unternehmen zusätzlichen Kundennutzen schaffen und den Umsatz steigern kann.

Resümee

Die sich abzeichnende Wissensökonomie und die damit einhergehende Notwendigkeit, Intellectual Property (IP) in der strategischen Produktplanung stärker zu fokussieren, wirken sich zunehmend auch auf produzierende Unternehmen aus. Die Systematik zum innovationsorientierten IP-Management bietet Unternehmen eine Hilfe, sich mit der komplexen Materie zielführend zu befassen. Von Experten werden in diesem Zusammenhang drei Handlungsmaximen konstatiert, die sich in unserer Forschung bestätigt haben [Mit16], [WS15]:

- Prozessorientierung: IP übt einen positiven Einfluss auf die Geschäftsprozesse aus.
- Wertschöpfungsorientierung: Es wird primär IP aufgebaut, das direkt oder indirekt zur Wertschöpfung des Unternehmens beiträgt.
- Geschäftsmodellorientierung: Sämtliche im Unternehmen auf- und ausgebaute IP-Elemente stützen die Geschäftslogik. Hierbei ist besonders die Orientierung am Nutzenversprechen hervorzuheben. Auf diese Weise wird der Kundenmehrwert vor Imitation geschützt.

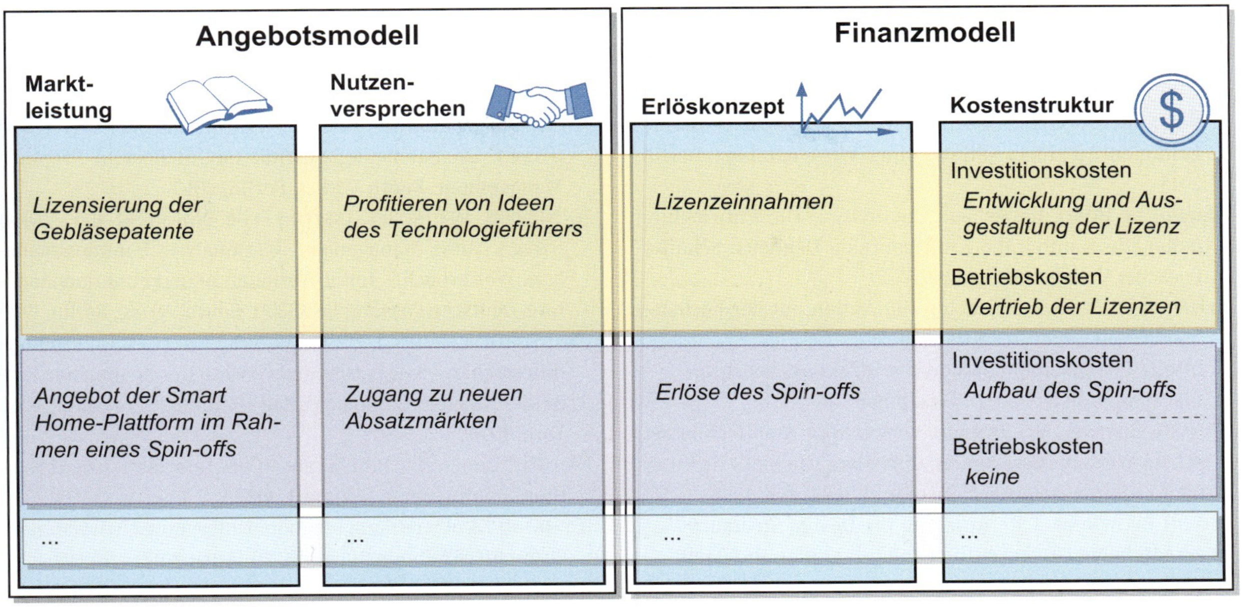

BILD 3.87 Angebots- und Finanzmodell der IP-Marktleistungen als Ergebnis der IP-Aktivierungs-Matrix (Auszug)

Literatur zum Kapitel 3

[ABR17] ALBERS, A.; BURSAC, N.; RAPP, S.: PGE – Produktgenerationsentwicklung am Beispiel des Zweimassenschwungrads. Forschung im Ingenieurwesen, Ausgabe 81, Springer-Verlag, Berlin, 2017, S. 13 – 31

[aca16] ACATECH – DEUTSCHE AKADEMIE DER TECHNIKWISSENSCHAFTEN; NATIONALE AKADEMIEN DER WISSENSCHAFTEN LEOPOLDINA, UNION DER DEUTSCHEN AKADEMIE DER WISSENSCHAFTEN (Hrsg.): Additive Fertigung. München, 2016

[AEG+12] AMSHOFF, B.; ECHTERHOFF, N.; GAUSEMEIER, J.; GROTE, A.-C.: Planung von Cross-Industry-Innovationen – Methodik für einen branchenübergreifenden Lösungstransfer. In: GAUSEMEIER, J. (Hrsg.): 8. Symposium für Vorausschau und Technologieplanung. Heinz Nixdorf Institut, Universität Paderborn, HNI-Verlagsschriftenreihe, Band 306, Paderborn, 2012, S. 149 – 171

[Ahr15] AHRENS, S.: Geistiges Eigentum und Wettbewerbsrecht, Gewerblicher Rechtsschutz – Urheberrecht – unlauterer Wettbewerb. Springer, Wiesbaden, 2015

[Aki91] AKIYAMA, K.: Function Analysis – Systematic Improvement of Quality and Performance. Productivity Press, Cambridge, 1991

[Alt73] ALTSCHULLER, G. S.: Erfinden – (k)ein Problem? Anleitung für Neuerer und Erfinder. Verlag Tribüne, Berlin, 1973

[Alt84] ALTSCHULLER, G.: Erfinden. Wege zur Lösung technischer Probleme. VEB Verlag Technik, Berlin, 1984

[Alv16] ALVARES DE SOUZA SOARES, P.: Demo or die! manager magazin 2/2016, manager magazin Verlagsgesellschaft, Hamburg, S. 72 – 77

[AM17] ABTS, D.; MÜLDER, W.: Grundkurs Wirtschaftsinformatik – Eine kompakte und praxisorientierte Einführung. 9. Auflage, Springer Vieweg, Wiesbaden, 2017

[Ans65] ANSOFF, H.-I.: Corporate strategy – an analytical approach to business policy for growth and expansions. Wiley, New York, 1965

[Ans76] ANSHOFF, H.-I.: Managing Surprise as Discontinuity – Strategic Responses to Weak Signals. Zeitschrift für betriebswirtschaftliche Forschung (ZfbF) 28, 1976

[ARB+17] ALBERS, A.; RAPP, S.; BIRK, C.; BURSAC, N.: Die Frühe Phase der PGE – Produktgenerationsentwicklung. 4. Stuttgarter Symposium für Produktentwicklung, 28. – 29. Juni 2017, Stuttgart, Fraunhofer-Verlag, Stuttgart, 2017

[BBS13] BASU, R. R.; BANERJEE, P. M.; SWEENY, E. G.: Frugal Innovation – Core Competencies to Address Global Sustainability. Journal of Management for Global Sustainability 02/2013, International Association of Jesuit Business Schools, Ateneo de Manila University, 2013, pp. 63 – 82

[Bec93] BECKER, G. S.: Human Capital: A Theoretical and Empirical Analysis, with Special Reference to Education. 3rd Edition, The University of Chicago Press, Chicago, 1993

[Bha12] BHATTI, Y.: What is frugal, what is innovation? – Towards a Theory of Frugal Innovation. Said Business School Working Paper Series, Oxford, 2012

[BHS11] BRÜGGER, C.; HARTSCHEN, M.; SCHERER, J.: Simplicity – Prinzipien der Einfachheit: Strategien für einfache Produkte, Dienstleistungen und Prozesse. Gabal Verlag, Offenbach am Main, 2011

[BMW09] BUNDESMINISTERIUM FÜR WIRTSCHAFT UND TECHNOLOGIE (BMWI) (Hrsg.): Die volkswirtschaftliche Bedeutung geistigen Eigentums und dessen Schutzes mit Fokus auf den Mittelstand – Endbericht. Berlin, 2009

[BMW13] BUNDESMINISTERIUM FÜR WIRTSCHAFT UND TECHNOLOGIE (BMWI): Wissensbilanz – Made in Germany: Leitfaden 2.0 zur Erstellung einer Wissensbilanz. Berlin, 2013

[Bon96] DE BONO, E.: Serious Creativity – Die Entwicklung neuer Ideen durch die Kraft lateralen Denkens. Schäffer-Poeschel Verlag, Stuttgart, 1996

[bör17-ol] BÖRSENNEWS: Die Top 100 Aktien mit der höchsten Marktkapitalisierung Welt. Unter: http://www.boersennews.de/markt/aktien/hoechste-marktkapitalisierung, 11. Dezember 2017

[Boy98] BOYENS, K.: Externe Verwertung von technologischem Wissen. Dissertation, Christian-Albrechts-Universität zu Kiel, Springer Fachmedien, Wiesbaden, 1998

[Bro01] BROWNING, T. R.: Applying the Design Structure Matrix to System Decomposition and Integration Problems – A Review and New Directions. IEEE Transactions on Engineering Management, Vol. 48, No. 3, August 2001

[Bro79] BROCKS, W.: Teamarbeit für Ingenieure. VDI-Verlag, Düsseldorf, 1979

[BT12] BOUND, K.; THORNTON, I.: Our Frugal Future – Lessons from India's Innovation System. Nesta, London, 2012

[BU16] BRENNER, W.; UEBERNICKEL, F. (Ed.): Design Thinking for Innovation – Research and Practice. Springer, Heidelberg, Dordrecht, London, New York, 2016

[BUA16] BRENNER, W.; UEBERNICKEL, F.; ABRELL, T.: Design Thinking as Mindset, Process, and Toolbox. In: BRENNER, W.; UEBERNICKEL, F. (Ed.): Design Thinking for Innovation – Research and Practice. Springer, Heidelberg, Dordrecht, London, New York, 2016

[Bus99] BUSCH, B.: Erfolg durch neue Ideen. Cornelsen Verlag, Berlin, 1999

[Che06] CHESBROUGH, H. W.: Open Innovation – The New Imperative for Creating and Profiting from Technology. Harvard Business School Press, Boston, 2006

[Chr97] CHRISTENSEN, C. M.: The Innovator's Dilemma – When New Technologies Cause Great Firms to Fail. Harvard Business School Press, Boston, Massachusetts, 1997

[Day00] DAY, G. S.: Assessing Future Markets for New Technologies. In: DAY, G. S.; SCHOEMAKER, P. J. H.; GUNTHER, R. E. (Ed.): Wharton on Managing Emerging Technologies. John Wiley & Sons, Inc., Hoboken, New Jersey, 2000, pp. 127 – 149

[Dem82] DEMING, W. E.: Out of the Crisis. MIT Press, Massachusetts, 1982

[DesignG] DESIGNGESETZ in der Fassung der Bekanntmachung vom 24. Februar 2014 (BGBl. I S. 122), das zuletzt durch Artikel 1 des Gesetzes vom 4. April 2016 (BGBl. I S. 558) geändert worden ist

[Die14-ol] DIE WELT: Facebook kauft WhatsApp für 19 Milliarden Dollar. Unter: http://www.welt.de/wirtschaft/article125021667/Facebook-kauft-WhatsApp-fuer-19-Milliaden-Dollar.html, 15. Dezember 2017

[DIN1060] DEUTSCHES INSTITUT FÜR NORMUNG E. V. (DIN) (Hrsg.): Dienstleistungsqualität im Intellectual Property Management. Beuth Verlag, Berlin, 2010

[DIN1325-1] DEUTSCHES INSTITUT FÜR NORMUNG E. V. (DIN) (Hrsg.): Value Management, Wertanalyse, Funktionenanalyse, Wörterbuch – Teil 1: Wertanalyse und Funktionenanalyse. Deutsche Fassung EN 1325-1, Beuth Verlag, Berlin, 1996

[DNL96] DESCHAMPS, J.-P.; NAYAK, P. R.; LITTLE, A. D.: Produktführerschaft – Wachstum und Gewinn durch offensive Produktstrategien. Campus Verlag, Frankfurt am Main, New York, 1996

[Dör87] DÖRNER, D.: Problemlösen als Informationsverarbeitung. Kohlhammer, Stuttgart, 1987

[Dud17-ol] DUDEN (Hrsg.): Ideation. Unter: http://www.duden.de/rechtschreibung/Ideation, 20. April 2017

[Dür12] DÜRMÜLLER, C.: Der Blick über den Tellerrand. io management, Ausgabe Mai/Juni, Nr. 3, 2012, S. 24 – 27

[EB00] EDVINSSON, L.; BRÜNIG, G.: Aktivposten Wissenskapital – Unsichtbare Werte bilanzierbar machen. Gabler, Wiesbaden, 2000

[Ech14] ECHTERHOFF, N.: Systematik zur Planung von Cross-Industry-Innovationen. Dissertation, Fakultät für Maschinenbau, Universität Paderborn, HNI-Verlagsschriftenreihe, Band 332, Paderborn, 2014

[Eck17] ECKELT, D.: Systematik zum innovationsorientierten Intellectual Property Management. Dissertation, Fakultät für Maschinenbau, Universität Paderborn, HNI-Verlagsschriftenreihe, Band 373, Paderborn, 2017

[Eco10] THE ECONOMIST (Ed.): First break all the rules – The charms of frugal innovation. The Economist, Ausgabe vom 17. April 2010, The Economist Newspaper Limited, London, 2010

[ED11] ENKEL, E.; DÜRMÜLLER, C.: Cross-Industry-Innovation – der Blick über den Gartenzaun. In: GASSMANN, O.; SUTTER, P. (Hrsg.): Praxiswissen Innovationsmanagement. Carl Hanser Verlag, München, Wien, 2011, S. 215 – 235

[ED13] ENKEL, E.; DÜRMÜLLER, C.: Cross-Industry-Innovation – Der Blick über den Gartenzaun. In: GASSMANN, O.; SUTTER, P. (Hrsg.): Praxiswissen Innovationsmanagement. 3. Auflage, Carl Hanser Verlag, München, 2013, S. 195 – 213

[EDG+16] ECKELT, D.; DÜLME, C.; GAUSEMEIER, J.; HEMEL, S.: Detecting white spots in innovation-driven intellectual property management. In: HUIZINGH, E.; CONN, S.; TORKKELI, M.; BITRAN, I. (Ed.): Charting The Future Of Innovation Management – Proceedings of the ISPIM Innovation Forum. March 13 – 16, Boston, USA, 2016

[EG10] ENKEL, E.; GASSMANN, O.: Creative Imitation – Exploring the Case of Cross-Industry Innovation. R&D Management, Vol. 40, No. 3, Blackwell Publishing, Oxford, Malden, 2010, pp. 256 – 270

[EG15] ECKELT, D.; GAUSEMEIER, J.: Vorsprung durch strategisches IP-Management – Geistiges Eigentum kennen, schützen und nutzen. In: HOOCK, C.; MILDE, S. (Hrsg.): IP: Kooperation, Wettbewerb, Konfrontation – PATINFO Proceedings. Band 37, 10. – 12. Juni, Ilmenau, 2015, S. 43 – 63

[EGG16] ECKELT, D.; GAUSEMEIER, J.; GRONEMEYER, C.: Management des geistigen Eigentums im Rahmen der strategischen Produktplanung. In: GAUSEMEIER, J. (Hrsg.): Vorausschau und Technologieplanung. 12. Symposium für Vorausschau und Technologieplanung, 8. – 9. Dezember 2016, Berlin, HNI-Verlagsschriftenreihe, Band 360, Paderborn, 2016, S. 289 – 316

[EGR07] EBERSBACH, L.; GASSMANN, O.; REINECKE, S.: Neue Grenzen für Innovation. In: BELZ, C.; SCHÖGEL, M.; TOMCZAK, T. (Hrsg.): Innovation Driven Marketing. Gabler, Wiesbaden, 2007, S. 51 – 60

[Ehr13] EHRLENSPIEL, K.: Integrierte Produktentwicklung – Denkabläufe, Methodeneinsatz, Zusammenarbeit. 5. Auflage, Carl Hanser Verlag, München, 2013

[EOB+11] EAGAR, R.; VAN OENE, F.; BOULTON, C.; ROOS, D.; DEKEYSER, C.: The Future of Innovation Management – The Next 10 Years. Prism, Issue 1, Arthur D. Little, Brüssel, 2011

[Ern02] ERNST, H.: Strategisches Intellectual Property-Management. In: HOMMEL, U; KNECHT, T. C. (Hrsg.): Wertorientiertes Start-up-Management – Grundlagen, Konzepte, Strategien. Vahlen, München, 2002, S. 292 – 319

[ES96] EDVINSSON, L.; SULLIVAN, P.: Developing a Model for Managing Intellectual Capital. European Management Journal, Elsevier Science, Vol. 14, No. 4, 1996, pp. 356 – 36

[Eve03] EVERSHEIM, W. (Hrsg): Innovationsmanagement für technische Produkte. Springer Verlag, Berlin, 2003

[EWM13] ENSTAHLER, J.; WEGE, P.; MÜLLER, S.: Einführung. In: ENSTHALER, J.; WEGE, P. (Hrsg.): Management geistigen Eigentums. Springer, Berlin, 2013, S. 1 – 6

[Fla74] FLAMHOLTZ, E. G.: Human Resource Accounting. Dickenson, Encino, California, 1974

[FR08] FENN, J.; RASKNO, M.: Mastering the Hype Cycle – How to choose the right innovation at the right time. Harvard Business Press, Boston, 2008

[Fra16-ol] FRANKFURTER ALLGEMEINE ZEITUNG: Microsoft kauft LinkedIn. Unter: http://www.faz.net/aktuell/wirtschaft/eilmeldung-microsoft-kauft-linkedin-marktwert-bei-26-2-milliarden-dollar-14284783.html, 15. Dezember 2017

[Fra98] FRANKE, H.-J.: Design Methods before the Change of Paradigms? Design Research in Germany, a Short Synopsis. In: GRABOWSKI, H.; RUDE, S.; GREIN, G. (Ed.): Universal Design Theory. Shaker Verlag, Aachen, 1998

[Fre10] FREUND, R.: How to Overcome the Barriers between Economy and Sociology – With Open Innovation, Open Evaluation and Crowdfunding? International Journal of Industrial Engineering and Management, Vol. 1, No. 3, International Research Publication House, Delhi, 2010, pp. 105 – 109

[Fri97] FRIED. KRUPP AG HOESCHKRUPP (Hrsg.): 125 Jahre Betriebliches Vorschlagswesen. Essen, 1997

[Fuc12] FUCHS, W.: Storytelling – Wie hirngerechte Marketing-Geschichten aussehen. In: HÄUSEL, H.-G. (Hrsg.): Neuromarketing – Erkenntnisse der Hirnforschung für Markenführung, Werbung und Verkauf. 2. Auflage, Haufe-Lexware Verlag, Freiburg, 2012, S. 137 – 153

[FW78] FOSTER, R. N.; WOOD, P. M.: Linking R&D to Strategy. In: McKinsey & Company (Hrsg.): Strategic Leadership, 1978

[GB04] GRAHAM, D.; BACHMANN, T.: Ideation: The Birth and Death of Ideas. John Wiley & Sons, Hoboken, 2004

[GB11] GASSMANN, O.; BADER, M. A.: Patentmanagement – Innovationen erfolgreich nutzen und schützen. Springer, Berlin, 2011

[GCF12] GASSMANN, O.; CSIK, M.; FRANKENBERGER, K.: Aus alt mach neu. Harvard Business Manager Ausgabe 6/2012, manager magazin Verlagsgesellschaft, Hamburg, 2012, S. 18 – 51

[GebrMG] GEBRAUCHSMUSTERGESETZ in der Fassung der Bekanntmachung vom 28. August 1986 (BGBl. I S. 1455), das zuletzt durch Artikel 3 des Gesetzes vom 4. April 2016 (BGBl. I S. 558) geändert worden ist

[GEK+12] GAUSEMEIER, J; ECHTERHOFF, N; KOKOSCHKA, M.; WALL, M.: Thinking ahead the Future of Additive Manufacturing – Future Applications. Heinz Nixdorf Institute, University of Paderborn, Paderborn, 2012

[Gep13] GEBHARDT, A.: Generative Fertigungsverfahren. Additive Manufacturing und 3D Drucken für Prototyping – Tooling – Produktion. 4. Auflage, Carl Hanser Verlag, München, 2013

[Ger16] GERSTBACH, I.: Design Thinking im Unternehmen – Ein Workbook für die Einführung von Design Thinking. Gabal Verlag, Offenbach am Main, 2016

[GEW13] GAUSEMEIER, J.; ECHTERHOFF, N.; WALL, M.: Thinking ahead the future of Additive Manufacturing – Innovation Roadmapping of Required Advancements. Study for the Direct Manufacturing Research Center, Paderborn, 2013

[GFC13] GASSMANN, O.; FRANKENBERGER, K.; CSIK, M.: Geschäftsmodelle entwickeln – 55 innovative Konzepte mit dem St. Galler Business Model Navigator. Carl Hanser Verlag, München, 2013

[GHH00] GIMPEL, B.; HERB, T.; HERB, R.: Ideen finden, Produkte entwickeln mit TRIZ. Carl Hanser Verlag, München, 2000

[GHK+06] GAUSEMEIER, J.; HAHN, A.; KESPOHL, H. D.; SEIFERT, L.: Vernetzte Produktentwicklung. Carl Hanser Verlag, München, 2006

[GLL12] GAUSEMEIER, J; LANZA, G.; LINDEMANN, U. (Hrsg.): Produkte und Produktionssysteme integrativ konzipieren – Modellbildung und Analyse in der frühen Phase der Produktentstehung. Carl Hanser Verlag, München, 2012

[GM13] GÜRTLER, J.; MEYER, J.: 30 Minuten Design Thinking. Gabal Verlag, Offenbach am Main, 2013

[GP14] GAUSEMEIER, J.; PLASS, C.: Zukunftsorientierte Unternehmensgestaltung – Strategien, Geschäftsprozesse und IT-Systeme für die Produktion von morgen. 2. Auflage, Carl Hanser Verlag, München, 2014

[Gri10] GRICHNIK, D.: Entrepreneurship – unternehmerisches Denken, Entscheiden und Handeln in innovativen und technologieorientierten Unternehmungen. Schäffer-Poeschel, Stuttgart, 2010

[GW11] GAUSEMEIER, J.; WIENDAHL, H.-P.: Hebel zur Gestaltung von Produktentstehung, Produktion und Wertschöpfung in Deutschland – Zusammenfassung und Schlussfolgerungen. In: GAUSEMEIER, J.; WIENDAHL, H.-P. (Hrsg.): Wertschöpfung und Beschäftigung in Deutschland. Acatech DISKUTIERT, Springer-Verlag, Berlin, Heidelberg, 2011, S. 103–108

[GZ14] GERRIG, R. J.; ZIMBARDO, P. G.: Psychologie. 20. aktualisierte Auflage, Pearson Studium, Frankfurt am Main, 2014

[Hac92] HACKER, W.: Expertenkönnen: Erkennen und Vermitteln. Arbeit und Technik. Verlag für angewandte Psychologie, Band 2, Göttingen, 1992

[Has17-ol] HASSO-PLATTNER-INSTITUT (Hrsg.): Design Thinking Prozess. Unter: https://hpi.de/medien/video-und-bildmaterial/infografiken.html, 20. April 2017

[HD01] HALLER, A.; DIETRICH, R.: Intellectual Capital Bericht als Teil des Lageberichts. Der Betrieb, 54. Jg., Nr. 20, Düsseldorf, 2001, S. 1045–1052

[Her64] HERMANSON, R. H.: Accounting for Human Assets. East Lansing, Michigan, 1964

[HF15-ol] HERITAGE FOUNDATION (Hrsg.): 2015 Index of Economic Freedom. Unter: http://www.heritage.org/index/ranking, 12. Oktober 2015

[HHK00] HERB, R.; HERB, T.; KOHNHAUSER, V.: TRIZ – der systematische Weg zur Innovation: Werkzeuge, Praxisbeispiele, Schritt-für-Schritt-Anleitungen. Verlag Moderne Industrie, Landsberg am Lech, 2000

[HKV16] HYVÄRINEN, A.; KESKINEN, M.; VARIS, O.: Potential and Pitfalls of Frugal Innovation in the Water Sector: Insights from Tanzania to Global Value Chains. Sustainability, 8(9), September 2016, MDPI AG, Basel, Schweiz, 2016

[HR11] HOFFMANN, M.; RICHTER, T. S.: Geistiges Eigentum in der Betriebspraxis. Gabler, Wiesbaden, 2011

[HSK+11] HAAG, C.; SCHUH, G.; KREYSA, J.; SCHMELTER, K.: Technologiebewertung. In: SCHUH, G.; KLAPPERT, S. (Hrsg.): Technologiemanagement – Handbuch Produktion und Management 2. Springer-Verlag, Berlin, Heidelberg, 2011

[HW14] HÖGL, M.; WEISS, M.: Innovationen in Schwellen- und Entwicklungsländern: Eine Diskussion wichtiger Forschungsfragen. In: SCHULTZ, C.; HÖLZLE, K. (Hrsg.): Motoren der Innovation – Zukunftsperspektiven der Innovationsforschung. Springer Gabler, Wiesbaden, 2014, S. 81–96

[Ima86] IMAI, M.: Kaizen – The Key to Japan's Competitive Success. McGraw-Hill, New York, 1986

[IT91] ITAMI, H.; THOMAS, W.: Mobilizing invisible assets. Harvard University Press, Cambridge, 1991

[KEA+13] KÖCKERLING, M.; ECHTERHOFF, N.; AMSHOFF, B.; ECHTERFELD, J.; KAGE, M.: Effizient zu neuen Produkten – Cross-Industry-Innovationen bei Miele. In: GAUSEMEIER, J. (Hrsg.): Vorausschau und Technologieplanung. 9. Symposium für Vorausschau und Technologieplanung, 5.–6. Dezember 2013, Berlin, HNI-Verlagsschriftenreihe, Band 318, Paderborn, 2013, S. 415–437

[KM05] KIM, W.; MAUBORGNE, R.: Blue Ocean Strategy – How to Create Uncontested Market Space and Make the Competition Irrelevant. Harvard Business School Press, Boston, Massachusetts, 2005

[KM93] KRYSTEK, U.; MÜLLER-STEWENS, G.: Frühaufklärung für Unternehmen. Schäffer-Poeschel Verlag, Stuttgart, 1993

[KN97] KAPLAN, R. S.; NORTION, D. P.: Balanced Scorecard. Aus dem Amerikanischen übersetzt von HORVÁTH, P.; KUHN-WÜRFEL, B.; VOGELGRUBER, C.: Schäffer-Pöschel Verlag, Stuttgart, 1997

[KNT09] KAISER, L.; NORDSIEK, D.; TERFLOTH, A.: Softwaregestützte Konzipierung komplexer mechatronischer Systeme und der dazugehörigen Produktionssysteme. ATZ Elektronik, GWV Fachverlage GmbH, Wiesbaden, 2009

[Kob14] KOBLANK, P.: Kleine Geschichte des Ideenmanagements – Vom 19. Jahrhundert über das Dritte Reich und die DDR bis zur Gegenwart. EUREKA impulse, Nr. 6, 2014

[Kös14] KÖSTER, O.: Entwicklung von Geschäftsmodellen in der Produktentstehung. Dissertation, Fakultät für Maschinenbau, Universität Paderborn, HNI-Verlagsschriftenreihe, Band 326, Paderborn, 2014

[KRP12] KNEISEL, E.; RÖSSEL, C.; PAWLOWSKI, P.: Meilensteine der IC Entwicklung. In: PAWLOWSKI, P.; EDVINSSON, L. (Hrsg.): Intellektuelles Kapital und Wettbewerbsfähigkeit – Eine Bestandsaufnahme zu Theorie und Praxis. Springer Gabler, Wiesbaden, 2012

[Kru82] KRUBASIK, E. G.: Strategische Waffe. Wirtschaftswoche 26/36, 1982

[KS11] KOLTZE, K.; SOUCHKOV, V.: Systematische Innovation. TRIZ-Anwendung in der Produkt und Prozessentwicklung. Carl Hanser Verlag, München, Wien, 2011

[LA10] LOMBRISER, R.; ABPLANALP, P. A.: Strategisches Management – Visionen entwickeln, Erfolgspotenziale aufbauen, Strategien umsetzen. 5. Auflage, Versus Verlag, Zürich, 2010

[Leg17-ol] THE LEGO GROUP (Hrsg.): The Method. Unter: https://www.lego.com/en-us/seriousplay/the-method, 20. April 2017

[Leh00] LEHNER, F.: Organisational Memory – Konzepte und Systeme für das organisatorische Lernen und das Wissensmanagement. Carl Hanser Verlag, München, 2000

[Leh14] LEHNER, M. W.: Verfahren zur Entwicklung geschäftsmodell-orientierter Diversifikationsstrategien. Dissertation, Fakultät für Maschinenbau, Universität Paderborn, HNI-Verlagsschriftenreihe, Band 324, Paderborn, 2014

[Leh16] LEHNER, A.-C.: Systematik zur lösungsmusterbasierten Entwicklung von Frugal Innovations. Dissertation, Fakultät für Maschinenbau, Universität Paderborn, HNI-Verlagsschriftenreihe, Band 359, Paderborn, 2016

[LMP+12] LINDEMANN, U.; MEINWALD, T.; PETERMANN, M.; SCHENKEL, S.: Know-how-Schutz im Wettbewerb – Gegen Produktpiraterie und unerwünschten Wissenstransfer. Springer, Heidelberg, 2012

[LMP96] LYNN, G.; MORONE, J. G.; PAULSON, A. S.: Marketing and Discontinuous Innovation – The Probe and Learn Process. California Management Review, Vol. 38, No. 3, Spring, 1996

[Lor12] LORENZEN, B.: Rechtliche Schutzmaßnahmen. In: GAUSEMEIER, J.; GLATZ, R.; LINDEMANN, U. (Hrsg.): Präventiver Produktschutz – Leitfaden und Anwendungsbespiele. Carl Hanser Verlag, München, 2012, S. 87–96

[LW08] LIPP, U.; WILL, H.: Das große Workshop-Buch: Konzeption, Inszenierung und Moderation von Klausuren, Besprechungen und Seminaren. 8. Auflage, Beltz Verlag, Weinheim, 2008

[Mah11] MAHON, N.: Ideation. Stiebner Verlag, München, 2011

[Man95] MANKINS, J. C.: Technology Readiness Levels – A White Paper. Advanced Concepts Office, Office of Space Access and Technology (NASA), Washington D. C., 1995

[MarkenG] MARKENGESETZ vom 25. Oktober 1994 (BGBl. I S. 3082; 1995 I S. 156; 1996 I S. 682), das zuletzt durch Artikel 4 des Gesetzes vom 4. April 2016 (BGBl. I S. 558) geändert worden ist

[MC09] MANN, D. L.; COLE, A. C.: Braking system technology – evolution potential and evolution limits. Systematic Innovation Ltd., United Kingdom, 2009

[Men06] MENCKE, M.: Das professionelle 1 x 1 – 99 Tipps für Kreativitätstechniken: Ideenschöpfung und Entwicklungsverfahren in der Praxis. Cornelsen Verlag, Berlin, 2006

[MGI15] MCKINSEY GLOBAL INSTITUTE: Playing to win: the new global competition for corporate profits. McKinsey & Company, 2015

[Mir98] MIROW, M.: Innovation als strategische Chance. In: FRANKE, N.; BRAUN, VON C. F. (Hrsg.): Innovationsforschung und Technologiemanagement. Springer Verlag, Berlin, Heidelberg, 1998

[Mit09] MITTELSTAEDT, A.: Strategisches IP-Management – mehr als nur Patente – Geistiges Eigentum schützen und als Wettbewerbsvorsprung nutzen. Gabler | GWV Fachverlage, Wiesbaden, 2009

[Mit14] MITTELSTAEDT, A.: IP-Cert – Auditierung und Zertifizierung von Intellectual Property. Springer Fachmedien, Wiesbaden, 2014

[Mit16] MITTELSTAEDT, A.: Intellectual Property Management – Geistiges Eigentum als Führungsinstrument und Erfolgsfaktor in der Wissensökonomie. Springer Gabler, Wiesbaden, 2016

[ML03] MÜLLER-STEWENS, G; LECHNER, C.: Strategisches Management – Wie strategische Initiativen zum Wandel führen. 2. Auflage, Schäffer-Poeschel Verlag, Stuttgart, 2003

[Moo05] MOORE, G. A.: Inside the Tornado – Strategies for Developing, Leveraging, and Surviving Hypergrowth Markets. Überarbeitete Auflage, Harper Collins, New York, 2005

[MSA+12] MUNDIM, A.; SHARMA, M.; ARORA, P.; MCMANUS, R.: Emerging-markets Product Development and Innovation – The New Competitive Reality. Accenture, Chicago, 2012

[MSB97] MALORY, C.; SCHWARZ, W.; BACKERRA, H.: Die sieben Kreativitätswerkzeuge K7. Kreative Prozesse anstoßen, Innovationen fördern. Carl Hanser Verlag, München, 1997

[Mül13] MÜLLER, S.: Der Schutz von Unternehmensgeheimnissen. In: ENSTHALER, J.; WEGE, P. (Hrsg.): Management geistigen Eigentums. Springer, Berlin, 2013, S. 111–136

[NKD03] NOLTE, W. L.; KENNEDY, B. C.; DZIEGEL, R. J.: Technology Readiness Calculator. 6th Annual System Engineering Conference, San Diego, 2003

[NRJ+08] NENONEN, S; RASILA, H.; JUNNONEN, J.; KÄRNÄ, S.: Customer Journey – a method to investigate user experience. Proceedings of the Euro FM Conference Manchester, 2008, pp. 54–63

[NT12] NONAKA, I.; TAKEUCHI, H.: Die Organisation des Wissens – Wie japanische Unternehmen eine brachliegende Ressource nutzbar machen. 2. Auflage, Campus Verlag, Frankfurt, 2012

[Off11] OFFICE OF THE SECRETARY OF DEFENSE (eds.): Manufacturing Readiness Level (MRL) Deskbook. Department of Defense of the United States of America, Version 2.0, Arlington County, Virginia, 2011

[OPB+14] OSTERWALDER, A.; PIGNEUR, Y.; BERNARDA, G.; SMITH, A.: Value Proposition Design: How to Create Products and Services Customers Want. John Wiley & Sons, Hoboken, 2014

[PAF14] PIERSON, M.; AHRENS, T.; FISCHER, K. R.: Recht des geistigen Eigentums – Patente, Marken, Urheberrecht, Design. 3. Auflage, Nomus Vertragsgesellschaft, Baden-Baden, 2014

[Pas01] PASCKERT, A.: Wissensmanagement für das Innovationsmanagement. In: BLECKER, T.; GEMÜNDEN, H. G. (Hrsg.): Innovatitves Produktions- und Technologiemanagement – Festschrift für Bernd Kaluza. Springer Verlag, Berlin, Heidelberg, 2001

[PatG] PATENTGESETZ in der Fassung der Bekanntmachung vom 16. Dezember 1980 (BGBl. 1981I S. 1), das zuletzt durch Artikel 2 des Gesetzes vom 4. April 2016 (BGBl. I S. 558) geändert worden ist

[PBF+13] PAHL, G.; BEITZ, W.; FELDHUSEN, J.; GROTE, K.-H.: Konstruktionslehre – Methoden und Anwendung. 8. Auflage, Springer-Verlag, Berlin, 2013

[PML11] PLATTNER, H.; MEINEL, C.; LEIFER, L. (Ed.): Design Thinking, Understand –Improve – Apply. Springer, Heidelberg, Dordrecht, London, New York, 2011

[PRR12] PROBST, G.; RAUB, S.; ROMHARDT, K.: Wissen managen: Wie Unternehmen ihre wertvollste Ressource optimal nutzen. 7. Auflage, Gabler Verlag, Wiesbaden, 2012

[Rav09] RAVALLION, M.: The Developing World's Bulging (but Vulnerable) „Middle Class". The World Bank Development Research Group, 2009

[RB13] ROLAND BERGER STRATEGY CONSULTANTS (Hrsg.): Frugal products – Study results. Roland Berger Strategy Consultants, 2013

[Rie12] RIES, E.: Lean Startup: Schnell, risikolos und erfolgreich Unternehmen gründen. Redline Verlag, München, 2012

[RP09] REICHWALD, R.; PILLER, F.: Interaktive Wertschöpfung – Open Innovation, Individualisierung und neue Formen der Arbeitsteilung. 2. Auflage, Gabler Verlag, Wiesbaden, 2009

[RPA12] RADJOU, N.; PRABHU, J.; AHUJA, S.: Jugaad Innovation – Think Frugal, Be Flexible, Generate Breakthrough Growth. Jossey-Bass, San Francisco, 2012

[RRE+98] ROOS, J.; ROOS, G.; EDVINSSON, L.; DRAGONETTI, N. C.: Intellectual Capital – Navigating in the New Business Landscape. New York University Press, New York, 1998

[RS10] REINHART, G.; SCHINDLER, S.: Reife von Produktionstechnologien – Konzeptionelle Bestimmung des Entwicklungsstadiums von Fertigungsverfahren und -prozessen. Zeitschrift für wirtschaftlichen Fabrikbetrieb (ZWF), 105. Jg., Nr. 7 – 8, S. 710 – 714

[RW89] RAFFÉE H.; WIEDEMANN, K.: Strategisches Marketing. 2. Auflage, Schäffer-Poeschel Verlag, Stuttgart, 1989

[Sch13] SCHNABEL, U. G.: Management des intellektuellen Kapitals wissensintensiver Dienstleister. Springer Gabler, Wiesbaden, 2013

[Sch14a] SCHINDLHOLZER, B.: Methode zur Entwicklung von Innovationen durch Design Thinking Coaching. Dissertation, Universität St. Gallen, D-Druck Spescha, St. Gallen, 2014

[Sch14b] SCHINDLER, S.: Strategische Planung von Technologieketten für die Produktion. Dissertation, Fakultät für Maschinenwesen, Technische Universität München, 2014

[Sch17-ol] SCHOOL OF DESIGN THINKING (Hrsg.): Design Thinking – Mindset. Unter: https://hpi.de/school-of-design-thinking/design-thinking/mindset.html, 11. April 2017

[Sch81] SCHULTZ, T. W.: Investing in People – The Economics of Population Quality. University of California Press, Berkely, 1981

[SDB+11] SCHUH, G.; DRESCHER, T.; BECKERMANN, S.; SCHMELTER, K.: Technologieverwertung. In: SCHUH, G.; KLAPPERT, S. (Hrsg.): Technologiemanagement – Handbuch Produktion und Management 2. 2. Auflage, Springer, Berlin, 2011, S. 241 – 282

[SEK98] SPITZER, Q.; EVANS, R.; KEPNER-TREGOE, R.: Denken macht den Unterschied. Wie die besten Unternehmen Probleme lösen und Entscheidungen treffen. Campus Verlag, Frankfurt am Main, 1998

[Sen14] SENGER, T.: Bilanzierung von Intellectual Property. In: VÖGELE, A. (Hrsg.): Geistiges Eigentum – Intellectual Property – Recht, Bilanzierung, Steuerrecht, Bewertung. Beck, München, 2014, S. 125 – 174

[Sim96] SIMON, H. A.: The sciences of the artificial. 3rd Edition, The MIT Press, Massachusetts, 1996

[Ska12] SKAMBRAKS, J.: 30 Minuten Elevator Pitch. Gabal Verlag, Offenbach am Main, 2012

[SKO11] SCHUH, G.; KLAPPERT, S.; ORILSKI, S.: Technologieplanung. In: SCHUH, G.; KLAPPERT, S. (Hrsg.): Technologiemanagement – Handbuch Produktion und Management 2. 2. Auflage, Springer-Verlag, Berlin, Heidelberg, 2011, S. 171 – 222

[SM02] SPECHT, D.; MÖHRLE, M. G. (Hrsg.): Lexikon Technologiemanagement. Gabler, Wiesbaden, 2002

[Spa75] SPAHL, S.: Handbuch Vorschlagswesen – Praxis des Ideenmanagements. Verlag Moderne Industrie, München, 1975

[Spa85] SPAHL, S.: Die Methode der Zukunft – das Ideen-Management. Der Wirtschaftsingenieur an den technischen Universitäten Österreichs – Zeitschrift für Wirtschaft und Technik, 17. Jg., Nr. 4, S. 5 – 7, 1985

[Ste11] STEINER, G.: Das Planetenmodell der kollaborativen Kreativität – Systemisch-kreatives Problemlösen für komplexe Herausforderungen. Gabler Verlag, Wiesbaden, 2011

[Ste97] STEWART, T. A.: Intellectual Capital – The New Wealth of Organizations. Doubleday, New York, 1997

[TH13] TIWARI, R.; HERSTATT, C.: Innovieren für preisbewusste Kunden: Analogieeinsatz als Erfolgsfaktor in Schwellenländern. Working Paper No. 75, Hamburg University of Technology, 2013

[TH14] TIWARI, R.; HERSTATT, C.: Aiming Big with Small Cars – Emergence of a Lead Market in India. Springer Verlag, Berlin, 2014

[TW14] TAYLOR, A.; WAGNER, K.: Rethinking your Innovation system. The Bosten Consulting Group, Boston, 2014

[TZZ98] TERNINKO, J.; ZUSMAN, A.; ZLOTIN, B.: TRIZ – Der Weg zum konkurrenzlosen Erfolgsprodukt. Ideen produzieren, Nischen besetzen, Märkte gewinnen. Verlag Moderne Industrie, Landsberg am Lech, 1998

[UF13] UNIVERSE FOUNDATION (Hrsg.): Frugal Innovation – A manual. Universe Foundation, Sondeborg, 2013

[VB13] VAHS, D.; BREM, A.: Innovationsmanagement – Von der Idee zur erfolgreichen Vermarktung. 4. Auflage, Schäffer-Poeschel, Stuttgart, 2013

[VDI2803] VEREIN DEUTSCHER INGENIEURE (VDI) (Hrsg.): Funktionenanalyse – Grundlagen und Methoden. VDI-Handbuch Konstruktion, VDI-Richtlinie 2803, Beuth Verlag, Berlin, 1996

[Vie07] VIENENKÖTTER, A.: Methodik zur Entwicklung von Innovations- und Technologie-Roadmaps. Dissertation, Fakultät für Maschinenbau, Universität Paderborn, HNI-Verlagsschriftenreihe, Band 218, Paderborn, 2007

[Wal16] WALL, M.: Systematik zur technologie-induzierten

Produkt- und Technologieplanung. Dissertation, Fakultät für Maschinenbau, Universität Paderborn, HNI-Verlagsschriftenreihe, Band 352, Paderborn, 2016

[Wal26] WALLAS, G.: The Art of Thought. Brace and Company, New York, 1926

[WB02] WESTKÄMPER, E.; BALVE, P.: Technologiemanagement in produzierenden Unternehmen. In: BULLINGER, H.-J.; WARNECKE, H.-J.; WESTKÄMPER, E. (Hrsg.): Neue Organisationsformen in Unternehmen. Springer Verlag, Berlin, 2002

[Wei16] WEISS, A.: Sketchnotes & Graphic Recording: Eine Anleitung. dpunkt.verlag, Heidelberg, 2016

[WGA13] WALL, M.; GAUSEMEIER, J.; ANDRACZEK, A. C.: Integrating TRIZ into Technology Push oriented Product Planning. In: HUIZINGH, K. R. E.; CONN, S.; TORKELLI, M.; BITRAN, I. (Ed.): Proceedings of the 6th ISPIM Innovation Symposium – Innovation in the Asian Century, December 8th-11th 2013, Melbourne, 2013

[WGP12] WALL, M.; GAUSEMEIER, J.; PEITZ, C.: Technology Push-orientierte Produktplanung. In: GAUSEMEIER, J. (Hrsg.): Vorausschau und Technologieplanung. 8. Symposium für Vorausschau und Technologieplanung, 6.–7. Dezember 2012, Berlin, HNI-Verlagsschriftenreihe, Band 306, Paderborn, 2012, S. 375–397

[WGP13] WALL, M.; GAUSEMEIER, J.; PEITZ, C.: Technology Push based product planning – future markets for emerging technologies. International Journal of Technology Marketing, Vol. 8, No. 1, 2013, pp. 61–81

[WGP14] WALL, M.; GAUSEMEIER, J.; PETER, S.: TRIZ-basierte Potentialfindung in technologie-induzierten Innovationsprozessen. In: GAUSEMEIER, J. (Hrsg.): Vorausschau und Technologieplanung. 10. Symposium für Vorausschau und Technologieplanung, 20.–21. Dezember 2014, Berlin, HNI-Verlagsschriftenreihe, Band 334, Paderborn, 2014, S. 95–123

[Wie14] WIEDERHOLD, G.: Valuating Intellectual Capital – Multinationals and Taxhavens. Springer, New York, 2014

[WJR91] WOMACK, J. P.; JONES, D. T.; ROSS, D.: Die zweite Revolution in der Autoindustrie – Konsequenzen aus der weltweiten Studie des Massachusetts Institute of Technology. Heyne, München, 1991

[WS15] WURZER, A. J.; SCHÄFFNER, K.: Patente Küchenmaschine – Harvard Business Manager, Nr. 8, 2015, S. 59–63

[WSH+11] WELLENSIEK, M.; SCHUH, G.; HACKER, P. A.; SAXLER, J.: Technologiefrüherkennung. In: SCHUH, G.; KLAPPERT, S. (Hrsg.): Technologiemanagement – Handbuch Produktion und Management 2. Springer-Verlag, Berlin, Heidelberg, 2011

[ZG16] ZESCHKY, M.; GASSMANN, O.: The Innovation Process: Sparking Creativity by Cross-Industry Analogies. In: HOFFMANN, C.; LENNERTS, S.; SCHMITZ, C.; STÖLZLE, W.; UEBERNICKEL, F. (Ed.): Business Innovation: Das St. Galler Modell. Springer Fachmedien, Wiesbaden, 2016, pp. 229–240

[ZWG11] ZESCHKY, M.; WIDENMAYER, B.; GASSMANN, O.: Frugal Innovation in Emerging Markets. Research Technology Management, Vol. 54, No. 4, Industrial Research Institute, Arlington, July/August 2011, pp. 38–45

Geschäftsplanung –
Den unternehmerischen Erfolg vorausdenken

*„Je planmäßiger die Menschen vorgehen,
desto wirksamer vermag sie der Zufall zu treffen."*
– Friedrich Dürrenmatt –

Zusammenfassung

Planung ist a priori nicht besonders beliebt. Welcher Mann der Tat möchte nicht gleich mit der Entwicklung loslegen anstatt das Für und Wider eines neuen Produktes in endlosen Sitzungen zu reflektieren. An dieser Stelle wird in der Regel Dürrenmatt zitiert – besser gesagt strapaziert. Mit dem weisen Zitat ist sicher nicht gemeint, den Eintritt in ein neues kapitalintensives Geschäft zu beschließen, ohne eine seriöse Geschäftsplanung auf dem Tisch zu haben. Im vorliegenden Hauptkapitel beschreiben wir, was in Ergänzung zur Erarbeitung des Anforderungskatalogs zu tun ist, um die Weichen für den Geschäftserfolg von morgen zu stellen.

Zunächst adressieren wir die Geschäftsstrategie, ohne die der Eintritt in ein neues Geschäft wohl kaum Sinn macht. Dann gehen wir auf die Produktstrategie ein, die eine Substrategie der Geschäftsstrategie ist. Diese sollte Aussagen treffen über die Differenzierung im Wettbewerb, die wirtschaftliche Bewältigung der vom Markt induzierten Variantenvielfalt und die Erhaltung des Wettbewerbsvorsprungs über den Marktzyklus.

Des Weiteren zeigen wir, wie ein innovatives Geschäftsmodell entwickelt werden kann. Hier bringen wir auch neue Gesichtspunkte ein, beispielsweise, dass ein Geschäftsmodell ggf. über den Produktlebenszyklus mutiert werden sollte. Abschließend gehen wir auf die Geschäftsplanung im engeren Sinne mit dem Ziel ein, den Nachweis für die Wirtschaftlichkeit des neuen Produkts bzw. der Marktleistung zu ermöglichen. Hier geben wir einen kurzen Überblick über Verfahren der Investitionsrechnung und den Aufbau von Geschäftsplänen. Ferner beleuchten wir das Thema Start-up-Finanzierung, das im Zeitalter der Digitalisierung an Bedeutung gewinnt.

Die Potentialfindung verdeutlicht uns in Form von Erfolgspotentialen die Geschäftschancen der Zukunft und beantwortet damit Fragen der Art: „Auf welche Kundenprobleme fokussieren wir uns?" und „Warum steigen wir in das neue Geschäft ein?" Die anschließende Produktfindung gibt uns die Antwort auf die Frage, welche Sach- und ggf. Dienstleistungen wir den potentiellen Kunden anbieten wollen.

An dieser Stelle will die Entwicklung – wenn sie nicht gerade notorisch überlastet ist – unverzüglich die Arbeit aufnehmen. Man weiß ja: den Letzten beißen die Hunde. Und welcher Entwickler sieht nicht seine Sternstunde kommen, wenn es um die Entwicklung eines neuen Produktes geht? Diesem Drängen darf die Unternehmensleitung nicht ohne weiteres nachgeben. Denn es sind offensichtlich noch eine Reihe von wichtigen Aufgaben zu erledigen, um ein Stück weit sicherzugehen, dass es sich lohnen wird, in das neue Geschäft einzutreten. Eine derartige Aussage fundiert und gut nachvollziehbar zu erhalten, ist das Ziel der Geschäftsplanung; das Aufgabenspektrum umfasst die Erstellung der Geschäftsstrategie, der Produktstrategie, des Geschäftsmodells und last but not least des Businessplans. Auf den ersten Blick handelt es sich um Aufgaben, die die Entwickler allenfalls nur am Rande interessieren, zumal der Anforderungskatalog als wesentliches Ergebnis der Produktfindung längst vorliegt. Das wäre eine fatale Fehleinschätzung. Es ist unseres Erachtens essentiell, Entwickler an der Diskussion um die Geschäftsstrategie, die Produktstrategie, das Geschäftsmodell und den Businessplan zu beteiligen, weil sie dadurch ein tiefes Verständnis für das geplante Geschäft erhalten und somit das große Ganze sehen. Das kann kein noch so sorgfältig ausgearbeiteter Anforderungskatalog leisten, ist aber eine wichtige Voraussetzung für eine erfolgreiche Entwicklung. So sind im Zuge der Entwicklung Entscheidungen zu treffen, für die das Wissen, das durch die Beteiligung an der Geschäftsplanung gewonnen worden ist, unabdingbar ist. Daher plädieren wir auch an dieser Stelle für eine angemessene Beteiligung all derjenigen an der Produkt- bzw. Marktleistungsentstehung, die Beiträge aus ihrer jeweiligen Perspektive für den Planungsfortschritt leisten können, bzw. von denen erwartet wird, dass sie die Umsetzung mit Umsicht und hoch motiviert vorantreiben. Dementsprechend umfasst dieser Personenkreis auch Vertreter aus Bereichen wie Vertrieb, Produktion, Einkauf, Logistik und Service.

4.1 Entwicklung von Geschäftsstrategien

Aus der vielfältigen Strukturierung von Unternehmen resultiert die Notwendigkeit, den Prozess der strategischen Führung auf mehreren Ebenen zu betrachten. Wir unterscheiden nach Bild 4.1 drei Arten von Strategien: Unternehmensstrategien (corporate strategies), Geschäftsstrategien (business strategies) und Substrategien (functional strategies). Selbstredend gibt es die volle Ausprägung dieser generischen Struktur nur bei größeren Unternehmen, die mehrere Geschäftsfelder haben. Beispiele für Geschäftsfelder sind „Handhabungstechnik für die Automobilindustrie" und „Verpackungsanlagen für die pharmazeutische Industrie". Beispiele für Substrategien sind Marketingstrategie, Produktstrategie, Fertigungsstrategie, Personalentwicklungsstrategie etc. Auf den ersten Blick wirkt das wie ein Top-Down-Ansatz; in der Realität der strategischen Führung handelt es sich aber um einen Kreislauf.

Im Rahmen der **Unternehmensstrategie** wird eine zukunftsorientierte Geschäftsstruktur des Unternehmens erarbeitet – d. h. es wird im Grundsatz festgelegt, mit welchen Marktleistungen welche Märkte bearbeitet werden sollen und wie die Balance von möglichst eigenständigen Geschäftseinheiten und Synergien durch unternehmensweites Agieren aussieht. Letzteres drückt sich oft in Slogans à la *„We believe in decentralization, but accept centralization whenever appropriate"* oder *„Think global, act local"* aus.

Im Rahmen der **Geschäftsstrategien** werden grundlegende strategische Ausrichtungen konkretisiert. Die Konsequenzen in einer Geschäftsstrategie drücken aus, was in welchen Handlungsbereichen bzw. Funktionsbereichen grundsätzlich geschehen muss, um die im Leitbild enthaltene Zielsetzung zu erreichen, die strategischen Erfolgspositionen aufzubauen sowie die Marktleistung zu erbringen und zu vermarkten.

Im Rahmen der **Substrategien** wird festgelegt, wie in den einzelnen Handlungs- bzw. Funktionsbereichen eines strategischen Geschäftsfelds (SGF) vorzugehen ist, um die entsprechenden Ziele zu erreichen.

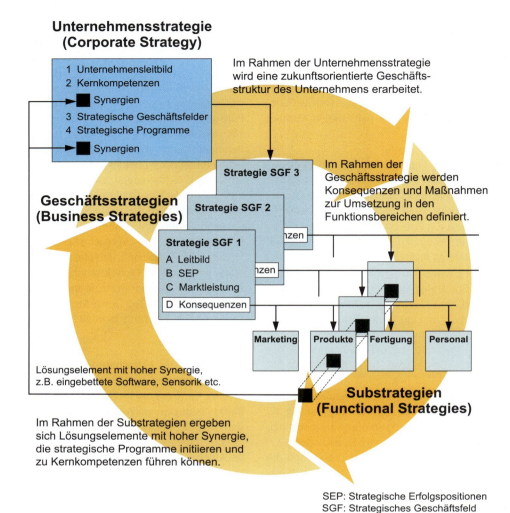

BILD 4.1 Strategieebenen und das Wechselspiel der entsprechenden Strategien

Dieses Modell der Strategieebenen und ihrer Wechselwirkung deckt zwei Typen von Unternehmen ab:

- Bei **zentralistischen Unternehmen** bildet die Unternehmensstrategie den Ausgangspunkt des strategischen Führungsprozesses. Im Mittelpunkt steht hier ein klares Unternehmensleitbild, an dem sich alle Geschäftstätigkeiten sowie die Auswahl der strategischen Geschäftsfelder orientieren.
- Bei dezentralen und **stark diversifizierten Unternehmen** bilden die Geschäftsstrategien den Ausgangspunkt des strategischen Führungsprozesses. In der Folge entstehen je Geschäftsfeld eine Reihe von Substrategien für einzelne Handlungsbereiche wie Produkte, Informationstechnik oder Fertigung. Häufig ergeben sich für einen Handlungsbereich über mehrere Geschäftsfelder hinweg gleiche bzw. ähnliche Konzeptionen. Beispiele dafür sind das Produktdatenmanagement im Bereich Informationstechnik, neue Formen der Gruppenarbeit im Bereich Fertigung oder eingebettete Software und Sensorik im Bereich der Produkte. Es liegt nahe, derartige Konzeptionen als Lösungselemente mit hoher Synergie zu betrachten und sie daher aus dem SGF herauszuziehen und unternehmensweit voranzutreiben. So könnten sie als Basis für den Aufbau von unternehmensweiten Kernkompetenzen dienen. Auch wenn den Geschäftseinheiten durch eine Konzentration der Kräfte ein Stück Autonomie und Flexibilität verloren geht, liegt der Vorteil auf der Hand: Die Synergien ermöglichen Einsparungen. Zusätzlich schaffen konzertierte Aktivitäten wie ein unternehmensweites Produktdatenmanagement mehr Flexibilität für Umorganisationen. Die Strategie des Gesamtunternehmens ergibt sich im diversifizierten Ansatz also in Wechselwirkung mit den Geschäftsstrategien und den SGF-spezifischen Substrategien.

Gegenstand des vorliegenden Kapitels sind Geschäftsstrategien. Da im Kontext der strategischen Produktplanung die Formulierung der Produktstrategie eine zentrale Rolle spielt, werden wir auf diese Substrategie im folgenden Kapitel eingehen.

Eine Geschäftsstrategie beschreibt wie in Kapitel 1.2.1 kurz dargelegt den Weg zu einer unternehmerischen Vision. Wir verdeutlichen das symbolhaft mit einem Pfeil (vgl. Bild 1.23). Wir gliedern eine Geschäftsstrategie nach Bild 4.2 in fünf Bereiche. Da diese Struktur im Prinzip auch für Unternehmensstrategien gilt, werden diese Bereiche für Geschäfts- und Unternehmensstrategien erläutert. Dadurch werden auch die Beziehungen zwischen den beiden Strategiearten noch deutlicher.

- **Leitbild:** Auf der Unternehmensebene wird ein Unternehmensleitbild entwickelt, das die grundsätzliche Richtung des Unternehmens vorgibt. Das Leitbild einer Geschäftsstrategie enthält beispielsweise Aussagen zur Positionierung und Differenzierung im Wettbewerb sowie Umsatz- und Marktanteilsziele. Auch im Rahmen funktionaler Strategien werden Leitbilder entworfen – beispielsweise könnte das Leitbild der Informationstechnik-Strategie eines Unternehmens grundlegende Aussagen zum Selbstverständnis des entsprechenden Funktionsbereichs OI (Organisation und Informationstechnik) sowie zur konsequenten Verwendung von Standardsoftware enthalten.
- **Strategische Kompetenzen:** Auf der Unternehmensebene werden Kernkompetenzen ermittelt bzw. entwickelt, die zur Sicherung der Zukunft des Unternehmens notwendig sind. Auf der Geschäftsebene ordnen wir entsprechend dem Modell von PÜMPIN die strategischen Erfolgspositionen (SEP) ein.
- **Strategische Position:** In diesem Bereich geht es darum, die zukünftigen Produkt-Markt-Kombinationen zu beschreiben. Auf der Unternehmensebene umfasst

Strategie-Bereiche	Aufbau einer **Unternehmensstrategie**	Aufbau einer **Geschäftsstrategie**
	Unternehmerische Vision	
Leitbild	**Unternehmensleitbild** Ein Unternehmensleitbild ergibt sich aus mehreren Elementen: • Motivation und Mission • Ziele, Grundwerte • Nutzenversprechen für Stakeholder	**Geschäftsleitbild** Ein Geschäftsleitbild umfasst die Beschreibung der möglichen und wünschenswerten Zukunft eines strategischen Geschäftsfelds bzw. einer entspr. Unternehmenseinheit.
Strategische Kompetenzen	**Kernkompetenzen** sind ein unternehmensweit zu pflegendes Bündel von Fähigkeiten und Technologien, das die Grundlage für zukünftige Produkt-Markt-Aktivitäten darstellt.	**Strategische Erfolgspositionen (SEP)** sind Schlüsselfähigkeiten zur Verwirklichung der Geschäftsvision.
Strategische Position	**Strategische Geschäftsfelder (SGF)** sind Kombinationen aus Marktleistungen und Marktsegmenten, in denen das Unternehmen in der Zukunft nachhaltigen Erfolg anstrebt.	**Produkte und Märkte** Eine Geschäftsstrategie umfasst eine detaillierte Beschreibung der zukünftigen Komponenten der Marktleistung, der Marktsegmente, der Vertriebskanäle und der Ziele.
Strategieumsetzung	**Strategische Programme** sind gebündelte Maßnahmen, die geschäftsfeldübergreifend zu realisieren sind; z.B. eine unternehmensweite IT-Infrastruktur.	**Konsequenzen und Maßnahmen** dienen der Umsetzung der Geschäftsstrategie in den Funktions- und Handlungsbereichen.
Strategiekonforme Kultur	**Strategiekonforme Unternehmenskultur** umfasst Normen und Wertvorstellungen, die das Unternehmen prägen und zur Umsetzung der Unternehmensstrategie beitragen.	**Strategiekonforme Kultur des Geschäftsbereichs** umfasst Normen und Wertvorstellungen, die zum Erfolg des Geschäftsbereichs beitragen.

BILD 4.2 Aufbau von Unternehmens- und Geschäftsstrategien

dies die Strukturierung des Gesamtgeschäfts in strategische Geschäftsfelder, während auf der Geschäftsebene konkrete Marktleistungen und Marktsegmente sowie entsprechende Kombinationen beschrieben werden.
- **Strategieumsetzung:** Auf der Geschäftsebene werden Konsequenzen und Maßnahmen beschrieben. Auf der Unternehmensebene handelt es sich um konzertierte Aktionen zur Weiterentwicklung des Unternehmens, die oft als strategische Programme bezeichnet werden. Auf der Geschäftsebene gehen Konsequenzen und Maßnahmen in Funktionalstrategien der einzelnen Funktionsbereiche auf.
- **Strategiekonforme Unternehmenskultur:** Hier wird die für die Strategieumsetzung erforderliche Unternehmenskultur charakterisiert. Da es in der Regel Diskrepanzen zwischen der vorherrschenden und der erforderlichen Unternehmenskultur gibt, werden in diesem Bereich auch die Maßnahmen beschrieben, die von der Ist- zur Soll-Unternehmenskultur führen.

Bevor auf die einzelnen Strategieelemente im Detail eingegangen wird, sei noch auf die **Grundsätze der strategischen Führung** hingewiesen, die, wie die Bezeichnung vermuten lässt, zu beachten sind. Diese sind in dem Kasten ausführlich kommentiert.

GRUNDSÄTZE DER STRATEGISCHEN FÜHRUNG

In der strategischen Führung sind Grundsätze zu beachten [Püm83]. Diese Grundsätze mögen vielen zunächst als Binsenweisheiten erscheinen. Die Erfahrung lehrt aber, dass der Misserfolg vieler Unternehmen seine Ursache gerade im Verstoß gegen diese trivial erscheinenden Grundsätze hatte.

Differenzierung: Damit ist gemeint, dass sich die Marktleistung des Unternehmens in einigen wichtigen Punkten von denen der Mitbewerber unterscheidet und sich an diesen Unterschieden eine überzeugende Verkaufsargumentation festmachen lässt. Häufig fällt es schwer, sich allein durch Produktmerkmale zu differenzieren, weil die Branche die gleichen Basissysteme einsetzt – z. B. Mikroprozessoren in BDE-Terminals – bzw. Neuigkeiten rasch nachvollzogen werden können. Viele Unternehmen versuchen daher, sich durch ergänzende Dienstleistungen zu differenzieren. Hier ist das Differenzierungspotential groß und die einfache Nachvollziehbarkeit nicht möglich, weil die Dienstleistungen in der Regel mit Innovationen der Unternehmenskultur verknüpft sind. Ein Beispiel für die Differenzierung mit einer ergänzenden Dienstleistung ist der Teleservice für Produkte des Maschinenbaus.

Effizienz: Darunter ist die Effizienz der Leistungserstellung zu verstehen. Häufig wird die Kostenführerschaft, die ein Zeichen hoher Effizienz ist, als Grundstrategie bezeichnet. Wir sind der Auffassung, dass die Kostenführerschaft bzw. hohe Effizienz ein Grundsatz ist, um im Wettbewerb nachhaltig erfolgreich zu sein und weniger Ausdruck einer Strategie ist. Es ist einfach in jedem Fall vernünftig, ständig an der Steigerung der Effizienz zu arbeiten. Dies gilt im Prinzip für alle Unternehmen und alle Geschäfte.

Timing: Der Zeitpunkt, zu dem ein Produkt am Markt eingeführt wird, ist von entscheidender Bedeutung. Die meisten Erfolgsgeschichten handeln von Pionieren – also Unternehmen, die als erste in den Markt eintreten. Ein sehr bekanntes Beispiel ist die Firma TRUMPF, die die Lasertechnologie für die Blechbearbeitung erschloss. Es gibt aber ebenso viele Pioniere, die scheiterten, weil die Zeit noch nicht reif war für deren Neuheiten. Diese Gefahr droht vor allem dann, wenn das Neue größere Veränderungen der Verhaltensweisen der Nutzer erfordert.

Konzentration der Kräfte: Gegen diesen Grundsatz wird unserer Erfahrung nach besonders häufig verstoßen. Oft brechen Unternehmen verbal zu neuen Ufern auf; führen gleichzeitig aber alte Produktfamilien weiter und geben andere nicht auf. Die Folge ist Verzettelung und die Stabilisierung ihrer Leistungsfähigkeit auf mittelmäßigem Niveau. Der harte Wettbewerb erfordert aber Spitzenleistungen, die sich in der Regel nur erreichen lassen, wenn die Kräfte auf das Wesentliche konzentriert werden.

Auf Stärken aufbauen: Der Kompetenz-basierte Ansatz der strategischen Führung geht von sogenannten Kernkompetenzen aus und entspricht damit im Prinzip diesem Grundsatz. Die Frage ist also: In welchen Bereichen hat das Unternehmen über Jahre hinweg außerordentlich hoch entwickelte Fähigkeiten aufgebaut und welche Geschäftsfelder könnten mit diesen Fähigkeiten erfolgreich bearbeitet werden?

Synergiepotentiale ausnutzen: In der Regel erhofft man sich beim Kauf bzw. bei der Fusion von Unternehmen Synergieeffekte, die häufig überbewertet werden, sei es, dass die Unternehmenskulturen zu unterschiedlich sind oder die akquirierten Aktivitäten zu optimistisch beurteilt werden. Die Erfahrung zeigt, dass es zum einen sehr schwierig ist, Synergiepotentiale sicher zu erkennen, und zum anderen die Ausschöpfung dieser Potentiale mit kostspieligen und zeitintensiven Anpassungsanstrengungen verbunden ist. Gleichwohl gibt es in vielen Bereichen wie der Forschung, im Verkauf, der Distributionslogistik und dem Kundendienst solche Potentiale.

Umfeldchancen ausnutzen: Im Prinzip geht es hier um die ständige Beobachtung des Umfelds der Geschäftstätigkeit (Technologien, Zulieferer, Komplementäre, Branche, Politik etc.). Ziel ist, gravierende Einflüsse auf das etablierte Geschäft, die beispielsweise zu Substitutionseffekten führen könnten, frühzeitig zu erkennen und dementsprechend zu agieren.

Gleichgewicht von Ressourcen und Zielen: Die Erkenntnis, dass mit den zur Verfügung stehenden Ressourcen ein ehrgeiziges Ziel nicht erreicht werden kann, ist eine der Hauptursachen für Demotivation. Extreme Überforderung verursacht also Demotivation. Andererseits schafft Unterforderung wider Erwarten nicht Wohlbefinden und Zufriedenheit, sondern aggressive Langeweile. Offensichtlich spornen ehrgeizige Ziele und zunächst als Überforderung empfundene Aufgaben zu Spitzenleistungen an. Von Cube drückt dies mit dem Titel seines Buchs „Fordern statt Verwöhnen" unseres Erachtens sehr treffend aus.

Unité de doctrine: Auf den ersten Blick drückt dieser Begriff Gemeinschaftsgeist aus. Damit verbunden ist jedoch auch die Fähigkeit der Führungspersonen, mit visionärer Kraft die Richtung zu weisen und die Menschen in einer Leistungsorganisation für diese Richtung zu gewinnen.

Literatur:
[Püm83] Pümpin, C.: Management strategischer Erfolgspositionen – Das SEP-Konzept als Grundlage wirkungsvoller Unternehmensführung. 2. Auflage, Haupt, Bern, 1983
[Cub88] Cube, F. von: Fordern statt verwöhnen – Die Erkenntnisse der Verhaltensbiologie in Erziehung und Führung. Piper, München, 1988

4.1.1 Leitbilder – Ziele, für die es lohnt, sich einzusetzen

Prinzipiell bestehen Leitbilder aus mehreren Bausteinen, die unternehmensspezifisch auszuprägen sind und in unterschiedlichen Kombinationen eingesetzt werden können. Der idealtypische Aufbau eines Leitbilds ist in Bild 4.3 wiedergegeben. Im Folgenden beschreiben wir diese Bausteine.

Motivation

In einem Leitbild wird der über einen längeren Zeitraum konstante und zu bewahrende Zweck des Unternehmens beschrieben. Dieses Selbstverständnis kann sich in einem mehrdimensionalen Zielsystem auf die Nutzenmehrung bei verschiedenen Stakeholdern beziehen oder auf einen zentralen Stakeholder ausgerichtet werden. Einseitige Ausrichtungen werden nicht der Gegebenheit gerecht, dass ein Unternehmen Teil eines komplexen Systems ist und einem Gefüge von Werten entsprechen muss. Unternehmen, die wachsen und nachhaltig erfolgreich sein wollen, müssen nach Sprenger in drei Bereichen überdurchschnittliche Ergebnisse bringen: Ökonomische Wohlfahrt, Legitimität und kollektive Identität [Spr05]:

- **Ökonomische Wohlfahrt** bedeutet Daseinsvorsorge, was über das reine Gewinnstreben hinausgeht und weitere Möglichkeiten des wirtschaftlichen Überlebens einschließt. Dazu zählen Geldnachfluss vom Kapitalmarkt, Subventionen und Querfinanzierungen in einer Unternehmensgruppe. Von Bedeutung sind auch die Gewinnerwartungen der Stakeholder. Naturgemäß sind diese seitens der Belegschaft und der Gewerkschaften geringer als die der Kapitalgeber. Es soll logischerweise nicht die herausragende Bedeutung des Gewinns in Frage gestellt werden, aber doch darauf hingewiesen werden, dass Höhe und Zeitpunkt des Gewinns Gestal-

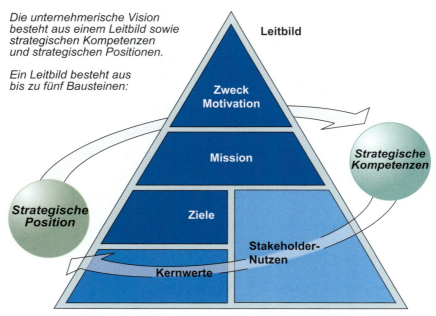

BILD 4.3 Bausteine und prinzipieller Aufbau von Leitbildern

tungsgrößen sind und eine einseitige Fokussierung auf den Gewinn, geschweige denn auf den kurzfristigen Gewinn, nicht ausreicht, ein Unternehmen erfolgreich zu führen.

- **Legitimität:** Das Erreichen strategischer und operativer Ziele allein ist nicht ausreichend, um die Menschen im Unternehmen und im Umfeld des Unternehmens dauerhaft zu gewinnen. Die klassischen Führungsinstrumente wie z. B. die Strategie geben Antworten auf das „Was", aber nicht auf das „Warum". Die Menschen haben das Bedürfnis, einen Sinn in ihrem Wirken zu sehen und nur dann sind sie bereit, sich dauerhaft stark zu engagieren. Der Daseinszweck eines Unternehmens muss deutlich erkennbar sein und die Zustimmung der Menschen finden. Legitimität – also die Zustimmung der Menschen zum Daseinszweck des Unternehmens – wird erreicht, indem neben dem Gewinn auch weitere Ziele wie Umweltschutz, Arbeitssicherheit, Offenheit und Verlässlichkeit verfolgt und erreicht werden.
- **Kollektive Identität**, also das Zusammengehörigkeitsgefühl, entspricht im Prinzip auch dem Grundsatz „Unité de Doctrine/Gemeinschaftsgeist" (vgl. Kasten „Grundsätze der strategischen Führung"). Offenbar fällt es den Managern leichter zu formulieren, was das Unternehmen nicht ist, als überzeugend zu vermitteln, wofür das Unternehmen steht. Gerade dann, wenn Unternehmen temporär Allianzen bilden, die Leistungserstellung geographisch stark verteilt erfolgt, häufiger als früher Unternehmensteile abgestoßen und neue hinzugewonnen werden und die Loyalität der Mitarbeiter zum Unternehmen vom Management vielerorts zu wenig geschätzt wird, gerät die Erzeugung des Zusammengehörigkeitsgefühls zur zentralen Führungsaufgabe; Technokraten und sogenannte rationale Macher geben hier eine schlechte Figur ab. Hier sind Führungspersönlichkeiten gefragt, die andere Menschen für eine gemeinsame herausfordernde Sache gewinnen und selbstredend dafür sorgen, dass ehrgeizige Ziele auch erreicht werden.

Die Unternehmensleitung muss eine Balance zwischen den übergeordneten Zielen aus diesen drei Bereichen finden und diese im Leitbild prägnant und allgemein verständlich artikulieren.

Mission

Die Mission beschreibt, wie das Unternehmen sein formuliertes Selbstverständnis in ein konkretes Geschäft umsetzt, Beispiel: *„Die Digitalisierung verändert das Geschäft unserer Kunden tiefgreifend; wir tragen wesentlich dazu bei, dass unsere Kunden aus der Digitalisierung gestärkt hervorgehen."* Die Formulierung einer Mission weist häufig bereits erste Aussagen einer strategischen Position auf, d. h. Beschreibungen von Marktleistungen und Märkten.

Ziele

Ein dritter Baustein, den viele Unternehmen in ihre Leitbilder sinnvollerweise aufnehmen, sind konkrete strategische Ziele. Darunter fallen vor allem angestrebte Positionen im Markt sowie interne Zielgrößen wie Gewinn, Eigenkapitalrendite, Umsatzwachstum oder Umsatzverteilung auf Marktleistungen oder Regionen.

Stakeholder-Nutzen

Viele Leitbilder konkretisieren die angestrebte Beziehung zwischen Unternehmen und einzelnen Stakeholdern (Kunden, Mitarbeitern, Kapitaleignern etc.) durch die Formulierung des Nutzens, den das Unternehmen den Stakeholdern anbietet.

Kernwerte

Einen weiteren Baustein eines Leitbilds bilden die Grund- oder Kernwerte. Sie werden auch als „Policies" oder „Practicies" bezeichnet und beschreiben die Grundsätze des Handels im Unternehmen und charakterisieren die Unternehmenskultur. Wir gehen darauf noch näher in Kapitel 4.1.5 ein. Die Grundwerte weisen häufig enge Beziehungen zu den strategischen Kompetenzen eines Unternehmens auf und werden bewusst oder unbewusst durch die Führungspersönlichkeiten geprägt. PITCHER unterscheidet in ihrem Buch „Das Führungsdrama" drei Typen von obersten Führungskräften: Künstler, Handwerker und Technokraten. Sie beschreibt authentisch und packend, wie eine visionäre Führungspersönlichkeit, der sogenannte Künstler, ein Spitzenunternehmen aufbaut, seine Nachfolger als brave Handwerker ihr Bestes geben, um das Unternehmen im Sinne ihres großartigen Vorgängers fortzuführen, und schließlich in der dritten Generation die Technokraten mit kaltblütiger Objektivität und professionellem Management das Unternehmen ruinieren [Pit98]. Man benötigt nicht viel Phantasie, um sich vorzustellen, welche Grundwerte sich in dem einen und anderen Fall herausbilden und den Weg für den Erfolg ebnen oder in den Misserfolg führen.

Da ein Leitbild die langfristige Zielrichtung eines Unternehmens beschreibt, sollte es auch über einen längeren Zeitraum die Unternehmensentwicklung bestimmen und nicht jedes Jahr verändert werden. Dennoch müssen Unternehmen auf das „We've-arrived"-Syndrom achten. Unternehmen, die seit längerem ein Leitbild verfolgen und damit sehr erfolgreich sind, neigen zur Selbstgefälligkeit und Arroganz; sie verlieren den klaren Blick auf Veränderungen der Geschäftsarena bzw. unterlassen es, aus wahrnehmbaren Veränderungen Schlüsse zu ziehen.

4.1.2 Strategische Kompetenzen – Grundlage des Erfolgs

Eine Strategie muss das Wesentliche auf den Punkt bringen und leicht kommunizierbar sein. Daher sollte auch klar beschrieben sein, auf welche Fähigkeiten es in Kombination mit den entsprechenden Ressourcen ankommt, um die im Leitbild beschriebene Zielsetzung zu erreichen. PÜMPIN versteht unter strategischen Kompetenzen eine „durch den Aufbau von wichtigen und dominierenden Fähigkeiten bewusst geschaffene Voraussetzung, die es dieser Unternehmung erlaubt, im Vergleich zur Konkurrenz langfristig überdurchschnittliche Ergebnisse zu erzielen" [Püm83].

Einen Meilenstein in der Behandlung strategischer Kompetenzen stellt das von HAMEL und PRAHALAD entwickelte Konzept der **Kernkompetenzen** dar. Danach ist es die Aufgabe der Unternehmensführung, das langfristige Bestehen des Unternehmens durch den Aufbau und die sorgfältige Pflege von Kernkompetenzen zu sichern:

„Kernkompetenzen sind eine Quelle zukünftiger Produktentwicklungen. Sie sind die ‚Wurzeln' der Wettbewerbsfähigkeit, während die einzelnen Produkte und Dienstleistungen die ‚Früchte' dieser Wettbewerbsfähigkeit darstellen. Die Unternehmensführungen kämpfen nicht nur darum, die Positionen ihrer Firmen auf den bestehenden Märkten zu sichern, sondern ihre Aufgabe besteht auch darin, ihre Unternehmen auf neuen Märkten in Erfolg versprechende Positionen zu manövrieren. Das bedeutet, dass jede Unternehmensspitze, die es versäumt, sich dem Aufbau und der Pflege von Kernkompetenzen zu verschreiben, unbewusst die Zukunft des Unternehmens aufs Spiel setzt." [HP95]

Nach HAMEL und PRAHALAD besteht eine Kompetenz nicht in einer bestimmten Einzelfähigkeit oder Einzeltechnologie, sondern in einem Bündel von Fähigkeiten und Technologien. Ein solches Bündel muss drei Voraussetzungen erfüllen, um als Kernkompetenz gelten zu können:

- **Kundennutzen:** Eine Kernkompetenz muss einen überdurchschnittlichen Beitrag zu dem vom Kunden wahrgenommenen Wert leisten – d. h. sie muss das Unternehmen in die Lage versetzen, ihren Kunden wesentlichen Nutzen anzubieten.
- **Abhebung von der Konkurrenz:** Um als Kernkompetenz gelten zu können, muss eine Fähigkeit im Wettbewerb einzigartig sein.
- **Ausbaufähigkeit:** Eine Kernkompetenz muss „die Türen zu den Märkten von morgen öffnen". Folglich ist sie nicht lediglich eine bedeutsame Stärke in der Gegenwart, sondern auch in der Zukunft für den Erfolg des Unternehmens relevant.

Angesichts der sowohl in der Literatur als auch in der Praxis vorhandenen begrifflichen Vielfalt schlagen wir folgende Einordnung vor: Wir verstehen unter **Kernkompetenzen** die strategischen Kompetenzen auf der Unternehmensebene. Auf der Geschäftsebene sprechen wir im Sinne PÜMPINS von **Strategischen Erfolgspositionen (SEP)**. Da wir uns primär mit Geschäftsstrategien befassen, gehen wir im Folgenden auf das Management strategischer Erfolgspositionen ein [Püm83].

In den meisten Unternehmen betonen die einzelnen Funktionsbereiche unterschiedliche Fähigkeiten (Bild 4.4): Der Vertrieb kultiviert beispielsweise die Erfüllung der Kundenwünsche „quasi um jeden Preis"; die Entwicklung/Konstruktion favorisiert ein neues, avantgardistisches und erklärungsbedürftiges Produkt; die Arbeitsvorbereitung strebt hohe Losgrößen an; die Fertigung/Montage ist stolz darauf, alle gängigen Fertigungstechnologien vorzuhalten und die Flexibilität eines Prototypenbaus bieten zu können. Das von PÜMPIN entwickelte „Management Strategischer Erfolgspositionen" ist demgegenüber ein besonders plausibles Prinzip der strategischen Unternehmensführung. Danach sind alle Unternehmensaktivitäten im Sinne einer **Fokussierung** konsequent auf den Aufbau bzw. Ausbau der als erfolgsentscheidend erkannten Fähigkeiten und Ressourcen zu richten (Bild 4.4). Dies erfordert vom Management Überzeugungskraft und Durchsetzungsstärke, da die einzelnen Funktionsbereiche in der Regel zunächst an ihren historisch gewachsenen Stoßrichtungen festhalten. Management Strategischer Erfolgspositionen heißt also, den Wandel von der bereichsorientierten Suboptimierung zur Fokussierung auf die wirklich entscheidenden Fähigkeiten zu vollziehen. Entsprechende Beispiele sind im folgenden Kasten beschrieben.

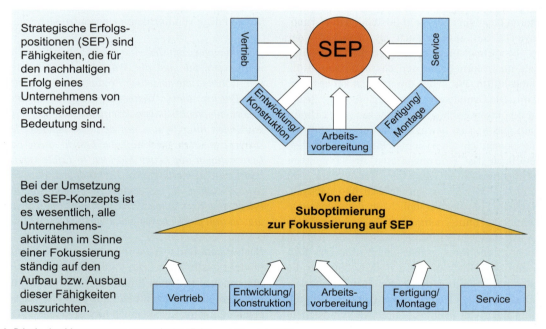

BILD 4.4 Prinzip des Managements strategischer Erfolgspositionen (SEP)

BEISPIELE FÜR STRATEGISCHE ERFOLGSPOSITIONEN IM ZUSAMMENHANG MIT DER ENTWICKLUNG VON GESCHÄFTSSTRATEGIEN

Beispiel 1: Geschäftsstrategie eines Unternehmens der Automatisierungstechnik/Interfacetechnik

Problemlösungskompetenz (SEP 1): Unsere Kunden wollen aus der Informations- und Kommunikationstechnik Nutzen ziehen. Angesichts der raschen Entwicklung dieser Technik und der hohen Komplexität der Automatisierungsaufgaben benötigen sie einen Partner, der ihnen attraktive Lösungsmöglichkeiten aufzeigt und ihnen hilft, diese effizient umzusetzen. Unser Vorteil ist, dass wir so den Preisverfall bei Hard- und Softwarekomponenten ein Stück weit kompensieren können.

Schnelligkeit (SEP 2): Die besonders dynamische Entwicklung der Informations- und Kommunikationstechnik prägt entscheidend das Automatisierungsgeschäft. Wir müssen uns auf Innovationszyklen einstellen, die im Bereich von wenigen Jahren liegen. Vor diesem Hintergrund muss es uns gelingen, erkannte Chancen für neue Produkte rasch zu nutzen. Nur der Schnellste kann sicher sein, dass er einen hohen Return-on-Investment erhält.

Beispiel 2: Geschäftsstrategie eines Unternehmens, das Komponenten der Verbindungstechnik entwickelt, produziert und weltweit vermarktet

Kostenführerschaft in den Herstellkosten (SEP 1): Produkt- und Fertigungstechnologien sind in unserer Hand. Wir beherrschen diese Technologien. Aus dieser Position heraus gestalten wir die Entwicklungs- und Herstellprozesse, um die Kostenführerschaft zu erzielen. Dies sichert uns im Stammgeschäft den erforderlichen Handlungsspielraum.

Weltweites Vertriebs- und Servicenetz (SEP 2): Unsere Vertriebs- und Kundendienstorganisation ist in den relevanten geographischen Marktgebieten vor Ort präsent. Wir sprechen die Sprache der Kunden und reagieren schnell.

Zuverlässiger Partner (SEP 3): Die Qualität unserer Produkte und Dienstleistungen entspricht den hohen Anforderungen unserer Kunden. Wir halten Zusagen strikt ein, dazu zählt insbesondere eine vorbildliche Liefertreue. Unsere Produkt- und Programmpolitik bietet Kontinuität.

Beispiel 3: Geschäftsstrategie eines Herstellers von Spezialmöbeln

Führung durch Innovation (SEP 1): Durch kontinuierliche Innovation setzen wir die Maßstäbe in umfassender Produktqualität (Funktionalität, Design, Haltbarkeit, Umweltschutz). In Markt und Branche gelten wir als Unternehmen, das durch diese Stärke immer wieder zusätzlichen Kundennutzen schafft. Wir sehen den Wandel als Herausforderung und nicht als Bedrohung. Pioniergeist und Vorwärtsdrang dominieren bei uns über Bedenkentragen und Stillstand.

Kompetenter Direktvertrieb (SEP 2): Wir sind in der Nähe der Kunden. Durch diese Nähe, die Professionalität in Akquisition und Auftragsabwicklung sowie durch intensive Betreuung der Kundenbasis erreichen wir eine hohe Kundenbindung. Eine besondere Stärke im Marktauftritt unseres Vertriebs ist die hohe Identifikation mit unserem Unternehmen und unserem Leistungsangebot.

Kompetenter Direktvertrieb (SEP 2): Wir sind in der Nähe der Kunden. Durch diese Nähe, die Professionalität in Akquisition und Auftragsabwicklung sowie durch intensive Betreuung der Kundenbasis erreichen wir eine hohe Kundenbindung. Eine besondere Stärke im Marktauftritt unseres Vertriebs ist die hohe Identifikation mit unserem Unternehmen und unserem Leistungsangebot.

Beispiel 4: Geschäftsstrategie eines Unternehmens, das mechatronische Komponenten entwickelt und fertigt

„Key Player"-Image (SEP 1): In unseren Märkten sind wir die erste Adresse. Wir gelten als innovativ und umsetzungsstark. Das erfordert selbstredend gute Leistungen, aber auch die Fähigkeit, diese Botschaft zu vermitteln. Professionalität im Marktauftritt und Qualität der Marktleistung sind dafür die Grundlage.

Nutzenorientierte Systemlösungen (SEP 2): Wir sprechen die Sprache unserer Kunden und gewinnen mit attraktiven Lösungsvorschlägen Vertrauen und Anerkennung. Das erfordert von uns integratives Denken, mit dem wir unterschiedliche Fachgebiete wie Mikroelektronik, Softwaretechnik und Feinmechanik verknüpfen und in die spezifischen Erzeugnisse unserer Kunden optimal einbetten. Damit helfen wir unseren Kunden, erfolgreich zu sein.

Zielorientierte effiziente Zusammenarbeit (SEP 3): Was unseren Kunden nutzt, erledigen wir schnell. Dies gilt besonders für die Umsetzung von Ideen zu Lösungsvorschlägen und zu Produkten. Das erfordert eine enge Zusammenarbeit, die sich am zufriedenen Kunden orientiert und konsequent klar strukturierten Leistungserstellungsprozessen folgt. So gelingt es uns, die scheinbar widersprüchlichen Zielsetzungen Schnelligkeit, attraktive Preise und hohe Qualität in Einklang zu bringen.

4.1.3 Strategische Positionierung – Märkte und Marktleistung

Während in einem Leitbild die grundsätzlichen Ziele umrissen werden, umfasst die strategische Positionierung die Festlegung von strategischen Geschäftsfeldern sowie die Entwicklung einer Wettbewerbsstrategie zur Ermittlung und Ausschöpfung von Wettbewerbsvorteilen innerhalb dieser Produkt-Markt-Kombinationen.

Entwicklung strategischer Geschäftsfelder (SGF)

Zur Ermittlung strategischer Geschäftsfelder wird auf die Marktleistung-Marktsegmente-Matrix zurückgegriffen. Strategische Geschäftsfelder sind Geschäftsfelder oder Cluster von Geschäftsfeldern, in denen das Unternehmen in der Zukunft nachhaltigen Erfolg erzielen kann. Um strategische Geschäftsfelder identifizieren zu können, wird daher die bestehende Marktleistung-Marktsegmente-Matrix um die potentiellen zusätzlichen Marktleistungen sowie die potentiellen zusätzlichen Marktsegmente ergänzt (Bild 4.5). Diese können beispielsweise mit Hilfe einer Auswirkungsanalyse von Zukunftsszenarien abgeleitet werden. In der erweiterten Marktleistung-Marktsegmente-Matrix ergeben sich vier Arten von zukünftigen Geschäftsfeldern:

- **Traditionelle Geschäftsfelder** sind Geschäftsfelder, in denen bisherige Marktsegmente mit bisherigen Marktleistungen bedient werden. In diesen Geschäftsfeldern geht es um eine Marktdurchdringung.
- **Markterweiternde Geschäftsfelder** sind Geschäftsfelder, in denen mit bisherigen Marktleistungen neue Marktsegmente bedient werden. Strategische Stoßrichtungen sind Marktentwicklung und Marktfindung.
- **Programmerweiternde Geschäftsfelder** sind Geschäftsfelder, in denen bisherige Marktsegmente mit neuen Marktleistungen bedient werden. Strategische Stoßrichtungen sind Produktentwicklung und Produktfindung.
- **Völlig neue Geschäftsfelder** sind Geschäftsfelder, in denen neue Marktsegmente mit neuen Marktleistungen bedient werden. Das entspricht einem „Aufbruch zu neuen Ufern", der in der Regel aufgrund des hohen Risikos nur dann gewählt wird, wenn die drei zuvor genannten Optionen ausgeschöpft sind.

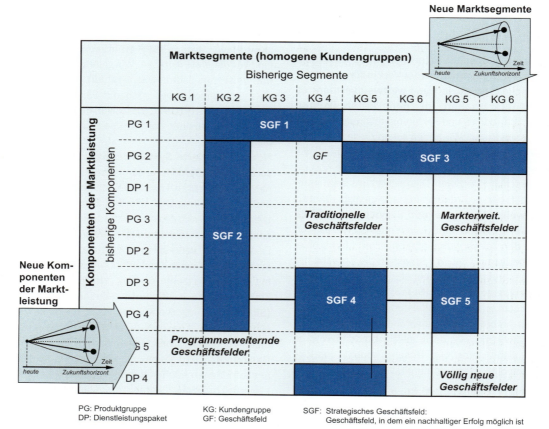

BILD 4.5 Erweiterte Marktleistung-Marktsegmente-Matrix

Anschließend werden den identifizierten Geschäftsfeldern Ziele zugewiesen. Im Wesentlichen sind das Umsatz und Gewinn. Es bietet sich aber auch an, die Geschäftsfelder mit zukunftsorientierten Kennwerten wie Marktattraktivität (Marktgröße, Marktwachstum, Wettbewerbsintensität etc.) bzw. Geschäftspotential (Umsatzmöglichkeiten, Gewinnmöglichkeiten etc.) weiter zu charakterisieren.

Im Rahmen unserer Strategieberatungen haben wir festgestellt, dass vielen Managern eine solche **zukunftsorientierte Segmentierung** schwer fällt. Sie neigen dazu, alle Geschäftsfelder abdecken zu wollen – und sei es dadurch, dass sie die erweiterte Matrix mit sehr vielen oder sehr großen SGF füllen. Wir stehen hier auf dem Standpunkt, dass in der Regel eine Fokussierung auf die wirklich Erfolg versprechenden SGF notwendig ist, u. a. um dem Grundsatz der Konzentration der Kräfte zu entsprechen.

Das zentrale Problem ist aber nach wie vor die eigentliche Marktsegmentierung. In der Regel wird der Markt nach Kundentypen aufgeteilt. Typische Merkmale bei Geschäftskunden sind Größe des Unternehmens, Art der Erzeugnisse, verarbeitete Werkstoffe etc. Verbraucher werden nach Alter, Kaufkraft, Lebensform etc. eingeteilt. Damit werden aber noch nicht die Anforderungen der Kunden an die Marktleistung exakt definiert. Die Folge ist, dass den einzelnen Marktsegmenten Produkte zugeordnet werden, ohne exakt zu wissen, was das eigentliche Kundenproblem ist. Der renommierte Harvard-Marketingprofessor THEODORE LEVITT pflegte seinen Studenten zu sagen:

„Die Menschen wollen keine 50 Millimeter großen Bohrer, sie wollen 50 Millimeter große Löcher in den Wänden".

Offensichtlich wollen die Kunden keine Produkte kaufen, sondern Aufgaben lösen. Statt nach den üblichen Merkmalen Kundengruppen zu bilden, ist es wichtig, die Kunden zu beobachten und ein tiefes Verständnis für die Abläufe und die damit verbundenen Probleme bzw. die Nutzenpotentiale zu entwickeln. Dann ist der Nutzen zu verdeutlichen, weil die Kunden klare Aussagen erwarten, wie ein Produkt ihnen helfen kann und was es konkret bringt [CCH06].

Die Ausrichtung auf strategische Geschäftsfelder kann über die Kanalisierung von Unternehmensaktivitäten hinaus zu einer entsprechenden Gestaltung der Aufbauorganisation des Unternehmens führen. Diese Bildung von **strategischen Geschäftseinheiten (SGE)** wird auch als Innensegmentierung bezeichnet.

Entwicklung von Wettbewerbsstrategien

Eng verbunden mit der Festlegung der Geschäftsstruktur ist die Strategie, mit der das Unternehmen in dieser Struktur erfolgreich agieren möchte. Die geeigneten Wettbewerbsstrategien können auf diskursive Art bestimmt werden. Basis dafür sind strategische Handlungsoptionen [GP14]. Ferner ist hier auch festzulegen, inwieweit in den einzelnen Handlungsbereichen Produkte, Vertrieb/Marketing, Fertigung etc. eine Konkretisierung auf der Stufe der Substrategien (vgl. Bild 4.1) erfolgen muss.

Ein wichtiger Bestandteil von Wettbewerbsstrategien ist die Planung des Umgangs mit potentiellen Wettbewerbern. Dazu sind zunächst die in der anvisierten Wettbewerbsarena relevanten Erfolgsfaktoren zu identifizieren. Anschließend kann die eigene Position bezüglich dieser Erfolgsfaktoren mit der Position der wichtigsten Wettbewerber verglichen werden. Daraus ergeben sich Ansätze für die Gestaltung der Wettbewerbsstrategie.

Im Idealfall wäre je strategischem Geschäftsfeld die Strategie gut strukturiert und nachvollziehbar zu beschreiben. Da dies relativ aufwändig ist und auch jährlich im Vorfeld der Budgetierung zu aktualisieren ist, hat sich zur Dokumentation eines strategischen Geschäftsfelds inkl. der damit verbundenen Aussagen zur Wettbewerbsstrategie ein 4-seitiges Schema bewährt, das wir in Kapitel 3.2.2 beschreiben.

4.1.4 Konsequenzen und Maßnahmen

Wenn die unternehmerische Vision Wirklichkeit werden soll und insbesondere die darin enthaltenen konkreten Ziele erreicht werden sollen, sind Konsequenzen zu ziehen und Maßnahmen durchzuführen. **Konsequenzen** beschreiben, was in welchen Handlungsbereichen grundsätzlich geschehen muss. **Maßnahmen** sind konkrete Aktivitäten, die aus den Konsequenzen resultieren. Sie haben einen Anfang und ein Ende und insbesondere einen Verantwortlichen. Die Maßnahmen sind Gegenstand der operativen Führung und des Strategie-Controllings (Umsetzungs-Controllings).

Handlungsbereiche für Konsequenzen sind zunächst die üblichen Funktionsbereiche wie Marketing/Vertrieb, Entwicklung/Konstruktion, Fertigung, Einkauf etc. Orthogonal dazu bieten sich aber auch Handlungsbereiche wie Produkte, Personalentwicklung, Finanzierung etc. an. In der Regel wird eine Konsequenz durch mehrere Maßnahmen konkretisiert. Der folgende Kasten enthält einige Beispiele. Häufig sind die Konsequenzen so weitreichend, dass einige wenige überschaubare Maßnahmen nicht ausreichen, um ihnen gerecht zu werden. In diesen Fällen bilden die Konsequenzen die Anknüpfungspunkte für die sogenannten Substrategien, wie wir in Bild 4.1 visualisiert haben. D. h. beispielsweise, dass eine Konsequenz im Handlungsbereich Produkte zu einer Produktstrategie führt, die Fragen der folgenden Art zu beantworten hat: Wie kann die vom Markt geforderte Variantenvielfalt wirtschaftlich bewältigt werden? Oder: Welche Optionen bzw. Programmerneuerungen bieten wir im Produktlebenszyklus, um das Produkt attraktiv zu halten? Die Antwort auf die erste Frage könnte ein Plattformkonzept sein. Eine mögliche Antwort auf die zweite Frage könnte die Einführung neuer Antriebe sein. Produktstrategische Festlegungen haben natürlich Auswirkungen auf die weiteren Substrategien wie die Fertigungsstrategie und die Einkaufsstrategie. Dementsprechend sind die Substrategien in der Regel vernetzt.

Ermittlung von Maßnahmen

Wesentliche Elemente des Weiterentwicklungsprozesses sind die **Maßnahmen**. Sie verdeutlichen, an welchen Stellen konkret die Hebel anzusetzen sind. Bei der Entwicklung von Maßnahmen kommt es weniger auf die Anzahl der Maßnahmen, sondern mehr auf deren strategischen Charakter an, d. h. auf deren Beitrag zur Verwirklichung der Strategie. Nach unserer Erfahrung ist die Ermittlung von Maßnahmen für den Moderator eines Strategieprozesses eine kritische Phase. Gelingt es ihm nicht, zwischen operativen und strategischen Maßnahmen mit einer großen Hebelwirkung zu differenzieren und lässt er sich auf einen zu umfangreichen „kleinschnittigen" Maßnahmenkatalog ein, so wächst die Gefahr, dass die wirklich strategierelevanten Maßnahmen in der Masse untergehen und der Veränderungsprozess erst gar nicht in Gang kommt. Abgesehen von den negativen Auswirkungen auf die Unternehmenszukunft ist eine weitere negative Konsequenz

KONSEQUENZEN UND MASSNAHMEN (BEISPIELE)

Im Folgenden geben wir Beispiele für die Formulierungen von Konsequenzen und Maßnahmen. Dabei sind jeweils einer Konsequenz einige konkrete Maßnahmen zugeordnet.
Proaktives Produktmarketing entwickeln: Wir müssen energisch darauf hinwirken, dass die von uns erstellte Marktleistung auch verkauft wird. Es reicht nicht aus, diese den Gruppenunternehmen lediglich „bereitzustellen".
Maßnahme 1: Gremienarbeit intensivieren [L. Katthaus, laufend]
Zunächst sind Gremien auf nationaler, europäischer und internationaler Ebene zu identifizieren, die für unser Geschäft relevante Arbeit leisten. Wir sollten uns in den Gremien engagieren und auch Verantwortung übernehmen. Uns interessieren Resultate, die wir im Verkaufsprozess wirkungsvoll nutzen können. Vor diesem Hintergrund ist auch die derzeitige Gremienarbeit kritisch zu überprüfen.
Maßnahme 2: Produktprogramm „Atlanta" forcieren [C. Hohle, September 2018]
Auf der Basis der guten Resonanz der Markteinführung ist die offensichtliche Chance zu nutzen, sich im höherwertigen Bereich zu etablieren. Als nächstes wäre zu erledigen:
- Kundenbefragung (Handel) durchführen, um eine exakte Außensicht über unsere Stärken und Schwächen zu erhalten.
- Bedarf an datengetriebenen Dienstleistungen abklären.

Fertigung restrukturieren: Die nach dem Werkstattprinzip organisierte Fertigung verursacht zu hohe Bestandskosten. Ferner streuen die Durchlaufzeiten zu stark und die Liefertreue ist mangelhaft. Eine Restrukturierung ist im Kontext der neuen Geschäftspolitik auf europäischer Ebene durchzuführen.
Maßnahme 3: Produktspektrum definieren [F. Mayr, November 2018]
Es liegt ein erstes Konzept vor, aus dem hervorgeht, welcher europäische Standort welche Produkte herstellen soll. Auf dieser Basis ist zu vereinbaren, welche Produkte künftig am Standort x gefertigt werden sollen.
Maßnahme 4: ABC-Analyse [F. Mayr, November 2018]
Diese ist zusammen mit dem Vertrieb Deutschland sowie den Landesgesellschaften zu erledigen. Ferner ist eine Programmbereinigung vorzunehmen.
Maßnahme 5: Neue Fertigungskonzeption entwickeln [R. Kaiser, März 2019]
Basis dafür ist die ABC-Analyse. Für die A-Produkte ist die Fertigung nach dem Fließprinzip zu organisieren. Für die übrigen Produkte ist zu klären, ob hier Industrie 4.0-Ansätze größere Vorteile bieten.

zu beachten: Unter einer stockenden Strategieumsetzung leidet die Glaubwürdigkeit des Managements – was für sich allein schon katastrophal ist.

Entscheidend für den Erfolg der Strategieumsetzung sind die Haltung und das Handeln der Führungspersönlichkeiten. Sie müssen die Brücke zwischen der Strategie und dem operativen Tagesgeschäft schlagen sowie die Strategieumsetzung überzeugend praktizieren. Es bietet sich daher an, dass Mitglieder des Managements persönlich die Verantwortung für einzelne Maßnahmen übernehmen und dies im Unternehmen auch deutlich kommuniziert wird. Stattdessen ist es immer wieder zu beobachten, dass eine strategierelevante Maßnahme als existenzentscheidend für das Unternehmen dargestellt wird, aber die Verantwortung für diese Maßnahme einer subalternen Person ohne jegliche Macht übertragen wird. Das Top-Management hält sich hier offenbar zurück. Entweder ist es nicht risikobereit oder es glaubt selbst nicht richtig an den Erfolg der Strategie. Wie dem auch sei, die Signalwirkung auf die Mitarbeiter braucht nicht näher kommentiert zu werden.

Im Prinzip sind Maßnahmen Projekte. Umfangreichere Maßnahmen werden daher dem im Unternehmen üblichen Projektmanagement unterworfen.

Bewertung und Priorisierung von Maßnahmen

Eine häufig anzutreffende Schwierigkeit im Rahmen der Strategieentwicklung ist die Bewertung und Priorisierung entwickelter Maßnahmen. Daher kann es sinnvoll sein, den Prozess der Maßnahmenpriorisierung zu systematisieren. Dabei werden für die einzelnen Maßnahmen drei Kennwerte ermittelt:

- **Zielerreichung:** Dieser Wert gibt an, in welchem Umfang die Maßnahme zur Realisierung der Unternehmensziele beitragen würde. Die Bewertung kann anhand einer Skala von 5 bis 1 erfolgen (5 = sehr hohe Zielerreichung; 1 = geringe Zielerreichung).
- **Fristigkeit:** Innerhalb welcher Zeit lässt sich die Handlungsoption realisieren? Hier wird eine auf das spezifische Unternehmen angepasste Skala verwendet, die grundsätzlich von lang- bis kurzfristiger Realisierbarkeit reicht.
- **Ressourcen:** Dieser Kennwert beschreibt die Höhe der zur Realisierung der Handlungsoption notwendigen Ressourcen. Auch hier ist eine spezifische Anpassung notwendig.

Aus den Dimensionen Zielerreichung und Fristigkeit wird anschließend ein Zielerreichungs-Fristigkeits-Portfolio aufgespannt (Bild 4.6). In dem Portfolio ergeben sich vier charakteristische Bereiche:

- *Sofort die Initiative ergreifen:* Entsprechende Handlungsoptionen können kurz- bis mittelfristig erheblich zur Zielerreichung beitragen. Bei geringem Ressourcenbedarf sind entsprechende Maßnahmen ohne großen organisatorischen Aufwand zu starten. Bei größerem Ressourcenbedarf sind kurzfristige Sonderaktivitäten einzuleiten.
- *Nutzenpotentiale systematisch erschließen:* Hier liegen erhebliche Nutzenpotentiale vor, die sich allerdings nur längerfristig erschließen lassen. Bei geringem Ressourcenbedarf ist zu klären, wie sich entsprechende Aktivitäten absichern lassen, so dass eine Nachahmung erschwert wird. Maßnahmen mit einem großen Ressourcenbedarf sind in die strategische Unternehmensplanung zu integrieren.
- *Integration in den Planungsprozess prüfen:* In diesem Feld liegen Maßnahmen, die sich zwar kurzfristig realisieren lassen, die aber gleichzeitig nicht entscheidend zur Zielerreichung beitragen. Solche Maßnahmen sind am ehesten dann von Interesse, wenn sie keine großen Ressourcen benötigen und sich in den bestehenden Planungsprozess integrieren lassen.
- *Entwicklungen beobachten und Optionen offen halten:* Maßnahmen, die selbst langfristig nur eine geringe Zielerreichung versprechen, sind für die laufende Planung – insbesondere bei hohem Ressourcenbedarf – nicht relevant. Häufig werden jedoch die in den Maßnahmen enthaltenen Möglichkeiten erst später erkannt. Daher ist es sinnvoll, die Entwicklung der den Maßnahmen zugrunde liegenden Chancen und Gefahren zu beobachten und sich ggf. Optionen offen zu halten.

Ein weiteres in der Praxis beliebtes Portfolio zur Priorisierung von Maßnahmen ist die sogenannte EISENHOWER-Matrix mit den zwei Dimensionen Wichtigkeit und Dringlichkeit (Bild 4.7).

Strategische Programme

Auf der Unternehmensebene werden anstelle von Konsequenzen und Maßnahmen häufig **strategische Programme** formuliert. Sie sollen der erforderlichen Weiterentwicklung des gesamten Unternehmens Schubkraft verleihen. Ein Beispiel wäre ein Programm, das den Aufbau von Softwarekompetenz in einem Maschinenbau-Unternehmen zum Ziel hat, weil die Unternehmensführung erkannt hat, dass künftig ein erheblicher Teil des Kundennutzens und der Wertschöpfung durch Software erreicht werden wird.

4 Geschäftsplanung – Den unternehmerischen Erfolg vorausdenken

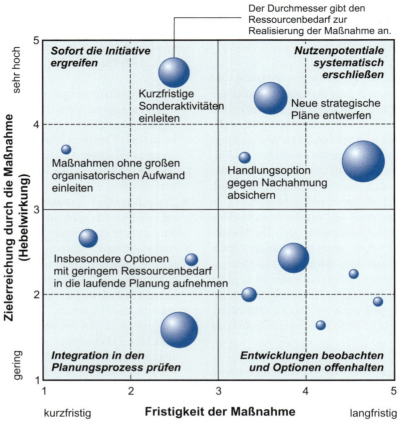

BILD 4.6 Priorisierung von Maßnahmen mit dem Zielerreichungs-Fristigkeits-Portfolio

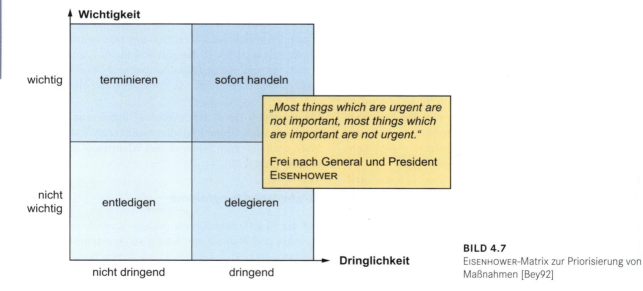

BILD 4.7 Eisenhower-Matrix zur Priorisierung von Maßnahmen [Bey92]

4.1 Entwicklung von Geschäftsstrategien

 BEISPIEL FÜR EIN VORGEHEN ZUR STRATEGIEENTWICKLUNG

Die Ausführungen zur Entwicklung einer Geschäftsstrategie bilden einen allgemeinen Ordnungsrahmen. Wird man nun mit der Aufgabe konfrontiert, für ein existierendes Unternehmen eine Geschäftsstrategie zu erarbeiten, so ist dieser Ordnungsrahmen konkret auszuprägen. Dazu gehört auch, dass aus der großen Anzahl der Methoden diejenigen zum Einsatz kommen, die für diesen spezifischen Fall besonders geeignet sind. So entsteht ein fallspezifisches Konzept, das wir häufig in der folgenden Weise plakativ darstellen (Bild 1).

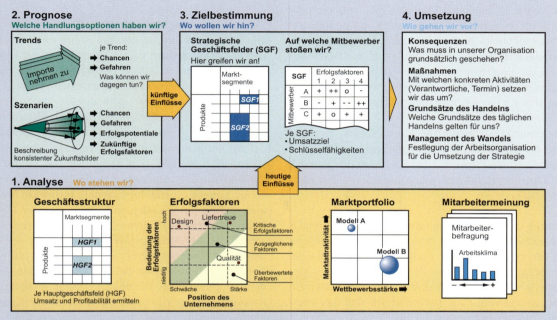

BILD 1 Beispiel für ein ausgeprägtes Konzept zur Strategieentwicklung

Strategische Programme setzen häufig auch Standards in den Prozessen, wie das im Zusammenhang mit der Einführung eines Enterprise Resource Planning (ERP)-Systems oder einem standortübergreifenden Produktdatenmanagement der Fall ist. Damit erhöhen die Unternehmen nicht nur die Effizienz, sondern stärken auch die Fähigkeit, standortübergreifend zu kooperieren.

Die genannten Beispiele zeigen, dass solche Programme sehr viel Zeit, Geld und Aufmerksamkeit durch das Management kosten. Allein mit Effizienzerhöhung im operativen Geschäft lässt sich das oft nicht rechtfertigen. Dahinter steckt in der Regel eine Vision, die eine sehr Erfolg versprechende Positionierung im Wettbewerb von morgen beschreibt.

4.1.5 Strategiekonforme Weiterentwicklung der Unternehmenskultur

Eine Unternehmens- bzw. Geschäftsstrategie kann nicht losgelöst von der Unternehmenskultur entwickelt werden. Jede spezifische Strategie erfordert eine spezifische Unternehmenskultur. Diese für die Umsetzung einer Strategie optimale Unternehmenskultur wird als **Soll-Unternehmenskultur** bezeichnet. Bestehen zwischen der vorherrschenden Ist-Unternehmenskultur und der für die Strategieumsetzung erforderlichen Soll-Unternehmenskultur erhebliche Diskrepanzen, so wird die Strategie mit Sicherheit scheitern. In einer derartigen Situation wäre das Unternehmen gut beraten, eine andere Strategie zu wählen, die dem Selbstverständnis, den Einstellungen und den Praktiken der Mitarbeiterinnen und Mitarbeiter eher gerecht wird. Radikale Änderungen der Unternehmenskultur erfordern Jahre, sodass es zumindest pragmatisch ist, die Strategie auf die Unternehmenskultur abzustimmen und nicht zu erwarten, dass die Menschen sich wegen der Strategie grundsätzlich ändern.

Maßnahmen zur Überwindung von Unternehmenskultur-Defiziten

In der Regel decken sich Ist- und Soll-Unternehmenskultur nicht vollständig. In einigen Merkmalen liegt Übereinstimmung vor, in anderen Merkmalen gibt es Diskrepanzen. In solch typischen Situationen stellt sich im Rahmen der Strategieentwicklung die Aufgabe, Maßnahmen zur Überwindung dieser Diskrepanzen – d. h. zur Weiterentwicklung der Unternehmenskultur – zu definieren. Diese Maßnahmen ergänzen den bereits erstellten Maßnahmenkatalog. Bild 4.8 ve rdeutlicht dieses Vorgehen.

Ausgangspunkt Strategie: Die umzusetzende Strategie weist in der Regel die im Bild wiedergegebene Struktur bestehend aus den Punkten A bis E auf. Auf den Punkt E „Grundsätze des Handelns" gehen wir unmittelbar nach diesem Abschnitt ein.

Ermittlung der Soll-Unternehmenskultur: Diese erfolgt mit einer Checkliste [GP14]. Während bei der Ermittlung der Ist-Unternehmenskultur nach den derzeit vorhandenen Ausprägungen der Merkmale gefragt wird, lautet hier die Frage, inwieweit diese Merkmale für die umzusetzende Strategie relevant sind. Daraus ergibt sich das Profil der Soll-Unternehmenskultur [GP14].

Identifikation von Unternehmenskulturdefiziten: Aus der Gegenüberstellung von Ist- und Soll-Unternehmenskultur ergeben sich Diskrepanzen, d. h. die relativ geringen Ausprägungen der Ist-Unternehmenskultur in einigen Merkmalen erschweren die Umsetzung der Strategie bzw. machen ein Scheitern der Strategieumsetzung wahrscheinlich. Die erkannten Defizite sind durch Maßnahmen zu überwinden.

Entwicklung von Maßnahmen: PÜMPIN ET AL. gliedern die Maßnahmen in direkte und indirekte Maßnahmen. **Direkte Maßnahmen** tragen unmittelbar zur Überwindung der erkannten Defizite bei. Beispielsweise wäre die Einführung des Personalführungsinstrumentes „Führen mit Zielvereinbarungen" eine direkte Maßnahme zur Überwindung eines Defizits im Bereich Mitarbeiterorientierung. Im Prinzip entsprechen diese Maßnahmen der Art der Maßnahmen, die im vorangegangenen Kapitel erläutert worden sind. Daher sind es in der Regel auch die direkten Maßnahmen, die dem bereits vorhandenen Katalog hinzugefügt werden. **Indirekte Maßnahmen** stehen für Verhaltensweisen – in erster Linie der Führungspersönlichkeiten – und „ungeschriebene Gesetze", die mittelbar zur Weiterentwicklung der Unternehmenskultur beitragen, aber gleichwohl eine hohe Hebelwirkung aufweisen. Beispiele für indirekte Maßnahmen sind die offene Tür des Chefs, der separate runde Besprechungstisch im Chef-Büro, die aktive Kommunikation von guten Leistungen, der Vorrang des Geprä-

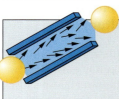
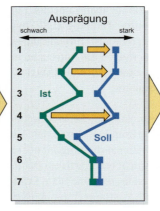

BILD 4.8 Vorgehen zur Identifikation von Maßnahmen zur strategiekonformen Weiterentwicklung der Unternehmenskultur nach PÜMPIN, KOBI und WÜTHRICH [PKW85]

ches vor schriftlichen internen Mitteilungen im Falle eines Problems etc.

Während die direkten Maßnahmen in den Maßnahmenplan zur Strategieumsetzung aufgenommen werden und im Prinzip wie Projekte behandelt werden, finden die indirekten Maßnahmen ihren Niederschlag in den Grundsätzen des Handelns. Darauf gehen wir im Folgenden kurz ein.

Grundsätze des Handelns

Die Grundsätze des Handelns sollen die Unternehmenskultur charakterisieren und prägen. Vielerorts ist es üblich, diese offensiv zu kommunizieren, indem beispielsweise entsprechende Poster aufgehängt werden. Das Entscheidende ist, dass diese Grundsätze auch gelebt werden. Wenn das nicht so ist, dann sind sie nicht das Papier wert, auf dem sie stehen. In solchen Fällen ist es klüger, sich keine Grundsätze zu geben, weil nicht gelebte Grundsätze zu Sarkasmus herausfordern und somit kontraproduktiv sind. Dazu ein Beispiel: Der Grundsatz „Bei uns steht der Mensch im Mittelpunkt" provoziert in solchen Situationen todsicher „... und damit jedem im Wege". Abgesehen davon erscheint uns dieser Grundsatz eine Spur zu hehr. Besser kommen Grundsätze an, die gewünschte Verhaltensweisen treffend beschreiben und nicht zu weit von der Unternehmensrealität entfernt sind. Der folgende Kasten enthält eine Sammlung dementsprechender Grundsätze.

UNTERNEHMENSKULTURPRÄGENDE GRUNDSÄTZE (BEISPIELE)

Die folgende Aufstellung enthält eine Reihe von uns bekannten Grundsätzen. Diese sind nach fünf Gesichtspunkten strukturiert:

Der Kunde
- Jeder Kunde ist ein Referenzkunde.
- Wesentlich ist, was unsere Kunden von uns halten, und nicht, was wir von uns halten.
- Auf eine Frage erhält ein Kunde innerhalb von 48 Stunden eine konstruktive Antwort.
- Unser Kunde findet leichter einen neuen Auftragnehmer als wir einen neuen Kunden.
- Unser Kunde stört uns nicht bei der Arbeit, er gibt sie uns.
- Vor dem Verdienen kommt das Dienen.
- Der Kunde kommt zuerst.

Der Mitarbeiter
- Hohe Qualifikation und Leistungsbereitschaft unserer Mitarbeiter sind die wichtigsten Voraussetzungen zur Weiterentwicklung und Zukunftssicherung unseres Unternehmens.
- Wir haben nur Erfolg, wenn unsere Mitarbeiter erfolgreich sind.
- Wir sind Unternehmer.

Unser Verhalten
- Wir arbeiten in einer Atmosphäre des gegenseitigen Vertrauens und Wohlwollens.
- Stillstand ist Rückschritt.
- Das Beste oder gar nichts.
- Jeder trägt zum Gewinn bei.
- Wir lösen Probleme und reden nicht nur darüber.
- Die Zusammenarbeit bringt uns voran.
- Alles wird stetig verbessert.

Die Information
- Mit klarer Information schaffen wir Vertrauen und Verständnis.
- Wir informieren uns.

Der Gewinn
- Ein angemessener Gewinn ist das wesentliche Unternehmensziel.
- Gewinn ist keine Größe von morgen. Wir benötigen ihn heute als Voraussetzung zur nachhaltigen Sicherung der Existenz des Unternehmens.
- Der Gewinn sichert unsere Zukunft.

In der Praxis verwenden wir etwa fünf solcher Grundsätze, mehr würden das Anliegen überfrachten. Jeder der Grundsätze wäre prägnant zu erläutern. Im Folgenden werden drei Beispiele gegeben:

Der Kunde kommt zuerst: Der Kunde zahlt unsere Gehälter. Was wir für ihn leisten, muss seine Anerkennung finden; dann ist er auch bereit, dafür zu zahlen, uns wieder einen Auftrag zu geben und uns weiterzuempfehlen. Unsere Leistung vor Ort muss in den Augen des Kunden den Tagessatz uneingeschränkt rechtfertigen.

Jeder trägt zum Gewinn bei: Der Gewinn ist keine Größe von morgen. Wir brauchen ihn heute. Er entsteht, wenn wir mehr Geld einnehmen als ausgeben. Jeder hat an seinem Arbeitsplatz entsprechende Einflussmöglichkeiten, beispielsweise Verschwendung zu unterbinden und durch gute Leistung die Zahlungsbereitschaft der Kunden zu erhöhen. Was liegt näher, als sich darüber bewusst zu werden und dementsprechend zu handeln?

Wir informieren uns: Mit präziser Information schaffen wir Klarheit und Vertrauen. Informieren ist eine Bring- und Holschuld.

4 Geschäftsplanung – Den unternehmerischen Erfolg vorausdenken

Die Frage an dieser Stelle ist: Wie kommt man im Rahmen der Strategieentwicklung zu geeigneten Grundsätzen? Dazu schlagen wir fünf Schritte vor:

1. Zunächst werden mögliche Grundsätze des Handelns identifiziert. Dazu sind Checklisten eine Hilfe. Es liegt selbstredend nahe, weitere Grundsätze zu kreieren, die der spezifischen Situation gerecht werden.
2. Anschließend werden die identifizierten Grundsätze hinsichtlich ihrer Bedeutung für die Strategieumsetzung bewertet. Außerdem wird angegeben, inwieweit die Grundsätze das heutige Handeln bestimmen.
3. Die ermittelten und bewerteten Grundsätze werden in ein Portfolio eingetragen, das drei Bereiche aufweist (Bild 4.9):
   - Kritische Grundsätze: Für Grundsätze in diesem Bereich ergibt sich hinsichtlich der Strategieumsetzung Handlungsbedarf. Die gilt beispielsweise für den Grundsatz „Wir sind zuverlässig". Dies könnte an der mangelnden Liefertreue liegen.
   - Ausgeglichene Grundsätze: Hier entspricht das gegenwärtige Handeln den Notwendigkeiten der Strategieumsetzung.
   - Überbetonte Grundsätze: Hier herrschen Einstellungen vor, die in dieser Ausprägung für die Strategieumsetzung nicht notwendig sind. Möglicherweise werden dadurch Ressourcen fehlgeleitet.
4. In diesem Schritt werden die relevanten Grundsätze ausgewählt. Wesentliches Kriterium ist die Bedeutung für die Strategieumsetzung. Wir empfehlen, etwa fünf zu bestimmen.
5. Hier ist zu überprüfen, ob Maßnahmen erforderlich sind, mit deren Hilfe ausgewählte Grundsätze gefestigt werden und mehr Gewicht erhalten, sodass diese zu ausgeglichenen Grundsätzen werden. Dies würde beispielsweise für den Grundsatz der Zuverlässigkeit gelten. Damit verbunden wären Maßnahmen zur Erhöhung der Liefertreue.

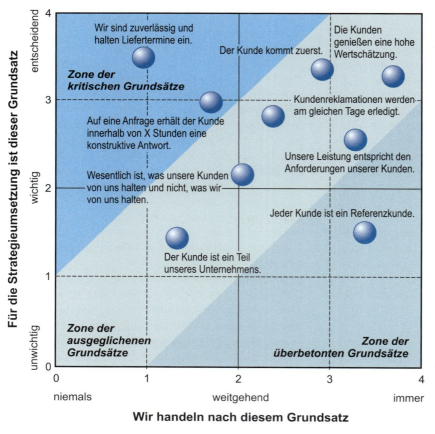

BILD 4.9 Portfolio zur Einstufung der Grundsätze des Handelns und zur Ermittlung von Maßnahmen zur Kompensation von Defiziten

314

4.2 Entwicklung von Produktstrategien

Die Produktstrategie ist eine Substrategie eines strategischen Geschäftsfeldes (vgl. Bild 4.1); sie weist die in Bild 4.10 wiedergegebene Struktur auf. Im Kontext der strategischen Produktplanung kommt ihr eine besondere Bedeutung zu, da hier die wesentlichen Produktprogramm-bezogenen Weichenstellungen für ein nachhaltig erfolgreiches Geschäft festgelegt werden.

Die Produktstrategie umfasst nach SPECHT und MÖHRLE „alle Elemente des Produktmanagements zur Erzielung nachhaltiger Erfolgspotenziale. [...] Die zentralen Elemente sind [...] die Gestaltung der Produkteigenschaften, die Produktprogrammplanung und die Zielgruppenplanung" [SM02]. Obwohl diese Aspekte für den Markterfolg eines Produktes von zentraler Bedeutung sind, wird das Themenfeld Produktstrategie in vielen Unternehmen nur unzureichend behandelt. Bereits 1994 stellte die Unternehmensberatung ARTHUR D. LITTLE beispielsweise fest:

„Fragt man Unternehmensführer in Deutschland, welches ihre Produktstrategie ist, so erhält man als Antwort typischerweise einige Allgemeinheiten über das Produktgebiet und eine Aufzählung von Produkteigenschaften, die dem Unternehmen wichtig erscheinen. [...] Immer wieder ist festzustellen, dass in Unternehmen entweder überhaupt keine oder nur die Basisansätze einer Produktstrategie anzutreffen sind" [Lit94].

Unserer Erfahrung nach gilt diese Aussage nach wie vor. In vielen Unternehmen herrscht noch immer kein genaues Verständnis darüber, was eine Produktstrategie denn nun eigentlich ist. Aus diesem Grund haben wir ein Referenzmodell erarbeitet, mit dessen Hilfe sich Produktstrategien systematisch beschreiben lassen. Dies beruht auf der Erkenntnis, dass sich die produktstrategischen Fragestellungen produzierender Unternehmen des Maschinenbaus und verwandter Branchen in drei übergeordnete Handlungsfelder gliedern lassen:

- **Differenzierung im Wettbewerb:** Hier geht es um die initiale Positionierung des Produktes am Markt. Fragestellungen, die es zu beantworten gilt, sind: „Welche Möglichkeiten zur Differenzierung im Wettbewerb gibt es?", „Wie ist mein Produkt im Wettbewerb positioniert?", „Welche Produktvarianten sollten angeboten werden, um am Markt erfolgreich zu sein?"
- **Bewältigung der Variantenvielfalt:** Die Variantenvielfalt ist oft der Hauptkostentreiber und die Ursache für mangelnde Profitabilität. Da Markt und Wettbewerb Varianten fordern, geht es in diesem Handlungsfeld darum, Produktvarianten profitabel zu gestalten. Folgende Fragestellungen sind zu beantworten: „Wie kann die vom Markt geforderte Variantenvielfalt wirtschaftlich bewältigt werden?", „Wie erfolgt der Umgang mit bestehenden Produktvarianten?"
- **Erhaltung des Wettbewerbsvorsprungs:** Hier geht es um die Produktevolution, d. h. die vorausschauende Planung der Weiterentwicklung des Produktes über den Lebenszyklus mit dem Ziel, den initialen Wettbewerbsvorsprung langfristig zu erhalten. Die zu beantwortenden Fragestellungen lauten: „Welche Möglichkeiten zur Produktwertsteigerung gibt es?", „Wann und wie sollten die Produktwertsteigerungen erfolgen?", „Was werden die Mitbewerber voraussichtlich bringen und wie müssten wir darauf antworten?"

Die Handlungsfelder sind jeweils vor dem Hintergrund des betrachteten Produktes bzw. des Produktprogramms auszugestalten. Dieses Verständnis der Produktstrategie lässt sich durch ein Gebäude mit drei Säulen veranschaulichen, die den genannten Handlungsfeldern entsprechen (Bild 4.10). Das Fundament des Gebäudes wird durch das Produktprogramm des Unternehmens gebildet.

Im Folgenden beschreiben wir die drei Säulen sowie die zugehörigen Fragestellungen näher und stellen Methoden und Hilfsmittel zur Beantwortung der Fragen vor. Dies erfolgt jeweils anhand von konkreten Projektbeispielen aus der Industrie. Im Zuge der Digitalisierung lässt sich aktuell feststellen, dass viele Unternehmen ihre Produktstrategien verändern. Darauf gehen wir in dem grauen Kasten am Ende des Kapitels ein.

4.2.1 Differenzierung im Wettbewerb

Im Rahmen der Säule „Differenzierung im Wettbewerb" wird festgelegt, wie das Produkt am Markt positioniert werden soll, welche Alleinstellungsmerkmale es gegenüber dem Wettbewerb aufweist und welche Varianten eines Produktes angeboten werden sollen.

4.2.1.1 Möglichkeiten zur Differenzierung im Wettbewerb

Unternehmen können sich grundsätzlich über das Produkt oder das zugehörige Geschäftsmodell differenzieren. Häufig sind insbesondere diejenigen Unternehmen erfolgreich, die Sach- und Dienstleistungen geschickt miteinander kombinieren und mit einem einzigartigen Geschäftsmodell versehen.

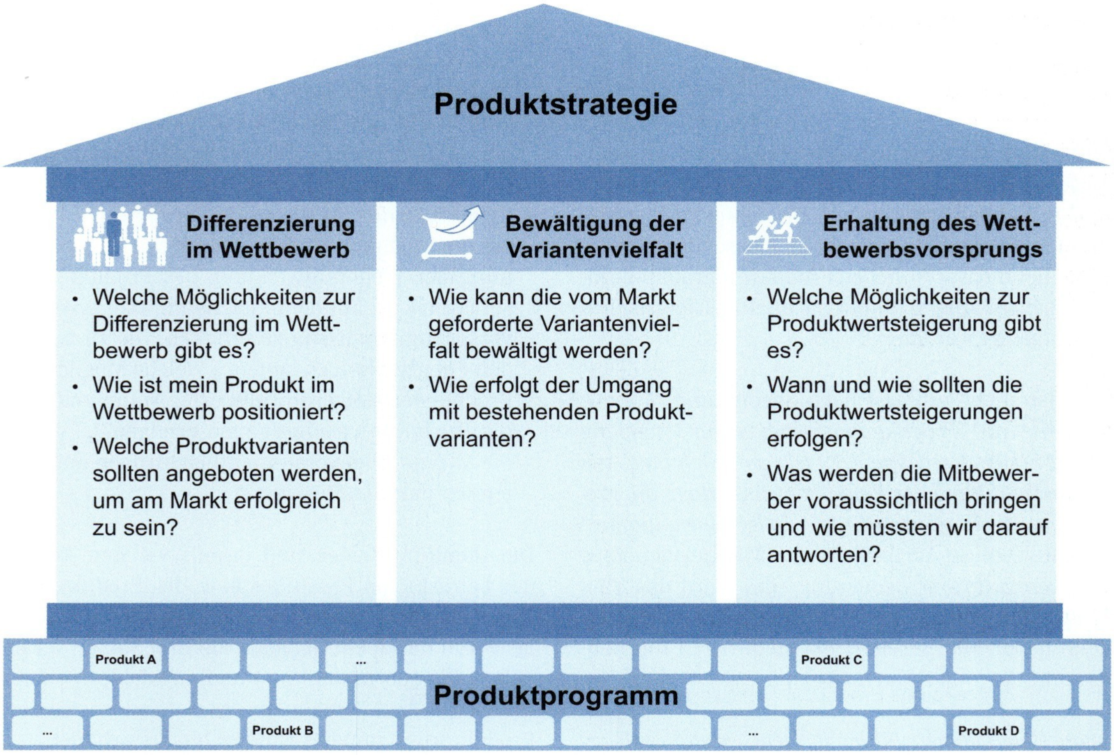

4 Geschäftsplanung – Den unternehmerischen Erfolg vorausdenken

Produktstrategie

Differenzierung im Wettbewerb
- Welche Möglichkeiten zur Differenzierung im Wettbewerb gibt es?
- Wie ist mein Produkt im Wettbewerb positioniert?
- Welche Produktvarianten sollten angeboten werden, um am Markt erfolgreich zu sein?

Bewältigung der Variantenvielfalt
- Wie kann die vom Markt geforderte Variantenvielfalt bewältigt werden?
- Wie erfolgt der Umgang mit bestehenden Produktvarianten?

Erhaltung des Wettbewerbsvorsprungs
- Welche Möglichkeiten zur Produktwertsteigerung gibt es?
- Wann und wie sollten die Produktwertsteigerungen erfolgen?
- Was werden die Mitbewerber voraussichtlich bringen und wie müssten wir darauf antworten?

Produktprogramm: Produkt A, Produkt B, Produkt C, Produkt D

BILD 4.10 3-Säulen-Modell der Produktstrategie

Bild 4.11 zeigt ein Ordnungsschema, in dem die generellen Möglichkeiten zur Differenzierung im Wettbewerb abgebildet sind. Das Ordnungsschema enthält sieben Bereiche. Die Bereiche Produktkern, Produktäußeres und produktbegleitende Dienstleistungen beziehen sich auf die Marktleistung und enthalten Differenzierungsmerkmale im engeren Sinne. Der Produktkern umfasst beispielsweise die Leistungsmerkmale, technische Funktionen etc., das Produktäußere die „Verpackung" des Produktkerns (z. B. Design, Farbe, Ergonomie etc.) und die produktbegleitenden Dienstleistungen alle immateriellen Produktbestandteile und das materielle Vermarktungsobjekt (wie z. B. Montage, Reparatur oder Beratung).

Die Bereiche Produktpreis, Produktkommunikation, Produktvertrieb und Produktimage beziehen sich auf das Geschäftsmodell (vgl. Kapitel 4.3) und enthalten Differenzierungsmerkmale im weiteren Sinne. Beispielsweise beinhaltet der Produktpreis die Preishöhe und den Preismechanismus, die Produktkommunikation die Werbung und die genutzten Marketingkanäle, der Produktvertrieb die Vertriebskanäle und -partner und das Produktimage die Marke und Reputation des Unternehmens.

Die angegebenen Bereiche sind im Prinzip für jedes Produkt auszugestalten, wodurch das Produktprogramm eines Unternehmens aufgespannt wird. Durch die Breite des Produktprogramms (Anzahl unterschiedlicher Produkte) bzw. Tiefe des Produktprogramms (Anzahl unterschiedlicher Varianten je Produkt) ergeben sich ebenfalls Ansatzpunkte zur Differenzierung.

Mit Hilfe des Ordnungsschemas lassen sich Differenzierungsmerkmale systematisch ableiten. Ein Differenzierungsmerkmal aus dem Bereich Produktkern ist im Falle eines Sportwagens beispielsweise der Motor. Hier lassen sich zum einen verschiedene Motorarten wie Verbrennungsmotor, Elektromotor oder Hybridantriebe unterscheiden. Zum anderen kann eine Differenzierung der Motorarten hinsichtlich Charakteristika wie Leistung, Drehmoment und Hubraum erfolgen. Ein Beispiel aus dem Bereich Produktäußeres ist die Exterieur Front. Hierbei sind verschiedene Designausprägungen für Frontstoßfänger, Frontschürze und Kühlergrill sowie Dach, Motorhaube und Außenspiegel möglich.

4.2.1.2 Bestimmung der Produktposition im Wettbewerb

Unternehmen sind gut beraten, ihre Differenzierungsmerkmale so zu wählen, dass sie eine möglichst einzigartige Position im Wettbewerb einnehmen. Ein Werkzeug

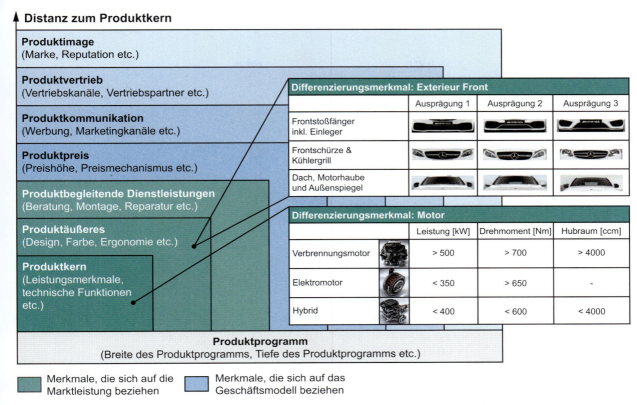

BILD 4.11 Ordnungsschema zur Ableitung von Differenzierungsmerkmalen in Anlehnung an [For89], [HSB14], [Söl16]

zur Bestimmung der Position im Wettbewerb ist die in Bild 4.12 dargestellte Produktlandkarte [Söl16]. Grundlage der Landkarte sind die zuvor beschriebenen Merkmale und Ausprägungen. Im ersten Schritt werden mit Hilfe einer Konsistenzanalyse (vgl. Kapitel 2.2.4) in sich konsistente Produktkonzepte entwickelt. Ein Produktkonzept ist ein Bündel von Merkmalsausprägungen, die gut zueinander passen, d. h. hoch konsistent sind. Im Prinzip definieren die Konzepte ideale Produkte; nichts spricht dafür, Produkte zu entwickeln, die andere Kombinationen von Merkmalsausprägungen aufweisen. Diese wären zumindest partiell inkonsistent. Im vorliegenden Beispiel wurden drei in sich konsistente Produktkonzepte ermittelt: Sportwagen mit Hybridantrieb, Sportwagen mit Elektroantrieb und Supersportwagen.

Im zweiten Schritt werden die Merkmale und deren Ausprägungen für das eigene Produkt und für die Wettbewerbsprodukte ermittelt. Neben den heute bestehenden Wettbewerbsprodukten werden dabei auch zukünftige Wettbewerbsprodukte abgeschätzt. Auf Basis ihrer Merkmale und Ausprägungen werden die Produkte schließlich mit Hilfe einer multidimensionalen Skalierung in der Landkarte positioniert (vgl. Kapitel 2.2.4). In dieser Darstellung sind ähnliche Produkte – sie haben weitestge-

hend die gleichen Merkmalsausprägungen – nah beieinander und unähnliche Produkte weiter voneinander entfernt angeordnet. Die Produktlandkarte ist somit ein gut geeignetes Instrument, um einen fundierten und gleichwohl leicht fassbaren Eindruck über die Positionierung der eigenen Produkte in der Wettbewerbsarena zu erhalten. So verfolgen die Hersteller der Produkte F und G sowie das eigene Unternehmen mit den Produkten A und E offensichtlich das idealtypische Produktkonzept I. Eine weitere sogenannte strategische Gruppe wird durch die Anordnung der Produkte J, K, L, S und Y um das idealtypische Produktkonzept III sichtbar. Des Weiteren dient die Landkarte der Visualisierung von denkbaren Weiterentwicklungen der Konkurrenz-Produkte, was im Bild durch weiße Pfeile verdeutlicht wird. Wir empfehlen die Landkarte jährlich zu aktualisieren, woraus durch die sich ändernden Positionen in der Landkarte Entwicklungsrichtungen der Konkurrenz sichtbar werden.

4.2.1.3 Ermittlung von Produktvarianten

Im Zuge der Produktpositionierung ist auch festzulegen, welche Varianten eines Produkts am Markt angeboten werden sollen. Auf diese Weise ergibt sich die Programmtiefe eines Produktes. Ein etabliertes Instrument zur Er-

4 Geschäftsplanung – Den unternehmerischen Erfolg vorausdenken

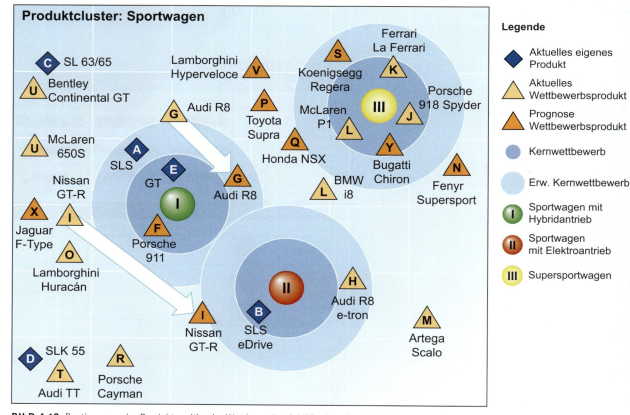

BILD 4.12 Bestimmung der Produktposition im Wettbewerb mit Hilfe einer Produktlandkarte am Beispiel von Sportwagen [Söl16], Darstellung als Multidimensionale Skalierung

mittlung und Visualisierung von Produktvarianten ist der Merkmalbaum nach SCHUH ET AL. Im Merkmalbaum wird jede angebotene Produktvariante als eigener Zweig dargestellt.

Bild 4.13 zeigt die Vorgehensweise zur Erstellung eines Merkmalbaums. Im ersten Schritt werden die Differenzierungsmerkmale und deren konkreten Ausprägungen definiert (vgl. Bild 4.11). Die Ausprägungen sind einerseits so zu gestalten, dass die unterschiedlichen Präferenzen der Zielkundengruppen bestmöglich abgedeckt werden. Andererseits ist darauf zu achten, die Ausprägungen nicht zu feingranular zu wählen, da sonst die Varianz und damit die Komplexität und Kosten „explodieren" würden. Eine gut geeignete Methode zur Überprüfung, welche Merkmale und Merkmalsausprägungen vom Markt tatsächlich gefordert bzw. präferiert werden, ist beispielsweise die in Kapitel 2.1.2.2 vorgestellte Conjoint-Analyse.

Im zweiten Schritt ist die Kombinationslogik festzulegen, d. h. es ist zu definieren, welche Merkmalsausprägungen miteinander kombiniert werden dürfen bzw. müssen (Kombinationsgebote) und welche nicht miteinander kombi-

niert werden dürfen (Kombinationsverbote). Kombinationsgebote und -verbote können sowohl technisch als auch kaufmännisch motiviert sein. Technische Kombinationsverbote ergeben sich in der Regel bei Merkmalskombinationen, die technisch inkompatibel sind. Technische Kombinationsgebote treten dann auf, wenn eine bestimmte Merkmalsausprägung zur technischen Realisierung einer anderen Merkmalsausprägung erforderlich ist. Kaufmännische Kombinationsverbote resultieren aus Kombinationen, die aus Sicht von Marketing und Vertrieb nicht sinnvoll erscheinen oder aus strategischen Gründen bewusst ausgeschlossen werden. Kaufmännische Kombinationsgebote können sich z. B. aus angebotsstrategischen Paketierungsmaßnahmen ergeben, die beispielsweise eine gezielte Quersubventionierung zwischen Merkmalsausprägungen beabsichtigen [SAS12].

Auf Basis der definierten Merkmale und Merkmalsausprägungen sowie des in der Kombinationsmatrix hinterlegten Regelwerks, lässt sich im dritten Schritt der Merkmalbaum softwareunterstützt erstellen. Im vorliegenden Beispiel sind die Motorvarianten eines Sportwagens anhand von drei Merkmalen und den zugehörigen Ausprä-

4.2 Entwicklung von Produktstrategien

1. Definition der Differenzierungsmerkmale und Merkmalsausprägungen

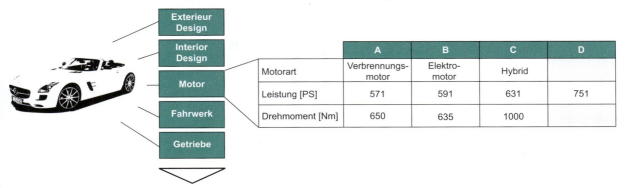

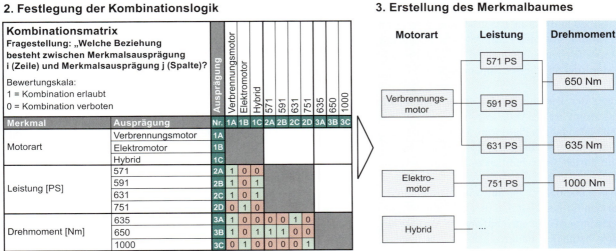

BILD 4.13 Ermittlung von Produktvarianten mit Hilfe des Merkmalbaumes in Anlehnung an [SAS12]

gungen vereinfacht dargestellt. Da der Merkmalbaum bei komplexen, variantenreichen Produktprogrammen sehr umfangreich und damit unübersichtlich werden kann, empfiehlt es sich häufig, nicht das Gesamtsystem abzubilden, sondern adäquate Teilsysteme zu definieren (z. B. Exterieur Design, Interieur Design, Motor bzw. Antriebsstrang, Fahrwerk etc.).

4.2.2 Bewältigung der Variantenvielfalt

Im Rahmen der Säule „Bewältigung der Variantenvielfalt" ist die Produktarchitektur und insbesondere die Produktstruktur so zu gestalten, dass die zuvor ermittelte Variantenvielfalt wirtschaftlich angeboten werden kann. Darüber hinaus ist festzulegen, wie der Umgang mit bestehenden Produktvarianten erfolgen soll.

4.2.2.1 Möglichkeiten zur wirtschaftlichen Bewältigung der Variantenvielfalt

Grundsätzlich bieten sich die folgenden Produktstrukturtypen zur Bewältigung der Variantenvielfalt an [SLN+12], [PBF+13], [EKL+13], [KG18]:

- **Baukästen** verfügen über einen oder wenige Grundkörper, an die in verschiedenen Montagestufen unterschiedlich variantenbestimmende Anbauteile montiert werden. Mit Hilfe von Baukästen können mit einer begrenzten Anzahl an Bausteinen eine große Anzahl an Produktvarianten variabel erzeugt werden.
- **Module** sind funktional und physisch relativ unabhängige Bauteile oder Baugruppen, die über fest definierte Schnittstellen verfügen. Sie können weitestgehend unabhängig vom Gesamtsystem gefertigt und geprüft werden. Durch die Kombination von Modulen können Varianten effizient erzeugt werden.

- **Baureihen** zeichnen sich dadurch aus, dass sie dieselbe Funktion mit der gleichen Lösung in mehreren Größenstufen erfüllen. Baureihen werden insbesondere bei konstruktiv und planerisch aufwändigen Produkten eingesetzt.
- **Pakete** werden gebildet, um die Kombinationsmöglichkeiten eines Produktes beim Kauf einzuschränken. Sie werden eingesetzt, um die Variantenvielfalt und den damit einhergehenden Aufwand in Entwicklung und Disposition zu reduzieren (z. B. Ausstattungspakete in der Automobilindustrie).
- **Plattformen** sind standardisierte Trägerstrukturen für eine Produktfamilie, die grundlegende Funktionen erfüllen. Plattformen sind variantenneutral und haben keinen Einfluss auf das Produktäußere. Zur Bildung von Varianten werden Plattformen zusätzlich mit variantenspezifischen Komponenten ausgestattet. Für den Kunden sind nur diese Komponenten sichtbar.

Einer der Vorreiter in der variantenoptimalen Produktgestaltung ist der Volkswagen-Konzern. VW setzt bereits seit vielen Jahren Plattform-, Modul- und Baukastenstrategien ein, um die immense Produktvarianz in der Automobilindustrie wirtschaftlich zu bewältigen (Bild 4.14).

In den 70er Jahren begann VW mit dem Einsatz von Plattformen für den Golf und den Polo und weitete diese Strategie in der Folge auch auf andere Modelle aus. Die Plattform beinhaltet Baugruppen wie die Bodengruppe, den Antriebsstrang und die Achsen – also Teile, die für den Kunden nicht direkt ersichtlich sind und über eine Vielzahl an Varianten standardisiert werden können. Die vom Kunden wahrgenommenen Teile – die sogenannten Hutteile – werden hingegen für die jeweilige Variante individualisiert. Auf diese Weise lassen sich Synergien in einer Fahrzeugklasse nutzen. Im Laufe der Zeit hat Volkswagen die Plattformstrategie über eine Modulstrategie hin zu einer modularen Baukastenstrategie weiterentwickelt. Im Rahmen der Modulstrategie werden neben den Plattformen der einzelnen Fahrzeugklassen auch bestimmte Module (Motor, Getriebe, Klimageräte etc.) Fahrzeugklassen-übergreifend verwendet. Mit der Einführung des konzernweiten Modularen Querbaukastens (MQB) wurde die Produktarchitektur weiter flexibilisiert. Beim MQB handelt es sich nicht um eine starre Plattform, sondern um einen variablen Baukasten, bei dem bestimmte konzeptbestimmende Abmessungen (Radstand, Spurbreite, Sitzposition etc.) in einem definierten Bereich verändert werden können. Auf diese Weise lassen sich 40 Modelle mit quer eingebautem Motor über unterschiedliche Fahrzeugklassen und Marken hinweg aus dem Baukasten ableiten (z. B. VW Golf, Seat Leon, Audi A3, Skoda Oktavia) [GKK16].

Bild 4.15 fasst die unterschiedlichen Plattformen und Baukästen des Volkswagen-Konzerns zusammen. Die höhere Flexibilität der Baukästen gegenüber den Plattformen ist an der Anzahl der aus ihnen abgeleiteten Modelle gut zu erkennen. In der jüngeren Vergangenheit hat der Volks-

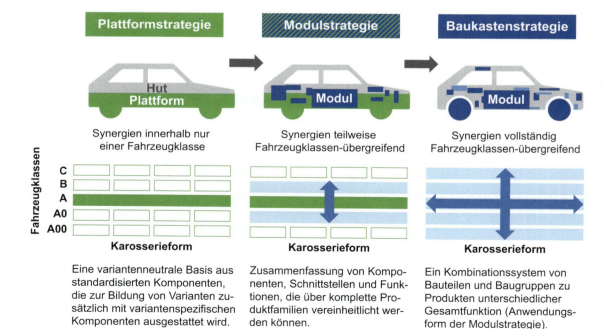

BILD 4.14 Produktstrukturstrategien von Volkswagen [VW12]

4.2 Entwicklung von Produktstrategien

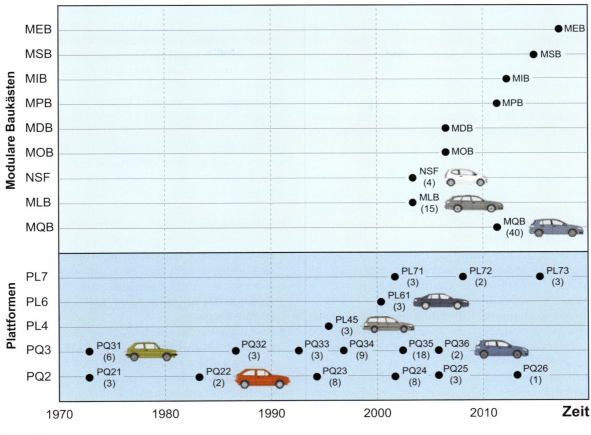

BILD 4.15 Entwicklung der Produktstrukturstrategien im Volkswagen-Konzern

wagen-Konzern die Baukastenstrategie systematisch ausgeweitet. Beispiele hierfür sind der Modulare Produktionsbaukasten oder der Modulare Infotainment-Baukasten.

4.2.2.2 Bereinigung variantenreicher Produktprogramme

Wenn es um die Entwicklung neuer Produkte geht, beginnt ein Unternehmen jedoch in den meisten Fällen nicht auf der „grünen Wiese". In der Regel existiert bereits ein Produktprogramm, sodass in regelmäßigen Abständen entschieden werden muss, wie der Umgang mit bestehenden Produktvarianten erfolgen soll. Bei Neuentwicklungen oder Modellüberarbeitungen werden vorhandene Lösungen vielfach nur ungenügend berücksichtigt. Darüber hinaus erfolgt oftmals keine konsequente, kontinuierliche Reduzierung des Teilestamms [PL11]. Über den Zeitverlauf führt dies zu einem wuchernden Produktprogramm und einem überproportionalen Anstieg der Komplexitätskosten. Gleichzeitig können sich Unternehmen aufgrund der gebundenen Ressourcen nicht mit wichtigen Zukunftsthemen beschäftigen. Nach KERSTEN sind mehr als ein Viertel aller Produktvarianten und mehr als ein Drittel aller Komponentenvarianten überflüssig – eine Bereinigung des Produktprogramms ist daher unausweichlich [Ker02].

Erfahrungsgemäß werden Eliminierungsentscheidungen vielfach von Emotionen und diffusen Ängsten überlagert. Aussagen des Vertriebs wie „Der Kunde verlangt den gesamten Bauchladen", verhindern oftmals eine Straffung des Programms. Neben dem Entfall von Kaufverbünden wird vielfach auch der Verlust technischer Synergieeffekte durch die Verringerung von Gleichteilen als negative Folge angeführt. Folglich gilt: Eine isolierte Betrachtung einzelner Produkte ist nicht zielführend. Gerade in „historisch gewachsenen" Produktprogrammen sind diese Wechselwirkungen aber nicht offensichtlich. Daher empfehlen wir eine technische und marktorientierte **Vernetzungsanalyse** als Grundlage für Konsolidierungsentscheidungen [Dül18]:

- Die **technische Vernetzung** kann z. B. auf Basis von Fertigungssynergien oder der Verwendung von Gleichteilen hergeleitet werden. Im Falle der Verwendung von Gleichteilen wird paarweise anhand der Stücklisten zweier Produkte der Anteil identischer Bauteile und Komponenten ermittelt. Insbesondere bei umfangreichen Produktprogrammen empfiehlt sich der Rückgriff auf IT-Systeme zur Auswertung der Stücklisten.
- Die **marktorientierte Vernetzung** resultiert aus einer softwareunterstützten Warenkorbanalyse. Hierbei wird die Frage beantwortet, wie häufig zwei Produkte gemeinsam bestellt wurden. Für eine tiefergehende Analyse kann die Auswertung auch einzeln je Branche erfolgen. Hierdurch können Unterschiede im branchenspezifischen Kaufverhalten ermittelt werden.

Ferner ermöglicht die marktorientierte Vernetzungsanalyse die Quantifizierung der Hebelwirkung einzelner Produkte. Hierzu werden Produktketten gebildet. Eine Produktkette gibt ausgehend von einem Produkt an, welche anderen Produkte besonders stark mit diesem verbunden sind. Bild 4.16 zeigt die Bildung von Produktketten am Beispiel eines Herstellers von elektrischen Antrieben. In diesem Fall wird der adressierte Umsatz zur Quantifizierung der Hebelwirkung verwendet. Bezogen auf den Startpunkt „große wassergekühlte drehmomentstarke Motoren" werden alle verbundenen Produkte nach absteigendem Vernetzungsgrad aufgelistet. Anschließend wird der adressierte Umsatz durch Addition der Umsätze der einzelnen Produkte multipliziert mit dem Vernetzungsgrad berechnet. So beträgt der direkte Umsatz für „große wassergekühlte drehmomentstarke Motoren" lediglich 6,2 Mio. €, der adressierte Umsatz ist mit fast 24 Mio. € aber ungleich höher.

Die Ergebnisse der Vernetzungsanalyse können im Anschluss in ein Portfolio eingetragen werden (Bild 4.17). Innerhalb des Portfolios ergeben sich vier charakteristische Bereiche:

- **Kernprodukte** haben eine starke technische und marktorientierte Vernetzung – sie dürfen nicht isoliert betrachtet werden. Für unprofitable Produkte muss berücksichtigt werden, dass diese ggf. stark vernetzt mit anderen profitablen Produkten sind. Ein Beispiel ist Produktgruppe 1 „große wassergekühlte drehmomentstarke Motoren".
- Produkte mit schwacher technischer und starker marktorientierter Vernetzung fungieren als **Verkaufskatalysatoren**. Kunden erwarten dieses Produkt im Portfolio. Aufgrund der fehlenden technischen Synergien liegt hier eine Fremdfertigung nahe. Dies gilt beispielsweise für Produktgruppe 2 „kleine luftgekühlte drehmomentstarke Motoren", die überdies nur einen geringen Betrag zum Geschäftserfolg liefert.
- Eine starke technische und schwache marktorientierte Vernetzung charakterisieren **Kostendegressoren**. Durch technische Synergieeffekte (z. B. Verwendung von Gleichteilen; Auslastung von Maschinen etc.) trägt dieses Produkt sowohl im Einkauf als auch der Produktion zur Senkung der Kosten von anderen Produkten bei. Die Produktgruppe 3 „mittlere ölgekühlte hoch dynamische Servomotoren" liegt in diesem Bereich.

		Bezeichnung	Direkter Umsatz (B)	Marktseitige Vernetzung zum Startpunkt (G)	Adressierter Umsatz (BxG)
Produktkette	Startpunkt	Große wassergekühlte drehmomentstarke Motoren	6,2 Mio. €		6,2 Mio. €
	Zweites Element	...	5,3 Mio. €	0,74	3,9 Mio. €
	Drittes Element	Mittlere wassergekühlte hoch dynamische Servomotoren	3,3 Mio. €	0,69	2,3 Mio. €
	Sechstes Element	Kleine ölgekühlte drehmomentstarke Motoren in Kurzbauweise	5,3 Mio. €	0,57	3,0 Mio. €
				Addressierter Umsatz (∑)	**23,8 Mio. €**

BILD 4.16 Produktketten – Quantifizierung der Hebelwirkung einzelner Produkte

4.2 Entwicklung von Produktstrategien

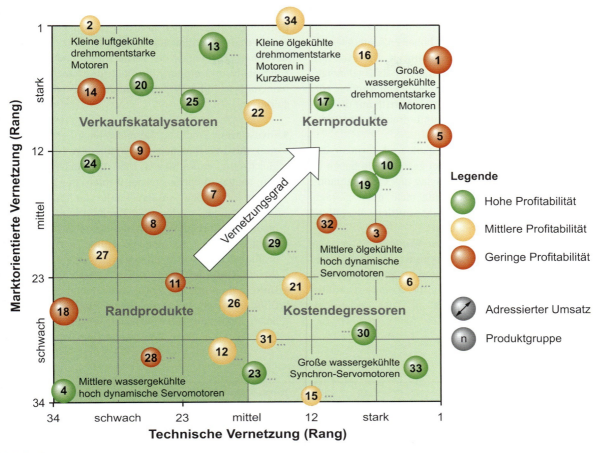

BILD 4.17 Vernetzungsportfolio

- **Randprodukte** kennzeichnet eine schwache technische und marktorientierte Vernetzung – sie können isoliert betrachtet werden. Dies trifft auf die Produktgruppe 4 „mittlere wassergekühlte hoch dynamische Servomotoren" zu.

In Ergänzung zur Vernetzungsanalyse ist eine **Differenzierungsanalyse** durchzuführen. Im Zuge der Differenzierungsanalyse werden der heutige Grad der Einzigartigkeit der Produktgruppen im Wettbewerb und deren Zukunftsrelevanz unter Berücksichtigung der weiteren Entwicklung von Technologien, Märkten und Geschäftsumfeldern ermittelt.

- Die **Einzigartigkeit** der Produktgruppen wird durch eine Wettbewerbsanalyse bestimmt. Zunächst werden relevante Wettbewerber identifiziert. Anschließend werden die eigenen Produkte und die Wettbewerbsprodukte anhand ihrer Merkmale und Ausprägungen auf Ähnlichkeit hin untersucht. Ist die Ähnlichkeit eines eigenen Produktes zu den Wettbewerbsprodukten gering, so deutet das auf einen hohen Grad der Einzigartigkeit hin.
- Die **Zukunftsrelevanz** wird durch eine Trendanalyse ermittelt. Hierfür werden relevante Entwicklungen in den Bereichen Technologie, Gesellschaft sowie Umwelt und Politik identifiziert und bezüglich ihrer Eintrittswahrscheinlichkeit bewertet (vgl. Kapitel 2.3.2). Anschließend wird bewertet, wie gut eine Produktgruppe einem Trend gerecht wird. Selbstredend können zur Ermittlung der Zukunftsrelevanz auch andere Methoden der Vorausschau (vgl. Kapitel 2) herangezogen werden.

Die Ergebnisse dieser beiden Analysen werden in ein Portfolio (Achsen: Heutiger Grad der Einzigartigkeit, Zukunftsrelevanz) eingetragen (Bild 4.18); es ergeben sich vier Differenzierungsmöglichkeiten:

- **Pioniere** sind einzigartig im Wettbewerb und weisen eine hohe Zukunftsrelevanz auf. Als zentraler Differenzierungsfaktor sind sie für den langfristigen Unternehmenserfolg von besonderer Bedeutung. Die Produkt-

4 Geschäftsplanung – Den unternehmerischen Erfolg vorausdenken

gruppe 34 „kleine ölgekühlte drehmomentstarke Motoren in Kurzbauweise" liegt in diesem Bereich.
- Eine geringe Einzigartigkeit bei hoher Zukunftsrelevanz charakterisieren **Umsatzstabilisatoren**. Die Produkte fungieren in den Märkten von morgen als Hygienefaktor – sie verhindern Unzufriedenheit beim Kunden, sorgen aber für keine Begeisterung. Dies trifft auf die Produktgruppe 1 „große wassergekühlte drehmomentstarke Motoren" zu.
- Produkte mit hoher Einzigartigkeit und geringer Zukunftsrelevanz sind **Exoten von gestern**. Sie haben in der Vergangenheit zur Profilierung des Unternehmens beigetragen, sind aber zukünftig nicht mehr gefragt. Ein Beispiel ist Produktgruppe 3 „mittlere ölgekühlte hoch dynamische Servomotoren".
- **Schrumpf-Commodities** kennzeichnet eine geringe Einzigartigkeit und geringe Zukunftsrelevanz. Sie leisten keinen Differenzierungsbeitrag. Dies gilt beispielsweise für Produktgruppe 4 „mittlere wassergekühlte hoch dynamische Servomotoren".

Unter Berücksichtigung des Vernetzungsgrads und des Differenzierungsbeitrags lassen sich schließlich Eliminierungs- und Investitionskandidaten identifizieren. Hierzu werden die Ergebnisse der Vernetzungs- und Differenzierungsanalyse in einem Konsolidierungsportfolio zusammengeführt (Bild 4.19), aus dem drei Normstrategien resultieren:

- **Investieren:** Produkte, die maßgeblich zur Differenzierung des Unternehmens im Wettbewerb beitragen und gleichzeitig starke Skalen- bzw. Verbundeffekte erzeugen, sollten weiter ausgebaut werden. Für die Produktgruppen 1 „große wassergekühlte drehmomentstarke Motoren" und 34 „kleine ölgekühlte drehmomentstarke Motoren in Kurbauweise" ist dies beispielsweise der Fall. Produktgruppe 1 ist heute allerdings nur geringfügig profitabel. Hier sind Maßnahmen zur Steigerung der Profitabilität erforderlich.
- **Halten:** Produkte, die stark vernetzt sind und nicht zur Differenzierung beitragen, sowie Produkte, die einen hohen Beitrag zur Differenzierung leisten, aber schwach vernetzt sind, sollten zunächst gehalten werden. So sind

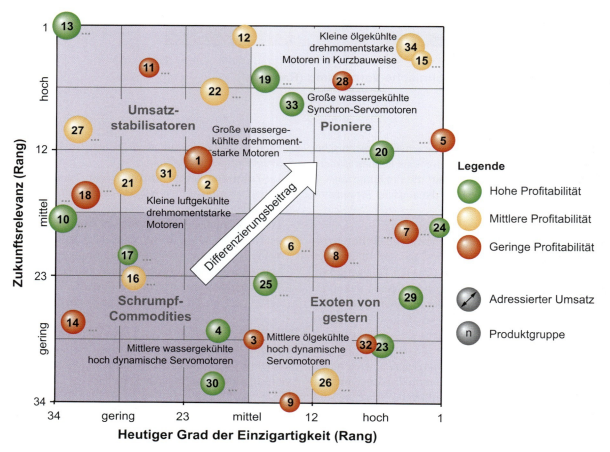

BILD 4.18 Differenzierungsportfolio

4.2 Entwicklung von Produktstrategien

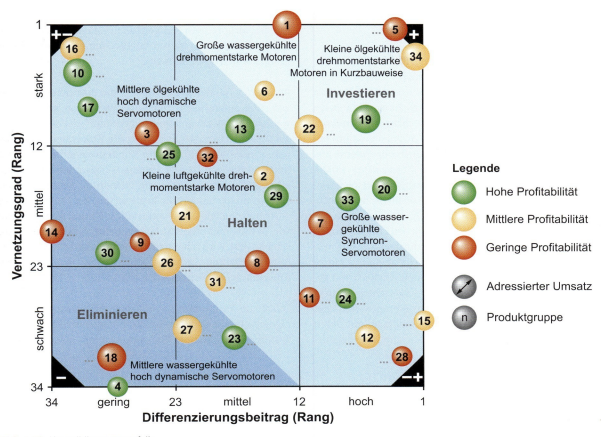

BILD 4.19 Konsolidierungsportfolio

z. B. die „mittleren ölgekühlten hoch dynamischen Servomotoren" (Produktgruppe 3) trotz der geringen Profitabilität im Portfolio zu halten, da sie hohe Skalen- und Verbundeffekte aufweisen. Für die „großen wassergekühlten Synchron-Servomotoren" (Produktgruppe 33) ist zu überprüfen, wie Skalen- und Verbundeffekte gesteigert werden können, da sie aufgrund ihres Differenzierungsbeitrags auch längerfristig Bestandteil des Portfolios sein könnten.

- **Eliminieren:** Diese Produkte tragen weder zur Differenzierung des Unternehmens noch zur Realisierung von Skalen- und Verbundeffekten bei. Sie sollten daher aus dem Produktprogramm eliminiert werden. Auch wenn Produktgruppe 4 „mittlere wassergekühlte hoch dynamische Servomotoren" derzeit profitabel ist, sollten weitere Investitionen unterbleiben. Es bietet sich u. U. an, die Erträge durch Preiserhöhungen kurzfristig zu steigern. Grundsätzlich empfiehlt sich aber eine Eliminierung, da die frei werdenden Ressourcen besser auf neue bzw. andere Produkte konzentriert werden könnten.

Für die Produktgruppen, die eliminiert werden sollen bzw. in die investiert werden soll, sind konkrete Maßnahmen abzuleiten und umzusetzen. Anregungen für Produktweiterentwicklungen im Zuge von Investitionsentscheidungen können die zuvor ermittelten Trends geben. In der Regel übersteigen die geplanten Umsätze der geförderten Produkte die Umsatzeinbußen durch Produkteliminierung.

4.2.3 Erhaltung des Wettbewerbsvorsprungs

Angesichts der hohen Wettbewerbsintensität dauert es selbst bei einem „Senkrechtstarter" in der Regel nicht lange, bis die Wettbewerber ein gleichwertiges oder verbessertes Konkurrenzprodukt auf den Markt bringen. Es reicht daher nicht aus, nur den jeweils nächsten Schachzug zu planen. Wer langfristig erfolgreich sein möchte, sollte vielmehr auch die darauf folgenden Schachzüge im Kopf haben. In dieser Absicht gehen wir im Folgenden auf die sich bietenden Möglichkeiten zur Produktwertsteigerung über den voraussichtlichen Produktlebenszyklus, die Handhabung von Produktreleases sowie die Antizipation des Verhaltens der Wettbewerber ein.

4.2.3.1 Möglichkeiten zur Produktwertsteigerung über den Produktlebenszyklus

Die mit Sicherheit stattfindenden Angriffe der Wettbewerber mit Produktneuheiten sind im Prinzip vorhersehbar. Es liegt daher nahe, sich frühzeitig zu überlegen, was denen entgegengesetzt werden kann. Die Möglichkeiten zur Generierung von Produktwertsteigerungen über den Produktlebenszyklus ergeben sich zum einen aus den zukünftigen Wünschen der Kunden (Market Pull) und zum anderen aus den technologischen Entwicklungen (Technology Push). Die zukünftigen Kundenwünsche lassen sich beispielsweise durch Methoden der Vorausschau wie die Szenario-Technik oder Trendanalyse ermitteln (vgl. Kapitel 2.2 und Kapitel 2.3). Zur Antizipation der technologischen Entwicklungen können Methoden der strategischen Frühaufklärung wie Technologie-Monitoring oder Technology-Scanning eingesetzt werden (vgl. Kapitel 3.3). Durch den Abgleich von zukünftigen Kundenwünschen und technologischen Entwicklungen lassen sich Potentiale für Weiterentwicklungen ableiten [Bri11]. Bild 4.20 zeigt eine Roadmap, mit deren Hilfe dieser Abgleich erfolgen kann. Das gewählte Beispiel entstammt der elektrischen Aufbau- und Verbindungstechnik. Im vorliegenden Fall geht es um die Planung der Weiterentwicklung von Markierungssystemen für elektrische Komponenten und Leitungen.

Im oberen Teil der Roadmap sind die ermittelten Kundenwünsche aufgetragen. Die Kundenwünsche sind den jeweiligen Kundensegmenten zugeordnet. Aus der Roadmap geht beispielsweise hervor, dass die Komponentenidentifikation etwa ab 2017 für die Kundensegmente eins, zwei und drei relevant ist. Die Automatisierung der Markierung ist hingegen erst ab 2021 von Bedeutung. Im unteren Teil der Roadmap sind die zur Realisierung der Produkte erforderlichen Technologien verortet. Während Technologien wie W-LAN und Ethernet bereits heute serientauglich einsetzbar sind, wird mit einem serientauglichen Einsatz einer Laserbeschriftung mittels Farbumschlag in industriellen Anwendungen beispielsweise erst im Jahr 2018 gerechnet.

Durch die Verknüpfung von Kundenwünschen und Technologien lassen sich potentielle Produktwertsteigerungen systematisch ableiten. Im vorliegenden Beispiel ist die

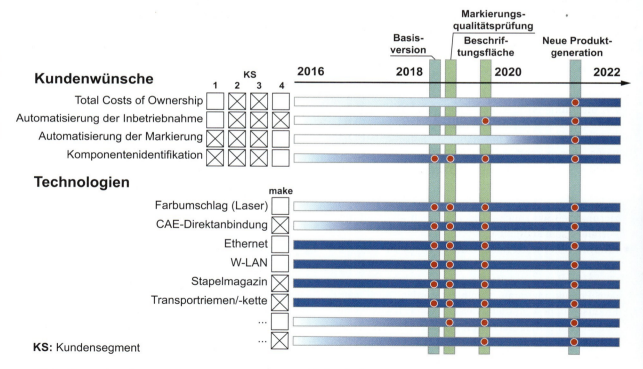

BILD 4.20 Identifikation von Möglichkeiten zur Produktwertsteigerung durch die Synchronisation von Market Pull und Technology Push

Einführung eines Markierungssystems für Mitte 2018 geplant. Das Basisprodukt wird nach einem halben Jahr um eine neue Variante ergänzt, die automatisch die Qualität der getätigten Markierungen überprüfen kann. Ende 2019 erfolgt eine weitere Nutzensteigerung, indem eine Variante mit erweiterter Beschriftungsfläche angeboten wird. Mitte 2021 wird eine komplett neue Produktgeneration auf den Markt gebracht, die Komponenten automatisch identifizieren und markieren kann.

Selbstredend bieten sich noch weitere Möglichkeiten an, die Attraktivität eines Produktes zu steigern. Diese resultieren in erster Linie aus dem Methodenrepertoire der Produktfindung und der Geschäftsmodellentwicklung. Im Prinzip ergeben sich drei Ansätze:

- Verbesserung von Lösungen durch Modifikation des Produktkonzepts und insbesondere durch den Einsatz neuer Wirkprinzipien.
- Anbieten von produktergänzenden Dienstleistungen bis zu hybriden Leistungsbündeln, die allerdings in der Regel eine Modifikation der Sachleistung (des Produkts) erfordern.
- Weiterentwicklung des Geschäftsmodells, ausgehend von der Hypothese, dass sich über den Produktlebenszyklus unterschiedliche Geschäftsmodelle als Erfolg versprechend erweisen (vgl. Kapitel 4.3.4).

All diese Ansätze zielen darauf ab, künftigen Anforderungen bzw. Bedürfnissen der Kunden gerecht zu werden. Die Kunst ist, diese zu antizipieren; die Kunden, mit denen wir heute sprechen, teilen uns kaum ihre Anforderungen bzw. Bedürfnisse von morgen mit. Das gilt auch für den Vertrieb, der im Unternehmen das adressiert, was ihm die Kunden heute sagen. Dies unterstreicht die Notwendigkeit einer visionären strategischen Produktplanung.

4.2.3.2 Planung von Produktreleases

Das beschriebene Vorgehen ermöglicht eine Grobplanung der Produktevolution und zeigt die grundsätzlichen Möglichkeiten zur Produktwertsteigerung auf. In der Folge ist zu spezifizieren, wann und wie die Produktwertsteigerungen genau erfolgen sollen. Zu diesem Zweck eignet sich das Instrument der Release-Planung.

Die Grundidee der Release-Planung ist in Bild 4.21 dargestellt [Sch05]. Der vom Kunden wahrgenommene Innovationsbeitrag eines Produktes nimmt in der Regel über die Zeit ab, z. B. aufgrund neuer Wettbewerbsprodukte oder weil innovative Produkt-Features in untere Produktsegmente diffundieren („Trickle-Down-Effekt"). Setzt ein Unternehmen ausschließlich auf langwierige Produktaktualisierungen in Form neuer Generationen, läuft es Gefahr, dass seine Produkte schnell veraltet sind und der Markt-

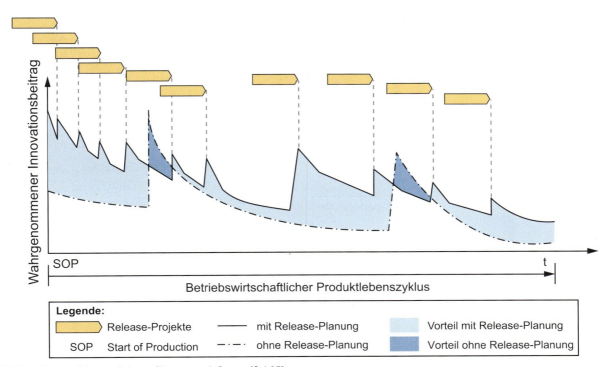

BILD 4.21 Grundidee der Release-Planung nach Schuh [Sch05]

erfolg sich reduziert. Durch die kontinuierliche Einsteuerung von Innovationen mittels gezielter Release-Projekte lässt sich dem entgegenwirken. Das bringt eine Reihe an Vorteilen mit sich, z. B. Sicherung der Aktualität der eigenen Produkte, Erhöhung der Reaktionsfähigkeit auf veränderte Markt- und Wettbewerbsbedingungen, gezieltere Bedienung veränderter Kundenbedürfnisse, Imagegewinn etc.

Gleichwohl kann eine zu häufige Aktualisierung des Produkts durch kundenrelevante Produkt-Features auch zum Nachteil werden. So entstehen mit jeder Markteinführung zusätzliche Fixkosten, die den Nutzen inkrementeller Verbesserungen übersteigen können. Darüber hinaus führen gerade erklärungsbedürftige Produkt-Features zu einer Überlastung des Vertriebskanals, da das Vertriebspersonal geschult und das Marketingmaterial aktualisiert werden muss. Auch den Kunden kann eine zu hohe Produktrate überfordern oder sogar aufgrund eines zu geringen Deltas zum Vorprodukt verärgern. Hier gilt es einen vernünftigen Kompromiss zu finden, der unter Berücksichtigung von markt- und wettbewerbsstrategischen Faktoren die Rate kundenrelevanter Produkt-Releases definiert.

Zur Unterstützung des Release-Planungsprozesses bietet sich nach Bild 4.22 eine Hierarchisierung in drei aufeinander aufbauende Planungsebenen an: Die strategische, die taktische und die operative Release-Planung [Küh16]. Im Folgenden stellen wir die Planungsebenen am Beispiel eines elektrischen Regelventils vor.

Strategische Release-Planung

Im Rahmen der strategischen Release-Planung wird festgelegt, zu welchem Zeitpunkt welches Release erscheinen soll. Grundsätzlich lassen sich vier Release-Typen unterscheiden:

- **Produktgeneration:** Neue Produktgenerationen gehen mit einer vollständigen Überarbeitung des bestehenden Produktes einher. Sie unterscheiden sich in Hinblick auf Technologien, Funktionen und Erscheinungsbild deutlich von der alten Generation und sind dementsprechend mit sehr hohen Änderungs- und Weiterentwicklungsaufwänden verbunden.
- **Major-Releases:** Diese führen kundenrelevante Änderungen ein, die sich entweder durch signifikante Produktverbesserungen, neue Produkt-Features oder aufwändigere Änderungen am System auszeichnen. Sie sind als Meilensteine im Rahmen der Vermarktung des Produkts zu betrachten. Jedes Major-Release zielt auf eine Erhöhung des vom Kunden wahrgenommenen Produktwerts ab.

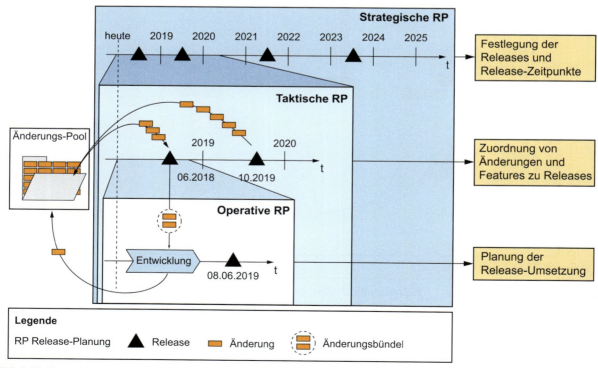

BILD 4.22 Ebenen eines systematischen Release-Planungsprozesses

- **Minor-Releases:** Diese beinhalten in der Regel weniger aufwändige Ergänzungen und Änderungen aufgrund von über die Zeit gesammelten Anforderungen sowie Fehlerkorrekturen. Minor-Releases sind signifikante, vom Kunden wahrgenommene Verbesserungen der Produktleistung, werden aber im Allgemeinen nicht als Meilensteine einer Vermarktungsstrategie kommuniziert.
- **Sofortmaßnahmen:** Über Sofortmaßnahmen werden dringliche Änderungen (z. B. die Behebung sicherheitskritischer Fehler) zeitnah umgesetzt. Sofortmaßnahmen können daher kaum geplant werden.

Als zentrales Instrument der strategischen Release-Planung fungiert der sogenannte Release-Plan (Bild 4.23). Der **Release-Plan** gibt die Leitlinien für die taktische und operative Release-Planung vor und stellt die Weichen für den Erfolg. Er wird in drei Schritten erarbeitet:

Im 1. Schritt wird der Planungshorizont definiert – also der Zeitraum, für den die Planung der Weiterentwicklung des Produktes erfolgen soll.

Im 2. Schritt sind die Markteinführungszeitpunkte für die Major-Releases zu planen. Die planungsrelevanten Informationen können u. a. aus Produkt- und Technologie-Roadmaps (Bild 4.20), Wettbewerbs-Roadmaps und branchen- und marktspezifischen Terminen (z. B. Messen) abgeleitet werden. Im Anwendungsbeispiel sind die Major-Releases entsprechend branchenrelevanter Messen terminiert. Insbesondere die Einführung der neuen Produktgeneration in 2021 entfällt auf die Leitmesse der Branche, so dass die Produkteinführung in das unternehmensweite Marketingkonzept eingebettet werden kann.

Im 3. Schritt werden zeitversetzt zur Planung der Major-Releases die Minor-Releases geplant. Die Häufigkeit, mit der Minor-Releases eingeführt werden, basiert in der Regel auf unternehmensinternen Erfahrungswerten und der Antizipation der künftigen Wettbewerbsarena. Bei einem noch jungen Produkt ist zu erwarten, dass erhebliches Potential für inkrementelle Verbesserungen besteht. In diesem Fall können Minor-Releases auch quartalsweise bzw. halbjährlich opportun sein. Handelt es sich hingegen um ein älteres Produkt, sind im weiteren Lebenszyklus nur noch wenige interne Verbesserungspotentiale zu erwarten. Die Frequenz der Minor-Releases kann dann z. B. auf einen jährlichen Turnus reduziert werden. Durch einen erst kürzlich eingeführten elektrischen Antrieb basiert das Anwendungsbeispiel Regelventil auf einer noch jungen Kerntechnologie. Um die damit verbundenen Verbesserungspotentiale auszuschöpfen, bietet sich hier für Minor-Releases ein Halbjahresturnus an.

Taktische Release-Planung

Im Zuge der taktischen Release-Planung wird definiert, welche Änderungen und Features ein Release konkret umfassen soll. Die Zuordnung von technischen Änderungen zu den zuvor festgelegten Release-Typen erfolgt ebenfalls in drei Schritten:

1. Zunächst werden die geplanten Änderungen hinsichtlich ihrer Änderungsrelevanz, ihrer Änderungskomplexität und ihrer Produktwertsteigerung bewertet [Küh16].

2. Im Anschluss werden die Änderungen auf Basis der Bewertungen klassifiziert und einem der vier Release-Typen

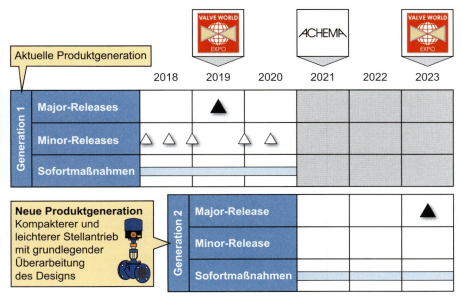

BILD 4.23
Release-Plan für einen Stellantrieb

4 Geschäftsplanung – Den unternehmerischen Erfolg vorausdenken

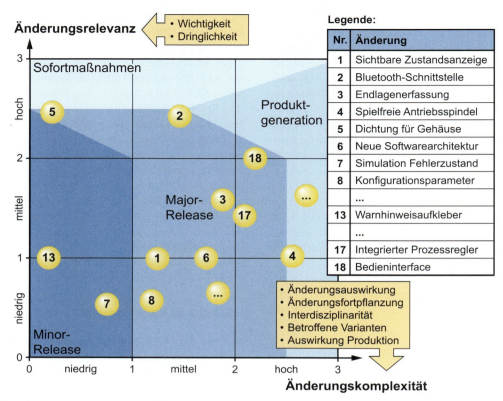

BILD 4.24 Portfolio zur Ermittlung des Release-Typs

zugeordnet. Dazu dient das in Bild 4.24 dargestellte Portfolio. Im Anwendungsbeispiel wird ausgehend von der hohen Komplexität der Änderung Nr. 4 „Spielfreie Antriebsspindel" die Umsetzung auf die nächste Produktgeneration verschoben. Mit dem nächsten Major-Release werden hingegen z. B. die Änderungen Nr. 1 „Sichtbare Zustandsanzeige" und Nr. 2 „Bluetooth-Schnittstelle" eingeführt. Die Änderung Nr. 5 „Dichtung für Gehäuse" wird aufgrund ihrer hohen Relevanz auf eine sofortige Umsetzung hin überprüft, letztlich aber doch dem nächsten Minor-Release zugeordnet.

3. Im letzten Schritt wird die mit einem Release verbundene Produktwertsteigerung auf Basis der zuvor getroffenen Abschätzung ermittelt. Summiert über alle Änderungen ergibt dies die mit einem Release verbundene Produktwertsteigerung, die auch die verschiedenen Releases untereinander vergleichbar macht. Durch die Festlegung eines Zielwerts für jedes Release kann die Zuordnung kundenrelevanter Änderungen gesteuert werden. Enthält das Release bereits eine Vielzahl kundenrelevanter Änderungen, kann unter strategischen Gesichtspunkten eine Verschiebung von Änderungen auf ein späteres Release überprüft werden. Eine deutliche Unterschreitung des Zielwerts signalisiert hingegen Handlungsbedarf. Es ist zu überprüfen, in welcher Form die geforderte Produktwertsteigerung erreicht werden kann.

Operative Release-Planung

Im Rahmen der operativen Release-Planung wird schließlich die Umsetzung des nächsten Releases unter Berücksichtigung der verfügbaren Ressourcen geplant. Dazu werden die konkreten technischen Änderungen, die zur Realisierung der Features am Produkt vorzunehmen sind, spezifiziert (Bild 4.25). Dies erfolgt zum einen über das sogenannte Feature-Modell, in dem alle kundenrelevanten Produktfeatures enthalten sind, und zum anderen über die Wirkstruktur, in der die grundsätzliche Struktur und die prinzipielle Wirkungsweise des Systems abgebildet sind [Küh16]. Im vorliegenden Beispiel wird das Feature-Modell des Stellantriebs beispielsweise um die „Sichtbare Zustandsanzeige" und die „Bluetooth-Schnittstelle" erweitert. Die „Sichtbare Zustandsanzeige" wird technisch durch das Systemelement „LED-Anzeige" umgesetzt, die „Bluetooth-Schnittstelle" durch das Systemelement „Bluetooth-Modul". Auf die Spezifikation technischer Systeme und die entsprechenden Partialmodelle werden wir in Kapitel 5 noch explizit eingehen.

Im Falle unzureichender Ressourcen können Änderungen von geringer Priorität im Rahmen der operativen Release-Planung zurück in den Änderungs-Pool gespielt und in einem der nächsten Releases auf Umsetzbarkeit geprüft werden. Aufgrund der hohen Planungsgenauigkeit insbesondere hinsichtlich der verfügbaren Ressourcen nennt die operative Release-Planung den Termin für die Lieferfreigabe eines Releases. In diesem Zusammenhang sei darauf hingewiesen, dass alte Releases konsequent abzukündigen und aus dem Lieferprogramm zu nehmen sind, um die Variantenvielfalt und die damit verbundenen Komplexitätskosten im Griff zu behalten. Das gilt ganz besonders für Softwareprodukte. Hier ist sicherzustellen, dass alle Kunden dasselbe Release (bis auf den Fall der Sofortmaßnahmen) einsetzen. Anderenfalls läuft das Unternehmen Gefahr, die in der Regel große Anzahl der Kundenmeldungen zum jeweils verwendeten Release nicht in der erforderlichen Qualität und Reaktionszeit wirtschaftlich zu bewältigen. Die Folge sind unzufriedene Kunden.

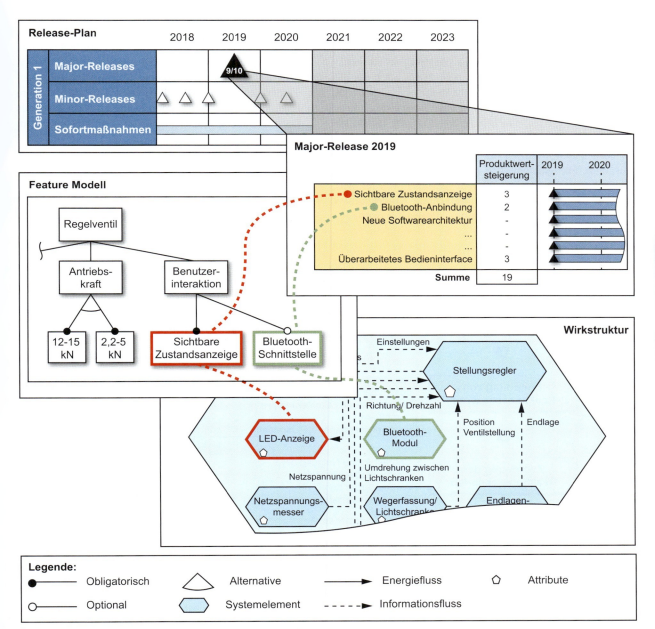

BILD 4.25 Spezifikation der mit einem Release verbundenen Produktänderungen

4.2.3.3 Antizipation des Verhaltens der Wettbewerber

Ein entscheidender Faktor für den Erfolg oder Misserfolg von Produktneuheiten (neue Produktgenerationen, Releases etc.) ist die Reaktion der Wettbewerber. Daher ist es wichtig, im Zuge der strategischen Produktplanung und ggf. der Release-Planung das Verhalten der Wettbewerber auf beabsichtigte Produktwertsteigerungen zu antizipieren. Wie dies erfolgen kann, zeigt das in Bild 4.26 wiedergegebene Vorgehensmodell [Pet16].

Das zugrunde liegende Beispiel entstammt der Haushaltsgeräteindustrie. Konkret geht es um die Einführung einer neuen Generation von Dunstabzugshauben im Zuge der Energieverbrauchskennzeichnung. Die Energieverbrauchskennzeichnung wurde zum 1. Januar 2015 durch die EU Verordnung Nr. 65/2014 verpflichtend eingeführt und sieht eine stufenweise Anhebung der Energiekennzeichnung vor: A+ (2016), A++ (2018), A+++ (2020). Hersteller von Dunstabzugshauben dürfen dabei maximal eine Klasse besser ausweisen als die höchste angegebene Klasse auf dem Energielabel, d. h. die Energieeffizienzklasse A+++ darf z. B. frühestens 2018 ausgewiesen werden. Vor diesem Hintergrund hat das betrachtete Unternehmen vier unterschiedliche Stoßrichtungen für Produktwertsteigerungen entwickelt, die jeweils durch eine Produktvariante verkörpert sind:

- **Energieeffizienz als Vorreiter:** Es wird der frühestmögliche Markteintrittszeitpunkt für eine Dunstabzugshaube mit dem Energielabel A+++ gewählt. Mit umfassender Marketingkampagne wird für die neuen Produkte geworben. Die neuen Eigenschaften und die Energieeffizienz rechtfertigen einen höheren Preis.
- **Technologievorsprung:** Die Energieeffizienzklassen werden stufenweise bzw. laut Verordnung angehoben, d. h. A+ (2016), A++ (2018), A+++ (2020). Gleichzeitig werden neue technische Aspekte wie Heimvernetzung in die Dunstabzugshauben integriert.
- **Qualitätsoffensive:** Die Energieeffizienzklassen werden stufenweise bzw. laut Verordnung angehoben, d. h. A+ (2016), A++ (2018), A+++ (2020). Zudem wird eine Qualitätsoffensive gestartet und als wesentliches Merkmal eine Steigerung der Lebensdauer angestrebt.
- **Preiswerte Produkte:** Bestehende Dunstabzugshauben werden über einen attraktiven Preis angeboten. Andere Produkteigenschaften werden nicht angepasst bzw. aus Kostengründen reduziert. Es findet kein Marketing statt.

Das Unternehmen möchte für jede Stoßrichtung herausfinden, wie die Wettbewerber darauf reagieren würden, um zum einen die Erfolg versprechendste Stoßrichtung zu identifizieren und zum anderen Anforderungen für das zu verfolgende Produktkonzept zu gewinnen.

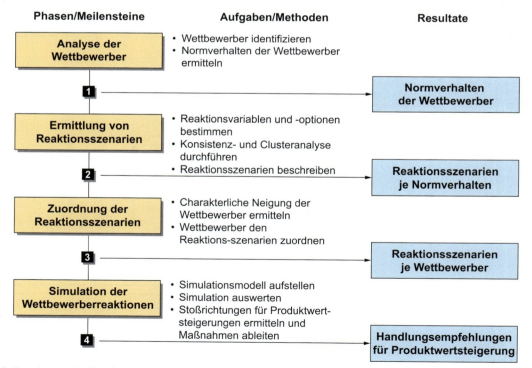

BILD 4.26 Vorgehen zur Antizipation des Verhaltens der Wettbewerber

1. Analyse der Wettbewerber

Zunächst werden die relevanten Wettbewerber identifiziert und in ein Normverhaltensportfolio eingeordnet (Bild 4.27). Die Einordnung erfolgt anhand von zwei Dimensionen: Die relative Marktattraktivität, d. h. die Attraktivität des Marktes aus Sicht des Wettbewerbers sowie die relative Macht des Wettbewerbers in Bezug zum betrachteten Unternehmen [MPM03].

Die *relative Marktattraktivität* ist ein Indikator dafür, wie motiviert ein Wettbewerber ist, auf die geplanten Produktwertsteigerungen zu reagieren. Zur Bestimmung der Attraktivität werden Kennzahlen wie der (relative) Marktanteil des Wettbewerbers, das Umsatzwachstum des Wettbewerbers in diesem Geschäftsfeld, die Profitabilität des Marktsegments sowie die emotionale Verbundenheit des Wettbewerbers mit dem Markt herangezogen.

Die *relative Macht* bringt das Kräfteverhältnis zwischen Wettbewerber und betrachtetem Unternehmen zum Ausdruck. Sie ist ein Maß dafür, wie umfassend sich ein Wettbewerber verteidigen bzw. mit Gegenmaßnahmen reagieren kann. Die relative Macht setzt sich zusammen aus dem relativen Umsatz, der Vertriebsmacht, den technologischen Vorteilen des Wettbewerbers etc.

Aus dem Portfolio resultieren fünf Normverhaltensstrategien:

- **Offensive:** Wettbewerber in diesem Bereich haben eine starke Machtposition und eine hohe Bereitschaft zu reagieren, da der betroffene Markt aus ihrer Sicht sehr attraktiv ist. Ihr Ziel ist die Eroberung von bedeutenden Marktanteilen und der Rückzug anderer Akteure. Dazu werden offensive Maßnahmen wie Preiskampf und extensives Marketing eingesetzt.
- **Wettstreit:** Wettbewerber in diesem Bereich haben eine mittlere bis hohe Macht und Bereitschaft zu reagieren. Der Wettstreit ist zielgerichteter als in der Offensive; die Wettbewerber wählen das Wettbewerbsfeld gezielt anhand ihrer Stärken oder der Schwächen des „Angreifers" aus. Es ist immer noch von offensiven Maßnahmen auszugehen, jedoch sind die Aktionen eher nachhaltig. Das heißt, wenn bei der Offensive im Preiskampf bewusst (zeitweise) ein negativer Deckungsbeitrag in Kauf genommen wird, versuchen Wettbewerber beim Wettstreit zum Beispiel auf besonders innovative Produkte oder Geschäftsmodelle zu setzen.
- **Opportunistisches Verhalten:** Wettbewerber in diesem Bereich haben eine geringe Bereitschaft zu reagieren, aber eine ebenbürtige bis starke Machtposition. Sie sind weniger auf Konflikt aus. Ziel ist es, ihre Ressourcen vor dem Angriff zu schützen und an anderer Stelle zu investieren. Von diesen Wettbewerbern sind keine Aktionen zu erwarten, die sich gegen die geplante Produktwertsteigerung richten.
- **Ausweichen:** Wettbewerber in diesem Bereich haben eine hohe Bereitschaft zu reagieren, jedoch vergleichsweise wenig Macht, sich durchzusetzen. Sie scheuen

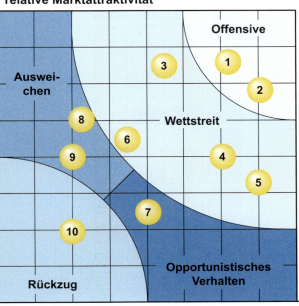

BILD 4.27
Normverhaltensportfolio

aufgrund ihrer eher schlechten Positionen einen offenen Wettstreit und begrenzen ihren Fokus stark. Dabei suchen sie „Marktlücken", die von anderen Akteuren nicht besetzt sind. Sie neigen zur Differenzierung bzw. Spezialisierung.

- **Rückzug:** Wettbewerber in diesem Bereich haben eine sehr geringe Reaktionsbereitschaft und Macht. Ziel ist, mit geringen Mitteln und Ressourceneinsatz Gewinne „zu retten". Sie ergreifen allenfalls defensive bzw. ausweichende Maßnahmen; ein Rückzug aus dem Markt kann sich anschließen.

Im vorliegenden Beispiel ist damit zu rechnen, dass die Wettbewerber 1 und 2 mit einer Produktoffensive reagieren könnten und ein Produkt mit ähnlichen oder besseren Leistungsmerkmalen auf den Markt bringen.

2. Ermittlung von Reaktionsszenarien

Die vorangegangene Analyse liefert bereits einen guten Überblick über das grundsätzlich zu erwartende Verhalten der Wettbewerber. Sollen aber konkrete Aktionen bzw. Gegenmaßnahmen auf die unternehmenseigenen Aktionen vorausgedacht werden, müssen die unterschiedlichen „Normverhaltensstrategien" weiter detailliert werden. Dazu werden konkrete Reaktionsszenarien abgeleitet, die denkbare Verhaltensweisen der Wettbewerber beschreiben, um auf die Produktwertsteigerung zu reagieren. Sie beruhen auf sogenannten Reaktionsvariablen und entsprechenden Ausprägungen (Reaktionsoptionen). Ein Beispiel für eine Reaktionsvariable ist die „Preispolitik" der Wettbewerber. Hier lassen sich die Reaktionsoptionen „Preissenkung", „Sonderrabatte", „Konstanter Preis" und „Preiserhöhung" unterscheiden. Unter Zuhilfenahme der Konsistenz- und Clusteranalyse lassen sich konsistente Bündel solcher Reaktionsoptionen ermitteln. Auf diese Weise können die denkbaren Gegenreaktionen der Wettbewerber sehr konkret und systematisch beschrieben werden. Die zugehörige Vorgehensweise entspricht im Wesentlichen der in Kapitel 2.2 vorgestellten Systematik. Im zugrunde liegenden Projektbeispiel wurden auf diese Weise vier alternative Reaktionsszenarien für die Wettbewerber entwickelt, die für die Wettbewerber infrage kommen, die dem Normverhalten „Offensive" zugeordnet sind (Bild 4.28).

3. Zuordnung von Reaktionsszenarien

Hier ist zu ermitteln, welcher Wettbewerber voraussichtlich nach welchem Szenario handelt (Bild 4.29). Grundlage hierfür bildet die sogenannte „charakterliche Neigung" der Wettbewerber, die anhand des Charakterindex für Organisationen (CIO) bestimmt wird [Bri98]. Der Charakterindex für Organisationen ist eine Adaption des Myers-Briggs-Typenindikators (MBTI) [BB95], [GP14] auf Unternehmen bzw. Organisationen. Dabei werden Unternehmen anhand eines umfangreichen Fragebogens in Hinblick auf folgende vier Kennwerte analysiert:

Normverhalten „Offensive"

Reaktionsvariablen		Reaktionsoptionen	RS1	RS2	RS3	RS4
RV1: Angestrebte Wettbewerbsvorteile	A	Innovationsorientierung	21	0	0	0
	B	Qualitätsorientierung	4	0	0	100
	C	Markenorientierung	9	0	0	0
	D	Programmbreitenorientierung	64	20	0	0
	E	Kostenorientierung	0	80	100	0
RV2: Zusatznutzen	A	Innovativer neuer Zusatznutzen	90	6	0	0
	B	Standard Zusatznutzen	6	26	0	100
	C	Kein Zusatznutzen	2	66	100	0
RV3: Preispolitik ⋮	A	Preissenkung	61	0	0	0
	B	Sonderrabatte	6	0	0	0
	C	Konstanter Preis	6	0	10	100
	D	Preiserhöhung	24	100	90	0

BILD 4.28 Ausprägungsliste (Auszug) für die Reaktionsszenarien (Normverhalten „Offensive")

4.2 Entwicklung von Produktstrategien

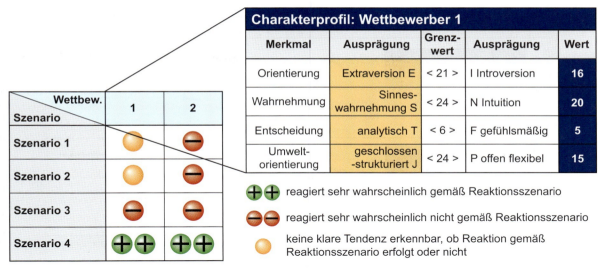

BILD 4.29 Ermittlung des wahrscheinlichen Reaktionsszenarios je Wettbewerber

- **Orientierung der Organisation:** Extravertierte (E) Organisationen orientieren sich am Markt und an der Konkurrenz. Introvertierte (I) Organisationen sind auf ihre eigenen Technologien, Visionen und Kompetenzen ausgerichtet.
- **Wahrnehmung der Organisation:** Wahrnehmende Organisationen (S) sind auf situationsbezogenes Geschehen ausgerichtet und richten ihre Aufmerksamkeit auf Details. Intuitive Organisationen (N) legen ihren Fokus auf die Zukunft und betrachten Zusammenhänge und Möglichkeiten.
- **Entscheidungsfindung der Organisation:** Analytisch entscheidende Organisationen (T) richten sich nach logischen Abläufen und Prinzipien; Beständigkeit und Effizienz stehen im Vordergrund. Fühlende Organisationen (F) bevorzugen soziale Werte und Grundsätze; sie präferieren Individualität und Kreativität.
- **Einstellung zur Umwelt:** Diese beschreibt, ob eine Organisation eher beurteilend oder wahrnehmend mit der Umwelt interagiert. Erstgenannte sind Organisationen, die Struktur und Geschlossenheit bevorzugen, Dinge klar und bestimmt definieren (J). Die Zweiten bevorzugen Flexibilität, halten sich Optionen offen und versuchen definitorische Rahmen weit zu fassen (P).

Bei der Zuordnung von Wettbewerbern zu Reaktionsszenarien wird die These zu Grunde gelegt, dass die Wettbewerber zu dem Verhalten tendieren, das ihrem Charakter am besten entspricht [CH09]. Im vorliegenden Beispiel ist es sehr wahrscheinlich, dass die Wettbewerber 1 und 2 gemäß Reaktionsszenario 4 reagieren.

4. Simulation der Wettbewerberreaktionen

Durch die Zuordnung der Wettbewerber zu den Reaktionsszenarien lassen sich Aussagen darüber treffen, welcher Wettbewerber für sich genommen voraussichtlich wie reagieren wird. Die Wettbewerber reagieren allerdings nicht unabhängig voneinander, sondern wählen ihre Gegenmaßnahmen in Abhängigkeit der Gegenmaßnahmen der anderen Wettbewerber. Es handelt sich folglich um ein dynamisches hoch vernetztes System. Um dieses System abbilden zu können, wird auf eine agentenbasierte Simulation zurückgegriffen (vgl. Kapitel 2.3.4). Die erforderlichen Eingangsinformationen für das Simulationsmodell werden aus den vorherigen Analyseschritten abgeleitet [Pet16]. Mit Hilfe des Simulationsmodells können die vier unterschiedlichen Stoßrichtungen für Produktwertsteigerungen analysiert werden. Die Ergebnisse sind in Bild 4.30 vereinfacht abgebildet. Es werden drei zentrale Größen über die Zeit als Indikatoren für das Erfolgspotential der jeweiligen Handlungsoption betrachtet: (1) Die Anteile des Unternehmens und relevanter Wettbewerber am Gesamtmarkt für Dunstabzugshauben, (2) der durchschnittliche Preis für Dunstabzugshauben sowie (3) der Anteil energieeffizienter Dunstabzugshauben am Gesamtabsatz. Die Ergebnisse lassen sich wie folgt interpretieren:

- **Energieeffizienz als Vorreiter:** Durch einen frühestmöglichen Markteintritt mit einer Dunstabzugshaube mit dem Energielabel A+++ kann das Unternehmen kurzfristig Marktanteile gewinnen. Allerdings ziehen die Wettbewerber schnell nach, wodurch das Unternehmen seinen Wettbewerbsvorsprung nicht halten

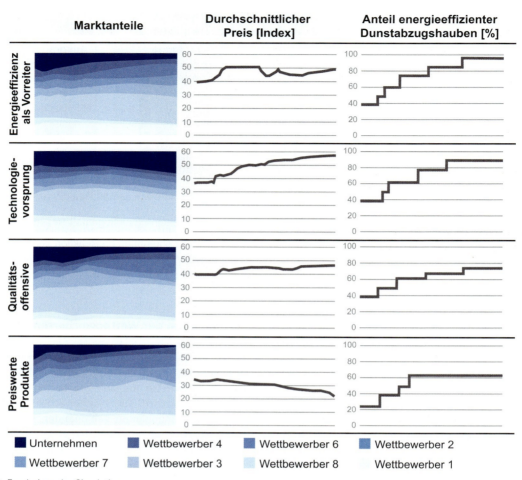

BILD 4.30 Ergebnisse der Simulation

kann und am Ende sogar Marktanteile verliert. Langfristig werden energieeffiziente Dunstabzugshauben zum Marktstandard bei moderatem Preisanstieg.

- **Technologievorsprung:** Eine schrittweise Erhöhung der Energieeffizienz bei gleichzeitiger Integration neuer digitaler Produktfeatures wird vom Markt mittelfristig verhalten angenommen, ist aber langfristig ein Erfolgsgarant. Das Unternehmen kann kontinuierlich Marktanteile hinzugewinnen. Durch die zusätzliche Integration neuer Features, sind die Kunden bereit einen höheren Preis für eine innovative Dunstabzugshaube zu bezahlen. Dies führt langfristig auch zu einem hohen Verbreitungsgrad energieeffizienter Dunstabzugshauben.

- **Qualitätsoffensive:** Eine schrittweise Erhöhung der Energieeffizienz bei gleichzeitiger Steigerung der Produktqualität ist nur mittelfristig erfolgreich. Langfristig verlieren traditionelle Qualitätsmerkmale wie Langlebigkeit und Robustheit an Bedeutung. Das Unternehmen verliert Marktanteile. Energieeffiziente Dunstabzugshauben erfahren eine kontinuierliche Verbreitung, wenngleich der Verbreitungsgrad gegenüber den zuvor genannten Handlungsoptionen geringer ist.

- **Preiswerte Produkte:** Eine ausschließliche Fokussierung des Preises initiiert eine Preisspirale am Markt. Wettbewerber aus dem Low Cost-Bereich können ihre Kostenvorteile ausspielen. Das betrachtete Unternehmen führt zunehmend ein Nischendasein. In einem preisgetriebenen Markt ist Energieeffizienz zweitrangig, was sich in dem Anteil energieeffizienter Dunstabzugshauben niederschlägt.

Aus den Simulationsdaten lassen sich zudem Rückschlüsse darüber ziehen, welche Gegenmaßnahmen die Wettbewerber zu unterschiedlichen Zeitpunkten getroffen haben. Im Falle der Stoßrichtung „Technologievorsprung" haben die Wettbewerber 1 und 2 im Simulationsmodell beispielsweise wie folgt reagiert: Wettbewerber 1 reagiert vorrangig mit attraktiven Preisen und aggressivem Marketing. Eine genaue Analyse des Verlaufs der Marktanteile zeigt, dass sich Wettbewerber 1 vom Premiumsegment entfernt und mehr Marktanteile im Mittelsegment anstrebt. Es besteht die Gefahr, dass das wiederum andere Hersteller veranlasst, niedrigere Marktsegmente zu adressieren und so eine Kommodifizierung und ein Preiskampf ausgelöst wird. Wettbewerber 2 reagiert mit einer Qualitätsoffensive. Die Reaktionen sind dabei sehr unterschiedlich: In den Simulationsdurchläufen hat Wettbewerber 2 mit verschiedenen Maßnahmen auf das Unternehmen und andere Akteure reagiert. Qualitätssteigerungen, Serviceangebote, Marketing und Preisnachlässe wurden häufig kombiniert. Hier ist mit erhöhter Wachsamkeit zu verfolgen, wie dieser Wettbewerber im Zeitverlauf tatsächlich reagieren wird.

Die Auswertung der Reaktionen hilft dem Unternehmen, sich auf denkbare Gegenmaßnahmen vorzubereiten und sich selbst wiederum Maßnahmen für ein proaktives Handeln zu überlegen. Darüber hinaus lässt sich die Entscheidung für eine Stoßrichtung der Produktwertsteigerung absichern. Im vorliegenden Beispiel hat das Unternehmen sich für die Stoßrichtung „Technologievorsprung" entschieden und dementsprechend seine Produktwertsteigerungen geplant.

DER EINFLUSS DER DIGITALISIERUNG AUF DIE GESTALTUNG VON PRODUKTSTRATEGIEN

Die Digitalisierung gilt als der Innovationstreiber des 21. Jahrhunderts. Schätzungen zufolge machte sie im Zeitraum von 1998 bis 2012 0,6 Prozentpunkte der jahresdurchschnittlichen Wachstumsrate der Bruttowertschöpfung in Deutschland aus. Damit war die Digitalisierung in den vergangenen Jahren annähernd für die Hälfte des gesamten Wirtschaftswachstums verantwortlich [Pro15].

Viele Unternehmen haben die Erfolgspotentiale der Digitalisierung erkannt und ihre Produkte und die damit einhergehende Produktstrategie darauf ausgerichtet. Anhand des 3-Säulen Modells lassen sich die mannigfaltigen Einflüsse der Digitalisierung auf die Produktstrategie beschreiben. Im Folgenden stellen wir exemplarisch sechs vielfach propagierte Facetten der Digitalisierung vor: Digitale Funktionen, Digitale Services, Losgröße 1, Big Data Analytics, Digitale Updates und Synchronisation von Innovationszyklen (Bild 1). Wir zeigen anhand von ausgewählten Praxisbeispielen exemplarisch auf, welche Säulen der Produktstrategie sie betreffen und zu welchen konkreten Änderungen sie führen.

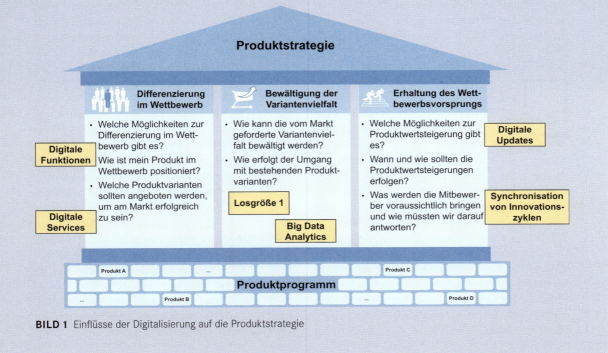

BILD 1 Einflüsse der Digitalisierung auf die Produktstrategie

**Digitale Funktionen:** Unter einer Funktion ist im Sinne der Konstruktionslehre eine (Teil-)Aufgabe zu verstehen, die von einem Produkt zu erfüllen ist [PBF+13]. Eine Funktion beschreibt demzufolge den gewollten und geplanten Zweck eines Produktes [Ehr10]. Gegenwärtig lässt sich beobachten, dass sich die Bedeutung der Produktfunktionen von den klassischen physischen Funktionen hin zu digitalen Funktionen verschiebt. MICHAEL PORTER liefert in seinem viel beachteten Artikel „Wie smarte Produkte den Wettbewerb verändern" eine Reihe von Beispielen hierfür, von denen wir an dieser Stelle exemplarisch zwei herausgreifen [PH14]: So hat der Tennisausrüster Babolat den Griff seiner Tennisschläger mit Sensoren und Netzwerkkomponenten ausgestattet, mit deren Hilfe die Spieler Ballgeschwindigkeit, Spin und Schlägertreffpunkte aufzeichnen und auswerten können. Auf diese Weise können sie ihr Spiel systematisch verbessern. Gleichermaßen hat der Bekleidungshersteller Ralph Lauren ein Sport T-Shirt auf den Markt gebracht, das über integrierte Sensorik die zurückgelegte Entfernung, die verbrannten Kalorien, die Bewegungsintensität und den Puls eines Sportlers erfassen kann. Babolat und Ralph Lauren versuchen sich folglich nicht mehr über die klassischen physischen Funktionen zu differenzieren – die Besaitung des Schlägers zum Schlagen des Balles oder der Schnitt des Shirts zur Verbesserung der Passform rücken in den Hintergrund. Häufig gehen digitale Funktionen mit digitalen Services einher, worauf wir im Folgenden eingehen.

Digitale Services: Digitale Services sind Dienstleistungen, die mit Hilfe von Informations- und Kommunikationstechnologie (IKT) häufig mobil über das Internet erbracht werden. In der Regel sind sie eng auf eine Sachleistung abgestimmt [RM02]. Viele Unternehmen versuchen sich heutzutage über derartige Services im Wettbewerb zu differenzieren. Die eigentliche Sachleistung rückt als Differenzierungsobjekt in den Hintergrund. Ein Beispiel für diese Entwicklung ist das Start-up trive.me. trive.me hat eine App entwickelt, mit deren Hilfe Autofahrer vorab Parkplätze in einem Parkhaus reservieren können und dann automatisch dorthin navigiert werden [EDA17-ol]. Das Differenzierungsobjekt ist hier folglich nicht das Auto, sondern der App-Dienst – das Auto wird zum austauschbaren Gut.

Losgröße 1: Die vor einigen Jahrzehnten im Rahmen des Paradigmas der flexiblen Automatisierung bekannt gewordene Zielsetzung bedeutet, dass Varianten bis hin zu Losgröße 1 automatisiert wirtschaftlich gefertigt werden können. Damit wird der Widerspruch hohe Produktivität bei gleichzeitig hoher Flexibilität überwunden. Industrie 4.0 soll es erlauben, ein kundenspezifisch individualisiertes Erzeugnis zu den Herstellungskosten eines Massenproduktes zu fertigen. Im Kern geht es somit darum, die explodierende Variantenvielfalt mit Hilfe von intelligenten cyberphysischen Produktionssystemen zu bewältigen [KWH13]. Der Sportartikelhersteller adidas hat Ende 2015 mit der Speedfactory eine automatisierte Turnschuhfabrik errichtet, die dieses Ziel langfristig verfolgt. In der Fabrik können Schuhe bedarfsgerecht und kundenindividuell (z. B. Stoff, Farbe, Passform, Fotos etc.) mit Hilfe von flexibel automatisierten Produktionsanlagen hergestellt werden [adi17-ol].

Big Data Analytics: Big Data Analytics bezeichnet die Analyse großer, unstrukturierter Datenmengen zur Informationsgewinnung und Erkennung von bislang unbekannten Mustern und Korrelationen. Insbesondere beim Management der Variantenvielfalt kann Big Data Analytics großen Nutzen stiften. Ein Beispiel hierfür ist die Auswertung von Online-Konfiguratoren, mit deren Hilfe Informationen über die vom Kunden präferierten Produktvarianten bzw. Produktzusammenstellungen gewonnen werden können (z. B. über das Klickverhalten, die gewählten Produktspezifikationen, etc.). Auf diese Weise lassen sich Produktvarianten frühzeitig hinsichtlich ihres Erfolges bzw. Misserfolges bewerten und entsprechende Optimierungen des Produktprogramms anstoßen.

Digitale Updates: Unter einem Update ist im Kontext des vorliegenden Beitrages ein Produkt-Release zu verstehen, das darauf abzielt, den Nutzen eines Produktes für den Kunden zu steigern. In der jüngeren Vergangenheit lässt sich beobachten, dass Updates zunehmend digital auf Basis von Software erfolgen – die Hardware bleibt dabei identisch. Ein Beispiel für ein Unternehmen aus der Automobilindustrie, das konsequent auf digitale Updates setzt, ist Tesla. Beim Tesla Model S können Fahrer das neueste Release herunterladen und so z. B. ein neues Design der Anzeigeinstrumente im Cockpit erhalten. Darüber hinaus ist es möglich, über digitale Updates zusätzliche Produktfunktionen wie autonomes Fahren freizuschalten [Tes17-ol]. In letzteren Fall müssen die neuen Produktfunktionen bereits bei der Markteinführung des Produktes technisch vorbereitet sein. Digitale Updates sind zukünftig ein unerlässliches Mittel, um der zunehmenden Innovationsdynamik Rechnung zu tragen und den Wettbewerbsvorsprung mit einem Produkt über einen längeren Zeitraum zu erhalten.

Synchronisation von Innovationszyklen: Der Begriff Innovationszyklus kennzeichnet den zeitlichen Abstand, der zwischen zwei Produktneuerungen liegt. In der jüngeren Vergangenheit haben sich die Innovationszyklen in vielen Branchen drastisch verkürzt. Während VW den Golf I beispielsweise von 1974 bis 1983 zehn Jahre lang produzierte, wurde der Golf VI bereits nach fünf Jahren durch den Golf VII abgelöst. Im Kontext digitaler Produkte kommt eine entscheidende Herausforderung hinzu: Derartige Produkte beruhen in der Regel auf einem engen Zusammenwirken von Mechanik-, Elektronik- und Softwarekomponeten, die typischerweise unterschiedliche Innovationszyklen haben. Motoren haben als klassische Mechanikomponenten beispielsweise einen Innovationszyklus von 5–6 Jahren. Der Innovationszyklus von Smartphones als Elektronikkomponenten beträgt hingegen 1–2 Jahre und der Zyklus neuer Softwarereleases liegt mitunter bei wenigen Monaten. Wenn es um die Planung von Produktwertsteigerungen geht, sind Unternehmen daher gefordert, die unterschiedlichen Innovationszyklen zu synchronisieren. Die Automobilhersteller versuchen diesen Spagat u. a. durch die Gründung agiler Einheiten zu bewältigen, deren Innovationsgeschwindigkeit höher ist als die des angestammten Konzerns. So hat BMW beispielsweise eine neue Einheit für digitale Dienste an den Standorten in Shanghai, Chicago und Silicon Valley gegründet, die völlig unabhängig von Fahrzeugentwicklungsprojekten arbeitet und zum Teil gänzlich andere Prozesse, Methoden und Vorgehensweisen nutzt. Auf diese Weise sollen digitale Dienste sehr viel schneller entwickelt und über Softwarereleases in die bestehenden Fahrzeuge gebracht werden.

Literatur:

[adi17-ol] ADIDAS AG: adidas errichtet erste SPEEDFACTORY in Deutschland. Unter: http://www.adidas-group.com/de/medien/newsarchiv/pressemitteilungen/2015/adidas-errichtet-erste-speedfactory-deutschland/, 13. Januar 2017

[Bit14] BITKOM: Big-Data-Technologien – Wissen für Entscheider. Bitkom, Berlin, 2014

[EDA17-ol] EDAG ENGINEERING GMBH: trive.park. Unter: https://www.trive.me/trive-park/, abgerufen am 13. Januar 2017

[Ehr10] EHRLENSPIEL, K.: Integrierte Produktentwicklung: Denkabläufe, Methodeneinsatz, Zusammenarbeit. Hanser Verlag, München, 2010

[KWH13] KAGERMANN, H.; WAHLSTER, W.; HELBIG, J. (Hrsg.): Deutschland als Produktionsstandort sichern – Umsetzungsempfehlungen für das Zukunftsprojekt Industrie 4.0 – Abschlussbericht des Arbeitskreises Industrie 4.0 (acatech), 2013

[PBF+13] PAHL, G.; BEITZ, W.; FELDHUSEN, J.; GROTE, K.-H.: Konstruktionslehre – Methoden und Anwendung erfolgreicher Produktentwicklung. 8. Auflage, Springer Vieweg, Berlin, 2013

[PH14] PORTER, M. E.; HEPPELMANN, J. E.: Wie smarte Produkte den Wettbewerb verändern. In: Harvard Business Manager, Dezember 2014

[Pro15] PROGNOS AG: Wie digitalisiert ist Deutschland? Prognos trendletter November 2015

[RM02] REICHWALD, R.; MEIER, R.: Generierung von Kundenwert mit mobilen Diensten. In: REICHWALD, R. (Hrsg.): Mobile Kommunikation – Wertschöpfung, Technologien, neue Dienste. Gabler Verlag, Wiesbaden, 2002

[Tes17-ol] TESLA MOTORS INC.: Software-Updates. Unter: https://www.tesla.com/de_DE/support/software-updates, 13. Januar 2017

4.3 Entwicklung von Geschäftsmodellen

Ein Geschäftsmodell ist ein aggregiertes Abbild der Geschäftslogik eines Unternehmens. Es beschreibt, wie ein Unternehmen seinen Kunden Nutzen stiftet und diese motiviert, dafür Geld zu zahlen. Zumindest implizit verfügt jedes Unternehmen über mindestens ein Geschäftsmodell. Die explizite Betrachtung und Formalisierung von Geschäftsmodellen wurde im Zuge der New Economy in den späten 1990er Jahren populär [MSA05], [ZA01]. Schon zuvor nutzten Unternehmen das Konzept der Geschäftsmodellinnovation, um sich vom Wettbewerb zu differenzieren – auch wenn sie sich dessen nicht bewusst waren. Southwest Airlines beispielsweise stellte in den 1970er Jahren mit dem Konzept der Billig-Airline die Luftfahrt auf den Kopf und ist nach wie vor eine der gewinnstärksten Fluggesellschaften. Dell revolutionierte 1984 das Geschäft mit Desktopcomputern, indem auf Zwischenhändler verzichtet und ein Build-to-Order-Verfahren – die Herstellung des Produktes erst nach Kundenbestellung – eingeführt wurde. IKEA reformierte das Geschäft mit Möbeln, indem ein Teil der Wertschöpfung – Transport und Zusammenbau – an den Kunden ausgelagert wurde. Inzwischen gehören sowohl Dell als auch IKEA zu den erfolgreichen Unternehmen ihrer Branchen [GFC13], [Zol06]. Heute stellt insbesondere die Digitalisierung Unternehmen vor die Herausforderung, ihr Geschäftsmodell zu innovieren (vgl. Kasten).

Augenscheinlich besitzen derartige Innovationen ein erhebliches Geschäftspotential. Folgende Gründe spielen dafür eine wesentliche Rolle [Ams16]:

- **Differenzierung:** Es ergibt sich die Möglichkeit zur Vermarktung einer Marktleistung über unterschiedliche Geschäftsmodelle, um auf individuelle Kundenanforderungen eingehen zu können [BH13]. Eine vom Kunden wahrgenommene Differenzierung führt PORTER folgend zu Wettbewerbsvorteilen [Por14]. Somit können Geschäftsmodelle zum Aufbau von Wettbewerbsvorteilen beitragen.
- **Unternehmenswachstum:** Studien zufolge existiert eine positive Korrelation zwischen Geschäftsmodellinnovationen und dem Wert eines Unternehmens [MT14], [RRB11], [ZA07]. Unternehmen, die ihr Geschäftsmodell regelmäßig innovieren wachsen überdurchschnittlich schnell [Stä02]. So haben JOHNSON ET AL. erkannt, dass 40% der Unternehmen, die aufgrund ihres Wachstums im Untersuchungszeitraum in die Fortune 500 aufgenommen wurden, ihr Wachstum über Geschäftsmodellinnovationen realisiert haben [JCK08].
- **Rentabilität:** Die Boston Consulting Group hat festgestellt, dass Geschäftsmodellinnovationen die Profitabilität eines Unternehmens nachhaltig steigern. Demnach sind Geschäftsmodellinnovatoren drei Jahre nach Markteinführung fünfmal so profitabel wie Produkt- oder Dienstleistungsinnovatoren und können diesen Vorsprung über einen Lebenszyklus von bis zu einer Dekade erhalten [LRS+09]. Ferner können Geschäftsmodellinnovatoren im Durchschnitt über fünf Jahre ein jährliches Gewinnmargenwachstum von ca. 5 % realisieren – dies liegt deutlich über dem Wachstum von Produkt- oder Dienstleistungsinnovatoren [IBM06a], [IBM06b].

Geschäftsmodelle beruhen auf komplexen, geschäftlichen Zusammenhängen. Für die Entwicklung von Geschäftsmodellen ist es daher erforderlich, die in einem Geschäftsmodell betrachteten Aspekte übersichtlich darzustellen. Dafür greifen wir das Konzept des Business Model Canvas auf, wonach sich ein Geschäftsmodell in Geschäftsmodellelemente untergliedert [Wir10]. Jedes dieser Geschäftsmodellelemente wird individuell ausgestaltet. In Kombination beschreiben sie ein Geschäftsmodell vollständig [EBB+12], [Sch14]. In der Praxis weit verbreitet ist unter anderem die Verwendung der vier Elemente *Wer: Wer sind unsere Zielkunden?*, *Was: Was bieten wir den Kunden an?*, *Wie: Wie stellen wir die Leistung her?* und *Wert: Wie wird Wert erzielt?* [GFC13]. Das Business Model Canvas von OSTERWALDER und PIGNEUR hat ebenfalls große Verbreitung gefunden [GP14]. Es umfasst die neun Geschäftsmodellelemente *Nutzenversprechen, Kundensegmente, Distributionskanäle, Kundenbeziehungen, Schlüsselressourcen, Schlüsselaktivitäten, Schlüsselpartner, Kostenmodell* und *Ertragsmodell* [OP10].

Geschäftsmodelle im Kontext der Digitalisierung zeichnen sich im Gegensatz zu rein transaktionsorientierten Geschäften durch kollaborative und längerfristige Geschäftsbeziehungen aus [Kag12]. Um dieser Entwicklung gerecht zu werden, schlagen wir einen Bezugsrahmen vor, der sowohl Anreize für Kollaborationspartner als auch durch Kollaboration entstehende Risiken – sogenannte relationale Risiken (z. B. aus Abhängigkeiten von Wertschöpfungspartnern) berücksichtigt. Das entsprechende Business Model Canvas sieht 14 Geschäftsmodellelemente (z. B. Nutzenversprechen) in sechs Partialmodellen (z. B. Angebotsmodell) vor (Bild 4.31) [GWE+17], [Kös14]:

- Das **Angebotsmodell** beschreibt, für welche Kunden Werte geschaffen werden. Dabei beschreibt das Element *Kundensegmente* die vom Unternehmen adressierten Kundensegmente. Das *Nutzenversprechen* stellt die Vorteile einer Marktleistung für die betrachteten Kundensegmente heraus. Im Element *Marktleistung* wird die

GESCHÄFTSMODELLE IM ZEITALTER DER DIGITALISIERUNG

Die Digitalisierung verändert die Art, wie Unternehmen Geschäfte machen. Unternehmen sehen sich oft mit der Herausforderung konfrontiert, die altbewährten Regeln ihrer Branche zu durchbrechen und ihr Geschäft neu zu erfinden. Früh erkannt haben dies beispielsweise Apple und Amazon. Apple revolutionierte mit dem iPod und dem iTunes Store Anfang der 2000er Jahre die Musikbranche und ist heute der größte Musikeinzelhändler der Welt. Amazon startete 1995 mit dem Online-Versandhandel von Büchern, revolutionierte in den darauffolgenden Jahren den Buchhandel und ist heute der weltweit größte Buchhändler [GFC13].

Weitere Beispiele unterstreichen das Potential von Geschäftsmodellinnovationen: Netflix revolutioniert den Filmverleih und -verkauf, Airbnb revolutioniert das Hotelgewerbe, Uber revolutioniert das Taxigeschäft und Spotify revolutioniert das Musikgeschäft. Das Disruptionspotential von Geschäftsmodellinnovationen im Rahmen der Digitalisierung im Konsumentengeschäft ist offensichtlich hoch. Es ist davon auszugehen, dass Geschäftsmodellinnovationen auch den B2B-Bereich erfassen werden. Beispielsweise führte General Electric (GE) im Jahr 2011 seine sogenannte Predix-Plattform ein – eine Software-Plattform zur Sammlung und Analyse von Daten industrieller Maschinen. Über die Plattform werden sowohl von GE als auch von Drittanbietern datenbasierte Dienstleistungen angeboten (Bild 1). Diese Leistungen bilden seitdem eine weitere, stark wachsende Erlösquelle im Produktportfolio von GE [GE17-ol]. In jüngster Zeit ist unter dem Schlagwort Plattformökonomie eine starke Zunahme von Plattformen zu verzeichnen. Prominente Beispiele sind Adamos [Ada17-ol], Axoom [Axo17-ol], 365FarmNet [Far17-ol] oder Virtual Fort Knox [VFK17-ol].

Literatur:

[Ada17-ol] ADAMOS GMBH (Hrsg.): Maschinenbau gestaltet Digitalisierung. Unter: http://de.adamos.com, 9. November 2017

[Axo17-ol] AXOOM GMBH (Hrsg.): Axoom IoT Plattform. Unter: https://axoom.com/de/plattform/iiot-und-industrie-40/, 9. November 2017

[Far17-ol] 365FARMNET (Hrsg.): Die Software für Ihren Betrieb. Unter: https://www.365farmnet.com/produkt/konzept/, 9. November 2017

[GE17-ol] GENERAL ELECTRIC COMPANY (Hrsg.): The Industrial Internet: Digital Transformation Starts Here. Unter: https://www.ge.com/digital/predix, 15. März 2017

[GFC13] GASSMANN, O.; FRANKENBERGER, K.; CSIK, M.: Geschäftsmodelle entwickeln – 55 innovative Konzepte mit dem St. Galler Business Model Navigator. Carl Hanser Verlag, München, 2013

[VFK17-ol] VIRTUAL FORT KNOX AG (Hrsg.): Industrial Internet of Things. Unter: https://www.virtualfortknox.de/de/industrial-internet-of-things/, 9. November 2017

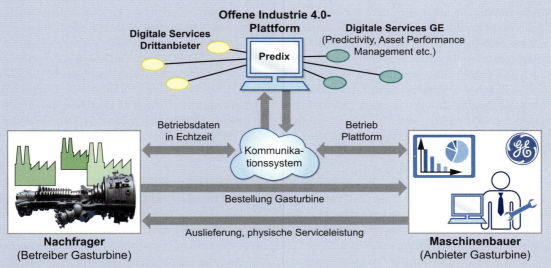

BILD 1 Struktur einer Geschäftsmodellinnovation am Beispiel General Electric (vereinfachte Darstellung) (Photo Credit Gasturbine: GE Power. Published with permission from GE Power, 2018)

4 Geschäftsplanung – Den unternehmerischen Erfolg vorausdenken

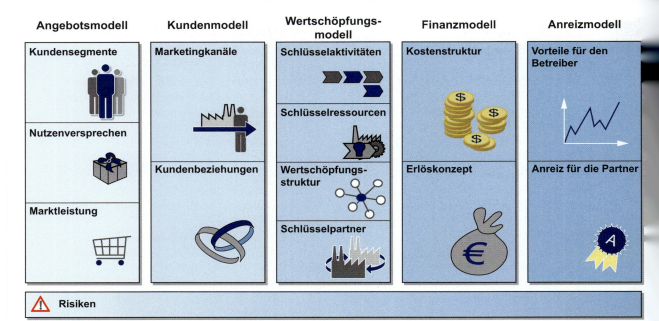

BILD 4.31 Business Model Canvas zur Entwicklung von Geschäftsmodellen, bestehend aus 6 Partialmodellen und 14 Geschäftsmodellelementen

Geschäftsidee in marktfähige Produkte und Dienstleistungen übersetzt.

- Das **Kundenmodell** bildet die Schnittstelle zwischen den Kunden und dem Unternehmen. Das Element *Marketingkanäle* spezifiziert dabei den Weg, über den das Unternehmen mit den Kunden in Kontakt tritt und die Marktleistung erbringt. Die Art und Intensität der Beziehung, die dabei etabliert werden soll, wird im Element *Kundenbeziehungen* beschrieben.
- Im **Wertschöpfungsmodell** wird die interne Perspektive des Geschäftsmodells abgebildet. So beschreiben die *Schlüsselaktivitäten* die wichtigsten Tätigkeiten, die zur Realisierung des Nutzenversprechens durchzuführen sind. Wesentliche dafür benötigte Vermögenswerte werden im Element *Schlüsselressourcen* dokumentiert. Die *Wertschöpfungsstruktur* legt die vom Unternehmen abzubildenden Aktivitäten und Ressourcen in dem Wertschöpfungsnetz fest. Darauf aufbauend wird im Element *Schlüsselpartner* das umfassende Netzwerk an Unternehmen beschrieben, welches zur Erbringung des Nutzenversprechens benötigt wird.
- Das **Finanzmodell** bildet die wesentlichen Kosten und Erlöse des Geschäftsmodells ab. Dabei umfasst die *Kostenstruktur* die wichtigsten Kosten, die in den Phasen Aufbau und Betrieb des Geschäftsmodells anfallen. Im *Erlöskonzept* wird aufgezeigt, wie das Nutzenversprechen in einen Erlösstrom transformiert wird.
- Das **Anreizmodell** zeigt nicht monetäre Vorteile für wesentliche Stakeholder des Geschäftsmodells auf. *Vorteile für den Betreiber* werden im gleichnamigen Element dokumentiert. Im Element *Anreize für den Partner* wird das durch die Teilnahme am Geschäftsmodell realisierte Nutzenversprechen für die Schlüsselpartner bestimmt.
- Im **Risikomodell** werden wesentliche Risiken erfasst, die beim Aufbau oder im laufenden Betrieb des Geschäftsmodells zu berücksichtigen sind.

Da Geschäftsmodelle nicht nur eine hohe Relevanz für den zukünftigen Unternehmenserfolg haben, sondern auch komplexe Sachverhalte abbilden, empfiehlt es sich bei ihrer Entwicklung systematisch vorzugehen. Dazu werden im Folgenden etablierte Methoden vorgestellt. Zunächst gehen wir beispielhaft auf die verbreitete Vorgehensweise von OSTERWALDER und PIGNEUR ein (Kapitel 4.3.1). Anschließend stellen wir neue Vorgehensweisen vor, die den Aspekten Konsistenz (Kapitel 4.3.2), Geschäftsmodellmuster (Kapitel 4.3.3) und Produktlebenszyklus (Kapitel 4.3.4) besondere Beachtung schenken. Die Entwicklung von Geschäftsmodellen kann dabei sowohl für gänzlich neue Marktleistungen erfolgen als auch für bestehende Marktleistungen. Bei Letzterem geht es darum, bestehende Geschäftsmodelle zu ersetzen oder radikal zu verändern – dann sprechen wir von einer **Geschäftsmodelltransformation** (siehe Kasten). Eine Transformation ist insbesondere dann notwendig, wenn das bestehende Geschäftsmodell durch die Konkurrenz unter Druck gerät, an Wettbewerbsstärke verliert und marginale Anpassungen nicht mehr ausreichen [LMZ17].

TRANSFORMATION VON GESCHÄFTSMODELLEN

Auf dem Weg von physischen zu digitalen Produkten bzw. der Produkt- zur Serviceorientierung entstehen neue Marktleistungsbündel: Beispielsweise ergänzen Produktanbieter ihr Portfolio um digitale Services; es ist aber auch zu beobachten, dass Anbieter von digitalen Services zunehmend physische Produkte anbieten. In allen Fällen ist das Management gefordert, ein Erfolg versprechendes Portfolio zu definieren und weiterzuentwickeln [LMZ17a]. In einer Analyse von 380 Geschäftsmodelltransformationen stellen MÜLLER-STEWENS ET AL. fest, dass die Veränderungen sich vornehmlich anhand von zwei Dimensionen festmachen lassen: *Vollständigkeit einer Transaktion* und *Individualisierung des Angebots*. Die Vollständigkeit beschreibt dabei das Spektrum vom Verkauf einer Marktleistung ohne Folgetransaktion bis hin zu einem Angebotsportfolio, das eine hohe Sortimentsbreite oder -tiefe aufweist und viele Folgetransaktionen induziert. Die Individualisierung des Angebots reicht von einem hochgradig standardisierten Produkt bis zu einem kundenindividuellen Angebot. Die Betrachtung dieser beiden Dimensionen führt zu dem sogenannten **Business Model Transformation Board** (Bild 1), aus dem vier Geschäftsmodelltypen resultieren [LMZ17a]:

- **Produktgeschäftsmodelle** beinhalten standardisierte Produkte und einfache Services (z. B. Reparatur), die massenhaft an anonyme Kunden vertrieben werden.
- **Plattformgeschäftsmodelle** umfassen komplexe Ökosysteme bestehend aus unterschiedlichen Akteuren (Kunden, Produzenten, Eigentümer, Anbieter der Schnittstellen und Partner), die durch Netzwerkeffekte profitieren [PGD17].
- **Projektgeschäftsmodelle** basieren auf hochgradig individualisierten Marktleistungen, die in der jeweils spezifizierten Ausprägung nur ein einziges Mal verkauft werden.
- **Lösungsgeschäftsmodelle** setzen ebenfalls auf hochgradig individualisierte Marktleistungen. Der Anbieter verkauft hier jedoch die komplette Umsetzung bis hin zum Betrieb der Leistung. Das ermöglicht viele Folgetransaktionen.

Eine Transformation erfolgt dabei in der Praxis in der Regel zu benachbarten Quadranten. Eine diagonale Transformation beispielsweise vom Produkt- zum Lösungsanbieter sollte daher mit einem Zwischenschritt erfolgen: vom Produkt- zum Projektgeschäft oder vom Produkt- zum Plattformgeschäft.

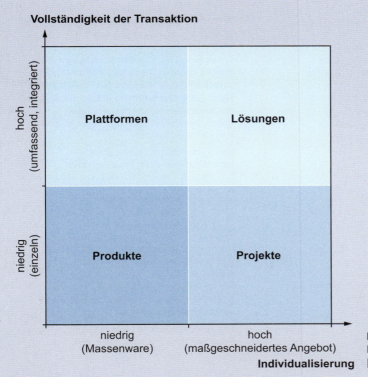

BILD 1
Business Model Transformation Board [LMZ17b]

Unternehmen können natürlich auch mehrere auf unterschiedlichen Geschäftsmodelltypen basierende Geschäftsmodelle betreiben. Beispielsweise ergänzte Netflix sein Plattformgeschäftsmodell (Streaming) um ein Produktgeschäftsmodell, bei dem Netflix als Produzent hochwertiger Serien und Filme auftritt. Entscheidet sich ein Unternehmen für eine Transformation bzw. das Erschließen eines neuen Geschäftsmodelltyps, sind adäquate Kompetenzen aufzubauen und die damit einhergehende Unternehmenskultur weiterzuentwickeln. Grundsätzlich erfolgt eine Transformation entlang einer der beiden Dimensionen des Business Model Transformation Boards. Dabei sind beide Richtungen möglich. Es ergeben sich also vier Grundtransformationspfade (Doppelpfeile), die in Bild 2 erläutert werden. Jeder der vier Transformationspfade erfordert in drei Bereichen des Geschäftsmodells Anpassungsmaßnahmen: dem Front End, dem Back End und der Ertragsmechanik.

- Das **Front End** umfasst die durch den Kunden wahrnehmbaren Teile des Geschäftsmodells; also das Nutzenversprechen, die Marktleistungen (Angebotsmodell) und die Kundeninteraktionen (Kundenmodell).
- Das **Back End** enthält die für den Kunden nicht wahrnehmbaren Teile des Geschäftsmodells, also das Wertschöpfungsmodell.
- Die **Ertragsmechanik** spiegelt das Erlöskonzept und die Kostenstruktur des Geschäftsmodells wider.

Beispielsweise dient der Transformationspfad Personalisierung der Steigerung der Individualisierung des Angebots. Er eignet sich zur Transformation von Produkt- oder Plattformgeschäftsmodellen zu Projekt- bzw. Lösungsgeschäftsmodellen. In beiden Fällen ist die durchzuführende Maßnahme für das Front End des Geschäftsmodells der Aufbau eines breiten, flexiblen, integrierten und kundenkonzentrierten Angebots. Im Back End gilt es, die Fähigkeit zur flexiblen Bearbeitung und Implementierung von Kundenanforderungen auszubauen. Bei der Ertragsmechanik ist eine Konzentration auf variable, nachfrageorientierte Kosten notwendig [LMZ17a].

Bei der Definition des Ziels einer Transformation gilt es strategisch zu denken: Soll das Unternehmen der Branchenlogik folgen und diese optimieren oder versuchen, sie zu durchbrechen? Vor allem aber sollte kritisch überprüft werden, ob eine Transformation überhaupt notwendig ist. Denn jede Transformation trägt auch ein großes Risiko in sich.

Personalisierung: Steigerung der Individualisierung des Angebots

Front End: Breites, flexibles, integriertes und kundenkonzentriertes Angebot schaffen.
Back End: Fähigkeit zur flexiblen Bearbeitung und Implementierung von Kundenanforderungen ausbauen.
Ertragsmechanik: Auf variable, auf das Engagement bezogene Kosten (nachfrageorientiert) konzentrieren.

Erweiterung: Steigerung der Vollständigkeit der Transaktion

Front End: Dem Kunden ein Angebot unterbreiten, das ihm die Lösung seines Problems vollständig abnimmt (End-to-End-Prozess)
Back End: Eine führende Plattform aufbauen und kontrollieren, um die benötigten unterschiedlichen Leistungen und Anbieter integrieren zu können.
Ertragsmechanik: Einen Strom kontinuierlicher Einnahmen schaffen.

Standardisierung: Reduzierung der Individualisierung des Angebots

Front End: Neue und bessere Standardangebote schaffen.
Back End: Transformation von einer flexiblen Service-Wertschöpfungsstruktur zu einer skalierbaren Produktions- oder Realisierungsstruktur durch wiederverwendbare Inhalte.
Ertragsmechanik: Fokus auf ein konzentriertes Preismodell durch aktives Management der Fixkosten.

Fokussierung: Reduktion der Vollständigkeit der Transaktion

Front End: Neue Märkte für die Produkte und Dienstleistungen identifizieren.
Back End: Lernen, wie Alleinstellungsmerkmale innerhalb einzelner Produkte oder Dienstleistungen entwickelt oder verteidigt werden können.
Ertragsmechanik: Einfachere und transparentere Preismodelle entwickeln.

BILD 2 Transformationen und entsprechende Anpassungsmaßnahmen [LMZa]

4.3 Entwicklung von Geschäftsmodellen

Literatur:
[LMZ17a] Linz, C.; Müller-Stewens, G; Zimmermann, A.: Fit für die Zukunft. In: Harvard Business Manager, Juli 2017, S. 44–55

[LMZ17b] Linz, C.; Müller-Stewens, G; Zimmermann, A.: Radical Business Model Transformation. Kogan Page, London, New York, Neu Delhi, 2017

4.3.1 Geschäftsmodellentwicklung nach Osterwalder und Pigneur

Der Business Model Design Process nach Osterwalder und Pigneur ist ein etablierter Leitfaden zur diskursiven Entwicklung von Geschäftsmodellen. Das Vorgehen gliedert sich nach Bild 4.32 in fünf Phasen [OP10]:

1. **Mobilisieren:** Ergebnis der ersten Phase ist ein Geschäftsmodellrahmen, mit dem festgelegt wird, wie das Geschäftsmodell beschrieben, entwickelt, analysiert und diskutiert werden soll. Ferner werden die Projektziele formuliert, das Projekt vorbereitet und das Projektteam zusammengestellt. Die Zusammensetzung des Projektteams sollte alle relevanten Teamrollen, wie Mitarbeiter mit Management- und Industrieerfahrung, kreative „Köpfe" etc. berücksichtigen.
2. **Verstehen:** In der zweiten Phase wird das Geschäftsmodellumfeld charakterisiert. Hierzu werden Informationen bezüglich Kunden, Wettbewerbern und Technologien gesammelt und ausgewertet. Ferner werden am Markt gescheiterte Geschäftsmodelle analysiert. Dadurch können oftmals wertvolle Erkenntnisse für die Gestaltung des eigenen Geschäftsmodells gewonnen werden.
3. **Entwickeln:** Hier werden realisierbare Geschäftsmodelloptionen entwickelt, getestet und ausgewählt. Zur

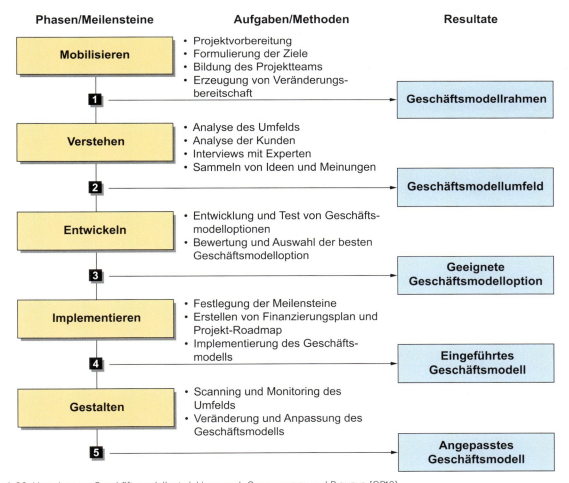

BILD 4.32 Vorgehen zur Geschäftsmodellentwicklung nach Osterwalder und Pigneur [OP10]

Dokumentation wird das von OSTERWALDER und PIGNEUR entwickelte Business Model Canvas mit neun Geschäftsmodellelementen verwendet. Je Geschäftsmodellelement werden unterschiedliche Optionen entwickelt und mit Optionen anderer Geschäftsmodellelemente zu Geschäftsmodelloptionen kombiniert. Tests und eine abschließende Bewertung führen zu der Option mit dem größten Erfolgspotential.

4. **Implementieren:** Hier werden alle notwendigen Teilprojekte identifiziert, Meilensteine geplant sowie ein Finanzierungplan und eine Projekt-Roadmap erstellt. Von besonderer Bedeutung sind dabei die Kommunikation des neuen Geschäftsmodells im Unternehmen und die volle Akzeptanz aller, die von der Geschäftsmodellinnovation betroffen sind. Abschließend wird das Geschäftsmodell eingeführt.
5. **Gestalten:** Märkte und Umfeld eines Geschäftsmodells unterliegen einem ständigen Wandel. Um mit dem Geschäftsmodell längerfristig wettbewerbsfähig zu bleiben, muss dieses kontinuierlich an den Wandel des Umfelds angepasst werden. Die ständige Überwachung des Umfelds im Sinne eines Prämissen-Controllings ermöglicht es, signifikante Veränderungen frühzeitig zu ermitteln und das Geschäftsmodell entsprechend anzupassen.

Resümee

Der Business Model Design Process nach OSTERWALDER und PIGNEUR ist ein etabliertes, generisches Vorgehen für die Entwicklung von Geschäftsmodellen. Es kann unternehmensspezifisch angepasst werden. Besonders hervorzuheben ist die Berücksichtigung von Geschäftsmodellalternativen und eines Implementierungsplans. Wünschenswert wären Erläuterungen von ausgeprägten Geschäftsmodellentwicklungsprozessen.

4.3.2 Konsistenzbasierte Geschäftsmodellentwicklung

Die Grundannahme der konsistenzbasierten Geschäftsmodellentwicklung ist, dass Erfolg versprechende Geschäftsmodelle auf einer Kombination von Gestaltungsoptionen für Geschäftsmodellvariablen basieren, die in sich konsistent ist. Die konsistenzbasierte Geschäftsmodellentwicklung erfolgt in Anlehnung an KÖSTER in vier Phasen, die nachfolgend erläutert werden (Bild 4.32) [Kös14], [GA14]:

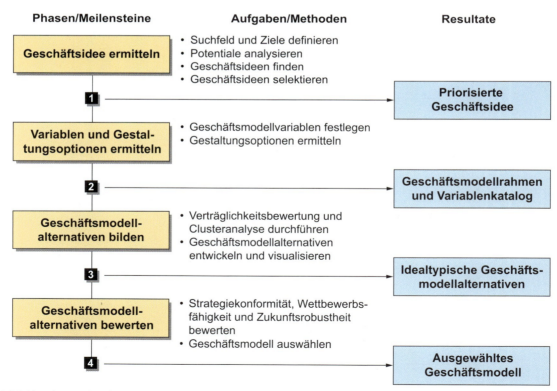

BILD 4.33 Vorgehen zur konsistenzbasierten Geschäftsmodellentwicklung in Anlehnung an KÖSTER [GA14]

1. Geschäftsidee ermitteln

Den Ausgangspunkt bilden die Bestimmung des Suchfeldes und die Definition der Unternehmensziele. Dann erfolgt eine Analyse von Kundenbedürfnissen und -problemen. Davon ausgehend werden Geschäftsideen für die Erschließung der erkannten Potentiale ermittelt und bewertet. Resultat ist eine ausgewählte Geschäftsidee.

2. Variablen und Gestaltungsoptionen ermitteln

Eine Geschäftsmodellvariable beschreibt einen Gestaltungsaspekt in einem Geschäftsmodellelement (vgl. Bild 4.31), beispielsweise *Kundenbetreuung* im Geschäftsmodellelement *Kundenbeziehungen*. Zur Ermittlung von Geschäftsmodellvariablen und zugehörigen Gestaltungsoptionen bieten sich grundsätzlich vier Quellen an [GKR13]:

- **Geschäftsmodellelemente:** Sie kennzeichnen die Gestaltungsfelder eines Geschäftsmodells. Wir beziehen uns dabei auf die eingeführte Geschäftsmodellstruktur (vgl. Bild 4.31). Für die einzelnen Geschäftsmodellelemente wird nach Geschäftsmodellvariablen und zugehörigen Gestaltungsoptionen gesucht, die aus der Literatur und Praxiserfahrungen gewonnen werden können. Typische Variablen für das Element Schlüsselaktivitäten sind beispielsweise After-Sales-Support, Werbung, Fertigung und Logistik.
- **Wettbewerbsarena:** Dabei werden die Unternehmen identifiziert, mit denen das Unternehmen mit der ausgewählten Geschäftsidee in einen Wettbewerb treten würde. Im Prinzip geht es um die Ermittlung der im heutigen Wettbewerb typischen Geschäftsmodellvariablen und deren gängigen Ausprägungen [Bät04]. Sie charakterisieren die üblichen Geschäftslogiken im Markt (Bild 4.34). Selbstredend ist es auch erforderlich, die Entwicklung der Wettbewerbsarena zu antizipieren, um zukünftig relevante Geschäftsmodellvariablen und entsprechende Gestaltungsoptionen zu erkennen [Wen09].
- **Geschäftsmodellumfeld:** Veränderungen im Umfeld eines Geschäftsmodells führen häufig zu einer neuen Geschäftslogik. Diese Änderungen sind zu antizipieren. Sie liefern meist neue Geschäftsmodellvariablen oder zukünftig relevante Gestaltungsoptionen, die nicht Teil heute verfolgter Geschäftsmodelle sind. Beispielsweise durchdringt die Digitalisierung zunehmend auch konservative Branchen wie den Schaltschrankbau. Eine in diesem Kontext denkbare Entwicklung ist der Einzug der Plattformökonomie; d. h. der Großteil der Geschäftstätigkeiten wird zukünftig über digitale Plattformen abgewickelt. Hieraus ergeben sich neue Anforderungen für das Geschäftsmodell, z. B. für die Marketingkanäle. Dort wird die neue Geschäftsmodellvariable *Nutzung digitaler Plattformen* hinzugefügt; denkbare Ausprägungen sind: *Anbieten der Marktleistung auf einer Drittanbieter-Plattform, Anbieten der Marktleistung auf mehreren Drittanbieter-Plattformen* sowie *Anbieten der Marktleistungen auf einer eigenen Plattform.*
- **Geschäftsidee:** Die Analyse der Geschäftsidee selbst kann auch Gestaltungsoptionen offenbaren, die Restriktionen oder mögliche Wettbewerbsvorteile für ein Geschäftsmodell bedeuten. Insbesondere die aus der Geschäftsidee resultierenden Produkt-, Service- und Produktionssystemkonzepte liefern wichtige Informationen – sie bilden die technologische Basis des Geschäftsmodells.

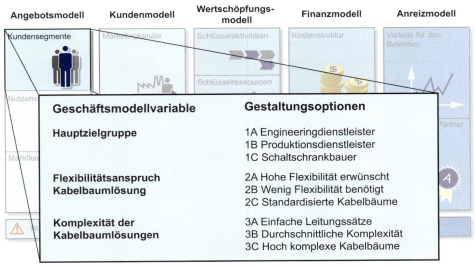

BILD 4.34 Beispiele für Geschäftsmodellvariablen und Ausprägungen (Gestaltungsoptionen) im Kontext Schaltschrankbau (Partialmodell: Angebotsmodell; Geschäftsmodellelement: Kundensegmente)

3. Geschäftsmodellalternativen bilden

Dies beruht auf einer paarweisen Konsistenzbewertung der Gestaltungsoptionen und der anschließenden Konsistenzanalyse (vgl. Kapitel 2.2.4). Da in der Regel die Konsistenzanalyse eine größere Anzahl an konsistenten Bündeln von Gestaltungsoptionen liefert, erfolgt eine Clusteranalyse. Als Ergebnis des skizzierten Prozesses liegt eine Ausprägungsliste vor (Bild 4.35). Sie zeigt in den Spalten (GMA1, GMA2 etc.), welche Gestaltungsoptionen in den jeweiligen durch die Clusteranalyse zusammengefassten Bündeln in welcher Häufigkeit auftreten. Beispielsweise besteht die Geschäftsmodellalternative 1 (GMA 1) im Wesentlichen aus den Gestaltungsoptionen 1C, 2C, 3A etc.

4. Geschäftsmodellalternativen bewerten

Für die Bewertung der entwickelten Geschäftsmodellalternativen werden die Dimensionen *Attraktivität*, *Erreichbarkeit* und *Zukunftsrobustheit* herangezogen (Bild 4.36).

Die *Attraktivität* beschreibt, wie vielversprechend die Umsetzung eines Geschäftsmodells für ein Unternehmen ist. Sie weist Kriterien wie *Marktwachstum*, *Wettbewerbsintensität* etc. auf. Die *Erreichbarkeit* gibt an, wie schwierig die Umsetzung des Geschäftsmodells aus Sicht eines Unternehmens ist. Sie umfasst Kriterien wie *Kernkompetenzen*, *Strategiekonformität* etc. Beide Dimensionen werden im Rahmen einer Nutzwertanalyse bewertet. Mit Hilfe der *Zukunftsrobustheit* wird überprüft, wie tragfähig ein Geschäftsmodell im Lichte von möglichen Markt- und Umfeldszenarien ist. Ein Geschäftsmodell weist eine hohe Zukunftsrobustheit auf, wenn es im Referenzszenario (das aus heutiger Sicht wahrscheinlichste Markt- und Umfeldszenario) und mit Abstrichen auch in weiteren Markt- und Umfeldszenarien Erfolg verspricht. Die Dokumentation des ausgewählten Geschäftsmodells erfolgt entsprechend der eingangs vorgestellten Geschäftsmodellstruktur (vgl. Bild 4.31).

GME	GMV	Gestaltungsoptionen	Nr.	GMA1	GMA2	GMA3	GMA4	...
Kundensegmente	Geschäftsgegenstand	Engineeringdienstleister	1A			100		
		Produktionsdienstleister	1B		100			
		Schaltschrankbauer	1C	100			100	
	Flexibilitätsanspruch Kabelbaumlösung	Hohe Flexibilität gewünscht	2A	20		85	100	
		Wenig Flexibilität benötigt	2B		40	15		
		Standardisierte Kabelbäume	2C	80	60			
	Komplexität der Kabelbaumlösungen	Einfache Leitungssätze	3A	85	100	25	10	
		Durchschnittliche Komplexität	3B	10			85	
		Hoch komplexe Kabelbäume	3C	5		75	5	
	...	...						
Nutzenversprechen	Innovation	Reduktion Einbauzeit	11A	80		100	40	
		Funktionsintegration	11B				40	
		Reduktion Montagerisiko	11C	20			20	
		Reduktion Prüfaufwand	11D					
		Plug & Work	11E		100			
	...	...						
...								

GME Geschäftsmodellelement
GMV Geschäftsmodellvariable
GMA Geschäftsmodellalternative

■ Eindeutige Ausprägung
■ Dominante Ausprägung
□ Alternative Ausprägung
□ Ausprägung tritt nicht auf
97 In 97% der Bündel kommt diese Gestaltungsoption vor

BILD 4.35 Ausprägungsliste der ermittelten Geschäftsmodelle (Auszug)

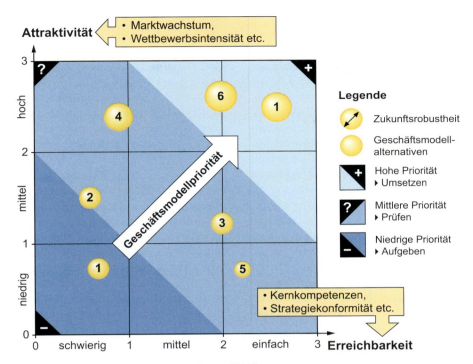

BILD 4.36 Bewertung und Auswahl von Geschäftsmodellvarianten [GA14]

Resümee

KÖSTER liefert eine Systematik, die es ermöglicht, Geschäftsmodellalternativen auf diskursivem Wege zu entwickeln. Kern der Methode ist die Beschreibung von Geschäftsmodellen anhand von Geschäftsmodellvariablen und entsprechende denkbare Ausprägungen (Gestaltungsoptionen) sowie das Zusammenstellen konsistenter Bündel von Gestaltungsoptionen. Diese systematische Beschreibung der Geschäftsmodelle ermöglicht es zudem, Geschäftsmodelle unterschiedlicher Unternehmen hinsichtlich ihrer Ähnlichkeit miteinander zu vergleichen, beispielsweise mit Hilfe der multidimensionalen Skalierung.

4.3.3 Musterbasierte Geschäftsmodellentwicklung

Bei der Entwicklung von Geschäftsmodellen stehen Unternehmen häufig vor ähnlichen Aufgaben, wie z. B. der Auswahl eines geeigneten Erlöskonzepts, Sicherung der Kundenbindung oder Auslagerung interner Aufgaben der Wertschöpfung an externe Akteure. Wenn sich die Aufgaben bei der Entwicklung von Geschäftsmodellen ähneln, so liegt die Vermutung nahe, dass sich auch die angewandten Lösungen bzw. Lösungsideen ähneln und sich Lösungsmuster ergeben. Dieser Ansatz wird im Folgenden näher erläutert.

Bereits 1962 innovierte der britische Triebwerkshersteller Rolls-Royce sein Geschäftsmodell, indem er anstelle eines Festpreises pro Turbine einen festgelegten Preis pro Flugstunde verlangte. Das Geschäftsmodell enthielt neben dem physischen Produkt auch einen umfangreichen Dienstleistungsanteil – sowohl Austausch als auch Instandhaltung der Triebwerke waren im Preis inkludiert [RR17-ol]. Im Verlauf der Zeit sind ähnliche Geschäftsmodelle in anderen Industriezweigen entstanden: Beispielsweise ermöglicht der deutsche Kompressorenhersteller Kaeser mit seiner Lösung SIGMA AIR UTILITY dem Kunden, pro verbrauchtem Kubikmeter Druckluft zu bezahlen. Installation, Betrieb und Instandhaltung werden dabei von Kaeser übernommen [Kae17-ol]. Philips bietet ein ähnliches Geschäftsmodell für medizinische Geräte an [Phi17-ol]. Diese, wie auch viele weitere Unternehmen haben offenbar ein Lösungsprinzip angewendet, welches branchenübergreifend verwendet werden kann – ein sogenanntes Geschäftsmodellmuster [GWE+17].

Geschäftsmodellmuster sind also Lösungsmuster – sie stellen bewährte Lösungsprinzipien dar, welche sich auf wiederkehrende Problemstellungen anwenden lassen [AIS+77]. Kataloge mit Geschäftsmodellmustern wurden bereits durch JOHNSON, OSTERWALDER und PIGNEUR sowie GASSMANN ET AL. erstellt [JL10], [OP10], [GFC13]. Dabei haben letztere herausgefunden, dass 90 % aller neuen Geschäftsmodelle nicht wirklich neu sind, sondern aus einer Rekombination etablierter Muster bestehen [GFC13]. Das Potential von Mustern für die Geschäftsmodellentwicklung ist augenscheinlich hoch. Grundsätzlich kann zwischen zwei Arten von Geschäftsmodellmustern unterschieden werden: allgemeine Geschäftsmodellmuster lassen sich nahezu in jedem Kontext verwenden, während spezifische Geschäftsmodellmuster in einem bestimmten Kontext – z. B. einer Technologie – verankert sind.

Zur effizienten Verwendung allgemeiner Geschäftsmodellmuster bietet sich die Nutzung eines Lösungsmuster-Systems an. Ein Lösungsmuster-System stellt eine strukturierte Sammlung von Geschäftsmodellmustern dar, die auch Informationen zu Abhängigkeiten zwischen den enthaltenden Lösungsmustern bzw. über die Verträglichkeit von Lösungsmustern beinhaltet. Dadurch ist es beispielsweise möglich zu erkennen, welche Muster sich kombinieren lassen [Zim08]. Wir haben ein Geschäftsmodellmuster-System entwickelt, das drei Hierarchie-Ebenen unterscheidet und die Identifikation geeigneter Geschäftsmodellmuster unterstützt. Dazu wurden 74 Geschäftsmodellmuster ihrer Ähnlichkeit nach zu 22 Geschäftsmodellmuster-Gruppen und diese wiederum zu 6 Stoßrichtungen aggregiert [GWE+17].

Bild 4.37 zeigt die resultierenden Aggregationsstufen. Eine beispielhafte Stoßrichtung stellt das Pricing dar – also die Festlegung der Strategie zur Preisbildung. Beim *Benefit-based Pricing* handelt es sich um eine von vier Geschäftsmodellmustergruppen, die dieser Stoßrichtung zugeordnet wurden. Dabei wird der Preis einer Leistung auf Basis des erbrachten Nutzens festgelegt. Eine Möglichkeit diese Art der Bepreisung im Geschäftsmodell zu verankern stellt das Geschäftsmodellmuster *Freemium* dar. Dabei wird dem Kunden eine kostenfreie Basisversion angeboten, die einen deutlich geringeren Nutzen stiftet als die ebenfalls angebotene kostenpflichtige Premiumversion.

Um Aussagen über die Abhängigkeiten der Geschäftsmodellmuster zu erhalten, wurden die Geschäftsmodellmuster paarweise hinsichtlich ihrer Komplementarität in einem gemeinsamen Geschäftsmodell bewertet. Zur effizienten Anwendung des Geschäftsmodellmuster-Systems in Workshops wurden die wesentlichen Informationen in einem Kartenset aufbereitet (Bild 4.38).

Die Vorderseite der Karte zeigt den Namen des betrachteten Geschäftsmodellmusters (bspw. *Freemium*) sowie der zugehörigen Geschäftsmodellmustergruppe (bspw. *Benefit-based Pricing*) und Stoßrichtung (bspw. *Pricing*). Darüber hinaus enthalten zwei Piktogramme wesentliche Informationen über den Inhalt des Musters und die im Geschäftsmodell maßgeblich adressierten Geschäftsmodellelemente – sogenannte Kernelemente. Das Muster „Freemium" adressiert beispielsweise die Kernelemente Marktleistung und Erlöskonzept. Auf der Rückseite der Karte werden dem Anwender eine aphoristisch formulierte allgemeine Beschreibung sowie Informationen über die Kernelemente bereitgestellt. Die beispielhafte Auflistung von Anwenderunternehmen vermittelt ein Verständnis darüber, wie das

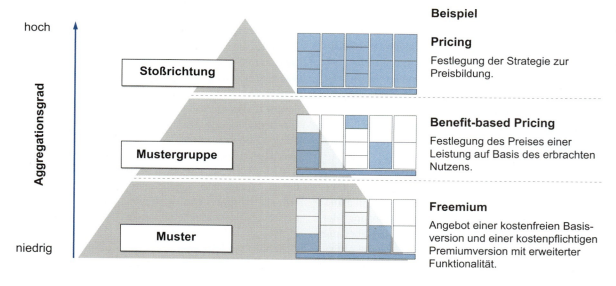

BILD 4.37 Hierarchie des Mustersystems (Blaue Markierung: Betroffene Geschäftsmodellelemente) [GWE+17]

4.3 Entwicklung von Geschäftsmodellen

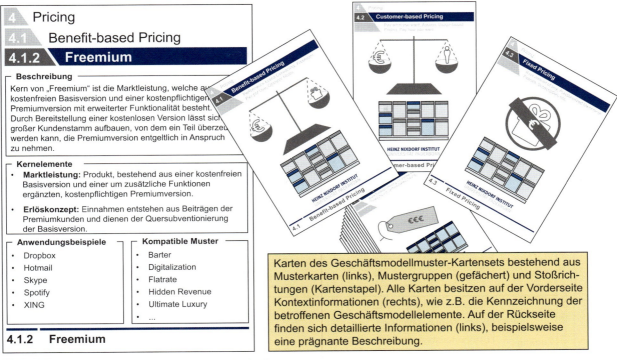

4 Pricing
4.1 Benefit-based Pricing
4.1.2 Freemium

Beschreibung
Kern von „Freemium" ist die Marktleistung, welche aus einer kostenfreien Basisversion und einer kostenpflichtigen Premiumversion mit erweiterter Funktionalität besteht. Durch Bereitstellung einer kostenlosen Version lässt sich ein großer Kundenstamm aufbauen, von dem ein Teil überzeugt werden kann, die Premiumversion entgeltlich in Anspruch zu nehmen.

Kernelemente
- **Marktleistung:** Produkt, bestehend aus einer kostenfreien Basisversion und einer um zusätzliche Funktionen ergänzten, kostenpflichtigen Premiumversion.
- **Erlöskonzept:** Einnahmen entstehen aus Beiträgen der Premiumkunden und dienen der Quersubventionierung der Basisversion.

Anwendungsbeispiele
- Dropbox
- Hotmail
- Skype
- Spotify
- XING

Kompatible Muster
- Barter
- Digitalization
- Flatrate
- Hidden Revenue
- Ultimate Luxury
- ...

4.1.2 Freemium

Karten des Geschäftsmodellmuster-Kartensets bestehend aus Musterkarten (links), Mustergruppen (gefächert) und Stoßrichtungen (Kartenstapel). Alle Karten besitzen auf der Vorderseite Kontextinformationen (rechts), wie z. B. die Kennzeichnung der betroffenen Geschäftsmodellelemente. Auf der Rückseite finden sich detaillierte Informationen (links), beispielsweise eine prägnante Beschreibung.

BILD 4.38 Kartenset der Geschäftsmodellmuster [GWE+17]

Geschäftsmodellmuster in ein bestehendes Geschäftsmodell integriert werden kann. „Freemium" wird beispielsweise von den Unternehmen Dropbox, Hotmail und Skype genutzt. Für eine einfache Navigation im Geschäftsmodellmuster-System beinhaltet jede Karte zudem eine Auflistung anderer, mit dem betrachteten Muster kompatibler Geschäftsmodellmuster sowie deren Kennziffer.

Bei den in unserem Mustersystem hinterlegten Geschäftsmodellmustern handelt es sich um allgemeine Muster, d. h. sie lassen sich in diversen Anwendungsfällen nutzen. Oftmals ist es jedoch auch zweckdienlich, spezifische Muster für eine ausgewählte, geschäftsrelevante Technologie zu ermitteln (vgl. Kasten).

IDENTIFIKATION VON TECHNOLOGIESPEZIFISCHEN GESCHÄFTSMODELLMUSTERN

Die Identifikation von Erfolg versprechenden Geschäftsmodellmustern im Kontext einer bestimmten Technologie beruht auf einer detaillierten Analyse besonders erfolgreicher Technologieanwender. Ihre Geschäftsmodelle werden zunächst systematisch beschrieben. Dazu wird auf die Beschreibung von Geschäftsmodellen mittels Variablen und Gestaltungsoptionen nach KÖSTER (Kapitel 4.3.2) zurückgegriffen. Ergebnis ist eine binäre Ausprägungsliste, die für jedes Unternehmen angibt, welche Gestaltungsoptionen es verfolgt (Bild 1). Technologiespezifische Geschäftsmodellmuster sind dominante Kombinationen von Gestaltungsoptionen in den Geschäftsmodellen erfolgreicher Technologieanwender. Es handelt sich also um Kombinationen von Gestaltungsoptionen, die eine hohe Ähnlichkeit hinsichtlich ihrer Anwendung aufweisen [ADE+14]. Auf Basis der Ausprägungsliste kann die Ähnlichkeit der Gestaltungsoptionen berechnet werden. Dazu eignen sich Ähnlichkeitsmaße, z. B. der Jaccard-Koeffizient [BEP+16]. Die Ähnlichkeitswerte werden in einer Ähnlichkeitsmatrix dokumentiert, sie gibt für jede Paarung von Gestaltungsoptionen an, wie ähnlich sie sich sind. Die Ähnlichkeitsmatrix wird in eine Multidimensionale Skalierung (MDS) überführt, die für alle Partialmodelle des Geschäftsmodells zu erstellen ist. Bild 2 zeigt die MDS für das Angebotsmodell.

4 Geschäftsplanung – Den unternehmerischen Erfolg vorausdenken

Ausprägungsliste Angebotsmodell

Fragestellung:

„Wird die Gestaltungsoption i (Zeile) von Unternehmen j (Spalte) in seinem Geschäftsmodell verwendet?"

1 = ja
0 = nein

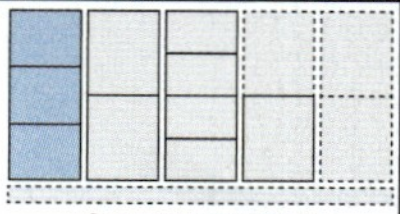

			Unternehmen	ABB	Aerzener M.-Fabrik	Atlas Copco	Bachmann Monitoring	Bilfinger	Brüel & Kjær Vibro	CM Technologies	FAG	GE (Bently Nevada)	Xervon
	Variable	Gestaltungsoption	Nr.	1	2	3	4	5	6	7	8	9	20
Kundensegmente	Zielgruppe	Fremde Maschinen- und Anlagenbauer	1A	0	0	0	1	0	1	1	1	1	0
		Betreiber fremder Maschinen und Anlagen	1B	0	0	0	0	0	0	0	0	0	0
		Eigene Maschinen und Anlagen	1C	1	1	1	0	0	0	0	0	0	0
	Ausrüst-zeitpunkt	Erstausrüstung	2A	1	1	1							
		Nachrüstung	2B	1	1	1							
	Anwen-dungs-fokus	Fokussierung auf eine einzige Anwendung	3A	1	1	1	0	0	0	0	0	0	0
		Fokussierung auf wenige bestimmte Anwendungen	3B	0	0	0	1	0	1	1	0	0	0
		Breit gestreutes Anwendungsfeld	3C	0	0	0	0	1	0	0	1	1	1
Nutzenversprech.	Wartung	Zustandsorientierte Wartung	6A	1	1	1	1	0	1	1	1	1	0
		Starre Wartungsintervalle	6B	0	0	0	0	1	0	0	0	0	1
	Zugäng-lichkeit	Standortunabhängige Überwachung	7A	1	1	1	0	1	1	1	1	1	0
		Überwachung durch Maschinenstandort restringiert	7B	0	0	0	0	1	0	0	0	0	1
Marktleistung	Hardware (Sachleis-tung)	Sensoren	9A	0	0	0	1	1	1	1	1	1	0
		Stationäre Online Messsysteme	9B	0	0	0	1	1	1	1	1	1	0
		Mobile Offline Messsysteme	9C	0	0	0	1	0	1	1	1	1	0
		Mit Online Messsystemen ausgestattete Maschinen	9D	1	1	1	0	0	0	0	0	1	0
		Keine Hardware	9E	0	0	0	0	0	0	0	0	0	1
	Software (Sachleis-tung)	Desktopanwendung	10A	0	1	0	1	0	1	1	1	1	0
		Webapplikation	10B	1	0	1	1	1	0	0	0	0	0
		Keine Software	10C	0	0	0	0	0	0	0	0	0	1

Beispiel: 1 = Das Unternehmen Atlas Copco (Spalte 3) stattet eigene Maschinen und Anlagen aus (Zeile 1C).

BILD 1 Charakterisierung von Geschäftsmodellen der Wettbewerber mittels Variablen und Gestaltungsoptionen [Ams16]

4.3 Entwicklung von Geschäftsmodellen

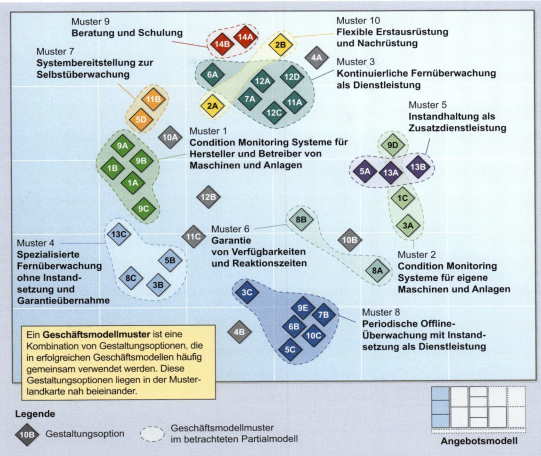

BILD 2 Visualisierung der Musterlandkarte mittels multidimensionaler Skalierung [Ams16]

In der Musterlandkarte werden die Gestaltungsoptionen gemäß ihrer Ähnlichkeit angeordnet. Je öfter die Gestaltungsoptionen gemeinsam in einem Geschäftsmodell verwendet werden, desto größer ist die Ähnlichkeit. In der Musterlandkarte liegen Gestaltungsoptionen mit großer Ähnlichkeit nah beieinander. Durch Clusteringverfahren werden Gruppen von zusammengehörigen Gestaltungsoptionen identifiziert. Diese werden in der MDS farblich hervorgehoben und repräsentieren Geschäftsmodellmuster.

Literatur:

[ADE+14] Amshoff, B.; Dülme, C.; Echterfeld, J.; Gausemeier, J.: Geschäftsmodellmuster für disruptive Technologien. In: Gausemeier, J. (Hrsg.): Vorausschau und Technologieplanung. 10. Symposium für Vorausschau und Technologieplanung, 20. – 21. November 2014, Berlin, HNI-Verlagsschriftenreihe, Band 334, Paderborn, 2014, S. 3 – 28

[Ams16] Amshoff, B.: Systematik zur musterbasierten Entwicklung technologie-induzierter Geschäftsmodelle. Dissertation, Fakultät für Maschinenbau, Universität Paderborn, HNI-Verlagsschriftenreihe, Band 357, Paderborn, 2016

[BEP+16] Backhaus, K.; Erichson, B.; Plinke, W.; Weiber, R.: Multivariate Analysemethoden – Eine anwendungsorientierte Einführung. 14. Auflage, Springer Gabler, Berlin, Heidelberg, 2016

Für den Einsatz von Geschäftsmodellmustern zur Geschäftsmodellentwicklung schlagen wir ein fünfstufiges Vorgehen vor. Es umfasst alle von der Geschäftsideenfindung bis zum fertigen Geschäftsmodell erforderlichen Schritte und ist in Bild 4.39 dargestellt [GWE+17].

1. Geschäftsideen finden

Zu Beginn des Prozesses werden, ausgehend von den Erfolgspotenzialen der Zukunft, Suchfelder für die Geschäftsideen ausgewählt. Wesentliches Hilfsmittel zur Ideengenerierung sind Kreativitätstechniken. Besonders erfolgversprechend ist die Musteradaption zur Generierung von Geschäftsideen. Dabei werden Geschäftsmodellmuster auf das bestehende Geschäft übertragen. Durch die Konfrontation mit neuen Ansätzen wird der Anwender angeregt, abseits der gewöhnlichen Denkmuster zu agieren – ein Bruch der dominanten Geschäftslogik wird wahrscheinlicher. Dabei werden nach GASSMANN ET AL. zwei Vorgehensweisen unterschieden [GFC13]:

- Bei der Anwendung des **Ähnlichkeitsprinzips** werden die Geschäftsmodellmuster zunächst entsprechend ihrer Ähnlichkeit zu typischen Geschäftsmodellen der Anwenderbranche sortiert. Nachfolgend werden Geschäftsmodellmuster ausgewählt, die in der eigenen Branche oder stark analogen Branchen bereits angewendet werden. Durch die initiale Einschränkung des Suchfeldes auf branchennahe Bereiche stellt das Ähnlichkeitsprinzip verhältnismäßig geringe Anforderungen an die Abstraktionsfähigkeit der Anwender. Demgegenüber sind die zu erwartenden Geschäftsideen eher von geringem bis mittlerem Radikalitätsgrad.
- Die Anwendung des **Konfrontationsprinzips** zielt darauf ab, möglichst radikale Geschäftsideen zu erzeugen. Entsprechend werden die Anwender initial mit Geschäftsmodellmustern konfrontiert, die möglichst branchenfremd sind. Die bewusste Konfrontation mit dem Ungewohnten stellt hohe Anforderungen an die Abstraktionsfähigkeit der Anwender. Die zu erwartenden Geschäftsideen haben in der Regel einen hohen Radikalitätsgrad.

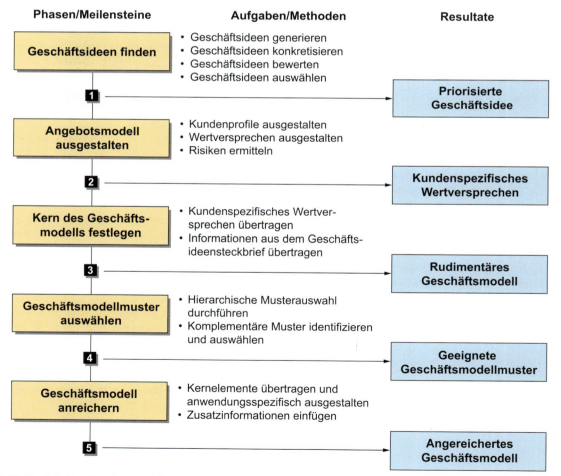

BILD 4.39 Vereinfachtes Vorgehensmodell zur musterbasierten Geschäftsmodellentwicklung in Anlehnung an GAUSEMEIER ET AL. [GWE+17]

Anschließend werden die Geschäftsideen in Form von standardisierten Steckbriefen dokumentiert, hinsichtlich ihrer Markt- und Technologie-Priorität bewertet und eine Erfolg versprechende Idee ausgewählt.

2. Angebotsmodell ausgestalten

Das Angebotsmodell umfasst eine detaillierte Beschreibung, mit welchen Marktleistungen das Geschäftsmodell für welche Kunden einen Nutzen stiftet (vgl. Bild 4.31). Zur Ausgestaltung des Angebotsmodells wird eine erweiterte Variante des **Value Proposition Canvas** in Anlehnung an OSTERWALDER ET AL. genutzt [OPB+14]. Dieses ist in Bild 4.40 dargestellt und umfasst das Kundenprofil (im Bild grün) und das Wertversprechen (im Bild blau). Begonnen wird mit der Ausgestaltung des **Kundenprofils** (Bild 4.40, rechte Seite). Dieses dient dem besseren Verständnis der Kundenbedürfnisse. Die Ausgestaltung des Kundenprofils gliedert sich in drei Schritte:

1. Kundenaufgaben aufnehmen und priorisieren: Kundenaufgaben beschreiben die Aufgaben, die der zukünftige Kunde in seinem Arbeitsalltag zu bewerkstelligen hat (z. B. Angebote bei Lohnfertigern einholen). Die Aufgaben werden anschließend aus Kundensicht nach ihrer Wichtigkeit priorisiert.
2. Kundenprobleme identifizieren und einschätzen: Kundenprobleme umfassen alle Hemmnisse und Schwierigkeiten, die den Kunden bei der Bearbeitung seiner Aufgaben betreffen (z. B. Zeitaufwand bei der Suche nach Lohnfertigern). Kundenprobleme werden konkret beschrieben und entsprechend ihrer Relevanz für den Kunden priorisiert.
3. Kundengewinne ermitteln und bewerten: Kundengewinne sind Ergebnisse oder Vorteile, die sich Kunden bei der Erledigung ihrer Aufgaben erhoffen (z. B. schnelle, unkomplizierte Auftragsvergabe). Dabei sollten verschiedene Gewinnarten berücksichtigt werden. Es wird zwischen erforderlichen, erwarteten, erwünschten und unerwarteten bzw. nicht artikulierten Gewinnen unterschieden.

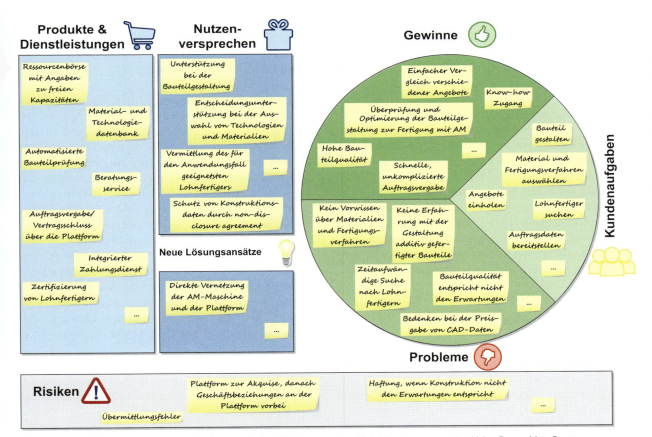

BILD 4.40 Kundenprofil (rechts) und kundenspezifisches Wertversprechen (links) in dem erweiterten Value Proposition Canvas

Wurden Kundenprofile für alle geschäftsmodellrelevanten Kundengruppen angelegt, wird das Wertversprechen der Geschäftsidee formuliert. Das **Wertversprechen** beschreibt, wie das Unternehmen beabsichtigt, mit der Geschäftsidee einen Wert für den Kunden zu schaffen (Bild 4.40, linke Seite). Dabei wird ebenfalls in drei Schritten vorgegangen:

1. Produkte und Dienstleistungen benennen: Zunächst werden aufbauend auf den Informationen aus dem Geschäftsideensteckbrief die Produkte und Dienstleistungen – wir sprechen in diesem Kontext von Marktleistungen – aufgelistet, die dem betrachteten Kundensegment angeboten werden sollen.
2. Nutzenversprechen beschreiben: Angebotene Marktleistungen können auf zwei Wege Nutzen für den Kunden schaffen, und zwar in dem sie unmittelbar Gewinne erzeugen oder Probleme lösen und somit Kosten reduzieren. In diesem Schritt wird für alle identifizierten Marktleistungen aufgezeigt, wie sie Ergebnisse oder Vorteile schaffen, bzw. wie sie spezifische Kundenprobleme lösen.
3. Neue Lösungsansätze dokumentieren: Im Zuge der Diskussion um das Nutzenversprechen entstehen oftmals radikal neue Ansätze für Marktleistungen. Diese können den Ausgangspunkt für weitere, nach diesem Schema auszugestaltende Geschäftsideen sein und werden im dritten Schritt dokumentiert.

Die Anwendung des Value Proposition Canvas in Workshops hilft bei der Strukturierung der Diskussion und steigert die Effizienz in der Geschäftsmodellentwicklung. Ein Erfolg versprechendes Geschäftsmodell besitzt eine hohe Konsistenz zwischen den Kundengewinnen und -problemen sowie dem Nutzenversprechen. Beruhend auf der Erkenntnis, dass Risiken oftmals einen wesentlichen Dreh- und Angelpunkt in der Diskussion um das Value Proposition Canvas darstellen, wurde diese um ein Feld zur Dokumentation von Risiken erweitert. Dieses ist parallel zu den in Phase zwei genannten Schritten zu befüllen.

3. Kern des Geschäftsmodells festlegen

Auf Basis des Geschäftsideensteckbriefs und des für jedes Kundensegment erstellten Value Proposition Canvas wird der Kern des Geschäftsmodells beschrieben. Als Kern des Geschäftsmodells werden Aspekte des Business Model Canvas (vgl. Bild 4.31) bezeichnet, die bereits durch die Geschäftsidee bzw. die Ausgestaltung des Value Proposition Canvas festgelegt wurden. Dem Value Proposition Canvas können beispielsweise bereits Informationen über die zu betrachtenden Kundensegmente, die anzubietende Marktleistung, das generierte Nutzenversprechen und identifizierte Risiken entnommen und in die entsprechenden Elemente des Business Model Canvas übertragen werden. Wurde die Geschäftsidee zuvor sorgfältig, z.B. in Form eines Geschäftsideensteckbriefs dokumentiert, enthält auch dieser bereits wesentliche Informationen, die zur Anreicherung des Business Model Canvas genutzt werden können. Unserer Erfahrung nach beziehen sich diese oftmals auf die Ausgestaltung der Schnittstelle zwischen Unternehmen und Kunden (Kundenbeziehungen), benötigte Technologien (Schlüsselressourcen) und damit einhergehende Rollen im Wertschöpfungssystem (Wertschöpfungsstruktur und Schlüsselpartner) oder die Art, wie das Unternehmen gedenkt, Geld zu verdienen (Erlöskonzept).

Das auf diese Weise angereicherte Business Model Canvas wird als rudimentäres Geschäftsmodell bezeichnet. Es bildet den Ausgangspunkt der anschließenden musterbasierten Geschäftsmodellkonkretisierung.

4. Geschäftsmodellmuster auswählen

Bei der Identifikation Erfolg versprechender Geschäftsmodellmuster differenzieren wir zwischen zwei Vorgehensweisen – die hierarchische Musterauswahl und die Auswahl komplementärer Muster.

1. Hierarchische Musterauswahl: Hier werden systematisch Geschäftsmodellmuster identifiziert, welche geeignet sind, das Geschäftsmodell anzureichern. Hierzu müssen zunächst offene Gestaltungsfelder im Geschäftsmodell ermittelt werden. Dabei werden die Workshopteilnehmer mit den sechs Stoßrichtungen des Geschäftsmodellmuster-Systems, also der obersten Hierarchieebene, konfrontiert (vgl. Bild 4.37). Die Fragestellung lautet: Inwieweit adressiert die Beschreibung der Stoßrichtung Inhalte des Geschäftsmodells, die bislang nicht betrachtet werden? Auf Basis der getroffenen Auswahl steht die Identifikation geeigneter, den ausgewählten Stoßrichtungen zugeordneten Geschäftsmodellmustergruppen an. Abermals sind die Teilnehmer aufgefordert aus Ihrer Sicht attraktive Karten auszuwählen. Dabei ist es zielführend, zwei Dimensionen zu berücksichtigen:
   a) Die Strategiekonformität wird herangezogen, um die Kohärenz der Geschäftsmodellmustergruppe mit den langfristig im Unternehmen verfolgten Zielen zu bewerten.
   b) Mittels des Differenzierungsgrads wird beurteilt, inwiefern sich die Geschäftsmodellmustergruppen eignen, um sich vom Wettbewerb zu differenzieren und Alleinstellungsmerkmale zu schaffen.

Für die weitere Betrachtung werden die Geschäftsmodellmustergruppen mit der höchsten Attraktivität ausgewählt. Anschließend werden die zugeordneten Geschäftsmodellmuster betrachtet und Erfolg versprechende Muster ausgewählt. Dabei gilt es sicherzustellen, dass die ausgewählten Muster konsistent sind.

2. Auswahl komplementärer Muster: Dies setzt voraus, dass bereits ein für das Geschäftsmodell Erfolg versprechendes Geschäftsmodellmuster identifiziert wurde. Aufbauend darauf werden die Teilnehmer mit Geschäftsmodellmustern konfrontiert, die eine hohe Komplementarität mit dem bereits ausgewählten Muster aufweisen. Auf diese Weise lassen sich sehr effizient Geschäftsmodelle erzeugen, die in sich konsistent sind.

5. Geschäftsmodell anreichern

Zur Integration der Geschäftsmodellmuster in das Geschäftsmodell werden zunächst die abstrakt beschriebenen Kernelemente des jeweilig betrachteten Musters in das Geschäftsmodell übernommen und anschließend individuell ausgestaltet (Bild 4.41). D. h. die abstrakten Formulierungen des Musters werden in konkrete Lösungselemente überführt.

Beispielsweise finden sich Aspekte des Geschäftsmodellmusters „Freemium" in den Geschäftsmodellelementen Marktleistung, Erlöskonzept sowie Vorteile für den Betreiber wieder. So wurden die in dem Value Proposition Canvas (Bild 4.40) beschriebenen Produkte und Dienstleistungen in eine Basis- und eine Premiumvariante unterteilt (Bild 4.41, Pfeil Nr. 1). Im Erlöskonzept wurde festgehalten, dass die Erlöse aus Beiträgen der Premiumkunden zur Subventionierung der Basisvariante genutzt werden (Bild 4.41, Pfeil Nr. 2). Aus der Beschreibung des Musters ersichtliche Vorteile für den Anwender, wie der Aufbau eines breiten Kundenstammes, wurden ebenfalls in das Business Model Canvas übertragen (Bild 4.41, Pfeil Nr. 3). Sind alle Muster in das Business Model Canvas übertragen, werden die noch nicht definierten Aspekte des Geschäftsmodells im kreativ-analytischen Verfahren ergänzt.

Resümee

Die Entwicklung von Geschäftsmodellen auf Basis eines Lösungsmuster-Systems bietet eine Reihe von Vorteilen: u. a. fördern Lösungsmuster die Kreativität während der Geschäftsideengenerierung und erleichtern die Ausgestaltung des Geschäftsmodells. Das Wissen über potentiell kombinierbare Geschäftsmodellmuster und deren hierarchische Strukturierung trägt wesentlich zum Kompetenzaufbau im Bereich der Geschäftsmodellentwicklung bei.

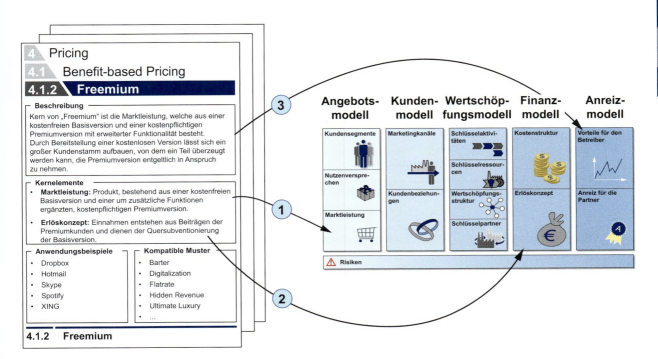

BILD 4.41 Geschäftsmodellmuster in Business Model Canvas integrieren und konkretisieren

4.3.4 Produktlebenszyklusorientierte Geschäftsmodellentwicklung

Der stetige Wandel von Märkten, Geschäftsumfeldern und Technologien führt dazu, dass insbesondere hochwertige, innovative Produkte und die zugehörigen Geschäftsmodelle schnell an Aktualität verlieren. Mit der stark Technik-getriebenen Erhaltung des Wettbewerbsvorsprungs der Produkte (vgl. Kapitel 4.2.3) muss auch die Weiterentwicklung der Geschäftsmodelle über den Produktlebenszyklus einhergehen. Es ist unrealistisch anzunehmen, dass ein initiales Geschäftsmodell über den gesamten Produktlebenszyklus trägt [Pei15], [AG16]. Häufig ermöglicht eine Evolution des Produktes und damit verbunden des Geschäftsmodells eine Verlängerung des Marktzyklus eines Produkts (Bild 4.42). So kann dem Phänomen der sich verkürzenden Produktlebenszyklen entgegengesteuert werden [AG16].

Im Folgenden stellen wir eine Methode vor, wie der skizzierte Herausforderung der produktlebenszyklusorientierten Anpassung der Geschäftsmodelle und Verlängerung des Marktzyklus durch Produkt- bzw. Marktleistungsevolution nach PEITZ wirkungsvoll begegnet werden kann [Pei15]. Das entsprechende Vorgehensmodell ist in Bild 4.43 wiedergegeben.

1. Analyse der Ausgangssituation

In der ersten Phase wird der Handlungsrahmen für die Evolution des Geschäftsmodells festgelegt. Dessen Freiheitsgrade werden durch die Unternehmens- und Geschäftsstrategie bestimmt [BR11]. Weiterhin werden das bestehende Produkt- bzw. Marktleistungskonzept sowie das Geschäftsmodell auf Schwachstellen untersucht. Ergänzend dazu kann in dieser Phase zudem eine Stakeholder-Analyse erfolgen. Sie liefert Erkenntnisse über Stakeholder, die bei der Anpassung des Geschäftsmodells besonders zu berücksichtigen sind [GP14].

2. Markt- und Technologievorausschau

Zur Planung von Geschäftsmodellevolutionen ist dezidiertes Wissen über die Zukunft erforderlich. Dazu werden Methoden zur Vorausschau (vgl. Kapitel 2.2 und 2.3) und

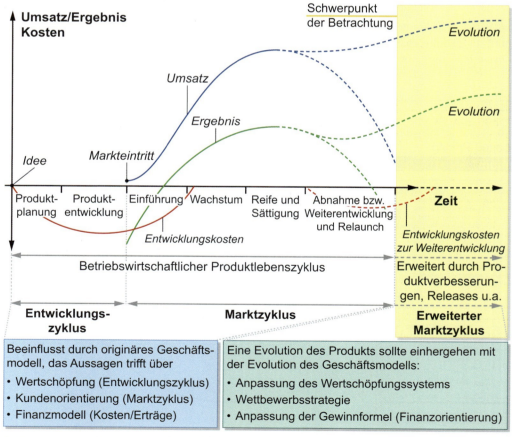

BILD 4.42 Idealtypischer Produktlebenszyklus [Pei15]

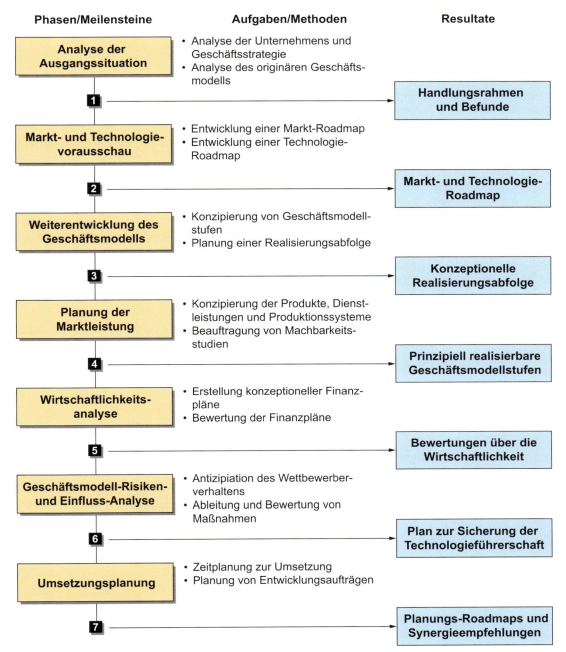

BILD 4.43 Vorgehensmodell zur Entwicklung einer produktlebenszyklusorientierten Geschäftsmodell-Roadmap nach PEITZ [Pei15]

Methoden zur Technologieplanung, wie sie in Kapitel 3.3 erläutert sind, eingesetzt. Häufig liegt im Unternehmen bereits im Rahmen einer professionellen strategischen Planung Zukunftswissen vor. Resultat dieser Phase ist eine Roadmap, die zukünftige Entwicklungen aus Markt- und Technologiesicht über den Zeitverlauf darstellt.

3. Weiterentwicklung des Geschäftsmodells

Den Ausgangspunkt bildet die Geschäftsideenfindung. Dabei werden in einem kreativen Prozess Geschäftsideen generiert und anschließend zu Clustern zusammengefasst. Die Befunde zu Schwachstellen des heutigen Geschäftsmodells sowie zukünftige Markt- und Umfeldentwicklungen stellen dafür die Grundlage dar. Die Geschäftsideen werden anschließend in eine Realisierungsreihenfolge gebracht. Sie orientiert sich an den Erkenntnissen aus der Markt- und Technologievorausschau und erlaubt die Nutzung von Synergiepotentialen bei der Operationalisierung. Die Ermittlung der Realisierungsreihenfolge erfolgt ausgehend von einer Design Struktur Matrix (DSM), wie in Bild 4.44 dargestellt. Die Triangularisierung der Matrix liefert die Realisierungsreihenfolge. Dabei ist zu beachten, dass es Rückbezüge gibt, so dass einige Stufen nicht unabhängig voneinander geplant werden können. Die graphische Darstellung der Reihenfolge der Geschäftsideen erfolgt mit Hilfe der gelben Kugeln. Die Pfeile geben an, welche Geschäftsidee Voraussetzung für die Realisierung einer nachfolgenden Geschäftsidee ist. Es empfiehlt sich, die Geschäftsideen anschließend einem Zeithorizont zuzuordnen: operativ (max. 6 Monate), taktisch (bis 2 Jahre), strategisch (über 2 Jahre). Dies gibt eine Orientierung für die Reihenfolge der Ausgestaltung der Geschäftsideen zu Geschäftsmodellen, für die ein Business Model Canvas verwendet wird, sowie die Umsetzung. Das ausgefüllte Business Model Canvas dient als Grundlage für die folgende Erarbeitung der zugehörigen Produkt-, Dienstleistungs- und Produktionssystemkonzepte.

4. Planung der Marktleistung

Mit der Weiterentwicklung des Geschäftsmodells geht auch die Weiterentwicklung der Marktleistungen und Produktionssysteme einher. Die Konzipierung der modifizierten Produkte, Dienstleistungen und Produktionssysteme erfolgt mit Hilfe der fachdisziplinübergreifenden Spezifikationstechnik CONSENS (vgl. Kapitel 5) sowie dem Layer-Modell für hybride Leistungsbündel nach MÜLLER und STARK [MS12]. Dabei kommt es darauf an, die Auswirkungen aus der erwarteten Entwicklung der Märkte, der Geschäftsumfelder und der Technologien auf die zu spezifizierenden Partialmodelle der Marktleistung und des

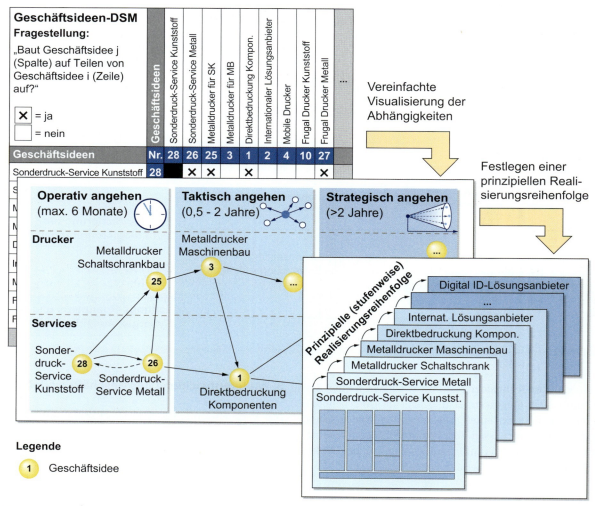

BILD 4.44 Systematik zur Ermittlung einer Realisierungsreihenfolge von Geschäftsideen [Pei15]

Produktionssystems zu erkennen und zu berücksichtigen. Ergebnis sind detaillierte Anforderungslisten für die Weiterentwicklung des Produkts, der Dienstleistung und des Produktionssystems.

Damit liegt ein detaillierter Überblick über die Aufgaben zur Weiterentwicklung des Geschäftsmodells vor. Zur Einschätzung der technischen Machbarkeit und der potentiellen Kosten werden Machbarkeitsstudien bei den verantwortlichen Funktionsbereichen beauftragt. Die Studienergebnisse fließen schlussendlich wieder in die Verbesserung der Konzepte ein.

5. Wirtschaftlichkeitsanalyse

Der Entscheidung für die Realisierung einer Geschäftsmodellstufe muss eine detaillierte Wirtschaftlichkeitsanalyse zugrunde liegen. Dazu werden Kosten- und Ertragsprognosen erstellt und in einem Finanzplan (vgl. Kapitel 4.4) zusammengefasst. Die darin enthaltenen Kennzahlen sind maßgeblich für die Realisierung oder Ablehnung einer Geschäftsmodellstufe.

6. Geschäftsmodell-Risiken- und Einflussanalyse

Wesentliche Einflussgrößen auf und Risikoquellen für das Geschäftsmodell ergeben sich aus der künftigen Wettbewerbsarena. Wie bei der Fehlermöglichkeits- und Einflussanalyse (FMEA) sind potentielle Risiken zu erkennen und in Verbindung mit möglichen Gegenmaßnahmen zu bewerten. Ein typisches Risiko ist beispielsweise die Vorwärtsintegration eines Zulieferers (Schlüsselpartner).

7. Umsetzungsplanung

Hier wird die Umsetzung aller Geschäftsmodellstufen detailliert geplant. Sie wird anhand einer Geschäftsmodell-Roadmap (Bild 4.45) dokumentiert. Die Roadmap umfasst drei Bereiche: 1) Die *Markt-Roadmap* visualisiert, wie sich beispielsweise die Kundenbedürfnisse in Zukunft ändern und wann diese Änderungen erwartet werden. 2) Die *Technologie-Roadmap* listet diejenigen Technologien auf, die für die entwickelten Geschäftsmodellstufen relevant sind und gibt deren Verfügbarkeit für das Unternehmen an. 3) Die eigentliche *Geschäftsmodell-Roadmap* zeigt an, zu welchen Zeitpunkten eine Geschäftsmodellstufe initiiert

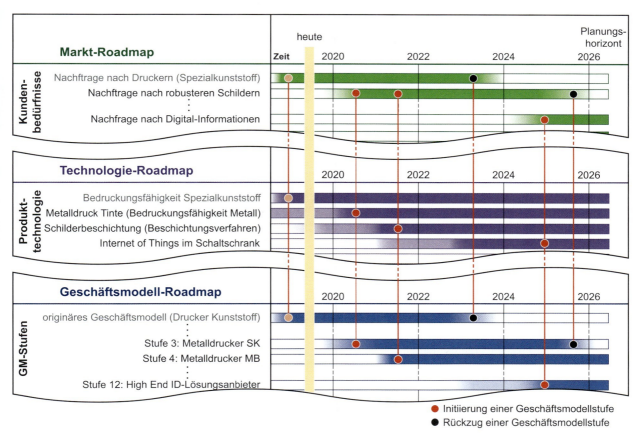

BILD 4.45 Beispiel einer Geschäftsmodell-Roadmap für zukünftige Drucker/ID-Systeme [Pei15]

oder zurückgezogen werden soll. Die senkrechten Spangen markieren den Start- und Endzeitpunkt. Sie zeigen, welche Technologien für eine spezifische Geschäftsmodellstufe benötigt bzw. welche Kundenbedürfnisse mit dem Geschäftsmodell erfüllt werden.

Resümee

Es handelt sich um ein systematisches und pragmatisches Vorgehen, das die Planung der Weiterentwicklung des eigenen Geschäftsmodells im Lichte von wahrscheinlichen Veränderungen der Märkte, Geschäftsumfelder und Technologien adressiert. Anbieter von komplexen, hochwertigen Technologieerzeugnissen werden kaum umhin kommen zumindest derartige Überlegungen anzustellen, um mental auf den bevorstehenden Wettbewerb vorbereitet zu sein.

4.4 Erstellung von Geschäftsplänen

Wie bereits erwähnt, können Neuheiten nach SCHUMPETER nur dann als Innovationen bezeichnet werden, wenn sie sich erfolgreich im Markt durchsetzen. Sie müssen entweder den wahrgenommenen Kundennutzen steigern oder die Kosten der Leistungserstellung senken. Die erfolgreiche Umsetzung einer Idee am Markt zeigt sich jedoch erst im Laufe der Zeit und ist im Stadium der Idee noch wenig greifbar. Auf dem Weg von der Idee bis zum Markterfolg sind erhebliche Ressourcen erforderlich. Innovationen setzen daher die Bereitschaft und Fähigkeit zu Investitionen voraus. Investitionen werden nur getätigt, wenn eine Renditeerwartung besteht. Die Renditeerwartung ist abhängig von der Höhe der Investitionssumme bzw. des eingesetzten Kapitals und der Zeit, bis sich eine Investition rentiert. Daher ist es ratsam, schon zu einem möglichst frühen Zeitpunkt der Innovationsentwicklung einen Nachweis der Wirtschaftlichkeit zu erbringen. Jeder Innovation muss demnach eine entsprechend schlüssige Investitionsrechnung (engl. *business case*) zu Grunde liegen (Kapitel 4.4.1). Das gilt in erster Linie für die projektorientierte Finanzierung von Produkt- oder Dienstleistungsinnovationen, die in der eigenen Organisation entstanden sind und durch sie verwertet werden sollen.

Nicht alle Innovationen mit einem erbrachten schlüssigen Nachweis der Wirtschaftlichkeit können von einem Unternehmen umgesetzt werden; die Mittel sind in der Regel begrenzt. Daher stehen Ideen, die zu Innovationen führen sollen, im Wettbewerb zueinander. Je nach Innovationsorganisation (vgl. Kapitel 1.2.4) gibt es für Unternehmen daher die Notwendigkeit das Innovationsgeschehen und die Innovationsbudgets unter dem Aspekt der Wirtschaftlichkeit effizient zu steuern.

Stehen im Unternehmen die für die Investition notwendigen Mittel nicht oder nicht in ausreichendem Maße zur Verfügung, besteht die Notwendigkeit eines Finanzierungskonzeptes. Basis für eine erfolgreiche Gewinnung von Investoren ist ein Geschäftsplan (Kapitel 4.4.2). Ein Geschäftsplan (engl. *business plan*) ist deutlich umfassender zu verstehen als eine Investitionsrechnung. Damit werden auch Geschäftsmodellinnovationen oder neue strategische Geschäftsfelder bewertet. Ein gelungener Geschäftsplan ist häufig die Basis für die erfolgreiche Finanzierung von Unternehmensneugründungen (engl. *start-up*).

Die Finanzierung von Innovationen hat sich in den letzten Jahren im Kontext der digitalen Transformation stark verändert. Durch die starke Verbreitung des Internets können viel mehr Kunden oder Nutzer deutlich schneller angesprochen werden. Besonders beim digitalen Handel (engl. *eCommerce*) haben sich Unternehmen mit neuen Geschäftsmodellen rasant entwickelt. Ob und wie schnell eine Geschäftsidee zu einem Markterfolg wird, zeigt sich erst im Marktgeschehen. Das Marktwachstum für stark skalierende Innovationen kann daher nur schlecht antizipiert werden. Die klassische Investitionsrechnung ist für die Innovationsfinanzierung dieser Geschäftsmodelle kaum noch anwendbar. Außerdem orientieren sich Unternehmensbewertungen nicht mehr ausschließlich an der Renditeerwartung eines Produkts oder einer Dienstleistung, sondern häufig werden ganze Märkte ins Kalkül gezogen, die erst noch geschaffen werden müssen. Ins Zentrum der Überlegungen von Investoren rückt der zukünftige Marktwert einer Innovation oder eines Unternehmens. Die notwendige Start-up-Finanzierung folgt völlig neuen Regeln (Kapitel 4.4.3).

4.4.1 Investitionsrechnung

Eine Investitionsrechnung ist die Beurteilung der Wirtschaftlichkeit eines Investitionsobjekts. Sie umfasst alle Bereiche der rechenbaren Aspekte einer Investition. Im Kern geht es um die Frage: „Wie rentabel ist die Investitionsmöglichkeit?". Als Entscheidungshilfe für den Investor sollen die finanziellen Konsequenzen quantifiziert, bewertet und verdichtet werden. Nach bestem Wissen sollen die finanziellen und strategischen Auswirkungen der Investition prognostiziert werden. Um die Informationsunsicherheit auszuschließen, wird bei der Investitionsrechnung von einem eindeutigen Prognosewert für die Ein- und Auszahlungen ausgegangen. Alle Verfahren basieren auf diesem Prinzip. Dabei findet ein Vergleich verschiedener Handlungsoptionen statt. Eine immer gegebene Handlungsoption ist die Beibehaltung des Status quo.

Investitionsrechnung ist eine eigene Disziplin der Betriebswirtschaftslehre, daher wollen wir in diesem Buch nur einen aus unserer Sicht relevanten Überblick über das Thema geben und verweisen auf die einschlägige Standardliteratur [BLS12], [Pap15], [SSS07], [WG11].

Neben der Investitionsrechnung spielen für das tatsächliche Tätigen einer Investition weitere Faktoren, wie z. B. Technik, Recht oder persönliche Ansichten eine bedeutende Rolle. Je nach strategischer Präferenz wählen Unternehmen unterschiedliche Methoden zur Bewertung von Investitionen. In Abhängigkeit vom dem jeweiligen Rechenverfahren wird die Wirtschaftlichkeit nach dem Kapitalwert, der Gesamtverzinsung des Investitionsvorhabens oder dem Zeitraum beurteilt, in dem die Summe der Einzahlungen die Summe der Auszahlungen aufwiegt. Grundsätzlich werden gemäß Bild 4.46 dynamische und statische Verfahren unterschieden.

Innerhalb der modernen Investitionstheorie wird eine Investition als ein Zahlungsstrom aller Einzahlungen und Auszahlungen betrachtet. Die dynamischen Verfahren basieren auf dieser Sicht. Aus der Sicht des Rechnungswesens handelt es sich bei einer Investition um die Überführung von Zahlungsmitteln in Sach- und Finanzvermögen. Alle statischen Verfahren basieren auf dieser Sicht [SSS07].

In der Praxis werden Investitionsrechenverfahren auch im Projektgeschäft angewendet, um die Wirtschaftlichkeit von Projekten zu bewerten. Man spricht häufig von einem Business Case. Alle finanziellen Größen werden einerseits über die Projektlaufzeit und andererseits über den gesamten Lebenszyklus der durch das Projekt zu erstellenden Lösung in Beziehung zueinander gesetzt (Bild 4.47). Dadurch soll gewährleistet werden, dass ein Projekt wirtschaftlich Sinn macht, da andernfalls das investierte Geld anderweitig besser eingesetzt werden könnte. Außerdem eignet sich der Business Case auch als Controlling-Instrument über den gesamten Lebenszyklus des Projektes. Dazu wird zu entscheidenden Meilensteinen der Business Case aktualisiert und überprüft. Eventuell auftretende Abweichungen werden analysiert, ggf. werden Maßnahmen zur Korrektur von negativen Abweichungen eingeleitet.

Häufig wird der Aufwand für die Erarbeitung eines aussagefähigen Business Case unterschätzt. Die eigentlichen Vorlagen und Rechenverfahren für die Investitionsrechnung sind eher einfach. Dahinter verbirgt sich jedoch die komplette Finanzplanung eines Projektes. Um eine hohe Qualität zu erreichen, sind sowohl eine hohe Detaillierung als auch eine sichere Prognostik notwendig. Präzise Aussagen zu Einsparungen oder Ertragssteigerungen in der Zukunft sind jedoch eher schwierig zu bekommen – damit steigt die Unsicherheit in Bezug auf das Ergebnis. Das ist auch die Hauptkritik an Investitionsrechenverfahren. Im Folgenden werden die Kapitalwertmethode, die Rentabilitätsrechnung am Beispiel von Return on Investment (RoI), die Ermittlung der Amortisationsdauer und die Break-Even-Analyse kurz vorgestellt.

Kapitalwertmethode oder Discounted Cash Flow

Der Kapitalwert oder Nettobarwert (engl. *net present value*, NPV) ist eine betriebswirtschaftliche Kennzahl der dynamischen Investitionsrechnung. Die Kapitalwertmethode wird unter dem Begriff *Net Present Value (NPV)* bei der Investitionsrechnung und unter dem Begriff *Discounted Cash Flow (DCF)* bei Unternehmensbewertungen eingesetzt.

Bei der Kapitalwertmethode werden alle Ein- und Auszahlungen über den gesamten Produktlebenszyklus von der Investitionsentscheidung bis zur Rücknahme aus dem

BILD 4.46
Übersicht der Investitionsrechenverfahren nach PAPE [Win13]

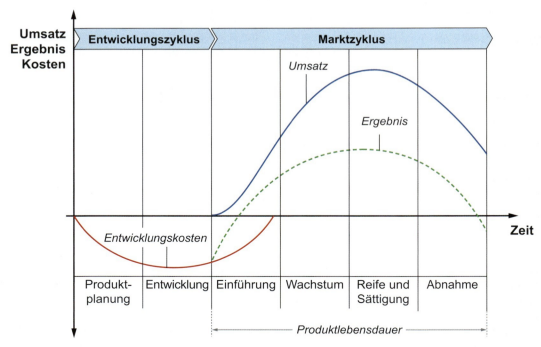

BILD 4.47 Modell des Produktlebenszyklus

Markt betrachtet. Durch Abzinsung auf den Beginn der Investition werden Zahlungen vergleichbar gemacht, die zu beliebigen Zeitpunkten anfallen. Der Kapitalwert einer Investition ist folglich die Summe der Barwerte aller durch diese Investition verursachten Zahlungen (Ein- und Auszahlungen). Der Kapitalwert berechnet sich wie folgt:

$$KW_0 = -I_0 + \sum_{t=1}^{T} \frac{Z_t}{(1+i)^t} + R_T \cdot (1+i)^{-T} \quad (4.1)$$

KW_0 = Kapitalwert bezogen auf den Zeitpunkt $t = 0$
I_0 = Investitionsausgaben zum Zeitpunkt $t = 0$
i = Kalkulationszins
Z_t = Zahlungsstrom (Cashflow) in Periode t, wobei Z_t = E_t-A_t (Einzahlungen-Auszahlungen)
R_T = Restwert zum Zeitpunkt $t = T$
T = Betrachtungsdauer (in Perioden)

Der Kapitalwert kann auch als der Geldbetrag bezeichnet werden, der nach Ende des Lebenszyklus einer Investition und unter Berücksichtigung der Verzinsung und der Ein- und Auszahlungen entstanden ist. Ist der Kapitalwert positiv, ist der Nachweis der Wirtschaftlichkeit für die Investition erbracht. In Bild 4.48 ist beispielhaft eine einfache Kapitalwertrechnung dargestellt.

Vorteilhaft an der Kapitalwertmethode ist die schnelle und einfache Berechnung. Ebenfalls können verschiedene Investitionen oder Investitionsvarianten verglichen werden. Ausgewählt wird die Lösung, die den höchsten Kapitalwert erwarten lässt. Allerdings liegen jedoch in der Einfachheit der Kapitalwertmethode, wie auch allen anderen Discounted Cash Flow-Verfahren, die Probleme. Es besteht die Gefahr, die Ergebnisse unkommentiert zu verwenden. Die getroffenen Annahmen, insbesondere über die Höhe der zukünftigen Cashflows und der Risikoprämie des Kalkulationszinssatzes, sollten genannt und begründet werden. Während die Kosten noch relativ gut erfasst werden können, ist der zukünftige Markterfolg nur schwer abschätzbar. Der Anwender benötigt eine sehr genaue Kenntnis des Marktes und der Marktentwicklungen. Die Kapitalwertmethode ist demnach wenig geeignet in dynamischen Märkten. Da Projekte auch einen langen Lebenszyklus haben können, sollte neben den reinen Zahlungsströmen berücksichtigt werden, dass die Unsicherheit im Zeitverlauf ansteigt.

Rentabilitätsrechnung

Die Rentabilitätsrechnung ist ein statisches Verfahren der Investitionsrechnung und wird auch als Rentabilitätsvergleich, Renditemethode oder Return on Investment (RoI) bezeichnet. Der RoI ist der durch eine Investition verursachte Gewinn im Verhältnis zum durchschnittlich gebundenen, also investierten Kapital.

$$ROI = \frac{Gewinn}{Durchschnittlich\ gebundenes\ Kapital} \quad (4.2)$$

4.4 Erstellung von Geschäftsplänen

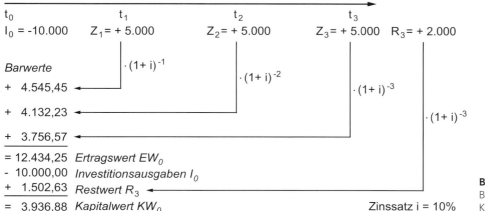

BILD 4.48
Beispiel für eine Kapitalwertberechnung

Die Rentabilität stellt demnach die Verzinsung des investierten Kapitals dar. Je höher der Gewinn auf das eingesetzte Kapital ist, desto größer ist der RoI und damit ist die Investition rentabler. Die Anwendung des RoI führt zur effizienten Nutzung des eingesetzten Kapitals und steigert den Wert für den Investor (engl. *shareholder value*). Mit dem RoI kann sehr gut der Erfolg von Investitionen verglichen werden. Oberstes Ziel der Unternehmensführung ist somit nicht die Gewinnmaximierung, sondern die Maximierung des Ergebnisses pro eingesetzter Kapitaleinheit. Damit wird eine (kapital-)wertorientierte Unternehmensführung erreicht.

Sehr übersichtlich kann man den Rentabilitätsvergleich am DuPont-Schema darstellen (Bild 4.49). Das DuPont-Schema wurde schon 1919 entwickelt und gilt als eines der ältesten betriebswirtschaftlichen Kennzahlensysteme der Welt – an Aktualität hat es bis heute nicht verloren. Die Spitzenkennzahl RoI wird zunächst in Umsatzrendite und Umschlagshäufigkeit des betriebsnotwendigen Kapitals aufgeteilt. In den folgenden Stufen werden die Kennzahlen weiter untergliedert. Die Umsatzrendite ist Gewinn durch Umsatz, die Kapitalumschlagshäufigkeit berechnet sich aus dem Umsatz durch das durchschnittlich investierte Kapital (betriebsnotwendiges Vermögen). Diese Aufspaltung lässt sich fast unbegrenzt weitertreiben. Durch die mathematische Zerlegung der übergeordneten Zielgröße werden die verschiedenen Einflussfaktoren auf den Unternehmenserfolg übersichtlich dargestellt.

Die im DuPont-Schema verwendeten Kennzahlen werden überwiegend aus dem betrieblichen Rechnungswesen bezogen und sind damit auch mit denen anderer Unternehmen vergleichbar. Die Ausrichtung an dem kurzfristigen Rentabilitätsziel berücksichtigt allerdings nicht den langfristigen Aspekt der Unternehmenswertsteigerung. Nachteile entstehen durch die ausschließliche Ausrichtung auf das eine Ziel der Kapitaleffizienz. Dadurch können Synergien zwischen Unternehmensbereichen oder Projekten nicht genutzt werden. Oft haben zukunftsrobuste Projekte eine vergleichsweise geringere Rentabilität als riskante Projekte. Deswegen führt eine streng am Shareholder-Value orientierte Investitionsplanung zu einem erhöhten unternehmerischen Risiko.

Amortisationsrechnung

Das Ziel der Amortisationsrechnung ist die Ermittlung des Zeitpunkts, zu dem die Rückflüsse einer Investition die Anfangsinvestition wieder ausgleichen. Der Zeitpunkt der Amortisation ist erreicht, *„wenn die Summe der Nettozahlungen einer Investition in Abhängigkeit von der Zeit erstmals Null werden"* [BLS12].

$$Amortisationszeit = \frac{Investitionsausgabe}{Durchschnittlicher\ Rückfluss\ pro\ Zeiteinheit} \quad (4.3)$$

Dadurch kann das Risiko einer Investition beurteilt werden. Je weiter der Amortisationszeitpunkt einer Investition in der Zukunft liegt, desto riskanter ist eine Investition – unter der Annahme, dass die Ungewissheit in der Zukunft zunimmt. In der Literatur wird häufig darauf hingewiesen, dass die alleinige Betrachtung der Amortisationszeit einer Investition zu falschen ökonomischen Schlüssen führen kann [BLS12]. Der risikoaverse Investor wird die Investition mit einer kürzeren Amortisationsdauer vorziehen, selbst wenn diese eventuell einen geringeren Kapitalwert hat.

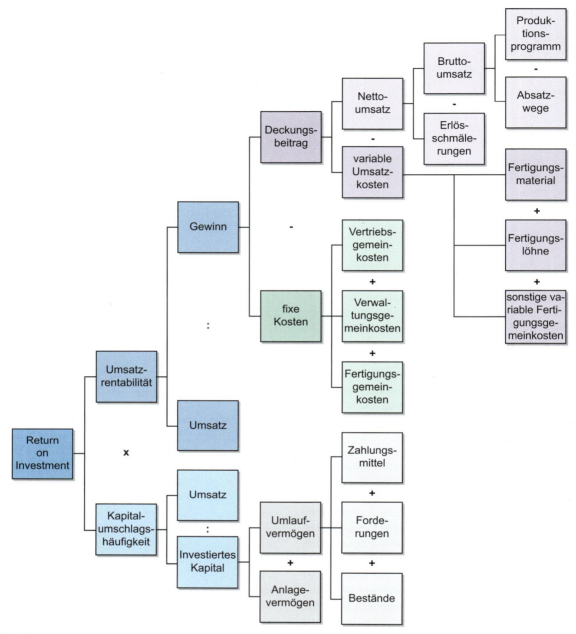

BILD 4.49 Ableitung des RoI nach dem DuPont-Schema

Break-Even-Analyse

Während die Amortisationsrechnung auf den Zeitpunkt des Erreichens der Gewinnschwelle abzielt, wird bei der Break-Even-Analyse die Absatzmenge ermittelt, um die Kosten einer Innovation wieder einzuspielen. Der Break-Even-Point (BEP) ist genau dann erreicht, wenn die Ausbringungsmenge dem Quotienten aus Fixkosten und Deckungsbeitrag je Mengeneinheit entspricht. Bild 4.50 zeigt sehr anschaulich den Break-Even-Point beim Erreichen der kritischen Menge. Im Koordinatensystem werden die Umsatzerlöse sowie die fixen Kosten, die variablen Kosten und deren Summe – die Vollkosten – auf die Menge bezogen aufgetragen. Fixkosten sind mengenunabhängig, variable Kosten sind vollständig mengenabhängig. Der Break-Even-Point ist folglich die „kritische Menge" bei der die kumulierten Erlöse genauso hoch sind wie die kumulierten Kosten.

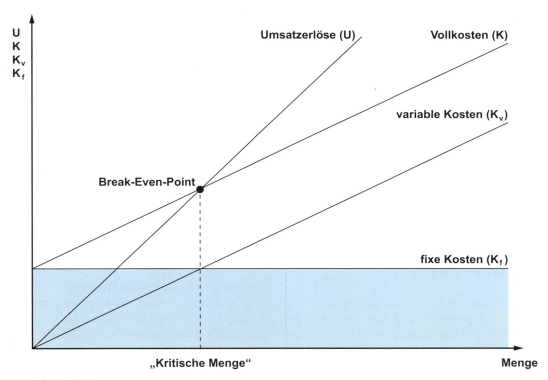

BILD 4.50 Break-Even-Analyse

Die Break-Even-Analyse, auch Gewinn- oder Nutzschwellenanalyse genannt, wird vielfältig eingesetzt. Zunächst kann der Deckungsbeitrag (DB) ermittelt werden. Der Deckungsbeitrag eines Produktes ist der Umsatz minus variabler Kosten. Er gibt an, wie stark der Verkauf eines Produktes die Fixkosten deckt. Schnell ist erkennbar, wieviel von einem Produkt verkauft werden muss, um die Gewinnschwelle zu erreichen. Damit ist die Break-Even-Analyse ein Entscheidungskriterium für die Preisgestaltung eines Produkts oder über die Annahme eines Auftrags. Außerdem können Schwell- und Grenzwerte für Mindestabsatzmengen ermittelt werden und damit für das mitlaufende Controlling eines Investitionsobjekts genutzt werden.

Die Kennzahl des Mindestumsatzes ist in erster Linie ein Gefahrensignal, welches der Unternehmensführung anzeigt, dass bei zu langsamer Annäherung zu diesem Punkt Maßnahmen getroffen werden müssen; Maßnahmen wie verstärkte Verkaufsanstrengungen, Senkung der fixen und auch der variablen Kosten. Häufig wird die Break-Even-Analyse auch eingesetzt, um die Wirtschaftlichkeit einer Maschine oder eines ganzen Werkes zu überprüfen. Wenn der Deckungsbeitrag eines Produktes multipliziert mit der möglichen Ausbringungsmenge (Kapazität) einer Maschine oder eines Werkes nicht ausreicht, die Fixkosten zu decken, liegt sogar die Stilllegung des Investitionsobjekts nahe.

4.4.2 Aufbau von Geschäftsplänen

Der Zweck eines Geschäftsplans (engl. *business plan*) ist die umfassende Beschreibung eines Geschäftsvorhabens einschließlich der entscheidenden Maßnahmen zur Umsetzung dieses Vorhabens. Der Geschäftsplan dient als wichtigstes Kommunikationsmittel gegenüber Investoren wie zum Beispiel Business Angels, Risikokapitalgebern, öffentlichen Förderinstituten oder auch Banken. Außerdem wird ein Geschäftsplan oft im Rahmen der strategischen und operativen Planung bei unternehmensinternen Investitionen eingesetzt. Geschäftspläne sind jedoch nicht unumstritten. Die empirische Analyse der Erfolgswirksamkeit von Businessplänen deutet darauf hin, dass überzeugende Geschäftspläne nicht zwangsläufig mit wirtschaftlichem Erfolg korrelieren [Lan15]. Auch wenn sie von Investoren regelmäßig eingefordert werden, sind sie keine Umsetzungsgarantie für Innovationen. Aus unserer Sicht beschreibt das Zitat von DWIGTH D. EISENHOWER *„Plans are worthless, but planning is everything"* den Nutzen der Geschäftsplanung treffend [Eis57]. Nicht der Plan an sich stellt den Nutzen dar – denn dieser unterliegt naturgemäß einer hohen prognostischen Unsicherheit – sondern die intensive und umfassende Auseinandersetzung mit der Geschäftsidee erhöht die Chance auf einen Geschäftserfolg.

Geschäftspläne werden häufig als schriftliches Dokument oder als Präsentationsunterlage mit einem Umfang von 10 bis 40 Seiten verfasst. Welche Inhalte ein Geschäftsplan enthalten soll, ist nicht eindeutig definiert. Geprägt durch die Vorstellungen von Investoren, Unternehmensberatungen und Businessplan-Wettbewerben (vgl. Kasten) hat sich in den letzten Jahren eine vielfach genutzte Gliederung von Geschäftsplänen herausgebildet. Dieser faktische Standard erleichtert einem Verfasser ein systematisches und analytisches Vorgehen bei der Erstellung des Plans. Außerdem werden potentielle Kapitalgeber in die Lage versetzt, verschiedene Geschäftspläne verschiedener Innovationsvorhaben miteinander zu vergleichen. In Anlehnung an die gängige Literatur [Nag18], [Sal97], [Sin16] schlagen wir den in Bild 4.51 dargestellten idealtypischen Aufbau eines Geschäftsplans vor. Die Reihenfolge der Kapitel kann dabei im Einzelfall variieren.

In der **Zusammenfassung** (engl. *executive summary*) sind die wichtigsten Schlussfolgerungen aus den einzelnen Abschnitten des Geschäftsplans prägnant formuliert. Die wichtigen Kernaussagen aus dem eigentlichen Plan werden bewusst vorangestellt, um dem Leser zu Beginn auf die entscheidenden Fakten hinzuweisen und das Ergebnis in den Mittelpunkt zu stellen. Diese Vorgehensweise folgt dem pyramidalen Kommunikationsprinzip nach BARBARA MINTO [Min05].

Anschließend wird die **Geschäftsidee** vorgestellt. Das kann natürlich sowohl eine Produkt-, Service- oder Geschäftsmodellinnovation sein. Der Verfasser sollte eine klare und verständliche Darstellung wählen. Wichtig ist, dass mögliche Investoren sofort erkennen, was das Besondere an dieser Idee ist. Schon hier sollten der Kundennutzen und Vorteile gegenüber dem Wettbewerb deutlich werden. Der Value Proposition Canvas und der Business Model Canvas (siehe Kapitel 4.3) können an dieser Stelle sehr gut in den Geschäftsplan integriert werden.

Die Fähigkeiten und die Qualität des **Managementteams** sind für jeden Investor ein wichtiges Entscheidungskriterium. Daher werden hier alle Teammitglieder mit ihren spezifischen, für das Vorhaben (oft eine Unternehmensgründung) wichtigen Qualifikationen vorgestellt.

Die Analyse von **Markt und Wettbewerb** soll zeigen, welches Marktpotential von der Innovation erreicht werden kann. Mit Hilfe von Markt- und Branchendaten werden mögliche Kundengruppen identifiziert. Die Umsatzprognose entspricht dann oft dem Anteil der Kunden, die zum Kauf animiert werden könnten. Dieser Top-down-Ansatz ist jedoch nicht hinreichend. Investoren erwarten zusätzlich, dass die Geschäftsidee bereits im Markt getestet wurde. Mögliches Kundeninteresse kann durch Vorverkäufe, Bestellungen oder einen Letter of Intent (LOI) dokumentiert werden. Ferner werden hier die Wettbewerber

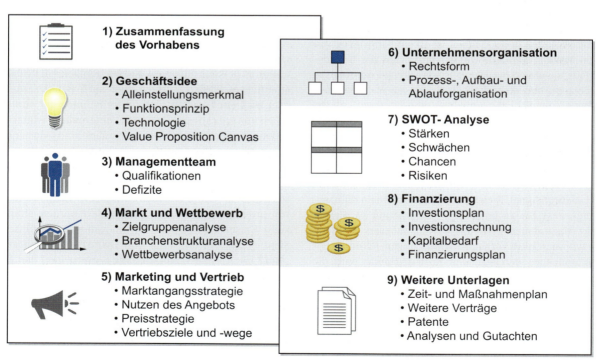

BILD 4.51 Aufbau eines Geschäftsplans

beschrieben und positioniert sowie die Ergebnisse einer Branchenstrukturanalyse dargestellt. Letzte führt zu Aussagen über die fünf den Branchenwettbewerb beeinflussenden Wettbewerbskräften (vgl. 5 Forces nach PORTER: Rivalität unter den etablierten Unternehmen, Verhandlungsmacht der Abnehmer, Bedrohung durch neue Konkurrenten, Verhandlungsmacht der Lieferanten und Bedrohung durch Ersatzprodukte und -dienste) [Por79].

Im Bereich **Marketing und Vertrieb** geht es um die strategische Stoßrichtung des Geschäfts und die konkrete Marktangangsstrategie: Welche Märkte sollen mit welchen Lösungen erobert werden? Wie sehen die Marketing- und Werbemaßnahmen hierzu aus? Außerdem wird die Frage beantwortet, wie der Vertrieb für die Geschäftsidee durchgeführt werden soll.

Der Abschnitt **Unternehmensorganisation** befasst sich mit der geplanten Rechtsform, dem Gesellschafterkreis und den Beteiligungsverhältnissen. Ferner werden die Prozess-, die Aufbau- und die resultierende Ablauforganisation in den Grundzügen skizziert.

Im Rahmen der **SWOT-Analyse** (engl. Akronym für **S**trengths (Stärken), **W**eaknesses (Schwächen), **O**pportunities (Chancen) und **T**hreats (Bedrohungen)) wird einerseits das Umfeld sorgfältig auf Chancen und Gefahren analysiert, andererseits werden dem Investor die Stärken und Schwächen der Geschäftsidee bewusst [KKO15]. Im Kern geht es darum, Maßnahmen zu identifizieren, damit die Stärken des Unternehmens für den Markterfolg nützlich werden und Schwächen belanglos bleiben. Außerdem hilft die SWOT-Analyse, um Chancen besser zu realisieren und zu erkennen, welchen Bedrohungen das Geschäftskonzept ausgesetzt sein könnte.

Unter **Finanzierung** wird der Nachweis der Wirtschaftlichkeit erbracht, der im Wesentlichen auf einer Schätzung der notwendigen Kosten und der erwarteten Umsatzerlöse beruht. Dafür werden die Methoden der Investitionsrechnung genutzt (vgl. Kapitel 4.4.1). Häufig wird an dieser Stelle auch eine Gewinn- und Verlustrechnung erstellt. Im Investitionsplan werden die längerfristigen Ausgaben für die Realisierung des Geschäftsmodells aufgeführt. Aus beidem leitet sich der Kapital- und Liquiditätsbedarf ab. Schließlich

BUSINESSPLAN-WETTBEWERBE

Seit einigen Jahren werden auch in Deutschland viele Businessplan-Wettbewerbe durchgeführt. Dabei treten die Wettbewerbsteilnehmer mit ihren Geschäftsplänen gegeneinander an. Am Ende werden die bestbewerteten Konzepte durch eine unabhängige Jury prämiert. Diese Wettbewerbe bieten Existenzgründern eine hervorragende Möglichkeit, ihr Gründungskonzept durch mehrere Juroren intensiv prüfen zu lassen. Mit etwas Glück und einem überzeugenden Businessplan erhalten die Sieger häufig auch Geld- oder Sachpreise. Oft besteht ein Businessplan-Wettbewerb aus einem mehrstufigen Verfahren. Nach jeder Runde können die Teilnehmer ihr Geschäftskonzept auf Basis des Feedbacks der Experten gezielt weiterentwickeln. Diese kostenfreie Beratungsmöglichkeit bietet sich dem Existenzgründer sonst nur bei einer Existenzgründungsberatung. Businessplan-Wettbewerbe nach heutigem Verständnis gehen auf eine bereits Ende der 1980er Jahre am Massachusetts Institute of Technology (MIT) entwickelte Idee zurück. 1990 fand in den USA die „MIT $100K Entrepreneurship Competition" statt. In enger Kooperation von Hochschulen, Unternehmen und Kapitalgebern gelang es, den Unternehmergeist zu fördern, neue Unternehmen zu gründen und wirtschaftliche Wachstumspotentiale zu erschließen. Im Jahre 1996 fand dann der erste deutsche Businessplan-Wettbewerb statt – nämlich der Businessplan-Wettbewerb Berlin-Brandenburg. 2017 fanden in Deutschland nach einer Studie des Web-Portals „Für Gründer" 176 Wettbewerbe statt, bei denen insgesamt 3,0 Mio. € Geld- und 1,5 Mio. € Sachpreise vergeben wurden [Für18]. Der „Deutsche Gründerpreis" ist wohl der bekannteste und größte unter ihnen [DGP18].

Eine erfolgreiche Teilnahme an einem Businessplan-Wettbewerb kann für die Teilnehmer erhebliche Vorteile haben:

- Ein als Erfolg versprechend eingestufter Geschäftsplan kann den Zugang zu Kapitalgebern erleichtern und damit das wirtschaftliche Risiko des potentiellen Unternehmers verringern.
- Im Wettbewerb selbst kann der Gründer viel Wissen zur Verbesserung seiner Idee und über die Start-up-Szene erlangen.
- Die erfolgreichen Teilnehmer steigern ihren Bekanntheitsgrad.
- Eine gute Platzierung ist ein Motivationsschub, das Geschäftskonzept weiter zu entwickeln.

Literatur:
[DGP18] https://www.deutscher-gruenderpreis.de/
[Für18] https://www.fuer-gruender.de/beratung/gruenderwettbewerb/studie-2018/

wird dargestellt, wie die Finanzierung der Geschäftsidee konkret durchgeführt werden soll, d. h. woher das benötigte Geld kommen soll.

Manche Investoren oder Wettbewerbe verlangen in Geschäftsplänen noch **weitere Unterlagen** wie z. B. einen Zeit- und Maßnahmenplan für das weitere Vorgehen nach der positiven Investitionsentscheidung für die Finanzierungsrunde. Dieser sollte zwar erstellt werden, er ist aber nicht zwingend Bestandteil des Geschäftsplanes an sich. Durch die häufige Aktualisierung ist es oft nicht sinnvoll, diesen in den Geschäftsplan zu integrieren. Weitere, des öfteren geforderte Informationen betreffen das geplante Wertschöpfungsnetzwerk, Verträge, Patente sowie Analysen und Gutachten.

4.4.3 Grundlagen der Start-up-Finanzierung

Die dynamische Entwicklung der Informations- und Kommunikationstechnologien führt zur digitalen Transformation vieler Lebensbereiche. Daraus resultieren viele Chancen für neue Geschäftsmodelle, die nicht selten das Potential haben, ganze Märkte radikal zu verändern und etablierte Anbieter zu verdrängen. Es gibt inzwischen viele bekannte Beispiele für diese Disruption, wie z. B. Airbnb, Amazon, Google, Netflix. Alle diese Unternehmen haben gemeinsam, dass sie ihr Wachstum nicht über die klassischen Ansätze der Investitionsfinanzierung erreicht haben. Einige Unternehmen mit Millionen-Umsätzen haben bis heute die Gewinnzone nicht erreicht und haben dennoch einen sehr hohen Unternehmenswert.

Die Finanzierung dieser Start-up-Unternehmen folgt oft einem ähnlichen Muster. Von einem Start-up-Unternehmen spricht man bei einer Unternehmensgründung mit einer innovativen Geschäftsidee und hohem Wachstumspotential. Zu Beginn investieren die Gründer selbst in die Geschäftsidee, mit einem Prototyp werden erste Kunden und Einzelinvestoren gewonnen, danach beteiligen sich Risikokapitalgeber (engl. *venture capital*) mit größeren Summen und anschließend erfolgt der Börsengang.

Zu Beginn ist der Erfolg eines digitalen Start-ups sehr schwierig einzuschätzen. Nicht selten gibt es noch nicht einmal den Markt, in dem das neue Unternehmen erfolgreich werden will. Aber warum ist es in solchen Fällen nicht angebracht, einen Break-Even-Punkt oder einen Amortisationszeitpunkt zu berechnen? SALIM ISMAIL zeigt in seinem Buch „Exponentielle Organisationen" Gründe hierfür auf [IMG14]. Im Kern geht man bei stark skalierenden (sogenannte exponentiellen) Geschäftsmodellen davon aus, dass der Geschäftserfolg eintritt, sobald es dem Unternehmen gelingt, in einem Markt die kritische Masse an Marktteilnehmern zu erreichen. Danach können weitere Kunden leicht gewonnen werden, ohne in ähnlichem Maße Aufwand dafür zu betreiben. Sollte das gelingen, gibt es für das Wachstum praktisch keine Limitierung mehr. Es ist exponentiell statt linear (Bild 4.52).

In der digitalen Welt ist das leichter als früher. Menschen können online ohne große Vertriebsorganisationen jederzeit und überall erreicht werden. Softwareprodukte können fast ohne Produktionskosten beliebig oft verkauft werden, sobald die Entwicklung abgeschlossen ist. Darüber hinaus sind exponentielle Geschäftsmodelle häufig dematerialisiert; sie kommen also mit deutlich weniger oder sogar

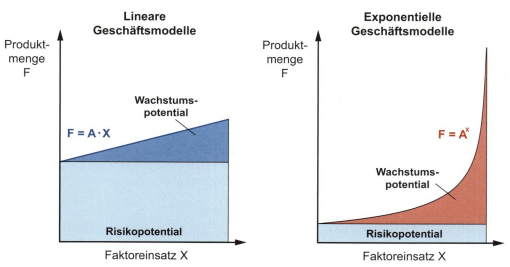

BILD 4.52 Risiko- und Wachstumspotential linearer und exponentieller Geschäftsmodelle [IMG14]

ohne den Einsatz von Produktionsfaktoren (Faktoreinsatz) aus. Beispielsweise benötigt ein Online-Händler keine Ladengeschäfte mehr oder ein Mobilitätsdienstleister kommt ohne Autos aus. Daher ist bei einem exponentiellen Geschäftsmodell das Wachstumspotential deutlich größer und das Risikopotential deutlich kleiner als bei klassisch linearen Geschäftsmodellen.

Die Herausforderung bei der Finanzierung von Start-ups besteht also darin, überzeugend aufzuzeigen, dass das Geschäftsmodell schnell skaliert und sich idealerweise einen großen Markt schafft. Gelingt das, kann in einem relativ kurzen Zeitraum eine Finanzierung über den Kapitalmarkt (Börse) erreicht werden.

4.4.3.1 Formen der Start-up-Finanzierung

Prinzipiell sind verschiedene Formen bei der Start-up-Finanzierung möglich. Aber nicht jedes Finanzierungsinstrument passt zu jeder Situation. Ein Gründer hat bei der Auswahl von Finanzierungsinstrumenten zu berücksichtigen, dass es unterschiedlich schwierig sein kann, die benötigte Liquidität tatsächlich zu bekommen. Beispielsweise wird es von vornherein scheitern, eine komplexe Produktentwicklung durch einen Bankkredit zu finanzieren, da das Risiko einer Fehlinvestition im frühen Stadium extrem hoch ist und Kreditinstitute im Rahmen ihres Geschäftsmodells keine hochriskanten Darlehen vergeben dürfen. Je riskanter eine Investition erscheint, umso mehr wird ein Finanzierungspartner darauf drängen, die Geschäftsentwicklung beeinflussen zu wollen. So kann er sein eigenes Risiko besser kontrollieren bzw. minimieren. Für den Gründer bedeutet das aber, dass Andere bei der Realisierung seiner Geschäftsidee mitreden – das macht Entscheidungen grundsätzlich komplexer.

Der Zusammenhang zwischen Risiko und Einfluss führt zu einem Zielkonflikt zwischen einfachem Zugang zu Kapital und dem Einflussverlust der Gründer [Hof14]. Gründer sind gut beraten, schon in einer sehr frühen Phase des Innovationsprozesses eine Finanzierungsstrategie zu entwickeln, mit der sie einerseits das Innovationsvorhaben realisieren können und andererseits nicht den Einfluss und den späteren wirtschaftlichen Erfolg anderen überlassen müssen. In Bild 4.53 zeigen wir mögliche Formen der Start-up-Finanzierung und bewerten sie neben dem *„Zugang zu Kapital"* und dem *„Einflussverlust der Gründer"* auch nach der *„Risikobereitschaft der Kapitalgeber"* und dem zur Verfügung stehenden *„Kapitalvolumen"*.

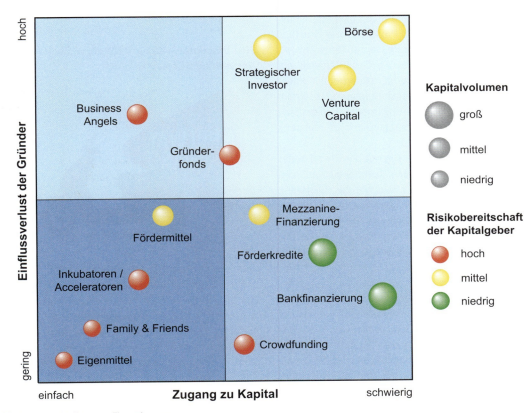

BILD 4.53 Formen der Start-up-Finanzierung

Am einfachsten ist die Finanzierung von Innovationen durch **Eigenmittel**, auch Innenfinanzierung genannt. Entweder der Gründer bringt freie Liquidität ein, setzt frische Liquidität aus Reserven frei oder das Vorhaben wird aus laufenden Gewinnen anderer Geschäfte finanziert. Häufig sind diese Mittel jedoch stark limitiert und somit schnell verbraucht. Dann wird eine Außenfinanzierung in Form einer Beteiligung, einer Einlage oder durch ein Darlehen notwendig. Der letzte Fall stellt eine klassische **Bankfinanzierung** dar.

Können andere Familienmitglieder oder Freunde gewonnen werden, wird von einer **Family & Friends**-Finanzierung gesprochen. Durch die persönliche Nähe zum Gründer kommt diese Art der Kapitalbeschaffung der Eigenmittelfinanzierung sehr nahe. Häufig verlangen diese Investoren auch keine Sicherheiten.

Seit einigen Jahren etabliert sich mit **Crowdfunding** eine internetbasierte Form der Mikrofinanzierung. Crowdfunding ist gut geeignet für überzeugende Geschäftsideen bei fehlenden Sicherheiten [Bec17]. Der Einfluss der Investoren ist in der Regel gering. Mehr dazu im folgenden Kasten.

Eine weitere Klasse von Start-up-Investoren sind **Business Angels**. Das sind private Investoren, die in der Regel über Knowhow für die frühen Finanzierungsphasen verfügen. Sie unterstützen den Gründer sowohl mit Kapital als auch mit Praxiserfahrung. Ein Business Angel beteiligt sich in der Regel direkt an einem Unternehmen mit einem maßgeblichen Betrag, der im Durchschnitt über 100 000 € liegt [Ban18]. Da Business Angels ein hohes Risiko tragen, ist die Renditeerwartung ebenfalls hoch. Ein RoI-Ziel von 10 % in den ersten 5 bis 7 Jahren der Investition ist nicht selten.

Von hoher volkswirtschaftlicher Bedeutung sind Investitionen durch Wagnis- oder Risikokapital (engl. **Venture Capital**). Laut Bundesverband Deutscher Kapitalbeteiligungsgesellschaften sind von 2013 bis 2017 von rund 300 Beteiligungsgesellschaften in Deutschland 37 Mrd. € investiert worden [BVK18]. Venture Capital (VC) ist eine Sonderform der Eigenkapitalfinanzierung speziell für wachstumsträchtige Unternehmen. Dabei werden die Unternehmen vom Venture Capital Investor unternehmerisch betreut. Das Ziel von Venture Capital ist die Maximierung des eingesetzten Geldes. Typische VC-Gesellschaften erwarten aus

CROWDFUNDING

Crowdfunding bezeichnet die gemeinsame Finanzierung (engl. *funding*) von Projekten bzw. Startups durch eine Vielzahl von Interessenten (engl. *crowd*). Dabei wird eine anschauliche Geschäftsidee auf einer Crowdfunding-Plattform im Internet mit einem leicht verständlichen Geschäftsplan und einem sehr konkreten Finanzierungsmodell präsentiert. Die Abwicklung der Zahlungen erfolgt meistens auch über die Plattform.

Durch einen engen Austausch mit der Crowd bietet Crowdfunding einige Vorteile, die über eine reine Finanzierung hinausgehen, z. B. eine frühe Validierung der Nachfrage, öffentlichkeitswirksame Marketing- und Presse-Aktivitäten schon bei der Präsentation der Idee, Einbindung der Unterstützer in die Weiterentwicklung des Projektes sowie Aufbau und Mobilisierung von Netzwerken (engl. *communities*).

Nach erfolgreicher Bewerbung mit der Geschäftsidee oder einem Geschäftsplan auf einer Crowdfunding-Plattform werden die Crowdfunding-Kampagne und das Finanzierungsmodell entwickelt. Die Kampagne läuft im Internet in der Regel 30 – 60 Tage. Während der Laufzeit der Kampagne wird die Crowd regelmäßig über Neuigkeiten und (Miss-)Erfolge informiert (Community-Gedanke). Die Crowdfunding-Plattform behält ca. 5 – 12 % des Finanzierungsvolumens zur Kostendeckung ein. Zwei Beispiele für erfolgreiches Crowdinvesting geben einen Einblick in die Möglichkeiten:

NIU E-Scooter – das größte chinesische Vorverkaufs-Crowdfunding

Das chinesische Startup NIU entwickelt Elektro-Roller. Für den Markteintritt des ersten Rollers „N-Series" wurde 2015 ein Vorverkaufs-Crowdfunding gestartet. In der Kampagne konnten innerhalb von 15 Tagen 11 Mio. US-Dollar eingesammelt werden. Für das zweite Roller-Modell „M-Series" wurden 2016 in einem weiteren Crowdfunding 13 Mio. US-Dollar eingeworben. Die Kampagne wurde auf der Crowdfunding-Seite von JD.com, Chinas zweitgrößtem Onlinehändler, durchgeführt.

Stromberg Crowdfunding – 1 Million Euro in weniger als einer Woche

Die Finanzierung des Kinofilms „Stromberg" im Dezember 2011 war die erste Crowdfunding-Aktion, die in Deutschland von einer breiten Öffentlichkeit wahrgenommen wurde. Der Erfolg dieses Crowdfunding beruht u. a. auf zwei Faktoren: Zum einen hatte die TV-Serie „Stromberg" schon vor dem Funding eine treue Fangemeinde; diese konnte gezielt angesprochen werden. Zum anderen war das gewählte Crowdfunding-Modell sehr einfach. Die Crowd wurde finanziell am Erfolg des Kinofilms beteiligt. Für die ersten 1 Mio. verkauften Kinotickets erhielt der Investorenpool 1 Euro. Damit ist der Break Even bei einer Million zahlender Zuschauer für die Crowd erreicht. Für jedes weitere verkaufte Ticket gehen 50 Cent an den Investorenpool. Es wurden insgesamt 20 000 Einzelanteile à 50 Euro ausgegeben, bei maximal 20 Anteilen pro Investor. Es gab weitere Gegenleistungen für die Investoren: Investorenurkunde, namentliche Nennung im Abspann des Films, Premierentickets sowie ein Zugang zur Investors-Lounge. Die Zielsumme von einer Million Euro kam innerhalb einer Woche zusammen. Insgesamt haben sich 3300 Crowd-Investoren an dem Film beteiligt. Ende 2014 hatten mehr als 1,3 Mio. Zuschauer den Film besucht und die Investoren bekamen eine Rendite von mehr als 16 % über die Laufzeit von knapp 3 Jahren, also mehr als 5 % pro Jahr.

---

zehn Investments drei sehr erfolgreiche „Exits", um eine gute Gewinnquote zu erzielen.

Um den Investitionsstandort Deutschland für Innovationen international attraktiver machen, unterstützt der Staat die Start-up-Finanzierung seit Jahren ebenfalls mit mehreren Maßnahmen. **Gründerfonds** agieren ähnlich wie Venture Capital Gesellschaften und treten häufig als Co-Investoren auf. Am bekanntesten ist der deutsche High-Tech-Gründerfonds (HTGF). Des Weiteren werden **Fördermittel** bereitgestellt, wie z. B. Zuschüsse für Wagniskapital oder auch Mittel der Forschungsförderung. Staatliche Finanzierungsinstitute bieten auch haftungsfreigestellte oder zinsverbilligte **Förderkredite** an.

Auch über sogenannte **Inkubatoren** und **Acceleratoren** ist ein Finanzierung möglich (vgl. Kapitel 1.2.5). Der Anspruch dieser Einrichtungen besteht darin, besonders günstige Bedingungen für heranwachsende Unternehmen zu schaffen. Dazu gehört auch die Finanzierung. Start-ups, die in Inkubatoren „aufwachsen", sollen eine deutlich höhere Überlebensrate haben, da sie bestenfalls vom gesamten Ökosystem profitieren.

Schließlich gibt es **strategische Investoren**. Sie unterscheiden sich in ihren Zielen deutlich von den Finanzinvestoren. Eine angemessene Rendite ist zwar auch für einen strategischen Investor wichtig, allerdings sind die Ziele vielseitiger, wie z. B. der Zugriff auf Technologien, die Sicherung von Know-how und Experten oder auch der Zugang zu neuen Absatzmärkten.

Die komplexeste Form der Investitionsfinanzierung ist ein **Börsengang** (engl. *initial public offering, IPO*). Über die Börse kann das größte Finanzierungsvolumen erreicht werden.

Neben der reinen Eigenkapitalfinanzierung durch Investoren oder einer Fremdkapitalfinanzierung durch Kreditinstitute haben sich auch sogenannte **Mezzanine-Finanzierungen** etabliert. Der Begriff stammt vom italienischen „mezzo" (dt. halb) und ist der Sammelbegriff für Mischformen von Eigen- und Fremdkapital. Wandelanleihen, bei denen ein Darlehen unter festgelegten Bedingungen in Eigenkapitalanteile umgewandelt wird, stille Beteiligungen oder auch Gesellschafterdarlehen sind Beispiele für eine Mezzanine-Finanzierung. Für Gründer ist diese Finanzierungsform interessant, da sie mit anderen Formen kombiniert werden kann. Je nach Verhandlungsgeschick des Gründers kann Kapital akquiriert werden, ohne vermehrt Einfluss abzugeben. Im Falle der Wandelanleihe kann das Wandlungsrecht an den Markterfolg oder den Finanzierungsbedarf gekoppelt werden.

4.4.3.2 Phasen der Start-up-Finanzierung

In Anlehnung an Lebenszyklusmodelle kann der Entwicklungsprozess von jungen Unternehmen in vier Phasen unterteilt werden. Durchgesetzt hat sich in der Literatur die Unterteilung in vier Hauptphasen: Im frühen Stadium eines Unternehmens werden die Vorgründungsphase (engl. *seed*) zur Entwicklung der Idee und die Start-up-Phase mit der Gründung unterschieden. In manchen Publikationen

4 Geschäftsplanung – Den unternehmerischen Erfolg vorausdenken

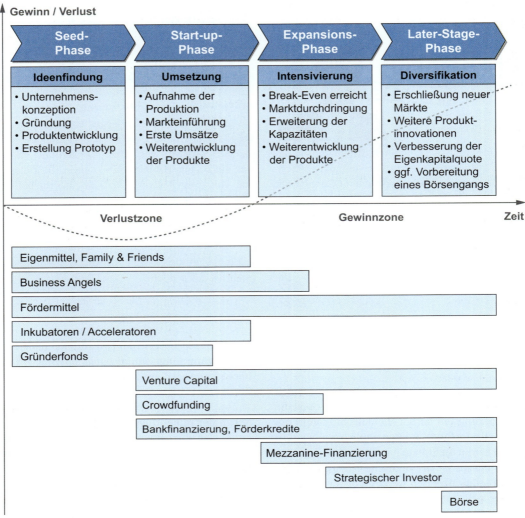

BILD 4.54 Phasen der Start-up-Finanzierung mit geeigneten Finanzierungsformen

werden diese beiden Phasen auch als Investitionsfrühphase (engl. *early stage*) zusammengefasst. Danach folgen die Expansions-Phase und schließlich die Later-Stage-Phase. In jeder Phase kann sich der Kapitalbedarf stark verändern und es kann unterschiedliche Gründe für einen Investitionsbedarf geben. Selten reicht eine einmalige Investition für den gesamten Lebenszyklus eines Unternehmens. In Bild 4.54 nennen wir diese Phasen und geben die jeweilige Stoßrichtung und die typischen Aufgaben an. Ferner ordnen wir den Phasen die jeweils geeigneten Finanzierungsformen zu.

Seed-Phase, Vorgründungsphase

In der Seed-Phase besteht die Idee von einem Produkt, einer Dienstleistung oder einer Geschäftsmodellinnovation; oft existiert auch ein rudimentärer Prototyp. In dieser Phase sind ein Businessplan zu erstellen, die Gründungsvorbereitungen zu starten und der Organisationsaufbau zu planen. Vom Zeitpunkt der ersten Idee bis hin zur Ausarbeitung des Geschäftskonzepts kann ein Jahr vergehen. Kapital wird in der Seed-Phase hauptsächlich für die Entwicklung der Geschäftsidee und den dazugehörigen Geschäftsplan benötigt. Die Marktfähigkeit der Idee sollte ggf. mit einem Prototyp erprobt werden. Geklärt werden sollte auch, ob das Gründungsteam alle nötigen Fähigkeiten zur Leitung des geplanten Unternehmens hat. Nur wenn Produkt und Unternehmensgründer überzeugen, werden später Investoren gewonnen.

Die Seed-Phase erfordert je nach Geschäftsidee unterschiedliche Kapitalmengen. In den meisten Fällen sind die Anfangskosten eher gering. Bei entwicklungs- oder technologieintensiven Innovationen ist im Anfangsstadium mit einem wesentlich höheren Kapitalbedarf von etwa 100 000 und 500 000 Euro zu rechnen.

Start-up-Phase

Die Start-up-Phase beginnt mit der offiziellen Geschäftsgründung eines Start-ups und endet spätestens mit dem Erreichen des Break-Even-Punkts. Sie dauert, abhängig von der Wettbewerbssituation am Markt, ein bis drei Jahre. Zum Zeitpunkt der Geschäftsgründung sollte die Konzeption des zu vermarktenden Produkts vorliegen und der Prototyp dementsprechend weit fortgeschritten sein. Sinngemäß gilt das auch für geplante Dienstleistungen.

In dieser Phase wird Kapital zur eigentlichen Gründungsfinanzierung benötigt. Daneben sind die Produktentwicklung, die Vorbereitung der Produktion und die ersten Marketingaktivitäten zu finanzieren. Dies führt zu einem erheblichen Finanzierungsbedarf, denn den steigenden Aufwendungen stehen trotz erster Umsätze meist zu wenige Einnahmen gegenüber.

Expansionsphase

Für eine erfolgreiche Geschäftsentwicklung muss eine rasche Marktdurchdringung erreicht werden. Trotz rasch steigender Umsätze befindet sich das Unternehmen zu Beginn meist noch nicht in der Gewinnzone. Dies geschieht erst mit der Ausweitung des Vertriebssystems und der Produktion. Die Wachstumsphase des Unternehmens beginnt spätestens, nachdem die Gewinnschwelle erreicht ist. Das Unternehmen hat sich bereits einen Namen am Markt gemacht. Jetzt ist es an der Zeit, die eigene Nische am Markt und den Kundenstamm weiter auszubauen.

Entscheidender Vorteil in dieser Phase ist, dass das Unternehmen bereits Gewinne erzielt. Damit kann ein Teil des Wachstums innen finanziert werden. Allerdings reicht der Cashflow üblicherweise nicht aus, um damit größere Investitionen zu tätigen. Diese sind jedoch nötig, um sich am Markt zu etablieren. Notwendig sind vor allem Investitionen in das Vertriebsnetz sowie in die Steigerung der Attraktivität der Markleistung. Da ein florierendes Unternehmen weiteren Erfolg verspricht, zieht es zahlungskräftige Investoren an. Die ergänzende Finanzierung durch Fremdkapital ist in dieser Phase erstmals in größerem Umfang möglich und auch sinnvoll.

Later-Stage-Phase

In dieser Phase ist der Markt für die Produkte und ggf. Dienstleistungen des Unternehmens weit entwickelt, häufig sogar schon gesättigt. Kapital wird hier aus verschiedensten Gründen benötigt, z. B. für die Erweiterung der Marktleistung oder die Restrukturierung bzw. Sanierung im Falle einer unternehmerischen Schieflage. Da diese Phase nicht im Fokus des vorliegenden Buches liegt, gehen wir an dieser Stelle nicht näher darauf ein.

Literatur zum Kapitel 4

[AG16] AMSHOFF, B; GAUSEMEIER, J.: Geschäftsplanung. In: HEINZ NIXDORF INSTITUT (Hrsg.): Strategische Produktplanung – Adaptierbare Methoden, Prozesse und IT-Werkzeuge für die Planung der Marktleistungen von morgen. Paderborn, 2016

[AIS+77] ALEXANDER, C.; ISHIKAWA, S.; SILVERSTEIN, M.; JACOBSON, M.; FIKSDAHL-KING, I.; ANGEL, S.: A Pattern Language: Towns – Buildings – Construction. Oxford University Press, New York, 1977

[Ams16] AMSHOFF, B.: Systematik zur musterbasierten Entwicklung technologie-induzierter Geschäftsmodelle. Dissertation, Fakultät für Maschinenbau, Universität Paderborn, HNI-Verlagsschriftenreihe, Band 357, Paderborn, 2016

[Ban18] BUSINESS ANGELS NETZWERK DEUTSCHLAND E. V.: Angel Investing at its best: Leitfaden für Business Angels II, Going Public Media, 2018

[Bät04] BÄTZEL, D.: Methode zur Ermittlung und Bewertung von Strategiealternativen im Kontext Fertigungstechnik. Dissertation, Fakultät für Maschinenbau, Universität Paderborn, HNI-Verlagsschriftenreihe, Band 141, Paderborn, 2004

[BB95] BENTS, R.; BLANK, R.: Typisch Mensch – Einführung in die Typentheorie. 2. Auflage, Beltz Test, Göttingen, 1995

[Bec17] BECK, R.: Crowdinvesting – Die Investition der Vielen. 4. Auflage, Börsenbuchverlag, Kulmbach, 2017

[Bey92] BEYER, G.: Zeitmanagement – Arbeitsmethodik, Zeitplanung und Selbststeuerung. ECON, Düsseldorf, 1992

[BH13] BJÖRKDAHL, J.; HOLMÉN, M.: Editorial – Business model innovation – the challenges ahead. International Journal of Product Development, Vol. 18, No. 3/4, 2013, pp. 213 – 225

[BLS12] BLOHM, H.; LÜDER, K.; SCHAEFER, C.: Investition – Schwachstellenanalyse des Investitionsbereichs und Investitionsrechnung. 10. Auflage, Verlag Franz Vahlen, München 2012

[BR11] BIEGER, T.; REINHOLD, S.: Das wertebasierte Geschäftsmodell – Ein aktualisierter Strukturierungsansatz. In: BIEGER, T.; KNYPHAUSEN-AUFSESS, D.; KRYS, C. (Hrsg.): Innovative Geschäftsmodelle – Konzeptionelle Grundlagen, Gestaltungsfelder und unternehmerische Praxis. Springer-Verlag, Berlin, 2011, S. 13 – 70

[Bri11] BRINK, V.: Verfahren zur Entwicklung konsistenter Produkt- und Technologiestrategien. Dissertation, Fakultät für Maschinenbau, Universität Paderborn, HNI-Verlagsschriftenreihe, Band 280, Paderborn, 2011

[Bri98] BRIDGES, W.: Der Charakter von Organisationen. Organisationsentwicklung aus typologischer Sicht. Hogrefe,

Verlag für Psychologie, Göttingen, Bern, Toronto, Seattle, 1998

[BVK18] BUNDESVERBAND DEUTSCHER KAPITALBETEILIGUNGSGESELLSCHAFTEN E. V.: BVK-Statistik – Das Jahr in Zahlen 2017, 2018

[CCH06] CHRISTENSEN, C. M; COOK, S.; HALL, T.: Wünsche erfüllen statt Produkte verkaufen. Harvard Business Manager, März 2006, S. 70 – 87

[CH09] COYNE, K. P.; HORN, J.: Wie sie die Aktionen ihrer Konkurrenten vorhersagen. Harvard Business Manager, Mai 2009, S. 34 – 43

[Dül18] DÜLME, C.: Systematik zur zukunftsorientierten Konsolidierung variantenreicher Produktprogramme. Dissertation, Fakultät für Maschinenbau, Universität Paderborn, HNI-Verlagsschriftenreihe, Band 384, Paderborn, 2018

[EBB+12] EURICH, M.; BREITENMOSER, P.; BOUTELLIER, R.; WEIBLEIN, T.: A `Network Thinking` Approach to Business Model Design. 24th ISPIM Conference, 16. – 19. Juni, Helsinki, Finnland, 2013

[Eis57] EISENHOWER, D.: Remarks at the National Defense Executive Reserve Conference, 14. November 1957, Unter: http://www.presidency.ucsb.edu/ws/?pid=10951

[EKL+13] EHRLENSPIEL, K.; KIEWERT, A.; LINDEMANN, U.; MÖRTL, M.: Kostengünstig Entwickeln und Konstruieren: Kostenmanagement bei der integrierten Produktentwicklung. 7. Auflage, Springer Vieweg, Berlin, Heidelberg, 2013

[For89] FORSCHNER, G.: Investitionsgüter-Marketing mit funktionellen Dienstleistungen – Die Gestaltung immaterieller Produktbestandteile im Leistungsangebot industrieller Unternehmen. Duncker & Humboldt, Berlin, 1989

[GA14] GAUSEMEIER, J.; AMSHOFF, B.: Diskursive Geschäftsmodellentwicklung – Erfolgreiche Positionierung in der Wettbewerbsarena durch integrative Entwicklung von Marktleistung und Geschäftsmodell. Zeitschrift für wirtschaftlichen Fabrikbetrieb (ZWF), 79. Jg., 2014

[GFC13] GASSMANN, O.; FRANKENBERGER, K.; CSIK, M.: Geschäftsmodelle entwickeln – 55 innovative Konzepte mit dem St. Galler Business Model Navigator. Carl Hanser Verlag, München, 2013

[GKK16] GEBHART, N. KRUSE, M.; KRAUSE, D.: Gleichteile-Modul und Plattformstrategie. In: LINDEMANN, U. (Hrsg.): Handbuch Produktentwicklung, Carl Hanser Verlag , München, 2016

[GKR13] GAUSEMEIER, J.; KÖSTER, O.; RÜBBELKE, R.: Systematik zur Entwicklung von Geschäftsmodellen in der Produktentstehung. In: GAUSEMEIER, J. (Hrsg.): Vorausschau und Technologieplanung. 9. Symposium für Vorausschau und Technologieplanung, 5. – 6. Dezember, Berlin, HNI-Verlagsschriftenreihe, Band 318, Paderborn, 2013, S. 7 – 36

[GP14] GAUSEMEIER, J. PLASS, C.: Zukunftsorientierte Unternehmensgestaltung: Strategien, Geschäftsprozesse und IT-Systeme für die Produktion von morgen. 2. Auflage, Carl Hanser Verlag, München 2014

[GWE+17] GAUSEMEIER, J.; WIESEKE, J.; ECHTERHOFF, B.; ISENBERG, L.; KOLDEWEY, C.; MITTAG, T.; SCHNEIDER, S.: Mit Industrie 4.0 zum Unternehmenserfolg – Integrative Planung von Geschäftsmodellen und Wertschöpfungssystemen. Paderborn, 2017

[Hof14] HOFFMANN, D.: Venture Capital zur Innovationsfinanzierung – Eine theoretische Analyse auf Basis empirischer Befunde. Dissertation, Fakultät für Wirtschaftswissenschaften, Universität Marburg, Books on Demand, Norderstedt, 2014

[HP95] HAMEL, G.; PRAHALAD, C. K.: Wettlauf um die Zukunft – Wie sie mit bahnenbrechenden Strategien die Kontrolle über ihre Branche gewinnen und die Märkte von morgen schaffen. Ueberreuther, Wien, 1995

[HSB14] HOMBURG, C.; STARITZ, M.; BIGEMENER, S.: Commodity-Differenzierung – Ein branchenübergreifender Ansatz. In: ENKE, M.; GEIGENMÜLLER, A.; LEISCHNIG, A. (Hrsg.): Commodity Marketing – Grundlagen – Besonderheiten – Erfahrungen. 3. Auflage, Springer Gabler, Wiesbaden, 2014

[IBM06a] IBM CORPORATION (Ed.): Business model innovation – the new route to competitive advantage. IBM Global Business Services, Somers, 2006

[IBM06b] IBM CORPORATION (Ed.): Expanding the Innovation Horizon – The Global CEO Study 2006. IBM Global Business Services, Somers, 2006

[IMG14] ISMAIL, S.; MALONE; M. S.; GEEST, Y. VAN: Exponential Organizations – Why new organizations are ten times better, faster, and cheaper than yours (and what to do about it). Diversion Publishing, New York, 2014

[JCK08] JOHNSON, M. W.; CHRISTENSEN, C. M.; KAGERMANN, H.: Reinventing Your Business Model. Harvard Business Review, Dezember 2008, pp. 50 – 59

[JL10] JOHNSON, M. W.; LAFLEY, A. G.: Seizing the White Space: Business Model Innovation for Growth and Renewal. Harvard Business Review Press, Boston (Massachusetts), 2010

[Kae17-ol] KAESER COMPANY (Hrsg.): Betreibermodell: SIGMA AIR UTILITY. Unter: http://www.kaeser.de/produkte/betreibermodell-sigma-air-utility/, 15. März 2017

[Kag12] KAGERMANN, H.: Produkt-Service Pakete und individuelle Fertigung – Die virtuelle Welt verschmilzt mit der realen Produktion. IM Die Fachzeitschrift für Information Management und Consulting, Nr. 4, 2012, S. 66 – 72

[Ker02] KERSTEN, W.: Vielfaltsmanagement. Integrative Lösungsansätze zur Optimierung und Beherrschung der Produkt- und Teilevielfalt. TCW Transfer-Centrum, München, 2002

[KG18] KRAUSE, G.; GEBHARDT, N.: Methodische Entwicklung modularer Produktfamilien – Hohe Produktvielfalt beherrschbar entwickeln. Springer Vieweg, Berlin, 2018

[KKO15] KOTLER, P.; KELLER, K. L.; OPRESNIK, M. O.: Marketing-Management: Konzepte – Instrumente – Unternehmensfallstudien. 15. Auflage, Pearson Studium, Hallbergmoos, 2015

[Kös14] KÖSTER, O.: Systematik zur Entwicklung von Geschäftsmodellen in der Produktentstehung. Dissertation, Fakultät für Maschinenbau, Universität Paderborn, HNI-Verlagsschriftenreihe, Band 326, Paderborn, 2014

[Küh16] KÜHN, A.: Systematik zur Release-Planung intelligenter technischer Systeme. Dissertation, Fakultät für Maschinenbau, Universität Paderborn, HNI-Verlagsschriftenreihe, Band 370, Paderborn, 2016

[Lan15] LAHN, S.: Der Businessplan in Theorie und Praxis – Überlegungen zu einem zentralen Instrument der deutschen Gründungsförderung. Springer Gabler, Wiesbaden, 2015

[Lit94] LITTLE, ARTHUR D. (Hrsg.): Management erfolgreicher Produkte. Gabler Verlag, Wiesbaden, 1994

[LMZ17] LINZ, C.; MÜLLER-STEWENS, G.; ZIMMERMANN, A.: Fit für die Zukunft. Harvard Business Manager, Juli 2017, S. 44–55

[LRS+09] LINDGARDT, Z.; REEVES, M.; STALK, G.; DEIMLER, M.S.: Business Model Innovation – When the Game Gets Tough, Change the Game. The Boston Consulting Group, 2009

[Min05] MINTO, B.: Das Prinzip der Pyramide – Ideen klar, verständlich und erfolgreich kommunizieren. Pearson Studium, München, 2005

[MPM03] MACMILLAN, I.C.; PUTTEN, A.B. VAN; MCGRATH, R.G.: Global Gamesmanship. Harvard Business Review, 2003, S. 62–71

[MS12] MÜLLER, P.; STARK, R.: HLB-Entwicklungsmethodik – generischer Entwicklungsprozess, Generierung von Anforderungen und Absicherung hybrider Leistungsbündel. In: MAYER, H.; UHLMANN, E. (Hrsg.): Integrierte Industrielle Sach- und Dienstleistungen – Vermarktung, Entwicklung und Erbringung hybrider Leistungsbündel. Springer, Berlin, Heidelberg, 2012

[MSA05] MORRIS, M.; SCHINDEHUTTE, M.; ALLEN, J.: The entrepreneur's business model: toward a unified perspective. Journal of Business Research, 58, 2005, pp. 726–735

[MT14] MASSA, L.; TUCCI, C.L.: Business Model Innovation. In: DODGSON, M.; GANN, D.M.; PHILLIPS, N. (Ed.): The Oxford Handbook of Innovation Management. Oxford University Press, Oxford, 2014

[Nag18] NAGL, A.: Der Businessplan – Geschäftspläne professionell erstellen. 9. Auflage, Springer Gabler Verlag, Wiesbaden, 2018

[OP10] OSTERWALDER, A.; PIGNEUR, Y.: Business Model Generation – A Handbook for Visionaries, Game Changers, and Challengers. John Wiley & Sons Inc., Hoboken (New Jersey), 2010

[OPB+14] OSTERWALDER, A.; PIGNEUR, Y.; BERNARDA, G.; SMITH, A.: Value Proposition Design. John Wiley & Sons Inc., Hoboken (New Jersey), 2014

[Pap15] PAPE, U.: Grundlagen der Finanzierung und Investition – Mit Fallbeispielen und Übungen. 3. Auflage, De Gruyter Oldenbourg, Berling, München, Boston, 2015

[PBF+13] PAHL, G.; BEITZ, W.; FELDHUSEN, J.; GROTE, K.-H.: Konstruktionslehre – Methoden und Anwendung erfolgreicher Produktentwicklung. 8. Auflage, Springer Vieweg, Berlin, 2013

[Pei15] PEITZ, C.: Systematik zur Entwicklung einer produktlebenszyklusorientierten Geschäftsmodell-Roadmap. Dissertation, Fakultät für Maschinenbau, Universität Paderborn, HNI-Verlagschriftenreihe, Band 337, Paderborn, 2015

[Pet16] PETER, S.: Systematik zur Antizipation von Stakeholder-Reaktionen. Dissertation, Fakultät für Maschinenbau, Universität Paderborn, HNI-Verlagsschriftenreihe, Band 361, Paderborn, 2016

[Phi17-ol] PHILIPS COMPANY (Hrsg.): Individuelle Produkte und Finanzierungen. Unter: http://www.philips.de/healthcare/dienstleistungen/bereitstellungsloesungen/das-individuell-angepasste-produkt, 15. März 2017

[Pit98] PITCHER, P.: Das Führungsdrama – Künstler, Handwerker und Technokraten im Management. Klett-Cotta, Stuttgart, 1998

[PKW85] PÜMPIN, C.; KONI, J.-M.; WÜTHRICH, M.A.: Unternehmenskultur – Basis strategischer Profilierung erfolgreicher Unternehmen. Die Orientierung 85, 1985

[PL11] PONN, J.; LINDEMANN, U.: Konzeptentwicklung und Gestaltung technischer Produkte: Systematisch von Anforderungen zu Konzepten und Gestaltlösungen. 2. Auflage, Springer, Heidelberg, 2011

[Por14] PORTER, M.E.: Wettbewerbsvorteile – Spitzenleistungen erreichen und behaupten. 8. Auflage, Campus Verlag, Frankfurt, New York, 2014

[Por79] PORTER, M.E.: How Competitive Forces Shape Strategy. Harvard Business Review, March-April 1979

[Püm83] PÜMPIN, C.: Management strategischer Erfolgspositionen – Das SEP-Konzept als Grundlage wirkungsvoller Unternehmensführung. 2. Auflage, Haupt, Bern, 1983

[RR17-ol] ROLLS ROYCE COMPANY (Ed.): Rolls-Royce celebrates 50th anniversary of Power-by-the-Hour. Unter: https://www.rolls-royce.com/media/press-releases/yr-2012/121030-the-hour.aspx, 19. Oktober 2017

[RRB11] REINHOLD, S.; REUTER, E.; BIEGER, T.: Innovative Geschäftsmodelle – Sicht des Managements. In: BIEGER, T.; KNYPHAUSEN-AUFSESS, D.; KRYS, C. (Hrsg.): Innovative Geschäftsmodelle – Konzeptionelle Grundlagen, Gestaltungsfelder und unternehmerische Praxis. Springer Verlag, Berlin, 2011, S. 71–79

[Sal97] SAHLMAN, W.A.: How to write a great business plan. Harvard Business Review, July-August 1997

[SAS12] SCHUH, G.; ARNOSCHT, J.; SCHIFFER, M..: Innovationscontrolling. In: SCHUH G. (Hrsg.): Handbuch Produktion und Management 3. 3. Auflage, Springer Vieweg, Berlin, Heidelberg, 2012

[Sch05] SCHUH, G.: Produktkomplexität managen: Strategien – Methoden – Tools. 3. Auflage, Carl Hanser Verlag, München, Wien, 2005

[Sch14] SCHALLMO, D. R. A. (Hrsg.): Kompendium Geschäftsmodell-Innovation – Grundlagen, aktuelle Ansätze und Fallbeispiele zur erfolgreichen Geschäftsmodell-Innovation. Springer Gabler, Wiesbaden, 2014

[Sin16] SINGLER, A.: Businessplan. 3. Auflage, Haufe-Lexware, Freiburg, 2016

[SLN+12] SCHUH, G., LENDERS, M.; NUSSBAUM, C.; RUDOLF, S.: Produktarchitekturgestaltung. In: SCHUH G. (Hrsg.): Handbuch Produktion und Management 3. 3. Auflage, Springer Vieweg, Berlin, Heidelberg, 2012

[SM02] SPECHT, D., MÖHRLE, M. (Hrsg.): Gabler Lexikon Technologie Management: Management von Innovationen und neuen Technologien im Unternehmen. Gabler Verlag, Wiesbaden, 2002

[Söl16] SÖLLNER, C.: Methode zur Planung eines zukunftsfähigen Produktportfolios. Dissertation, Fakultät für Maschinenbau, Universität Paderborn, HNI-Verlagsschriftenreihe, Band 356, Paderborn, 2016

[Spr05] SPRENGER, R.: Die drei Disziplinen gesunden Wachstums. Harvard Business Manager, März 2005

[SSS07] STAEHELIN, E.; SUTER, R; SIEGWART, N.: Investitionsrechnung. 10. Auflage, Rüegger, Glarus, Chur, 2007

[Stä02] STÄHLER, P.: Geschäftsmodelle in der digitalen Ökonomie: Merkmale, Strategien und Auswirkungen. 2. Auflage, Josef Eul Verlag, Köln-Lohmar, 2002

[VW12] VOLKSWAGEN AG: Der Baukasten für die Zukunft. autogramm – Die Zeitung für die Mitarbeiterinnen und Mitarbeiter der Marke Volkswagen, Ausgabe 1–2, 2012

[Wen09] WENZELMANN, C.: Methode zur zukunftsorientierten Entwicklung und Umsetzung von Strategieoptionen unter Berücksichtigung des antizipierten Wettbewerbsverhaltens. Dissertation, Fakultät für Maschinenbau, Universität Paderborn, HNI-Verlagsschriftenreihe, Band 243, Paderborn, 2009

[WG11] WALZ, H., GRAMLICH, D.: Investitions- und Finanzplanung, 8. Auflage, Verlag Recht und Wirtschaft, Frankfurt am Main, 2011

[Win13] WINTER, E. (Hrsg.): Gabler Wirtschaftslexikon. 18. Auflage, Springer Gabler Verlag, Wiesbaden, 2013

[Wir10] WIRTZ, B. W.: Business Model Management – Design – Instrumente – Erfolgsfaktoren von Geschäftsmodellen. Gabler Verlag, Wiesbaden, 2010

[ZA01] ZOTT, C.; AMIT, R.: Value Creation in E-Business. Strategic Management Journal, Vol. 22, 2001, pp. 493–520

[ZA07] ZOTT, C.; AMIT, R.: Business Model Design and the Performance of Entrepreneurial Firms. Organization Science, Vol. 18, No. 2, 2007, pp. 181–199

[Zim08] ZIMMERMANN, B.: Pattern-basierte Prozessbeschreibung und -unterstützung: Ein Werkzeug zur Unterstützung von Prozessen zur Anpassung von E-Learning-Materialien. Dissertation, Fachbereich Elektrotechnik und Informationstechnik, Technische Universität Darmstadt, 2008

[Zol06] ZOLLENKOP, M.: Geschäftsmodellinnovation – Initiierung eines systematischen Innovationsmanagement für Geschäftsmodelle auf Basis lebenszyklusorientierter Frühaufklärung. Deutscher Universitäts-Verlag; GWV Fachverlag, Wiesbaden, 2006

Konzipierung - Fachgebietsübergreifende Spezifikation von Produkten, Dienstleistungen und Produktionssystemen

„Experten sind Leute, die immer mehr über immer weniger wissen, bis sie zuletzt alles über etwas und nichts über alles wissen."

– Danny Kaye –

Zusammenfassung

Weder hochdekorierte Experten mit komplementären Kompetenzen noch brillante Strategen sind in der Lage, ein komplexes multidisziplinäres System sicher zu entwickeln und zum Markterfolg zu bringen. Es kommt auf die Fähigkeit zur fruchtbaren Interaktion von Individuen aus beiden Lagern an. Das erfordert gemeinsame Ausdrucksmittel und Problemlösungstechniken, aber auch ein hohes Maß an Sozialkompetenz. Im vorliegenden Hauptkapitel zeigen wir, wie diesem Anspruch mit Systems Engineering wirkungsvoll begegnet werden kann. Ferner verdeutlichen wir, dass eine auf Systems Engineering beruhende Konzipierung von Produkten, dazu gehörenden Produktionssystemen und produktergänzenden Dienstleistungen integraler Bestandteil der strategischen Planung einer Marktleistung sein muss.

Zunächst geben wir einen kurzen Abriss der historischen Entwicklung von Systems Engineering, die ihren Ursprung in der Systemtheorie und der Systemtechnik hat. Heute integriert Systems Engineering die Systemgestaltung und das Projektmanagement. Dementsprechend dominieren zwei Aspekte das Systems Engineering: das Systemdenken und die Vorgehensmodelle. Auf dieser Grundlage ist es möglich, ein großes Kollektiv von Fachleuten unterschiedlicher Disziplinen zum Markterfolg zu führen.

Im Zentrum des modernen Systems Engineering steht die digitale Repräsentation des Systems – das Systemmodell. Unter dem inzwischen sehr populären Begriff Model-Based Systems Engineering gehen wir auf entsprechende Modellierungssprachen und damit verbundene Modellierungsmethoden ein. Wir zeigen, welche Aspekte, wie z. B. Struktur, Verhalten und Gestalt, wie spezifiziert werden müssen, um ein vollständiges Bild eines komplexen Systems zu erhalten, das sich als Grundlage für eine zielführende Kommunikation und Kooperation der involvierten Fachleute eignet.

5 Konzipierung – Fachgebietsübergreifende Spezifikation von Produkten, Dienstleistungen und Produktionssystemen

Nach PAHL und BEITZ ist die Konzipierung der Teil des Entwickelns, der nach Klären der Aufgabenstellung durch Abstrahieren der wesentlichen Teilprobleme die prinzipielle Lösung (Prinziplösung, Lösungskonzept) festlegt [PBF+13]. Im Rahmen unseres Referenzmodells der Marktleistungsentstehung (vgl. Bild 1.63 und 1.64) sehen wir in Ergänzung zur Konzipierung des Produktes (der Sachleistung) auch die Konzipierung der produktbezogenen Dienstleistung und die Konzipierung des Produktionssystems zur Herstellung des Produktes vor. Die drei resultierenden Konzeptionen bilden den Dreh- und Angelpunkt für die Kommunikation und Kooperation der in die Marktleistungsentstehung involvierten Fachleute, und zwar aus den Bereichen Strategische Produktplanung sowie Produkt-, Dienstleistungs- und Produktionssystemkonzipierung. Es ist ein hoher Anspruch, Fachleute aus den sehr verschiedenen Disziplinen zu einem konzertierten Wirken zu bringen. Es kommt insbesondere darauf an, ein einheitliches Systemverständnis der beteiligten Fachleute für die Entwicklungsaufgabe zu schaffen. Dies gilt besonders für intelligente Systeme im Zeitalter der Digitalisierung. Diese Systeme sind adaptiv, robust, vorausschauend und benutzungsfreundlich; es handelt sich vielfach um autonome Systeme, dynamisch vernetzte und interaktive sozio-technische Systeme sowie um Kombinationen von Sach- und Dienstleistungen.

Vor diesem Hintergrund ist schon mit dem Wandel vom Mechanik-zentrierten Maschinenbau zur Mechatronik ein Defizit zwischen der Produktkomplexität und den daraus resultierenden Anforderungen an eine Entwicklungsmethodik auf der einen Seite und dem Leistungsvermögen der etablierten Entwicklungsmethoden auf der anderen Seite evident geworden (Bild 5.1). Die Entwicklungsmethodiken des klassischen Maschinenbaus und der Mechatronik, wie die Konstruktionslehre nach PAHL und BEITZ [PBF+13] und die VDI-Richtlinie 2206 „Entwicklungsmethodik für mechatronische Systeme" [VDI2206] stoßen hier an ihre Grenzen. Mit den sich heute abzeichnenden Systemen wird dieses Defizit so gravierend, dass die Entwicklungsmethodik auf eine neue Basis gestellt werden muss. An dieser Stelle propagieren wir das Systems Engineering als Lösungsansatz zur Beherrschung der zunehmenden Komplexität moderner technischer Systeme. Nun darf an dieser Stelle nicht der Schluss gezogen werden, dass Systems Engineering bzw. eine auf Systems Engineering beruhende neue Entwicklungsmethodik die in den Bereichen Mechanik, Elektronik und Softwaretechnik sehr erfolgreichen Methodiken ersetzt. Es geht uns um einen frühen fachdisziplinübergreifenden Entwurf des Gesamtsystems, der die Vorgaben für die anschließenden fachgebietsspezifischen Entwurfsaktivitäten liefert und das gesamte Entwicklungsgeschehen integriert. Insofern ergänzt Systems Engineering die etablierten fachspezifischen Entwicklungsmethodiken. Angesichts der Komplexität der hier betrachteten Systeme und der Notwendigkeit, Strategische Produktplanung sowie Produkt-, Dienstleistungs- und Produktionssystementwicklung aufeinander abgestimmt voranzutreiben, ist das zwingend erforderlich.

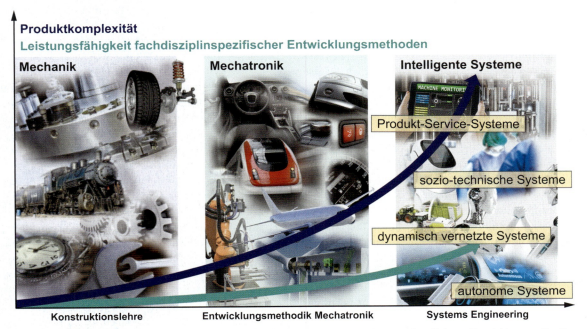

BILD 5.1 Die zunehmende Digitalisierung vergrößert die Diskrepanz zwischen erforderlicher und verfügbarer Entwicklungsmethodik

Systems Engineering selbst ist sehr facettenreich, was sich in unterschiedlichen Ausprägungen und einer relativ großen Anzahl von Definitionen äußert. Diese Ausprägungen erklären sich aus diversen Anwendungsfeldern und damit verbundenen Entwicklungslinien, die das Systems Engineering in den letzten Jahrzehnten durchlaufen hat. Bevor wir in das Handlungsfeld Systems Engineering einführen und konkret zeigen, wie Konzepte von multidisziplinären Produkten, ergänzenden Dienstleistungen und Produktionssystemen konkret spezifiziert werden, gehen wir nachfolgend auf die Herausforderungen ein, mit denen sich die Unternehmen des Maschinenbaus und verwandter Branchen im Kontext der Digitalisierung konfrontiert sehen.

5.1 Herausforderungen der multidisziplinären Produktentwicklung

Auf dem Weg zu den Produkten für die Märkte von morgen zeichnen sich Entwicklungen ab, die hohe Anforderungen an das Innovationsgeschehen in einem Unternehmen stellen. Es handelt sich um die zunehmende Variantenvielfalt, kürzere Innovationszyklen und eine hohe Schnittstellenvielfalt.

Zunehmende Variantenvielfalt: Globalisierung, Individualisierung und ausgeprägte Nischenmärkte charakterisieren das Geschäft der Unternehmen. Die Erwartungen der Kunden an individualisierte Produkte nehmen zu. Dies zwingt Unternehmen, die Produkte kontinuierlich auf sich ändernde und oft nicht vorhersehbare Kundenbedürfnisse anzupassen. Das gilt im Prinzip auch für die Reaktionen auf verbesserte Wettbewerbsprodukte und auf geänderte bzw. neue Normen, Richtlinien und Gesetze. Insbesondere im Rahmen der Produktstrategie (vgl. Kapitel 4.2) ist festzulegen, wie die vom Markt und Wettbewerb induzierte Variantenvielfalt wirtschaftlich bewältigt werden kann.

Kürzere Innovationszyklen: Die dynamische technologische Entwicklung führt zu kürzeren Innovationszyklen. Das ist an sich ein Problem, weil kurze Innovationszyklen die Rentabilität eines Geschäfts gefährden können. Ein weiteres und zunehmend um sich greifendes Problem ergibt sich aus den stark unterschiedlichen Innovationszyklen der Gewerke Mechanik, Elektronik und Software. Während beispielsweise der mechanisch geprägte Antriebsstrang eines Fahrzeugs für mehrere Jahre unverändert bleibt, weisen Elektronikkomponenten wie Mikroprozessoren einen wesentlich kürzeren Marktzyklus auf. Die durch Software realisierte Funktionalität kann praktisch durch Herunterladen stets modifiziert bzw. erweitert werden. Diese Entwicklung wird auch als „**Innovation-Cycle-Dilemma**" bezeichnet, aus der die Herausforderung resultiert, die Innovationszyklen verschiedener Fachdisziplinen wie Mechanik, Elektronik und Software zu synchronisieren [LSS+07]. Ein Ansatz, dieser Herausforderung zu begegnen, bilden modulare aktualisierbare Produkte im Gegensatz zu integralen Produkten. Dieser Ansatz ist im B2B-Bereich zu beobachten und ließe sich unter bestimmten Randbedingungen auch auf den B2C-Bereich übertragen [Bad18].

Hohe Schnittstellenvielfalt: Moderne technische Systeme sind in der Regel das Resultat der Komposition von Sub-Systemen und Komponenten. Diese werden teils von Zulieferern bezogen, die ihrerseits bestrebt sind, ihre Systeme weiterzuentwickeln. Innovationen von Zukaufkomponenten wirken sich stark auf das eigene Produkt aus. Hinzu kommt, dass intelligente technische Systeme zunehmend vernetzt in einem sogenannten „System of Systems" agieren. Aus den wechselseitigen Beziehungen mit anderen technischen Systemen, die ebenfalls einem rasanten technologischen Wandel unterliegen, ergeben sich zum Teil unvorhersehbare Auswirkungen. Diese Entwicklung führt zu einer Zunahme der Schnittstellenvielfalt in Produkten. Dies sei am Beispiel der Mobilität verdeutlicht (Bild 5.2). Neue Mobilitätskonzepte wie Car-Sharing und neue Technologien wie Car-to-X-Kommunikation erweitern die Systemgrenzen für den Automobilhersteller und führen zu einer Zunahme der Schnittstellenvielfalt. Ein Fahrzeug kann nicht mehr als abgeschlossenes System betrachtet werden.

Die beschriebenen Entwicklungen führen seit geraumer Zeit zu einer rasanten Veränderung der Produktentwicklungsprozesse. Diese sind zunehmend vernetzt und werden mehr denn je durch IT-Werkzeuge unterstützt. Es zeichnen sich sechs **Trends** ab, die im hohen Maße die Methoden und die Ablauforganisationen in der Produkt- bzw. der Marktleistungsentwicklung und somit auch die Gestaltung der Entwicklungsarbeit beeinflussen.

Virtualisierung: Der Fortschritt in der computerunterstützten Produktentwicklung ermöglicht die rechnerinterne Repräsentation von allen wesentlichen Aspekten eines zu entwickelnden Systems, wie Anforderungen, Funktionalität, Wirkungsweise, Gestalt und Verhalten. Die Virtualisierung in der Produktentwicklung adressiert neben den Daten zur Repräsentation der genannten Aspekte auch alle weiter anfallenden Daten aus dem Produktlebenszyklus.

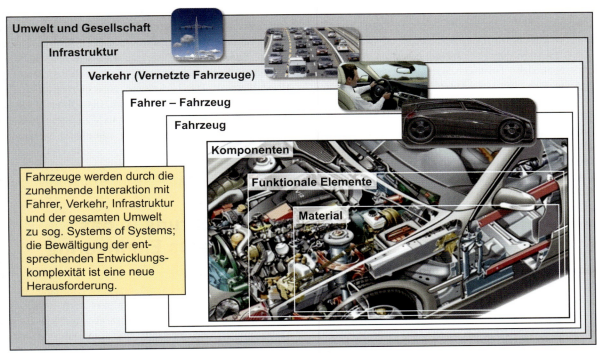

BILD 5.2 Beispiel Mobilität – erweiterte Systemgrenzen für Automobilhersteller (nach ALBERS, IPEK)

Die umfassende Virtualisierung ermöglicht insbesondere die realitätsnahe Simulation und Erprobung des noch in Entwicklung befindlichen Systems. Die Virtualisierung des Systems ist die wesentliche Grundlage des Konzepts „**Digitaler Zwilling**". Dieses Konzept umfasst das reale System, das virtualisierte System sowie die konsistenzsichernden Verknüpfungen beider Systeme.

Digitale Durchgängigkeit: Die digitale Durchgängigkeit unterstützt eine ganzheitliche und eindeutige Beschreibung sämtlicher Entwicklungsobjekte und -aspekte und ermöglicht unter dem Blickwinkel der Zusammenarbeit auch die Vernetzung von Fachexperten über Disziplinen und über Unternehmensgrenzen hinweg. Medien- und Informationsbrüche werden überwunden. So wird das durchgängige Management aller auf ein System bezogenen Prozesse und Informationen in digitaler Form gewährleistet. Dabei zeichnet den Umgang mit den Daten aus, dass diese jederzeit auswertbar, nicht redundant vorliegen und spezifischen Aufgaben aufbereitet zur Verfügung stehen – im Sinne des „Single Source of Truth".

Assistenzsysteme: Diese können sowohl motorische und körperliche als auch kreative und wissensbasierte Arbeitstätigkeiten unterstützen. Sie beruhen auf Technologien wie z. B. Virtual Reality oder Künstliche Intelligenz (KI). Die Möglichkeiten der künstlichen Intelligenz zeigen sich bereits in vielen Arbeitsbereichen. So erlaubt künstliche Intelligenz, große Mengen von anwendungsbezogenen Daten zu ordnen und die komplexen Zusammenhänge herauszustellen. Daraus lassen sich wertvolle Informationen beispielsweise über Kundenverhalten und ihre Bedürfnisse sowie zur Planung von Verbesserungen ableiten. Eine weitere Facette des Einsatzes von künstlicher Intelligenz ergibt sich in der Produktentwicklung: Es ist vorstellbar, dass Routineaufgaben, die auf einer relativ leicht formalisierbaren Konstruktions-Logik beruhen, maschinell durch Einsatz von KI-Verfahren erledigt werden. Damit ließen sich Freiräume für kreative Prozesse schaffen.

Kreativität: Diese führt zu neuen Lösungen und generiert noch nie dagewesene Ideen – das Potential für Innovationen. Zur Förderung von Kreativität werden neuartige Denk- und Arbeitsweisen benötigt. Daher finden Methoden wie z. B. Design Thinking Einzug in die Unternehmen (vgl. Kapitel 3.1). Diese und ähnliche Methoden kennzeichnen unter anderem eine unkonventionelle Herangehensweise, das Loslösen von bekannten Denkmustern, Arbeiten in und mit Gruppen und den Einsatz von Hilfsmitteln zur schnellen Umsetzung von einfachen Prototypen. Kreativität beruht auf der Verknüpfung von Wissen. Diese Ansätze fördern das Wissen von Individuen in einem kreativen Prozess weiterzuverarbeiten, mit dem Ziel, Neues zu erschaffen.

Agilität: Agilität zeichnet sich durch ein flexibles und proaktives Agieren aus, das der hohen Dynamik des Umfelds gerecht wird. Dieses Agieren ist insbesondere angesichts kürzer werdender Innovationszyklen notwendig, um mit neuartigen Lösungen schnell auf dem Markt zu sein. Agile Arbeitsweisen werden in verschiedenen Bereichen bereits heute eingesetzt. Weitverbreitet sind agile Ansätze aus dem Softwareengineering – einer der bekanntesten darunter ist Scrum (vgl. Kapitel 1.2.5.2). Diese Ansätze orientieren sich an ähnlichen Prinzipien: Wechselspiel zwischen inkrementeller und iterativer Vorgehensweise, striktes Zeitmanagement und strukturierte Arbeitsorganisation („Timeboxing"), Orientierung am Kundennutzen und intensive Einbindung des Kunden, Eigenverantwortlichkeit und Selbstorganisation sowie veränderungsfreundliche Projektkultur.

Kommunikation und Kooperation: Die Produktentstehung erfordert mehr denn je eine sehr intensive Kommunikation und Kooperation von Fachleuten unterschiedlicher Disziplinen. Dabei werden die Beteiligten zunehmend geographisch verteilt operieren; die räumliche Verortung von Leistungserbringern wird flexibel, traditionelle Arbeitsorte und -zeiten lösen sich auf. Neuartige Interaktionstechnologien, basierend z. B. auf Augmented Reality und Virtual Reality, können diese Zusammenarbeit weit über Telefon- und Videokonferenzen hinaus unterstützen. Beispiele sind virtuelle und global verteilte Konferenzräume und virtuelle Design Reviews in multidisziplinären Projektteams. In Ergänzung zur Interaktion der Beteiligten wird auch die Interaktion der Entwickler mit den Entwicklungsobjekten selbst eine wichtige Rolle spielen, um neue Wege für Funktionsnachweise und die Erprobung zu erschließen. Aber auch die nicht wertschöpfenden, notwendigen Arbeiten werden durch die zunehmende Digitalisierung profitieren: Beispielsweise das langwierige Abstimmen von Terminen zwischen vielen Beteiligten wird durch intelligente Algorithmen ihren Präferenzen entsprechend optimiert, internationale Meetings können mit Übersetzungsrobotern in Echtzeit unterstützt werden, Entwicklungsteams können flexibel nach Kompetenzen und nicht primär nach Verfügbarkeit zusammengestellt werden. Insgesamt gesehen ergeben sich eine Fülle neuer Möglichkeiten für Produktivitätssteigerungen. Dies betrifft im Zuge des Wandels von Wertschöpfungsketten hin zu Wertschöpfungsnetzwerken nicht nur die Kommunikation und Kooperation innerhalb eines Unternehmens, sondern ebenfalls die Zusammenarbeit über Unternehmensgrenzen hinweg. Hier stellt sich die Herausforderung, zu einer wirksamen Zusammenarbeit trotz unterschiedlicher Kulturen bzw. Unternehmenskulturen (z. B. etablierte Großunternehmen, KMU und Start-ups) zu kommen.

Die beschriebenen Entwicklungen beeinflussen die Art und Weise, wie zukünftige Marktleistungen entstehen. Die Kreation der Systeme von morgen erfordert darüber hinaus, vielen Entwicklungsaspekten wie Funktionalität, Verhalten, Resilienz, Security, Sustainability, Usability, Herstellbarkeit, Wartbarkeit etc. gerecht zu werden. Systems Engineering hat das Potential, Disziplinen, Entwicklungsaufgaben und vielfältige Aspekte zu integrieren und die Akteure in der Entwicklung komplexer Systeme zu orchestrieren.

5.2 Einführung in das Systems Engineering

Systems Engineering ist ein Erfolg versprechender Lösungsansatz zur Kreation komplexer technischer Systeme. Unlängst dringt der Ansatz aus den klassischen Anwendungsfeldern der Luft- und Raumfahrt in andere Branchen wie die Automobilindustrie vor. Systems Engineering versteht sich als durchgängiger, fachdisziplinübergreifender Ansatz zur Entwicklung technischer Systeme. Es stellt das multidisziplinäre System in den Mittelpunkt und umfasst die Gesamtheit aller Entwicklungsaktivitäten. Im Vordergrund stehen also die Interdisziplinarität und die zielgerichtete ganzheitliche Problembetrachtung. Systems Engineering erhebt den Anspruch, die Akteure in der Entwicklung komplexer Systeme zu orchestrieren. Dazu integriert es die Systemgestaltung und das Projektmanagement (Bild 5.3).

Die **Systemgestaltung** erstreckt sich über den gesamten Entwicklungsprozess und umfasst insbesondere die Aufgaben Anforderungsmanagement, Systemarchitekturgestaltung, Analyse, Simulation, Test und Validierung. Neue Technologien und Anwendungen erfordern interdisziplinäre Entwicklungsteams. Heute besteht im Allgemeinen die Situation, dass jede Fachdisziplin ihre spezifische Sichtweise auf das zu gestaltende System hat und ihre etablierten spezifischen Arbeitsmethoden und Ausdrucksmittel einsetzt. Dem begegnet das Systems Engineering mit der Etablierung eines disziplinübergreifenden Systemmodells, auf das in Kapitel 5.3 näher eingegangen wird.

Das **Projektmanagement** umfasst die Abstimmung der Aktivitäten unter Berücksichtigung der gegebenen Ressourcen, Stakeholder, Risiken sowie Zeit- und Kostenrestriktionen, um das Entwicklungsziel zu erreichen. Es organisiert und koordiniert den Problemlösungsprozess. Dreh- und Angelpunkt ist das Prozessmodell, das Abfolge,

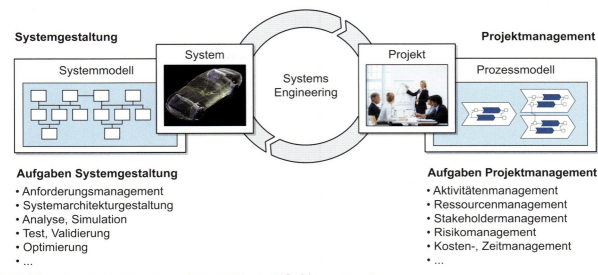

BILD 5.3 Systems Engineering integriert Systemgestaltung und Projektmanagement

Resultate und Verantwortlichkeiten im Entwicklungsprojekt beschreibt. Wir gehen im vorliegenden Buch auf das Projektmanagement nicht näher ein, weil das den Rahmen sprengen würde, und verweisen stattdessen auf die Standardwerke [Bur02], [PMI04].

In der Literatur existiert heute eine Vielzahl verschiedener Definitionen, Ansätze und Vorgehensmodelle des Systems Engineerings. Darüber hinaus widmen sich unterschiedliche Organisationen durch die Definition eigener Standards, Normen und Richtlinien dem Thema. Im Systems Engineering Body of Knowledge (SEBok) ist Systems Engineering beispielsweise wie folgt definiert:

„Systems Engineering (SE) is an interdisciplinary approach and means to enable the realization of successful systems. It focuses on holistically and concurrently understanding stakeholder needs; exploring opportunities; documenting requirements; and synthesizing, verifying, validating, and evolving solutions while considering the complete problem, from system concept exploration through system disposal." [SEB17]

Nachfolgend geben wir insbesondere Einsteigern einen praxisorientierten Überblick über das Systems Engineering und beantworten Fragen der Art „Wie hat sich das Systems Engineering historisch entwickelt?", „Was sind die Kernaspekte des Systems Engineering?", „Welche Standards und Normen existieren?"

5.2.1 Historische Entwicklung des Systems Engineerings

Historisch gesehen trat Systems Engineering als Disziplin immer in den Vordergrund, wenn das zu lösende Problem durch eine noch nie dagewesene Komplexität geprägt war. Die Folge sind unterschiedliche Entwicklungslinien, die im Folgenden kurz skizziert werden. Bild 5.4 veranschaulicht die zeitliche Entwicklung der verschiedenen Schulen des Systems Engineering.

Allgemeine Systemtheorie und Kybernetik

Die Diskussion um Systems Engineering hat ihre Wurzeln in den philosophischen Betrachtungen zur allgemeinen Systemtheorie. BERTALANFFY kritisierte die deduktiven Verfahren der Naturwissenschaften und die damit einhergehende isolierte Betrachtung von Einzelphänomenen [Ber32]. Anstelle von Einzelphänomenen müssten Phänomene in ihrer Vernetzung beschrieben werden – der Begriff System bringt dies zum Ausdruck: „Systeme" existieren parallel in unterschiedlichen Wissensgebieten, sie stehen dabei stets in Interaktion und beeinflussen sich gegenseitig. Die allgemeine Systemlehre beschreibt das „grenzübergreifende" Zusammenwirken beliebiger Systeme und Disziplinen. Die technikwissenschaftlichen Arbeiten zur Kybernetik durch WIENER sowie KÜPFMÜLLER und STEINBUCH greifen den Ansatz des systemischen Denkens auf und ergänzen ihn um Modellkonzepte der Regelungs- und Informationslehre [Wie48].

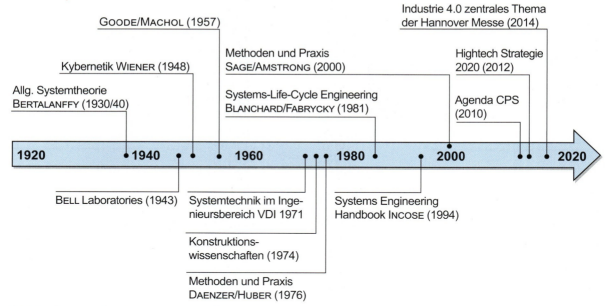

BILD 5.4 Historische Entwicklung des Systems Engineerings

Systemdenken im zweiten Weltkrieg in Großprojekten

Operations Research-Anwendungen im zweiten Weltkrieg und die Arbeiten der Bell Laboratories in den 1940er Jahren bei der Planung von Telekommunikationsnetzwerken gelten als der Ursprung des industriellen Systems Engineerings. Hierbei spielte interdisziplinäres Systemdenken eine wesentliche Rolle. Den Durchbruch in der Praxis erzielte das Systens Engineering jedoch ab Ende der 1950er Jahre im Rahmen der militärischen Luft- und Raumfahrtprogramme der USA. Es entstanden zahlreiche Handbücher, Best Practices und Standards, meist als pragmatische „how-to"-Ansätze.

Der Systems Approach

GOODE und MACHOL erkannten Mitte der 1950er Jahre in der US-amerikanischen Industrie eine veränderte Arbeitsweise. Sie wird häufig als systems design, systems analysis oder systems approach bezeichnet [GM57]. Im Mittelpunkt standen neuartige Werkzeuge, Vorgehensmodelle und Ansätze zur Teamarbeit. Dieser „systems approach" wurde jedoch häufig schlecht verstanden bzw. umgesetzt, wirkte chaotisch und war nur vage dokumentiert; vor allem aber erschienen die einzelnen Bestandteile nicht richtig aufeinander abgestimmt. Gerade die unterschiedlichen Begriffswelten der einzelnen Fachdisziplinen wirkten häufig wie Sprachbarrieren und erschwerten die erfolgreiche Kommunikation und Zusammenarbeit [Cha74].

In Russland systematisierte ALTSCHULLER mit der Theorie des erfinderischen Problemlösungsprozesses (TRIZ) Entwicklungstätigkeiten, um schneller und effizienter zu neuen Problemlösungen zu kommen [TZZ98] (vgl. Kapitel 3.1.2).

Management der Produktentwicklung

In den 1980er Jahren prägten insb. BLANCHARD und FABRYCKY den Begriff „System-Life-Cycle-Engineering" [BF81]. Der mögliche Lebenszyklus des Systems sollte bei der Entwicklung stärker betrachtet werden. Von nun an wurde Systems Engineering vermehrt auch als eine Art Managementlehre gesehen, die aus drei eng miteinander verknüpften Teilen besteht: Systems Management, Systems Methodology und einem Set an Methoden und Werkzeugen. SAGE und ARMSTRONG beschreiben Systems Engineering als einen interdisziplinären Ansatz für technische und organisatorische Fragestellungen [Sag95].

Konstruktionslehre und Systemtechnik

Motiviert durch den Mangel an Fachkräften entstanden in der ehemaligen DDR erste methodische Ansätze in der Konstruktionslehre mit dem Ziel einer gesteigerten Effizienz beim Entwickeln [Han56], [Han65]. Die denkpsychologische Sichtweise wurde propagiert, um die Konstrukteure besser in ihrer Arbeit zu unterstützen [Mue90], [PB93].

Der Begriff Systemtechnik – häufig als Synonym zu Systems Engineering verwendet – wurde in Deutschland zunächst durch ROPOHL in den 1970er Jahren geprägt [Rop75]. Seiner Ansicht nach lag die Bedeutung der Systemtechnik darin, der Ingenieurpraxis neue Arbeitsverfahren und Hilfsmittel zugänglich zu machen. Darüber hinaus liegt die Leistung der Systemtechnik darin, bekannte Einzelerscheinungen in neuem Zusammenhang zu sehen und dadurch besser verstehen und beherrschen zu können. Es schien, als würde Systems Engineering den Durchbruch zur Konstruktionslehre des Maschinenbaus schaffen. So war das Motto des Deutschen Ingenieurtags von 1971 des VDI die „Systemtechnik". In diesem Jahr veröffentlichte BEITZ in den VDI-Berichten einen Beitrag mit dem Titel „Systemtechnik im Ingenieurbereich" [Bei71]. Aus diesen Zeiten stammen auch die richtungsweisenden Arbeiten von DAENZER und HUBER [DH76] sowie von PATZAK [Pat82]. In diese Epoche fielen auch die Arbeiten von ROTH zum Thema Konstruktionskataloge [Rot82] sowie die Fülle von Arbeiten, die spezifische Konstruktionsaspekte wie Kosten betrachteten, was unter dem Schlagwort Design to X zusammengefasst wurde. Das Aufkommen der Mechatronik gegen Ende der 1970er Jahre hatte erstaunlicherweise keinen Einfluss auf die sich etablierende Konstruktionslehre, obwohl abzusehen war, dass Mechatronik den Maschinenbau stark prägen wird und die übliche Mechanik-zentrierte Sichtweise zu kurz greift.

Systems Engineering auf dem Weg zur einheitlichen Betrachtung

Die große Anzahl an Arbeiten hat Ende der 1980er Jahre insbesondere im US-amerikanischen Raum zu ersten Konsolidierungsbemühungen geführt: Organisationen wie die Electronic Industries Association (EIA) und die inzwischen größte internationale Systems Engineering Organisation INCOSE haben sich dieser Aufgabe verpflichtet. In der jüngeren Vergangenheit hat insbesondere die Kritik am praxisgetriebenen Systems Engineering zu zahlreichen wissenschaftlichen Initiativen geführt. Sie sehen ihre Aufgabe primär in einer „Transformation des Systems Engineerings", um es auf die zukünftigen Anforderungen in der Systementwicklung auszurichten und gleichzeitig seinen Nutzen stärker herauszuarbeiten [Sys12], [Hon11].

Systems Engineering heute

Seit etwa zwei Jahrzehnten vollziehen der Maschinenbau und verwandte Branchen wie die Automobilindustrie den Wandel von der Mechanik zur Mechatronik. Paradoxerweise erfolgte dies völlig unabhängig vom Systems Engineering, obwohl Mechatronik Systems Engineering bedingt. So hat weder die Mechatronik das Systems Engineering geprägt, noch hat Systems Engineering die Entwicklungsmethodik Mechatronik beeinflusst.

Aktuell wird Systems Engineering in seinen vielfältigen Facetten an Hochschulen, Forschungsinstituten und von Interessengemeinschaften vorangetrieben. Stärkster Treiber ist allerdings die Industrie und hier insbesondere die Automobilindustrie. Die Aktivitäten reichen vom Anforderungsmanagement über das Projektmanagement bis hin zur modellbasierten Verifikation und Validierung. Als ein exponierter Schwerpunkt im Systems Engineering hat sich die durchgängige Beschreibung und Analyse des zu entwickelnden Systems auf Basis disziplinübergreifender rechnerinterner „Systemmodelle" (was durch den Begriff Model-Based Systems Engineering zum Ausdruck kommt) herausgebildet. Damit geht die Absicht einher, die Systemmodelle in die verbreiteten Produktdatenmanagement-/Productlifecyclemanagement-Systeme (PDM/PLM) zu integrieren. Die Konzepte Industrie 4.0 und Cyber-Physical Systems prägen das Innovationsgeschehen und setzen neue Maßstäbe an das durchgängige Engineering über den gesamten Produktlebenszyklus.

5.2.2 Kernkomponenten des Systems Engineering-Konzepts

Zur Beschreibung der Struktur des Systems Engineerings hat sich das Referenzmodell von DAENZER und HUBER [DH02] durchgesetzt, das in von uns modifizierter Form in Bild 5.5 wiedergegeben ist. Demnach wird der eingangs beschriebene Gedanke aufgegriffen, dass Systems Engineering die Systemgestaltung und das Projektmanagement integriert (vgl. auch Bild 5.3)

Die Basis des Systems Engineering-Konzepts ist der **Problemlösungsprozess**, der sowohl von der Systemgestaltung als auch vom Projektmanagement bestimmt wird. Während das Projektmanagement die erfolgreiche Abwicklung von Projekten aus organisatorischer Sicht sicherstellt, stehen bei der Systemgestaltung das Problem selbst sowie die Lösungsfindung im Vordergrund. Im Rahmen des fachdisziplinübergreifenden Systementwurfs wird dabei die sogenannte Systemarchitektur erarbeitet, die nachgelagerte Entwicklungstätigkeiten determiniert. Dies geschieht u. a. auf Basis von Überlegungen und Entscheidungen aus der strategischen Produktplanung, wie z. B. einer Plattformstrategie. In Kapitel 5.4. zeigen wir, wie die Systemgestaltung für intelligente technische Systeme mit Hilfe der Spezifikationstechnik CONSENS unterstützt wird.

Während der Problemlösungsprozess je nach spezifischer Problemstellung individuell auszuprägen ist, beschreibt die **SE-Denkweise** das gedankliche Gerüst des Systems

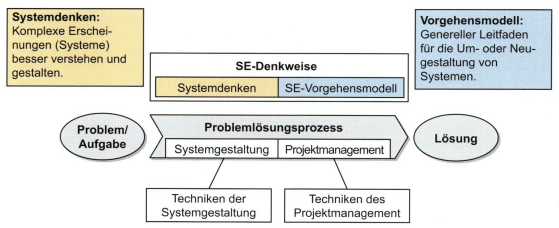

BILD 5.5 Komponenten des Systems Engineering Konzepts nach DAENZER und HUBER [DH02]

Engineerings. Sie umfasst das Systemdenken und das SE-Vorgehensmodell. Das Systemdenken hilft komplexe Zusammenhänge und Systeme zu verstehen, zu strukturieren und letztlich zu gestalten. Das System wird dazu aus verschiedenen Blickwinkeln untersucht. Je nach Problemstellung und Situation werden dazu unterschiedliche Abstraktionsniveaus gewählt, die von der Zweckmäßigkeit und der Problemrelevanz abhängen. Das SE-Vorgehensmodell liefert Empfehlungen und Richtlinien zur Strukturierung der Lösungsfindung in beherrschbare Teilprozesse [HWF+12]. Neben dem SE-Vorgehensmodell existieren eine Reihe spezifischer Vorgehensmodelle zur Systementwicklung, von denen sich bspw. die VDI-Richtlinie 2206 als Quasi-Standard zur Entwicklung mechatronischer Systeme etabliert hat. Im Folgenden gehen wir auf die beiden Aspekte der SE-Denkweise detaillierter ein.

5.2.2.1 Systemdenken

Das wesentliche Prinzip des Systemdenkens besteht darin, durch modellhafte Abbildungen Systeme sowie deren komplexen inneren Zusammenhänge und Interaktionen mit dem Umfeld zu veranschaulichen. Die Modelle müssen dabei im Hinblick auf die Situation und die Problemstellung genügend aussagefähig sein. Ein weiterer wesentlicher Aspekt ist die Abkehr von „isolierter" Lösungsfindung – zugunsten einer ganzheitlichen Sicht auf das System, die alle relevanten Aspekte ins Kalkül zieht. Die Darstellung und Analyse von Systemen erfolgt durch graphische Modellierung sowie mit Hilfe von sogenannten Diagrammen. Im Rahmen des Systemdenkens differenzieren wir Systeme nach Systemtypen und wenden verschiedene Betrachtungsweisen an.

Systemtypen

Im Vordergrund dieses Buchs stehen intelligente technische Systeme, die gemeinhin als komplex gelten. Komplexität ist ein im Unternehmenskontext und insbesondere in der Produktentstehung häufig verwendeter Begriff, der typischerweise zur Charakterisierung eines Systems genutzt wird. Dabei werden sowohl Produkte als auch die Entwicklung selbst als komplex bezeichnet. Für eine differenzierte Betrachtung des Komplexitätsbegriffs bietet sich die Unterscheidung von Systemtypen in zwei Dimensionen an: *1) Vielfalt, Vielzahl, Größe* und *2) Dynamik, Veränderbarkeit*. Diese Dimensionen werden auch als strukturelle und dynamische Komplexität bezeichnet. Die Einordnung in ein Portfolio gemäß Bild 5.6 ergibt vier Systemtypen [UP95].

Einfache Systeme weisen lediglich wenige Elemente mit geringer Beziehungsintensität auf. Nimmt die Anzahl der Elemente und Beziehungen zu, handelt es sich um ein **massiv vernetztes, kompliziertes System**. Beide Systemklassen unterscheiden sich lediglich in ihrer strukturellen Komplexität. Ein System mit hoher dynamischer Komplexität führt zu einem **dynamischen, komplizierten System**. Es enthält Verbindungen, die sich zeitlich verändern. Weist ein System sowohl eine hohe strukturelle als auch eine hohe dynamische Komplexität auf, handelt es sich um ein **komplexes System**. Die Veränderlichkeit bzw. Dynamik eines Systems wird entscheidend beeinflusst durch die mit dem System verbundene Unsicherheit. Unsicherheiten in der Produktentwicklung ergeben sich bspw. aus dem technologischen Neuheitsgrad eines Projekts. Weitere Unsicherheiten ergeben sich bspw. aus dem Unternehmenskontext. Quellen sind Fehlplanungen in der Produktstrategie, späte Änderungsanforderungen und unklar definierte Projektziele. Die Methoden und Werkzeuge des Systems Engineering haben zum Ziel, durch Abstraktion und mo-

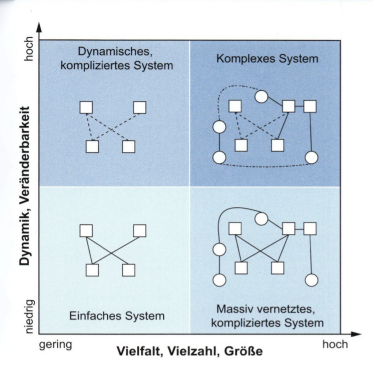

BILD 5.6
Systemtypen nach [HWF+12] und [UP95]

dellhafte Abbildungen sowohl die strukturelle als auch dynamische Komplexität zu beherrschen.

Betrachtungsweisen

Grundsätzlich kann jeder Sachverhalt von verschiedenen Standpunkten aus betrachtet werden. Das erlaubt eine Komplexitätsreduktion in dessen Analyse und Gestaltung; es rücken jeweils spezifische Merkmale und Eigenschaften in den Vordergrund. Im Rahmen des Systemdenkens haben sich die in Bild 5.7 vorgestellten Betrachtungsweisen etabliert [DH02], [BFP94].

Umfeldorientierte Betrachtungsweise: Hier wird das System als Black Box betrachtet. Die Konzentration liegt auf den Zusammenhängen zwischen dem System und seiner Umgebung. Dabei wird zwischen den Umsystemen (Elementen des Umfelds) und deren Beziehung zum System unterschieden.

Wirkungsorientierte Betrachtungsweise: Diese trifft Aussagen über das Verhalten des Systems (Output) in Abhängigkeit von den Eingangsgrößen (Input). Der Fokus liegt somit auf einer Input-Output Betrachtung. Hierzu werden grobe Funktionsblöcke abgegrenzt und angenommene oder gewünschte Funktionen sowie deren Zusammenwirken definiert. Sofern eine mathematische Funktion zur Beschreibung von Gesetzmäßigkeiten der Umsetzung von Inputs in Outputs angegeben werden kann, spricht man von einer sogenannten Übergangsfunktion (vgl. auch Regelungstechnik). Diese Betrachtungsweise ist sehr geeignet, um den Zustand und die Qualität eines Systems grob zu beurteilen. Häufig wird in dieser Betrachtung das System als „Blackbox" bezeichnet – die interne Struktur des Systems bleibt unsichtbar. Falls zumindest einige essentielle Elemente der internen Struktur zur Betrachtung einbezogen und damit sichtbar werden, wird von einer „Greybox" gesprochen.

Strukturorientierte Betrachtungsweise: Diese zeigt die Systemstruktur auf. Damit werden systeminterne Elemente und ihre Beziehungen definiert und dargestellt. Hier sind insbesondere die im klassischen Maschinenbau bekannten Wirkstrukturen, bestehend aus Systemelementen und Flüssen, einzuordnen, um die prinzipielle Wirkungsweise eines Systems zu beschreiben. Dabei liegt der Fokus aber auf den dynamischen Wirkmechanismen und Abläufen.

Dynamische Betrachtungsweise: Mit dieser Betrachtungsweise wird die Veränderung des Umfelds und des Systems über die Zeit erfasst, wobei auch angestrebt wird, die entsprechenden Veränderungen der Systemelemente zu modellieren.

Die erläuterten Ansätze des Systemdenkens finden Anwendung in der Produktentwicklung. Die beiden wichtigsten Betrachtungsweisen aus Sicht des Ingenieurs sind die strukturorientierte und die wirkungsorientierte Sicht. Mit ihnen wird dargestellt, aus welchen Elementen das System

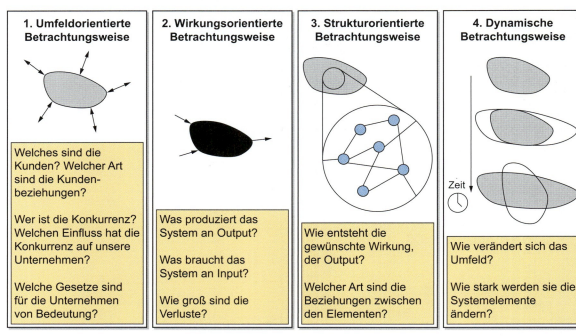

BILD 5.7 Komplexitätsreduzierende Betrachtungsweisen auf Systeme [DH02], [BFP94]

besteht, welche Verbindungen diese untereinander haben (Struktur), welche Funktionalität das System haben soll und wie es sich verhalten soll. Die relevanten Betrachtungsweisen ergeben sich für jede Zielgruppe ausgehend von ihren speziellen Interessen am Produkt, z. B. der Nutzer des Systems mit Fokus auf die Bedienung oder der Produktionssystementwickler mit Fokus auf die Montagefolge.

5.2.2.2 Vorgehensmodelle

Vorgehensmodelle gliedern den Problemlösungsprozess in aufeinanderfolgende Phasen. Sie beruhen auf vier Grundgedanken; nach HABERFELLNER ET AL. ist es demnach zweckmäßig

- vom Groben zum Detail vorzugehen und nicht umgekehrt,
- das Prinzip des Denkens in Varianten zu beachten, d. h. sich grundsätzlich nicht mit einer einzigen Variante (in der Regel der erstbesten) zufriedenzugeben, sondern konsequent nach Alternativen zu suchen,
- den Prozess der Systementwicklung und -realisierung in logisch aufeinander aufbauende Phasen zu gliedern und
- bei der Lösung von Problemen, gleichgültig welcher Art sie sind und in welcher Phase sie auftreten, eine Arbeitslogik als formalen Vorgehensleitfaden anzuwenden (Problemlösungszyklus) [HWF+12].

Gemeinhin decken die Vorgehensmodelle für die Systementwicklung den in Phasen gegliederten Prozess von den Kundenanforderungen bis zum Markteintritt ab. Die Phasen unterscheiden sich je nach Produktart und Branche. Auch die Eigenschaften des Entwicklungsprojekts (z. B. Größe, Dynamik des Umfelds, Personal) beeinflussen die Wahl des richtigen Ansatzes, so dass heute eine Reihe von Vorgehensmodellen für die Systementwicklung existieren (vgl. Kasten). Derartige Vorgehensmodelle sind grundsätzlich aufgabenspezifisch auszuprägen. Unabhängig davon hat sich insbesondere im Kontext Systems Engineering ein generischer Ansatz bewährt, der eine Gliederung nach Makro- und Mikro-Logik vorsieht [HWF+12].

SE-Vorgehensmodelle als Makro-Logik: Hier handelt es sich um Vorgehensmodelle, die sich über alle Phasen eines Entwicklungsprozesses erstrecken. Ein entsprechendes Beispiel zeigt Bild 5.8.

Problemlösungszyklen als Mikro-Logik: Ein Problemlösungsprozess definiert die Systematik zur Bearbeitung einer Phase bzw. eines Aufgabenkomplexes im Rahmen des SE-Vorgehensmodells. Der Zyklus gliedert sich gemäß Bild 5.9 in die drei Abschnitte Zielsuche, Lösungssuche und Auswahl und weist fünf Aufgaben auf, die je nach Charakter des Aufgabenkomplexes in unterschiedlicher Reihenfolge zu behandeln sind. Im Prinzip liefert der Problemlösungsprozess Antworten auf folgende Fragen: Wo stehen wir? Was wollen wir? Warum benötigen wir etwas? Welche Möglichkeiten gibt es? Welche Lösung ist die Beste?

5.2 Einführung in das Systems Engineering

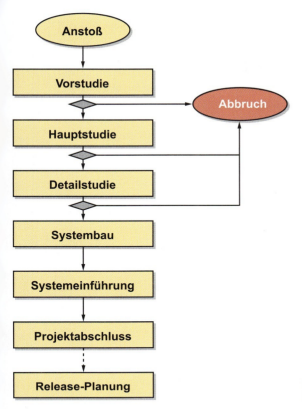

BILD 5.8
Beispiel eines SE-Vorgehensmodells als Makro-Logik nach [HWF+12]

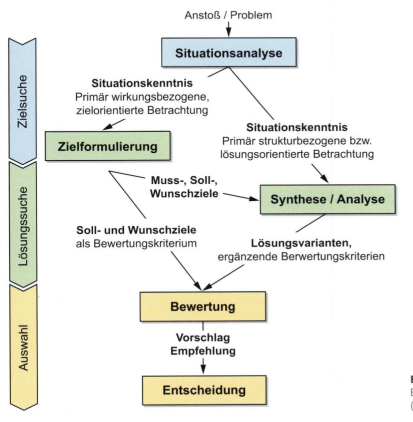

BILD 5.9
Beispiel eines Problemlösungszyklus (Mikro-Logik) nach [HWF+12]

KLASSISCHE VORGEHENSMODELLE

Historisch gesehen haben sich die verschiedenen Fachdisziplinen wie Mechanik und Softwaretechnik weitgehend unabhängig voneinander entwickelt, was im Wesentlichen auf die unterschiedliche Natur der Materie zurückzuführen ist. Die Folge sind fachdisziplinspezifische Begriffswelten, Methoden und Vorgehensmodelle, die die Kommunikation und Kooperation der involvierten Fachleute aus den unterschiedlichen Fachgebieten erheblich behindern. Um die verschiedenen Denkansätze zu verdeutlichen, erläutern wir im Folgenden drei typische Vorgehensmodelle.

In Bild 1 ist in Anlehnung an PAHL und BEITZ ein **klassisches Vorgehensmodell der Produktentwicklung** im Bereich **Mechanik** dargestellt [PBF+07]. Danach wird der eigentliche Entwicklungs- bzw. Konstruktionsprozess in die fünf Hauptphasen Planen und Klären der Aufgabe, Konzipieren, Entwerfen, Ausarbeiten und Arbeitsplanung einschließlich der Fertigungsmittelkonstruktion und dem Fertigungsmittelbau unterteilt. Die Phase Planen und Klären der Aufgabe stellt die Schnittstelle zu der vorgelagerten Aufgabe der strategischen Produktplanung dar; die Phase Arbeitsplanung bildet die Schnittstelle zur Produktionssystemplanung. Charakteristisch für derartige Vorgehensmodelle ist die sequentielle Anordnung der Phasen, die fälschlicherweise den Eindruck einer stringenten Abarbeitung der Phasen vermittelt. Selbstredend sind in diesen Modellen auch Rücksprünge möglich, die

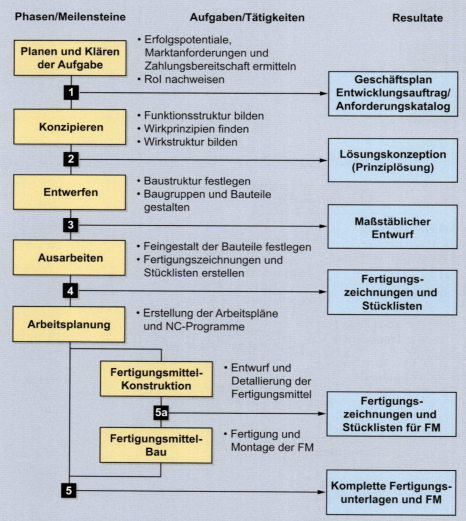

BILD 1 Phasenmodell der Produktentwicklung im klassischen Maschinenbau nach PAHL und BEITZ [PBF+07]

entsprechenden Pfeile sind ausschließlich wegen der besseren Lesbarkeit weggelassen worden. Das, was im Bild zu sehen ist, ist der idealtypische Ablauf. Der Praktiker wird bestätigen, dass Rücksprünge, insbesondere wenn sie mehrere Phasen überdecken, Zeit und Geld kosten und somit vermieden werden sollten. Durch das sequentielle Vorgehen wird ein hohes Maß an Struktur im Projekt vorgeben. Allerdings kann das zu einem restriktiven Verhalten gegenüber späten Änderungen insbesondere bei komplexen, risikobehafteten Projekten führen. Das entsprechende Entwicklungsgeschehen neigt häufig zu einer gewissen Trägheit in einem zunehmend dynamischen Umfeld. Vor diesem Hintergrund gewinnen sogenannte agile Vorgehensweisen an Bedeutung, die durch ein iteratives Vorgehen flexibel auf neue Anforderungen reagieren und diese in das Entwicklungsgeschehen einfließen lassen. Agile Vorgehensweisen sind in den vergangenen Jahren vornehmlich in der Softwareentwicklung entstanden und finden sich in Ansätzen wie Scrum [SS17-ol] und eXtreme Programming (XP) [BA04] wieder.

Ein etabliertes Vorgehensmodell in der Softwareentwicklung ist das Spiralmodell nach BOEHM [Boe88] (vgl. Bild 2). Es kombiniert ein phasenbezogenes Vorgehen (Planung der Anforderungen, Anforderungen, Grobentwurf, Feinentwurf) mit einem iterativen Vorgehen, in dem die vier Aufgaben Ziele,

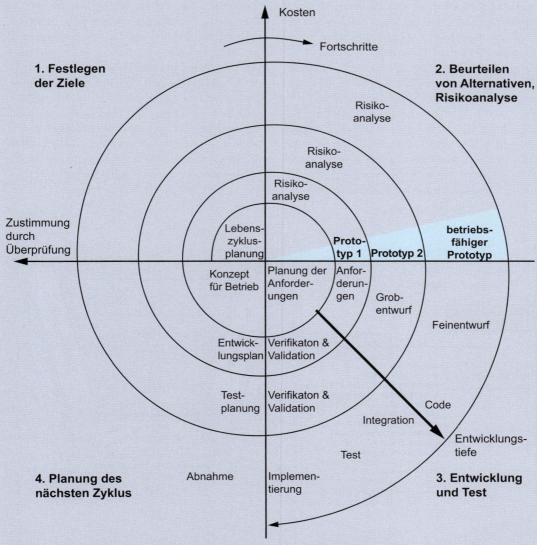

BILD 2 Das Spiralmodell – Vorgehensmodell der Softwareentwicklung [Boe88]

Alternativen, Entwicklung und Test sowie Planung wiederholt durchlaufen werden. Die vier Aufgaben entsprechen den Quadranten des Spiralmodells und sind im Wesentlichen an die Logik des Problemlebenszyklus angelehnt. Entscheidend ist, dass jeder Durchlauf der Spirale mit einem Test der zuvor erzielten Ergebnisse schließt. Neue Erkenntnisse und notwendige Änderungen fließen somit direkt in die Spezifikation für den nächsten Durchlauf ein. Dies wird solange wiederholt, bis ein zufriedenstellendes Ergebnis vorliegt. Der Vorteil des Spiralmodells ist die Möglichkeit, Entwicklungsergebnisse frühzeitig zu testen. Während diese Voraussetzung insbesondere bei Software gegeben ist (einzelne Funktionalitäten können teilweise völlig unabhängig voneinander entwickelt und getestet werden), ist die Übertragbarkeit auf mechatronische bzw. intelligente technische Systeme heute noch Gegenstand der Forschung.

Für die Entwicklung mechatronischer Systeme liefert die **VDI-Richtlinie 2206** ein etabliertes Vorgehen, das bislang den minimalen Konsens der Fachwelt darstellt. Das Vorgehensmodell greift das aus der Softwaretechnik bekannte V-Modell [BD93] auf und wird durch Prozessbausteine für die Bereiche Systementwurf, Modellbildung und -analyse, domänenspezifischer Entwurf, Systemintegration und Eigenschaftsabsicherung unterstützt (Bild 3).

Anforderungen resultieren aus einem konkreten Entwicklungsauftrag und sind der Ausgangspunkt für die Entwicklung. Sie präzisieren die Aufgabenstellung und dienen zugleich als Maßstab für die Bewertung des späteren Produkts. Im Systementwurf werden ausgehend von den Anforderungen und der funktionalen Beschreibung des Systems die wesentlichen physikalischen und logischen Wirkungsweisen des Systems festgelegt. Ergebnis ist ein fachdisziplinübergreifendes Lösungskonzept, das der Systemarchitektur des zu entwickelnden Systems entspricht. Dieses Lösungskonzept wird im domänenspezifischen Entwurf unter Anwendung fachdisziplinspezifischer Entwicklungsmethoden konkretisiert. Die in den einzelnen Fachdisziplinen erarbeiteten Ergebnisse werden im Rahmen der Systemintegration zu einer Gesamtlösung zusammengeführt und kontinuierlich anhand der Anforderungen und dem zuvor erarbeiteten Lösungskonzept überprüft. Dies entspricht der Eigenschaftsabsicherung, die durch eine rechnergestützte Modellbildung und -analyse unterstützt wird. Im Ergebnis liegt das Produkt vor, das durch mehrmaliges Durchlaufen des V-Modells zunehmend konkretisiert wird und somit verschiedene Reifegrade durchläuft (z. B. Labormuster, Funktionsmuster, Vorserienprodukt, Serienprodukt).

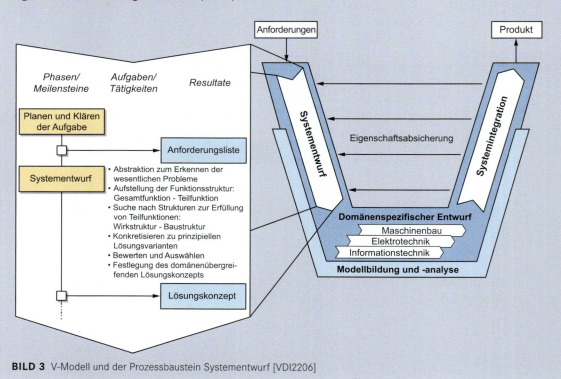

BILD 3 V-Modell und der Prozessbaustein Systementwurf [VDI2206]

Literatur:
[BA04] Beck, K.; Andres, C.: Extreme Programming Explained: Embrace Change. 2. Auflage, Addison-Wesley Professional, Boston, 2004
[BD93] Bröhle, A.-P.; Dröschl, W.: Das V-Modell – Der Standard für die Softwareentwicklung mit Praxisleitfaden. Oldenbourg Verlag, München, 1993
[Boe88] Boehm, B. W.: A Spiral Model of Software Development and Enhancement. IEEE Computer, 21/1988, pp. 61–72
[PBF+07] Pahl, G.; Beitz, W.; Feldhusen, J.; Grote, K.-H. (Hrsg.): Konstruktionslehre – Grundlagen erfolgreicher Produktentwicklung – Methoden und Anwendung. 7. Auflage, Springer Verlag, Berlin, 2007
[SS17-ol] Sutherland, J.; Schwaber, K.: The Scrum GuideTM. Unter: http://www.scrumguides.org/docs/scrumguide/v2017/2017-Scrum-Guide-US.pdf#zoom=100, November 2017
[VDI2206] Verein Deutscher Ingenieure (VDI): Entwicklungsmethodik für mechatronische Systeme. VDI-Richtlinie 2206, Beuth Verlag, Berlin, 2004

5.2.3 Normen, Standards und Richtlinien

Die Landschaft der Standards und Normen ist im Bereich des Systems Engineerings durch die Historie bedingt heterogen; viele entstanden auf Grundlage der erstmaligen Anwendung in den Bereichen der Luft- und Raumfahrttechnik sowie bei militärischen Applikationen, wurden dann aber weiterentwickelt und für weitere Branchen genutzt. In den vergangenen 20 Jahren wurden deshalb viele Standards des Department of Defense (DoD) oder „Military Standards" durch die heutigen Normungsorganisationen abgelöst. Nichtsdestotrotz existiert heute eine ganze Reihe von Normen und Industriestandards, die sich zumindest grob klassifizieren und in einen Zusammenhang bringen lassen. Im vorliegenden Kapitel geben wir einen Überblick über diese Struktur und gehen dann auf einzelne Klassen von Standards und Normen ein. Normen definieren grundsätzlich Anforderungen an Produkte, Dienstleistungen oder Verfahren und werden von einer Normungsorganisation (z. B. DIN, ISO) erstellt. In der Regel werden Normen unter Einbeziehung aller interessierten Kreise erarbeitet und im Konsens verabschiedet. Im Vergleich dazu können Standards auch in weiteren Organisationen bzw. von einzelnen Interessensgruppen (z. B. VDI, VDA, INCOSE, PMI) entwickelt werden. Daher kommt es häufiger vor, dass Standards erarbeitet und später durch die gestiegene Bekanntheit erst zu einer Norm weiterentwickelt werden.

5.2.3.1 Landschaft der Systems Engineering-Standards und -Normen

Das Feld der sich teils inhaltlich überschneidenden Standards und Normen mit Bezug zu Systems Engineering ist groß und unübersichtlich. Dennoch lassen sich einige Cluster bilden. Bild 5.10 zeigt diese Landschaft ohne Anspruch auf Vollständigkeit.

Internationale Systems Engineering-Normen: Sie bilden das Fundament des Systems Engineering durch die grundsätzliche Definition des Lebenszyklusmanagements, der Lebenszyklusphasen und -prozesse für Software und Systems Engineering.

Spezifische Systems Engineering-Prozesse und -Methoden: Eine Vielzahl von ergänzenden Normen definieren einzelne Prozesse oder Grundlagen, beispielsweise für die Architekturbeschreibung, Dokumentation oder Modellierung von Systemen.

Sicherheit: Sicherheitskritische Systeme stellen besondere Anforderungen an die Arbeitsweisen zu ihrer Entwicklung. Viele der in Industrie-spezifischen Normen und Standards geforderten Maßnahmen präzisieren und verschärfen die zuvor genannten Systems Engineering-Vorgaben. Die zentrale Grundlage finden sich in der IEC 61508.

Projekt-, Risiko- und Qualitätsmanagement: Analog zu den Entwicklungsprozessen und -methoden werden in diesem Cluster durch die ISO weitere Prozesse definiert, die zur Professionalisierung des Managements von Systementwicklungsprojekten dienen.

Reifegradmodelle: Das Cluster enthält ergänzende Normen und Standards zu Mess- und Beurteilungsverfahren der Prozessreifegrade von Unternehmen. Die Reife wird in Anlehnung an die beschriebenen Lebenszyklusprozesse gemessen. Die europäisch geprägte Sicht (SPICE mit ISO 15504 und 12207) deckt sich inhaltlich weitgehend mit der amerikanischen Sicht (CMMI, SCAMPI).

Verwandte Standards: Neben den dargestellten Systems Engineering-Normen existieren im nationalen Kontext die Standards des „Vereins Deutscher Ingenieure" (VDI) oder das V-Model XT, welches sich als standardisiertes Vorgehensmodell insbesondere bei öffentlichen Aufträgen durchgesetzt hat. Zudem etablieren sich weitere Industriestandards, die vornehmlich aus der Arbeit von Verbänden und der Forschung entstehen.

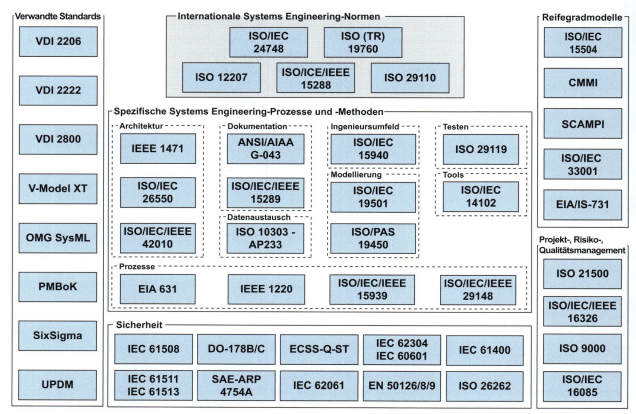

BILD 5.10 Landschaft der Systems Engineering-Normen und -Standards

Die einzelnen Cluster werden im Folgenden detaillierter beschrieben, und es werden Beispiele für die darin enthaltenen Normen und Standards gegeben.

Internationale Systems Engineering-Normen

Das Cluster enthält die zentralen Standards und Normen des Systems Engineerings (Tabelle 5.1). Als Grundlage gilt die ISO 24748 „Systems and software engineering – Life cycle management", welche das grundlegende Konzept der Systeme und Systemlebenszyklen sowie deren Phasen beschreibt (vgl. Kasten). Davon ausgehend beschreiben die ISO 12207 „Systems and software engineering – Software life cycle processes" und ISO 15288 „Systems and software engineering – System life cycle processes" die unterschiedlichen Lebenszyklusprozesse für die Software und Systementwicklung [ISO/IEC/IEEE 12207]. In Kapitel 5.2.3.2 gehen wir auf diese zentrale ISO-Norm näher ein. Die ISO 15288 greift die Software-bezogen definierten Prozesse der ISO 12207 auf und überträgt sie auf allgemein systemrelevante Prozesse [ISO/IEC/IEEE 15288].

Die überwiegende Mehrheit von Unternehmen und Gruppen, die technische Systeme entwickeln, sind vergleichsweise kleine Einheiten. Um auch Projekten mit weniger als 25 Personen adäquate Prozesse und Vorgaben bieten zu können, wurde die ISO/IEC 29110 „Systems and software engineering – Lifecycle profiles for Very Small Entities (VSEs)" definiert [ISO/IEC TR 29110-1]. Sie verfolgt das Ziel, für Organisationseinheiten Hilfestellungen zu bieten, die noch keine Erfahrungen mit der Anpassung der ISO/IEC/IEEE 12207 oder ISO/IEC/IEEE 15288 haben und trotzdem eine Teilmenge an Prozessen und Aktivitäten adäquat anwenden wollen. Die ISO/IEC 29110 vertritt den Anspruch, für verschiedenste Vorgehensmodelle (z. B. sequentiell, inkrementell, agil) geeignet zu sein.

Spezifische Systems Engineering-Prozesse und -Methoden

Die in diesem Cluster zusammengefassten Standards beinhalten die Detaillierung der bereits genannten Prozesse aus der ISO/IEC 12207 und ISO/IEC 15288 und sind daher auch mit diesen kompatibel. Unter anderem werden weitere Referenzen für das Product Line Engineering (ISO/IEC 26550, vgl. Kasten), das Requirements Engineering (ISO/IEC/IEEE 29148) sowie für die Visualisierung von Model-

5.2 Einführung in das Systems Engineering

TABELLE 5.1 Internationale Systems Engineering Normen

Norm	Titel	Inhalt	Schnittstellen
ISO/IEC 24748	Systems and software engineering – Life cycle management	Beschreibung der grundlegenden Konzepte für Systeme und Systemlebenszyklen	ISO 12207 ISO 15288
ISO 12207	Systems and software engineering – Software life cycle processes	Etablierung eines gemeinsamen Prozessframeworks für die Beschreibung des Lebenszyklus von Software	ISO 33001 (Assessment) analog CMMI
ISO/ICE/IEEE 15288	Systems and software engineering – System life cycle processes	Etablierung eines gemeinsamen Prozessframeworks für die Beschreibung des Lebenszyklus von Systemen	ISO 12207 (Grundlage) ISO 25400 (Projektmanagement)
ISO (TR) 19760	Systems engineering – A guide for the application of ISO/IEC 15288 (System life cycle processes)	Beschreibung von Leitlinien für die Anwendung der ISO 15288	ISO 15288 (Basis)
ISO 29110	Systems and software engineering – Lifecycle profiles for Very Small Entities (VSEs)	Etablierung eines gemeinsamen Prozessframeworks zur Anwendung in sehr kleinen Organisationseinheiten	ISO 15288 (Basis)

ISO 24748: SYSTEMS AND SOFTWARE ENGINEERING – LIFE CYCLE MANAGEMENT

Die ISO 24748 definiert das Konzept und die Terminologie von Lebenszyklen technischer Systeme und adressiert die unterschiedlichen Modelle, Phasen und Prozesse verschiedener Domänen und Fachdisziplinen (z. B. Software, Hardware, Services etc.) [ISO/IEC TS 24748]. Sie schafft ein gemeinsames Framework zur Beschreibung der Lebenszyklen für eine spezifische Anwendung in beliebigen Organisationen (Bild 1). Die eng verbundenen ISO/IEC/IEEE 12207 und ISO/IEC/IEEE 15288 werden in einen Zusammenhang gesetzt.

Literatur:
[ISO/IEC TS 24748] Systems and software engineering – Life cycle management, 2016

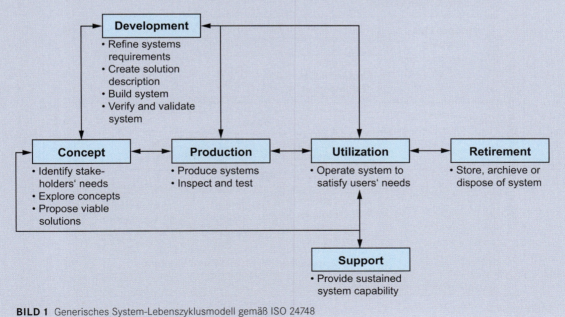

BILD 1 Generisches System-Lebenszyklusmodell gemäß ISO 24748

len nach dem UML-Standard (ISO/IEC 19501) beschrieben. Hervorzuheben ist die ISO/IEC/IEEE 42010 „Systems and software engineering – Architecture description", die mit Kapitel 5.4 in enger Verbindung steht. Die Norm adressiert die Erstellung, Analyse und den Erhalt von Architekturen in Organisationen. Mit der Etablierung eines konzeptionellen Modells soll das methodische Fundament für die Anwendung in Projekten gelegt und das gemeinsame Verständnis und die Vergleichbarkeit von Systementwicklungsprojekten in Organisationen gefördert werden.

ISO 26550: SOFTWARE AND SYSTEMS ENGINEERING – REFERENCE MODEL FOR PRODUCT LINE ENGINEERING AND MANAGEMENT

Die ISO 26550 bietet ein Referenzmodell mit den wesentlichen Prozessen des Software und Systems Product Line Engineerings und Managements. Product Line Engineering stellt den strukturierten Aufbau von Plattformen und Baukästen dar, indem generische Lösungsbausteine (sogenannte Assets) entwickelt und dann in den Serien- oder Individualprojekten einer Produktlinie kombiniert und appliziert werden. Es zielt auf die gesteuerte Wiederverwendung und die kontinuierliche Qualitätssteigerung der Assets ab.

Hierzu wird die Entwicklung im Wesentlichen in das Domain und Application Engineering unterschieden (Bild 1). Das Ziel des Domain Engineerings ist es, auf Basis einer hohen Abstraktionsebene gemeinsame Funktionen und Entwicklungsartefakte zu identifizieren, die eine möglichst große Wiederverwendung über verschiedene Produkte ermöglichen. Sie stellen die Assets dar. Der Begriff Domäne bezeichnet einen Teil des Produktportfolios (wie Steuerungssoftware, Antriebe, Sensorik etc.), nicht eine Organisation oder einen Fachbereich. Das initiale Product Line Scoping definiert das Spektrum der Produktlinie und die zugehörigen Assets. Diese Assets werden von den Domänen entwickelt und in einer zentralen Asset Base verwaltet und gepflegt. Die dargestellten wesentlichen Entwicklungsschritte umfassen Requirements Engineering, Design, Realization sowie Verification und Validation.

Das Application Engineering verwendet möglichst viele vorhandene Assets bei der Erarbeitung spezifischer Lösungen, z. B. für ein Serienprodukt oder eine individuelle Anlage. Dazu werden die Anforderungen an die spezifische Lösung ermittelt, die Lösung wird soweit wie möglich unter Verwendung von Assets komponiert und um spezifische Elemente ergänzt sowie abschließend verifiziert und validiert. Veränderungen an Assets oder neue entstandene Lösungen mit Potential für Wiederverwendung werden in die Asset Base zurückgeführt und vom Domain Engineering aufgenommen. Begleitend erfolgt

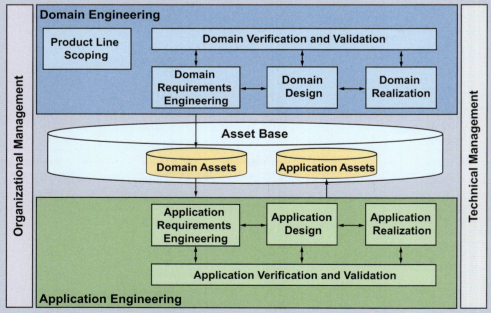

BILD 1 Referenzmodell des Product Line Engineering gemäß ISO 26550

eine Steuerung auf organisatorischer und technischer Ebene. Das „Organizational Management" beschäftigt sich dabei insbesondere mit dem Management der Produktlinie hinsichtlich der erforderlichen Rollen und Prozesse. Gleichzeitig wird dies durch das „Technical Management" flankiert, welches sich mit der (IT-) technischen Abbildung der Entwicklungsartefakte (Assets) beschäftigt.

Literatur:
[ISO/IEC 26550] Software and systems engineering – Reference model for product line engineering and management, 2015

Sicherheit

Das Cluster „Sicherheit" fokussiert sich auf den Aspekt der funktionalen Sicherheit. Hierbei bildet die Norm IEC 61508 „Functional safety of electrical/electronic/programmable electronic safety-related systems" die Grundlage für die branchenspezifischen Normen, wie z. B. IEC 61511 in der Prozessindustrie, die IEC 61513 für Kernkraftwerke und der ISO 26262 in der Automobilbranche.

Der Inhalt dieser Standards lässt sich am Beispiel der ISO 26262 erklären (Bild 5.11). Diese ist gemäß dem deutschen Produkthaftungsgesetz verbindlich für die Automobilhersteller zu berücksichtigen. Die ISO 26262 bietet Richtlinien und Empfehlungen zur Ermittlung von akzeptablen Risiko-Leveln für Systeme und Komponenten und definiert den Prozess zur Testdokumentation. Dabei deckt die Norm prinzipiell nur die Elektronik und Softwareumfänge ab, fordert aber gleichzeitig den Integrationsnachweis für interagierende Systeme, die Schnittstellen aufweisen und unter Umständen auch Mechanikkomponenten beinhalten können.

Den Kern der Norm bildet die Systematik der „automotive safety integrity level" (ASIL) (Bild 5.12). Das Level beurteilt das Maß der Gefährdung/Auswirkung auf betroffene Personen im Falle eines Fehlers. Hierzu setzt sich die ASIL-Kategorisierung eines technischen Systems zusammen aus der Wahrscheinlichkeit, einem Fehler ausgesetzt zu sein (Exposure), der Kontrollierbarkeit (Controllability) sowie dem Schweregrad des Fehlers (Severity). Aus der Bewertung der drei Kriterien ergibt sich der ASIL-Level. Das Spektrum reicht von ASIL A (marginal, z. B. Zeitverzögerung im Bild einer Rückfahrkamera im Auto) bis zu ASIL Level D (catastrophic, z. B. plötzliches Auslösen des Airbags). Je nach Level sind entsprechende Maßnahmen zur Vermeidung des Risikos und zum Nachweis der Vermeidung erforderlich. Für die als unkritisch bewerteten Fehler (QM) ist die An-

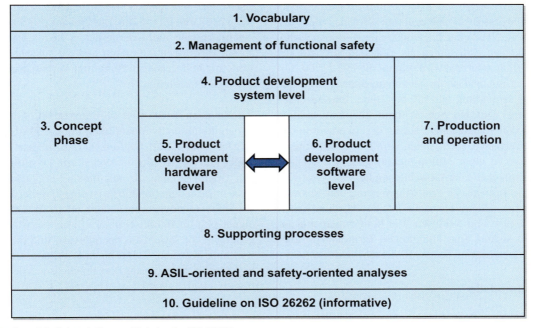

BILD 5.11 Grundsätzlicher Aufbau und Inhalte der ISO 26262

Severity S	Exposure E	Controllability C			
		C0	C1	C2	C3
S0	E0–E4	QM	QM	QM	QM
S1	E0	QM	QM	QM	QM
S1	E1	QM	QM	QM	QM
S1	E2	QM	QM	QM	QM
S1	E3	QM	QM	QM	A
S1	E4	QM	QM	A	B
S2	E0	QM	QM	QM	QM
S2	E1	QM	QM	QM	QM
S2	E2	QM	QM	QM	A
S2	E3	QM	QM	A	B
S2	E4	QM	A	B	C
S3	E0	QM	QM	QM	QM
S3	E1	QM	QM	QM	A
S3	E2	QM	QM	A	B
S3	E3	QM	A	B	C
S3	E4	A	B	C	D

Severity
- S0: No risk of injury
- S1: Low and moderat risk of injury
- S2: Serious and possibly fatal injury
- S3: Serious and probably fatal injury

Exposure
- E0: Incredible
- E1: Rare situation (< one time a year)
- E2: Occasional situation
- E3: Quite often
- E4: Frequently (almost every ride)

Controllability
- C0: Safely manageable
- C1: Easily manageable
- C2: Average manageable
- C3: Difficult or not manageable

ASIL Level
- QM — Quality managed
- A — ASIL A (marginal)
- B — ASIL B (significant)
- C — ASIL C (critical)
- D — ASIL D (catastrophic)

BILD 5.12 Klassifizierungsmodell für technische Systeme nach ASIL

wendung der normalen Vorgehensweisen entsprechend des Qualitätsmanagements ausreichend.

Projekt-, Risiko- und Qualitätsmanagement

Neben den Prozessen zur Systementwicklung tangiert die ISO 15288 ebenfalls die erforderlichen Prozesse zur effizienten Durchführung der Entwicklungsprojekte. Hierzu zählen beispielsweise das Projekt- und Projektportfoliomanagement, das Risikomanagement sowie das Qualitätsmanagement. Neben der ISO 9000, die als Industriestandard häufig von Zulieferern als Gütekriterium für die Arbeitsqualität gefordert wird, nimmt die ISO 21500-Normenreihe „Guidance on project management" eine zunehmende Bedeutung ein. Neben dem Einzelprojektmanagement liegt ein Schwerpunkt ebenfalls in dem Projektportfoliomanagement sowie der übergeordneten Project Governance. Nicht selten wird eine große Anzahl an Projekten in einer Multiprojektumgebung realisiert, sodass entsprechend der tatsächlichen Ressourcenverfügbarkeit eine strategische Projektbewertung und -auswahl erfolgen muss. Hierzu bietet die ISO 21504 die erforderlichen Prozesse und Kriterien. Die Konformität mit der ISO 21500 sichert eine einheitliche Terminologie über Organisationen hinweg bei der Projektabwicklung.

Reifegradmodelle

Die Definition von Prozessen und einer einheitlichen Terminologie ist für Organisationen häufig nur ein erster Schritt. Schlüsselfaktor zum Ausbau bzw. Erhalt des Wettbewerbsvorteils ist die kontinuierliche Professionalisierung der Organisation. Um dies zu erreichen, bieten sich die in der ISO 15500-Normenreihe hinterlegten Modelle zur Messung und Steigerung der Leistungsfähigkeit an. Der bekannte Begriff SPICE (Software Process Improvement and Capability Determination) wurde mit der Norm ISO 33001 erneuert. Beide Normen basieren dabei historisch auf den bereits beschriebenen Prozessen der ISO 12207 und ISO 15288. Das Ziel der ISO 33001 ist, die Anforderungen und erforderlichen Ressourcen zur Prozessbewertung zu definieren und ein kohärentes Framework zur Reifegradermittlung und Verbesserung von Lebenszyklusprozessen.

Parallel dazu wurde vom US Department of Defense das Capability Maturity Model Integration (CMMI) gefördert, welches vom CMMI Institute herausgegeben wird. Dies bildet ein vergleichbares Modell zur Leistungsfähigkeit von Organisationen ab, mit einem vergleichbaren Prozess- und Themenumfang. Es ist eine Erweiterung des aus der Softwareentwicklung stammenden CMM-Modells und eignet sich für interdisziplinäre Systementwicklungsumgebungen, die sowohl aus der Software- und Hardwareentwicklung bestehen. CMMI bietet Handlungsanweisungen je Reifegradstufe, die auf Best Practices aus der Industrie basieren (vgl. Kasten).

CAPABILITY MATURITY MODEL INTEGRATION (CMMI)

Das Capability Maturity Model Integration ist ein häufig genutzter Standard für die Ermittlung von Prozessreifegraden in der Entwicklung. Organisationen führen hierzu Bestandsaufnahmen durch, um Verbesserungspotenziale aufzuzeigen oder Konformität mit Forderungen von Auftraggebern nachzuweisen. Die Bestandsaufnahme verläuft dabei mit Hilfe des Standard CMMI Appraisal Method for Process Improvement (SCAMPI), welcher ebenfalls für die Auditierung nach ISO 33001 geeignet ist.
CMMI legt seinem Modell fünf Level von Reifegraden zugrunde (Bild 1). Je nach Reifegrad werden demnach die Prozesse ad hoc und Projekt-spezifisch definiert (Level 1), Prozesse sind charakterisiert/formalisiert und in der Organisationen standardisiert (Level 3) oder Organisationen beherrschen eine kontinuierliche Prozessverbesserung (Level 5).

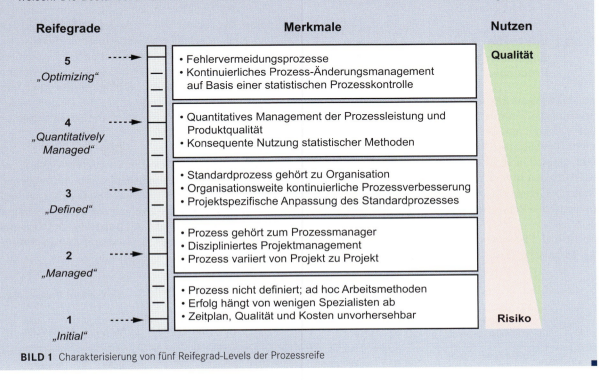

BILD 1 Charakterisierung von fünf Reifegrad-Levels der Prozessreife

Verwandte Standards

Neben den Normen der ISO existieren weitere Standards und Richtlinien, die z. B. von Organisationen wie dem Verein Deutscher Ingenieure veröffentlicht werden. Im Kontext Systems Engineering liefert beispielsweise die VDI 2206 einen systematischen Ansatz zur Entwicklung interdisziplinärer Produkte. Sie unterscheidet zwischen dem V-Model als Makrozyklus und dem Problemlösungszyklus als Mikrozyklus. Die Richtlinie drückt damit aus, dass unabhängig von der Iteration und der Phase im V-Modell eine Problemlösung im Mikrozyklus erfolgt. Ein weiteres Modell ist das V-Modell XT. Es wurde von der Bundesstelle für Informationstechnik erarbeitet und ist ein standardisiertes Vorgehensmodell zur Durchführung von IT- und Softwareprojekten. Als Besonderheit beschreibt das Prozessmodell, welches nach der jeweiligen Notwendigkeit im Projektumfeld angepasst („Tailoring") werden kann, nicht nur „Was", sondern auch „Wann" etwas „Wie" von „Wem" zu erledigen ist. Explizit geht der Standard dabei auf die Kommunikation und Verantwortung zwischen Auftraggeber und Auftragnehmer ein und schafft damit eine transparente Grundlage zur Vermeidung von Missverständnissen.

Etablierte Industriestandards im Projektmanagement sind neben dem britischen Standard PRINCE2 und dem europäischen Standard „International Competence Baseline" (ICB4) der IPMA (International Project Management Association) sowie der PMBoK (Project Management Body of Knowledge), welcher vom weltweit größten Projektmanagementverband „PMI" in der mittlerweile sechsten Auflage erschienen ist und die Industrie geprägt hat.

Bei den Beschreibungssprachen (vgl. Kapitel 5.3.2) etabliert sich international die Modellierungssprache SysML, die von der Object Management Group gepflegt und weiterentwickelt wird. Diese nimmt die Unified Modeling Language aus der ISO/IEC 19501 auf und erweitert diese um zusätzliche Diagramme. Diese Diagramme sind die Grundlage des Model-Based Systems Engineerings, indem Sie zu einem kohärenten System von Partialmodellen führen. Darüber hinaus können die Diagramme verschiedene Aspekte im Sinne der Architekturbeschreibung nach ISO 42010 wiedergeben.

5.2.3.2 ISO 15288 „Systems and Software Engineering – System Life Cycle Processes"

Für das Systems Engineering ist die ISO 15288 wie bereits erwähnt die zentrale Norm, die das Prozess-Framework zur Beschreibung des Lebenszyklus von Systemen definiert. Die relevanten Prozesse sind in vier Bereiche eingeteilt, die sich in ähnlicher Form auch in CMMI und SPICE wiederfinden (Bild 5.13). Die Norm ist die Grundlage der Systems Engineering Ausbildung und Anwendung in der industriellen Praxis, wie sie INCOSE vertritt (vgl. Kasten).

Technical Processes: Dieser Prozessbereich definiert 14 technische Prozesse, die innerhalb eines Projektes durchgeführt werden, um ein System entlang des V-Modells zu erarbeiten. Es umfasst damit z. B. die Definition von Anforderungen, deren Umsetzung über Architekturentwicklung und Design bis hin zu Verifikation, Integration und Validierung aus Stakeholdersicht. Dabei werden auch die späteren Lebenszyklusphasen von Produktion, Gebrauch und Wartung sowie Entsorgung berücksichtigt.

Technical Management Processes: Hier sind die mit der Entwicklung verbundenen Managementaufgaben definiert, die mit der Steuerung des Entwicklungsprojektes und einer effizienten Absicherung von Konsistenz und Qualität der Produktdokumentation im Zusammenhang stehen. Daher sind in diesem Prozessbereich unter anderem die Projekt-, Risiko-, Konfigurations- und Informationsmanagementprozesse sowie die Qualitätssicherung enthalten, die zur Koordination und Steuerung eines Projektes erforderlich sind.

Agreement Processes: Die Produktentwicklung erfolgt in der Regel im Zusammenspiel von Auftraggeber und Lieferanten. Die ISO 15288 definiert daher im Rahmen des Prozessbereiches „Agreement Processes" die Sichten von Lieferanten und Auftraggeber und die erforderlichen Aktivitäten zur Beschaffung und Lieferung von Systemen.

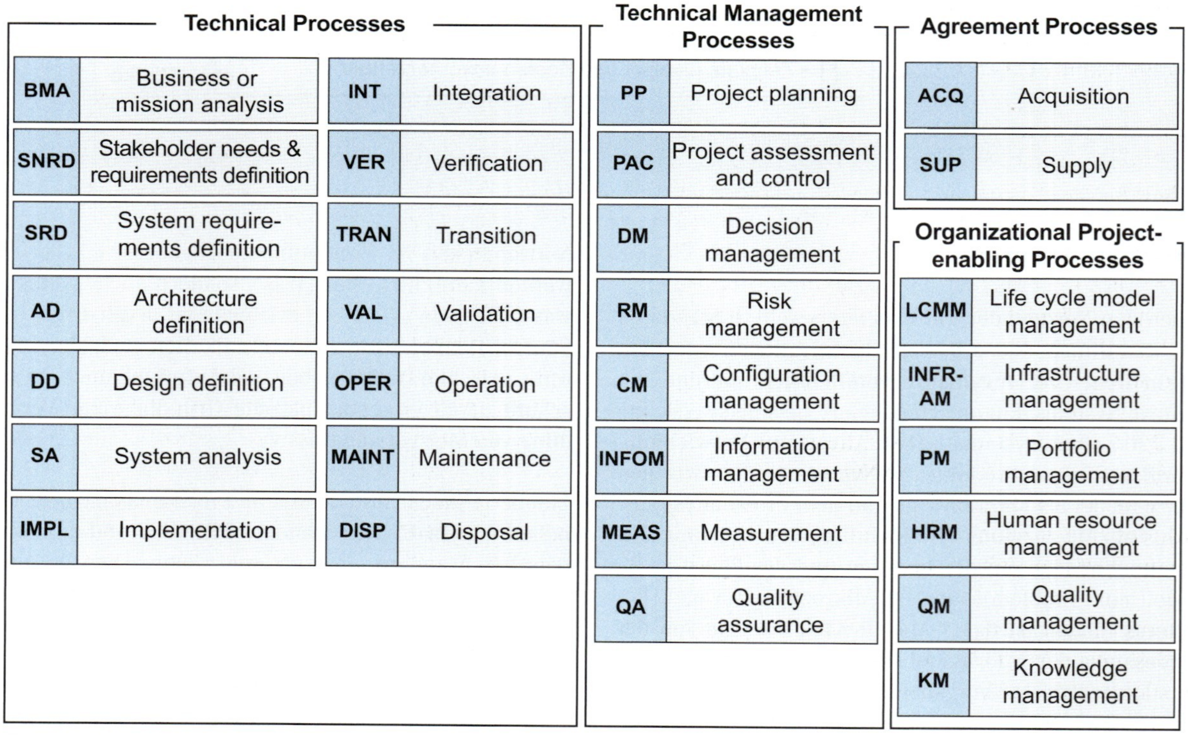

Technical Processes				Technical Management Processes		Agreement Processes	
BMA	Business or mission analysis	INT	Integration	PP	Project planning	ACQ	Acquisition
SNRD	Stakeholder needs & requirements definition	VER	Verification	PAC	Project assessment and control	SUP	Supply
SRD	System requirements definition	TRAN	Transition	DM	Decision management	**Organizational Project-enabling Processes**	
AD	Architecture definition	VAL	Validation	RM	Risk management	LCMM	Life cycle model management
DD	Design definition	OPER	Operation	CM	Configuration management	INFR-AM	Infrastructure management
SA	System analysis	MAINT	Maintenance	INFOM	Information management	PM	Portfolio management
IMPL	Implementation	DISP	Disposal	MEAS	Measurement	HRM	Human resource management
				QA	Quality assurance	QM	Quality management
						KM	Knowledge management

BILD 5.13 ISO 15288 System Life Cycle Processes

INCOSE

Das „International Council on Systems Engineering" (INCOSE) ist eine Non-Profit-Organisation, die die Entwicklung und Verbreitung von interdisziplinären Ansätzen im Sinne des Systems Engineerings vorantreibt. Als weltweit größte Mitgliedervertretung des Systems Engineering handelt es sich dabei um eine stetig wachsende Community, die nach der Gründung im Jahr 1990 mittlerweile mehr als 11 000 Mitglieder umfasst.

Mit der Organisation von Konferenzen wie dem *International Symposium*, der Herausgabe von Fachzeitschriften (*SE Journal, Journal of Enterprise Transformation*) und Handbüchern (Systems Engineering Handbook) sowie der Zertifizierung von Fachkräften unterstützt INCOSE bei der Professionalisierung des Systems Engineerings. Darüber hinaus wird verschiedenen Organisationen und Personen damit eine Plattform zum Austausch und zur Weiterentwicklung geboten, wodurch sich ebenfalls ein gemeinsames Bild zum „Systems Engineering" etabliert. Ein Zertifizierungsprogramm ermöglicht eine persönliche Zertifizierung zum *Certified Systems Engineering Professional (SEP)* in drei Erfahrungsstufen. Der sogenannte CSEP ist weltweit verbreitet und in vielen militärischen und Luftfahrt-Ausschreibungen ist für Anbieter der Nachweis von derart qualifizierten Personal eine Voraussetzung zur Teilnahme. Derzeit sind ca. 2900 Systems Engineers weltweit bei INCOSE gemeldet und zertifiziert.

Organizational Project-enabling Processes: Die Systementwicklung ist stets in eine Organisation eingebettet, die die Systementwicklung ermöglicht, steuert und unterstützt. Daher fokussiert dieser Prozessbereich die erforderliche Infrastruktur und die Ressourcen, die für eine Systementwicklung erforderlich sind. Dabei handelt es sich um Querschnittsprozesse, wie beispielsweise das Wissens- und Qualitätsmanagement, welche entlang des gesamten Systemlebenszyklus erforderlich sind. Über die Querschnittsprozesse sind zahlreiche Stakeholder involviert, die aufgrund von Rahmenbedingungen Einfluss auf die Entwicklung haben können.

Innerhalb der genannten Prozessbereiche sind die jeweiligen Prozesse durch Input-Prozess-Output-Diagramme detaillierter beschrieben. Dadurch wird aufgezeigt, welche Informationen für den Prozess erforderlich sind, wie diese verarbeitet werden und welche Ergebnisse der Prozess liefert. Dies zeigt die Durchgängigkeit von Informationen und die Abhängigkeit von Prozessen. Am Beispiel des „Stakeholder Needs and Requirements Definition Process" soll dies näher erläutert werden (Bild 5.14).

Das Ziel dieses Prozesses ist Ermittlung und Spezifikation der Anforderungen, die spätere Nutzer und weitere Stakeholder an das System stellen. Sie sind die Basis der Entwicklung und der finalen Beurteilung, inwieweit das System die Bedürfnisse befriedigt.

Die notwendigen **Activities** umfassen jeweils die Planung des adäquaten Vorgehens, die Durchführung der entsprechenden Schritte mit der Generierung relevanter Ergebnisdokumente, sowie der abschließenden Beurteilung der Ergebnisse und des Managements seiner Weiterverwendung im weiteren Entwicklungsverlauf. Den Kern in diesem Prozess bildet die Erhebung der Bedürfnisse aller Stakeholder z. B. bezüglich späterer Nutzung, Wartung oder auch der Fertigung, sowie ihrer Transformation in klare und eindeutige Anforderungen. Das Systems Engineering-Handbuch bietet jeweils tiefergehende Hinweise und Empfehlungen an, die die Umsetzung der Aktivitäten erleichtern.

Inputs für den Prozess „Stakeholder needs and requirements definition" sind die Rahmenbedingungen zum Projekt wie strategische Partner, das zugrunde liegende Geschäftsmodell des Unternehmens oder typische Lösungsklassen, die identifizierten Stakeholder und deren Erwartungen an das System (beschrieben in „preliminary lifecycle concepts"). Damit einher gehen die Erwartungen an die Validierungs- und Abnahmekriterien und der hierfür heranzuziehenden Messgrößen („preliminary MoE needs", Measures of Effectiveness).

Als **Output** liefert der Prozess Ergebnisse, die für die Durchführung der weiteren Prozesse und den Erfolg des Projektes von besonderer Bedeutung sind. Es sind Festschreibungen der weiter detaillierten und mit den Stakeholdern abgestimmten „lifecycle concepts" für Produktion, Inbetriebnahme, Benutzung, Wartung und Entsorgung des Systems, die daraus abgeleiteten „stakeholder requirements", „validation criteria" und „MoE needs". Der Prozess ist der Startpunkt für ein konsequentes Anforderungsmanagement, das über die „Requirements and Verification Traceability Matrix" (RVTM) geführt wird. Sie stellt sicher, dass Anforderungen mit Identifikator, Status, Herkunft und Verifikationsmaßnahme definiert und in späteren Schritten mit technischen Lösungen verbunden werden können.

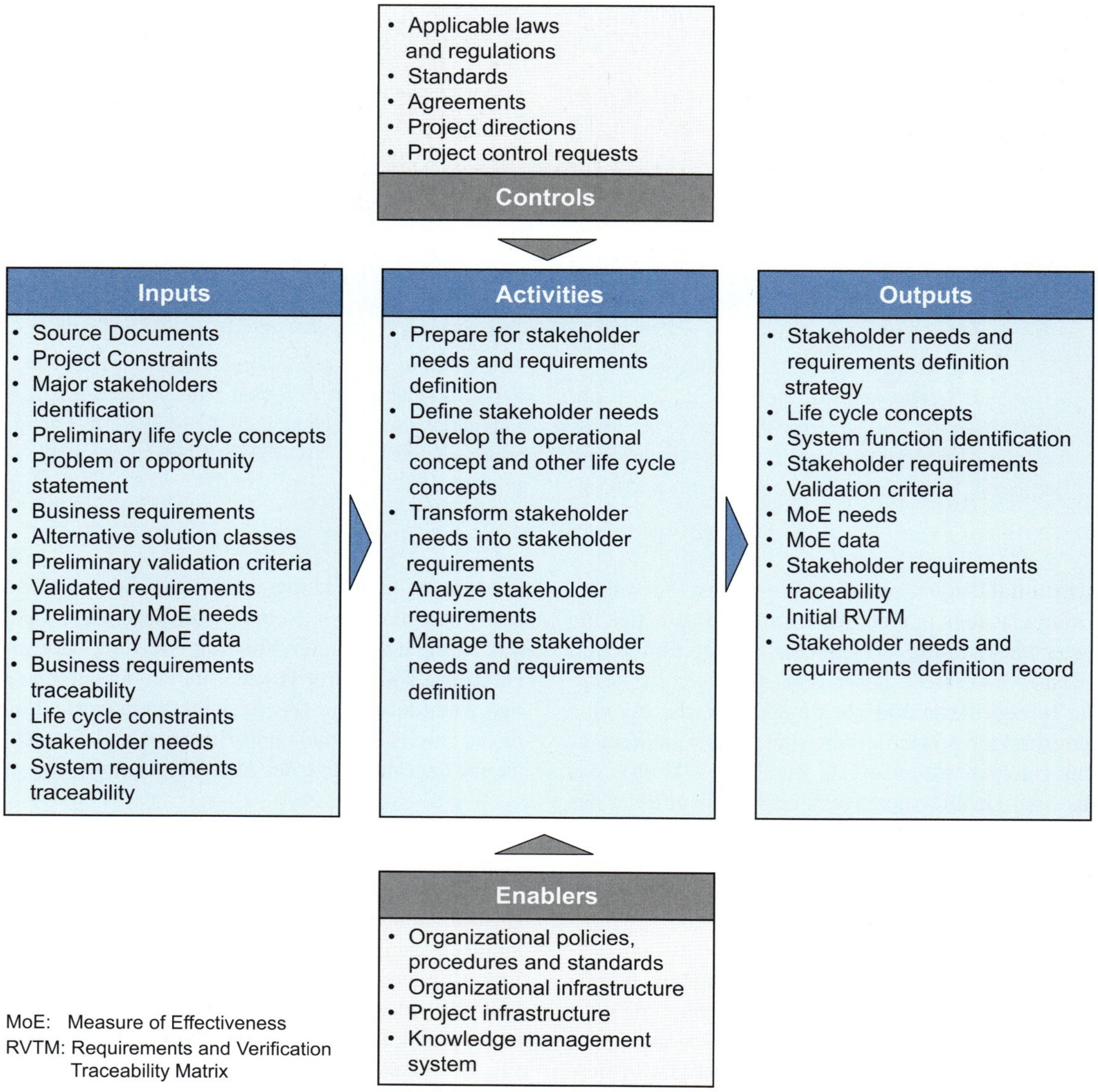

5 Konzipierung – Fachgebietsübergreifende Spezifikation von Produkten, Dienstleistungen und Produktionssystemen

Controls
- Applicable laws and regulations
- Standards
- Agreements
- Project directions
- Project control requests

Inputs
- Source Documents
- Project Constraints
- Major stakeholders identification
- Preliminary life cycle concepts
- Problem or opportunity statement
- Business requirements
- Alternative solution classes
- Preliminary validation criteria
- Validated requirements
- Preliminary MoE needs
- Preliminary MoE data
- Business requirements traceability
- Life cycle constraints
- Stakeholder needs
- System requirements traceability

Activities
- Prepare for stakeholder needs and requirements definition
- Define stakeholder needs
- Develop the operational concept and other life cycle concepts
- Transform stakeholder needs into stakeholder requirements
- Analyze stakeholder requirements
- Manage the stakeholder needs and requirements definition

Outputs
- Stakeholder needs and requirements definition strategy
- Life cycle concepts
- System function identification
- Stakeholder requirements
- Validation criteria
- MoE needs
- MoE data
- Stakeholder requirements traceability
- Initial RVTM
- Stakeholder needs and requirements definition record

Enablers
- Organizational policies, procedures and standards
- Organizational infrastructure
- Project infrastructure
- Knowledge management system

MoE: Measure of Effectiveness
RVTM: Requirements and Verification Traceability Matrix

BILD 5.14 Prozess-Diagramm für „Stakeholder needs and requirements definition" [INC15]

Die **Controls** sind für das Projekt geltende Vorgaben und Restriktionen wie relevante Gesetze und Standards oder Projektvorgaben aus Unternehmenssicht. Sie gelten für alle Prozesse. Die **Enabler** des Projekts sind Hilfsmittel, die das Unternehmen dem Projekt zur Verfügung stellt, wie die Unternehmensprozesse, die Infrastruktur (Räume, IT-Systeme etc.) und der Zugriff auf das Unternehmens-Knowhow. Auch das gilt für alle Prozesse innerhalb eines Projekts.

5.3 Grundlagen des Model-Based Systems Engineerings

Model-Based Systems Engineering (MBSE) bezeichnet das Konzept einer durchgängigen Beschreibung und Analyse des zu entwickelnden Systems auf Basis von Modellen, von der frühen Phase der Konzipierung über den gesamten Produktlebenszyklus. Die Modelle beschreiben das zu entwickelnde System aus verschiedenen Betrachtungsweisen und repräsentieren den entsprechenden Sachverhalt rechnerintern. Jede Betrachtungsweise ist ein Aspekt des Systems, wie z. B. Struktur oder Verhalten. Für jeden Aspekt kann ein eigenes Modell erstellt werden, das als Partialmodell bezeichnet wird. Die Summe aller Partialmodelle mit den aspektübergreifenden Verknüpfungen zwischen den Modellelementen bezeichnen wir als Systemmodell. Das Systemmodell ist also ein kohärenter Verbund von Partialmodellen, der im Zuge der Anforderungsdefinition und Konzipierung entsteht. Gerade hier in der frühen Phase der Marktleistungsentstehung werden vielfach noch Dokumente verwendet. Der Großteil der Systemspezifikation liegt lediglich in Textform vor. Der Nachteil ist, dass diese Art des Systems Engineerings viel Interpretationsspielraum zulässt und die Dokumente schwierig zu pflegen sind. Des Weiteren entstehen schnell Inkonsistenzen, die nicht sofort ersichtlich werden. Erfolgt im Verlauf der Entwicklung oder der Betriebsphase eine Änderung, muss diese in der Spezifikation berücksichtigt werden. Die Auswirkungen solcher Änderungen auf weitere Dokumente können im Text nicht vollständig beschrieben werden und werden dann in der Folge häufig übersehen.

Mit den gegenwärtigen Methoden und Werkzeugen kommt es während der Entwicklung immer wieder zu zeit- und kostenintensiven Abstimmungen zwischen Fachleuten aus den beteiligten Disziplinen. Eine Hauptursache ist der Mangel an Methoden und Werkzeugen zur Förderung der fachdisziplinübergreifenden Denk- und Handlungsweise in der Systementwicklung. Es wird ein fachdisziplinübergreifender Modellierungsansatz benötigt, der die Lücke zwischen dem Anforderungskatalog, der eine erste grobe Spezifikation des Gesamtsystems darstellt, und den etablierten Methoden der einzelnen Disziplinen schließt (Bild 5.15).

Die entsprechende Modellierungstechnik muss daher alle relevanten Aspekte des zu entwickelnden Systems erfassen und als Partialmodelle repräsentieren, sowie auch die wechselseitigen Beziehungen zwischen den Partialmodellen abbilden. An dieser Stelle setzt der MBSE-Ansatz an. Mit dem Systemmodell wird von Beginn an ein Modell erstellt, das die Anforderungen und die Systemspezifikation enthält und darauf aufbauend frühzeitig erste Analysen ermöglicht, z. B. der Zuverlässigkeit. Das Systemmodell bildet den Ausgangspunkt für den fachdisziplinspezifischen Entwurf. Es ist die Grundlage für die Kommunikation und Kooperation der involvierten Fachleute über den gesamten Marktleistungsentstehungsprozess und dient als Plattform für den Erhalt der Konsistenz aller im Zuge dieses Prozesses entstehenden Partialmodelle. Dieser Schritt vom dokumentenzentrierten hin zum modellbasierten Vorgehen bietet mehrere Vorteile:

- **Interdisziplinäre Systembetrachtung:** Die ganzheitliche Beschreibung des Systems trägt von Beginn an zum einheitlichen Verständnis aller beteiligten Disziplinen bei. Das ist eine Grundvoraussetzung für die zielfüh-

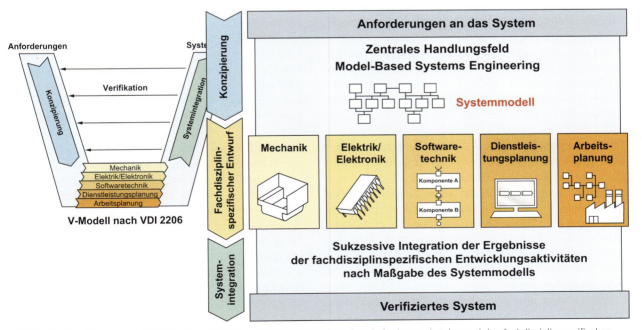

BILD 5.15 Das Systemmodell als Basis zur Schließung der Lücke zwischen dem Anforderungskatalog und den fachdisziplinspezifischen Entwicklungsaktivitäten mit Referenz zum V-Modell nach VDI 2206

rende Entwicklung eines komplexen multidisziplinären Systems.

- **Transparente Darstellung systemischer Zusammenhänge:** Durch Abbildung der Wechselwirkungen der Entwurfsaspekte werden über das Systemmodell die fachdisziplinspezifischen Modelle integriert. Damit wird eine Basis für die Sicherung der Konsistenz der Partialmodelle über den gesamten Marktleistungsentstehungsprozess geschaffen. So sind beispielsweise im Systemmodell sämtliche Aspekte mit den Anforderungen verknüpft, Auswirkungen von vorzunehmenden Änderungen in einem Partialmodell können zurückverfolgt werden. Auf diese Weise werden also die zahlreichen Abhängigkeiten innerhalb des Systems sichtbar. Das Systemmodell schafft Transparenz und erhöht somit die Chance auf eine Entwicklung nach dem Grundsatz „First Time Quality".
- **Übergang in die Fachdisziplinen:** Das Systemmodell wird in der frühen Phase der Entwicklung initial erstellt. Es bildet den Ausgangspunkt für die Konkretisierung des Systems aus Sicht der jeweiligen Fachgebiete. Im Zuge dieser Konkretisierung wird das Systemmodell aktualisiert und ggf. verfeinert.
- **Verifikation und Validierung:** In der Entwicklung ist sicherzustellen, dass die tatsächlichen Systemeigenschaften mit den geforderten Eigenschaften übereinstimmen und das System in allen Betriebssituationen in der Zielumgebung zuverlässig funktioniert. Das frühzeitig erstellte und ständig aktualisierte Systemmodell schafft die Voraussetzungen für die Ableitung von Testszenarien zur entwicklungsbegleitenden Absicherung der Systemeigenschaften. Dies kann so weit gehen, dass virtuelle Testbeds durch das Systemmodell konfiguriert werden.
- **Koordination des Entwicklungsgeschehens:** Das Systemmodell hat das Potential, Systemgestaltung und Projektmanagement in Einklang zu bringen. Damit steht eine leistungsfähige Plattform für das Management des Entwicklungsgeschehens zur Verfügung.

Das Systemmodell ermöglicht eine ganzheitliche und interdisziplinäre Betrachtung des Systems. Es stellt sich jedoch die Frage, welche Informationen über das System interdisziplinär sind und in hohem Maße zum einheitlichen Verständnis bei den beteiligten Disziplinen beitragen. Hier nennt die Literatur übereinstimmend drei Aspekte: Systemanforderungen, Systemstruktur und Verhalten [Alt12], [GFD+08], [Kai13].

- **Systemanforderungen:** Diese bilden den Kern eines Entwicklungsauftrags und definieren die Entwicklungsziele sowie gewünschte Produkteigenschaften aus Kundensicht. Es können funktionale und nichtfunktionale Anforderungen unterschieden werden. Funktionale Anforderungen spezifizieren das Verhalten des Systems und dessen Komponenten; nichtfunktionale Anforderungen definieren Eigenschaften eines Systems wie Zuverlässigkeit, Benutzbarkeit oder Änderbarkeit.
- **Systemstruktur:** Sie beschreibt die wesentlichen Elemente eines Systems und wie diese in Beziehung zueinander stehen. Dies umfasst die Schnittstellen zwischen den Systemelementen und zur Systemgrenze. Systemelemente repräsentieren in der Regel Funktionseinheiten, Softwarekomponenten und Module bzw. Baugruppen. Synonym zum Begriff Systemstruktur werden Begriffe wie Wirkstruktur, Wirkmodell und Systemarchitektur verwendet.
- **Verhalten:** Je nach Entwicklungsaufgabe sind unterschiedliche Arten des Systemverhaltens zu berücksichtigen. Funktionen stellen die einfachste Art der Verhaltensbeschreibung dar. Nach Pahl und Beitz beschreibt eine Funktion „*den gewollten Zusammenhang zwischen Eingang und Ausgang eines Systems mit dem Ziel, eine Aufgabe zu erfüllen.*" [PBF+13]. Neben den Funktionen werden weitere Verhaltensbeschreibungen eingesetzt. Hierzu zählen beispielsweise Zustände und Zustandsübergänge im System. Aktivitäten zeigen eine Abfolge von Aktionen des Systems. Die Verknüpfung von Aktionen erfolgt über Objekt- oder Kontrollflüsse. Die chronologische Abfolge der Kommunikation zwischen Elementen wird mit Sequenzen betrachtet [GRS14].

Anforderungen und Systemarchitektur bilden den Startpunkt für die Erarbeitung des Systemmodells. Die Modellierung des Verhaltens folgt in einem zweiten Schritt, um z. B. durch simulierbare Modelle Fehler im Systemverhalten frühzeitig zu identifizieren. Das initiale Systemmodell wird im Zusammenspiel aller beteiligten Disziplinen erarbeitet und kann unabhängig vom weiteren Vorgehen zur frühzeitigen Systemspezifikation im Sinne eines Lastenhefts eingesetzt werden. Auf die Erarbeitung des Systemmodells wird nachfolgend detailliert eingegangen.

Wir sprechen von einem Modell, wenn dieses einen gewissen Formalisierungsgrad aufweist und damit rechnerintern abgebildet werden kann. Zur Beschreibung eines Systemmodells werden eine graphische Modellierungssprache, eine Modellierungsmethode (kurz: Methode) und ein modellierungsunterstützendes Softwarewerkzeug benötigt. Erst eine aufeinander abgestimmte Kombination von Sprache, Methode und Werkzeug ermöglicht einen wirksamen und effizienten Einsatz der Systemmodellierung in einem Unternehmen. Die Modellierungssprache ist, isoliert betrachtet, nur ein Ausdrucksmittel. Wie und zu welchem Zweck diese Sprache angewendet wird, wird durch eine Methode festgelegt. Diese gibt vor, was spezifiziert werden muss und in welcher Reihenfolge die Infor-

5.3 Grundlagen des Model-Based Systems Engineerings

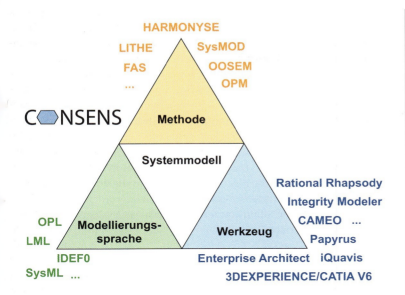

BILD 5.16 Grundlage zur Beschreibung eines Systemmodells ist eine Kombination aus graphischer Modellierungssprache, Modellierungsmethode und modellierungsunterstützendem Softwarewerkzeug

mationen entstehen. Wie in Bild 5.16 dargestellt, gibt es eine Reihe von Modellierungssprachen und Methoden sowie eine Vielzahl von Softwarewerkzeugen.

Häufig entstehen Dialekte, um eine Sprache oder Methode an spezifische Bedürfnisse zu adaptieren. Während beispielsweise Ansätze mit einem stärkeren Ursprung in der Softwaretechnik eher auf das Verhalten eines Systems eingehen, fokussieren die Ansätze aus dem Maschinenbau die multidisziplinäre Struktur mechatronischer Systeme. Der angestrebte Standard *Systems Modeling Language (SysML)* entstammt der Softwaretechnik und nutzt daher die Konzepte der Objektorientierung [Wei08]. Aufbauend auf der SysML sind inzwischen eine Vielzahl von Methoden (z. B. FAS, SysMOD und OOSEM) und Werkzeugen (z. B. Enterprise Architect, Rational Rhapsody) entstanden, die die SysML für verschiedene Anwendungszwecke ausprägen [Kai13]. Als durchgängiger Ansatz zur ganzheitlichen und disziplinübergreifenden Beschreibung mechatronischer Systeme wurde am Heinz Nixdorf Institut die Spezifikationstechnik *CONSENS (CONceptual design Specification technique for the ENgineering of complex Systems)* entwickelt. Sie umfasst eine Modellierungssprache und eine Methode zur Erstellung des Systemmodells in der Konzeptphase. Entlang der beiden Beispiele SysML und CONSENS gehen wir im Folgenden detaillierter auf Modellierungssprache, Methode und Werkzeug ein.

5.3.1 Modellierungssprache

Zur Formalisierung der fachdisziplinübergreifenden Inhalte des Systemmodells wird eine Modellierungssprache benötigt, die von allen Disziplinen gleichermaßen verstanden und genutzt werden kann. Eine Modellierungssprache wird durch ihre Syntax (Notation) und die Semantik (Bedeutung) definiert. Erst deren Kenntnis versetzt den Anwender in die Lage, die entsprechenden Modelle zu generieren und zu integrieren. Ferner ist der Abgleich von Syntax und Semantik für den Transfer von Modellen zwischen verschiedenen Werkzeugen von enormer Bedeutung.

- Die **Syntax** wird in abstrakte und konkrete Syntax unterschieden. Die abstrakte Syntax ist als Grammatik zu verstehen. Darunter fallen die syntaktischen Elemente oder Konstrukte (z. B. Buchstaben) sowie entsprechende Regeln zur Bildung größerer Konstrukte, wie z. B. Wörter. Die konkrete Syntax dagegen legt die Ausdrucksmittel, also die Notation dieser Konstrukte, fest [PM06].
- Die **Semantik** einer Modellierungssprache definiert die Art der zugelassenen Verknüpfungen zwischen den Modellkonstrukten. Die entsprechenden Regeln werden in Form von Bedingungen festgehalten und stellen einen Teil der statischen Semantik dar. Die abstrakte Syntax und die statische Semantik werden in einem Metamodell definiert [SV07]. Die Bedeutung der Modellkonstrukte sowie deren Verknüpfung wird in der dynamischen Semantik beschrieben [Kai13].

Der Formalisierungsgrad von Syntax und Semantik macht einen wesentlichen Unterschied zwischen formalen, semiformalen und informalen Sprachen aus [BBK+09]. Zur Beschreibung eines fachdisziplinübergreifenden Systemmodells wird eine semiformale Modellierungssprache bevorzugt, die zu intuitiv verständlichen Spezifikationen führt, die hohe Akzeptanz finden und zur Kreativität anregen.

SysML, CONSENS u. a. haben zum Ziel, das Systemdenken zu fördern und damit eine ganzheitliche Betrachtung des Systems zu ermöglichen. Daher bestehen die Sprachen meist aus vielen Modellkonstrukten, die die mannigfaltigen Sachverhalte eines Systems adressieren. Hierzu zählen z.B. Aspekte wie Anforderungen, Verhalten und Gestalt.

SysML (System Modelling Language)

SysML ist eine semiformale, graphische Sprache zur Modellierung, Analyse und Verifikation von Systemen. SysML ist eine Weiterentwicklung der UML 2.0 [OMG17]. Die Beschreibung der Aspekte Systemanforderungen, Systemstruktur und Verhalten erfolgt mittels entsprechender Diagramme. Ein Teil der Diagramme entstammt direkt der UML, ein anderer Teil wurde der UML entnommen und an Anforderungen technischer Systeme angepasst. Ein weiterer Teil der Diagramme wurde neu hinzugefügt [Wei08]. Die neun Diagramme der SysML werden gemäß Bild 5.17 in fünf Bereiche gegliedert:

Das **Paketdiagramm** spiegelt die Organisation eines Modells in Form von Paketen wider, die die jeweiligen Modellelemente enthalten. Es entspricht dem Paketdiagramm aus der UML. Das **Anforderungsdiagramm** stellt textbasierte Anforderungen sowie deren Beziehung zu anderen Anforderungen, Struktur- und Verifizierungselementen dar, um die Nachvollziehbarkeit von Anforderungen zu unterstützen. **Strukturdiagramme** dienen der Darstellung von statischen Aspekten des Systems. Typischerweise werden sie für die Modellierung der Systemarchitektur eingesetzt. Das **Parameterdiagramm** stellt Einschränkungen für Eigenschaftswerte dar, die zur Unterstützung der technischen Analyse verwendet werden. Mit den **Verhaltensdiagrammen** lässt sich das Systemverhalten beschreiben.

Das in Bild 5.18 dargestellte interne Blockdiagramm aus dem Bereich der Strukturdiagramme wird am häufigsten verwendet. Über drei Modellkonstrukte stellt es die Architektur des zu entwickelnden Systems dar: 1) Blöcke beschreiben die Systemelemente, 2) sogenannte Ports die Schnittstellen des Systems. 3) Die Verbindungen zwischen den Schnittstellen werden mittels sogenannter Item Flow-Konnektoren modelliert.

Ein weiteres Beispiel sind Sequenzdiagramme aus dem Bereich der Verhaltensdiagramme (Bild 5.19). Mit Sequenzdiagrammen lassen sich Kommunikationsabläufe und Interkationen zwischen dem Benutzer sowie den Elementen des Systems im zeitlichen Verlauf darstellen. Se-

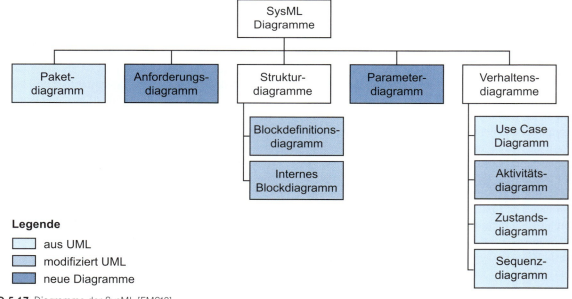

BILD 5.17 Diagramme der SysML [FMS12]

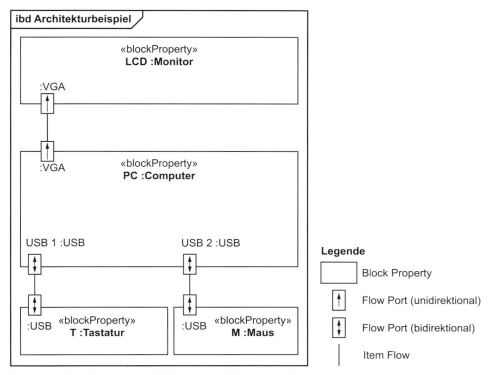

BILD 5.18 SysML Internes Blockdiagramm zur Abbildung der Architektur eines Personalcomputersystems

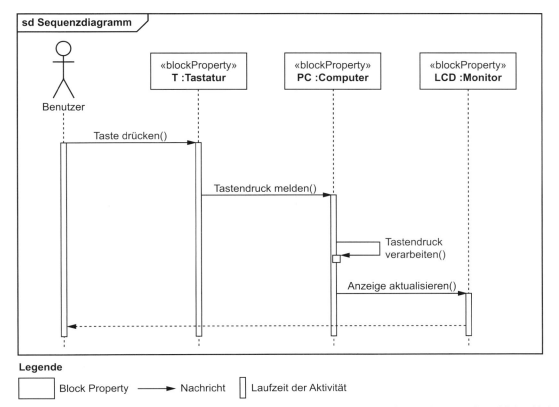

BILD 5.19 SysML Sequenzdiagramm zur Beschreibung der Interaktion zwischen Benutzer und Systemelementen im zeitlichen Verlauf am Beispiel eines Personalcomputersystems

quenzdiagramme beschreiben immer exakt ein mögliches Szenario des Systemverhaltens unter bestimmten Randbedingungen, so dass sie häufig für die Spezifikation von Testfällen herangezogen werden.

CONSENS

Die Spezifikationstechnik CONSENS beschreibt das zu entwickelnde System durch sieben Partialmodelle: Umfeld, Anwendungsszenarien, Anforderungen, Funktionen, Wirkstruktur, Gestalt und Verhalten. Für jedes dieser Partialmodelle existieren spezifische Modellkonstrukte, die eine allgemeinverständliche Spezifikation des Systems ermöglichen. In Bild 5.20 sind einige dieser Modellkonstrukte exemplarisch für das Umfeldmodell dargestellt.

Die Partialmodelle Umfeld und Wirkstruktur sind gleich aufgebaut. Das Partialmodell Umfeld definiert die Systemgrenze und beschreibt die Wechselwirkung des Systems mit seiner Umgebung. Dabei wird zwischen den Beziehungsarten Stoff, Energie, mechanische Verbindung, Information und Mess-Information unterschieden. Das Umfeldmodell behandelt das System als Black-Box.

Die sogenannte White-Box-Betrachtung erfolgt im Partialmodell Wirkstruktur (Bild 5.21). Dieses beschreibt die Systemelemente, aus denen das System besteht, sowie deren Wechselwirkungen ebenfalls mit Hilfe von Flussbeziehungen und logischen Verbindungen.

Die vorgestellten Modellkonstrukte einschließlich Syntax und Semantik werden für jede Modellierungssprache in einem sogenannten Metamodell definiert. Hierbei handelt es sich um ein übergeordnetes Regelwerk, das die Elemente und die Struktur einer Modellierungssprache festlegt. Die tatsächlich verwendeten Aspektmodelle bzw. Diagrammarten variieren in Abhängigkeit der Modellierungssprache. Sie lassen sich bei der Entwicklung technischer Systeme jedoch im Kern auf die Aspekte Anforderungen, Struktur, Verhalten, Gestalt und Parameter zurückführen. Je nach Entwicklungsaufgabe können die Aspekte Gestalt und Parameter vernachlässigt werden [Tsc16]. Bild 5.22 gibt eine Übersicht, welche Aspekte von CONSENS und SysML bedient werden.

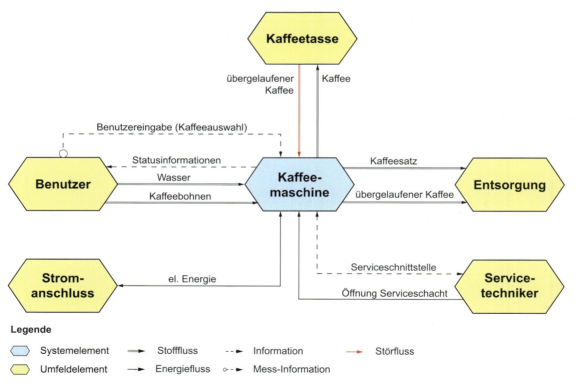

BILD 5.20 CONSENS Partialmodell Umfeld am Beispiel eines Kaffeevollautomaten

5.3 Grundlagen des Model-Based Systems Engineerings

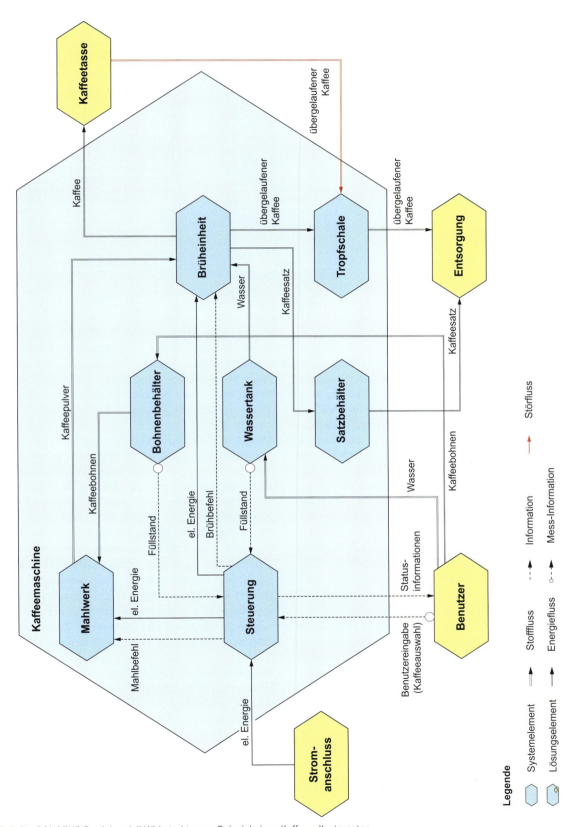

BILD 5.21 CONSENS Partialmodell Wirkstruktur am Beispiel eines Kaffeevollautomaten

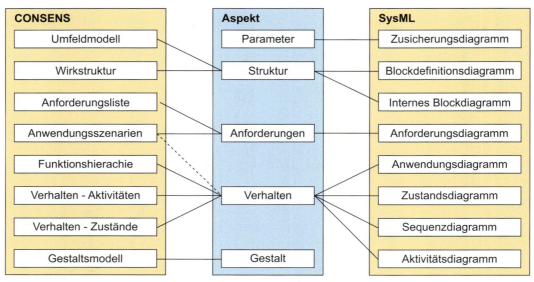

BILD 5.22 Übersicht über Diagramme von CONSENS und SysML, die die üblichen Aspekte adressieren [Tsc16]

5.3.2 Methode

Ein wesentlicher Baustein der MBSE-Anwendung ist die Modellierungsmethode. Sie trifft Festlegungen hinsichtlich der Nutzung einer zugehörigen Modellierungssprache und gibt vor, welche Informationen zu welchem Zeitpunkt wie detailliert zur Erstellung des Systemmodells zu berücksichtigen sind. Das Endergebnis ist das fertiggestellte Systemmodell; es handelt sich um die rechnerinterne Repräsentation der Diagramme der Systemspezifikation bzw. der Prinziplösung. Im Folgenden stellen wir zwei Modellierungsmethoden vor, die für die Modellierungssprachen SysML und CONSENS entwickelt wurden.

SysMod (Systems Modeling Process) ist eine Modellierungsmethode, die auf den Modellierungssprachen UML bzw. SysML basiert [Wei15]. Sie zeichnet sich durch einen hohen Grad an Skalierbarkeit aus und kann sowohl für Systeme beliebiger Größe als auch im Rahmen von Neuentwicklungen und Anpassungsentwicklung angewendet werden. Ziel ist die Modellierung von Anforderungen sowie der funktionalen und physikalischen Architektur eines Systems. Das Vorgehen gliedert sich in sieben übergeordnete Schritte: Anforderungen ermitteln, Systemkontext modellieren, Anwendungsfälle modellieren, Fachwissen modellieren, Glossar erstellen und Anwendungsfälle ausarbeiten. SysMod ist innerhalb dieses Vorgehens sehr flexibel und erlaubt unterschiedliche Detaillierungstiefen der einzelnen Modelle [Mur12]. Zudem können einzelne Schritte der Methode modifiziert oder vollständig ausgelassen werden [Wei08].

Die **Modellierungsmethode CONSENS** beschreibt ein iteratives Vorgehen zur Entwicklung des Systemmodells mechatronischer Systeme. Dieses adressiert sieben Aspekte. Diese Aspekte – und damit die entsprechenden Partialmodelle – sind im Wechselspiel zu erstellen, wenngleich eine gewisse Abfolge vorgesehen ist [GFD+08].

Im ersten Schritt werden mit dem Partialmodell Umfeld die Systemgrenzen festgelegt. Parallel dazu werden verschiedene Situationen und das gewünschte Verhalten des Systems in Anwendungsszenarien beschrieben. Auf Grundlage dieser beiden Partialmodelle werden anschließend Anforderungen abgeleitet. Die Analyse der Anforderungen führt zu Funktionen, die als Substantiv-Verb-Konstrukte beschrieben und in einer Funktionshierarchie geordnet werden. Zur Erfüllung der Funktionen werden Lösungsmuster (Wirkprinzipien) ermittelt und in Systemelemente überführt. Diese werden zur Wirkstruktur synthetisiert, die die grundlegende Architektur des Systems und der Wirkzusammenhänge beschreibt. Ausgehend davon werden anschließend das Verhalten und die Gestalt modelliert.

Eine besondere Herausforderung bei der Modellierung des Systemmodells ist dessen Plausibilität. Die Modellinhalte müssen sowohl vergleichbar als auch vollständig und richtig spezifiziert sein. Um dies zu gewährleisten, werden die beschriebenen Modellierungsmethoden – die erstmal nur ein bloßes Vorgehen zur Spezifikation des Systemmodells darstellen – um Modellierungsrichtlinien ergänzt. **Modellierungsrichtlinien** geben Hinweise zur formal und inhaltlich korrekten Modellierung, z. B. durch Namenskonventionen und Formalismen zum Abgleich von Ein- und Ausgangsgrößen eines Systemelements (vgl. Kasten).

MODELLIERUNGSRICHTLINIEN

Das Erstellen des Systemmodells ist eine interdisziplinäre Aufgabe. Häufig unterscheiden sich die Beteiligten, die die Inhalte erzeugen, von denen, die es lesen und interpretieren müssen. Modelle, die von verschiedenen Personen erstellt werden, unterscheiden sich in den Modellinhalten, in der Darstellung und in der Abstraktionstiefe. Werden darüber hinaus unterschiedliche Modellierungssprachen verwendet, werden gleiche Sachverhalte auf unterschiedliche Weise dargestellt. Eine Plausibilität kann damit nicht sichergestellt werden. Orientiert an den Grundsätzen ordnungsmäßiger Modellierung nach BECKER sind Modellierungsrichtlinien notwendig, die die Vollständigkeit, Vergleichbarkeit sowie die Richtigkeit der Modelle adressieren [BPV12], [Kai13]. Dabei kann zwischen Bedingung und Richtlinie unterschieden werden. Bedingungen können in das Metamodell der Sprache aufgenommen werden und sind damit auswertbar. Richtlinien hingegen sind kontextabhängig und damit nicht auswertbar. Im Folgenden werden die Plausibilitätsgrundsätze näher beleuchtet und beispielhaft auf die Spezifikationstechnik CONSENS zur Beschreibung intelligenter technischer Systeme übertragen (Bild 1).

Vergleichbarkeit: Bei der Vergleichbarkeit werden zwei Anwendungsfälle unterschieden. Werden gleiche Sachverhalte mit derselben Modellierungssprache und Methode erstellt, müssen diese weitestgehend identisch und damit vergleichbar sein. Der zweite Fall bezieht sich auf Modelle, die einen identischen Sachverhalt mit unterschiedlichen Modellierungssprachen dokumentieren. Dieser Grundsatz zielt darauf ab, die Modelle so zu erstellen, dass sie ineinander überführt werden können.

Zur Vergleichbarkeit wurden Klassifikationen für die unterschiedlichen Elementarten und Beziehungsarten definiert [Kai13]. Diese mit anzugeben, fördert die Vergleichbarkeit. Darüber hinaus geben Richtlinien vor, wie die einzelnen Element- und Beziehungsklassen zu vergeben sind. Die Hauptfunktion des Elements bestimmt z. B. die Elementklasse sowie die dazu gehörigen Ein- und Ausgabebeziehungen.

Vollständigkeit: Der Definition nach kann ein Modell nicht vollständig sein, da es die Abstraktion eines Sachverhalts ist. Für das Systemmodell können jedoch Annahmen getroffen werden, die zur Vollständigkeit beitragen. Diese ergeben sich aus der Definition der Elemente und Beziehungen. Auch aus der Art von Systemen, die als Betrachtungsgegenstand dienen, lassen sich Annahmen ableiten. Intelligente technische Systeme führen zu anderen Bedingungen als z. B. sozio-technische Systeme oder reine Softwaresysteme.

Die Elementklasse gibt Bedingungen zur Vollständigkeit vor. Energieumsetzende Elemente beispielsweise müssen mindestens eine ein- sowie eine ausgehende Beziehung vom Typ Energie haben.

Vergleichbarkeit
Richtlinie: Die Klasse der Beziehung (Energie, Information, Stoff, mechanische Verbindung) wird durch den Zweck der Verbindung bestimmt.
Bedingung: Jedes Element und jede Beziehung ist einer Klasse zuzuordnen.

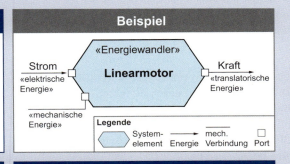

Vollständigkeit
Bedingung: Mindestens ein Element der Ebene n+1 erbt die Elementklasse des Vater-Elements.
Bedingung: Gestaltbehaftete Elemente haben mindestens eine Beziehung vom Typ «mechanische Verbindung».

Richtigkeit
Bedingung: Für Elemente der Klasse «Energiewandler» gilt: Energie-Typ IN ≠ Energie-Typ OUT.
Bedingung: Für Elemente der Klasse «Energieübertrager» gilt: Energie-Typ IN = Energie-Typ OUT.

BILD 1 Auszug der Richtlinien zur Vergleichbarkeit, Vollständigkeit sowie Richtigkeit in CONSENS und die Anwendung am Beispiel Linearmotor

Darüber hinaus muss mindestens ein Element vorhanden sein, das als Energiequelle dient.

Richtigkeit: Bei der Richtigkeit wird zwischen syntaktischer und semantischer Richtigkeit unterschieden. Ein Modell ist hinsichtlich der Syntax dann richtig, wenn es konsistent zum Metamodell erstellt wurde und damit formal korrekt ist. Die syntaktische Richtigkeit wird in CONSENS durch die Bedingungen zwischen den Elementklassen und den ein- und ausgehenden Beziehungen erzeugt. Energiewandler haben beispielsweise ein- und ausgehende Energiebeziehungen, die sich aber in ihrer Art unterscheiden müssen (Energie-Typ IN ≠ Energie-Typ OUT).

Mit den Bedingungen ist noch nicht sichergestellt, dass die dargestellten Inhalte dem entsprechen, was der Modellierer ausdrücken wollte und was für weitere Modellnutzer von Bedeutung ist. Dies festzulegen und zu überprüfen ist kaum möglich, da ein Modell zweckgebunden hinsichtlich Güte der Informationen und Qualität des Modells bewertet wird. Damit müssen die hierfür notwendigen Maßnahmen zweckorientiert formuliert werden. Hierzu zählt zum Beispiel die Definition und Nutzung von Namenskonventionen.

Literatur:
[BPV12] BECKER, J.; PROBANDT, W.; VERING, O.: Grundsätze ordnungsmäßiger Modellierung – Konzeption und Praxisbeispiel für ein effizientes Prozessmanagement. Springer-Verlag, Berlin, 2012
[Kai13] KAISER, L.: Rahmenwerk zur Modellierung einer plausiblen Systemstruktur mechatronischer Systeme. Dissertation, Fakultät für Maschinenbau, Universität Paderborn, HNI-Verlagsschriftenreihe, Band 327, 2013

5.3.3 Werkzeug

Mit dem zur Erstellung des Systemmodells notwendigen Werkzeug wird häufig eine Softwarelösung in Verbindung gebracht. Softwareunterstützung ist auch die notwendige Konsequenz, um einen entsprechenden Formalisierungsgrad sowie die computerunterstütze Auswertung des Systemmodells zu ermöglichen. Wie in Bild 5.23 angedeutet ist der softwareunterstützten Modellierung typischerweise ein Workshop vorgeschaltet. In interdisziplinären Teams werden mit Hilfe von Moderations-Kartensets die notwendigen Informationen zusammengetragen, ehe diese mit Hilfe eines Softwarewerkzeugs formalisiert erfasst werden.

Grundsätzlich existieren verschiedene Werkzeugklassen, die sich im Wesentlichen durch die jeweils unterstützte Modellierungssprache und ihren Integrationsgrad mit anderen Entwicklungswerkzeugen unterscheiden. Zudem gibt es Unterschiede bei Lizenzierung, Benutzerfreundlichkeit, Umfang der Funktionsbausteine (Add-Ins) sowie der Möglichkeiten, eigene Add-Ins zu implementieren. Im Folgenden gehen wir auf drei Werkzeugklassen detaillierter ein:

- **Graphikwerkzeuge:** Softwarewerkzeuge wie Microsoft Visio und PowerPoint erlauben die einfache graphische Dokumentation eines Systemmodells. Der Formalisierungsgrad ist jedoch gering, so dass eine computerunterstützte Auswertung und Integration mit anderen Entwicklungswerkzeugen nicht möglich ist. Häufig wird in diesem Zusammenhang auch von der „mechatronischen Zeichnung" gesprochen. Aufgrund der hohen Verbreitung und der einfachen Anwendung erlauben Graphikwerkzeuge einen ersten Schritt zum MBSE.
- **Dezidierte Modellierungswerkzeuge:** Ausgehend von den Modellierungssprachen sind in den vergangenen Jahren Software-Lösungen entstanden, die die rechnerunterstützte Repräsentation des Systemmodells ermöglicht. Insbesondere für die SysML existieren mehrere Softwarewerkzeuge, die ursprünglich den Fokus auf der UML-Implementierung hatten. Diese wurden soweit angepasst, dass damit die SysML weitgehend abgedeckt wird. Alle Werkzeuge ähneln sich in ihrer grundsätzlichen Struktur. Repräsentativ für SysML-Werkzeuge seien Enterprise Architect (mit SysML Plug-In), Cameo Systems Modeler, Rational Rhapsody, Papyrus 4 SysML und PTC Integrity Modeller genannt. Für CONSENS wurde mit dem MechatronicModeller eine dezidierte Software-Lösung entwickelt, die das CONSENS-Metamodell vollständig abbildet [GLL12]. Der erreichbare Formalisierungsgrad durch dezidierte Modellierungswerkzeuge ist bereits sehr hoch, so dass computerunterstützte Analysen möglich sind. Darüber hinaus existieren Modeller, die ein eigenes Metamodell beinhalten (z. B. iQuavis). Die damit verbundene Sprache ist nicht explizit beschrieben und wird durch das Tool vorgegeben. Insgesamt legen die Werkzeuge mit ihrem Metamodell die Grundlage für eine PLM-Integration, so dass die Kopplung mit anderen Entwicklungsartefakten realisiert werden kann.
- **PLM-Systeme:** Von den Anbietern der einschlägigen PLM-Systeme (z. B. Siemens Teamcenter, 3DEXPERIENCE von Dassault Systèmes) wird der MBSE-Gedanke zunehmend aufgegriffen. Es werden Möglichkeiten zur frühzeitigen Spezifikation von Anforderungen, System-

5.3 Grundlagen des Model-Based Systems Engineerings

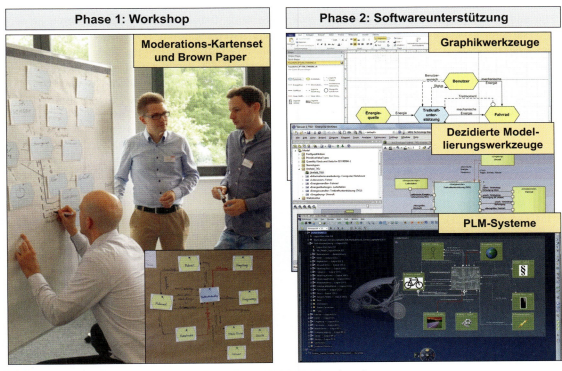

BILD 5.23 Vom Workshop bis zur softwareunterstützten Systemmodellierung und -analyse

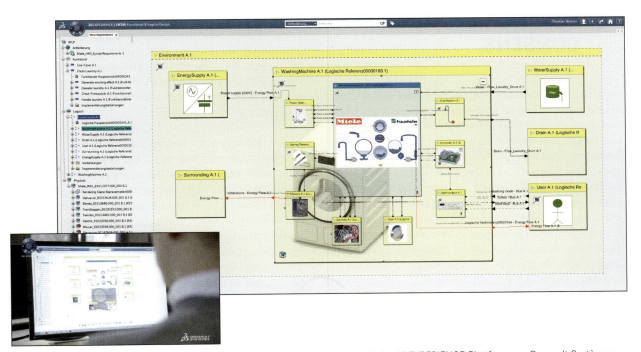

BILD 5.24 Darstellung eines CONSENS Umfeldmodells einer Waschmaschine mit der 3DEXPERIENCE-Plattform von Dassault Systèmes

struktur und Verhalten geschaffen. Dabei werden zwar häufig erste Sprachkonstrukte bereitgestellt, hinsichtlich der Wahl der dazu passenden Methode wird dem Anwender jedoch häufig Spielraum gelassen und relativ wenig Unterstützung gegeben. Vor diesem Hintergrund zielen aktuelle Forschungsarbeiten auf die Verbindung existierender Methoden und den im PLM-System vorgehaltenen Sprachkonstrukten ab. Bild 5.24 zeigt beispielsweise die Abbildung eines CONSENS-Umfeldmodells mit der 3DEXPERIENCE-Plattform von Dassault.

Die Softwareunterstützung für das MBSE muss je nach Zweck und Anwendungsfall ausgewählt werden. Hierbei gilt es insbesondere, neben der unterstützten Modellierungssprache auch den Integrationsgrad mit anderen Entwicklungswerkzeugen zu berücksichtigen. Bei der Wahl des passenden Werkzeugs handelt es sich aber nicht um eine Entweder-oder-Entscheidung. Vielmehr können sich die Werkzeuge in einem gewissen Rahmen komplementär über den Lebenszyklus ergänzen.

5.4 Aspektdiagramme der Spezifikationstechnik CONSENS

Zwischen der strategischen Planung und der Entwicklung einer Marktleistung bestehen viele Wechselwirkungen, weshalb die involvierten Fachleute dieser Bereiche eng kooperieren sollten. Das gilt ganz besonders für die Aufgaben Produkt-, Dienstleistungs- und Produktionssystemkonzipierung; sie bilden die Verbindungsglieder zwischen der strategischen Planung und der eigentlichen Marktleistungsentwicklung. Gegenstand dieses Kapitels ist die Produkt-, Dienstleistungs- und Produktionssystemkonzipierung, die jeweils den Ausgangspunkt für die weitere Entwicklung bilden. Dies wird durch das in Kapitel 1.3 vorgestellte Referenzmodell deutlich (vgl. Bild 1.63 und Bild 1.64). An dieser Stelle gehen wir auf die in der Konzipierung besonders relevanten Aspekte (Entwicklungsgesichtspunkte) ein und beschreiben, mit welchen Diagrammen diese Aspekte spezifiziert werden. Ausgehend von Bild 1.64 ordnen wir in Bild 5.25 die Aspekte ein.

Die Spezifikationstechnik CONSENS liefert ein Set an Beschreibungsmitteln zur ganzheitlichen disziplinübergreifenden Analyse und Darstellung eines mechatronischen Systems. Dabei wird eine Abstraktionsebene adressiert, die als Prinziplösung bezeichnet wird [PBF+07]. Ziel ist die integrative Erarbeitung einer Prinziplösung für das Produkt, der damit verbundenen Dienstleistung sowie dem zugehörigen Produktionssystem. Dazu unterstützt CONSENS die Spezifikation der Aspekte mit Hilfe der Diagramme, die in Bild 5.26 wiedergegeben sind. Die Aspekte Umfeld, Anwendungsszenarien, Funktionen, Wirkstruktur, Gestalt und Verhalten beschreiben das Produkt; Prozesse, Werkzeuge und Personal die Dienstleistung und Prozesse, Ressourcen und Gestalt das zugehörige Produktionssystem. Der Aspekt Anforderungen fungiert als Verbindungsglied der drei Entwicklungsobjekte (Produkt, Dienstleistung, Produktionssystem). Die rechnerinterne Repräsentation der Aspekte erfolgt durch Partialmodelle. Da die Aspekte in Beziehung stehen und ein konsistentes Ganzes ergeben, besteht die Prinziplösung aus einem kohärenten System von Partialmodellen, dem sogenannten Systemmodell.

Wir sprechen von einer integrativen Erarbeitung der Prinziplösung der Entwicklungsobjekte Produkt, Dienstleistung und Produktionssystem. Zum einen, weil die Beschreibungen der Aspekte eines Entwicklungsobjektes zueinander konsistent sein müssen; zum anderen müssen auch die Beschreibungen der Entwicklungsobjekte aufeinander abgeglichen werden, da es Wechselwirkungen gibt. Beispielsweise kann das Produktkonzept das Konzept des Produktionssystems determinieren und umgekehrt. Des Weiteren ergeben sich aus einer Dienstleistung, die in Kombination mit einem Produkt (Sachleistung) angeboten werden soll, ggf. weitere Anforderungen an das Produkt.

Die einzelnen Aspekte werden nachfolgend am Beispiel eines Elektrofahrrads vorgestellt. Der Begriff Elektrofahrrad steht heute für eine Vielzahl unterschiedlicher einspuriger zweirädriger Fahrzeuge und ist nicht eindeutig belegt. Sie unterscheiden sich in Motorleistung, Höchstgeschwindigkeit sowie rechtlichen Gesichtspunkten wie Zulassung und Betriebserlaubnis. In der Regel werden Elektrofahrräder nach der Art unterschieden, wie die elektrische Motorunterstützung abgerufen wird. Bei Fahrzeugen mit einer tretabhängigen Motorunterstützung arbeitet der Elektromotor nur dann, wenn der Fahrer selbst in die Pedale tritt. Diese Fahrzeuge werden als Pedal Electric Cycle bezeichnet, kurz Pedelec. Die rechtliche Grundlage legen die EU-Richtlinie 2002/24EG [EU02] sowie die DIN EG 15194 fest [DIN15194]. Demgegenüber stehen E-Bikes und Kleinkrafträder. Sie besitzen einen elektrischen Zusatzantrieb, der unabhängig von der Tretbewegung des Fahrers arbeitet und eine rein elektrische Fahrweise erlaubt [BBS08], [FB10].

5.4 Aspektdiagramme der Spezifikationstechnik CONSENS

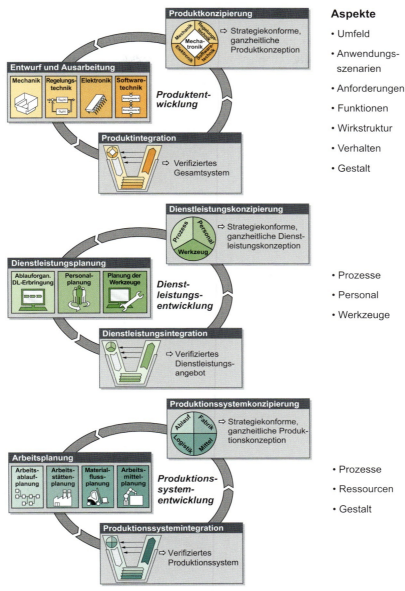

BILD 5.25 Die drei Zyklen der Marktleistungsentwicklung und die Einordnung der in der Konzipierung zu spezifizierenden Aspekte

Bei einem Pedelec liegt derzeit die Obergrenze der Motorleistung bei 250 W. Mit zunehmender Fahrzeuggeschwindigkeit muss die Unterstützung progressiv verringert und ab einer Geschwindigkeit von 25 km/h unterbrochen werden. Pedelecs gelten als Fahrräder und unterliegen daher keiner Versicherungs- oder Helmpflicht. Im Folgenden beschreiben wir am Beispiel eines Pedelecs, wie mit Hilfe von CONSENS die Konzeption (Prinziplösung) des Produktes, des Produktionssystems und der Dienstleitung spezifiziert wird.

5.4.1 Produktkonzipierung

Systems Engineering basiert u. a. auf dem Prinzip vom Abstrakten zum Konkreten. Diesem Prinzip folgend können die Aspekte erarbeitet werden. Dazu gliedert sich die Produktkonzipierung nach Bild 5.27 in die zwei Phasen Analyse und Synthese. Die Bearbeitung der Aspekte erfolgt dabei stets im Wechselspiel, da Erkenntnisse aus einem Aspekt (z. B. Funktionalität) mit weiteren Aspekten (z. B. Gestalt und Umfeld) abzugleichen sind. Nachfolgend gehen wir in einer idealtypischen Reihenfolge auf die Spezifikation der Aspekte des Pedelecs ein.

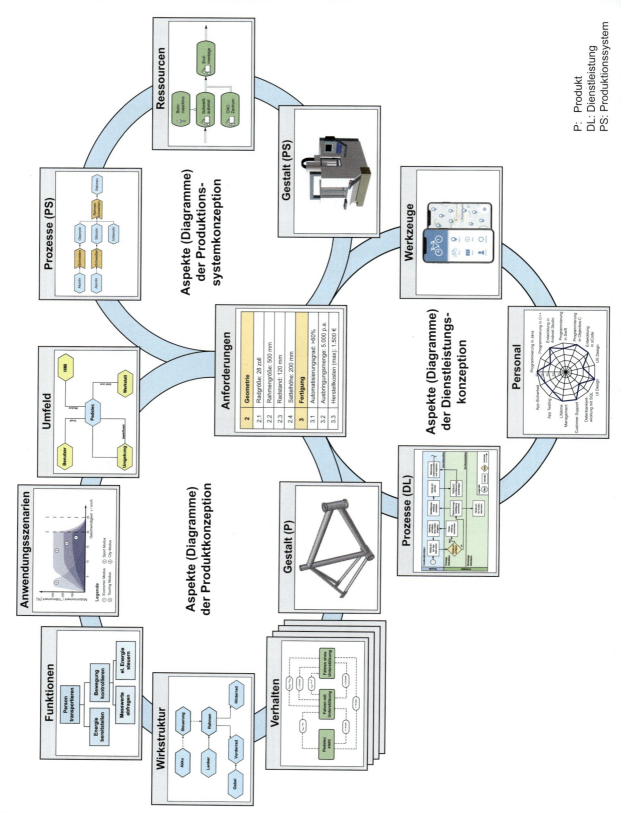

BILD 5.26 Aspekte und entsprechende Diagramme zur Beschreibung der Produkt-, Dienstleistungs- und Produktionssystemkonzeption (Abstraktionsgrad Prinziplösung)

5.4 Aspektdiagramme der Spezifikationstechnik CONSENS

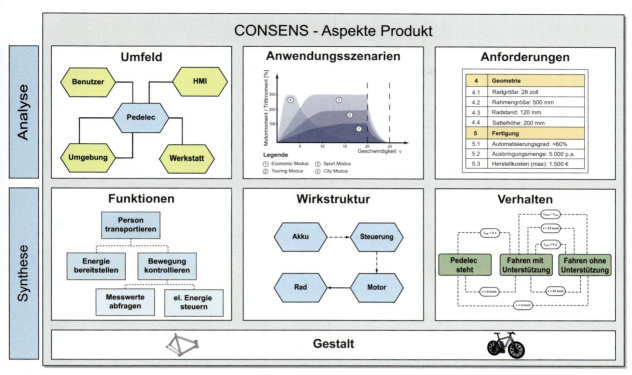

BILD 5.27 Unterteilung der Produkt-Aspekte von CONSENS in Analyse und Synthese

Umfeld

In dem Aspekt Umfeld wird die Einbettung des Systems in sein Umfeld systematisch analysiert (Bild 5.28). Das System selbst wird dabei als Black Box verstanden. Zu diesem Zweck muss definiert werden, was das zu betrachtende System ist und wie die Systemgrenze verläuft. In der graphischen Darstellung erfolgt dies durch ein blaues Sechseck für das System und durch gelbe Sechsecke für die Elemente außerhalb der Systemgrenze. Beispiele für Elemente des Umfelds sind der Benutzer oder die Ladestation. Zur Umfeldanalyse gehört zudem die Betrachtung der gegenseitigen Wirkbeziehungen zwischen dem System und seiner Umgebung. Dabei wird zwischen den Beziehungsarten Stoff, Energie, mechanische Verbindung (Formschluss, Reibschluss etc.), Information und Mess-Information unterschieden. Bei der Umfeldanalyse werden auch störende Wirkbeziehungen betrachtet. Diese schränken ggf. die Lösung ein oder geben Rahmenbedingungen vor. Störende Wirkbeziehungen werden im graphischen Modell farblich (rot) hervorgehoben. Beispielsweise ist hier der Temperaturbereich -20 °C bis 50 °C notiert worden. Für die Identifikation von Einflüssen, insbesondere Störgrößen, können Einflusskataloge wie [VDI4005-2], [VDI4005-3], [VDI4005-4], [VDI4005-5] oder [VDI3822-5] sowie gesetzliche Vorgaben und Normen zur funktionalen Sicherheit herangezogen werden. Spezifisch für das Pedelec kommen gegenüber einem üblichen Fahrrad neue Interaktionen mit dem Benutzer auf: Beispielsweise soll der Benutzer den Grad der Tretkraftunterstützung wählen können und angezeigt bekommen sowie Informationen über den Ladezustand des Akkumulators erhalten.

Anwendungsszenarien

Anwendungsszenarien unterstützen die ganzheitliche Betrachtung des Systems über seinen Produktlebenszyklus. Dazu werden systematisch entlang des Produktlebenszyklus (PLZ) unterschiedliche Situationen betrachtet. Daraus ergeben sich in der Regel neue Erkenntnisse zur Wirkungsweise des Systems und zu den Wechselwirkungen mit seinem Umfeld. Die Umfeldbeschreibung wird dazu unterstützend herangezogen. Folgende typische Fragestellungen lassen sich durch Anwendungsszenarien beantworten: „Wie erfolgt der Ladevorgang?", „Wie kann der Benutzer zwischen den Modi wechseln (beliebig oder auf-/absteigend)?", „Welche Angaben soll der Benutzer erhalten und auf welche Art (akustisch, visuell, in Kombination)?" Daraus ergeben sich im Prinzip Anforderungen an das Produkt.

Anwendungsszenarien werden in Steckbriefen strukturiert beschrieben. Im Bild 5.29 ist ein Beispiel wiedergegeben. Viele Situationen sind Standard für die zu kon-

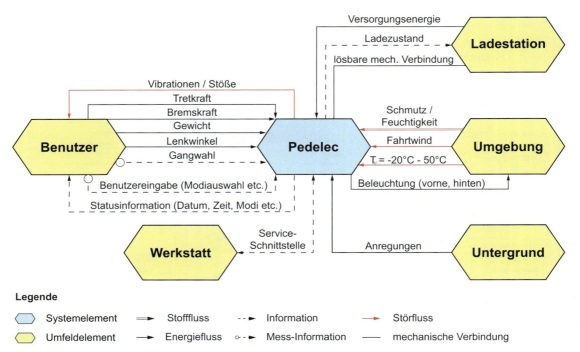

BILD 5.28 Umfeldanalyse (Ausschnitt) des betrachteten Systems Pedelec

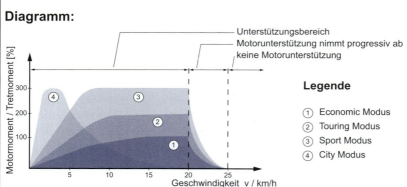

| AS31 | Anwendungsszenario Anfahren bis 25 km/h | PLZ: Betrieb |

Beschreibung:

Der Fahrer steigt auf das Pedelec, wählt die gewünschte Motorunterstützung aus und beginnt zu treten. Der Motor unterstützt den Beschleunigungsvorgang und reduziert somit die erforderliche Tretkraft bzw. erhöht die Beschleunigung. Möchte der Fahrer bei gleichbleibender Trittfrequenz schneller oder langsamer fahren bzw. die erforderliche Tretkraft an einer Steigung reduzieren, wählt er eine andere Übersetzung mit der Gangschaltung. Bei Annäherung einer Geschwindigkeit von 25 km/h muss die Tretunterstützung progressiv abnehmen. Ab einer Geschwindigkeit von 25 km/h darf keine Tretkraftunterstützung mehr erfolgen.

Diagramm:

BILD 5.29 Beispiel für ein Anwendungsszenario (Pedelec)

zipierenden Systeme und im Detail gut bekannt. Die Analyse dieser Situationen kann dennoch hilfreich sein, um neue Sichtweisen auch aus angrenzenden Fachbereichen, wie z. B. dem Service oder der Kundenbetreuung zu erhalten. Weiteren Aufschluss geben auch bislang noch nicht aufgetretene bzw. stark veränderte Situationen.

In unserem Beispiel ist das Fahrrad an sich gut bekannt. Die neue Funktionalität der Tretkraftunterstützung ist aber neu und wird intensiv behandelt. Daher werden über den Produktlebenszyklus des Pedelecs denkbare Situationen und Randbedingungen spezifiziert, beispielsweise gesetzliche Vorgaben für eine Tretkraftunterstützung bis 25 km/h und eine anschließende progressive Abnahme der Unterstützung. Das in Bild 5.29 wiedergegebene Beispiel für ein Anwendungsszenario weist ein ergänzendes Diagramm zur Verdeutlichung des Sachverhalts auf; es beschreibt den vom Unterstützungsmodus abhängigen Verlauf des Motormoments über die Geschwindigkeit.

Nach dem von uns propagierten Referenzmodell der Marktleistungsentstehung sind die Anforderungen, die in der Praxis in einem sogenannten Anforderungskatalog (Bild 5.30 zeigt einen Ausschnitt) zusammengefasst werden, das wesentliche Ergebnis der Hauptaufgabe Produktfindung und zentraler Teil eines Entwicklungsauftrags und somit ein Kopplungspunkt zwischen den Unternehmensfunktionsbereichen Strategische Produktplanung und Produktentwicklung. Vorderhand sind Anforderungen lösungsneutral. Mit zunehmender Konkretisierung beruhen die Anforderungen (Systemanforderung, Subsystemanforderungen etc.) aber auf Annahmen über beabsichtigte Lösungen und sind damit streng genommen nicht mehr lösungsneutral. Daher erscheint es uns als essentiell, dass bei der Erarbeitung der Anforderungen Fachleute aus der Strategischen Produktplanung und der Produktentwicklung und ggf. auch der Dienstleistungs- und Produktionssystementwicklung von Anfang an eng zusammenarbeiten.

Anforderungen

Anforderungen geben Ziele und Restriktionen für die spätere Lösung vor. Jede Lösungsauswahl in dem folgenden Entwicklungsprozess wird stetig gegenüber den Anforderungen verifiziert und validiert. Anforderungen werden nach Ebenen wie Kunde, System, Subsystem und Komponente strukturiert. Kundenanforderungen sind lösungsneutral, jedoch bewertbar (zwecks Validierung) zu beschreiben. Sie adressieren die Kundenbedürfnisse und damit den Handlungsbedarf für das Finden der Lösung. Dies entspricht dem Entwicklungsauftrag. Kundenanforderungen werden heruntergebrochen und in Systemanforderungen übersetzt. Diese beschreiben das zu erwartende Ergebnis (System) auf das Kundenbedürfnis. Die Übersetzung in Systemanforderungen wird durch die Anwendungsszenarien und die Umfeldanalyse unterstützt.

Funktionen

Funktionen resultieren prinzipiell aus der Anforderungsanalyse. Eine Funktion ist der allgemeine Zusammenhang zwischen Eingangs- und Ausgangsgrößen mit dem Ziel, eine Aufgabe zu erfüllen. Eine Funktion ist lösungsneutral, sofern noch keine prinzipielle Lösung für deren Erfüllung angenommen wird. Im Rahmen der funktionalen Betrachtung eines Systems strukturieren wir ausgehend von einer Hauptfunktion die Funktionalität hierarchisch. Dabei erfolgt die Untergliederung in Subfunktionen solange, bis zu den Funktionen sinnvolle Lösungen gefunden werden. Die Syntax einer Funktion besteht aus einem Substantiv und Verb. Funktionskataloge, basierend auf den Arbeiten von BIRKHOFER [Bir80] und LANGLOTZ [Lan00], unterstützen die Erstellung der Funktionshierarchie. Bild 5.31 zeigt einen Ausschnitt der Funktionshierarchie des Pedelecs. Funktionen auf oberster Ebene sind in der Regel

Stand: 18. Mai 2018		Anforderungsliste Pedelec	Blatt 1 / 20	Seite 1
F/W	Nr.	Anforderungen	Änderung	Verantw.
	2	**Systemanforderungen**		
F	2.1	Elektrische Tretunterstützung		
F	2.2	Vier Betriebsmodi vorsehen		
F	2.3	Progressive Abnahme der Unterstützung ab 25 km/h		
F	2.4	Unterstützung nur bei Tretbewegung		
F	2.5	Unterstützung nur bei Vorwärtsbewegung		
F	2.6	Ladezeit max. 3 Stunden von mind. bis max. Akku-Kapazität	F: Festforderung W: Wunschforderung	

BILD 5.30 Beispiele für Anforderungen auf Systemebene (Pedelec)

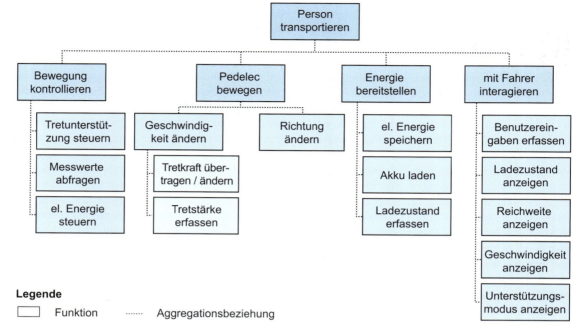

BILD 5.31 Beispiel einer Funktionshierarchie (Pedelec)

langlebig und können über mehrere Produktgenerationen gleich bleiben (z. B. *Pedelec bewegen*). In der Regel erfolgt die Angabe der Substantive und Verben in der Fachsprache der jeweiligen Domäne. Danach steht es dem Ersteller einer Funktionshierarchie frei, die synonymen Begriffe aus den Funktionskatalogen einzusetzen. Dies bietet sich dann an, wenn die Funktionskataloge neben den Funktionen auch Lösungen, beispielsweise in Form von Wirkprinzipien, beinhalten.

Bei der Suche nach Lösungen für einzelne Funktionen ist zu beachten, dass die Lösungen unterschiedliche Abstraktionsstufen bzw. Konkretisierungsstufen aufweisen. Die abstrakteste Form ist der physikalische Effekt, der einer Lösung zugrunde liegt. Mit aufsteigender Konkretisierung unterscheiden wir Wirkprinzipien [PBF+07], Systemelemente und Lösungselemente. Bei den Lösungselementen handelt es sich um realisierte und bewährte Lösungen, wie beispielsweise Module, Bauteile oder Softwarekomponenten. Die Suche nach geeigneten Gesamtlösungen wird durch Methoden wie den Morphologischen Kasten [PBF+07] und die Konsistenzanalyse [Köc04] unterstützt.

Wirkstruktur

Die Aspekte Umfeld und Wirkstruktur hängen sehr eng zusammen. Die Wirkstruktur beschreibt die prinzipielle Wirkungsweise des Systems. Dazu wird das System in seine Bestandteile, die sogenannten Systemelemente, zerlegt. Die Darstellung der Wirkzusammenhänge analog zum Umfeldmodell zeigt die Abhängigkeiten und Interaktionen der Systemelemente. Diese Art der Visualisierung hilft, komplexe Wirkzusammenhänge anschaulich zu spezifizieren. Die sukzessive Beschreibung der Wirkstruktur wird durch Modellierungsrichtlinien unterstützt [Kai13]. Diese fördern insbesondere die richtige Wahl des Abstraktionsgrades, die Vergleichbarkeit, die Korrektheit und die Vollständigkeit der Spezifikation.

Die Beziehungen aus der Umfeldanalyse werden in der Wirkstruktur weiter berücksichtigt und an Systemelemente geführt, die diese Beziehungen bedienen. Systemelemente realisieren sehr konkret Funktionen, so dass hier die Verknüpfung zu den Funktionen gegeben ist, wenngleich es sich weniger um 1:1-Beziehungen, sondern in der Regel um m:n-Beziehungen handelt. Letzteres bedeutet, dass ein Systemelement der Realisierung mehrerer Funktionen dient und eine Funktion Beziehungen zu mehreren Systemelementen aufweisen kann. Damit werden die Weichen für die später festzulegenden Bauweisen Integral- und Differentialbauweise gestellt. Dies unterstützt eine Modularisierung des Systems nach funktionalen Gesichtspunkten. Darüber hinaus sind weitere Modularisierungsansätze anwendbar. Diese können beispielsweise baulichen oder fertigungstechnischen Gesichtspunkten Rechnung tragen.

Bild 5.32 zeigt einen Ausschnitt aus der Wirkstruktur des Pedelecs. Der Akku wurde als Lösungselement für die Funktion *elektrische Energie bereitstellen* ausgewählt. Die Steuerung erfüllt die Funktion *Tretunterstützung steuern*.

5.4 Aspektdiagramme der Spezifikationstechnik CONSENS

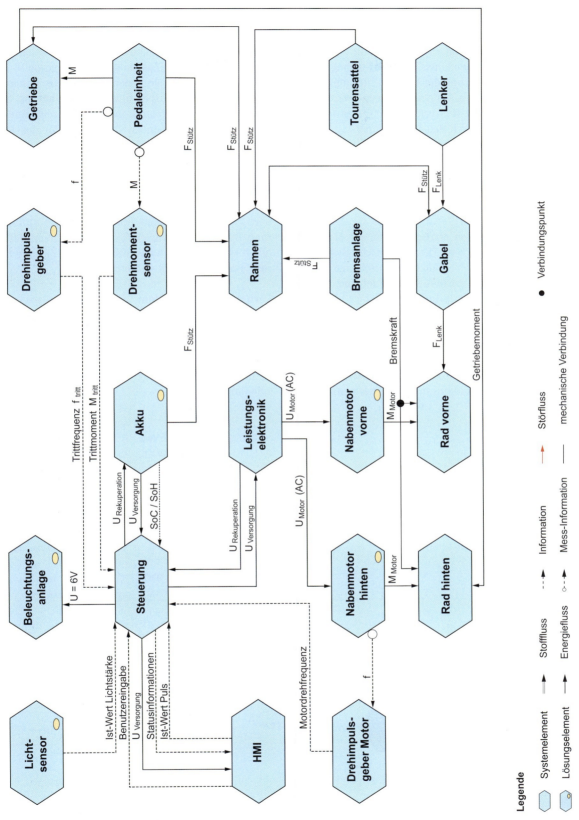

BILD 5.32 Teile der Wirkstruktur des Pedelecs

Sie erhält die Informationen von den Sensoren. Der Drehimpulsgeber gibt die gemessene Trittfrequenz des Benutzers als Signal an die Steuerung, dargestellt durch den gleichnamigen Informationsfluss. Weitere Eingangssignale sind das Trittmoment und die Motordrehfrequenz. Entsprechend des gewählten Unterstützungsmodus werden die Motoren angesteuert. Dies erfolgt über ein gesteuertes Drehfeld, dargestellt durch den Energiefluss U_{Motor} (AC). Der Motor wandelt die elektrische in mechanische Energie und leitet das erzeugte Drehmoment an das entsprechende Rad weiter.

Verhalten

Die Wirkstruktur ist eine statische Sicht auf die Wirkzusammenhänge im System. Die dynamische Sicht wird durch eine Gruppe von Verhaltensbeschreibungen abgedeckt, die dem Aspekt Verhalten zugeordnet sind. Verhaltensbeschreibungen bilden primär bei den hier betrachteten Erzeugnissen des Maschinenbaus den Ausgangspunkt für den Software- und Reglerentwurf. Wir gehen daher hier auf das Ablaufverhalten ein, das durch Zustände, Aktivitäten und Sequenzen beschrieben wird. Darüber hinaus gibt es weitere Verhaltensbeschreibungen wie beispielsweise Kinematik, Dynamik, Strömungstechnik, Thermodynamik.

Verhalten – Zustände: Diese Verhaltensbeschreibung bildet die Zustände und Zustandsübergänge eines Systems ab. Es sind alle vorausgedachten und zu berücksichtigenden Systemzustände und Zustandsübergänge sowie die einen Zustandsübergang auslösenden Ereignisse zu beschreiben. Ereignisse können ausgeprägte Einflüsse auf das System oder beendete Aktivitäten sein. Bild 5.33 zeigt einen Ausschnitt des entsprechenden Diagramms für das Beispiel Pedelec. Wenn der Fahrer losfährt, wechselt das Pedelec in den Zustand *Fahren mit Tretkraftunterstützung*. Beschleunigt der Benutzer auf über 25 km/h oder fällt die Spannung des Akkus auf den unteren Schwellwert U_{min}, schaltet sich die elektrische Tretkraftunterstützung ab, das Pedelec wechselt in den Zustand *Fahren ohne Tretkraftunterstützung*. Bremst der Benutzer das Pedelec bis zum Stillstand (v = 0 km/h), wechselt das System in den Zustand *Pedelec steht*, unabhängig vom Ausgangszustand.

Verhalten – Aktivitäten: Diese Verhaltensbeschreibung spezifiziert die Ablaufprozesse, die sich in einem Systemzustand vollziehen. Die Prozesse werden mit Aktivitäten modelliert. Beispiele für Aktivitäten sind *Regelfehler bestimmen*, *Sensordaten einlesen* etc. Die Abläufe im Systemzustand *Fahren mit Tretkraftunterstützung* sind im Bild 5.34 dargestellt.

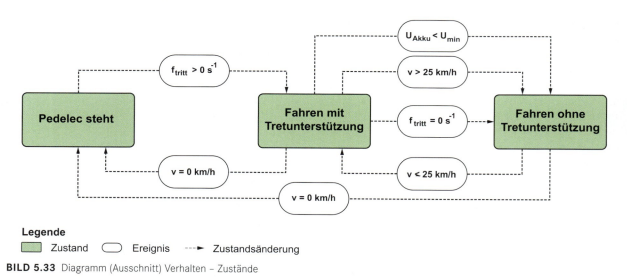

BILD 5.33 Diagramm (Ausschnitt) Verhalten – Zustände

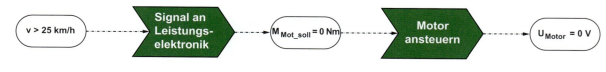

BILD 5.34 Diagramm (Ausschnitt) Verhalten – Aktivitäten

BILD 5.35
Vereinfachte Gestalt (Pedelec) im Rahmen der Produktkonzipierung

Gezeigt ist die Abschaltung der Motorunterstützung bei Erreichen der zulässigen Maximalgeschwindigkeit. Wird eine Geschwindigkeit von 25 km/h überschritten, gibt die Steuerung ein Signal an die Leistungselektronik, um die Motorunterstützung abzuschalten. Der Motor wird entsprechend angesteuert und das Motormoment auf 0 Nm reduziert.

Gestalt

Für gestaltbehaftete Systemelemente der Wirkstruktur sind bereits in der Konzipierung erste Festlegungen der Gestalt vorzunehmen; im Fall von Lösungselementen ist die Gestalt selbstredend im Detail gegeben. Die Gestalt im Zuge der Konzipierung umfasst Angaben über Form, Lage, Anordnung und Art der Wirkflächen und Wirkorte des Systems. Des Weiteren können Hüllflächen und Stützstrukturen vereinfacht beschrieben werden. Die rechnerunterstützte Modellierung erfolgt mit Hilfe gängiger 3D CAD-Systeme. Bild 5.35 zeigt das CAD-Modell der groben Gestalt des Pedelecs im Rahmen der Konzipierung. Entsprechend der vorab definierten Anforderungen werden 28"-Räder verwendet. Für das Lösungselement Akku ist basierend auf der erforderlichen Kapazität und der Energiedichte von Lithium-Polymer-Akkus Bauraum vorzusehen, der sich aus dem detaillierten 3D-Modell des Lösungselements Akku ergibt. Die Motoren sind entsprechend der geforderten Beschleunigungswerte auszuwählen. Sie werden ebenfalls als Lösungselemente zugekauft, ihre Abmessungen sind auch bekannt und können in das Gestaltmodell übernommen werden.

5.4.2 Dienstleistungskonzipierung

Produzierende Unternehmen konzentrierten sich lange Zeit auf die Entwicklung und Herstellung qualitativ hochwertiger Sachleistungen. Seit einigen Jahre ist jedoch festzustellen, dass auf der Kundenseite zunehmend ganzheitliche Problemlösungen nachgefragt werden, die auf eng aufeinander abgestimmten Kombinationen von Sach- und Dienstleistungen beruhen. Dafür stehen Begriffe wie hybride Leistungsbündel [MU12] oder Produkt-Service-Systeme [AC10]. Insbesondere durch die Digitalisierung wird diese Entwicklung weiter vorangetrieben. Durch die Analyse großer Datenmengen, die von intelligenten, kommunikationsfähigen Produkten bereitgestellt werden, zeichnen sich sogenannte Smart Services ab [aca15]. Vor diesem Hintergrund gewinnt die Dienstleistungskonzipierung an Bedeutung.

Kern einer Dienstleistungskonzeption ist der Dienstleistungsprozess; er beschreibt, wie die Dienstleistung erbracht wird. Wesentliches Merkmal ist dabei die Integration des sogenannten externen Faktors. Damit ist gemeint, dass der Kunde selbst oder ein in seinem Besitz befindliches Sachgut (z. B. ein Auto im Falle einer Autoreparatur) in den Prozess involviert ist. Zudem fallen bei einer Dienstleistung die Erstellung und der Konsum zusammen (uno-actu-Prinzip). Neben dem Prozess müssen das für die Erbringung der Dienstleistung benötigte Personal sowie die erforderlichen Werkzeuge spezifiziert werden. Unter Werkzeugen verstehen wir materielle Ressourcen, wie beispielsweise ein Diagnosegerät für das Erbringen einer Wartungsdienstleistung und immaterielle Ressourcen wie ein Expertensystem für die Diagnose. Im Folgenden erläutern wir die Aspekte Prozesse, Personal und Werkzeuge am Beispiel der Dienstleistung „Rent a Bike". Die Dienstleistung sieht vor, dass sich Kunden ein Pedelec an mehreren Stationen über einen bestimmten Zeitraum ausleihen können. Das Mieten der Pedelecs wird u. a. durch eine App ermöglicht.

Prozesse

Prozesse beschreiben den sachlogischen Ablauf einer Dienstleistung, d. h. die einzelnen Aktivitäten zu deren Erbringung. Zur Abbildung der Prozesse nutzen wir die Spezifikationstechnik **Service Blueprint** nach BITNER ET AL. [BOM07]. Sie sieht wie in Bild 5.36 dargestellt eine Unterscheidung in Kunden- und Anbieteraktivitäten auf der einen Seite sowie in sichtbare und unsichtbare Aktivitäten auf der anderen Seite vor. Auf diese Weise ergeben sich drei charakteristische Gruppen von Aktivitäten: Kundenaktivitäten, Onstage-Aktivitäten und Backstage-Aktivitäten. Die sogenannte „Line of Interaction" grenzt die Kundenaktivitäten von den Onstage-Aktivitäten ab und kennzeichnet die Interaktionspunkte zwischen Kunde und Anbieter. Die sogenannte „Line of Visibility" trennt die Onstage- von den Backstage-Aktivitäten und kennzeichnet somit die Grenze zwischen Aktivitäten, die der Kunde sehen bzw. wahrnehmen kann und Aktivitäten, die für den Kunden verborgen bleiben. Um eine möglichst hohe Kundenzufriedenheit zu erreichen, sollte insbesondere Wert auf die Kunden- und die Onstage-Aktivitäten gelegt werden. Bild 5.36 zeigt einen Ausschnitt des Service-Blueprints für die betrachtete Dienstleistung „Rent a Bike".

Ein Prozess beginnt stets mit einem Start-Ereignis, das festlegt, wer die Inanspruchnahme der Dienstleistung auslöst. Im dargestellten Fall geschieht dies durch den Kunden, der eine Reservierungsanfrage für ein Pedelec per App abschickt. Die entsprechende Aktivität lautet *Pedelec per App reservieren*. Daraufhin findet eine Verfügbarkeitsabfrage beim Anbieter statt. Je nach Ergebnis dieser Abfrage wird eine Fehlermeldung oder eine Reservierungsbestätigung verschickt. Da der Verfügbarkeits-Check in diesem Fall transparent sein soll, handelt es sich um eine Onstage-Aktivität.

Mit Hilfe der Spezifikationstechnik Service Blueprint lassen sich die Ausprägungen eines Dienstleistungsprozesses vollständig und gut nachvollziehbar beschreiben. Aus dem Diagramm wird ein weiteres Partialmodell einer komplexen Marktleistung generiert, das das kohärente System von Partialmodellen – kurz Systemmodell – ergänzt.

Personal

Zur Erbringung einer Dienstleistung sind verschiedene Akteure erforderlich, die die Aktivitäten im Dienstleistungsprozess direkt (Kundenaktivitäten bzw. Onstage-Aktivitäten) oder indirekt (Backstage-Aktivitäten) ausführen. Beispielsweise kann die Aktivität *Pedelec per App reservieren* nur dann vom Kunden durchgeführt werden, wenn die Funktionsfähigkeit der App gewährleistet ist. Um dies sicherzustellen, ist ein IT-Spezialist erforderlich, dem die Pflege, Wartung und Weiterentwicklung der App obliegt.

Die Spezifikation des erforderlichen Personals erfolgt mit Hilfe von **Personalprofilen**. In Bild 5.37 ist das Personalprofil für den IT-Spezialisten dargestellt. Es gliedert sich in die vier Bereiche Tätigkeitsbeschreibung, erforderliche

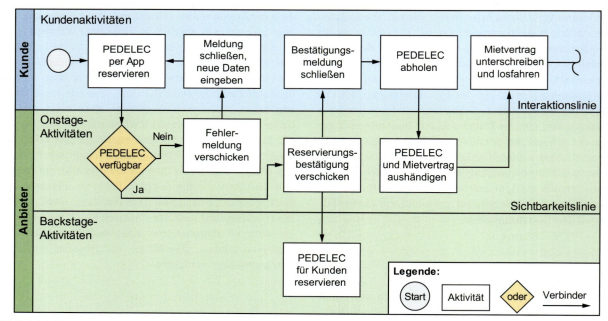

BILD 5.36 Diagramm zur Spezifikation eines Dienstleistungsprozesses (Ausschnitt) nach BITNER ET AL. [BOM07]

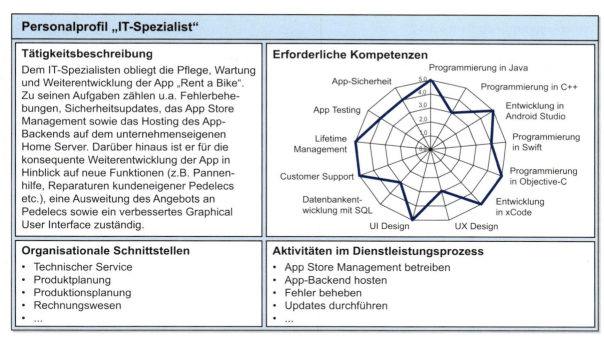

BILD 5.37 Beispiel für ein Personalprofil im Kontext Dienstleistungskonzipierung

Kompetenzen, organisationale Schnittstellen und Aktivitäten im Dienstleistungsprozess. Die Tätigkeitsbeschreibung enthält eine Charakterisierung der wesentlichen Aufgaben. Im Falle des IT-Spezialisten sind dies z. B. Fehlerbehebungen, Sicherheitsupdates, das App Store Management, die konsequente Weiterentwicklung der App in Hinblick auf neue Funktionen (z. B. Pannendienst) und eine Ausweitung des Angebots an Pedelecs in der App. Die erforderlichen Kompetenzen werden über ein Spinnennetz-Diagramm dargestellt. Der IT-Spezialist benötigt beispielsweise sehr gute Kenntnisse in den Programmiersprachen Java und Objective-C sowie in den Entwicklungsumgebungen Android Studio und xCode, um die Pflege, Wartung und Weiterentwicklung der App für die gängigen Betriebssysteme Android (Google) und iOS (Apple) vornehmen zu können. Die Granularität und Anzahl der Kompetenzen kann in Abhängigkeit des Aufgabenumfangs variieren und ist für jedes Personalprofil individuell festzulegen. Unter organisationalen Schnittstellen sind Anknüpfungs- und Berührungspunkte mit anderen Funktionsbereichen des Unternehmens zu verstehen. Die Gestaltung dieser Schnittstellen ist wichtig, damit bei der Erbringung der Dienstleistung keine Komplikationen durch interne Abstimmungsfehler entstehen. So sollte der IT-Spezialist von der Produkt- bzw. Produktionsplanung immer über die geplante Ausweitung des Pedelec-Portfolios für den Verleih informiert werden, damit die Pedelecs auch über die App reserviert werden können. Das Feld Aktivitäten im Dienstleistungsprozess enthält eine Sammlung aller Aktivitäten, an denen das Personal beteiligt ist. Dies erleichtert die Verortung des Personals im Prozess.

Werkzeuge

Neben Personal werden in der Regel auch Werkzeuge zur Erbringung einer Dienstleistung benötigt. Werkzeuge können materielle oder immaterielle Ressourcen sein und werden analog zu den Personalprofilen in **Werkzeugprofilen** beschrieben. Bild 5.38 zeigt das Werkzeugprofil für die App „Rent a Bike". Es enthält die vier Bereiche Beschreibung, Input / Funktion / Output, Schnittstellen zum Personal sowie Skizze.

Die Beschreibung dient zur Erläuterung der Funktionen und Eigenschaften des Werkzeugs. Im Falle der App wird der gesamte Mietvorgang eines Pedelecs IT-technisch unterstützt und abgewickelt – von der Auswahl eines Pedelecs über die Reservierung bis zur Zahlungsabwicklung. Ergänzt wird dies durch eine Beschreibung der Inputs, Funktionen und Outputs des Werkzeuges. Diese Informationen sind wichtig, um eine reibungslose Integration in den Dienstleistungsprozess zu gewährleisten. Das lässt sich am Beispiel der Aktivität *Pedelec per App reservieren* verdeutlichen. Die App „Rent a Bike" wird schwerpunktmäßig dieser Aktivität zugeordnet. Damit die Aktivität optimal durchgeführt werden kann, wird ein bestimmter Input aus den vorigen Aktivitäten benötigt, z. B. Nutzer-

Werkzeugprofil „App Rent a Bike"

Beschreibung

Mithilfe der App „Rent a Bike" wird der gesamte Mietvorgang eines Pedelecs IT-technisch unterstützt und abgewickelt. Sie umfasst u.a. folgende Funktionen: Auswahl eines Pedelecs, Reservierung eines Pedelecs, Routennavigation und Zahlungsabwicklung. Kunden können in der App Nutzerprofile anlegen und mit anderen Nutzern in Verbindung treten. Die App ist für die Betriebssysteme Android (Google) und iOS (Apple) kostenlos verfügbar.

Skizze des Werkzeugs

Input	Funktion	Output
• Nutzerdaten • Reservierungsdaten (Datum, Uhrzeit, Dauer) • Zahlungsdaten • ...	• Pedelec auswählen • Reservierung durchführen • Zum Pedelec navigieren • Zahlung abwickeln • ...	• Reservierungsbestätigung • Route zum Pedelec • Zahlungsbestätigung • ...

Schnittstellen zum Personal
- Kunde
- IT-Spezialist
- Mitarbeiter der Abholstationen
- ...

BILD 5.38 Beispiel für ein Werkzeugprofil im Kontext Dienstleistungskonzipierung

daten, Reservierungsdaten und Zahlungsdaten. Durch die Durchführung der Aktivität wird wiederum ein Output erzeugt, der von kommenden Aktivitäten benötigt wird, beispielsweise eine Reservierungsbestätigung, eine Route zum reservierten Pedelec und eine Zahlungsbestätigung. Das Feld Skizze enthält eine graphische Darstellung des Werkzeugs; im Falle der App ist dies ein Entwurf für die Benutzungsoberfläche. Das Feld Schnittstellen zum Personal beschreibt, welche Akteure das Werkzeug im Dienstleistungsprozess nutzen, da unterschiedliche Nutzergruppen in der Regel unterschiedliche Anforderungen haben. Im Beispiel der App sind dies u. a. der Kunde, der IT-Spezialist und die Mitarbeiter der Abholstation.

5.4.3 Produktionssystemkonzipierung

Die im vorliegenden Buch primär betrachteten Produkte sind gestaltbehaftet. Um diese herzustellen, kommen klassische Fertigungsverfahren wie Umformen und Trennen, aber auch neue wie Additive Fertigung sowie klassische Fügeverfahren zur Anwendung, vgl. auch [DIN8580]. Im Rahmen der Entstehung eines neuen Produktes sind auch die erforderlichen Produktionssysteme zu entwickeln (vgl. auch Kapitel 1.3). Den Startpunkt bildet die Produktionssystemkonzipierung. Die hier zu bearbeitenden Aufgaben sind die Arbeitsablaufplanung, die Arbeitsstättenplanung, die Arbeitsmittelplanung und Produktionslogistik (Schwerpunkt: Materialflussplanung). Da es zwischen diesen Aufgaben Wechselwirkungen gibt, sind diese integrativ zu bearbeiten. Ferner determinieren in der Regel Entscheidungen in der Produkt- und Dienstleistungskonzipierung die Produktionssystemkonzeption und vice versa. Daher ist es erforderlich, diese drei Hauptaufgaben ebenfalls integrativ voranzutreiben. Den Ausgangspunkt für die Konzipierung des Produktionssystems bilden die bereits spezifizierten Produktaspekte Anforderungen, Wirkstruktur und Gestalt. Fertigungsanforderungen werden aus der Anforderungsliste des Produktes gefiltert. Die Wirkstruktur und erste Gestaltinformationen dienen dazu, das Produktkonzept in eine gestaltorientierte Struktur zu überführen [Ste07], [GBK10]. Es handelt sich um eine initiale Baustruktur, die selbstredend im Zuge des Entwurfs und der Ausarbeitung in der Mechanikentwicklung zu konkretisieren ist. An dieser Stelle werden die zu fertigenden Systemelemente der Wirkstruktur, die Module, Bauteile und Baugruppen repräsentieren, identifiziert. Im Folgenden erläutern wir die aspektbezogenen Diagramme der Produktionssystemkonzipierung – Prozesse, Ressourcen und Gestalt. Die entsprechenden Partialmodelle bilden die Basis für die Bearbeitung der vier Aufgaben der Produktionssystementwicklung: Arbeitsablaufplanung, Arbeitsstättenplanung, Arbeitsmittelplanung und Produktionslogistik (Schwerpunkt: Materialflussplanung).

Prozesse

Prozesse beschreiben den Produktionsablauf als eine Folge von Arbeitsvorgängen. Diese beinhalten Fertigungs- und Fügeverfahren sowie Transportvorgänge. Die Prozesse werden durch die zu erfüllenden Funktionen sowie weitere Attribute (Prozessparameter) beschrieben und im Zuge der fortschreitenden Produktentstehung konkretisiert [GBR10]. Für die Erfüllung von Funktionen des Herstellungsprozesses werden Fertigungs- bzw. Fügetechnologien zugewiesen. Als Materialelemente werden Rohstoffe, Zulieferteile und Handelswaren sowie Roh-, Halb- und Fertigfabrikate bezeichnet, die in der Fertigung berücksichtigt werden [GK06]. Dies sind zum einen die zu fertigenden Systemelemente der Wirkstruktur, zum anderen ergeben sich durch Fertigungs- und Fügeprozesse weitere Materialelemente wie Zwischenzustände und Baugruppen.

Prozesse bilden den Kern der Produktionssystemkonzeption. Wechselwirkungen zwischen Produkt und Produktionssystem werden erkannt. Auf dieser Basis können Fertigungsrestriktionen frühzeitig in die Produktentwicklung und Vorgaben aus der Produktkonzeption in die Produktionssystemkonzipierung einfließen. Beispiele sind Richtlinien zur fertigungsgerechten Produktgestaltung oder Leichtbauvorgaben, die sich nur mit Additiver Fertigung erfüllen lassen. Weiterhin bildet dieser Aspekt die Grundlage für die Arbeitsablaufplanung im Zuge der Konkretisierung. Die enthaltenen Informationen können beispielsweise für die Erstellung von Arbeitsplänen oder Stücklisten verwendet werden. Bild 5.39 zeigt einen Ausschnitt der Fertigung des Pedelecs in der Produktionssystemkonzipierung.

Für die Herstellung des Rahmens werden Aluminiumrohre auf Länge konfektioniert, die Lagersitze bearbeitet und anschließend die Rohre verschweißt. Das Zwischenprodukt ist der Rahmen (roh), der im weiteren Verlauf gereinigt und lackiert wird. Parallel zur Rahmenfertigung erfolgen die Lackierung der Gabel, die Radvormontage sowie weitere Arbeitsschritte, die hier nicht abgebildet sind. Die Bauteile und Baugruppen werden anschließend in der Endmontage zum Pedelec zusammengebaut.

Ressourcen

Die Prozesse beschreiben die durchzuführenden Arbeitsschritte betriebsmittelunabhängig. Die Durchführung der einzelnen Prozesse erfordert Ressourcen. Als Ressourcen werden alle benötigten Sachmittel sowie das Personal bezeichnet [DIN69901]. Die Ressourcen werden den Prozes-

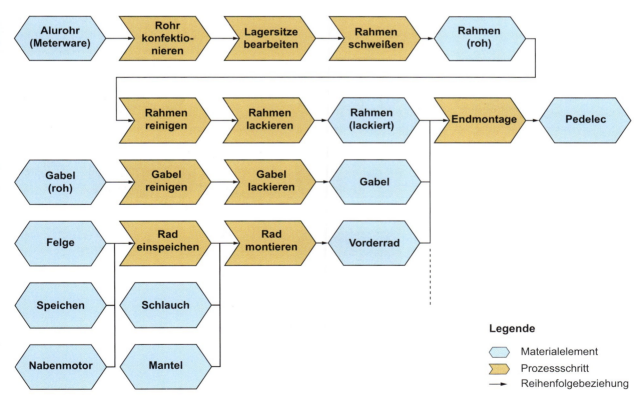

BILD 5.39 Diagramm Prozess zur Herstellung des Pedelecs

sen zugeordnet, wobei es möglich ist, dass eine Ressource mehrere Prozesse ausführt, bzw. dass mehrere Ressourcen einen Prozess ausführen. Die Ressourcen sind durch Materialflüsse miteinander verbunden, die aus der Verkettung der Prozessschritte abgeleitet werden. Den einzelnen Ressourcen sind Parameter und Gestaltinformationen zugeordnet. Die enthaltenen Informationen bilden einen Ausgangspunkt für die Konkretisierung im Rahmen der Arbeitsstätten-, Arbeitsmittel- und Materialflussplanung. Bild 5.40 zeigt einen Ausschnitt der Ressourcen, die für die Fertigung des Pedelecs zum Einsatz kommen.

Die abgebildeten Ressourcen führen die in Bild 5.39 spezifizierten Prozessschritte aus. Die Laserschneidanlage, das CNC-Zentrum und der Schweißautomat werden für die Rahmenfertigung eingesetzt. Die Reinigung und Lackierung von Rahmen und Gabel erfolgen auf den Ressourcen Reinigungsbad und Lackierroboter. Parallel hierzu wird das Vorderrad vormontiert. In diesem Fall wird sowohl das Einspeichen als auch die Montage auf derselben Ressource, dem Montageplatz Rad, ausgeführt. Die abschließende Montage erfolgt in der Ressource Endmontage.

Gestalt

Analog zur Produktentwicklung werden bereits während der Konzipierung des Produktionssystems erste Festlegungen zu seiner Gestalt getroffen, beispielsweise zum Platzbedarf einer Maschine, zum Arbeitsraum einer Handhabungseinrichtung und zu einem Zwischenlager. Die Repräsentation der Gestalt beruht auf 2D-Layouts und zunehmend auf 3D CAD-Modellen. Derartige Informationen finden Eingang in die detaillierte Arbeitsstätten- und Arbeitsmittelplanung.

Mit der Spezifikation der zehn vorgestellten Aspekte und der entsprechenden Partialmodelle ist die Prinziplösung des Gesamtsystems Produkt und Produktionssystem erstmalig erstellt. Die erstellten Partialmodelle ermöglichen erste Analysen von Produkt- und Produktionssystemkonzept, beispielsweise in Hinblick auf Kosten und Zuverlässigkeit, aber auch für die Projektplanung und die Zuweisung von Verantwortlichkeiten. Derartige Analysen bilden eine Grundlage für frühzeitige Entwicklungsentscheidungen von großer Tragweite. Im Zuge der weiteren Konkretisierung bis zum Serienanlauf und Markteintritt bildet das integrierte Modell der Produkt- und Produktionssystemkonzeption, das wir als Systemmodell im Sinne von Systems Engineering bezeichnen, den Dreh- und Angelpunkt zur Konsistenzsicherung aller Partialmodelle der Produktentstehung. Für den Fall, dass eine Kombination von Produkt (Sachleistung) und Dienstleistung vorliegt, ist das Systemmodell selbstredend um die Partialmodelle der Dienstleistungsentwicklung zu erweitern. Um den Anspruch der Konsistenzsicherung zu erfüllen, muss das Systemmodell stets aktuell gehalten werden.

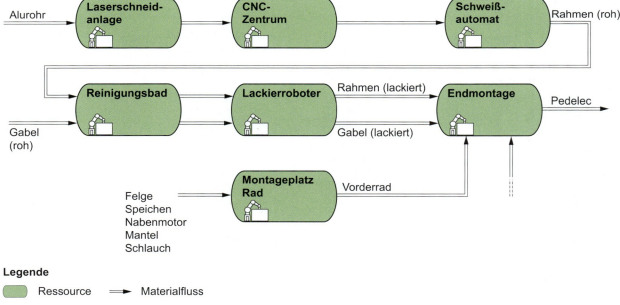

BILD 5.40 Diagramm Ressourcen (Ausschnitt) zur Fertigung des Pedelecs

5.5 Analysen auf Basis des Systemmodells

Das Systemmodell bildet die wesentliche Grundlage des Systementwicklers. Es stellt den Aufbau und die Funktionsweise des Systems umfassend dar und ermöglicht entlang der Entwicklung Aussagen über dessen Leistungsfähigkeit und Eigenschaften. Dazu beinhaltet es einfache parametrische Abhängigkeiten und integriert Daten aus spezifischen Auslegungs- und Simulationsmodellen einzelner Fachdisziplinen. Es bietet so die Möglichkeit, relevante Entwurfsaspekte zu einem frühen Zeitpunkt zu beurteilen und Weichenstellungen nicht allein durch das Bauchgefühl erfahrener Experten zu treffen, sondern so weit wie möglich und wirtschaftlich sinnvoll auf Basis von Berechnung und Simulation. In den folgenden Unterkapiteln zeigen wir, wie für typische Entwurfsaspekte bereits frühzeitig auf Basis des Systemmodells Beurteilungen vorgenommen werden können.

5.5.1 Analyseaspekte in frühen Entwicklungsphasen

Das Spektrum der Anforderungen an ein technisches System ist groß. Die verschiedenen Stakeholder bringen technische und wirtschaftliche Anforderungen an die Entwicklung, die Produktion, den Betrieb und die Wartung sowie die spätere Entsorgung des Systems ein. All diese Anforderungen sind in der Lösung auszubalancieren. Dementsprechend treten über den Entwicklungsverlauf immer wieder Fragestellungen auf, die durch Analysen des Systemmodells zu klären sind.

Bild 5.41 zeigt eine Auswahl an Entwurfsaspekten und ihre Herkunft aus den Lebenszyklusphasen eines technischen Systems. In Konzept und Entwicklung sind vor allem Fragestellungen der Projektplanung und -organisation von Bedeutung sowie Vorgaben zur Wieder- und Mehrfachverwendung, z. B. von vorhandenen Lösungen. In den späteren Lebenszyklusphasen kommen weitere Aspekte hinzu: Fertigbarkeit, Testbarkeit, Ergonomie, Umweltbelastungen, Wartbarkeit und Kosten. All diese Aspekte sollten bereits in der Konzeptphase berücksichtigt werden, um wichtige Weichenstellungen für die folgende Entwicklung möglichst frühzeitig vornehmen zu können. Dies gilt insbesondere auch für die folgenden drei Aufgabenstellungen.

Beurteilung der Systemeigenschaften und Anforderungserfüllung: Gerade zu Beginn der Entwicklung ist die Erreichbarkeit der Anforderungen oftmals nicht sichergestellt. Der Systementwickler nutzt das Systemmodell zur Beantwortung von Fragen der Art: Wird das System die wesentlichen funktionalen und nicht-funktionalen Anforderungen erfüllen können? Wird beispielsweise der Durchsatz einer Maschine bei geforderter Energieeffizienz möglich sein? Es geht dabei wie in Kapitel 5.2 gezeigt in der Regel um Eigenschaften des Gesamtsystems, die sich erst aus dessen Aufbau und der Definition der einzelnen Bestandteile ergeben.

Bestandteile des Systems Engineerings		Systemlebenszyklus			
		Konzept & Entwicklung	Produktion	Betrieb & Wartung	Entsorgung
	System	• Wieder- / Mehrfachverwendung	• Fertigung / Montage • Ergonomie • Testbarkeit / Kontrollierbarkeit • Logistik- / Transportgerecht • Umweltbelastung • Herstellungs- / Inbetriebnahmekosten	• Leistung • Beanspruchungen • Ergonomie • Interoperabilität • Zuverlässigkeit / Verfügbarkeit • Wartbarkeit • Sicherheit • Systemschutz • Schulungsbedarf • Umweltbelastung • Betriebs- / Wartungskosten	• Recyclinggerecht • Umweltbelastung • Entsorgungskosten
	Projekt	• Entwicklungskosten • Projektorganisation • Make-or-Buy • Zeitplan			

BILD 5.41 Herkunft von Entwurfsaspekten aus dem Systemlebenszyklus

Vergleich alternativer Lösungen: Der Lösungsraum bietet Alternativen, die es abzuwägen gilt. Der Systementwickler nutzt das Systemmodell zur Beantwortung von Fragen wie: Welcher Lösungsweg ist der bessere? Welche Vor- und Nachteile haben technische Alternativen? Schritt für Schritt wird der Lösungsraum eingeengt, indem Entscheidungen zum technischen Design getroffen werden. Dies ist jedes Mal ein „Trade-off" zwischen mehreren Eigenschaften wie Modularität, Kosten, Wartbarkeit etc. Die Transparenz hierüber stellt das Systemmodell her.

Analyse der Auswirkungen von Änderungen: Die Bedürfnisse bzw. Anforderungen der Anwender und weiterer Stakeholder sowie die Randbedingungen und Restriktionen technischer Lösungsentscheidungen können sich über den Entwicklungsverlauf ändern. Im Systems Engineering ergeben sich daher Fragen der Art: Welche Auswirkungen auf die Anforderungserfüllung haben denkbare bzw. vorhersehbare Änderungen? Sind die Anforderungen dann noch immer erreichbar? Welche Folgeänderungen ziehen Änderungen nach sich? Entsprechende Auswirkungsanalysen können auf Basis des Systemmodells erfolgen.

Im Folgenden beschreiben wir Beispiele für die genannten Analysen, bei denen die Anforderungserfüllung eines technischen Konzepts im Einzelfall, im Vergleich mit anderen Konzepten oder im Fall von Änderungen betrachtet wird.

5.5.2 Modularisierung

Die Modularisierung ist ein grundlegendes Entwurfsprinzip, das auf der Basis des Systemmodells unterstützt werden kann. Vor allem über die Wirkstruktur des Systemmodells lassen sich Schnittstellen zwischen Systemelementen sehr gut analysieren und optimale Systemschnitte ermitteln, die die Abhängigkeiten zwischen Systemelementen möglichst in Teilsysteme (Module) kapseln und zwischen den Teilsystemen möglichst wenige Abhängigkeiten zulassen. Dies fördert eine höhere Wiederverwendung von Teilsystemen und die Flexibilisierung für absehbare Technologieinnovationen. Treiber der Modularisierung sind dabei viele der in Kapitel 5.5.1 genannten Entwurfsaspekte. Einen guten Überblick über Methoden der Modularisierung liefern KRAUSE und GEBHARDT [KG18]. Besonders relevante Methoden sind aus unserer Sicht die Module Indication Matrix nach ERIXON [Eri98], die eine Produktstrukturierung aufgrund der Eigenschaften einzelner Systemelemente unterstützt, und die Design Structure Matrix (DSM) nach EPPINGER [Epp91], mit der räumliche Abhängigkeiten und Flussbeziehungen zwischen Systemelementen betrachtet werden können. In beiden Fällen handelt es sich um matrixbasierte Ansätze, die insbesondere zur Beschreibung und Analyse von komplexen technischen Systemen und den zugehörigen Entwicklungsprozessen zum Einsatz kommen [LMB09], [EB12].

Bei der **Module Indication Matrix** werden die Systemelemente vor dem Hintergrund von modultreibenden Eigenschaften bewertet. So werden Systemelemente mit ähnlichen Eigenschaften identifiziert, die möglichst in Modulen zusammengefasst werden sollten. Diese Informationen können den Systemelementen als Attribute des Systemmodells zugeordnet werden, so dass sie für die Analyse zur Verfügung stehen. Beispielsweise lassen sich die Systemelemente, die einer höheren technologischen Dynamik unterliegen als andere (z. B. Entertainment und Kommunikationssysteme im Auto), so bündeln, dass sie mit geringerem Aufwand über den Lebenszyklus aktualisiert werden können.

Bei der **Design Structure Matrix** werden die Systemelemente in einer Matrix in Zeilen und Spalten aufgetragen. In den Zellen werden die jeweils zwischen zwei Systemelementen vorhandenen Flussbeziehungen eingetragen. In einem Strukturierungsschritt werden stark interdependente Systemelemente ermittelt, die Kandidaten für die Bildung von Modulen sind. Die Beziehungen oder Abhängigkeiten lassen sich gemäß Bild 5.42 nach räumlichen Abhängigkeiten sowie nach Energie-, Informations- und Stoffflüssen differenzieren. Alle notwendigen Daten sind im Systemmodell bereits entsprechend klassifiziert vorhanden. Sie können damit ohne Weiteres in der DSM genutzt werden. Das Beispiel zeigt eine Klimaanlage. Ausgehend von der Liste ihrer Systemelemente (Zeilen und Spalten von A bis P) sowie ihrer Beziehungen wurden im Strukturierungsschritt die Zeilen- und Spaltenreihenfolgen gleichgerichtet so getauscht, dass die Zellen mit Beziehungseinträgen sich weitgehend entlang der Diagonalen konzentrieren. Cluster von stark abhängigen Systemelementen werden sichtbar. So ergeben sich die dargestellten Module, die sich beispielsweise unter Berücksichtigung weniger Schnittstellen in parallelen Teams entwickeln lassen.

In dem genannten Strukturierungsschritt werden die Abhängigkeiten – also die 4 Einträge in den Zellen – genutzt. Diese widersprechen sich häufig. Für die Ermittlung der Module ergeben sich daher im Wesentlichen zwei unterschiedliche Strategien: die gestaltorientierte (bauraumorientierte) Strukturierung und die funktionsorientierte Strukturierung. Die gestaltorientierte Struktur priorisiert die räumlichen Abhängigkeiten und unterstützt die Fertigung und Montage dadurch, dass unabhängige Module vormontiert werden können. Ein Beispiel ist das Frontmodul eines Fahrzeugs, in dem Strukturteile, Scheinwerfer und Verkleidungselemente zusamengefasst sind. Die

5.5 Analysen auf Basis des Systemmodells

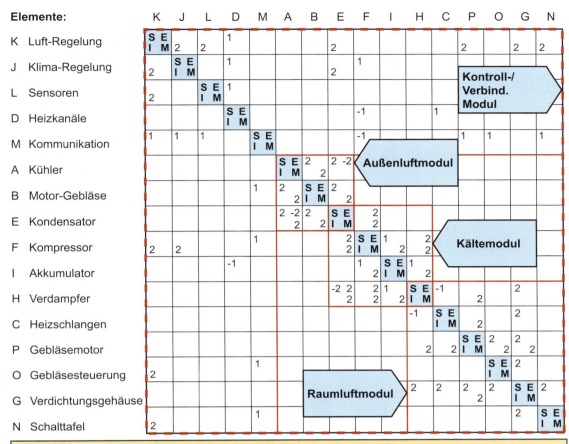

Die Systemelemente der Klimaanlage sind mit allen relevanten Abhängigkeiten aufgeführt. Die Strukturierung ergibt vier Module. Dies sind zunächst Außenluftmodul, Raumluftmodul und Kältemodul. Zwischen ihnen bestehen relativ wenige Verbindungen, lediglich die Systemelemente E (Kondensator) und H (Verdampfer) dienen als Brückenelemente. Hinzu kommt das Kontroll- und Verbindungsmodul (gesamte Matrix).

Legende:
- S: Räumliche Verbindung (spatial)
- E: Energiefluss
- I: Informationsfluss
- M: Stofffluss

- +2: Starke Verbindung notwendig
- +1: Verbindung wünschenswert
- 0: Keine Beeinflussung
- -1: Negative Wechselwirkung
- -2: Verbindung vermeiden

BILD 5.42 Anwendung der Design Structure Matrix zur Produktmodularisierung nach EPPINGER ET AL. [EWS+94]

funktionsorientierte Struktur betrachtet primär die Flussbeziehungen der Systemelemente. Dadurch ergeben sich Module, die gemeinsam funktionale Umfänge realisieren, wie ein Fahrerassistenzsystem mit im Fahrzeug verteilter Sensorik, Informationsverarbeitung und Aktorik.

In der Praxis haben beide Sichten ihre Berechtigung; je nach System und Rahmenbedingungen ist die eine oder die andere führend. Bild 5.43 stellt den Zusammenhang von Systemmodell und DSM-Ergebnis dar. Im Hintergrund ist eine CONSENS Wirksstruktur (vgl. Kapitel 5.4) und

farblich überlagert die per DSM gebildeten Module aus gestaltorientierter Sicht zu sehen. Es handelt sich um ein autonom fahrendes Shuttle der *Neuen Bahntechnik Paderborn / Railcab* [GRS14].

Kombiniert man die beiden Strukturierungsstrategien, ergibt sich die in Bild 5.44 dargestellte Erzeugnisgliederung, die aus Gestalt- und Funktionssicht geschnittene Umfänge beinhaltet, die im Folgenden von Teams parallel entwickelt und integriert werden können.

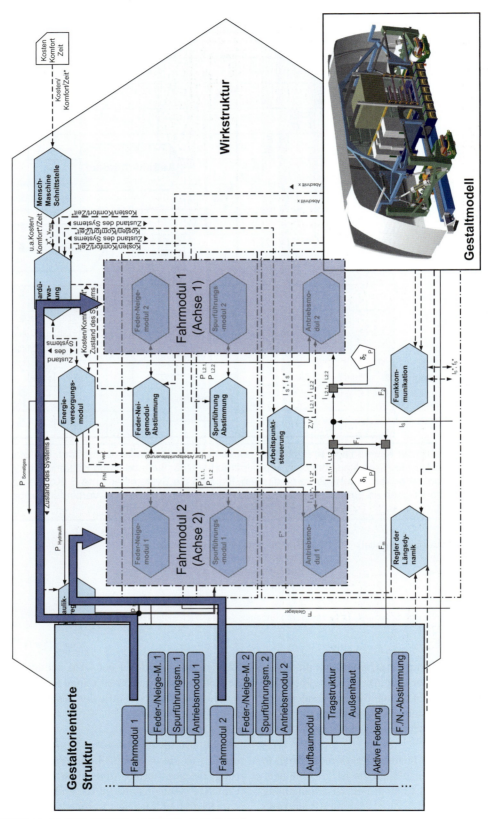

BILD 5.43 Verbindung von Systemmodell und DSM-Ergebnis [Ste07]

5.5 Analysen auf Basis des Systemmodells

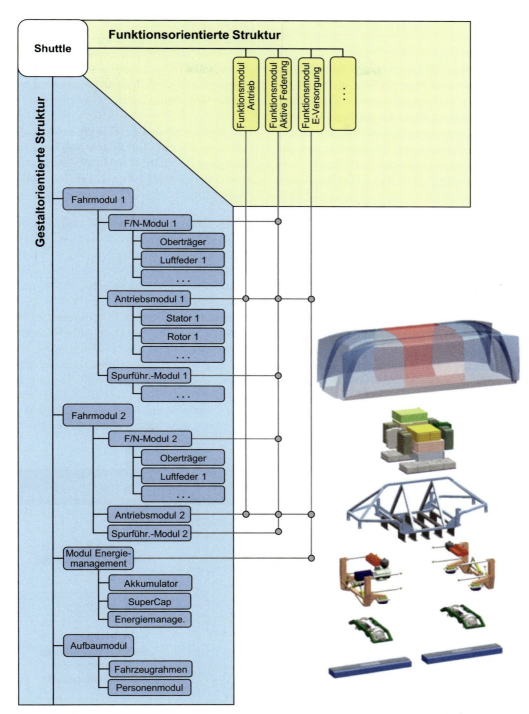

BILD 5.44 Kombinierte Erzeugnisgliederung aus Gestalt- und Funktionalität-getrieben definierten Modulen [Ste07]

5.5.3 Analyse der Leistungsfähigkeit von Systemen

Mit den Anforderungen werden Ziele für die Leistungsfähigkeit eines Systems definiert. Sie sind die Messlatte, an der das technische Konzept im Zuge der Entwicklung beurteilt wird. Dies erfolgt ebenfalls auf Basis von digitalen Modellen. Beispielsweise lassen sich spezifische Eigenschaften eines Systems wie das Gewicht aus den 3D CAD-Modellen seiner mechanischen Bauteile, sein aerodynamisches Strömungsverhalten über CFD-Simulationen oder sein Bewegungsverhalten über FEM-Simulationen bestimmen und gegen die Anforderungen spiegeln. Das geschieht in der Praxis mit Hilfe von dedizierten Modellen und zahlreichen Entwurfs- und Analyse-Tools. Was dagegen in der Regel nicht vorhanden ist und erstmals durch ein Systemmodell ermöglicht wird, ist die Herstellung eines Gesamtzusammenhangs der Parameter eines Systems über verschiedene Systemebenen (Gesamtsystem, Teilsystem etc.). Hierdurch werden technische Entscheidungen über den Aufbau des Systems mit ihren Auswirkungen auf allen Systemebenen beurteilbar. Ein einfaches Beispiel ist das bereits genannte Systemgewicht. Es lässt sich bereits früh als Summe der Gewichte aller Systemelemente bestimmen. Über Berechnungsmodelle können aber auch Paramter auf der oberen Systemebene anhand von Parametern einzelner Systemelemente bestimmt werden: Das Gesamtgewicht fließt in Verbindung mit angenommenen Leistungswerten des Antriebs und der Batteriekapazität z.B. in eine überschlägige Berechnung der Reichweite ein. Mit zunehmender Konkretisierung des Systementwurfs und somit wachsender Genauigkeit der Eingangswerte steigt dementsprechend auch die Genauigkeit der Berechnung auf der Systemebene.

Im Systems Engineering wird die Leistungsfähigkeit von Systemen mit Hilfe von Kennzahlen beschrieben. In Abhängigkeit der unterschiedlichen Ebenen eines Systems werden die folgenden Kennzahlen unterschieden [RJ05], [INC10] (Bild 5.45):

- **Wirksamkeitskennzahlen – Measures of Effectiveness (MoE):** Es handelt sich um Messgrößen für wichtige Parameter, die insbesondere aus Kundensicht für die Zufriedenheit entscheidend sind. Beim Auto sind dies zum Beispiel Beschleunigung, Verbrauch, Reichweite und Betriebskosten.
- **Leistungskennzahlen – Measures of Performance (MoP):** Sie beruhen auf technischen Anforderungen auf Systemebene und beschreiben, wie die Wirksamkeitskennzahlen erreicht werden. Am Beispiel Auto sind dies beispielsweise die Antriebsleistung, das Gewicht, die Treibstoffmenge, aber auch Reaktionszeiten, z.B. zur Initialisierung des Navigationssystems. Sie sind in der Regel nicht mehr unabhängig von gewählten technischen Lösungen.

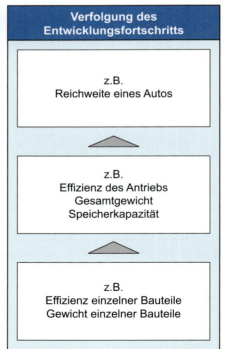

BILD 5.45 Kennzahlen auf unterschiedlichen Systemebenen

- **Technische Leistungskennzahlen – Technical Performance Measures (TPM):** Sie brechen die Leistungskennzahlen über die Systemhierarchie entsprechend der Anforderungen an einzelne Subsysteme oder Systemelemente herunter, z. B. die Übersetzung sowie Antriebs- und Abtriebsmomente des Getriebes oder Datenübertragungsraten eines Bus-Systems.

Die beschriebene Beurteilung des Systemverhaltens und der damit mögliche modellbasierte Vergleich von technischen Alternativen erfolgt zeitpunktbezogen. Das hilft bei Entscheidungen. Für die Steuerung des Entwicklungsprojekts ist jedoch auch eine Betrachtung über den Zeitverlauf wichtig, um kontinuierlich zu beurteilen, ob bestehende Leistungslücken geschlossen werden können oder weitere Maßnahmen ergriffen werden müssen. Im Rahmen eines Entwicklungsprojektes werden daher Kennzahlen mit entsprechenden Zielwerten definiert, die die Verfolgung des Entwicklungsfortschritts auf unterschiedlichen Systemebenen ermöglichen. Bild 5.46 zeigt dies für das Systemgewicht. Dabei wird dessen aktueller Ist-Wert im Vergleich zum Zielgewicht dargestellt. Abweichungen zeigen weiteren Handlungsbedarf in der Entwicklung auf. Veränderungen des Zielgewichts resultieren beispielsweise daraus, dass andere Leistungswerte nicht erreicht und durch ein geringeres Gewicht kompensiert werden müssen. Auf diese Weise wird sichergestellt, dass der Korridor der realisierten Eigenschaften sukzessive auf den Zielwert eingeengt wird.

Selbstredend ist das Systemgewicht ein Beispiel für eine vergleichsweise einfache Berechnung einer Kennzahl. In der Regel resultieren insbesondere die Kennzahlen auf höheren Systemebenen aus aufwändigeren und komplexeren Berechnungen. Im Systemmodell ist es möglich, entsprechende Formeln für den Zusammenhang von Kennzahlen auf den verschiedenen Systemebenen zu hinterlegen. Sie können zu Beginn mit Annahmen und Abschätzungen belegt sein und mit steigender Verfeinerung durch genauere Simulationswerte aus den üblichen Analyse-Tools ersetzt werden. Durch die Verbindung des Systemmodells mit verbreiteten Analysewerkzeugen wie Dymola und Matlab ergibt sich somit die Möglichkeit, die Ergebnisse aus spezifischen Analysen auf Teilsystemebene in einen Zusammenhang auf Gesamtsystemebene zu setzen.

BILD 5.46 Beispiel für das Tracking des Gewichts über den Entwicklungsverlauf

5.5.4 Zuverlässigkeitsanalysen

Ziel von Zuverlässigkeitsanalysen ist, den Entwickler bei der Prognose der Zuverlässigkeit eines Systems sowie der Identifikation von Schwachstellen zu unterstützen, um diese nachfolgend zu beseitigen [BGJ+09]. Über den Produktentstehungsprozess hinweg kommen dabei eine Vielzahl an Methoden zum Einsatz, die sich grob in qualitative und quantitative Ansätze gliedern lassen. Qualitative Analysen ermöglichen das Ermitteln von Ausfallmöglichkeiten sowie die Klassifizierung und qualitative Bewertung der zugehörigen Ursache-Wirkungsketten. Zu den bekanntesten qualitativen Analysen gehören die FMEA (Failure Mode and Effect Analysis; Fehlzustandsart- und -auswirkungsanalyse) und die FTA (Fault Tree Analysis, Fehlerbaumanalyse) [BGJ+09]. Quantitative Methoden sind eng verknüpft mit Verfahren aus der Statistik und der Wahrscheinlichkeitsrechnung. Beispielsweise werden Lebensdauerversuche oder Schadenstatistiken genutzt, um Ausfälle zu quantifizieren [BGJ+09]. Insbesondere in der frühen Phase der Systementwicklung bietet das Systemmodell einen idealen Ausgangspunkt, um erste, qualitative Zuverlässigkeitsanalysen für das Gesamtsystem durchzuführen. Nachfolgend wird stellvertretend die etablierte FMEA vorgestellt, um ein tiefergehendes Verständnis für qualitative Ansätze und deren Zusammenspiel mit dem Systemmodell zu vermitteln.

Die FMEA wird typischerweise in interdisziplinären Workshops mit Fachexperten durchgeführt. Ziel ist die Identifikation aller möglichen Ausfallarten im System oder den Teilsystemen. Zudem werden die Ausfallursachen sowie Ausfallfolgen ermittelt. Mögliche Ausfallarten adressieren beispielsweise folgende abstrakte Fehler: Funktion wird nicht ausgeführt, Funktion wird nicht korrekt ausgeführt, Funktion wird nicht zum richtigen Zeitpunkt ausgeführt oder Funktion verursacht inkorrektes Verhalten. Basierend auf den Ergebnissen der Arten, Ursachen und Folgen wird die sogenannte Risikoprioritätszahl (RPZ) bestimmt (repräsentiert durch Auftretenswahrscheinlichkeit, Entdeckungswahrscheinlichkeit und Schwere des Fehlers). Im nachfolgenden Schritt werden Möglichkeiten zur Verbesserung des Systems bestimmt. Die Ergebnisse der Analyse werden in einem entsprechenden FMEA-Formblatt dokumentiert [BGJ+09], [Eri05].

Am Beispiel eines Servozylinders eines Fahrwerkmoduls des Railcabs wird mit Hilfe von Bild 5.47 verdeutlicht, wie das Systemmodell die Erstellung einer FMEA unterstützen kann [Dor15]. Auf Basis der Partialmodelle Funktionshierarchie, Wirkstruktur und Verhaltensmodelle werden die Systemelemente sowie die dazugehörigen Funktionen identifiziert und in das FMEA-Formblatt eingetragen. Für jede der Funktionen werden Ausfallmöglichkeiten, Ausfallwirkungen sowie Ausfallursachen identifiziert. Diesen werden Verbesserungsmaßnahmen zugeordnet. Durch die Analyse der Wirkstruktur und der Verhaltensmodelle können die Ausfallauswirkungen bestimmt werden. Bild 5.47 zeigt die Ergebnisse im Auszug. So wurde zum Beispiel die Ausfallmöglichkeit *Regelung Hydraulikventil gibt keine Schaltstellung Y_{Ventil} für das 4/4-Wege-Ventil* identifiziert. Eine mögliche Ausfallursache ist eine Unterbrechung der Energieversorgung des Systemelements *Regelung Hydraulikventil*. Eine entsprechende Verbesserungsmaßnahme ist die Überwachung der Energieversorgung.

Die Vorteile der engen Verknüpfung von Systemmodell und FMEA liegen auf der Hand. Durch die Abbildung der Systemelemente und der zugehörigen Funktionen sind die FMEA-Formblätter bereits vorausgefüllt. Alle Änderungen im Systementwurf werden immer auch sofort in der FMEA sichtbar. Zudem können einmal erarbeitete FMEA-Informationen zumindest teilweise wiederverwendet werden, indem Systemelemente zusammen mit ihren Fehlerinformationen und spezifischen Wirkketten in Bibliotheken organisiert werden. Dies steigert sowohl die Effizienz als auch die Konsistenz bei der Erstellung der FMEA [Dor15], [BH15].

5.5.5 Kosten- und Wertanalyse

Ein wesentlicher Teil der Herstellkosten eines Produktes wird in den frühen Phasen der Produktentstehung festgelegt. Dies erfordert eine Integration der Kostenbetrachtung in die Entwicklungsarbeit [BHL07]. Hier setzen Methoden und Ansätze des strategischen Kostenmanagements an. Dabei wird die Kostenentwicklung (Kostenniveau, Kostenverlauf und Kostenstruktur) eines Unternehmens zukunftsorientiert und nachhaltig gesteuert sowie gestaltet [Zel08]. Etablierte Methoden sind das Target Costing, Wertanalyse, ABC-Analyse, Kostenschätzungen, Vorkalkulationen, Benchmark oder die Prozesskostenrechnung [BHL07]. So hat zum Beispiel die Wertanalyse zum Ziel, durch einen systematischen und kreativen Ansatz eine Wertsteigerung des Untersuchungsobjektes herbeizuführen [VDI2800], [EKL14]. Das Untersuchungsobjekt kann dabei sowohl ein zu entwickelndes als auch ein bereits existierendes Produkt sein. Unter dem Wert des Untersuchungsobjekts wird dabei das Verhältnis vom Beitrag einer Funktion zur Befriedung der Nutzerbedürfnisse zu den eingesetzten Ressourcen verstanden [DIN1325-1]. In diesem Zusammenhang lässt sich ein gemeinsames Kernmerkmal aller Methoden des strategischen Kostenmanagements beobachten. Es wird keine einseitige Be-

5.5 Analysen auf Basis des Systemmodells

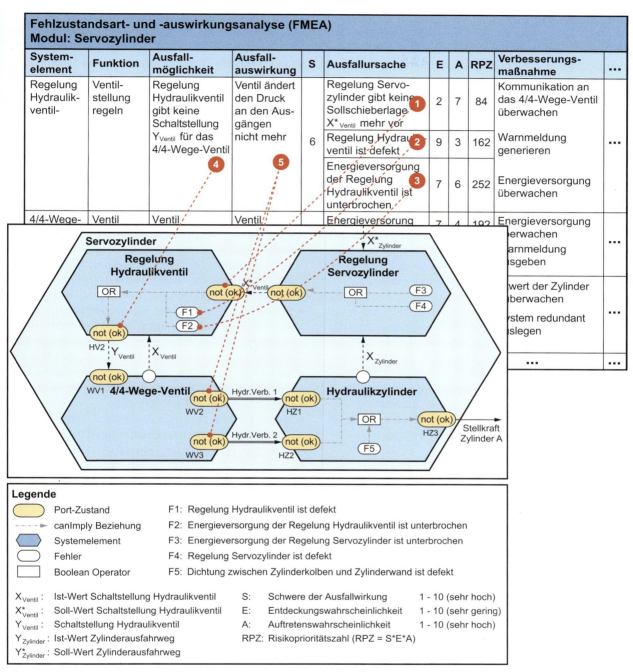

BILD 5.47 FMEA eines Servozylinders auf Basis eines Systemmodells [Dor15]

trachtung der Kosten vorgenommen, vielmehr steht der Zusammenhang der Kosten und dem damit ermöglichten Nutzen im Fokus [Zel08].

Das Systemmodell ist geeignet, die genannten Methoden zu unterstützen. Dies wird am Beispiel einer Kosten- und Wertanalyse eines modularen Postsystems verdeutlicht. Ziel sind Aussagen über die Rolle einzelner Systemelemente innerhalb des Produktes. Dabei wird in Anlehnung an die Wertanalyse nach VDI 2800 ein **Komplexitäts-Funktionalitäts-Portfolio** erstellt (Bild 5.48). Zentrale Fragestellungen sind: a) Wie hoch ist die Bedeutung der Funktionen? und b) Inwiefern sind die dazugehörigen Systemelemente komplexitäts- und damit aufwandstreibend? Alle dafür benötigten Informationen stammen aus dem Systemmodell.

5 Konzipierung - Fachgebietsübergreifende Spezifikation von Produkten, Dienstleistungen und Produktionssystemen

Ausgehend vom bestehenden Systemmodell des modularen Postsystems werden die relevanten Systemelemente identifiziert und hinsichtlich ihres Beitrags zur Funktionalität sowie zur Komplexität des Produktes bewertet. Dies beruht auf den Partialmodellen Funktionshierarchie und Wirkstruktur des Systemmodells.

Zur Bewertung des Beitrags zur Produktfunktionalität der einzelnen Systemelemente wird auf die Funktionshierarchie des Systemmodells zurückgegriffen. In interdisziplinären Workshops wird die Bedeutsamkeit der einzelnen Funktionen für den Kunden bewertet. Wesentliches Hilfmittel ist die transparente Darstellung der Funktionen und ihrer Zusammenhänge. In einem weiteren Schritt ist zu bewerten, inwieweit die betrachteten Sytemelemente zur Erfüllung der einzelnen Funktionen beitragen (z. B.: Hat das Systemelement *Multitouch Display* einen hohen Anteil an der Erfüllung der Funktion *Enable User Interaction*?).

Zur Identifikation von Komplexitätstreibern wird auf drei Kriterien zurückgegriffen: der Vernetzungsgrad des Systemelements (Anzahl der Schnittstellen zu weiteren Systemelementen), die Elementart (z. B. Anzahl verschiedener beteiligter Fachdisziplinen) sowie die „Beanspruchung" des Systemelements. Je höher dieser Wert, desto mehr wird das Element benötigt, um die Systemfunktionalität zu gewährleisten. Wesentliche Informationsquelle ist dabei die Wirkstruktur.

Auf Grundlage dieser Bewertungen ergibt sich die Einordnung der Systemelemente in das Portfolio gemäß Bild 5.48:

- **Lucky Strikes:** Der Beitrag des Systemelements zur Produktfunktionalität ist hoch, gleichzeitig ist das Systemelement kein wesentlicher Komplexitätstreiber. Die weitere Verbesserung dieser Systemelemente ist möglich, in der Regel jedoch extrem aufwendig. Dementsprechend sollte dies mit niedriger Priorität verfolgt werden. Ein Beispiel für diese Klasse von Systemelementen ist der *Proximity Sensor*.
- **Stars:** Der Beitrag des Systemelements sowohl zur Funktionalität als auch zur Komplexität des Produkts ist hoch. Es ist daher im Einzelfall zu prüfen, ob eine Verbesserung des Beitrags zur Funktionalität oder eine Senkung der mit dem Systemmodell verbundenen Komplexität möglich ist. Entsprechende Aktivitäten sollten mit hoher Priorität verfolgt werden. Dies gilt z. B. für den *Stamp Printer*.
- **Standards**: Der Beitrag des Systemelements sowohl zur Funktionalität als auch zur Komplexität des Produkts ist gering. Im Einzelfall ist zu prüfen, ob ein Systemelement entfallen kann, wenn der Beitrag zur Funktionalität sehr gering ist. Dem sollte eine vergleichsweise niedrige Priorität zugeordnet werden. Das *Multitouch Display* fällt u. a. in diese Kategorie.
- **Money Burner:** Derartig klassifizierte Systemelemente sind Komplexitätstreiber, gleichzeitig ist der Beitrag zur

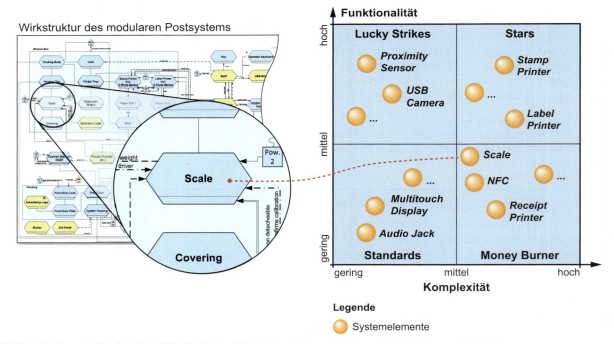

BILD 5.48 Komplexitäts-Funktionalitäts-Portfolio auf Basis eines Systemmodells am Beispiel eines modularen Postsystems

Produktfunktionalität gering. Sofern die mit dem Systemelement einhergehende Komplexität nicht gesenkt werden kann, ist zu prüfen, ob ein Verzicht dieser Systemelemente möglich ist. Dies ist mit hoher Priorität zu prüfen. Dies trifft beispielsweise auf das Systemelement *Receipt Printer* zu.

Weitere Fragestellungen, die im Rahmen der Wertanalyse beantwortet werden können, sind der Einfluss von zusätzlichen Anforderungen auf die bisherigen Kosten, der Einfluss von Anforderungsvolatilität und -unsicherheit oder der Einfluss eines reduzierten Funktionsumfangs. Damit ist die Wertanalyse ein wesentliches Instrument der Systementwicklung und profitiert sehr von den Systemmodell-Daten.

5.5.6 Projektplanung und -steuerung

Das Systemmodell lässt sich nicht nur für die Systemgestaltung, sondern auch für das Projektmanagement und hier insbesondere für die Projektplanung und -steuerung einsetzen. Eine der Hauptaufgaben der Projektplanung ist die Erarbeitung des Projektstrukturplans. Dieser gliedert das Projekt in Teilaufgaben und Arbeitspakete, die sowohl Ausgangspunkt für die Termin-, Ressourcen- und Kostenplanung sind als auch Bezugspunkt für die Projektüberwachung und -steuerung. Bei der Strukturierung des Projekts werden drei Gliederungsprinzipien unterschieden, die in der Praxis gerade bei komplexen Entwicklungsprojekten häufig als Mischformen angewendet werden [Bur02]:

- **Funktionsorientiert:** Gliederung nach organisatorischer Zuständigkeit bzw. Entwicklungsfunktionen (z. B. Konstruktion, Elektronikentwurf, Musterbau).
- **Zeitorientiert:** Gliederung entlang einzelner Phasen des Entwicklungsprozesses (z. B. Konzipierung, Entwurf).
- **Objektorientiert:** Gliederung entlang der Struktur des zu entwickelnden Systems (z. B. Sub-Systeme, Baugruppen).

Eine der zentralen Eingangsinformationen für den Projektstrukturplan ist die Struktur des zu entwickelnden Systems, die sich dem Systemmodell entnehmen lässt. Hier sind die wesentlichen Systemelemente sowie deren Schnittstellen und Wechselwirkungen beschrieben. Aus Systemelementen folgen Entwicklungsaktivitäten und Zuständigkeiten; Systemschnittstellen deuten auf notwendige Synchronisations- und Kommunikationspunkte im Projekt hin. Wie diese Informationen einfach und effizient für die Projektplanung und -steuerung genutzt werden können, zeigt das Beispiel der sogenannten Abgleich-Matrix (Alignment-Matrix) nach Sosa et al. [SER07].

Die Abgleich-Matrix dient der Koordination von Entwicklungsteams. Sie hilft Projektmanagern bei der Planung und Überwachung der Kommunikationswege im Projekt, die aus traditionellen Organigrammen nicht hervorgehen. Die Grundidee ist, dass überall dort, wo eine Systemschnittstelle besteht, kommuniziert werden muss, und überall dort, wo Kommunikationsbedarf herrscht, eine Schnittstelle zu erwarten ist. Bild 5.49 veranschaulicht dieses Konzept.

Zunächst werden die im Systemmodell beschriebenen, technischen Schnittstellen in eine Schnittstellen-Matrix überführt. Da es sich um eine einfache Matrixdarstellung handelt, kann dies problemlos mit Hilfe eines Software-Werkzeugs automatisiert werden. Als nächstes wird in einer Team-Interaktionsmatrix dokumentiert, welche technischen Informationen die Entwicklungsteams erwarten, bekommen oder auch bekommen haben. Durch den Abgleich der beiden Matrizen werden nun funktionierende sowie bisher ignorierte bzw. unentdeckte Schnittstellen identifiziert. Nun können entsprechende Maßnahmen zur Verbesserung der Kommunikation ergriffen werden. Umgekehrt können über die Team-Interaktionsmatrix auch klare Verantwortlichkeiten für die Entwicklung der Systemelemente zugeordnet werden. Das Systemmodell ist somit auch eine Grundlage für die Gestaltung der Kommunikation und Kooperation aller beteiligten Entwickler und bietet im Vergleich zum einfachen Organigramm eine klarere Dokumentation der Zuständigkeiten und Aufgabenbereiche im Projekt.

5 Konzipierung - Fachgebietsübergreifende Spezifikation von Produkten, Dienstleistungen und Produktionssystemen

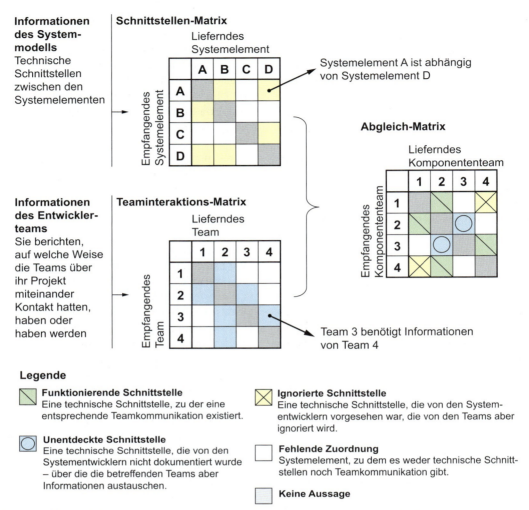

BILD 5.49 Abgleich-Matrix (Alignment Matrix) zur Identifikation von Kommunikationsproblemen [SER07]

Literatur zum Kapitel 5

[AC10] AURICH, J. C.; CLEMENT; M. H. (Hrsg.).: Produkt-Service Systeme – Gestaltung und Realisierung. Springer Verlag, Berlin, Heidelberg, 2010

[aca15] ARBEITSKREIS SMART SERVICE WELT; acatech (Hrsg.): Smart Service Welt – Umsetzungsempfehlungen für das Zukunftsprojekt Internet basierte Dienste für die Wirtschaft. Abschlussbericht, Berlin, März 2015

[Alt12] ALT, O.: Modellbasierte Systementwicklung mit SysML. Carl Hanser Verlag, München, 2012

[Bad18] BADER, M.: Modular Upgradeability of Technological Innovations – Empirical Insights into the Role of Consumer Expectations in the Adoption Decision Process. Kovač Verlag, Hamburg, 2018

[BBK+09] BALZERT, H.; BALZERT, H.; KOSCHKE, R.; LÄMMEL, U.; LIGGESMEYER, P.; QUANTE, J.: Lehrbuch der Software-Technik – Basiskonzepte und Requirements Engineering. 3. Auflage, Spektrum Akademischer Verlag, Heidelberg, 2009

[BBS08] BARZEL, P.; BOLLSCHWEILER, M.; SMOLIK, C.: Die neue Fahrradtechnik – Material. Konstruktion Fertigung. 2. Auflage BVA – Bielefelder Verlag, Bielefeld, 2008

[Bei71] BEITZ, W.: Systemtechnik im Ingenieurbereich. VDI-Bericht Nr. 174, VDI-Verlag, Düsseldorf, 1971

[Ber32] BERTALANFFY, L. VON: Theoretische Biologie. Borntraeger, Berlin, 1932

[BF81] BLANCHARD, B. B.; FABRYCKY, W.: Systems Engineering and Analysis. Prentice Hall, New Jersey, 1981

[BFP94] BOEHM, R.; FUCHS, E.; PACHER, G.: System-Entwicklung in der Wirtschaftsinformatik. Vdf Hochschulverlag, Zürich, 1994

[BGJ+09] BERTSCHE, B.; GÖHNER, P.; JENSEN, U.; SCHINKÖTHE, W.; WUNDERLICH, H.-J.: Zuverlässigkeit mechatronischer Systeme – Grundlagen und Bewertung in frühen Entwicklungsphasen. Springer Verlag, Berlin, 2009

[BH15] BORN, M.; HOLZ, E.: FMEA für SysML-basierte Systembeschreibungen. AUTOCAD-Magazin, 2015

[BHL07] BRAUN, S.; HELLENBRAND, D.; LINDEMANN, U.: Kostentransparenz in der Mechatronik – Eine Studie über Komplexität und Kostentreiber mechatronischer Produkte. Shaker Verlag Online, 2007

[Bir80] BIRKHOFER, H.: Analyse und Synthese der Funktionen technischer Produkte. VDI-Verlag Fortschritts-Bericht VDI-Z, Reihe 1, Nr. 70, 1980

[BOM07] BITNER, M. J.; OSTROM, A. L.; MORGAN, F. N.: Service Blueprinting – A Practical Technique for Service Innovation. Center for Services Leadership, Arizona State University, 2007

[Bur02] BURGHARDT, M.: Projektmanagement – Leitfaden zur Planung, Überwachung und Steuerung von Entwicklungsprojekten. Publicis-MCD-Verlag, München, Erlangen, 2002

[Cha74] CHASE, W. P.: Management of Systems Engineering. Robert Krieger, Malabar, 1974

[DH02] DAENZER, W. F.; HUBER, F.: Systems Engineering – Methodik und Praxis. Verlag Industrielle Organisation, Zürich, 2002

[DH76] Daenzer, W. F.; HUBER, F.: Systems Engineering - Methodik und Praxis. Verlag Industrielle Organisation, Zürich, 1976

[DIN1325-1] DEUTSCHES INSTITUT FÜR NORMUNG E. V. (DIN) (Hrsg.): Value Management, Wertanalyse, Funktionenanalyse, Wörterbuch – Teil 1: Wertanalyse und Funktionenanalyse; Deutsche Fassung EN 1325-1:1996. DIN EN 1325-1, Beuth Verlag, Berlin, 1996

[DIN15194] DEUTSCHES INSTITUT FÜR NORMUNG E. V. (DIN) (Hrsg.): Fahrräder – Elektromotorisch unterstützte Räder – EPAC-Fahrräder. Beuth Verlag, Berlin, 2009

[DIN69901] DEUTSCHES INSTITUT FÜR NORMUNG E. V. (DIN) (Hrsg.): Projektmanagement – Projektmanagementsysteme – Teil 5 – Begriffe. Beuth Verlag, Berlin, 2009

[DIN8580] DEUTSCHES INSTITUT FÜR NORMUNG E. V. (DIN) (Hrsg.): Fertigungsverfahren – Begriffe, Einteilung. Beuth Verlag, Berlin, 2003

[Dor15] DOROCIAK, R.: Systematik zur frühzeitigen Absicherung der Sicherheit und Zuverlässigkeit fortschrittlicher mechatronischer Systeme. Dissertation, Fakultät für Maschinenbau, Universität Paderborn, HNI-Verlagsschriftenreihe, Band 340, Paderborn, 2015

[EB12] EPPINGER, S. D.; BROWNING, T. R.: Design Structure Matrix Methods and Applications. The MIT Press, Cambridge Massachusetts, London, England, 2012

[EKL14] EHRLENSPIEL, K.; KIEWERT, A.; LINDEMANN, U.: Kostengünstig entwickeln und konstruieren. Kostenmanagement bei der integrierten Produktentwicklung. 7. Auflage, Springer-Verlag, Heidelberg, 2014

[Epp91] EPPINGER, S. D.: Model-based Approaches to Managing Concurrent Engineering. Journal of Engineering Design, No. 2, 1999, pp. 283 – 290

[Eri05] ERICSON, C. A.: Hazard analysis techniques for system safety. Wiley-Interscience, Hoboken, New Jersey, 2005

[Eri98] ERIXON, G.: Modular Function Deployment – A Method for Product Modularisation. Dissertation, Royal Institute of Technology, KTH, Stockholm, 1998

[EU02] EU Richtlinie 2002/24/EG: Über die Typgenehmigung für zweirädrige oder dreirädrige Kraftfahrzeuge und zur Aufhebung der Richtlinie 92/61/EWG des Rates. Europäisches Parlament und Rat, 2002

[EWS+94] EPPINGER, S.; WHITNEY, D.; SMITH, R.; GEBALA, D.: A Model-Based Method for Organizing Tasks in Product Development. Research in Engineering Design, No. 6, Springer Verlag, Berlin, 1994

[FB10] FEHLAU, G.; BARZEL, P.: Das E-Bike – Die neuen Fahrräder mit elektrischer Antriebsunterstützung. Delius Klasing Verlag, Bielefeld, 2010

[FMS12] FRIEDENTHAL, S.; MOORE, A.; STEINER, R.: A practical guide to SysML – The systems modeling language. 2. Auflage, Morgan Kaufmann, Waltham, 2012

[GBK10] GAUSEMEIER, J.; BRANDIS, R.; KAISER, L.: Auswahl von Montageverfahren auf Basis der Produktkonzeption. In: GAUSEMEIER, J.; RAMMIG, F.; SCHÄFER, W.; TRÄCHTLER, A. (Hrsg.): 7. Paderborner Workshop Entwurf mechatronischer Systeme. 18.–19. März (neue Änderung) 2010, HNI-Verlagsschriftenreihe, Band 272, Paderborn, 2010

[GBR10] GAUSEMEIER, J.; BRANDIS, R.; REYES-PEREZ, M.: A Specification Technique for the Integrative Conceptual Design of Mechatronic Products and Production Systems. In: Proceedings of the Design 2010 – 11th International Design Conference. May 17 – 20, Dubrovnik, Croatia, 2010

[GFD+08] GAUSEMEIER, J.; FRANK, U.; DONOTH, J.; KAHL, S.: Spezifikationstechnik zur Beschreibung der Prinziplösung selbstoptimierender Systeme des Maschinenbaus. Konstruktion, Ausgabe 7/8-2008 und 9/-2008, Springer VDI-Verlag, Düsseldorf, 2008

[GK06] GIENKE, H.; KÄMPF, R.: Praxishandbuch Produktion – Innovatives Produktionsmanagement: Organisation, Konzepte, Controlling. Carl Hanser Verlag, München, 2006

[GLL12] GAUSEMEIER, J.; LANZA, G.; LINDEMANN, U.: Produkte und Produktionssysteme integrativ konzipieren – Modellbildung und Analyse in der frühen Phase der Produktentstehung. Carl Hanser Verlag, München, 2012

[GM57] GOODE, H.; MACHOL, R.: Systems Engineering – An Introduction to the Design of large. Springer Verlag, Berlin Heidelberg, 2011

[GRS14] GAUSEMEIER, J.; RAMMIG, F.-J.; SCHÄFER, W. (Ed.): Design Methodology for Intelligent Technical Systems – Develop Intelligent Technical Systems of the Future. Springer-Verlag, Berlin, Heidelberg, 2014

[Han56] HANSEN, F.: Konstruktionssystematik. VEB-Verlag Technik, Berlin, 1956

[Han65] HANSEN, F.: Konstruktionssystematik. 7. Auflage, VEB-Verlag Technik, Berlin, 1965

[Hon11] HONOUR, E. C.: Improved Correlation for Systems Engineering Return on Investment. Conference in Systems Engineering Research (CSER´11), April 15.–16., Redondo Beach, 2011

[HWF+12] HABERFELLNER, R.; WECK DE, O. L.; FRICKE, E.; VÖSSNER, S.: Systems Engineering – Grundlagen und Anwendung. Orell Füssli, Zürich, 2012

[INC10] MEASUREMENT WORKING GROUP INTERNATIONAL COUNCIL ON SYSTEMS ENGINEERING (INCOSE): Systems Engineering Measurement Primer – A Basic Introduction to Measurement Concepts and Use for Systems Engineering. INCOSE-TP-2010-005-02, 2010

[INC15] INTERNATIONAL COUNCIL ON SYSTEMS ENGINEERING (INCOSE): INCOSE Systems Engineering Handbuch – A Guide for System Life Cycle Processes and Activities. John Wiley & Sons, Hoboken, New Jersey, 2015

[ISO/IEC TR 29110-1] Systems and software engineering – Lifecycle profiles for Very Small Entities (VSEs)

[ISO/IEC/IEEE 12207] Systems and software engineering – Software life cycle processes, 2017

[ISO/IEC/IEEE 15288] Systems and software engineering – System life cycle processes, 2015

[Kai13] KAISER, L.: Rahmenwerk zur Modellierung einer plausiblen Systemstruktur mechatronischer Systeme. Dissertation, Fakultät für Maschinenbau, Universität Paderborn, HNI-Verlagsschriftenreihe, Paderborn, Band 327, 2013

[KG18] KRAUSE, D.; GEBHARDT, N.: Methodische Entwicklung modularer Produktfamilien – Hohe Produktvielfalt beherrschbar entwickeln. Springer Vieweg, Berlin, 2018

[Köc04] KÖCKERLING, M.: Methodische Entwicklung und Optimierung der Wirkstruktur mechatronischer Produkte. Dissertation, Fakultät für Maschinenbau, Universität Paderborn, HNI-Verlagsschriftenreihe, Paderborn, Band 143, 2004

[Lan00] LANGLOTZ, G.: Ein Beitrag zur Funktionsstrukturentwicklung innovativer Produkte. Forschungsberichte aus dem Institut für Rechneranwendung in Planung und Konstruktion RPK der Universität Karlsruhe, Shaker Verlag, 2000

[LMB09] LINDEMANN, U.; MAURER, M.; BRAUN, T.: Structural complexity management. Springer Verlag, München, 2009

[LSS+07] LUCKE, H.; SCHAPER, D.; SIEPEN, P.; UELSCHEN, M.; WOLLBORN, M.: The Innovation Cycle Dilemma. In: HERZOG, O.; RÖDIGER, K.-H.; RONTHALER, M.; KOSCHKE, R. (Ed.): Lecture Notes in Informatics. 110/2007, pp. 526–530

[MU12] MEIER, H.; UHLMANN, E. (Hrsg.): Integrierte industrielle Sach- und Dienstleistungen – Vermarktung, Entwicklung und Erbringung hybrider Leistungsbundel. Springer Verlag, Berlin, 2012

[Mue90] MÜLLER, J.: Arbeitsmethoden der Technikwissenschaften – Systematik - Heuristik – Kreativität. Springer-Verlag, Berlin, 1990

[Mur12] MURRAY, J.: Model Based Systems Engineering (MBSE) Media Study, 2012

[OMG17] OBJECT MANAGEMENT GROUP: Systems Modeling Language (OMG SysML) – Version 1.5, 2017

[Pat82] PATZAK, G.: Systemtechnik. Planung komplexer innovativer Systeme. Springer Verlag, Wien, 1982

[PB93] PAHL, G.; BEITZ, W.: Konstruktionslehre – Methoden und Anwendung. 3. Auflage, Springer-Verlag, Berlin, 1993

[PBF+07] PAHL, G.; BEITZ, W.;: Konstruktionslehre – Grundlagen erfolgreicher Produktentwicklung – Methoden und Anwendung. 7. Auflage, Springer-Verlag, Berlin, 2007

[PBF+13] PAHL, G.; BEITZ, W.; FELDHUSEN, J.; GROTE, K.-H.: Konstruktionslehre – Methoden und Anwendung erfolgreicher Produktentwicklung. 8. Auflage, Springer Vieweg, Berlin, 2013

[PM06] PETRASCH, R.; MEIMBERG, O.: Model Driven Architecture – Eine praxisorientierte Einführung in die MDA. dpunkt Verlag, Heidelberg, 2006

[PMI04] PROJECT MANAGEMENT INSTITUTE, INC.: Project Management Body of Knowledge. Four Campus Boulevard, Pennsylvania, 2004

[RJ05] ROEDLER, G.; JONES, C.: Technical Measurement Guide, International Council on Systems Engineering and Practical Software and Systems Measurement, December 2005

[Rop75] ROPOHL, G.: Einleitung in die Systemtechnik. In: ROPOHL, G. (Hrsg.): Systemtechnik – Grundlagen und Antworten, Carl Hanser Verlag, München, 1975

[Rot82] ROTH, K.: Konstruieren mit Konstruktionskatalogen. Springer-Verlag, Berlin, 1982

[Sag95] SAGE, A. P.: Systems Management for Information Technology and Software Engineering. John Wiley & Sons, West Sussex, 1995

[SEB17] SEBoK CONTRIBUTORS: Systems Engineering Overview. Systems Engineering Body of Knolwedge (SEBok). Unter: http://www.sebokwiki.org/wiki/Guide_to_the_Systems_Engineering_Body_of_Knowledge_(SEBoK), 2017

[SER07] SOSA, M. E.; EPPINGER, S. D.; ROWLES, C. M.: Wie Sie Ihre Ingenieure zum Reden bringen. Harvard Businessmanager, Dezember 2007

[Ste07] STEFFEN, D.: Ein Verfahren zur Produktstrukturierung für fortgeschrittene mechatronische Systeme. Dissertation, Fakultät für Maschinenbau, Universität Paderborn, HNI-Verlagsschriftenreihe, Band 207, Paderborn, 2007

[SV07] STAHL, T.; VÖLTER, M.: Modellgetriebene Softwareentwicklung – Techniken, Engineering, Management. 2. Auflage, dpunkt Verlag, Heidelberg, 2007

[Sys12] SYSTEMS ENGINEERING RESEARCH CENTER (SRC): 2010 Annual Report – A US Department of Defense University Affiliated Research Center. Unter: http://www.sercuarc.org/-uploads/files/SERC-Inside-Pages2010_FINAL.pdf

[Tsc16] TSCHIRNER, C.: Rahmenwerk zur Integration des modellbasierten Systems Engineering in die Produktentstehung mechatronischer Systeme. Dissertation, Fakultät für Maschinenbau, Universität Paderborn, HNI-Verlagsschriftenreihe, Band 363, Paderborn, 2016

[TZZ98] TERNINKO, J.; ZUSMAN, A.; ZLOTIN, B.: TRIZ – der Weg zum konkurrenzlosen Erfolgsprodukt, Ideen produzieren, Nischen besetzen, Märkte gewinnen. Verlag Moderne Industrie, Landsberg/Lech, 1998

[UP95] ULRICH, H.; PROBST, G.J.: Anleitung zum ganzheitlichen Denken und Handeln – Ein Brevier für Führungskräfte. 4. Auflage, Haupt, Bern, 1995

[VDI2206] VEREIN DEUTSCHER INGENIEURE (VDI): Entwicklungsmethodik für mechatronische Systeme. VDI-Richtlinie 2206, Beuth Verlag, Berlin, 2004

[VDI2800] VEREIN DEUTSCHER INGENIEURE (VDI): Wertanalyse. VDI-Handbuch Value-Management/Wertanalyse, VDI-Richtlinie 2800, Blatt 1, Beuth-Verlag, Berlin, 2010

[VDI3822-5] VEREIN DEUTSCHER INGENIEURE (VDI): Schadensanalyse – Schäden durch tribologische Beanspruchung (Blatt 5). Beuth Verlag, Berlin, 1999

[VDI4005-2] VEREIN DEUTSCHER INGENIEURE (VDI): Einflüsse von Umweltbedingungen auf die Zuverlässigkeit technischer Erzeugnisse – Mechanische Einflüsse der Umwelt (Blatt 2), November 1983

[VDI4005-3] VEREIN DEUTSCHER INGENIEURE (VDI): Einflüsse von Umweltbedingungen auf die Zuverlässigkeit technischer Systeme - Thermisch-klimatische Einflüsse der Umwelt (Blatt 3). Beuth Verlag, Berlin, 1983

[VDI4005-4] VEREIN DEUTSCHER INGENIEURE (VDI): Einflüsse von Umweltbedingungen auf die Zuverlässigkeit technischer Systeme - Chemisch-biologische Einflüsse der Umwelt (Blatt 4). Beuth Verlag, Berlin, 1983

[VDI4005-5] VEREIN DEUTSCHER INGENIEURE (VDI): Einflüsse von Umweltbedingungen auf die Zuverlässigkeit technischer Systeme - Elektromagnetische Einflüsse der Umwelt (Blatt 5). Beuth Verlag, Berlin, 1983

[Wei08] WEILKIENS, T.: Systems Engineering mit SysML/UML – Modellierung, Analyse, Design. 2. Auflage, Dpunkt-Verlag, Heidelberg, 2008

[Wei15] WEILKIENS, T.: SYSMOD – The Systems Modeling Toolbox – Pragmatic MBSE with SysML, MBSE4U Verlag, Fredesdorf, 2015

[Wie48] WIENER, N.: Cybernetics: Or the Control and Communication in the Animal and the Machine. MIT Press, Cambridge, Massachusetts, 1948

[Zel08] ZELL, M.: Kosten- und Performance Management – Grundlagen, Instrumente, Fallstudie. Gabler Verlag, Wiesbaden, 2008

Fallbeispiele – Herausforderungen, Vorgehen, Resultate

„Es ist nicht genug zu wissen, man muss auch anwenden."
– Johann Wolfgang von Goethe –

Zusammenfassung

Möglicherweise verleitet die flüchtige Lektüre unseres Buches den einen oder anderen zur Kapitulation; angesichts der Fülle an Informationen wäre das nicht ganz unverständlich. Das Innovationsgeschehen in einem Unternehmen ist aber nun mal facettenreich und komplex. Damit umzugehen und schnell zu exzellenten Ergebnissen zu kommen, ist der Anspruch dieses Buches. Mit den acht in diesem Kapitel vorgestellten Fallbeispielen unterstreichen wir die hohe Praxiseignung unseres Leitfadens der strategischen Produktplanung und der vorgestellten Methoden. Die Fallbeispiele folgen derselben Struktur: Vorstellung des Unternehmens, Erläuterung der Innovationsherausforderung sowie Vorgehen und Projektresultate.

Die Resümees lassen sich auf drei Erfolgsfaktoren verdichten. a) Systematisches Vorgehen: Das ordnet das Innovationsgeschehen und ist keine Zwangsjacke; es setzt Kreativität an den Stellen frei, an denen sie besonders gebraucht wird. b) Neues Denken: Das bedeutet insbesondere die Grenzen des gewohnten Denkens überwinden und wahrnehmbare Entwicklungen phantasievoll antizipieren. c) Teamwork: Es reicht nicht, diejenigen Fachdisziplinen zu orchestrieren, die eine Erfolg versprechende Marktleistung planen, sondern es gilt auch diejenigen einzubeziehen, von denen erwartet wird, dass sie sich mit Leidenschaft an der Umsetzung beteiligen – das Ganze zu ihrer Sache machen.

Mit dem vorliegenden Werk geben wir einen Leitfaden zur Gestaltung des Innovationsgeschehens und stellen eine Fülle von dedizierten Methoden zur systematischen und effizienten Bearbeitung einzelner Aufgaben vor.

Welche Methoden nun im konkreten Fall zum Einsatz kommen, hängt von der Art der Aufgabenstellung und der gewünschten Aussagegüte ab. Um unseren Leserinnen und Lesern gut nachvollziehbare Hinweise zu geben, wie spezifische Aufgaben der strategischen Planung und Konzipierung innovativer Produkte bzw. Marktleistungen angegangen werden können, bringen wir acht Fallbeispiele aus unserer Projektpraxis. Sie sind aus didaktischen Gründen prägnant gehalten und aus Gründen der Vertraulichkeit zum Teil etwas verfälscht, aber gleichwohl als Beispiele sehr anschaulich. Alle Fallbeispiele weisen dasselbe Raster auf:

1. Vorstellung des Unternehmens
2. Erläuterung der Innovationsherausforderung
3. Vorgehen und Projektresultate
4. Resümee, insbesondere Erfolgsfaktoren

6.1 Unternehmensweites Innovationsmanagement

Lufthansa Technik AG

6.1.1 Unternehmen

Der Lufthansa Technik Konzern ist mit rund 35 Tochter- und Beteiligungsunternehmen einer der weltweit führenden Anbieter flugzeugtechnischer Dienstleistungen. Mehr als 25 000 Mitarbeiterinnen und Mitarbeiter sind für den international zertifizierten Instandhaltungs-, Herstellungs- und Entwicklungsbetrieb tätig. Das Angebot von Lufthansa Technik umfasst das gesamte Service-Spektrum für Verkehrs- und VIP-/Special Mission-Flugzeuge, Triebwerke, Komponenten und Fahrwerke in den Bereichen digitale Flottenbetreuung, Wartung, Reparatur, Überholung, Modifikation, Ausstattung und Umrüstung sowie die Herstellung von innovativen Kabinenprodukten.

6.1.2 Innovationsherausforderung

Die Lufthansa Technik hat in ihrer Historie immer wieder Innovationen hervorgebracht, die zu einer Steigerung der Effizienz, der Stärkung ihrer Wettbewerbsposition und der Beschäftigungssicherung beigetragen haben. In den einzelnen Unternehmensbereichen wurden zahlreiche Innovationsaktivitäten und entsprechende Projekte erfolgreich durchgeführt. Allerdings fehlten diesen eine gemeinsame Strategie, sodass Synergien zwischen Unternehmensbereichen nur unzureichend genutzt werden konnten. Die Herausforderung bestand darin, diese einzelnen Innovationsaktivitäten in einer gemeinsamen Strategie zu kanalisieren und Synergiepotentiale unternehmensweit auszuschöpfen. Daher wurde ein Innovationsmanagement initiiert, um das gesamte Innovationspotential systematisch zu erschließen. Das angestrebte Innovationsmanagement bestand aus einem Innovationsprozess, einer Innovationsorganisation und unterstützenden IT-Systemen.

6.1.3 Vorgehen und Projektresultate

Bild 6.1 zeigt den Leitfaden für das Vorgehen in dem Projekt; im Folgenden werden die einzelnen Projektschritte und die jeweiligen Aufgaben, eingesetzte Methoden sowie die Resultate erläutert.

1. Technologiestrategie entwickeln

Angesichts der zentralen Rolle von Innovationen für das Unternehmen wurde eine Innovationsinitiative gestartet, um zu überlegen Produkt-, Service- und Geschäftsmodellinnovationen zu gelangen und dadurch die Zukunftsfähigkeit des Unternehmens zu sichern. Den Ausgangspunkt bildete eine langfristige Technologiestrategie, die gemäß Bild 6.2 die drei Bestandteile Vision, Strategische Leitlinie sowie Programme und Maßnahmen umfasst. Entsprechend wurden die folgenden Schritte zur Entwicklung der Technologiestrategie durchlaufen:

Vision entwickeln: Die Vision beschreibt das (technologische) Zielbild des Unternehmens. Genauer gesagt handelt es sich dabei um erkannte Erfolgspotentiale, die es zukünftig zu erschließen gilt. Die Erfolgspotentiale wurden dokumentiert und stichpunktartig charakterisiert.

Strategische Leitlinie erarbeiten: Diese ist durch die Festlegung von relevanten Technologieclustern gegeben. Je Technologiecluster wurden Technologiecluster-Steckbriefe erstellt, die die Cluster beschreiben. Sie enthielten dedizierte Visionen und Ziele, Maßnahmen sowie eine Bewertung

6 Fallbeispiele – Herausforderungen, Vorgehen, Resultate

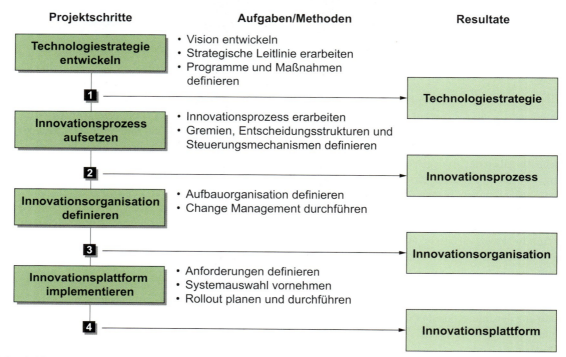

BILD 6.1 Leitfaden für das Vorgehen im Projekt

hinsichtlich Attraktivität, Risiken, erforderlicher Ressourcen sowie Erfolgsaussichten. Die Bewertungen erfolgten für jede Produktdivision mittels Bewertungsbalken.

Programme und Maßnahmen definieren: Zur Umsetzung der Technologiestrategie wurden Teilziele und entsprechende Maßnahmen abgeleitet und zeitlich priorisiert. Die Maßnahmen wurden anschließend zu Programmen gebündelt und in eine Technologie-Roadmap überführt. Zur Generierung entsprechender Projektideen im Rahmen dieser Roadmap wurden u. a. Kreativitätstechniken eingesetzt. Darüber hinaus wurden die nötigen Vorprojekte für die Entwicklung und Integration neuer Technologien in das Produkt- und Serviceportfolio geplant. Ferner wurden die Investitionskosten sowie der erwartete Nutzen der ermittelten Ideen quantifiziert. Eine Vielzahl der Projektideen konnte daher unmittelbar vom Vorstand zur Umsetzung freigegeben werden.

2. Innovationsprozess aufsetzen

Zur Definition des Wegs von der ersten Projektidee hin zur Umsetzungsentscheidung wurde in Workshops zusammen mit allen Stakeholdern des Innovationsmanagements der in Bild 6.3 dargestellte **Innovationsprozess** inkl. der aufbauorganisatorischen Zuständigkeiten **erarbeitet**. Darüber hinaus wurden unternehmensweit einheitliche **Gremien, Entscheidungsstrukturen** und **Steuerungsmechanismen definiert**. Diese ersetzen ein System, das zuvor von dezentralen Prozessen in den jeweiligen Produktdivisionen geprägt war und ein koordiniertes Innovationsmanagement erschwerte. Nachfolgend werden die vier Schritte des Innovationsprozesses erläutert.

Schritt 1 – Ideen beschreiben und einbringen: Zunächst stellen die Ideengeber dem Innovationsteam der Produktdivision ihre Idee vor. Zur Strukturierung und Fokussierung der Ideengenerierung wurden dazu im Vorfeld Innovationsfelder definiert. Diese charakterisieren Bereiche, in denen das Unternehmen lohnenswerte Weiterentwicklungsmöglichkeiten für beispielsweise Produkte, Services oder Märkte sieht. In Ideensteckbriefen sind die wesentlichen Informationen zu einer Idee dokumentiert. Die Mitglieder des Innovationsteams agieren als Berater und Coaches, um die eingereichte Idee ggf. zu präzisieren.

Schritt 2 – Ideen bewerten: Erfolg versprechende Ideen werden im zweiten Schritt an die Leiter der Innovationsteams der anderen Produktdivisionen weitergeleitet. Innerhalb des Gremiums der Innovationsteamleiter wird diskutiert, ob die Idee auch über die Grenzen der ursprünglichen Produktdivision hinaus interessant ist und gegebenenfalls durch weitere Aspekte ergänzt werden kann. Kann eine Idee innerhalb dieses Gremiums nicht

6.1 Unternehmensweites Innovationsmanagement

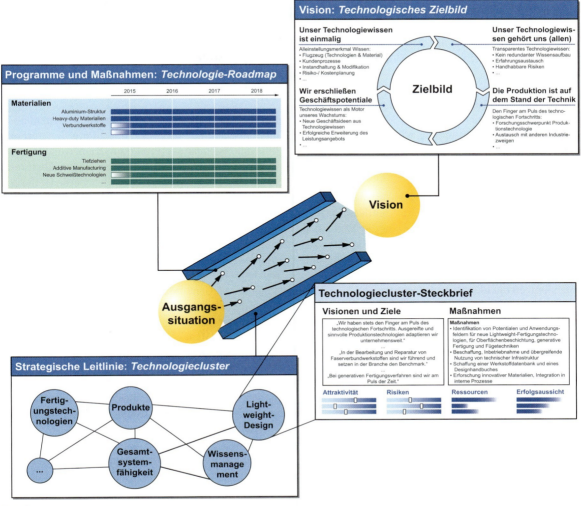

BILD 6.2 Bestandteile der Technologiestrategie

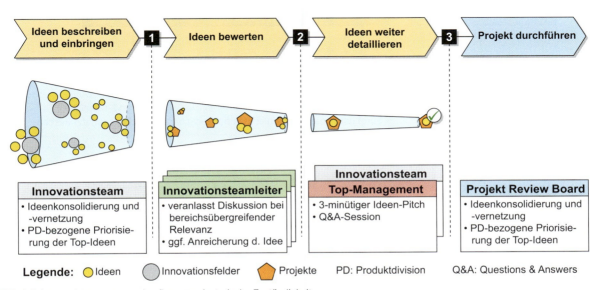

BILD 6.3 Innovationsprozess und aufbauorganisatorische Zuständigkeit

überzeugen oder wurde sie bereits in anderen Produktdivisionen eingebracht, wird die Idee nicht weiterverfolgt. Die hoch bewerteten Ideen mit Potenzial für eine oder mehrere Divisionen werden in die nächste Phase übernommen.

Schritt 3 – Ideen weiter detaillieren: Erkennen die Leiter der Innovationsteams im zweiten Schritt eine unternehmensweite Relevanz einer Idee, wird sie in der dritten Stufe durch das jeweilige Innovationsteam weiter ausdetailliert. Es erfolgt eine grobe Projektplanung sowie eine Quantifizierung des Nutzens. Ist die Idee zu einer Entscheidungsreife gebracht, wird sie dem Top-Management in einem 3-minütigen „Ideen-Pitch" präsentiert. Die Ideengeber erläutern hier kurz und präzise die Motivation der Idee, den grundlegenden Lösungsansatz, das Einspar- bzw. Umsatzpotential sowie den nötigen Umsetzungsaufwand. Nach einer derartigen Session entscheidet das Top-Management, ob die Idee realisiert werden soll.

Schritt 4 – Projekt durchführen: Hier wird ein Projekt zur Umsetzung der Innovation aufgesetzt. Dazu gehören der Aufbau einer Projektorganisation sowie die Definition von Arbeitspaketen und Meilensteinen, die es erlauben, das Projekt mit Blick auf Qualität, Zeit und Kosten zu steuern. Im Zuge der Realisierung obliegt dem Projekt Review Board die Überwachung des Projektfortschritts.

3. Innovationsorganisation definieren

Im Anschluss an die Prozessorganisation wurde die **Aufbauorganisation** für das Innovationsmanagement definiert. Zur unternehmensweiten Verankerung des Innovationsmanagements wurden zentrale und dezentrale Funktionen vereint. So wurden die bislang rein dezentral organisierten Innovationsaktivitäten – die Ideengenerierung und Ideenumsetzung – durch eine bislang fehlende bereichsübergreifende Stelle ergänzt (Bild 6.4).

Die zentrale Stabstelle „Innovationsmanagement und Produktentwicklung" sorgt gemeinsam mit den dezentralen Innovationsteams der Produktdivisionen dafür, dass sowohl divisionsinterne als auch organisationsübergreifende Ideen zum Innovationserfolg geführt werden. Sie vernetzt das verteilte Wissen zwischen den einzelnen Divisionen und setzt divisionsübergreifende Standards. Ferner unterstützt sie bei der Generierung, Bewertung sowie Steuerung der Innovationsideen und -projekte der Produktdivisionen. Außerdem obliegt der Stabstelle die Steuerung und Umsetzung produktdivisionsübergreifender Innovationsprojekte. Gemeinsam mit den Leitern der dezentralen Innovationsteams entscheidet die Stabstelle darüber hinaus, welche Ideen zu einem 3-minütigen „Ideen-Pitch" vor dem Top-Management zugelassen werden. Innerhalb dieser Ideen-Pitches werden die zentralen und dezentralen Innovationsideen zusammengeführt. Dadurch können Innovationsideen mit bereichsübergreifendem Potential aufgedeckt und Synergieeffekte frühzeitig ausgenutzt werden. Die zentrale Stabstelle berichtet direkt an den Vorstand.

Die dezentralen Innovationsteams der Produktdivisionen sind in den jeweiligen Strategieabteilungen verankert und sorgen in erster Linie dafür, dass regelmäßig neue Innova-

BILD 6.4 Innovationsorganisation als Symbiose von dezentralen und zentralen Funktionen

tionsideen generiert werden. Diese Teams stehen in direktem Austausch mit weiteren Divisionsfunktionen, wie zum Beispiel dem Vertrieb oder der Entwicklung. Diese Funktionen geben in der Regel weitere Impulse bei der Generierung neuer Innovationsideen. Durch die Verbindung zur zentralen Stabstelle erfahren diese Ideen nun auch organisationsübergreifende Aufmerksamkeit. Zu den weiteren Aufgaben der dezentralen Innovationsteams zählen die Ausarbeitung der Innovationsideen und Überführung dieser Ideen in konkrete Innovationsprojekte. Ferner sind sie für die Steuerung und Umsetzung der Projekte zuständig. Die dezentralen Innovationsteams berichten an den jeweiligen Bereichsleiter einer Produktdivision. Zur Verankerung der neuen Innovationsorganisation im Unternehmen wurde ein umfassendes **Change Management durchgeführt**.

4. Innovationsplattform implementieren

Das Innovationsmanagement wurde mit einer Innovationsplattform unterstützt (vgl. Kapitel 3.2.3). Damit wurde die bisherige Verwendung von Vorlagen, die in den entsprechenden Gremien verwendet wurden, durch eine integrierte Software abgelöst und ein Forum für die Innovations-Community geschaffen. Zunächst wurden **Anforderungen** an die Funktionalität der Plattform **definiert**. Die Anforderungen wurden in sechs übergeordnete Kategorien unterteilt (Bild 6.5):

Interaktive Workflows: Eine zentrale Anforderung war, dass der Ideengeber von Beginn an eine Leitlinie auf dem Weg durch den Innovationsprozess erhält. Dazu sollte die Plattform zum Beispiel zu Beginn die entsprechende Eingabemaske zur Erfassung einer neuen Idee bereitstellen. Ferner sollte sie die nächsten Schritte des Innovationsprozesses aufzeigen und die Idee an die Innovationsteams der Produktdivisionen bzw. in einem nächsten Schritt an deren Leiter zur Entscheidung weiterleiten.

Kollaboration: Zur Erarbeitung von Innovationen sind in der Regel abteilungsübergreifende Teams notwendig. Um diesen Teams eine Möglichkeit zum Austausch zu geben, sollte die Plattform entsprechende Funktionen anbieten. Zum einen galt die Anforderung, dass bereits existierende Teams Informationen teilen, kommunizieren und ihre Idee gemeinsam planen können. Zum anderen sollte die Plattform aber auch zur Bildung von Teams dienen. Es wurde viel Wert darauf gelegt, dass Mitarbeiter Einblick in andere Ideen erhalten können, die auf der Plattform erarbeitet werden und so mit anderen Ideengebern kooperieren oder Gruppenideen entwickeln können.

Inspiration und Hilfestellung: Die Plattform sollte Informationen bereitstellen, die die Nutzer inspirieren. Beispielsweise war es den Verantwortlichen wichtig, dort Trends und technologische Entwicklungen einstellen zu können, die als Ausgangspunkt für neue Ideen dienen.

BILD 6.5 Merkmale des IT-Tools zur Unterstützung des Innovationsmanagements

Zudem bestand der Wunsch, Kampagnen starten zu können, die dazu aufrufen, Lösungen für spezifische Problemstellungen zu entwickeln.

Transparenz: Die Plattform sollte den Nutzern zum einen ermöglichen, jederzeit nachzuverfolgen, in welchem Stadium des Innovationsprozesses sich ihre Ideen befinden. Zum anderen wurde die Anforderung gestellt, dass eine Idee auch mit anderen Ideen anhand verschiedener Dimensionen verglichen werden kann. Auf diese Weise sollten die Ideengeber ein Benchmarking mit ähnlichen Ideen erhalten, mit dessen Hilfe sie die Weiterentwicklung ihrer Idee vorantreiben können. Darüber hinaus wurde der Wunsch geäußert, dass auch die Innovationsteams der Produktdivisionen schnell einen Überblick über die gerade entwickelten Ideen erhalten können, um so einen aktuellen Stand des Innovationsgeschehens zu bekommen.

Community: Die Plattform sollte nicht nur dem Austausch innerhalb funktionsübergreifender Teams dienen, sondern auch die weitere Community einbinden. So war es wichtig, dass die Nutzer die Ideen kommentieren und auf diesem Wege eigene Erfahrungen einbringen können, die für die Weiterentwicklung der Ideen nützlich sind. Darüber hinaus bestand die Anforderung, dass Ideengeber auch spezifische Fragen an die Community stellen können, um so benötigte Informationen zu erhalten.

Mobilität und Motivation: Die Innovationsplattform sollte die Kreativität fördern und zu jeder Zeit verfügbar sein. Daher war eine zentrale Anforderung, dass sie auch auf mobilen Endgeräten verwendbar ist. Ferner sollte sie die Möglichkeit bieten, Wettbewerbe durchzuführen oder aktuelle Informationen von Veranstaltungen einzupflegen, sodass die Motivation zur Generierung neuer bzw. Weiterverfolgung existierender Ideen stetig gefördert wird.

Entsprechend der Anforderungen wurde eine **Systemauswahl vorgenommen**. Dabei wurde weitestgehend gemäß des in Kapitel 3.2.3 vorgestellten Vorgehensmodells vorgegangen (Bild 3.27). Im letzten Schritt wurde der **Rollout** des neuen Softwaresystems im Unternehmen geplant und **durchgeführt**.

6.1.4 Resümee

Der Aufbau des Innovationsmanagements bei der Lufthansa Technik AG beinhaltet ein weites Spektrum an Veränderungen für das Unternehmen. So wurden nicht nur auf Basis definierter Innovationsfelder eine Vielzahl an Innovationsideen entwickelt und verfolgt, sondern auch die aufbau- und ablauforganisatorischen Voraussetzungen geschaffen. Die Innovationsplattform ermöglicht es den Nutzern, Trends zu erkennen, sich inspirieren zu lassen und Ideen zu äußern. Wichtig ist, dass die Nutzer einen einfachen, flexiblen Zugang zur Plattform erhalten. Wird eine Idee eingebracht, stellt die Software den Innovationsprozess dar und führt den jeweiligen Nutzer durch die einzelnen Schritte dieses Prozesses. Ferner erhalten auch die weiteren Mitglieder der Innovations-Community die Möglichkeit, Ideen zu kommentieren und in der Ideenentwicklung und -konkretisierung bereichsübergreifend zusammenzuarbeiten. Bei der Umsetzung des Innovationsmanagements haben sich folgende Erfolgsfaktoren herauskristallisiert:

Schaffung eines Zielsystems: Die Technologiestrategie determiniert bzw. enthält Zielsetzungen für das gesamte Innovationsmanagement. Durch die Entwicklung dieser Strategie gleich zu Beginn des Aufbaus eines Innovationsmanagements wurde ein starker Orientierungsrahmen für die Erarbeitung der weiteren Elemente des Innovationsmanagements geschaffen.

Frühzeitige Initiierung der Ideengenerierung: Durch die Entwicklung konkreter Projektideen wurde ein Handlungsdruck erzeugt, der die Entwicklung und Einführung der prozess- und ablauforganisatorischen Strukturen gefördert hat.

Top-Management Involvement: Der Start einer Innovationsinitiative auf höchster Unternehmensebene und beständiges Engagement des Top-Managements prägen entscheidend die Legitimität und Akzeptanz des Projekts der Organisation.

6.2 Reporting des Innovationsmanagements mit Key Performance Indicators (KPIs)

GEA Group AG

6.2.1 Unternehmen

GEA ist ein bedeutender Systemanbieter für die nahrungsmittelverarbeitende Industrie und weiterer Branchen. Das international tätige Technologieunternehmen konzentriert sich auf Prozesstechnik und Komponenten für anspruchsvolle Produktionsverfahren. Im Jahr 2017 erwirtschaftete GEA einen Konzernumsatz von rund 4,6 Milliarden Euro. Davon entfielen etwa 70 Prozent auf die wachsende Nahrungsmittel- und Getränkeindustrie. GEA beschäftigt weltweit rund 17 000 Mitarbeiter. Durch eine Vielzahl an Unternehmenszukäufen war die Unternehmensstruktur in der Vergangenheit stark fragmentiert. Mit der Initiative „OneGEA" hat das Unternehmen die vielfältigen Aktivitäten in einer neuen Struktur zusammengeführt.

6.2.2 Innovationsherausforderung

Innovationen sind für die GEA Group eine wesentliche Voraussetzung für nachhaltiges Wachstum. Die neue Organisationsstruktur „OneGEA" ermöglicht es dem Unternehmen, Innovationen stärker standort- und funktionsbereichsübergreifend zu entwickeln. Deshalb startete GEA eine Initiative zum Aufbau eines unternehmensweiten Innovationsmanagements. Dabei stand GEA vor der Herausforderung, die Effektivität und Effizienz des Innovationsmanagements zu messen. Mit Hilfe von sogenannten KPIs (Key Performance Indicators bzw. Leistungskennzahlen) sollen das Innovationssystem kontinuierlich verbessert und die Innovationsziele erreicht werden. Zudem sollen Informationen zu Status und Performance des Innovationssystems adressatengerecht aufbereitet werden, um ein wirksames Controlling zu ermöglichen.

6.2.3 Vorgehen und Projektresultate

Bild 6.6 zeigt, wie im Projekt vorgegangen wurde. Im Folgenden werden die Projektschritte mit ihren jeweiligen Aufgaben, den verwendeten Methoden und ihren einzelnen Resultaten vorgestellt.

1. KPI-Vorauswahl treffen

Im ersten Schritt galt es, die **Innovationsziele** mit dem GEA-Management zu **definieren**: Was soll mit der Einführung des Innovationsmanagements konkret erreicht werden? Folgende übergeordnete Innovationsziele wurden formuliert:

- Der Absatz wird durch neue Marktleistungen gesteigert.
- Die Umsetzung von Ideen zu Innovationen wird agiler und schneller.
- Das gesamte Innovationssystem wird effizienter.

KPIs sind ein wichtiges Instrument zur Lenkung und Führung des Innovationsgeschehens. Sie lassen sich in strategische und operative KPIs unterteilen (vgl. Bild 1.59). Die strategischen KPIs dienen zum Controlling des Innovationsprogramms, die operativen zum Controlling des Innovationsprozesses. Tabelle 6.1 zeigt einen Katalog strategischer und operativer KPIs, der im Rahmen des Projektes erstellt wurde.

Vor dem Hintergrund der Innovationsziele wurde eine **Vorauswahl relevanter KPIs** aus dem Katalog getroffen. Bild 6.7 zeigt die Zuordnung der KPIs zu den übergeordneten Innovationszielen.

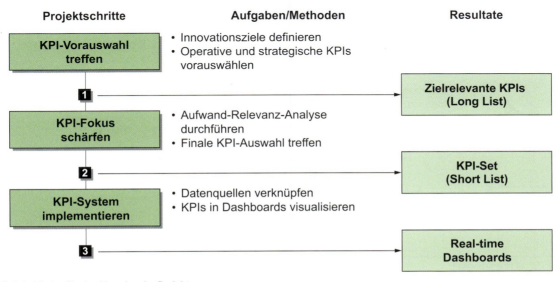

BILD 6.6 Leitfaden für das Vorgehen im Projekt

TABELLE 6.1 Katalog strategischer und operativer KPIs

Strategische KPIs Controlling des Innovationsprogramms				
Umsatz mit neuen Produkten (z.B. jünger 3/5 Jahre)	Umsatzanteil neuer Produkte	Deckungsbeitrag neuer Produkte	Kompetenzen im Vergleich zum Wettbewerb	Anzahl Zielvereinbarungen mit Innovationshintergrund
Zufriedenheit der Mitarbeiter mit der Feedbackkultur	Amortisation von F&E-Ausgaben	Ideen/Projekte pro Innovationsphase	Anzahl erfolgreicher Kooperationen (extern)	Anzahl vom Management initiierter Projekte
Anzahl TOP Projekte (Management-Involvement)	Zufriedenheit der Mitarbeiter mit der Innovationskultur	Markteinführungsdauer	Full-time Equivalent (FTE) in F&E	F&E-Ausgaben
Relatives F&E-Budget vom Umsatz	Anzahl registrierter Nutzer Innovationssoftware	Budget für abteilungsübergreifende Projekte		

Operative KPIs Controlling des Innovationsprozesses				
Anzahl der Change-Projekte	Vorschlagsquote pro Mitarbeiter	Beteiligungsquote der Mitarbeiter	Ideenpotential der Mitarbeiter	Mitarbeiterzufriedenheit bzgl. des Innovationsmanagementsystems
Anteil Innovationsworkshops	Verhältnis von realisierten und eingereichten Ideen	Nutzung von Innovationstools (Toolbox)	Dauer der Systemnutzung	Anzahl der Supportanfragenden Key User
Anzahl von Kanälen zur Informationsweitergabe	Anzahl neuer Patente	Umsatzpotential in der Pipeline	Anzahl regelmäßiger Nutzer Innovationssoftware	Bearbeitungsdauer der Ideen
Relatives F&E-Budget vom Umsatz	Anzahl registrierter Nutzer Innovationssoftware	Budget für abteilungsübergreifende Projekte	Innovationsausgaben vs. Budget	Anzahl innovativer Ideen pro Innovationsfeld

Innovationsziele	Strategische KPIs	Operative KPIs
Der Umsatz wird durch Innovationen gesteigert	1 Umsatz mit neuen Produkten (jünger 3 Jahre)	1 Anzahl neuer Patente 2 Umsatzpotential in der Pipeline 3 Ideenpotential der Mitarbeiter
Die Umsetzung von Ideen zu Innovationen wird agiler und schneller	2 Zufriedenheit der Mitarbeiter mit der Innovationskultur 3 F&E-Ausgaben 4 Amortisation von F&E-Ausgaben	4 Bearbeitungsdauer der Ideen 5 Innovationsausgaben vs. Budget
Das gesamte Innovationssystem wird effizienter	5 Markteinführungsdauer 6 Ideen/Projekte pro Innovationsphase 7 FTE* in F&E	6 Verhältnis von realisierten und eingereichten Ideen 7 Anzahl innovativer Ideen pro Innovationsfeld

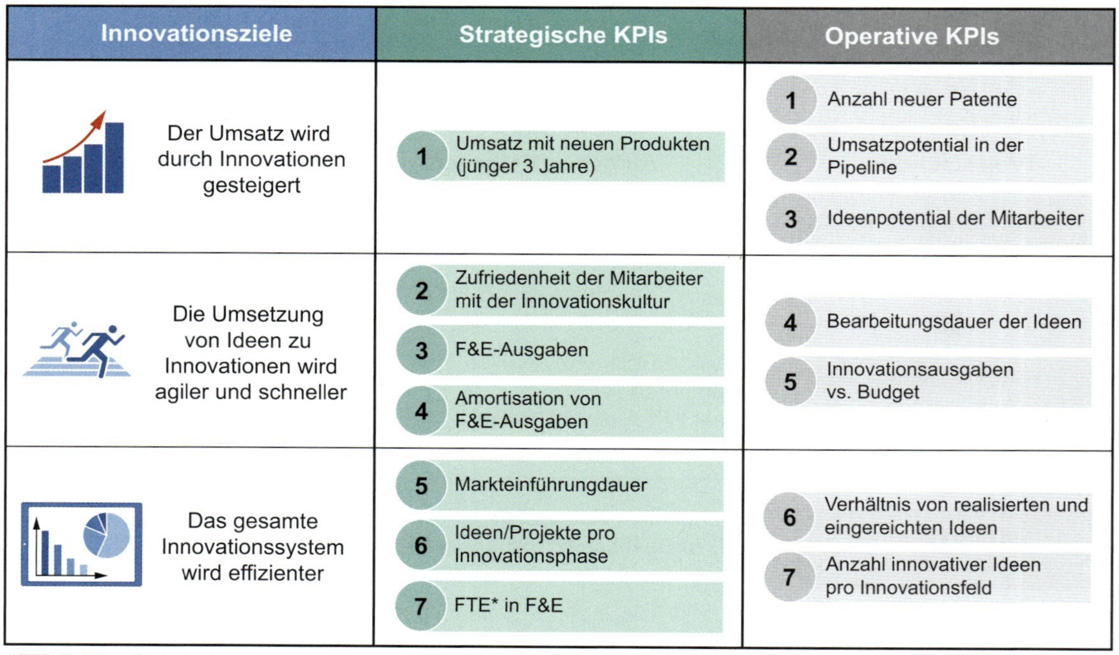

*FTE: Full-time Equivalent

BILD 6.7 Zuordnung der KPIs zu den definierten Innovationszielen

6.2 Reporting des Innovationsmanagements mit Key Performance Indicators (KPIs)

Für jeden KPI wurde ein Profil angelegt (Bild 6.8). Das Profil enthält die zentralen Informationen zum KPI: Was beschreibt der Indikator? Wieso ist er relevant? Welche Faktoren beeinflussen ihn und wie wird er ermittelt? Ferner wird im KPI-Profil dargestellt, welche Voraussetzungen für die Erhebung des Indikators erfüllt sein müssen, welche Datenquellen es gibt, in welchen Zyklen und an wen der KPI berichtet wird. Zusätzlich wird die zeitliche Entwicklung des KPI visualisiert. Als Größe dient der *Umsatz mit neuen Produkten* zu verschiedenen Zeitpunkten wie beispielsweise dem Steuerjahr (*FY* für *Fiscal Year*), dem Umsatz der letzten zwölf Monate (*LTM* für *Last Twelve Month*), der Zeitraum von Beginn des Jahres bis heute (*YTD* für *Year-to-date*) und der Umsatz zu den Quartalen eines Geschäftsjahres (*Q* für *Quarter*).

2. KPI-Fokus schärfen

Um ein finales KPI-System für eine effektive und effiziente Steuerung des Innovationsgeschehens zu definieren, wurden die vorausgewählten KPIs einer **Aufwand-Relevanz-Analyse** unterzogen.

Aufwand der Erhebung für die einzelnen KPIs bestimmen: Aus den KPI-Profilen lassen sich die Aufwände für die Erhebung des jeweiligen KPIs ableiten. Die Steckbriefe geben u. a. Aufschluss darüber, wie der KPI berechnet wird und welche Daten bzw. welche Datenquellen benötigt werden. Um die Indikatoren zu berechnen, müssen die Daten in einigen Fällen verknüpft werden. Der Aufwand dafür kann sehr unterschiedlich sein – von der manuellen Eingabe bis hin zu aufwändigen Algorithmen. Entscheidend war hier vor allem die Beantwortung von Fragen der Art: Wie viele verschiedene Datenquellen gibt es, um den

KPI-Profil: „Umsatz mit neuen Produkten (jünger 3 Jahre)" [mEUR]	
Definition „was"	**Visualisierung**
• Umsatz mit neuen Produkten und Dienstleistungen (inkrementell und disruptiv) • „Neu" wird definiert als „weniger als 3 Jahre seit Markteinführung" • Ein Produkt gilt auch als „neu", wenn es eine wesentliche Wertsteigerung für den Kunden im Vergleich zu bestehenden Produkten aufweist	Umsatz mit neuen Produkten für verschiedene Perioden [mEUR] 
Inspiration „warum"	
• Die Innovationsleistung wird ausgedrückt durch kontinuierliche und erfolgreiche Markteinführung neuer Produkte und Dienstleistungen mit zusätzlichem Umsatz • Der KPI soll die Höhe des Umsatzes mit neuen Produkten und Dienstleistungen ausweisen, um eine angemessene Kombination aus existierenden und neuen Marktleistungen zu gewährleisten	
Treiber für diesen KPI	**Reporting** / **Voraussetzungen**
• Entwicklung neuer Ideen für die Innovationspipeline basierend auf einem tiefen Verständnis für die Bedürfnisse/Visionen der Kunden • Effektive Qualifizierung und Steuerung zur Priorisierung der vielversprechendsten Ideen im Innovationsprozess • Strukturierte Verknüpfung von Innovationsphasen und Ausführungsprogrammen, um reibungslose Entwicklung und Markteinführung zu ermöglichen • Geeignete Ausführungsprogramme neben Produktentwicklungsprozessen, um die Weiterentwicklung einer größeren Anzahl Ideen zu unterstützen	• Verantwortlich: tbd • Zyklus: je Quartal • Empfänger: GL • Reporting Level: GEA **Methoden/ Datenquellen** • Jury/Fachgruppen entscheiden, welche Produkte als „neu" gelten • Umsatz (Gesamt, neue Produkte und Lösungen) aus der ERP-System	• Verwaltungstool, um Ideen/Projekte inkl. Metadaten zu verwalten • Zusätzlicher Prozess (und Schnittstelle) zum ERP System, um die Umsatzdaten zu konsolidieren • Etablierte Jury/ Fachgruppe, um Ideen/Projekte auszuwählen und zu priorisieren • Transparentes Qualifizierungssystem und -kriterien
Kalkulation „wie"	
• Bezieht sich auf die Summe aller Umsätze mit neuen Produkten und Dienstleistungen in einer Periode • Wird regelmäßig verglichen mit den Umsätzen aus unterschiedlichen Vorperioden (Umsatz des letzten Jahres, Umsatz der letzten vier Quartale, Umsatz im gleichen Zeitraum des Vorjahres etc.)	

FY: Fiscal Year **Q:** Quarter **YTD:** Year-to-date **LTM:** Last Twelve Months **GL:** Geschäftsleitung

BILD 6.8 Profil eines strategischen KPIs (Beispiel)

Indikator zu berechnen? Wie sind die Schnittstellen konfiguriert? etc.

Relevanz der KPI hinsichtlich Innovationszielen bestimmen: Die Relevanz der einzelnen KPIs wurde im ersten Schritt mit Hilfe eines Fragebogens ermittelt, mit dem die Stakeholder ihre subjektive Einschätzung zur Relevanz der KPIs mitteilen. Bild 6.9 zeigt einen Ausschnitt des Fragebogens. Ein Beispiel eines darin enthaltenen KPI stellt das sogenannte Full-time Equivalent (FTE) dar. Es dient als Indikator innerhalb des Personalmanagements. Im zweiten Schritt wurde eine Relevanz-Analyse durchgeführt, um die KPIs untereinander zu vergleichen. Dabei ging es um die Beantwortung der Frage: Ist der KPI x wichtiger für die Erreichung der Innovationsziele als der KPI y? [GP14].

Nach der Ermittlung von Aufwand und Relevanz der einzelnen Kennzahlen wurden diese in einem entsprechenden Aufwand-Relevanz-Portfolio eingeordnet (Bild 6.10). Aus der Darstellung ergeben sich Hinweise, welche Kennzahlen sofort umzusetzen sind, für welche Kennzahlen der Aufwand durch Maßnahmen reduziert werden muss und welche zunächst zurückzustellen sind. Letztere sind der strategische KPI 2 *Zufriedenheit der Mitarbeiter mit der Innovationskultur* und der operative KPI 3 *Ideenpotential der Mitarbeiter*. Sie weisen eine relativ geringe Relevanz bei gleichzeitig hohem Erhebungsaufwand auf. Mit Hilfe des Portfolios wurde die **finale KPI-Auswahl getroffen**.

3. KPI-System implementieren

Um die finalen KPIs im Unternehmen einzuführen, galt es, entsprechende technische Lösungen zu finden. GEA verfügte bereits über eine Innovationsplattform. Es lag daher nahe, diese zu nutzen. Wie in Bild 6.11 abgebildet, wurde die Plattform mit anderen **Datenquellen** (Systemen) **verknüpft**, um die Daten, die auf der Innovationsplattform selbst gesammelt werden (Prozessdaten des Front-Ends) mit den Nutzer-Stammdaten und den Prozessdaten des Back-Ends zusammen zu führen.

Die KPIs wurden in Form von übersichtlichen **Dashboards** in dem integrierten Softwaresystem **visualisiert**. Die Nutzer-Stammdaten (z. B. Standort, organisatorische Einheit etc.) bildeten dabei die Basis für die Auswahl und Bereitstellung der wesentlichen KPIs für einen Mitarbeiter, da jedem Mitarbeiter genau die Informationen zur Verfügung gestellt werden konnten, die für seine Arbeit relevant sind. Bild 6.12 zeigt ein solches Dashboard mit den folgenden strategischen KPIs:

KPI	Kurzbeschreibung	Ziel/Nutzen	Relevanz	
1 F&E-Ausgaben	Erfassung der Ausgaben für F&E mit dem Ziel der Expansion und Weiterentwicklung von Produkt und Produktion. Innovationen werden durch Grundlagenforschung und angewandte Forschung verstärkt.	Erfassen, ob das Unternehmen generierte Gewinne in die Weiterentwicklung des Unternehmens (Produkte, Produktion etc.) investiert.	0 - nicht relevant 1 - ab und zu relevant 2 - häufig relevant 3 - sehr relevant	☐ ☐ ☐ ☐
2 FTE* in F&E	Anteil der Mitarbeiter in F&E, die z.B. im Bereich Expansion oder Produktion & Technik arbeiten und dadurch das Ziel verfolgen, Innovationen durch Grundlagenforschung und angewandte Forschung zu verstärken.	Das Erfassen, welcher Anteil der Gesamtmitarbeiter dem Bereich F&E zugeordnet ist. Das erlaubt das Bewerten der Organisation, ob diese den Fokus auf die zukünftige Entwicklung der Produkte legt oder auf das heutige Tagesgeschäft.	0 - nicht relevant 1 - ab und zu relevant 2 - häufig relevant 3 - sehr relevant	☐ ☐ ☐ ☐
3 Umsatz mit neuen Produkten (jünger 3 Jahre)	Umsatz, welcher mit neuen Produkten erzielt wird (Alter: jünger 3 Jahre).	Die Wahrnehmung des Unternehmens als ein führender Innovator im Markt erfordert eine signifikante Anzahl neuer Produkte und Lösungen im Portfolio. Die Innovationsrate sollte mit den Innovationsraten der Wettbewerber verglichen werden.	0 - nicht relevant 1 - ab und zu relevant 2 - häufig relevant 3 - sehr relevant	☐ ☐ ☐ ☐

*FTE: Full-time Equivalent

BILD 6.9 Ausschnitt aus dem Fragebogen zur Relevanz der einzelnen KPIs

6.2 Reporting des Innovationsmanagements mit Key Performance Indicators (KPIs)

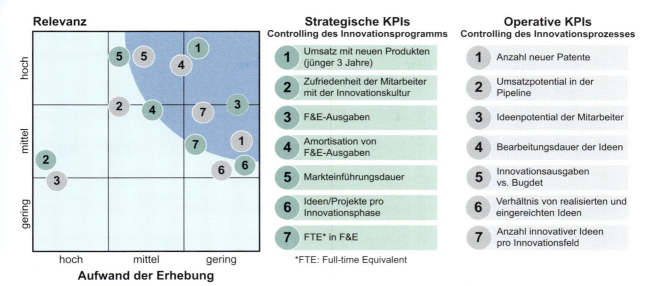

BILD 6.10 Aufwand-Relevanz-Portfolio zur Ermittlung der finalen KPIs

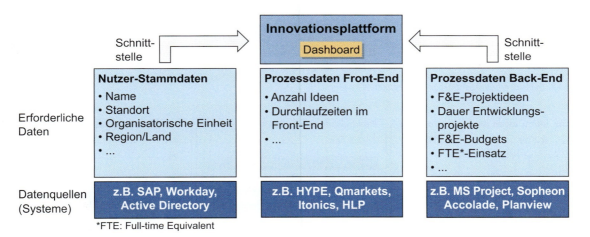

BILD 6.11 Architektur des KPI-Systems

- *Umsatz mit neuen Produkten:* Summe aller Umsätze mit neuen Produkten und Dienstleistungen, die jünger als 3 Jahre alt sind,
- *Ideen/Projekte pro Innovationsphase:* Gesamtanzahl von Ideen und Projekten im Innovationsprozess, aufgeteilt in die einzelnen Innovationsphasen,
- *Markteinführungsdauer:* Durchschnittliche Dauer bis zur Markteinführung neuer Produkte oder Services. Die Zeit wird gemessen von der Ideeneingabe in der Innovationsplattform bis zur Markteinführung,
- *FTE in F&E:* Beinhaltet das Vollzeitäquivalent der Mitarbeiter, die überwiegend Forschungs- und Entwicklungsmöglichkeiten ausüben im Vergleich zur Gesamtanzahl aller Mitarbeiter im Unternehmen,
- *F&E-Ausgaben:* Beschreiben alle Aufwendungen für die Bereiche Forschung und Entwicklung,

- *Amortisation von F&E-Ausgaben:* Beinhaltet die Dauer der durchschnittlichen Amortisationszeit von Ausgaben im Bereich Forschung und Entwicklung.

Bild 6.13 zeigt ein derartiges Dashboard mit den nachstehenden operativen KPIs:

- *Anzahl innovativer Ideen pro Innovationsfeld:* Beinhaltet die Anzahl der Ideen innerhalb definierter strategischer Innovationsfelder,
- *Bearbeitungsdauer der Ideen:* Spiegelt den Zeitraum wider, den eine Idee von der Einreichung bis zum Erreichen des zweiten Gates benötigt,
- *Verhältnis von eingereichten und realisierten Ideen:* Bildet den prozentualen Anteil der Ideen, welche in die Plattform eingetragen werden, den Produktentwick-

6 Fallbeispiele – Herausforderungen, Vorgehen, Resultate

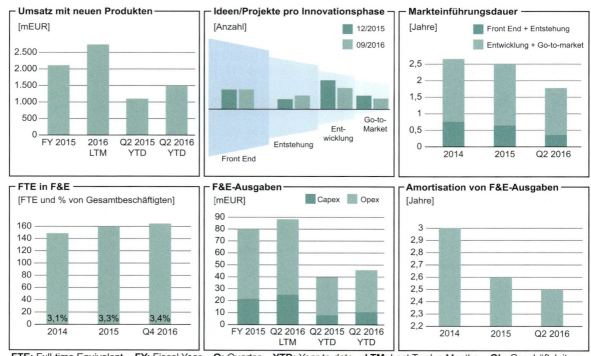

BILD 6.12 Beispiel eines Dashboards (strategische KPIs)

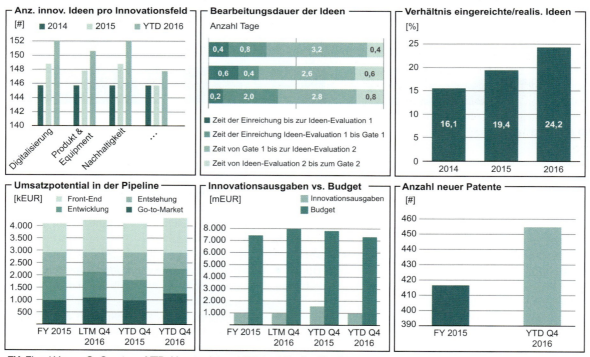

BILD 6.13 Beispiel eines Dashboards (operative KPIs)

lungsprozess durchlaufen und zu einem Produkt definiert werden,
- *Umsatzpotential in Pipeline:* Beschreibt den Wert der Ideen pro Phase im Innovationsprozess, gemessen am potentiell zu erzielenden Umsatz,
- *Innovationsausgaben vs. Budget:* Gibt an, wie hoch die Innovationsausgaben im Vergleich zum Gesamtbudget ausfallen,
- *Anzahl neuer Patente:* Beinhaltet die Gesamtanzahl der jährlichen Patentanmeldungen.

6.2.4 Resümee

Erst mit einer effektiven Steuerung erfüllt ein Innovationsmanagement seinen Zweck und kann stets an sich verändernde Rahmenbedingungen angepasst werden. Voraussetzung für eine Steuerung ist, die Innovationsaktivitäten zu messen. Mit dem vorgestellten KPI-System und der adressatengerechten Abbildung in Dashboards ist dies möglich. Die Erfolgsfaktoren des Projekts waren:

Commitment: Alle relevanten Stakeholder wurden aktiv in den Aufbau des Kennzahlensystems eingebunden. Das trägt in hohem Maße dazu bei, dass das eingeführte Innovationsmanagement bzw. die etablierte Innovationsplattform in der Organisation eine hohe Akzeptanz aufweisen.

IT-technische Abbildung: Die Dashboards mit den jeweiligen KPIs wurden in die bestehende IT-Landschaft des Unternehmens integriert, sodass sie automatisch erzeugt und aktualisiert werden. Auf diese Weise wurden Datenüberalterungen und -inkonsistenzen vermieden und manuelle Pflegeaufwände auf ein Minimum reduziert, was letztendlich für die Anwendung der Systematik im Arbeitsalltag gesorgt hat.

6.3 Zukünftige Lichtsystemarchitekturen für Sportstadien

Osram GmbH

6.3.1 Unternehmen

OSRAM ist einer der weltweit führenden Hersteller von Beleuchtungslösungen. Mit seinem Produktprogramm deckt das Unternehmen die gesamte Wertschöpfungskette von Komponenten – einschließlich Lampen, Vorschaltgeräten und optischen Halbleitern wie lichtemittierende Dioden (LED) – über Leuchten und Licht-Management-Systeme bis hin zu umfassenden Beleuchtungslösungen ab. Das Unternehmen ist mit einem Umsatz von über 4,1 Mrd. € weltweit aktiv und beschäftigt rund 26 400 Mitarbeiter. OSRAM hat in seiner Historie immer wieder bedeutende Produktinnovationen hervorgebracht. So geht schon der Firmenname auf die Erfindung der Glühlampe mit einem Glühfaden aus Osmium (OS) und Wolfram (RAM) zurück. In vielen Unternehmensbereichen wurden zahlreiche Innovationsaktivitäten und entsprechende Projekte erfolgreich durchgeführt. Insbesondere durch die Kernkompetenz der Lichtquellenentwicklung konnten zahlreiche Produkte erfolgreich am Markt etabliert werden.

6.3.2 Innovationsherausforderung

Der Geschäftsfokus von OSRAM lag in der Vergangenheit vorrangig auf der Entwicklung und Herstellung innovativer Einzelkomponenten. Die voranschreitende Entwicklung im Kontext Cyber-Physische Systeme eröffnet jedoch völlig neue Geschäftsperspektiven. Durch diese Technologie entstehen intelligente vernetzte Produkte, die das Potential haben, Märkte radikal zu verändern. OSRAM stand vor der Herausforderung, dieses Potential im Bereich Sportstadien zu erschließen. Vor diesem Hintergrund wurde eine zukunftsfähige Systemarchitektur entwickelt, die die zukünftigen Anforderungen an neuartige Produkt-Service-Systeme für Sportstadien erfüllt. Die Architektur eines technischen Systems beschreibt dessen Struktur, dessen Systemelemente (Hard- und Software), deren Beziehungen (sowohl zueinander als auch zu ihrem Umfeld) sowie die Wirkzusammenhänge des Systems auf einem definierten Abstraktionsniveau. Damit wird ein Orientierungsrahmen für die technologische Weiterentwicklung geschaffen. Im vorliegenden Fall spannte die Lichtsys-

temarchitektur neue Forschungs- und Betätigungsfelder für das Unternehmen auf, die identifiziert und bewertet wurden.

6.3.3 Vorgehen und Projektresultate

Bild 6.14 zeigt den Leitfaden für das Vorgehen in dem Projekt. Im Folgenden werden die einzelnen Projektschritte und die jeweiligen Aufgaben, eingesetzte Methoden sowie die Resultate erläutert.

1. Zukunftsszenarien entwickeln

Voraussetzung für den Erfolg einer zukünftigen Systemarchitektur und der damit verbundenen neuartigen Produkt-Service-Systeme ist die Akzeptanz der Systeme bei den Betreibern und Besuchern der Sportstadien. Um zu untersuchen, wie sich das Konsumverhalten und die Erwartungshaltungen der Stadienbetreiber und -besucher sowie die Stadien selbst bis zum Jahr 2025 verändern werden, wurden Zukunftsszenarien entwickelt. Im ersten Schritt erfolgte die Ermittlung von Einflussbereichen und -faktoren. Durch Experteninterviews fand eine Reduktion der Einflussfaktoren auf die wichtigsten Schlüsselfaktoren statt. Für jeden Schlüsselfaktor wurden im Anschluss alternative Entwicklungsmöglichkeiten (Projektionen) beschrieben. Darüber hinaus wurden jedem Schlüsselfaktor Indikatoren, d. h. messbare Kennzahlen zugeordnet. Unter Anwendung der Konsistenz- und Clusteranalyse wurden **alternative Zukunftsszenarien gebildet**, die denkbare und in sich konsistente Situationen im Kontext Sportstadien im Jahr 2025 beschreiben. Bild 6.15 zeigt die erarbeiteten Szenarien im sogenannten Zukunftsraum-Mapping (vgl. Bild 2.27).

Szenario I – Hochflexible Multifunktionsstadien mit Begeisterungsgarantie mobilisieren die Massen: Multifunktionale Stadien sind nicht mehr wegzudenken. Durch eine plattformbasierte Bauweise sind verschiedene Konstellationen eines Stadions denkbar, sodass die Stadionnutzung flexibler wird. Multifunktionsstadien sind ein wesentlicher Innovationsschauplatz für Multimediatechnologien. Diese finden insbesondere dann Anwendung, wenn sie die Emotionalisierung der Besucher fördern. Der Besuch eines Stadions ist ein Erlebnis – egal für welches Event. Der Kunde zahlt schon lange nicht mehr nur für das Haupt-Event im Stadion. Nach amerikanischem Vor-

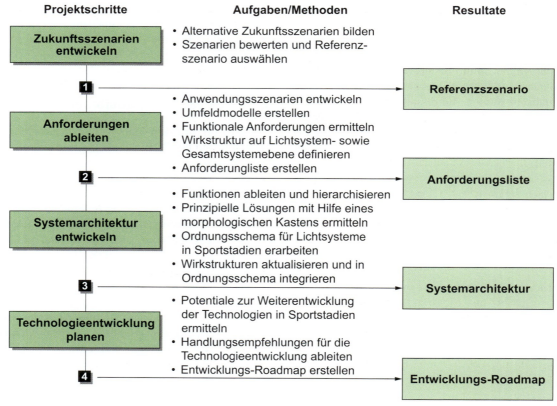

BILD 6.14 Leitfaden für das Vorgehen im Projekt

6.3 Zukünftige Lichtsystemarchitekturen für Sportstadien

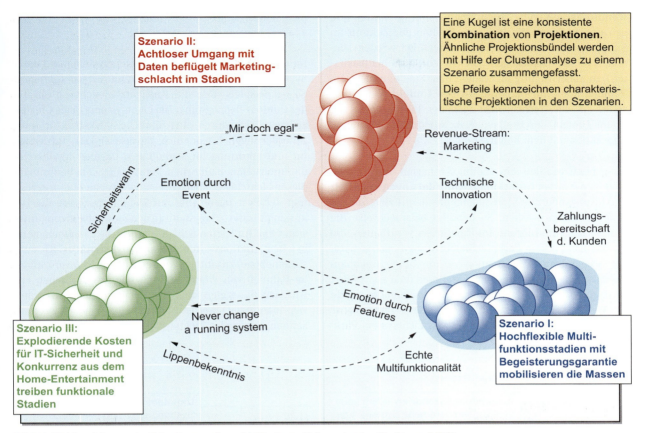

BILD 6.15 Visualisierung der Zukunftsszenarien mit Hilfe der multidimensionalen Skalierung (MDS)

bild möchte er vor, während und nach der Veranstaltung zusätzlich unterhalten werden.

Szenario II – Achtloser Umgang mit Daten beflügelt Marketingschlacht im Stadion: Das Stadion der Zukunft strotzt vor technischen Finessen und Features im Innenbereich. Besucherdaten spielen eine zentrale Rolle. Allerdings widersprechen sich theoretische Wertschätzung und gelebte Achtlosigkeit im Umgang mit personenbezogenen Daten. Daten-Analysten veredeln in Kooperationen mit Internetdienstleistern Kundendaten gewerkübergreifend zu neuen Nutzenversprechen und erschließen neue Geschäftsfelder.

Szenario III – Explodierende Kosten für IT-Sicherheit und Konkurrenz aus dem Home-Entertainment treiben funktionale Stadien: Technologien der Digitalisierung spielen eine Nebenrolle. Die Stadionbesucher sind digitalisierungsverdrossen. Sie möchten weder vom Stadion beeinflusst, noch permanent bei An- und Abreise bespielt und ausgeforscht werden. Das sogenannte Sekundärentertainment ist gescheitert – der Besucher boykottiert diese Form der Nebenunterhaltung beim Event. In Zeiten von 8K Fernsehen mit realistischen Soundkulissen neigen viele zum Cocooning – dem Einigeln in den eigenen vier Wänden. Nur noch sehr treue Fans und immer weniger Gelegenheitsbesucher finden den Weg ins Stadion. Diese schätzen das Erlebnis im Stadion; im Kollektiv verstärken sich Emotionen.

Die **Szenarien** wurden im Anschluss in Hinblick auf ihre Eintrittswahrscheinlichkeit und Auswirkungsstärke **bewertet**. Auf diese Weise wurde ein **Referenzszenario ausgewählt**, das die Grundlage zur Definition der zukünftigen Systemarchitektur bildete.

2. Anforderungen ableiten

Das Gesamtsystem Stadion besteht aus vielen verschiedenen Lichtsystemen (Teilsystemen), z. B. Spielfeldbeleuchtung, Parkplatzbeleuchtung, Fanshopbeleuchtung etc. Auf Basis des Referenzszenarios wurden einerseits Anforderungen an die einzelnen Lichtsysteme und andererseits an das übergeordnete Gesamtsystem abgeleitet. Zunächst wurden Anwendungsszenarien (Use Cases) definiert und eine Analyse des Systemumfelds durchgeführt. Die An-

wendungsszenarien beschreiben konkrete Anwendungen und Services, die in einem Stadion der Zukunft im Sinne des Referenzszenarios durchgeführt werden können, z. B. Standortbezogene Dienste auf Basis lichtbasierter Datenübertragung im Stadion bzw. Stadionumfeld. Im Rahmen der Umfeldanalyse wurden **Umfeldmodelle** erstellt, die die Wechselwirkungen der Lichtsysteme mit ihrem Umfeld beschreiben (z. B. klimatische Einflüsse, Interaktion mit dem Benutzer etc.).

Ausgehend von den Anwendungsszenarien und Umfeldmodellen wurden **funktionale Anforderungen ermittelt** und lösungsneutrale Systemelemente identifiziert, die die Anforderungen erfüllen. So benötigt beispielsweise die funktionale Anforderung Informationen verarbeiten, die für das Lichtsystem Parkplatzbeleuchtung benötigt wird, ein Systemelement Informationsverarbeitung – unabhängig davon, in welcher Technologie dieses final ausgeführt wird. Auf Basis der zukünftigen Systemelemente wurde im Anschluss für jedes Lichtsystem eine **Wirkstruktur definiert**. Bild 6.16 zeigt dies für das Lichtsystem Parkplatzbeleuchtung. Für die übrigen Lichtsysteme wurde analog vorgegangen.

Im nächsten Schritt wurden alle Lichtsysteme und deren Systemelemente gemäß Bild 6.17 zu Clustern aggregiert. So ist beispielsweise die Parkplatzbeleuchtung ein Teil der Outdoor-Beleuchtung. Die Lichtsysteme eines Clusters zeichnen sich durch eine ähnliche Wirkstruktur sowie Anforderungen hinsichtlich Zuverlässigkeit, Infrastruktur und Verortung im Stadion aus. Darüber hinaus sind die unternehmensinternen Verantwortlichkeiten anhand dieser Lichtcluster strukturiert, weswegen eine Aggregation der Systemelemente auf Lichtclusterebene die Diskussion für die Ausgestaltung der Systemelemente unterstützt hat. Im letzten Schritt wurden die Systemelemente in einer **stadionweiten Gesamtwirkstruktur** (Gesamtsystemebene) zusammengefasst. Auf diese Weise konnten im Rahmen von Workshops mit allen wesentlichen Entwicklern Synergien über die Einzelsystemgrenzen hinweg identifiziert werden. So ließ sich beispielsweise erkennen, dass jedes Lichtsystemcluster über mobile Apps

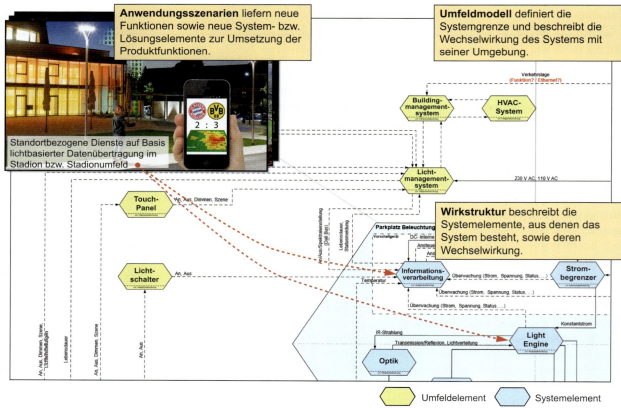

BILD 6.16 Definition der zukünftigen Wirkstruktur von Lichtsystemen auf Basis von Anwendungsszenarien und Umfeldmodellen am Beispiel Parkplatzbeleuchtung

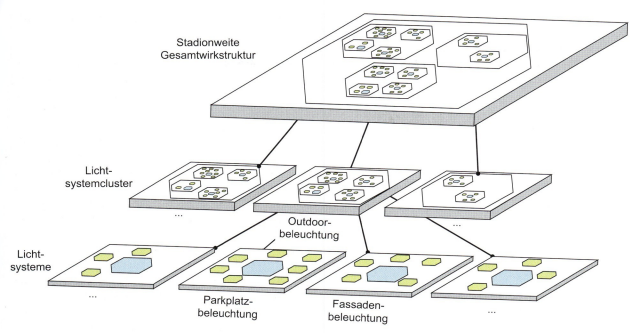

BILD 6.17 Clustering der Wirkstruktur einzelner Lichtsysteme zu einer stadionweiten Gesamtwirkstruktur

verfügt, diese Apps aber individuell entwickelt wurden und zueinander nicht kompatibel waren. Die Betrachtung der Wirkstruktur auf den unterschiedlichen Ebenen (Teilsystem bis Gesamtsystem) trug maßgeblich zur Komplexitätsreduktion bei.

Des Weiteren wurden die Umfeldmodelle dazu verwendet, den Entscheidungsprozess hinsichtlich der unternehmensstrategischen Grenzen des Systems zu unterstützen, d. h. es wurde festgelegt, welche Systemelemente zukünftig Teil des Produkts sein sollen und welche im Systementwurf lediglich berücksichtigt werden müssen, z. B. über Schnittstellen. Alle Anforderungen an die zukünftigen Lichtsysteme und an das übergeordnete Gesamtsystem wurden abschließend in einer **Anforderungsliste** dokumentiert.

3. Systemarchitektur entwickeln

Im Hinblick auf die Entwicklung der zukünftigen Lichtsystemarchitektur wurden aus den funktionalen Anforderungen detaillierte **Funktionen abgeleitet** und in eine Funktionshierarchie überführt. Die Funktionen wurden soweit untergliedert bis für jede Teilfunktion ein Lösungselement gefunden wurde. Im Ergebnis lagen eine Funktionshierarchie und ein morphologischer Kasten vor (Bild 6.18). Der morphologische Kasten wurde in diesem Fall so strukturiert, dass die Lösungen von links nach rechts mit steigendem Digitalisierungsgrad angeordnet wurden. Der Grad der Digitalisierung bezieht sich dabei auf den informationstechnischen Aufwand, eine spezifische Lösung zu implementieren und wurde im Rahmen von Workshops mit den jeweiligen Fachexperten des Unternehmens erarbeitet.

Zur **Ermittlung prinzipieller Lösungen** mit Hilfe des morphologischen Kastens wurde im ersten Schritt eine Ist-Aufnahme der bestehenden Lichtsysteme durchgeführt und als Pfad durch den morphologischen Kasten gelegt (blauer Pfad). Im nächsten Schritt wurden dann Pfade für jedes identifizierte Anwendungsszenario ermittelt (exemplarisch roter Pfad). Dabei wurden sowohl Lösungselemente aus dem Portfolio des Unternehmens (verfügbar oder in Entwicklung) als auch von ausgewählten Mitbewerbern und potentiellen Zulieferern betrachtet. Für jedes einzelne Anwendungsszenario ergab sich somit ein technologisches Delta zum aktuellen Stand der Technik sowie ein Überblick über Funktionen, denen noch kein Lösungselement zugeordnet werden konnte. Die identifizierten Einzellösungen wurden anschließend anhand der Kriterien Verfügbarkeit, Entwicklungsaufwand und Kompatibilität mit anderen Systemen bewertet.

Zur Entwicklung der Systemarchitektur wurde zunächst ein generelles **Ordnungsschema für Lichtsysteme in Sportstadien erarbeitet**, das eine Einordnung von Produkten und Dienstleistungen aller am Wertschöpfungsnetzwerk beteiligten Komponenten und Stakeholder erlaubt (Bild 6.19). Das Ordnungsschema gab einen Rahmen

6 Fallbeispiele – Herausforderungen, Vorgehen, Resultate

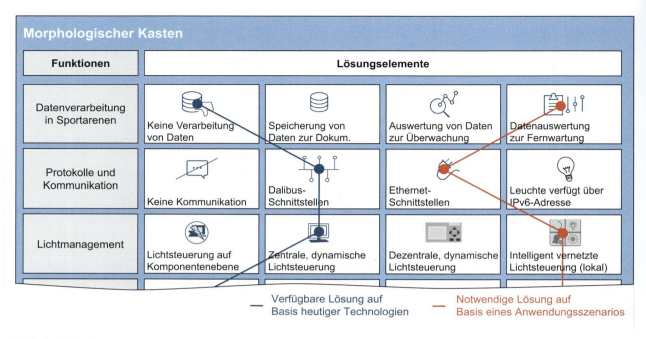

BILD 6.18 Morphologischer Kasten zur Zuordnung verschiedener Lösungen zu Funktionen

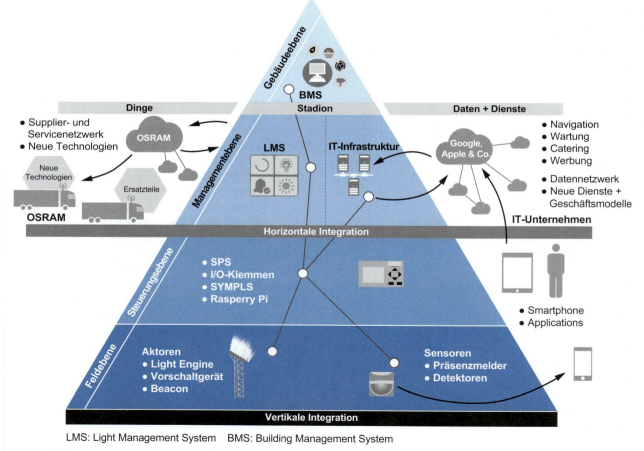

LMS: Light Management System   BMS: Building Management System

BILD 6.19 Entwickeltes Ordnungsschema für Lichtsysteme in Sportstadien für die Strukturierung, Entwicklung und Integration sowie den Betrieb der relevanten technischen Systeme, die in der Systemarchitektur modelliert werden, vor. Als Muster diente die aus der industriellen Fertigung bekannte Automatisierungspyramide, die die komplexe Informationsverarbeitung in einem automatisierten Produktionsunternehmen vertikal von der Feldebene bis zur Unternehmensleitebene strukturiert. Analog dazu wurde eine Unterteilung von der Feldebene bis zur Gebäudemanagementebene gewählt. Darüber hinaus wurden mit Hilfe des Ordnungsschemas systemische Grenzen in der horizontalen Vernetzung gesetzt, d. h. es wurde festgelegt, auf welcher Hierarchieebene die systemübergreifende Vernetzung mit externen Unternehmen und Dienstleistern verortet werden soll. Diese Grenze galt es bei der Entwicklung der Systemarchitektur zu berücksichtigen.

Im nächsten Schritt wurden die zuvor erarbeiteten **Wirkstrukturen** vor dem Hintergrund der prinzipiellen Lösungen **konkretisiert** und in das **Ordnungsschema integriert**. Auf diese Weise entstand die Systemarchitektur für zukünftige Lichtsysteme in Sportstadien, aus der die Positionierungen der einzelnen Lichtsysteme (vertikal, horizontal) zu erkennen ist. So wurden einerseits vertikale Schnittstellen und Technologien, von der einzelnen Leuchte bis zum Gebäudemanagementsystem, definiert und deren prinzipielle Wirkzusammenhänge beschrieben. Andererseits wurde für eine horizontale Integration über die Grenzen des Systems Stadion deutlich, wie und an welchen Stellen eine Vernetzung mit externen Partnern, bspw. einem Plattformanbieter, umzusetzen ist. Die entwickelte Systemarchitektur trug zur Standardisierung von Technologien, Lösungsprinzipien und Schnittstellen im Gesamtsystem Sportstadion bei.

4. Technologieentwicklung planen

Auf Basis der erarbeiteten Ergebnisse wurden **Potentiale** zur Weiterentwicklung der Technologien in Sportstadien auf den unterschiedlichen Ebenen des Ordnungsschemas **ermittelt**. Im Anschluss wurden **Handlungsempfehlungen** für die Technologieentwicklung von OSRAM **abgeleitet**. Beispielsweise wurde die Handlungsempfehlung formuliert, offene Kommunikationsstandards zügig in das Produktprogramm zu implementieren, da diese zur Umsetzung bestimmter Anwendungsszenarien notwendig sind. Abschließend wurde eine **Entwicklungs-Roadmap erstellt**, die aufzeigt, welche Technologieentwicklungen zu welchem Zeitpunkt angestoßen werden sollten, um die zukünftigen Kundenerwartungen und -anforderungen bestmöglich zu adressieren.

6.3.4 Resümee

Die in diesem Fallbeispiel vorgestellte Entwicklung einer Systemarchitektur für zukünftige Lichtsysteme in Sportstadien beinhaltet ein weites Spektrum an Veränderungen für das Unternehmen. Dabei wurden nicht nur neue Technologien für das Unternehmen identifiziert, sondern eine Vielzahl an neuartigen Themenfeldern und entsprechenden Partnern identifiziert. Die notwendigen technologischen Anpassungen hin zu einem digitalisierten vernetzten Lichtsystem bringen neue strategische Partner, wie bspw. Plattformanbieter, in das Ökosystem ein, die so bisher noch nicht betrachtet wurden. Die Systemarchitektur schafft einen Orientierungsrahmen für die technologische Weiterentwicklung der Lichtsysteme. Der Abgleich von zukünftigen Anwendungsszenarien mit den entsprechenden Lichtsystemen und den technologischen Lösungen liefert darüber hinaus einen ersten Eindruck hinsichtlich der Umsetzbarkeit neuer Geschäftsmodelle. Wichtig ist, dass Innovationsmanager, Entwickler und Produktmanager ein gemeinsames Zielbild verfolgen. Ferner erlaubt die frühzeitige Betrachtung der technologischen Herausforderungen eine gezielte Anpassung der eigenen Entwicklungs-Roadmap. Bei der Erarbeitung und Diskussion der zukünftigen Systemarchitektur haben sich folgende Erfolgsfaktoren herauskristallisiert:

Schaffung eines gemeinsamen Zielsystems: Die Systemarchitektur bildet einen fundierten Orientierungsrahmen für die technologische Weiterentwicklung der Produkte und Systeme. Die Architektur unterstützt die Entwicklung von Erfolg versprechenden Produkt-Service-Systemen und verhindert die Ausbildung von technologischen Insellösungen.

Top-Management Involvement: Durch die Entwicklung der Systemarchitektur und der damit verbundenen Diskussion bezüglich unternehmensstrategischer Systemgrenzen und -schnittstellen zukünftiger Produkte wurde ein Entscheidungsdruck erzeugt, der die Entstehung neuer Lösungen sehr gefördert hat.

„**Carry-Over Effekte**": Die Systemarchitektur flankiert die konzernweite Forschung und Entwicklung hin zu vernetzten Systemen. Im Rahmen der Architektur wurden Lösungen und Standards erarbeitet, die auf andere Anwendungsbereiche übertragbar sind.

Antizipation des digitalen Wandels: Der Start der Innovationsinitiative in dem Bereich Sportstadien leitete den Wandel von einer bisher technologiegetriebenen Entwicklung hin zu einer bedarfsgerechten antizipativen ganzheitlichen Herangehensweise ein, die im Kontext Cyber-Physische Systeme neue Geschäftsperspektiven eröffnete.

6.4 Ideation Event

thyssenkrupp AG

6.4.1 Unternehmen

Der Geschäftsbereich Industrial Solutions von thyssenkrupp ist ein führender Partner für Planung, Bau und Service rund um industrielle Anlagen und Systeme. Mit über 21 000 Mitarbeitern an mehr als 70 Standorten liefert das Unternehmen weltweit schlüsselfertige Anlagen, die durch ihre hohe Wertschöpfung und besonders ressourcenschonenden Technologien Maßstäbe setzen. Neben Chemie-, Kokerei-, Raffinerie-, Zement- und anderen Industrieanlagen zählen auch Anlagen für Tagebau, Erzaufbereitung oder Hafenumschlag sowie entsprechende Dienstleistungen zum Portfolio von thyssenkrupp Industrial Solutions. In der Business Unit „Fertilizer & Syngas Technologies" plant und baut thyssenkrupp Industrial Solutions Anlagen zur Herstellung von Düngemitteln und ist einer der führenden Anbieter weltweit. Das Portfolio reicht von Ammoniak & Urea, Wasserstoff & Nitraten über Phosphat-Düngemittel bis hin zu Granulationstechnik.

6.4.2 Innovationsherausforderung

Ziel von thyssenkrupp ist, die Innovationsaktivitäten konsequent auf veränderte Rahmenbedingungen der Zukunft auszurichten. Deshalb wurde im Rahmen des unternehmensweiten Innovationsmanagements ein Foresight-Prozess etabliert. In diesem Prozess stellt sich die Frage, wie z. B. Mobilität, Landwirtschaft, Luft und Wasser, Bau und Infrastruktur sowie Produktion 2030 und später aussehen könnten. Für all diese Bereiche entwickelte das Unternehmen Zukunftsszenarien. Die Herausforderung für die einzelnen Geschäftsbereiche von thyssenkrupp, darunter Industrial Solutions, besteht darin, auf Basis dieser Szenarien Ideen für Innovationen zu generieren. Die Business Unit „Fertilizer & Syngas Technologies" führte daher ein Ideation Event in Form eines zweitägigen Workshops durch. Ziel der Aktion war, kreativ und strukturiert konkrete und umsetzbare Innovationsaktivitäten, Produkte und Dienstleistungen zu generieren. Dies war mit dem Anspruch verbunden, den Blick der Teilnehmer über das etablierte Kerngeschäft hinaus zu weiten.

6.4.3 Vorgehen und Projektresultate

Das grundsätzliche Vorgehen bei einem Ideation Event (vgl. Kapitel 3.1.4) wurde im konkreten Fall auf die Zielsetzung und den Anwendungsfall zugeschnitten. Die Phase 5 „Erprobung" wurde im Anschluss an den Workshop durchgeführt. Bild 6.20 zeigt das Vorgehen im Projekt. Im Folgenden werden die einzelnen Projektschritte, die jeweiligen Aufgaben und verwendeten Methoden sowie die Resultate erläutert.

1. Ideation Event vorbereiten

Zunächst wurden der **„Denkraum"** und die **Fragestellung** des Ideation Events **festgelegt**; Ausgangspunkt der Überlegungen waren die bereits von thyssenkrupp erarbeiteten Zukunftsszenarien, insbesondere diejenigen, die die Bereiche Landwirtschaft und Ernährung adressieren. Diese bilden den „Denkraum" für die Entwicklung von Produkt-, Dienstleistungs- und Geschäftsmodellideen. Die Fragestellung, die mit dem Ideation Event beantwortet werden sollte, lautete „Was sind die zukünftigen Herausforderungen in der Welt der Landwirtschaft, insbesondere der Düngemittel, und wie können wir unter den zukünftigen Bedingungen Kundennutzen stiften?"

Im nächsten Schritt galt es, **geeignete Methoden** für das Ideation Event **auszuwählen**. Zunächst wurde anhand der Systematik der Ideation-Konzepte (vgl. Kapitel 3.1.4) entschieden, eine *Ideation Eruption* durchzuführen (Bild 6.21). Ziel war es, unter Beteiligung mehrerer spezieller Zielgruppen (z. B. unternehmensinterner und -externer Experten) möglichst viele Rohideen zu generieren.

Im Anschluss wurde mit Hilfe des morphologischen Kastens das geeignete Set an Arbeitsmethoden bestimmt (Bild 6.22). Dem Projektleiter war wichtig, dass die Teilnehmer in eine völlig neue Denkweise eintauchen. Es galt, die Perspektive der Teilnehmer auf die gesamte Wertschöpfungskette bis hin zum Endkonsumenten zu weiten. Deshalb wurde bei der Vorbereitung des Ideation Events ein besonderer Fokus auf den Projektschritt „Inspiration" gelegt. Ausgewählte Ideen sollten nach dem Event weiter ausgearbeitet und auf ihre Machbarkeit getestet werden. Ausgehend von den *Zukunftsszenarien* wurde entschieden, im Bereich Inspiration die Methoden *Inspirationswand, Impulsvorträge durch externe Experten* und *Storytelling* zu setzen. Für die Ideengenerierung wurden die Methoden *Wertschöp-*

6.4 Ideation Event

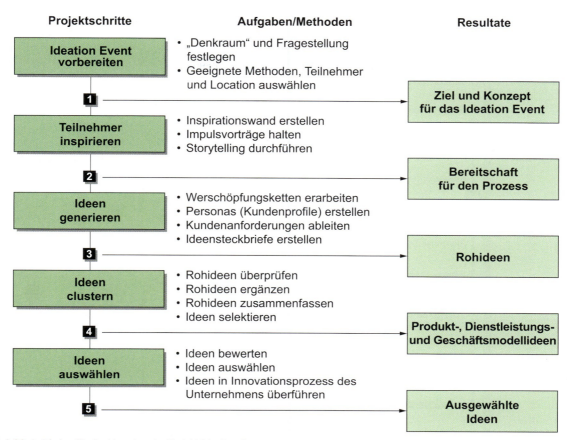

BILD 6.20 Leitfaden für das Vorgehen im Projekt Ideation Event

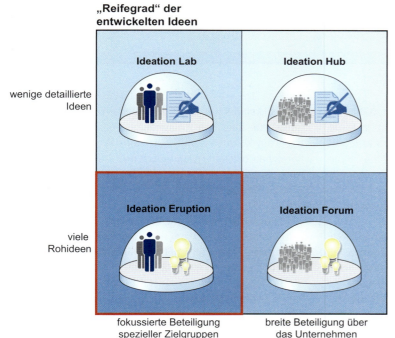

BILD 6.21
Systematik der Ideation-Konzepte und Bestimmung des angewandten Konzepts Ideation Eruption

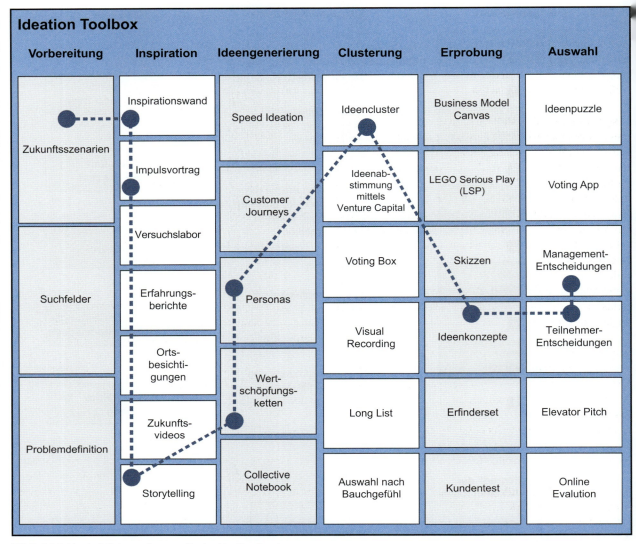

BILD 6.22 Vorab definiertes Konzept für das Ideation Event

fungsketten und *Personas (Kundenprofile)* ausgewählt. Im Rahmen der Clusterung wurden ähnliche Ideen zu *Ideenclustern* zusammengefasst. Die Ideenauswahl wurde auf Basis von *Teilnehmer-* und *Managemententscheidungen* vorgenommen. Die Erprobung der Ideen mittels *Ideenkonzepten* erfolgte nachgelagert. Im Folgenden wird auf die Anwendung der genannten Methoden näher eingegangen.

Bei der Auswahl der **Teilnehmer** wurde auf verschiedene Hierarchiestufen, Altersklassen und Fachrichtungen geachtet. Durch unterschiedliche Erfahrungen, Herangehensweisen und vielfältiges Wissen sollte eine heterogene Gruppe zusammengestellt werden, die möglichst alle Aspekte abdeckt. Darüber hinaus wurde die Gruppe durch externe Experten unterstützt, da die Ideengenerierung über inkrementelle Innovationen hinausgehen sollte. Ziel des Workshops war es, entlang der gesamten Wertschöpfungskette über den Anlagenbau hinaus zu blicken. Die Experten konnten somit wertvolles Wissen aus anderen Bereichen beisteuern und nicht nur durch die Impulsvorträge, sondern auch während der gesamten zwei Tage wichtige Stimuli geben.

Als **„Location"** wurde ein Ort abseits des regulären Arbeitsumfelds gewählt, um eine inspirierende und flexible Arbeitsumgebung zu schaffen. Die Wahl fiel auf ein altes Eisenbahndepot, in dem neben einem Künstleratelier eine Bühne für kulturelle Veranstaltungen sowie ein Kulturverein beheimatet sind.

2. Teilnehmer inspirieren

Auf diesen Projektschritt wurde großer Wert gelegt, um möglichst viel Kreativität der Teilnehmer für die Erarbeitung der Ideen freisetzen und nutzen zu können. Folgende Aufgaben wurden durchlaufen:

Inspirationswand erstellen: Bereits vor Beginn des Ideation Workshops wurde eine Inspirationswand aufgebaut. Auf ihr wurden Informationen zu Trends, relevante Fakten aus diversen Studien sowie die Szenarien bildhaft dargestellt. Im Verlauf des Workshops wurden weitere Inhalte auf der Wand ergänzt, z. B. der Input der externen Experten. So hatten die Teilnehmer während der gesamten Veranstaltung die Möglichkeit, sich die Wand anzuschauen und für Denkanstöße zu nutzen. Zudem konnten Informationen auf der Wand neu kombiniert und rekapituliert werden. Viele Teilnehmer nutzten die Inspirationswand auch als Möglichkeit, ihre eigenen Notizen zu hinterlassen und so ihre Gedanken den anderen Teilnehmern zugänglich zu machen.

Impulsvorträge halten: Für Impulsvorträge zu politischen, sozio-ökonomischen und naturwissenschaftlichen Herausforderungen wurden vier verschiedene externe Experten für den Workshop gewonnen. Zu Beginn des Ideation Events wurden die Teilnehmer durch die zehnminütigen Impulsvorträge und jeweils einer nachfolgenden zehnminütigen Diskussionsrunde auf das Event eingestimmt. Die Experten deckten folgende Themen ab:

- Experte aus der Politik: Klima- und Umweltschutz,
- Experte aus der Marktforschung: Marktentwicklung bei Getreide, Ölsaaten und Fleischproduktion,
- Experte aus der Düngemittelproduktion: Herausforderungen und Entwicklungen in der Branche,
- Experte aus einem Forschungsinstitut: Digitalisierung.

Die Vorträge wurden bewusst so ausgewählt, dass unterschiedliche Bereiche des Unternehmensumfelds abgedeckt waren. So konnten auch Impulse gegeben werden, die über den Unternehmensalltag hinausgingen. Die externen Redner blieben auch nach den Vorträgen als Teilnehmer im Workshop und gaben aus ihrer individuellen Perspektive fortwährend neue Impulse.

Storytelling durchführen: Für das Storytelling wurden die zuvor bei thyssenkrupp entwickelten Szenarien auf die speziellen Anforderungen der Business Unit „Fertilizer & Syngas Technologies" angepasst. Folgende Materialien wurden bereits in der Vorbereitungsphase erstellt (Bild 6.23):

- Beschreibung der Szenarien mit ihren Kerncharakteristika,
- Detailreiche Alltagsgeschichte einer Zukunftsperson aus der jeweiligen Zukunftswelt des Szenarios,
- Poster (Picture of the Future) für jedes Szenario zur Veranschaulichung der Zukunftswelt,
- „What if"-Statements je Szenario; diese geben im „Was wäre, wenn…"-Stil weitere Informationen, z. B. zu gesellschaftlichen Wertevorstellungen in den Szenarien.

Nach den Impulsvorträgen wurden die Teilnehmer mit einer groben Beschreibung der Szenarien auf die folgende Gruppenarbeit eingestimmt und anschließend in Gruppen entsprechend der vier Szenarien aufgeteilt. Jede der vier Gruppen wurde durch einen Moderator in das Szenario hineinversetzt: Es wurde die Alltagsgeschichte eines Protagonisten aus der Zukunftswelt erzählt. Die vielen Details der Geschichte halfen den Teilnehmern, sich immer wieder in den Protagonisten und seine Herausforderungen hineinzuversetzen. Ferner wurde die Geschichte durch Visualisierung der Szenarien mit Hilfe von Postern unterstützt. Diese wurde um „What if"-Statements ergänzt, sodass die Teilnehmer eine ausgeprägte Vorstellung von ihrem Szenario erhielten. In der Gruppenarbeit lagen alle Informationen zur Bearbeitung der Aufgaben aus.

3. Ideen generieren

Die Gruppenarbeit bestand aus vier Teilaufgaben, wie sie in Bild 6.24 abgebildet sind. Zunächst wurde eine **Wertschöpfungskette** für das jeweilige Szenario **erarbeitet**. Ziel war es, mögliche „Game Changer", also signifikante Veränderungen in der Wertschöpfungskette, die eine wichtige Auswirkung auf das eigene Geschäftsmodell haben, zu erkennen. Aufgrund der sehr extremen Szenarien sahen sich die Teilnehmer oft mit einer durchweg veränderten Wertschöpfungskette, in der das eigene Geschäftsmodell sogar zum Teil obsolet geworden war, konfrontiert. Die entwickelten Wertschöpfungsketten wurden mit Moderationskarten auf Metaplanwänden festgehalten.

Auf Grundlage der jeweils entwickelten Wertschöpfungskette wurden im nächsten Schritt der Gruppenarbeit konkrete **Personas (Kundenprofile) erstellt**. Bei dieser Methode wird versucht, die Bedarfe verschiedener Kunden abzuleiten und so neue Produkt-, Dienstleistungs- und Geschäftsmodellideen zu entwickeln. Jeder Akteur erfüllt in der Wertschöpfungskette bestimmte Aufgaben, mit denen einerseits Unannehmlichkeiten verbunden sind (Pains), die jedoch andererseits einen Nutzen stiften (Gains). Auf Basis der Aufgaben, der Unannehmlichkeiten und des Nutzens wurden schließlich konkrete **Kunden-**

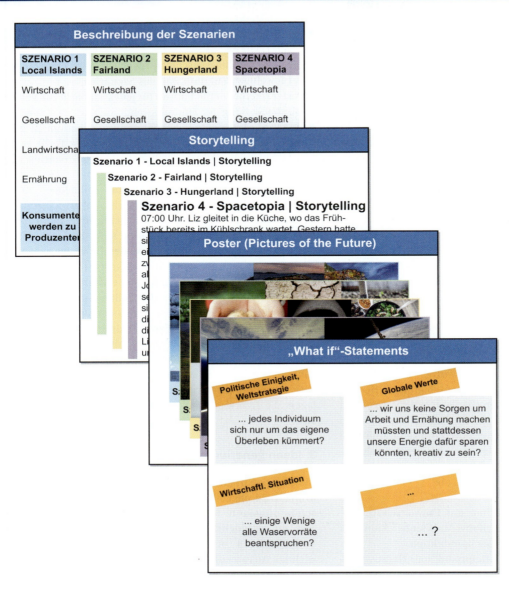

BILD 6.23
Methoden zur Erläuterung der Szenarien

anforderungen abgeleitet**. Für alle Ideen wurden abschließend **Ideensteckbriefe erstellt**.

4. Ideen clustern

Im Rahmen eines *Gallery Walks* stellten die vier Gruppen ihre Ideen vor. Daraufhin folgte eine Diskussion und **Überprüfung der Rohideen** in der gesamten Gruppe. Die **Rohideen** wurden z. T. **ergänzt** und **zusammengefasst**, sofern dies sinnvoll war. Abschließend wurden die resultierenden **Ideen** entsprechend der Vergleichspunkte *Effekt der Idee im Markt* und *Wahrscheinlichkeit des Eintritts der Situation* **selektiert**. Im Ergebnis wurde so eine Vielzahl an Ideen auf einige wenige Kernideen reduziert.

5. Ideen auswählen

Die Auswahl der Top-Ideen erfolgte durch die Teilnehmer selbst. Besonderer Fokus lag dabei auf den folgenden Aspekten, die zur **Bewertung der Ideen** herangezogen wurden:

- Welche Ideen kann die Business Unit „Fertilizer & Syngas Technologies" z.B. aufgrund von Synergien zum bereits bestehenden Produktportfolio gut umsetzen?
- Welche Ideen sollte die Business Unit umsetzen, obwohl Know-how zugekauft oder aufgebaut werden müsste?

6.4 Ideation Event

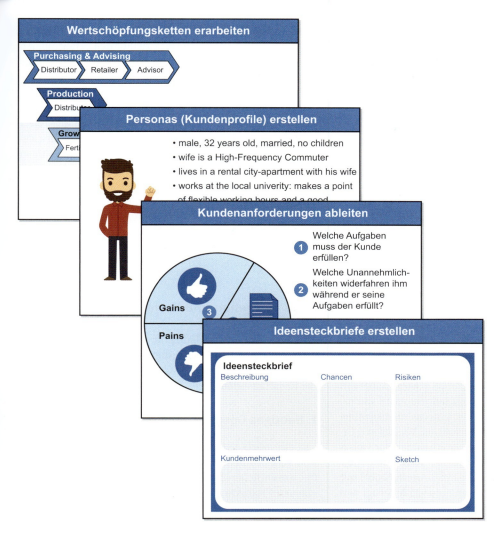

BILD 6.24
Vier Schritte zur Ideengenerierung

Nach einer Diskussion dieser Aspekte im Plenum erhielt jeder Teilnehmer drei Punkte, die er an seine favorisierten Ideen vergeben konnte. Die **Auswahl der Ideen** durch die Teilnehmer selbst förderte die Identifikation mit den Workshop-Ergebnissen. Ebenso erleichterte dieses Vorgehen auch die anschließende Verteilung von Verantwortlichkeiten für die einzelnen Ideen bei der **Übergabe in den Innovationsprozess**.

6.4.4 Resümee

Mit Hilfe der Ideation Toolbox wurde im vorliegenden Unternehmensbeispiel zunächst das Ideation Event geplant. Mit Blick auf die Zielsetzung des Events wurde dabei der Fokus auf unterschiedliche Kreativitätstechniken in der Inspirations- und Ideengenerierungsphase gelegt. Es zeigte sich, dass jedes Ideation Event abhängig von der Zielsetzung und dem Vorwissen der Teilnehmer individuell geplant und angepasst werden sollte. Für das beschriebene Ideation Event haben sich die folgenden drei Erfolgsfaktoren ergeben:

Intensive Vorbereitung der Ideengenerierung: Das betrifft insbesondere die Auswahl des Teilnehmerkreises, die einzusetzenden Methoden und im Vorfeld erarbeitete Ergebnisse wie die Zukunftsszenarien.

Einsatz von Methoden zur Inspiration der Teilnehmer: Die Methodenvielfalt zur Inspiration der Teilnehmer (von der Inspirationswand über Impulsvorträge bis hin zu Storytelling), hat die Kreativität im Workshop maßgeblich gefördert. Die Teilnehmer wurden auf mehreren Wegen in die Welt ihres Zukunftsszenarios eingeführt und konnten sich deshalb schnell mit konkreten Fragestellungen der Zukunft auseinandersetzen.

Einbindung externer Experten: Die Impulsvorträge externer Experten sowie ihre Teilnahme am gesamten Workshop trug wesentlich dazu bei, dass die Teilnehmer ihre gewohnten Sichtweisen hinterfragten und vermeintlich bekannte Themen aus anderen Blickwinkeln betrachteten.

6.5 Strategische Produktplanung Gerätetechnik

Hermann Sewerin GmbH

6.5.1 Unternehmen

Die Hermann Sewerin GmbH mit Sitz in Gütersloh ist einer der führenden Hersteller im Bereich Gerätetechnik für die Gas- und Wasserlecksuche sowie der Leitungs- und Objektortung. Die Unternehmensgruppe erwirtschaftet mit weltweit ca. 300 Mitarbeitern einen Jahresumsatz von ca. 36 Millionen €. Die Aktivitäten der Unternehmensgruppe teilen sich auf die drei Geschäftsfelder Gas, Wasser und Ortung auf, die von insgesamt neun Unternehmen der Unternehmensgruppe abgedeckt werden. Der Kernbereich der Unternehmensgruppe ist die Hermann Sewerin GmbH mit Sitz in Gütersloh. Das Unternehmen entwickelt, fertigt und vertreibt sämtliche Produkte der Sewerin Gruppe.

6.5.2 Innovationsherausforderung

Bei der Produktentwicklung legte das Unternehmen historisch einen starken Fokus auf die Anforderungen des deutschen Marktes. Der in den letzten Jahren gestiegene Exportanteil verlangte eine stärkere Berücksichtigung der Anforderungen unterschiedlicher Auslandsmärkte. Außerdem wurden Produktanforderungen primär aus gegenwärtigen Kundenbedürfnissen abgeleitet. Die zukünftige Entwicklung der Zielmärkte, zukünftige Anforderungen bestehender und neuer Kunden sowie unausgesprochene Kundenanforderungen wurden vernachlässigt. Zum Start des Projekts befand sich die Unternehmensgruppe auf Erfolgskurs. Um ihn fortzusetzen, hatten der Geschäftsführer sowie der Vertriebsleiter den systematischen Einsatz der Methoden und Werkzeuge der strategischen Produktplanung ins Auge gefasst. Die strategische Produktplanung sollte insbesondere folgenden Gegebenheiten Rechnung tragen:

- Die Dynamik und Komplexität der globalen Märkte und Marktumfelder nahmen stark zu. Für den Erfolg auf den Märkten von morgen war es unerlässlich, zukünftige Entwicklungen vorauszudenken.
- Produktideen wurden bisher primär auf Basis des Erfahrungswissens von Mitarbeitern und unter Berücksichtigung gegenwärtiger Kundenbedürfnisse kreiert und bewertet. Um die Gefahr zukünftiger Fehlentwicklungen zu reduzieren, sollten auch die zukünftigen Kundenbedürfnisse stärker in den Fokus gerückt werden. Dazu wurden Methoden und Werkzeuge entwickelt, auf deren Grundlage über Ideen für Neuentwicklungen entschieden werden sollte.
- Der zunehmende Konsolidierungsdruck in der Branche und auf Nachfragerseite erforderte eine Fokussierung der Entwicklungs- und Geschäftsaktivitäten.

6.5.3 Vorgehen und Projektresultate

Bild 6.25 zeigt den Leitfaden für das Vorgehen in dem Projekt; im Folgenden werden die einzelnen Projektschritte und die jeweiligen Aufgaben, eingesetzte Methoden sowie die Resultate erläutert.

1. Heutiges Geschäft analysieren

Um ein möglichst vollständiges Bild der Ausgangssituation zu gewinnen, wurden die heutige Geschäftsstruktur, die wesentlichen Erfolgsfaktoren, die Positionierung der eigenen Produkte aus Markt- und Technologiesicht sowie die Wettbewerber analysiert.

Geschäftsstruktur analysieren

Die Geschäftsstrukturierung erfolgte je Geschäftsfeld. In einer Marktleistungs-Regionen-Matrix wurden dazu in den Zeilen die jeweiligen Produktbereiche und in den Spalten die Absatzmärkte je Geschäftsfeld gegenübergestellt (Bild 6.26). In den Feldern der Matrix werden der *Umsatz*, das *Umsatzwachstum*, der *prozentuale Deckungsbeitrag* sowie der *normierte prozentuale Deckungsbeitrag* bezogen auf den durchschnittlichen Deckungsbeitrag über alle Produktbereiche und Regionen dargestellt.

Erfolgsfaktoren analysieren

Erfolgsfaktoren bestimmen maßgeblich den Erfolg des Geschäfts; sie sind die entscheidenden Faktoren des Branchenwettbewerbs. Im Projekt wurde für jedes Geschäftsfeld eine Erfolgsfaktoren-Analyse (vgl. Kapitel 2.1.2.1) durchgeführt. Dabei wurden die ermittelten Erfolgsfaktoren hinsichtlich zweier Dimensionen bewertet: *Bedeutung*

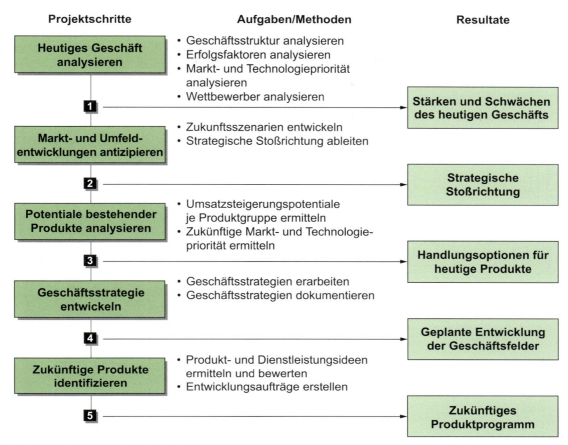

BILD 6.25 Leitfaden für das Vorgehen im Projekt

des Erfolgsfaktors und *derzeitige Position des Unternehmens*. Die Bewertung erfolgte sowohl aus interner Sicht (z. B. durch Vertrieb, Entwicklung und Produktmanagement) wie auch aus externer Perspektive (z. B. durch Referenzkunden, Vertriebsgesellschaften und Vertretungen). Es stellte sich heraus, dass das Selbst- und Fremdbild voneinander abwichen: das Unternehmen bewertete sich anders als es von den Kunden wahrgenommen wurde. Ein besonderes Augenmerk lag auf den sogenannten kritischen Erfolgsfaktoren. Dies sind Erfolgsfaktoren mit hoher Bedeutung für den Kunden, bei denen das Unternehmen eine Schwäche aufweist bzw. nicht stark genug ist. Ferner gab es auch überbewertete Erfolgsfaktoren. Das sind Erfolgsfaktoren, bei denen das Unternehmen Stärken aufgebaut hat, die jedoch nicht bzw. nicht mehr wettbewerbsentscheidend sind.

Markt- und Technologiepriorität analysieren

Neben der Absatz- und Ertragssituation sowie den Erfolgsfaktoren ist auch eine detaillierte Betrachtung der Markt- und Technologiepositionen der Produkte erforderlich, um den Blick für die derzeitige Situation zu schärfen und Absatzpotentiale für die Weiterentwicklung des Produktprogramms zu erkennen. Im vorliegenden Projekt wurde dazu das integrierte Markt- und Technologie-Portfolio nach MCKINSEY eingesetzt (vgl. Kapitel 3.3.2.4); es verknüpft die markt- und technologieorientierte Bewertung von Produkten, Geschäftseinheiten etc. [FW78], [Kru82]. Ziel der marktorientierten Bewertung war die Marktpriorität der Produktbereiche. Sie wurde anhand der zwei Dimensionen *Marktattraktivität* und *Wettbewerbsstärke* unter Einbeziehung der Produktverantwortlichen durchgeführt.

- Die **Marktattraktivität** ist eine exogene Größe. Im Projekt wurde sie durch die drei gewichteten Kriterien *Marktvolumen* (30 %), *Marktentwicklung* (40 %) und *Wettbewerbsintensität* (30 %) bestimmt. Das Marktvolumen beschreibt die Größe des jeweiligen Absatzmarktes im letzten Geschäftsjahr. Die Marktentwicklung umfasst die Veränderung des Marktvolumens vom vorletzten zum letzten Geschäftsjahr. Die Wettbewerbsintensität gibt an, wie viele Mitbewerber den Absatzmarkt bearbeiten und wie stark diese sind.

6 Fallbeispiele – Herausforderungen, Vorgehen, Resultate

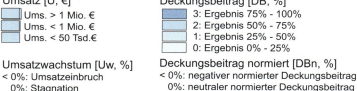

		Absatzmärkte				
		Deutschland	EU-Land 2	EU-Land 3	EU-Land 4	...
Geschäftsfeld Gas	Produktbereich A	1.164.353 € 55% / -5% 8%	198.032 € 50% / 14% 1%	111.034 € 43% / -55% -8%	164.376 € 34% / 152% -21%	212.248 € 42% / 161% 3%
	Produktbereich B	1.011.922 € 76% / -12% 12%	51.231 € 42% / 192% -12%	3.131 € 22% / -48%	34.291 € 33% / 96% -9%	125.231 € 40% / -5% -2%
	Produktbereich C	51.383 € 52% / 0% -5%	12.282 € 8% / -10% -1%		3.201 € 29% / -86% -2%	3.291 € 43% / 342%
	Produktbereich D	151.339 € 41% / 24% -18%	8.542 € 45% / -62% -7%		19.202 € 21% / 421% -24%	5.319 € -24%
	Produktbereich E	112.845 € 58% / -30% 10%	4.298 € 32% / -6% -14%		4.298 € 55% / -65% 23%	2.291 € -14%
	Produktbereich F	80.926 € 54% / -1% 8%	5.431 € 29% / 11% -17%		452 € 71% / 121% 43%	2.192 € -51%
		25.902 € 65%			9.345 € 43% / 187% 3%	60.262 € / 819%

Umsatz [U, €]
- Ums. > 1 Mio. €
- Ums. < 1 Mio. €
- Ums. < 50 Tsd. €

Umsatzwachstum [Uw, %]
- < 0%: Umsatzeinbruch
- 0%: Stagnation
- > 0%: Umsatzwachstum

Deckungsbeitrag [DB, %]
- 3: Ergebnis 75% - 100%
- 2: Ergebnis 50% - 75%
- 1: Ergebnis 25% - 50%
- 0: Ergebnis 0% - 25%

Deckungsbeitrag normiert [DBn, %]
- < 0%: negativer normierter Deckungsbeitrag
- 0%: neutraler normierter Deckungsbeitrag
- > 0%: positiver normierter Deckungsbeitrag

BILD 6.26 Ausschnitt aus der Marktleistungs-Regionen-Matrix für das Jahr 20XX

- Die **Wettbewerbsstärke** ist eine endogene Größe; sie ist das Resultat der Geschäftstätigkeit des Unternehmens. Im Projekt wurden dazu die drei gewichteten Kriterien *Marktanteil* (20 %), *Umsatzentwicklung* (45 %) und *Profitabilität* (35 %) herangezogen. Der Marktanteil gibt den Anteil des Produktbereichs am Marktvolumen an. Unter der Umsatzentwicklung wird verstanden, wie sich der Umsatz des Produktbereichs im Verhältnis zur Marktentwicklung verändert hat. Die Profitabilität beschreibt die Ertragsstärke (Deckungsbeitrag) und wurde direkt aus dem PPS-System entnommen.

Zur Bestimmung der Technologiepriorität wurden die Dimensionen *Technologieattraktivität* (exogen) und *relative Technologieposition* (endogen) betrachtet.

- Die **Technologieattraktivität** wurde durch die beiden gewichteten Kriterien *Technologielebenszyklusphase* (70 %) und *Eintrittsbarrieren* (30 %) bewertet. Die Technologielebenszyklusphase gibt den Reifegrad der im Produktbereich eingesetzten Technologien anhand des S-Kurven Konzepts nach MCKINSEY an. Eintrittsbarrieren geben an, wie groß der Aufwand für den Aufbau von einschlägigem Technologie-Know-how ist.

- Die **relative Technologieposition** wurde anhand der gewichteten Kriterien *Ressourcenstärke* (50 %) und *Umsetzungsstärke* (50 %) bestimmt. Die Ressourcenstärke beschreibt, wieviel Know-how im Unternehmen vorhanden ist und in welchem Maß Mittel und Personal eingesetzt werden können. Die Umsetzungsstärke gibt an, wie effektiv und effizient das Unternehmen bei der Weiterentwicklung bzw. Nutzbarmachung der Technologie ist.

Markt- und Technologiepriorität wurden anschließend im integrierten Markt- und Technologieportfolio zusammengeführt, das in Bild 6.27 dargestellt ist.

Es zeigte sich, dass das betrachtete Unternehmen eine Führerschaft im Produktbereich A hatte. Einige weitere Produktbereiche weisen eine mittlere Markt- und Technologiepriorität auf. Der Produktbereich H sollte geprüft werden; hier ist die Technologiepriorität verhältnismäßig niedrig. Die Produktbereiche K und J weisen sowohl eine niedrige Markt- als auch Technologiepriorität auf; hier wurde ein Rückzug bzw. opportunistisches Verhalten empfohlen.

Wettbewerber analysieren

Ein weiterer Baustein der Analyse der Ausgangssituation war die Betrachtung der wichtigsten Wettbewerber. Ziel war die Identifikation der Stärken und Schwächen des Unternehmens im Vergleich zum Wettbewerb. Die Analyse wurde für die drei Geschäftsfelder anhand der jeweiligen Erfolgsfaktoren durchgeführt. Dazu wurden zunächst die wichtigsten Wettbewerber in den Geschäftsfeldern anhand einer internen Umfrage ausgewählt und in Form von Wettbewerbersteckbriefen dokumentiert; diese enthalten die wesentlichen Informationen zum Unternehmen, seinen Geschäftsfeldern und Besonderheiten. Anschließend wurden Kunden und Vertriebsmitarbeiter hinsichtlich der Erfüllung der Erfolgsfaktoren durch die Wettbewerber befragt. Ergebnis war das in Bild 6.28 dargestellte Stärken-Schwächen-Profil für das Geschäftsfeld Gas.

Es stellte sich heraus, dass die Produkte des Wettbewerbers W1 insbesondere bei Erfolgsfaktor 6 und Erfolgsfaktor 7 Vorteile gegenüber den Produkten des Unternehmens aufwiesen. Dies gab Hinweise zur Weiterentwicklung der Marktleistung und insbesondere auf künftig stärker zu fokussierende Produktaspekte.

Aus der Analyse der Ausgangssituation resultierten 20 Sofortmaßnahmen, die zur kurzfristigen Verbesserung der Positionierung des Unternehmens am Markt beitragen sollten (sogenannte „low-hanging fruits"). Ein Beispiel für eine solche Maßnahme war die Professionalisierung der Erbringung von Ingenieurdienstleistungen in einem bestimmten Geschäftsfeld nach dem Vorbild der Vertriebsorganisation Frankreich.

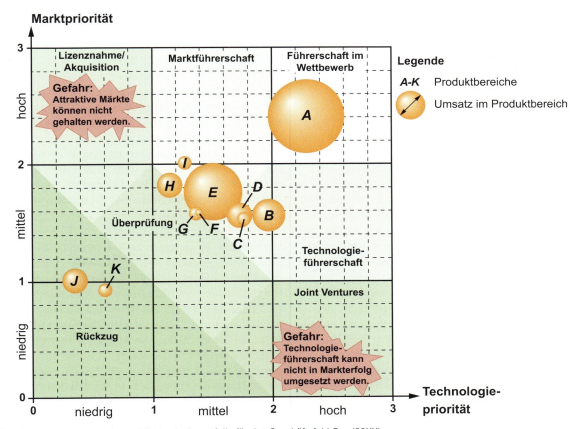

BILD 6.27 Integriertes Markt- und Technologieportfolio für das Geschäftsfeld Gas (20XX)

6 Fallbeispiele – Herausforderungen, Vorgehen, Resultate

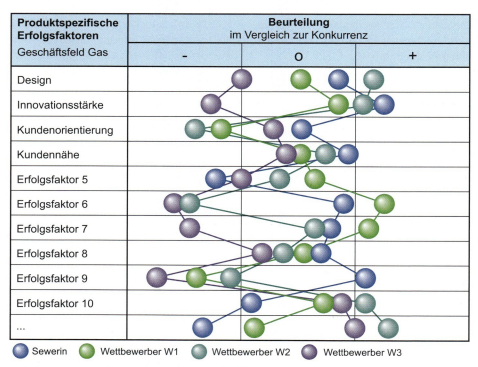

BILD 6.28 Stärken-Schwächen-Profil für das Geschäftsfeld Gas (Die Beurteilungen der Erfolgsfaktoren sind aus Geheimhaltungsgründen verfälscht)

2. Markt- und Umfeldentwicklungen antizipieren

Die Vorausschau der Markt- und Geschäftsumfeldentwicklungen ist für die strategische Planung der Produkte für die Märkte von morgen entscheidend. Nur wenn ein klares Bild im Unternehmen von den zukünftigen Rahmenbedingungen vorliegt, kann die Produktplanung zukunftsweisende Produkte identifizieren und für die Entwicklung einplanen. In Kapitel 2.2 haben wir dargelegt, wie mit der Szenario-Technik konsistente Zukunftsbilder vorausgedacht werden können. Im Projekt wurde die Methode genutzt, um die **Zukunftsszenarien für die Gas- und Wasserversorgung zu entwickeln.** Die Szenarien sind von globalem Charakter, fokussieren jedoch insbesondere die Hauptabsatzmärkte in Zentraleuropa. Zur Komplexitätsreduktion wurden zwei separate Szenariofelder festgelegt, für die jeweils konsistente Teilszenarien entwickelt wurden: Das *Branchenumfeld* umfasst alle Einflussfaktoren, die unmittelbar die Gas- und Wasserversorgung betreffen. Einflussbereiche sind Branchentechnologien, Gas- und Wasserversorgung, Gerätetechnik und Branchenwettbewerb. Das *weitere Unternehmensumfeld* wird durch globale, soziotechnische Einflussfaktoren bestimmt. Einflussbereiche sind hier die allgemeine technologische Entwicklung, Gesellschaft, Umwelt, Ökonomie und Politik. Dem Vorgehen der Szenario-Technik folgend wurden in allen Einflussbereichen Einflussfaktoren ermittelt und diese gemeinsam mit den Unternehmensvertretern bewertet, um die sogenannten Schlüsselfaktoren auszuwählen. In mehreren Workshops wurden für die Schlüsselfaktoren denkbare Entwicklungen (Projektionen) ermittelt, die anschließend paarweise hinsichtlich ihrer Konsistenz zueinander bewertet wurden. Für das Unternehmensumfeld (U) und das Branchenumfeld (B) ergaben sich je drei Zukunftsszenarien.

Um von den Teilszenarien zu Gesamtszenarien zu gelangen, wurden in einem Workshop sieben Führungskräfte des Unternehmens gebeten, konsistente Kombinationen von Umfeld- und Branchenszenarien zu identifizieren. Bild 6.29 zeigt das Ergebnis des Workshops. In den Zeilen sind die Szenarien des weiteren Unternehmensumfelds dargestellt und in den Spalten die Szenarien des Branchenumfelds. In den Feldern der Matrix wird jeweils angegeben, wie viele Workshopteilnehmer die jeweilige Kombination als konsistent bewertet haben. Es wurden drei Gesamtszenarien für das weitere Vorgehen ausgewählt: die Kombinationen der Teilszenarien U3/B1, U2/B2 und U1/B3.

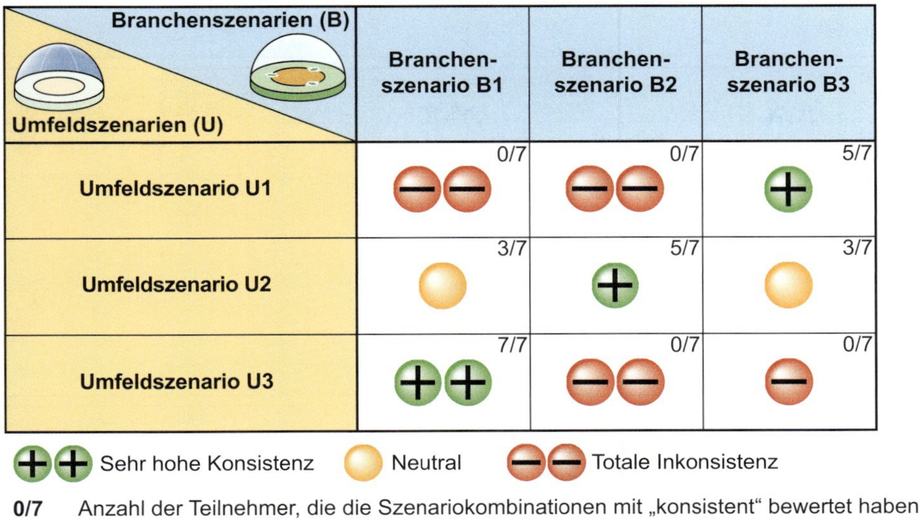

	Branchen-szenario B1	Branchen-szenario B2	Branchen-szenario B3
Umfeldszenario U1	0/7 — —	0/7 — —	5/7 +
Umfeldszenario U2	3/7 ○	5/7 +	3/7 ○
Umfeldszenario U3	7/7 + +	0/7 — —	0/7 —

++ Sehr hohe Konsistenz   ○ Neutral   — — Totale Inkonsistenz

0/7 Anzahl der Teilnehmer, die die Szenariokombinationen mit „konsistent" bewertet haben

BILD 6.29
Mapping der Szenarien von Unternehmens- und Branchenumfeld

Aus diesen kombinierten Gesamtszenarien galt es, ein Referenzszenario auszuwählen, das für die strategische Produktplanung herangezogen werden sollte. Dazu wurden die einzelnen Projektionen der Schlüsselfaktoren hinsichtlich Eintrittswahrscheinlichkeit und Auswirkungsstärke bewertet. Es stellte sich heraus, dass das Szenario U2/B2 die höchste Eintrittswahrscheinlichkeit und die höchste Auswirkungsstärke auf das Geschäft hatte. Es wurde folglich als Referenzszenario festgelegt.

Für das Referenzszenario wurden nachfolgend Chancen und Bedrohungen abgeleitet. Ein Beispiel einer Chance ist „Partizipation am Boom regenerativer Energien"; ein Beispiel einer Bedrohung ist „Aufgrund des steigenden Marktvolumens wird der Markt M1 für neue Wettbewerber attraktiv". Auf Basis der Szenarien sowie der abgeleiteten Chancen und Bedrohungen wurden zukünftige Kundenanforderungen abgeleitet.

Durch die Vorausschau und die anschließend durchgeführten Analysen war es möglich, zu diesem Zeitpunkt **strategische Stoßrichtungen** für die einzelnen Geschäftsfelder **abzuleiten**. Für ein Geschäftsfeld war dies: „Technologieführerschaft halten, Geschäft ausbauen". Die Stoßrichtung wurde durch sechs Ziele konkretisiert. Ein Ziel war beispielsweise „Weiterentwicklung des Geschäftsfelds mit zusätzlichen speziellen Anwendungsfällen".

3. Potentiale bestehender Produkte analysieren

Auf Basis der Ausgangssituation und der Vorausschau wurden **Umsatzsteigerungspotentiale** für jede Produktgruppe **ermittelt**. Dazu wurde ein Steckbrief für die Produktbereiche entwickelt und gemeinsam mit den Produktmanagern der einzelnen Produktbereiche ausgefüllt. Der Steckbrief ist in Bild 6.30 dargestellt. In der oberen Hälfte wurde die Konsistenz des Produktbereichs zum Referenzszenario bewertet, die Umsatzentwicklung dargestellt sowie eine Umsatzprognose aufgeführt. Die Umsatzprognose wurde dabei sowohl ohne als auch mit der Berücksichtigung von Produktpflegemaßnahmen durchgeführt. Außerdem wurde die Umsatzentwicklung im Vergleich zum Vorjahr dargestellt.

Die untere Hälfte des Steckbriefs lieferte Einschätzungen aus Markt- und Technologiesicht und fasst die Ergebnisse in einem Fazit zusammen. Im linken Teil wurde die heutige und zukünftige Wettbewerbsintensität beschrieben. Weiterhin wurden im mittleren Teil zur Abschätzung der Markt- und Technologieattraktivität das S-Kurven-Konzept (vgl. Bild 1.7) und das BCG-Portfolio genutzt. Das BCG-Portfolio dient der Bewertung der Marktsicht. Hierbei werden die Produktbereiche hinsichtlich des relativen Marktanteils und des Marktwachstums bewertet. Es ergeben sich vier Bereiche, für die jeweils eine Normstrategie existiert [GP14], [Hed77]:

- *Fragezeichen* sind Produktbereiche mit einem niedrigen Marktanteil an stark wachsenden Märkten. Ein Ausbau erfordert oft erhebliche Finanzmittel. Kann das Unternehmen diese nicht aufbringen, so bleibt nur der Rückzug. Normstrategie: *Selektiv vorgehen*.

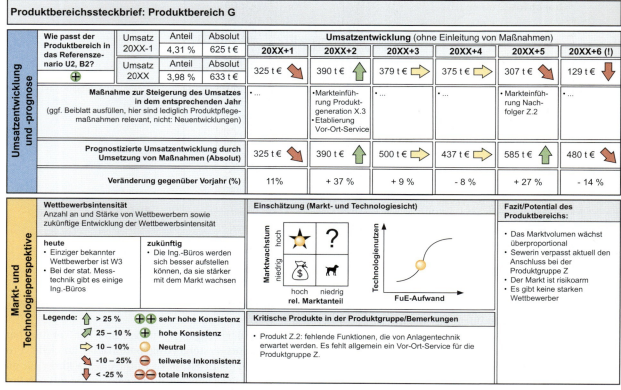

BILD 6.30 Produktbereichssteckbrief für Produktbereich G

- *Sterne* sind Produktbereiche mit hohem Marktanteil in stark wachsenden Märkten. Sie beanspruchen in der Regel ähnlich viele Finanzmittel, wie sie aufgrund ihrer starken Position im Wettbewerb generieren. Normstrategie: *Fördern, investieren*.
- *Milchkühe* erzeugen in reifen Märkten bei einem hohen relativen Marktanteil einen hohen positiven Cashflow. Diese Mittel können strategisch in andere Produktbereiche investiert werden. Normstrategie: *Position halten, ernten*.
- *Arme Hunde* sind Produktbereiche mit geringem Marktanteil in tendenziell stagnierenden Märkten. Sie erzeugen wenig Cashflow und haben wenig positive Zukunftsaussichten. Normstrategie: *Desinvestieren, liquidieren*.

Weiterhin wurden im unteren mittleren Teil jene kritischen Produkte im Steckbrief vermerkt, die dem künftigen Erfolg des Produktbereichs entgegenstehen. Die gegebenen Informationen und Prognosen wurden abschließend in einem Fazit auf der rechten Seite zusammengeführt. Dies umfasste eine strategische Stoßrichtung sowie Maßnahmen zu deren Umsetzung und eine Begründung für das gewählte Vorgehen.

Ergänzend zu den Steckbriefen wurde die **zukünftige Markt- und Technologiepriorität** für das Jahr 20XX+6 **ermittelt** (Bild 6.31). Es zeigte sich, dass die Wettbewerbsposition des Unternehmens ohne die Einführung neuer Produkte erodieren wird. Beispielsweise wird der Produktbereich A sowohl an Markt- und Technologiepriorität wie auch an Umsatz verlieren. Ausgehend von diesen Erkenntnissen galt es, für die einzelnen Geschäftsfelder Strategien zu entwickeln, die die Freiheitsgrade für neue Produkte definieren. Sie sollten dazu beitragen, die Markt- und Technologieposition des Unternehmens zu sichern und auszubauen.

4. Geschäftsstrategie entwickeln

Geschäftsstrategien legen fest, welche strategische Position in Zukunft mit einem Geschäftsfeld realisiert werden soll und welche Maßnahmen getroffen werden müssen, um diese Position zu erreichen. Zur **Erarbeitung und Dokumentation der Geschäftsstrategien** wurde ein Steckbrief erarbeitet. Er gliedert sich in acht Bereiche, die nachfolgend charakterisiert werden. Bild 6.32 gibt ein Beispiel für den Bereich Marktleistung (Geschäftsfeld Gas).

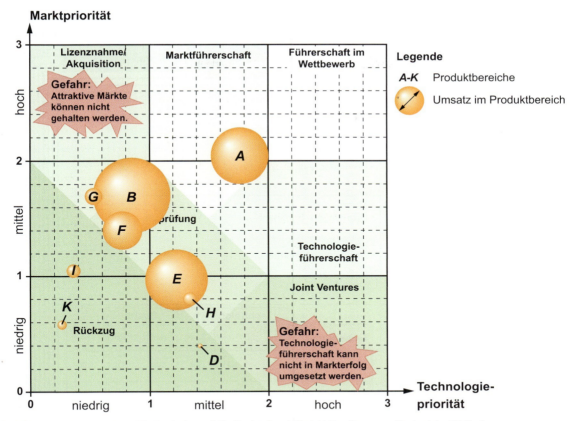

BILD 6.31 Zukünftiges Markt- und Technologieportfolio für das Geschäftsfeld Gas (Prognose für das Jahr 20XX+6)

- *Marktleistung:* Hier werden Angaben über die heutige Marktleistung inklusive produktbegleitender Dienstleistungen, Schüsseltechnologien und die Verteilung der Wertschöpfungsanteile zwischen den an der Leistungserstellung beteiligten Partnern getroffen.
- *Markt:* In diesem Bereich werden die Kundengruppen des Geschäftsfelds aufgeführt und mit heutigen und angestrebten Umsatzanteilen versehen. Zudem werden hier Marktanforderungen in Hinblick auf das Jahr 20XX+9 dokumentiert. Abschließend werden Marktvolumen und -wachstum angegeben.
- *Wettbewerb:* Die hier vorzunehmende Charakterisierung geschieht insbesondere unter Berücksichtigung der Wettbewerbsintensität und der Analyse der Erfolgsfaktoren sowie aus der Vorausschau-Perspektive.
- *Leitbild und Stoßrichtung:* Die Spezifikation des Leitbilds beruht auf der in Kapitel 4.1.1 erläuterten Struktur. Wesentlich sind die Ziele des Geschäftsfelds. Die Stoßrichtung beschreibt den grundsätzlichen Ansatz der Geschäftsstrategie wie „Konzentration auf Vernetzungslösungen" oder „Mehrwert durch Dienstleistungen".
- *Kernkompetenzen:* Hier wird aufgezeigt, welche Kompetenzen (Fähigkeiten und Ressourcen) und Defizite im Geschäftsfeld vorliegen. Zudem wird aufgezeigt, welche Kernkompetenzen ausgebaut bzw. erweitert werden müssen, um das Geschäft von morgen erfolgreich führen zu können.
- *Produktprogrammplanung:* Sie zeigt in Form einer Roadmap auf, in welchem Geschäftsfeld welche Produkte wie lange am Markt sind, wann die aktuellen Produkte auslaufen und wann neue Produkte spätestens auf den Markt gebracht werden sollten, um die strategischen Ziele zu erreichen. Die Information über neue Produkte ist notwendig für die Erstellung eines Entwicklungsrahmenplans. Beispielsweise sollte der Produktbereich A noch bis ca. 20XX+7 unverändert auf dem Markt sein, während im Produktbereich E bereits 20XX+4 ein Generationenwechsel für zwei Produkte anstand.
- *Markt- und Technologiepriorität:* Ausgehend von dem Leitbild wird das Markt- und Technologieportfolio für die Produktbereiche des Geschäftsfelds betrachtet. Es werden Handlungsempfehlungen zur Realisierung der ausgewählten Stoßrichtung abgeleitet.
- *Maßnahmen und Programme:* Zur Umsetzung der Geschäftsstrategie werden die notwendigen Maßnahmen abgeleitet. Maßnahmen, die das gesamte Unternehmen

6 Fallbeispiele – Herausforderungen, Vorgehen, Resultate

| | Marktleistung | Markt | Kernkompetenzen | Produktprogrammplanung | Wettbewerb | Markt- und Technologiepriorität | Leitbild und Stoßrichtung | Maßnahmen und Programme |

Beschreibung Wesentliche Produktbereiche, wesentliche Produkte im Geschäftsfeld, Charakterisierung des Geschäfts (Produktgeschäft/ Systemgeschäft), Alleinstellungsmerkmale	• Produktbereich A: ... • Produktbereich B: ... • Produktbereihe C und F: ... • Produktbereich G: ... • Produktbereich I: ... • Produktbereich D: ...
Beschreibung der Produktbegleitenden Dienstleistungen Charakterisierung der wesentlichen Dienstleistungen im Geschäftsfeld; Kundennutzen der Dienstleistung; Nutzen der Dienstleistungserbringung für Sewerin	Aktuelle: • Schulungen, Seminare, ... Zukünftige: • Finanzierung, Vermietung, ...

Technologien des Geschäftsfelds Charakterisierung der wesentlichen Technologien; Unterscheidung in selbst beherrschte, entwickelte und zugekaufte Technologien	Technologie	Technologietyp			Bezug		Beherrscht
		Schrittmacher	Schlüssel	Basis	eigen	fremd	
	Technologie A	☐	☑	☐	☑	☐	☑
	Technologie B	☐	☐	☑	☐	☑	☑
	...	☐	☑	☐	☐	☑	☐

Verteilung der Wertschöpfungsanteile Umfang der Wertschöpfung bei Sewerin? In welchen Bereichen wird mit Partnern zusammengearbeitet?		Umfang der Wertschöpfung	Bereiche mit Kooperationsanteil
	Entwicklung	X % Eigenentwicklung	Bereich A, Bereich C
	Fertigung	Tendenz: ...	Komponente K
	Vertrieb	Eigener Vertrieb in D und den Ländern...	In restlichen Ländern wird kooperiert
	Service	Siehe Vertrieb	Siehe Vertrieb

BILD 6.32 Steckbrief für Geschäftsstrategien am Beispiel des Geschäftsfelds Gas (Ausschnitt)

betreffen, wie z. B. der Aufbau von Kompetenzen im Gestaltungsbereich Condition Monitoring, fließen in der Regel in strategischen Programmen zusammen. Zudem werden hier die Risiken für das Geschäftsfeld aufgeführt und bewertet.

5. Zukünftige Produkte identifizieren

Innerhalb diese Phase galt es, neue **Produkt- und Dienstleistungsideen** zu **ermitteln** und zu **bewerten**. Hierbei dienten die vorherigen Arbeitsergebnisse als Input; es sollten insbesondere auch die Lücken in der Produktprogrammplanung geschlossen werden. Ziel war es, die im Unternehmen vorhandenen Ideen zu sammeln, zu dokumentieren, zu bewerten und Erfolg versprechende Ideen auszuwählen. Dazu wurden bewährte Methoden und Bewertungsverfahren des Innovationsmanagements angewandt. Gemäß der Produkt-Markt-Matrix nach ANSOFF gibt es vier grundlegende Geschäftsoptionen: *Marktdurchdringung*, *Marktentwicklung*, *Produktentwicklung* und *Diversifikation* (vgl. Bild 1.13). Die *Marktdurchdringung* wurde bereits im Kontext des Potentials bestehender Produkte betrachtet. Da eine *Diversifikation* des Geschäfts nicht im Fokus des Unternehmens stand, wurden zur Identifikation der zukünftigen Produkte für die Geschäftsfelder die Optionen *Marktentwicklung* und *Produktentwicklung* betrachtet.

- *Marktentwicklung:* Hier wird der Suchbereich beispielsweise durch folgende Frage aufgespannt: Wo gibt es Kundenprobleme, die wir mit den vorhandenen bzw. leicht aufbaubaren Kompetenzen lösen könnten? Resultate: Ideen für modifizierte Produkte für neue Märkte
- *Produktentwicklung:* In diesem Suchbereich bieten sich Fragen der Art an: Wie könnten wir für unsere bestehenden Kunden unser Angebot an Produkten und Dienstleistungen erweitern? Resultate: Ideen für neue Produkte und Dienstleistungen für bestehende Kunden

Mittels der Systematik des Ideentrichters (vgl. Kapitel 3.2.2) werden sukzessive Produkt- bzw. Dienstleistungsideen selektiert. Bild 6.33 verdeutlicht das konkrete Vorgehen im Projekt.

Ziel dieser Systematik ist, aus einer großen Menge von Ideen diejenigen zu selektieren, die aus technischer, wirtschaftlicher und strategischer Sicht besonders Erfolg versprechend sind und dann in Produktentwicklungsaufträgen münden. In der Phase Kreieren konnten im Projekt 64 Produkt- und Dienstleistungsideen ideen generiert werden. Im Anschluss an eine sukzessive Selektierung und Spezifizierung der Ideen wurden schließlich mit Hilfe einer Nutzwertanalyse diejenigen Produktideen ausgewählt, die technologisch, wirtschaftlich und strategisch den größten Erfolg versprachen. Letztlich entschied die Geschäftsleitung auf Basis der aggregierten Informationen, welche Ideen in konkrete Entwicklungsprojekte überführt werden sollten. Für diese Ideen wurden **Entwicklungsaufträge erstellt**. Die resultierenden zukünftigen Produkte flossen in einem iterativen Prozess wieder in die Geschäftsstrategien ein.

6.5.4 Resümee

Die strategische Produktplanung hat den Erfolgskurs des Unternehmens nachhaltig gesichert. Durch das systematische Vorgehen von der Analyse der Ausgangssituation über die Antizipation der Zukunft bis hin zur Planung der zukünftigen Produktprogramme in den Geschäftsfeldern konnte die starke Marktposition von Sewerin gefestigt und ausgebaut werden. Die im Rahmen der Durchführung der Analysen gewonnenen Erkenntnisse und Erfahrungen flossen in eine Liste mit Maßnahmen und Handlungsempfehlungen ein, die kontinuierlich nachverfolgt wurde. Dadurch war es dem Unternehmen möglich, neben den eigent-

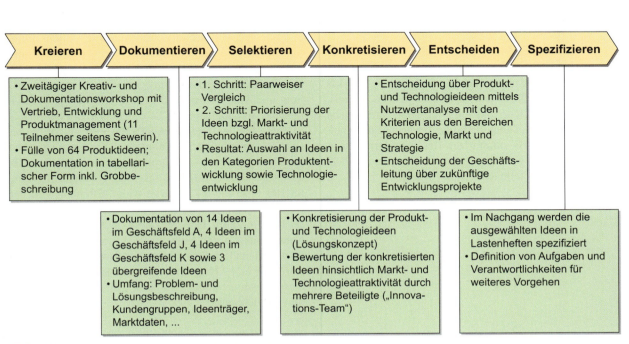

BILD 6.33 Vorgehen zur Identifikation zukünftiger Produkte

lichen Projektergebnissen auch deutliche prozessuale Verbesserungen in den beteiligten Funktionsbereichen zu realisieren. Beispielsweise wurde die Produktbereichszuordnung im ERP-System der Marktleistungs-Regionen-Matrix angepasst. Bei der Durchführung des vorliegenden Projekts waren folgende Erfolgsfaktoren von besonderer Bedeutung:

Systematisches Vorgehen: Der konsequente Einsatz der Methoden und Verfahren der strategischen Produktplanung von der Analyse der Ausgangssituation über die Vorausschau und die Potentialfindung bei bestehenden Produkten sowie die Produktfindung bis zur Erstellung der Geschäftsstrategien sorgte für hohe Transparenz im Planungsprozess und bei der Entscheidungsfindung.

Einbindung aller Stakeholder: Das Projekt betraf das gesamte Produktprogramm des Unternehmens. Daher war es von besonderer Wichtigkeit, alle relevanten Gruppen der einzelnen Geschäftsfelder und auch die Geschäftsleitung selbst intensiv in die Erarbeitung der Ergebnisse einzubinden. So konnten eine hohe Akzeptanz und Legitimität innerhalb der Organisation sichergestellt werden.

Denken in Alternativen: „Entscheider brauchen Alternativen" – dies gilt insbesondere bei Projekten mit einer hohen Tragweite. Durch die Erarbeitung von mehreren Handlungsalternativen an den jeweiligen Entscheidungspunkten im Projekt konnte dem Management ein Handlungsraum eröffnet werden, der fruchtbare Diskussionen anrege und die Qualität der Managemententscheidungen, aus der Retrospektive betrachtet, erhöhte.

Das Projekt hat dazu beigetragen, dass Sewerin heute nach wie vor eines der erfolgreichsten Unternehmen der Branche ist. Aufbauend auf den Ergebnissen des Projekts wurden im Jahr 20XX+6 neue Szenarien für den Zeithorizont 20XX+20 erstellt und entsprechende strategische Stoßrichtungen abgeleitet. Damit ist Sewerin bestens aufgestellt, um auch die zukünftigen Herausforderungen in der Gerätetechnik, wie z. B. der fortschreitenden Entwicklung künstlicher Intelligenz (KI), zu begegnen.

6.6 Strategische Planung von Telematiksystemen

CLAAS KGaA mbH

6.6.1 Unternehmen

Das Unternehmen CLAAS mit Hauptsitz im ostwestfälischen Harsewinkel zählt zu den weltweit führenden Herstellern von Landmaschinen. CLAAS beschäftigt weltweit etwa 11 300 Mitarbeiter und erwirtschaftete im Jahr 2016 einen Umsatz von ca. 3,6 Milliarden Euro. Zur Produktpalette zählen beispielsweise Mähdrescher, Feldhäcksler, Traktoren und Futtererntemaschinen [CLA17-ol]. Im Rahmen der fortschreitenden Digitalisierung erhalten außerdem seit einigen Jahren vermehrt Informationstechnologien Einzug in das Produktprogramm. Die entsprechenden Kompetenzen bündelt die CLAAS-Gruppe in ihrem Tochterunternehmen CLAAS E-Systems mit Sitz im niedersächsischen Dissen. In dem 2017 eröffneten Entwicklungszentrum werden digitale Systeme und Anwendungen für den landwirtschaftlichen Betrieb realisiert. Mit ihren IT-Lösungen optimiert CLAAS E-Systems einzelne Prozessschritte bis hin zu durchgehenden Prozessen entlang der Wertschöpfungskette [DGK+17].

6.6.2 Innovationsherausforderung

Bereits seit längerem sind Telematiksysteme im Einsatz. Sie dienen der Erfassung, Übermittlung, Aufbereitung und Darstellung von Sensorwerten von Maschinen und Anlagen. Die so gewonnenen Daten können für vielfältige Zwecke genutzt werden – intern, z. B. zur Entwicklung und Validierung, und extern, z. B. zur Produktivitätsanalyse beim Kunden. Es zeigte sich, dass derartige Systeme bei den Endanwendern im Markt nicht die erwartete Akzeptanz fanden; ähnliche Erfahrungen machen auch weitere Akteure der Branche. Das spiegelt sich z. B. durch geringere Aktivierungs- und Verlängerungsquoten der Lizenzen als erwartet wider. Offenbar wird der Nutzen dieser Systeme durch den Endkunden nicht hinreichend erkannt bzw. die Systeme wurden nicht den Anforderungen der Nutzer gerecht. Mit Hilfe des Projekts „Telematics Next Generation" wurde daher analysiert, was eine Erfolg versprechende nächste Generation dieser Systeme bieten muss und wie sie im Markt etabliert werden kann.

6.6.3 Vorgehen und Projektresultate

Grundlage des methodischen Vorgehens bildet das *Referenzmodell der strategischen Planung und integrativen Entwicklung von Marktleistungen* nach GAUSEMEIER (vgl. Kapitel 1.3.2). Der Fokus lag auf dem Zyklus *Strategische Produktplanung*. In Anlehnung daran gliederte sich das Projekt in vier Arbeitsschritte (Bild 6.34).

1. Analyse der Ausgangssituation

Zur Schaffung eines gemeinsamen Verständnisses der Ausgangssituation erfolgten zunächst eine Stakeholder-, Wettbewerber- sowie eine Umfeldanalyse. Im nächsten Schritt wurde der Wertschöpfungsprozess des Landwirts mit Hilfe einer Prozessanalyse untersucht, insbesondere um Verbesserungspotentiale zu identifizieren. Anschließend wurde eine Erfolgsfaktorenanalyse für das Geschäft mit Telematiksystemen durchgeführt.

Stakeholder-Analyse durchführen

Nach FREEMAN handelt es sich bei Stakeholdern um Personen oder Gruppen, die von den Tätigkeiten eines Unternehmens direkt oder indirekt beeinflusst werden und dem Unternehmen gegenüber eine Erwartungshaltung haben [Fre84]. Die Stakeholder-Analyse hatte zum Ziel, relevante Anspruchsgruppen im Markt von Telematiksystemen zu identifizieren und zu charakterisieren. Die Charakterisierung erfolgte mittels Stakeholder-Steckbriefen. Sie enthalten eine Einordnung der Stakeholder, Aussagen zu deren Anforderungen an bzw. deren Einstellung gegenüber Telematiksystemen sowie eine Bewertung zu deren Einflüssen und Zielen. Im Anschluss wurde ein Stakeholder-Radar aufgespannt, das die Beziehungen der Stakeholder zum Unternehmen darstellt (Bild 6.35). Das Radar gliedert die Stakeholder wie folgt [GP14]:

- **Interne Stakeholder:** Darunter werden Personen oder Gruppen verstanden, die zum Unternehmens gehören, wie Mitarbeiter und Anteilseigner.
- **Ökonomische Stakeholder:** Darunter werden Personen oder Gruppen verstanden, die primär durch geschäftliche Interaktion mit dem Unternehmen verbunden sind. Dazu gehören beispielsweise Kunden, Zulieferer, Mitbewerber und Händler.
- **Direkte globale Stakeholder:** Darunter fallen Personen oder Gruppen, die Erwartungen und Ansprüche an das Unternehmen haben und über direkte nicht-ökonomische Interaktion mit dem Unternehmen verbunden sind. Dazu zählen z. B. Kommunen, Verbände und Umweltgruppen.

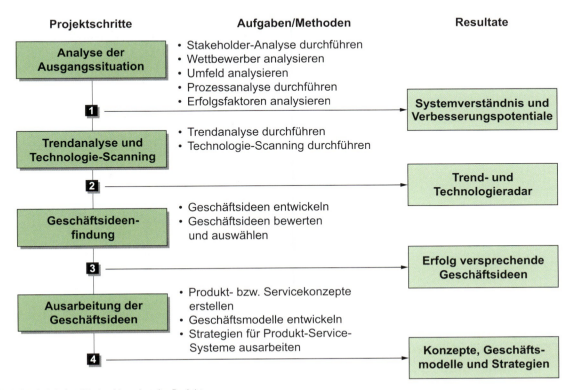

BILD 6.34 Leitfaden für das Vorgehen im Projekt

- **Indirekte globale Stakeholder:** Das sind Personen oder Gruppen, die lediglich über indirekte nicht-ökonomische Interaktion mit dem Unternehmen verbunden sind. Dazu zählen bspw. Ämter, Medien und die Öffentlichkeit.

Ausgewählte Anspruchsgruppen aus dem Stakeholder-Radar wurden in einem Einfluss-Ziele-Portfolio detailliert bewertet (Bild 6.36). Auf der Abszisse sind hier die Ziele der Stakeholder aufgetragen; diese können konfliktär oder kooperationsfördernd sein. Die Ordinate stellt die Stärke des Einflusses der Stakeholder dar, die mit Hilfe einer Einflussanalyse ermittelt wird. Die Kugeldurchmesser verdeutlichen die Relevanz eines Stakeholders. Diese ergibt sich aus der Relevanzanalyse, die eine Rangreihe der Wichtigkeit der Stakeholder in Bezug auf das neue Geschäft liefert. Je größer der Durchmesser einer Kugel dargestellt ist, desto höher ist also die Relevanz des Stakeholders in Bezug auf das Geschäft mit Telematiksystemen in der Landwirtschaft. Im Einfluss-Ziele-Portfolio ergeben sich fünf charakteristische Bereiche.

- *Allianzpartner binden:* Hier handelt es sich um Stakeholder, die zur Kooperation neigen und einen hohen Einfluss auf den Erfolg des geplanten Geschäfts haben. Es liegt nahe, diese Stakeholder in eine Allianz einzubinden, um die sich ergebende Geschäftschance rasch, energisch und nachhaltig zu nutzen.
- *Freunde erhalten:* Auch hier handelt es sich um Stakeholder, die eine ausgeprägte Kooperationsneigung aufweisen, aber nur einen mittleren Einfluss auf das Gelingen des Geschäfts haben. Es ist ein gutes Verhältnis zu pflegen und von Zeit zu Zeit zu überprüfen, ob sie den Mehrwert einer Allianz erhöhen könnten.
- *Kontakte pflegen:* Selbst wenn diese Stakeholder das Geschäft nicht signifikant beeinträchtigen können, sollte ein durch gegenseitiges Wohlwollen gekennzeichnetes Verhältnis gepflegt werden.
- *Unangenehme besänftigen:* Hier handelt es sich um Stakeholder, die grundsätzlich den Konflikt suchen, aber nur mittleren Einfluss auf den Geschäftserfolg haben. Es liegt nahe, eine Eskalation zu vermeiden.

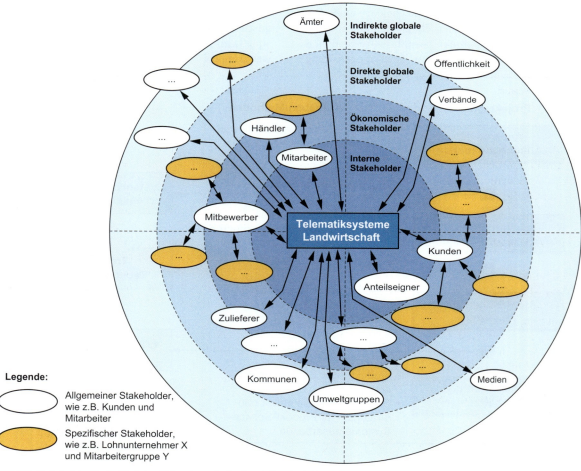

BILD 6.35 Stakeholder-Radar für Telematiksysteme in der Landwirtschaft (Auszug und anonymisiert)

6.6 Strategische Planung von Telematiksystemen

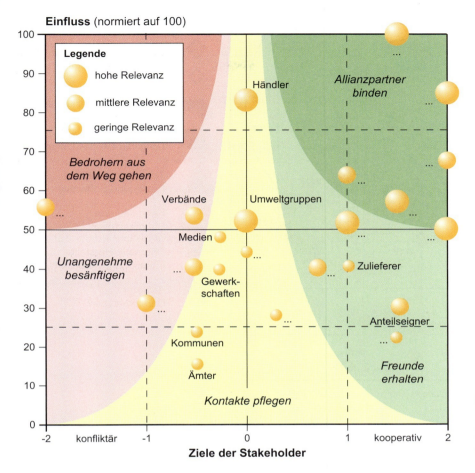

BILD 6.36
Einfluss-Ziele-Portfolio der Stakeholder von Telematiksystemen in der Landwirtschaft (anonymisiert) in Anlehnung an [Leh14]

- *Bedrohern aus dem Weg gehen:* Diese Stakeholder sind potentiell gefährlich. Wenn es mehrere sind und das bedrohte Unternehmen keine Ausweichmöglichkeiten sieht, sollte die Investition in das Geschäft überprüft werden.

Wettbewerber analysieren

Die Wettbewerberanalyse hatte zum Ziel, relevante Wettbewerber, Hersteller bzw. Anwender im Markt von Telematiksystemen zu identifizieren und deren strategische Positionierung zu ermitteln. Dafür wurden auch ähnliche Branchen untersucht, wie z. B. Fahrzeugbauer für Baufahrzeuge. Die Analyse erfolgte mit Hilfe der Methode VITOSTRA [Bät04], [GP14]. Alle identifizierten Wettbewerber wurden zunächst hinsichtlich der Ausprägung von ausgewählten strategischen Variablen charakterisiert. Mit Hilfe einer multidimensionalen Skalierung (MDS) konnte anschließend eine Wettbewerberlandkarte erzeugt werden, die die Wettbewerbsarena darstellt (Bild 6.37).

Je näher zwei Unternehmen innerhalb der Wettbewerberlandkarte beieinander liegen, desto ähnlicher sind die strategischen Positionierungen. Ferner können strategische Gruppen identifiziert werden; das sind Unternehmen, die ähnliche Wettbewerbsstrategien verfolgen. Aus der Landkarte kann im vorliegenden Fall beispielsweise entnommen werden, dass die Wettbewerber *W2*, *W6*, *W15* und *W17* eine ähnliche Strategie wie CLAAS verfolgen. Die weißen Pfeile dienen als zusätzliche Lesehilfe und spiegeln innerhalb der Landkarte tendenzielle strategische Ausrichtungen wider, die jeweils auf einer strategischen Variablen beruhen. Die Darstellung dient als Grundlage für strategische Entscheidungen und die Ermittlung einer Erfolg versprechenden Positionierung im Wettbewerb.

Umfeld analysieren

Ergebnis dieser Phase ist ein Umfeldmodell; es beschreibt, wie ein System in sein Umfeld eingebettet ist und mit welchen Umfeldelementen es interagiert bzw. durch Material-, Energie- und Informationsflüsse verknüpft ist (vgl. Kapitel 5.4). Ein Beispiel für einen Informationsfluss sind z. B.

6 Fallbeispiele – Herausforderungen, Vorgehen, Resultate

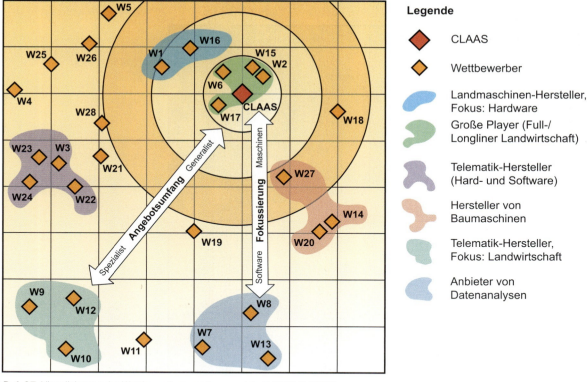

BILD 6.37 Visualisierung der Wettbewerbsarena (anonymisiert) [Bät04], [GP14]

ISOBUS-Daten (vgl. ISO 11783), die zwischen einer Landmaschine (z. B. Ackerschlepper) und einem Anbaugerät (z. B. Feldspritze) fließen. Umfeldelemente sowie die entsprechenden Interaktionen und Flüsse bildeten den Ausgangspunkt zur Erstellung von Anwendungsszenarien (vgl. Kapitel 5.4) für das weiter zu entwickelnde System. Das Umfeldmodell und die Anwendungsszenarien wurden auch für das heutige Telematiksystem erstellt, um das gemeinsame Systemverständnis zu fördern.

Die bisher durchgeführten Analyseschritte (Stakeholder-, Wettbewerber- und Umfeldanalyse) zielten vor allem auf die Charakterisierung der Ausgangssituation aus Unternehmenssicht ab. Mit Hilfe einer anschließenden Prozess- und Erfolgsfaktorenanalyse wurde die Kundensicht eingenommen. Im Vordergrund stand hier die gezielte Ermittlung des Mehrwerts von Telematiksystemen für den Anwender.

Prozessanalyse durchführen

Die Prozessanalyse wurde genutzt, um den Wertschöpfungsprozess eines Landwirts während der Ernte zu modellieren. Ziel war die Ermittlung von Verbesserungspotentialen, die mit Hilfe von Telematiksystemen erschlossen werden können. Die identifizierten Potentiale ergeben sich größtenteils aus heutigen Schwachstellen. Unterstützt und ergänzt wurde die projektinterne Prozessanalyse durch Interviews mit Landwirten. Im Wertschöpfungsprozess wurden die einzelnen Wertschöpfungsteilnehmer sowie deren Prozessschritte samt erforderlicher In- und Outputs abgebildet. Die Modellierung des Wertschöpfungsprozesses erfolgt mit der Methode OMEGA (vgl. Kapitel 1.2.5.1). Als Referenzprozess wurde der Ernteprozess von Weizen herangezogen. Die Leitfrage bei der Prozessanalyse lautete „Welche Prozessschritte des Landwirts können (informationstechnisch) unterstützt werden?". Bild 6.38 zeigt einen Auszug des Prozessmodells.

Das Bild zeigt einen Auszug des Bereichs „Düngung und Pflanzenschutz". Abgebildet sind die Prozessschritte *Pflanzenschutzmittel auswählen*, *Pflanzenschutztechnik vorbereiten* und *Pflanzenschutzmittel ausbringen* samt erforderlicher Inputs und erzeugter Outputs. Jedem Prozessschritt wurden Hilfsmittel (z. B. *Ackerschlepper*) sowie eine Kurzbeschreibung hinzugefügt. Die roten Dreiecke verdeutlichen identifizierte Verbesserungspotentiale. Ein Potential im Kontext der Ausbringung von Pflanzenschutzmitteln ist z. B. *Ausbringungsempfehlungen (Menge, Zeitpunkt etc.) auf Basis von Wetterprognosen*.

6.6 Strategische Planung von Telematiksystemen

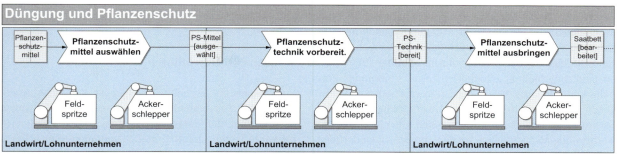

BILD 6.38 Modellierung des Ernteprozesses von Weizen zur Ermittlung von Verbesserungspotentialen (Auszug), Modellierungssprache OMEGA

Erfolgsfaktoren analysieren

Im Anschluss an die Untersuchung des Wertschöpfungsprozesses erfolgte eine Erfolgsfaktorenanalyse. Erfolgsfaktoren, z. T. auch kaufentscheidende Faktoren genannt, sind Faktoren, die den Erfolg eines Geschäfts maßgeblich beeinflussen (vgl. Kapitel 2.1.1.1). Die Erfolgsfaktoren wurden über Experteninterviews auf Fachmessen und Kundenbefragungen ermittelt. Die Ergebnisse wurden in einem Erfolgsfaktoren-Portfolio visualisiert (Bild 6.39). Gegenübergestellt sind darin in unterschiedlichen Kugelfarben jeweils die CLAAS-interne Sicht, die Endkunden-Sicht sowie die Sicht der Befragten der Fachmessen.

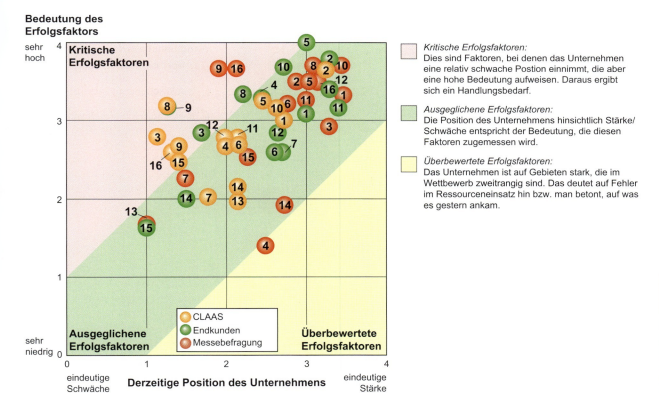

BILD 6.39 Erfolgsfaktoren-Portfolio für das Telematik-Geschäft in der Landwirtschaft (anonymisiert)

Besonders interessant sind die Erfolgsfaktoren, die eine unterschiedliche Einschätzung erhalten haben. Eine relativ große Streuung weist z. B. Erfolgsfaktor Nr. 4 auf. Während die eigenen Mitarbeiter diesen offenbar für relativ ausgeglichen hielten, erschien er für die Endkunden beinahe kritisch – die Messe-Befragten erachteten ihn hingegen für leicht überbewertet. Die Gründe für solche Streuungen sind näher zu untersuchen. Um einen Wettbewerbsvergleich zu erzielen, wurden die Befragten darüber hinaus um eine Bewertung des Wettbewerbs hinsichtlich seiner Stärke bei den ausgewählten Erfolgsfaktoren gebeten. Ferner wurde eine Einschätzung erbeten, ob die Bedeutung eines Erfolgsfaktors zukünftig steigen oder fallen wird. Die Ergebnisse wurden abschließend in einem Stärken-Schwächen-Profil dargestellt, das den Handlungsbedarf prägnant visualisiert.

2. Trendanalyse und Technologie-Scanning

Hier wurden zunächst Markt- und Technologietrends im Telematik-Geschäft identifiziert. Trends beschreiben mögliche Entwicklungen in der Zukunft, die aufgrund einer hohen Wahrscheinlichkeit als relevant für die künftige Geschäftstätigkeit angesehen werden. Sie sind bei der Entwicklung neuer Geschäftsideen besonders zu berücksichtigen.

Trendanalyse durchführen

Im Rahmen der Trendanalyse wurden komplexe gesellschaftliche Zusammenhänge und deren Auswirkungen auf Unternehmen dargestellt. In dem Projekt wurden 48 relevante Trends identifiziert. Die Dokumentation erfolgte über Trend-Steckbriefe. Sie enthalten eine Beschreibung des Trends, Aussagen über Eintrittswahrscheinlichkeit, Auswirkungen auf Telematiksysteme, Chancen und Risiken sowie den daraus resultierenden Handlungsbedarf. Die Bewertung ermöglichte die Erstellung eines modifizierten Trendradars (Bild 6.40).

Im Trendradar werden die Trends den Bereichen *Gesellschaft*, *Technologie* sowie *Umwelt & Politik* zugeordnet. Die Einschätzung des Handlungsbedarfs gibt Aufschluss darüber, ob ein Trend *operativen* (Zeithorizont: bis zu 1 Jahr), *taktischen* (bis zu 2 Jahre) oder *strategischen* (bis zu 5 Jahre) Handlungsbedarf erfordert. Dieser zeitliche Handlungsbedarf wird über die Farbe der Kugeln abgebildet. Der Kugeldurchmesser verdeutlicht die Auswirkungsstärke des

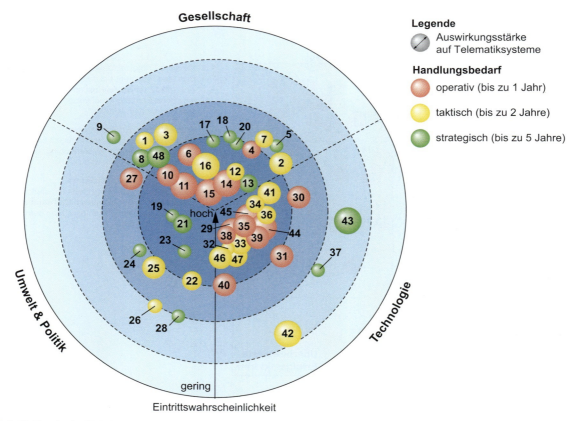

BILD 6.40 Trendradar für Telematiksysteme (anonymisiert)

Trends auf Telematiksysteme – je größer der Durchmesser, desto höher die Auswirkungsstärke. Von besonderer Relevanz für zukünftige Produkte und Services sind Trends, die eine hohe Eintrittswahrscheinlichkeit aufweisen, einen akuten Handlungsbedarf aufweisen und sich stark auf das Geschäft auswirken werden, beispielsweise Trend *Nr. 15*.

Technologie-Scanning durchführen

Ziel des Technologie-Scannings war die systematische Identifikation, Analyse und Bewertung von Telematik-relevanten Technologien sowie die Ermittlung von typischen Anwendungsbereichen für Telematiksysteme in verwandten Branchen. Dadurch sollten insbesondere die folgenden Fragen beantwortet werden:

- Wer sind relevante Anbieter von Telematiksystemen anderer Branchen?
- Was sind die Motive zur Einführung und Nutzung von Telematiksystemen in anderen Branchen?
- In welchem Umfang werden die Ziele mittels Telematiksystemen erreicht?
- Wie nutzen die Anwender das System?
- Welche Informationen werden durch das System erfasst und wem werden diese bereitgestellt?

Die Technologien wurden analog zur Trend-Analyse in Steckbriefen dokumentiert. Anschließend wurden die Technologien in die Kategorien *Service*, *Echtzeitprozessunterstützung*, *Entscheidungsunterstützung* sowie *Datenmanagement & Dokumentation* unterteilt. Darüber hinaus wurden der Reifegrad der Technologien sowie die Relevanz für das Unternehmen bewertet. Jede Technologie wurde zusätzlich in eine Phase des Hype-Cycle in Anlehnung an Gartner eingeordnet (vgl. Kapitel 3.3.2.1). Daraufhin konnten alle Technologien in ein modifiziertes Technologie-Radar überführt werden (Bild 6.41). Technologien, die das *Plateau der Produktivität* erreicht haben sowie einen hohen Reifegrad und eine hohe Relevanz für das Unternehmen aufweisen, werden bei der Entwicklung neuer Produkte und Services besonders berücksichtigt (z. B. *Technologie Nr. 35*).

3. Geschäftsideenfindung

Die bisher gesammelten Informationen aus den Schritten 1 und 2 lieferten wertvollen Input bei der **Entwicklung neuer Geschäftsideen**. Unter Geschäftsideen wurden im Kontext des Projekts Produkt- und Service-Ideen sowie Kombinationen dieser verstanden. Unter Berücksichtigung dieser Informationen und unter Anwendung von Kreativitätstechniken (vgl. Kapitel 3.1) wurden in zwei

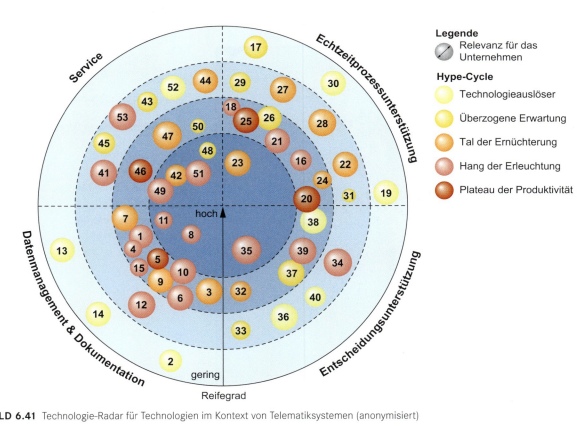

BILD 6.41 Technologie-Radar für Technologien im Kontext von Telematiksystemen (anonymisiert)

Ideenworkshops mit Mitarbeitern mehrerer Fachabteilungen neue Geschäftsideen generiert. Ziel war es, eine möglichst große Anzahl neuer **Ideen** hervorzubringen und diese hinsichtlich ihres wirtschaftlichen Potentials sowie damit verbundener Chancen und Risiken zu **bewerten**. Zur **Auswahl** Erfolg versprechender **Ideen** bot sich ein Chancen-Risiko-Portfolio an (Bild 6.42). Das Portfolio besteht aus drei charakteristischen Bereichen. Oben rechts befinden sich Ideen mit hohen Geschäftschancen und niedrigem Risiko. Diese Ideen sind bevorzugt auszuwählen. Im mittleren Teil muss selektiv entschieden werden; es gilt zu überprüfen, welche Erfolgsaussichten sich tatsächlich hinter diesen Ideen verbergen. Im vorliegenden Fallbeispiel wurden drei Geschäftsideen (*Nr. 12*, *Nr. 17* und *Nr. 20*) aufgrund ihres hohen Chancen- und niedrigen Risikopotentials zur Konkretisierung ausgewählt.

4. Ausarbeitung der Geschäftsideen

Hier geht es um die Konkretisierung der ausgewählten Geschäftsideen durch die Erstellung von Produkt- bzw. Servicekonzepten, die Entwicklung von Geschäftsmodellen sowie die Ausarbeitung von Strategien für die Produkt-Service-Systeme.

Produkt- bzw. Servicekonzepte erstellen

Die Produkt- und Servicekonzepte beinhalteten neben einer Zusammenfassung der jeweiligen Idee die Beschreibung von fünf Aspekten entsprechend der in Kapitel 5.4 vorgestellten Spezifikationstechnik:

- **Zusammenfassung:** Hier wurden die Grundzüge jeder Idee dargelegt. Die Zusammenfassung besteht aus einer Beschreibung, einer Herausstellung des Nutzens für den Endkunden, einer Ideenskizze, einer ersten Investitions- und Absatzschätzung sowie einer Einschätzung des Start-of-Production (SOP).
- **Umfeldmodell:** Für jede Geschäftsidee wurde ein Umfeldmodell erstellt. Dadurch wird herausgestellt, mit welchen Umfeldelementen die neuen Geschäftsideen im Vergleich zum bestehenden System interagieren. Von besonderem Interesse sind beispielsweise hinzukommende Umfeldelemente, weil aus ihnen möglicherweise Störflüsse resultieren, die bei der Entwicklung berücksichtigt werden müssen (z. B. *Schmutz* oder *Feuchtigkeit*).
- **Anwendungsszenarien:** Mit Hilfe von Anwendungsszenarien wurden die typischen Anwendungsfälle der internen und externen Endkunden mit den neuen Ge-

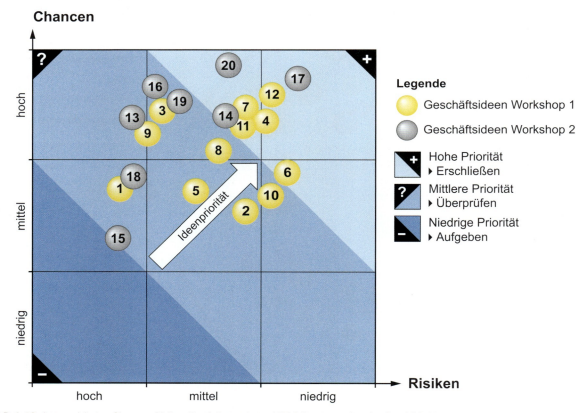

BILD 6.42 Anonymisiertes Chancen-Risiken-Portfolio zur Auswahl Erfolg versprechender Geschäftsideen

schäftsideen beschrieben (z. B. *Prädiktive Wartung und Instandhaltung des internen Kunden Serviceabteilung*). Durch die Spezifizierung jedes Anwendungsfalls mit Hilfe eines Anwendungsszenarios konnte geprüft werden, ob die jeweilige Geschäftsidee auch tatsächlich einen hohen Kundennutzen stiftet.

- **Anforderungen:** Die Umfeldmodelle und Anwendungsszenarien bildeten die Ausgangsbasis zur Ableitung von Anforderungen an die neuen Produkte und Services. Sie wurden in Anforderungslisten dokumentiert und dienen der folgenden Entwicklung als „Messlatte" für die zu entwickelnden Produkte bzw. Services (z. B. *Datenübertragungsrate: mindestens 5Gbit/s*).
- **Funktionen:** Die Beschreibung der Funktionen des zu entwickelnden Systems erfolgte mit Hilfe einer Funktionshierarchie. Funktionen beschreiben allgemeine und gewollte Zusammenhänge zwischen Ein- und Ausgangsgrößen mit dem Ziel, vorgesehene Aufgaben zu erfüllen (z. B. *Positionsdaten übertragen*). Üblich ist, die Funktionen so lange in Unterfunktionen zu gliedern, bis für jede der Unterfunktionen mindestens ein Systemelement gefunden worden ist.
- **Wirkstruktur:** In der Wirkstruktur wurden die identifizierten Systemelemente unter Berücksichtigung von Stoff-, Energie- und Informationsflüssen verknüpft (z. B. *Austausch von Positionsdaten zwischen Telematiksystem und Farm-Management-Informationssystem*). Auf diese Weise wurde für jede Idee die prinzipielle Wirkungsweise und je Idee die vorausgedachten Systemkonfigurationen spezifiziert. Als Ergebnis lagen die grundsätzlichen Strukturen und damit die prinzipiellen Wirkungsweisen inkl. aller vorausgedachten Systemkonfigurationen für die geplanten Geschäftsideen vor.

Um sicherzustellen, dass die in der Trend- und Technologieanalyse identifizierten Entwicklungen ausreichend durch die neuen Geschäftsideen berücksichtigt werden, erfolgte ein Abgleich des jeweiligen Produkt- bzw. Servicekonzepts mit den zuvor identifizierten Markt- und Technologietrends.

Geschäftsmodelle entwickeln

Für die ausgewählten Produkt- bzw. Servicekonzepte wurden Erfolg versprechende Geschäftsmodelle entwickelt, die Aussagen darüber treffen, wie mit Hilfe der angestrebten Geschäftsideen Werte für den Kunden geschaffen werden (z. B. *Entlastung des Landwirts durch automatische Dokumentation von Ernteprozessen*). Als Beschreibungsrahmen diente eine Business Model Canvas (vgl. Bild 4.31), die Aussagen zu angebotenen Produkten und Services, Kunden, Wertschöpfung und Kundennutzen trifft. Sie wurde um Chancen und Risiken ergänzt. Aus Gründen der Vertraulichkeit werden die Inhalte der Business Model Canvas an dieser Stelle nicht vorgestellt.

Strategien für Produkt-Service-Systeme ausarbeiten

Für die drei ausgewählten Geschäftsideen von Produkt-Service-Systemen wurden Strategien erarbeitet, auf deren Grundlage die Unternehmensleitung über den Eintritt in das jeweilige Geschäft entscheiden konnte. Eine entsprechende Strategie geht von einer Vision aus, erbringt den Nachweis der Rentabilität des neuen Geschäfts und mündet in Maßnahmen zur Umsetzung der Strategie bis hin zu einer Umsetzungs-Roadmap. Die Abschätzung der Rentabilität des Geschäfts beruht auf einer Reihe von Use Cases. Die Umsetzungs-Roadmap brachte die Maßnahmen in den involvierten Funktionsbereichen wie Marketing, Vertrieb und Fertigung auf die Zeitachse.

6.6.4 Resümee

Telematiksysteme befinden sich in der Landtechnik auf dem Vormarsch. Die Erfassung, Analyse und Übermittlung von Betriebsdaten ermöglicht die Optimierung von Arbeitsabläufen und Geschäftsprozessen. Vor dem Hintergrund des steigenden Kostendrucks eröffnen Telematiksysteme für die Landwirte Erfolg versprechende Perspektiven. Allerdings ist es mehr denn je erforderlich, dem Landwirt den Mehrwert dieser Systeme zu vermitteln, um eine Zahlungsbereitschaft zu erzeugen. Mit dem Projekt „Telematics Next Generation" konnte ein Kundennutzenorientiertes Vorgehen verfolgt werden, das zur Generierung zahlreicher Geschäftsideen führte. Mit Hilfe von Spezifikationstechniken für intelligente technische Systeme und Geschäftsmodelle wurden drei Geschäftsideen mit relativ geringem Aufwand soweit konkretisiert, dass das Top-Management eine fundierte Entscheidungsgrundlage erhielt. Als Erfolgsfaktoren haben sich herausgestellt:

- **Einbindung von internen und externen Kunden:** Diese erlaubte eine frühzeitige Einschätzung darüber, welche Funktionen zukünftige Telematiksysteme enthalten müssen, um die Kunden bei ihren Tätigkeiten bestmöglich zu unterstützen.
- **Kundennutzen-orientierte Vorgehensweise:** Im Vordergrund der Planung stand die Herausstellung des Kundennutzens von Telematiksystemen. Dieser wurde in der Analyse der Ausgangssituation ermittelt. Während der Entwicklung wurde regelmäßig überprüft, ob die Geschäftsideen diesen Nutzen auch tatsächlich ausreichend adressieren.
- **Analyse verwandter Branchen:** Da Telematiksysteme bereits erfolgreich in verwandten Branchen eingesetzt

werden (z. B. Baubranche oder Logistik) und dort die Akzeptanz für solche Systeme offenbar hoch ist, lieferte ein „Blick über den Tellerrand" zahlreiche Informationen (z. B. Erfolg versprechende Technologien, Funktionen, Geschäftsmodelle etc.), die im Prinzip auf den eigenen Anwendungsfall übertragen werden konnten. Das führte letztlich zu Geschäftsideen, die auch in der Landwirtschaft die Akzeptanz für Telematiksysteme erhöhen.

6.7 Strategische Planung und Konzipierung einer neuen Pay-per-Use Marktleistung

Miele & Cie. KG

6.7.1 Unternehmen

Miele ist ein Hersteller von Premium-Hausgeräten für die Küche, Wäsche- und Bodenpflege sowie von Geräten für den Einsatz in Gewerbebetrieben und medizinischen Einrichtungen. Das Unternehmen produziert in 12 Werken weltweit und beschäftigt mehr als 19 000 Mitarbeiter bei einem Umsatz von 3,9 Mrd. Euro.

6.7.2 Innovationsherausforderung

Der Geschäftsbereich „Miele Professional" bietet Lösungen für Gewerbebetriebe und medizinische Einrichtungen an. Hierzu gehören Geschirrspülmaschinen, Waschmaschinen, Trockner, Mangeln, Desinfektoren und Sterilisatoren für verschiedene Anwendungsbereiche. Das Produktprogramm im Bereich Geschirrspülmaschinen umfasst Maschinen für ein eher geringes bis mittleres Spülaufkommen mit einem Frischwasser-Spülsystem sowie Maschinen für hohes Spülaufkommen und Dauereinsatz mit einem Tank-Spülsystem.

Maschinen mit einem Frischwasser-Spülsystem stehen unter anderem im Wettbewerb mit Maschinen aus dem Privatkundenbereich: Bei der Kaufentscheidung vernachlässigen einige Gewerbekunden die Betriebskosten und favorisieren einen niedrigeren Anschaffungspreis. Ein Beispiel sind Kindertagesstätten mit einem vergleichsweise geringen Spülaufkommen von vier bis sieben Spülzyklen pro Tag. Nach einer unternehmensinternen Studie kommen in diesem Kundensegment viele Haushaltsmaschinen zum Einsatz, was aufgrund der intensiven Nutzung oftmals hohe Wartungs- und Reparaturkosten zur Folge hat.

Der Lösungsansatz zur Bewältigung dieser Herausforderung war eine Anpassung des Geschäftsmodells. Kunden sollen zukünftig pro Spülzyklus für die Nutzung des Systems bezahlen und darüber hinaus keine Kosten tragen. Der hohe Anschaffungspreis entfällt für den Kunden. Somit werden die Kosten über den gesamten Lebenszyklus transparent und planbar. In Zusammenarbeit mit dem Unternehmen wurde eine neue Marktleistung auf Basis eines derartigen Pay-per-Use-Geschäftsmodells konzipiert. Es wurde bewusst von einem Miet- oder Leasingmodell Abstand genommen, da ein Pay-per-Use-Modell eine bessere Bündelung von weiteren Produkten und Dienstleistungen ermöglicht, z. B. die Bereitstellung von Reinigungschemie.

6.7.3 Vorgehen und Projektresultate

Bild 6.43 zeigt den Leitfaden für das Vorgehen im vorliegenden Fallbeispiel. Durch das Zusammenspiel von Methoden der strategischen Produktplanung und des Systems Engineerings erfolgte eine ganzheitliche Konzipierung der neuen Marktleistung. Nachfolgend gehen wir auf die vier Schritte des Leitfadens näher ein.

1. Kundenanalyse

Die Kundenanalyse konzentrierte sich auf die **Charakterisierung** des **Erfolg versprechenden Kundensegments** „Kindertagesstätten". Sie beruhte auf bestehenden Studien des Unternehmens, internen Workshops sowie Kundeninterviews.

Zur **Bestimmung** des **Kundenprofils** und **Wertversprechens** wurden die Value Proposition Canvas genutzt. Bild 6.44 zeigt einen Ausschnitt mit einigen Ergebnissen.

Das **Kundenprofil** dokumentiert lösungsneutral die Bedürfnisse des betrachteten Kundensegments. *Kundenaufgaben* beschreiben notwendige Tätigkeiten rund um die Nutzung des Spülsystems. Neben dem eigentlichen Spülen gehören hierzu auch das Kaufen von Reinigungschemie oder die Beschaffung der Geschirrspülmaschine und dessen Inbetriebnahme. In diesem Zusammenhang können *Gewinne* entstehen, die Kunden erfreuen, und *Probleme* auftreten.

Das **Wertversprechen** beschreibt, wie das Unternehmen Wert für den Kunden schaffen möchte. Es werden *Produkte und Dienstleistungen* aufgelistet, welche den betrachteten

6.7 Strategische Planung und Konzipierung einer neuen Pay-per-Use Marktleistung

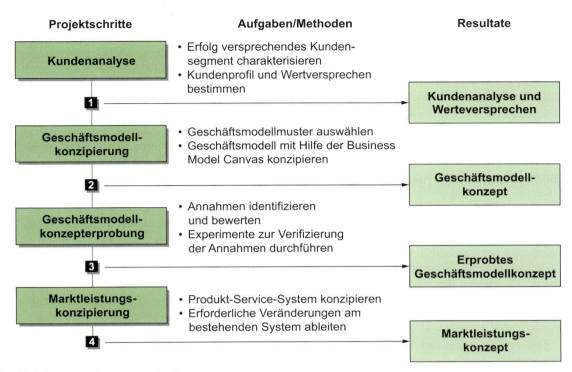

BILD 6.43 Leitfaden für das Vorgehen im Projekt

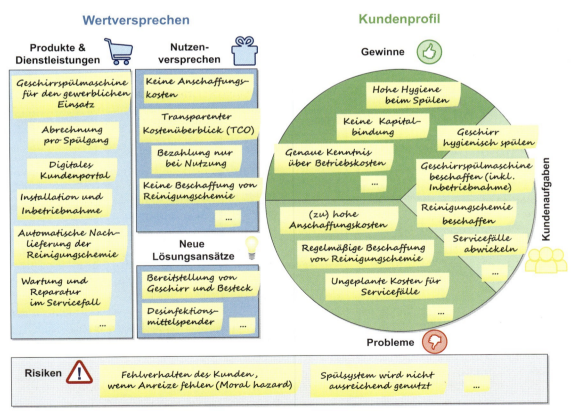

BILD 6.44 Ausschnitt der Value Proposition Canvas

Kunden angeboten werden sollen. Das *Nutzenversprechen* beschreibt, wie Produkte und Dienstleistungen Gewinne für die Kunden erzeugen und Probleme lösen. Damit wird Wert für den Kunden erzeugt. Wesentliches Nutzenversprechen im Fallbeispiel sind der Wegfall der Anschaffungskosten und ein gut nachvollziehbarer Kostenüberblick. Im Zuge der Diskussion um das Nutzenversprechen entstehen oftmals Ideen für völlig *neue Lösungsansätze*, welche im entsprechenden Feld dokumentiert werden.

2. Geschäftsmodellkonzipierung

Die Geschäftsmodellkonzipierung erfolgte mit Hilfe der Business Model Canvas und von Geschäftsmodellmustern. Geschäftsmodellmuster sind bewährte Lösungen für die Ausgestaltung von Geschäftsmodellen und führen in der Regel durch geschickte Rekombination zu innovativen Geschäftsmodellkonzepten (vgl. Kapitel 4.3.3). Im ersten Schritt wurden geeignete **Geschäftsmodellmuster ausgewählt**. So wurde das Geschäftsmodellmuster „Pay-per-Use" mit den komplementären Mustern „Contractual Lock-In" und „Leveraging Customer Data" kombiniert: Durch eine vertraglich geregelte, automatisierte Nachlieferung von Reinigungschemie können Kunden gebunden werden. Hierzu ist die Sammlung von Kundendaten notwendig, welche wiederum für Vertragsoptimierungen genutzt werden können. Im zweiten Schritt wurde das **Geschäftsmodell mit Hilfe der Business Model Canvas konzipiert**, wie es auszugsweise in Bild 6.45 dargestellt ist.

3. Geschäftsmodellkonzepterprobung

Während der Geschäftsmodellkonzepterprobung wurden 108 **Annahmen identifiziert** und hinsichtlich ihrer Validierungspriorität **bewertet**. Bewertungskriterien sind *Unsicherheit* und *Wichtigkeit* der Annahmen. Kritische Annahmen bezogen sich beispielsweise auf den Preis pro Spülzyklus, die durchschnittliche Anzahl durchgeführter Spülzyklen und die Verfügbarkeit einer Internetverbindung am Aufstellungsort. Es wurden unterschiedliche **Experimente durchgeführt**, um die Annahmen zu verifizieren und das Geschäftsmodellkonzept abzusichern bzw. weiter zu verbessern. Eine Auswahl an unterschiedlichen Experimenten finden sich bei OSTERWALDER ET AL. [OPB+15]. Ein wirkungsvolles Experiment waren Interviews von potentiellen Kunden mit einem fiktiven Leistungsangebot, welches in Bild 6.46 dargestellt ist. So konnte die Reaktion potentieller Kunden zum Beispiel auf die Preisgestaltung und das angebotene Leistungsbündel beobachtet werden. Eine Wirtschaftlichkeitsrechnung flankierte die Absicherung des Geschäftsmodellkonzept.

4. Marktleistungskonzipierung

Bei der neuen Marktleistung handelt es sich um ein Produkt-Service-System aus der Sachleistung Geschirrspülmaschine und ergänzenden Dienstleistungen. Zur **Konzipierung des Produkt-Service-Systems** wurden die Methode CONSENS eingesetzt (vgl. Kapitel 5.4). Bild 6.47

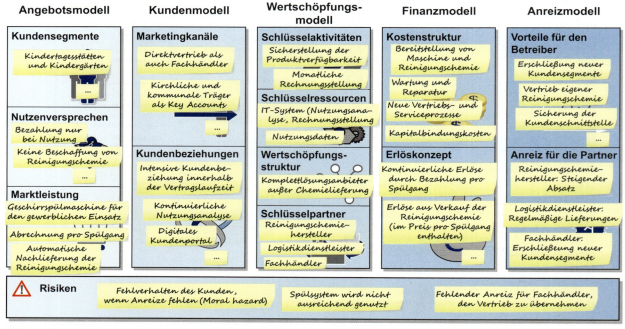

BILD 6.45 Ausschnitt der Business Model Canvas

6.7 Strategische Planung und Konzipierung einer neuen Pay-per-Use Marktleistung

BILD 6.46 Fiktives Leistungsangebot für die neue Marktleistung

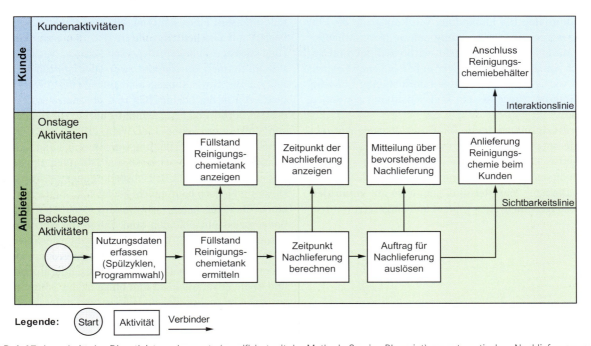

BILD 6.47 Ausschnitt des Dienstleistungskonzepts (spezifiziert mit der Methode Service Blueprint) zur automatischen Nachlieferung von Reinigungschemie

zeigt einen Ausschnitt des Konzepts der automatisierten Nachlieferung von Reinigungschemie, dargestellt in einem Service Blueprint. Die Konzepte münden in neue Geschäftsprozesse.

Ziel war ein Marktleistungskonzept mit minimalen **Veränderungen an der Sachleistung**, um einen schnellen Markteintritt zu ermöglichen. Eine Herausforderung war die Erzeugung notwendiger Informationen auf Basis vorhandener Daten und Messgrößen, um Änderungen an der Sachleistung zu vermeiden. Durch einen virtuellen Sensor kann beispielsweise der Füllstand des Reinigungschemiebehälters gemessen werden, ohne einen neuen Hardwaresensor zu implementieren. Der virtuelle Sensor ist notwendig, um eine bedarfsgerechte Nachlieferung der Reinigungschemie auszulösen.

6.7.4 Resümee

Die Umsetzung des neuen Geschäftsmodells erforderte eine ganzheitliche Sicht auf das Marktleistungskonzept. So wurden Methoden der strategischen Produktplanung und des Systems Engineerings kombiniert und in interdisziplinären Teams zusammengearbeitet. Ergebnis ist ein weitgehend abgesichertes Geschäftsmodellkonzept sowie ein Konzept des Produkt-Service-Systems zur Umsetzung. Im Projektverlauf wurden folgende Erfolgsfaktoren deutlich:

- **Kundennähe:** Die Einbindung von Kunden in die Planung der neuen Marktleistung lieferte trotz vorhandener Marktstudien im Projekt wichtige Erkenntnisse. Durch Anrufe bei Kunden oder in persönlichen Gesprächen vor Ort können wichtige Informationen hinsichtlich interner Prozesse und Preissensitivität gewonnen werden.
- **Interdisziplinäres Team:** Das Geschäftsmodellkonzept wurde unter Einbeziehung von Entwicklungsingenieuren entwickelt, da es starke Abhängigkeiten zwischen Geschäftsmodellkonzept und Produkt-Service-System gibt. Die neue Marktleistung konnte so mit minimalen Änderungen am System geplant und umgesetzt werden.

6.8 Potentialanalyse für intelligente Separatoren

GEA Group AG

6.8.1 Unternehmen

GEA ist ein bedeutender Systemanbieter für die nahrungsmittelverarbeitende Industrie und weiterer Branchen. Das international tätige Technologieunternehmen konzentriert sich auf Prozesstechnik und Komponenten für anspruchsvolle Produktionsverfahren. Im Jahr 2017 erwirtschaftete GEA einen Konzernumsatz von rund 4,6 Milliarden Euro. Davon entfielen etwa 70 Prozent auf die wachsende Nahrungsmittel- und Getränkeindustrie. GEA beschäftigt weltweit rund 17 000 Mitarbeiter. Eine zentrale Produktgruppe sind Separationslösungen und -systeme, die zur mechanischen Trennung von Flüssigkeitsgemischen in mehr als 3000 Prozessanwendungen eingesetzt werden. Als Hauptabsatzregionen der Separationslösungen und -systeme sind Europa, Nord- und Lateinamerika sowie Asien zu nennen.

6.8.2 Innovationsherausforderung

Industriezentrifugen, sogenannte Separatoren, sind technische Geräte für die mechanische Trennung der Bestandteile (Phasen) eines Rohprodukts. Das Funktionsprinzip basiert auf der Zentrifugalkraft und den unterschiedlichen Massenträgheiten disperser Phasen. Nach diesem Prinzip trennen Separatoren zwei- oder mehrphasige Gemische. Die Anwendungsgebiete reichen dabei von Trennprozessen in der chemischen und pharmazeutischen Industrie, der Öl- und Fettgewinnung bis hin zur Herstellung von Molkereiprodukten, Bier, Wein, Frucht- und Gemüsesäften sowie der Verarbeitung von Mineralöl und Mineralölprodukten. Um eine zuverlässige Trennung zu gewährleisten, sind optimale Betriebsbedingungen erforderlich. Diese sind jedoch häufig nicht gegeben, da Separatoren in einen übergeordneten, schwankungsbehafteten Produktionsprozess eingebunden sind. Durch die Nutzung moderner Informations- und Kommunikationstechnologien können Separatoren in die Lage versetzt werden, sich verändernden Betriebsbedingungen selbstständig anzupassen und so die Zuverlässigkeit und Effizienz des Trennprozesses zu steigern. Vor diesem Hintergrund untersuchte das Projekt „Separator i4.0" des BMBF-Spitzenclusters „Intelligente Technische Systeme OstWestfalenLippe (it's OWL)" die technischen Möglichkeiten zur Steigerung der Leistungsfähigkeit von Separatoren.

6.8.3 Vorgehen und Projektresultate

Das Vorgehensmodell zur Potentialanalyse für intelligente Separatoren zeigt Bild 6.48. Nachstehend werden die einzelnen Phasen des Vorgehensmodells mit Bezug auf einzelne Aufgaben, verwendete Methoden sowie generierte Resultate beschrieben.

1. Erstellung der mechatronischen Systembeschreibung

Ausgangspunkt für die Abbildung komplexer verfahrenstechnischer Zusammenhänge ist die mechatronische Systembeschreibung des Separators. Diese ist eine ganzheitliche und disziplinübergreifende Beschreibung der Prinziplösung eines mechatronischen Systems und dient als Grundlage zur disziplinübergreifenden Kommunikation und Kooperation der Entwickler aus den Fachdisziplinen Mechanik, Elektro- und Automatisierungstechnik sowie weiteren involvierten Fachleuten, beispielsweise aus der Produktion. Die Beschreibung des Systems erfolgt mit der Spezifikationstechnik CONSENS. Im Fokus dieses Vorgehens stehen die Partialmodelle Umfeldmodell und Wirkstruktur der mechatronischen Systembeschreibung. Zunächst wird das **Umfeldmodell erstellt**, das die Einbettung des Systems „Separator" in sein Umfeld beschreibt. Der Separator wird zunächst als Black Box betrachtet und mit den Elementen seines Umfelds, mit denen er interagiert bzw. von denen er beeinflusst wird, in Beziehung gesetzt. Beispiele für Elemente des Umfelds sind der Bediener oder die Umwelt. Beispiele für Einflüsse sind Umgebungstemperaturen und Vibrationen. Anschließend erfolgt die **Modellierung der Wirkstruktur** des Separators. Diese detailliert das im Umfeldmodell als Black Box betrachtete System und stellt die grundsätzliche Struktur sowie die prinzipielle Wirkungsweise des Separators dar. Bild 6.49 zeigt einen Ausschnitt der Wirkstruktur.

Bei der Wirkungsweise von Separatoren spielen verfahrenstechnische Zusammenhänge sowie das enge Zusammenspiel zwischen Software und Hardware eine zentrale Rolle. Zur besseren Abbildung von Verfahrens- und Softwaretechnik in der Wirkstruktur wurde die Spezifikationstechnik CONSENS adaptiert und um spezielle Modellkonstrukte erweitert (Bild 6.50).

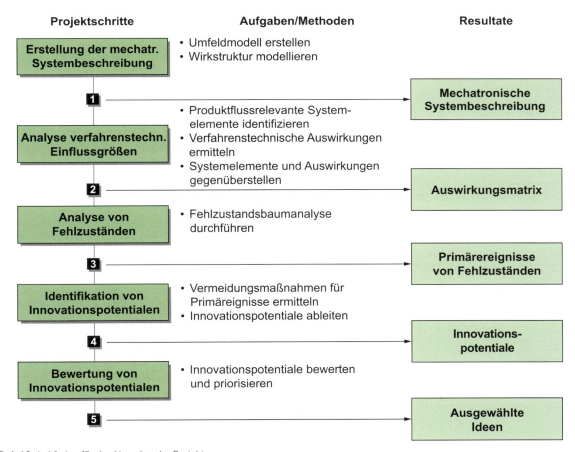

BILD 6.48 Leitfaden für das Vorgehen im Projekt

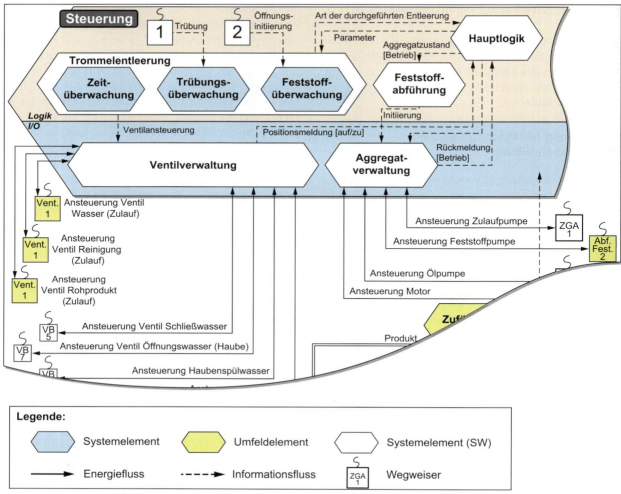

BILD 6.49 Mechatronische Systembeschreibung eines Separators (Ausschnitt)

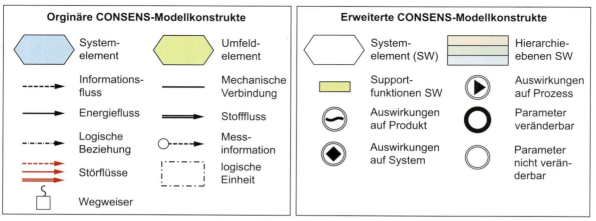

BILD 6.50 Originäre und erweiterte Modellkonstrukte von CONSENS

2. Analyse verfahrenstechnischer Einflussgrößen

Mit Hilfe der mechatronischen Systembeschreibung werden in dieser Phase potentielle Wechselwirkungen zwischen den Systemelementen des Separators und dem verfahrenstechnischen Prozess bzw. dem Produkt (z. B. Milch) identifiziert. Dazu gilt es all die **Systemelemente** zu **identifizieren**, die einen direkten Einfluss auf den Produktfluss haben. Dies sind in der Regel Systemelemente, die in einem direkten Kontakt mit dem Produkt stehen. Nach der Identifikation aller produktflussrelevanten Systemelemente werden mögliche **verfahrenstechnische Auswirkungen ermittelt**. Im Vordergrund stehen dabei drei übergeordnete Auswirkungsklassen: Prozess, Produkt und System. Die erste Klasse (Auswirkungen auf den Prozess) beschreibt Veränderungen des Separationsprozesses. Beispiele sind Veränderungen des Drucks, des Volumenstroms, des Lufteinschlags oder des Strömungsverhaltens. Die zweite Klasse (Auswirkungen auf das Produkt) beschreibt Veränderungen des separierten Produkts wie z. B. der Milch oder des Bieres. Beispiele für solche Auswirkungen sind Veränderungen der Konzentration oder der Viskosität. Die dritte Klasse (Auswirkungen auf das System) charakterisiert die Auswirkungen auf die Maschine selbst. Ein Beispiel dafür ist Adhäsion an den Bauteiloberflächen.

Auf Basis einer Analyse der Wirkstruktur wurden die produktflussrelevanten **Systemelemente** in einer Matrix mit potentiellen verfahrenstechnischen **Auswirkungen gegenübergestellt** (Bild 6.51). Im Rahmen des Projekts wurden so 29 produktflussrelevante Systemelemente und 21 potentielle verfahrenstechnische Auswirkungen identifiziert. Beispielsweise haben die Systemelemente Zulauf und Verteiler Auswirkungen auf die Scherung und die Entrahmungsschärfe des Produkts Milch. Während die

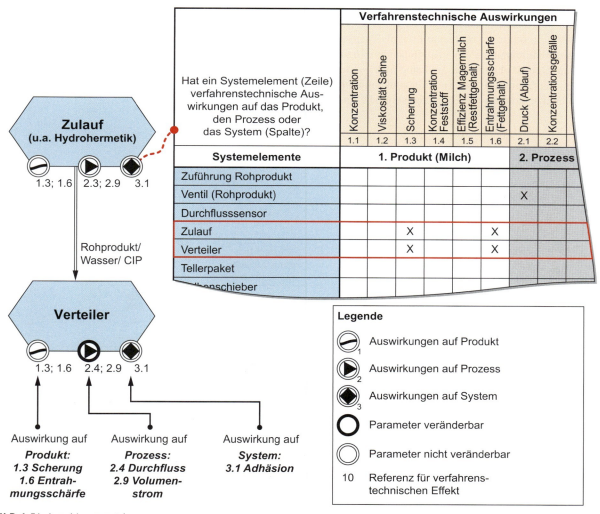

BILD 6.51 Auswirkungsmatrix

genannten Effekte vordergründig durch konstruktive Änderungen der Systemelemente hervorgerufen werden, können andere Systemelemente durch Parameteränderungen während des Betriebs verfahrenstechnische Auswirkungen verursachen. Ein Beispiel dafür ist ein Ventil, das während des Betriebs geöffnet oder geschlossen werden kann. Solche durch veränderbare Parameter einstellbare Systemelemente werden zusätzlich gekennzeichnet (vgl. Legende Bild 6.51). Die ergänzenden Modellkonstrukte der Wirkstruktur ermöglichen eine fachgebietsübergreifende Darstellung der komplexen Wirkzusammenhänge des verfahrenstechnischen Systems Separator.

3. Analyse von Fehlzuständen

Zur Untersuchung von Fehlzuständen eines Separators wurde eine **Fehlzustandsbaumanalyse durchgeführt**. Im Fokus der Fehlzustandsbaumanalyse steht die systematische Bestimmung und Hierarchisierung von Ursachen (Zwischenereignisse) für einen Fehlzustand (Hauptereignis), um letztlich Primärereignisse identifizieren zu können. Primärereignisse repräsentieren als Resultat der Fehlzustandsbaumanalyse die grundlegenden Ursachen eines betrachteten Fehlzustands und sind nicht weiter unterteilbar. Als Grundlage zur Fehlzustandsbaumanalyse dient ein Fehlzustandsbaum. Ein Fehlzustandsbaum stellt eine graphische Repräsentation von möglichen kausalen Abläufen dar, die zu einem Fehlzustand oder einem Ereignis (bspw. Systemversagen) führen. So ist die Erstellung eines Fehlzustandsbaums eine adäquate Methode zur Externalisierung und regelbasierten Abbildung von Expertenwissen. Zur Durchführung der Fehlzustandsbaumanalyse werden zunächst Ursachen identifiziert, die in einem direkten Zusammenhang mit dem betrachteten Fehlzustand stehen (Ursachen erster Ebene). Anschließend werden diese hinsichtlich bestehender Wechselwirkungen logisch miteinander verknüpft. Die logischen Verknüpfungen basieren dabei auf einer booleschen Logik. Nach der Identifikation und Verknüpfung von Ursachen der ersten Ebene gilt es deren untergeordnete Ursachen auf zweiter Ebene zu ermitteln. Diese werden analog zu den Ursachen erster Ebene logisch miteinander verknüpft. Nach diesem Vorgehen werden die Ursachen für einen betrachteten Fehlzustand so weit unterteilt, bis Primärereignisse identifiziert werden.

Für den Separator wurde der Fehlzustand *Schlechte Produktqualität* als ein übergeordneter Fehlzustand (Hauptereignis) in der Milchverarbeitung identifiziert. Direkte Ursachen für diesen Fehlzustand auf erster Ebene sind z. B. *Schlechte Magermilchqualität* und *Schlechte Sahnequalität* (Bild 6.52).

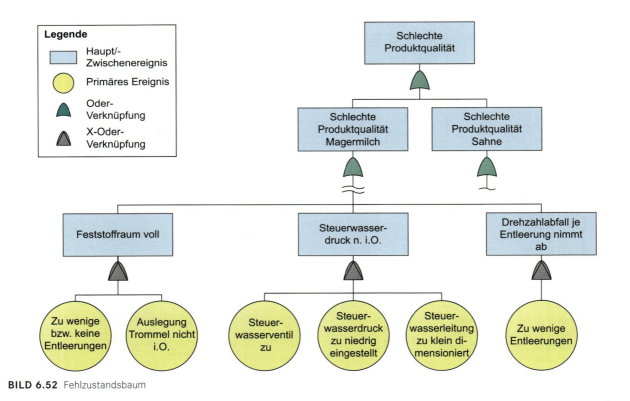

BILD 6.52 Fehlzustandsbaum

6.8 Potentialanalyse für intelligente Separatoren

Da diese Ursachen sowohl gemeinsam als auch getrennt voneinander eintreten können, stehen sie mit einer Oder-Verknüpfung in Zusammenhang mit dem Fehlzustand. Ursachen einer schlechten Magermilchqualität können wiederum ein *voller Feststoffraum*, ein *falscher Steuerwasserdruck* oder ein *Drehzahlabfall bei der Entleerung* sein (Ursachen zweiter Ebene). Zu den Ursachen zweiter Ebene wurden wiederum weitere Ursachen auf untergeordneten Ebenen identifiziert und miteinander verknüpft. Beispiele für die identifizierten Primärereignisse sind u. a. *zu wenige Entleerungen* oder ein *verschlossenes Steuerwasserventil*.

4. Identifikation von Innovationspotentialen

Gegenstand der vierten Phase war die Identifikation von Innovationspotentialen. Die Potentiale beruhten im Wesentlichen auf der Vermeidung der zuvor ermittelten Primärereignisse. Unter Zuhilfenahme der mechatronischen Systembeschreibung galt es, konkrete **Vermeidungsmaßnahmen** für die Primärereignisse zu **ermitteln**. Der Fokus lag dabei auf der Nutzung von Informations- und Kommunikationstechnik zur softwarebasierten Leistungssteigerung von Separatoren. Beispiele für Vermeidungsmaßnahmen waren u. a. *Reinigungen* oder eine *Erhöhung der Entleerungsmenge* (Bild 6.53).

Zur **Ableitung von Innovationspotentialen** wurden die einzelnen Vermeidungsmaßnahmen bzgl. ihrer Potentiale zur softwareunterstützten Leistungssteigerung von Separatoren analysiert. Auf diese Weise wurden 13 Innovationspotentiale für den Separator identifiziert. So konnte beispielsweise dem Primärereignis *Fehlerhafte manuelle Anpassung an veränderte Prozessgrößen* mit der zugehörigen Vermeidungsmaßnahme *Selbstständige Reaktion auf Prozessveränderungen* ein Expertensystem als Innovationspotential zugeordnet werden. Expertensysteme sind wissensbasierte Systeme, die das Wissen von Experten bestimmter Fachgebiete für einen eingegrenzten Aufgabenbereich softwaretechnisch repräsentieren. Der Nutzen eines Expertensys-

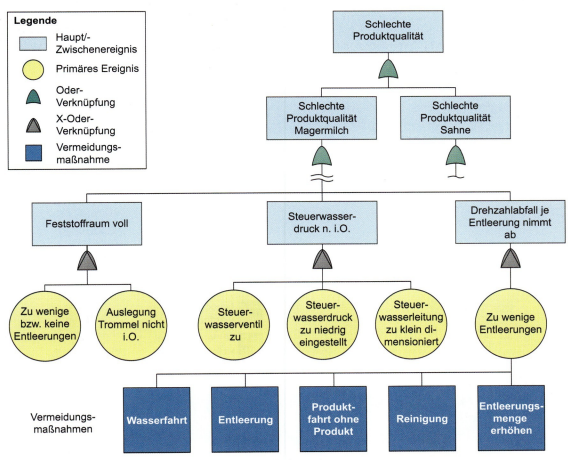

BILD 6.53 Zuordnung von Vermeidungsmaßnahmen zu Primärereignissen

tems liegt in der automatisierten Lösungsfindung zu komplexen Problemstellungen. Die Tragweite der automatisierten Lösungsfindung ist dabei abhängig von dem Fundus des softwaretechnisch abgebildeten Expertenwissens. Dieses wird den Anwendern eines Separators zur Verfügung gestellt und durch definierte Strategien zur Problemlösungsfindung eingesetzt. Dabei zieht die Software eigenständig Schlüsse und passt das System an veränderte Betriebsbedingungen eigenständig an.

5. Bewertung von Innovationspotentialen

Zur Bewertung und Priorisierung der zuvor identifizierten Innovationspotentiale wurde ein Aufwand-Nutzen-Portfolio verwendet (Bild 6.54). Um die Bewertung der zuvor identifizierten Innovationspotentiale des Separators anhand der Kriterien Nutzen und Aufwand durchführen zu können, galt es Vorstudien zu erarbeiten. Dabei variierte der Umfang der Vorstudien in Abhängigkeit von der Tragweite des Innovationspotentials. So konnte eine Einordung des Innovationspotentials *Expertensystem* beispielsweise erst erfolgen, als der Implementierungsaufwand seitens Hardware und Software sowie der Kundennutzen abgeschätzt war.

Hierzu wurde untersucht, welche Informationen bzw. Daten zum Betrieb des Expertensystems erforderlich sind bzw. bereits vorhanden sind. In diesem Zuge wurde festgestellt, dass eine zusätzliche Sensorik am Zulaufrohr des Separators installiert werden muss. Hinsichtlich der Softwareentwicklung lieferte der bereits erstellte Fehlzustandsbaum die benötigten Informationen. Unter Zuhilfenahme der Vorstudienergebnisse wurde der Implementierungsaufwand eines Expertensystems an einem Separator als niedrig bewertet. Demgegenüber wurde der Nutzen als hoch eingestuft. Für das Innovationspotential *Reporting mittels PDF* musste keine ausführliche Vorstudie erstellt werden, da dessen Umsetzung auf der Installation einer standardisierten Softwareapplikation beruht. Aus dem in Bild 6.54 dargestellten Aufwand-Nutzen-Portfolio geht hervor, dass sich die Innovationspotentiale *Expertensystem* und *Reporting mittels PDF* als Erfolg versprechend erwiesen haben.

6.8.4 Resümee

Das vorgestellte Fallbeispiel adressiert die Identifikation von Verbesserungspotentialen bei Maschinen- und Anlagen. Verbesserungen z. B. hinsichtlich Effizienzsteigerungen oder Reduzierung der Ausfallzeiten werden heute häufig durch den Einsatz von Informations- und Kommunikationstechnologien wie Sensorik, Datenverarbeitung und Vernetzung erreicht. Dem damit einhergehenden Komplexitätsanstieg kann durch den interdisziplinären Ansatz des Systems Engineerings begegnet werden. Wesentliche Erfolgsfaktoren des vorgestellten Ansatzes waren:

- **Fachdisziplinübergreifende Zusammenarbeit:** Im Rahmen des Projektes waren mehrere Fachdisziplinen (Mechanik, Elektrotechnik, Softwaretechnik etc.) invol-

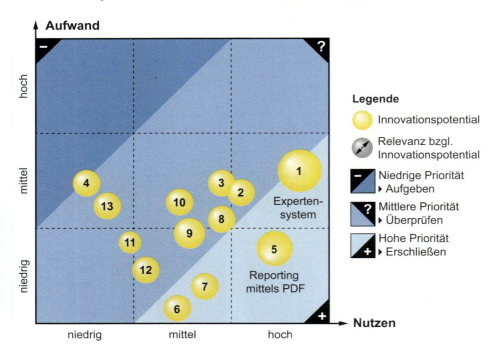

BILD 6.54
Aufwand-Nutzen-Portfolio zur Auswahl Erfolg versprechender Innovationspotentiale

viert. Auf diese Weise war es möglich, das technische System Separator ganzheitlich zu betrachten und Impulse für Innovationspotentiale aus verschiedenen Blickwinkeln zu erhalten.

- **Mechatronische Systembeschreibung:** Sie diente als zentrales Kommunikationsmedium zwischen allen beteiligten Fachdisziplinen. In Kombination mit der etablierten Methode der Fehlzustandsbaumanalyse konnten auf diese Weise systematisch Verbesserungspotentiale für den Separator identifiziert und bewertet werden.

Literatur zum Kapitel 6

[Bät04] BÄTZEL, D.: Methode zur Ermittlung und Bewertung von Strategiealternativen im Kontext Fertigungstechnik. Dissertation, Fakultät für Maschinenbau, Universität Paderborn, HNI-Verlagsschriftenreihe, Band 141, Paderborn, 2004

[CLA17-ol] CLAAS KGAA MBH: Geschäftsbericht 2016. Unter: http://www.CLAAS-gruppe.com/blueprint/servlet/blob/1082200/67f60ffffa348871b309061504f47c65/geschaeftsbericht-2016-data.pdf, 30. Oktober 2017

[DGK+17] DREWEL, M.; GAUSEMEIER, J.; KLUGE, A.; PIERENKEMPER, C.: Erfolgsgarant digitale Plattform – Vorreiter Landwirtschaft. In: Gausemeier, J.; Bodden, E.; Dressler, F.; Dumitrescu, R.; Meyer auf der Heide, F.; Scheytt, C.; Trächtler, A. (Hrsg.): Wissenschaftsforum Intelligente Technische Systeme (WInTeSys) 2017. 11.–12. Mai 2017, HNI-Verlagsschriftenreihe, Band 369, Paderborn, 2017, S. 53–66

[Fre84] FREEMAN, R.E.: Strategic management – A stakeholder approach. Pitman, Marshfield, 1984

[FW78] FOSTER, R.N.; WOOD, P.M.: Linking R&D to Strategy. In: MCKINSEY & COMPANY (Hrsg.): Strategic Leadership, 1978

[GP14] GAUSEMEIER, J.; PLASS, C.: Zukunftsorientierte Unternehmensgestaltung – Strategien, Geschäftsprozesse und IT-Systeme für die Produktion von morgen. 2. Auflage, Carl Hanser Verlag, München, 2014

[Hed77] HEDLEY, B.: Strategy and the business portfolio. Long Range Planning, Vol. 1, No. 10, 1977

[Kru82] KRUBASIK, E.G.: Strategische Waffe. Wirtschaftswoche 25/36, 1982

[Leh14] LEHNER, M.: Verfahren zur Entwicklung geschäftsmodell-orientierter Diversifikationsstrategien. Dissertation, Fakultät für Maschinenbau, Universität Paderborn, HNI-Verlagsschriftenreihe, Band 324, Paderborn, 2014

[OPB+15] OSTERWALDER, A.; PIGNEUR, Y.; BERNARDA, G.; SMITH, A.: Value Proposition Design. Campus Verlag, Frankfurt, New York, 2015

Stichwortverzeichnis

Symbole

3-Schichtenmodell 86
4-Zyklen-Modell der Produkt- bzw. Marktleistungsentstehung 89

A

Abgleich-Matrix 441
Abwanderungswahrscheinlichkeit 172
Accelerator 68
Agentenbasierte Simulation 155, 167
Agilität 384
Aktivierungsform 284
Aktivsumme 126
Ambidextere Organisation 54
Amortisationsrechnung 365
Analogiebildung 185
Analyse bekannter technischer Systeme 185
Analyse natürlicher Systeme 185
Anforderungen 421
Anforderungsdiagramm 408
Angebotsmodell 277, 340
Anreizmodell 342
Anwendungsszenarien 419
Arbeitsablaufplanung 92
Arbeitsmittelplanung 92
Arbeitsstättenplanung 92
Aspekte (Entwicklungsgesichtspunkte) 416
Assoziative Regulierung 86
Aufbauorganisation 452
Auftrags-Projektorganisation 50
Aufwand-Nutzen-Portfolio 504
Ausprägungsliste 136
Auswahl nach Bauchgefühl 200
Auswirkungsanalyse 145

B

Backcasting 155
Back End 56, 210
Basistechnologie 9

Baukästen 319
Baureihen 320
Bedrohungsanalyse 284
Begeisterungsattribut 100
Beobachter/Verpasser 41
Betriebliches Vorschlagswesen (BVW) 207
Bibliometrie 155, 163
– eindimensionale Verfahren 163
– zweidimensionale Verfahren 164
Big Data Analytics 114 f.
Biometric Response 118
Biometric Respronse 114
Bionik 185
Blue-Ocean-Strategie 36
Brainstorming 185
Brainwriting 185
Branchentrend 160
Break-Even-Analyse 366
Business Model Canvas 32, 200

C

Casual Layered Analysis 155
Change Management 453
Churn Management 155, 171
Closed Innovation 72
Collage 137
Collective Notebook 200
Company Builder 68
Conjoint-Analyse 103, 107
CONSENS (CONceptual design Specification technique for the ENgineering of complex Systems) 407
Co-Wort-Analyse 165
Co-Zitations-Analyse 164
Cross-Impact Analyse 155
Cross Industry Innovation 266
– Outside-In-Transfer 266
Customer Journey 200
Cyber-physisches System 86

D

Dashboard 458
Delphi-Methode 155, 185
Design Structure Matrix 432
Design Thinking 185, 192
Dezentralisation 48
Dienstleistung 12
Dienstleistungsentwicklung 91
Dienstleistungsinnovation 30
Dienstleistungskonzeption 92
Dienstleistungskonzipierung 425
Differenzierung 315
Differenzierungsportfolio 324
Digitaler Zwilling 383
Direkte Einflussanalyse 126
Direkte Maßnahmen 312
Discounted Cash Flow 363
Diskursives Denken 183
Diversifikation 15
– horizontale 15
– konglomerative 15
– konzentrische 15
DuPont-Schema 365

E

Einfluss-Projektorganisation 49
Einfluss-Ziele-Portfolio 486
Eisenhower-Matrix 309
Elektroenzephalografie (EEG) 119
Elevator Pitch 200
Eltviller Modell 155
Emerging Issue Analysis 155
Entscheidungsstrukturen 450
Entwicklungsprozess
– agil 62
– klassisch 56
Entwicklungs-Roadmap 467
Erfahrungsberichte 200
Erfinderset 200 f.
Erfolgsfaktoren 474
Erfolgsfaktoren-Analyse 102 f.
Ethnographische Beobachtung 103
Exekutionskanal 56
Experimente 496
Externalisierung 204
Eye Tracking 114, 119

F

Facial Analysis 114, 119
F&E-basierte Produktinnovation 18
Fehlzustandsbaumanalyse 502
Feldbeobachtung 103
Feldexperimente 103
Finanzmodell 278, 342
Forschungs- und Entwicklungsmanagement 10
Fragebögen 103
Front End 210
Frugal Innovation 255
– Auftrag 259
– Lösungsideensteckbrief 263
Frühaufklärungssysteme 226
Früherkennungssysteme 226
Frühwarnsysteme 226
Funktionen 421
Future Wheel 155

G

Galeriemethode 185
„Game Changer" 471
Gartner Hype Cycle-Modell 228
Gas- und Wasserlecksuche 474
Gebrauchsgut 11
Geistiges Eigentum 273
Geschäftsbezogene Innovation 5
Geschäftsfeldsteckbrief 216
Geschäftsmodell 13, 32, 340
– ergebnisorientiert 13
– nutzungsorientiert 13
– produktionsorientiert 13
Geschäftsmodellelemente 347
Geschäftsmodellinnovation 30
Geschäftsmodellmuster 349, 496
Geschäftsplan 367
Geschäftsplanung 90
Geschäftsstrategie 297, 480
Geschäftsstruktur 474
Gestalt 425, 430
Gestaltungsfeld 122
Gewerbliche Schutzrechte 273
Gremien 51
Grundsätze der strategischen Führung 300
Gruppendiskussion 103

H

Hybrides Leistungsbündel (HLB) 12

I

Ideation Eruption 202, 468
Ideation Event 468
Ideation Forum 202
Ideation Hub 202
Ideation Lab 202
Ideation Toolbox 185, 197
Ideenabstimmung mittels Venture Capital 200
Ideencluster 200
Ideenkonzepte 200
Ideenmanagement 207
Ideenpuzzle 200
Ideensteckbrief 450
Ideentrichter 210, 483
Impulsvortrag 200
Indirekte Einflussanalyse 126
Indirekte Maßnahmen 312
Industrie 4.0 87
Informations- und Beratungsgremien 52
Inkubator 68
Innovation 4
Innovation-Cycle-Dilemma 382
Innovation Lab 68
Innovationsaudit 23
Innovationsausrichtung 33
Innovationscontrolling 83
– Ebenen 85
Innovation Scorecard 23
Innovationsfähigkeit 19
Innovationshöhe 34
Innovationskultur 77, 80
Innovations-Leader 40
Innovationsleistung 19
– ex post-Messung 21
Innovationsmanagement 10, 203
Innovationsobjekt 30
Innovationsorganisation 47
– innerbetrieblich 47
– zwischenbetrieblich 47
Innovationspfade 18
Innovationsplattform 217, 453
– Anwendungsszenarien 223
– Back End-fokussierte 220
– Front End-fokussierte 217
– Hybride 217
Innovationspotentiale 503
Innovationsprozess 54, 450
Innovationsstrategie 30
– Merkmale 31
Innovationssystem 44
Innovationsumfang 39
Innovationsursprung 43
Innovationsverhalten 40
Innovationswürfel 17
Innovationsziele 455
Innovative Organisation 18
Innovative Produkt-Dienstleistungskombination 18
Innovative Prozesstechnik 18
Innovativer Optimierer 80
Innovatoren-DNA 82
Inspirationswand 200, 471
Integriertes Markt-Technologie-Portfolio 236
Intellectual Property (IP) 273
Intellektuelles Kapital 274
Intelligentes Technisches System 86
Internalisierung 205
Internationale Systems Engineering-Normen 396
Internetbasierte Informationsgewinnung 103
Intuitives Denken 183
Investitionsrechnung 362
IP-Aktivierung 284
IP-Aktivitäten 281
IP-Arena 282
IP-based Innovation 273
IP-Bestand 278
IP-Landkarte 280
IP-Management 275 f.
IP-Managementrahmen 276
IP-Marktleistungen 286
IP-Radar 278
IP-Roadmap 283

K

Kaizen 208
Kano-Diagramm 100
Kapitalmodell 277
Kapitalwertmethode 363
Kennzahlen 436
Kernkompetenz 303

Kernwerte 303
Key Performance Indicator (KPI) 455
– Profil 457
KNIME 271
Kognition 86
Kollektive Identität 302
Kombination 48, 205
Komplexitäts-Funktionalitäts-Portfolio 439
Konsequenzen 307
Konsistenzanalyse 133
Konsistenzbewertung 133
Konsistenzmatrix 133
Konstruktionskataloge 185
Konsumententrend 160
Kontinuierlicher Verbesserungsprozess (KVP) 208
Kosten- und Wertanalyse 438
Kreativität 181
Kulturmerkmale 78
Kundenmodell 342
Kundenprofil 355, 470, 494
Kundentest 200
Kundenwert 172

L

Laborbeobachtung 103
Laborexperimente 103
Laddering-Technik 103
Landmaschinen 484
Laterales Denken 185f.
Lautes Denken 103
Lean Startup 66
Legitimität 302
LEGO Serious Play (LSP) 200
Leistungsattribut 100
Leistungskennzahlen 455
Leistungskennzahlen – Measures of Performance (MoP) 436
Leitbild 27, 299
Lenkungsausschuss 51
Lichtsystem 461
Long List 200
Lösungselemente 422
Lösungsmusterbasierte Ideenfindung 261
Lotus-Blüte 185
„low-hanging fruits" 477

M

Magnetoenzephalografie (MEG) 119
Makro-Logik 390
Management-Entscheidungen 200
Market Pull 15
Marktattraktivität 235
Marktdurchdringung 14
Marktentwicklung 14
Marktfindung 15
Marktforschung 101
Marktleistung-Marktsegmente-Matrix 306
Marktorientierte Vernetzung 322
Marktpriorität 475
Marktsegmentierung 307
Maßnahmen 307
Matrix-Projektorganisation 49
Mechatronische Systembeschreibung 499
Megatrend 159
Mergers & Acquisitions 70
Methode 635 185
Micro Surveys 114
Mikro-Logik 390
Mind-Mapping 185
Mission 302
Mobile Ethnography 114
Mobile Surveys 114
Model-Based Systems Engineering (MBSE) 404
Modellierungsmethode 412
Modellierungsrichtlinien 412
Modellierungssprache 407
Modularisierung 432
Module 319
Module Indication Matrix 432
Monte-Carlo-Simulation 155, 169
Morphologischer Kasten 185
Multiple Zukunft 121

N

Narrative Szenarien 155
Nationales Innovationssystem (NIS) 46
Neuromarketing 114
New Business Development 67

O

Ökonomische Wohlfahrt 301
Online Communities 114
Online Evaluation 200
Open Innovation 72, 211
– Inside-Out 72
– Outside-In 72
Operativer Innovator 80
Organisationale Innovation 5
Organisatorische Innovation 30
Organisatorisches Lernen 205
Ortsbesichtigungen 200

P

Paketdiagramm 408
Pakete 320
Panelerhebung 103
Parameterdiagramm 408
Passivsumme 126
Pay-per-Use-Geschäftsmodell 494
Permanente Folger 42
Personalprofil 426
Personas 200, 224, 470
Physikalischer Effekt 422
Plattformen 320
Postindutrielle (System-)Innovationen 5
Potentialfindung 90
Prämissen-Controlling 143
Predictive Analytics 155
Premiumanbieter 39
Primärorganisation 48
Proaktiver Innovator 79
Problemdefinition 200
Produktentwicklung 14, 90
Produktfindung 15, 90
Produktinnovation 4, 30
Produktionslogistik 92
Produktionsprozessinnovation 30
Produktionssystementwicklung 92
Produktionssystemkonzipierung 428
Produktkonzeption (Prinziplösung) 90
Produktkonzipierung 417
Produkt-Markt-Matrix 14
Produkt-Service-System 496
Produktstrategie 315
Produktstrukturtypen 319

Produkt- und Servicekonzept 492
Projektionsbündel 133
Projektions-Entwicklung 125
Projektionstechniken 103
Projektmanagement 384
Projektmanagement in der Linie 50
Projektorganisation 49
Projektplanung und -steuerung 441
Prototypenbefragung 103
Prozesse 429
Prozessinnovation 4
Purist 39

R

Reaktionsszenarien 334
Referenzmodell der strategischen Planung von Marktleistungen 89
Referenzszenario 143, 479
Regelung 86
Reifegradmodelle 400
Reine Projektorganisation 50
relative Technologieposition 234
Release-Planung 328
– operative 330
– strategische 328
– taktische 329
Relevanzanalyse 127
Rentabilitätsrechnung 364
Ressourcen 429
Reverse Innovation 35
Risikomodell 342
Rollen im Innovationsmanagement 52

S

Sachleistung 11
Schaltschrankbau 88
Schlüsseltechnologie 9
Schrittmachertechnologie 9
Schutzstrategie 284
Schwellenattribut 100
Scree-Diagramm 134
Scrum 62
Scrum-Rahmenwerk 63
Segmentierung 307
Sekundärorganisation 49

Service Blueprint 426
Skizzen 200
Smart Factory 86
Social Media Analytics 114
Soziale Innovation 5
Sozialisation 204
Speed Ideation 200
Spontaninterview 103
Stage-Gate-Prozess 57
Stakeholder 281
Stakeholder-Analyse 485
Stakeholder-Nutzen 303
Stakeholder-Radar 485
Standartisierte Interviews 103
Stärken-Schwächen-Profil 477
Start-up-Finanzierung 370
Steuerungskomitee 51
Stimuli 109
Storytelling 200, 471
Strategie 141
– fokussierte 143
– zukunftsrobuste 141
Strategiekonforme Unternehmenskultur 300
Strategiemodell 277
Strategische Erfolgspositionen (SEP) 28, 304
Strategische Kompetenzen 28, 299
Strategische Position 27, 299
Strategische Produktplanung 90
Strategische Programme 309
Strategischer Innovator 80
Strategisches Geschäftsfeld 306
Strategische Stoßrichtung 479
Strukturdiagramm 408
Substrategie 297
Suchfelder 200
Suchmethoden 185
SWOT-Analyse 369
Synektik 185
SysML (System Modelling Language) 408
Systemdynamik 155
Systemelemente 422
Systemgestaltung 384
Systems Engineering-Standards und -Normen 395
Szenario-Anwalt 145
Szenario-Bildung 125
Szenariofeld 122
Szenariofeld-Analyse 125

Szenario-Technik 155
Szenario-Transfer 125
Szenario-Vorbereitung 125

T

Technik 8
Technische Innovation 5
Technische Leistungskennzahlen – Technical Performance Measures (TPM) 437
Technische Vernetzung 322
Technologie 8
Technologieattraktivität 234
Technologiebewertung 228
– qualitative Ansätze 228
– quantitative Ansätze 228
Technologiecluster 449
Technologiefrüherkennung 226
Technologiekalender 237
Technologielebenszyklus-Modell 230
Technologiemanagement 10
Technologieportfolio 234
Technologiepotentiale 244
Technologiepotentiale, Verflechtungsmatrix 247
Technologiepriorität 476
Technologieprofil 251
Technologie-Radar 227
Technologie-Roadmap 237, 450
Technologie-Scanning 491
Technologiestrategie 449
Technology Push 16, 226
Technology Readiness Level Calculator (TRLC) 233
Technology Readiness Level (TRL) 232
Teifeninterview 103
Teilnehmer-Entscheidungen 200
Telematiksystem 484
Testmärkte 103
Text Mining 114
Traditionalist 39
Trendanalyse 155, 159, 490
Trendportfolio 162
Trendradar 161
Trendsteckbrief 161
TRIZ 185
Typen der Innovationskultur 80
Typologie der Innovation 6

U

Überholer 40
Umfeld 419
Unternehmenskultur 311
Unternehmensstrategie 297
Unternehmerische Vision 26

V

Value Proposition Canvas 355
Variantenvielfalt 315
Veränderungsagent 39
Verbrauchsgut 11
Verhalten – Aktivitäten 424
Verhaltensdiagramm 408
Verhalten – Zustände 424
Vermögensmodell 277
Vernetzungsportfolio 323
Versuchslabor 200
Virtual Environments/Virtual Reality 114
Visioning 155
Visual Recording 200
Vorgehensmodelle 390
Voting App 200
Voting Box 200

W

Wearables based Research 114
Werkzeugprofil 427
Wertanalyse 208
Wertschöpfungsketten 200
Wertschöpfungsmodell 342
Wertversprechen 494

Wettbewerberlandkarte 487
Wettbewerbsstärke 235
Wettbewerbsvorsprung 315
„What if"-Statements 471
Widerspruchsanalyse 190
Widerspruchsmatrix 190
Widerspruchsorientierte Kreativitätsmethode 190
Wirkprinzipien 422
Wirksamkeitskennzahlen – Measures of Effectiveness (MoE) 436
Wirkstruktur 422
Wissensbewahrung 207
Wissensentwicklung 206
Wissenserwerb 206
Wissensidentifikation 206
Wissenslandkarte 165
Wissensmanagement 204
Wissensmanagement, Aufgabengebiete 206
Wissensnutzung 207
Wissens(ver)teilung 207
Wissensziele 206

Z

Zeitreihenprognosen 155
Zentralisation 48
Zielerreichungs-Fristigkeits-Portfolio 309
Zitationsanalyse 164
Zukünftige Diversifikation 15
Zukunftsprojektionen 130
Zukunftsszenarien 200, 462, 478
Zukunftsvideos 200
Zukunftswerkstatt 155
Zuverlässigkeitsanalysen 438

Input-Lieferanten

Michael Bansmann ist wissenschaftlicher Mitarbeiter in der Abteilung „Produktentwicklung" am Fraunhofer-Institut für Entwurfstechnik Mechatronik IEM und leitet Industrie- und Forschungsprojekte im Kontext Arbeit 4.0. Unter anderem leitet er den Industriekreis Arbeit 4.0 und koordiniert die Aktivitäten des Fraunhofer IEM im Spitzencluster it's OWL im Themenfeld Arbeit 4.0. Er studierte Wirtschaftsingenieurwesen in Stuttgart und Paderborn. Input zu Kapitel 5.

Dr.-Ing. Christian Dülme ist Business Development Manager bei der Weidmüller Gruppe. Zuvor war er wissenschaftlicher Mitarbeiter am Heinz Nixdorf Institut der Universität Paderborn in der Fachgruppe „Strategische Produktplanung und Systems Engineering" Seine Forschungsschwerpunkte lagen im Bereich Industrie 4.0, Potentialfindung und Produktstrategie. Er studierte im Rahmen eines Dualen Studiums Wirtschaftsingenieurwesen an der Universität Paderborn und promovierte an der Fakultät für Maschinenbau. Input zu Kapitel 2 und 4.

Marvin Drewel ist wissenschaftlicher Mitarbeiter in der Fachgruppe „Strategische Produktplanung und Systems Engineering" am Heinz Nixdorf Institut der Universität Paderborn. Seine Forschungsschwerpunkte liegen im Bereich Industrie 4.0 und Plattformökonomie. Hier arbeitet er in zahlreichen Forschungs- und Industrieprojekten. Er studierte Wirtschaftsingenieurwesen an der Universität Paderborn. Input zu Kapitel 2 und 3.

Dr.-Ing. Benedikt Echterhoff leitet das Ersatzteilgeschäft bei der Dürkopp Adler AG. Zuvor war er wissenschaftlicher Mitarbeiter am Heinz Nixdorf Institut der Universität Paderborn in der Fachgruppe „Strategische Produktplanung und Systems Engineering". Sein Forschungsschwerpunkt lag im Bereich Geschäftsmodellentwicklung. Er studierte Wirtschaftsingenieurwesen an der Universität Paderborn und promovierte an der Fakultät für Maschinenbau. Input zu Kapitel 4 und 6.

Dr.-Ing. Niklas Echterhoff ist Vice President Global IT Demand Management bei der Weidmüller Gruppe. Zuvor war er Assistent des Finanzvorstands bei Weidmüller sowie wissenschaftlicher Mitarbeiter am Heinz Nixdorf Institut der Universität Paderborn in der Fachgruppe „Strategische Produktplanung und Systems Engineering", wo er das Team „Strategische Planung und Innovationsmanagement" leitete. Er studierte Wirtschaftsingenieurwesen an der Universität Paderborn und promovierte an der Fakultät für Maschinenbau. Input zu Kapitel 1.

Maximilian Frank ist wissenschaftlicher Mitarbeiter in der Fachgruppe „Strategische Produktplanung und Systems Engineering" am Heinz Nixdorf Institut der Universität Paderborn. Seine Forschungsschwerpunkte liegen im Bereich Innovations- und Kompetenzmanagement. Hier arbeitet er in zahlreichen Forschungs- und Industrieprojekten. Er studierte Wirtschaftsingenieurwesen mit Fachrichtung Maschinenbau an der Universität Kassel und der Technischen Universität Berlin. Input zu Kapitel 3.

Robin Eisbach ist Manager bei der UNITY AG und berät in den Themen Geschäftsmodelle, digitale Agenda und Innovationsmanagement. Seit 2010 leitet er Projekte für Konzern- und Mittelstandskunden aus den Branchen Automotive, Maschinen- und Anlagenbau, Luftfahrt, Dienstleistungen, Handel und Rüstung. Er studierte International Business & Management u. a. an der Copenhagen Business School und der UNITEC Auckland. Input zu Kapitel 3.

Hannes Hüffer führt als Experte Beratungsprojekte für die Themen Systems Engineering, Product Lifecycle Management und Agilität bei der UNITY AG durch. Als zertifizierter Systems Engineer nach SE-ZERT und Scrum Master transformiert er Organisationen – insbesondere in agilen Programmen. Er verfügt über Projekterfahrung in den Branchen Automobilindustrie, Maschinen- und Anlagenbau, Konsumgüterindustrie und Erneuerbare Energien. Er studierte Systems Engineering an der Hochschule München. Input zu Kapitel 5.

Dr.-Ing. Christoph Jürgenhake leitet die Gruppe „Integrierte Mechatronische Systeme" am Fraunhofer-Institut für Entwurfstechnik Mechatronik IEM. Zuvor arbeitete er bei einem großen europäischen Flugzeugbauer. Er studierte Maschinenbau mit Fachrichtung Luft- und Raumfahrttechnik an der Technischen Universität Braunschweig und promovierte an der Fakultät für Maschinenbau der Universität Paderborn. Input zu Kapitel 6.

Dr.-Ing. Lydia Kaiser leitet die Abteilung „Digital Engineering and Collaboration" am Fraunhofer-Institut für Entwurfstechnik Mechatronik IEM in Paderborn. Ihr Forschungsschwerpunkt liegt im Bereich Systems Engineering. In Forschungs- und Industrieprojekten entwickelt ihr Team Lösungen für die Spezifikation komplexer technischer Systeme sowie die Einführung von Systems Engineering in Unternehmen. Sie studierte Physik an der Universität Paderborn und promovierte an der Fakultät für Maschinenbau. Input zu Kapitel 5.

Dr.-Ing. Martin Kage ist Prozessmanager bei der Kraft Maschinenbau GmbH. Zuvor war er wissenschaftlicher Mitarbeiter am Heinz Nixdorf Institut der Universität Paderborn in der Fachgruppe „Strategische Produktplanung und Systems Engineering". Sein Forschungsschwerpunkt lag im Bereich Additive Fertigung. Er studierte Wirtschaftsingenieurwesen an der Universität Paderborn und promovierte an der Fakultät für Maschinenbau. Input zu Kapitel 2.

Dr. Hendrik Klier ist Senior Berater bei der UNITY AG. Er führt Projekte zu Themen wie Strategie- und Organisationsentwicklung sowie Projektsteuerung durch. Er verfügt über Erfahrung in der Chemie- und Pharmaindustrie, der Automobilindustrie, dem Energiesektor und dem Maschinen- und Anlagenbau. Er studierte Betriebswirtschaftslehre an der Universität Bayreuth sowie der Universität Düsseldorf, wo er auch promovierte. Input zu Kapitel 6.

Input-Lieferanten

Christian Koldewey ist wissenschaftlicher Mitarbeiter in der Fachgruppe „Strategische Produktplanung und Systems Engineering" am Heinz Nixdorf Institut der Universität Paderborn. Seine Forschungsschwerpunkte liegen im Bereich der strategischen Produkt- und Dienstleistungsplanung. Hier bearbeitet und leitet er zahlreiche Forschungs- und Industrieprojekte. Er studierte Maschinenbau an der Fachhochschule Bielefeld und der Universität Paderborn. Input zu Kapitel 3, 4 und 6.

Dr.-Ing. Arno Kühn leitet die Abteilung „Produkt- und Produktionsmanagement" am Fraunhofer-Institut für Entwurfstechnik Mechatronik IEM in Paderborn. Mit seinem Team bearbeitet er schwerpunktmäßig Industrie- und Forschungsprojekte zur strategischen Produkt- und Unternehmensgestaltung vor dem Hintergrund der Digitalisierung. Er studierte Wirtschaftsingenieurwesen an der Universität Paderborn und promovierte an der Fakultät für Maschinenbau. Input zu Kapitel 5.

Kristin Korsmeier ist Teamleiterin bei der UNITY AG. Als Projektleiterin verantwortet sie Projekte im Bereich Vorausschau, Innovationsmanagement und Geschäftsmodellentwicklung. Zu ihren Kunden zählen Unternehmen des Maschinen- und Anlagenbaus, der Luft- und Raumfahrt sowie der Chemieindustrie und Medizintechnik. Zudem ist sie Trainerin für Innovationsmanagement an der UNITYacademy. Sie studierte Business Administration an der FHDW Paderborn und hat einen MBA in General Management. Input zu Kapitel 6.

André Lipsmeier ist wissenschaftlicher Mitarbeiter am Fraunhofer-Institut für Entwurfstechnik Mechatronik IEM in der Abteilung „Produktentwicklung". Dort ist er auf dem Gebiet der zukunftsorientierten Unternehmensgestaltung in Forschungs- und Industrieprojekten tätig. Er studierte im Rahmen eines dualen Studiums Maschinenbau an der Universität Paderborn. Input zu Kapitel 6.

Dr.-Ing. Christoph Peitz ist Senior Director Sales & Business Development bei der OSRAM GmbH. Zuvor hat er als CEO die neue Geschäftseinheit OSRAM EINSTONE aufgebaut. Davor arbeitete er als wissenschaftlicher Mitarbeiter am Heinz Nixdorf Institut der Universität Paderborn in der Fachgruppe „Strategische Produktplanung und Systems Engineering". Er studierte Wirtschaftsingenieurwesen an der Universität Paderborn und promovierte an der Fakultät für Maschinenbau. Input zu Kapitel 1.

Martin Rabe ist wissenschaftlicher Mitarbeiter in der Abteilung „Produkt- und Produktionsmanagement" am Fraunhofer-Institut für Entwurfstechnik Mechatronik IEM in Paderborn. Schwerpunkt seiner Forschungs- und Industrieprojekte ist die Konzipierung von Smart Services und digitaler Geschäftsmodelle. Darüber hinaus ist er Projektmanager im Bereich Strategie, F&E beim Spitzencluster it's OWL. Er studierte Wirtschaftsingenieurwesen an der Universität Paderborn und in den USA. Input zu Kapitel 6.

Christoph Pierenkemper ist wissenschaftlicher Mitarbeiter am Heinz Nixdorf Institut der Universität Paderborn in der Fachgruppe „Strategische Produktplanung und Systems Engineering". Sein Forschungsschwerpunkt liegt im Bereich der strategischen Planung. Hier arbeitet er in verschiedenen Industrieprojekten und leitet ein Forschungsprojekt zur Leistungssteigerung von Unternehmen im Bereich Industrie 4.0. Er studierte Wirtschaftsingenieurwesen an der Universität Paderborn. Input zu Kapitel 6.

Aileen Schmuck ist Senior Beraterin bei der UNITY AG. Als Expertin für die Themen Foresight und Strategisches Innovationsmanagement führt sie Beratungsprojekte durch. Sie verfügt über Projekterfahrung in den Branchen Mobilität, Konsumgüterindustrie, Maschinen- und Anlagenbau sowie Agrar- und Medizintechnik. Zudem ist sie Trainerin für Corporate Foresight an der UNITYacademy. Sie studierte Business Consulting mit Fokus auf Wirtschaftspsychologie an der Hochschule Harz. Input zu Kapitel 3.

Input-Lieferanten

Bianca Schuster ist Beraterin bei der UNITY AG. Ihre Beratungsschwerpunkte liegen in den Bereichen Innovationsmanagement, Prozessanalyse und -optimierung sowie im Change Management. Sie berät Unternehmen aus den Branchen Sanitär, Automobilindustrie, Luft- und Raumfahrt sowie IT-Services. Sie studierte Culture & Business an der Universität Mannheim sowie International Management an der ESB in Reutlingen. Input zu Kapitel 6.

Fabio Wortmann ist wissenschaftlicher Mitarbeiter in der Abteilung „Produkt- und Produktionsmanagement" am Fraunhofer-Institut für Entwurfstechnik Mechatronik IEM in Paderborn. Sein Forschungsschwerpunkt liegt im Bereich Innovationsmanagement. Hier ist er in den Bereichen Smart Services, Produkt-Service-Systeme und Digitale Plattformen in Forschungs- und Industrieprojekten tätig. Er studierte Wirtschaftsingenieurwesen an der Universität Paderborn. Input zu Kapitel 5.

Dr.-Ing. Thorsten Westermann leitet die Gruppe „Produkt-Service-Systeme" am Fraunhofer-Institut für Entwurfstechnik Mechatronik IEM in Paderborn. Forschungsschwerpunkt ist der ganzheitliche Entwurf innovativer Marktleistungen im Kontext der Digitalisierung. Er studierte Wirtschaftsingenieurwesen an der Universität Paderborn und promovierte an der Fakultät für Maschinenbau. Input zu Kapitel 6.

Jannik Woste ist Teamleiter bei der UNITY AG. Er verantwortet Projekte in den Themen Vorausschau, Strategie, Innovation, Projekt- und Portfoliomanagement in unterschiedlichsten Branchen, darunter Automobilindustrie, Maschinen- und Anlagenbau, Produzierende Industrie, Pharma und Chemie. Darüber hinaus ist er Trainer für Projektmanagement und Business Moderation an der UNITYacademy. Er studierte Business Administration an der FHDW Paderborn und hat einen MBA in General Management. Input zu Kapitel 6.

Der nächste große Sprung!

Reinhart
Handbuch Industrie 4.0
Geschäftsmodelle, Prozesse, Technik
700 Seiten. Komplett in Farbe
€ 269,–. ISBN 978-3-446-44642-7

Auch einzeln als E-Book erhältlich
€ 219,99. E-Book-ISBN 978-3-446-45458-3

Die so genannte 4. industrielle Revolution wird in den nächsten Jahren die Art, wie Produkte entwickelt, gefertigt und vertrieben werden, vollständig verändern.

Durch die digitale Vernetzung der Kunden, Produzenten und Lieferanten werden sich völlig neue Prozesse etablieren.

Viele verfügbare Automatisierungskomponenten, Werkzeug- und Verarbeitungsmaschinen sind bereits Industrie 4.0-fähig. Die Herausforderung liegt in der Realisierung einer leistungsfähigen Echtzeitkommunikation zwischen diesen so genannten Cyber-physischen Systemen. Jedes Unternehmen, das in den nächsten Jahren wettbewerbsfähig bleiben möchte, befasst sich bereits konkret mit Industrie 4.0. Dieses Handbuch ist ein unverzichtbarer Begleiter auf dem Weg in dieses neue Industrie-Zeitalter.

Mehr Informationen finden Sie unter **www.hanser-fachbuch.de**

Produkte und Prozesse enwickeln mit System

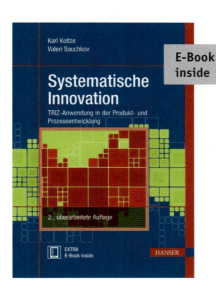

Koltze, Souchkov
Systematische Innovation
TRIZ-Anwendung in der Produkt- und Prozessentwicklung
2., überarbeitete Auflage
350 Seiten
€ 34,–. ISBN 978-3-446-45127-8

Auch einzeln als E-Book erhältlich
€ 26,99. E-Book-ISBN 978-3-446-45257-2

Dieses Buch beflügelt Sie zu ungeahnten Lösungskonzepten! Die Erfinderische Problemlösung (TRIZ) bietet Erkenntnisse und Methoden zur systematischen Entwicklung von Produkt- und Prozessinnovationen. Basis ist eine umfangreiche Patentanalyse, die das Denkmuster bei der Lösung technischer und nicht-technischer Probleme entschlüsselt und auf eigene Problemstellungen übertragbar macht.

Zusätzlich wird dieses Vorgehen mit der klassischen Konstruktionsmethodik, der strategischen Marketingplanung und dem Qualitätsmanagement verbunden. Zahlreiche Checklisten, Tabellen und Vorgehensanleitungen unterstützen die Umsetzung in die Praxis.

In der 2. Auflage wurden u. a. Fachbegriffe mit der neuen Richtlinie VDI 4521 abgeglichen und weitere anwendungsorientierte TRIZ-Werkzeuge ergänzt.

Mehr Informationen finden Sie unter **www.hanser-fachbuch.de**

Seien Sie agil, wenn Sie Ihre Kunden behalten wollen

Schröder
Agile Produktentwicklung
Schneller zur Innovation –
erfolgreicher am Markt
2., überarbeitete Auflage
365 Seiten. E-Book inside
€ 49,–. ISBN 978-3-446-45813-0

Auch einzeln als E-Book erhältlich

Die agile Produktentwicklung ist inzwischen mehr als nur Best Practice, sie entwickelt sich zu einer Überlebensstrategie für Unternehmen. Immer kürzere Zyklen, weltweit verteilte Teams und steigende Komplexität fordern innovativere Entwicklungsprozesse. Hier helfen agile Methoden mit weniger Regeln, iterativem Vorgehen und weniger bürokratischem Aufwand.

Agil arbeitende Teams spüren ihren Arbeitsfortschritt, in kurzen Sprintzyklen verbessern sie sich ständig. Sie geben sich gegenseitig Anerkennung, die Atmosphäre wird positiver. Alle Beteiligten bewegen sich Stück für Stück auf einer sich selbst beflügelnden Erfolgsspirale, für mehr wirtschaftlichen Erfolg und zufriedene Kunden. Lassen auch Sie sich hier inspirieren.

Mehr Informationen finden Sie unter www.hanser-fachbuch.de

Das Kartenset für eine ausgeprägte Innovationskultur!

Gassmann, Meister, Wecht, Bömelburg
Der Innovationskulturnavigator
66 Karten für den Kreativprozess
Kartenset
€ 48,–. ISBN 978-3-446-45556-6

Dieses Kartenset stellt 66 Konzepte vor, die sich als besonders innovationsfördernd bewährt haben. Spielerisch und mit Spaß werden die eigenen Innovationspotenziale erkannt und Ideen entwickelt. Fast nebenbei wird alles Relevante rund um einen gelungenen Innovationsprozess vermittelt und die Innovationskultur verbessert.

- Innovationspotenziale erkennen
- Spielerisch und mit Spaß innovativ sein
- Innovationskultur verbessern
- Vereint 66 Konzepte aus der Praxis besonders innovativer Unternehmen

Mehr Informationen finden Sie unter **www.hanser-fachbuch.de**

Das Kartenset zur Entwicklung Ihrer Geschäftsidee!

Gassmann, Frankenberger, Csik
Der St. Galler Business Model Navigator
55+ Karten zur Entwicklung von Geschäftsmodellen
Kartenset
€ 48,–. ISBN 978-3-446-45555-9

Das Kartenset besteht aus den 55 Musterkarten (eine Karte pro Geschäftsmodell). Sie erfahren, welche Muster es gibt, wie sie sich kombinieren lassen und worauf es bei einem Geschäftsmodell ankommt. Ein absolutes Muss für alle, die ein »Feuerwerk neuer Ideen« entfachen wollen!

- Genialer Kreativ-Baukasten für die Entwicklung von Geschäftsideen
- Ergebnisorientiert arbeiten
- 55 grundlegende Geschäftsmodellmuster als Basis für die eigene Strategie nutzen
- Hocheffektives Tool, um aus der eigenen Branchenlogik auszubrechen
- Innerhalb kürzester Zeit eine Vielzahl von innovativen Geschäftsmodellideen generieren
- Begleitmaterial zum Download

Mehr Informationen finden Sie unter **www.hanser-fachbuch.de**

Pragmatisch, kompakt und wunderbar anschaulich

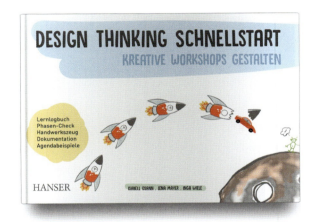

Osann, Mayer, Wiele
**Design Thinking Schnellstart
Kreative Workshops gestalten**
105 Seiten. Komplett vierfarbig
€ 20,–. ISBN 978-3-446-45836-9

Auch einzeln als E-Book erhältlich

»*Dieses Buch führt Sie sicher durch alle Design Thinking Phasen: von der Planung zur Umsetzung bis hin zur Dokumentation. Eine sehr empfehlenswerte Arbeitsgrundlage und Inspiration!*«
Gerald Swarat, Leiter Hauptstadtbüro Fraunhofer IESE, Berlin

»*Ein Buch das rockt. ›No Bullshit‹, auf den Punkt. Als ich mir das Buch ansehen durfte, hat mir gleich die visuelle Umsetzung gefallen. Man fühlt sich sofort in kreativer Workshop-Stimmung und will loslegen. Unglaublich klar und ohne Ballast.*«
Thomas Jensen, Managing Director ICS Festival Service GmbH, Wacken

»*Didaktisch gut aufbereitet bietet dieses Arbeitsbuch einer breit definierbaren Zielgruppe – von Managern bis Studierenden – nachvollziehbare Anleitungen zur Durchführung von Design Thinking Prozessen. Die pointierten Ausarbeitungen der Autorinnen laden zu einer neuen Denkhaltung und zur Schaffung kreativer Räume ein.*«
Dr. Kirsten Mikkelsen, Dr. Werner Jackstädt-Zentrum für Unternehmertum und Mittelstand, Arbeitsschwerpunkt Women's Entrepreneurship

Mehr Informationen finden Sie unter www.hanser-fachbuch.de